K. (Karl) Müllenhoff, Wilhelm Scherer

Denkmäler deutscher Poesie und Prosa aus dem VIII-XII

Jahrhundert

K. (Karl) Müllenhoff, Wilhelm Scherer

Denkmäler deutscher Poesie und Prosa aus dem VIII-XII Jahrhundert

ISBN/EAN: 9783742895981

Hergestellt in Europa, USA, Kanada, Australien, Japan

Cover: Foto ©ninafisch / pixelio.de

Manufactured and distributed by brebook publishing software (www.brebook.com)

K. (Karl) Müllenhoff, Wilhelm Scherer

Denkmäler deutscher Poesie und Prosa aus dem VIII-XII Jahrhundert

INHALT.

   I. DAS WESSOBRUNNER GEBET.
  II. DAS HILDEBRANDSLIED.
 III. MUSPILLI.
  IV. SEGEN UND SPRÜCHE.
       1. ERSTER MERSEBURGER SPRUCH.
       2. ZWEITER MERSEBURGER SPRUCH.
       3. DER WIENER HUNDSEGEN.
       4. DE HOC QUOD SPURIHALZ DICUNT.
       5. CONTRA VERMES A. ALTS. B. ALTH.
       6. STRASSBURGER BLUTSEGEN.
       7. CONTRA MALUM MALANNUM.
       8. WEINGARTNER REISESEGEN.
   V. ABECEDARIUM NORDMANNICUM.
  VI. HIRSCH UND HINDE.
 VII. RÄTSEL.
VIII. EIN SPIELMANNSHEIM.
  IX. BITTGESANG AN DEN HEILIGEN PETRUS.
   X. CHRISTUS UND DIE SAMARITERIN.
  XI. DAS LUDWIGSLIED.
 XII. RATPERTS LOBGESANG AUF DEN HEILIGEN GALLUS.
XIII. STÜCKE EINER PSALMENÜBERSETZUNG. PS. CXXXVIII. CXXXIX.
 XIV. AUGSBURGER GEBET.
  XV. GEBET DES SIGIHART.
 XV^b. VERS EINES ABSCHREIBERS.
 XVI. LORSCHER BIENENSEGEN.
XVII. VOM HEILIGEN GEORG.
XVIII. DE HEINRICO.
 XIX. MODUS QUI ET CARELMANNINC.
  XX. MODUS FLORUM.
 XXI. MODUS LIEBINC.
XXII. MODUS OTTINC.
XXIII. DE LANTFRIDO ET COBBONE.
XXIV. ALFRAD.
 XXV. HERIGER.

XXVI. AUS DER SANGALLER RHETORIK.
XXVII. SPRICHWÖRTER. 1. 2.
XXVIII. LIEBESGRUSS.
XXVIII[b]. SPOTTVERS.
XXIX. EIN LEIS.
XXX. HIMMEL UND HÖLLE.
XXXI. EZZOS GESANG VON DEN WUNDERN CHRISTI.
XXXII. MEREGARTO.
XXXIII. FRIEDBERGER CHRIST UND ANTICHRIST.
XXXIV. SUMMA THEOLOGIAE.
XXXV. DAS LOB SALOMONS.
XXXVI. DIE DREI JÜNGLINGE IM FEUEROFEN.
XXXVII. JUDITH.
XXXVIII. ARNSTEINER MARIENLEICH.
XXXIX. MELKER MARIENLIED.
XL. MARIEN LOB.
XLI. SEQUENTIA DE S. MARIA AUS S. LAMBRECHT.
XLII. SEQUENTIA DE S. MARIA VON MURI.
XLIII. PATERNOSTER.
XLIV. VON DER SIEBENZAHL.
XLV. LAUDATE DOMINUM.
XLVI. MESSEGESANG.
XLVII. SEGEN.
    1. MILSTÄTER BLUTSEGEN.
    2. WURMSEGEN A. AUS PRÜL. B. AUS S. LAMBRECHT
    3. MÜNCHNER AUSFAHRTSEGEN.
    4. TOBIASSEGEN.
XLVIII. DAS TRAUGEMUNDSLIED.
XLIX. DENKSPRÜCHE.
L. BILSENER SCHLUSSVERS.

LI. SÄCHSISCHES TAUFGELÖBNIS.
LII. FRÄNKISCHES TAUFGELÖBNIS.
LIII. BAIERISCHE GLAUBENSFRAGEN.
LIV. EXHORTATIO AD PLEBEM CHRISTIANAM.
LV. FREISINGER AUSLEGUNG DES PATERNOSTER.
LVI. WEISSENBURGER CATECHISMUS.
LVII. SANGALLER PATERNOSTER UND CREDO.
LVIII. FRÄNKISCHES GEBET.
LIX. DE VOCATIONE GENTIUM.
LX. S. AUGUSTINI SERMO LXXVI.
LXI. CARMEN AD DEUM.
LXII. BASLER RECEPTE. 1. 2.
LXIII. HAMELBURGER MARKBESCHREIBUNG.
LXIV. WÜRZBURGER MARKBESCHREIBUNGEN. 1. 2.
LXV. BRUCHSTÜCK DER LEX SALICA.
LXVI. AUS EINEM CAPITULARE.

LXVII.	DIE STRASSBURGER EIDE.
LXVIII.	PRIESTEREID.
LXIX.	ESSENER BEDEROLLE.
LXX.	ALLERHEILIGEN.
LXXI.	STÜCKE EINES PSALMENCOMMENTARS.
LXXII.	SÄCHSISCHE BEICHTE.
LXXIII.	FULDAER BEICHTE.
LXXIV[a].	MAINZER BEICHTE.
LXXIV[b].	PFÄLZER BEICHTE.
LXXV.	REICHENAUER BEICHTE.
LXXVI.	WÜRZBURGER BEICHTE.
LXXVII.	BAIERISCHE BEICHTE.
LXXVIII.	SANCTEMMERAMER GEBET.
LXXIX.	NOTKERS CATECHISMUS. A. B.
LXXX.	BRIEF RUODPERTS VON SANGALLEN.
LXXXI.	BRUCHSTÜCK EINER LOGIK.
LXXXII.	PHYSIOLOGUS.
LXXXIII.	OTLOHS GEBET.
LXXXIV.	KLOSTERNEUBURGER GEBET.
LXXXV.	GEISTLICHE RATSCHLÄGE.
LXXXVI.	PREDIGTEN. A. ERSTE SAMMLUNG. B. ZWEITE SAMMLUNG. C. DRITTE SAMMLUNG.
LXXXVII.	BENEDICTBEURER GLAUBE UND BEICHTE I.
XXXVIII.	SANGALLER GLAUBE UND BEICHTE I.
LXXXIX.	SANGALLER GLAUBE UND BEICHTE II.
XC.	WESSOBRUNNER GLAUBE UND BEICHTE I.
XCI.	BAMBERGER GLAUBE UND BEICHTE.
XCII.	SANGALLER GLAUBE UND BEICHTE III.
XCIII.	ALEMANNISCHER GLAUBE UND BEICHTE.
XCIV.	BENEDICTBEURER GLAUBE UND BEICHTE II.
XCV.	WESSOBRUNNER GLAUBE UND BEICHTE II.
XCVI.	BENEDICTBEURER GLAUBE UND BEICHTE III.
XCVII.	MÜNCHNER GLAUBE UND BEICHTE.
XCVIII.	NIEDERDEUTSCHER GLAUBE.
XCIX.	SCHWÄBISCHES VERLÖBNIS.
C.	ERFURTER JUDENEID.
LXXII[b].	LORSCHER BEICHTE.

ERSTES BUCH.

I.
DAS WESSOBRUNNER GEBET.

Dat gafregin ih mit firahim firiuuizzo meista,
Dat ero ni uuas noh ûfhimil; [noh paum noh pereg ni uuas;]
ni *suigli sterro* nohhein noh sunna ni liuhta,
noh máno noh der màreo séu.

5 Dô dâr niuuiht ni uuas enteo ni uuenteo,
enti dô uuas der eino almahtîco cot,
manno miltisto, enti manake mit inan
cootlîhhe geistâ. enti cot heilac . . .

Cot almahtico, dû himil enti erda gauuorahtôs,
10 enti dû mannun sô manac coot forgâpi,
forgip mir
   in dîno ganâdâ rehta galaupa,
   enti côtan uuilleon, uuistôm enti spâhida
                             enti craft,
15 tiuflun za uuidarstantanne, enti arc za piuuisanne,
enti dînan uuilleon za gauurchanne.

II.

DAS HILDEBRANDSLIED.

Ik gihôrta ðat seggen . . . .
ðat sih urhêttun   ênôn muotin
Hiltibraht joh Hadubrant   untar herjun tuêm.
sunufatarungôs   iro saro rihtun,
5 garutun se iro gûdhamun,   gurtun sih suert ana,
helidôs, ubar hringâ,   dô sie ti derô hiltju ritun.
Hiltibraht gimahalta: er uuas hêrôro man,
ferahes frôtôro: er frâgên gistuont,
fôhêm uuortum,   huer sin fater wâri
10 fireô in folche, ...
. . . . 'eddo huelîhhes cnuosles dû sîs
ibu dû mi ênan sagês,   ik mi dê ôdrê uuêt,
chind, in chuninerîche: chûd ist mi al irmindeot.'
Hadubraht gimahalta,   Hiltibrantes sunu,
15 'dat sagêtun mi   ûserê liuti,
altê joh frôtê,   deâ êr hina wârun,
dat Hiltibrant hêtti   mîn fater: ih heittu Hadubrant.'

*

'forn er ôstar giuueit   (flôh er Ôtachres nîd)
hina mit Theotrîhhe,   enti sînero degano filu.
20 er furlêt in lante   luttila sitten
prût in bûre,   barn unwahsan,
arbeô laosa: er rêt ôstar hina.
sid Dêtrîhhe   darbâ gistuontun
fateres mines.   dat uuas sô friuntlaos man:
25 er was Ôtachre   ummett irri,
degano dechisto   was er Deotrîchhe;
eo folches at ente: imo uuas eo fehta ti leop:
chûd was er managêm   chônnêm mannum.
ni wânju ih iu lib habbe.'

*

30 'wêttû irmingot   obana fona hevane,
dat dû neo dana halt   dinc ni gileitôs
mit sus sippan man . . . .

*

want er dô ar arme   wuntanê bougâ,
cheisuringû gitân,   so imo sê der chuning gap,
35 Hûneô truhtîn: 'dat ih dir it nû bi huldî gibu.'
Hadubraht gimâlta,   Hiltibrantes sunu,
'mit gêrû scal   man geba infâhan,
ort widar orte.   dû bist dir, altêr Hûn,
ummet spâhêr,   spenis mih . . . . .
40 mit dinêm uuortun, wili mih   dînû sperû werpân.
pist alsô gialtêt man,   sô dû êwin inwit fuortôs.
dat sagêtun mi   sêolidantê
westar ubar wentilsêu,   dat inan wîc furnam:
tôt ist Hiltibrant,   Heribrantes suno.'
45 Hiltibraht gimahalta,   Heribrantes suno,
'wela gisihu ih †   in dinêm hrustim
dat dû habês hême   hêrron gôtan,
dat dû noh bi desemo riche   reccheo ni wurti.'

'welaga nû, waltant   got, wêwurt skihit.
50 ih wallôta sumaro   enti wintro sehstic,
dâr man mih eo scerita   in folc sceotantero,
sô man mir at burc ênigeru   banun ni gifasta:
nû scal mih suâsat   chind suertû hauwan,
bretôn sinû billjû,   eddo ih imo ti banin werdan. —
55 doh maht dû nu aodlihho,   ibu dir dîn ellen tauc,
in sus hêremo man   hrusti giwinnan,
rauba birahanen,   ibu dû dâr ênic reht habês. —
der sî doh nû argôsto   ôstarliuto,
der dir nû wîges warne,   nû dih es sô wel lustit,
60 gûdeâ gimeinûn.   niuse dê môtti,
huerdar sih hiutû   dero hregilo hruomen muotti,
erdo desero brunnôno   bêdero uualtan.'
dô lêttun se êrist   askim scrîtan,
scarpên scûrim: dat in dêm scîltim stônt.
65 dô stôpun ti samane   † staim bort chludun,
heuwun harmlicco   huittê scilti,
unti im iro lintûn   luttilô wurtun,
giwigan miti wâmbnum . . . .

III.
MUSPILLI.

*

.... sin tac piqueme   daz er touuan scal.
sâr sò diu sêla   in den sind sih arhevit
enti si den lîhhamun   likkan lâzzit,
sò quimit ein heri   fona himilzungalon,
5 daz andar fona pehhe: dâr pâgant siu umpi.
sorgên mac diu sêla   unzi diu suona argêt,
za uuederemo herje   si gihalòt uuerde.
ipu sia daz Satanâzses   kisindi kiuuinnit,
daz leitit sia sâr   dâr iru leid uuirdit,
10 in fuir enti in finstrî: dazi ist rehto virinlîh ding.
upi sia kihalònt die   die dâr fona himile quemant
enti si derọ engilo   eigan uuirdit,
die pringent sia ûf sâr   în himilo rîhhi:
dâri ist lîp âno tôd,   lioht âno finstrî,
15 selida âno sorgûn: dâr nist siuh neoman.
denne in pardîsu   der man pû kiuuinnit,
hûs in himile,   dâr quimit imọ hilfâ kinuok.
pidiu ist durft mihhil   *daz ze pidenchanne*
allerọ manno uuelîhhemo,   daz in es sîn muot kispane,
20 daz er koles uuillun   kerno tuoe
enti hellâ fuir   harto uuîse,
pehhes pîna: dâr piutit Satanâz
der altisto heizzan lauc.   sò mac huckan za diu,
sorgên drâto,   der sih suntigen uueiz.
25 uuê demo in vinstrî scal   sîno virinâ stûen,
prinnan in pehhe: daz ist rehto paluuîc dink,
daz der man harêt ze gote   enti imo hilfa ni quimit.
uuânit sih kinâdâ   diu uuênaga sêla,
ni ist in kihuctin   himiliskin gote;
30 uuanta hiar in uuerolti   after ni uuerkôta. —
        Sò der mahtigo khunine   daz mahal kipannit,
dara scal chunno   queman *fo* killhhaz,
ni kitar parno nohhein   den pan furisizzan,

ni allero manno kilih ze demo mahale sculi:
35 dâr scal er vora rîhhe az rahhu stantan,
pidaz er in uuerolti kiuuerkôt hapêta. — —
Daz hôrtih rahhôn dia uueroltrehtuuison,
daz sculi der antichristo mit Êliase pâgan.
der uuarc ist kiuuâfanit, uuirdit untar in uuic arhapan.
40 khenfun sint sô kreftic, diu kôsa ist sô mihhil.
Êlias stritit pî den êuuîgon lîp:
uuili dên rehtkernôn daz rîhhi kistarkan;
pidiu scal imo helfan der himiles kiuualtit.
der antichristo stêt pî demo altfîante,
45 stêt pî Satanâse, der inan varsenkan scal:
scal er in deru uuicstetî uuntêr pivallan
enti in demo sinde sigalôs uuerdan.
doh uuânit des vilo uuisero gotmanno
daz der uuîho in demo uuîge aruuartit uuerde.
50 sô daz Êliases pluot in erda kitriufit,
so inprinnant die pergâ, poum ni kistentit
einîc in erdu, ahâ sâr artruknênt,
muor varsuuilhit sih, suilizôt lougiu
der himil, mâno vallit, prinnit mittilagart,
55 stên ni kistentit. denne stûatago in lant
verit mit diu vuiru viriho uuisôn,
dâr ni mac mâc helfan vora demo muspille.
denne daz preita uuasal allaz varprennit
enti vuir enti luft iz allaz arfurpit,
60 uuâr ist diu marha, dâr man mit sinên mâgon piec?
diu marha ist farprunnan, diu sêla stêt piduungan,
ni uueiz mit uuiu puaze: sâr verit si za uuîze. — —
pidiu ist demo manne guot, denne er ze mahale quimit,
daz er rahhôno uuelîhha rehto arteile:
65 ni darf er sorgên, denne er ze deru suonu quimit.
ni uueiz der uuènago man uuelîhhan urteil er habêt,
denner mit dên miatôn marrit daz rehta,
daz der tiuval dâr pî kitarnit stentit.
der hapêt in ruovu rahhôno uuelîhha,
70 daz der man êr enti sîd upiles kifrumita,
daz er iz allaz kisagêt denne er ze deru suonu quimit.
ni scolta manno nohhein miatûn intfâhan. —

Sô daz himilisca horn   kihlûtit uuirdit
enti sih der suanari   ana den sind arhevit,
75 denne hevit sih mit imo   herio meista,
daz ist allaz sô pald,   imo man kipâgan ni mak.
verit er ze deru mahalsteti   deru dâr gimarchôt ist:
dâr uuirdit diu suona   dia man dâr io sagêta.
denne varant engilâ   uper dio marhâ,
80 uuecchant deotâ,   uuissant ze dinge.
scal manno gilîh   fona deru moltu arstên,
ar dero lêuuo vazzòn: scal imo avar sin lîp piqueman,
daz er sin reht allaz   kirahhôn muozzi
enti imo after sinên tâtin   arteilit uuerde.
85 denne der gisizzit   der dâr suonnan scal
enti arteillan scal   tôtên enti quekkhên,
denne stêt dâr umpi   engilo menigi,
guotero gomôno   garuuist sô mihhil,
dara quimit ze rihtungu sô vilo   dia dâr ar *resti* ûf arstênt,
90 sô dâr manno nohhein   uuiht pimidan ni mak.
dâr scal hant sprehhan,   houpit sekkan,
allero lido uuelih   ûnzi den luzigun vinger,
uuaz er untar mannun   mordes kifrumita.
dâr ni ist sô listîc man,   der dâr uuiht arliugan megi,
95 daz er kitarne   tâto dehheina,
niz al fora khuninge   kichundit uuerde,
ûzzan er [iz mit alamuasnu furimegi
enti] mit fastûn   dio virinâ kipuaztî.
ni *sorgê* der gipuazzit hapêt,   denner ze deru *suônu quimit*.
100 uuirdit denne furi kitragan   daz frôno chrûci,
dâr der hêligo Christ   ana arhangan uuard,
augit er dio mâsûn   dio er in menniski
duruh desse mancunnes   minna . . . . .

IV.
SEGEN UND SPRÜCHE.

1.
ERSTER MERSEBURGER SPRUCH.

Eiris sâzun idisi, sâzun hera duoder.
suma hapt heptidun, suma heri lezidun,
suma clûbôdun umbi † cuniouuidi:
insprinc haptbandun, invar vigandun!

2.
ZWEITER MERSEBURGER SPRUCH.

Phol ende Uuodan vuorun zi holza.
dû uuart demo Balderes volon sîn vuoz birenkit.
thû biguolen Sinthgunt, Sunna erâ suister,
thû biguolen Volla, Frija erâ suister:
thû biguolen Uuodan, sô hê uuola conda,
sôse bênrenki, sôse bluotrenki,
  sôse lidirenki:
bên zi bêna, bluot zi bluoda,
lid zi geliden, sôse gelimida sîn.

3.
DER WIENER HUNDSEGEN.

Christ uuart gaboren, êr uuolf ode deob uuas.
dô uuas sancte Martî Christas hirti.

der heiligo Christ unta sancte Martî,
der gauuerdô uualten
hiuta dero hunto,
  dero zohôno,

daz in uuolf noh uulpa   za scedin uuerdan ne megi,
sô huuara se gehloufân
uueges ode uualdes
ode heido.

der heiligo Christ   unta sancte Marti,
de fruma mir sa hiuto   alla heim gasunta.

4.
DE HOC QUOD SPURIHALZ DICUNT.

PRIMUM PATER NOSTER.

Visc flôt áftar uuatare,   verbrustun sina vetherûn:
tho gihélda ina ûse druhtin.   thê selvo druhtin,
thie thena visc gihélda, gihéle   that hers theru spurihelti.
AMEN.

5.
CONTRA VERMES.
A.

Gang ût, nesso,   mid nigun nessiklinon,
ût fana themo marge   an that bên,
fan themo bêne   an that flêsg,
ût fan themo flêsge   an thia hûd,
ût fan thera hûd   an thesa strâla.
drohtin, uuerthe sô!

B.
Pro nessia.

Gang ûz, nesso,   mit niun nessinchlînon,
ûz fonna marge   in deo âdrâ,
vonna dên âdrun   in daz fleisk,
fonna demu fleiske   in daz fel,
fonna demo velle   in diz tulli.
Ter Pater noster.

6.
STRASSBURGER BLUTSEGEN.

Singula ter dicat.

Genzan unde Jordan keken sament sozzon
to uersoz Genzan   Jordane te situn
to uerstont taz plŏt   uerstande tiz plŏt
     stant plŏt
Vro unde Lazakere   keken molt petritto
     stant plŏt fasto:·

Tumbo saz in berke   mit tumbemo kinde enarme.
tumb hiez ter berch,   tumb hiez taz kint:
ter heilego Tumbo   uersegene tiusa uunda.
Ad stringendum sanguinem.

7.
CONTRA MALUM MALANNUM.

Cum minimo digito circumdare locum debes, ubi apparebit, his verbis

Ich bimuniun dih, suam,   pi gode jouh pi Christe,
Tunc fac crucem per medium † et dic
     daz tû niewedar ni gituo   noh tolc noh tóthoupit.
Item adiuro te per patrem et filium et spiritum sanctum, ut amplius non crescas sed arescas.

8.
WEINGARTNER REISESEGEN.

Ic dir nâch sihe,   ic dir nâch sendi
  mit minen funf fingirin   funvi undi funfzic engili.
  Got mit gisundi   heim dich gisendi.
  offin si dir diz sigidor,   sami si dir diz † selgidor:
  Bislozin si dir diz wâgidor,   sami si dir diz wâfindor.
des guotin sandi Ulrichis segen vor dir undi hindir dir undi obi dir undi
nebin dir si gidân, swâ dû wonis undi swâ dû sis, daz dâ alsi gût fridi
si alsi dâ wêri, dâ min frauwi sandi Marie des heiligin Cristis ginas.

V.
ABECEDARIUM NORDMANNICUM.

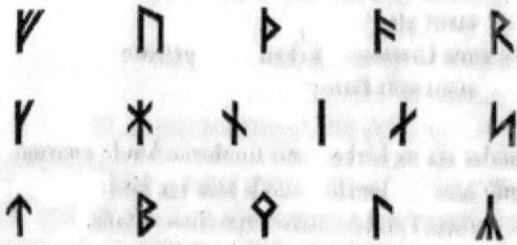

Feu forman,
Ûr after,
Thuris thritten stabu;
Ôs ist himo oboro,
Rât endôst ritan.
Chaon thanne cliuôt,
Hagal Naut habêt,
Is Ar endi Sôl,
Tiu Brica endi Man midi,
Lagu thê leohto:
Yr al bihabêt.

VI.
HIRSCH UND HINDE.

Hirez runêta hintûn in daz ôra
'uuildu noh, hinta,........?'

VII.
RÄTSEL.
Aenigmata rkskbklkb.

1.

Video et tollo.
si uidissem,
non tulissem.
   Nxtz lbtxb.

2.

Portat animam et non habet animam:
non ambulat super terram neque in caelo.
   Naxks.

3.

Quid est quod fuit et modo non est?
ambulat circa ignem et operatur obicem unum.
   pfdfm hbbfo.

4.

Volavit volucer sine plumis,
sedit in arbore sine foliis.
venit homo sine manibus,
conscendit illam sine pedibus,
assavit illum sine igne,
comedit illum sine ore.
   Nxtz a Titane.

5.

Equitavit homo cum femina:
mater eius matris meae socrus fuit.
   xktrkexs.

6.

Porto filium filii mei,
mariti mei fratrem,
alterum unicum filium meum.
....

VIII.
EIN SPIELMANNSREIM.

Nû habêt Uodalrîh firloran êrôno gilîh,
ôstar enti uuestar, sid irstarp sîn suester.

IX.
BITTGESANG AN DEN HEILIGEN PETRUS.

Unsar trohtîn hât farsalt sancte Pêtre giuualt,
daz er mac ginerian zę imo dingênten man.
Kyrie eleyson, Christe eleyson.

Er hapêt ouh mit uuortun himilrîches portûn:
dar in mach er skerian den er uuili nerian.
Kirie eleison, Christe eleyson.

Pittêmês den gotes trût alla samant upar lût
daz er uns firtânên giuuerdô ginâdên.
Kirie eleyson, Christe eleyson.

X.
CHRISTUS UND DIE SAMARITERIN.

Lesen uuir thaz fuori ther heilant fartmuodi.
zę untarne, uuizzun thaz, er zeinen brunnon kisaz.

Quám fone Samário éin quena sário
scephan thaz uuazzer: thanna noh só saz er.

5 Bat er sih ketrencan daz uuip thaz ther thara quam:
uuurbon sina theganâ be sina lipleita.

'Biuuaz keróst thû, guot man, daz ih thir geba trinkan?
jà ne niezant, uuizze Crist, thie Judon unsera uuist.'

'uuip, obe thû uuissis uuielih gotes gift ist,
10 unte den ercantis mit themo dû kósótis,
tû bâtis dir unnen sines kecprunnen.'

'disiu buzza ist só tiuf, ze dero ih heimina liuf,
noh tû ne habis kiscirres, daz thû thes kiscephês:
uuâr maht thû, guot man, neman quecprunnan?

Ev. Ioh. 4, 6. Iesus ergo fatigatus ex itinere sedebat sic super fontem. hora erat quasi sexta. 7. venit mulier de Samaria haurire aquam. dicit ei Iesus 'da mibi bibere.' 8. discipuli enim eius abierant in civitatem ut cibos emerent. 9. dicit ergo ei mulier illa Samaritana 'quomodo tu, Iudaeus cum sis, bibere a me poscis, quae sum mulier Samaritana?' non enim coutuntur Iudaei Samaritanis. 10. respondit Iesus et dixit ei 'si scires donum dei et qui est qui dicit tibi Da mihi bibere, tu forsitan petisses ab eo et dedisset tibi aquam vivam.' 11. dicit ei mulier 'domine, neque in quo haurias habes, et puteus altus est: unde ergo habes aquam vivam?

15 ne bistú liuten kelop   mér than Jàcob.
ther gab uns thesan brunnan,   tranc er nan joh sina man:
siniu smalenózzer   nuzzun thaz uuazzer.'

'Ther trinkit thiz uuazzer,   he demo thurstit inan mér.
der afar trinchit daz min,   then làzit der durst sin:
20 *iz sprangót* imo'n praston   in éuuón mit luston.'

'Hérro, ih thicho ze dir,   thaz uuazzer gàbist dù mir,
daz ih mér ubar tac   ne liufi hera durstac.'

'uuib, tû dih anneuuert,   holé hera dinen uuirt.'
sin quat sus libiti,   commen ne hebiti.

25 'uueiz ih daz dù uuàr segist,   daz dù commen ne hebist.
dù hebitós èr finfe   dir zi volliste.
des mahttû sichûre sin: nû hebist énin der nis din.'

'Hérro, ju thir uuigic sein,   daz thû maht *forasagó sin.*
for uns èr giborana   betótón hiar in berega.

30 unser altmàgà   suohtón hia genàda:
thoh ir sagànt kicorana   thia bita in Hjérosolíma.'

12. numquid tu maior es patre nostro Iacob, qui dedit nobis puteum et ipse ex eo bibit et filii eius et pecora eius?'
13. respondit Iesus et dixit ei 'omnis qui bibit ex aqua hac, sitiet iterum: qui autem biberit ex aqua quam ego dabo ei, non sitiet in aeternum,
14. sed aqua quam ego dabo ei fiet in eo fons aquae salientis in vitam aeternam.'
15. dicit ad eum mulier 'domine, da mihi hanc aquam, ut non sitiam neque veniam huc haurire.'
16. dicit ei Iesus 'vade, voca virum tuum et veni huc.' 17. respondit mulier et dixit 'non habeo virum.' dicit ei Iesus 'bene dixisti, quia non habeo virum: 18. quinque enim viros habuisti, et nunc quem habes non est tuus vir: hoc vere dixisti.'
19. dicit ei mulier 'domine, video quia propheta es tu. 20. patres nostri in monte hoc adoraverunt et vos dicitis quia Hierosolymis est locus ubi adorare oportet.'

XI.

RITHMUS TEUTONICUS
DE PIAE MEMORIAE HLUDUICO REGE
FILIO HLUDUICI AEQUE REGIS.

Einan kuning uueiz ih, Heizsit her Hluduig,
 Ther gerno gode thionót: Ih uueiz her imos lònòt.

Kind uuarth her faterlôs. Thes uuarth imo sâr buoz:
 Holôda inan truhtin, Magaczogo uuarth her sin.

5 Gab her imo dugidi, Frónisc githigini,
 Stual hier in Vrankôn. Sô brûche her es lango!

Thaz gideilder thanne Sâr mit Karlemanne,
 Bruoder sinemo, Thia czala uuunniòno.

Sô thaz uuarth al gendiôt, Korôn uuolda sin god,
10 Ob her arbeidi Sô jung tholôn mahti.

Lietz her heidine man Obar séo lidan,
 Thiot Vrancóno Manôn sundiôno.

Sume sâr verlorane Uuurdun sum erkorane.
 Haranskara tholôta Ther ér misselebêta.

15 Ther ther thanne thiob uuas, Inder thanana ginas,
 Nam sina vaston: Sidh uuarth her guot man.

Sum uuas luginâri, Sum skâchâri,
 Sum fol lôses, Ind er gibuozta sih thes.

Kuning uuas ervirrit, Thaz richi al girrit,
20 Uuas erbolgan Krist: Leidhôr, thes ingald iz.

Thoh erbarmêdes got, Unisser alla thia nôt:
 Hiez her Hluduigan Tharôt sâr ritan.

'Hluduig, kuning min, Hilph minân liutin!
Heigun sa Northman Harto biduuungan.'

25 Thanne sprah Hluduig 'Hèrro, sô duon ih,
Dôt ni rette mir iz, Al thaz thû gibiudist.'

Thô nam her godes urlub, Huob her gundfanon ûf,
Reit her thara in Vrankôn Ingagan Northmannon.

Gode thancôdun Thê sin beidôdun,
30 Quâdhun al 'frô min, Sô lango beidôn unir thin.'

Thanne sprah lûto Hluduig ther guoto
'Trôstet hiu, gisellion, Mine nôtstallon.

Hera santa mih god Joh mir selbo gibôd,
Ob hiu rât thûhti, Thaz ih hier gevuhti,
35 Mih selbon ni sparôti, Uncih hiu gineriti.

Nû uuillih thaz mir volgôn Alle godes holdon.
Giskerit ist thiu hieruuist Sô lango sô uuili Krist.
Uuili her unsa hinavarth, Thero habêt her giuualt.

Sô uuer sô hier in ellian Giduot godes uuillion,
40 Quimit hê gisund ûz, Ih gilônôn imoz;
Bilibit her thâr inne, Sinemo kunnie.'

Thô nam er skild indi sper, Ellianlicho reit her;
Uuolder uuâr errahchôn Sinân uuidarsahchôn.

Thô ni uuas iz burolang, Fand her thia Northman.
45 Gode lob sagêda, Her sihit thes her gerêda.

Ther kuning reit kuono, Sang lioth frâno,
Joh alle saman sungun 'Kyrriêleison.'

Sang uuas gisungan, Uuig uuas bigunnan.
Bluot skein in uuangôn: Spilôdun ther Vrankon.

50 Thâr vaht thegeno gelih, Nichein sôsô Hluduig:
    Snel indi kuoni, Thaz uuas imo gekunni.

   Suman thuruhskluog her, Suman thuruhstah her.
   Her skancta cehanton Sinân fianton
   Bitteres lides. Sô uuê hin hio thes libes!

55 Gilobôt si thiu godes kraft: Hluduig uuarth sigihaft;
   Joh allên heiligôn thanc! Sin uuarth ther sigikamf.

   Uuolar abur Hluduig, Kuning uuigsâlig!
   Sô garo sôser hio uuas, Sô uuâr sôses thurft uuas,
   Gihalde inan truhtin Bi sinân ergrehtin.

XII.
RATPERTS LOBGESANG
AUF DEN HEILIGEN GALLUS.
LATEINISCH VON ECKEHART IV.

Ratpertus monachus, Notkeri quem in sequentiis miramur condiscipulus, fecit carmen barbaricum populo in laudem sancti Galli canendum, quod nos multo impares homini, ut tam dulcis melodia latine luderet, quam proxime potuimus in latinum transtulimus.

1 Nunc incipiendum est mihi magnum gaudium.
  Sanctiorem nullum quam sanctum umquam Gallum
  Misit filium Hibernia, recepit patrem Sueuia.
  Exultemus omnes, laudemus Christum pariles
  Sanctos aduocantem et glorificantem.

2 Cursu pergunt recto cum agmine collecto.
  Tria tranant maria, cęleumant 'Christo gloria!'
  Columbanus, Gallus, Magnoaldus et Theodorus,
  Chiliano socio, post functo sacerdotio
  Gallos peruagantur, Francis immorantur.

3 Renouant Luxouium in Christi caulas ouium;
  Passi męchę uarias Brunhildis et insidias,

2*

Tristes spernunt Franciam, contendunt et in Sueuiam.
Castro de Turegum adnauigant Tucconium.
Docent fidem gentem: Iouem linquunt ardentem.

4 Tucconio ingrato hinc excomunicato,
Uadunt in directum, examen ut collectum
Querunt aluearia, temptantes loca uaria:
Arbonam per lacum aduolitant Potamicum.
Colligit Uuillimarus illos Christo carus.

5 Pergit hinc Brigantiam grex gentes baptizantium.
Columbanus amplum hic Christo sacrat templum,
Docet paruum clerum cantare deum verum;
Latrones et duos occidunt fratres suos:
Fugit mox Italiam, terram procul aliam.

6 Gallus infirmatur, ab uia retardatur.
Cui mandat motus, quod restet, Columbanus,
Missas numquam celebret, se uiuum quoad sciret.
Repetit febricitans Arbonam, Christum supplicans
Egros alleuantem, faciat se ualentem.

7 Presbiter Christo carus dat lectum Uuillimarus.
Conualescens Gallus deserti fit mox auidus.
Dux fit Hiltibaldus: occurrit locus commodus.
Clamant damna demones, retentant Gallum uepres:
Diaconus accurrit: lapsans illum distulit.

8 Gallus forte psalmum in ore tenet almum:
'Requies hec est mea per seculorum secula:
Semper hic habitabo, deum meum innocabo.
Hiltibalt percare, iam noli me uetare:
Libet sic iacere, noli sustinere.'

9 Instat tandem triduo uir domini ieiunio:
Consecrando locum litabat uota precum.
Fit ambobus ardor, procumbit omnis arbor,
Regnat uis flammarum condensa per siluarum:
Infert ursus truncos igni passim aduectos.

10 Panem Gallus bestię mirandę dat modestię.
   Mox ut hunc uorauit, in fugam festinauit,
   Iussa siluis cedere, hic nullum posthac lędere.
   Diacon iacebat soporans et uidebat,
   Qua uirtute Gallus pollet dei famulus.

11 Hinc de loco dęmones abegit et serpentes.
   Ducis sanat filiam quam Satan uexat rabidam:
   Exit ore toruus colore tamquam coruus.
   Offert Gallo dona pro mente virgo sana:
   Quę dispersit sanctus dedit et pauperibus.

12 Optant illum populus pontificem et clerus.
   Quis sacrandum proprium Iohannem dat discipulum.
   Hinc superno numine, in montis stans cacumine,
   Spiritum abbatis locandum cum beatis
   E conspectu terrę angelos uidet ferre.

13 Uotum mox inhibitum post patris litat obitum.
   Gaudet pisce magno Petrosę capto stagno.
   Trabem breuiorem dat prece longiorem.
   Pergit hinc ad castrum ob Michahelis festum,
   Egit missas more: spiritus tonat ab ore.

14 Egrotat in castro electus deo nostro.
   Post fletum, post gemitum defungens efflat spiritum.
   Michahel fidelis locauit hunc in cęlis.
   Accurrit episcopus, flens ad magistri corpus.
   Caligas eius induit claudus et exiliit.

15 Corpus est nudatum, ut solet, ob lauatum,
   Renes et sacratos mirantur uulneratos.
   Capsam clausam pandunt, catenam et offendunt,
   Cruore perfusum horrebant et cylicium.
   Clamant 'o felicem suimet carnificem!'

16 Equis hinc indomitis grauatum corpus martyris
   Presul imponebat, infrenes et laxabat.
   Currunt in directum ad cellę patris tectum.

Sequitur cum clero   Iohannes atque populo:
Kyrieleison clamant   et defletum tumulant.

17 Iohannes noli flere,   magistrum crede uiuere.
Uiuit, inquam, Gallus,   beatior iam nullus;
Uiuit per miracula,   dans scutum ad obstacula,
Iudex inter dextros   sessurus in sinistros
In tremendo examine.   gloria tibi, domine!

XIII.
STÜCKE EINER PSALMENÜBERSETZUNG.

PSALM CXXXVIII.

Uuellet ir gihóren   Dáviden den guoton,
den sínen touginon sin?   er gruozte sínen trohtín

'Ja gichuri dù mih, trohtín,   intę irchennist uuer ih pin
fone demǫ anegenge   uncin an daz enti.

5 Ne megih in gidanchun   fore dir giuuanchón:
du ịrchennist allo stigó,   se uuarot so ịh ginígo.

Só uuare so ịh chérte minen zùn,   só rado námi dus goum,
den uuech furịuuorhtóstù mir,   daz ih mih chérte after dir.

Dù hapèst mir de zungùn   só fasto piduungen,
10 daz ih áne dìn gipot   ne spricho nohein uuort.

Uuie michíliu ist   de dìn giuuizida, Christ,
fone mir ce dir gitán!   uuie mahtih dir intrinnan!

Ps. 138, 1. In finem; psalmus David. Domine probasti me et cognovisti me: 2. tu cognovisti sessionem meam et resurrectionem meam. 3. Intellexisti cogitationes meas de longe: semitam meam et funiculum meum investigasti. 4. Et omnes vias meas praevidisti, quia non est sermo in lingua mea. 5. Ecce, domine, tu cognovisti omnia, novissima et antiqua. tu formasti me et posuisti super me manum tuam. 6. Mirabilis facta est scientia tua ex me: confortata est et non potero ad eam. 7. Quo ibo a spiritu tuo? et quo a facie tua fugiam? 8. Si ascendero in caelum, tu

Far ih ûf ze himile,   dâr pistû mit herje.
ist ze hello min fart,   dâr pistû geginuuart.

15 Far ih in de finstar,   dâr hapêst dû mih sâr:
ih uueiz daz din nacht   mach sin sô lioht alsô tach.

Sô uuillih danne file fruo   stellen mino federô:
peginno ih danne fliogen   sôse êr ne tete nioman.

Sô fliugih ze entie enes meres: ih uueiz daz dû mih dâr irferist:
20 ne megih in nohhein lant,   nupe mih hapêt dîn hant.

De sêla uuorhtôstû mir,   die pisâzi dû mir.
dû uurti sâr min giuuar,   sô mih de muoter gipar,

Noh trof ih des ne lougino,   des dû tâti tougino,
nupe ih fone gipurti   ze erdûn aver uurti.

25 . . . .
nû uuillih mansleccun   alle fone mir gituon.

Alle die mir rietun   den unrehton rihtuom,
die sint flentâ dîn: mit dên uuill ih gifêh sin.

De uuider dir uuellent tuon,   de uuillih fasto nîdôn,
30 alle durh dînen ruom   mir ze fiente tuon.

illic es: si descendero in infernum, ades.   9. Si sumpsero pennas meas diluculo et habitavero in extremis maris: 10. etenim illuc manus tua deducet me et tenebit me dextera tua.   11. Et dixi: Forsitan tenebrae conculcabunt me et nox inluminatio mea in deliciis meis.   12. Quia tenebrae non obscurabuntur a te et nox sicut dies inluminabitur.   sicut tenebrae eius, ita et lumen eius.   13. Quia tu possedisti renes meos, suscepisti me de utero matris meae.   14. Confitebor tibi, domine, quoniam terribiliter magnificatus es.   mirabilia opera tua et anima mea cognoscet nimis.
15. Non est occultatum os meum a te quod fecisti in occulto, et substantia mea in inferioribus terrae.

19. Si occideris, deus, peccatores: viri sanguinum declinate a me.
20. Quia dicitis in cogitatione 'accipient in vanitate civitates suas'.
21. Nonne eos qui te oderunt, oderam et super inimicos tuos tabescebam?   22. Perfecto odio oderam illos: inimici facti sunt mihi.   23. Proba

Nû chius dir fasto ze mir, upę ih mih chêre after dir:
. . . .

Dû ginâdigo got, chêri mih frammort:
mit dinên ginâdun gihalt mih dir in êuun.'

me, deus, et scito cor meum. interroga me et cognosce semitas meas.
24. Et vide si via iniquitatis in me est, et deduc me in via aeterna.

PSALM CXXXIX.

Dû got mit dinero giuualt scirmi iogiuuedre halp
. . . .

Mit dinero chrefti pinim du mo daz scefti:
ne lâ du mos de muozze, daz er mih sę ane skiozze.

Ps. 139, 5. Custodi me, domine, de manu peccatoris; ab hominibus iniquis eripe me: qui cogitaverunt supplantare gressus meos.

XIV.
AUGSBURGER GEBET.

Deus cui proprium est misereri semper et parcere,
suscipe deprecationem nostram,
Vt quos catena delictorum constringit,
miseratio tuae pietatis absoluat. p

Got, thir eigenhaf ist, thaz io genâthih bist,
Intfâ gebet unsar, thes bethurfun uuir sâr,
thaz uns thio ketinûn bindent thero sundûn,
thinero mildo genâd intbinde haldo.

XV.
GEBET DES SIGIHART.

Du himilisco trohtin.   Ginade uns mit mahtin.
In din selbes riche.   Sóso dir giliche.
Trohtin christ in himile.   Mit dines fater segane.
Gináde uns in çuun.   Daz uuir ní liden uuêuuûn.

XV^b.
VERS EINES ABSCHREIBERS.

Chùmo kiscreib,   filo chùmòr kipeit.

XVI.
LORSCHER BIENENSEGEN.

Kirst, imbi ist hûze!   † nû fliuc dû, vihu mînaz, hera
fridu fróno in godes munt   heim zi comonne gisunt.
sizi, sizi, bîna: inbôt dir sancte Marjâ.
hurolob ni habê dû: zi holce ni flûc dû,
noh dû mir nindrinnês,   noh dû mir nintuuinnêst.
sizi vilu stillo,   uuirki godes uuillon.

XVII.
VOM HEILIGEN GEORG.

Georjo fuor ze màlo   mit mikilemo herigo,
fone derò markò   mit mikilemo folko.
fuor er ze demo ringe,   ze hevigemo dinge.
daz thinc was màrista,   kote liebòsta.
ferliez er wereltrike,   kewan er himilrike.

Daz keteta selbo   der mâre crâbo Georjo.
dô sbuonen inen allâ   kuningâ sô manegâ.
wolton si inen erkêren: ne wolta ern es hôren.
herte was daz Georigen muot,   ne hôrt er in es, sêg ih guot,
10 nub er al kefrumeti   des er ce kote digeti.

Daz keteta selbo   sancte Gêorjo.
dô teilton si inen sâre   ze demo karekâre.
dâr met imo dô fuoren   engilâ de skônen.
dâr swullen zwei wib,   kenerit er daz ire lib.
15 dô worht er sô skôno   daz imbiz in frôno.

Daz ceiken worhta dâre   Gêorjo ze wâre.
Gêorjo dô digita: inan druhtîn al gewerêta.
inan druhtîn al gewerêta   des Gorjo zimo digita.
20 den plinten det er sehenten,   den halcen gangenten,
19 den tumben sprekenten,   den touben hôrenten.
ein sûl stuont ter manic jâr ·   ûz spranc der loub sâr.

Daz zeiken worhta dâre   Gorjo ze wâre.
begont ez der rîke man   file harte zurnan:
Tacianus wuoto,   zurent ez wunterdrâto.
25 er quat, Gorjo wâri   ein koukelâri.
hiez er Gorjen fâhen,   hiez en ûz ziehen,
hiez en slahen harto   mit wunterwasso swerto.

Daz weiz ik, daz ist alewâr,   ûf erstuont sik Gorijo dâr.
ûf erstuont sik Gorijo dâr,   wola predijôt er sâr.
30 die heidenen man   kesante Gorjo drâte fram.
begont ez der rîke man   filo harto zurnan.
dô hiez er Gorijon binten,   anen rad winten:
ce wâre sagên ik ez iu,   sie prâken inen en zêniu.

Daz weiz ik, daz ist alewâr,   ûf erstuont sik Gorjo dâr.
35 ûf erstuont sik Gorjo dâr,   wola predijôt er sâr:
die heidenen man   kesante Gorjo file fram.
dô hiez er Gorjon fâhen,   hiez en harto fillen.
man gohiez en mûllen,   ze pulver al verprennen.
man warf en in den prunnun: er was sâlikêr sun.

40 poloton sí derubere steine mikil megine.
begonton si nen umbekân, hiezen Gorjen ûf erstân.
mikil teta Georjo dâr, so er io tuot wâr.

Daz weiz ik, daz ist alewâr, ûf erstuont sik Gorjo dâr.
ûf erstuont sik Gorjo dâr, wola predijôt er sâr.
45 die heidenen man kesante Gorjo file fram.
ûf erstuont sik **Gorjo dâr,** ûz spranc der wâhe sâr.
Gorjon den guoten man ûf hiez er stantan:
er hiez en dare cimo kân, hiez en sâr spreckan.
dô segita er kobet heiz ..... geloubet ez.
50 qwat, si wârin florenâ, demo tiufele al **petrogenâ**.
daz cunt uns selbo sancte Georjo.

59 Gorjo huob dia hant ûf: gebôt er uper den hellehunt.
60 erbibinôta Apollin: dô fuer er sâr en aberunti in.
52 dô gienc er ze derô kamerô ze derô **chuninginnô**:
begont er sie léren, begonta sim es hôren.
Elossandria, si was dogelîka:
55 si ilta sâr wole tuon, den irô scaz spentôn.
si spentôta irô triso dâr: daz hilfit sa manec jâr.
von êwôn uncen êwôn so ist se in den genâdôn.
daz erdigita selbo hêrro sancte Gorjo.

XVIII.

DE HEINRICO.

Nunc almus assis filius thero êwigero thiernûn
benignus fautor mihi, thaz ig iz côsân muozi
de quodam duce, themo hêron Heinriche,
qui cum dignitate thero Beiaro riche bewarôde.

5 Intrans nempe nuntius, then keisar manôda her thus.
'cur sedes' infit 'Otdo ther unsar keisar guodo?
hic adest Heinrich, bruother ϯ hera kuniglich.
dignum tibi fare thir selvemo ze sîne.'

Tunc surrexit Otdo,   ther unsar keisar guodo,
perrexit illi obviam   inde vilo manig man
et excepit illum   mid mihilón érón.

Primitus quoque dixit   'willicumo Heinrich,
ambo vos aequivoci,   bêthiu goda endi mí;
nec non et sotii,   willicumo sid gi mi.'

Dato responso   fane Heinriche sô scôno
coniunxere manus.   her leidą ina in thaz godes hûs:
petierunt ambo   thero godes genâtheno.

Oramine facto   intfiegena aver Otdo,
duxit in concilium   mit michelón érón
et **omisit** illi   sô waz sô her thâr hafôde,
praeter quod regale,   thès thir Heinrih ni gerâde.

Tunc stetit al thiu sprâkha   sub firmo Heinricho.
quicquid **Otdo fecit,**   al geried iz Heinrih:
quicquid ac omisit,   ouch geried iz Heinrich.

Hic non fuit ullus   (thes hafôn ig guoda fulleist
nobilibus ac liberis,   thaz thid allaz wâr is),
cui non fecisset Heinrich   allero rehto gilîch.

XIX.
MODUS QUI ET CARELMANNINC.

Inclito caelorum   laus sit digna deo.

Qui caelo scandens soli regna
visitavit redempturus hominem
maligni seductum   suasione vermis.
Quem, quis qualis quantus quid sit,
ratione gestiens rimari
inmensum quem scias   benignum potentem.

Patris verbum caro factum,
mundi lumen tenebras superans,
puellam regalem matrem fecit Mariam.
Castam intrans carnem sumpsit
qui peccati maculam non novit,
ut unus regnaret factus homo deus.

Ioseph iustus quem accepit
angelico doctus verbo
regem regum agnovit maximum.
angelus pastorum monstrat gregi deum.
Caelum torquens, astra regens,
involutus pannis, plorans
rusticorum tecmina pannorum
pertulit qui cuncta potestate protulit.

Quem Herodes regno timens
instrumentis bellorum quaesivit
perdendum, hunc magi munere quaerebant.
Stella duxit quos fidelis,
donec puer erat ubi contulit.
intrantes dederunt munera supplices.

Monstrant auro regem esse,
praesulem designant thure,
mirram signum tumuli tribuere domino.
Hunc Iohannes baptizavit
unda pulchri Iordanis,
et vox patris natum iussit exaudiri populis.

Hic clara natus matri dedit signa,
caelorum demonstrat se fore deum.
aqua suam gaudens mutat naturam,
et convivis unda mitis versa vinum placuit.
Lazarum terrae tenebris conclusum
amissum sumere praecepit flatum,
ut qui saeva committat piacula,
dum laborat emendando, mortis surgat tumulo.
Iuvenem quem reliquit vitae flamen,

dum turba   urbe portat luctuosa,
surgere   iubet mortis victa lege,
quo loquelae det iniustae   hoc exemplum veniae.
Puellam   vitae lumine privatam
in domo   vitae restauravit verbo:
cogitando   qui peccavit animo,
discat deo confiteri   tecta mente crimina.

Hic in cruce pendens
quos creavit princeps regum redemit.
inferni confregit vectem   alligando principem.
Rex resurgens morte
victor fulget ascendendo, thronum
tenet quo coronas sanctis   coronandis imponit.

Spiritum tunc sacrum,   sibi coaeternum
nuncios transmisit   consolari bissenos,
quo linguis loquendo   gentibus non timidi
verba vitae praedicarent   quae Iudaea sperneret.
Agmina caelorum   gaudeant quod incola,
quem gignebat virgo,   praesidet in caelo,
tincta veste de Bosra,   gentium redemptio,
terram polum ignem pontum   rex in pace componens,

Regnum cuius finem nescit,   sceptrum splendet nobile,
caelo sedens, mundum implens,   factor facta continens.

XX.

MODUS FLORUM.

Mendosam quam cantilenam ago
puerulis commentatam dabo,
quo modulos per mendaces risum
auditoribus ingentem ferant.

Liberalis et decora
cuidam regi erat nata

quam sub lege huius modi
procis opponit quaerendam.

'Si quis mentiendi gnarus
usque ad eo instet fallendo,
dum caesaris ore fallax
praedicitur, is ducat filiam.'

Quo audito Suevus
nil moratus infit
'raptis armis ego
dum venatum solus irem,
lepusculus inter feras
telo tactus occumbebat.
mox effusis intestinis
capud avulsum cum cute caedo.

Cumque caesum manu
levaretur capud,
aure laeva effunduntur
mellis modii centeni,
sotiaque auris tacta
totidem pisarum fudit.
quibus intra pellem strictis,
lepus ipse dum secatur,
crepidine summae caudae
cartam regiam latentem cepi.

Quae servum te firmat esse meum.'
'Mentitur' rex clamat 'carta et tu.'

Sic rege deluso Suuevus
arte regius est gener factus.

XXI.
MODUS LIEBINC.

Advertite, omnes populi, ridiculum
et audite quomodo
Suuevum mulier et ipse illam defrudaret.
Constantiae civis Suevulus trans aequora
5   gazam portans navibus
domi coniugem lascivam nimis relinquebat.

Vix remige triste secat mare,
ecce orta tempestate
furit pelagus, certant flamina, tolluntur fluctus,
10   post multáque exulem
vagum litore longinquo Notus exponebat.
Nec interim domi vacat coniux.
mimi iuvenes secuntur:
quos et inmemor viri exulis excepit gaudens,
15   atque nocte proxima
praegnans filium iniustum fudit iusto die.

Duobus volutis annis
exul dictus revertitur.
occurrit infida coniux,
20   secum trahens puerulum.
datis osculis maritus illi,
'de quó' inquit 'puerum
istum habeas, die, aut extrema patiaris.'
At illa maritum timens
25   dolos versat per omnia.
'mi' tandem 'mi coniux' inquit
'una vice in alpibus
nive sitiens extinxi sitim:
unde ego gravida
30   istum puerum damnoso foetu heu gignebam.'

Anni post haec quinque   transierunt ét plus,
et mercator vagus   instaurabat remos,

ratim quassam reficit:
vela alligat et nivis natum duxit secum.
Transfretato mare producebat natum,
et pro arrabone mercatori tradens
centum libras accipit,
atque vendito infanti dives revertitur.
Ingressusque domum ad uxorem ait
'consolare coniux, consolare cara:
natum tuum perdidi,
quem non ipsa tu me magis quidem dilexisti.
Tempestate orta nos ventosus furor
in vadosas sirtes nimis fessos egit
et nos omnes graviter
sól torret: at ille nivis natus liquescebat.'

Sic perfidam Suevus coniugem deluserat.
sic fraus fraudem vicerat:
nam quem genuit nix, recte hunc sol liquefecit.

XXII.
MODUS OTTINC.

Magnus caesar Otto,
quem hic modus refert in nomine,
Ottinc dictus, quadam nocte
membra sua dum collocat,
palatium casu subito inflammatur.
Stant ministri, tremunt,
timent dormientem attingere,
et chordarum pulsu facto
excitatum salvificant,
et domini nomen carmini inponebant.

Excitatus spes suis surrexit,
timor magnus adversis mox venturus:
nam tum fama volitat
Ungarios signa in eum extulisse.

15   Iuxta litus sedebant armati,
urbes agros villas vastant late:
matres plorant filios
et filii matres undique exulari.

'Ecquis ego' dixerat
20   Otto 'videor Parthis?
diu diu milites
tardos moneo frustra.
dum ego demoror, crescit clades semper:
ergo moras rumpite
25   et Parthicis mecum hostibus obviate.'
Dux Cuonrát intrepidus,
quo non fortior alter,
'miles' inquid 'pereat
quem hoc terreat bellum.
30   arma induite: armis instant hostes.
ipse ego signifer
effudero primus sanguinem inimicum.'

His incensi bella fremunt,
arma poscunt, hostes vocant,
35   signa secuntur, tubis canunt:
clamor passim oritur,
et milibus centum Theutones inmiscentur.
Pauci cedunt, plures cadunt:
'Francus instat, Parthus fugit:
40   vulgus exangue undis obstat:
Licus rubens sanguine
Danubio cladem Parthicam ostendebat.

Parva manu caesis Parthis,
ante ét post saepe victor,
45   communem cunctis movens luctum,
nomen, regnum, obtimos
hereditans mores filio obdormivit.
Adolescens post hunc Otto
imperabat annis multis,
50   caesar iustus clemens fortis.

unum modo defuit:
nam inclitis raro proeliis triumphabat.
  Eius autem clara proles,
Otto decus iuventutis,
ut fortis ita felix erat:
arma quos nunquam militum
domuerant, fama nominis satis vicit.
  Bello fortis, pace potens,
in utroque tamen mitis,
inter triumphos, bella, pacem
semper suos pauperes
respexerat: inde pauperum pater fertur.

Finem modo demus,
ne forte notemur
ingenii culpa
tantorum virtutes
ultra quicquam deterere,
quas denique Maro inclitus vix aequaret.

XXIII.

DE LANTFRIDO ET COBBONE.

1 Omnis sonus cantilenae trifariam fit.   nam aut fidium concentu sonus constat   pulsu plectro manuque,   ut sunt discrepantia vocum variis   chordarum generibus.

2   Aut tibiarum canorus redditur flatus,   fistularum ut sunt discrimina quaeque   folle ventris orisque   tumidi flatu perstrepentia pulchre   mentem mulcisonant.

3 Aut multimodis   gutture canoro   idem sonus redditur plurimarum faucium,   hominum volucrum   animantiumque.   sicque inpulsu   guttureque agitur.

4   His modis canamus   carorum sociorumque actus, quorum in honorem   praetitulatur   prohaemium hocce pulchre   Lantfridi Cobbonisque   pernobili stemmate.

5

 Quamvis amicitiarum
 genera plura legantur,
 non sunt adeo praeclara
 ut istorum sodalium.
5 qui communes extiterunt
 in tantum, ut neuter horum
 suapte quid possideret
 gazarum nec servorum
 nec alicuius suppellectilis.
10 alter eorum quicquid vellet,
 ab altero ratum foret.
 more ambo coaequales,
 in nullo umquam dissides,
 quasi duo unus essent,
15 in omnibus similes.

6

 Porro prior orsus Cobbo
 dixit fratri sotio
 'diu mihi hic regale
 incumbit servitium,
5 quod fratres affinesque
 visendo non adeam,
 immemor meorum.
 ideo ultra mare revertar
 unde huc adveni.
10 illorum affectui
 veniendo ad illos
 ibi satisfaciam.'

7

 'Taedet me' Lantfridus inquit
 'vitae propriae tam dirae,
 ut absque te tescis hic degam.
 iam arripiens coniugem mecum
5 pergam exul tecum,
 ut tu diu factus mecum
 vicem rependas amori.'
 sicque pergentes litora maris
 applicarunt pariter.
10 tum infit Cobbo sodali

'hortor, frater, redeas:
redeam visendo te
en vita comite.
unum memoriale
frater fratri facias.

8

Uxorem quam tibi solam
vendicasti propriam
mihi dedas, ut licenter
fruar eius amplexu.'
nihil haesitando manum
manui eius tribuens hilare
'fruere ut libet, frater, ea,
ne dicatur quod semotim
fisus sim quid possidere.'
classe tunc apparata
ducit secum in aequor.

9

Stans Lantfridus super litus
cantibus chordarum ait
'Cobbo frater, fidem tene
hactenus ut feceras.
nam indecens est affectum
sequendo voti honorem perdere.
dedecus frater fratri ne fiat.'
sicque diu canendo
post illum intuitus,
longius eum non cernens
fregit rupe timpanum.

10

At Cobbo collisum
fratrem non ferens
mox vertendo mulcet
'en habes, perdulcis amor,
quod dedisti intactum
ante amoris experimentum.
iam non est quod experiatur ultra.
caeptum iter relinquam.'

XXIV.
ALFRÂD.

1 Est unus locus,
   Hôinburh dictus,
   in quo pascebat
   asinam Alfrâd
   viribus fortem
   atque fidelem.

2 Quae dum in amplum
   exiret campum,
   vidit currentem
   lupum voracem,
   caput abscondit,
   caudam ostendit.

3 Lupus accurrit:
   caudam momordit,
   asina bina
   levavit crura
   fecitque longum
   cum lupo bellum.

4 Cum defecisse
   vires sensisset,
   protulit magnam
   plangendo vocem
   vocansque suam
   moritur domnam.

5 Audiens grandem
   asinae vocem
   Alfrâd cucurrit,
   'sorores' dixit
   'cito venite,
   me adiuvate.

— XXIV —

Asinam caram
misi ad erbam,
illius magnum
audio planctum,
spero cum saevo
ut pugnet lupo.'

Clamor sororum
venit in claustrum,
turbae virorum
ac mulierum
assunt, cruentum
ut captent lupum.

Adela namque,
soror Alfrâdae,
Rikilam quaerit,
Agatham invenit,
ibant ut fortem
sternerent hostem.

At ille ruptis
asinae costis
sanguinis undam
carnemque totam
simul voravit,
silvam intravit.

Illud videntes
cunctae sorores
crines scindebant,
pectus tundebant,
flentes insontem
asinae mortem.

Denique parvum
portabat pullum;
illum plorabat
maxime Alfrâd,

sperans exinde
prolem crevisse.

12 Adela mitis
Fritherûnque dulcis
venerunt ambae,
ut Alveradae
cor confirmarent
atque sanarent.

13 'Delinque maestas,
soror, querelas!
lupus amarum
non curat fletum:
dominus aliam
dabit tibi asinam.'

XXV
HERIGÊR.

1 Herigêr, urbis
Maguntiensis
antistes, quendam
vidit prophetam
qui ad infernum
se dixit raptum.

2 Inde cum multas
referret causas,
subiunxit totum
esse infernum
accinctum densis
undique silvis.

3 Herigêr illi
ridens respondit

'meum subulcum
illuc ad pastum
volo cum macris
mittere porcis.'

Vir ait falsus
'fui translatus
in templum caeli
Christumque vidi
laetum sedentem
et comedentem.

Ioannes baptista
erat pincerna
atque praeclari
pocula vini
porrexit cunctis
vocatis sanctis.

Heriger ait
'prudenter egit
Christus Iohannem
ponens pincernam,
quoniam vinum
non bibit umquam.

Mendax probaris
cum Petrum dicis
illic magistrum
esse cocorum,
est quia summi
ianitor caeli.

Honore quali
te deus caeli
habuit ibi?
ubi sedisti?

volo ut narres
quid manducasses.'

10   Respondit homo
'angulo uno
partem pulmonis
furabar cocis:
hoc manducavi
atque recessi.'

11   Heriger illum
iussit ad palum
loris ligari
scopisque caedi,
sermone duro
hunc arguendo

12   'Si te ad suum
invitet pastum
Christus, ut secum
capias cibum,
cave ne furtum
facias . . . . . .'

XXVI.
AUS DER SANGALLER RHETORIK.

Omnis locutio simplex uel figurata siue in sententiis siue in singulis dictionibus idonea fieri potest ad inuentionem. simplex intellegentiam rei amministrat proprietate uerborum; figurata commendat se etiam uenustate compositionis artificiosae aut significationis alienae, ut apud Virgilium

5   Marsa manus, Peligna cohors, Festina uirum uis,
ma et na, gna et sa, ors et ars, uis et ui, similes sillabae dissimilibus distinctae gratam quodammodo concinnitudinem et concordem uarietatem dant. et fit per industriam talis compositio in omni lingua causa delectationis, sicut et illud teutonicum:

10   Sôse snél snéllemo   pegágenet ándermo,
só uuirdet sliemo   firsniten sciltriemo.

et item:

>Der heber gât in lîtun, trégit spér in sitûn:
>sîn báld éllin ne lâzet in véllin.

hae figurae lexeos grẹce dicuntur i. dictionis, in quibus sola compositio placet uerborum. aliae sunt dianoeas i. sententiarum, ubi aliud dicitur et aliud intellegitur; ut est illud

>Porcus per taurum sequitur uestigia ferri.

nam synecdochice de opere sutoris totum dicitur et pars intellegitur. uel yperbolice, ut Virgilius dixit de Caribdi

>atque imo baratri ter gurgite uastos
>sorbet in abruptum fluctus rursusque sub auras
>egerit alternos et sidera uerberat unda.

nam plus dicitur et minus intellegitur; sicut et teutonice de apro:

>Imo sînt fúoze fûodermâze,
>imo sînt púrste ébenhô fórste
>únde zéne sîne zuuélifélnîge.

hẹc aliena, sed propinqua sunt. item per contrarium intelleguntur **sententiae**; ut in consuetudine latinorum interrogantibus 'quaesiuit nos aliquis?' respondetur 'bona fortuna', i. Hêl unde sâlida, et intellegitur nemo, quod durum esset, i. unminnesam ze sprechenne. similiter teutonice postulantibus obsonia promittimus sic 'Alles liebes enûoge,' et intellegitur per contrarium propter grauitatem uocis.

XXVII.
SPRICHWÖRTER.

1.

A toto fit argumentum ad partem ita: si mundus regitur diuina prouidentia, quomodo fiet ut non homo? eius nanque pars est non uilis. item: si quis habuit argentea uasa, et absque liberis moriens alicui legauit totam pecuniam, cuius sunt illa argentea uasa nisi illius cui legauit totam pecuniam? item: omnibus membris ualidus pede non claudicat. et teutonice:

>1. * Târ der íst ein fûnt úbelero féndingo,
>Târ nist nehéiner guot.
>Vnde dâr der ist ein hús follez úbelero liuto,
>Târ nist nehéiner chústic.

A parte fit argumentum ad totum ita: uno membro languente conpatiuntur omnia membra, et in euangelio: si oculus tuus fuerit simplex, totum corpus lucidum erit, et si nequam, totum corpus tuum tenebrosum erit. teutonice:

2. Fóne démo límble so beginnit tér húnt léder ézzen.

A nota, hoc est ab ethimoloia, fit argumentum teutonice:

3. *Dir árgo dér ist dér úbelo.
4. *Ter der stúrzzet, der vállet.

latine etiam: qui amat parsimoniam, non odit abstinentiam.

Haec tria loca sunt intrinsecus, hoc est in ipso negotio; extrinsecus autem sunt haec tredecim quae secuntur.

A congugatis fit argumentum, ut est Ciceronis exemplum: si conpascuus ager est, licet cum conpascere. si rex est, oportet cum regere. si dux est, oportet cum ducere. si consul est, oportet eum consulere. si doctor est, oportet eum docere. si scriptor est, oportet cum scribere. et Æva si de uiro sumpta est, uirago est. et in euangelio: si filius uos liberauerit, uere liberi eritis. teutonice:

5. *Dir scólo dir scófficit íò,
Vnde dir gouh dér gúccot íò.

A genere fit argumentum ita: si uirtus bona est, castitas quoque bona est. unde in Virgilio: uarium et mutabile semper est femina. ergo et Dido uarium et mutabile uideatur. teutonice:

6. Vbe man álliu diér fúrtin sál.
nehéin só harto só den mán.

A specie fit argumentum ita ..... Ab adiunctis .... A simili .... A dissimili .... Ab antecedentibus .... A consequentibus ..... A contrariis: si mors fugenda est, uita est apetenda. et si stultitia est fugenda, sapientia est apetenda. si sanus est, imbecillis non est. et si in uiridi ligno haec faciunt, in arido quid fiet?

7. Vbe dir wé ist, só nist dir áber nicht wóla.

A repugnantibus: non potueris simul parasitus esse et non ridiculus. qui non colligit mecum, spargit. et si Satanas in se ipso diuisus est, quomodo stabit regnum eius?

8. Túne máht nieht mit eínero dóhder zeuuena eidima máchon,
Nóh túne máht nieht föllén múnt háben méliues únde dóh
blásen.

Ab efficientibus, id est a causis: interressio lunae est defectio solis. et percussio aeris vocis est effeccio. teutonice:

9. Sóz régenôt, só názzént ti bôumá.
10. *Só iz uuát, só uuágót iz.

Ab effectis uel ab euentu ..... A comparacione tribus modis: a magori ... a minori ... a pari. ut apostolus ait: quoniam qui talia agunt, digni sunt morte, et non solum qui faciunt, sed et qui consentiunt facientibus. item: merito diues ille guttam aquae non impetrauit, qui micas panis Lazaro negauit.

11. *Vbilo túo: bezzeres né wánc.

9ᵇ. So iz regenôt, só nazscént té bouma.
10ᵇ. So iz uuát, só uuagónt té bouma.
12. Só diz réhpochchiti fliet, só plecchet imo ter ars.

2.

*Absentum causas contra maledicta tuere.	B 40.
Accipis impune pro stellis odia lunę.	A 17.
Actus consilia pręcedant: sic Salomon vult.	V 158.
Ad facinus duplex non sufficit ultio simplex.	V 54.
Adueniunt macrę de pastu somnia scrofę.	B. 45.
*Angelus hoc monstrat quando nequam male pugnat.	V 30.
Ante quod exstiterit nurus, socrus inuida norit.	A 5 C 6.
Anulus ex uitro uitreo debetur amico.	B 21 C 3.
Arbitror esse satis quod confertur mihi gratis.	V 29.
*Arbore fructifera plus crescit uana mirica.	V 99.
Arbor per primum nequaquam corruit ictum.	V 22.
Arbor sit qualis, fas est cognoscere malis.	B 28.
Ardea culpauit undas, male quando natauit.	V 32.
Aspera portet apum, qui dulcia sugat earum.	A 23.
Assidue gelidi flant ex affinibus euri.	A 4 C 1.
Audit quod non uult, qui pergit dicere quod uult.	B 37.
*Aureus ut cacabus sit, uult argenteus uncus.	C 2.
Byrrum sole feras; licet, est si nimbus, omittas.	A 6 C 4
Bos pręsepis eget, canis hunc abstemius urget.	A 51 C 5.
Calceus ungatur ut sępe bouinus oportet.	V 34.

    Callis et anticus tibi non uilescat amicus.   C 47.
* Caulibus occasu caret horti uenditor ortu.   A 38 B 27 C 9.
* Census dando perit, dando sapiencia crescit.   V 75.
* Cogit honoripetas laus uana subire ruinas.   A 91.
* Commater dantis manui manus accipientis.   A S C 7.
    Compar amat similem: quod amatur, amabit amantem.   A 29 C 8.
    Coniugis est parcę conclaue frequenter adire.   A 14.
* Conueniunt sturni, fures et equi scabiosi.   A 42.
* Credas, humorem quo monstret callidus, ignem.   A 43.
    Creditur omne caprę quod cognoscit caper in se.   C 14.
    Criminis adiutor reus est censendus et auctor.   V 98.
* Criminis indulti secura audacia crescit.   B 7.
* Criminis inuiso satis est et laudis amico.   A 44.
    Cum dabitur sonipes gratis, non inspice dentes.   A 36.
    Cum lupus addiscit psalmos, desiderat agnos.   B 20.
    Cum seruo nequam palmus datur, accipit ulnam.   V 7.
* Curritur in glacie uehementer ab insipiente.   A 82.

* Danubio quasi mittat aquam, dat oui capra lanam.   A 93.
* Da semel ingrato puero, bis morigerato.   A 2.
* Dat magis audentem, qui molliter impetit hostem.   A 72.
* Des manicis dominum, si forte ligaueris illum.   A 13.
* Des post terga fidem, facies tamen anteriorem.   A 79.
* Discere contempsit qui non exordia sumpsit.   A 94 B 1 C 11.
* Discere plura debet, si quis uult plura docere:
        nam qui nil didicit, nulla docere potest.   V 104.
    Discolor est uetulus si non est calceus unctus.   B 42.
    Diuertit uescis uulpecula uitis ab uvis.   A 85.
    Diuicię trepidant, paupertas libera res est.   B 38 V 96.
* Dixit bufo crati 'maledicti tot dominati!'   V 119.
* Dura libens colat, si quis sublimia sperat.   V 58.

    Edificans habet artifices prope compita plures.   A 52.
    Effodit foueam uir iniquus et incidit illam.   A 45 C 12.
    Emptus equus modico modicam facit esse diętam.   V 64.
* En ovis illa uetus quę parua uidebitur agnus.   A 99 C 14.

55	Est annosa canis uix assuefacta catenis.	A 77 B 3 C 13.
	Est dictum uerum: priuata domus ualet aurum.	V 3.
	Est ibi nostra manus qua nos in parte dolemus.	V 71.
	Estimat esse capręuicium quod scit caper in se.	A 20 B 43.
	Est insufflare stultum fornacibus ore.	A 18.
60	Est puer in patria bos qui nutritur in aula.	B 24.
	*Ex facili causa dominus mutatur et aura.	V 90.
	Fallunt iurati, uix uno sanguine nati.	A 46.
	*Fasce dolens uterum, pręgnans petit uxor acetum.	A 87.
	*Femina quod iurat, errat qui credere curat.	V 80.
65	*Femina raro bona, sed quę bona digna corona.	V 46.
	Fit bonus auditor doctrinę sępius auctor.	A 86 C 16.
	Fit strepitus plane uox plura loquentis inane.	A 95.
	*Fons sue turbatur, porcellus in hoc adaquatur.	A 39 B 22 C 15.
	Fortius intentus frangetur sępius arcus.	V 82.
70	*Fur dum laudat equum, stabulo deflexit ocellum.	C 17.
	*Gaudet de morbo medicus, de morte sacerdos.	V 61.
	*Germanus latis longe pręstantior agris.	A 58 B 18 C 19.
	Grandine tutus erit, sibimet quicunque tonabit.	A 48 B 10 C 18.
	Gutture clausa lupi raro solet esca relabi.	B 14.
75	*Hic par liber erit qui non seruire timebit.	C 44.
	Hoc facit una dies, quod totus denegat annus.	V 23.
	*Hospicium lauda surgens dum cantat alauda.	V 68.
	Humescit facile pluuia locus humidus ante.	C 20.
	Igne semel tactus timet ignem postmodo cattus.	B 31.
80	Ille natat leuiter cui mentum sustinet alter.	V 33.
	Illic est oculus, qua res sunt quas adamamus.	V 70.
	*Incaute cecidit, temere quicunque cucurrit.	A 24 B 5 C 21.
	Inde lupi speres caudam cum uideris aures.	A 84 B 19 C 24.
	In discendo lupus nimis affirmans ait 'agnus.'	A 83 B 23.
85	Infelix mus est cui non uno lare plus est.	V 62.
	In foribus propriis canis est audacior omnis.	V 20.

	Infra quod fluuium turbet, lupus arguit agnum.	A 9 B 25.
	* In geminis caris nequior distractor amoris.	A 41.
	In mutando locum non mutant poma saporem.	V 47.
90	Innuerat propera catulo canis hic quoque cauda.	A 22 C 22.
	* In quo nascetur asinus corio, morietur.	V 55.
	In tali tales capiuntur flumine pisces.	V 49.
	Ipsemet unicus est: sibi soli proximus ipse est.	A 1.
	* Ipsos absentes inimicos lędere noli.	B 41.
95	Labitur ex animo benefactum, iniuria durat.	B 39.
	Largus diues erit, et auarus semper egebit.	V 77.
	* Laudem nulla capit dilectio quę cito transit.	C 27.
	Lęsus ab igne puer timet illum postea semper.	V 21.
	* Lęta breui niueis plausit cornicula pullis.	A 10 C 26.
100	* Linum monte seris, pisci procul insidiaris.	A 16.
	* Lora quidem crepidis fiunt breuiora uetustis.	B 32.
	Mantica fert latas senio confecta fenestras.	B 33.
	* Mille uiros pauci superant, ubi satrapa nauci.	A 49.
	* Miluorum cętus, gallina, negat tibi fętus.	A 50
105	* Mos est uicini baculis aduersa leuari.	A 78.
	Muricipis proles cito discit prendere mures.	A 12.
	* Mutantur mores, quando mutantur honores.	V 74.
	* Nam seruus nequam rem nunquam diligit ęquam.	V 188.
	* Naufragium rerum est mulier mala fida marito.	B 35.
110	* Ne data distuleris te fonte, renate, leuantis.	A 56 C 32.
	Nemo canem timeat qui non lędit nisi latret.	V 50.
	Nemo potest digne dominis seruire duobus.	V 27.
	Nemo potest dura naturę soluere iura.	V 44.
	Nemo uiam ueterem uel amici spernat amorem.	A 73 B 11 C 28.
115	Nequaquam gaudet, nauiter quicunque non audet.	A 27.
	Nil habitat uillam dum liuor deserit illam.	B 44.
	* Non age portanti grates, sed munera danti.	V 140.
	Non cum festuca siluestris lęditur ursa.	V 81.
	* Non debent pueri cum seruis ludere docti.	V 18.

120	* Non debent pueri tabulis grafioque carere.	V 8.
	* Non de pelle canis fiunt bona pascua mellis.	V 52.
	Non est illa ualens quę nidum stercorat ales.	C 49.
	* Non est in medico semper, releuetur ut ęger.	V 28.
	* Non est personę, sed prosperitatis amicus,	
125	quem fortuna tenet dulcis, acerba fugat.	V 70.
	Non est uenator omnis qui cornua sufflat:	
	pastores eciam dicuntur cornua flare.	V 10.
	* Non facile manibus uacuis occiditur ursus.	C 31 B 6.
	* Non facile uetulus canis est in fune docendus.	B 4.
130	Non geminis generis una datur unica patris.	A 25 C 29.
	* Non mutare ualet innatum femina morem.	V 48.
	Non oculo nota res est a corde remota.	V 60.
	Non opus est follo suspendere tympana collo.	V 92.
	Non placet ille mihi, quisquis placuit sibi multum.	V 94.
135	* Non suspendetur se iudice quisque latronum.	V 45.
	Non uult scire satur, quod ieiunus paciatur.	V 17.
	Noxa iacens crescit, nec enim dilata putrescit.	A 81.
	Nulli carus erit, qui profert omnia quę scit.	V 69.
	* Nummus in exilio comes optimus est peregrino.	V 93.
140	* Nunquam vel raro res cara datur nisi caro.	V 15.
	Nutritus ruri solet urbi brutus haberi.	A 92.
	Officium nullum tam paruum quin soleas det.	V 66.
	Ollula tam fertur ad aquam, quod fracta refertur.	V 13.
	* Omnia corruerent cito, si maledicta nocerent.	A 53.
145	Omni spiritui tu semper credere noli.	V 89.
	* Ordine saxa legit sinus et frons crine carebit.	A 26.
	Osse caret lingua, secat os tamen ipsa maligna.	V 200.
	Ossis iactura non est canibus nocitura.	V 43.
	* Ouo nutritus uix fiet dando peritus.	V 9.
150	Ouum qui comedit, pullo quandoque carebit.	V 102.
	* Parcens cornipedi uult post eques ire decori.	A 63.
	* Parcens uestiri nitidis deseruit honori.	A 61.
	* Parcens uirgultis postponit uerbera uerbis.	A 67.

	* Parcens uxori mauult inhonestus haberi.	A 65.
155	Passer adest tectis, auibus reliquis procul actis.	A 28 B 23 C 48.
	Passere sub tecto remanente, recedit hirundo.	V 1.
	Peccatum multum nunquam remanebit inultum.	V 6.
	* Pęnas maiores lucratur gloria maior.	V 83.
	Perna uiri tenuis famosa dolorque potentis.	A 57 C 36.
160	* Pestis erit socius, cum consiliator iniquus.	A 69.
	'Phi' sonuit fuscum ridens ardaria furnum.	A 31 B 13 C 34.
	* Plebs erit et nihili miles cum principe uili.	A 48.
	* Pluribus intentus minor est ad singula sensus.	B 30.
	* Plus sapiunt aliis qui plus aliis studuerunt.	V 76.
165	Plus ualet in manibus passer quam sub dubio grus.	V 2.
	Plus uigilum quanto, minor est custodia tanto.	A 59.
	Prendere maternam bene discit cattula prędam.	B 29.
	* Primiciis crescens urtica perurit arescens.	A 55.
	* Procedit durus de duro stipite fumus.	B 34.
170	Pro foribus stantem fastidit egenus egentem.	V 16.
	Progenies auium mala fędat stercore nidum.	A 30 B 12 C 33.
	* Prolempsin loculis facis ante talenta paratis.	A 32 C 35.
	* Proximus esto bonis si non potes optimus esse.	B 36.
	* Qualem te uideo, nam talem te fore credo.	V 65.
175	Quam tristi meta transibunt tempora lęta!	V 202.
	* **Quanto** maior eris, tanto moderacior esto.	V 95.
	* Qui cepit ceruum, debet bene rodere neruum.	V 91.
	* Qui currit glaciem, se monstrat non sapientem.	C 45.
	* Qui differt pęnas, peccandi laxat habenas.	V 5.
180	* Qui longinqua timet sollers, ad proxima gaudet.	A 62.
	* Qui medicus mihi dat, me uiuere longius aptat.	V 57.
	Qui mittit stultum, differt sua commoda multum.	B 8 C 41.
	Qui non impletur saccus, quandoque ligatur.	V 51.
	Qui pauet ex culmis, stipulis non incubet ullis.	C 42.
185	* Qui perfodit agrum, patitur dispendia frugum	A 60.
	Qui petit alta nimis, retrolapsus ponitur imis.	A 3 C 37.
	* Quisque petax, opibus licet auctus, honore minutus.	A 64.
	Quisquis abest oculis, fructu priuatur amoris.	B 9.

	*Quisquis arans seuit cum dęmone, semen amittit.	A 66 C 43.
190	Qui tenet anguillam per caudam, non habet illam.	V 67.
	Qui nilem mittit legatum, commoda uertit.	B 26.
	*Quod furi tulerit fur indempnis retinebit.	A 33 C 38.
	*Quod ligat ora premens, habet illud soluere ridens.	A 70.
	Quod lupus ingluttit, nunquam uel raro redibit.	B 15.
195	*Quod post pęniteat, sapiens omittere curat.	V 84.
	Quod semel immisit, gula raro lupina remisit.	A 34 C 39.
	Quod totiens redit incassum, canis inde senescit.	A 68 C 40.
	Radix sępe mala producit pessima mala.	V 129.
	*Rara pudicicię manet et concordia formę.	V 185.
200	Raro senem sensu, sed habes pręcedere cursu.	A 74 C 54.
	*Regere qui uiuunt, non omnes omnia possunt.	V 186.
	Res, modo formosę foris, intus erunt maculosę.	A 21.
	*Respice, successor sedisque meę modo sessor.	V 201.
	*Rex ubi terga dabit, pauper per pręlia uadit.	V 187.
205	Ridenti domino diffide poloque sereno.	A 54 B 15 C 53.
	*Sanguine, non telis debet superare fidelis.	V 55.
	Sedibus in mediis homo sępe resedit in imis.	A 37 C 52.
	Sępe subit pęnas, ori qui non dat habenas.	V 53.
	Sępius ille cadit qui per sublimia uadit.	V 59.
210	Sero subtractis reparas pręsepe caballis.	V 42.
	*Seruus habet, sed enim dominus tenet ambo, securim.	A 99.
	*Si bonus est unus, bonus est et quisque luporum:	
	hęc natura lupi quod, si ualet unus, et omnis.	V 35.
	Si comes esse lupi uis, noce sibi simuleris.	V 103.
215	Siluis inmissum solet echo remittere bombum.	A 75.
	Si pauper fueris, a cunctis despicieris,	
	sed dare si poteris, multum tunc carus haberis.	V 12.
	*Si pręlatus eques, par est pedes esto satelles.	A 71.
	*Si quid sors prębet, sapiens homo sumere debet.	V 79.
220	Si quis amat piscem, debet sua crura madere.	V 63.
	*Si quis amat ranam, ranam putat esse Dianam.	V 118.
	Sorice iam plena contingit amara farina.	A 15 B 51.

Stagna ubi considunt, luculenta palustria surgunt. A 40.
Stagnum litus edit: torrens properando recedit. A 7 B 16 C 46.
225 Stercus olet fetidum, quo plus uertendo mouetur. V 203.
Sub nive quod tegitur, dum nix perit, inuenietur V 72.
* Sunt auscultandis aures, non ora loquendis. A 87.
Sunt tria dampna domus: imber, mala femina, fumus. V 88.
Sus magis in cęno gaudet quam fonte sereno. V 14.

230 Tam mala res nulla, quin sit quod prosit in illa. A 89.
Tangentem cacabi maculat fuligo uetusti. A 76 B 2 C 50.
Turpis auis, proprium qui fędat stercore nidum. V 4.

Uersa sit aduersum tua semper penula uentum. A 35.
* Uir constans, quicquid cępit, implere laborat. V 97.
235 * Uir prudens sacco nunquam faciet fora clauso. V 31.
Uitat maiora sapiens post dampna minora. V 101.
* Uix homo ditatur qui per loca multa uagatur. V 49.
Uix repedare, tamen mendis potes ire per orbem. A 80.
Unde homo consuescit, uix unquam linquere nescit. B 46.
240 * Urso qui fixit semel oscula, uix fore dixit. A 19.
Uxor erat qualis, herbarum coctio talis. B 25 A 11.

XXVIII.

LIEBESGRUSS.

Dic *sodes* illi nunc de me corde fideli
Tantundem liebes, veniat quantum modo loubes,
Et volucrum wunna quot sint, tot die sibi minna;
Graminis et florum quantum sit, die et honorum.

XXVIIIb.
SPOTTVERS.

Liubene ersazta sine grůz
unde kab sine tohter ůz.
tô cham aber Starzůdere,
prâhtą imo sina tohter nuidere.

XXIX.
EIN LEIS.

A.
Christe ginâdô! Kyrie eleison.
helfen uns alle heiligon! Kyrie eleison.

B.
Crist uns genâde! Kyrie eleison.
die heilegen alle helfen uns! Kyrie eleison.

XXX.
HIMMEL UND HÖLLE.

Diu himilisge gotes burg
diu ne bedarf des sunnen
noh des mânskimen
dâ ze liehtenne.
in irę ist der gotes skimo
der si al derliuhtet
in gemeinemo nuzze.
daz ist in eben allen
al daz si wellen.
dâ ist daz gotes zorftel,
der unendige tag,
der burge tiure liehtfaz.
Diu burg ist gestiftet
mit aller tiuride meist
ediler geistgimmôn,
der himelmeregriezzôn.
der burge fundamenta,

die portae joh die mûre,
daz sint die tiuren steina
der gotes fursthelido
und daz eingehellist
aller heiligône here,
die der tugentlicho
in heiligemo lebenne
demo burgkuninge
ze vursten gezâmen.
Siu stât in quâderwerke:
daz ist ir êwig stift,
unde sint ouch dâr ane
errekket alle gotes friunt
die der hânt ervullet
diu vier êvangelia
in stâter tugent regula,
in gelîchimo einmuote.
Siu ist in iro strâzzon
daz rôtlohezônte golt.
daz meinet daz dâ vurstesôt
diu tiure minna uber al,
der goteliche wîstuom
mit allemo wolewillen.
Siu ist in goldes scôni
samo daz durhlichte glas
alliu durhscouwig
joh durhlûter.
Dâ wizzen al ein anderen
unvertougenlîcho
die himilisgen erben
die die burg bûent
in durhskônen tugindan,
ân aller missetâte pflega.
Dâ rîchisôt diu minna
mit aller miltfrowida
und aller tugidône zala
mit stâten vrasmunde.
dâ verselet diu wârheit
daz alte gedinge.

dâ nimet diu gelouba
ende aller ir geheizze.
Dâne habet resti
der engilo vrôsank,
daz suozze gotes wunnelob,
diu geistliche mendi,
der wundertiuro bimentstank
aller gotes wolôno.
dâ ist daz zieriste here
allez in ein hel.
daz dienest êwent sie
mit senftemo vlîzze.
Dâ ist des frides stâtî,
aller gnâdône bû.
Dâ ist offen vernunst
allero dingo.
al gotes tougen
daz ist in allez offen.
sie kunnen alle liste
in selber wârheite;
derne habent sie âgez:
der huge in ne wenket.
in ist ein alterbe,
eines riches ebenteil.
Da ist alles guotes ubergenuht
mit sichermo habenne,
der durnohteste trôst,
diu meiste sigêra.
dâ nist forehtône nieht,
nichein misschebeda.
dâ ist einmuoti,
aller mamminde meist,
der stilliste lust,
diu sichere râwa.
da ist der gotes friundo
sundergibiuwe.
dâ nist sundône stat,
sorgôno wizzede.
dâ nist ungesundes nieht.

heile meist ist dâr.
der untriuwen âkust
der ne taret dâr nieht.
Dâ ist diu veste wineskaft,
aller sâlidôno meist,
diu miltiste drûtscaft,
die kuninglichen êra,
daz unerrahliche lôn,
daz gotes ebenerbe,
sîn wunniglich mitewist,
diu lussamiste anesiht,
der sîner minnône
gebe tiuriste.
Daz ist daz hêreste guot
daz der vore gegarawet ist
gotes trûtfriunden
mit imo ze niezzenne
iemêr in êwa.
Sô ist taz himelriche
einis teilis getân.
 In dero hello
dâ ist dôt âne tôt,
karôt unde jâmer,
al unfrouwida,
mandunge bresto,
beches gerouche,
der sterkiste svevelstank,
verwâzzenlich genibile,
des tôdes scategruoba,
alles truobisales waga,
der versweleheute loug,
die wallenten stredema
viuriner dunste,
egilich vinster,
diu iemêr êwente brunst,
diu vreissamen dôtbant,
diu betwungeniste phragina,
claga, wuoft âne trôst,
wê âne wolun,

XXX

wizze âne resti,
aller wênigheite nôt,
diu hertiste râcha,
der handegôste ursuoch,
daz sêrige elelentduom,
aller bittere meist,
kâla âne vriste,
ungenâdône vliz,
uppigiu riuwa,
karelich gedôzze,
weinleiches ahhizôt,
alles unlustes
zâlsam gesturme,
forhtône biba,
zano klaffunga,
aller wêskreio meist,
diu iemêr werente angest,
aller skandigelich,
daz scamilicheste **offen**
aller tougenheite,
leides unende
und aller wêwigelich,
marter unerrahlich
mit **allem** unheile,
diu wêwigliche haranskara,
verdamnunga swereden
âne alle erbarmida,
iteniuwiu sêr
âne guot gedinge,
unverwandellich ubei,
alles guotes âteil,
diu grimmigiste heriscaft,
diu viantliche sigenunft,
griulich gesemine,'
der vûlida unsûbrigheit
mit allem unscône,
diu tiuvalliche anesiht,
aller egisigilich,
alles bales ummez,

diu leitliche heima,
der helle karkâre,
daz richiste trisehûs
alles unwunnes,
der hizze abgrunde,
unbigebenlich flor,
der tiuvalo tobeheit,
der ursinnigliche zorn
und aller ubelwillo,
der ist dâ verlâzen
in aller âhtunga vliz
und in alla tarahafti
dero hella erbon,
âne zites ende,
iemêr in êwa.
Sô ist taz helleriche
einis teilis getân.

XXXI.
EZZOS GESANG
VON DEN WUNDERN CHRISTI.

Der guote biscoph Guntere vone Babenberch,
der hiez machen ein vil guot werch:
er hiez die sine phaphen
ein guot liet machen.
eines liedes si begunden:
want si diu buoch chunden.
Ezzo begunde scriben,
Wille vant die wise.
duo er die wise duo gewan,
duo îlten si sich alle munechan.
von êwen zuo den êwen
got gnâde ir aller sêle.
Ich wil iu eben allon
eine vil wâre rede vor tuon
von dem minem sinne
von dem rehten anegenge,
von den genâden alsô manechvalt
die uns ûz den buochen sint gezalt,

— XXXI —

ûzzer genesi unt ûz librô rêgum,
der werlt al ze genâden.
Die rede die ich nû sol tuon,
daz sint die vier êwangeljon.

In principio erat verbum.
daz was der wâre gotes sun.
von dem **einen** worte
bequam **trôst al** der werlte.
o lux **in tenebris**,
dû **hêrre**, dû der samet uns bist,
dû **uns daz** wâre lieht gibest;
neheiner **untriwe** dûne phligist.
dû gâbe **uns einen** hêrren,
den **scholte wir wol** êren.
daz was **der** guote suntach:
necheines werches erne phlach;
ube wir *den behielten*,
wir pardyses gewielten.

Got mit sîner gewalt
der **wurchet** zeichen vil manechvalt.
der **worhte den** mennischen einen
ûzzen von aht teilen.
von dem leime gab er ime daz fleisch.
der tou bezeichenit den sweiz.
von dem steine gab er ime daz bein:
des nist zwivil nehein.
von den wurcen gab er ime die âdren.
von dem grase gab er ime daz hâr.
von dem mere gab er ime daz pluot,
von den wolchen daz muot.
duo habet er ime begunnen
der ougen **von der** sunnen.
er verlêh ime sînen âtem,
daz wir ime den behielten,
unte sînen gesin
daz wir ime imer wuocherente sin.
  Wârer got, ich lobe dich.
ein anegenge gihich an dich.
daz anegenge bistû, trehtin, ein:
jane gihich anderez nehein,
der erde joch des himeles,
wâges unte luftes

                unt alles des iener ist
40   lebentes unte ligentes:
                daz geschôphe du allez eino.
                dûne bedorftest helfere dar zuo.
                ich wil dich ze anegenge haben
                in worten unt in werchan.

2   Got, dû scuof allez daz ter ist:
                âne dich nist niewiht.
                ze jungest scuofe dû den man
                nâh dinem bilde getân,
5   nâh diner getâte,
                sô dû gewalt hâte.
                dû bliese im dinen geist in,
                daz er êwich mohte sin,
                noh erne vorhte den tôt,
10   ub er behielte dîn gebot.
                zâllen êren scuofe dû den man:
                dû wessest wol den sinen val.

                Duo gescuofer ein wip:
                si wâren beidiu ein lip.
15   duo hiez er si wisen
                zuo dem vrônem paradyse,
                daz si dâ inne wâren,
                des sinen obses phlâgen,
                unt ub siu daz behielten,
20   vil maneger gnâden si gewielten.
                die genâde sint sô manevalt,
                sô si an den buochen stânt gezalt,
                von den brunnen
                die in paradyse springent:
25   honeges rinnet Gêôn,
                milche rinnet Visôn,
                wines rinnet Tigris,
                oles Eufrâtes.
                daz scuofer den zwein ze genâden,
30   di in paradyse wâren.

3   Wie der man getâte,
                dès gehuge wir leider nôte.
                dur des tiefelles rât
                wie schier er ellente wart!

vil harte gie diu sin scult
über alle sine afterchunft.
duo wurde wir alle gezalt
in des tiefelles gewalt.
vil michel was diu unser nôt.
do begunde richisôn der tôt,
der helle wuohs der ir gewin:
manchunne allez vuor dar in.

Duo sich Âdam geviel,
duo was naht unte vinstri.
do irsceinen an dirre werlte
die sternen hire zite,
die der luzzel liehtes bâren,
sô bereht sô si wâren.
wànte sie beschatewôta
diu nebelvinstere naht
diu von dem tiefel bechom,
in des gewalt wir wâron,
unze uns erscein der gotes sun,
wârer sunno von den himelun.

Der sternen aller iegelich
der teilet uns daz sin lieht.
sin lieht daz gab uns Âbel,
daz wir durch reht ersterben.
duo lêrt unsih Enôch
daz unsriu werch sin elliu guot.
ûz der archâ gab uns Nôê
ze himele reht gedinge.
duo lêrt unsih Abrahâm
dàz wir gote sin gehôrsam,
der vil guote Dâvid
wider ubele sin genâdich.

Do irscein ze jungiste
Jôhannes Baptista,
dèmo morgensternen gelich:
der zeigôte uns daz wâre lieht;

     5   der der vil wârliche was
          uber alle prophêtâs;
          der was der vrône vorbote
          von dem geweltigen gote.
          duo rief des boten stimme
    10   in dise werltwuostinne:
          in spiritu Eliç
          er ebenôt uns den gotes wech.

7ˊ   Duo die vmf werolte alle
          gevuoren zuo der helle
          unt der selbsten ein vil michel teil,
          do irscein uns allen daz heil.
     5   done was des langore bite,
          der sunne gie den sternen mite.
          do irscein uns der sunne
          über allez manchunne,
          in fine seculorum:
    10   do irscein uns der gotes sun
          in mennisclicheme bilde:
          den tach brâht er von himele.

8   Duo wart geboren ein chint,
          des elliu disiu lant sint,
          dèmo dienet erde unte mere
          unte elliu himelisciu here;
     5   den sanctâ Mariâ gebar:
          des scol si iemer lop haben.
          wànte si was muoter unte maget,
          daz wart uns sit von ir gesaget;
          si was muoter âne mannes rât:
    10   si bedachte wibes missetât.
          diu geburt was wunterlich
          demo chinde ist nieht gelich.

9   Duo trante sih der alte strit:
          der himel was ze der erde gehit.
          duo chômen von himele
          engilo ein michel menige.

  duo sanch daz here himelisch
  gloria in excelsis.
  wie tiure guot wille si,
  daz sungen si sâ derbî.
  daz was der êreste man
  der sih in sunden niene bewal:
  daz chint was gotes wisheit,
  sìn gewalt ist michel unte breit.

10 Duo lach der riche gotes sun
  in einer engen chrippun.
  der engel meldôt in dâ:
  die hirte funden in sâ.
  er verdolte daz si in besniten:
  do begienger ebrêiscen site.
  duo wart er circumcisus.
  duo nanten si in Jêsus.
  mit opphere lôst in diu maget:
  dèsne wirt von ir niht gedaget.
  zwô tûben brâhte si fur in:
  dur unsih wolt er armer sin.

11 Antiquus dierum,
  der wuohs unter jâron:
  der ie âne zît was,
  ûnter tagen gemêrter sin gewahst.
  duo wuohs daz chint edila:
  der gotes âtem was in imo.
  do er drizzich jâr alt was,
  des disiu werlt al genas,
  duo chom er zuo Jordâne:
  getoufet wart er dâre.
  er wuosch ab unser missetât:
  neheine er selbe niene hât.

    den alten namen legite wir dâ hine:
    von der toufe wurte wir alle gotes chint.

12 Sâ duo nâh der toufa
    diu gotheit sih oucta
    daz was daz êrste zeichin:
    vón dem wazzer machôt er den win.
 5 drin tôten gab er den lîb.
    von dem bluote nert er ein wîb.
    die chrumben unt die halzen
    die machôt er ganze.
    den blinten er daz lieht gab.
10. neheiner miete erne phlach.
    er lôste mangen haften man:
    den tievel hiez er dane varen.

13 Mit finf prôten satôt er
    vinf tûsent unte mêr,
    daz si alle habeten genuoc:
    zwelf chorbe man danne truoc.
 5 mit fuozzen wuot er uber fluot:
    ze den winten chod er 'ruowôt.'
    die gebunden zungen
    die lôst er dem stummen.
    ér ein wârer gotes prunno,
10 dei heizzen vieber lascht er duo.
    diu touben ôren er intslôz.
    suht von imo flôh.
    den siechen hiez er ûf stân,
    mit sînem bette dane gân.

14 Er was mennisch unte got.
    alsô suoze ist sin gebot:
    er lêrt uns diemôt unte site,
    triwe unte wârheit dirmite,
 5 dâz wir uns mit triwen trageten,
    unser nôt ime chlageten:
    daz lêrt uns der gotes sun
    mit worten jouch mit werchun.
    mit uns er wantelôta
10 driu unte drîzich jâr,

durch unser nôt daz vierde halp.
vil michel ist der sin gewalt:
siniu wort wâren uns der lîp;
durch unsih alle erstarb er sît,
er wart mit sînen willen
an daz crûce irhangen.

15 Duo habten sîne hente
die veste nagelgebente.
galle unt ezzich was sîn tranch.
sô lôst uns der heilant.
von sîner sîten flôz daz pluot:
des pir wir alle geheiligôt.
inzwischen zwên meintâtun
hiengen si den gotes sun.
von holze huob sih der tôt:
von holze geviel er, gotelop.
der tievel ginite an daz fleisc:
der angel was diu gotheit.
nû ist ez wol irgangen:
dâ an wart er gevangen.

16 Duo der unser êwart
also unsculdiger erslagen wart,
diu erda irvorht ir daz mein,
der sunne an erde niene scein,
der umbehanc zesleiz sich al,
sînen hêrren chlagete der sal,
diu greber tâten sih ûf,
die tôten stuonden dar ûz
mit ir hêrren gebote:
si irstuonten lebentich mit gote.
die sint uns urchunde des
daz wir alle irstên ze jungest.

17 Von der Juden slahte
got mit magenchrafte,
diu helleslôz er al zebrach.

duo nam er dâ daz sîn was,
daz er mit sînem bluote
vil tiure chouphet hâte.
der fortis armatus
der chlagete duo daz sîn hûs,
duo ime der sterchore cham:
dèr zevuorte im sîn geroube al.
er nam imo elliu sînû vaz,
dèr er é sô manegez hie besaz.

18 Er wart ein teil gesunterôt
ein lucel von den engilon.
ze zeichene an dem samztage
daz fleisc ruowôte inemo grabe,
unt an demo dritten tage
duo irstuont er vonemo grabe.
hinnen vuor er untôtlich.
after tôde gab er uns den lip,
des fleisches urstente,
himelriche ân ente.
nû richesôt sîn magenchraft
über alle sîne hantgescaft.

19 Daz was der hêrre der dâ cham
tinctis vestibus von Bosrâ,
in pluotigem gewâte,
durch unsih leit er nôte,
vil scône in sîner stôlâ,
durch sînes vater êra:
vil michel was sîn magenchraft.
über alle himelisc hêrscaft,
uber die helle ist sîn gewalt,
michel unte manicvalt.
in bechennent elliu chunne
hie in erde joch in himele.

20 Ditze sageten uns ê
die alten prophête.
duo Âbel brâhte daz sîn lamp,

duo hiet er disses gedanc,
unt Abrahâm daz sin chint,
duo dâhter her in disen sin,
unt Môyses hiez den slangen
in der wuostunge hangen,
daz die dâ lâchen nâmen
die der eiterbiszic wâren.
er gehiez uns nâh den wunton
an dem crûce wârez lâchenduom.

21 Duo got mit siner gewalt
sluoch in égyptisce lant, —
mit zehen blâgen er se sluoch, —
Môyses der vrônebote guot,
er hiez slahén ein lamb:
vil tougen was der sin gedanc.
mit des lambes pluote
die ture er segenôte,
er streich ez an daz uberture:
der slahente engel vuor dâ vure.
swâ er daz pluot ane sah,
scade dâ inne nien geseah.

22 Daz was allez geistlich,
daz bezeichnôt christenlîchiu dinc:
der scate was in hanten,
diu wârheit ûf gehalten.
duo daz wâre ôsterlamp
chom in der Juden gwalt
unt daz opher mâre
lâg in crûcis altâre,
duo wuoste der unser wîgant
des alten wuotrîches lant:
den tievel unt al sin here,
dén versualh daz rôte toufmere.

23 Von dem tôde starp der tôt.
diu helle wart beroubôt,
duo daz mâre ôsterlamp

fur unsih geopheret wart.
5   daz gab uns friliche vart
in unser alterbelant,
beidiu wege unte lant,
dar hab wir geistlichen ganc.
daz tagelîche himelprôt;
10 der gotes prunno ist daz pluot:
swâ daz stuont an dem uberture,
der slahente engel vuor dâ fure.

24 Spiritalis Israel,
nû scowe wider dîn erbe.
wante dû irlôset bist
de jugo Pharaonis.
5   der unser alte viant
der wert uns daz selbe lant,
er wil uns gerne getaren:
den wec scul wir mit wige varen.
der unser herzoge ist sô guot:
10 ub uns ne gezwivelôt daz muot, —
vil michel ist der sin gewalt, —
mit im besizze wir diu lant.

25 O crux benedicta,
aller holze beszista,
an dir wart gevangan
der gir Leviâthan.
5   lip sint dîn este, wante wir
den lib ernereten ane dir.
jâ truogen dîn este
die burde himelisce.
an dich flôz daz frône pluot.
10 dîn wuocher ist suoz unte guot,
dâ der mite irlôset ist
manchunn allez daz der ist.

26 Trehtin, dû uns gehieze
daz dû wâr verlieze.
du gewerdôtost uns vore sagen,

swenn dû wurdest, hêrre, irhaben
vôn der erde an daz crûci,
dû unsih zugest zuoze dir.
dîn martere ist irvollôt.
nû leiste, hêrre, dîniu wort.
nû ziuch dû, chunich himelisc,
ûnser herze dar dâ dû bist,
daz wir die dîne dienestman
von dir ne sîn gesceidan.

27 O crux salvatoris,
dû unser segelgerte bist.
disiu werlt elliu ist daz meri,
min trehtin segel unte vere,
diu rehten werch unser seil:
diu rihtent uns die vart heim.
der segel, der wâre geloubo,
der hilfet uns der wole zuo.
der heilige âtem ist der wint,
der vuoret unsih an den sint.
himelrîche ist unser heimuot,
dâ sculen wir lenten, gotelob.

28 Unser urlôse ist getân.
des lobe wir got vater al,
unt loben es ouch den sînen sun
pro nobis crucifixum,
dêr dir mennisce wolte sîn:
ûnser urteile diu ist sîn.
daz dritte der heilige âtem,
der scol *uns* ouch genâden.
wir gelouben daz die namen drî
éin wâriu gotheit sî.
also unsih *vindet* der tôt,
sô wirt uns gelônôt.
dâ wir den lîp nâmen,
dar widere scul wir. Âmen.

XXXII.
MEREGARTO.

1ᵃ do er derda unt daz mere giskiet,
 doni liez er sj âna uuazzer nieht.
 Ûz der erda sprungan
 manigslahte prunnen,
5 manig michiler sê,
 in hôhe unt in ebene,
 wazzer ginuogiu,
 dei skef truogin,
 dei diu lant durhrunnen,
10 manigin nuz prungin,
 der dâ kûme wâre
 ubiz an skiffe dar nichâme.
 michili perga
 skinun do an der erda.
15 die sint vilo hôh,
 habant manigin dichin lôh,
 daz mag man wunteran
 daz dâr ie ieman durh chuam.
 dâ mit sint dei riche
20 giteilit ungelichi.

 Nû sage uuir zêrist De Mariś Diuersitate.
 sonnemo mere sô iz ist.
 daz nist nieht in ieglichere stete
1ᵇ al in einemo site.
25 nâh ieglichemo lante
 wân iz sinen sito wente,
 nâh ieglicher erda
 uuân iz fara uuerda.
 Der fone Arâbîâ
30 verit in sinem werva,
 der, chuit man, vara
 uber daz rôta mere;
 des griez si sô rôt

— XXXII —

als ein minig unt ein pluot.
35   indes unt diu erda gât,
sô dunchit daz mere rôt.   **De lebirmere.**
Ein mere ist giliberôt
in demo wentilmere westerôt.
sô der starche wint
40   giwirffit dei skef in den sint,
ni magin die biderbin vergin
sih des nieht iruuergin,
sini muozzin folevaran
unz in des meris parm.
45   **ah, ah denne!**
sô *ni* **chomint si danne.**
sini welle got lôsan,
sô muozzin si dâ fûlon.
Ih uuas zÛztrehte
50   in urliugefluhte.   **De Reginperto epo.**
uuant wir zuêne piskoffe hêtan,
die uns menigiu sêre tâtan.
duone maht ih heime wese,
skuof in ellente min wese.
55   Duo ih zÛztrichte chuam,
dâ vand ih einin guoten man,
den vili guoten Reginpreht.
er uopte gerno allaz reht.
er was ein wisman,
60   sô er gote gizam,
ein erhaft pfaffo
in aller **slahte guote.**
der sagata mir ze uuâra,
sam andere gnuogi dâra,
65   er wâre givarn in Îslant,
da'r michilin rihtuom vant,
mit melwe jouh **mit** wîne,
mit holze erline:
daz choufent si zi fiure.
70   dâ ist wito tiure.
dâ ist alles des fili
des zi râta triffit unt zi spili,

ni wana daz dâ ni skinit sunna:
sie darbint dero wunna.
75 fon diu wirt daz is dâ
zi christallan sô herta,
sô man fiur dâr ubera machôt,
unzi diu christalla irgluot.
dâ mite machint si iro ezzan
80 unte heizzint iro gadam.
dâ git man ein skît erlîn
umbe einin phenning.
dâ mite . . . . .

*

2ᵃ Daz ih ouh hôrte sagan,
daz ni willih nieht firdagin,
daz in Tuscâne
rinne ein wazzer scône
5 unt sih daz perge
an ein wisin unter derda,
unte man sin sô manga
uuola zehen juche lenga.
An daz selbo velt
10 sluogin zuêne hêren ir gizelt,
die manigi zîte
uuârn in urliugis strite.
Duo si des wurtin sat,
duo sprâchin si einen tag,
15 daz siz suontin,
mêra andere nihônten.
Dâ daz uuazzer unter gie,
ein samanunga nidar viel:
diu endriu irbeizta,
20 da'z uuidar ûz uuâzta.
Dâ gieng ein man,
uuolt dâ bi giruouuan:
der vernam al die râte,
die doberan tâtan.

XXXII

²⁵ Duo erz rehto vernam,
duo gier zi demo hêrran,
er sagtimo gisvâso
dero viante gichôsi.
Er bat in sîn stillo,
³⁰ hiez in iz nieht meldin,
unte gie mit an die stat
dâ er ê eino lag,
unte vernam selbo
dero viante gechôse.
³⁵ Ûf scoub er den tag,
lobtin wider an die selbin stat,
legta sich mit den er uuolta
an des uuazzeres ûzpulza.
nâh diu si dâ firnâman,
⁴⁰ die suona si frumitan. —
daz ist ouh ein wunter,
daz scribe wir hier unter.

 Ein prunno wiz pî Rôme
springit vili scône.
⁴⁵ demo dei ougin sêrezzin,
der fli si dâr mite nezzin:
uber churze stunte
sint si imo gisunte.
In Môrlant ist ein sê,
⁵⁰ der machôt den lib scône:
der sih dermite bistrichit,
diu hût imo glizzit.
Allesua ist ein prunno,
der machôt suozze stimma.
⁵⁵ der danne heis ist,
gitrinchit er sîn einist,
er singit sô lûto,
deiz wunterint dei liuto.
Sumelih prunno
⁶⁰ irleidit winis wunne.
zeinem urspringe
chuit man zuêne rinnen,
suer des einin gisuppha,

2ᵇ   daz der ibilo gihukka;
65   der ava des anderen gileche,
            daz der niehtes irgezze.
            man chuit, ouh si ein prunno
            dâ man abe prinne
            fone huorgiluste,
70   inbizzers so inen durste.
            ouh si, sagant maniga,
            ein wazzer in Campâniâ:
            nieman si sô umbâra,
            gitrinchit er dâra,
75   iz si wîb ode man,
            si megin sâ chindan.
            die gihalten uuellent iro giburt,
            die buozzint dâ den durst.
            zuêne prunnen in Siciliâ,
80   chumit dara zuo charl odą winiga
            unte choren di des einin,
            soni durflins chindes menden:
            an demo anderen
            magin siu chint wuocheren.
85   Ouh sint zuô aha
            unte in gelichimo pada:
            diu eina ist dâ sô guot
            daz si daz skâf wiz machôt;
            ab dem andren iz suarz uuirdit,
90   ub iz in ofto trinchit.
            uuerdent si gimiscit
            unte iz dâr mite gitrenchit,
            sô chodint si, diu wolla
            irsprechila mittalla.
95   In Idûmêâ
            chuit man ouh si ein aha,
            diu uuantele die varauua
            des jâres vier uuerba.
            dri mânôt ist si truoba,
100   dri ist si grasegruona,
            dri ist si pluotvara,
            dri lûtter alagaro.

Allesvâ ist ein sê,
der *chuit man* uuerde
drio stunt sô bitter
ê der tag uuerda tunker;
after diu ist er in munde
suoz unte lindi.
In Sardiniâ
ni sint nicht diebe manega.
daz ist fone diu
unte ih sage iu,
daz ein prunno dâ springit,
dei ougin er erzinit;
der ouh iewiht firstilit,
porlanga erz *nieni hilit*:
gisuerit er meinnes
unte gitrinchit er sin einist,
daz gisûne er sô fliusit,
daz er noh sâ uuegiskimen chûsit.

*

XXXIII.
FRIEDBERGER CHRIST UND ANTICHRIST.

A*   cristes genas. vn iduch sint mage*d* was. dv
     suna   : : : : :   : : : :   dv :û es waren
     go*d*es   : daz querder was dv *mennescheit*. der
              :   al : : : :   ich   der in daz
     m   :   himelisca *here*. mit
     m :   *wart gevangan*. der nidigo leviathan.
     D*o quam der*   *man der* vns
        was geheizan den *di* „*pphetun* . gewissaget
        adun . do irskein *der*   man . der „*pphetiâ*
        l : ewan . Johannes *bapt*' er luthet vns wer
        xpō . g : : :   : en . der da geit
        wa :   d fro daz himel
        : : : :   : steiga ritthan.
        :: : :   ·in *wv*stenunga
        do irskei*n*   ano . un : *lutheda* ob'
        alle di lant. de: brath uns der heilant.

— XXXIII —

        A^{LS} iz do g : : : : d :   engel
        : : : : : : : :   gab^rel . *der* ward
        : ere   *bodesc*af van himele.
20   : : : : : : : : : :   sprach ave Maria
        : : : : : :   : : mit wordun.
        : : l : : a   *du salt* gebe^rn einen

A^b   sun. der do weldet alles. der erdun ioch des hi
    meles. al :alle
    beda. so
    dun war
5   nen. er l
    N^v scrib
    sta w
    cheran b
    wort iun
10 man. der
    ane alle
    lip. von
    megede.
    er under
15 derlich. v
    get vns d
    N^v sole
    irwel
    do got w
20 ir brusten
    vñ magen
    in ir mod

*

B^a   D^{ES} himels   am daz silber
                                    daz golt

*

B^b   und si gigen: : : : te : : ierlīn . da di marde
    la solda irgen . *da*rinne er getuwalda als er
    selbe *wolda.*

*

d : : :
15 an einemo abende iz geskah
: : : daz er sprach . hi under uch ist
iman. der mir des libes verban. : : : : :
: : : : s versalt . in miner v : : : : : : : :

C*   bot.
Mir : : echet daz ich e : :
: : : : : : e : van willun.

Dô der unser hêrro
5 van sines selbes sêre
alsô vil gesageda,
wie diefo er si maneda
daz si vil wola gehugeden
daz er mit in geredede.
10 bit demo brach er daz brôt.
demo armen Jûde er iz bôt.
er stact iz imo in sinen munt.
dû stûnd er ûf sâ zustunt
van unses hêrren merde.
15 er ileda vil harddo
zû der ungedrûuen diet,
als imo der dûvel gerit.
dâ verkoufder . . .

C^b noch sunda enkeine nine hâd,
neweder êrre mâl noch sint
necheinû sô suntlichû dinc.

Dû judêiscû diet,
5 sine woldun sunda forjên nit.
dô sûchden si den heilant
mit maneger vackelun inbrant.
si gingen redende under in
daz si sin ninerkanden.
10 er sprach ' iu . . . .
. . . .
. . . . . nesam,

erne mach uns nit wola ingân.
vil retiho zoigen ihc in ûch.
15   durch daz ne zuwivelô...'

Dᵃ '..... geban
cen unsen ôsterlichen dagen,
der heizet Barrabân:
den lâzen wir gesunt gân.
5   Sich vermaz Jhêsus,
cebrêche wir daz godes hûs,
er wolde iz eino geberôn,
biz an des driden dages fruo.
ouch sprach er wêre godes sun.
10 wi motther immer wirs gedûn?
di......'

Dᵇ an daz crûci si dô slûgun
den Jhêsum van Nazarêt,
als dâ gescriban steit:
si sprâchun daz er wêre
5   ein rex Judêôrum.
si dâden imo manec idewiz,
si nâmen gallun unde ezzich,
si drankdun in bit nide.
si hizen in nider stigan.
10 si sprâchun 'obe du got sist,
so genere selbo dinen lip.'
under in si geriedun
zvêne.....

Eᵃ ..... velsteina,
di spieldun von der meine.
di graber sich indâdun:
dâ stûnden ûf di dôdun
5   lebendic vor Criste
zû der lûdo gesihte.
di vor manegen jârun
dâ begraben wârun,
di erskinun after dôde

cen ôsteren vrôno
in demo vrône dûme,
da erkanden si genûge.
ouch sahc man si aftder wege gên
in der burc zû Jersalêm.
di sint dâ wâr urkunde
der unser ûfferstende.

Dô was sô hêre genant
der Juden ôsterâbant,
daz si di nath ne wolden haben
necheinan dôdun umbegraban.
der hêrro Jôsêph dô bat
dàz man imo den lichamun gab.
Nicodêmus bit imo was
dâ in der vr . . .

E^b   . . . . . dûne jêhe
daz er ûf irstanden wêre.'

Dô was der waldende got
unskuldec gemardelôt.
àlser von demo crûce wart erhabun
undç er gelac in demo grabe,
dô ruowedą after dôde
der sanctus sanctôrum
biz an des dridden dages cit.
dû sêla wekkeda den lîb,
der engel wolcedą aba den stein.
dane was der wetthero nechein
di dâ behilden iren sin:
sô engeslich ward iz under in.
dô stûnd er ûf van demo grabe
fruo an einimo sunnendage
undôtlicho:
er gehiz uns sin riche
immer ân ende,
daz unser alterbe.

Des grabes wiseden dô
an demo morgene *fruo*

F* '*ir ne sult zvi*velen:
er ist in Galiléâ,
gewisso vindent *ir in* dâ.'
Dû wib gingin dannen vrô.
5 daz mére cunten si dô.
si sprâchun zû den hé*rr*en
'ir gêt in Galyléam,
dâ sêt ir Cristen r*iche*
irstanden godelîcho.'
10 Mariâ in dô sa*geda*
dâz sû dâ gesehen habeda,
daz wâr urcunde
siner ûferstende,
den stein gewe*l*cet vanemo grabe:
15 der engel hûdda dar obe.
vil hardo frûweden sî sich.
iz was *in* doch zvivelich.
dô îleden iro zvêne,
sô *si* meist mohten bêde.
20 Jôhanne zouwede baz,
wander der jungero was.
Péter lif in daz g*rab*.
si sâhan daz dar inne lach,
s*i wr*den bêde vil vrô:
25 in demo sepulchrô,
dâ *fu*nden si *daz* sûdârium:
erstanden was der godes *sun*.

Do irskein der unser hérro
Mar*ie* Magdaléne,
30 der grôzen sundâre*nne*
di ine mit ir drênen
twuoc sîne vûze.
dô wrden iro verlâzen
di manege mis*sedâte*
35 di sû gefrumet hâda

   mit werltlicher minne:
   er hiz si wesen reine,
   di sibundůvelhafda.
F^b sů ....
40 ...... sihc di frouwen
   aller erest beskouwen
   nåch siner mardelungun
   in der geistlicher wnnun.
   daz det er uns zů liebe,
45 wand uns van den wibe
   geskahc daz eriste leit,
   des wir inohe duldent arbeit.

   Des selben dages er irskein
   sinen jungeren zvein.
50 er ginc in demo gewande
   daz si sin ninerkanden.
   er vrågeda waz då mere
   in Jersalem were,
   daz si sihc missehebedeu.
55 Cleophas imo dó sageda
   daz Jhesus der mero
   då irslagen were
   unde urstanden ůf van demo grabe,
   der aller besto wissago
60 der in di werlt quême,
   (ob er des nine verneme?)
   ein so gewaldeger man.
   si bådun in bit in gån
   in Emmåus daz castil.
65 dó ginc er in ritthe bit in.
   daz dó were irvullet
   di alden urkunde.
   er sageda van dem bouche
   vil manege reda diefe.
70 uber dische er dó mit in gesaz,
   sine benedictió er sprach,
   er brahc in beiden daz bròt:
   do irhugeden si sich durch nòt.

an siner alden lêra,
so irkanden si ir hêrren,
(daz scribet sanctus Lûcas,)
daz er dâ menslîcho was.

Do gesâhen in in Galilêâ
der siner jungerun mêra.
inmittun stuont under în
der himelisco drathin,
irstanden after dôde.
dô sprahc er 'pax vôbis'.
vil harddo irquâmen si silic.
er sprahc 'nû grîfent ane mihc.
ihc haben fleisc unde bein:
daz ne hât der geisto nechein.
ir scouwet mîne wndun
an vûzen johc an handun,
di ihc durh ûhc erliden haben,
johc hôrddent iriz hî vorasagen
als ir nû gesehan habent.'
er frâgeda obe si iewet hêttin,
dês er ezzen wolde samet in.
si gâben imo gewisso
brôd unde viscba:
beidû er dranc unde az.
daz deder allaz umbe daz
daz si irkenden desde baz
daz er menscho unde got was.

Thôme si dô sagedun
daz si in gesehan habedun
in alle wis undôtlih.
daz dûth in ungeloublich.
sine motthen imo nit gewêren
daz er ûf erstanden wêre,
erne skine in der selben nôt
als er wart gemardelôt
sô iz in einemo hûs gescahc
daz Thômas den hêrren sahc

beslozenen duren in gàn:
daz ouch di andere ane sàn
dô sprach der wâre godes sun
'pax vôbiscum.'
115 dô grûzder sine jungerun
unde zoued in sine wndun.
Sine offene sidden
Thômam hiz er griffen
mit sinen vingeren drin.
120 dô gloubeter elleclicho an in,
daz er was unverwandelôt
sin hêrro unde sin got.
iz wart allaz umbe daz gedân
dâz me necheinen zwivel dorfen hân.

125 Eines morgenes fruo,
dô Pêter in dem mere vuor
unde andere di hêrrun
di mit imo wârun,
Ir meister si gesân
130 dâ ûze in demo staden gân.
er frâgedą obe si iwet vingen
oder wes si sich begingen.
si sprâchen zuwâre
dâz si alle dise nath wêren
135 mit arbeiden dar an,
daz sine motthen nit gevân.
er hiz si cesewenthalb iro
daz nezce werfan in daz mere,
daz si dû baz irkanden
140 daz er wêre samet in.
der visco gesletthe
vingen si dô in ritthe
vunfzuc unde cehenzuc
(des hân wir urkunde noh)
145 unde driero mêra,
II* di beceichenen di lêra.
daz neze iduhc nine brast.
Pêter an daz ûver spranc:

6*

si fleden an daz lant.
150 dô gab in der heilant
brôd unde visc gebrâdan
in sûâ kâritâte.
sinen segen gab er in dar zû.
daz imbiz nâmen si dô.
155 vil wola gedrósta er sîne kint,
daz si ne zvivelôtin sint.

Hî in ertriche er was
vìrzuc daga unde vìrzuc nath,
sint er van dôde widerwant.
160 dar nd vâr unse heilant
ûffe montem Olivéti.
alsó er gewalt hâtta,
er hiz di bodun eilive
aller dide predien.
165 er sprach 'ob . . .
. . . in . . . . .

H^b mit sinen holden rededa,
daz . . . . da
d : 11 ski : : : he.
er wor : : : . . .
5 hô in di lufde
zû der jungerun gesitthe.
di wolkun in enpfiengen.
sint sahc in dâ niemen.
imo quam ingegene
10 engilo ein michel menege
mit scónemo antfange.
si vûrdun in mit sange
zû sines vader cesewun:
dâ richeset der gotes sun.
15 Di bodun wardeden imo dâr,
biz si sin nit vorder ne sán
unde si sáhen zûzen gân
zvène jungelinga wol getân:
[di sprâchen] 'viri Galilêi,

wes wardent *ir zû* himile?
der dâ hinne veret,
er sal . . . .'

. . . êrest mâl gewinnan.
in sal dragen ein wib
hin zû der urddeilischer cit:
dû wird unsêlic.
Mit meine vûret sû ir lip.
Sû wirt unreine,
der werlde gemeine.
an iro mûz gerinnen
dû bitteristû minna,
van ubeler geluste
daz barn wirsista.
Sû muoz di daga urvullan
dâ in B*abilônia*

. . . manec geritthe
zû der lûde gesitthe.
der siner wndero ist sô vilo
daz ihne mac nohe newil
[necheinemo dumben]
nimmer [vor] gele*sen* noh gesagan,
daz er sô manege dugunt habe.
wande niman der nist sô guot,
dêmo er sine ceichen vor dûd,
erne zvivele in sinen . . . .

XXXIV.
SUMMA THEOLOGIAE.

1 Got, vater ėwich, ist daz angengi
allir guoten dingin,
dėr gibundin hàt den diuval,
des máncraft wonit ubir al:
5 su ist obini dû dine richtinti,
undin ûf habinti,
innin is sû si irvullinti,
ûzzin umbivàbinti.
dar an ist unvirwandilheit
10 àn unmûzzi und àn arbeit.

2 Ein gotis crapht in drin ginennidin,
dàz ist ouch gilàn den sėlin
di si habint [insamint] ungischeidin,
ràt gihugidi mid dim willin.
5 disi dri ginennidi
sint immir insamint woninti.
di ginâdi uns got dô virliz
dô er unsich sin àdim in blis.
dannin birin wir an der sėli
10 mid giloubin daz érlíchí gotis bilidi.

3 Got voribimeinti in disin zuein dingin
al sin lob vuri bringin,
daz er si giwaltic unde guot:
von den zuein er allû wundir dûd.
5 er ist kunic [keysir] alwaltic
und vatir woliwillic:
zi dû daz wir nôn hinnin
beidi vorchtin unde minnin,
daz wir ouch von disin dingin
10 immir mugin sagin unde singin.

4 Got alwaltig wolti irougin
sini crefti vili dougin.
der sinir wisheiti was dir ràt

mit dem er ellů dinc giworcht hàt.
er was meistir unde wercman,
sin gizůch was vil lussam.
er hiz werdin eingili,
geisti vuirîn joch vîl edili.
woli gizam den hêrin
daz sị alli vrî wêrin,
dàz sí mêrri wunni habitin,
ob sin vrîlichin lobitin.

5 Der eingil allir hêrist undir in,
Lûcifer giheizzin,
der was als ein insigili
nàch demo vrôni bilidi.
sini hêrschaf gigebin ime durch guot,
di kêriter alli in ubirmůt:
èr chot wolti sizzin nordin,
sin ebinsêzzi des hôhistin.
durh daz was er virstôzzin
mit den volginti imo ginôzzin.

6 Dô wart des nidis vatir Lûcifer
ein eingil abitrunniger.
vóni der hôhi givîl er sô nidiri,
daz er nimmir kumit widiri,
wand er virlorin hàt den willin
zallin gûtin dingin.
dô di gûtin engili al
ani sâhin den sinin val,
ziri hêrrin sî sich habitin,
vorchlîchi sin lobitin:
durch daz wart in gigebin
daz simir sulin insamint goti lebin.

7 Der selbo derdir wisi und almechtig ist,
samfti irvulter disin gibrist.
er gischûf zi der selbin heimi
Adâm ûzzir demo leimin.
dà was er arzit der wîsi,

daz wir bistûntin in pardisi.
wanti ener nôz zi der ubili
di sini hêrin edili;
got irwac dô dur ebindûri
10 dj unsir brôdj erdi widir dem vûri.

8 Al des dir mennischi bidorfti
in vimf dagin got vori worchti:
an demo sechstin dagi worchter in.
disû werilt allû wart durch in:
5 er habiti in allin gischephidôn
wunni odjr bilidi odjr herzindûm.
unsir chunftic ellendi
was er mit disin [allin] dróstinti,
daz si unsich des irmanitin,
10 daz wir heim zi der mendin hugitin.

9 Von dir érrin gischepphidi
gab er uns musilichi crefti.
emid demo steini
gab er uns gimeini
5 di herti der beini,
mid poumi grûnin
der negili chimin,
[mit demo *grasi* den vachsi
daz iz selbi wachsi,]
10 di sinni mit den vligintin
suimmintin unde cresintin,
mit den cingiliu bidrachti
di guoti von den ubuliu schidinti.

10 Von den angengin virin
got wolti den mennischin zirin.
er gammi von den vûri
gisûni vili dûri,
5 von den hôhirin luftin hôri,
von den nidirin daz er stinckin mag,
von dem wazziri gismag.
der hendi unde der vûzzi birûridi

gilizzer imo von der erdi.
er gischûf in ûffrecht, daz er ûf sehi:
dâ midi si wir gischeidin von dem vehi.

11 Dô wart zi stunt mit dem êristin man
suslich gidingi gitân,
daz er ein einwig rungi
mid demo giboti vur mankunni,
obi er den sigi irwurbi,
daz der mennischi nimmir irsturbi,
. . . .
. . . .
wanti der unsir chempho dô giweich,
leidir er unsich alli bisuêch.

12 Der engili minne und gotis huldi
virluri wir durch disi sculdi.
der thûvil wart ubir unsich giwaltig,
wir wârin zuschilis dôdis schuldig.
sith chom zi der sûni und zi dem giwegidi
sun gotis, barn der magidi:
er nam von uns di dôticheit
und gab uns di gotheit,
want er dir inzuischin woldi wesin,
von des dôdi wir alli sulin genesin.

[12ᵇ Dô der eingil durh sin ubirmuot givil,
ubir den gotis andin wart er weibil:
Âdâm zi dem giwalti gihôrti,
gnâdi gotis sith daz zistôrti.
der magidi sun wolti sini ginannin
voni des viantis giwalti giwinnin.
. . . .
ani imo zi vil biginit er.
dô muoser widir gebin
daz er ê von schuldin mochti habin.]

13 Âdâm der andir wolti sini ginannin
von rechti widir giwinnin:

er was von sundin reini,
er drat di torculin altirs eini.
dô âchti der viant di meinnischeit
dâdir middi was [virborgin] dû gotheit.
daz chordir vrumit er irhangin,
mid dem angili wart er givangin.
Crist gab sin unschuldi vir unsir schuldi,
tiuri chouft er unsich widir zi der huldi.

14 Got wolti daz crûci in vîr spaltin,
disi werilt alli gihaltin:
dô wart er unschuldig irhangin,
èr habiti vîr enti dirri werilti bivangin,
dâz er sini irwelitin alli zi imo zugi,
suenn er den viant bitrugi.
durch des ellentin scalchis nôt
lèit der gotis sun hônlichin dôdh.
des dôdis craft er dô irstarbti,
mit demo lîb er sini holdin widir giarbti.

15 Adâm inslîf, sin̂ siti wart ingunnin,
Evûn wart dannin bigunnin.
beinis vesti wîb von man giwan,
mit vleischis brôdi wart der wechsil gitân.
invart ouch in sîtin dụ archa was
in der manchunni ginas.
unsir heili was vrû bidâcht,
Crist in crûci [joch in douffi] hât si brâcht,
vôn des wundin wir birin giheilôt,
der uns zi vesti mit brôdi wart virdeilôt.

16 Drû des heiligin crûcis ort
sint des giloubin drû wort:
dar undir ist daz virdi
der drîir ein gimeiniu redi.
der vrûnti minnin undi der vianti
breitôti di virdenitin hendi,
an den sol ûfrecht irstân
suer mid goti wil volhertan.

zi himili gidingi ob houbit ist:
daz inthebit al din dougini gnâdi, Crist.

17 Suer sô wolli Cristis wegi volgi,
der dragi sus sinin galgin,
an dem er allin sinin willin
von ubilin werchin mugi gistillin,
sin selbes werdin ungiwaltig
goti gihôrsam unde êhaltig.
wil er dar an alsô volstân
âni rûm durch den gotis willan,
sô hât er den geistlichi gebilidôt
der unsculdig durch in wart gicrûcigôt.

18 Dû gotis minni ist ein kunigin
undir allin dugintin.
di sulin leitin vorchti und zûvirsicht
vuri di gotis selbis anisicht.
vorchti von helli dînit in scalkis wis,
gidingi des erbis in sunis wis.
suènni si di minni volbringint
unzi si got irkennunt:
âni vorchti bistêt dar inni
mid dem vatir in sunis wis dû minni.

19 Got der dû minni ist hât uns offin gitân,
wi wir di minni sulin hân.
er gischûf an uns dû lit alli
ein andir dininti.
dû lit dû dir sint âni di êri,
der bidurfi wir mêri.
nûni mugin di ougin wizzin
di nidiri den vûzzin.
alsus biri wir undir uns gilegin,
swi wir brûdirlichi sulin insamint lebin.

20 Wanti got al mag und al guot wili,
von dan wart der dingi sô vili,
sui si unsich dunkin mislich,

zi demo gotis lobi sint salli gilich.
ist zuêwir libi middilanc
obini gnâdi, **undini duanc**,
drôwit uns zi der helli al dû giscaft
dû dir ist scarf undi darihaft:
suaz dir ist sempfti undi wunniclich,
dàz dinôt al deme gedingi in daz himelrich.

21 Der viant an den gotis viantin
richit den gotis antin:
sinis undankis *goti* dinôt er.
mit vorchtin gotis holdin âchtit er.
erin mag nimannin bivellin,
wâri mid sin selbis willin·
unsir erdi ist er nâch schibinti,
di gnâdi gotis ûf zîhinti.
alsô muozzer goti dinôn,
imo sellin zi wizzi mêriter unsir lôn.

22 Nâch unsir vordirin valli
virvlûchit wart dû erdi imidalli;
daz wazzir habiti got in rûchi,
èr gischidiz von dem vlûchi:
er wolti unsich voni den meinin
an dir douffi gireinin.
di erdi giwûsc dû sinvluot;
di undi giwihiti [der heilant unde] sin bluot,
dàz gimischit von sinir sîtin ran,
mit dem er unsich irlôsti und heim giwan.

23 Crist unsir gisil dur unsich in grabi lag
zuô nacht und einin dag.
sinis cinin dôdis . .
. . . . nacht,
in des èri man dristunt bisoufflit
den man rechti gidoufflit.
dâ sulin wir werdin
sin ebinbil*idi und erbin*.

jû der vordirin ingultin wir,
der vursprechintin giloubin ginizzin wir.

24 Houbit ist irstantin der cristinheit,
des dû lit alli habint undirscheid.
erni wil vurdir nich irsterbin:
voni dû soni mag zuischiligû douffi werdin.
der dû gnâd ist, der hât avir bigunnin
unsirmo herzin einis brunnin,
der mag unsich alli gireinin,
ob wir sundi lûttirlîchi weinin.
der dir lônit sin selbis gebi,
der wil igilich sîn lit bringin, daz iz lebi.

25 Got selbi lêrti unsich chûschi und dîmuot,
gidult und wesin widir ubili guot
unde vremidiz leit irbarmin,
lêrin di dumbin, helfin den armen,
di wârheit bischirmi, ungerne suerigin,
virmîden dû lastir joch werigin,
vestin giloubin habi joch gidingi
zi der cristinlîchin minni,
gotis wort gihôrin als iz imo gizemi,
sô wir in bitin, daz ouch er unsich virnemi.

26 Sul wir givalln, sô sol iz unsich rûwin
und suli wir goti vil wol gitrûwin,
der Dâvidin dethi lobisam
sît er Urjam virrîth dem er sîni chonin nam,
der demo scâcheri sîni meindât virlîz
und imo daz himilrîchi gibîz.
och der gotis drii stunt virlouginoti,
ist nu di himilsluzzili draginti.
ûzzir der aschin irlûtirit er unsich alsô daz glas,
des gnâdi was daz Paulus unde Mariâ ginas.

27 Gotis brûth dû sêli adilvrouwi,
vorchti dû der ir dûwi.
der lîchami ist der sêli chamerwib:

ėr mag iri virlisin den ėwigin lib.
5   dû sėli sol ir selbir râti,
alliz guot der dûw gibiti.
sů sol irsterbi der dûwi kint
(daz des lichamin ubilû werch sint)
und sol edilû kint giwinnin,
10 di sů zi dem gotis erbi mugi bringin.

28 Der dir ist beidû got und mennischi,
der gibit urstendi zuischili:
di sėli lėt er von den sundin irstân
joh vil lûtirlichi rûwi hân.
5   voni grabi irstėnt noh [luiti] vir slachti
an der jungistin wachti.
zi dėr urthėli ni chumint di wirsistin
di dir sint vor virdeiliti.
di durchnachtigin sulin irdeilin
10 di dir sint der zuėir meddimin.

29 Dû gotis urthėl ist hi dougin,
zi demo suontagi ist sụ offin.
manigin villit got mit sėri,
daz er sich zi demọ gûti kėri;
5   ob er sich dan bezziri ni welli,
daz er in vor geriwi zi der helli.
zi jungist in offinimo zorni
di heliwin scheiditer von demọ chorni.
dâ sihit ein igilichir nâch sin selbis wizintheit
10 an demo gotis *suni* imọ selbimọ lib odir leit.

30 Sâligin di zi der zesiwin sint
immère gotis kint.
den vatir ėrit dâ zi himili der sun
mid den er hât hi in erdi giwunnun.
5   insamint in drinchit er den win,
zeichin der ėwigin mendin.
mid din engilin sint si undôtlich,
mid in erbint si daz himilrich.

got ist ir lîb, râwa unde minni,
10 alsô daz licht ist der ougin wunni.

31 Hérro, dî dir dînint, ist daz richi:
wî mugin wir dir gilôni?
dû dir nidir ginigi ûf zi hevini den man
der von sundin was givallan,
5 dû dir wesin woltis *unsir ginôz*
dragint unsir burdin sô grôz.
nu hâstu, hérro, dînin miltin rât
allin dînin holdin zi vrowidi brâcht,
daz dih, unsir irlôseri, al daz lobi
10 suaz dir ist undir deme himili joch dar obi.

XXXV.

DAS LOB SALOMONS.

1 Inclita lux mundi,
du dir habis in dînir kundi
erdin undi lufti
unde alli himilcrefti,
5 dû sendi mir zi mundi
daz ich mûzzi kundi
di gebi vili scôni,
di dû dêti Salomôni,
di manicfaltin wisheit:
10 ubir dich mendit dû cristenheit.

2 Salmôn Dâvidis sun was:
dû richi er sit nâch imo bisaz.
durh sînis vatir sculdi
gond imo got sînir huldi.
5 er sprach daz er gebiti
swedir sô er wolti,
richtûm oder wisheit.

durch di sini vrumichheit
er gihôhit in sô werdi
10 ubir alli di dir wârin an dir erdi.

3 Der hêrro sich bidâchti,
zi goti er karti:
'hêrro, dû weist vil wali
wi michil lût ich sol biwarin.
5 dû machi mich sô wîsi
daz ich richti sô dir glîchi.
wildû mir den wistûm gebin,
sô mag ich êrhafti lebin.
daz ist dir allir meisti list;
10 sô giwinnich swaz mir lîb ist.'

4 Dû stimmi sprach dannın
zi demo kuninclichen manni
'nû dû virkuri den richtûm
und griffi an den wistûm,
5 nû wil ich dich mêrin
mid michilin êrin.
ich machi dinin giwalt
wit undi maninefalt,
daz man dinin gilîchin
10 ni mag findin in allin disin richin.'

5 Dâvid ein duirir wigant,
do er al sin nôt ubirwant,
der bigondi alsô werdi
allir êrist hêr in erdi
5 goti ein hûs zimmirôn.
des giwanner michilin lôn
daz volworhti sit Salomôn
mit michilin êron
undi manigir slachti wunnin
10 demo himilischen kunigi zi minnin.

[5ᵇ Ein hêrro hiz Hêronimus:
sin scripft zelit uns sus.

— XXXV —

<pre>
     der heit ein michil wundir
     ûzzir einim bûchi vundin,
 5   ûzzir Archély,
     daz habint noch di Crichi,
     wi in Hiersalêm giscach
     michilis wundiris ginach.
     ein wurm wûchs dâr inni,
10   der irdranc alli brunni
     di dir in der burch wârin:
     di cisternin wurdin lêri.
     des chômin di luiti
     in eini starchi nôti.
15   Salmôn der was richi.
     er ded sô wislichi,
     er hiz daz luit zû gân,
     eini cisternam vullan
     medis undi winis,
20   dis allir bestin lidis.
     do er iz alliz ûz gitranc,
     ich weiz er in slâffinti bant.
     daz was ein michil gotis craft,
     daz imo der wurm zû sprach.
25   Der vreissami drachi,
     zi Salmôni spracher
     'hêrro, nû virlâ mich:
     sô biwîsin ich dich
     einir vili michilin êrin:
30   zi dînim munstêri
     dû wurchist inemi jâri,
     wildu mirz gilobin zuvâri
     daz dû snîdis minû bant,
     vil manigir clâftirin lanc.'
35   Salomôn sprach dô
     vil wislichin dir zû.
     'nû sagi mirz vil schîri,
     oder ich heizzi dich virlisi.'
     der wurm sprach imo zû
40   'ein tîr gât in Libanô,
     daz heiz dû dir giwinni,
</pre>

di âdirin bringi.
ich sagi dir rechti wi du dû.
dâr ûz werchi eini snûr,
45 dû wirt scarf undi was,
dû snidit alsein scarsachs
ûffi den marmilstein.
vil ebini mûz er inzuei,
swî sô dir lib ist.'
50 der kunic vrowit sich des.

Salomôn was richi.
er det sô wislichi,
er hiz imo snidin dû bant
und virbôt imo dû lant.
55 dô vûr er zi waldi
mid allin sinin holdin.
er vant daz dir in Lybanô:
zi steti *jagit* erz dô.
dô jagit erz alli
60 dri tagi volli.
dô er daz dir dô giwan,
dô was er ein vrô man.
er hiz imo giwinnin
di âdirin bringin.
65 vôn dû wart daz hûs zi Hiersalêm
giworcht ân alliz isin.]

6 *Dô was daz hûs richi*
giworcht mid michilin vlizzi,
di wenti marmilstein vil wiz,
daz himiliz und der estirich.
5 dâr inni hangitin scôni
di guldinin crônin.
dâ was lux undi clâritas,
sûzzi stanc, suâvitas.
daz was alsô lussam
10 so iz demo himilischin kunigi woli gizam.

7 Dû lagil und dû hantvaz,
di viole und dû lichtvaz,

dû rouchvaz und dû cherzistal.
daz rôti golt was iz al.
daz bivalch man den êwartin,
di dir got vorchtin,
di dir dagis undi nachtis
plâgin gotis ammichtis.
daz wart alsô gordinôt,
alsiz der wisi Salomón gibôt.

8 In sinim hovi was michil zucht.
dâ was allis gûtis ginucht.
sin richtûm imo vil woli schein.
sin stûl was gût helphinbein,
woli gidrêit und irgrabin:
mid dim goldi waser bislagin.
sechs grâdi gingin dirzû.
zwelf gummin dinôtimo dû.
drû thûsint manigêri,
di giwist er alli mid sinir lêri.

9 Sin dinist daz was vesti.
sô min soltî gebin sin ezzin,
di scuzzilin und di nepphi,
di woli gisteinitin chophi,
daz was alliz guldin.
si achden sinen huldin:
niheinis maunis ni wart min,
sini dinôtin
alli gizoginlichi,
alsô gibôt Salomón dir richi.

10 Dû bûch zelint uns vili giwis,
in sinim hovi was ein disc
mid silbirinin stollin.
den disc trûgin sj alli,
in allin virin sin ûf hûbin,
vur den kunic si in trûgin.
dâr obi goumiter scôno:
daz holz kom von Lybanô.

            demo der wistûm si cleini,
10   der virnemi waz dû zali meini.

11   Sin dinist daz was vesti.
            so er solti gàn zi resti,
            sechzic irwelitir qnechti
            di mûsin sin girechti.
5   dero helidi iglich
            drûc sin suert umbi sich,
            di dir in biwachtin
            zi iglichin nachtin.
            von similichir ginôzschaf
10   vili michil was sin hêrschaf.

12   Dô chom dû gotis stimmi
            zi demo kuniclichin manni,
            der wistûm . . . . . .
            . . . .
5   der *richtûm* imo zû vlôz.
            er ni wissi sinin ginôz,
            der imo gilich wâri,
            in sinir vrambâri.
            alliz an imo gizirit was,
10   in Hierslêm militâris pôtestas.

13   Ein kunigin chom sundir
            zi Salmôni durch wundir.
            dû brâchti michilin scaz,
            thŷmiâma undi ôpes,
5   des edilin gisteinis
            grôzzis undi cleinis.
            sù was ein vrowi vil rich:
            iri gebi was vil kuniclich.
            . . . .
10   . . . .

14   Dô sûz rechti virnam,
            vil harti sû sin ircham.
            sù sprach 'woli dir Salomôni!

in dimo hovi ist vil schôni.
vili sêlic sint dû kint
dû in dimo dînisti sint.
dinis wistûmis hân ich vundin
mêr dan mir îman mochti irkundin.
kunic, nû wis gisundi:
ich wil heim zi *minimo* landi.'

15 Salmôn *der was* hêri,
er hiz vur tragin vil mêri
des edilin gisteinis
grôzzis undi cleinis.
. . . .
. . . .
mid êrin hiz er sa biwarin.
er li si vrôlichin varin.
minniclichi sû von imo irwant:
er vrumit si ubir daz meri in iri lant.

16 Der kunic bizeichinôt den got,
der di werilt hât gibilidôt,
in des giwalt alliz stât
daz daz gistirni umbi gât.
imo dinint vil vrô
niun chôri der eingilo:
di lobint in mid allir macht.
in simo hovi wirt nimmir nacht.
da ist inni daz êwigi licht,
des niwirt ziganc hini vurdir nieht.

17 Dû kunigin, so ichz virnemin kan,
bizeichinôt ecclêsiam.
dû sol wesin sin brût
dougin undi uberlût:
ich wêni simo gimehilôt si
in commûnjônem domini.
dû sol imo gilichin
in dugintin richlichi.

dû sol giberin dû kint
10　dû dir gotis erbin ginennit sint.

18　Di dinistmin, so ichz virnemin kan,
bizeichnont bischoflichi man,
di dinunt imo in plichti.
daz lût suln si birichti,
5　lêri di cristinheit
trûwı undi wârheit,
mid werchin irvullin
daz si in vorı zellin;
si sulin vur den vrôni disc
10　goti bringin hostjam laudis.

19　Bi Salmônis zitin
wàs sulch vridi undir lûtin,
suelich enti dir man wolti varin,
urlougis wart ni man giwari:
5　di heriverti wârin stilli.
dô dagitin di helidi snelli.
urlougis wart nini giphacht,
man ni stillit iz mit sînir craft,
alsiz got selbi gibôt.
10　dô richsôti rex pácificus.

20　Salmòn der was hêri,
sín richtûm was vil mêri.
der des himilis walti
und daz lût suli bihalti,
5　der rûchi uns di gnàdi gebin
daz wir insamint imo lebin,
daz wır schinin in simo hovi
mid vil michilimo lobi,
daz wir in mùzzin gisén
10　in der himilischin Hiersalêm.

XXXVI.

DIE DREI JÜNGLINGE IM FEUEROFEN.

1 Ê got giborin wurdi,
 dô wilt er dirri werldi.
 daz lûth was heidin
 und was doch undirscheidin.
5 dar undir wârin
 di dir von goti lârin:
 daz wârin di hêrrin
 di gûtin Israhêlin.
 ein andir si sagitin,
10 alsô si gilesin habitin,
 daz got wêr ûf dem himili
 sam giwaltig sami hi nidini.

2 Ein kunic hîz Nabuchodonósor,
 den ricbin got den virkôser.
 sinn abgot er worchti
 ani gotis vorchti,
5 eni sûl guldin
 widir dem himilkunigi.
 dô sprach ûz der sûli
 daz gidwâs ungihuiri.
 si wântin daz iz wêri
10 der ir heilêri.
 si irvultin alli sin gibot.
 si giloubtin vil vasti an dụ abgot.

3 Dô luithin simo zi samini
 mid trumbin joch mid cymbilin,
 mid phigilin undi suegilin,
 mid rottin und mid lýrin,
5 mid phiffin und sambûcin
 . . . .
 . . . .
 sô lobitin si den grimmin.

       mid sô gitâmi gilûti,
10   so bigingin si sini ziti.

4   Dar kômin dri hêrrin
       didir goti lib wârin.
       der eini hiz Sydrac,
       dir andir Misac,
5   dir dritti Abdenâgô.
       voni goti bridigôtin sin dô.
       den kunic woltin si bichêrin:
       erini wolti si nicht hôrin.

5   Der kuninc hiz dô wirchin
       einin ovin êrinin.
       den hizzer dri dag êddin,
       dû drû kint dar lêddin,
       ob min in daz furwanti
       daz si ir got irchantin,
       ob si daz fuir sâhin,
       dâz si sinin got jâhin.

6   Si sprâchin vor dem vûri
       'dinu abgot sint ungihuiri.
       wir giloubin ani den Crist
       der gischûf alliz daz dir ist,
5   der dir hiz werdin
       den himil joch di erdin:
       sin ist al der ertrinc,
       dinu abgot sint ein drugidinc.'

7   Der kunic hiz si zi samini
       dragin zû dem ovini.
       wi ubili sis ginuzzin
       di sin den ovin schuzzin!
5   daz fuir slûg in ingegini,
       iz virbranti ir michil menigi.
       got mid sinir giwalt
       machit in den ovin kalt.

[dî ûzzirin brunnin,
10   di innirin sungin.]
      dô sungin sî dar inni
      mid sûzziri stimmi
      [dô sungin sin den ovini]
      'gloria tibi, domine.
15   deus meus, laudamus te.'
      [si lobitin Crist in dem ovini.]

8   Alsó sî daz gisáhin,
      vil harti sî zuiviloṭin.
      àlsó harti só sî getorstin,
      só lobitin sî den himilvorstin.
      si spráchin daz er wêri
5   ein vil gût helphêri,
      daz er mid sinir giwalt
      machit in den ovin calt
      und er mid simo drôsti
10   dû drû kint alsó sampfti irlôsti.

      [Der kunic Nabuchodonosor und sinû abgot
      wurdin beidû zi Babylonia gilastirot.]

XXXVII.
JUDITH.

1   Ein kuninc hîz Holoferni,
      dèr streit widir goti gerni.
      er hîz di alliri wirstin man
      sinin siti lernan,
5   daz sî wârin nîdic
      und niminni gnàdich,
      noch ûzzir iri mundi
      incheini redi vundi
      guoti antwurti,
10   wâri mid ir scarphin suerti.

2 . . . .
. . . .
wazzir undi vûri
machin vili diuri,
5 sich suer dir icht ebréschin kan,
daz iri inbilibi niman.'
daz was dir argisti lib:
sith slùg in Judith ein wib.

3 Oloferni dò giwan
ein heri michil vreissam
an der selbin stunt,
der heidin manic thuisunt.
5 èr reit verri hini westir
durch dû gotis lastir,
bisazzit eini burch dâ:
dû hèzzit Bâthaniâ.
[dà slùg in dû schòni Judithà.]

4 Dò sazzer drumbi, daz is wàr,
mèr danni ein jàr,
daz er mid sinin gnechtin
àlli dagi gì zi deri burc vechtin.
5 di drinni wàrin,
des hungiris nàch irchàmin:
di dir vori sàzzin,
di spisi gari gàzzin.

5 Dò sprach Oloferni,
di burc habit er gerni,
'nu hàt mich michil wundir,
daz habitich gerni irvundin,
5 àn wen disi burgàri jehin,
odir ani wen si sich helphi virsehin,
odir wer in helphi dingi:
si sint nàch an dem endi.'

6 Dò sprach der burcgràvi
[suigint Oloferni,

wir giloubin an den Crist,
der dir gischûf alliz daz dir ist,
5   der dir hiz werdin
den himil joch di erdin.
sin ist al der ertrine.
kunic Nabuchodonosor dinû abgot sint ein drugidine.
Dô sprach abir einir]
10 der selben burgâri
'. . . . . . . biscof Bebilin,
obiz ûwiri gnâdi megin sin,
ir giwinnit uns eini vrist
sô lanc sô undr drin tagin ist,
15 ôb uns got durch sini gûti
lósi ûzzi dirri nôti.
ni lôser uns nicht danni,
in dirri burc dingi suer dir welli.

7   Do gided dû gûti Judithi
dû zi goti wol digiti,
sû hizzir machin ein bat.
ziwâri sagich û daz:
5   sû was diz allir schônis wib,
sû ziriti woli den ir lib.
sû undi ir wib Ávi,
di gingin zi wâri
ûzzir der burgi
10 undir di heidinischi menigi.

8   Dô sprach Oloferni,
di burc habit er gerni,
'ich gisihi ein wib lussam
dort ingegin mir gân:
5   mir niwerdi daz schôni wib,
ich virlûsi den lib.
nu dar, kamirâri,
ir machit mirz bigâhin,
dâz ich gûti minis libis
10 insamint demo scônin wibi.'

9 Di kamirâri iz hôrtin:
wi schiri si dar kêrtin!
di vrouwin si ûf hûbin,
in daz gezelt drûgin.
5 dô sprach dû gûti Judithi
dû zi goti wol digiti
'nu daz alsô wesin sol,
daz du, kunic, mich nemin solt,
wirt dû brûthlouft gitân,
10 iz vreiskint wib undi man.
nu heiz dragin zasamini
di spisi alsô manigi.'
dô sprach Oloferni
'vrouwi, daz dûn ich gerni.'

10 Dô hiz min dragin zi samini
[di spisi alsô manigi]
mit alli di spisi
dû in demo hero was.
5 zi wâri sagin ich û daz,
dô schancti dû guoti Judithi
dû zi goti wol digiti,
sû undi ir wib Âvi,
di schanctin wol zi wâri:
10 der z'enti saz ûf der banc
der hetti din win an dir hant.
dô dranc Holoferni,
di burc di habit er gerni,
durch des wibis *clâgi*:
15 er wart des winis mûdi.

11 Den kunic drûc min slâftin,
Judithi stal im daz wâffin.
dô gi sû vallin an diz gras,
sû betti als ir was
5 'nu hilf mir, alwaltintir got
der mir zi lebini gibôt,
daz ich dis armin gloubigin
irlôsi von den heidinin.'

1ᵇ [Dô irbarmôtiz doch
den alwaltintin got:
dô santer ein eingil voni himili
der kuntiz der vrowin hî nidini
5 'nû stant ûf, du guoti Judithi
dû zi goti wol digiti,
und geinc dir zi demo gizelti
dâ daz suert si giborgin.
du heiz din wîb Âvin
10 vur daz betti gâhin,
ob er ûf welli,
dâz su in eddewaz âvelli.
du zûhiz wiglîchi
und slâ vrabillîchi.
15 du slâ Holoferni
daz houbit von dem bûchi.
du lâ ligin den satin bûch,
daz houbit stôz in ginin slûch
undi genc widir zi der burgi.
20 dir gibûtit got von himili
daz du irlôsis di israhêlischin menigi.']

XXXVIII.

ARNSTEINER MARIENLEICH.

. . . . . . werlt
van der sunnen ûz geit
âne sêr und âne arbeit.
daz' himel und erden solde erfrouwen,
5 daz kint, daz ze stôrene quam unsen rûwen,
ân aller slâhte sêr iz van dir quam,
alsiz godes kinde alleine gezam.
    Vane der sunnen geit dâz dageliet:
sine wirt umbe daz dû dunkeler niet,

nóg bewollen ward dîn megedlîcher lîf:
alleine gebêre dû, heiligez wîf.

Sint dû daz kint gebêre,
bit alle dû wêre
lûter unde reine
van mannes gemeine.
swenen sô dáz dunket únmugelich,
der merke daz glas daz dir is gelig.
daz sunnen liet schinet durg mittlen daz glas:
iz is alinc und lûter sint alsíz ê was.
dúrg daz alinge glas geit iz in daz hûs,
daz vinesternisse iz verdrivet dar ûz.
Dû bis daz alinge glás dâ durg quam
daz vinesternisse der werlde benam.
van dir schein daz gódes liet in álle die lant,
dô ván dir geboren warth unse heilant.
iz belúhte dich únd alle cristenheit,
dû in dén ungelouven was verre verleit.
iz vant dich, iz líz dich bit alle lúter,
álse dû sunne deit dáz glasevinster.
Júden, die ûg willen ce gode kêren,
merket daz glas daz mág ûg lêren.

In der buoche lese wir
daz Ýsájas vane dir
alsus havet gesprochen:
die wort die sint belochen:
Ûz van Jessé sal wahsen ein ruode,
ûffe der ruoden sal wahsen ein bluome,
àn der bluomen sal ruowen der heilige drehten,
her sal sie gesterken bit al sinen crefden.
van íme sal sie die craft godes entfân,
dâ mite sal sie den viant erslân.
meinet dû ruode dig, heilig meidîn,
bedûdet dû bluome din drûtkindelín.

Oug saget uns alsus
dû buoch dû heizet Exodus,

daz Mòyses ein heilig man
sag einen busch de der bran.
den busch dû flamme bevienc,
ie doch her nietne cegienc.
her bran unde louvede:
daz fûr ime nine scadede.
  Schein van dem busche daz fûr,
daz meinde daz vane dir
got hie in erden
erberwet solde werden.
gruonede daz louf in deme fûre,
bluode dîn mageduom in der geburte.
der busch behielt die sine scônecheit,
dîn heilig lif die sine reinicheit.
  Dines mageduomes blúome gruonet ie nog;
dû heizes unde bis muoder ie doch!
daz is daz wunder daz niene gescag,
daz nie ôre gehôrde, nog ouge gesag.

  Oug bezeichenede dich
wilen de mandelen zwig,
de vore gode bluode:
daz was Arònes ruode,
de sament bit den bluomen
erouvede die mandelen.
  Dû porte beslozzen,
gode alleinemę offen,
dû Ezechiéli erschein,
si was oug diner ceichen ein.
  Man liset oug ander
vil manig wunder,
dà mide dîn geburd
wilen vore gekundet ward.
  Hed ich dûsent munde,
gesagen ich niene kunde
envollen des wunderes
daz van dir gescriven is.
izne mogen alle zungen
gesagen nog gesingen

bit alle diner êren,
nog dines loves envollen.

Der himelischer hof
singet aller dinen lof.
lovet dig Cherubin,
êret dig Seraphin.
allez daz herie
der heiliger engele,
die godes andouge
stênt von aneginne,
prophéten und apostolen
und alle godes heiligen,
die frowent sig iemer din,
kunenclichez megedin.
   Wale muozen sie dig êren:
dû bis muoder ires hêren,
de der himel und erden
van êres hiez werden,
de bit cineme worte
gescuof die werlt alle,
dem alle dinc sint underdân,
dem niet nemag widerstân,
dem alle craft gewichet,
dem nietne gelichet,
den der êret unde vortet
alle duse werlet.

   Daz is mir lanc ze sagene
wie hêr dû sis ce himele,
iz enis oug niemanne kunt
âne den sêligen die dâ sint.
   Des eines bin ich van dir gewis,
daz, frowe, sus gêret bis
dûrg die dine grôze guode,
dûrg die dine ôtmuode,
durg die dine sûvercheit,
dûrg die dine grôze mildecheit.
   Van dû ane ruofe ig dich.

frowe, nû gehôre mig.
aller heiligeste wif.
vernim mig sundigez wif,
allez daz min herze
daz sîêd dir bit sîze
daz dû mir willes gnâden,
ce dineme sune helfen,
daz er durg sine guode
miner missedêde
vergezze bit alle
unde mir genâden wille.

Leider mine lidicheit
dû hât mig dikke verleit,
daz ig van minen sculden
verworte sine hulde.
frowe, daz is mir engestlich.
her umbe sô vorten ig
daz er sine genaden
van mir sule kêren.
 Van dû flien ig ce dir.
nû muoze daz stân ane dir
wie dû mir, maged milde,
gehelfes siner hulde.
hilf mir wâres rûwen,
daz ich mine sunden
muoze geweinen
bit inneclichen trênen.
 Hilf mir bit sîze
daz ig die hellewîze
niemer ni relide,
daz ig oug vermide
hinnevord alle dinc
die wider godes hulden sint,
Und ruoche mig gesterken
in allen guoden werken,
daz ich begê minen lif
alse die heilige wif,
die uns aller dugende

gegeven havent bilede,
160 Sârâ dû ôtmuodige,
Annâ dû geduldige,
Hester dû milde,
Jûdit dû wizzige
und andere die frowen,
165 die in godes forhten
hie sig sô betrageden
daz sie gode wole behageden.

Oug nâ diner guode,
nâ diner ôtmuode
170 muoz ig gescheppen minen lif.
des hilf mir, heiligez wif!
an dine hant ig begeven
mig und allez daz min leven.
dir bevelen ig alle mine nôt,
175 daz dû mir willes sin gereit
in swelechen minen nôden
ig dich iemer ane geruofen.
Frowe, diner hende
bevolen si min ende!
180 und ruoche min gewisen
unde mich erlôsen
ûz van der grôzer nôt,
suanne sô der leide dôt
ane mir sol gescheiden
185 den lif van der sêlen.
In der grôzer engeste
cum dû mir ce trôste!
unde hilf daz min sêle
werde ce deile
190 den lieven godes engelen,
niet den leiden dûvelen,
daz sie mich dare brengen
dâ ig muoze vinden
die êweliche frowede,
195 die dâ havent ce himile
die fil sêlige godes kint

die dar zuo irwelet sint;
Daz ig muoze scowen
den unsen lieven hêrren,
den unsen scheppêre,
den unsen heilêre,
der uns gescuof van niwete,
der uns oug gecoufte
bit sines sunes bluode
van deme êwigeme dôde.

Wer sal mir des gehelfen,
wer sal mig sô gelûteren
daz ich des wirdich muoze sin?
daz saltû, Jêsus, hêrre min.
gif mir, hêrre, dînen geist!
wantû selbe wale weist
alle mine crancheit
und alle min unwizigheit;
daz ig muoze scowen
bit den minen ougen
dîn unverloschen liet:
daz ne were dû mir niet!
dáz is der êwige lîf,
dáz is daz ig armez wif
bit dîner helfen suochen:
daz lâ mig, hêrre, vinden.
  Des sie min bode ee dir
dînes selves muoder!
ô wie sêlig bin ich dan,
of sie mig willet forestân!

  Mariâ, godes drûden,
Mariâ, trôst der armen!
Mariâ, stellâ mâris,
zuofluht des sunderis,
porce des himeles,
burne des paradîses!
dan uns dû gnâde ûz geflôz
dû uns ellenden entslôz

daz unse rehte vaterlant;
235 nû gif uns, frowe, dîne hant,
wîse uns ûz gehelfen
von dere grôzer dûfenen:
daz is des dûveles gewalt,
dar uns in hât gevalt,
240 Êvâ unse muoder.
nû flie wir alle zuo dir.
Wir weinen unde sûften
ce dînen lieven vuozen!
lâ dû dich irbarmen
245 die nôt die wir armen
in dirre dale helden
manege wîs verdulden!

Stellâ mâris bistû genant
nâ dem sterren der an daz lant
250 daz muode schif geleidet,
dâr iz ce rasten beidet.
geleid uns an Jêsum,
dînen vil *lieven sun*...

dâz er sie behûde naht und dach
255 van allem daz in werren mach,
daz er in geven wille
die sîne lieven hulde,
und ce lezzes uns gesamene
in deme êwigeme levene.

260 Marîâ, milde kuningin,
nû muozestû gelovet sin
der dîner ôtmuote
und aller dîner guode!
dar umbe dig Crist genam
265 ce muoder, als iz wale gezam
daz den aller besten man,
der ie in duse werlt quam,
daz beste wîf gebêre
dû in wîves kunne wêre.

270	Nû muozestû gelovet sin
	Mariâ, unse vogedin,
	tròst der cristenheide,
	schilt unser bròdecheide.
	Maria gratia plena,
275	dû bis vol aller gnâden,
	des heiligen geistes vaz
	daz er sunderliche erlas
	ûz van allen wifen,
	die der ie geboren wurden.
280	Milde, genêdige,
	suoze Marie,
	dinen lof muozen singen
	aller slahte zungen
	und alle dû gescheffede
285	in erden of in himele.
	din . . . . .

*

XXXIX.

MELKER MARIENLIED.

1	Jû in erde leite
	Aarôn eine gerte:
	diu gebar nûzze,
	mandalon also edile.
5	die süezze hâst dû füre brâht,
	muoter âne mannes rât,
	Sancta Maria.

2	Jû in deme gespreidach
	Môyses ein fiur gesach,
	daz daz holz niene bran.
	den louch sah er obenân:
5	der was lanch unde breit.
	daz bezeichint dine magetheit,
	Sancta Maria.

3   Gedeon dux Israel,
       nider spreit ér ein lamphel:
       daz himeltou die wolle
       betouwete almitalle.
5   alsó chom dir diu magenchraft
       daz dû wurde berehaft,
            Sancta Maria.

4   Mersterne, morgenrót,
       anger ungebrâchöt,
       dâr ane stât ein bluome,
       diu liuhtet alsô scône:
       si ist under den anderen
       sô lilium undern dornen.
            Sancta Maria.

5   Ein angelsnuor geflohtin ist,
       dannen dû geborn bist:
       daz was diu din chûnnescaft.
       der angel was diu gotes chraft
5   dâ der tôt wart ane irworgen:
       der von dir wart verborgen,
            Sancta Maria.

6   Ysàyas der wissage
       der habet din gewage,
       wie vone Jessès stamme
       wüehse ein gerten † imme,
5   dâ vone scolt ein bluome varen:
       diu bezeichint dich unt dînen barn,
            Sancta Maria.

7   Do gehît ime sô werde
       der himel zuo der erde,
       dâ der esil unt daz rint
       irchanten daz vrône chint.
5   dô was diu din wambe
       ein chrippe deme lambe.
            Sancta Maria.

Do gebære dû daz gotes chint,
der unsih alle irlôste sint
mit sinem heilegen bluote
von der êwigen nœte.
des scol er iemmer globet sîn.
vile wole gniezze wir dîn,
  Sancta Maria.

Beslozzeniu borte,
entân deme gotes worte,
dû waba triefendiu,
pigmenten sô volliu,
dû bist âne gallen
glich der turtiltûben,
  Sancta Maria.

Brunne besigelter,
garte beslozzener,
dâr inne fliuzzit balsamum,
der wæzzit sô cinámômum,
dû bist sam der cêderboum,
den dâ fliuhet der wurm,
  Sancta Maria.

Cedrus in Libano,
rosa in Jericho,
dû irwelte mirre,
du der wæzzest alsô verre,
dû bist über engil al:
du besuontest den Êven val,
  Sancta Maria.

Êvâ brâht uns zwiscen tôt:
der eine ienoch richsenôt.
dû bist daz ander wîb
diu uns brâhte den lîb.
der tiufel geriet daz mort:
Gabrihêl chunte dir daz wort,
  Sancta Maria.

13 Chint bære dû magedin,
    aller werlte edilin,
    gelich deme sunnen,
    von Nazarêth irrunnen,
5   Hierusalem gloria,
    Israhel læticia,
        Sancta Maria.

14 Chüniginne des himeles,
    porte des paradyses,
    dû irweltez gotes hûs,
    sacrarium sancti spiritus,
5   dû wis uns allen wegente
    ze jungiste an dem ente,
        Sancta Maria.

XL.

MARIEN LOB.

1   Wîlent uns sageten
    di wisenz niene virdageten,
    von den wir wurden innen
    chunftiger dinge.
5   ir rede was tougen:
    si bedorften wole des glouben.
    si chunten ze wâre
    vor manic hundert jâren
    von einer burte wunderlich:
10 nie neheiniu wart ir gelich,
    noch newirt nimer mêr.
    wande si was âne sêr
    und âne gelust des fleiskes,
    von scirmen des geistes:
15 tohter was muoter skindes.
    mit wistuome des sinnes

hie wahse der geloube
. . . .
. . . .
. . . .
fró sult ir ez virnemen:
dizze privilêgjum wart gegeben
wibe nie neheime,
wan unser frouwen eine.

2 Esàias der guote
mit wârhaften muote,
von einer gerte er sagete,
als erz virnomen habete,
wîlent in der alten ê:
si solte irspringen von Yessê.
Dâvides vater was der man,
alsô wir ez gelesen hân,
der von gotes gewalteger hant
des riches habete gewalt.
den geheiz er vone gote inphie,
der dar nâch vil wole irgie,
daz wuocher sines libes
phlegente wurde des riches;
deme got des gesvuor
dâz berihtet wurde der sin stuol
mit michelen êren
von êwen unze êwen.
den eit hât er behalten:
sîn sun wil riches walten.
er ist genant Iskiros,
wânde sin gewalt ist sô grôz:
des mugen wol inphinden
sine widerwinnen.

3 Nû nemet des wissagen ware.
einen bluomen solt si tragen
tiuren unde guoten,
edelen unde fruoten:
lilje ist er genennet.
sô wol in dern irkennet!

gezierde ist er der erde,
der teler und niht der berge.
uber dem ruowet aller meist
ûnsers hêrren minnesamer geist
mit sibenvaltiger gebe:
anders sich des niemen phlege.
diu êrste heizet wistuom,
die andre virnunst âne ruom.
den dritten nennet man rât:
gesah in got der in hât!
daz scult ir ouh merchen,
diu vierde heizet sterche.
gewizzede nimet diu finfte namen.
ob ir di sehsten welt irvaren,
diu machet guot gemuote:
siu heizet rehte guote.
diu sibente gebe in dirre zale,
dâz ist gotes forhte uber al.

4 Diu gerte bezeichenôt di magt,
diu fon worte wart perehaft,
der bluome den einbornen sun
unser frowen sancte Marjun.
di siben gebe er niht inphie
teilnunfteklîchen hie,
alsô tuont hiute
di geistlichen liute:
wander ist daz gotes sal
dar inne bûwet uber al
diu gotheit gemeine
âne aller slahte teile.
er rihtet ouh Dâvides stuol:
des hât er êweclîchen ruom.
vil hôch ist daz sîn reht.
dazne vorhtet der kneht,
(wandez ist tougen,)
erne sihet ez mit den ougen.
er reffet mit gewalte
di hêrren und di schalche,

di frowen und di diuwe:
daz tuont di sine triuwe.
swer im gerne dienot,
deme wirt wol gelônot.

Nû loben wir di gerten
und gruozen si mit worten.
heil wis tû, magetin,
des himeles hêriu chunegin,
geborn von Yessês stamme,
des gotes sunes amme.
des veldes bist dû bluome:
wer moht sich din genuogen?
Mariâ, Mariâ,
edeliu liebiu frouwa,
von dirst geborn lilium,
bluome convallium,
der diumuote êre,
Crist, got unser hêrre.
der din smach ist sô getân,
ezne mac geliches niht hân
salbe uber al nehein.
din munt ist als ein honecseim.
under diner zungen
dâ ist gewisse funden
honec unde milch genuoc.
dû bist inneclichen guot.
von dir ist irrunnen
der lilje ist aller wunne.

XLI.

SEQUENTIA DE S. MARIA

AUS S. LAMBRECHT.

Âvê, du vil schœniu maris stellâ
ze sælden aller diet exortâ,
gotes muoter Marjâ.

    Fröu dich, gotes portâ,
5   diu der non apertâ
den sunnen dere wârheit
mit meidelicher reinecheit
in mennesklicher âhte
ze dirre werlte bræhte.

10   Maget, aller magede *wunne*,
schœne als diu sunne,
himelischiu küniginne,
dirre werlte gimme,
erkenne alle die dich minnent
15   und mit rehtem glouben
ze dînen gnâden dingent.

    Dich bezeichenôt diu gerte
diu in dem dinchûse alle verte
brâhte blüede unde wuocher:
20   als wunterlichen wurte muoter.
die alten vater dîn ê
wunschten und prophêtæ.

    Du bist eine *ein* flammâ
des lebens dâz Evâ
25   in dem paradise verlôs.
dô sie den tôt erkôs:
gotes gebot sie übergie,
von danne ir afterkünfte michel sêre lie.

Dô den schépfære sin gnâd ermante,
dáz er die menschliche brœde erkante,
den engel Gabriêl mit niwer boteschaftę er ze dir sante.

'Âvê Marjâ,
du bist genâden plênâ.
meit du swanger wirst:
iz ist got selbe den du gebirst.'
be disem worte,
himelischiu porte,
enpfienge in dinem reinen libe,
daz du doch niht wurde ze wibe.

XLII.

SEQUENTIA DE S. MARIA

AUS MURI.

Âvê, vil lichter meres sterne,
ein lieht der cristenheit, Marîâ, aller magede ein lucerne.

Fröwe dich, gotes zelle,
beslozzeniu cappelle.
dô du den gebære,
der dich und al die welt gescuof,
 nu sich wie reine ein vaz du maget dô wære.
Sende in mine sinne,
des himeles küniginne,
wâre rede süeze,
daz ich den vater und den sun
 und den vil hêren geist gelouben müeze.

Iemer maget ân ende,
muoter âne missewende,
fróuwe, dú hâst versúenet daz Eve zerstôrte,
diu got überhôrte.

Hilf mir, frouwe hêre:
trœst uns armen dur die êre,
daz dîn got vór allen wiben ze muoter gedâhte,
20 als dir Gabriêl brâhte.

Dô du in vernæme,
wie du von êrste erkæme!
dîn vil reiniu scam
    erscrac von disem mære,
25 wie maget âne man
    iemer kint gebære.
Frouwe, an dir ist wunder,
muoter und maget dar under:
der die helle brach,
30   der lac in dîme lîbe,
unde wurde iedoch
    dar under niet ze wîbe.

Du bist allein der sælde ein porte.
jâ wurde du swanger von worte:
35 dir kam ein kint,
frouwe, dur dîn ôre,
    des cristen, Juden und die heiden sint,
und des genâde ie was endelôs.
aller magede ein gimme,
40   daz kint dich ime ze muoter kôs.
Dîn wirdecheit dîun ist niet kleine.
jâ trüege du maget vil reine
daz lebende brôt:
daz was got, der selbe
45   den sînen munt zuo dînen brüsten bôt
und dîne brüste in sîne hende vie.
owê, küniginne,
    waz gnâden got an dir begie!

Lâ mich geniezen, swénne ich dich nenne,
50 daz ich, Mariâ frouwe, daz geloube und daz an dir erkenne,
daz nieman guoter
mac des verlougen dune siest der erbarmde muoter.

Lâ mich geniezen des dû ie begienge
in dirre welt mit dîme sune, sô dun mit handen zuo dir vienge.
55 wol dich des kindes!
hilf mir umb in: ich weiz wol, frouwe, daz dun senften vindes.

Dîner bete mac dich din lieber sun nie mêr verzîhen:
Bite in des, daz er mir wâre riuwe mûeze verlîhen;

Und daz er dur den grimmen tôt,
60 den er leit dur die mennischeit,
 sehe an mennischliche nôt;
Und daz er dur die namen drî
sîner cristenen hantgetât
 gnædic in den sünden sî.

65 Hilf mir, frouwe, sô diu sêle von mir scheide,
 sô kum ir ze trôste:
  wan ich geloube daz du bist
  muoter unde maget beide.

XLIII.

DAS PATERNOSTER.

1 Selb diu gotes wishait
 diu durch uns nam die menneschait,
 diu lêrt uns minne unt vorhten
 mit pilede joch mit worten.
5 er ist hêrro unde got:
 wirchen sculen wir sîn gebot.
 er ist vater, wir diu chint:
 wie suoze disc namen sint!
 wir sculn in vorhten unte minnen
10 mit sunilichen dingen.
 mit ten zuain wir genesen,
 sô wir singen unte lesen.

2   Ein gebet er uns selbe brâhte
    des dâ vor niemen gedâhte:
    iz ist paternoster genamet.
    iz pigrîfet allez daz insamet
    mit churzlichen worten
    des mennisk ie bedorfte
    ze disses libes friste
    joch zer êwigen geniste.
    dâ sint inne siben gebete.
    sibene sint ouch der gebe
    des hêligen gaistes,
    des unseren êwartes maisters.

3   Diu vorhte des obristen gotes,
    dêst diu geb aller vorderost.
    diu guote mit ter verwizzenhaite,
    diu chan sich wole braiten.
    mit ter sterche der rât,
    urmâr ist der siu samet hât.
    mit der vernunste der wistuom,
    âne die wir rehtes niene tuon:
    mit disen siben virtûtibus
    sô scul wir sûlin unser hûs.
    diz sint dei siben chercestal,
    diu uns liuchtent den gotes sal.

4   Sô wir lesen an der ê
    die got sante den Juden ê,
    die duanch tes wizes forhte,
    àls ir ubele des pedorfte
    [alse der magezoge tuot
    des chindes getelôsez muot]:
    sô wâ sie missegiengen,
    den scaden sie sâ phiengen.
    ir hêrro was sô vorhtlich,
    ir vorchte was sô sorclich.
    diu gnâda tempert nu daz reht,
    ze sune ist worden der chneht,
    vater ist der ê hêrro was:
    sô begagenet ime [misericordia et] cáritas.

5 Nu wir einen vater haben,
nu sculn wir denchen ane den namen.
welle wir haizen sîniu chint,
wir muozen bileden sîniu dinch,
5 mit sunelîchen minnen
des vater erbe gewinnen,
ůnsern bruoder der sîn chint ist
minnen sam uns tete Crist,
der durch sîner bruoder nôt
10 lait den scantlîchen tôt.
fliesen wir die minne,
wie geturren wir den pater singen?

6 Sô quit diu bete allêrist
'vater, du der in himelen bist,
gehêleget werde der name dîn'
dâ wir getoufet inne sîn,
5 vone Christô Christiâni,
daz wir der suute gestên sam âne,
sô wir zem êrsten wâren,
dô uns dir chint gebâren
diu gnâde unter dîn gaist.
10 des versehen wir uns dann aller maist,
sô wir restên von der erde
unte anderstunt geborn werden.

7 Sâlich sint die fri dasamen:
die êrent wol des vater namen,
die wellent hie sunlîche leben:
daz muoz diu gotes vorhte geben.
5 die sorgent zuo dem suontage,
si suonent sich hie unz si magen,
si n' ophernt deme vater nieht
unz sie dem bruodere sculn ieht.
die vorhten Dâvîd habete,
10 duor sînen vîant sparate.
er wainôte den Saulis tôt,
der in sô ofte brâht in nôt.

8 Sô pite wir tagilîche
'hêrro, zuo chome dîn rîche,'

daz denne muoz ergén,
sô wir von der erde erstên.
so der tiufel unde siniu lit
alsô gar werdent vernit,
sô ne vehtent in den brusten
die tugende mit ten âchusten,
sô werden wir lûtter unde raine,
sô richist er in uns aine,
sô wirt der viante gewalt
ze sinem vuozscamele gezalt.

9 Sâlige die daz riche mainent
unte ir herze dâ zuo rainent,
daz si stigen ûf mit gote
nâch dem vrônem gebote:
die scowent noch die gothait
mit der gebe der gnâdichait,
si bisizent noch daz riche
dâr si chlophent tagiliche.
des digete also ofte zuo ze gote
Moyses der getriuwe bote,
daz er got selben muose gesehen:
des mahte hie nieht geschehen.

10 Sô stêt an der tritten stete
ein sô fil nôtlîchiu bete
'dîn wille hie in erde
sam dâ in himele werde,'
daz wir in erde dir gehengen
same die himiliscen engel,
die nieht des newellen
des dich, hêrro, mug erbelgen,
unter unser hêrisc gaist
sô dâ bî daz diuliche flaisch,
daz siu baidiu sament ne gerent
des tu sie nieht sculist weren.

11 Sâlic die der barmherze sint,
vil wole irgênt den ir dinch:
an in scol disiu bete irgên.
ir sêle ist hie mit got irstên

von der sunde slafhaite
mit gebe der verwizzenhaite.
si erstärbent gire des flaisces,
si erchukkent werch des gaistes,
si erringent den Jâcôbis segen,
si garnent daz sie got gesehent.
gehelcent si des flaisces craft,
sô werdent si sâ sigehaft.

Dar nâch gern wir ane got
'hèrre, gib uns unser prôt
daz tagiliche hiute.'
vernement wol waz daz tiute.
er ist selbe der engele prôt,
sîn ist ouch der sêle sô nôt,
der lib vertuelt ânez prôt,
same tuot diu sêle âne got.
daz wizet, daz er selbe ist,
deist der sêle wegewist,
unte diu suoze gotes lêre,
diu ist dritte labe der sêle.

In drî wîs maine wir daz prôt.
sâlige die des hie hungerôt:
si begrabent mit gote den alten man,
den niwen wâtent sie sich an.
daz prôt git uns sterche
zallen guoten werchen;
wider demo gotes worte
so ne craftent nieht die helleborte.
dise geb Îsâc habete,
dor sich zer martere garete.
er wolte selbe der ophervrisciuch wesen:
mit dem scâphe geruoht in got verwesen.

Wir tuon mit got ein gedinge
daz uns sô sêre twinget.
wir queden 'vergib uns unser sculde
daz wir chomen ze diner hulde,
same wir allen den vergeben
die uns der sculde vergehent.'

der sinem scolen nieht vergibet,
wie unsâlichliche er disses diget!
er laitet uber sich gotes zorn,
er hât die toufe gar vlorn.
demo gnôz ni wil er clainez nieht vergeben,
demo hêrren muoz er grôzez wider geben.

15
Sâlic ist der dir disen rât
von der gotes gnâda hât,
ze vergebenne daz man im vergebe:
daz ist tiu vunfte gotes gebe.
dâz sin crûce treit der nâch gebote,
die martir lidet er mit gote,
er weinet iegeliches val,
er betet al wider dem âhtesal.
sô better guote Abrahâm
umben chunech der ime die chonen nam;
er chlagete der verworchten burge flor,
er geweget in gerne dâ vore.

16
Diu bechorunge ist sô manichslaht,
einiu guot, d'ander tarahaft.
diu guote irliutteret daz muot
samez golt der eiteoven tuot:
si clophet an den stâtegen man,
er clinget same der ganze haven.
diu vone dem tiufel aver vert,
der sich dere mit gote nieht irwert,
alsez plî verbrinnet:
vonem hamer er gar zespringet.
der hamer ist der verwâzen:
dême scolt unser hêrre uns niuht lâzen.

17
Die senften sâliclîche lebent
di des strîtes niene phlegent.
ir ougen diu sint einvalt;
zer tûben sint sie gezalt
diu in Christes touf erscain:
dem toufe git sie noch daz hail,
si brâhte ein olezwî ouh ê
in d'arche dem guoten Nôê.

si scol laiten unsr vernunst
in die gaistlichen chunst,
swie uns der viant bechore,
deir uns nien verlaitte zemo flore.

18   An disses gebetes ente,
so wir denchen in diz ellente,
so wir ane sehen den val
vone demo rich in der zâri tal,
wir sprechen 'hêrre in himile,
irlôs uns von dem ubile.'
wir mainen al die wênichait
sorge nôt und aribait
ûntes viantes âhtisal,
dei uns brâhte Âdâmes val.
dar zuo sin wir geborn:
sô freislich was ter gotes zorn.

19 Wie sâlich die gotes armen sint,
want ir dei himilriche sint!
die tuot der wâre wistuom
vermanen der werlte richtuom.
dês wistuomes unser vater wielt,
so lang er gotes gebot bihielt.
dô er strebete ubir sich,
dô . . . . unsich.
vèrscelket hât uns der alte man,
gèvrien muoz uns der niwe man.
ni wâre got nicht geborn,
wir muosen alle wesen verlorn.

20 Dirre siben bete dri zêrist,
die sint aller hêrist.
si gerent der durnahtichaite
zer drivalten gothaite.
dêr gedinge wir zem suontage,
wante wir si hie haben ne magen.
die viere die dâ nâch *sint* stênte
trôstent des lîbes ellente,
den uns der scephâre hât geben
von angengin vieren so wir lesen.

der wer uns, danna wir se nâman,
der unser suoze vater. Âmen.

XLIV.
VON DER SIEBENZAHL.

1
Dô Jôhannes der bote was versant
sô verre in des meres lant,
do eroffenete ime diu gotes craft
dei wunter alsô manichslaht:
er sach ein buoch dâ gescriben,
bisigilet was iz mit insigilen siben,
daz niemen torste insigilen
in erde noch in himele,
ê daz gotes lamb irslagen wart
daz irstânte ein lewe wart.
daz hâte siben ougen,
dâz eroffente uns die gotes tougen.

2
Hie mite sigeln wir unser bruste
wider die siben âchuste
die gotes gaist hât vertriben
mit sînen geben siben.
disiu zal ist sô hêre,
swie der tiufel daz verchêre,
der chuit daz der gelogen habe
der dir von siben iuwecht sage
(sô vient ist er dirre zale):
sî verjaget in ûzem gotes sale
vôr ôstrin in siben scrutiniis
mit sam manegen sacramentis.

3
In dirre sibene gewage
segenote got dem sibenten tage.
in sehsen habeter vure brâht
siniu werch sô manichslaht.

er ruowòt in dem selben tage:
in demo slief er sit inme grabe.
sehs alter wert uns dirre lib,
inme sibenten rastet man joch wib:
daz sint sibene sune Jòbes.
zwire sibene jàr Jàcòbes
in den er verdienòte zwai wib:
daz bezaichenet unsern zwiscen lib.

Dò diu siben horn chlungen
(dà mite wart Jèrichò gewunnen:
si giengen drumbe siben stunt),
dò viel diu mùre sà zestunt.
diu burch was diu haidenscaft,
diervalt des hèren gaistes craft.
er blies ir zuo mit sinen geben:
si muose wantelen ir leben.
der boten lére se umbegienc,
mit zaichene wuntere si si fienc.
daz sint die engele siben
von den apokalissis hàt gescriben.

Alsò der wissage chuit,
bigriphen sculen siben wib
einen man alle gemaine.
vernemet war er daz maine.
daz sint siben in eime:
siben ougen naime steine
unde siben liehtvaz,
sò uns zelt der herre Zacharjas,
und die siben liehtsterren
in der zeswen des herren
unte diu siben horn des lambes,
dànnen scribit sanctus Jòhannes.

Sò hie bevore di Israhélite
bègiengen ir òsterliche zite,
si dultens alle siben tage,
chùskes mazzes danne gevage.

si âzzen alle brôt unrhaben.
sine scolden ubile **niuht haben**.
diu ubele sûret daz muot
same der hevele den **taic tuot**.
wilder lattuoch was och ire maz:
der riwe bittere zaicte daz.
. . . .
. . . .

7   Iemer an dem sibenten jâre,
dô was wilen jâr der râwe,
dô rastet erde joch der phluoc:
si hâten alle sus **genuoc**.
after siben stunt siben jâren,
wie frô dann arme unt riche wâren!
dèr gechoûfte scalc gie frier heim,
done was ubir al getwanc nehein.
jubileus hiez daz wunnejâr,
iz zaicte die wunne die wir hân
in gedinge nâh der gotes urstente,
in hente nâh disses libes ente.

8   **Nu biten** wir den vater der gnâden,
daz er **uns** ruoche ze genâden,
der Pêtre zêrist tete chunt
dèir vergeben scolt sibenzec siben stunt.
herre, du der unser nôt waist,
sent uns dînen sibenvalten gaist,
der unser muot gewîse
ze bittenne daz dir gerîse.
in des crefte sò ist der gewalt
zeverlâzen die sunde manichfalt,
der die riwegen Marien trôste,
dor si von den siben tiufelen lôste.

XLV.
LAUDATE DOMINUM.

Nû lobe wir minen trehtin
jouh den heilegen geist sin,
die namen alle drie
sepcies in die.
alle tage siben stunt
lobet dich vil manich munt.
ze vespere jouch ze mettin
scul wir spâte unt vruo sin
ze gotes dieneste.
daz gepôt uns der psalmiste.

Daz gepôt uns Dâvid
do er machote die tagecit.
ze prime jouch ze tercie
lobe wir gewisse.
ze sexte unt ze nône
sô lobe wir dicke scône.
an der complête
lobe wir dine guote,
sô dû vil wole wert pist.
laudate dominum de celis.

Nû loben dich aver sâ
sol et luna,
der sunne jouch diu mânin;
die sternen loben dich unter in,
unt loben dich, trehtin, uber al
peidiu perch unte tal.
holz unte staine
loben dich, trehtin, eine,
unt al daz ûf der erde ist
laudate dominum in excelsis.

Nû loben dih, trehtin, aver sâ
maria et flumina,

wazer unte prunnen,
unte loben dih alle zungen.
vesce unte vogelîn
loben dih, hêrro trehtin,
loben dih dîner chrefte
alle die gescephte.
daz lebendes ûf der erde ist,
laudate dominum de celis.

5

Nû loben dich, trehtin, werde
die himele jouch diu erde,
loben dich, hêrro, dâ pî
omnia sidera celi,
jouch daz firmamentum
lobe dich unt den dînen sun;
di wurze jouch daz ander chrût
loben dich, hêrro, gotes trût;
wante dû des schephere pist.
laudate dominum in excelsis.

6

Nû lobe wir dich aver sâ
in psalterio et cithara,
mit salmen jouch mit seitspile.
dich lobent engele vile:
ane ruofent si dich sus,
alle chodent si 'sanctus.'
allez daz ûf deme himele ist,
laudate dominum de celis.

7

Nû loben dich, trehtin, aver sâ
rores et pruina,
regene unt die winte
untę elliu apgrunte,
die puhele jouch die lëwen,
die pache jouch die sëwe.
al daz ie wart unt iemer ist,
laudate dominum in excelsis.

XLVI.
MESSEGESANG.

Oberestiu magenchraft,
vater aller dîner schaft,
scouwe an dîne christenheit,
wâriu hêriu gotheit.
dizze opfer daz wir dir hie tuon,
dáz ist din ainborn suon.
enphâhe, wise vaterheit,
dînes Christes sunhait.
bedenche bî dir selben in
unde bedenche ouch uns an im,
in bî dîner gothait,
uns bî sîner mennischait.
sin gothait diu ist mit im dîn:
unser ist diu liche sîn;
und ist iedoch daz unser dîn:
dû lâ daz dîn unser sin.

Er samenot unser mennischait
an sich zuo dîner gothait,
daz wir sin mit im gemaine,
als er ist mit dir alaine.
unser bilde er an sich nam:
dâ bî er dich an uns erman.
er gab uns ze wandeln sich,
daz wir bî im manen dich.
daz er des unsern nam an sich,
im ze libe und och ze lich,
daz gab er uns ze niezen wider
dâz im niht entwüehsen sîniu lider.
wir sin mit samt im ain
vlaisch lich unde gebain;
und daz daz von im muoze leben,
dem ruoche er sinen gaist ze geben.

Alsô samenot er chunnescaft
zwiscen im und siner scaft.
dâ von die rehten sint
sîne bruoder unde sîniu chint,
mit im ain gaist unde ain muot,
vlaisch gebaine unde bluot,
erben unde siptail,
getailen an dem erbetail.
unser hêrre Jêsu Christ
dîn sun von natûre ist:
sô gab uns diu milte sin
daz wir süne von gnâden sin.
swie wir daz ellende noch
mit sunden bûwen, so ist iedoch
der uns vertilige unser mail
ze himele unser sipetail.
dû ruohte unser opher sin
von der magenchrefte dîn:
von diu nim von uns vûrguot
hie sîne lîch und sîn bluot.
wir vinden niht geliches dem,
daz vor dînen ougen zem
und unsern sunten wider wege
ûf dises ellendes wege.
enphâhe ez von des priesters hant
und wis bi im dar an gemant
daz ez dir genâme sî.
durch die dîne namen drî
habe ûf dînes zornes slac,
den wir arnen naht unt tac.

Wir bieten vür ze scherme den
der den zorn dir beneme.
dîn güete mach gezürnen niht
sô si solhe mâsen siht,
die er ze phande trait,
der durch uns die martere lait.
blîche sîne vrische wunden an,
unde bedenche wol dar an

daz er durch daz din gebot
uns ze helfe lait den tôt.

Verlîh uns solhe sâlicheit
daz wir mit rehter innercheit
sîne martere im gehugen:
wand wir ân dich nine mugen.
ouch bite wir dich, hèrre,
durch der wandelunge êre,
unde sich dizze opher tuot
ze Christes liche unde bluot,
ze sälde aller christenhait:
dû wende uns ellin unsriu lait,
unde swaz an uns allen
gedanche unde willen
werche unde worte
wider dîne vorhte
und wider dînen willen ist,
daz wende uns durch den dînen Christ,
der innechlicher êwechait
unde âiner wâren gotehait
in der hailegen gaistes âinunge
ze rehter ebenheftunge
mit dir ist êin nômen
von êwen zêwen. ÂMEN.

XLVII.
SEGEN.

1.

MILSTÄTER BLUTSEGEN

Der hêligo Christ wart geboren ce Betlehêm,
dannen quam er widere ce Jerusalêm.
dâ ward er getoufet vone Jôhanne
in demo Jordâne.
Duo verstuont der Jordânis fluz

unt der sin runst.
Also verstant dû, bluotrinna,
durh des heiligen Christes minna:
Du verstant an der nôte,
10 alsô der Jordân tâte,
duo der guote sancte Jôhannes
den heiligen Christ toufta.
verstant dû, bluotrinna,
durch des hêliges Cristes minna.

2.

WURMSEGEN

A. AUS PRÜL.

Jôb lag in dem miste.
er rief ze Criste,
er chot 'du gnâdige Crist,
du der in demo himile bist,
5 du buoze demo mennisken des wrmis. N.
Durch die Jôbes bete
die er zuo dir tete,
doer in demo miste lag,
doer in demo miste rief
10 zuo demo heiligin Crist.
der wrm ist tôt,
tôt ist der wrm.
Kiriel X K Pat. n. tribus vicibus. or. Actiones nras. qs. due. a.

B. AUS S. LAMBRECHT.

Jôb der hèrre lach in miste,
rief ûf ze Christe,
mit eiter bewollen:
die maden im ûz wielen.
5 des buozte im der hailige Crist.

alsô si .N. des manewurmes,
des hârwurmes, . .
der wurm der si nû tôt
hiute unde immer mêr.
10 Te deum, âmen.
Pater noster, daz scolt dû dristunden sprechen: vur daz eiter scoltûz sprechen.
Carnaux odia carnaux edia in mensina samsodina **castbistuir** . . . .

3.
MÜNCHNER AUSFAHRTSEGEN.

Ich slief mir hint suoze
datz mines trehtins fuozen.
daz heilige himelchint,
daz si hiute mîn frideschilt!
5 daz bat mih hiute ûf stân.
in des genâde wil ih gân
unde wil mih **gurten**
in des heiligen gotes worten,
dâz mir allez daz holt si
10 daz in deme himel si,
diu sunne und der mâne
unde der tagesterne scône.
mins gemuotes bin ih balt:
hiute springe ih, hêrre, in dînen gwalt.
15 sante **Marjen lichemede**
daz si min **fridhemede**!
aller miner viende wâfen
diu ligen unde slâfen
und sin alsô palwahs,
20 als wære miner vrouwen vahs
dô si den heilegen Christ gebære
und doch ein reiniu meit wære.
min houbet si mir stælîn:
dehein wâfen snide dar in.

                min swert eine
                wil ih von dem segen sceiden:
                daz snide unde bize
                allez daz ih ez heize,
                von minen handen
30   und von niemens andern.
                der heilige himeltrût
                der si hiute min halsperc guot. Âmen.
In nomine domini nostri Jhesu Christi, qui est dictus mirabili
    nomine Tetragrammaton, et in nomine spiritus sancti.
35   In des namen den ih gnant hân
                und in des gnâde ih hiute gân,
                diu wort sin mir gewære
                als unserem hêrren wære,
                dem almehtigen gote
40   diu toufe und daz wizzot.
                mit dem selben segen,
                dâ mit diu toufe und der chresem
                und daz wizzot wurde gesegent,
                dâ si ih hiute mit gesegent
45   vor viwer unt vor wâge,
                vor aller slahte wâfen,
                vor houpthaftigen sunden,
                vor werltlîchen scanden,
                vor unrehtem tôde:
50   miserêre nôbis.
Âmen, alsô si daz wâre, als daz unser hêrre got von
    sant Marien meit wesende geborn wart, Âmen.

4.

TOBIASSEGEN.

Der guote Santôbias,
der gotes wissage was,
sinen sun er sande
sô verre in fremdiu lande,
5   daz er des wolte wænen

daz ern niemer mere gesæhe.
sin sun was ime vil liep:
unsanfte er von ime schiet.
umbe in was ime vil leide:
er sande in vierzec tageweide.
dô er in sach vor ime stân,
ein segen wart ob ime getân
der von herzen guot was,
wànd er nihtes dar ane vergaz.
'Dem gote dem niht verborgen ist
und des eigenschalc du bist,
der an niemanne wenket,
sinç armen wol bedenket,
der müeze dich behüeten
durch vaterliche güete,
über velt und durch walt
vor aller nôte manecfalt,
vor hunger und vor durste,
vor bôsem geluste,
vor hitze unde vor gefrörde.
got müeze dîn gebet erhôren
und dich haben schône
vor dem gæhen tôde,
du slâfest oder wachest,
in holze od under dache.
dîne vînde werden genideret.
got sende dich gesunt her widere
mit vil rehtem muote,
mit libe und ouch mit guote.
gesegenet sî dir der wec
über strâze und über stec,
dâ vor unde dâ hinden.
durch die hêren fünf wunden
ietweder halben dar eneben
gestê dir der himeldegen
unde pflege diner verte
und füege dir guot geverte.
in dem gotes fride du var.
der heilic geist dich bewar.

din herze si dir steinin,
din lip si dir beinin,
din houbet si dir stehelin.
der himel si der schilt din.
diu helle si dir vor versperret:
50 allez übel si vor dir verirret.
daz paradis si dir offen
elliu wâfen sin vor dir verslozzen,
daz si dich müezen miden,
daz si dich niht versniden.
55 der mâne und ouch diu sunne
die liuhten dir mit wunne.
die heiligen zwelfpoten
die êren dich vore gote,
daz dich diu hêrschaft gerne sehe:
60 allez liep müeze dir geschehen.
der guote sante Stephân,
der got ze himele sach stân
ze sines vater zesewen hant
do er sine nôt überwant,
65 der gestê dir iemer bî
swâ dir sin nôt und durft si.
sant Jôhannes *baptiste*
der ruoche dich berihten,
die vier êwangeliste
70 die wisen dich des besten.
din schirm si diu frîe
min frouwe sant Marie
vor allem widermuote
und vor aller nôte
75 dines libes, diner sêle
und diner werltlichen êre.
sante Galle diner spise pflege,
sante Gêrdrût dir herberge gebe:
sælec si dir der lip.
80 holt si dir man unde wip.
guot rât dir werde
und rehtes tôdes sterben:
ze gote müezest sælec sin.'

alsô segente er den sun sîn
unde sande in zeiner stat dâ
in ein lant daz hiez ze Mêdiâ:
diu burc diu hiez ze Râges.
sît wart er vil frô des.
alsô müezest du gesegenet sîn.
des helfen die namen drî,
des helfe diu wîhe
mîn frouwe sant Marîe.
des helfen elliu diu kint
diu in dem himelrîche sint. Âmen.

†

Got hiute dich gesegene
mit Âbeles segene:
sîn opfer gote sô wol geviel
und was sînes herzen spil;
und mit dem segene Enoches,
der gote sô rehte liep was
daz ern in daz paradis nam,
mit lîbe und sêle dar kam;
mit dem segene Nôês,
der gote sô getriuwe was,
daz er in behuote
vor der sinfluote;
mit dem segene stæte
den er Abrahâme tæte,
wand er im was gehôrsam,
mit dem sun ûf den berc kam;
mit dem segene Îsaâces,
mit dem segene Jâcôbes,
mit dem segene Jôsêbes
und pflege dînes lîbes
als er von ime was behuot,
dô man in verkoufte umbe guot;
mit dem segene stæte
der wart getân Dâvite,
dô man in von den schâfen nam
und zuo dem künicrîche kam;

und mit dem segene stæte
den er Sahnône tæte

den tet der engel Gabriêl
Marien der maget hêr.

125 nu gesegene dich got hiute mit dem segene, den die engel von hi-
mele brâhten **über die Cristes** geburt. nu gesegene dich got hiute
mit dem segene der von himele kam über den gotes sun in der
toufe. nu gesegene dich got hiute mit dem segene dâ mit der hei-
lige Crist wart gefüeret gegen sîner marter. nu gesegene dich got
130 hiute mit dem segene dâ mit er hin ze himele fuor nâch sîner ur-
stende. daz heilic † criuze sî obe dir, daz heilic † criuze sî ze dîner
zeswen hant und ze dîner winstern hant, und müeze dir ein schirm
und ein schilt sîn für allez ungelücke und für alle missewende und
für alle dîne vinde, swâ daz sî: des helfe dir diu gotes kraft und
135 der vater und der sun und der heilic geist. Amen.

XLVIII.

DAS TRAUGEMUNDSLIED.

1   Willekome, varender man!
    wâ læge du hinaht?
    od wâ mite wære du bedaht?
    oder in welre hande wîse
5   bejageste kleider oder spîse?

2   'Daz hâste gefrâget einen man
    der dir ez wol gesagen kan.
    mit dem himel was ich bedaht,
    mit rôsen was ich umbestaht,
5   in eines stolzen knappen wîse
    bejage ich kleider unde spîse.'

3   Nu sage mir, meister Trougemunt,
    zwei und sibenzec lant diu sint dir kunt:

waz boumes birt âne bluot?
waz vogele sôiget sîne jungen?
waz vogele ist âne zungen?
waz vogele ist âne magen?
kanstu mir des iht gesagen,
sô wil ich dich für einen wætlichen knappen haben.

'Des hâste gefrâget einen man
der dir ez wol gesagen kan.
diu queckolter birt âne bluot,
der storc ist âne zungen,
diu fledermûs sôiget ir jungen,
der scharbe ist âne magen.
ich wil dirz in triuwen sagen,
und frâgestu mich ihtes mêre,
ich sage dir fürbaz an dîn êre.'

Nu sage mir, meister Trougemunt,
zwei und sibenzec lant diu sint dir kunt:
waz ist wîzer denne der snê?
waz ist sneller denne dez rêch?
waz ist hôher denne der berc?
waz ist vinsterre den diu naht?
kanstu mir iht des gesagen,
sô wil ich dich für einen wætlichen knappen haben.

'Des hâste gefrâget einen man
der dirz wol gesagen kan.
diu sunne ist wîzer den der snê,
der wint ist sneller den daz rêch,
der boum ist hôher den der berc,
diu rame ist swerzer den diu naht.
doch wil ich dir in triuwen sagen,
frâgestu mich ihtes mêre,
ich sage dir fürbaz an dîn êre.'

Nu sage mir, meister Trougemunt,
zwei und sibenzec lant diu sint dir kunt:
durch waz ist der lîn sô tief?

durch waz sint die frowen liep?
durch waz sint die maten grüene?
durch waz sint die ritter küene?
kanstu mir des iht gesagen,
sô wil ich dich für einen stolzen knappen haben.

8 'Des hâste gefrâget einen man
der dirz wol gesagen kan.
von mangem urspringe ist der Rin sô tief,
von minnen sint die frowen liep,
von würzen sint die maten grüene,
von wunden sint die ritter küene;
unde frâgestu mich ihtes mêre,
ich sage dir fürbaz an dîn êre.'

9 Nu sage mir, meister Trougemunt,
zwei und sibenzec lant diu sint dir kunt:
durch waz ist der walt grîse?
durch waz ist der wolf wîse?
durch waz izt der schilt verblichen?
durch waz ist manec geselle entwichen?
kanstu mir des iht gesagen,
sô wil ich dich hân für einen wætlîchen knaben.

10 'Daz hâste gefrâget einen man
der dirz wol gesagen kan.
von manegem alter ist der walt grîse,
von unnützen gengen ist der wolf wîse,
von maneger hervertę ist der schilt verblichen,
ungetriuwen Sibechn ist manec geselle entwichen.
. . . .
. . . .'

11 Nu sage mir, meister Trougemunt,
zwei und sibenzec lant diu sint dir kunt:
waz ist grüene alsam der klê?
waz ist wîz alsam der snê?
waz ist swarz alsam der kol?
waz zeltet rehte als der vol?

'Daz hab ich balde gesaget dir:
diu agelstr ist grüene alsam der klê,
unde ist wîz alsam der snê
unde ist swarz alsam der kol
und zeltet rehte alse der vol;
und frâgestu mich ihtes mêre,
ich sage dir fürbaz an dîn êre.'

XLIX.

DENKSPRÜCHE.

1.

Sver an dem mæntage gât
dâ er den fuoz lât,
deme ist al die wochun
deste ungemacher.

2.

Tief furt truobe
und schône wiphuore,
sweme dar wirt ze gâch,
den gerûit iz sâ.

3.

Der zi *dere* chilchun gât
unde âne rûe dâ stât,
der wirt zeme jungistime tage
âne wâfin resclagin.
Swer dâ wirt virteilet,
der hât imir leide.

4.

Al diu welt mit grimme stêt.
der dar undir muozic gêt,
der mag wol verwerden:
sîn êre muoz ersterben.

5.

Ferrum per clavum ferrumque equus, per equum uir,
perque uirum castrum, per castrum patria durat.

Ein nagel behalt ein isen, ein isen ein ros, ein ros ein man,
ein man ein burch, ein burch ein lant.

6.

Alea, Bachus, amor meretricum fecit egentem:
nunquam, qui sequitur hęc tria, diues erit.

7.

Quattuor extollunt hominem faciuntque superbum:
forma, genus, probitas, magnus aceruus opum.

8.

Nobilitas, species, probitas, facundia, sensus
nil mihi proficiunt, nisi sit mihi copia census.

9.

Non ornant hominem uel opes uel culmen honorum,
si duo defuerint, uirtus et copia morum.

10.

Non nos dedecorant nostrorum crimina patrum,
nec probitas patrum nos facit esse probos.

11.

Qui nocet exemplo, fetens iacet in monumento;
sis sapiens, si uis similis esse deo.

12.

Dum Mars arescit et mensis Aprilis aquescit,
Maius frigescit, tunc frugibus area tumescit.

L.

BILSENER SCHLUSSVERS.

Tesi samanunga vvas edele unde scôna
Et omnium uirtutum pleniter plena.

ZWEITES BUCH.

LI.
SÄCHSISCHES TAUFGELÖBNIS.

Forsachistû diobole?
 ec forsacho diabole.
End allum diobolgelde?
 end ec forsacho allum diobolgelde.
End allum dioboles uuercum?
 end ec forsacho allum dioboles uuercum [and uuordum, Thuner ende Uuôden ende Saxnôte ende allum thêm unholdum thê hira genôtas sint].

Gelôbistû in got alamehtigan fader?
 ec gelôbo in got alamehtigan fader.
Gelôbistû in Crist godes suno?
 ec gelôbo in Crist gotes suno.
Gelôbistû in hâlogan gâst?
 ec gelôbo in hâlogan gâst.

LII.
FRÄNKISCHES TAUFGELÖBNIS.

Forsahhistû unholdûn?
    ih fursahhu.
Forsahhistû unholdûn uuerc indi uuillon?
    ih fursahhu.
5 Forsahhistû allêm thêm bluostrum indi dên gelton indi dên gotum thie im
heidene man zi bluostrum indi zi geldom enti zi gotum habênt?
    ih fursahhu.

Gilaubistû in got fater almahtigan?
    ih gilaubu.
10 Gilaubistû in Christ gotes sun nerjenton?
    ih gilaubu.
Gilaubistû in heilagan geist?
    ih gilaubu.
Gilaubistû einan got almahtîgan in thrînisse inti in einisse?
15   ih gilaubu.
Gilaubistû heilaga gotes chirichûn?
    ih gilaubu.
Gilaubistû thuruh taufunga sunteóno forlâznessi?
    ih gilaubu.
20 Gilaubistû lîb after tôde?
    ih gilaubu.

LIII.
BAIERISCHE GLAUBENSFRAGEN.

G<small>LOVPISTV IN GOT FATER ALMAHT</small>*IGAN*
ent in sinan sun den . . . . . Chris*t* . . . .
in den *nuihun d*tum k . . . .
dri eines go*tes* almahtiges . . . .
5   himil en*ti* erda . . q . . . .
almahtigin fater . . .

LIV.
EXHORTATIO AD PLEBEM CHRISTIANAM.

Hosêt ir, chindo liupôstun, rihtida derà calaupà dê ir in herzin cahuctlîho hapên sculut, ir den christânjun namun intfangan eigut, daz ist chundida iuuererà christânheiti, fona demo truhtine in [man] caplàsan, fona sîn selpes jungirôn casezzit. derà calaupà canuisso faoiu uuort sint, ûzan dràto mihiliu carûni dàr inne sint pifangan: uuîho itum canuisso dêm maistron derà christânheiti dêm uuîhôm potôm sinêm deisu uuort thictôta susliherà churtnassi, za diu daz allêm christânêm za galauppenne ist ja auh simplûn za pigehanne, daz alle farstantan mahtîn ja in huctî cahapên. inu huueo quidit sih der man christànan, der deisu fôûn uuort derà calaupà, derà er caheilit scal sîn (ja derà er canesan scal), ja auh dei uuort des fraono capetes, dei der truhtîn selpo za gapete casazta: uueo mag er christànı sîn, der dei lirnên nı uuih noh ın sînera cahuctî hapên? odo uuê mac der furi andran derà calaupà purgeo sîn (ado furi andran caheizan), der dê calaupa noh imo ni uueiz? pidiu sculut ir uuizan, chindili mîniu, uuantà eo unzi daz iuuer eogalihêr dê selpûn calaupa den sînan fillol calêrit za farnemanne, den er ûr deru taufî intfâhit, daz er sculdig ist uuidar got des caheizes, ja der dê sînan filleol lêren farsûmit, za demo sônatagin redja urgepan scal.

Audite, filii *carissimi*, regulam fidei, quam ın corde memoriter habere debetis, qui christianum nomen accepistis, quod est vestræ indicium christianitatis, a domino inspiratum, ab apostolis institutum. cuius utique fidei pauca verba sunt, sed magna in ea concluduntur mysteria: sanctus etenim spiritus magistris ecclesiae sanctis apostolis ista dictavit verba tali brevitate, ut quod omnibus credendum est christianis semperque profitendum, omnes possent intellegere et memoriter retinere. quomodo enim se christianum dicit, qui pauca verba fidei, qua salvandus est, et etiam orationis dominicae, quae ipse dominus ad orationem constituit, neque discere neque vult in memoria retinere? vel quomodo pro alio fidei sponsor existat, qui *ipse* hanc fidem nescit? ideoque nosse debetis, filioli mei, quia donec unusquisque vestrum eandem fidem filiolum suum ad intellegendum docuerit, quem de baptismo exceperit, reus est fidei sponsionis, et qui hanc filiolum suum docere neglexerit, in die iudicii rationem redditurus erit.

Nû allero manno calih, der christâni sîn uuelle, dê galaupa jauh **daz**
frôno gapet alleru zilungu ille calirnên jauh dê kalêren dê er ur tauffi
intfâhe, daz er za sônatage ni uuerde canaotit radja urgepan: uuanta iz
ist cotes capot ja daz ist unser hêli ja unsares hêrrin capot, noh uuir andar
uuis ni magun unsero sunteôno antlâz cauuinnan.

Nunc igitur omnis, qui christianus esse voluerit, hanc fidem et oratio-
nem dominicam omni festinatione studeat discere et eos, quos de fonte
acceperit, edocere, ne ante tribunal Christi cogatur rationem exsolvere,
quia dei iussio est et salus nostra et dominationis nostrae mandatum, nec
aliter possumus veniam consequi delictorum.

LV.
FREISINGER AUSLEGUNG DES PATERNOSTER.

Pater noster qui es in caelis. Fater unser, dû pist in himilum.
Mihhil gôtlîch ist, daz der man den almahtigun truhtin sînan fater uuesan
quidit. karisit denne, daz allero manno uuelih sih selpan des uuirdîcan
tôge, cotes sun ze uuesan.

Sanctificetur nomen tuum. Kauuîhit si namo dîn. Nist uns des
duruft, daz uuir des dikkêm, daz der sîn namo kauuîhit uuerda, der eo
uuas uuih enti eo ist: ûzzan des dikkamês, daz der sîn namo in uns
kauuîhit uuerda, enti dê uuîhnassi, dê uuir in deru taufi fona imo intfên-
gun, daz uuir ze demu suonotakin furi inan kahaltana pringan muozin.

Adveniat regnum tuum. Piqhueme rîhhi dîn. sîn richi uuas eo
enti eo ist: ûzzan des dikkamês, daz daz sîn rîchi uns piqhueme enti er in
uns richisôja, nalles der tiuval, enti sîn uuillo in uns uualte, nalles des tiu-
vales kaspanst.

Fiat voluntas tua sicut in caelo et in terra. uuesa dîn uuillo, sama
sô in himile est, sama in erdu, daz nû sô unpilipono enti sô êrlîcho sôso
dê engilâ in demu himile dînan uuillun arfullant, des mezzes uuir inan
arfullan muozzin.

Panem nostrum cotidianum da nobis hodie. Pilipi unsraz emizzîgaz
kip uns eogauuanna. In desêm uuortum sint allo unsro licmiscûn du-
ruftî pifankan. Nû avar êuuîgo forkip uns, truhtîn, den dînan lîchamun
enti dîn pluot, daz uuir fona demu altare intfâhamês, daz iz uns za êunî-
gera heilî enti za êuuîkemo lîpe piqhueme, nalles za nuizze: enti dîn anst
enti dîno minnâ in uns follîcho kahalt.

Et dimitte nobis debita nostra, sicut et nos dimittimus debitoribus nostris. Enti flâz uns unsro sculdi, sama sô uuir flâzamês unsrêm scolôm. makannôtduruft allero manno uuelîhhemo, sih selpan desêm uuortum za pidenchenne, daz allero manno uuelîh sînemu kanôz enti sînemu prôder er allemu hugiu enti hercin sîno missitâti flâzze, daz imu der truhtîn sama deo sîno flâze. danna er demu sînemu kanôzze flâzan ni uuili, danna . . . . . . danna er qhuidit 'flâz uns sama sô uuir flâzamês.'

Et ne nos inducas in temptationem. Enti *ni* princ unsih in chorunka. ni flâz unsic, truhtîn, den tiuval sô fram gachorôn sôso sîn uuillo sî, ûzzan sôso uuir mit dînera anst enti mit dînêm ganâdân ubaruuehan mekîn.

Sed libera nos a malo. ûzzan kaneri unsih fona allêm suntôn, kalitanêm enti antuuartêm enti cumftichêm. Amen.

LVI.
WEISSENBURGER CATECHISMUS.

Fater unser, thû in himilom bist, giuuîhit sî namo thîn. queme richi thîn. uuerdhe uuilleo thîn, sama sô in himile endi in erthu. Broot unseraz emezzigaz gib uns hiutu. endi farlâz uns sculdhi unsero, sama sô uuir farlâzzem scolôm unserêm. endi ni gileidi unsih in costunga. auh arlôsi unsih fona ubile.

Fater unser, thû in himilom bist, giuuîhit sî namo thîn. Gotes namo ist simbles giuuîhit: auh thanne uuir thiz quedhem, thanne bittem uuir, thaz sîn namo in uns mannom uuerdhe giuuîhit thuruh guodiu uuerc.

Queme richi thîn. Richi gotes ist simbles endi eogihuuâr: thes bittem uuir thoh, thanne uuir thiz quedem, thaz gotes richi sî in uns endi thes diufles giuualt uuerdhe arfirrit fona uns.

Uuerdhe uuillo thîn sama sô in himile endi in erthu. Thes sculun uuir got simbles bitten, thaz sîn uuilleo uuerdhe samalîh in erdhu in mannom, sôso her ist in himile in engilom, cithiu thaz man in erthu sînan uuilleon giuuurchen megin sama sô engilâ in himile magun.

Broot unseraz emezzigaz gib uns hiutu. Allo mannes thurfti sintun in themo brôtes namen gameinito, thero er ci thesemo antuuerden libe bitharf. bithiu scal man dago gihuueliches thiz gibet singan, sô huuer sô uuili thaz imo got gidago sînero thurfteo helphe.

Indi farlâz uns sculdhi unsero sama sô uuir farlâzzem scolôm unserêm.

Só huuer só thiz quidhit, só bitharf thaz er só due só her quithit, huuanda
her fluochôt imo mér thanne her imo guodes bitte, ibu her só ni duat só
her quidhit: huuanda só huuer só andhremo arbolgan ist endi thiz gibet
thanne singit, ther bidit imo selbemo thanne ubiles.
    Indi ni gileiti unsih in costunga. Ni leitit got eomannan in ubilo
thohheinaz; ùzzar thanne her then man farlàzzit, só ist her sàr in costun-
gôm. thaz meinit thaz uuort, thaz her unsih ni farlàzze cithiu thaz nuir
in ubil gileitte ni uuerdhên.
    Auh arlósi unsih fona ubile. In thesemo uuorde ist bifangan allero
ubilo gihuuelih, thero manne giterjan megi. bithiu só huuer só thiz gibet
hlûttru muatu singit, gilouban scal her, thaz inan got thanne gihórje:
huuanda her ni bitit thàr ana elljes eouuihtes, nibu thes got selbo giboot
ci bittanne, endi thàr sintun thoh allo mannes thurfti ana bifangano.

Ista sunt criminalia peccata per quae diabolus mergit homines in in-
fernum.
    Vitia carnis. àcusti thes lichamen. Inmunditia. unhreinitha. For-
nicatio. huar. Luxuria. firinlusti. Idolorum servitus. abgoto theo-
nost. Veneficia. eittarghebon. Inimicitia. fiantscaf. Contentiones.
bàgà. Aemulationes. anthruoft. Irae. nidhà. Rixae. secchià.
Dissensiones. fliiz. Sectae. strùti. Invidia. abunst. Obstinatus.
einuuillig. Homicidia. manslagon. Anxius. angustentêr. Ebrie-
tas. truncali. Adulteria. mêrhuarà. Furta. thiubheit.

Gilaubju in got fater almahtigon, scepphjon himiles enti erdà. Endi in
heilenton Christ, suno sinan einagon, truhtin unseran. Ther infanganêr
ist fona heilegemo geiste, giboran fona Mariûn magadi, ginuizzinót bi
pontisgen Pilàte, In crûci bislagan, toot endi bigraban. Nidhar steig
ci hellju, in thritten dage arstuat fona tóotêm, Ûf steig ci himilom, gisaz
ci cesuûn gotes fateres almahtiges: Thanan quemendi ci ardeilenne
quecchêm endi dóodêm. Gilaubju in àtum uuihan, uuiha ladhunga alli-

Credo in deum patrem omnipotentem, creatorem caeli et terrae. et
in Iesum Christum, filium eius unicum, dominum nostrum. qui con-
ceptus est de spiritu sancto, natus ex Maria virgine, passus sub Pontio
Pilato, crucifixus, mortuus et sepultus.   descendit ad
inferna, tertia die resurrexit a mortuis, ascendit ad caelos, sedet ad
dexteram dei patris omnipotentis: inde venturus iudicare vivos et mor-
tuos. credo in spiritum sanctum, sanctam ecclesiam catholicam, san-

cha, Heilegero gimeinidha, Abláz sundeóno, Fleisges arstantnissi, Liib éuuigan. Amen.

Só huuer só uuilit gihaldan uuesan, fora allu thurft ist, thaz er habé allicha gilauba. Thiu úzzar eogihuuelih alonga endi ganza gihalde, áno ibu in éuuidhu faruuirdhit. Gilauba avur allichu thisu ist, thaz einan got in thrínisse endi thrínissi in einnissí érémés, Noh ni gimisgente thió gomoheiti noh thea cnuat citeilente. Andher ist giuuisso gomaheit fateres, andher sunes, andher thes heilegen geistes, Úzzar fateres endi sunes endi heilegen geistes ein ist gotchundi, gilíh diuridha, ebanéuuigu craft. Huueolíh fater, sulíh sún, sulíh ther heilogo geist. Ungiscaffan fater, ungiscaffan sun, ungiscaffan endi ther heilogo geist; Ungimezzan fater, ungimezzan sun, ungimezzan ther heilogo geist; Éuuig fater, éuuig sun, éuuig heilogo geist: Endi thoh nalles thrí éuuige, úzzar einér ist éuuigér, Só nalles thrí ungiscaffene noh thrí ungimezzene, úzzar einér ist ungiscaffanér endi einér ungimezzenér. Só sama almahtígo fater, almahtígo sun, almahtigo endi heilago geist, Endi thoh nalles thrí almahtige, úzzar einér ist almahtigér. Só sama got fater, got sun, got heilago geist, Endi nalles thoh thrí gotá, úzzar einér ist got. Só sama truhtín fater, truhtín sun, truhtín heilago geist, Endi thoh nalles thrí truhtíná, úzzar einér ist truhtín: Huuanda só selp einezém **cina** eogihuuelicha gomaheit got endi

ctorum communionem, remissionem peccatorum, carnis resurrectionem, vitam aeternam. Amen.

Quicumque vult salvus esse, ante omnia opus est, ut teneat catholicam fidem. Quam nisi quisque integram inviolatamque servaverit, absque dubio in aeternum peribit. Fides autem catholica haec est, ut unum deum in trinitate et trinitatem in unitate veneremur, neque confundentes personas neque substantiam separantes. Alia est enim persona patris, alia filii, alia spiritus sancti, sed patris et filii et spiritus sancti una est divinitas, aequalis gloria, coaeterna maiestas.
Qualis pater, talis filius, talis spiritus sanctus. Increatus pater, increatus filius, increatus et spiritus sanctus; immensus pater, immensus filius, immensus spiritus sanctus; aeternus pater, aeternus filius, aeternus spiritus sanctus: et tamen non tres aeterni, sed unus aeternus, sicut non tres increati nec tres immensi, sed unus increatus et unus immensus. Similiter omnipotens pater, omnipotens filius, omnipotens et spiritus sanctus, et tamen non tres omnipotentes, sed unus omnipotens. Ita deus pater, deus filius, deus spiritus sanctus, et tamen non tres dii, sed unus est deus. Ita dominus pater, dominus filius, dominus spiritus sanctus, et tamen non tres domini, sed unus est dominus: quia sicut singillatim unam quamque personam deum et

⁷⁰ truhtin ci gigehanne fona therâ christinheiti uuârnissi gir
thri gotâ erdho truhtinâ ci quedhanne thiu rehta chı
(edho biuuerit). Fater fona niuuuihtu ist gitân noh gisc:
sun fona fatere einemo ist nalles gitân noh giscaffar
Heilago geist fona fatere endi sune nalles gitân noh gisc
⁷⁵ ûzzar arfaran. Einêr giuuisso fater, nalles thrî faterâ, eir
sunt, einêr heilago geist, nalles thrî heilage geistâ. En
nissi niuuuiht êriren erdho afteren, niuuuiht mêren erdho
allo thrio heiti ebanêuuige im sint endi ebangiliche, S
giû obana giquetan ist, thaz thrinissi in einnisse end
⁸⁰ thrinissi ci êrenne sî. Ther uuili giuuisso heil uuesan
henge (edho farstande).

Suntar nótthurft ist ci êuuigeru heili, thaz infl
truhtines unseres heilanten Christes gitriulicho gilaube. 1
rehtiu, thaz gilaubamês endi bijehamês, bithiu truhtin un
⁸⁵ gotes sun, got endi man ist. Got ist fona enuati (edho
res êr uueroldem giboran endi man ist fona enuati n
giboran : Thuruhthigan got, thuruhthigan man, fona
endi mannisginimo fleisge untaruuesentêr, Ebanêr fat
nisse, minniro fatere after mennisgi. Ther thoh thiu
⁹⁰ man, nalles zuuêne thiuuideru, suntar eino ist Christ,

⁷⁰ dominum confiteri christiana veritate compellimur, ita
minos dicere catholica religione prohibemur.
         Pater a nullo est factus nec creatus ne
patre solo est, non factus nec creatus, sed genitus ;
spiritus sanctus a patre et filio, non factus nec cre
⁷⁵ sed procedens. Unus ergo pater, non tres patres, un
filii, unus spiritus sanctus, non tres spiritus sancti.
nitate nihil prius aut posterius, nihil maius
totae tres personae coaeternae sibi sunt et coaequales,
sicut iam supra dictum est, et trinitas in unitate et unita
⁸⁰ randa sit.   Qui vult ergo salvus esse,
sentiat.
    Sed necessarium est ad aeternam salutem, ut inca:
domini nostri Iesu Christi fideliter credat.
recta, ut credamus et confiteamur, quia dominus nost
⁸⁵ dei filius, deus et homo est.   Deus est
tris ante saecula genitus, et homo est ex substantia
natus: perfectus deus, perfectus homo,
et humana carne subsistens, aequalis patri secur
minor patre secundum humanitatem.   Qui licet
⁹⁰ non duo tamen, sed unus est Christus,

gihuuerbithu therā gotcundhi in fleisg, sundar arhabani therā mennisgi in gode. Einēr giuuisso nalles gimiscnissi therā cnuati, suntar einnissi therā heiti. Thoh sō sama sō thiu sēla redhihaftiu endi lichamo einēr ist man, sō got endi man einēr ist Christ. Ther gimartorōt ist bi heili unsera, nithar steig ci helliuuizze endi arstuant fona tōtēm, Ūf steig ci himilom, sizzit ci cesuūn gotes fateres almahtiges, Thanan cumftigēr ci suananne lebente endi tōte; Ci thes cumfti alle man ci arstandanne eigun mit lichamōn iro. Endi geltanti sint fon gitātem eiganēm redina: Endi thie guat dātun, farent in ēuuig liib, Endi thie ubil dātun, in ēuuig fuir. Thisu ist gilauba allichu, thia nibi eogihuuelihhēr triulicho endi fastlicho gilaubit, heil uuesan ni mag.

Guatlichi in hōhōstēm gote endi in erdhu fridhu mannom guates uuillen. Lobōmēs thih, Uuelaquedhemēs dhir, Betōmēs thih, Hruamamēs thih. Thancōmēs thir thuruh michila guatlichi thina. Truhtin got, cuning himilisgēr. Got fater almahtigēr. Truhtin suno einboranēr Heilanto Christ. Truhtin got. Lamp gotes. Suno fateres. ther nimis suntā uueruldi, Ginādhō uns. Ther nimis suntā uueruldi, intfāh gibet unser. Ther sizzis az cesuūn fateres, ginādhō uns. Bithiu thū eino uuiho, Thū eino truhtin, Thū eino hōhōsto, Heilento Christ, mit uuihen ādume, In guatlichi gotes fateres. Āmen.

conversione divinitatis in carnem, sed assumptione humanitatis in deum, unus omnino non confusione substantiae, sed unitate personae. Nam sicut anima rationalis et caro unus est homo, ita deus et homo unus est Christus. Qui passus est pro salute nostra, descendit ad inferos et resurrexit a mortuis, ascendit in caelos, sedet ad dexteram dei patris omnipotentis, inde venturus iudicare vivos et mortuos; ad cuius adventum omnes homines resurgere habent cum corporibus suis et reddituri sunt de factis propriis rationem: et qui bona egerunt, ibunt in vitam aeternam, qui vero mala, in ignem aeternum. Haec est fides catholica, quam nisi quisque fideliter firmiterque crediderit, salvus esse non poterit.

Gloria in excelsis deo. Et in terra pax hominibus bonae voluntatis. Laudamus te, benedicimus te, adoramus te, glorificamus te. Gratias agimus tibi propter magnam gloriam tuam. Domine deus, rex caelestis. Deus pater omnipotens. Domine fili unigenite Iesu Christe. Domine deus, agnus dei, filius patris. Qui tollis peccata mundi, miserere nobis. Qui tollis peccata mundi, suscipe deprecationem nostram. Qui sedes ad dexteram patris, miserere nobis. Quoniam tu solus sanctus, tu solus dominus, tu solus altissimus, Iesu Christe, cum sancto spiritu, in gloria dei patris. Amen.

LVII.
SANGALLER PATERNOSTER UND CREDO.

PATER NOSTER.

Fater unsar, thû pist in himile, uuîhi namun dînan. qhueme rîhhi dîn. uuerde uuillo diin, sô in himile sôsa in erdu. prooth unsar emezîch kip uns hiutu. oblâz uns sculdi unsaro, sô uuir oblâzem uns sculdîkêm. enti ni unsih firleiti in khorunka. ûzzer lôsi unsih fona ubile.

CREDO IN DEO.

Kilaubu in kot fater almahticun, kiscaft himiles enti erdâ. enti in Jêsum Christ sun sînan ainacun, unseran truhtin. der inphangan ist fona uuîhemu keiste, kiporan fona Mariûn macadi êuuikeru, kimartrôt in kiuualtiu Pilátes, in crûce pislacan, tôt enti picrapan, stehic in uuizzi; in drittin take erstoont fona tôtêm, stehic in himil, sizit az zesuûn cotes fateres almahtikin, dhana chuumftic ist sônen qhuckhe enti tôte. kilaubu in uuîhan keist, in uuiha khirihhûn catholica, uuihero kemeinitha, urlâz suntikero, fleiskes urstôdali, in liip êuuikan. Âmen.

LVIII.
FRÄNKISCHES GEBET.

Truhtin god, thû mir hilp indi forgip mir gauuitzi indi guodan galaupun, thîna minna indi rehtan uuilleon, heilî indi gasuntî indi thîna guodûn buldî.

id est:

Domine deus, tu mihi adiuva et perdona mihi sapientiam et bonam credulitatem, tuam dilectionem et bonam voluntatem, sanitatem et prosperitatem et bonam gratiam tuam.

LIX.

DE VOCATIONE GENTIUM.

*

. . . . *ub*ar allan mitti-
gart *un*tar . . . **mannum** elidiutic spràha in ga*teiliteru stim*nu missalih
enti manacfalt. . . . . . *after* Christe *uu*as in mittingarte . . . .
meistar umbi daz elidiu*tiga* . . . . . . medili meinita apostolus, quad
. . . . des megines giuuanta ni uueiz . . . . . . *sprihhu*, ih him
imo danne elidiutic . . . . . sprihhit, **mir ist** elidiutic minerà . . . . .
. . auh ist sô galihho dém ga*quetan*, **man**num enti deotóm, ...
*ôdo*huuila umbi chunda sahha meinan*t*, ... *ni* uueiz, buuaz an-
der . . . . *elidiuti*ga spràhha . . . . stimna.
. . . . *ni* uueiz andres . . . . . . nibu aer imo uuortum
. . . . sahha gachunde. . . . . . . *alma*htic
got der gascuof enti

*

fona go*tes* uuor*te ist k*atân daz katânes ist, *enti d*no inan *ni*st eouuiht katânes.
Er selbo uueiz kauuisso manno gadanchà *sô hlûtt*re sô unhreine, uuorto
enti uuercho «gun a» , sô huueo feeh sô iz in muote ist kaleg*it*, *jo*h dea
gateiltûn stimnà in deru elidiu*t*gûn spràhhu. sò aer iz al gauuisso gascuof,

voce quem ad mo*dum* cum omnipotentis dei virtus divisit. Et ideo in universo
orbe inter gentes et homines est barbara locutio in partita voce multiplex
et varia. Sicut et ille qui post Christum fuit in mundo magister gen-
tium insignis de illa barbara variaque locutione Paulus apostolus ait
'Si ergo nesciero virtutem vocis, ero ei cui loquor barbarus et is qui loqui-
tur mihi barbarus.'
Hoc autem in eorum persona dictum est hominum et gentium qui quamvis
in rebus cognitis pro barbarica tamen partitaque voce et loquella alternantes
inter se humana verba non sciunt.
Quia homo mentis alienae nescit voluntatem, nisi ei verbo aut aliquo ille sua in-
dicet signo secreta. Solus autem dominus deus omni-
potens qui *
. . . . et sine ipso factum est nihil.
ille enim cognovit cogitationes hom*in*um mundas et immundas, verbo-
rum et operum varietates in corde latentes et divisas voces in barbari-
cas locutiones : sicut enim omnia creat,

só sama ist iz imo al slehto offan. . . . . só selb auh Salomón der chu-
ningo uuisósto . . . demo quad 'Dû cino, truhtin, uueist allero manno
gadanchâ.' . . . . der selbo in sinemo uuistóme umbi gotes megin
quad 'In eogahuueliheru steti gascauuuônt joh gasehant gotes augun
guote joh ubile.' . . . auh der edili meistar deotôno Paulus apostolus
dêm Hebrêiscum . . . quad 'Quch ist kauuisso gotes uuort . . . .
. . . . durahfarantera ist allêm zuiecchêm uuâfnun, enti iz galangôt untaz
demo gascheite sêlâ enti geistes în des mannes marc enti gafuogita.

*

. rihtit . . . enti ar- herzun joh lentin. . . . . . . / demo sel-
bin gascheite gaquetan . . . . . » ôm 'Lobôên truhtinan allo » ti,
só selb só inan lobôên alle liuti' . . . . selbin forasagin spell-
lum kaquetan ist 'Hantslagôt, allo deotûn, enti hugisangôt za gote . . . .
stimnu' Enti só der selbo auh kascribit . . . . uuirde enti lobsanc . .
singe . . . . dir, hôhisto.' . . . . durah mannan enti dea . . .
charalihhûn . . . . armherz gauuerdôta, dô er fona himile nidar steic
za erdôm. mannisenissa . . . . dultên joh gatauuen.
Steic . . . . só sama só man nidar za ferne . . . . . . untar tôtêm
frii al «ento . . . . bihabên ni mahta: Enti fona diu ar-
lósta manchunni. . . . . sigihaft gihuuorfan in mannes likhamin za demo

ita et ei universa liquide patent. Et sicut sapientissimus
regum Salomo de illo ait 'Tu enim solus nosti cogitationes omnium
filiorum hominum.' Et iterum idem ipse de virtute divina in sapientia et in
spiritu sancto ait 'In omni loco oculi domini speculantur bonos et ma-
los.' Et iterum de illo idem egregius doctor gentium
Paulus apostolus Ebreis scribens ait 'Vivus est enim dei sermo et effi-
cax et penetrabilior omni gladio ancipiti et pertingens usque ad divisionem
animae et spiritus, conpagum quoque et medullarum.

*

'diriges iustum scrutans corda et renes deus.' Et iterum post ipsam divi-
sionem dictum est in psalmo 'Laudate dominum omnes gentes et commen-
date eum omnes populi.' Dictum est et in ipsius prophetae
. . . . . 'Omnes gentes plaudite manibus, iubilate deo in voce exultationis' et
idem ipse scribit 'omnis terra adoret te et psallat tibi, psalmum
dicat nomini tuo altissimo.' Nam deus propter hominem et eius
lamentabilem vocem misericors dignatus fuit in humanitate ad terras
descendere, mortalitatem induere, passionem sustinere, mortem pati.
Descendit enim sicut homo in infernum, sed solus inter mor-
tales liber fuit, quia mors illum tenere non potuit: et inde liberavit
genus humanum. Et sic ad caelestem sedem cum carne humana

sinemo him*ili*schin se*zale* . . . . paradises portûn. . . .
. . . . . *h*imilischin kauualte k*asentit* heilac *keist*

* * *

4 *U*mbi daz quad der deotóno meistar '*See* birut ir gauuisso gotes suni durah festea galaupnissa in nerrentan Christ. Só huueliche iuuuer *gauuisso* só in Christes nemin gataufite sintun, Christan ga*uu*eridón.' Enti só auh gascriban ist, Daz Christ ist *ha*ubit allero cristánero enti alle dea gachoranun gote s*in*tun sines haubites lidi. Enti auh der selbo apostolus diz quad 'Gotes minni ist gagozan in unsere muotuuillun durah heilagan geist der uns gageban uuarth,' *hu*uanta óno dea nist dir eouuiht bidarbi des dú *ha*pén maht, huuanta siu ist samahafti mit demo *h*eilagin geiste. 'Gotes minni dultic ist, Frumasam ist, *Ni*st ápulgic, Ni zapláit sih, Ni habét áchust, *N*ist ghiri, Ni sóhhit daz irá ist, Ni bismerót, *N*i denchit ubiles, Ni frauuuit sih ubar unreht, *f*rauuuit sih gameino mit uuuarnissu.' D*u*ltic ist gauuisso diu gotes minni, huuanta siu irá uuidarmuoti ebano gatregit. Frumasam ist, *hu*uanta siu miltlíhho giltit guot uuidar ubile. *N*ist ábulgi, bidiu huuanta siu in desemo mittigarte neouuiht uueraltéhteo ni ruohhit noh ni uueiz *d*esses aerdlíhhin habénnes einiga abanst. *N*i zapláit sih, huuanta siu angustlíhho gerót derá *é*uuigún frumá des inlíhhin itlónes enti bidiu sih *ni* arhevit in desém úzseróm ótmahlum. Ni hevit áchust, bidiu

remeavit.   Et aperuit nobis paradisi portas. Et a caelo missus sanctus spiritus

* * *

4 . . . . 'Ecce profecto vos filii dei estis per fidem quae est in Christo: quicumque enim in Christi nomine baptizati estis, Christum induistis.' . . . . .

5 . . . . 'Caritas dei diffusa est in cordibus nostris per spiritum sanctum qui datus est nobis.' . . . . 'Caritas dei patiens est, benigna est, non aemulatur, non inflatur, non agit perperam, non est ambitiosa, non quaerit quae sua sunt, non irritatur, non cogitat malum, non gaudet super iniquitate, congaudet autem veritati.' Patiens quippe est caritas, quia illata mala aequanimiter tolerat. Benigna vero est, quia pro malis bona largiter ministrat. Non aemulatur, quia per hoc quod in praesenti mundo nil appetit, invidere terrenis successibus nescit. Non inflatur, quia cum praemium internae retributionis anxia desiderat, de bonis se exterioribus non exaltat. Non agit perperam,

huuanta siu in eines gotes *minn*u **enti** in des nâhistin sih gabreitit neo
uuiht archennit des sih fona rehte scheidit. Nist ghiri, huuanta des siu
20 inuuerthlihho ist brinnanti irâ za zilênne, ûzana einîcuuis framades ni
gerôt. Ni suohhit daz irâ ist, huuanta al daz siu habêt deses zafarantin,
diu maer es ni rôhhit, danne des siu ni habêt, huuanta siu eouuiht irâ eiga-
nes ni archennit, nibu daz eina daz mit iru durahuuerêt. Ni bismerôt,
huuanta, doh siu mit arbeitim sii gauuntôt, zi nohênigeru râhhu sih ni ga-
25 hrôrit, bidiu huuanta siu hear in demo mihhilin gauinne bitit after diu mê-
rin itlônes. Ni gadenchit ubiles, huuanta siu in hreinnissu irâ muot ist
festinônti, *alle* *n*i*d*i fona iru biuuentit neo uuiht ni archennit daz unreht in
iru artô. Ni mendit unrehtes, huuanta siu in eineru minnu umbi alle man
sûfteôt neo sih frauuuit in dero uuidarzuomôno forlornissu. Frauuuit sih
30 ebano mit unaarnissu, huuanta sô sih selba sô minnôt andre, Enti sô
huuaz sô siu in andremo guotes gasihit, sô sama sô irâ selberâ frumôno
des mendit. Enti sô sama in demo êristin gotes gabote in gotspelle mei-
nit, daz frâgêntemo sih truhtin antuurta, quad 'Minnô dînan truhtin got
allu herçin enti in anauualgeru dîneru sêlu enti allu dînu muotu joh ma-
35 ganu.' After diu ist auh *a*nder gabot anagalih demo 'Minnô dînan nâhistun
sô sama sô dih selban.' 'Nâhistun': zelit untar im *h*eilac gascrip alle chri-
stâne enti rehtuuîsige, *d*ea in einemo uuillin sintun gotes gabot za gahal-
tanne. Huuanta . . . .

quia quo se in solum dei ac proximi amorem dilatat, quidquid a rectitu-
dine discrepat, ignorat.   Non est ambitiosa, quia quo
20 ardenter intus ad sua satagit, foras nullatenus aliena concupiscit.
           Non quaerit quae sua sunt, quia cuncta quae hic transitorie possi-
det, velud aliena neglegit, cum nihil sibi esse proprium, nisi quod secum
permanet, cognoscat.   Non inritatur,
quia et iniuriis lacessita ad nullius se ultionis suae motus excitat, dum
25 magnis laboribus maiora post praemia expectat.
           Non cogitat malum, quia in amore munditiae mentem solidans,
Dum omne odium radicitus eruit, versare in animo quod inquinat nescit.
           Non gaudet super iniquitatem, quia quod sola dilectione *erga*
omnes inhiat nec de perditione adversantium exulta*t*.   Congaudet
30 autem veritati, quia, ut se ceteros diligens, per hoc quod rectum in aliis
conspicit, quasi de augmento proprii provectus hilarescit.
                 Et ita in illo primo mandato dei, de quo in evangelio inter-
roganti se respondens dominus ait 'Diligis dominum deum tuum ex toto
corde tuo et ex tota anima tua et ex tota mente tua et ex tota virtute tua.'
35   Deinde est aliud mandatum simile huic   'Diligis proximum tuum
sicut te ipsum.' Proximos utique vult omnes Christianos et iustos intel-
legi, quia in una voluntate mandatorum legem domini custodiunt.
           Quia sicut ait apostolus Paulus 'Unus dominus, una fides, unum baptisma,

. . . . *forasago*, huueo **truhtin**
umbi . . . . «a, quad 'Nist mir uuillo in iu, ...
. . . . **truhtin enti geba** ni antfâhu ih . . . . *henti*.
Fona diu sunna ôst ûph . . . . . sizzit, mihhil enti mâri ist . . . .
deotôm. In steteo gahuuelihheru . . . . *t minemo
nemin **hreina geba**. . . . . miin namo untar deotôm,
quad . . . . Sô uuir auh lesemês in actibus *apostolorum* 'huuanta
Judealiuti nides folle abanstôtun . . . . . . daz dea heilagun Christes
jungirun . . . . . uuârun dea heitinscûn deotûn mit . . . . . . uuortu:
'Dhuo saar einmuote Paulus . . . . *quâtun*: Iu garisti êrist
gotes uuort . . . . ***huuanta*** ir daz uuidaruurphut . . .
. . unuuirdige arteiltut des *sâligin* . . . . . see nû bidiu huuervemês **uuir za**
. . . . gauuisso truhtin. Enti sô **gascriban** . .
. . *sezzita* dih deotôm za leohte, daz . . . . . . uuntaz aerdâ enti.
Sô duo diz . . . . uuârun des mendênte enti aerlihho .
. . . . . Enti galauptun sô huuelihhe sô • e uuârun za demo
êuuigin libe.' . . . . sô *gasc*riban uuarth durah . . .
. . . .

Unus deus et pater omnium, qui super omnes et per omnia et in omnibus nobis, qui est benedictus in saecula saeculorum.' Et Malachias sanctus propheta scripsit, quomodo dominus de Iudaeorum sacrificiis ait 'Non est mihi voluntas in vobis, dicit dominus exercituum, et munus non suscipiam de manu vestra. ab ortu enim solis usque ad occasum magnum est nomen meum in gentibus. In omni loco sacrificatur et offertur nomini meo oblatio munda Quia magnum nomen meum in gentibus, dicit dominus exercituum.' Sicut legimus in actibus apostolorum, quando Iudaei repleti sunt zelo et invidia et contradicebant praedicanti Paulo gentibus cum fiducia verbum dei:
'Tunc constanter Paulus et Barnabas dixerunt: Vobis oportebat primum loqui verbum dei, sed quoniam reppulistis illud et indignos vos iudicastis aeternae vitae, ecce convertimur ad gentes.
sic enim praecepit nobis dominus et sicut de eo scriptum est: Posui te in lumen gentium, ut sis in salutem usque ad extremum terrae.
Audientes autem gentes gavisi sunt et glorificabant verbum dei et crediderunt quotquot erant praeordinati ad vitam aeternam.'
Et nunc iam impletum est, sicut per psalmistam domino dicente Paulus quem non

LX.
S. AUGUSTINI SERMO LXXVI.

HEAR SAGÉT FONA GOTSPELLE HUEO CHRISTUS OBA SÈES
UUAZARUM GÈNC ENTI FONA APOSTOLE PÈTRE.

1 Diz gotspel daz nù ninuuóst hear galesan uuarth fona unseremo truhtine
Christe, hueo er gênc oba sèes uuazarum, enti fona apostole Pétre, Der
gênc in forahtûn plûgisônto enti ungalaubento bisaufita enti galaubento
auuar ùph quam, Irmanót unsih za forstantanne in séuue desan antuurtun
5 mittigart uuesantan, Pétrum apostolum auuar christanheiti chirihhûn
derd einûn bauhnunga. selbo Pétrus, in dero apostolóno antreitin furisto,
in Christes minnju † batasa: gagarauuitèr, Oftlihho ein antuurtit furi
alle. Er ... unseremo truhtine Jésu Christe eiscôntemo, huuenan inan
man meinitin daz er uuâri, enti mislihhero *ment* manno uuârun dea
10 jungirun antuorteute, Auuar unsaremo truhtine frâgèntemo enti que-
dantemo 'Inu huuenan nù . . . . 'Dù bist
Christ . . . . gab antuurti furi manage . . . . .
Duo quad imo truhtin 'Sâlic dù bist . . . . . . huuanta ni araugta dir
diz fleisc . . . . fater der in himilum ist. Fona diu . . . 'Enti ih
15 quidu dir'; Sò er quâti 'Huuanta . . . . quâti: Dù bist Christ quehhes
gotes . . . . quidu dir: dù bist Pétrus': Simon aer za uuâre . .
. . . . daz er Pétrus . . . . uuarth imo ga * . . . .

1 Evangelium quod recentissime recitatum est de domino Christo, qui
super aquas maris ambulavit, et de apostolo Petro, qui ambulans timendo
titubavit et diffidendo mersus, confitendo rursus emersit, admonet nos in-
tellegere mare praesens saeculum esse, Petrum vero apostolum ecclesiae
5 unicae typum.

Ipse enim Petrus in apostolorum ordine primus,
in Christi amore promptissimus, saepe unus respondet pro omnibus.
Ipse denique domino Iesu Christo requirente, quemnam homi-
nes dicerent eum esse, et opiniones varias hominum discipulis respon-
10 dentibus, rursusque domino interrogante et dicente
'vos autem quem me esse dicitis?' Respondit Petrus 'tu es
Christus filius dei vivi.' Unus pro multis dedit responsum, Unitas in multis.
Tunc ei dominus ait 'Beatus es Simon bar Iona, quia non revelavit tibi
caro et sanguis, sed pater meus qui in caelis est.' Deinde addidit 'Et ego
15 tibi dico'; Tamquam diceret 'quia tu dixisti mihi: Tu es Christus filius
dei vivi, atque ego dico tibi: Tu es Petrus': Simon quippe antea vocabatur.
Hoc autem ei nomen, ut Petrus appellaretur, a domino impositum est. Et hoc in

. . . . daz er bauhniti . . . . ist gamnisso felis . . . kri-
stâne liuti. Huuanta . . . .   Bidiu steines . . . .
20 steines, Sôse . . . . sô fona Christe kristân . . . .
. . . . enti oba demo steine . . . .
selbiu steine . . . . 'Dû bist Christus quaehhes . . . .
chirihhûn, daz ist: oba . . . . gazimbrju mina . . .
. . . . dih, nalles mih . . . .
25 . . . . . sume man quâtun . . . . Ih auh Appolles
. . . . Pêtrus.' Enti andre . . . . untar Pêtre, nibu
. . . . Christes. apostolus . . . . sih
cheosan . . . .
. . . .

            *   *

2 . . . . unser galihnissi: huuilôm baldita,
huuilôm blûgisôta, huuilôm gatrûêta in den eo unarsterbantjun, huuilôm
forahta, nî er arsturbi. Bidiu êr sô huuanta Christes chirihha habêt unfeste,
habêt joh feste, Ni mac uuesan âno feste noh âno unfeste. Sô umbi daz
5 quad ouh Paulus apostolus 'Sculdige auh uir festun unfestero burdi za antha-
bênne.' In diu auh daz Pêtrus quad 'Dû bist quehhes gotes sun' feste bauh-

ea figura, ut significaret ecclesiam. Quia enim Christus petra, Petrus populus
christianus: petra enim principale nomen est. Ideo Petrus a petra, non petra a
10 Petro, quomodo non a christiano Christus, sed a Christo christianus vocatur·
'Tu es ergo' inquid 'Petrus et super hanc petram quam confessus es, super
hanc petram quam cognovisti dicens 'Tu es Christus filius dei vivi' aedificabo
ecclesiam meam, id est: super me ipsum filium dei vivi aedificabo ecclesiam
meam, super me ipsum aedificabo te, non me super te.' Nam volentes homines
25 aedificari super homines dicebant 'Ego quidem sum Pauli, Ego autem Appollo,
Ego vero Cœphae: ipse est Petrus' et alii qui nolebant aedificari super Petrum, sed
super petram: ego autem sum Christi. apostolus autem Paulus ubi cognovit se
eligi et Christum contemni 'Divisus est' inquit 'Christus? numquid Paulus pro vobis
crucifixus est? aut in nomine Pauli baptizati estis?

            *   *

2   Illum tamen videte Petrum qui tunc erat figura nostra: modo fidit, modo
titubat, modo confitetur immortalem, modo timet ne moriatur.
               Proinde quia ecclesia Christi habet infirmos, habet
et firmos, nec sine firmis potest esse nec sine infirmis. unde dicit Paulus
5 apostolus   'Debemus autem nos firmi infirmorum onera sustinere.'
            In eo quod Petrus dixit 'Tu es Christus filius dei vivi' firmos signi-

nita. In diu auh daz er forhta enti blûgisôta enti Christan gamartrôtan ni
uuelta, dôdh forahtento, liph unchennento, unfestea kirîhhûn bauhnita.
In demo einin apostole, daz ist Pêtrus, In antreitin dero apostolôno êristo
enti furisto, in diu gabauhnita christanheiti kirîhhûn, gahuuedera zilûn uuas
bauhnenti, daz ist feste enti unfeste, huuanta âno gahuuedere nist kirîhha.
Enti danan ist joh sô nû galesan ist 'Truhtin, ibu dû iz sis, gabiut mir za dir
queman oba uuazarum': 'Ibu dû iz sis, gabiut mir'; ni mac gauuisso ih diz
fona mir, nibu in dir. Archennita sih, huuaz imo uuas *fona imo*, huuaz fona
Christe. In des uuillun er sih gatrûêta magan, daz einiges mannes unfesti
(fleisc) ni mahta. Inu 'ibu dû iz sis gabiut', huuanta sô dû gabiutis uuir-
dit: huuanta daz ih ni mac nendanto, dû, truhtîn, maht gabeotanto. Enti
truhtîn quad 'quim âno einiga blûcnissa'. Pêtrus za uuorte gabeotante-
mo, *az antuurtin* andres anthabêntes, az antuurtin des gauualtes âno
einiga gungida arscricta in uuazar enti bigan gangan. Ni mahta daz truh-
tîn nalles fona imo, nibu fona *truhtîne* uuerrentemo Christe. Uuârut auh
jûhuuanne finstri, nû auar leoht in truhtîne. Daz neoman ni mac in Paule,
neoman in Pêtre, neoman in andremo noheinemo apostolôno, daz mac
za uuâre in truhtîne. Bidiu uuela Paulus snottarlîhho sih uuidarfênc,
Christe bifalah, quad 'Neo Paulus furi iuuuih in crûci gaslagan ni uuard
noh in sinemo nemin gataufte ni birut.' Bidiu nalles in mir, nibu mit mir.
Nalles untar mir, nibu untar truhtîne. Bidiu gênc Pêtrus oba uuazarum

ficat. in eo autem quod trepidat et titubat et Christum pati non vult,
mortem timendo, vitam non agnoscendo, infirmos ecclesiae significat.
In illo ergo uno apostolo, id est Petro, in ordine apostolorum primo et
praecipuo, in quo figurabatur ecclesia, utrumque genus significandum fuit,
id est firmi et infirmi: quia sine utroque non est ecclesia.
Hinc est ergo et quod modo lectum est 'domine, si tu es, iube me venire
ad te super aquas': 'Si tu es, iube me'; non enim possum hoc in me,
sed in te.   Agnovit quid sibi esset a se, quid ab illo,
cuius voluntate credidit se posse, quod nulla infirmitas humana possit.
              Ergo' si tu es iube', quia cum iusseris fit. Quod ego
non valeo praesumendo, tu potes iubendo.   Et
dominus 'Veni' inquit 'et sine ulla dubitatione'. Petrus ad verbum iuben-
tis, ad praesentiam sustentantis, ad praesentiam regentis sine ulla cuncta-
tione desiluit in aquas et ambulare coepit.   Potuit quod dominus
non in se, sed in domino.   Fuistis autem
aliquando tenebrae, nunc autem lux in domino. Quod nemo potest in Paulo,
nemo in Petro, nemo in alio ullo apostolorum, hoc potest in domino.
                Ideo bene Paulus utiliter se contemnens illum
commendans 'Numquid Paulus' inquit 'pro vobis crucifixus est aut in
nomine Pauli baptizati estis?'   Non ergo in me sed mecum.
Non sub me sed sub illo.   Ergo ambulavit Petrus super

in gabote gotes, Uuissa daz er solih magan fona imo habên ni mahta, in festeru galaupnissu mahta daz mannischin unfesti ni mahta. Hear sintun unfeste kirihhûn. gahôret, forstantet, scauuuôt, uurchet. Neo za gafrummenne nist in ernust mit dêm festeóm, daz sie unfeste **siin**. Oh za gatuoanne ist maer mit dêm unfesteôm, daz sie feste siin. Manage auh forscrenchit fona festin gameiti (nandunc) unfestnissâ. Neoman ni uuirdit fona gote festi, nibu der sih fona imo selbemo gafôlit unfestan. Regan uuellentan scead got sinemo arbe. Huuaz furirinnet, ir daz ih quedan scal uuizut? Mezsamôe sih snelheit, daz folgêe spâtin. Diz quad enti diz quidu: gahôret, forstantet, uurchet. Neoman fona gote uuirdit festi, nibu der sih fona imo selbemo gafuolit unfestan. Regan joh uuellentan, sô psalmscof quidit: uellentan nalles unsarero sculdeo, nibu uuellentan: Regan joh uuellentan arscheat got sinemo arbe, enti gauuisso unfesti uuard, dû auuar

*

aquas in iusso dei. Sciens hoc se a se habere non posse, fide valuit quod humana infirmitas non valeret. Hii sunt infirmi ecclesiae. audite intellegite adtendite agite . Neque enim agendum est cum firmis, ut sint infirmi. Sed agendum est cum infirmis, ut sint firmi. Multos autem inpedit a firmitate praesumptio infirmitatis. Nemo erit **a deo** firmus, nisi qui se a se ipso sentit infirmum. [psalmista ait] **Pluviam** voluntariam segregans deus hereditati suae. quid praecedis qui quod dicturus sum nostis? temperetur velocitas, ut sequatur tarditas. Hoc dixi et hoc dico: audite capite facite. Nemo a deo fit firmus, nisi qui se a se ipso sentit infirmum. Pluviam ergo voluntariam, sicut psalmus dicit: voluntariam non meritorum nostrorum, sed voluntariam: Pluviam ergo voluntariam segregans deus hereditati suae; etenim infirmata **est**, *tu vero perfecisti eam*.

*

LXI.
CARMEN AD DEUM.

Sancte sator. uuiho fater. suffragator. helfâri. legum lator. eôno sprehho. largus dator. miltêr kepo. iure pollens. pî rehto nuahsanti. es qui potens. dû pist der mahtigo. nunc in ethra firma petra. nû in himile festêr stein. a quo creta cuncta freta. sana demo kamahhôt sint
5 alle uuôgi. quae a plaustra verrunt flostra. dê fana skeffe fôrrent plômûn. quando celox currit velox. denne cheol lauflt sniumo. cuius numen crevit lumen. des maht kascôf leoht. simul solum supra celum. saman erda opa himile. prece posco prout nosco. petôno pittju sôso ih chan. caeli arce Christe parce. himiles nolle Christ porgê (fridô vel
10 sparê). et piacla dira iacla. enti meintâti ungahiure scôzilâ. Trude tetra tua cetra. skurgi dê suuarzun mit dînu skiltu. quae capesso et facesso. dei fornimu enti gatôm. in hoc sexu carnis nexu. in desemo heite fleisc kapuntan. Christi umbo meo lumbo. Christes rantbouc minerâ lanchâ. sit ut atro. si daz der suarzo. cedat latro. kilide mur-
15 dreo. pater parma. fater skilt. procul arma. rûmo uuâffan. arce hostis. nolle fiantes. uti costis. pruuhhan rippeo. immo corde sine sorde. noh mêr hercin âno unsûpari. Tunc deinceps. denne frammort. Trux et anceps catapulta caedat multa. ungahiuri enti zuifoli allaz sper snîdit managiu. Alma tutrix. uuihu skirmâri. atque nutrix.
20 enti fôtareidi. fulci manum me ut sanum. stiuri hant daz mih heilan. corde reo prout queo. sculdigemo herzin sôso ih mac. Christo theo. Christe cote. qui est leo. der ist leo. Dicam deo grates geo. ih quidu cote danchâ toon. Sicque ab eo me ab eo. sô fana imo mih fana imo.

LXII.
BASLER RECEPTE.

1.

II putdiglas, III si plus necessarium est. murra sulffor piperus plantagines tuos sabina incensum tuos fenuglus pipaoz absintia antor. II stauppô in uno die. XL dies ieiunet quod nullus quod in eadem die adquesitum sit non manducat neque bibat, non panem non aqua non le-
5 guminum non carnem. non oculos lavet. in eadem die adquesitum cullentrum non manducat. III noctes stet.

murra, sevina, uuiróh daz róta, peffur, uuiróh daz uuizza, uuera-
móte, antar, suebal, fenuhal, pipóz, uuegabreita, uuegarih, heimuurz. zuà
flasgûn uuines, deo uurzi ana zi ribanne: cogiuuelihha suntringun. enti
danne geoze zi samane enti lâze drîo naht gigesen enti danne trincen einan
stauf in morgan, danne in iz fâhe; andran in naht, danne hê en petti gange.
feorzuc nahto uuarte hê ê tages getànes. daz hê ni prótes ni lides ni neo-
uuihtes, des ê tages gitân si, ni des uuazares nenpize, des man des tages
gisôhe, ni in demo ni duuahe ni in demo ni padô, ni cullantres ni inpiize
ni des eies, des in demo tage gilegit si. ni eino ni si, ni in tag ni in naht,
eino ni slâffe, ni neouuiht ni uuirce nipuz dê gische dê imo daz tranc gebe
enti simplum piuuartan habê. èrist dô man es eina flasgùn, unzin derâ
giuuerê: ipu iz noh danne fâhe, danne diu nâh gitruncan si, danne gigarê
man dê antra flasgùn folla.

2.

uuidhar cancur brenni salz endi saiffûn endi hroz aostorscàlà. al ze
samene gemisce. mid aldu uuaiffu ær þû hræne. rip anan daz simple,
unz dâz iz blóde; filu oft ana legi, simble þui ana, ôð þe itzs ârinne vel ôð
þât al aba ârinne. ende ne lâz iz nezen, besmeruen, hrînan demo dolge.
thanne iz al ob sie hræne, dô ze samene ægero dâz uuizse ende hounog
hrêne: làchinà mid diu dâz dolg.

LXIII.

HAMELBURGER MARKBESCHREIBUNG.

Anno tertio regni piissimi regis Caroli mense Octob. VIII id. Octob. red-
dita est vestitura traditionis prædicti regis in Hamalunburg Sturmioni ab-
bati per Nidhardum et Heimonem comites et Finnoldum atque Gunthram-
num vasallos dominicos coram his testibus: Hruodmunt Fastolf Uuerant
Uuigant Sigibot Suuidberaht Sigo Hâsmâr Suuidgêr Elting Egihelm Gêr-
uuig Attumâr Brûning Engilberaht Leidrât Siginand Adalman Amalberaht
Lantfrid Eggiolt. Et descriptus est atque consignatus idem locus undi-
que his terminis, postquam iurauerunt nobiliores terrae illius ut edicerent
ueritatem de ipsius fisci quantitate: primum de Salu iuxta Teitenbah in
caput suum, de capite Teitenbah in Scaranvirst, de Scaranvirste in caput
Staranbah, de capite Staranbah in Scuntra, de Scuntra in Nendichenveld,
deinde in thie teofûn gruoba, inde in Binesfirst then uuestaron, inde in

Perenfirst, inde in orientale caput Lûtibah, inde in Lûtibrunnon, inde in
obanentig Uuinessol, inde in obanentig Uuinestal, inde in then burguueg,
15 inde in Ôtitales houbit, deinde in thie michilûn buochûn, inde in Blenchibrun-
non, inde ubar Sala in thaz marchóug, inde in then Matten uueg, inde in thie
teofûn clingûn, inde in Hunzesbah, *inde* in Eltingesbrunnon, inde in mittan
Eichinaberg, inde in Hiltifridesburg, inde in thaz steinina houg, inde in then
lintinon sêo, inde in theo teofûn clingûn unzi themo brunnen, inde in ein
20 sol, inde in ein steininaz houg, inde in Steinfirst, inde in Sala in then elm.

LXIV.

WÜRZBURGER MARKBESCHREIBUNGEN.

1.

In nomine domini nostri Iesu Christi. Notum sit omnibus sanctae dei
ecclesiae fidelibus, qualiter Eburhardus missus domni nostri Karoli excel-
lentissimi regis cum omnibus obtimatibus et senibus istius provintiae in
occidentali parte fluvii nomine Moin marcham Uuirziburgarensium, iuste
5 discernendo **et ius** iurantibus illis subterscriptis optimatibus et senibus,
circumduxit.

Incipientes igitur in loco qui dicitur Ôtuuinesbrunno, danan in daz
haganina sol, danan in Herostat in den uuidinen **sêo, danan in** mittan
Nottenlôh, danan in Scelenhouc. Isti sunt qui in **his locis** suprascriptis
10 circumduxerunt et iuramento firmaverunt: Zótan Ephfo Lantolt Sigiuuin
Runzolf Diotmár Artumár Eburraat Hiltuuin Eburkar Gêrmunt Árberaht
Folcgêr Theotgêr Theodolt.

Incipiebant vero in eodem loco alii testes praeire et circumducere.
Id est fon demo Scelenhouge in Hibiscesbiunta, danan in daz Ruotgises
15 houc, danan anan Amarlant, danan in Môruhhesstein, danan after dero
clingûn unzan Chistesbrunnon. Hucusque praeibant et circumducebant
et iuramento firmabant qui subter nominati sunt. hoc est Batolf Gêrfrid
Hadugêr Lanto Marcuuart Uodalmaar Adalbraht Utto Hatto Saraman
Hûngêr Uuigbald Aato Eggihart Strangolf Haamo Francho Einstriit
20 Gêrhart Gatto Hiltiberaht Ruotberaht Hanno Nantgêr Hûnbald Rihholf
Ramftgêr.

Incoati sunt vero tertii testes ducere et girum pergere peracto iura-
mento. Ducebant ergo de loco qui dicitur Chistesbrunno anan den rô-

rinon sêo, danan in daz altuuiggi, danan in Brezzulunsêo, danan in dê sundôrûn erdburg mitta, danan in Môruhhesstein, danan in Drûhireod, danan in Brunniberg, danan in mittan Moin. Haec loca suprascripta circumducebant et praeibant iuramento asstricti, ut iustitiam non occultarent sed proderent, hi qui subter positi sunt: Fredthant Adalhart Gêrhart Manuuin Uualtgêr Rooholf Nordberaht Zutto Bernhere Uualtheri Ruo*tgêr* Uuârmunt Meginberaht.

Iterum alii testes qui simul cum Fredthanto *circumduc*ebant sociisque eius de loco qui dicitur Brezzulunsêo, qui et ipsi fuerunt de pago qui dicitur Padanahgeuue, eodem ritu quo superius dictum est usque ad fluvium Moines. Et haec nomina eorum: **Adalberaht Batto Ortuuin Uualtberaht** Liutberaht Berehtolf Albuuin Ruotgêr Reginberaht Cnûz Jûto Marcolt Gundeloh Lello Folcgêr Hûnrîh Ermanrîh Ôtfrith Drahholf Diedolt Rahhant Fridurîh Gisalmâr Dancrât Lantberaht Unuuân Liutfrit.

Actum publice in pago Uualtsâzzi vocato et in finibus Badanahgouuôno coram omnibus his quorum nomina haec notitia in se continet scripta. sub die II. id. Oct. facta sunt, Anno XII° regni domni nostri Karoli gloriosissimi regis.

Ego Berngêr indignus presbiter hanc notitiam scripsi, diem et tempus notavi.

2.

MARCHIA AD UUIRZIBURG.

In Rabanesbrunnon nidarûn halba Uuirziburg ôstarûn halba Moines, danan in Anutsêo, danan in Blidheresbrunnon, danan in Habuchotal, danan in daz steinina houc, danan in den diotuueg, **in die huruuinûn** struot diu dâr heizzit Giggimâda, danan in Pleihaha in den steininon furt, danan ûffan Grimberg in daz Grimen sol, danan in Quirnaha ze demo Gêruuines rode, danan ûffan Quirnberg ze dero haganinûn hulju, danan in den ôstaron egalsêo dâr der spirboum stuont, danan in Stacchenhoug, danan in Uuolfgruoba, danan duruh den Fredthantes uuingarton mittan in die egga, sôsa diu Rabanes buohha stuont, oba Heitingesveld in mittan Moin in die nidrôstûn urslaht furtes, in mitten Moin unzen den brunnon, sô dâr uuesterûn halba Moines, ûf in Brunniberg, in Drûhiriod, in Drûhiclingon, in Môruhhesstafful, danan in Brezelunsêo, danan in den diotuueg, danan in Eburesberg, danan in Tiufingestal ze demo sêuuin, danan in Huohbobûra, danan in Ezzilenbuohhûn, dâr in daz houc in dero heride, in Gôzolvesbah, danan in mitten Moin, avur in Rabanesbrunnon: Sô sagant daz sô sî Uuirziburgo

DENKMÄLER. 2. aud. 12

marcha unte Heitingesveldóno unte quedent daz in dero marchu sî ieguuedar, jóh chirihsahha sancti Kiliânes jóh fróno jóh friero Franchóno erbi.

Diz sagêta Marcuuart Nanduuin Helitberaht Fredthant Heio Unuuân Fridurih Reginberaht Ortuuin Gôzuuin Jûto Liutberaht Bazo Berahtolf Ruotberaht Sigifrid Reginuuart Foleberaht.

LXV.
BRUCHSTÜCK DER LEX SALICA.

LXI. der, scazloos man, andran arslahit.
LXII. fon alôde.
LXIII. dê sih fon sinên mâgun . . . .
LXIV. der fon andres henti cowiht nimit.
LXV. hwê man weragelt gelte.
LXVI. der man in here slahit.
LXVII. sôhwersô andran mit lôsii biliugit.
LXVIII. der andres hros bitillit.
LXIX. der man fon galgen forlaazit.
LXX. der wiib gimahalit inti ni wil sea halôn. EXPLICIT.

INCIPIT LIBER LEGIS SALICAE
Êrist fon meni.

Sôhwersô andran zi dinge gimenit, inti er ni cuimit, ibu ini sunne ni habêt, gelte scillingâ XV.

LXI. de chrenecruda.
LXII. de alode.
LXIII. de eo qui se de parentela tollere voluerit.
LXIV. de charoena.
LXV. de conpositione homicidii.
LXVI. de homine in hoste occiso.
LXVII. de eo qui alterum hereburgium clamaverit.
LXVIII. de caballo excorticato.
LXIX. de eo qui hominem de bargo vel de furca dimiserit.
LXX. de eo qui filiam alienam adquisierit et se retraxerit.

I. De mannire.
Si quis ad mallum legibus dominicis mannitus fuerit et non venerit, si eum sunnis non detenuerit, 600 din. qui faciunt solidos 15 culpabilis

2. der andran gimenit, ibu er ni cuimit inti sunne ni habêt, sôsama gelte sol. XV.

3. der andran menit, mit urcundeôm zi sinemo huuse cueme inti danne gibanne ini erdo sina cuenûn, erdo sinero hiwôno etteshwelihemo gisage daz iz emo gicunde, weo her gimenit ist. ibu er in cuninges deonoste haft ist, danne ni mag er ini gimenen. ibu er innan des gewes in sinemo ârunte ist, danne mag er ini menen sôso iz heer obana giscriban ist.

II. Fon diubju suino.

1. sôhwersô sûganti farah forstilit fon deru furistûn stigu erdo in metalôstûn, inti des giwunnan wirdit, gelte sol. III, forûzan haubitgelt inti wirdrjûn: ibu danne in drittjûn stigu forstolan wirdit, gelte sol. XV, forûzzan haupitgelt inti wirdrjûn.

2. sôhwersô farah forstilit fon demo sûlage **der slôzhaft ist**, gelte sol. XLV, forûzan haupitgelt indi wirdrjûn.

3. sôhwersô farah in felde, daar hirti mit ist, forstilit, gelte sol. XV, forûzan haubitgelt inti wirdrjûn.

4. Sôhwersô farah forstilit daz biûzan deru mooter lebên mag, feorzug pentingâ die tuent sol. I gelte, forûzan haubitgelt inti wirdrjûn.

5. Sôhwersô sû bistoozzit in diubju, gelte sol. VII, forûzan haubitgelt inti wirdrjûn.

iudicetur. 2. ille vero qui alium mannit, si non venerit et eum sunnis non detenuerit, ei quem mannivit similiter 600 dinarios qui faciunt solidos 15 conponat. 3. ille autem qui alium mannit, cum testibus ad domum illius ambulet et sic eum manniat aut uxorem illius vel cuicumque de familia illius denunciet ut ei faciat notum quomodo ab illo est mannitus. nam si in iussione regis occupatus fuerit, manniri non potest. si vero infra pagum in sua ratione fuerit, potest manniri sicut superius dictum est.

II. De furtis porcorum.

1. Si quis porcellum lactantem furaverit de hranne prima aut de mediana, et inde fuerit convictus, 120 dinarios qui faciunt solidos 3 culpabilis iudicetur excepto capitale et dilatura: si vero in tertia hranne furaverit, 600 dinarios qui faciunt solidos 15 culpabilis iudicetur excepto capitale et dilatura. 2. si quis porcellum de sude furaverit, quae clavem habet, 1800 dinarios qui faciunt solidos 45 culpabilis iudicetur excepto capitale et dilatura. 3. si quis porcellum in campo inter porcos ipso porcario custodiente furaverit, 600 dinarios qui faciunt solidos 15 culpabilis iudicetur excepto capitale et dilatura. 4. si quis porcellum furaverit qui sine matre vivere potest, 40 dinarios qui faciunt solidum 1 culpabilis iudicetur excepto capitale et dilatura. 5. si quis scrovam subbattit in furto, 280 dinarios qui faciunt solidos 7 culpabilis iudicetur excepto capitale et dilatura.

6. Sôhwersô sù mit farahum forstilit, gelte sol. XVII, forùzan haubitgelt inti wirdrjùn.

7. Sôhwersô farah jàrigaz forstilit, gelte sol. III, forùzan haubitgelt inti wirdrjùn.

8. Sôhwersô zuijàri suin forstilit, gelte sol. XV, forùzan haubitgelt inti wirbrjùn.

9. Sôhwersô hantzugiling

6. si quis scrovam cum porcellis furaverit, 700 dinarios qui faciunt solidos 17½ culpabilis iudicetur excepto capitale et dilatura. 7. si quis porcellum anniculum furaverit, 120 dinarios qui faciunt solidos 3 culpabilis iudicetur excepto capitale et dilatura. 8. si quis porcum bimum furaverit, 600 dinarios qui faciunt solidos 15 culpabilis iudicetur, excepto capitale et dilatura. 9. si quis tertussum porcellum

---

LXVI.

AUS EINEM CAPITULARE.

That ein iouuelich man friér geuualt havè, souuàr sôse er uuilit sachùn sinu ce gevene.

Souuerse sachùn sinu thuruch sàlichèdi sèlu sineru athe ce anderru eraftlicheru stat athe gelegenemo sinemo athe seuuemo andremo versellan
5 uuilit, inde ce themo cide inneneuuendjùn theru selveru gràscefli uuisit, in theru sachùn thie gesat sint, uuizzetahtia sala ce gedùne gevlize. That avo themo selvemo cide that er thui sellan uuilit ùzzeneuuendjùn theru gràscefli uuisit, that ist athe in here athe in palince athe in anderu sumeuuelicheru stedi, samant neme himo athe vane sinèn gelandun athe vane andern, thie
10 theru selveru uuizzidi levèn theru er selvo levit, urcundun rehtliche: avur avo'r thie havan ni mach, thane vane andern souuelîche thâr bezzera vundan

Ut omnis homo liber potestatem habeat, ubicumque voluerit res suas dare.
Si quis res suas pro salute animae suae vel ad aliquem venerabilem locum vel propinquo suo vel cuilibet alteri tradere voluerit et eo
5 tempore intra ipsum comitatum fuerit, in quo res illae positae sunt, legitimam traditionem facere studeat. Quod si eodem tempore quo illas tradere vult extra eundem comitatum fuerit, id est sive in exercitu sive in palatio sive in alio quolibet loco, adhibeat sibi vel de suis pagensibus vel de aliis, qui eadem
10 lege vivant qua ipse vivit, testes idoneos: vel si illos habere non potuerit, tunc de aliis quales ibi meliores inve-

mugen uuerthan : inde vora hin sachûnu sineru salunga gedue, inde burigun theru geuueri geve himo ther thia sala infâhit geuueri gedue. Inde ahter thiu *thiu* sala sô getân uuirthit, geanervo sin selves nejeina vona thên vora gequetanên sachun mugi geduan irvangida. Thara uviri inde selvo thuruch sich burigun gedue theru selveru geuueri, nio themo geanerven thegein ursach belive thia sala ce bekêrine, sunder mêra nôt ana lige thia thuruch ce gefremine. Inde avo nochthanne sachûn sinu bit geanervun sinên gesunduruth ne havôda, ne si himo that ce ungevuorsamithu, sunder geanervo sinêr, avo er gerno ne uuilit, athe thuruch then grâvun athe thuruch bodun sinin bethungen uuerthe, that thia sundrunga bit themo due ce themo ther geendido ervetha sina uuolda vollacaman. inde avo sumeuuelicheru samonungûn thia sellan bat, ganervo sinêr then uuizzut bit theru kirichûn vona themo vora gesprochenemo erve havê, that bit andremo geanerven sinemo havan solda. Inde thaz behaldan uuerthe umbe then vader inde then sun inde then nevun unce cen jârun uuizzethallikhên : ahter thiu selve sachûn ce theru mûzzungu theru selveru samunungûn ergevên.

niri possunt : et coram eis rerum suarum traditionem faciat : et fideiussores vestiturae donet ei qui illam traditionem accipit vestituram faciat. Et postquam haec traditio ita facta fuerit, heres illius nullam de praedictis rebus valeat facere repetitionem. Insuper et ipse per se fideiussionem faciat eiusdem vestiturae, ne heredi ulla occasio remaneat hanc traditionem immutandi, sed potius necessitas incumbat illam perficiendi. Et si nondum res suas cum coheredibus suis divisas habuit, non ei hoc sit impedimento, sed coheres eius, si sponte noluerit, aut per comitem aut per missum eius distringatur, ut divisionem cum illo faciat ad quem defunctus hereditatem suam voluit pervenire. Et si cuilibet ecclesiae eam tradere rogavit, coheres eius eam legem cum illa ecclesia de praedicta hereditate habeat, quam cum alio coherede suo habere debebat. Et hoc observetur erga patrem et filium et nepotem usque ad annos legitimos : postea ipsae res ad immunitatem ipsius ecclesiae redeant.

LXVII.
DIE STRASSBURGER EIDE.

Ergo XVI Kalend. Marcii Lodhuwicus et Karolus in civitate, quae olim Argentaria vocabatur, nunc autem Strâzburg vulgo dicitur, convenerunt et sacramenta, quae subter notata sunt, Lodhuwicus romana, Karolus vero teudisca lingua iuraverunt

Ac sic ante sacramentum circumfusam plebem alter teudisca, alter romana lingua alloquuti sunt. Lodhuwicus autem, qui maior natu, prior exorsus sic coepit 'Quotiens Lodharius me et hunc fratrem meum' cet. Cumque Karolus haec eadem verba romana lingua perorasset, Lodhuvicus, quoniam maior natu erat, prior haec deinde se servaturum testatus est.

Pro deo amur et pro christian poblo et nostro commun salvament, d'ist di in avant, in quant deus savir et podir me dunat, si salvarai eo cist meon fradre Karlo et in aiudha et in cadhuna cosa, si cum om per dreit son fradra salvar dist, in o quid il mi altresi fazet, et ab Ludher nul plaid numquam prindrai, qui meon vol cist meon fradre Karle in damno sit.

Quod cum Lodhuvicus explesset, Karolus teudisca lingua sic haec eadem verba testatus est.

In godes minna ind in thes christiânes folches ind unser bêdhero gehaltnissî, fon thesemo dage frammordes, sô fram sô mir got gewizci **indi mahd furgibit**, sô haldih thesan minan bruodher, **sôso man mit** rehtu sinan bruodher scal, in thiu thaz er mig sô sama duo, indi mid Ludheren in nohheiniu thing ne gegango, the minan willon imo ce scadhen werdhên.

Sacramentum autem, quod utrorumque populus quique propria lingua testatus est, romana lingua sic se habet.

Si Lodhuvigs sagrament, quae son fradre Karlo jurat, conservat, et Karlus meos sendra de sua part non los tanit, si io returnar non l'int pois, ne io ne neuls cui eo returnar int pois, in nulla aiudha contra Lodhuwig nun li iv er.

Teudisca autem lingua.

Oba Karl then eid, then er sinemo bruodher Ludhuwige gesuor, geleistit indi Ludhuwig min hêrro then er imo gesuor forbrihchit, ob ih inan es irwenden ne mag, noh ih noh thero nohhein, the ih es irwenden mag, widhar Karle imo ce follusti ne wirdhit.

Quibus peractis Lodhuwicus Renoteuus per Spiram et Karolus iuxta Wasagum per Wizzûnburg Warmatiam iter dicexit.

LXVIII.

PRIESTEREID.

Daz ih dir hold pin .N. demo piscophe, sô **mino** chrephti enti mino chunsti sint, si minan uuillun fruma frummenti enti scadun uuententi, kahôrich enti kahengig enti stâtig in sinemo piscophtuome, sô ih mit rehto aphter canone scal.

LXIX.

ESSENER HEBEROLLE.

Van Vêhûs ahte ende ahtedeg mudde maltes ende ahte brôd, tuêna sostrâ erito, viar mudde gerston, viar vôther thiores holtes, te thrim hôgetidon ahtetian mudde maltes ende thriu vôther holtes ende viarteg bikerâ, ende ûsero hêrino misso tuâ crûkon.

Van Êkanscêtha similiter. Van Rêngerengthorpa similiter. Van Hukretha similiter. ána that holt te thên hôgetidon: that ne geldet thero ambahto neuuethar.

Van Brôkhûson te thên hôgetidon nigen mudde maltes ende tuênteg bikerâ ende tuâ crûkon.

Van Horlon nigen ende viftech mudde maltes ende tuê vôther thiores holtes, tuê mudde gerston, viar brôt, ên suster erito, tuênteg bikerâ endi tuâ crûkon, nigen mudde maltes te thên hôgetidon.

Van Nianhûs similiter.

Van Borthbeki similiter.

Van Drêne te ûsero hêrano misso tian êmber honegas, te pincoston sivondon halvon êmber honegas endi ahtodoch bikerâ endi viar crûkon.

LXX.

ALLERHEILIGEN.

Vui lesed, thô sanctus Bonifacius pâvos an Rôma uuas, that hê bêdi thena kiesur Advocatum, that hê imo an Rômu ên hûs gêfi, that thia luidi uuilon Pantheon hêton: wan thâr uuorthun alla afgodâ inna begangana. Sô hê it imo thô jegivan hadda, sô wieda hê it an ûses drohtines êra ende ûsero frûon sanctae Mariun endi allero Cristes martiro, te thiu, alsô thâr êr inna begangan uuarth thiu menigi thero diuvilo, that thâr nû inna begangan uuertha thiu gehugd allero godes hêligono. Hê gibôd that al that folk thes dages, alsô thê kalend November an stendit, te kerikun quâmi; endi alsô that guodlika thianust thâr al geduon was, sô wither gewarf manno gewilik frâ endi blîthi te hûs. Endi thanana sô warth gewonohêd that man hûdigu ahter allero thero waroldi begêd thia gehugd allero godes hêligono, te thiu, sô uuat sô uul an allemo themo

géra vergómelôsón, that wi it al húdigu gefullón endi that uui thur thero
héligono gethingi bekuman te themo êwigon liva helpandemo úsemo
15 drohtine.

LXXI.
STÜCKE EINES PSALMENCOMMENTARS.

PSALM IV.

1ᵃ . . . .
    vuetef. en   g
    vuiruid tote themo   ar be
                     endi
    thed an iro githankon   flehfclik . . .
5   di thia the thar niauuiht ginamun
    an thero genuftsamidi thero   gi   u
    the thar gifulda findun mid then vuerold-
    likon dadion. endi
    Ik fcal fclapan endi reftian an themo frethu the
10 ther an negana vuifa ieuuandlod vuerthan ne mag
    endi thena the then erthlikon dadion ang . . . .
    vuerthan ne mag . ueuan the vuirthid imo gige-
    uan geuuiffo the thar tuovuardig . endi ungi-
    rimendef . . . if . thanne guodlica rafta vuirthid
15 gigevan then heligon endi the frithu the ther
    . . . . endi unferuuandlondelik if.
                         themo uuorde . ik
                         that ik an themo

PSALM V.

1ᵇ . . . .
20   kuman thia
              ef hê   B erehton an fahid
         farmu g   erui . that if that euuiga
                              then neriondon crift. Thef
         erui .   ther an themo anaginne
25   n vuerth   n an themo endi th

that t hadd::n
o an themo

Verba mea. Thiu heliga famænunga bidid . .
emdil (?)
lofon vuertha. that the fum ga . . . . . .
gihorid uuerthe fan gode endi fan imo
fernoman vuerthe uilo Thurugthige-
no herro the alla d
oron . neuan mid ther
Thu bift min god
vuan thu bift m
an f

unreht vuorkid. vuan the that un-
reht vuorkid. felahid rtho fine fialun.
auur fo heretikere thia lugina ther fprekad. fia gifela
hed alfo mangan man. fo fia thia lugina an brenged.
Thefa man thero bluodo the thar beuuollan vuir-
thid mid menniffcemo bluodo . endi thit thit . .
hand
vu:::::th rem:tha flitid thia fer v d to
vuerkenne . uui fculun fernoman that thit is
thero o th the iogiuuelik unreht
h elr the if fel m the the
n od. That if f that ma
o endi otheri uat ge k'amod. G
ke heretikeri if man thero bluodo . t
g ikef g bl no.
nd th e f anselage.
ifto. gi la bethiu an fialun endi an
likhamon. Introibo. Ik scal an thin hûs gangan endi ik scal bedón an
thinero forhto tôte thinemo héligon temple. Thurug thia mikili thero
gináthono só is that godes hús, that is thuu himiliska Hjérusalèm, getim-
berid mid thèn levindigon stènon, that is mid theru menigi mines droh-
tines héligeno. Thár scal ik bedón te themo héligon temple, that is te
mines drohtines likhamon, thes hélires, mid theru manungu thero forhtu.
Domine deduc me. Uuola thû, drohtin, ùth lédi mik an thinemo
rehte thuru nina fianda endi gerekó minan uueg an thinero gesihti.
uuola thû, drohtin, gerekó min lif tuote thineru héderûn gisihti, thuru

thin emnista reht tôte thên êuuigon mendislon: thuru mina fianda, endi
thia heretikere endi thia hêthinun. that is min te duonne that ik mina
fuoti sette an thinan uueg: endi that is thin te duonne that thû minan
65 gang girekôs. *uuelik is thesa uueg?* ne uuâre thiu liccia hêligero ge-
scriво. Thiu uuârhêd nis an themo mûthe thero heretikero: uuan thiu
idalnussí beuualdid iro hertono. uuan thiu tunga folgôd thena selfkuri
thes muodes. uuand sia ne hebbed thia uuârhêd an iro mûthe, that is
Cristen, uuan sia ne hebbed sia an iro herton. uuan alla thia besuikid
70 thê *fiond* the hê ideles herton findid.

LXXII.

SÄCHSISCHE BEICHTE.

Ik giuhu goda alomahtigon fadar endi allon sinon hêlagon (uuihethon)
endi thî godes manne allero minero sundjono, thero the ik githâhta endi
gisprak endi gideda fan thiu the ik êrist sundja uuerkjan bigonsta. Ôk
iuhu ik sô huat sô ik thes gideda thes uuithar mineru cristinhêdi uuâri
5 endi uuithar mînamo gilôvon uuâri, endi uuithar mînemo bigihton uuâri,
endi uuithar mînemo mêstra uuâri, endi uuithar mînemo hêrdôma
uuâri, endi uuithar mînemo rehta uuâri. Ik iuhu nîthas endi avunstes,
hetjas endi bisprâkjas, suerjannjas endi liagannjas, firinlustono endi
minero gitidjo farlâtanero, ovarmôdjas endi trâgi godes ambahtas, hôr-
10 uuilljono, manslahtono, ovarâtas endi overdrankas: endi ôk untîdjon
môs fehôda endi drank. Ôk iuhu ik that ik giuuihid môs endi **drank**
nithar gôt, endi **mînas** hêrdômas rakâ sô ne gihêld sô ik scolda, endi
mêr terida than ik scoldi. Ik giuhu **that ik** minan fader endi môder sô
ne êrôda endi sô ne minnjôda sô ik **scolda** endi ôk mîna brôthar endi
15 mîna suestar endi mîna ôthra nâhiston endi mîna friund sô ne êrôda
endi sô ne minnjôda sô ik scolda. Thes giuhu ik hlûttarlîko that ik arma
man endi ôthra elilendja sô ne êrôda endi sô ne minnjôda sô ik scolda.
Thes iuhu ik that ik mîna jungeron endi mîna fillulôs sô ne lêrda sô ik
scolda, thena hêlagon sunnûndag endi thia hêlagûn missâ ne fîrjôda endi
20 ne êrôda sô ik scolda, ûsas drohtinas likhamon endi is blôd mid sulikaru
forhtu endi mit sulikaru minnju ne antfêng sô ik scolda, siakoro ne uuî-
sôda endi im ira nôdthurfti ne gaf sô ik scolda, sêra endi unfrâha ne
trôsta sô ik scolda, minan degmon sô rehto ne gaf sô ik scolda, gasti sô

ne antfêng sô ik scolda. Ôk iuhu ik that ik thia giuuar the k giuuerran ne scolda, endi thia ne gisuonda the ik gisuonan scolda. Ik iuhu unrehtaro gisihtjo, unrehtaro gihôrithano endi unrehtaro githankono, unrehtoro uuordo, unrehtaro uuerko, unrehtaro sethlo, unrehtaro stadlo, unrehtaro gango, unrehtoro legaro, unrehtas cussjannjas, unrehtas helsjannjas, unrehtas anafangas. Ik gihôrda héthinnussja endi unhrênja sespilon. Ik gilôfda thes ik gilôvjan ne scolda. Ik stal, ik farstolan fehôda, âna orlôf gaf, âna orlôf antfêng, mênêth suôr an uuiethon. Âbolganhêd endi gistrîdi an mi hadda endi mistumft endi avunst. Ik sundjôda an luggjomo giuuitscipja endi an flôkanna, mina gitîdi endi min gibed sô ne gihêld endi sô ne gifulda sô ik scolda, unrehto las, unrehto sang, ungihôrsam uuas, mêr sprak endi mêr suigôda than ik scoldi, endi mik selvon mid uvilon uuordon endi mid uvilon uuerkon endi mid uvilon githankon, mid uvilon luston mêr unsûvrôda than ik scoldi. Ik iuhu that ik an kirikûn unrehtas thâhta endi ôthra merda theru hêlagûn lecciûn, biscopôs endi prêstrôs ne erôda endi ne minnjôda sô ik scolda. Ik iuhu thes **allas the** ik nû binemnid hebbju endi binemnjan ne mag, sô ik it uuitandi dâdi sô unuuitandi, sô mid gilôvon sô mid ungilôvon. **Sôhuat** sô ik thes gideda thes uuithar godas uuilljon uuâri, sô uuakôndi sô slâpandi, sô an dag sô an **nahta**, sô an huilikaru tîdi sô it uuâri, sô gangu ik is allas an thes alomahtigon godas mundburd endi an sina ginâtha, endi nû duon ik is allas hlûttarlikjo mînan bigihton goda alomahtigon fadar endi allon sînan hêlagon endi thî godas manna, gerno an godas uuilljon te gibôtjanna, endi thî biddju gibedas, that thû mi te goda githingi uuesan uuilljas, that ik mîn lif endi mînan gilôvon an godas huldjon giendjôn môti.

LXXIII.

FULDAER BEICHTE.

Ih uuirdu gote almahtigen bigihtig enti allên gotes heilagôn enti thir gotes manne allero mînero suntono; unrehtero githanco, unrehtero uuorto, unrehtero uuerco; thes ih unrehtes gisâhi, unrehtes gihôrti, unrehtes gihaneti odo andran gispuoni; sô uuaz sô ih uuidar gotes uuillen gitâti, meinero eido, ubilero fluocho, liogannes, stelannes, huores, manslahti, unrehtes girâtes; odo mir iz thuruh mîn kindisgi giburiti odo thuruh ubartruncani odo thuruh mîn selbes gispensti odo thuruh anderes mannes gispensti; girida, abunstes, nîdes, bisprâchido, ubilero lusto;

thaz ih ci chirichûn ni quam sô ih mit rehtu scolta, mina fastûn ni bi-
hielt sô ih mit rehtu scolta, zuuêne ni gisuonta », sunta ni furliez themo
ih mit rehtu scolta; heilaga sunnûntagâ inti heilaga missa inti heilagon
uuizzôd ni êrita sô ih mit rehtu scolta; ána urloub gap, ána urloub int-
phieng, uncítin ezzenti, uncítin trinchanti, uncítin sláfenti, uncítin
uuachanti. Thes alles enti anderes manages, thes ih uuidar got almah-
tigon sculdig si, thes ih gote almahtigen in mînero kristanheiti gihiezi
enti bi mînân uuizzin forliezi, sô ih es gihuge, sô ni gihuge; sô
ih iz githáhti, sô ih iz gispráchi, sô ih iz gitáti; sô mir iz sláffenti
giburiti, sô uuahhenti, sô gangenti, sô stantenti, sô sizzenti, sô liganti:
sô bin ih es gote almahtigen bigihtig enti allên gotes heilagon enti thir
gotes manne enti gerno buozzju frammort, sô fram sô mir got almahtigo
mahti enti giuuizzi forgibit.

[Almahtig truhtin, forgib uns mahti inti giuuizzi, thinan uuillon zi
giuuircanne inti zi gifremenne, sô iz thin uuillo si.] Âmen.

LXXIVª.
MAINZER BEICHTE.

Ih gihun gode almahdîgen unde allên godes engilon unde allên godes hei-
legôn unde dir godes boden allero minero sundino, unde uuili dero bi-
gihdig uuerdan, suô sô ih se givremidi, sô nuaz sô ih unrehdes gisáhi ode
unrehdes gihancdi; nurehtero uuordo, unrehtero nuerco, unrehtero gi-
danco; ubilero lusto, ubiles uuillen; fluochônnes, liogannes, bispráchidu;
unrehtes stadales, unrehtes sedales; in uncidin scláphun, uncidin uuachun,
in uncidigimo mazze, uncidigimo dranche; thaz unmezzon vehônti; mi-
nero spilungu, huores, thiubu, manslahdu, meinero eido, minero fastu
ferbrocheneru. Mîna chirichûn sô ni suohda sô ih solda. sunnondagâ
unde andere heilega dagâ sô ne êrêda noh ne begienc sô ih solta. heile-
gan uuizzuth sô ne gihielt sô ih solta. mînan curs ne irvulta sô ih solda.
gihôrsam ni uuas sô ih solta. Thurphtigon nintphiec sô ih solta. ala-
muosan ni gab sô ih solta. ána urloub gab unde nam daz ih ni solta.
zuêne ni besuonda sô ih solta, sunda ni verliez thien ih solta. mîne
náhiston sô ni minnôta sô ih solta. Thes alles unde anderes manages,
thes ih uuidar got sculdic si, thes ih in mînero cristanheidi gehiezi, unde
ih daz be minên uuizzin ferliezzi, unde be mîneru chindesgi geburidi, sô

mir iz slâfanti geburiti, só uuachandi, só ih iz selbo gefremidi oder anderemo gehancti oder anderen gespuoni, só ih es gehuge, só ni gehuge, só ih es gedâhti oder gesâhi oder ih iz gedâdi order gesprâchi: só uuirdon ih es alles bigihdic gode almahdigen unde allên godes heiligôn unde thir godes manne.

LXXIV^b.
PFÄLZER BEICHTE.

Ih uuilla gote almahtigen allero minero suntono higihtdig uuerdan, inti allên godes heilegón inti dir godes manne, só uuaz só ih unrehtes gisâhi odo unrehtes gihancti; unrehtero uuorto, unrehtero uuerko, ubilero gidanko; ubilero lusto, ubiles uuillen; fluachenes, liagennes, bisprâchida; unrehtes stadales, unrehtes sedales; unzin ih gangenti, unzin ih ritanti, unzin ih slâfenti, unzin uuachenti, unzin ezanti, unzin drinkanti; thaz unmezon fehônti; minero spiungu, huares, thiuba, manslahda, minero eido, minero fastûn firbrochenero. mina kirichûn só ni suahta só ih bi rehtemen scolta. heilege sunnundagâ só ni êrêta só ih be rehtemen scolta. heilega messa só ni êrêta só ih b. heilegan uuizod só ni gihialt só ih b. minan curs ni givulta só ih b. gihôrsam ni uuas só ih b. thurftige nintfiang só ih b. alamûsan ni gab só ih b. âna urloub gab thaz ih ni scolta. âna urloub infiang thaz ih ni scolta. zuéne ne gisuanta the ih b.

LXXV.
REICHENAUER BEICHTE.

Ih uuirdu gode almahtigen bigihdic unde vróuûn sancta Mariûn unde sancte Michahêle unde sancte Pêtre unde allên godes heilegôn unde dir sinemo boden. Uuande ih sundic bin joh in gidâhtdin joh in dâdin joh in uuordon joh in uuerkon; joh in huare joh in stâlu joh in bisprâchidu joh in nîde joh in âbulge joh in ubarâzidu joh in ubardrunchidu joh in fluachenne joh in suerinne; dero sundôno allero joh anderero manegero: só gi ih és domo almahtdigen góde únde allén sinén heilegôn unde dir sinemo boden. Ih gihu gode almahtdigen, uuanda ih sundic bin, daz ih héilegan sunnûndag unde andere héilege dagâ só ne giviróda nôh só no geróda, sóse got habét gibodan unde min sculd uuâri. Íh gihu gode almahtdigen, daz ih mína chirichûn só ne sualida duruhc mammendi mines lichamen, noh mine vespera nóh mína metdína nóh mina messa ni gilosêda, sóse got habét gebodan unde min sculd uuâri. Íh gihu gode almahtdigen, daz ih in chirichûn únrehtdes dâhda únde unrehda reda deda mit anderemo manne, dáz ih daz godes lóp ni uuolda gilosôn noh anderan ni liaz. Íh gihu gode almahtdigen, daz ih daz heilega uuizzud **vehóda mit unreinemo** lichamen, dáz ih só giréinit ni uuas, sóse **got habét gibodan** unde min sculd uuâri. Íh gihu gode almahtdigen, dáz ih hungarege ni azda, dursdage ni gidrancda, sichhero ni uuisóda, sóse got habét gibodan unde min sculd uuâri. Ih gihu gode almahtdigen, daz ih durfdige man ci hûs ni giladóda noh dên maz noh dranc ni gap noh flezzi noh betdi, sóse got habét gibodan unde min sculd uuâri. Íh gihu gode, daz ih mínan vader unde mína muáder unde ándere nâhiston mine só ne minnóda noh só ne eróda, sóse got habét gibodan unde min sculd uuâri. Íh gihu, daz ih mine funtdivillolâ só ne lêrda, sôse ih in dâr antheizo uuard. Íh gihu gode, daz ih thic man uuár, thie ih uuerran ni solda. Íh gihu gode, daz ih mínan decemon só ne vergalt nóh mines héren sachâ só ne hialt, sóse got habét gibodan unde min sculd uuâri. Alles des ih nú gimeinit habén, sóso ih iz *bi* uuizzantheidi gidâdi, sóso mir iz bi druncanheidi giburidi, sóso mir iz anderes giburidi: só uuas sós ih mit thesemo *bigihden*

LXXVI.
WÜRZBURGER BEICHTE.

Trohtine gote almahtigem bigiho mína sunta unti sinan heilegon **ente** di gotes scalche fona diud ih bigonda furstâ daz ist in gidancun, in uuortun, in uuerchun: in eidsuurtín, in fluohun, in bisprâhun, *in* unnuzan uuortun; in hâsze, in âbulge, in abunste, in lustí, in chelegiridu, in slâfe ente in unsûbrun gidanchun, in sgâhungu mínes muotes umbe unarloubidiu, in lustin ougóno, in unillelustin, in lustin órôno; in sarphi armaro. ih uuisada drâgo inbisparta in carcar. ih furgoumolósta gestin iro fuozí uuasge, ente unmahtiga drâgôr giuuisóta danne ih scolta, ent ungezumftiga noles allemo ente alengomo muote uuider nigiladota ci gizumphti. danna ih scolta faste, inbeiz, ente danna uurdun gilesan heilego lection in dero chirihun, mit unnuzun spellun ente mit itelen sô uuas ih bifangan. singento ode betento uuola ofto italiu ente unbiderviu gidâhta, unte in goumun nisprah diude heilega enti guotiu uuârun, nobe oftôr huorlustigiu ode bispràha sprah ih. Ih jiho ouh gote joh di sinen scalche minan ungiloubun, heidangelt, diuba, manslahta, huor ubar mez en demo liheme inte in demo muote. ih teta ubarhîuui, girida in fremiden sahhun. ih quath luggiu uricundi. ih teta eidsuurt. ih biuual mih in nózilun ente in vierfuozun. ih gifrumita uncûsg imo site sodomitico enti mih riuento in minan lidin in lusti ubilero gitrogo. ih biuual mih fona ubilero lusti enti daz ih mit minan ougun gisah daz mi urloubit ni uuas. ih furgoumolôsata gihôre gotes gibot. italiu ente unbiderviu sprah ih mit diude ih scolti guotiu sprehe, ent mit minan hantun muorhta daz ih niscolta uuirchen. ih fergoumolósata daz ih sculdic uuas. mit mînan fuozun gien ih dar in urloubit niuuas. ih gisaz dâra ih gangen scolta. daz ih uuollentêr ode niuuollentêr, uuizentêr ode niuuizentêr gidâhta uuider gotes uuillen ode sprah ode uuorahta uuider minemo heite in uberâze, in ubertrunchini, in spiuuene, in nótnunfti, in âbulge, in hasze, in luginu, in meszumphti, in vilospráhu, in luginu, in rûnizenne, in ungihôrisamidu, in sgerne, in bluote gislizzenemo fona diorerun, in freuuiden sines nâisten ungifôres ente andero unzalahaftlîho suntâ: elliu in lûttero bigihti trohtine gote almahtige ente sinen heilegun ente di, gotes man, bijah . . . . mina sunta dê ih gifrumita gilûttiri dâr vona demo heilegen † reue dez brunnen.

« ente after dero uuidersahhungu ode den inteiz des gilouben » in gidancun, in tâtin, in uuortun managiu ente unerrimitiu sint mino suntâ.

*

LXXVII.
BAIERISCHE BEICHTE.

Trohtin got almahtigo, dir uuirdo ih suntigo pigihtic unti sancta Mariûn unti allên gotes engilun unti allên gotes heiligun unti dir gotes êunarte allero minero suntóno unti allero minero missitâti, de ih eo missiteta odo missidâhta odo missisprah vona minero toupha unzi in desin hûtigun tach, dero ih gihukko odo ni gehukko, de ih uuizzunta teta odo unuuizunta, nótac odo unnôtac, slâphanto odo uuachanto, tages odo nahtes, in suelichero steti odo in suelichemo zite ih si gefrumeta, mit mir selbemo odo mit andremo: in ungiloubun, in zoupre, in hôhmuoti, in geile,

in nide, in abunste, in hazze, in viginscephte, in âpulge, in meinên
eidun, in luckemo urchunde, in lugunun, in manslahte, in diuvun, in
nôtnumphtin, in pisuuiche, in untriuun, in huore, in uberligire, in
piuuellida mines lichnamin, in huorlustun, in unrehter giru, in pi-
sprâhun, in dansunge, in murmulôde, in lichisôde, in virmanôde menni-s-
côno, in unrehtero urteili, in ungihôrsami, in ubarâzili, in ubertrunchili,
in scantlîchemo gichôsi, in uppîgemo scerne, in spotte, in uueichmuote,
in unrehtemo strîte, in ruomigerne. Ih giho dir, trohtin, daz ih mînemo
lichnamin mêra intliez dan ih scolte. Ih giho tir, trohtin, daz ih unmah-
tigero unti dero de in charcharo unte in andrên nôtin uuâron ni giuuisôta
noh sô ni gehalf sô ih scolta unti sô ih mahta. Ih giho dir, trohtin, daz
ih hungrenta ni gilabôta noh turstiga ni gitrancta noh nackota ni giuuâtta

---

LXXVIII.

S. EMMERAMER GEBET.

Trohtin, dir uuirdu ih pigihtik allero minero suntôno enti missatâteo,
alles deih eo missasprah edo missateta edo missadâhta, uuorto enti
uuercho enti kadanccho, des ih kyhukkju edo ni kihukku, des ih uuiz-
zanto kiteta edo unuuizzanto, nôtac edo unnôtac, slâffanto edo uuahento:
meinsuuarteo enti lukino, kyridôno enti unrehtero fizusheito, huorôno
sô uuê sô ih so kiteta, enti unrehtero firinlusteo in muose enti in tranche
enti in unrehtemo slâffe; daz dû mir, trohtin, kanist enti kanâda farkip,
enti daz ih fora dînên augôn unscamânti sî, enti daz ih in derru uueroltti
minero suntôno riuun enti harmseara hapân môzi. solîho sô dino mil-
tidâ sîn, alles uualtenteo trohtin, kot almahtigo, kauuerdô mir helfan
enti kauuerdô mir farkepan kanist enti kanâda in dînemo rîhe.
   Kot almahtigo, kauuerdô mir helfan enti kauuizzida mir ja furi-
stentida ja gaotan uuillun samau mit rehtên galaupôn mir fargepan za
dînemo dionoste. trohtin, dû in desa uueralt quâmi suntige za ganer-
jenne, kauuerdô mih cahaltan enti kanerjen. Christ, cotes sun, uuiho
trohtin, sôso dû uuellês enti dino canâdâ sîn, tuo pi mih suntigun enti
unuuirdigun scalh dînan, uuiho truhtin, kanâdigo got, kauuerdô mir
helfan suntikemo enti fartâuemo dînemo scalhe uuânentemo dînero ka-
nâdôno. eustigo enti milteo trohtin, dû eino uueist uueo mino durfti

sint: in díno kanádâ enti in díno miltídâ, uuího truhtin, pifílhu min herza ja mínan cadanc ja mínan uuillun ja mínan mót ja mínan lip ja miniu uuort ja míniu uuerh. leisti, uuího truhtîn, díno kanâdâ in mir suntigin enti unuuirdîgin scalhe dînemo; kauuerdô mih canerjen fona allemo upile.

LXXIX.
NOTKERS CATECHISMUS.

A.
ORATIO DOMINICA.

Pater noster qui es in caelis. Fáter unser dû in himele bist. O homo, skeine an guoten uuerchen daz dû sîn sun sîst: sô heizest dû in mit rehte fáter. Habê fraternam caritatem, díu tuot dih uuesen sînen sún.

Sanctificetur nomen tuum. Dîn námo uuérde gehéiligôt. Uuer sol in geheiligôn? Ne íst ér heilig? Uuir biten áber daz er in únserên herzôn geheiligôt uuerde, sô daz uuir in colendo geheiligôên.

Adveniat regnum tuum. Dîn riche chome, daz éuuiga, dára alle guote zuo dingent, dâr uuir dih keséhen sûlen unde angelis keliche uuordene lib âne tód hábén sûlen.

Fiat voluntas tua sicut in caelo et in terra. Dîn uuillo gescéhe in **erdo fone menniscôn**, álsó in himele **fone angelis**.

Panem nostrum cottidianum da nobis hodie. Unser tágelicha **brót** kib **uns híuto**. kib uns dîna léra, déro únser séla gelabôt uuerde, uuánda dero bedarf si tageliches álsó der lichamo bedárf prótes.

Et dimitte nobis debita nostra, sicut et nos dimittimus debitoribus nostris. Unde únsere scúlde belâz úns, álsó óuh uuir belâzen unserên scúldigên. Dîsa gedingûn ferneme mánnelih unde si gáro ze fergebenne daz lúzzela, álsó er uuelle daz imo fergeben uuerde daz michela.

Et ne nos inducas in temptationem. Unde in chórunga ne léitêst dû únsih. Daz chit: ne lâzêst únser gechórôt uuerden nâh unserên **sundón**. Den dû ne scirmest, **den uuirfet** temptatio **nider, der** uuirt ze huohe **sinen** fienden.

Sed libera nos a malo. Núbe lôse únsih fóne úbele. lôse unsih fone des tiefeles chorungo unde fone sinemo geuuálte. Sîben bétâ churze sint dise: **an in uuirt** doh funden **al** daz, des uns turft ist.

SYMBOLUM APOSTOLORUM.

Daz graeci chédent symbolum unde latini collationem, daz chéden uuir geuuérf, uuanda iz apostoli gesámenòtôn unde zesámene geuuúrfen, daz iz zeichen sî christianae fidei, alsô ouh in proelio symbolum heizet daz zeichen, dáz an scilten alde an geinôtên uuorten ist, tannán iegellche iro
30 socios irchénnent.
    Credo in unum deum patrem omnipotentem creatorem caeli et terrae. Ih keloubo an Gót álmáhtigen fáter, sképhen hímeles unde érdo.
    Et in Iesum Christum filium eius unicum dominum nostrum. Unde an sínen sún den geuuiehten háltáre, einigen únseren hêrren.
35   Qui conceptus est de spiritu sancto, natus ex Maria virgine. Der fóne démo héiligen géiste inpháNgen uuard, fóne Maria dero mágede gebórn uuard.
    Passus sub pontio pilato. Kenótháftót uuard pi pontio pilato. Ziu chit iz pontio unde pilato? áne daz er zeuuêne námen habêta náh rómi-
40 skemo síte, alde iz ist nomen patriae, daz er fone ponto heizet pontius.
    Crucifixus, mortuus et sepultus. Unde bî imo an crucem gestáftêr irstárb unde begráben uuard.
    Descendit ad inferna, tercia die resurrexit a mortuis. Ze hello fuor, an demo dritten táge fóne tóde irstuont.
45   Ascendit ad caelos, sedet ad dexteram dei patris omnipotentis. Ze hímele fuor, dár sizzet ze Gotes zéseuuún, des almáhtigen fáter. Uuaz ist diu zeseuua? Áne aeterna vita. Humana fone dero ér fuor uuas imo diu uuínstra.
    Inde venturus iudicare vivos et mortuos. Dánnán chumftigêr ze
50 irtéillenne die er dánne findet lébente alde tôte.
    Credo in spiritum sanctum. Gelóubo an dén héiligen Geist, der fone patre et filio chumet unde sament in ein Gót ist.
    Sanctam ecclesiam catholicam. i. universalem congregationem christianorum. Keloubo heiliga día állichún sámenunga, diu christiani-
55 tas heizet, diu fone diu állich heizet, uuanda si álliu sament ein geloubet unde eines jiehet unde dár ana úngeskeiden ist.
    Sanctorum communionem. Gelóubo ze hábênne déro heiligôn gemeinsamî.
    Remissionem peccatorum. Abláz sundón.
60   Carnis resurrectionem. Geloubo des fleiskes úrsténdida.
    Vitam aeternam. Geloubo éuuigen líb.
    Amen. Daz tuon ih keuuáro.

FIDES SANCTI ATHANASII EPISCOPI.

Quicumque vult salvus esse, ante omnia opus est, ut teneat catholicam fidem. So uuér gehalten uuíle sîn, demo ist durft fóre allên dingen, daz er habê die gemeinûn gelouba.

Quam nisi quisque integram inviolatamque servaverit, absque dubio in aeternum peribit. Souuer sia ne habêt ólanga unde úniruuárta, der uuirt ze êuuón ferlorn.

Fides autem catholica haec est, ut unum deum in trinitate et trinitatem in unitate veneremur, neque confundentes personas neque substantiam separantes. Daz ist diu állîcha gelouba daz uuir einen Gót êrêên an trinitate unde trinitatem an unitate, noh personas mískente noh substantiam sceidente. Ungesceideniu substantia ouget uns einen Got. Trigesceidene personae ougent uns trí gágennémmedá dero trinitatis. Uuaz sint gagennemmedâ, âne daz latıne sint relationes? Ein relatio ist patris ad filium, ánderiu ist filii ad patrem, diu dritta ist spiritus sancti ad patrem et filium. Dero iegelich habêt sina personam. Alsô iz hara nâh chit.

Alia est enim persona patris, alia filii, alia et spiritus sancti. Ein persona ist patris, ánderiu filii, diu dritta spiritus sancti. Personae ne uuerdent nieht sô fernomen an Gote, sô an creaturis: in creaturis sint tres personae tres substantiae, aber in deo sint tres personae ein substantia. Michahel Gabrihel Raphahel alde ouh abraham isaac iacob sint tres personae unde tres substantiae, aber pater, filius, spiritus sanctus ne sint tres substantiae, nube drî geougedâ dero relationum die an Gote fernomen uuerdent. Aber unsemfte ist ze diutenne personam, uuanda der namo férrenán genómen ist. Dô veteres jû in skéna ze spíle sâzen, dô uuas uuîlôn iro delectatio ze fernemenne luctuosa carmina diu tragoediae heizent. An dien uuurden geántrôt fletus miserorum nâh demo únderskeite sexus et aetatis, daz man fictis vocibus ketâte repraesentationem priami alde hectoris alde eccubae alde andromachae alde êteliches, fone des misseburi diu fabula ságéta. Uuanda die ántrunga histriones tâten ora contorquendo, daz chit flannendo, unde daz iro spectatoribus únzimig tuohta; dannân begondôn sie iro ánasiune ferlégen cavatis lignis, diu latini nû larvas heizent. Úzer dien scullen sâr durh die hóli lûtreisteren stimmâ unde fone diu hiez man siu a personando personas. Dâr fîeng ana der nâmo personarum, die graeci prosopas heizent fone bedécchenne daz analiute. Dâra nâh uuúrden geheizen personae singuli homines unde iegelîche rationabiles creaturae, die sih an iro proprietate fone ánderên skeident, alsô in skena mit misselichi dero stimmón sexus unde aetas kesceiden uuard. fone diu heizent ouh in grammatica tres personae ego tu ille, uuanda mit in alle repraesentationes unde discretiones rationabilium uuerdent. Dára rámet ouh daz uuir lésen in evangelio: 'non enim recipis personam hominum', daz uuir diuten múgen 'dû ne nímest uuâra dero mánskéite'. Alsô ist chomen unde feruuállôt propter similitudinem der namo personarum ze démo undersceite sanctae trinitatis. Aber uns ist ze dénchenne uuaz er bezeichene, nals uuannán er gespróchen sî, unde ze chédenne, úbe iz muoza ist, tres personas tres repraesentationes, trî geougedâ. Uues? dero relationum, alsô iz fóre geságet ist.

Sed patris et filii et spiritus sancti una est divinitas, aequalis gloria, coaeterna maiestas. Aber ein Góteheit ist des fater unde des sunes unde des heiligen geistes, kelîh kuollichi, ébenêuuig mágenchraft.

Qualis pater, talis filius, talis spiritus sanctus. Sôlîh der fater ist sinero máhte, sinero chréfte, sinero Góteheite; solih ist der sun, sólih ist der heiligo Geist.

Increatus pater, increatus filius, increatus spiritus sanctus. Ungescáffen ist der fater, úngescáffen ist der sun, ungescaffen der heiligo Geist.

Inmensus pater, inmensus filius, inmensus et spiritus sanctus. Unmázig ist der fater, unmôzig der sun, unmázig der heiligo Geist. Irmézzen unde begrifen ne mág in nehein sin, uuanda er praesens unde totus ist in állên stéten.

Aeternus pater, aeternus filius, aeternus et spiritus sanctus. Êuuig der fáter, êuuig der sun, êuuig der heiligo Geist, daz chit sine inicio et sine fine.

Et tamen non tres aeterni, sed unus aeternus. Unde doh nieht trî êuuige, nube einêr êuuigêr.

Sicut non tres increati nec tres inmensi, sed unus increatus et unus inmensus. Alsô ouh ne sint trî ungescáffene noh trî unmázige, nube einêr ungescáffenêr unde einêr unmázigêr.

Similiter omnipotens pater, omnipotens filius, omnipotens spiritus sanctus. Sô samo ist almahtig der fater, almahtig der sun, almahtig der heiligo Geist. Mahti er ubelo tuon alde irsterben alde geéndôt uuerden alde betrógen uuerden, daz zúge ze únmáhten.

Et tamen non tres omnipotentes, sed unus omnipotens. Unde doh nieht trî almahtige, nube einêr almáhtigêr.

Ita deus pater, deus filius, deus et spiritus sanctus. Alsô ist der fater Got, ist der sun Got, ist der heiligo Geist Got.

Et tamen non tres dii, sed unus est deus. Unde doh ne sint sie dri Góta, nube ein Got.

Ita dominus pater, dominus filius, dominus et spiritus sanctus. Alsô ist der fáter hêrro, ist der sun hêrro, ist der heiligo Geist hêrro.

Et tamen non tres domini, sed unus est dominus. Unde doh ne sint sie dri hérren, nube ein hérro.

Quia sicut singillatim unamquamque personam deum et dominum confiteri christiana veritate compellimur, ita tres deos aut dominos dicere catholica religione prohibemur. Uuanda alsô uuir jéhen suln iegelícha personam sunderiga Got uuesen unde hérren, sô ne muozen uuir chéden dri Góta alde dri hérren nâh uuârheite unde nâh rehtero geloubo.

Pater a nullo est factus nec creatus nec genitus. Der fáter ne ist ketânêr noh kescáffenêr noh kebórnêr.

Filius a patre solo est non factus nec creatus, sed genitus. Der sún ist fone einemo demo fater nals ketânêr noh kescáffenêr, nube gebórnêr.

Spiritus sanctus a patre et filio non factus nec creatus nec genitus, sed procedens. Der heiligo Geist ist fóne démo fater unde fóne demo súne nals ketânêr noh kescáffenêr noh kebornêr, nube chómenêr.

Unus ergo pater, non tres patres; unus filius, non tres filii; unus spiritus sanctus, non tres spiritus sancti. Unde ist ein fater, nals dri fatera; ein sun, nals dri súne; ein heilig keist, nals dri heilige Geista.

Et in hac trinitate nihil prius aut posterius, nihil maius aut minus. Unde an dirro trinitate ne ist nehein daz fórderóra, nehein daz hinderóra, nehein daz mêra, nehein daz minnera.

Sed totae tres personae coaeternae sibi sunt et coaequales. Núbe alle dri personae sint ébenéuuig unde ébenmâze.

Ita ut per omnia, sicut iam supra dictum est, et trinitas in unitate et unitas in trinitate veneranda sit. Sô daz in alle uuis, sô ouh fore geságet ist, ze érênne si drisgheit in einigheite unde einigheit in drísgheite.

Qui vult ergo salvus esse, ita de trinitate sentiat. Der gehalten uuelle sin, der ferneme iz sô fone trinitate.

Sed necessarium est ad aeternam salutem, ut incarnationem quoque domini nostri Iesu Christi fideliter credat. Sô ist áber durft ze déro éuuigûn sâldo, daz er ouh keloube mit triuuuón die ménniskeheit unseres hêrren des keuuiehten haltáris.

Est ergo fides recta ut credamus et confiteamur, quia dominus noster Iesus Christus dei filius deus et homo est. Daz ist réhtiu triuuua daz uuir gelouben unde jéhen daz únser hêrro der geuuiehto baltáre Gótes sun Got unde mennisco ist.

Deus est ex substantia patris ante saecula genitus et homo est ex substantia matris in saecula natus. Er ist Got ér uuerlte gebórnér fone des fater uuiste unde ist mennisco hier in uuerlte gebórnér fone dero muoter uuiste.

Perfectus deus, perfectus homo, ex anima rationali et humana carne subsistens. Dúrnohte Got, durnohte mennisco, fone rédehaftero mannes sêlo unde mannes fleiske bestándêr. Diu zuei machônt ménnisken. Uuaz ist ánderes ménnisco âne rationabilis anima in carne? Diu sint an Christo: bediu ist er uuâre ménnisco.

Aequalis patri secundum divinitatem, minor patre secundum humanitatem. Des fater genóz after Góteheite, sîn úngenóz áfter mánheite.

Qui licet deus sit et homo, non duo tamen, sed unus est Christus. Unde doh er Got si unde ménnisco, umbe daz ne sint zeuuéne Christi, nube einêr.

Unus autem non conversione divinitatis in carnem, sed assumptione humanitatis in deum. Einêr ist er, nals daz diu Góteheit sih uuéhselôti in mánheit, nube daz diu Góteheit an sîh nam dia mánheit. Ungeuuéhselóte stânt peide naturae, Gótes joh mánnes: iro neuuéderiu ne uuard ze ánderro.

Unus omnino, non confusione substantiae, sed unitate personae. Einêr ist er, nals fóne miskelungo dero uuiste, nube fone uuordeni einero personae. An zuein naturis ungeuuehselôtén unde úngemiskelôtén ist ein persona.

Nam sicut anima rationalis et caro unus est homo, ita deus et homo unus est Christus. Uuanda alsó redehaftiu sêla unde fleisg ein mennisco ist, só ist Got unde mennisco ein Christus.

Qui passus est pro salute nostra, descendit ad inferos, resurrexit a mortuis. Der umbe unsera heili nôt leit unde ze héllo fuor unde fóne tôtên irstuont.

Ascendit ad caelos, sedet ad dexteram dei patris omnipotentis. Ze himele fuor, dâr sízzet ze zeseuuûn sines fater des almahtigen Gótes.

Inde venturus iudicare vivos et mortuos. Dannân chúmftigêr ze irteillenne lébende unde tôte.

Ad cuius adventum omnes homines resurgere habent cum corporibus suis. Ze dés chúmfte suln álle ménniscen irstân mit iro lichamón. Allero menniscón sélâ suln danne iruuinden ad corpora unde mit in chomen ad iudicium.

Et reddituri sunt de factis propriis rationem. Unde suln dâ réda irgében iro tâto.

Et qui bona egerunt, ibunt in vitam aeternam. qui vero mala, in ignem aeternum. Unde die uuola táten fárent ze éuuigemo libe, die úbelo táten ze éuuigemo fiure.

Haec est fides catholica, quam nisi quisque fideliter ac firmiter crediderit, salvus esse non poterit. Diz ist diu gemeina gelouba: souuér die fásto unde getriuuuelicho ne hábét, der ne mag kehalten uuerden.

B.

Vater unsir, dû in himile bist. uuolne dû mennisco, skeine ana guoten uuerchen daz dû sin sum sist: só heizist dû in mit rehte vater. habe die minna, diu tuot dih uuesen sinen sun.   Sin namo uuerde giheiligot. uuer scol in geheiligon? nù ist er heilic. uuir biten avir daz er in unseren herzen giheiligit uuerde, só daz uuir in uobende giheiligen.   Din riche chome, daz éuuige, dara alla guote zuo dingent, dâ uuir dih gisehen sculen unde den engilen giliche uuortine lib âne tót haben sculen.   Din uuille giskehe in erda fone mennisgen, alsó in himile fone den engilen. Unsir tagelichiz prôt gib uns hiuto. gib uns léra dera unsere séla gilabit uuerden.   uuanda dera bidarf si tagelichis, alsó der lichinamo bedarf brótis.   Unde unsere sculde beláz uns, alsó ouh *uuir* firlázen unseren scoláren. disen gidingen firneme manniclih unde si garo ce firgebenne daz luzzila, alsó er uuelle daz imo firgeben uuerde daz michila.   Unde in dia chorunga neleitist dû unsih. daz chuit: ne láz unsir gichorit uuerden náh unseren sunden. den dû neskirmist, den uuirfit diu chorunga nidir, der uuirt ce huohe sinen fianden.   Suntir irlóse unsih fone demo ubile. lóse unsih fone des tiufilis chorungen unde fone sinemo giuualte. Siben bete churci sint dise: an in uuirt dohfunten al daz, des uns durft ist.

Disen salmon heizen uuir giuuerf, uuanda in die heiligen poten gisaminoten unde cesaminegiuurfen, daz iz zeichen si dera christenlichen gloube, alsó ouh in demo uuige daz zeichin ist an demo skilte odar anagieinoton uuorten ist, dannan iogelichir sine gnôzzi irchennit.   Ih gloube an got vatir almahtigen, skepháre himilis unde erda.   **Unde an sinen** *sun den* giuuihten halláre, einigen unseren hérron.   Der fone demo heiligen geiste imphangen uuart unde fone dera magida sancte Mariun geborn uuart.   Er uuart ginóthaftit fone Piláto.   Unde bi imo gihangenir an daz chrûci irstarp unde bigraben uuart.   Ze helle fuor er. an demo dritten tage irstuont er fone tóde.   Ze himile fuor er.   dâ sizzet er ce gotis cesiuun, des almahtigen vatir.   uuaz ist diu cesiuua?

uuane der êuuigi lib. disir lib fone demo er fuor uuas imo diu uuinstira. Dannan ist er chumftiger zirteilenne lebende unde tôte. Ih gloube an den heiligen geist der fone demo vatir unde fone demo sune chumit unde samet in ein got ist. Gloube die heiligen allichun christenheit, diu fone din allih heizit, uuanda si elliu sament ein gloubit unde ein gihit unde dar ana ungiskeiden ist. Gloube ze habende dere heiligen gimeinsame unde **antlâz** sundon. Gloube des fleisgis urstendi. Unde gloube den **êuuigen** lib. **Daz tuon ih** ceuuâre.

Suuer sô kehalten uuile sin, demo ist turft vore allen dingen, daz er habe dia gemeinun gelouba. Suuer sia nehabet kanza unda unviruuarta, der uuirdet in euuon florn. Daz ist diu allelicha glouba, daz uuir einen got êren an dere trinussida unde die trinussida an dera einnussida, noh die kenennida miskente noh dia uuesennussida skeidente. Ungeskeideniu uuesenussida ouget uns einen got. Trigeskeidene kenenneda ougent uns tria kenemmida dero trinussida. Uuaz sint kenemmida? uuane daz uualahisgen sint uuidercellunga. Ein uuidercellunga ist tes fater ze demo suno, diu endriu ist tes sunis ze demo fater, diu tritta ist des heiligen keistis ze demo fater unde ze demo suno. Dero iogelih habet sina kenennida. Alsô iz hera nàh chuit. Ein kenemmida ist tes fater, diu endriu tes sunis, diu tritta des heiligen keistis. Die kenemmida neuuerdent nieht sô vernomen ana gote, sô an den keskepfeden. In den kesceften sint tria kenemmida unde tria uuesenussida, aver in gote sint tria kenemmida unde ein uuesenussida. Michâêl Gabriêl Raphâêl odar Abrahâm Îsaac Jâcob, daz sint tria kenemmida unda dria uuesenussida; aver der fater unde der sun unde der heilige keist, die ne sint nieht dria uuesenussida, suntir dria keougeda dero uuidercellunge, die an gote vernomen uuerdent. **Aver ein gotheit ist tes fater unde tes sunes unde tes** heiligen keistis, kelichiu guotlichi, ebenêuuigiu mageuchraft. Solih der fater ist sinero mahte, sinero chrefte, sinero gotheite: solih ist ter sun, solih ist ter heiligo keist. Ungescaffen ist ter vater, ungescafan ist ter sun, ungescafen ist ter heiligo geist. Unmâzig ist ter vater, unmâzig ist ter sun, unmâzig ist ter hêligo geist. Irmezen unde begrifen ne mac inan nehein sin, uuanda er aller kagenuuurtig ist in allen steten. Êuuig ist ter vater, êuuig ist ter sun, êuuig ist ter hêligo geist, daz chuit âna anakene unde âna ende. Unde doh nesint nieht tria êuuige, suntir einer êuuiger. Alsô ouh nesint tri ungescafene noh tri unmâzige, suntir einer ungescafener unde einer unmâziger. Alsô dir ist almahtig ter vater, alsô ist almahtig ter sun, alsô ist almahtig der hêligo keist.

Mahti er ubelo tuon odar irsterben odar geendot uuerden odar betrogen uuerden, daz zuge ze unmahten. Unde doh nesint nieht tria almahtige, suntir einer almahtiger. Alsô ist ter vater got, ist ter sun got, ist ter heiligo geist got. Unde doh nesint si nieht tri gota, suntir ein got. Alsô ist der vater hêrro, ist ter sun hêrro, ist ter heiligo geist hêrro. Unde doh nesint si tria hêrro, suntir ein hêrro. Uuanda alsô uuir jehen sculin iogelicha kenemmida sunderigo got uuesen unde hêrren, sô ne muozen uuir chueden tria gota odar dria hêrren nâh uuârheite unde nâh rehtera glouba. Der vater ne ist ketâner noh kescafener noh keborner. Der sun ist fone einnemo demo vater nals ketâner noh kescafener, suntir keborner. Der heiligo keist ist vone demo vater unde vone demo sune nals ketâner noh kescafener noh keborner, suntir chomener. Unde ist ein vater, nals tri vatera; ein sun, nals tri sune; ein heiliger keist, nals tri heiliga keista. Unde an dirro trinussida ne ist nehein daz forderôra, nehein daz hinderôra, nehein daz mêrôra, nehein daz minnera. Suntir alle die dri kenemmida sint ebenêuuig unde ebenmâzig. Sô daz in alle uuis, sô ouh fore gesaget ist, ze êrenne si diu drisgheit in einnigheite unde einigheit in drisheite. Der kehalten uuelle sin, der verneme iz sô vone dera trinussida.

Sô ist aver durft ze dero êuuigen sâlida, daz er ouh keloube mittriuuon dia mennisgheit unseres hêrren des keuuîhten haltâris. Daz ist rehtiu triuua daz uuir glouben unde jehen daz unser hêrro der keuuîhte haltâre gotes sun got unde mennisco ist. Er ist got ê uuerlte keborner fone des vater uuiste unde ist mennisco hie in uuerlte geborner fone dero muoter uuiste. Durnohte got, turnohte mennisko, vone redehaftero mannes sêlo unde mannes fleiske kesteenter. Dei zuei machont mennisken. Uuaz ist anderes mennisko, uuane redehaftiu sêla in demo fleiska? Dei sint an Christo: bediu ist er uuârer mennisko. Des fater gnôz nâh dera gotheite, sin ungnôz nâh dere mennisgheite. Unde doh er got si unde mennisko, sô nesint doh zuêne Christi, suntir ein Christus. Einer ist er, nals daz tiu gotheit sih uuehsiloti in dia mennisgheit, suntir daz diu gotheit an sih nam dia mennisgheit. Ungeuuehslote stênt peide geburte, gotes joh mannes, iro neuuederin ne uuart ze anderera. Einer ist er, nals fone miskelunga dero uuiste, suntir fone uuorteni cinero kenemmide. In zuein geburten ungeuuehseloten unde ungemisten ist ein kenemmida. Uuanda alsô redehaftiu sêla unde fleisg ein mennisco ist, sô ist got unde mennisco ein Christus. Der umbe unsera hêli nôt leit unde ze helle fuor unde vone tôten irstuont. Ze himile fuor er, dâ sizzet er ze dera zeseun sines fater des almahtigen

gotes. Dannan ist er chunftig ze irteilenne lebende unde tòta. Ze des chunfte sculin alle mennisken irstèn mit iro lichinamon. Allero mennisken sèla sculin danne iruuinden ze den lichinamon unde mit in chomen
110 ze dero urteila. Unde sculin dà reda geben allera iro ketâti. Unde die unola tâten die farent ze éuuigemo libe, die ubelo tâten die farent ze éuuigemo fiure. Diz ist diu gemeina glouba. suer dia vasto unde getriuuelicho nehât, der ne mac kehalten uuerden.

LXXX.
BRIEF RUODPERTS VON SANGALLEN.

P. dilecto suo salutem et profectum in doctrina. Verba quae ad me misisti, ut tibi exponam, in theodiscam linguam transtuli. sic enim sonare debent.

Quia virtus constellationis in ictu pungentis est. Uuánda des ke-
5 stírnis chráft fergàt únde virlóufit in sò lángero viriste, sò man einin stúpf ketuon mág.

Informis materia. Táz chit skáffelósa zimber.

Intemperies. Intrérteda.

Fides est sperandarum substantia rerum, argumentum non appa-
10 rentum. Tiu gelóuba ist ter hábit únde daz fant tero dingo quae sperantur: táz chid téro man gedíngit: únde geuuishéit téro nóh úróugón.

Quem deus diligit, hunc exaudit. Cui deus placabilis, huic exorabilis. Témo die héiligen hólt sint, tér mág hórsko gebétôn.

In humilitate iudicium eius sublatum est. Táz in nioman ze réhte
15 ne liez, táz uuárt ze léibe úmbe sina déumuoti.

In pasca annotino, id est pascale festum prioris anni, id est tér férnerigo óstertág.

Ypapanti, id est conventus omnium aetatum.

Nomen: námo. Pronomen: fúre dáz nomen. Verbum: uuórt.
20 Adverbium: zuoze démo verbo. Participium: téilnémunga. Coniunctio: gevúgeda. Praeposicio: fúresézeda. Interiectio: únderuuérf.

Nomini quot accidunt? uui mánegiu vólgent témo nomini? VI. Quae? qualitas: te uuilichi. quae? subauditur, úbiz eigen sì álde gemeine, ter substantiae álde dés accidentis. Comparatio: te uuidermé-
25 zunga. Cuius? tis comparativi álde dis superlativi zuo démo positivo. Genus: tíz chúnne. Cuius? sin álde

LXXXI.
BRUCHSTÜCK EINER LOGIK.

Duae speciei differentiae constituunt hominem.

Quid est diffinitio? Diffinitio est ita rem ostendere verbis, ut nec plus nec minus nec falso modo aliquid dicatur. vel est diffinitio determinatio rerum et explicatio. Mit tero uns geougit unirdit unde vrâgéntén gantwurtit wirdit, waz daz unde daz si. In hunc modum: Waz sint sàlida? êwige râwa. Item diffinire est rebus certos fines et terminos dare et quod confusum est discernere. Daz chit knôtmezôn unde gescidôn unde geundermarchôn. Explicare est inplicitam et involutam rem evolvere. Taz chit tia zesamine geuundenûn sacha vel reda intwindun unde verrechin. † Judixet? Diffinitio est rei constitutio et praesentatio. Taz heizit slehtiu dingsezzi unde selbis dinges kougida. Eligamus ergo ex his omnibus ut dicamus diffinitionem knôtmez.

Quid est hoc quod nec plus nec minus est? ipsa res quae diffinitur. In hunc modum: Homo est animal rationale, mortale, risus capax. Ter mennisco ist ein ding libhafte, redohafte, tôtig, lachennes machtig. chit aber 'animal rationale et mortale': taz ist imo gemâzze, mit tiu habist tû in genoman ûzer dén anderén lebéntên. Tiu zuei uurchant den menniskin, quasi diceres: anima et corpus; anima est rationale, corpus est mortale: tiu sint zimber, mit dien gât er umbe. In hunc modum: Quid est homo? Animal rationale, mortale. Quid est animal rationale, mortale? Homo. Chit ouch dara zuo risibile: taz nehabét er mit nehénemo gemeine: sôna maht tû inan baz gezeigôn. dâr ist al daz er ist; mit temo gât er umbe. Ad hunc modum: Quid est homo? Risibile. Quid est risibile? Homo.

Haec est quae maxime dicitur diffinitio. Item est alia diffinitio non substantialis sed accidentalis. In hunc modum: Animal est quod moveri propria voluntate potest. Taz ist libhafte daz sich ruerin mag. Namque motus et voluntas et possibilitas accidentia sunt animali et non substantia eius. Animal corporale est. Corporalia corporalibus proprie diffiniuntur, utique suis speciebus aut suis generibus quibus ipsa inclusa sunt. In hunc modum: Quid est Cicero? Homo. Quid est homo? Animal. Quid est animal? Corpus. Quid est corpus? Substantia. Item incorporalia.

LXXXII.
PHYSIOLOGUS.

DE LEONE.

1 Hier begin ih einna reda umbe diu tier, unaz siu gesliho bezehinen. Leo bezehinet unserin trohtin turih sine sterihchi, unde bediu uuiret er ofto an heligero gescrifte genamit. Tannan sagita Jàcob, to er namæta sinen sun Jûdam. Er choat 'Jûdas min sun ist uuelf des leuin.' Ter leo hebit
5 triu dinc annimo, ti dir unserin trotinin bezeichenint. Ein ist daz: so ser gât in demo uualde un er de jagere gestincit, so vertiligôt er daz spor mit sinemo zagele zediu daz sien ni ne vinden. So teta unser trotin, to er an der uuerilte mit menischôn uuas, ze diu daz ter fient nihet verstûnde daz er gotes sun uuâre. Tenne so der leo slâfet, so uuachent sinu ougen.
10 An diu daz siu offen sint, dàranna bezeichenit er abir unserin trotin, alser selbo quad an demo bûhche cantica canticorum. 'Ego dormio et cor meum vigilat.' Daz er rasta an demo menisgemo lihamin un er uuahchêta an der gotheite. So diu leuin birit, so ist daz leuinchelin tôt, so beuuard su iz unzin an den tritten tag. Tene so chumit ter fater unde blâset ez
15 ana, so uuirdet ez erchihit. So uuahta der alemahtigo fater sinen einborniu sun vone demo tôde an deme triten tage.

DE PANTHERA.

2 Ein tier heizzit pantera un ist miteuuàre un ist manegero bilido un ist vile scône un ist demo drachen fient. Tes sito ist so gelegin, so ez sat ist misselihes, so legit iz sih in sin hol unde slâfæt trie taga. Tene so stât ez ûf unde fure bringit ummezlihche lûtûn unde hebit so sûzzen stanc,
5 daz er uberuuindit alle bimentûn. Tene so diu tier verro unde nâho tie stimma gehôrrint, so samenônt siu sih unde volgen imo turih di sûzzi des stanhes, unde der dracho uuiret so vorhtal, daz er liget alsor tôt si under der erdo. Pantera diu bezeichenet uusirin trotin, ter al manchunne zû zimo geladita turih tie sûzi sinero genâdôn. Er uuas miteuuâre
10 also Esâias chat 'Gaude et laetare, Hierusalem, quia rex tuus venit tibi mansuetus.' Er uuas alsor manigero bilido uuâre turih sinen manicvalten uuistuom unde durih tiu uunder diu er uuorhta. Er uuas schôner den imen io uurde. After diu do er gesatôt uuard mit temo harme unde mit temo spotte unde mit villôn der Judôn un er gecrûcigôt uuard, to raster
15 in demo grabe trie taga, also dir tet panttera, un an demo triten tage

dorstûner von dien tótón, unde uuard daz sâr so offenlíhin gehórit uber
alle disa uuerilt, unde uberuuand den drachin, den mihchelin tievel.

DE UNICORNI.

3 So heizzit ein andir tier rinocerus; daz ist einhurno un ist vile lucil un
ist so gezal, daz imo niman gevolgen nemag, noh ez nemag ze neheinero
uuis gevanen uuerdin. Só sezzet min ein magitin dâr tes tiris vard ist.
So ez si gesihit, so lófet ez ziro. Ist siu denne uuârhafto magit, so spri-
5 ne tez in iro parm unde spilit mit iro: so chumit der jagere unde vâit ez.
Daz bezeichenet unserin trotin Christin. der dir lucil uuas durih di deu-
mûti der menischùn geburte. Daz eina horin daz bezeichenet einen got.
Also demo einhurnin niman gevolgen ne mag, sone mag ouh nehein man
vernemin daz gerûne unsiris trotinis, noh nemahta vone nehênigemo
10 menislichemo ougin geseuin uuerdin, êr er von der magede libe men-
nesgen lihhamin finc, dâr er únsih mite lósta.

DE HYDRO.

4 In demo nuázzere Nilo ist einero slahta nátera, diu heizzit idris un ist
fient demo kórcodrillo. denne * so benuillet sih diu idris in horuue
unde sprinet imo in den mùnt unde sliuffet in in. só bizzet siun innan,
unzin er stirbit, únde verit siu gesunt úz. Ter corcodrillus bezeichenet
5 tót unde hella. Tú idris bezêchenet únsirin tróhtin, der an sih nam den
menischen lihhamin, zediu dáz er unsirin tót feruuórfe úner hella rou-
boti under sigehaf heim cháme.

DE SIRENIS ET ONOCENTAURIS.

5 In demo mere sint uunderlíhu uuihtir, diu heizzent sirénę unde onocen-
tauri. Sirénę sint meremanniu unde sint uuíbe gelíh únzin ze demo ná-
bilin, dannan ûf vogele, unde múgin vile scóno sinen. Só si gesêhint
man ándemo mere varin, so sinen sio vilo scóno, únzin si des uúnnisamin
5 lides so gelustigot uuerdin, daz si insláfin. Só dáz mermanni daz gesihit,
so verd ez in únde brihit si. An diu bezeinet ez den fiánt, der des man-
nis muot spenit ze din uueriltlihen lusten.

Ter ónocentaurus, er ist hâlb man, halb esil, únde bezeichinet di-
dir zuiváltic sint in ir zûnon ún in iro hérzon, unde daz pilide des rehtis
10 habin, ún ez doh an ir uuerchin niht ervullint.

DE HYAENA.

6 Ein tier heizzit igéna un ist uuilon uuíb, uuilon mân, unde durih daz ist ez vile unreine: solihe uuárin di der êrist Crist petiton un after diu abgot beginen. Daz bezeichenet di der neuuedir noh ungeloubige noh rehtegeloubige nesint. Von diu chat Salomón 'Didir zuivaltic sint in iro
5 herziu, die sint ouh zuivaltic in iro uuerchin.'

DE ONAGRO.

7 Ein tier heizzit onager, daz ist ein tanesil, der nerbellot nih uuâr uber daz fûter eischoje, únde án demo zuenzigostimo táge merciu sorbellot er zuelf stúnt táges, zuelf stunt náhtes. dâr mag min ana uuizzen, daz denne nâht únde tác ebinlanc sint. Ter ónager bezeichenet ten fîent: der tac
5 undiu naht bezeichenet didir rêhto uuerchon sulin táges unde náhtes.

DE ELEPHANTE.

8 Só heizzit ein tier elevas, daz ist ein helfant, ter hebit mihela verstannussida án imo únde nehebit neheina libhamhaftiga geruna. Tenne soser ebint hábin uuile, só verit er mit sínemo uuîbe ze demo paradyse, dâr diu mandragora uuásset, dáz ist chindelina uúrz: so izzit der helfant tie
5 uúrz unde sin uuíb, unde so siu after diu gehien, so pháet siu. Tene so siu berin sol, gât siu in eina grûba vólla uuazzeres unde birit dâr durih den dráchen der iro váret. Ter helfant únde sin uuíb bezeichenent Ádám unde Evun, tidir dirnun uuárin, êr si daz obiz ázzin daz in got verbót, unde fremede uuáren vón allen unrehlihon gerunon. Únde sâr so siu
10 dáz ázzin, só uúrdin sio vertribin ándáz éllende tes kagænuuartigen libes. Tiu grûba vólliu uuazzeres bezeichenet dáz er chát 'Salvum me fac, deus.'

DE AUTULA.

9 Ein dier heizzet autula, daz ist so harto gezal, daz imo nihein jagere gináhen ne mag, unde hebet vile uuassiu hóren unde vile langiu, unde alle die zuoge, die imo nuiderstânt an sínemo loufte, die segot ez abo mit dero uuassi sinero horne. Den ez áber dúrstet, so gât ez zi einmo uuazzere,
5 heizzet Eufrátés, unde drinket: dábi stânt ouh lielline gerta. so beginnet ez dámite spilen unde beuuindet diu hóren so vásto, daz ez sih nieht erlósen nemag: So kúmet der uueidæmán unde slehet ez. Daz dier bizeihchenet den mán, der dir giuuárnót ist mit allén dúgeden, mit minne,

mit driuuón, mit allero reinnussedo, den dir diuval nieht bidrégen ne mag,
10 uuane uber sih selbo gihefte mit uuine unde mit huore unde mit allen
dien beuuollennussedon, die demo diuvele lihchént.

DE SERRA.

0 In demo mere ist einez, heizzet serra, daz hebet vile lànge dorne in imo.
Sosez diu schef gesihet, so rihtet ez ûf sine vedera unde sinen zagel,
unde uuil die segela ántderón. Denez só eine uuile geduot, so uuird ez
sà muode unde glóbet sih. Daz mere bezeihchenet dise uuerelt; du schef
5 bizeichenent die heiligen boten, die dir ubervóren unde uberuundan alliu
diu uuideruuárt, diu giuuél dirro uuerelde. diu serra bizeichenet den, der
dir ist unstádes muodes, der dir eine uuile schinet ánnen rehdén uuer-
chan únde áber an dien nieht ne vollestét.

DE VIPERA.

1 Ein sclahda naderón ist, heizzet vipera. fóne dero zelet phisiologus, so
siu suanger uuerdan sóule, daz er sinen mûnt duoge in den iro; so ver-
slindet siu daz sémen unde uuird so ger, daz siu imo ábe bizet sine gimáht
under sà tód liget. So danne diu jûngide giuuáhssent in iro uuanbe, so
5 durehbizzent sie si unde gànt so ûz. die naderûn sint gagenmâzzot dien
Judón, die sih ju beuuúllan mit unsúberen uuerchan unde dúrehâhton iro
fader Christum únde iro muoter die heiligun christanheid. Ouh gibûdet
uns gót in einemo évangelio, daz uuir also fruota sin same die selben ná-
terûn. Dria slahta naterón sint. ein slahta ist, so siu aldét, so suinet
10 iro daz gisûne; so vastád siu vérceg dágo unde vierceg náhtó, so lóset sih
alliu ire hût ábo, so suohchet siu einen lócheróhten stein unde sliuffet dàr
dureh unde streifet die hûd ábo unde junget sih so. Ein ander slahta ist,
so siu uuile drinkan, so ûzspiget siu zérest daz eiter. Den uúrm sculen
uuir biledon, so uuir uuellén drinkan daz geistliche uuázzer, daz uns gi-
15 scenket uuirt fone demo munde unserro éuuartón, so sculen uuir ûzspi-
uuen zallerérist alle die unsúberheit, dâ mite uuir beuuóllen sin. Diu
dritta slahta ist, so diu den man gesihet nákedan, so flûhet siu in; gesihet
siu in áber giuuátoten, so springet si annen in. Alsámo unser fater Adám,
unz er nakedér uuas in paradyso, do negimahta der diufal nieht uui-
20 der imo.

12 Sô heizzet einez lacerta unde ist also zórftel also diu sunna unde fliugat. so
daz altêt, so gebristet imo des gesûnes ân béden ougon, daz ez sâ die sun-
nûn gisehan ne mag. so gât ez ân eina eissci zeinero uuende, diu der
óstert bikêret ist, unde kiuset ein loh unde sihet dâ dúrch gegen dero sun-
5 nûn, unzin siniu ougan entlûhtet unerdant. Also duo dû, christônig man:
so dir bedunkelet uuerde dîn gesûne, sô suohche die ôsterlîchun stat
unde den sunnen des rehtes, dinen schephare, der dir ist ganemmet oriens,
daz er dîn herze intluihde durch sînen geist undedaz er dir

LXXXIII.

ÔTLOHS GEBET.

Trohtîn almahtiger, tû der pist einiger trôst unta êunigiu heila aller dero
di in dih gloubant jouh in dih gidingant, tû inluihta mîn herza daz ih dîna
guoti unta dîna gnâda megi anadenchin, unta mîna sunta jouh mîna ubila,
unta die megi sô chlagen vora dir alsô ih des bidurfi. Leski, trohtîn, allaz
5 daz in mir daz der leidiga viant inni mir zunta uppigas unta unrehtes odo
unsûbras, unta zunta mih zeden giriden des êuuigin lîbes, daz ih den
alsô megi minnan unta mih dara nâh hungiro unta dursti alsô ih des bi-
durfi. Dara nâh macha mih alsô frôn unta kreftigin in alle dînemo dio-
nosti, daz ih alla die arbeita megi lîdan, die ih in deser werolti sculi lîdan
10 durh dîna êra unta durh dînan namon jouh durh mîna durfti odo durh
iomannes durfti. Trohtîn, dû gib mir chraft jouh dû chunst dara zua.
Dara nâh gib mir soliha gloubi, solihan gidingan zi dînero guoti, alsô ih
des bidurfi, unta soliha minna, soliha vorhtun unta diemuot unta gihôrsama
jouh gidult soliha, sô ih dir alamahtigemo sculi irbieton jouh allen den
15 menniscon mitten ih wonan. Dara nâh bito ih daz dû mir gebest soliha
sûbricheit, minan gidanchan jouh mînemo lîhuamon, slâffentemo odo wa-
chentemo, daz ih wirdiglîhen unta amphanglîhen zi dînemo altari unta
zi allen dînemo dionosti megi gên. Dara nâh bito ih daz dû mir gilâzzast
aller dero tuginde teil âna die noh ih noh nieman dir lîchit: ze êrist durh
20 dîna heiliga burt unta durh dîna martra unta durh daz heiliga crûce, in
demo dû alle die werolt lôstost, unta durh dîna erstantununga unta durh

dîna ûffart jouh durh di gnâda unta trôst des heiligun geistes. Mit demo trôsti mih unta starchi mih wider alle vâra, unider alle spensti des leidigin viantes.

Dara nâh hilf mir durh die diga sanctę Mariun êuuiger magidi jouh durh die diga sancti Michaelis unta alles himilisken hêris unta durh die diga sancti Iohannis baptistę et sancti Petri, Pauli, Andreę, Iacobi, Iohannis et omnium apostolorum tuorum unta durh aller-dero chindlîne diga, die durh dih erslagon wurtun ab Herode. Dara nâh hilf mir durh die diga sancti Stephani, sancti Laurentii, Viti, Pancratii, Georgii, Mauricii, Dionisii, Gereonis, Kyliani, Bonifacii, Ianuarii, Ypoliti, Cyriaci, Syxti et omnium sociorum suorum. Dara nâh hilf mir durh die diga sancti Emmerammi, Sebastiani, Fabiani, Quirini, Vincentii, Castuli, Blasii, Albani, Antonini. Dara nâh hilf mir durh die diga sancti Silvestri, Martini, Remigii, Gregorii, Nicolai, Benedicti, Basilii, Patricii, Antonii, Hylarionis, Ambrosii, Augustini, Hieronimi, Wolfkangi, Zenonis, Symeonis, Bardi, Uodalrici, Leonis papę; et per preces sanctarum virginum: Petronellę, Cecilię, Scolasticę, Margaretę. Dara nâh hilf mir durh die diga omnium sanctorum tuorum, daz necheina mîna sunta noh heina vâra des leidigin viantes mih sô girran megin, daz mih dîna gnâda bigeba.

Dara nâh ruofi ih zi dînen gnâdun umbi unser munusturi daz zistôrit ist durh unsre sunta, daz ez rihtet werde durh dîna gnâda unta durh allero dînero heiligôno diga zû unsrun durftin unta zi allero durfti die hera dionunt odo hie gnâda suochunt. Hugi, trohtîn, unser allero durh dîna managslahtiga gnâda unta bidencha desi stat, sô daz dîn êra unta dîn lob hie megi wesen. Hugi ouh, trohtîn, aller dero samanunge die ionar sîn gisamanot in dinemo nemin, unta bidencha sie in omnibus necessitatibus suis. Dara nâh bito ih umba alla die, die sih in mîn gibet haban bivolohon mit bigihto odo mit flêgun, suer sô si sîn, suâ sô si sîn, daz tû si lâzzest gniozzen des gidingon den si zi dînen gnâdun habent jouh zi minemo gibeti. Gnâda in, trohtîn, unta gihugi daz tû unsih gibuti beton umbe ein andra. Dara nâh ruofo ih zi dînen gnâdun umbe alla unsre rihtâra, phaffon jouh leigun, daz tû sie soliha gimacchost, daz si sih selben megin grihten unte alla in untertâna jouh bivolahna. Dara nâh bito ih umbe alla mîne chunlinga, daz tû sie bedenchist nâh tînen gnâdun. Dara nâh bito ih umbe alla die dieder io cheinna gnâda mir gitâtin, odo cheina arbeita umbi mih io habitin vonna anaginna mînas lîbes unzi an desa uuîla, daz tû in lônast dâ si es bezzist bidurfîn. Ih bito ouh umba alla die dieder cheinnin wîsun vonna mir giwirsirit odo ungitrôstit wurtin, daz tû sie rihtest unta troistest mit dînero guoti. Dara nâh bito ih umba allaz daz ungrihti jouh umba allen den ûnfrido jouh

umba daz ungiwitiri daz tir ioner si, daz tû, tûder elliu dinc maht, nâh
dinen gnâdun bidenchest allaz. Dara nâh ruofo ih umbi alla unsri bruodra
virvarana hie bigrabana, jouh umba alla die dieder hie sint bigraban mit
rehtero glouba virvárna. Dara nâh bito ih umba alla die tôton, die hia
65 brúderscaft habant, jouh umba alla die, dero alamuosan wir io imphian-
gin. Dara nâh bito ih umba alla die, umbi die ioman muoz bitin dîna gnâda,
daz si muozzen gniozzen alla mines lebannes unta des daz ih bin hie su-
perstes hafter iro. Zi lezzist piviliho ih mih selben unta alla mîna arbeita,
allen minen fliz in dina gnâda umbi daz, dâ ih selbo nimegi odo nichunna
70 odo niuuella mih bidenchan durh mîna brôdi unta durh mîna unruocha
odo durh mina tumpheit, tû mih bidenchast alsô dû maht unta chanst
unta alsô dîn guita unta dîn uuîstuom ist. In manus tuas, domine, com-
mendo spiritum et corpus meum.

LXXXIV.
KLOSTERNEUBURGER GEBET.

Trohtin, tû mich arman giscûfe ze demo dînan bilidie unta irlôstast mit
temo dînemo heiligemo bluodie, tû irlôse mich arman von allen mînan
sunten: die ich ie giteta unta die ich tagilicha tûn unta vona den chunfti-
gan. trohtin, ich bittie dich, daz tû mir an demo giunstiemo taga helfast,
5 sô diu sêla sceida vona demo lichanamon, daz ich mit wârero gilouba unta
mit lûtero biicht unta mit durnahtigero minna dînas unta mines nâhisten
unta mit dero gimeidie dînas lichanamon unta dînas bluotas

LXXXV.
GEISTLICHE RATSCHLÄGE.

Ubi dû uradriz dolen uuellest vone dînemo nâhisten âna uuidervehtunga,
sô pilde Ábel.

Ube dû kehiter mit reinemo muote vore gote kên uuellest, sô pilde
Enoch.

Ube dû gotes uuillen fure dînen uuillen sezzen uuellest, sô pilide Nôê.
Ube dû kehôrsame uuellest sîn, sô pilide den hêrron Abrahâm.
Ube dû guota site uuellest haben, sô pilide **Ysaac**.
Ube dû ana dir keoboren uuellest die fleizslîchen kispensta, sô pilide Jôsêph.
Ube dû mammentiger unta kedultig uuellest sîn, sô pilide Môysen.
Ube dû rechâre sîn uuellest des gotes andon, sô pilide Finêen.
Ube dû in zuivilîchen dingen festen kedingen in gote haben uuellest, sô pilide Jôsûê.
Ube dû daz haz dînes fiandes in minna pechêren uuellest, sô pilide Samûêlem.
Ube dû dînemo fiande liben uuellest, sô dû imo scaden megest, sô pilide Dâvid.
Ube dû starcho arbeiten uuellest, sô pilide Jâcob.
Ube dû frilîchen gotes reht chôsen uuellest mit den fursten dere uuerlte, sô pilide Jôhannem baptistam.
Ube dû durch got dînen lîchinamen tôdlichen uuellest, sô pilide Pêtrum.
Ube dû durch got firmanen uuellest dia uuerltlîchen uuideruuartiga, sô pilide Paulum.
Ube dû inzundet uuellest uuerdun in dere gotis minna, sô volge Jôhanni êvangelistae.
Ube dû kedultig uuellest sîn in trûbesale, sô pilide Jôb.

Haec sunt dona spiritus sancti, die sus keteilit uuurten unter die patriarchas.
In Âdâm uuas der keist des uuistuomes.
In Nôê der keist dere firnunste.
In Abrahâm keist des râtes.
In Ysaac keist dere starchi.
In Jâcob keist dere keuuizele.
In Môyse keist dere gnâdigheite.
In Dâvid keist dere gotis forhtin.

Disa keba alla uuoneten in Christo Jêsu insament. Mit sînemo uuistuome scuof unta irlôsta er unsih unda screib unsera namen in den himelun.

LXXXVI.
PREDIGTEN.
A. ERSTE SAMMLUNG.

1 vone allen mennisken sô diu einen habeta. Manige uuituuun uuâren in
demo zîte Hêliae: dere nehein ne karneta imo ira disg rihten, uuane diu
eina diu kesta imfieng in den nôtin dere hunkerjâre. Sâligiu uuituuua,
dû vone gote in allen dingen sô pivolehen uuirdest; der dir ne gnâdit, der
5 uuirt vone gote irteilet, imo selbemo sus sprechentemo 'Die den uuituuun
ne rihtent noh uueisen ne gnâdent, die irteilo ih selbo.' Sâligiu uuituuua,
dû selbou got habest rihtâre unde piskirmâre, umbe uuaz scolt dû nû
decheinen man uueinon, sîd tû nû bezzera bist, danne dû ê uuârest? Ê
kedruotost tû in den mennisken, nû gedinges tû avar in got. Ê kedâhtas-
10 tû nâh mennisken, nû nâh gote. Ê lustosotost tû dih in dero uunneluste
des lîchinamen unde in den freisen des keuuâtes: nû pedenche fore allen
dingen die chûske unde die sûzze dere gotis êe. Ê uuâre dû dînes man-
nes diu, nû bistû Christis frîa. Uuio vile nû bezzera ist, daz tû sô sichiriu
bist, danne dû dînemo munde dienetist. Dû ligest nû baz in dînemo betta
15 eina unde stêst ûf rêniu, danne dû lâgest in demo huore unde in dere un-
reinigheiti des lîchinamen. Ê uuâre dû pidruchet unter demo suâren joche
dînes mannes: nû bistû ûf irrihtet vone demo sûzzen gotis joche. Nû
freuue dih, tohter, uuanda dû ê firchoufet uuâri, daz tû dînes mannes diu
uuârist; nû hâstû aver die friheit vone gote imfangen. Nû irhuge, tohter,
20 des chananêisken uuîbes, diu mit ira ungestillintlîchen digen die gotis
gnâda pinuarf, unde des uuîbes, diu mit ira zaheren gotis fuoze duuuoch
unde sie mit ira vahsen trucchenota unde ze sînen fuozen saz, daz si dâ
firnâmi, uuio si imîlîchen scolti sînere chunftigen âbulgi, unde des uuîbes
diu vone dere beruorida sînes keuuâtis keheiligit uuart. Nû pedenche iro
25 allera diemuot, ze uuelîchen gnâdon si siu prâht habet, unde uuistû in ke-
lih in dere kehôrsami, in diemuoti' . . . .

2 unde uuanda dû ê imfâhen scoltost trîcigvaltez uuuocher, daz tû avar nû
imphâhest sehscigvaltiz. Ein ieuuelih mennisco tuo anderemo daz er imo
selbemo uuelle. uuanda . . . . bewil-
let er sih avar mit sundon, imo firzîhen des er bitot, uuir ne intheizen
5 imo avar neheina sicherheit. Der uuola lebendo der dennoh kesunder ri-
uuesit . . . . sun-
da firgeben uuerden in demo jungesten sûnestaga. 'Nû intheizes tû uns
neheina sicherheit vone danne. Nû saga uns, uuaz ist ava, daz tû unsih
uuola heizest?' . . . . ur-

teila: vone disen allen scol sih der mennisco behuoten unde scol kesunter
riuueson. uuanda er ne nueiz, ube imo diu riuua odar diu pigiht kelâzen
uuerde in sînera hinaferti. . . . . *sun-*
da in unêra uuerlte só kelûtterot, daz daz lûttere fiur odar nieth odar
avar lúccil an uns vindet ze brennenne. Ube uuir gote nieth danchon
in demo trûbesali noh die sunda ne lósin mit guoten uuerchen, só birn
uuir . . . . *uuan-*
da enez fiur ist unsenftere denne deheiniz uurte in dirre uuerlte. Unde
sit uuir hie furhton ze einere uuile daz zekéntlicho fiur, uuanda ne furh-
ten uuir ouh danne daz êuuige fiur? Tie die hou*bethaften sunda* . . . -
da unde ube si sie avar getân haben, só riuueson si iomêr unde ne kestillen
niomêr mit guoten uuerchun ze lósenne die tagalichen sunda. Mit den
minneren sundan irlóset ma * . . . . *ma-*
nige mit sînen ubelen uuerchun keuuirserota, só buozi ouh offanbâri,
daz er si kebezzeri. Nú ne dunche iu ummathlih noh suâri, daz ih iu
nú râte daz uuir unsera sêla irstorbena in den sundan klagen samo só
den fremeden irstorbenon lichenamen. *U*be unser cheno odar unseriu
chint odar unser charal sterbent, só klagun uuir siu vile harto unde birn
lango in manigere furiburti. Nú bitto ih iuuuih daz uuir daz unserere sêla
irbieten, daz uuir demo fremeden lichinamen irbieten. Unde bedenchet,
uuio ubel daz ist daz uuir den tóten lichinamen chlagen den uuir nieth ir-
chucchen magen, unde dia irstorbenen sêla niet chlagon dia uuir irchui-
chen magon. Alle gotes holden sculin folstên in den guoten uuerchen,
sculin emicigo ana stên dere leczen unde demo kebete; sie ne sculin zim-
beron úfen die Christes cruntfeste neuueder noh die houbithaftigen sunda,
noh die minneren die in demo fiure firbrennet magen uuerden, alsó holz
unde heuue unde halma, suntir sie sculin dar úf zimberon guotiu uuerch
dei in demo fiure alsó stâtig sin, samo só golt unde silber unde goltsteina.
Mina liebistun brûdera, nû fernemet dei gotes kebot. Ir sculit zallerêriste
got minnon vone allemo iuuueremo herzen, vone allemo iuuueremo muote,
vone allera iuuuerera chrefte. Dara nâh iuuueren nâhisten samosó iuuuih
selben. Ir ne sculit manslahta tuon noh daz uberhuor noh die diuva.
fremedes tinges ne sculit ir keren. luckez urchunde ne sculit ir sagen.
alle mennisken sculit ir êren. iuuueren lichenamen sculit ir chestigen.
die fastun sculit ir minnan, nals die uuirtscaft. azet die hungerenten.
drenchet die durstenten. uuâtet den nachoton. uuiset des unchreftigen.
pevelehet den tóten. helfet demo nóthaften. tróstet den chlagenten. Mit
herzen unde mit munde pringet fure die keuuârheit. ne irkebet ubel mit
ubele. Nehein uradriz ne tuot niomanne unde ube iz avar iu ketân

uuerda, só virtraget iz kedultigliche. Minnot iuuuera fiande. ne fluochet den die iu fluochent, sunder segenot sie. Dolet

5ᵃ gibo ih d . . . .
neuueiz ube . . . . . .
si. Nu chuistu . . . .
ih uuilo iz got . . . . .
5 Umbe uuaz *manest*
du mih mit . . . .
uuorton.   uu*anda*
nelazestu mih *minemo*
urteilare. Ih *pivilihu*
10 dih demo demo ih
ouh mih selben *pi*-
viliho. Ze *irteilenne*.
Uuanda uu . . . .
iz dir fruma . . . . . .
15 daz ih dir sage . . . . .
máneta ih d . . . . . .
irbrutte d . . . .

5ᵇ   *daz* ungeuuissa
unde daz geuuissa peha-
best . . . . nda riuuesa-
. . . . . . tiger . zi diu so
du dare chomest ze dere
jungisten urteila . daz tu
ze helle kesendet ne uuer-
dest . . . . *suntir* daz tu
fone imo in daz ewi-
*ga ri*hh*a* keleitet uuer-
dest . . . .
. . . . . . er got fone
. . . . . so er ava denne
fone herzen riuuesot.
unde sinero sundono
*begihit unde che*dendo *pec-
cavi* . . . chot . so we-

6ᵃ   uuas . unde *ube*
er vone dere *heiligen*
xpinheite   *ketouffit*
uuas . unde *ube er io*
5 uuola nah *dere gotis ee*
lebet . unde *ouh sih*
gote kehul*det*, *suen-
ne* er *danne irstirbet*,
so feret er . . . *in go-*
10 *tes riche*. Der sih ava
gote kehul*den neuuel-
le* . noh sina *sunda*
riuueson u*nde dia fone*
herzen neuu*elle uneinon*
15 in demo *jungisten ge-
rihte* . so er *danne zi suo-
na* feret . so

6ᵇ   ze *dero* gotes *urteila*
imo . . . iht inthu*ldist*.
So *du* vone des *tiufe-
les keuu*alte uuellest
behnotet uuerden . so
riuueso kesunder . un-
de so dih der ende-
tago pefindet . so bis-
tu sicher vone dan-
ne. So *du* in demo zite
kesundotost . in demo
du riuueson mahtost
unde ube du in demo
scolt irsterban . so habent
dih . . . . a firlazen . nals
. . . . *unde* ne bistu sicher
. . . . . . 'Nu uuaz uueis-
tu umbe.

B. ZWEITE SAMMLUNG.

1.

Daz êvangelium zêlit uns, daz unser hêrro Jêsus Christus zuo den heiligen bôton imo iruueliti sibincig unta ziuuêni jungerun, der er ie ziuuêni unte ziuuêni fure sante mit sinera predige in iegeliche burch unte stat, dare er selbi chomen uuolti. Die ziuuêni jungerun, die er sante in dera brediga, die pizeichinent die ziuuei kibot dere minne, die niemir irfullet ni magen uuerden niuuâri iedoh zi minniste unter ziuuain. In imo selbemo ni mac si nieman irfullen, suntir er scol si irfullen an einemo anderemo. Der die minne uuider sinen nâhisten nieth ni hât, der scol niemir daz ambahte der bredigi kiuuinnan. Daz er die ziuuêni jungerun sô fure sante in alla die stete dare er selbi chomen uuolti, daz bizeichinet: suenne unseriu muot imo kilûteret uuerdent mit dera heiligen bredige unte mit demo brunnen dera zahire, dare nâh chumet er unte pisizzet siu mit sinemo hehte. Dô er siu dô hina sante, dô sprah er, daz der arin michel uuâre unte dero snitâre luzil uuâri. Nû sprichit sanctus Grêgorius 'pittit den almahtigen got, daz er senti die uuerhmanne in sinen aren. Diu uuerlt ist fol dero, die dir habent den phaflîchen namen: dâ ist aver unter vile unmanic uuerhman der sin ambahte sô irfulle, sô iz gote lîche oder imo selbemo nuzze si oder dero diheinigemo demo er iz spenten scol.' Daz kiscihet ofto, daz der predigâre irstummet, ettisuenne durh sin selbis unreth, daz er dei nieth uuurchen ni uuile dei er dâ brediget; ettisuenne sô kiscihet iz durh des liutis unreth, daz si is nieth uuert ni sint ze firnemenne. Daz ist unsemfte zi firstênni, vona uues sculden iz si, taret iz ettesuenne demo hirte? iz taret ave ientio demo quartire, uuante ni mac der bredigâre nieth sprechen, er chan iedoh daz reth uurchen, unte doh iz der liut uuelle wurchen, er ni chan, iz ni uuerde imo kichundit. Vone diu sô sprah unser hêrro zi sinen jungerin, dô er si zi dera brediga sante [Er sprah] 'Ih sento iuuuih alsô dei scâf unter die uuolfe.' Er gab in den kiuualt predigiunis unte hiez si haben die mitcuuâri des lampis, sô daz si ire crimme nieth ni uobten in die ire untertânen, sô sumelichere site ist, sô si kiuualt kiuuinnent, daz sie denno den tarent, den si frúme scolten.

2.

Daz êvangelium zelit uns, daz daz himilrîh kelîh si demo hûshêrro, der des morgenis fruo in sinan uuinkarten samenoti dei uuerhliuti. Uuer

uuirdit rehtere kikagenmâzzit demo hûshêrren, denne unser hêrro der
heilige Christ? der dir rihtet alla die er kiscuof, alsô der hûshêrro rihtet
die imo untertânen. Der huoshêrro ladote allen den tac die uuerhliute
in sinan uuinkarten: sumeliche fruo, sumeliche ze mittemo morgene, su-
meliche zi mittemo taga, sumeliche ze nôna, sumeliche ana demo âbanda
oder in suelihemo cite si imo zuo chômen. Alsô ne gistilte unser hêrro
der almahtige got vone anakenge dere uuerlti unzi ana den ente die pre-
digâre ei sentenna zi dera lêra sinere iruuelitôno. Der uuinkarte pizei-
chinet die gotis ê, in der dir kisezzet unde kerihtet uuerdent elliu reht,
alsô diu uuinreba kerihtet uuirdit in demo scuzzelinge. Dei uuerh dei
man dâr inna uuurchen scol, daz ist diu miteuuâre, diu chúske, diu kidult,
diu guote, diu enstîcheit unte andere tugendi desin keliche. Nû schen
mit unelîchemo flîzza uuir den gotis uuinkarten uoben. Ádâm uuart ke-
scaffen, daz er uuâri uoberi des paradysi: dô er dô firbrah daz gotis ke-
bot, dô uuart er dannen kistôzzen in daz ellentuom disere uuênicheite.
Alsô hiren uuir kisezzet, daz uuir sîn uobâre dere gotis ê: virruochelon
uuir die, sô uuerde uuir firstôzzen vone demo gotis riche alsô die Juden.
Suer di sunta uuurchet, der ziuueibet den gotis uuinkarte: der dir ava
uuurchet daz gotis reth, der uobet inan wole. Uuir ne sculen nieth uoben
die irdisgen acchera durh den uuerltlîchen rihtûom, suntûr durh den rih-
tuom des êuuigen lônis. Die finf uuîle, in den dir der huoshêrro ladote
die uuerhliuti in sinan uuinkarten, die pizeichinent die finf uuerlti, die dir
vore Christis kiburte uuâren. Áva die uuêrhliute pizeichinent die, die
dir der almahtige got in den vinf uuerlten ladite zi demo êuuigen libe.
Daz uuas in dere êristen Ádâm unde sîn kislahte, in dere anderen Nôê
unde sîn kislahte, in dere dritten Abrahâm unde sîn kislahte, in dere vierde
Môyses unde sîn kislahte. An demo ente dere vinften uuerlte, dô gâreti
sanctus Jôhannes baptista den uuech demo gotis sune durh die touffa
unde durh die rinuua. In dere sehsti uuerlti, in dere uuir nû piren, dô
chom selbo unser hêrro der filius dei unte pichêrte mit sinera êvangeli-
sgen prediga unte mit sinen zeichenin die heidinen, vona den dir iruuohs
diu heiliga christinheit diu dir stêt unzi an den enti dere uuerlte. Fore
sinere kiburte sô santi er die patriarchas unde die prophêtas. suie uuole
die kiunorhte nâh sinere hulde, sô ni phiegin si doh sâ nieth des lônis,
nuande si alla zi helli fuoren. Ava nû zi gunste siet sinere kiburti, dô
santi er die boton. suie die zi jungisti chômen, sô inphiegen si doh folliz
lôn, uuande in daz himelrih offen stuont, sô si allerêrist got volgetin, sô
iz auh noh uns allen tuot, suenne uuir unsih durhnahtlîchen bichêrin.
Die finf uuîla, die dâ fore pizeichinent die vinf uuerlti, die magen auh

uole kigagenmâzzit uuerdun zi demo menniskinen altere. Diu friu diu izeichinet die chindiska, der mittimorgen die jûgent, der mittetac die jugent, daz ist diu metilscaft des menniskinen alteris, in demo er aller tarchist ist, alsô diu sunna ze mittemo taga allerheizzist ist, sô si chumet n die metilscaft des himilis. Sô pizeichinet diu nôna daz altir, der âbant az bibint altir Der in dera chindiska nieth pidenchan ni uuella sina heila, er pidenche sia doh in dera jungende odar in dere tugende odar in demo ltere oder doh ana demo enti. In suelichemo dero altere er sih durnahtchen pichêrit, sô si kiuuis vone gote ze inphâhenne daz selbi lôn daz ouch er inphâhet der vone sinere chindiska in gote arbeitet unzi an sinen ente. ô ana demo âbande, dô sah der hûshêrro dei liuti dâ muozic stên : dô frâcti r si, umbe uuaz si allan tac dâ muozic stuounten. Dô antuurten si, daz si iemen rihti zi demo uuerchi. Dô hiez er si gên in sinan uuinkarten umbe lôn. uelihe stênt muozic? ni uuani die dir nieth durnahtlichen ni uuorchent lla die gotis ê. Die huorâre, die roubâre, die trinchâre, die manslecken, ie luginâre, die diube, die sint piheftit mit des tiufalis uuerhi: vone danne i uuerdunt si nieth kinennit muozzige, sunter tôde. Die dir ave flizichen uurchent die gotis ê unte elliu guotiu uuerh, die sint chomen in den uinkarten dere heiligen christinheite unte uurchent samit iri. Der hoshêrro gab in allen kilichiz lôn unte gab iz doh zêrist den die dir zi gunste chômen. Daz pinurmilotin die êristen, die allen den tac arbeiten, daz er in nieth zi êrist ni gab unte in auh nieth mêra ni gab. Daz uuirdet nuole firnomen vona den rehtin unte vona den guoten, die vore Christis kipurte allan iri lib arbeiten nâh demo himilriche unti si doh dara nieth ni chômen, ê der filius dei her in uuerlt chom unte in iz intlouh mit sinera martyre. Die phenninge pizeichinent daz himelrih, die dir alla uuâre einis uuerdis, alsô daz himelrih ist. den er daz gibet, die ni durfen nieth murmilon, uuande dâ niheinir ist hêreri noh smâhere demo anderemo. Manige sint dara kiladit durh die kiloube, unmanige choment ave dara, vone diu uuande si nieth ni uuorchent daz si kiloubent, alsô diu heilige scrift chuit 'Diu kiloube ist tôt âne dei uuerh.'

3.

Unser hêrro der almahtige got der sprichet in desmi êuuangelio 'suenne der acchirman sâit sinen sâmen, sô fellit sumelichiz pi demo uuege unde uuirdet firtretin oder iz ezzant die vogile. sumelichiz fellit ûf den stein unte irdorret sâ, uuande iz dere fuohte nieth ni habit. Sumelichiz fellit unter die dorne: daz pichumet ouh unte pidruchent iz die dorne, daz iz nieth ni mac fure bringen daz uuuocher. Sumelichez fellit ana die guoten

erda unte fure bringet cehinzicvaltigiz uuuocher.' Der accharman der pizeichinet unseren hèrrun den heiligen Christ, der dir tagilichen in dera heiligun christinheite durh die munda dere lêrâri sâit in dei herzi sînere
10 holden die keistlichan lêra. Diu misseliche dere guoten unte dere ibilen erde, diu pizeichinet dei misselichen muot dere menniscôno, den dir emzic kiprediget uuerdunt die gotis uuort. Der sâmi pizeichinet daz gotis uuort, der acchir

*

diu dornigi erda pizeichinet die, die dir minnent die uuerltlichen
15 scazze, vona den si kiirret uuerdent dero guoten uuerchun. Diu guote erda diu dir vone demo sâmen furi bringet cehinzicvaltigiz wuochir, diu pizeichinet die, die got furhtent unte minnent unte dâr âna voleuuonent, sô daz si alla uuila uuilliclichen uuurchent siniu uuerh. Daz êriste daz sint sâ die kihietin, die dir lebent chuoselihen, rehte unte einvaltlichen, unte andere
20 mit ire guoten siten lêrent unte leitent zi demo êuuigan libe: die pringent trizicvaltigiz uuuocher unte inphâhent auh drizicvaltigiz lôn. Daz andere daz sint die nuitiuun die sih mit gotis helfa inziehint dere uuerltlichen uuunne in der si fordis lebetin zartlichen: die pringent sehzicvaltigiz uuuochir unte inphâhint ouh sehzicvaltigiz lôn. Daz dritte sint die gotes
25 iruueliten magide die imo ire chûske pihaltent, pêdiu in demo lihnamen unte in demo muote, unte imo flizziclichen dienont alla uuila: die pringent cehinzicvaltigiz uuuocher unte inphâhent ouh cehinzicvaltigiz lôn. Diu erda diu fure bringet ire uuuocher durh die kidult. daz sculi uuir sô firstên daz unsera uuerh nieth guot ni sint, ube uuir si gote nieth zi lobe
30 ni pizellin unte ube uuir nieth kidultlichen nifirtragen die urdrizze unserin nâhisten. Uuir sculen daz pidenchin, daz der unin unte daz ole niemir liutter noh guot ni uuerdunt, ê dei peri kitretan unte kipressit uuerdunt, noh daz chorin niemir ni chumet in daz chorenhûs, ê iz kidroskin uuirdit: nieth mêra ni mac unser niheinir chomen in daz himelrîh, uuir ni uuer-
35 dan kilûteret durh die fillâte des uuerltlichen truobesalis.

4.

Daz êvangelium zelit uns, dô unser hèrro der filius dei fuor zi dere martyri, dô chom er zi dere burgi Hierichô. dâ saz ein plinte pi demo nuegê unte bat kinâdône. den intlûhte er zi dera anasihte dero sînere jungerône, zidiu daz er sie kivêstinote in dera heiligon kiloube. Hierichô uuirdet
5 kantfristet mânin: diu pizeichinet die zigengida unserere tôtliche. Sô pizeichinet ava der plinte daz mennisliche kislahte, daz dir plintiz firstoczzen uuart vone den mandungen des paradysi in dezzi ellentuom, in demo

iz uuas ununizzente unzi an daz, daz iz intlûhte der filius dei mit demo
kiuualte sinere gotheite, só daz iz dô uuider chunde kidenchin zi den
êuuigen

C. DRITTE SAMMLUNG.

siet si selbo si alle ster*chet*. Der got pétet mit rehttera kiloube, der stét
fore gote.   der ava den tiuval näh volget, der fellit vona
gote. Dô . . . . daz
dir sint pichorunga des tiuvalis unte ni sculen unsih nieth pinten
mit demo unzilóslichen kibenten des helliuuizzis . . . .
. . . .
kischen, só ni kitorsti er in an nieth pichoren. unte magen ava
in diu sina gotheite irchennin, daz imo die engili dienotin . . . .
. . . .
hât, die fientscefti. Pidenchin die michelin gotis kidult, der só
kiuualtic uuas, daz er sinun pichorâre firsenchin mahte in . . . .
. . . .
die râcha, sunter die kidult, der wir leidir luzil unter uns haben: uuanda
nuir uns daz zi guotliche haben uuellan, daz uuir sâ ein uuort nieth
firtragen ni uuellan, uuir ni rehan iz. unte dâ uuir die râcha nieth
kileistin magen, dâ drò uuir si ava.
     . . . . gienc, dò chom er zi ziuuain burigan.
die uuâren dero heidini, der hiez êniu Sydon, diu anderiu
Tyrus. ûzzer dera gienc imo ingagine ein uuib, diu uuas michelera
kiloube unte kidulte unte diemuote, só dizzi évangelium zelit. diu hieti ein
tiufalsuhtige tohtir: umbe die an ruofte si den . . . .
chomen. uuande si kiloupta daz er si heilen mahte mit sinen uuorten.
Dezzi uuib diu pezeichinet die heiligen christinheit diu dir kisamenot ist
vone den heidinen unte uuilliclichen mit gote volstét in dera heiligen ki-
loube. Daz selbi uuib gienc rehto vona dera burga Tyro diu dir kantfristet
uuirdet angist, uuante . . . . unte dero . . . . .
Diu ire tiufilsuhtiga tohter, dere si dâ pat dere heili vona gote, diu pezeichi-
net in dera heiligin christinheite ein ieuuelih suntâre, der dir firmanit dei
kipot sinis scephâris unte sih untertân hât *demo* diabolo unte

siu in de   3[b]   enno in
Do chom si o   staticlichen.
   in diem   des cha-
   dente. H   is. so irlo-

Do antun	unsih div
chot. I	e allen vn-
daz mi	ā.
nema. u	uile uuole
hunten	unser
demo b	manige
te er d	menigiv
lera. m	ta unter
dinet	scule uuir
lih kilo	ouben.
aua da	forsgen
dir in	ina. daz
in der	hiuti
te uor	us sagit
Mit de	erro ihc
dent p	uhtigin
dinen	ediv
den ab	t. Do
so spr	en tiv-
man	ib. do

LXXXVII.
BENEDICTBEURER GLAUBE UND BEICHTE I.

Ich gloube an den alemahtigen got, der der schephâre ist himeles unte der erde, luiftes unte waszeres, unte aller dero dingo die dâr inne bevangen sint. Ich gloube an den vater unte an den sun unte an den heiligen geist. Ich gloube daz die dri genemmede ein wârer got ist. Ich gloube daz der gotes sun, der der ie was ebenhêre unte ebenêwich sinem vater, daz der geboren wart in den jungesten ziten vone sancte Mariun der êwigen magede. Ich gloube daz er hieu werlte was, wârer got wârer mennescho âne sunto. Ich gloube daz er vangen wart, daz er an daz crûce erhangen wart, daz er dâr an arstarp. Ich gloube daz er zero hello fûr unde dar ûz lôsta die er imo erwelet habeta. Ich gloube daz er des triten tages ûf stûnt unte daz er sider hien werelte was vierzog taga unte vierzog nahta. Ich gloube daz er des fierzegosten tages ze himele fûri, daz er dâ sizzet ze sines vater zesuûn, ze sines vater hêrschefte. Ich glouben daz er noch chomen scol ze demo jungesten tage unte daz ich danne erstên scol an demo selben libe dâ ich hiute ane schîne. Ich gloube daz ich rede geben scol aller mîner wercho unte daz ich ertêlet scol werden al nâh minen werchen eintweder zemo êwigen libe oder zemo êwigen tôde. Ich gloube die gemeinde der heiligen christenheite. Ich gloube antlâz mîner sunteno, ube sie mich rehte geriuwent. Ich gloube den êwigen lîp.

Ich gihe demo alemahtigen gote unte miner frouun sancte Mariun unte minemo hêrren sancte Pêtro unte allen gotes heiligon unte dir, êwart, aller mîner sunteno die ich ie gefrumete. suie ich *sie* gefrumete: wizzente oder unwizzente, slâfente oder wachente, danches oder undanches oder swie sô ich sie gefrumete, sô irgib ich *mich* huito sculdigen aller dero sunteno, die mennesco gefrumen mag in gedanchon, in worten, in werchen. Ich gihe demo alemachtigen gote unte allen sinen heiligon, swaz sô ich ie ubeles getete, daz daz min scult was; ub ich ie ieht guotes getete, daz daz sin gnâda was. Ich gheizze demo alamachtigen gote min garuez herza, minen offenen willen, miner sunteno mih ze gloubenne unte alsô verro ze vermîdenne, sô much sin gnâda gesterchet unte min mennesheit mir verhenget. Ich bitte gewegedes unte gedinges mine frouun sancte Mariun, minen hêrren sancte Pêtrum unte alle gotes heiligon, daz sie mir des helfente sin, daz ich sô lango gevristet werde unze ich mine sunte rehte geruiwe unte rehto gebuozze. Ich bitte alle die mich huito hie gesehent ode gehôrent, sowieso min tac mich begrife unte min ente, daz sie mir des urchunde sin zemo jungesten tage, daz ich huito hie scine in wâren rûuon, in rechtero bechantnusse miner suntono.

LXXXVIII.

SANGALLER GLAUBE UND BEICHTE I.

Ich gio cote almactigin unde minro froun sancte Mariun unde sancte Pêtre unde allen cotes heiligon **unde** dir gotes poten allero minero sûndeno, thio ich io in uuerelte keteta alde gefrumeta fone demo tage sôsich êrist sundon mogta unzan annen tisin hiutigen dag, suuio ich sio getâte: sôsez in uuerchen uuâre, sôsez in uuorten uuâre aldez in gedanchin uuâre, sôse ich ez kerno tâte, sôse ich ez ungerno tâte, sôse ich ez slâfendo tâte, sôse

ich ez uuachendo tâte; sôse ich ez uuizendo tâte, sôse ich ez unuuizindo
tâte; ze souuelero uuis ich ez tâte. uuandez mich riut, sô pittich ablâzis
den alemactegon got, froun sancte Mariun unde sancte Petren unde alle
gotes engila unde alle gotes heiligen unde dich gotes poten an dén uuorten
daz ich ez furder firmiden mueze.

'In den uuorten sô tuen ich iu ablâz fone gote unde fone sancte Ma-
riun **unde fone sancte Pêtre** unde fone allen gotes heiligon, sô filo ich ke-
uualdes **háben anfangen, allero iuero sundeno.**'

Ich kelouben an got fater alemáctigen unde an den heiligen sun unde an
den heiligen geist, daz thie drî genenneda ein got ist, keuualtiger unde
almachtiger, unde er ze diu fone sancte Mariun geboren uuâred, daz er alle
menniscen erloiste; unde geloubo daz ich mittemo lîchamen, sôse ich nû
hier scînen, in enro uuerelde erstanden sol unde dâr réda ergében sol
allero mînero uuerecho; unde an déro kegichte sô pito ich ablâzes allero
mînero sundeno.

LXXXIX.
SANGALLER GLAUBE UND BEICHTE II.

Ô geloubegin liute, irder pruodere unte swestere in gote genennet pird,
fernemet daz wort mines trohtines: 'der ist sâlic der dir behûttet sîne
gewâte, daz er nieht naccet negange.' daz mîn trehtin sprichet fone der
bahaltenusse des gewâtes, fon danna der néccettâga sol bedekket werden,
daz scólet ier emizlîhe bedengin unte mite anadâhten ôren iures herzen
fernemen. è ir dur die heilicheit der toufi zeme heiligen geloube chômot,
fon den gewâten desse rêhtes unte der guoti wârend ir nakket, mît dén
gebúrtlichen sûnden, fon démo éríste menniskin irwâhssenen, irvállene

O fideles populi, qui fratres et sorores in Christo vocamini, audite verbum
domini. 'Beatus qui custodit
vestimenta sua, ne nudus ambulet.' Quod dominus dicit de
observatione vestimenti unde nuditas debet velari, diligenter debetis
adtendere et intenta cordis aure percipere.
Priusquam per sacramentum baptismatis ad fidem venissetis,
iusticiae innocentiaeque vestibus eratis nudi, originalibus tantum-
modo peccatis ex primo homine pullulantibus obruti.

únt gevâzzet. ávir in der toufi wurdind ier gewâtit mit wizzene gewâtin
scônern dém áller lûttirstin gólde. die selbe gewâte, rihsenter der súnton
in iureme tótlich*eme* libe, mit huore, mit úberhuoren, mit meinen eiden,
mit manslâhten, mit tiuven, mit rouben, mit lúgen únte mit ander mâne-
gen den gelichen hâbent ir si gemeiligit únte bewóllen, unte wéllet mit
sóler unreinikheite undirwésen dés himilisken chuniges prûtelouften, dér
hiute mit sinere gemâhelan, mitter heiligen cristinheit wârlichen unt âna
zwível keistlichen wirtskéftit. lieben pruedere, daz irfúrht ich **unt ist iu**
niuht min zerfuruhtinne. daz fóne solichen scúlden iur gebét hie nieht fer-
nomen wérde únt daz ir in **deme khúnftigen suenestága fon der genóskeft**
aller guoten unt allerrwellten gesuntirt unt ferteilet werdet. swér diz mit
wâren riwen sorget zébedénkénne unte wirdilichen unt wârlichen hinnan
fúre puezen wile, ter heffe úf sin hérce unt spreche nâh mir.

Ih fersáche dén tiufel unt elliu sinu werc unt alle sine gezierde fone
minemo libe, fone miner **séla: ihn wil imo gelóbe, imo scol niemen gelóbe.**
ih wil gelób in got vater almahtigen, an den skepher des himiles unt **der erde.**
unt gelób án sínen einpórnen sun. unt gelób an den heiligen **keist.**
unt gelób die tri kenennede einin wâren got, der dir ie wass ána anagenge
unt iemer ist án ente, unt gelób daz er geboren wart unt gefangen wart
unt gemarterot wart unt daz er irstarbe, daz er begraben wart unt daz er
zere helle fuor und dannan nam alle dier der wolt. unt gelób daz er ir-
stuont an demo trittin taga, unt gelób daz er an demo fierzechosten taga
after siner urstende ze himile fuore ze sines fater zesuun, wârer got unt
wârer mennisk, unt gelób daz er dannan chunftig ist an demo jungesten
taga ze irteilinne lebentin unt tótin. unt gelób ein cristinheit alliche unt
poteliche, ein tófe. unt gelób gemeinsamede der heiligon, ub ich si garne.

In baptismo autem albas vestes auroque purissimo pre-
ciosiores accepistis. Quas credo regnante peccato
in vestro mortali corpore fornicationibus adulteriis periuriis homicidiis
furtis rapinis mendaciis et aliis multis his similibus commaculastis,
et tamen cum
tali immundicia aeterni regis nuptiis interesse cupitis, qui hodie cum sponsa
sua scilicet sancta ecclesia vere et sine dubio spiritualiter epulatur.
Quod, fratres carissimi, valde pertimesco
vobisque nihilominus pertimescendum est, ne pro talibus culpis et hic pre-
ces vestrae non exaudiantur et in futuro ab electorum consortio separemini.
Quicumque
istud per veram poenitentiam perpendere curaverit et digne posthac emen-
pare voluerit, sursum levando corda dicat post me.

unt gelôb antlâz mîner sundon nâh lûtere piihti. unt gelôb daz ih irsterben scol unt daz ih irstên scol. unt gelôb after disme lib dene êwegen lib.

In demo gelôb sô pigi ih dem allemahtigen got unt disene heiligen unt dir, priester, aller miner sunton, der ih ie gedâhte oder gefrumete fone miner tôfi unz an disen hiutegen tag mit huor, mit huores gelusten, . daz **riwet** mi unt irgibi mi sculdigen demo almahtigen got unt disene heiligon unt allen gotes heiligon **unt tir priestere ze** wârere pikêrde unt ze williger **puezze. Amęn.**

Misereatur. habent ir diz getân mitter innikheit iures muotes unt welt ir daz irfollen mittin werken daz ir mittim mund gesprochen habent, sóst iu offene mines trehttines genâde uber allez taz des irn hie pitint piert nâh der sâlikheite iurs libes unt iur sêla.

XC.
WESSOBRUNNER GLAUBE UND BEICHTE I.

Ih intsago mih demo tiufeli unde allen sinen uuerchen unde allen sinen zierden [unde fergiho dir, trohtin got almahtiger, scalclichero gehórsami, nâh diu só dû mih geuuerdest geuuisen durh dîna almahtigun gnâda. ih glouba fasto an got almahtigen. nû hilf ava, dû vile guâdiger hêrro, allen minen ungelouben].

Ih gloube an einen got vater almahtigen der dir skephâri ist himelis unde erda unde allero geskephidi. ih glouba an sinen einpornen sun unseren **hêrren** Christum unde glouba an den heiligen keist unde glouba daz die drîa genennida ein uuâriu gotheit ist, diu dir io uuas âne anagengi unde iomêr ist âne ente.

Ih glouba daz der gotes sun inphangen uuart fone demo heiligen keisti unde geboren uuart fone sancta Mariun, magit uuesentero, uuârer got unde uuârer mennisco. Ih glouba daz der heiligi Christ an dirre **uuerlte lebete** alsô ein ander mennisco, az tranc slief hungerota dursta douti uueinota suizta unde er arbeitennes muodoti unde er nio negesundoti. Ih glouba daz er getoufet uuart an demo drizigistemo jâre in Jordâne fone sancto Jôhanno unde er sâ ze êrist fiercig taga unde naht fastota unde er bechoret uuart fone demo tiufelo. Ih glouba diu unzalahaften sinin zeichun unde die chrefte sinero uundere joh lêra, alsô die fier éuuangeliste cellent, die er náh demo sin selbes toufa in drin jâren unde zuein min ahcig tagen hie in erda geuuorhta. Ih gloube daz er fone Jûde sinemo jugeren verráten uuart, vona den Juden gefangen uuart, gebunten uuart, pespiren uuart, gehalsslagot uuart, gevillet uuart, an daz chrûci genegelet uuart unde irstarb [an sinero mennischeite, nieht an dero gotheite]. Ih glouba daz diu sin heiligista séla dó fone demo lîchnamen ze helli nider fuor mit dero sinero gotelichen chrefti, daz er danna irlósta alla sina iruueliten. Ih glouba daz er alsó tóter in sine situn geuundot uuart unde dannan sament ûz flôz pluot unde uuazer. ih glouba daz sin lichinamo aba demo chrûci genomen uuart unde begraben uuart, unde an demo driten taga diu sin heiligiste séla ze demo lichinamen uuidere chom, unde er dó irstuont fone demo tôde mit sin selbes chrefte, unde er sinen jungeren irskein, uuiben joh mannun, unde er in geoucta, in manigi uuis beuuárta die uuárheit sinero urstendidi. [ih gloube fasto daz er az unde tranc sament sinen jugeron alsó ein ander mennisco.] Ih glouba daz er fone sinero urstende an demo fiercigosten taga ce himeli fuor, sinen jungeren ana sehenten, unde er dó saz ze dero ceseuun sines vater. ih glouba daz er uns noh chumftic ist an demo jungisten taga certeilenne lebende unde tôde, ubele unde guote, rehter urteilári náh iro geuurhten.

Ih glouba eina christenheit heiliga potelichi unde allicha, unde glouba gemeinsama allero gotes heiligoni, unde giho eina toufa in den antláz allero slahta sundona, unde glouba die uuárun urstendi mennisgines chunnes in demo jungesten taga, unde gloube danne die rehten gotes urteili. ih gloube daz danne aller menisclih fure sih selben gote reda geben scol, só uuio er gelebet unde geuurchet habet, uuola odar ubelo, unde daz imo dara náh gelónot uuerde. [hèrro got almahtiger, ih glouba an durnohtigi bechèrda unde ana rehta riuuua unde an begiht allero sundono unde meintâtun vollen geuuissen joh uuâren dinen antláz.] ih glouba, ube mennisclih náh uuárere sinero bigiht die sunta niemèr negeaverit noh er andere meintâti furder negeuuurchet, ube er rehto riuuuonte unde státliche buozente ....., só imo fone gote denne geboten uuirdet, unde er só lebendo disan gagenuuerten lib ferentet, daz imo dehein sin ubeltát an demo jungisten taga dà geuuizzen neuuirdet. alsó glouba ih daz allen mennisgen, an den die houbethaften sunda joh die meintâtlichen âchuste folgerichesont unde foluuonant, * unbechèrta joh unuuárlicho riuuuonta disan lib ferentet, daz die fone dero rehtere gotis urteili danni ferfluochoti farent mit demo tiufalo unde mit allen den unreinen keisten in daz éuuigi fiur dero hella. ih geloube daz alle rehte gloubigi unde rehte lebende mennisgen unde alle die durnohtlicho vone unrehte ze rehte sih pechérent unde die iro sunda rehte riuuonte disan gagenuurtigen lib folferendent, daz die gesegenoti alle ze demo êuuigen libe varent. ih gloube alla die unârheit dero heiligen êvangeligun. allez daz dir hôrit ze rehtere glouba daz gloubo ih fasto nâh den gotes gnâdun, unde al daz uuidere ist dere rehten gelouba daz lougeno ih noh daz negloube ih. [sus gelouba ih, trohtin got almahtiger: nû hilf ava, dû filo gnâdiger hêrro, allen minen ungelouben.]

CONFESSIO.

Nû ne hân ih filo sundiger mennisco leidir mir neheine uuis rehte christenliche in guotemo lebenna die heiligen glouba sô geuueret noh pehalten, sô ih scolta, unde hân al mit den uuerchen leidir mir ferlougenot sues ih fergehen habe mit den uuorten dero gloube. uuanda ih fasto gelouba ana uuâra pigiheda unde uuanda ih getrûa in uuâre riuuua nâh dînen gnâdon den uuâren antlâz: nû fliuho ih abtrunnigiu dero heiligen glouba unde allero rehtero uuerche ze demo filo milten barmi dero dînero almahtigen irbarmidi unde bito fone herzen, daz dû, gnâdona vater, unde dû, got alles trôstes, mir sundegistera unde mir meintâtigistero uber alla meintâtigen nû geuuerdest gelâzen, durh die dîna almahtigen gnâda, stâtige bechêrda, uuâra bigiht unde allero minero sundoni durnohtigi riuua. uuando dû, filo gnâdic got, geuuisso gnâdic pist, uuando dû allen den fergibest iro sculda, sô uuelihe rehto riuuont unde die dir antlâzont iro scolâren unde ube si ouh gerihte unde suona bietant, sô si ferrest mugin, uuider die ouh si sculdic sint: fone diu ferlâzi ih vone herzen in daz selbe gedinge, nâh diu sô dû, got almahtiger, mir ferrist gelâzest, allen minen scolâren unde uuilo gerno minna unde holtscaft geuuinnen, ube ih mac unde scol, umba alla die ih si leider feruuorht hân. fone diu bigiho ih nû dir, got almahtiger, unde dir, allero gnâdone vater, nâh allen minen chunstin, nâh diu sô dû nû irmanen geuuerdest mîna gehugeda, dir unde allen dînen trûten allero minero sundeno. Ih hân leidir mir ferbrochen joh fersûmet elliu diniu gebot joh dîna ê in sunthaften uuillen, in gelusten gigiridon geuuizzidon gevolgeden gefrumedon, in râten gedanchon uuorten unde in uuerchen.

Ih pin leidir sculdic in allero ubermuoti, in allero uberhôhi, in allen âchusten, in demo flîze uuerltlichero uuercho, in adeles geluste, in tuerdunga, in fersmâhidi, in fermezzenheite, in unhulde, in êrgiridi, in geboten, in uberhôrdi, in uberuuânidi, in geuualtes gegiridi, in urlouben, in uberhêresenne, in unruocha, in frabaldi, [in unruocha,] in ungenôzsami, in hôhferti, in ungehôrsami, in uuidirstritigi, in unriuua, in hartmuotigi, in ungerihti, in undienisthafti, in unmezzecheiti, in allemo ubelemo uuillen, in uberspràchi, in ubergefazidi, in ubergebàridi, an demo fravelen uberfangi allero gotes ê. Ih ne êroti noh negeuuirdota mina forderon, mina maistere, miniu hêrtuom, heithaftiu liuta, noh ne uuas in getriu; noh nehein gotes hûs, den gotes lîchinamen, sîn heilic pluot, die toufa, den keistlichen chresimon, gotes dienst, die heiligen lêra, daz hêra heilictuom, neheina gotes uuiha, fastataga, fîrtaga, andera hêra dultaga, nehein heilic dinc noh christenlih noh gotelîh tinc nehân ih sô geêret sô ih mit rehta scolta. Ih pin sundic in allen offenen sundon, in allero gotes fersmâhidi, in manigero uuirserunga mines ebenchristenen unde in allero undiemuoti.

Ih hân gesundot in uppigero guotlichi, in ruomesali, in unrehtere anadâhti, in lôsero uberzierda, in uuâttiurda, in gemeitheite, in gelichesungi, in allero betrogene, in allero lôsheite, in uppigero êhaltige, in sunterlîchero ê, in lobes giridi, in einstrîtigi, in firuuizgerna, in niugerni, in zuîfilheite, in ungeuuonêheite, in zoubere, in gougelodi, ana heilslihtunga, in getrugedi, an demo feruuâzenen merresali des gotes rehtes, in allemo tiufelheiti, in allero gotes ferlougenunga unde in allero ungeloube, in tumpuuilliga, in unrehtere milti, an allemo uberflîze, in lobes slihtunga, in strîtlêra, in uberarbeitunga, in allero uppicheiti.

Ih hân gesundot in nide, in abunsta, in hazze, in gevârdi, in elnunge, in allero ubelero flîzzicheite, in allero bitterheite, in fermeldunga, in meinrâte, in pisprâcha, in murmulode, in missenuendigi, in arcuuendigi, in incihti, in bechorunga, in allero untriuua, in unchusti, in firmâridi, in firruogidi, in ferleitidi, in bisuiche, in leitsamunge, in fîantskefte, in allero slahte gemuogide unde in tarahafti, in allero uuidiruuartigi mines nâhesten unde in allen ubeltâten.

Ih pin sculdic in sunthaftero unfreuuida, in sêrmuotigi, in inblandini, in uuêsereie, in uuoftin, in unrehtere angista, in trûricheite, in chlaga unde in alles leides unmezze unde in missetrôste.

Ih hân gesundet in trâcheite, in sûmicheiti, in semftigerne, in irricheite, in unfernunstige, in ungeuuizzidi, in tumpheite, in allemo unrâta, in slâfegemo muota, in abtrunnige, in muozicheite, in uppigemo gechôse, in allero bôsheite, in unêrhafti, in unzitegi, in ferslâfeni, in semftemo legere, in ungeuuarheiti, in âgezzeli, in allero undurnohtigi, in ununterskidunga, an demo unflîze allero guottâti, in allero unfrumicheiti, unda daz ih mina fillola ungelêret habe die heiligen glouba.

Ih hân gesuntit in zorne, in âbulge, in tobemo muote, in frafili, in unsinnicheiti, in unredelichi, in lastere, in gebâge, in hônchôse, in gâhunga, in strîtes machunga, in rafsunga, in uuiges gesturma, in fluochen, in gefêhida, in lâgonne, in drouunga, in râcha, in allero ungedulte, in allero

ungezumfti, in bestumbelenne, in zepliuuuenne, in manslahte, mit getäte
joh mit uuillen, in manigemo mortode, in firgifte, in grimicheite, in tier-
lichero sarphi, in râzzi, in meinan eiden, in gibrahte, in allemo ungezâmi,
in allere ungestuomidi, in ungemeinsami unde in allero florenheiti.

140　　Ih pin sculdic in scazgiridi, in rihtuomes frechi, in abgotes genobeda,
in heidenskefte, in meinstâla, in diufen, in unrehtemo helenne, in nôt-
numfti, in scâhtuoma, **in branta**, in rouba, in urgeuuinna, in uberehôse,
in archeite, in ferzâdelenne, in betelenne, in scantlichemo geuuinne, in
unrehtero uuelunga, in giricheite, in sunthaftero mieta, in sunthaftero
145　sorgen, in sunthaften uunsgen, in unbeduungenheite, in frâgunga, in un-
triuun, in bescrenchidi, in ferdamnunga, in unmezzigero forhtun, in uber-
teilda, in irlogenemo urchunde, in urdanchon, in manicfalten lugen, in
unrehtero suntfalga, in muotferdenchidi, in allero unuuârheite minero
antheize, minero rehton einunga, in dero binumfte daz ih gelônot ne
150　habe den ih sculdic bin unde in serphemo antfange, in ungastlichi, in
unirbarmidi, in unuuolauuilligi, in unrehtemo trise, in unrâuua, in unreh-
tero uuacha, an dero firsûmidi allero christenlichero êhaldigi unde ge-
nuonoheit, mines zehenten unde anderes gotes geltes unde opferes, gastuo-
mes, almuosines, gebetes, rehtero uuacha, fire, gotes dienestis, alles gotes

*

XCI.
BAMBERGER GLAUBE UND BEICHTE.

VERA FIDES.

Ich firsago demo tiuvale, allen sinen werchan und allen sinen gicieridon.
Unde virgiho dir, trohtin got alemahtige, skalclicher gihôrsami, nâh diu so
du mih giwerdest wisen durh die dîna alemahtigan gnâda. Ich gloube
vaste, trohtin got alemahtige: nu hilf aber, du vile gnâdiger hérre, al min
5　ungloube.

Ich gloube in der allichun cristinlichun gloube, daz der alemahtige
vater unde der sin éinborne sun unde der von in zvein vramvarente heili-
goste geist ein wârer lebente trohtin got ist. An der héiligun trinemmide
gloub ich und éren unde giho vasto eina gótelichun ébenselbéwigun ein-
10　selbwesenti, und an der éinun gotelichun ebenselbéwigun éinselbwesendi
glóub ich und éren unde giho vasto mit ungiscéidener ebenselbgliche
die vile heiligun trinemmede. Ich gloube die heiligun tribinemmede

an demo ungisceidenen einwesente an einandera unvirwehsellichi unde uncisaminegemisciliche. Ich glóubo eina gotheit, ebengliche guotlichi, ebenêwige maginkraft, eina vurst wesende nâtûra, ungesceidena werchunga, ein almahtige, eina ebenêwigheit des vater unde des sunes unde des héiligosten geistes. Den einan wâren trohtin got alemahtigen glóub ich vor allen werltzitan dohie wesenten unde glóubo in an êwa iemêr âne einde wesenden. Den got gloub ich unerrahlichen, unmezmichilen, ebenselbgaginwartigen, unendigen, olanglichen allen in aller stéteglich, ân aller stete bivanginheit ebenselbwesentan. Den got einan alemahtigen gloub ich scepffâre himilis und erde und alles des der ist âne sin selbes.

Ich glóubo daz der gotes sun, durch den dir al gitân ist, svaz giscaffines ist, unde der dohie ebenêwicliche vone sinemo heiligin vater giborn was, unde der vone imo einen wâren gote dohie wâre gót was, unde der vone imo einen wâren liehte daz ebenwesente wâre licht was, daz er vone himile héra nider an erda quam unde vone demo tougenen werche des heiligosten geistis vone dero kiuskistun magide sancta Maria an sih ginam, wâre unsunthafta, alla mennislicha nâtûra. Unde glóubo daz diu sin gotelicha nâtûra geinsamot wart der menisclichun in der magidlichun wâmba, und daz die zvô nâtûre an imo sint an einandera unzisáminevirmisceta. So gloub ich daz des gótes sunes svânger wart diu sin kiuskista muoter magid êwiga sancta Maria, und daz er ân aller sverodono wê von iro menniscliche giborn wart, iro ie wesente einer unvirwartun êwigun magide, bêdiu sament durnohte got unde durnohte mennisco. Unde gloubo daz er an den zvein nâtûris ist einer an der binemmide, diu dir ist einer Christus. Ich gloubo daz der haltente Christus an dirre werlte lebeta als ein ander mennisco, âz tránc slief hungerota dursta douita weinota suizta unde arbeitennes muodeta und er nihie nigisundota. Ich gloubo daz er gitoufit wart, do er drizzig jâr alt was, in Jordâne vone sancto Jóhanne, und er sâ cistunt in demo éinôde gevasteta únezzente samint vierzig taga unde nahta, und er da bichorot wart vone demo unreinesten geiste, unde daz er imo do erwelita zveilf jungeren unde andera maniga, die er vor imo santa den liut toufente unde bredionte in aller stetegilich, dar er selbo chomente was. Ich gloubo diu unzalehaftin siniu zeichen unde wunderkrefte joh léra, also die vier évangeliste cellent, die er nâh demo sin selbis toufe in drin jârin unde in zvéin min ahzig tagen hier in erde giworhta. Ich glóubo daz er vone Jûda sinemo júngeren virrâten wart, vone den Judon givangen wart, gibunden wart, gispûen wart, gihalslagot wart, bivillit wârt, an des crûcis galgan ginegelit wart und ér an dére mârtire irstarb. Ich glóubo daz diu sin héiligosta sêla do vone demo lichaman zi héllo nider vuor mit der siner

gótelichun krefte, daz er dânnan lósti alle sîne irwélitan. Ich glóubo daz
ér also tôter in sîna sittun giwúndot wárt unde sament da ûz flóz bluot
unde wázzer. Ich glóubo daz sîn líchamo abe demo crûce ginómen wárt.
55 und er bigraben wart unde an demo drittin tâge diu sîn heiligosta séla ci
demo lichamen widere quam und ér dó erstuont vone demo tóde mit sîn
selbes krefte, und ér sînen jungerôn, wîben unde mánnan, irscein, und er
in gougta und en manega wîs biwârta die wârheit sîner úrsteindide. Ich
gloubo daz er vone demo tâge sîner úrstendide án démo vierzigosten tâge
60 ci hímile vuor, sînen júngeron ana sehenten, und er do saz zi der zesvûn
sînes váter gótes alemahtigan unde daz er richisot in der guotlichi der
sîner vaterlichun éwigun ebenmáginkrefte. Ich gloubo daz er nóh dannan
chúmftig ist in demo júngisten tâge cirteilenne lebente unde tôta, úbela
unde guota, réht úrteildâre náh iro giwúrhtan.
65 Ich gloubo heiliga *die* einun allichún bótelichún christinheit unde ge-
meinsami aller gótis heiligon, unde giho eina toufî in den ántlâz aller slâhte
súndon. Ich gloubo die allichún wârûn úrstendide méinniscinis chúnnis
in démo júngisten tâge, unde gloubo dénne daz réhtista gótes urteila. Ich
gloubo daz dénne aller ménnisglich vúre sich selban góte réda gében sól,
70 svie ser gilébet hábe, wóla alder úbelo, unde daz ímo dár náh gilónot
werde. Hérro got alemáhtige, ich gloubo an dúrnohter bichérida und án
stâter rehter riuwa und an der wârun bigihta aller slâhte sundon joh méin-
tâton vóllen giwissen joh wâren dînen antlâz, náh demo giheizzinan vé-
stîn gidinge, der unsih gihalten toige der alemahtigun gnáde. Ich glóubo, ube
75 menniglich náh wârer sîner bigihta die sunda noh die meintât vurder ni-
gaverit noh ér ándera meintât vúrder ni giwúrchit, ub er rehto riuonte
unde stâtlicho buozzente . . . . ., sos imo vone góte denne gibóten wirt,
und er so lebente disan gáginwártigan líb vóllevirendôt, daz imo dihein
sîn úbeltât an demo júngisten tâge da giwizzen niwîrt. Alsâmo glóubich,
80 daz alle menniscin, an den die meintâtlichun sunda joh die houbethaftin
áchuste vollegirichisônt unde vollewónent, unde sie an iro flórinisse
úmbichérto joh únwârlicho riuonte disan líb vollevirendônt, daz die vone
rehtemo gótes úrteilde denne virvluohte varent mit demo tiuvele joh mit
allen dén unreinen géisten in daz éwiga viur der hélle. Ich glóubo, daz
85 alle rehtglóubige unde rehte lebente ménniscen unde alle die der durnoht-
liche vón únrehte ci réhte sich bichérent unde die dir réhto riuonte disan
gâginwartigen líb vollevirendônt, daz die giseginôto aber denne ci demo
éwigen himilrîche varent. Ich gloubo alle die wârheit des heiligan éwan-
geljen unde áller dér heiligun scrifte, und allez daz der hôrit ci réhter
90 gloubo, dáz glóub ich vasto náh dén gótes gnádon, unde al daz wider ist

der rehtun glóubo, daz lougin ich noh daz nigóub ich. Sús glóub ich, trohtin gót alemahtige: aber hilf, tu vile gnàdic hèrro, al min unglóuba.

PURA CONFESSIO.

Nune háb ich víle súndige mennisge leidir mir niheina wis rehto christinlicho in guotemo lebenne die heiligûn glouba so giwéret noh bihálten, unde hábe al mit den werchan leidir mir virlouginet svés sich virjehen hábo mit der glóube wörten. Nu wande ih váste glóubo an wârer bigihta unde wand ich gitrûen in wârer riuwa nâh dîner gnâdon miltide wâren dînan autlâz: nu fliuh ich âbtrúnne der heiligun glóubo unde áller rehter wérchunge ei demo vile miltin barme der dîner álemahtigûn irbármide unde bitte vone hérzan, daz du, gnâdóne vater, unde du, gót álles tróstis mir sundigóstemo unde meintâtigistimo uber alle meintâten nu giwerdest gilâzen dúrch die dîna âlemâhtigun erbármida unde gnâda státe bichérida, wâra bigihta unde aller miner sundón dúrnóhte riuwa; unde wande dú, vile gnâdie, guisse gnâdig bíst unde wande du allen dên gantlâzost in allen iro scúldan, svelehe rehte riuwiga gnâdig sint unde gantlâzzont iro sculdión unde ube sie óuch girihte unde suona bietant, so siez vérrost gimúgin, wider die óuch sie sculdig sint: Vone diu bilâzz ich vone hérzan in dáz selba gidínge, nâh diu só dú, gót álemahtige, mir verróst gilâst, állen minen scúldigón unde wile gérno minna unde hóltscaft giwinnen, ube ich ez, hêrro, gimác unde scól, umbe álle wider die ih sie leidir mir virwórht habe. unde vone diu bigih ich nu dir, got alemahtige, unde dir, aller gnâdone vater, nâh allen minen chúnsten, nâh diu só dú werdost ermanon min gihúgide, dir und állen dînen trûtan aller miner sculdone. Ich hábe leidir virbróchen joh firsûmit alliu dîniu gibót joh dîna êwa in sunthafton willón gilústen gigiridón giwizzidón givolgidón givrumidón, in râten gidánchen wörten joh wérchan.

Ich bin leidir scúldig in allem ubermuote, in allem míchilhôhi, in allem áchúste, in máginkrefte vréchi, in adeles gilúste, in twerdunga, in virsmâhide, in virmezzenheite, in unhuldic, in hérgiride, in gibóten, in uberwânide, in giwaltes giride, in urlobin, an uberhèrsonne, in únruoche, in vrabalde, in ungnózsami, in hôhvertigie, in ungihórsami, an widerstritigi, in unriwa, in hartinuotigi, in ungirihte, in undienisthafti, in unmezzigheite, in allemo uberwillen, in uberspráchi, in ubergivazzide, in ubergibáride, an demo fravelen ubervánge aller gotis êwa. Ich néreta noh ni giwirta mina vórderen, mina meistra, miniu hèrtuom, heithafta liute, noh niwas in gitriwa; noh nihein gótes hûs, dén gótis lichamen, sin heilig bluot, die heiligun toufi, den geistlichan chrisamen, gotes dienast, die hei-

ligun léra, daz héra heiligtuom, niheina gótes wihida, vastitâga, virretaga,
andere hére dúltaga, nihein heilic díng noh christinlich noh gótelich háb-
ich só géret sos ich mit réhte scólta. Ich bin sculdig in allen offensun-
dón, in aller gotis virmânide, in mâniger wirserungo mines ebenchristâ-
nin und in áller undeumuoti.

Ich habe gisúndót in úppiger guotlichi, in ruome, in únrehter ána-
dâhti, in lóser ubercieride, in wâttiuride, in gimeitheite, an glichesunge, in
aller bitrógini, in aller lósheite, in uppiger éhaldige, in sunderéwa, in lobis
giride, in einstritigi, in vuriwizgerni, in niugerni, in zuivalheite, in ungiwo-
niheite, in zoubere, in gouggile, in héilsite, in gitrúgide, an demo virwâz-
zinen merselie des gótis réhtis, in allemo tiuvalheite, an aller gótis virlou-
ginide und an áller unglóubo, iu tûmwillige, in únrehter milti, an allem
ubervlizze, in lóbis slihtelunga, in stritléra, in uberarbeite unde in állem
úppigheite.

Ich hábe gisúndót in nide, in úrbúnste, in házze, in giváride, in elli-
nunge, in áller bittirgheite, in úbilwilligheite, an virméldungo, in meinráte,
in bisprâchide, in murmelóde, in missiwêndigi, in árgwânide, in incihtigi,
an bichorunge, in áller úntriuwa, in únchúste, in virmáride, in virruogide,
in virleitide, in bissvichide, in leitsamungo, in viantscéften, in áller sláhte
gimuogide unde tarehafti, in áller widerwârti mines nâhisten und in állen
úbeltâten.

Ich bin scúldig in sunthafter únfroude, in sérmuotigi, an virtriuwida,
in sárphsitigi, in únstâtigi, in weihmuotigi, in blándini, in wéscreie, in
wúoftin, in únrehter angiste, in trûrigheite, in chlagasére und in álles lei-
des unmezze unde missetróste.

Ich habe gisúndót in trágheite, in súmigheite, in sénftigérni, in irrig-
heite, in únvirnúnstigi, in ungiwizzide, in túmpheite, in allem únráte, in
sláffigemo muote, in ábtrunnide, in muozzigheite, in úppichóse, in allem
bósheite, in unérhafti, in uncítigi, in virsláffini, in senftimo légere, in un-
giwáriheite, in ágezzile, in aller úndurnóhti, in unundirsceidunge, an demo
únvlizze aller guottâte und in aller únfrumigheite und daz ich mino fillole
ungiléret habe die heiligun glouba.

Ich habe gisúndót in zórne, in ábulgide, in tobimuote, in fravili, in
ursinnigheite, in unrédilichi, in lástere, in gibâge, in hónchóse, in gáhúnga,
in únwizzin, in unére, in ráfsunga, in strítes máchunga, in wigis gistúrme,
in vluochin, in givéhide, in lâgonne, in drówenne, in rácha, in allem ún-
gidúlte, in allemo ungizúmfte, an bistúmbilónne, in bliuwâtun, in mán-
slahte gitáte joh willen, in mánigem mortóde, in virgifte, in grimmigheite,
in tierlicher sárphi, in rázzi, in meineide, in áller durhâhtungo, in ungifri-

desami, in sceltungo, in gibrâhte, in allem ungezâme, in ûnstuomsami, in allem unmamminte, an ungimeinsami und in aller flôrinheite.

Ich bin scúldig in scazgírida, in ríhtuomes vréchi, in âbgótgóbide, in héidinscéfte, in meinstâla, in dûbinon, in únrehtemo hélenne, in nôtnâma, in scâhtuome, in brande, in roube, in állemo hármilsame, in wuochere, in ubirchoufe, in árgheite, an virzâdilinne, in bételônne, in scántlichemo giwinne, in únrehter wâla, in girigheite, in sunthaften mictôn, in sunthaften sòrgon, in sunthaften wûscen, in bitwúnginheite, in pfrâginûngo, in ungitriuheite, in biscrénchido, in úberwortile, in virdámnungo, in úberteilide, an erlógenemo urchûnde, an úrdanchin, in mánigválten lúgînôn, in únrehter súntvalga, in muotvirdeinchede, in aller únwârheite miner ántheizze, miner réhteinunge, in der binúmfte daz ich gilònot ni hâbe den ich scúldig bin, in allemo unrehte, in sarpfim antphange, in úngástlichi, in únerbârmide, in unwólawilligi, in únrehtemo trise, in únrâwa, in úberárbeite, in únrehten wâchôn, in ungimeinsami, an der virsúmide aller **christinlicher** ehaldigheite unde giwoniheite, mines cehenten, anderes gótis geltes und ópferes, gastuomis, elemuosines, gibétes, rehter wâche, vírre, gotis dienestes, áller gótis banne und áller woletâte unde minnon undes rehtes joh der helfe der ich scúldig bin allen minen ébenchristânen.

Ich bin scúldig in gítigi úberézzines, úbirtrínchinnis, in úngivágide, in únginuhte, in unsúbrigheite, in unmezzigheite und an úberwónide áller wúnnelúste und áller der wólon des gilústigan joh des gírigan líchamen, in wirtsceften, in vehelicher satiheite, in scántlicher spiungo der gírigûn ubervulli, in aller slahte geilisungo unde wolelîbe und in werltwúnne und in áller slahte unrehter vroude, **in huohe, in spotte,** in állen úngibáriden, in únzúhte, in virchrónide, in lúgiságilon, in lúgispéllen, in huorlieden, in állen scántsángen, in hônreden mánigen, in uppispîlen, in wúnnespîlen, in tumpchôsen, in jagides lússami, in áller wérltminne unde min sélbes, in gotis házze und an siner widerhóri, in allen minen sínnen, an mínemo gisúne, an miner gihóride, in minemo stánche, in minemo smácche, in mi**ner** bruoride, an der únbiháltini heiliger vastun unde kiuscer mézhafti unde bin dâ mite scúldig áller wérltlichi.

Ich habe gisúndôt in áller slahte huore: an huorgilusten joh in huoris gigiridon, an áller gétilôsi, an áller úngehébede, an áller únscamida, en érlôsi, an huoris gispénsten, in huormáchungo, in huoris gimeinide, in huoris giwizzide, in huoris únreinide mit mir sélbemo, mit mánnen joh mit wîben, in véhelichemo huore, in sippimo huore, in mánigemo meinhuore, in allen huorminnon joh in huorgibáridon, an demo mórtôde des únsuángirtuomis und án demo meinflore joh an dero gírride miner gi-

bûrte, in misseboran mánigen, an dere biwóllinheite mânôtlicher súhte, an
únreinen úntroumen und an der gírrida réhtis gihîleiches und in áller ún-
reiní und in únkiusci, mit diu ménnisco in huorlichen meinen in dîheina
wis síh sélben biwéllen mác.

210   Ích nihabo bihálten nóh réhto giwéret in góte noh an minemo ná-
hesten die réhtun minna nóh réhta vriuntscaft nóh réht gidînge, rehte
glónba, gotes fôrhta, sína gihôrsami, deumuoti, úndirtâni, rehte gidúlt, sú-
birgheit, ciusgi, wârheit, lob, gnâdigi, ébenbarmide, réhte báldsprâchi, vést-
muoti, mézhafti, triwa, únstigi, wólawilligheit, miltide, dero áchustône
215 ház, dere túgidône minna, mámminti, réhtgerni, danebâride, vúreburtsami,
des líbes mézfuora, die wéritvirmánida, ungirida, suonefrido, den gótis án-
dan, rehta gibârida, réhta zúht, rehta riwa, rehta buozza, reht weinon,
rehta bigihta unde bíchêrida miner únzalehafton súndôn, rehta ánadâht,
rehta einvalti, géistlicha mándunga, réhta fruotheit, guot giwizza, des réh-
220 tes huota, wistuom, sinnigheit, guote chûnst, órdenhafti, den sculdigen
húge áller gotis êwa, réht anizide, réht vórebílde, réhte léra, réht under-
sceidunga, rehten rât, lángmuoti, reht gisprâchide, reht gisvigide, reht
flizzigi, guotlistigi, einmuotigi, réht girîhte, reht úrteilide, rehtes úrbot,
réhten trôst, rehta durnohti. Ich nihabo réhte biháltin daz ambat nóh den
225 líh dar ich zuo ginámit bín noh réht éra nóh rein herza, gihéllesami, ún-
târehafti, réht giwinnigi, réht hában, réht téilan, daz rehta dienest, reht
meistirtuom, reht úrlob, réhten ántláz, réhte site, réhta sórgsami, heilíga
bruoderscaft, mín reht gisézzide noh mín guot bimeinida, niheina réht
wérchúnga nóh nihéin tuginhaft léban nóh nihéin gótis gibót nóh sín éra
230 nóh nihein christinlich guottât, sos ich mit réhte scólta.

    Nu nimág ich noh nichán mit hérzan noh mit múnde míh só giruogen
noh so uberteilan nóh dír, tróhtin gót álemahtigie, so virjéhan, so vérro
sos ich scúldig bin: wande miner súndôn unde miner meindâtône, der ist
dísiu werlt vól, die sint leidir úber méz, uber alla dúsent zala, úber mén-
235 niscen gidanc, uber engiliscan sín. Dir einemo, hérro, sint si chúnt, du
eino máht sie virgében: du weist állez cino svaz an menniscen ist.

    Nu ruof ih, vile gnâdige got, mit állemo hérzan zi dir, daz dú durch dína
guoti unde durh die dige der frouwun sanctae Maríun und áller diner trúte
mir gistúngide gilázzist, daz ich inniglicho biweinon joh biwuoffín joh bi-
240 súfton múge unde mitten reinen trâhinen nu gitoufan múge die únreinesten
mina giwizzide von állen minen súndon unde von áller der biwóllinheite
der séla joh des lichamen, unde gilâ mir, du vile gnâdige got, dáz ich
rehte riuonte vóne dir enphâhe giwíssen unde vóllen den dínen tiuren

àntlâz unde den vurder stâten willen des únsundónnis unde die tiurun
stâtmuoti iemérréhtwérchis unde álles guoten lebennes. Ámen.

XCII.
SANGALLER GLAUBE UND BEICHTE III.

Ich widirsage deme tiefle unde allin sinin werchin unde allir sinir gezierde,
unde geloube an ainin got vatir almehtigin, der dir schephâre ist himils unde
der erde. Ich geloube an sinin aininborn sun, unsir hérrin Jésum Christum. Ich geloube an den heiligin geist. Ich geloube die drie namin
5 ain gewârin got unde incheinin andirn. Ich geloube daz der gotis sun
gecundot wart von deme heiligin engile zunsir frouwin sanctae Mariae der
éwigin magide, unde si in gebar, unde er getoufit wart unde er gefangin
wart unde an daz crûce irhenkit wart unde er dar an irstarb, an der mannisheit, niut an der gotheit, unde ir begrabin wart unde er von der helle
10 loiste alle die sinin willin hâton gietân unde daz er an deme dritin tage
irstuont, waire got unde waire mennische, unde er an deme vierzgosteme
tage zi himil voir; dannan geloubi ich in chunftich zirteilin ubir leibindin
unde ubir tótin. Ich geloube aine cristinheit allich unde gotliche. **Ich
geloube aine gemainsami der heiligon.** Ich geloube nâch disme libe den
15 éwigin lib. Ich geloube daz ich irsterbin sol unde abir irstân sol, unde
mir gelónot werdin sol nâch minin werchin. den lón vurht ich sére,
wand ich gesundot hân mit **wortin, mit gedanchin, mit** werchin. daz
ruiwit mich unde irgib mich schuldich unsirme hérrin unde sinin heiligin
unde iu, briestir, unde bite libe unde sêle vrist samint, unz ich mine sunde
20 gebôze. **Ich** virgibe allen die mir ied gitâten, daz mir got alle mine
schulde virgebe.

XCIII.
ALEMANNISCHER GLAUBE UND BEICHTE.

Ich widersaig diem tiuvel unt allen sinen werchen unt allen sinen gezierdin. Ich geloub an ain got vater almachtigen, ain schepfer himeles unt
erde unt aller geschepfde. Ich geloub an sinen ainbornun sun unsurn hérren
Jésum Christum. Ich geloub an den hailigun gaist. Ich geloub daz die

drîe benemde ain gwaire got ist, der ie was ân angenge unt immaran ist ân
ende. Ich geloub daz der selbe gotis sun gecundot wart von dem haili-
gen engil sant Gabrihêl. Ich geloub daz er emphangen wart von dem
hailigen gaist unt er geborn wart von sant Mariun der rainun maigede.
Ich geloub daz er an dirre werlte was als ain ander mensche, wan daz er
nien gesundot. Ich geloub daz er an dem drîzgosten jâr getôfet wart in
dem Jordân von sanct Jôhans. Ich geloub daz er ferrâtun wart von sînem
junger Jûdas. Ich geloub daz er gefangun wart von den Juden unt ge-
bundun wart unt sin gespotet wart unt angespûwun wart. Ich geloub
daz er gemartiret wart unt an daz crûze erhangen wart unt dar an er-
starb, an der menschait unt niut an der gothait. Ich geloub daz er ab
dem crûze genomen wart unt zer erde begraben wart unt dar inne lag
drî tag unt drî nacht. Ich geloub daz er an dem driten tag erstuond ge-
wâre got unt gewâre mensche. Ich geloub daz er entschain nâch sîner
urstendi sînen jungern unt sînen guoten friundin. Ich geloub daz er an
dem vierzgosten tag nâch sîner urstendi ze himelo fuer ze der angesicht
sîner junger unt aller mangelich die sîn uuirdig uuâren. Ich geloub daz
er dâ sizit zû der zesuin sines vater, im ebungewaltig unt ebunêwig. Ich
geloub in dannân kiumftig an dem jungesten tag ertailen uiber lebend unt
uiber tôt nâch ir werchen. Ich gelôb an die kristanhait gotlich unt al-
lich. Ich gelôb gemânsami der hailigen. Ich gelôb ablâz miner siunte
nâch gewârer rûwe. Ich gelôb urstendi mines libes. Ich gelôb nâch
disem lib den êwigen lib. Ich gelôb daz mir gelônet sol werden nâch
minen werchen: den lôn den fiurht ich sêr, wan ich diche gesundot hân
mit gedanchen etc.

XCIV.

BENEDICTBEURER GLAUBE UND BEICHTE II.

*

Mit disimo glôben, sô gi ich dem almahtigen gote unde minere vrouun
sante Mariun, minemo hêrren s. Michêle unde allen gotes engelen, minemo
hêrren s. Jôhanne unde allen gotes wissagen, minemo hêrren s. Pêtre
unde allen gotes boton, minemo hêrren s. Gêorjen unde allen gotes mar-
tyrern, minemo hêrren s. Martin [minemo hêrren s. Benedicte] unde al-
len gotis bihteren, minere vrouun s. Margarêten unde allen gotis mageden,
unde disin heiligon unde allen gotes heiligon aller dere sunton die ich

ic gefrumeto vone anegenge mines libis unz an dise wile, swie getáneme zite ich die sunte ic kefrumete, danchs oder undanchs, scláfente oder wachente, kenótet oder ungenótet. Ic gie dem almehtigen gote, daz ih gesuntet hán mit mir selbemo unde mit anderen mennisken, mit zorno, mit nide, mit vientseefte, mit urbunne, mit hazze, mit untriwen, mit meinen eiden, mit lucmo urchunde, mit bispráche, mit hinterchóse, mit fluochen, mit ubermuote: daz riuet mih. Ih gie demo almahtigen gote daz ih mínen vater unde mine muoter unde min hértuon unde ander min ebencristene nie só holt ne wart noch só triube nie wart noh só negeminnet so ih von rehte solt: daz riuet mih. Ih gie demo almahtigen goto daz ih den héligen sunnuntach noh ander banfiertage nieht só getuldet noh só géret ne hán só ih scolt unde mochte: daz riuet mich. Ih gie demo almahtigen got, daz ih die héligen dietvaste unde ander banvaste nie sóne gevastóte noh sóne behilt só ih solt unde mochte: daz riuet mich. Ih gie demo almahtigen goto daz ih mines gebetes nie só gepflegete só ih solte unde daz ih min almuosen nie só gegab só ih solte, unde daz ih witewen unde waisen nie só getróste só ih solte, die in charcháre wárin unde mit siech- tuome bevangen wáren, daz ich dere nie só gewisoto só ih solte, unde daz ih die ellenden nien geherbergote noh den náhchenten nie gewáte só ih vone rehte solte: daz riuet mich. Ih gie demo almahtigote daz ih den zehenten mines libes und anders mines guotes nie só gegab só ih solt: daz riuet mic. Ih gie demo almahtingote daz ich gesuntet hán mit huore, mit huores willen, mit uberhuore, mit unzitlicheme huore, mit sippeme huore: daz riuet mih. Ih gie demo almahtingen goto daz ih gesuntet hán mit roube unde mit diuven: daz riuet mih. Ih gie demo almahtigegote, daz ih mine bihte nie só emeige getet só ih solte: svenne ihs ouc tet, só tet *ih se* unruoclih unde lugeliche, son tet ih se só durnahtlichen nieht só ih solte; unde daz ih den héligen gotes lichenamen nie só dicche genam só ih solte; svenne ih nen ouch nam, son biehielt ih in só nicht mit ter reinichheite unde mit ter chúske mines gemuotes unde mines libes só ih solte; daz riuet mih. Der sculde unde aller der sculde der *ih* ie getet sider anegenge mines libes unze an dise wíle, der ih gedenke jouc der *ih* niene gedenke, irgibi mih in dine gewalt, truhtin hérre, mih ze gebuozene nách dinen gennáden, nicht nách minen sculden.

XCV.
WESSOBRUNNER GLAUBE UND BEICHTE II.

Ih gloube an ain got vater almahtigin, der der scheffär ist himiles unte
der erde. Ich gloube an sinen ainborn sun unsern herren Jêsum Christum.
Ich gloube daz er emphangin wart vone deme heiligin gaiste. Ich gloube
daz er geborn wart vone miner frowen sancte Mariun der êuuigin magede,
5 wârre got, wârre mennesche. Ich gloube daz er in dirre werlte was als
ain anderre mennesche, âne sunde aine. Ich gloube daz er gevangin wart,
daz er gemartirot wart, daz er anz crûce genagilt wart unte dar an restarb,
nâch der mennischait, niut nâch der gotehait. Ich gloube daz er pegraben
wart. Ich gloube daz er ze helle fuor unte dannan lôste alli die sinen
10 willen getân **heten**. Ich gloube daz er rstuont an dem dritten tage.
Ich gloube daz er zi himile fuor an dem viercigistim tage nach siner urstende
unte dâ sizzit ze der zeswun sinis êwigin vater ime ebinêwiger, ime ebin-
gewaltiger. Ich gloube daz er dannan kumftich ist ze tailn al manchunde,
ieglichen nâch sinen werken. Ich gloube an den hailigin gaist. Ich
15 geloube daz die drî benennede, svaters unte sunes unte des heiligin gaistes,
ain wârre got ist. Ich gloube ain christinhaith heiligi allichi potilichi.
Ich gloube die gemainde aller gotes heiligin, ubi isse garne. Ich gloube
den antlâz aller miner sunden nâch wârre riwe. Ich gloube die urstende
minis flaischis. Ich gloube den êwigin lib. Amen.

20   Dizze ist der heilige gloube, der ain bischirmidi in sin schol widerm
tiuvili unde widere allin sinen anivehttum. Nû kit diu heiligi schrift, der
gloube der sî tôt ân diu werch die zem heiligin glouben gestênt. Swa'r
diu werch nû begangen habet diu den heiligin glouben ann iu rtôt haben,
der vergehet dem almahtingot unte rgebit iuch schuldigi in sine gnâde,
25 daz nâch wârre riwe unte nâch wârem antlâzze sôgitâner werche diu werch
ann iu ûf stênte werden, diu den heiligin glouben ann iu lebente machen.

Al nâch der gloube, sô ich fregehen hân, sô widersag ich dem tiuvile unte
allin sin zierden unde allin sin werchen, unte bigihi dem almahtigin got,
miner frown sancte Mariun, mime hêrren sancte Michêl unte allin gotes
30 engilin, mime hêrren **sancte Jôhannes** unte allin **gotes** wissagin, mime
hêrren sancte Pêtre unte allen gotis poten, mime hêrren **sancte** Stephân
unte allen gotes martyrârn, mime hêrren sancte Martin unte allin gotes
pihtârn, miner frown sancte Margarêten unte allin gotes mageden, ...
unte allin gotes heiligin, den virgihi ich aller der sunden die ich ie getet

an danchen, an worten, an werchen sider des tages daz ich alrêrst gesunden mahte unze an disin huitigin tach. Ich pin schuldik worden an spotte, an lahtter, an nid, an hazze, an ubirâzzini, an ubirtrunchini, an lieginni, an swern, an mainaiden, an hôhferti, an unrehtimi trûren, an unrehtir froude, an girschait, an unchûschi libes unde muotis. Die heiligin dietfastun unte andir vastun die mir gesezzit sint, die nbhielt ich nie, sô ich von rehte solt. Die sunnuntage unte andire die tulttage die ich bhaltin solti, die ngêrt ich nie mit ter virre, mit ten kirchgangin, mit tem offere, mit tem almuosin, sô ich von reht solt: daz riut **mich**. **Min** sunte die nklagit ich nie mit ter innikait, mit ter riwe, sô ich von rehte solt. Ouch die buozze die ich pstuont umbi mini sunte, die nglaist ich nie, sô ich von rehte solt: daz klag ich. Des ubilis des ich nû geruort hân unte alles des ubilis daz got hie zi mir waiz, des rgibi mich schuldigin in sine gnâde unte in die gnâde allir siner heiligin unte in iwer gnâde, unte bitt uch daz ir mir antlâzzes wunsket vone gote, vone siner muoter, vone allin sinen heiligin.

Misereatur. Indulgentiam.

XCVI.
BENEDICTBEURER GLAUBE UND BEICHTE III.

PROFESSIO FIDEI.

Ich gloube an got vater **almah**tigin, der dir schephâr ist himilis unde der erde unde aller der geschephidi, unde **gloube an sin einbornen sun**, unsern hêrrin heilant, unde gloube an den heiligin geist, *unde gloube* daz die dri guendi ein wârir got ist, der dir ie was ân angenge unde iemer ist ân ende. unde gloube daz der selbe gotis sun enphangin wart von dem heiligim geiste, geborn wart von minir frouwen sancte Marien der êwigen meidi. unde gloube daz er gevangin wart, daz er gemartrot wart, daz er gecrûcigit wart, daz er dar an erstarb, an der mennischeit, niht an der gotheit. ich gloube daz er begrabin wart, daz er nidir fuor zuo der helle, an dem dritin tage erstuont vonme tôdi, wârri got mennisliki, unde daz er ze himel fuor: dâ sizit er ze der zeswin sines vater des almahtigin gotis: dannin ist er kunftich zerteilen die lebintigin unde die tôtin. ich gloube an den heiligin geist, die heilige christinheit alliki gotilichi, unde gloube die gemeine allir gotis heiligin, ob ich si garne, unde gloube antlâz minir sunte nâch wârri riwe unde nâch durnahtichlicher bechêrde, unde gloube urstente mines libes, unde gloube nâch disem libe den ëwigen lip. Âmen.

POST FIDEI ADNUNCIATIONEM.

Mit disem glouben schult ir leben, dâ mit sult ir sterben. swer der ist, ez si wib oder man, der ze sinen jârn chumt, chan er des heiligen glouben niht unde wil in durh sine lihtegerne niht lernen, wirt der alsô funden, der ist verlorn, alsô diu heilige scripht sprichet 'qui non credit, iam iudicatus est· swer niht gloubet, der ist jû **verteilet.**' an disiu wort denchet, wie vorhtlich dei sin. der sich versûmit habe ennenher durch sine trâcheit, daz er sin niut glernet habe, der lerne in, unde ein ieglich wirt in sinem hûse lêre in siniu chint unde sîne undertân. ir ûf stêt, ir iu nider leget, **sô sult ir den** heiligen glouben sprechen unde sult iuch dâ mit vesten unde besigeln: sône mag iu der tievel dehein schade sin weder an der sêle noch an dem libe. swie ir denne vunden werdet: ir iuch ervallet, ir iuch ertreinchet, swie getânes tôdes ir sterbet, sô gnest ir an der sêle, **alsô der heilige** Paulus sprichet 'iustus si morte praeoccupatus fuerit, in **refrigerio erit**': er **geheizzet uns, ob der rehte** begriffen werde mit dem gâhem **tôde, er chome ze râwe.**

EXHORTATIO AD CONFESSIONEM.

Nû habet ir iuch gevestenet mit dem heiligem glouben. dâ nâch sult ir vil riulichen iwer bihte tuon unde sult iuch erchennen alles iwers unrehtis. iuch sol vil harte riwen swaz ir wider gotis hulden habet getân, unde sprechet nâch mir vil lûterlichen.

PURA CONFESSIO.

Ich widersage mich dem tievel unde allen sinen werchen *unde* allen sinen zierden unde begihe dem almahtigin got minem sepphâre unde miner frouwen sancte Marien der heiligen gotis muoter, sancto Michahéle dem próbste aller sêle unde allen gotis engeln, sancto Jôhanne dem gotis toufâre unde allen gotis wissagin, sancto Pêtro unde allen gotis poten, sancto Stephano unde allen gotis martyrârn, sancto Nycolâo unde *allen gotis* bihtigârn, sancte Margarêtin unde allen gotis magdin, disen gegenwurtigen heiligen unde allen gotis heiligen unde dir, êwart, unde aller der heiligen christenheit aller der sunde, die ich ie gefrumte von angenge mines libes unz an disen hiutigen tach. Swie ich gesuntet hân, wizzente oder unwizzente, danches oder undanches, slâfente oder wachente, mit mir selbem oder mit ander iemen: des begihe ich hiute dem almahtigem gote, daz ich den geheiz, der in der toufe vur mich getân wart, nie sô ervulte, sô ich von rehte solte unde sô ich wol mahte. alsô schiere dô ich dâ chom daz ich sunden chunde, dô warf ich got mînen sepphâre ze ruege, vermeit daz guote, frumte daz ubele swâ ich mohte: daz riwet mich. Ich gihe dem almahtigim got daz *ich* mîn gotis hûs unde endriu gotis hûs *nie* sô geêrte noch sô emzige versuochte, sô ich solte: daz riwet mich. Ich begihe dem almahtigem got daz ich den heiligen suntach unde ander heilige tage sô niht vîret noch sô geêrt hân, *sô ich* solte. die heiligen dietevaste, quattuor tempora unde andere vastetage oder die mir vur mîne sunte ze buozze bevolhen wurden, die hân ich sô nicht gevastet noch sô geêrt, *sô ich solte*: daz riwet mich. Ich begihe dem almahtigim got daz ich den heiligen gotis lichenamen nie sô emzige nam, sô ich solte. sô ich in aver genam, sô nam ich in ân riwe mîner sunden unde ân bihte unde ân vorhte unde behielt in niht sô êwirdiglichen, sô ich von rehte solte: daz riwet mich. Ich begihe dem almahtigim got daz ich den zehenten mines lîbes noch anders mînes guotes nie sône gab, sô ich solte; mînen sepphâre, mînen vater, mîne muoter, mînen ebenchrist nie sô geminnete, sô ich solte; mînem pischolf, mînem pharrâre unde andern mînen lêrârn nie sô gehôrsam noch sô undertân wart, sô ich solte. allez daz ich got ie gehiez, des bin ich lugnâr worden; allez daz der guotis was, daz hazzete ich; *allez daz der ubilis was*, daz minnet ich: daz riwet mich. Ich *begihe* dem almahtigem got daz ich mich versuntet hân mit houpthaften sunden, mit huore, mit uberhuore, mit sippim huore, mit unzîtigim huore, mit huores gefrumidi, mit aller slahte huore. ich hân mich bewollen mit unchûschin wortin, mit huorlichen gebârdin. mit aller slahte bôsheit: dâ ie dehein suntâre sich mit bewal, dâ hân ich mich mit bewollen: daz riwet mich. Ich begihe dem almahtigem got daz ich mich versundet hân mit nîde, mit hazze, mit vîentsefte, mit urbunne, mit bisprâche, mit luge, mit luggem urkunde, mit maincidin, mit hintirkôsunge, mit diuve, mit roube, mit ubeln râtin, mit zorne, mit lanchrâche, mit uberâzze, mit ubertrunchenheit, mit ubermuot, mit spotte, mit uppiger guoteliche; mit den ougen, mit den ôrin, mit dem munde, mit handen unde mit fuozzen, mit allen mînen lidern, mit allen den sunten die *ie* mennisch tet mit ubelem willen, mit ubelen gedanchen, mit ubelen werchen: daz riuwet mich. Der sunden unde aller der sunden die ich gevrumt hân von kindes peine unz an dise wîle, der gib ich mich schuldich in dîne gnâde. hêrre got, verlihe mir daz ich gebuozze al nâch dînen *gnâden* unde nâch mînen durftin, der armen sêle, alsô dû, hêrre, wizzist daz ich sîn durftich sî ze disem lîbe unde ze deme êwigem lîbe. unde man dich, hêrre, dîner vunf wunden, daz dû mir helfende sîst, daz ich an dem rehte werde vundin, unde bitte dîne trût-

muoter mine frouwen sancte Marien und alle dine heiligen daz si mir sin
wegende und helfende durnahtiger bechérde, wárir riwe, antlâzis aller
miner sunden, unde daz si mine sêle wisen in die gnâde unde in die
vroude die si selbe besezzen habent mit allem himelischem herige. Âmen.
    vel aliter. Durch die gnâde des heiligen geistes unde durch die mi-
ner frouwen sancte Marien unde aller diner heiligin gnâde mir, almahtiger
got, unde verlâze mine schulde unde erlôse mich von allem ubel unde leite
mich in den êwigen lip. Âmen.

POST CONFESSIONEM.

Nâch sô getâner bihte unde nâch dem geheizze, den ir unserm hêrren got
geheizzen habet, iwer sunde hinvur ze buozzen, wellin wir antlâz sprechen
von den gnâden unsers hêrren unde von dem gwalte den got sancto
Pêtro verlêhe. dô er zuo im sprach 'quodcumque ligaveris super t.' etc.
er sprach 'swaz dû gebindist, Pêtir, ûf der erde, daz wirt gebundin dâ ze
himele, unde swaz dû zerlôsest ûf der erde, daz wir ouch zerlôset in deme
himele.' den gwalt den er sancto Pêtro gab, den verlêhe er ouch an-
dern sinen holdin unde allen êwarten. von dem gwalte den wir von
sancto Pêtro haben sprechen wir dei heiligen wort: got si durch sine
guote der dei wort evolle mit den werchen.

CONSOLATIO INDULGENTIAE.

Indulgentiam et remissionem omnium peccatorum vestrorum et spatium
verae et fructuosae paenitentiae et emendationem vitae et cor paenitens et
perseverantiam in bonis operibus per gratiam sancti spiritus tribuere
dignetur vobis pius et misericors dominus. Amen.

    Antlâz aller iwer sunden, vristmâl iwers lebenes, bezzerunge iwer
werche, riwigiz herze, stâticheit guotis lebenes ruoch iu ze verlîhen mit
den gnâden des heiligen geistis unser hêrre der almahtige got an disem
lebene. Âmen.

ADMONITIO POST INDULGENTIAM.

Vil guoten liute, sôgetâniu bihte hilfet einigenôte die ir bihte tougliche
habent getân unde die ouch tougeliche suntint. die aver offenlich habent
gesuntit, die schuln ouch offenlich buozzen. houbthafte sunde heizzint
die, die charrine unde järvasten nâch vuorente sint, alsô sint manslahte
uberhuor sippehuor. swelhe die sint, die houpthafte sunte habent getân

unde noch der christenheit niht ze wizzene sint getân, den râtin wir, alsô
vater kinde râtin sol, daz si zuo ir pharrâri chomin unde im ir nôt chlagen.
swie getâne buozze si dâ von ir êwarte enphâhent, leistint si daz er in ge-
biutet unde geavernt si iz denne niht mêr, si sint in vor got vergebin.

ORATIO PRO ECCLESIA.

Nû schult ir hiute lâzzin gniezzin die heiligin christenheit, daz iuch mîn
trehtin hiute hie gesamnet hât in sinem dienest unde schult unsern hêrrn

---

XCVII.
MÜNCHNER GLAUBE UND BEICHTE.

Sine fide impossibile est placere deo. Uns saget diu heilige schrift, daz
daz unmugelich sie, daz iemen dem almahtigen got wol muge gevallen
âne den rehten gelouben unde âne die heiligin pihte unde âne den heiligin
paternoster. vone diu [manet hiute unsern hêrren daz er iu verlihe reh-
tis glouben unde wârer riwe, unde] sprechit sie ime ze lobe unde ze êren
unde siner trûtmuotir sancte Marie ze lobe unt ze êren und den gotis hei-
ligin ze lobe unt ze êren unde iu ze trôste unde ze gnâden, und nennet
hiute drin, daz iuch unsir hêrre ubirheve unrehtes tôdes unde gâhis tôdis,
unde iuch behuote vor houphthaftigen sunden und vor werltlichen schan-
den, und daz iu der heilige gotis lichename werden muozze ane iwern jun-
gisten ziten, unde daz er alle ungenâde undirstê diu in der heiligin chri-
stenheit sie, und daz er hiute helflich sie allen iwern vordern [sêle] unde
allen geloubigen sêlen. Nû sprechet nâch mir.

Fides catholica.

Ich widersage deme tiufel mînen lîp unde mîne sêle: ich wil ane in niht
gelouben, ine sol ane in niht gelouben. Ich geloube ane einen got vatir
almahtigen, der dâ schephâre ist himels und der erde unde aller geschepfide.
Ich geloube ane sinen einborn sun unsirn hêrren Jêsum Christum geborn
unde gemartert. Ich gloube ane den heiligen geist. Ich geloube daz die
drie namen der vater unde der sun und der heilige geist ein wârer got ist,
der der ie was und iemir ist âne anegenge und âne ende. Ich gloube daz
der selbe gotis sun gechundet wart von dem heiligin engile sancte Gabrièle

unsirre vrouwen sanctae Mariae. Ich geloube daz er enphangen wart vone
dem heiligen geiste, daz er geborn wart vone miner vrouwen sente Marien
der êwigen magede. Ich geloube daz er nâch sîner heiligen geburte hie en
25 erde wonete drîn unde drizzich jâr unde mêre, unde geloube daz er inner
der vrist getouffet wart vone sancto Jôhanne, unde geloube daz er vastet
vierzich tage âne undirlâz. Ich geloube daz er gevangen wart vone den
Juden, daz er gemartert wart ane deme heiligen crûce, daz er dar an ver-
schiet, ane der menescheit, niht ane der goteheit. Ich geloube daz sîn heiligiu
30 sêle hin ze helle vuor mit der goteheit und die brach und dâ ûz nam die sînen
willen héten getân. ich gloube daz er erstuont an deme dritten tage heiligir
got und wârre mensche. Ich geloube daz er nâch sîner heiligen urstende hie
en erde wonete vierzich tage, und daz er ane deme vierzigisten tage hin ze
himel vuor ze gesihte sîner trûte, die des wert wâren daz si sîne himel-
35 vart gesâhen. Ich geloube daz er dâ sizzet ze der zeswen sînes vater, ime
ebenhêr und ebengewaltech, khunich aller chunige, trôstâre aller sundâre.
Ich gloube in dannen chumftigen ane deme jungisten tage zerteilen ubir
lebentige und ubir tôten, eineme iegelichen menschen alnâch sînen wer-
chen und nâch.

40 begihe dem almahtigen gote und miner vrouwen sente Marien der himeli-
schen chuneginne, sente Michêle und allen gotis engilen, sente Jôhanni
und allen gotes wîssagen, sente Pêtro und allen gotes poten, sente Gêorgio
und allen gotes marterâren, sancto Nicolâo und allen gotes pihtigâren,
sente Marien Magdalênae und sanctae Margarêtae unde allen gotis meiden:
45 disen genâdigen heiligen und allen gotis heiligen unde dir, priester, aller
miner sunden, die ich ie gefrumete sîd ich alrêst sunden mohte unze ane
dise wîle. Swie ih gesundet hân, wizzent oder unwizzent, tages oder nah-
tes, mit mir selben oder mit andern menschen, mit willen, mit worten, mit
werchen oder mit bœsen gedanchen; hêrre, daz riuwet mich. Hêrre Christ
50 gotes sun, ist dehein sunte die ich vermiten hân . . . .
. . . .
sô lange daz ich gebuozze mîn unreht, daz ich wider dich hân getân unde
wider mîn arme sêle, mit deme selben lîbe dâ ich ez mite gefrumet hân.
Des ruoche mich ze gewerene, alsô gewaltiger hêrre, dû der lebest unde
55 rîhsenst vone êwen unde ze êwen. Âmen.

Consolatio indulgentiae.

Misereatur vestri omnipotens deus et dimittat vobis omnia peccata vestra.
liberet vos deus ab omni malo, conservet et confirmet vos in omni opere

bono et perducat vos Christus filius dei sine macula cum gaudio in vitam aeternam. Amen. Indulgentiam et remissionem omnium peccatorum vestrorum, spacium verae et fructuosae paenitentiae, cor semper paenitens et felicem consummationem per gratiam sancti spiritus tribuere dignetur vobis omnipotens et misericors dominus. Amen. Kyrie eleyson. Christe eleyson. Kyrie eleyson.

Pater noster.

Hérre got, vater unser . . . .

XCVIII.
NIEDERDEUTSCHER GLAUBE.

Ik kelâve in got vader almachigen, in then sceppâre thes himeles en ther arthen. Ik kelâve in sînen ênbornen sune ûsen hêrren thene hêlgen Crist. Ic kelâve in thene hêlgen gêst. Ic kelâve that the thrê genenneden the vader en the sune en the hêlge gêst ên wâr godhid is. Ic kelâve that the sulve godes sune, theter gê was ven ambeginne, that he gemmer mêr wisen scel âne aller slach ende. Ic kelâve that the sulve godes sune infangen was ven thene hêlgen gêste, that he geboren was ven Marien ther êwegen mageth. Ic kelâve that he thur ûse nótthrutthe gevangen wart, gebunnen wart, bespottet wart, gehalslaged wart, gevillet wart, gecrûcighet wart, that he in then crûce gestraf, mitter mennisgid, niuwet mitter godhit. Ic kelâve that he begraven wart, that thiu hêlge siele tû ther helle vôr end thar ût nam alle the thâr bevaren sinen willen gedaen hadden. Ic kelâve that he des tredden dages ven thene dâthe ostônth, wâr god, wâr mennesche. Ic kelâve that he ahter siner ubstannisse at inde drang mit sinen jungheren, ûs te bewârende sine wâren ubstannisse. Ic kelâve that he hir wunede XL dage XL nochte als ên ander mennische, âu that êne that he nê gesundigede. Ic kelâve that he thes vêrtigsten dages tû thene himele vôr, et aller there ancie the ther werthig wâren the the sine uffart seûen môsten. Ic kelâve that he thâr nû seteth et switheren han sines vader ûses hêrren thes aleweldigen godes, ime evenhêr ende evenweldig. Ic kelâve that he nâcumstich is te dômenne en te délenne dâden ende livenden, ênen gewiltken al nâ sinen genâthen ende nâ ûsen werken. Ic kelâve thie hêlge cerstenhîd, mênschip ther hêlgene, oflât miner sundene ther ic mikelig habbe

ende sin nûet furmetne habbe. Ic keláve that ic sundige mennische in
theme sulven live the ic hir nu scíne sterven scel, wir ubstanden scel, gode
rithe given scel aller there thinge the ic gé gefrumede, gódere gif uvelere.
Ic keláve that ic then thár lán enfán scel, al ná thú the ic fundin werthe
te minen jungesten tiden. Ic keláve in that êwge life that god sulve is-

---

XCIX.
SCHWÄBISCHES VERLÖBNIS.

Dâ ein fri Swébenne êwet ain Swâb, der ist ain fri man, dâ muoz *er* im siben
hantscuohe hân. mitten git er siben wete nâch dem swâbeschen rehte,
unde sprichet z e m é r e s t e n alsus 'Wâ ich iu erwette den rehten munt, den
gewerten munt, den gewaltigen munt, nâh Swâbe ê, nâh Swâbe **rehte, sô**
von rehte ain vrî Swâb ainer vrîen Swâbin sol, mir ze mîneme rehte, iu
zuo iuwereme rehte, **mit mineme** volewerde engegen iwereme vollen werde.
II. Wâ ich iu erwette sô getâniu aigen, sô ich in Swâben hêrschepte hân,
sô ich in des kuniges riche hân, nâh Swâbe ê, nâh Swâbe rehte. III. Wâ
ich iu erwete chuorichen unde chuozal, als ic en Swâbe hêrschepte hân
unde in des chuniges riche hân, nâh Swâbe ê, nâh Swâbe rehte. IV. Wâ
ich iu erwete zoun unde gecimbere, unde ouzvart unde invart, nâh Swâbe
ê, nâh Swâbe **rehte.** V. Wâ ich iu erwette stuot unde stuotwaide, unde
swaner unde swaige, unde rehte ganswaide, unde chorter scâphe, nâh
Swâbe ê. VI. Wâ ich iu erwete scaz unde schillinch, unde golt unde
gimme, unde allen den tresen, den ich hûte hân oder vurbaz gewinne, unde
scharph egge, nâh Swâbe ê. VII. Wâ ich iu wette, aller der wette der ich
iu getân hân widembuoche ze vrummenne unde diu ze geloutenne ze hove
unt ze gedinge unde ze allen den steten, dâ ich ze rehte sol, nâh Swâbe
rehte, sô von **rehte ain** vrî Swâb **ainer** vrîen Swâbin sol, mir ze mînem
rehte, iu ze iwerem rehte, mit minem volwerde engegen iwerem vollen
werde, ob ir mir den canzelâre gewinnent.' Diu wete elliu diu nimet diu
frouwe **unde ir voget.**

Nû nimet der voget, ir geborn voget, diu wete unde die frouwen unde ain
swert unde ain guldîn vingerlîn unde ainen phennich unde ain mantel unde
ain huot ouf daz swert, daz vingerlîn an di helzen, unde antwurtet si den
man, unde sprichet 'Wâ ich iu bevilhe mine muntadele ziweren triwon
unde ze iueren gnâden, unde bit iuch durch die triwe, als ich si iu bevilhe,
daz ir ir rehte voget sît unde ir genâdich voget sît, unde daz ir nit pale-
munt ne werdent.' sô emphâhet er si, unde habe sime.

C.
ERFURTER JUDENEID.

Des dich dirre sculdegit, des bistur unschuldic, sô dir got helfe, der got der himel unde erdin gescûf, loub, blûmen unde gras des dâ vore nîne was. Unde ob du unrechte sweris, daz dich di erde virslinde, di Dâtan unde Abirôn virslant. Unde ob du unrechte sveris, daz dich di muselsucht bistê di Nâamannen liz unde Iezi bestûnt. Unde ob du unrechte sweris, daz dich di ê virtilige di got Môisy gab in dem berge Synây, di got selbe screib mit sinen vingeren an der steinir tabelen. Unde ob du unrechte sweris, daz dich vellin alle di scrift di gescriben sint an den vunf bûchen Môisy.

Dit ist der Juden eit den di biscof Cuonrât dirre stat gegebin hât.

ANMERKUNGEN.

I.

Cod. lat. 22053, *Wessobr.* 53. *cimel.* 20 *der königlichen bibliothek zu München aus dem ehemaligen kloster Wessobrunn in Oberbaiern*, liber de inventione s. crucis cum aliis variis, 100 *blätter klein* 4° — *am schlusse die annalistische notiz* Ab incarnatione domini anni sunt DCCCXIIII — *enthält das gedicht auf bl.* 65^b. 66^a *unter der überschrift* De poeta.   B *Pez thesaurus anecdotorum novissimus I (Augustae Vindelicorum et Graecii* MDCCXXI*)*, 417. 418.   *Monumenta boica VII (Monachii* MDCCLXVI*)*, 377.   F D *Gräter Bragur* 5 *(Leipzig* 1797*)*, 118—155 *mit einem facsimile vom pater Ellinger.*   BI *Docen miscellaneen, München* 1807. 1, 20—25; 2, 290. 291.   *Die brüder Grimm das lied von Hildebrand und Hadubrand und das Weifsenbrunner gebet zum ersten mal in ihrem metrum dargestellt, Cassel* 1812. 4° *s.* 80—88. W *Wackernagel das Wessobrunner gebet, Berlin* MDCCCXXVII.   M A *Gessert de codice Wessofontano (mit facsimile) in Naumanns Serapeum, Leipzig* 1841, 1—8. *Silvestre Paléographie universelle.* quatrième partie. *Paris* 1841. *facsim.*   F *Müllenhoff de carmine Wessofontano et de versu ac stropharum usu apud Germanos antiquissimo, Berolini* 1861. 4°.   W *Scherer in der zs. für die österreichischen gymnasien* 1870. 1, 53—59.   Die verse sind in der hs. nicht abgesetzt, aber durch punkte, oft auch in der caesur, so abgeteilt dass unsre interpunction sich genau daran anschliefsen konnte, aufser v. 2 (s. anm.), v. 7 wo ein punkt die zeile schliefst und v. 9 wo die halbzeilen nicht abgeteilt sind.   1. Das grofse D in Dat, das bis in die zweite zeile hinabreicht, sowie das vorgerückte D in Do z. 5 und das C des mitten in der zeile stehenden Cot von v. 9, sind mit etwas rot angestrichen.   ✳ fregin   2. ouas. noh ufhimil. noh.   pereg *aus* perce *gebessert.*   3. 4. ni nohheinig | nohsunna ni stein. nohmano | ni liuhta. noh der marcoseo.| sterro *ergänzte Grimm.*   6. enti *wird bis auf z.* 13 *im zweiten halbvers überall durch* 'I *bezeichnet.*   7. enti manake *Grimm:* 'I dar uuarun auh manake *die hs.*   ✳ uuorahtos.   10. *beginnt bl.* 66. for ✳ pi.   13. uuistóm   16. ✳ uurchanne.

244   *Den inhalt der hs. verzeichnet Gessert.   nach Scherers untersuchung besteht
sie aus drei ursprünglich verschiedenen teilen.   der mittlere teil, von bl. 22ᵃ—66ᵇ, eine
art geographie des heiligen landes, theologische excerpte zu predigtzwecken, metro-
logische und geographische notizen und dergleichen über die sieben artes liberales, zum
teil mit deutschen erklärungen (Germania 2, 89—95), zuletzt das gedicht enthaltend,
darf für eins der ältesten denkmäler gelehrter studien in Baiern gelten, wenn auch
der auf der ursprünglich leer gelassenen seite 66ᵇ von einer andern hand nachgetra-
gene freilassungsbrief* cum licentia Ribolfo magistro nostro et rege nostro Carolo
aus den jahren 788—800 *nicht unbedingt beweist dass die vorhergehende sammlung
noch im achten jahrhundert geschrieben ist, da die urkunde nicht notwendig hier
zum ersten male aufgezeichnet worden ist.   durch die überschrift* De poeta *sollte das
gedicht den bemerkungen über die artes liberales angereiht werden: sie ist kaum un-
passender als die nächst vorhergehende* De chronica *von den menschlichen lebensaltern,
vielleicht selbst nur ein überrest einer erklärung* poetica de poeta *wie bl. 64ᵇ* calculus
de cathalogo.   *aber auch in dem nach einer leer gelassenen zeile dem gedichte hinzu-
gefügten, sich deutlich auf seinen schluss beziehenden satze* qui non uult peccata sua
peniteré, ille venit iterum ubi iam amplius illum non penitebunt nec illorum se ultra
erubescit *tritt dieselbe practisch geistliche absicht hervor wie etwa bl. 63ᵇ am schlusse
des satzes über die* grammatica non est sapientia qui coequari possit caritati et
humilitate quod est radix omnium bonorum.   *ein und dieselbe hand hat das gedicht
und den übrigen zweiten teil aufser der urkunde geschrieben: der G-rune bedient
sich der schreiber auch schon bl. 63ᵃ vor* kazungali; *ebenso bl. 37ᵇ in der halbuncialen
überschrift des zeichens für* et *wie im gedicht für* enti. *dass es mit der ganzen samm-
lung nur aus einer ältern vorlage abgeschrieben ist, macht auch die auslassung und
der schreibfehler in z. 3 wahrscheinlich.   durch die mit rot ausgezeichneten grofsen
anfangsbuchstaben der v. 1. 5. 9 sind drei teile des gedichts angedeutet, und man
kann sich der prüfung, ob sie eines oder verschiedenes ursprunges sind, hier um so
weniger entziehen, weil ohnehin bei jedem litterarischen product dieselbe frage zu
stellen und zu prüfen ist.   die prüfung ergibt auch alsbald die innere verschiedenheit
der teile.   Der erste teil 1—4 ist der eingang eines alten heidnischen sächsischen
gedichtes, das vom anfang der dinge ähnlich wie die Völuspa handelte.   wie diese
in str. 3*

    Ār var alda þar er Ymir bygdi;
    vara sandr nē sær, nē svalar unnir,
    iörd fannsk æva, nē upphiminn;
    gap var ginnunga, en gras hvergi —,

*beschreibt er die uranfängliche leere, aber zugleich die abwesenheit alles lichtes.   nicht
auf die bibel oder wie in Muspilli auf gelehrte theologen beruft sich die darstellung,
sondern vielmehr auf die allgemeine überlieferung und aussage der menschen, und
das gedicht ist auch deshalb für heidnisch zu halten weil es,* gegen ende des achten jahrh.
in Baiern aufgezeichnet, *seinem alter nach noch weiter hinaufreicht und sächsisches
ursprunges ist.   es liefert uns einen beleg für die wanderung der lieder von stamm
zu stamm, ebenso wie die gleichzeitigen und späteren zeugnisse für die heldensage
(Haupts zs. 12, 285. 300f. 313—317. usw.).   für das alter und die sächsische her-
kunft spricht mancherlei; für jenes schon die sonst in der deutschen poesie und selbst
in der ags. nur spurweise (de carm. Wessof.* p. 17 und anm. *zu* IV 3) *vorkommende
form des liodahätts, auf den hier die* kritik mit notwendigkeit *hinführt.*   rein-

sächsisch ist gleich v. 1. 2 das zweimalige Dat für Daz, dasselbe wort das sich auch in dialecten am längsten unverschoben erhält (vorr. xv f. vgl. IX) und als characteristisch für die ursprüngliche mundart sich am ersten noch in den oberdeutschen abschriften der lieder des Veldekers findet.   dann ist gifragn ic, gefrägn ic eine alts. ags. ganz gewöhnliche formel, in oberdeutschen quellen aber gafragn ih nicht nachweisbar, und wenn auch der umlaut in gafregn ih durch die enclise des pronomens wie in Otfrids meg ih, seel iz sich erklärte, so spricht doch die vocalisierung der consonantverbindung nicht eben dafür dass die formel dem schreiber geläufig war; bereits Lachmann (über das Hildebrandslied s. 132) erkannte in gafregin ih das praeteritum.   ferner ist alts. mid firahon, mid mannon, mid eldion, ags. mid yldum udglm. häufig, während es ahd. sonst untar mannum, untar manne heifst, s. zu Musp. 93. in firahim ist nur die **hochdeutsche** flexion hergestellt.   firiuuizzo meista erklärte Schmeller baier. wb. 1, 555 zuerst richtig nach gl. Prud. dei viriuuizzi portenta somniorum (Graff 1, 1099). firiuuizzo aber verglichen mit enteo, uucnteo scheint gen. plur. von firiuuiz (Wiener Genes. 19, 10 Hoffm. virwitz: biz), gleich ags. fyrvet, alts. firiuuit. dass nur die persönliche, nicht die sächliche bedeutung 'wunder' alts. und ags. zu belegen ist, steht dem sächsischen ursprunge des gedichtes nicht entgegen, weil diese zweiseitigkeit der bedeutung im character der ältern sprache überhaupt begründet ist (de carm. Wessof. p. 22).   2. das metrisch vollkommen gesicherte ero kommt in keiner andern quelle vor; das merkwürdige wort beweist daher für das alter des gedichtes. ere in der Wien. Genes. 74, 14 Hoffm. (Milst. hs. 104, 16 Diem.) scheint ein fem. eri zu sein und nur arvum, pflugland zu bedeuten. ere in den hss. des Iwein 3989 (mhd. wb. 1, 50) ist nur 'ein alter fehler' für erbe. s. Lachmanns anm. die Tegerns. gl. hero solum zu Virg. Aen. 7, 111 ist wahrscheinlich nur verschrieben für herd (Schmeller baier. wb. 2, 236, Graff 4, 999, Haupts zs. 15, 84. 117). JGrimm (gr. 3, 221) denkt bei ioner nioner an ero und hält dies für eine einfachere und ältere form von erda, wie schon früher Wackernagel. für die vergleichung ist aufser gr. ἔρα (ἔραζε) sanskr. irâ, ir. ire besonders lat. arvum und altn. iörvi locus arenosus (Egilsson 451ᵇ) zu berücksichtigen. die bedeutung lässt der zusammenhang und die übereinstimmung der formeln ertha endi uphimil Hel. 88, 15, eorde and upheofon oder uprador Andreas 799, Grimms myth. 1186, Genes. 99, Exod. 26. 76. 429 usw., iörd né (eda, ok) uphiminn Völusp. 3, Hamarsh. 2, Vaffrudn. 20, Oddrunar gr. 18 nicht zweifelhaft. dass ûfhimil und composita mit ûf in ähnlichem sinn aufser ûflîh supernus (Graff 1, 172) und etwa ûfhôs ahd. nicht wiederkehren, mag in der dürftigkeit unserer quellen seinen grund haben.   Dat ero ni uuas noh ûfhimil kann nur für einen halbvers gelten und metrisch nicht nach der interpunction der hs. in zwei hälften geteilt werden.   noh paum noh pereg ni uuas ist damit durch allitteration nicht verbunden und fällt aus dem zusammenhang des übrigen heraus. man kann wohl positiv sagen wie C, 2 got der himel und erde gescûf loub blûmen unde gras udgl., aber nicht füglich negativ 'es gab weder erde noch himmel, noch auch bäume und berge'; und wer um die anfängliche leere und finsternis zu schildern erst die abwesenheit der erde und des himmels, als des inbegriffs aller dinge, dann die abwesenheit der grofsen leuchtenden körper, sterne sonne mond und meer hervorhob, kann natürlicher und verständiger weise, während sein augenmerk den erhabensten gegenständen der sinnlichen anschauung sich zuwendet, nicht dazwischen zu bäumen und bergen abgeirrt sein und die einfache anordnung jener sich grillenhaft zerstört haben.   die worte noh paum noh pereg ni uuas sind ohne zweifel von dem ersten aufzeichner des stückes hinzugesetzt um einen langvers herzustellen; entfernt man sie wieder, bleibt die erste hälfte eines regelrechten liodahåtts übrig. 3. zwischen ni ... nohheinig *ist das substantiv ausgefallen und notwendig* sterro, sterno *oder* stern, *welche form Graff mehrmals belegt* 6, 722. 723 (*vgl. Wackernagel wb.* ID. DXIX), *zu ergänzen. die herkömmliche ordnung,* sonne mond und sterne, *ist mit absicht verlassen und sehr schön zuerst* sterne und sonne, *dann* mond und meer *gepaart und einander entgegen gestellt. die regel der allitteration, die* st *und* s *zu binden verbietet, aber verlangt zu dem substantiv noch ein mit* s *beginnendes episches epitheton,* und *dafür steht, zur bestätigung der herkunft des gedichtes, nur das alts. adjectiv* suigli 'hell' *zu gebot:* suigli lioht scôni, suigli sunnûn lioht oder sein *Hel.* 168, 6. 109, 20. 171, 13; svegle searogimmas *Beóv.* 2749. 1157?; sió reáde rôd ofer ealle svegle scined on þære sunnan gyld *Crist* 1103; *vgl. der lichte sterne, der lichte sunne bei Spervogel MSF.* 28, 24. 24, 4, daz gestirne heiter *Servatius* 3117, thê berhto, huuito sterro, that hêdra, torhta tungal *Hel.* 18, 11. 20, 3. 18, 6. 19, 11. 170, 1. 2. 111, 6, se leóhta steorra, þät beorhte, hædre, torhte, svegltorhte tungol *Genes.* 256, *Daniel* 369, *Crist* 693. 934, *Gnom. Exon.* 1, 40, heidar stiörnur *Völusp.* 51. *ist das fragment aber ursprünglich sächsisch, so ist* sterro nohhein *zu schreiben, da die Altsachsen, so viel wir wissen, nur* sterro *ags.* steorra *und kein abgeleitetes* nigênig *kannten. das der poetischen sprache ohnehin wenig zusagende* nohheinig *wird erst von dem hochdeutschen aufzeichner herrühren, dessen hand auch noch weiterhin in dieser zeile sich bemerklich macht. abgesehen davon ob* noh sunna ni scein *metrisch genügt oder nicht, so ergibt* nohhein *in der caesur und* scein *am schlusse des langverses einen üblen reim und* scein *ausserdem eine ungeschickte häufung der* s-*anlaute. der anstofs, den selbst der aufzeichner durch* nohheinig *teilweise vermied, verschwindet völlig, sobald man* ni liuhta *aus z.* 4 *für* ni scein *herübernimmt, und es ist nicht zu besorgen dass der dichter, der sachlich die strophe so ausgezeichnet gliederte und* ni liuhta *im sinne hatte, anders gedichtet hat. der hochdeutsche aufzeichner wollte abermals v.* 4 *durch die umstellung, wie v.* 2 *durch den zusatz, einen langvers herstellen.* ni liuhta *aber an die richtige stelle gesetzt ergibt in* 3 *und* 4 *die regelrechte zweite hälfte eines liodahåtts.*   4. marcoseo *als compositum gleich dem got.* marisaivs *zu nehmen geht nicht an, weil dies ahd. mindestens* marisêo *oder* merisêo *heifsen würde. auch Wackernagel im altd. leseb.* 1859 *nimmt* mârco *richtig als adjectiv. sein früherer einwand (das W essobrunner gebet s.* 55) *dass im ahd. nur* mâro, mârro *als schwache form von* mâri *statthaft sei, ist schon fürs ahd. nicht ganz stichhaltig (Haupt in den Wiener jahrb.* 67 (1834), 195*f. Holzmann Isid. s.* 141 *f., Grimm gramm.* 1 (1870), 648), *fällt aber ganz hin, wenn das fragment altsächsisches ursprungs ist, da sie alts.* stâts mârio mârco *lautet. der* mârcoseu — sêu *ist hier und im Hildebrandsl. nur um die einsilbige aussprache zu erleichtern geschrieben — ist 'das grofse, herliche meer,' wie alts.* thea mâriûn ertha, that mârio lioht *Hel.* 39, 5. 105, 24 *und an zahlreichen anderen stellen auch ahd. das adjectiv diese erweiterte bedeutung zeigt, und daher zu vergleichen mit* thic grôto sêu *Hel.* 131, 22, se brâda, se sida sæ *Crist* 1145, *Beóv.* 507. 2394, aldina marr *Hávam.* 62. *im innern südlichen Deutschland, wo die unmittelbare anschauung des meeres fehlt, würde es nicht mit* sonne mond und sternen *zusammen genannt und dem mond mit ehrendem beiwort gegenüber gestellt sein. in ahd. gedichten führen* meer und see *nur den beinamen* wilde *d. i. wüst, öde, unbewohnt; im alts. Abecedarium nordmannicum aber* V, 10 *finden wir die formel* lagu thê leohto, *die von derselben unmittelbaren anschauung ausgeht, wie die versreihe hier. so gibt diese zu allem übrigen noch einen entscheidenden* beweis für die herkunft der strophe aus *Norddeutschland.* das gedicht dem sie angehörte war zu seiner zeit in Deutschland wohl ebenso berühmt und angesehen wie die *Völuspa* im norden, und es erklärt sich daraus seine verbreitung bis nach Baiern.

das *zweite* stück z. 5—8 besteht aus vier langversen, von denen nur die zweite hälfte von 7 durch das überflüssige dar uuarun eine ungebürliche verlängerung erfahren hat, wie schon die Grimm 1812 erkannten. es ist christliche poesie und leitet eine schilderung der weltschöpfung ein, der nach der schon in der ags. Genesis und später in allen mittelalterlichen darstellungen beobachteten ordnung v. 7 *f.* der sturz der engel voraufgieng. in meiner abhandlung habe ich noch die ansicht festgehalten dass der christliche dichter dieses stückes den anfang des berühmten heidnischen liedes von ähnlichem inhalt benutzt habe um daran eine fortsetzung zu knüpfen, wie ja auch die bekehrer **heidnische heiligtümer** und feste dem christlichen cultus anpassten; aber auffallend bleibt dabei der wechsel des metrums. **da erst der** hochdeutsche aufzeichner die strophe im liodahátt durch zusätze und veränderungen auf das mafs von vier langzeilen zu bringen suchte, derselbe auch im zweiten teil v. 7 durch einen zusatz sich bemerkbar macht und noch den anfang des zweiten stücks durch den rubricierten grofsen buchstaben anzeigt, so ist es viel wahrscheinlicher dass er auch diese fragmente zuerst aus verschiedenen gedichten zusammengestellt hat. es könnte v. 5—8 der anfang eines selbständigen hochdeutschen, vielleicht baierischen gedichts oder doch aus dem anfang **eines solchen entnommen sein.** spuren des niederdeutschen sind nirgend darin **zu entdecken.** *die meinung J Grimms gr.* 3, 65 dass niwiht nur in positiven sätzen ohne begleitendes ni stehe **veranlasste Lachmann** vor vierzig oder mehr jahren zu der anmerkung 'niwiht *ist gegen den sinn,* 246 neowiht *gegen die alliteration, das richtige wird sein* wiht'; *aber Graff* 1, 732 *belegt noch mehrere* niwiht ni. *zu der reimenden formel* enteo ni wenteo *lässt sich nur aus späterer zeit vergleichen bei dem Meisner* wende án ende *HMS.* 3, 93ᵇ (102ᵃ *die vier* wende (*elemente*): ende án ende), van ende bet tô wende *brem. wb.* 1, 307. 5, 227.

6. enti ist *für den sinn, wie für den vers gleich entbehrlich, und kann daher eingeflickt sein. in jedem falle aber gibt es einen merkwürdigen beleg ab für das schwanken zwischen paratactischer und hypotactischer satzverbindung, da es den nachsatz einleitet, wofür das mhd.* **wb.** 3, 183, 15ᵇ *noch ein sehr spätes beispiel hat. es muss darnach de carm. Wessof. p.* 31 *heifsen* 'Als da nichts war ... (und) da war ...'

7. *im Beowulf* 3182 *steht nicht* manna, *wie Kemble und* **Thorpe** *angeben,* **sondern,** *wie mir dr E Sievers bestätigt,* mannū, *also* mannum mildust *in der hs. aber in der Exodus* 549 *heifst Moses* **als** lehrer manna mildust *und gott wird noch im Orendel* 3450 (3447) himelischer man *angeredet. ein epischer ausdruck ist hier übertragen und gemeint ist der mildeste herr und fürst. Spervogel klagt MSF.* 29, 6 Ich hân gedienet lange leider einem manne der in der helle **umbe** gât. *über* mit c. acc. *gramm.* 4, 707, *Dietrich in Haupts zs.* 11, 393 *ff., histor. declinat. theot. p.* 29 *und alemannische psalmen* (*sprachpr. s.* 27) 129, 4 mittih, 7 mit truhtinan, mit inan. *der vers hat vier gleiche liedstäbe, wie* **auch** Lachmann *annahm* (**vgl.** *zu Hildebr.* 12), *und am natürlichsten betont man* mit inàn, *wie bei Otfrid* 4, 24, 15 nim inàn *und im Ludwigsl.* 40 gilônôn imòz, *s. über ahd. betonung und verskunst s.* 257 *f. die andere mögliche betonung* mit inaù *hätte ihre analogie in* mit ir, mit im *vor den caesuren des vierten liedes der Nibelungen* 333, 4. 401, 3 *und wäre ebenso zu beurteilen, Lachmann zu Nib.* 118, 2; *vgl. Musp.* 75. *der grofse buchstab v.* 9 *bezeichnet genau den punkt wo die erzählung, die v.* 8 *noch mit* enti cot heilac *fortfährt, abbricht, und in die*

anrufung und ein gebet übergeht, und damit den anfang des dritten teils. derselbe der das erste und zweite fragment zusammenstellte und interpolierte, machte hier den versuch eigner production. die art der anknüpfung lässt vermuten dass erst die formeln almahtico cot v. 6 und cot heilac v. 8 ihn auf den gedanken brachten ein gebet hinzuzutun: wäre die abfassung desselben von vornherein seine absicht gewesen, so würde er nicht den erzählenden eingang gewählt haben. das gebet ist nur aus sonst bekannten und geläufigen formeln und reminiscenzen zusammengesetzt, wie die vergleichung von LVIII, LXXVIII, 13. LXXIII, 20 f. LXVII, 17 f. ergibt. der compilator behielt sogar aus einem metrischen gebet ähnliches inhalts, das Scherer mit hilfe des fränkischen LVIII reconstruierte, zwei durch reim und allitteration gebundene, ganz richtig gebaute versteilen 12. 13 bei, war aber des versbaues so unkundig dass er ihnen hinten und vorn 11. 14 *noch* einige worte anfügte, womit das mafs der verse um je zwei hebungen überschritten ward. ein unvers ist auch die halbzeile 9, 2, und nicht minder sind 15,1. 2 nach hochdeutschem mafse überladen. aber dass er verse machen wollte, erhellt aus seinem bemühen die allitteration durchzuführen, die freilich z. 15 misriet, weil unidar in der verbalcomposition nur minderbetont ist. da in der interpolation der beiden ersten fragmente dasselbe technische ungeschick sich zeigt, so ist nicht zu bezweifeln dass der verfasser des gebets auch der interpolator und erste aufzeichner jener stücke ist.   12. über in cum acc. in adverbialen formeln Graff 1, 293f.

II.

[248]   Cod. theol. fol. 54 der kurfürstlichen bibliothek zu Cassel, mit der alten signatur liber sapientiae XXXVIII ord. 10, 76 blätter kleinfol. im VIII/IX jh. wahrscheinlich in Fulda geschrieben. das lied steht auf bl. 1ª und 76ᵇ von zwei gleich alten händen wie prosa geschrieben mit unregelmäfsiger interpunction.   JGEckhard commentarii de rebus Franciae orientalis, Wirceburgi MDCCXXIX, I 864—902: Fragmentum fabulae romanticae, saxonica dialecto seculo VIII conscriptae. Die brüder **Grimm** das lied von Hildebrand und Hadubrand. Cassel 1812. 4°. 1—79. WGrimm de Hildebrando antiquissimi carminis teutonici fragmentum. Gottingae. 1830. fol.   KLachmann über das Hildebrandslied in den historischphilologischen **abhandlungen der** Berliner academie 1833, 123—162.   WWackernagel altdeutsches lesebuch, Basel 1839, 63—68; Basel 1859, 55—60.   in rücksicht auf CW Grein das Hildebrandslied nach der hs. von neuem herausgegeben, kritisch bearbeitet und erläutert, mit einer lithographierten tafel, Göttingen 1858, hat dr. Eduard Sievers auf meine bitte die hs. von neuem mit WGrimms facsimile verglichen, auch eine photographische abbildung **der** beiden blattseiten anfertigen lassen, und auf seinen mitteilungen beruhen der abdruck des handschriftlichen textes in den altdeutschen sprachproben 1871 s. 8 f. und die folgenden angaben. alle abweichungen unseres textes von der lesart der hs. gehen auf Lachmann zurück wo nicht ausdrücklich das gegenteil bemerkt wird.

1. über der ersten zeile ist der erste vers von einer wie es scheint nicht viel jüngern hand in blasser schrift wiederholt und von derselben hand scheint erst ā v. 2 und 3 durchstrichen zu sein. die lücke ist vielleicht vor seggen anzusetzen und dies an den schluss des verses zu stellen; doch vgl. Oddrúnar gr. 4 Heyrða ek segja í sögum fornum; Panther 1, 8 (cod. Exon. 356, 8) Ve bi sumum hýrdon vrätlice gecynd vildra seegan; Hebbun 1 (cod. Exon. 365, 18) Hýrde ic seegan gén bi sumum fugle.   2. énán]

ǽnon *so steht auch* è *für* æ *v.* 16. 20. 22. 63, *für* ę *v.* 12. 42. 43 (sêo). 52. 63 (lêttun). 66 (huitte). 3. joh] enti heriun, 6 hiltiu, 29 waniu, 54 billiu. 3. 4. tuem, sunu fatarungo.' *so schon im abdruck von* 1812, *während im facsimile der punct fehlt, der vielleicht andeutet dass der schreiber das wort als apposition zu* Hiltibraht enti Hadubrant *gezogen haben wollte. s. exc.* 5. sê sih . iro . suert 6. ringa to dero 7. gimahalta heribrantes sunu. her uuas *Lachmann änderte das constante* her *der hs. überall in* er, *weil es gegen die mundart des dichters sei, da v.* 25 *doppelten reim im ersten halbverse verlange, doch s. unten. vgl. Crist* 1669 ponne euid se engel (hafað yldran hád), grêted gæst öderne *usw.* 9. fohem *und* eddo 11, *in der hs. am ende der z.* 7. 8, *stehen am rande in starken zügen noch einmal.* wer *ich setze* w *für das ags. zeichen der hs., das hier aus einem* p *corrigirt ist. vgl. zu* 27. 40.

11. welihhes dû] *Lachmanns betonung* cnúoslès du sîs, *die ein tieftoniges* e *über ein selbständiges, einsilbiges wort mit vollem vocal erhöht, kann ich nicht für richtig halten und schreibe daher* dû *und* nû, *wo nicht synaloephe stattfindet.* 13. chind in chuniucriche L *ohne komma. die anrede verliert ihr auffallendes, sobald in* chuniucriche *zum hauptsatze gezogen wird. das königreich ist natürlich Italien. apposition zu* dê ôdrê *kann* chind *ohne artikel nicht sein, noch auch schlechthin abkömmlinge oder angehörige eines geschlechts bedeuten.* mî] min 15. *über die form* ûser *statt alts.* ûs *gramm.* 1, 783. 16. joh] anti ér hina *verstehe ich wie Eckhard und Grimm* érhina '*die früher hin lebten*', *deren gedächtnis also in eine frühere zeit hinaufreichte; vgl. noch unser 'vorhin' und Otfrid an Hartm.* 126 fon ålten zitin hina förn. 17. fater. *im facsimile fehlt wieder der punct, nicht im abdruck von* 1812.

18. gih'ueit 19. uiti 21. barn unwahsan *heifst immer 'unerwachsen', ags.* beara unveaxen *JGrimm vorr. zu Andreas und Elene* XLIII, *und noch* mhd. diu kint ungewahsen *in Wernhers Maria* 209, 10 *Hoffm.* 22 *f.* arbeo laosa: hera& ostar hina dǽsid detrihhe arbeolaosa (er rèt óstar hina) dêt *L*; *Wackernagel tilgte det weil gleich* Dètrihhe *folgt; vgl. de carm. Wessof. p.* 28. *nun ist freilich das schwache* laosa *auffallend, aber nicht mehr als v.* 60 gûdeâ gimeinûn, *vgl. gr.* 4, 574 *ff.* 579. *dass das kind seiner 'erbe ledig', beraubt wurde, war die folge der flucht des vaters.*
23. gi | stuontum 24. fatereres *ags.* freóndleás *gilt besonders von dem verbannten oder fremden, der von seinen verwandten getrennt ist, Wanderer* 28 (*cod. Exon.* 289, 7), *Elene* 925, *leg. Canut. polit.* 1, 32 *und ebenso* vineleás *Beóv.* 2613, *Genesis* 1051, *Daniel* 569, *klage der frau* 10 (*cod. Exon.* 442, 9), *Wanderer* 45 (*cod. Exon.* 289, 9), *vom schicksal* 32 (*cod. Exon.* 329, 12). 25. ummettirri *es sieht aus als ob das erste* r *aus dem ersten zuge eines* u *corrigiert ist; vielleicht wollte also der schreiber anfangs fälschlich* tiuri *schreiben.* **Lachmann** *verglich schon Hel.* 154, **12** irri endi enhard, inuuideas gern, uurêdes uuillean; *ags.* corre, **yrre** *ist fast* **immer** iratus. *wenn übrigens im ersten halbvers Lachmanns änderung (zu* 7) *nicht genügt, so kann man auch die halbverse und* her was *in* was her *umstellen.* 26 *f.* was er] unti deotrichhe dar ba gistontun | her was eo **über** at ente *JGrimm in Haupts zs.* 2, 249 275. imo puas *ohne correctur, die* 9 *nicht fehlte.* feh&a 28. *die ergänzung* munagêm *ist von EMartin gefunden.* 29. iu] *Lachmann las das adverbium* diphthongisch, *weil es in den notkerischen schriften ausdrücklich immer so bezeichnet werde,* iu; *vgl. Graff* 1, 577. *auch schon bei Kero (im Tatian) und im Heliand, meinte er, laute es so, nur schlage ein* j *vor,* giu. *allein das* j *gehört ohne zweifel zum pronominalstamm, got.* jû *litt.* jau *lat.* jam. *die reguläre form des adverbs ist daher auch ahd. alts.* jû, *die Otfrids reim* 2, 14, 52 nû : jû *und die schreibung* iuu, giuu *im He-*

liand 93, 21. 23 *wohl hinlänglich belegen; vgl. Graff* 1, 577; *Kelle Otfrid* 2, 470*f.* 531. *dies jû könnte wie dû, nû leicht verkürzt werden zu ju* (vgl. ags. geó *neben* jû giú), *aber auch aus der grundform* jiu, *einem instrumentalis, wie âmêr enêr aus jâmer jenêr? das notkerische* iu *entstehen.* XXXIV, 23, 9, XXXIX, 1, 1. 2, 1 *haben wir* jû *geschrieben. Lachmann erklärt* 'wie bei *Ulfilas* (gramm. 3, 250) ju ni gaggis *heifst* οὐχέτι περιπατεῖς, *so bedeutet hier* ni wânju ih iu *ich glaube nicht mehr.'* 30. w&tu *nach Grein, und das scheint da gestanden zu haben, obgleich die stelle durch angewandte reagentien verdunkelt ist;* w:ttû *L.* irmiogot quad (*hiemit schliefst bl.* 1ᵃ; *auf* 76ᵇ *führt die zweite alte hand fort*) hiltibraht obana abheuane 31. 32. danahalt mit sus | sippan man dinc ni gileitos. mit sus sippan man *hielt Lachmann für* 'einen reimstörenden zusatz' *und nahm daher vor* 33 *keine lücke an; Wackernagel stellte um, in den zwiefach anreênenden worten den anfang einer neuen langzeile erkennend, und wahrscheinlicher ist dass dem schreiber bei schwankender erinnerung sich die ordnung der halbzeilen der prosa gemäfs verschob, als dass ihm bei richtiger bewahrung derselben der hauptstab entfiel, wie der vorschlag* nâhsippan man voraussetzt. *dann kann gewis liedstab sein, wenn der vorliegende fall besonders betont werden soll, mag auch ags. und alts.* than *beim comparativ nie so vorkommen. über die lücke* **s. den** *exc. zu* 17. 18. 34. cheisuringum *vermutete CHofmann in Münchner gel.* **anz.** 1855 *nr.* 6 *s.* 53*f.; doch s. Dietrich histor. decl. theot. p.* 11 *anm.* 35. *das* h *in* ih *ist aus einem* t *corrigiert und hinter* gibu. *scheint noch ein buchstabe* **gestanden zu haben.** 39. *vielleicht* spenis mih listliceo, *wenn nicht* 38 *vor* dû hist *eine lücke ist.* 40. wuortun *zu* 9. 41. gialt& *mit* lowit *oder wahrscheinlich schon mit* ewin *beginnt wieder die erste hand von bl.* 1ᵃ. fortes *der haken über dem* o *ist übrigens sehr blass und könnte daher für jünger gelten wie die umstellungszeichen v.* 61. 43. wentilsęo wentil- sêo, dat *L;* oben zu I 4. man *W Grimm L, und so steht unzweifelhaft in der hs.,* inan *Schmeller Hel.* 2, 83ᵃ, *JGrimm myth.*² 184. 393*f. der schreibfehler hier und das* puas 27 *machen es zweifelhaft ob das erste concept der aufzeichnung vorliegt.* 45. heribtes *vor diesem verse bezeichnete Lachmann eine lücke.* 46. 'weder rhythmisch noch gereimt' *L; Wackernagel nahm an dass der zweite halbvers erhalten sei, so dass* hrustim *hauptstab wie* 40 werpan *und* 60 mótti; *vgl. zu Musp.* 34. *dann ist im ersten halbverse wohl nur die anrede ausgelassen,* helid nach wela *oder* helid jung *nach* gisihu ih. 47. goten 49. *noch* wela *und* skihit, *zu ende der zeilen* 37. 38 *der hs., stehen am rande zwei starke dreieckige punkte oder* **flecke.** got quad biltibraut 50. schstic ur lante wallôn *heifst schon* peregrinari, **der erklärende,** *den vers überfüllende zusatz ist daher entbehrlich. über* **die** *zeitberechnung JGrimm myth.* 716*f.; Hel.* 14, 10 thê habda sô filu uuintro endî sumaro gilibd. 52. banûu? *Graff* 3, 126. *CHofmann verglich Andreas* 1349 him lâd âtfâstan, svylt þorh searve; *Grein fügte noch hinzu* psalm 77, 66 he him ûtfäste êce edvît, 108, 28. 111, 7 teónau âtfâstan, *Elene* 477 deâd ôdfûstan, *Satan* 445 hûlfde vîtes clommas feôndum ôdfâsted. 53. chind. suertu 'den *punkt hätte der schreiber schwerlich gesetzt, wenn er nicht den widerstreit des verses und des sinnes bezeichnen wollte' L. aber der schreiber, der den langvers oder den halbvers oder gar nicht interpungiert, kann hier wie* 52 *und* 3. 4 *und sonst die versabteilung damit beabsichtigt haben. der zweite halbvers verlangt wohl nicht notwendig das enjambement.* 54. breton mit sinu *Grein verglich Beóv.* 1713 Heremôd breât bolgenmôd beôdgeneâtas, *Exodus* 199 billon âbreôtan, *Andreas* 51 âbreôtan mid billes ecge, *psalm* 77, 64 sveordum âbrotene udgim. *aber das einfache* t (*s. exc. zu* 2, *vorr. s.* VIII) *spricht* gegen diese zusammenstellung. dagegen ist bretôn vielleicht dasselbe mit dem seltenen ags. breodvian, *Gûdlâc* 258 þâ þec breodviað, tredað þee and tergað and hyra tora vreaað, tôberað þec blôdgum lâstum; *Beóv.* 2619 þeáh þe he his brôðor bearn âbredvade.   55. *hinter* aodlihho *zu ende der* z. 43 *der hs. stehen am rande zwei schnörkel oder zeichen.* taoc   *Beóv.* 573 þonne his ellen deáh, *Andreas* 460 gif his ellen deáh, *JGrimm vorr. zu Andreas und Elene* XLII.   57. bihrahauen.   58. argosto quad hiltibrant   *Walther* 58, 33 er sî ein zage, der dâ wenke.   60. *nach JGrimm. Lachmann interpungierte stark nach* 59 *und zog* gûdea gimeinûn *als acc. mit zum folgenden verbum und schrieb dies* niuse; *doch ist* niusên *weder nachweisbar noch wahrscheinlich.*   61. wer dar sih dero hiutu hregilo hrumen *die etwas blässeren zeichen der umstellung (zu* 41) *fehlen nicht in dem mir vorliegenden abdruck von* 1812. 64. dat in dêm sciltim stôot *nahm Lachmann als abhängigen satz, so dass er it ergänzte, was* Hel. 115, 23 *ebensowenig als* Otfrid 2, 12, 69 *ua. gestattet* (Germ. 9, 315). *die stärkere interpunktion stellt erst das richtige verhältnis der sätze her, exc. zu* 65. *die vergleichung mit mhd.* erwinden (*Troj. kr.* 18263 erwinden und gestân) *bestätigen Beóv.* 891 hät sveord þurhvôd vrätliene vyrm, þät hit on vealle ätstôd, 2679 slôh hildebille, þät hit on heafolan stôd *uam. Völusp.* 55 lætr hann standa hiör til hiarta, *Fáfnism.* 1, *Sigurdarqv.* 3, 21.   65. do stoptû to   *alts.* stôpian stôpen *ahd.* stuophen *wäre denkbar, es ist aber unerweislich und neben* alts. *und* ags. stapan stôp *und* ags. steppan stepte, *ahd.* stephen *mhd.* stapfen *nicht einmal wahrscheinlich.* ags. stêpan stêpte '*erheben, ehren, begaben', woran Lachmann erinnerte, — dazu gehört das 'noch nicht befriedigend erklärte' fränkische* stuofa, ôstarstuopha *Waitz DVG.* 2², 560*ff. — liegt der bedeutung und der etymologie nach ab.* stoptun *steht also entweder für* staptun (*vgl. Otfr.* 4, 17, 3 dô stapften si zesamene ûf soresamen strit) *oder, wie schon Lachmann vermutete, für* stôpun, *und dies ist das wahrscheinlichere schon nach dem Heliand und noch mehr nach dem ags. epischen sprachgebrauche,* Judith 199 veard verod gegearvod tô campe, stôpon cynerôfe, 212 stôpon headoriucas tô beadove, 227 stôpon styrnmôde, *Beóv.* 745 forð neär ätstôp, 761 eorl furður stôp, 1401 gumfêða stôp *usw. vgl. ags.* hildstapa, *alts.* Sigistap *Haupts zs.* 12, 358. aber auch dô stôpun ti *ist fehlerhaft wenn nicht etwa das subject folgte (s. exc.), und entweder* stôpun dô ti *oder* dô stôpun sie tô (ti) *zu lesen* (Germ. 9, 316).   staimbort chlûdun *L.*   68. miti Eckhard *und so steht deutlich in der hs., nur ist der erste zug des* m *in der mitte etwas verletzt.* wâbnû.   CHofmann (*Münchner gel. anz.* 1860 *nr.* 24) *verglich ags.* væma væmnian *statt* væpen væpnian.

Über die sprachliche gestalt, die heimat und das alter des gedichts *s. vorrede s.* VIII*f. den text habe ich im wesentlichen wie ihn Lachmann aufgestellt wiederholt und darin nur einige änderungen vorgenommen, die mir unzweifelhafte verbesserungen schienen; ebenso in der anmerkung alles was sich für die erläuterung des einzelnen seit* 1833 *ergeben hat und als gewinn zu betrachten ist aufgeführt. man kann an einzelnen punkten wohl anderer meinung sein als Lachmann und zweifeln ob er gerade das richtige getroffen hat, wird aber nach unbefangener überlegung zugeben müssen dass bei dem stande der überlieferung eine andere entscheidung auf höhere wahrscheinlichkeit keinen anspruch hat. wer die alt- und angelsächsische poesie zu seinem maßstab nimmt, sollte billiger weise von ihrer verskunst genaue kenntnis haben und noch weniger dinge, wie den widerstreit von vers- und satzabteilung, die Lach-*

*mann schon aus dem Heliand belegte, in abrede stellen. die vergleichung punkt für
punkt durchgeführt, ergibt bei aller übereinstimmung doch genug des eigentüm-
lichen für das denkmal, wie klein es ist. ein mehr oder weniger der änderungen als
Lachmann mit guten gründen im handschriftlichen text vorgenommen führt, statt
zu der einsicht in die wahrhaft überlieferte gestalt des gedichtes, immer nur zu leicht
darüber hinaus ins bodenlose oder wüste. nebst einer erörterung der anlage des gan-
zen sollen hier nur noch einige vorschläge für die bessere anordnung einiger stellen
gegeben und zugleich unbegründete erklärungen, für die bedeutende auctoritäten
sich ausgesprochen haben oder sonst eine gewisse vorliebe sich geltend macht, zurück-
gewiesen werden.   2. statt urhettun soll in der hs. nach Grein urheitun stehen;
doch ist nach seinem eigenen facsimile und Sievers zeugnis nur der querstrich über
dem ersten t etwas erloschen, ein i und der grundstrich eines t in der hs. gar nicht zu
verwechseln, und da der schreiber überall für hd. z oder zz im inlaut tt schrieb,
aufser in muotin, wo er das wort auf zwei zeilen zu verteilen hatte, so kann er an
urheitun gar nicht gedacht haben. dies soll jedoch ein substantiv und zwar nach
Germania 9, 308 ags. oretta sein, obgleich oretta und das verbum orettan, wie
orettan ahd. anazzan lehrt, nur eine ableitung von der praeposition ist und die von
JGrimm zu Andreas 463 hingeworfene deutung durch ahd. urheiz jeglicher stütze
einer analogie im ags. entbehrt. aufserdem soll muotin verbum und zwar geschwächt
aus muotun sein. Rieger aber vergisst ein zweites beispiel der schwächung aus
gleich alten quellen beizubringen und scheint durch seine berufung auf banin und
banun in 54. 52 als einen analogen fall nur zu verraten, dass ihm der unterschied
des ahd. schwachen dativs und accusativs masc. nicht geläufig ist. es bleibt daher
dabei dass urhettun verbum ist, und das schwachformige ēnān kann in verbindung
mit muoti 'begegnung' allerdings nur die gesteigerte bedeutung von 'alleinig' singu-
laris, solitarius haben.   4. sunufatarungo als gen. plur. zu herjun tuēm con-
struiert, wie JGrimm (kl. schr. 5, 107, GDS. 654) und Schmeller (Hel. 2, 107) wollten,
erklärte Lachmann nicht zu verstehen. es müsten dann sätze wie 'Cäsar and Ario-
vist kamen zwischen den heeren der beiden feldherrn zusammen' correct und erlaubt
sein. sunufatarungo ist entweder ein nom. plur. wie himilo statt himilā im Isid.
12ᵇ 18 oder gruorio statt gruoriōs im Hel. 4, 1 (Scherer zu ahd. sprachpr. 33, 18) oder
mit Lachmann in sunufatarungōs herzustellen, und da die alliterierende poesie eben
so wie die erzählende in kurzen reimparen die langzeile zu brechen liebt, so mag man
es, wie es der schreiber wohl beabsichtigte, als apposition zu Hiltibraht joh Hadu-
brant ziehen, wenn vor iro saro rihtun ebenso unbedenklich stark interpungiert
werden darf, wie vor rihtun iro saro, falls dies überliefert wäre.   15. reimverse
kommen in fast allen, auch den kleinsten überresten hoch- und mitteldeutscher
alliterationspoesie vor. de carm. Wessof. p. 5 f. vgl. Lachmann s. 131.   17. 18.
hier muss eine lücke sein oder Hadebrand ist ein schwätzer, der über dinge aus-
kunft gibt ehe er noch darum gefragt ist, und der dichter ein stümper, der auf
solche weise die erkennung des sohnes durch den vater herbeiführt. man kann sich
nicht auf Beóv. 260 ff. dagegen berufen (Germ. 9, 316), wo alles in schönster ord-
nung ist, da Beóvulf dem strandwart Hrodgars über den zweck seines kommens völlige
auskunft geben muss und der dichter, um eine wiederholung zu vermeiden, mit weiser
vorsicht und richtigem tacte ihn seinen eigenen namen verschweigen, dagegen seines
allbekannten vaters sich rühmen lässt (Haupts zs. 14, 197). nachdem Hadebrand sei-
nen und seines vaters namen genannt, muste Hildebrand ahnen dass er seinem sohne*

*gegenüberstehe, und nun sich darüber volle gewisheit zu verschaffen suchen. er
konnte dies, da Hadebrand sich auf die aussage alter leute berufen hat, durch die
frage wie es denn komme dass er seinen vater nicht selbst kenne, dann auch durch
die aufforderung erreichen, ihm doch mitzuteilen, was er weiter von jenem habe
sagen hören. v. 18—28 enthalten nur die antwort darauf.* 20. *Schmeller (Hel.
2, 74*b*) fragt* luttila průt bellam an miseram? *Gudrunarqv.* 1, 19 ec þôtta oc þiodans
reckom hverri hæri Herjans disi: nû em ec svâ litil sem lauf sê opt iölstrom, at
iöfur daudan. *vgl. gl. Ic (Nyerup s.* 255) luzilaz folch vulgus.   23. 24. *hier
scheint doch die ordnung der sätze und gedanken gestört zu sein. sie wäre jeden-
falls besser, wenn* 25. 26 *auf* 22 *und dann erst* 23. 24 *und* 27. 28 *folgten: Hildebrand
gieng davon und liefs weib und kind in not, weil er dem Otacker überaus ergrimmt,
dem Dietrich aber der liebste degen war; Dietrich aber verlor später Hildebrand, weil
dieser in der fremde nicht den beistand hatte, wie daheim, und den krieg zu sehr
liebte. von seinem volke, lande und sohne getrennt, kann der ellende Hildebrand recht
wohl* friuntlaos *heifsen, auch wenn ihn nach v.* 19 *viele seiner degen begleiteten, be-
sonders wenn diese nicht ausreichten um seinen untergang abzuwenden oder selbst
im kampfe fielen. aufser diesem guten zusammenhang von* 24² *und* 27. 28 *spricht
für die umstellung dass der schreiber bei* 26 *wieder auf* 23 *zurückkam: auch wieder-
holen oder führen* 25. 26 *nur eben so wie* 22² *den inhalt von* 18. 19 *anders und
weiter aus. über die anknüpfung von* 23 *an* 26 *s. unten.*   26. *wenn es rich-
tig ist (zu* 43*) dass uns nicht die erste aufzeichnung des liedes vorliegt, so ist eine
buchstabenverwechselung möglich und Wackernagels änderung von* unti *in* miti
scheint ebenso zulässig wie die Schmellers von man *in* iuan. *sie ist es aber dennoch
nicht, weil die wiederholung von* darbâ gistôntun *beweist dass hier des schreibers
gedächtnis ins schwanken geriet. Lachmann betrachtete selbst sein* was er Deotrichhe,
obwohl es dem sinne ganz angemessen ist, doch nur als eine aushilfe die nach dem
er was von *v.* 25 *schwerlich den wahren ersatz des ursprünglichen bietet. folgte*
23. 24 *ursprünglich auf* 26, *so fehlt hier ohne zweifel ein halbvers, den man mit*
demo Deotmâres sune *oder* suniu, sunie *ergänzen mag, vielleicht selbst noch eine
langzeile, so dass* sid Dêtrihhe 23 *ganz tadellos anknüpfte.*   27. folch *ist wie in
v* 51 *heerhaufe, schar. J Grimm (Reinh. Fuchs s.* 259*) meinte* fchêa *sei schwer-
lich* fehta, *eher* fêhitha. *aber* fêhitha *ist 'blutfeindschaft blutrache' und davon ist hier
nicht die rede.* fehta *ist ein gut episches wort, ags.* feoht, feohte *Byrhtn.* 103,
Valdere 1, 17. 19, *Beôv.* 576. 959.   29. *die prosaische, weder der form noch dem
ausdrucke und satzbaue nach poetische zeile zeigt nur die unsicherheit* **der erinne-
rung des schreibers** *an und gibt nicht einmal den inhalt dessen wieder* **was Hade-
brand** *gesprochen haben könnte, da er nach v.* 43. 44 *(vgl.* 23 *f.)* **bestimmte nach-
richt von seines** **vaters tode** *erhalten hat   seine* **rede** *ist mit* 28 **hinlänglich** *abge-
schlossen und höchstens konnte er noch hinzufügen dass er* **seinen vater nie mit
augen gesehen habe. vor* 30 *fehlt wohl nur* Hiltibraht gimahalta Heribrantes suno,
und nach 32 *etwa sô* ih **dir** selbo bim, *und dann* ih bin Hiltibrant, Heribrantes suno,
worauf Hadebrands **tôt ist** Hiltibraut *die antwort ist. die beteurung* 30 *f. zeigt,
dass dem alten jeder zweifel dass Hadebrand sein sohn sei, benommen ist. es kann
darauf nur folgen dass er sich ihm als vater kund gibt. die anlage des liedes, wie
trümmerhaft es auch überliefert, ist doch sehr wohl erkennbar: sie ist bei aller ein-
fachheit kunstreich und ganz dramatisch.*   30. *wenn* w&tu *in der hs. stand, so
bleibt zur erklärung, so viel ich sehe, nichts übrig als Lachmanns 'einfall', dass*

wêttû *für* wêt Tiu = weizgot *stehe. die contraction des* iu *in* û, *sonst im liede unbekannt, konnte sich längst in der formel vollzogen haben. der 'einfall' wird um so glaublicher weil* irmingot *unmittelbar folgt,* quia Irmin Macs dicitur, *Widukind* 1, 12. *der vers verlangt* û, *Lachmann zu v.* 22. 36, *Haupts zs.* 11, 383, *de carm. Wessof. s.* 14. *Otfrids* weizen (*auch mhd. Kl.* 717) *heifst nie* 'zum zeugen anrufen', *sondern stäts* 'zeigen, beweisen'. 45. *Lachmann nahm vor diesem verse eine lücke an weil er meinte s.* 139 *dass nach dem abschnitt, der mit* 'tot ist Hildebrand, Herbrands sohn' *schliefst, Hildebrands rede v.* 46—48 *viel zu spät komme. aber wo sie früher platz finden sollte, ist nicht abzusehen. im gegenteil ist sie hier ganz am orte. nachdem Hildebrand sich nach v.* 32 (*s. zu* 29) *seinem sohn zu erkennen gegeben, reicht er ihm zum zeichen der huld und freundschaft goldne ringe dar. Hadebrand aber der seinen vater für tot hält siekt darin nur arglist und tücke, er meint der alte Hune wolle ihn nur zu sich locken und mit seinem spere werfen: nur spitze gegen spitze, im kampf will er die gabe empfangen. darauf kann Hildebrand um den kampf mit seinem sohn zu vermeiden nur erwidern* 'wohl sehe ich dass du einen guten herrn daheim hast und meiner gabe nicht bedarfst; aber wenn du so streitlustig bist und gut nur durch waffengewalt gewinnen willst, so suche dir einen andern gegner, du findest noch ebenso vornehme wie ich bin, und erprobe an denen deine kraft und dein glück.' *hier zeigt sich dass die vv.* 46—48 *und* 55—57 *zu einer und derselben rede und wohl unmittelbar zusammen gehören. ohne zweifel rief die ähnliche adversative anknüpfung von* 58 der sî doh nu argôsto — *die wenn man umstellt* doh sî der nu noch *ähnlicher wird — dem schreiber die vv.* 55—57 doh mabt du nu aodlibho *usw. ins gedächtnis zurück, die ihm an ihrem orte v.* 48 *entfallen waren. nach* 57 *fehlt wohl nur* 'suche dir einen andern' *und dann der gegensatz zur letzten halbzeile* 'nicht ist recht dass fechte ein vater mit seinem sohne', *wenn nicht schon ein vers der art auf* 32 *folgte. Hadebrand konnte auf den versuch Hildebrands ihn auf einen andern abzulenken, nach dem vorwurf der tücke, nur noch mit dem der feigheit oder furchtsamkeit antworten, und dass er dies gethan und selbst vielleicht das schlimme wort* arg (*RA.* 644 f. *Wilda strafrecht s.* 787. 789) *gebraucht hat, erhellt aus der letzten rede des alten. nur* 54 *und* 58 *schliefsen sich hier richtig und gut an einander;* 55—57 *unterbrechen den zusammenhang, da sie eben den versuch enthalten Hadebrand zu einem kampf mit einem andern zu bewegen. bringt man sie aber mit* 46—48 *zusammen, so gewinnen wir die ganze, richtige folge der gedanken und die einfache und doch kunstreiche, dramatische anlage des liedes (s. zu* 29.) *ist klar, dass* 46—48 *und* 55—57 *zu verbinden seien, hat auch CHofmann in den Münchner gel. anz.* 1855 *nr.* 6. 7 *s.* 54—58 *gesehen, aber er gieng darin fehl dass er sie (gegen v.* 45 *und gegen v.* 56. 57) *dem Hadebrand in den mund legte, — der irrtum wird auch durch die später (Münchner gel. anz.* 1860 *nr.* 24) *vorgeschlagene änderung nicht besser — und dass er dann diese rede ganz gegen den zusammenhang von* 54 *und* 58 *hier in die rede Hildebrands einschob. auf die zeichen am rande der hs. zu* 55 *und* 49 *ist kein gewicht zu legen, weil sie sich* 48 *und* 58. 59 *wiederholen und alle verse* 49—54 (*s.* 37—42 *der hs.*) *mit punkten versehen sein müsten, wenn der schreiber die umstellung hätte bezeichnen wollen. dass er dennoch seines irrtums inne ward und die unterbrechung der letzten rede Hildebrands durch* 55—57 *merkte, dafür spricht die einschaltung des* quad hiltibrant *in* 58, *womit er wieder einlenkt.* 46. welaga, *bei Otfrid* wolaga, *bei andern* wolago, *hat wie* wêla, wola *ein kurzes* ê. 51. *da participiale substantive ausser* friund *und* fiond *in* altsächsischen wie im ags. regelmäſsig im gen. plur. adjectivische flexion haben, so erinnerte Kemble im glossar zum Beóvulf bei ags. sceótend, das die allgemeinere bedeutung von vígend krieger kämpfe annimmt (Beóv. 703. 1026. 1154, Exodus 112, Judith 305, Crist 675; Genesis 2062 sceótendra fyll), mit recht an unsre stelle. allein die erklärung die Leo über Beóvulf s. 66 anm. von dem wort und dieser stelle gibt ist verfehlt. 60. daraus dass ags. neósan, neósian altn. nýsa 'versuchen' den gen. verlangt und den acc. nur etwa in der bedeutung 'besuchen, aufsuchen' zulässt, folgt noch nicht dass ahd. niusan, niusen alts. niusian, niusôn 'versuchen' schlechterdings den acc. ausschlug. zu weiter gehenden änderungen und vermutungen (Germ. 9, 310) fehlt jedesfalls der grund, da dê für dea oder deo (LIV, 1. 13. 14. 15. 19. 20. XIII, 9. 11. 15. 21. 29. 36 de muozze, vgl. Lachmann) unbedenklich und das substantiv môti durch v. 2 und mhd. muote belegt ist. 63. Schmeller (Hel. 2, 94ᵃ) erklärte scritan durch scindere und JGrimm (gr. 4, 709) behauptete 'scritan **darf** nicht, wie bisher geschehen, durch schreiten erklärt werden: es ist got. skreitan scindere, oberd. schreiſsen.' aber dann hätte der schreiber (s. zu 2) scrittan geschrieben, und wer wird sagen sê lêton suerdû hauwan oder stênum werpan udgl., wenn die in rede stehenden es selbst tun? es müste hier also ebenso notwendig der acc. askî stehen, wie in den gr. 4, 641 angeführten stellen der Judith 221 lêton ford fleógan flâna scúras, Hel. 169, 30 liet wâpnes ord wundum snîdan, und dann würde man noch den objectsacc. vermissen. wie passt auch zu 'schreifsen, zerreifsen' dat in dêm sciltim stônt? die schilde werden erst nachher zerhauen. die ellipse 'arme, hände' ist gr. 4, 710 bloſs der neuen erklärung zu liebe ersonnen, und undenkbar 'sie lieſsen die arme oder hände mit den lanzen (die schilde) zerreifsen.' das richtige steht noch gr. 4, 640 f.: die ellipse der objectsacc. beschränkt sich auf 'lauter aus dem kriegshandwerk und der seefahrt hergenommene redensarten'. so ist auch hier, wie in mhd. sie liezen dar gân, dar strîchen, sie liezen umbe gân mit sper und mit schilde, der acc. diu hros zu ergänzen und die alte erklärung wieder in ihr recht einzusetzen. 64. auch hier hält Schmellers von Wackernagel 1861 angenommene erklärung (Hel. 2, 94ᵇ) von scarpen scúrim nicht stich. er suchte darin und Hel. 156, 21 wâpnes eggiun, scarpun scúrun, Judith 79 **scearpue mêce, scúrum heardne,** Beóv. 1033 scúrheard (vom schwert) ein unerweisliches seur 'schnitt' scissura, das freilich Wackernagel in schur tonsura (Schmeller bair. wb. 3, 396) findet. scûr ist aber in allen jenen stellen nichts anderes als in der zu 63 angeführten der Judith 221 oder der Elene 117 flâna scúras, Beóv. 3116 îsern scúr, þonne strǽla storm usw., Gúdlác 1116 hildescúrum flacor flâuþracu oder in den altn. formeln eggja, hialma, stâla, vâpna skúrir und den compositis almskúr, hialmskúr, skotskúr. durch den formelhaften gebrauch stumpft sich der begriff von 'wetter, schauer' allmählich ab: dem scûr kommt strenggenommen das prädicat scarp kaum zu und scúrum oder scúrheard heifst das schwert nur weil es sich im kampf, in scúrum, als hart bewährt. zuletzt bleibt in scúrum nur der begriff der stärke und reifsenden schnelligkeit, cod. Exon. 469, 24 svâ þeós worold fared, scúrum scyndeð and gesceap dreógeð; vgl. ags. firaum alts. firinum; ags. sârum usw. 65. die streitenden kämpfen zuerst zu pferde mit eingelegter lanze, in scharfen schauern: das prallt an den schilden ab. dann treten sie zusammen, es versteht sich nachdem sie vom pferde gestiegen, und hauen auf die schilde ein bis diese klein werden. vor dem einhauen aber konnten die schilde nicht zerspalten. daher ist staimbort chludun, wie Wackernagel 1859 für chludun vermutete, unmöglich und eben so chluttun, wie man nach gl. Hr. (Eck-

hard 2, 959ᵃ) devallabant (*l.* divellebant) kluzun *vermuten kann, vgl. Schmeller wb.*
2, 365. ist hier von den schilden die rede und steckt in chludun *ein verbum, so kann
man höchstens an etwas ähnliches denken wie Judith 204* dynedon scildas, hlūde
hlummon. *aber auch* staimbort *ist unverständlich. mit steinen besetzte schilde sind
im heldenalter unbekannt und unerweislich: die selbst unverständliche stelle Elene
151 gibt dafür keinen beleg ab, noch auch* stânfât *Valdere 2, 3 dafür dass das compositum so aufgefasst werden kann. auch Wackernagels neuste auslegung (Pfeiffers
beiträge s. 224, wb. 1861)* 'kampfschild' *nach mhd.* steim *gewühl, gedränge (vgl.
altn.* stim, stima *dän.* stime, stimen *schwed.* stim, stimma) *entbehrt jeder sicherheit.
dass in vier versen hintereinander 64—67 von den schilden die rede war, scheint
nur möglich wenn* staimbortchludun, *wie auch Lachmann annahm, ein compositum
war und das subject zu* stôpun, *dem dasselbe fehlt wenn man nicht sonst ändert, s.
anm.   überhaupt aber hätte man statt der viermaligen erwähnung der schilde hier
eher erwartet* 'sie zogen die schwerter, ergriffen die barten' *oder dgl.   dass der
kampf mit dem tode Hadebrands endete, ergibt wie Uhland (Thor s. 207. 211—213)
zeigte die nordische sage, der die ältere deutsche überlieferung nicht fremd blieb, und
welche stelle der fabel im deutschen epos zukam, ward in Haupts zs. 10, 179 bemerkt. Fornald. sög. 2, 485 spricht der sterbende Hildibrandr Húnakappi*

        Stendr mer at höfdi   hlíf en brotna:
        eru þar taldir   tigir ens átta
        manna þeirra,   er ek at mordi vard;
        liggr þar enn svâsi   sonr at höfdi,
        eptirerfingi,   er ek eiga gat,
        öviljandi   aldrs synjadak.

*ähnliche sagen und lieder andrer völker vergleichen Grimm 1812 s. 77 f. und Uhland
schriften* 1, 164 f. 7, 547 f.; *dazu Herrigs archiv* 33, 257 ff. *Germania* 10, 338.

III.

    *Cod. lat. 14098, Emm. 98, cimel. 21 der königlichen bibliothek zu München, ehemals bl. 61—121 der SEmmeramer hs. B. VI, sermo SAugustini de symbolo contra
Iudaeos, am schluss bl. 120ᵃ mit dedicationsversen des erzbischofs Adelram von Salzburg (erwählt 821, gestorben 836) an Ludwig den deutschen: das fragment ist auf
den rändern und leeren seiten von bl. 61ᵃ, 119ᵇ—121ᵇ des schönen büchleins von
einer gleichzeitigen, ungeübten hand eingetragen und wie prosa, mit ganz regelloser
interpunction geschrieben; anfang und schluss des gedichtes fehlen, weil die hs. einmal (im XIV jh.?) mit tractaten des bruders David von Augsburg zusammen gebunden
wurde und ihrer alten deckel- oder vorsetzblätter dabei verlustig gieng, die jene enthielten.   IA Schmeller Muspilli, bruchstück einer alliterierenden dichtung vom ende
der welt. mit einem facsimile des originals in Buchners neuen beiträgen zur vaterländischen geschichte, geographie und statistik 1 (München 1832), 89—117; zweiter
besonderer abdruck mit facsimile und glossar, München 1832, 39 ss.   W Wackernagel altdeutsches lesebuch. Basel 1839, 69—76; Basel 1859, 75—82.   Haupts zeitschrift für deutsches altertum 11 (Berlin 1859), 381—393.   ich kann im folgenden
die vergleichung der hs. mit dem abdruck Schmellers (S) mitteilen, die Haupt (H) im*

herbst 1860 *anstellte. sie hat die genauigkeit der lesung Schmellers von* 1832 *durchweg bestätigt und was noch jetzt in der hs. lesbar ist, kann darnach kaum irgendwo zweifelhaft sein: undeutlichere oder zweifelhaft scheinende buchstaben sind nach Haupts angabe durch cursive schrift bezeichnet. die vielleicht bis* 1817 *zurückreichende abschrift Docens hätte CHofmann in den sitzungsberichten der Münchener akademie* 1866. 2, 225—234 *nicht als eine neue wichtige entdeckung veröffentlichen sollen, ohne sie im angesicht der hs. selbst genau zu prüfen. es ist manches versehen darin und manches auch blofse conjectur und ergänzung z.* 10. 12. 22. 38. 45. 51. 58. 59. 72. 91. *sie war auch Schmeller nicht unbekannt, im gegenteil gieng er nur von ihr aus, da seine und Mafsmanns früheren leseversuche und abschriften (Σ M, Germania* 3, 13—16), *die er Graff wohl nur ebenso wie Lachmann ua. vor dem abdruck mitteilte, noch an manchen punkten mit ihr stimmen, wo er später nach längerer betrachtung und erwägung zu einer andern oder keiner bestimmten entscheidung kam. manches freilich, namentlich gegen das ende hin, was in Schmellers hergestelltem texte* (S^2) *vermutung und ergänzung scheint, darf nunmehr nach Docen eher für handschriftlich überliefert gelten.*

1. *bl.* 61ª. *sin] sın das i einem e ähnlich, Haupt.* tôwian S^2 touuan, *nicht* touuian H
   2. uuanta sar'so sih diu sela inden sind | arheuit *vgl. v.* 74.   4. s quimit *nach* s *ist kein buchstab erloschen H.* einaz?   5. *vgl.* 22. 26, *JGrimm zu den hymnen* s. 51, *myth.* 765.   6. Sorgen ar|get *das a ist deutlich, H.*   7. *in* uue deremo *das o aus* b *gemacht, H.* uerde,   8. uuanta ipu   k uuinnit·   10. enti:: | fin stri·daz· iistret H, *vgl. das facsimile.* rehto S^2 11. Upi·sia·hauar   13. prin·gent s::| sar· ufin·himi lo rihi· *die richtige versabteilung ist von Lachmann; die umstellung von* sår *uf in* ûf sår *aber scheint notwendig, weil* sår *sonst höher betont wäre als* ûf. in *habe ich hier geschrieben aus demselben grunde wie Lachmann zu Nib.* 46, 4: *nahe lâge auch* in *in oder* inin *zu setzen.*   14. dariist lip ano to: | lihot ano·finsti *Otfrid* 1, 18, 3. 9. 10 Thu ni bíst es, uuan ih, uuis, thaz lánt thaz heizit páradîs — Thar ist lib ána tôd, lioht ána finstri, Éngillichaz kúnni ioh éuuinigo uuúnni; *s. zu* S*Petrus* IX, 7. 8; *vgl. Ofr.* 5, 22, 3. 6—8 In éuuinigo uuúnni so ferit thaz ádalkunni — ioh sint thar ana fórahtun, thie hiar iô uuóla uuorahtun. In filu scinintaz lioht thes ist sie iámer filu níot, ana tóth inti ana léid, ni mag ih giságen thes geseéid; *Notker ps.* 26, 4 dár alle tága ein tág sint, dár géron ih seldon: dár tág áne náht ist, dár lib áne tôd ist, dár lieb áne leid ist; *ps.* 43, 9 dár tág áne náht ist, dár uuérden uuir gelóbet; *ps.* 118, 116 in futuro, dár lîb áne tód ist; *Catechism.* LXXIX, 8 dár ouir dih gesëhen súlen unde angelis keliche uuordene lib áne tôd hában súlen; *Himmel und hölle* XXX, 116. 117. (134. 135 *mit anm.*). *die formel kehrt dann noch im zwölften jh. wieder zugleich mit einer andern alliterierenden in der sündenklage in Karajans sprachdenkmalen* 52, 20—24 (*vgl.* 48, 7*ff.*) dâ ist liep unde lieht, dâ ist dehein ungnâde nieht, ... dâ ist lîp âne tôt, da ist genâde (ruhe) âne nôt, *und in der Kaiserchron.* 74, 3 *Diem.* got gibet lîp âne tôt, er gibet genâde âne nôt; *Heinrich von des todes gehügede* 952 sælde ân urdrutze, fride âne lâge, genâde ân ungenâde; *in Albers Tuugdalus auch* 52, 20 vinster hât er âne lieht; 56, 1 hie ist vinster âne lieht; 58, 71 dâ was vinster âne tac; *vgl.* 61, 32. *die andern schilderungen des himmlischen paradieses (Otfr.* 5, 23, *fundgr.* 1, 204. 2, 134, *alleinr.* 780*ff. usw. vgl. Genes. fdgr.* 2, 36, 3*f.*) *bewegen sich wohl in ähnlichen gegensätzen, auch Beda de die judicii* (*opera ed. Giles, Londini* 1843, I, 102), nox ubi nulla rapit splendorem lucis amenae: non dolor aut gemitus veniet, nec fessa senectus, non sitis, esuries, somnus et non

labor ullus *usw.*; *aber keine weist so sehr auf ein mit Muspilli und besonders der schilderung bei Karajan gemeinsames vorbild, als die in Cynewulfs Crist* 1650*ff.* þær is leófra lufu, lif bûtan endedeáde, . . . geógud bûtan ylde, . . . hælu bûtan sâre, . . . ræst bûtan gewinne, . . . dæg bûtan þeóstrum beorht blædes full, blis bûtan sorgum *usw. so heifst es auch am schlusse der von Scherer in Haupts zs.* 12, 436*ff. herausgegebenen musterpredigt aus dem ende des* VIII *jhs. und in den ersten sätzen übereinstimmend in dem daraus abgekürzten sermo* VI *des Bonifacius bei Martène et Durand coll. ampliss.* 9, 201 (*unten s.* 280. 445. 448) *vom himmelreich* ubi lux sine tenebris et vita sine morte, ubi est laetitia et gaudium sine fine, ubi iuventus laeta sine metu senectutis, ubi salus sine aegritudine, ubi securitas sine timore, ubi regnum inmutabile *usw. vgl. sermo V aao. s.* 199 ibi erit vita cum deo sine timore mortis, ibi lux indeficiens et nunquam tenebrae, ibi salus quam nulla aegritudo conturbat, ibi satietas indeficiens eis qui nunc esuriunt et sitiunt iustitiam, ibi felicitas quam nullus timor corrumpit, ibi gaudium quod nulla tristitia consumit *usw.* — 15. sorgůn · : : : · | neo man siuh *H* dar niśtt *D*² *S*². *wegen der stellung des hauptstabes s. Schmeller Hel.* 2, XII. *im übrigen vgl. unten* XXX 94. 95 *mit anm.* — 16. denne der man in par : : | su·puki·uuinnit 17. da: | quimit *vgl. zu* 48. — 18. 19. pí^d ist durst | mihhil· alero· mano uuelihemo· *dann folgt bl.* 119^b daz in·es siu muot ki·spane | dazer *Wackernagel fasste die beiden halbverse zusammen und bezeichnete die lücke nach* kispane. *aber eine ergänzung ist denn schwer auszufinden und im ersten halbverse ist doch* durft *eher liedstab als* mihhil, *E. Sommer in den jahrbüchern für wissenschaftliche critik* 1842 *s.* 387. *so ergibt sich auch die ergänzung leicht, s. unten* LV, 26*f., Hel.* 47, 20 tháhtun endi thagodun / uuas im tharf mikil that sie that eft gehogdin; 135, 15 for thiu sc̄al allaro liudio gehuilic theukean fora themu thinge: thes is tharf mikil mannô gehuilicumu; bethiu lâtad iu an iuuan môd sorga; *Crist* 848 is ûs þearf micel þæt ve gæstes vlite georne biþencen; 1057 sceal geþencan gæstes þearfe; *Beda bei Huttemer* 1, 4 | au him þarf sie tô ymbhyeganne. — 20. tuo *es ist nicht notwendig* kituoe *und* 21 piuuise *zu schreiben* (de carm. Wessof. p. 12. 14), *sondern das unveränderliche* o *oder adverbia war entweder noch lang oder die alte länge wirkte nach, wie in ähnlichen fällen im ags. verse. daher kann auch die in den ahd. quellen nicht mehr bezeugte länge des gen. plur. in* o *v.* 56. 75. 100 *unbezeichnet bleiben. v.* 54 *ziehe ich jetzt eine andre versabteilung vor.* — 22. 23. der satanaz (z *aus* s *gemacht*), | áltist· heizzan· *Hel.* 78, 23 hêta lôgna. *mit za din beginnt bl.* 120^a. — 24. suntigen *deutlich* H, *ebenso S*² *D*; suntig:n *S*, suntigon *D*² *M*, *was man nach gr.* 4, 565 *allerdings hier erwartet.* — 25. stuen *S*², *Wackernagel; vgl. got.* stoua, stōjan stauida, bauan *ahd.* pûan, trauan *ahd.* trûên. — 26. phhe 27. hark *deutlich H. hier und in den nächsten versen liegt ohne zweifel Luc.* 16, 24 *zu grunde.* — 28. *beginnt bl.* 120^b *und schon von* kinada *an sind die obern spitzen der buchstaben abgeschnitten, so dass von* uuenae (*so und nicht* uuenaga *list man nach dem facsimile*) *und* sela *nur die untre hälfte übrig blieb; doch ist von* sela *noch mehr sichtbar als von* uuenae. — 29. himiliskîn gôte '*ein vers ohne tadel, obgleich eben nicht in Otfrids art' Lachmann über das Hildebrandslied s.* 138; *vgl. gramm.* 4, 575. — 31. So denne·der· mhal· — 32. sc̄al quemaṅ chun | no·ki·lihaz· 33. denne·ni 34. nialero kilih] uelih *diese änderung die die betonung und das enjambement erleichtert scheint doch das einfachste mittel dem zweiten halbvers aufzuhelfen. gegen den frühern vorschlag* sculi *vor* ze demo mahale *zu stellen ist nicht einzuwenden dass gegen die sächsische, alt- und angelsächsische regel auf den hauptstab nur eine schwache, tieftonige hebung folgen würde:*

diese regel erkennt das Muspilli v. 58. 59. 78? ebenso wenig als das Hildebrandslied (anm. zu 46.) an, vgl. IV 4, 1. 2. wohl aber würde die umstellung gegen die regelmäßige wortfolge verstofsen.   mah in mahale ist aus mh gemacht, II.   35. Dar scaler unora demo rihe|che vgl. v. 96, Hel. 57, 16 for rikea standen.   36. kiuerkotahap&a; ah ganz eng so dass h das a halb befasst, also wohl ein vom schreiber gleich verbesserter fehler, II. doch bleibt das plusquamperfect auffallend, weswegen früher (Haupts zs. 11, 385) io kiuerkóta vermutet wurde, und Docen will, wohl nach uuerolti am ende der vorhergehenden zeile der hs., noch eo gelesen haben.   37. rehtuuislih rationabile gl. Keron., rehtuuisig justus Isid. fr. theod. Graff 1, 1077: ags. rihtvis justus Crist 826 usw. auch altn. rèttvis rechtfertig, rechtsinnig.   39. uuareh denne | uurdit·uuutar·in uuihe·   40. kheu·funsi: | H, fuusin facsimile.   kòsa, sonst fabula confabulatio (Graff 4, 505) ist hier sächlich der streitpunkt, die sache um die es sich handelt, (de carm Wessof. p.22); ags. ceás f. streit kampf (Elen. 56, Ettmüller 388), altfries. kâse ist dasselbe wort.   41. helias·   heuigon   Hel. 28, 1 Hèlias (Cotton. Élias) an èrdagun, 93, 18. 96, 10. 19 Élias.   42. daz | daz   43. wahrscheinlich ist das prosaische pidiu hier ebenso wie 46 zu tilgen und von dem dichter nicht gebraucht.   45. pidemo·sanatase· vgl. gramm. 4, 395.   farsenkan sinken oder fallen machen, lassen. Otfrid 2, 3, 66 iâgilih biuuenke thaz er (der teufel) nan hi firsenke; predigten LXXXVI, C 1, 11 daz er siuun pichorâre firsenchin mahte. scal] cal   46. 47. pidiu·scal er in deruuc | steti uuut pi uallaenti in domo   48. Doh uuanit·des uula gotman | no   vila gotmanno S², uuola·gotmannô Wackernagel. uuisero ward ergänzt; vgl. v. 19. 46. 57. 92. IV, 2, 2. 4, 3. 6, 7. XII, 8 anm. wegen der verschleifung in der senkung, Lachmann zu Iwein 651, de carm. Wessof. p. 11. v.17. muss sogar imo einsilbig werden. wo fand Graff 1, 41 mo in Docens Tegernseer glossen?   49. daz hlias   Élias überfüllt den vers und ist gewis nicht richtig da der nächste vers gleich den namen wiederholt. statt uuiho kann man auch lesen uuizago in demo aruuartit (oder aruuastit) nach dem facsimile; uuerde fehlt, uuirdit S².   50. beginnt bl. 121ᵃ ··:: z hlíases   Sâr sô daz S².   51.   o isprinnan H D   52. ein he [257] (oder enihe? nach dem facsimile) in erdu· aba· ar trukonet   sâr oder allo wird ausgefallen sein.   54. s. zu 20.   55. sten ni ki stentit eik in erdu; uerit·denne | stuatago   Wackernagel tilgte hier uerit. vielleicht ist denne zu streichen? zweisilbiger aufluct ist hier gewis nicht zuzugeben.   56. viriho| ur | ho   Hel. 131, 15 firiho faudôn. 57. Dar ni mac denne mak andremo vgl. zu XLVIII, 9, 6. so schrieb auch Rask Havam. 125 richtig era så vinr er vilt eitt segir statt vinr ödrum.   58. uar prinnit·   varpreunit JGrimm myth.¹ 467.   59. eati uug¹r   60. ist denne | diu marha der man dar heo· piche;   61. Diu·   far prun nan::: | sela stê pidungan   Haupt vergleicht Ruland 128, 19 min marke ist mir verbrunnen; 248, 32 dô man im sîne marke brante; Wolframs W. h. 178, 13 ez brinnet al mîn marke; 194, 29 ir muget die kost lihte hân, swie iuwer marke si verbrant; vgl. JGrimm RA. 47 f. wo an der schon in der zs. für gesch. rechtsw. 2, 55 angeführten stelle ohne zweifel zu lesen ist oder hân ich in den rein verbrant.   über piduungan Haupt zu MSF. 16, 14.   62. niuiz   puoze S, puoze deutlich H, so auch DZM vgl. 98. 99.   sateurit· si za uuze;   63. demanne so | guot denner ze deme mahale   64. rahono neliha reto   65. Dene ni dar: | er sor gen· dene er   66. ni ueiz   Otfrid 1, 17, 51 von Herodes Lóug ther uuènego man; vgl. der arme Judas, zum Friedberger Krist XXXIII Cᵃ 11.   unieliban uu: | teil er II, uurtil D   das masculinum urteil kommt sonst nicht vor. aber selbst wenn uu:teil nicht in der hs. stünde, wäre die vermutung uuartil (CHofmann aao. s. 232) unstatthaft,

da u*artil nur einen diener des richters, nicht aber einen der ihm auf den dienst passt anzeigen würde.* 67. dz reta 68. Daz kita : : : : : : : : : : : : | *H*, kitarnit stentit *D S¹* 69. : r hapet rahono·ueliha *über die stelle s. Wackernagel in Haupts zs.* 6, 149*f*; *vgl. Ruland* 228, 15. 70. êr enti sid *S²*, ere // a sia *D*, er enti sia? *D²*, a : : : : : : : a | *H*; *Crist* 1053 þät hi ær odde sid vorhtun in vorulde; *doch vgl. zu* 72 *und Dêmes däg* 12 calles þe ve on eordan ær gevorhtan gôdes odde yfles.
71. er z : | 72. ni scolta sid mannohhein miatun (*es beginnt bl.* 121ᵇ) ti er diu mietun ////g //// /az er /// li p .. sid ni scolta manno nohhein miatun intfahan? *D*, Ni scolta sid mannohhein miatun | enti er dio (dia *M*) mietun antfieng az erdu | den (az er sid ni *M*) **scolta manno** nohhein miatun intfahan *ΣM*, | Ni scolta. sid mannohhein : : : : : : (*bl.* 121ᵇ) : : er d : : : : : : : m : : : : ..... dz er .... | : : : : : : : : : : manno nohhein miatun : : : : : : : *S* 1832, : : *den* scolta manno nohhein miatun *intfaan¹H. es ist wohl klar dass der schreiber beim umschlagen in verwirrung geriet.* scolta, *wofür man* scolti *erwartet, ist zweimal überliefert.* 73. So das : : (hi *D*) | milise: horn kilutit uuir dit 74. enti sih der : : : : : : (suanari *Σ und nach Lachmann über das Hildebrandslied s.* 143 anm., fiant? mahtigo? *D*) : : : : : | sind (seud *DM*) arheuit, der dar : : : nuan (uuennan *D*) scal toten. enti lepen : : : | *S*, enti sih der in den sind arheuit || der dâr suonnan scal tôten enti lepenten *S² Wackernagel* 1839, *der aber die letzten überzähligen worte verwarf. Lachmann aao. fand Schmellers* suanari *mit recht sehr wahrscheinlich und strich demgemäfs die auf* arheuit *folgenden worte wegen v.* 85. 86. *der versuch den vers dadurch zu retten dass man für Schmellers* suonnan tuoman *setzt, wie Hel.* 131, 6 tô âdômienne dôdun endi quikun, *ist aufzugeben. Haupt bestätigt und ergänzt Schmellers lesung:* enti sih der : : ana : : ar : : : (in den stand hier jedesfalls nicht) | sind arheuit, der dar suannan seal toten. enti lepenten. 75. Denne 76. pa:d | Daz imo nioman kipgan 77. Denne uerit **er** : : : **er** : | *H*, er ze de| *D* 78. uuirdit d : : (diu *D*) : : : | na hio
79. Denne uurant uper *d* : : | 80. uueehant 81. denne : : : · (scal? *D*) | mano gilih *fona HD*. 82. lossan· sih ar deru leuo | uazzon *Schlettstädter gl.* 22, 7 (*Haupt* 5, 345) Cymiteria, sepulture, vel domus mortuorum vel dormitorium i. lêgir (*d. i.* lêuuari, lêir *Graff* 4, 1093) fazzi. lôssan sih *das den vers überfüllt kann doch wegen* vazzon *leicht zugesetzt sein.* hauar 83. sin : e : | raht? *D²* reht *S²*; *nach Haupt ist der erste buchstab, scheinbar ein* se *oder* st, *noch erkennbar.*
84. ar : : : | : : : : uerde; *H*, arteilit uuerde *DS²* 85. Denne 86. : : : : arteillan 87. Denne stet | dar um pi *DH* deutlich. 88. gari ist so mih | hil *D*, g : r : st : : : : : : | : : : *S*, garust so m : : | : : : *H* deutlich. *was Schmeller in seinen text setzte,* girust sô mihhil, *ergibt keine alliteration und empfiehlt sich auch nicht dem sinne nach, da* girust *oder vielmehr* girusti *sonst nur* machina instrumentum ornamentum *bedeutet, Graff* 2, 547. *Wackernagel vermutete* gart chorus (*Graff* 4, 250), *dem sinne nach sehr passend, aber gegen die spuren der hs. denkbar ist* garust *als ein wie* angust dionust ernust follust *und andere im nordischen (gr.* 2, 367. 369) *von* garo *gebildetes substantiv, aber freilich sonst unerweislich. da aber in der hs. oft nach* u *oder* uu *der folgende vocal übergangen ist* (46. 48. 56. 61. 62. 79. 89. 98), *so lässt sich* garust *auch auf* garuuist, garuuist *zurückführen, das wie* mituuist nâbuuist samuuist *zusammengesetzt, bereitschaft gegenwart anwesenheit bedeuten würde. minder abstract würde* garust *wohl 'bereite schaar' sein.* 89. dara qumit ze deru rihtungu so uilo dia dara : : | ufarstent *H*, *nach dem facsimile* uft *oder* ust rstent. *die betonung im ersten halbvers ist nach unsrer abteilung wie bei Otfrid*

wârun steininu thiu faz, bihiu si irbaldôta sô fram *usw., Lachmann zu Iw.* 33. *die ergänzung ergibt sich durch die feststehende formel*, *Otfrid* 5, 4, 29 Krist stuant ir den restin, 11, 38 er stuant fon then restin; *Hel.* 67, 3 uppan standan, ârisan fan theru restûn, 97, 14 fan dôde âstande, ârîse fan theru restu, 123, 24 hê than fan erdu scal upp âstanden an themu dômes daga: than uuerdad fan dôde quica thurh maht godes mankunnies gehuilic, ârîsad fan restu. 90. ui**h**t pimidan *verheimlichen* (*Graff* 2, 676) *wie* **ags.** *immer*; *Crist* 1049 ne mâgon bord **veras heortan** gepohtas fore **valdende vihte bim**i**dan.** 91. :::::: | (scal *D*) denne·hant· sagen *s. zu* X, 13. 92. aller: :: | do uelih unzi in deu luziguu uiger; *reden der seelen* 1, 96 **þonne ne bid nænig tô þæs lytel lid on lime â**veaxen**, þæt þû ne scyle for æghvylc ânra onsundran riht âgildan, þonne rêde bid dryhten æt þâm dôme.** 93. uaz er: untar | :: s ::· (desen *DS*²) mannun:ordes (mordes *DS*²) *Otfrid* 1, 16, 23. 2, 14, 39. 23, 13 untar mannon, 3, 14, 98. 5, 23, 74 untar uuoroltmannon, 4, 9, 27 untar mennisgon, 1, 5, 49. 15, 29. 2, 17, 8. 20, 12 untar manne, 3, 18, 56 untar uuoroltmanne, *vgl. de carm. Wessof. p.* 20*f.* 94. Dar ni is heo so list :: | :::: (listic man *DS*²) der dar hiouuiht *das einfache* uuiht *ist hier wahrscheinlicher als* iouuiht.

95. ki ta: | :.: megi *H*, kitarnan megi *DS*² 96. fora demo k**h**unin :: | :::::::: : uerd: khuninge kichundit uuerde *DS*² 97. alamusanu alamusanû *Wackernagel*. furi megi *DΣ*, furmegi (meg *undeutlich*) *Graff* 2, 610, furi | diegi M,f u :: |: e ::: *SH* stand jenes in der hs. so ist ein guter **vers** leicht gemacht: ûzzan er iz furimegi mit alamuasnû. aber woher das praesens? der vers würde auch nur dann dem dichter gehören können, wenn das verbum 'abtun, tilgen' bedeutete. bedeutet es nur 'vermögen', so dass der infinitiv dazu erst aus dem nächsten verse zu ergänzen ist, so ist iz mit — enti gewis nur ein prosaischer zusatz von der hand des schreibers der sich daran erinnerte oder darüber belehrt war, dass auch almosen von schuld frei mache. auch die beichte wird sonst genannt, *fundgr.* 2, 136, 22—35; biht, wâre riuwe *und* almuosen *Basler hss.* 23ᵇ, almuosen, vasten, gebet und andrin guoten were *Grieshabers predigten s.* 21 *usw.* 98. uurina kipuazt:; *H.* kipuazci *D*, kipuazzi *D*²*M*, kipuazti *D*²*Σ*, kipuazta *S*². 99. Denne: | ::::::::· der gipuazzit· ap&; Denner ze der: ::::: ::: | :::::::: *HS*, denne | der pa /e/. der — ze dera suon | stete? (suonsteti *Graff* 6, 243) .. *D*, ze deru suonu *ΣM*? *S*² und *Wackernagel* lassen den vers unergänzt. obgleich die spuren einige buchstaben mehr ergeben, so scheint die ergänzung (de carm. *Wessof. p.* 12) doch sicher. wer nach Docen ergänzte denne der paldè, müste den dritten satz streichen, wo suonsteti *nicht gestanden haben kann, weil dann für* quimit *kein platz wäre.* 100. uirdit *D*, ::::: dit *SH* chru | ei *DS*², eh :: | :: *SH*. 101. der heligo *DS*², :::: eligo *SH*. 101. 102. uuard | denne augit **er** *DS*², uu ::::::: | :::::::: *SH*. *fundgr.* 2, 135, 15 sô ougit **er** sîne wudin. 102. 103. in deru m ::::: | :::: di: er *SH*, in deru me | an **fene dio er** *D*, in deru menniski antfeng dia er *S*², ... fene dio er *ΣM* minna *HS*², ::::: *S*, mina fîr *oder* ar *D*, mina far *Σ*, minna gin *M*. *augenscheinlich geriet das gedächtnis des schreibers ins schwanken, weil zweimal der relativsatz beginnt, und der zweite satz hätte dasselbe oder ein gleichbedeutendes verbum wiederholen müssen. beide sätze sind daher in éinen zusammen zu ziehen, aber eine sichere ergänzung fehlt, da* intfêne *oder* gifêne *dem letzten halbverse nicht genügen. darauf dass man zuletzt noch* fir, far *oder* gin *zu lesen glaubte, ist schwerlich viel zu geben.* JGrimms *vermutung* (*Germ.* 1, 237) minna ana sih ginam *bleibt zweifelhaft, weil von wundenmalen die rede ist; daher auch* gidolêta *oder* fardolêta, *worauf sonst*

ähnliche stellen führen, Hel. 154, 6 bendi tholode thurh mancunni, 165, 22 hie it all githolode thiodô drohtin mahtig thuru thia minnia mannô cunnies; *allfries. rechtsqu.* 131ᵇ mith thâ fîf wêdon, ther hi an thâ criose tholade fori ûs and fori al mannesklik slachte; *Crist* 1116 call þis mâgon him sylfe geseón þonne open orgete, þût he for älda lufan firea fremmendra fela prôvade.   *die genetivform* desse *ist nicht anzutasten, ebenso wenig als mhd.* disse *Erec* 317, *Lachm. zu Iw.* 4094, *gramm.* 1, 796.

Fast drei vierteile des fragments sind tadellos überliefert, in durchaus regelmäfsigen versen, falls man nur alle richtig abteilt; und die grofse mehrzahl der überlangen verse wird auf das richtige mafs zurückgeführt durch tilgung kleiner wörter, zumal der conjunctionen uuanta ayar denne *womit das gedicht gegen den stil des epos überladen ist, — die daher auch an einigen stellen getilgt sind wo sie metrisch nicht gerade fehlerhaft waren; dazu kommt noch der artikel dessen häufigkeit schon JGrimm auffiel. einiges bedenken erregt allein die verkürzung von* 82, 1. *die kurzen halbverse* 20, 2. 21, 2 *lassen sich rechtfertigen, die übrigen leicht verbessern, entweder durch herstellung der flexion oder vertauschung der wortform* (46, 2. 91, 2), *oder durch umstellungen* (2. 32) *und zwar ein paarmal so* (16. 22, 2. 23, 1) *dass wenn man was der eine halbvers zu viel hat dem andern zulegt, beiden zugleich geholfen wird. die ergänzungen der unvollständig überlieferten verse ergeben sich bis auf* 103, 2 *gleichfalls ohne schwierigkeit. die regelmäfsigkeit des versbaues im Muspilli kann daher nicht wohl einem zweifel unterliegen. der inhalt des gedichts aber verlangt noch einige bemerkungen.   es zerfällt in drei abschnitte und der erste gibt gewissermafsen das erste zeugnis für die später herschende vorstellung eines kampfes der engel und teufel um die abgeschiedene seele. JGrimm* (myth. 392 anm. 796—798) *will sie aus der deutschen mythologie ableiten; aber hier erfahren wir nicht nur nichts von einem solchen streit der götter, er ist auch nicht einmal wahrscheinlich, weil durch die todesart und den stand der menschen jedem gotte sein anteil an der menge der sterbenden zugewiesen und bestimmt war. dass die vorstellung christlichen ursprungs ist, zeigte Zarncke in den berichten der sächsischen gesellschaft der wissenschaften* 1866 *s.* 202—213. *aber die ältern belege wissen meist nur von einer disputation der engel und teufelscharen, höchstens von einem* luctamen (aao. *s.* 209) *oder dass die guten geister* quasi contra daemones pugnam inirent (*s.* 211). *wenn jedoch der deutsche dichter zwei heere mit einander streiten läfst, so konnte keiner seiner zuhörer, wie Zarncke s.* 213 *meinte, noch an einen blofsen wortwechsel denken und das* pagan *v.* 5 *anders auffassen als v.* 38 *und* 76 *und die* suona *v.* 6 *nur als abschluss, entscheidung des streites. auch dass die seele des guten gleich nach dem tode zu den himmlischen freuden eingeht, stimmt keinesweges mit der correcten kirchenlehre: die parallelstellen zu v.* 14 *meinen wohl sämmtlich die erst nach dem jüngsten gericht beginnende seligkeit* (Zarncke *s.* 195).   *noch weniger steht die darstellung des kampfes des Elias und antichrists im zweiten abschnitt in übereinstimmung mit der kirchlichen ansicht. die jüngern dichtungen vom antichrist* (Diemer 281, 20ff. fundgr. 1, 195, 12ff. 2, 119, 27ff., Haupts zs. 6, 384, Martina 196, vgl. Mones anz. 7, 316) *heben den kampf wenig oder gar nicht hervor, auch nicht Adso de antichristo (Alcuini opp. ed. Froben* II, 2, 530ᵃ, *Haupts zs.* 10, 269 f.), *die hauptquelle für jene* *dichtungen, obgleich es in der apoc.* 11, 7 *heifst* bestia quae ascendit de abysso faciet adversum eos bellum et vincet illos et occidet eos; *woraus wenigstens erhellt dass die behauptung J Grimms myth.* 158, 'in der christlichen überlieferung sei nichts was eine verwundung, und gar eine tötliche, des Elias anzunehmen berechtigte', *irrtümlich ist. unbegründet und mit der biblischen und herschenden, kirchlichen darstellung in widerspruch ist dass Elias den antichrist besiegt und selbst dabei nur verwundet, nicht getötet wird, auch dass Enoch am kampfe keinen anteil nimmt, Satan dagegen in person auf der seite des antichrists erscheint, und dass endlich der weltuntergang unmittelbar auf die verwundung des Elias folgt, während die apocalypse* 11, 13 *nur von einem* **verheerenden erdbeben nach der himmelfahrt der propheten** *weifs, das der Linzer* **Entecrist *(fundgr.* 2, 120, 27 *ff.)* unmittelbar auf** *ihren tod folgen lässt. ein teil der* **abweichungen *erklärt sich wohl aus einer combination oder vermischung von apoc.* 11 *mit* 20, 7—13 (Zarncke s. 222). allein dass im VIII jh. oder überhaupt im mittelalter jemand mit vollem bewustsein über die biblische und kirchliche lehre in 'genialer kühnheit', wie Zarncke meint, sich hinwegsetzte und eigenen eingebungen folgte, ist ganz unglaublich. der verfasser war nach v.* 37. 48 *ein ungelehrter laie, der nach hörensagen und ungenauer kenntnis dichtete. der heidnischen mythologie gehört das wort* muspilli *an, dessen er sich noch in seiner eigentlichen bedeutung 'weltbrand, weltuntergang durch feuer' bedient, während sie im altsächsischen Heliand* 79, 24. 133, 4 *schon verblasst und abgeschwächt ist. ob aber heidnische vorstellungen bei ihm noch unwillkürlich weiter, über den ausdruck hinaus nachwirkten, lässt sich nie mit gewissheit behaupten, wenn auch nach dem richtigen zusammenhange in der Völuspa, die für die nordische mythologie hier die allein entscheidende zeugin ist, unmittelbar nach dem falle Thors durch die midgardsschlange der weltuntergang eintritt und Elias leicht, wie namentlich bei den Slawen (myth.* 157 *ff., Haupts zs.* 12, 353)*, an die stelle des donnergottes treten konnte. darin dass der baierische dichter in seiner schilderung 'die flammen heraushebt' (myth.* 771)*, liegt gewis nichts heidnisches nach* 2 Petr. 3, 12 *oder myth.* 776. *fast alle ihre einzelheiten finden sich in der sechszehnten und siebzehnten fitte von Cynevulfs Crist wieder, womit das jüngere ags. gedicht des cod. Exon.* 445 (Grein 1, 195)*, aufserdem fundgr.* 1, 199, 39 (Diemer 287, 4) 2, 129, 33 *ff., Haupts zs.* 1, 125. 3, 525*, Freidank* 179, 4 *ff. HMS* 3, 97ᵃ*, Wackernagel Basler hss.* 23ᵃ*, Richthofen altfries. rechtsqu.* 131 *usw. zu vergleichen sind. gegen* **eine** *stärkere mischung des heidnischen und christlichen spricht zweck und ursprung des gedichtes.*

das stück 37—62 *unterbricht den zusammenhang von* 31—36 *und* 63—72 *und der kampf des Elias steht* **an einer falschen stelle,** *weil schon* 31 *ff.* **das gericht** *entboten wird dem er vorhergehen sollte. da nach* 31—36 *alle* **zum gerichte kommen** *sollen um sich über das zu verantworten was jeder auf erden getan, so schliefst sich daran die ermahnung an die ungerechten und bestechlichen richter* 63—72 *aufs genauste an, und dass das mahal* 63 *das irdische ist und nicht das himmlische von* 31. 34*, ist nicht zweifelhaft wenn dem verse nur die vom metrum und vom inhalte der nächsten zeilen geforderte verbesserung zu teil wird.* 63—72 *zeichnen sich durch wiederholung derselben formeln* 63. 65. 71, 64. 69 *noch mehr aus als die andern teile des gedichts, die dadurch* 2. 74, 10. 26, 17. 27, 30. 36, 31. 34, 70. 93, 99. 65. 71*, so wie durch die ähnlichen anfänge der abschnitte* 31. 73 *und der mahnreden* 18. 63*, dann durch* **die** *beziehung von* 36 *auf* 30 *sich unzweifelhaft als das werk eines und desselben dichters ausweisen. dagegen schweifen* 37—62 *von der* 31—36 *eingeschlagenen bahn ab und lenken erst durch die mahnende froge* 60 *wieder ein. der übergang durch* 61. 62 *ist so, dass wenn man den engen zusammenhang von* 35. 36 *mit* 63 *f. ins auge fasst, man bald erkennt dass jene verse mit diesen nicht ursprünglich in demselben zuge gedacht und gedichtet sind. die abschweifung* 37—62 *wird daher erst eingeschaltet sein, als man in dem gedicht die schilderung der dem weltgericht vorangehenden ereignisse vermisste. unläugbar ist der zusatz viel besser und poetischer als namentlich die ihn umgebenden stücke. an kenntnis der kirchenlehre ist auch nach dem vorhin bemerkten der ältere dichter dem jüngern nicht viel überlegen und beide richten sich an den gleichen hörerkreis. die frage nach der landschaft um die man mit seinen magen stritt, und die mahnung an die richter wenden sich beide, wie Schmeller s.* 94 *bemerkte, an leute der höheren stände, besonders jene an fürsten und die königssöhne, deren einer wahrscheinlich das in seiner jugend erlernte gedicht mit eigener hand in die ihm gehörende hs. einzeichnete. in der mahnrede an die richter fand Scherer (über den ursprung der deutschen litteratur* 1864 *s.* 17) *wohl mit recht eine hindeutung auf die zeit der abfassung. sie fällt darnach in das ende des achten oder den anfang des neunten jhs., ehe Karl der grofse im j.* 802 *die vornehmsten des reiches, die nach dem ausdruck der Lorscher annalen* iam in opus non abeant super innocentes munera accipere, *zur handhabung des rechtes aussandte und damit einer allgemeinen klage (Waitz DVG.* 3, 379 *f.* 4, 352 *f.) zu begegnen suchte, der vor allen Theodulf von Orleans in seiner paraenesis ad judices* 97—356 *nach eigner erfahrung einen beredten ausdruck gibt. es ist auch wohl möglich dass erzbischof Arn von Salzburg, der mit Alcuin bei Karl die verbesserung der rechtspflege betrieb, der entstehung des gedichtes nicht fremd geblieben ist. denn der zweifel dass es, in Baiern aufgezeichnet, nicht auch dort entstanden sei wäre ungerechtfertigt, obgleich v.* 5. 16. 22. 26 *nur den oberdeutschen ursprung beweisen. und jener zeitbestimmung steht das schwanken in der aussprache des h vor consonanten* 73. 82. 7. 62. 66 *nicht entgegen; man vergleiche nur die hrabanischen glossen und vorr. s.* XII. *die einschaltung kann man weder anderswohin noch viel später setzen als das übrige gedicht, und gehörte der dichter demselben kreise und derselben zeit an wie der andere, wie möchte man ihm eine stärkere mischung heidnischer und christlicher vorstellungen zuschreiben als die sprache mit sich brachte!*

in dem letzten abschnitte fällt nur auf dass, wenn 97 *f.* iz mit alamuasu furimegi enti *von der hand des schreibers interpoliert ist, blofs die fasten als bufse der übeltaten erwähnt werden. sonst unterscheidet sich das stück nicht sonderlich von den übrigen darstellungen. fast alle stimmen darin überein dass das kreuz und die wundenmale vorgezeigt werden,* **Crist** 1085 *ff., fundgr.* **2**, 135, 5; 130, 42; 1, 200, 9; 201, 35 *(Diemer* 287, 14; 289, 8), **HMS.** 3, 97ª, *Basler hss.* 23 ᵇ, *altfries. rechtsqu.* 131ᵇ, **zum** *zeichen dessen was* **Christus** *für die menschheit getan und gelitten, und zum schrecken der bösen. wie Cynevulf, wird auch unser dichter dies in seiner weise zu einer eindringlichen mahnrede benutzt haben. denn ihr beider, so wie Otfrids* **vorbild** *waren lateinische homilien, in denen ermahnung und betrachtung mit erzählung und schilderung wechselt. es ist am schlusse wahrscheinlich mehr verloren gegangen als im anfange, wo wohl nur wenige verse fehlen, die man mit hilfe der ersten zeilen der im Exeter und Verceller codex erhaltenen ags. reden der seelen an den leichnam (Grein* 1, 198) *leicht ergänzen kann:*

Húru þäs behôfað   häleda æghvyle,
þät he his sâvle sid   sylfa geþence,
hû þät bið deóplîc,   þonne se deád cymeð,
âsyndred þâ sibbe,   þe ær samod væron,
lîc and sâvle.

wer statt Schmellers Muspilli nach einem, den ganzen inhalt des gedichts umschreibenden titel sucht, kann es nur 'von der zukunft nach dem tode' benennen.

IV.

1.

Hs. 58 *der bibliothek des domcapitels zu Merseburg, auf dem rücken von alter hand der titel* RABANI. EXPOS. SUP. MISSAM; *auf der innenseite des deckels sind zwei zusammengehörende blätter einer hs. des* IX *jh. angeheftet:* 1ᵃ Incipit Passio scorum martyrum Ualentis presbiteri atque Hilarii diaconi. III. nonas novembris; 1ᵇ *links unten von andrer hand* Dodda Aluiger?; 92 *bll. kl. fol. oder gr.* 8⁰. *sie besteht aus sechs teilen:* I. bl. 1—21 *expositio super missam usw. in ags. schrift, s. unten zu* LII; II. bl. 22—38 *zwei quaternionen* IX *jh., der erste als* XV *bezeichnet;* 22ᵃ—25ᵇ *auszüge aus Jesaias, Oseas usw. mitten in einem satz beginnend;* 25ᵇ—34ᵃ memoriale qualiter in monasterio religiose ac studiose conversari vel domino militare oportet id ipsum cotidie repetendo; 34ᵇ *von andrer hand* Hymnus in natale dñi ad nocturnas: Surgentes ad te domine atrq noctis silentio *usw. mit noumen;* 35ᵃ—38ᵇ *von dritter hand* Achener capitular von 817, *in der ordnung und anzahl der capitel verschieden von* MG. LL. 1, 201—204; (35ᵇ *am obern rand verwischt* Wolphero Meginhart); III. bl. 39—42, 4 *blätter* IX *jh., begleitschreiben bei übersendung der benedictinerregel aus Monte Cassino;* IV. bl. 43—51 *ein quaternio des* IX/X *jh. mit einem eingehefteten bl. kl.* 4⁰ X/XI *jh., bruchstücke von missalen; auf dem obern rande des einzelnen blattes von einer hand des* X *jh.* Hll ki mařei ob. hadebraht p̄r. C...; *auf dem untern rande links* Alhsuiⁿt.h Uóda; V. bl. 52—83, *vier quaternionen, von denen der dritte bezeichnet* · QR · III ·, *ende des* IX *jh., ein missale; auf dem obern rande der ersten, ursprünglich leeren seite* 52ᵃ *steht ein bruchstück einer ahd. interlinearversion* (vorr. s. x)

Nec ā & ab inferis resurrectionis,
ioh ouh fon hellu arstannesses.   ioh ouh in himilun diurliches
ufstiges.   brengemes p̄clarae berehtero dinero heri.   fon dinan gebon
BENEDICTIO SALIS PRO PESTE ANIMALIVM ac datis.
                                              inti giftin

die benedictio, und eine missa pro peste animalium *auf dieser seite von anderer hand; auf den rändern der folgenden blätter bis* 68ᵃ *sind viele gebete und varianten nachgetragen;* 77ᵇ *oben* Omnipotens sempiterne deus qui nos idoneos OR IN CHORO ā esse perpendis ad maiestatem tuam sicut dignum est exorandam, da sancto martyri tuo Bonifatio cum omnibus sanctis pro nostris supplicare peccatis quos digne possis audire. p. (vorr. s. x); VI. bl. 84—92 *ein quaternio von noch kleinerem format als* IV. V, *die schon kleiner sind als* I—III; *anfang eines missales* IX *jh.; auf dem ur-*

sprünglich leeren und vor der schrift schon abgeriebenen vorsetzblatte stehen bl. 84ᵃ die deutschen zaubersprüche und ein lateinisches gebet (s. J Grimms facsimile), erstere mit blasser dinte und zum teil sehr erloschen, von einer hand des X jh.; auf der rückseite 84ᵇ von andrer gleichzeitiger hand ein teilweise neumiertes gloria und vollständig neumiertes alleluia· Stetit iesus in medio discipulorum et dixit eis pax uobis; darauf ein eingeheftetes kleineres blatt, wie es scheint, als nachtrag zum missale. J Grimm über zwei entdeckte gedichte aus der zeit des deutschen heidenthums in den abhandlungen der philosophisch-historischen classe der academie zu Berlin 1842, 1—24 (kleinere schriften 2 (1865), 1—29) mit facsimile. W Wackernagel vorrede von 1842 zum altdeutschen lesebuch, Basel 1839, p. ix. x; Basel 1859, 19. 20. die verse sind nicht abgesetzt und ausser einem ·H· ähnlichen schlusszeichen fehlt jede interpunction. 2 f. nom. plur. fem. adj. auf -a bei Graff 1, 14, Kelle Otfr. 2, 275. 3. umb i cuonio uuidi 4. nach insprinc glaubte J Grimm noch den kopf eines g wahrzunehmen; die wiederholte untersuchung der hs. hat ergeben dass hier nie ein buchstab gestanden. uigandun ·H· wigandun J Grimm.

Eiris 'früher, ehedem' scheint ein adverbialer genetiv von êr, nicht wie got. airis comparativ, und ei für ê geschrieben, wie in der Reichenauer gl. b. (Dint. 1, 501 ᵃ. 513 ᵃ) archeirit und eirina ęreos, vgl. Scherer zGDS. s. 105 f. es weist den spruch entweder in eine spätere zeit des heidentums wo schon der glaube an das unmittelbare eingreifen göttlicher wesen in die menschlichen dinge minder lebendig war, oder der anfang lautete ursprünglich anders und die erste zeile oder halbzeile hat in nachheidnischer zeit eine umbildung erfahren; und dies ist wohl das wahrscheinlichste. die beiden halbzeilen sind nur gebunden durch die wiederholung eines und desselben worts, nicht wie es in der ersten den anschein hat, durch vocalanlaut. sizan ist, wie noch oft im mhd., wie ein verbum der bewegung construiert: sâzun hera ist 'setzten sich hieher, liefsen sich hieher nieder', weil die idise durch die luft gezogen kommen, gerade wie in dem ags. spruch (myth. 402) sitte ge sigevif, sigad tô eordan. am natürlichsten nimmt man darnach mit J Grimm und Wackernagel duoder als 'dorthin'. aber got. þaþrô ἐντεῦθεν 'daher, von da' hätte nicht verglichen werden sollen, eher ein got. þadrê, das nach ags. hider þider oder þäder altn. hedra þadra neben got. hidrê zu vermuten ist. allein auch für den ablaut von þadrê duoder fehlt jedes analogon, da ahd. innâdiri innôdili (Graff 1, 157. 298 f.) ganz anders zu beurteilen ist. sollte also hera duoder aus (duo) hera, duo dara (alts. thar) gekürzt und abgeschliffen sein? oder ist duoder nur ein verstärktes duo (duo dâr?) 'damals' mit beziehung auf eiris? Graff 1, 54 f. 59. vgl. zu XI, 49. ungeachtet dieser zweifel wird niemand eine andre erklärung, wie die Ettmüllers (lex. anglosax. 607) 'sie sassen auf die erdkugel' ndglm. gut heifsen. die idise erscheinen in drei haufen (myth. 1181); vielleicht waren es wie Helguqv. Hiörv. 28 þrennar níundir meyja, weil gewöhnlich neun zusammen ausreiten, myth. 392. alle drei kann man nur in gleicher, nicht in verschiedener, dem gefangenen der durch sie befreit zu werden hofft feindseliger richtung tätig denken, und zwar so dass eine steigerung entsteht und der spruch mit v. 4 in eine spitze ausläuft. er geht von der anschauung einer schlacht, wo zwei kämpfende heere einander gegenüberstehen, aus und darnach ist die tätigkeit der göttlichen frauen, die wie schon 1843 in den nordalbingischen studien 1, 211 f. bemerkt ward der teilnahme der altgermanischen weiber an der schlacht durchweg entspricht, zu verteilen. heften einen haft bedeutet im Renner 20132 'schliefsen, einen schluss, halt machen'. hier ist hapt heptidun jedesfalls wörtlich zu verstehen von dem fesseln der gefangenen und nicht, wie myth. 373, abstract und in widerspruch mit der nächsten halbzeile 'sie taten dem kampfe einhalt'. auch die altn. valkyrien Hlöck und Herfiötr sind von der fesselung der gefangenen benannt und die benennung nicht mit K Maurer in der zs. für deutsche mythologie 2, 341 ff. aus einer übertragenen bedeutung herzuleiten. der erste haufe der idise, dem das geschäft der fesselung zufiel, ist hinter dem heer **der landsleute des gefangenen zu denken**, den der spruch befreien soll; wie die altgermanischen weiber hinter **der schlachtreihe ihren stand hatten und** hier auch die gefangenen feinde in empfang nahmen, Strabo p. 294, **vgl. Germ. c. 7,** histor. 4, 18, Plut. Marius c. 27. der zweite haufe **wirft** sich dem **andringenden heer der** feinde entgegen, **wie die weiber nach Plut. Marius c. 19, Germ. c. 8;** vgl. Stillihere duae? Dronke cod. diplom. Fuld. nr. 388 a. 819; aus Dio 71, 3 und Vopiscus vit. Aurelian. c. 34 wissen wir aufserdem dass einzelne weiber wie die männer und valkyrien vollständig gerüstet am kampfe teilnahmen. der dritte haufe erscheint endlich hinter dem heer der feinde um den gefangenen, der sich hier befindet, **zu befreien.** dem vers umbi cuniouuidi fehlt eine hebung. sie lässt sich ergänzen wenn man, was in einem thüringischen spruch gewis erlaubt ist, eine mehr niederdeutsche form uuiddâ, uuiddiâ oder uuidiâ herstellt. noch das heutige niederdeutsch kennt neben wēd = wede, **das dem ahd.** uuit mhd. wit wide entspricht, in besonderer bedeutung **die nebenform** wedde (s. glossar zum Quickborn 1856 unter weed und wichel), und dem wedde steht gleich ags. vidde altfries. wilhthe altn. vidja, auch wohl ahd. uuitta, fahsuuitta (Graff 1, 745 f.). der themavocal des ersten worts aber könnte in der composition nur i oder o für altes a sein, nicht io, das jeder analogie im ahd. und alts. entbehrt, de carm. Wessof. p. 28. anders als hier erkläre ich es mir jetzt aus einem schwanken des schreibers, das sich auch schon in dem uo der ersten silbe verrät, ob **er das** eine **oder** das andre setzen sollte: got. kunaveda, verschrieben für **kunavida, ahd.** khunauuithi sprechen für o, ags. cynevidde das dasselbe wort zu sein scheint, für i. got. in kunavedom ἐν ἀλύσει, die gloss. keron. (Hattemer 1, 190ᵇ) Laquearí. strikhi. catena. khuna. uuithi. Loconie. uuithi. catene khuna uuithi, nach der Reichenauer hs. (Diutiska 1, 259ᵇ) Lauconic, stricki. catene, chun uuidi — sonst findet sich das wort in unsern quellen nicht — lassen die bedeutung 'kette', dann allgemeiner 'fessel' nicht zweifelhaft. der erste **wortteil aber** ist dunkel. ags. cyne-, das in cynebald cynegöd cyneröf cynevord **den** begriff **erhöht, weist** auf got. kuni γένος, und altn. bedeutet kyn auch res mira, kynjum miro modo, valde und man bildet mit dem gen. plur. in diesem sinne composita wie kynjameun kynjalæti kynjavetr, denen scheinbar cuniouuidi genau entspricht. aber die erklärung durch kuni scheitert an der übereinstimmung des got. und ahd. in dem thema auf -a und der rechtfertigungsversuch FJustis (zusammensetzung der nomina s. 52) kann sich auf kein zweites beispiel für den ausfall des i stützen. er könnte sich nur noch darauf berufen dass das u, wenn es kurz ist, im ahd. höchst auffallender weise vor a ungebrochen bleibt. Wackernagels deutung 'kniestricke' ist sprachlich und sachlich gleich unzulässig: sprachlich weil es in keiner germanischen sprache ein kun oder kuni 'knie' gibt, also auch keinen gen. plur. cuniô den Wackernagel im lesebuch 1859 ansetzt, und sachlich weil niemand an den knien gefesselt wird. ebenso wenig ist bei cuniowidi an kränze für den sieger zu

denken (myth. 373) ; wie wäre damit dem gefangenen geholfen? der spruch führt
von 1—3 in episch erzählender weise den fall vor, wo unmittelbar durch göttliche
mächte die wirkung hervorgerufen wurde, die der zaubernde in seinem falle wünscht.
in der schlusszeile nimmt er ihnen gleichsam das würksame wort aus dem munde,
um es für sich anzuwenden und damit dieselbe würkung zu erreichen. ebenso ver-
fährt der zweite spruch und andre zauberlieder. dass auch im norden sprüche wie
der vorliegende bekannt waren, ward in der myth. 1180 übersehen:

> þat kann ec et fiorda, ef mer fyrdar bera
> **böd at boglimom:**
> svá ec gel at ec ganga má:
> **sprettr** mer af fótom fiöturr,
> en af höndom hapt. *Hávam.* 149.

> þann gel ek þer inn fimta: ef þer fiöturr verdr
> borinn at boglimum,
> leysigaldr læt ek þer fyr legg of kvedinn,
> ok stökkr þá láss af limum,
> en af fótum fiöturr. *Grógaldr* 10.

2.

Über die hs. s. zum ersten spruch. 1. Pol 2. birenkic't 3. sinhtgunt.
hier steht ein punctum in der hs., sonst nur noch am schluss. 4. frūa uolla: Frūa
JGrimm (vgl. myth. 277 anm. 285 anm.), Frijâ *W*ackernagel 1842, Friia 1859;
die unter Jaffés beistand wiederholte prüfung der hs. hat ergeben dass die beiden
i striche unten nie, wie bei allen u. der hs. verbunden gewesen sind. wegen der um-
stellung s. exc. 5. Otfr. 1, 27, 31 sós er uuola konda.

Über Phol s. JGrimm in Haupts zs. 2, 252—257, *myth.* 205—209. *was myth.*
209 *anm. und sonst myth.* 581. 749. 944. 948. 975 *über ihn beigebracht wird, muss
dahingestellt bleiben.* über das asyndeton v. 3. 4 *JGrimm in Haupts zs.* 2, 188
—190. *es ist nothwendig anzunehmen weil, wenn hier einem genetiv noch ein gen.
des pron. pers. hinzugefügt wäre (Gramm.* 4, 351), *man* Sunnûn, Vollûn *statt* Sunna,
Volla *zu erwarten hätte, und wenn man den beiden namen starke flexion beimisst
und an der überlieferten ordnung festhält, unter jener voraussetzung sogar die zwie-
fache ungereimtheit sich ergibt dass die höchste göttin durch den namen ihrer ge-
ringeren schwester näher bestimmt und die sonnengöttin nur durch ihre schwester
vertreten wird, wo sie selbst, bei der not des lichtgottes, nicht fehlen durfte und in
eigner person zu hülfe kommen muste. JGrimm (myth.* 285. 667) *vermutet in* Sinth-
gunt *den morgen- und abendstern als begleiter der sonne und gewis ist sie die gefähr-
tin (gesindin) der sonne, wie* Sindolt *der gefährte des* Hunolt *und* Sintram *der gefährte
oder nachfolger des* Baltram (*Haupts zs.* 12, 353); *an sich aber bedeutet ahd.* sind *alts.*
sith *got.* sinþs *nur 'fahrt, weg, reise' und* Sinthgunth *ist der* Sunna *ohne zweifel nur
beigegeben weil diese selbst als wandelnde, eilende göttin angeschaut wurde (nord-
albing. studien* 4, 209 *f.). sie ist eine hypostase der vornehmeren schwester, die eine*

eigenschaft derselben in besonderer gestalt darstellt, und passend ist sie zuerst zur stelle wo es sich um die förderung des lichtgottes handelt. doch nicht minder ist Volla, die Copia nur eine potenz und hypostase der höchsten göttin und der parallelismus zu v. 3 sowie die natur der sache verlangen in gleicher weise dass v. 4 die höhere macht der geringeren nachfolgt. die umstellung der namen ist hier notwendig. nun erklärt sich auch das asyndeton aus der emphase und es darf Frija *geschrieben werden, während sonst der vers* Fria *verlangt. auf* Frija *weist* Frigaholda (JGrimm kl. schr. 5, 417), *altn.* Frigg, *das in der gramm.* 1, 327 **richtiger beurteilt wird** *als myth.* 278, *langobard.* Frêa, *ndd.* frû Frêen *(AKuhn und WSchwartz nordd. sagen s.* 414, HPröhle *unterharz. sagen s.* 208—11), *ags.* Frigedäg *engl.* Friday, *fries.* Frigendei Fredei, *dän.* **schwed.** **Fredag**: *der name ist nichts anderes als das ags. appellativum* frig amor, **venus**. *dem* Frija *entspricht auch genau das slavische* Prije (myth. 280). Fria *aber ist nur contrahiert aus* Frija. Frijâ *zu schreiben war ein doppelter fehler. dagegen spricht für* Wackernagels *lesung und gegen* Grimms Fruâ *der vollständige mangel sicherer spuren und zeugnisse für eine der nordischen* Freyja *entsprechende göttin im deutschen volksglauben und in den ältern quellen, während das volk die* frû Frien *oder* Vrëen, Fricke *oder* Fröke *noch ganz wohl kennt. es kommt hinzu dass die nordische mythologie die* Fulla *wohl als dienerin d. i. als hypostase der* Frigg *kennt, aber von einem näheren verhältniss zur* Freyja *nichts weiss.* v. 7 *bezeichnen* Grimm (myth. 1181) *und* Wackernagel 1859 *eine lücke, gewis mit unrecht: der halbvers ist ein geleit, wie im nordischen galdralag (Snorris Háttatal* 101 *vgl.* Haupts zs. 11, 108 f.), *das den epischen teil des spruches abschliefst, durch den reim mit dem vorhergehenden langvers verbunden und nicht etwa ein späterer zusatz, wie v.* 9 *lehrt. zu den jüngern fassungen des spruchs in* Grimms myth. 1181 f. *kommen noch* Chambers popular rhymes of Scotland (1847) p. 129 anm., Notes and queries 3 (1851), 258; 10, 220 — Choice notes (1859) *p.* 167. 64, Dalyell superstitions of Scotland (Edinburgh 1834) *p.* 25 (Hagens Germania 7, 425), Thiele Danmarks folkesagn 3 (1860), 124 f., Asbjörnsen norske Huldreeventyr *s.* 45, Kreutzwald und Neus mythische und magische lieder der Ehsten (1854) *s.* 97—99. 122. 123, Kalewala übertragen von AShiefner (1852) *s.* 79, *aufserdem* Kuhns zs. 13, 58 f. 151—153. *weiter ab liegt der unterfränkische segen (Bavaria* 4, 1, 223) Sanct Peter sass auf einem stein   und hatt ein böses bein: fleisch und fleisch, blut und blut,   es wird in drei tagen gut.

3.

Cod. 552, *olim histor. eccles.* 143 *der k. k. hofbibliothek in* Wien, 112 *blätter klein quart passionen verschiedener heiligen enthaltend, bl.* 107ᵇ *schluss der passion des heiligen Sebastian und seiner gefährten, dann von einer besondern hand der segen und noch eine schlangenbeschwörung (s. zu v.* 12), *darauf wieder von der ersten hand der anfang der ältesten* passio sanctorum martyrum Kiliani et sociorum eius; *geschrieben nach Karajans vermutung in Salzburg und der hs., in die das Muspilli eingetragen ist, ungefähr gleichzeitig, obgleich die sprachformen der deutschen verse, das häufige* a *in den endungen, der gen. sing.* heido *statt* heidâ (Dietrich histor. decl. p.* 26, *vgl. p.* 25 *über* biuta *statt* biuto), *in eine spätere zeit weisen; vgl. überhaupt exc. zu* X *s.* 281. Zwei bisher unbekannte deutsche sprach-denkmale aus heidnischer zeit von Th. G. von Karajan mit einer schrifttafel (facsimile). Wien

1858. 8°. 20 ss. *aus dem decemberhefte des jahrgangs 1857 der sitzungsberichte der philosophisch-historischen classe der kais. akademie der wissenschaften (XXV bd. s. 308) besonders abgedruckt.   Haupts zeitschrift für deutsches altertum* 11 (1858/59), 257—262.   *die verse sind nicht abgesetzt, aber zum teil durch punkte getrennt.*   1. . ër. deiob.   *Genes.* 31, 39 quidquid furto peribat, *fdgr.* 2, 46, 20 Suaz mir wolf oder diep genam.   uuas *fehlt*   2. 3. sc̄e   6. huuto. dero zohono.   7. uuolf. noh vulpa   *über* uulpa *JGrimm kl. schr.* 5, 391 *ff. Haupts zs.* 12, 252.   8. seuuara   geloufan   9. uualdes . **ode** uneges . ode heido.   *Hel.* 18, 12 nuegas endi uualdas.   11. sc̄e   12. frú | ma   12. hera- **heim gasunta;**   *Otfrid* 2, 3, 1 hera heim, *Klage* 1901 her heim, *gGerh.* 6609 **herheim.**   *nach einem absatz und einer überschrift* Contra sı̄pe *folgt noch* **Contra serpentē** in xp̄i nomine quinta dessia maria | **uaria.** Ziso d̄n̄o Ziso p̄eante **uaria uartaueilla sup** | sargarha uidens si esse innomine; Dextera dn̄i; Sup as- pidē & basiliscū; :

Dadurch dass man namen heidnischer götter an die stelle der christlichen setzte, hat man geglaubt den vv. 1—3. 11. 12 *ihre ursprüngliche gestalt wiederzugeben. das verfahren ist tadelnswert weil es nicht von einer genügenden prüfung des überlieferten ausgeht. der erste halbvers ist um eine hebung zu kurz und bleibt die langzeile ohne stabreim, weil* nuart *als minderbetontes wort nicht liedstab sein kann.* Wuotan *statt* Christ *gesetzt, würde allerdings den richtigen reim ergeben und der vers dann mit* gaborau uuart *ausgefüllt, aber eine unmittelbare heidnische grundlage lässt sich hier gar nicht annehmen; so geläufig den Christen die datierung von Christi geburt, so ungeläufig und fremd war den heiden die von Wuotans geburt. auch die wahl unter den deutschen göttern an* SMartins *stelle ist völlig haltlos und willkürlich. aufserdem sind die verse 3 und 11 ohne reim und allitteration, wenn auch metrisch richtig. nur* 12 *ist untadelhaft, sobald das entbehrliche und wegen der häufung der allitteration im zweiten halbvers fehlerhafte* hera *getilgt wird. dieser vers, allesfalls auch der zweite halb-* **vers der ersten** *zeile, könnte aus dem ältern, heidnischen liede herübergenommen* **sein; aber** *anfang und schluss des spruches, so wie sie vorliegen, sind augenscheinlich ein rohes flickwerk aus christlicher zeit. der* **ältesten, best erhaltene teil des spruches** *v.* 4—10 *kann, für sich betrachtet,* **ebenso gut oder eher einem segen den ein jäger beim** *auszug auf die jagd über seine hunde sprach angehört haben,* **als** *einem hirtensegen, weil die erwähnung des viehes fehlt.* **gehörte aber dieser teil nach v. 2** *schon ursprünglich einem hirtensegen an, — und dafür scheinen auch spätere nachklänge zu sprechen, JGrimms myth.* 1189*f. myth*¹. CXXXVIII (*Mones anz.* 1834, 277), — *so haben wir darin wahrscheinlich nur ein bruckstück eines gröfseren, mehrstrophigen liedes, das in einer andern strophe den segen über das vieh enthielt. das kirchliche gebot MG. IV*, 2, 83 § 205 *setzt bei hirten heidnischem ruf und gesang beim aus- und eintreiben des viches (AKuhn herabkunft des feuers s.* 183*ff. Uhlands schriften* 3, 202. 302) *voraus. v.* 4—10 *lassen sich, ohne der sprache und dem stil, dem vers und der überlieferung gewalt anzutun, nicht auf das gewöhnliche mafs der langzeilen zurückführen. mit geringer orthographischer und metrischer nachhilfe bei v.* 8. 9 *stellt sich eine variation des liodahátts heraus, Haupts zs.* 2, 112*ff., de carm. Wessof.*

p. 18. nur ist den beiden für sich stehenden halbzeilen 4. 5 und 8. 9 jedesmal noch ein geleit von drei hebungen beigegeben (vgl. zu 2, 7), das erste mal vers 6 wie es scheint mit der vorhergehenden halbzeile durch den reim verbunden, jedoch nur zufällig, da das zweite mal v. 10 jede verbindung fehlt, wenn man nicht auf die wiederholung des minderbetonten ode ein unerlaubtes gewicht legt. die geleite stehen aufserhalb der eigentlichen strophenform, wie die ruf- und refrainzeilen in spätern volksliedern, und sie lassen nach dieser analogie schliefsen dass das ursprüngliche mehrstrophige lied nach einer bestimmten melodie gesungen wurde. sie für spätere zusätze zu halten, verbietet ihre regelmäfsige und gleichmäfsige wiederkehr.

4.

Cod. 751, *theol.* 259 (*Denis* 1, 277) *der k. k. hofbibliothek zu Wien*, 188 *bl. fol.* X *jh.; auf bl.* 129—162 *wenige ahd. glossen zum Jesaias und Jeremias* (*Graff Diutiska* 2, 190), *auf der letzten seite lateinische und die beiden altsächsischen zauberformeln 4 und 5* A. *HFMafsman in Dorows denkmälern alter sprache und kunst. erster band zweites und drittes heft. Berlin* 1824, 261—271; *mit facsimile taf.* II. *EG Graff Diutiska* 2 (*Stuttgart und Tübingen* 1827), 189. 190. *J Grimm deutsche mythologie, Göttingen* 1835, *anhang* CXXXII; *Göttingen* 1844, 1183. 1184 *nebst den lateinischen formeln. Diese beginnen:* [DE EO QUO]D SPURIHAIZ DICIMUS. si in dextero pede contigerit, si in sinistro (*l.* contigerit, in sinistra aure) sanguis minuatur; si in sinistro pede, in dextero aure minuatur sanguis. *in der überschrift des deutschen spruches* SPURIHAZ; *vgl. v.* 3 *und worauf schon in der myth.* 1183 *verwiesen ward, Martina* 50, 15 ir vinde lop vil lamer wart und darzuo spurhalz; (*wegen HMS* 3, 278[b] *s. mhd. wb.* 1, 858[b];) *dazu kommt Heinrichs Crone* 19864 *von einem ross ez waz gebrosten nider hinden ûf diu lit:* spurholz was ez dâ mit   *die verse sind nicht abgesetzt und die punktierung ist ziemlich regellos.*   1. aftar themo nuatare. verbrustun. *vgl.* after lande, after wege, after walde *usw. wahrscheinlich ist auch umzustellen* after nuatare flôt.   vetherûn] *der plural lehrt dass die flossen, flossfedern gemeint sind, Grimm wb.* 3, 1393; *vgl. lat.* pinna (penna), *ags.* finn *ndd.* finne *ndl.* vin. *altn. ist* fiödr *der schweif des walfisches* (*Fritzner* 159), *wie nhd.* finne *die spitze des schmiedehammers, Grimm wb.* 3, 1665.   2. thogi. helida. ina. use druh tin. the sel uo druhtin. *die stellung des hauptstabs, die weder hier noch v.* 1 *der alts. reimregel (s. zu Muspilli* 34) *entspricht, bleibt doch besser unangefochten.*

3. gihelda. thie gehele. hers *statt* hors *ist vielleicht doch nur ein schreibfehler, und nicht eine dialectische nebenform,* **wie** *im altfriesischen, flichthofen* **wb.** 797.   *der spruch scheint eine sage vorauszusetzen,* **wie sie sonst** *von S* Peter *erzählt werden, Wolf deutsche sagen nr.* 31; **Firmenich** *s.* 9. 48; *schleswigholst. sag. s.* 11.

5.

A. *auf die vorhin zu* 4 *angeführte, erste lateinische formel in der Wiener hs.* 751 *folgt* AD VERMES OCCIDENDOS. Feruina dei gratia plena. tu habes triginta quinque indices et triginta quinque medicinas. quando dominus ascendit ad coelos ascendit memorare quod dixit. *ebenso auf* 4 *der alts. spruch* CONTRA

VERMES. *aber die den drei übrigen lateinischen* AD APES CONFORMANDOS, AD PULLOS DE NIDO, CONTRA SAGITTAM DIABOLI *entsprechenden deutschen formeln fehlen. doch s. zu nr.* 7 *und* XVI. *die litteratur zu* 4. 1. *priester Johann v.* 138*ff.* (*altd. bl.* 1, 311*ff.*) ein laut hân ich dan, dâ inne mac wir noch man gesiechen von vorgiftnisse, da en ist di scorpjô noch genisse, da en ist nicht slange under deme grâte noch die vorhte bôser lûte. *die vermutung Mones* (*anz.* 1837, 463 *nr.* 11) *dass* nesso *nhd.* nösch, nöschtropf *sei* — Ich versegne dich, nöschtropf und gesicht (*mhd.* gesühte), margschoss und wild geschoss und spitzige wüetige dischlen? *usw.* —, *wird in der myth.* 1110 *mit recht zurückgewiesen, aber* nösch *ohne* not mit *naschen zusammengestellt.* 4. flesgke.

B. *Cod.* lat. 18524, 2. *Tegernseensis* 524, 2 *der königlichen bibliothek zu München,* IX *jh.* 203 *bll.* epistola SHieronimi de ordinibus ecclesiasticis, Isidorus Hispalensis liber officiorum *und andre schriften der kirchlichen litteratur. bl.* 202 incipit REGULA FORMATARV, *bl.* 203ᵃᵇ *eine formata: ein empfehlungsbrief eines clericus N. an einen erzbischof; am schluss darunter zunächst* spcatio syon, *dann von besonderer hand* Pnessia. Gang uz *usw.* JGrimm *deutsche mythologie, Göttingen* 1844, *s.* 1184 *anm. der spruch ist wie prosa geschrieben, aber die halbzeilen durch punkte abgeteilt.* 1. Nesso. nessinclilinon *oder* nessinchilinon. 2. marga JGrimm. 3. Vonna 5. tulli = strála A, 5. *mhd.* tülle *Nib.* 897, 3, *nhd.* tülle, dölle *Grimm. wb.* 2, 1150, *franz.* douille; *vgl. Haupt zu Engelhart* 1916, *mhd. wb.* 3, 127 *fg. Kuhn in seiner zs.* 13, 65 *f.* 72 *vermutet mit grund dass der pfeil 'in den wilden wald' geschossen werden sollte.* 6. *auf* Ter Pat̄ n̄r. *folgt noch* similit *varianten dieses wurmsegens laufen noch heute um als spruch gegen unreine säfte* JWWolf *beiträge zur deutschen mythologie* 1 (*Göttingen und Leipzig* 1852), 256, *gegen wunden und geschwüre* EMeier *sagen aus Schwaben* 1 (*Stuttgart* 1852), 526, *gegen die geelsucht* GDTeutsch *eine kirchenvisitation* (*Kronstadt* 1858) *s.* 25, *gegen die schweinung* (*aus Schwaben*) *zeitschrift für deutsche mythologie* 4 (1859), 416; *vgl. die schwedische formel aus einem abendsegen myth. anh.* CXLVII *nr.* 52, 4 du skal ur ben och i kött, ur kött och i skinn, ur skinn och ända at helfvetes pina. *Mone im anz.* 1837, 470 *nr.* 27 *hat folgende aufzeichnung aus dem anfang des* XVII *jh. als spruch 'für die wilden geschoss oder bösen luft'.* Wilde schoss (böser wind, markhs dropf), ich gebeut dir aus dem mark in das bain, . . . aus dem bain in das flaisch, . . . aus dem flaisch in das bluot, aus dem bluot in die haut, aus der haut in das haar, aus dem haar in die erden, neun clafter tief. *Kuhn in seiner zs.* 13, 66 *ff. vergleicht indische sprüche.*

6.

'*Cod. Argentor. membr. sec.* XI'. JGrimm *über zwei entdeckte gedichte aus der zeit des deutschen heidenthums* (*s. zu segen* 1.) *Berlin* 1842, *s.* 26; *nach s.* 21 *nach einer mitteilung von Pertz.* JGrimm *über Marcellus Burdigalensis in den abhandlungen der philosophisch-historischen classe der academie zu Berlin* (1847) 1849 *s.* 29. 30. *eine neue, bessere abschrift oder durchzeichnung aus Strafsburg zu erlangen ist mir nicht gelungen. der versuch einer herstellung der* ersten beiden teile, wenn überhaupt möglich, ist daher noch auszusetzen. hier nur einige bemerkungen.   1. der stabreim ist in der ersten und zweiten zeile ganz richtig durchgeführt, wenigstens der sächsischen regel gemäfs: Hel. 26, 12 ginnet imo thô gangan, al sô Jordan flôt; 34, 17 thâr habda Jordan an eban Galilêoland êana sê geuuarhtan; 34, 22 godes rîkeas forgeben, al sô git hir an Jordanes strôme fiscôs fâhat usw.   keken *ist* natürlich *auf* gegen zurückzuführen. dass aber dies das mhd. giegen 'geeken' sei, wie JGrimm vermutet, wird niemand dem zusammenhange *nach für* möglich halten.   entweder ist keken hier und s. 5 die präposition gegen und das e drückt nur einen zweifel des ungeübten schreibers aus, wie der laut zu bezeichnen sei: dann müste, was *wenig* wahrscheinlichkeit für sich hat, gegen samont soviel als gegen einander bedeuten; oder keken ist nichts anderes als giengen, wofür man auch später öfter giegen geschrieben findet, gr. 1, 935, mhd. wb. 1, 463. im ersten fall würde sozzon in scuzzon, scuzzon, im zweiten als sciozan (über-on für -an im infin. s. Graff 2, 942) herzustellen sein.   2. uersoz ist ohne zweifel verscôz, te der artikel die.   3. vor dieser zeile ist wohl eine lücke anzunehmen. *es müssen ein oder mehrere verse ausgefallen sein*, worin erzählt wurde, wie das blut zum stehen gebracht ward.   5. ist vollständig rätselhaft und zerrüttet, weil die alliteration fehlt es scheint der anfang eines zweiten, vermutlich heidnischen spruches zu sein, der aber noch unvollkommener als der erste überliefert *ist und gewis* nicht zur ergänzung desselben zu benutzen ist. darauf führt schon die verschiedene natur der namen. freilich bevor man mit JGrimm aus Vro 'eine neue bestätigung des Frocultus' schöpft, hätte man gerne erst einen sicheren beleg für die fortdauer dieses cultus im spätern heidnischen Deutschland; aber auch Làzakére ist ohne zweifel ein name, der nach Graff 2, 316 einen mit einer hasta amentata, einem ger mit schwungriemen bewaffneten anzeigt, unmöglich aber wie JGrimm meint 'einen der den speer im stich lässt, wie der nordische Freyr sein schwert hingab'. für das folgende bemerke ich nur gegen JGrimm, dass molt nur 'erde' heifsen kann, wenn in pet der zweite teil eines compositums — vielleicht eines namens? gegen moltpet? ritten — steckt oder wenn man hier die im Wiener Notker ps. 103, 29 und bei Jeroschin (mhd. wb. 2, 216) vorkommende nebenform von molta, molte annimmt, und dass petritto auch deswegen nicht peträten sein kann, weil betreten nicht soviel ist als treten, was hier, wenn das stehen des bluts davon die folge sein soll, erwartet werden müste. die gl. Jun. s. 239ᵃ Nyer. mulcare pitrittaa (Graff 5, 524) *will ich nur anmerken*. für jede weitere vermutung über diese stelle muss erst eine neue vergleichung und einsicht der hs. den boden schaffen. es scheinen drei verschiedene sprüche, die nur in ihrem zweck und ihrer absicht übereinstimmten, oder vielmehr deren überreste hier verbunden zu sein.

7—9. sind wohl verständlich und schon in der myth. (1844) s. 495 von JGrimm erläutert.   7. kint de narme die hs.   8. heiz beide male statt hiez, wie JGrimm verbesserte.   9. tivsa: tisa JGrimm 1844, disc 1847; vgl. dheasa Isidor 95, 16. die zeile lässt wohl den reim Tumbo: uuunda für die alliteration eintreten.   da t im anlaut für d nur dem ungeschick des schreibers beizumessen ist, so könnten Tumbo und das demonstrativ jedenfalls nur in einem fränkischen dialect alliteriert haben, der nicht nur media für tenuis, sondern auch schon d für Otfrids und des Tatians th setzte; s. zu IX, 7. 8. JGrimm verglich aus Marcellus Burdigalensis c. 22 *ein carmen utile profluvio muliebri:* Stupidus in monte ibat, Stupidus stupuit, adiuro te, matrix, ne hoc iracunda suscipias. *die formeln sind keineswegs unvollständig, wie dr Mannhardt mir bemerkt, sondern da* tump *auch ahd. noch stumm bedeutet, wie got.* dumbs, *so zeigen der* tumbo in berge *und* stupidus in monte *richtig das starr werden oder stocken des blutes an.*

7.

170   Liber beate Marie virginis in lacu, *hs. der universitätsbibliothek zu Bonn, geschrieben um* 1070—1090 (*HHoffmann ahd. glossen, Breslau* 1826, *einl.* § 57 *s.* 20—25), *bl.* 41ᵃ. *WWackernagel das Wessobrunner gebet, Berlin* MDCCCXXVII, 67—70.   2. suaz: '*der fehler ist aus dem bekannten* z *für* m *entstanden; vgl. Nib.* 734, 1 *A* gezaz *für* gezam.' *Wackernagel.*   4. *über die allitteration s. zu* IX, 7. 8.   gituo: *Otfrid* 4, 19, 49 sis, quad er, bimnaigot thuruh then himiligon got, thaz thu uusih nu gidun uuis, *vgl. JGrimm in Aufrechts und Kuhns zeitschrift* 1 (*Berlin* 1852), 144—148.   *über* himunigôn *s. JGrimms myth.* 1178.   5. adiure.   sȳm *statt* spm.   *über* malannus (*vgl. ital.* malauno) *s. myth.* 1113. *der lateinische spruch aus cod. Vindob. theol.* 259 (*s. oben nr.* 4) CONTRA SAGITTAM DIABOLI *in myth.*¹ *anh.* CXXXII, *myth.*² 1184 *ist in etwas abweichender fassung aus cod. lat. Monac.* 100, XII *jh. in den quellen und erörterungen zur bayerischen und deutschen geschichte* VII (*München* 1858), 319 *mitgeteilt* . . . Gardia. gardiana. gardentia. Domine nescia suffonia. quia necesse est per istud malum malannum. quia dominus papa apostolicus ad imperatorem transmisit (*s. s.* 427) ut omnis homo super se portaret. agios. agios. agios. sauctus. sanctus. sanctus. *mit unserm lateinischen text stimmt der spruch* Ad frasin (*l.* fraisin, *myth.* 1111) *in der hs.* C 58/275 *der wasserkirche zu Zürich* (*vgl. zu* XXVII, 2 C, *s.* 428 *und zu* XLIX, 1—3): Sputo circumlinito minimo digito et dic: Adiuro te, mala malauna, per patrem et filium et spiritum sanctum, ut non crescas, sed evanescas in nomine patris et filii et spiritus sancti *usw. Wackernagel altd. predigten s.* 254, *CHofmann in* den *Münchener sitzungsberichten von* 1870. 1, 518. *Wackernagel verglich schon früher den schluss einer formel gegen das gerstenkorn bei Marcellus Burdigalensis c.* 8 p. 71 (*JGrimms abhandlung s.* 13): nec huic morbo caput crescat, aut si creverit tabescat.

8.

Hs. F 58 (16?) *aus dem kloster Weingarten in der königlichen handbibliothek zu Stuttgart, ein psalterium und litaneien enthaltend,* 4°. XII *jh., bl.* 123ᵇ. *EGGraff Diutiska* 2 (*Stuttgart* 1827), 70.   *WWackernagel altdeutsches lesebuch, Basel* 1859, 253—255 '*nach einer durchzeichnung Pfeiffers*'.   2. minen] min   3. *mit Wackernagel*] dich.   *Wiener Exod. fdgr.* 2, 94, 43 *ff.* (*Diem.* 130, 19 *ff.*) urloub gab ime dô sîn sweher Jethrô 'mit heile muozzest dû varen, din got sol dich bewaren: dich sende er mit gesunde heim ze dinemc lande'.   4. *JGrimm* (*myth. anh.* CXXXIII) *vermutete* siegidor *oder* sældedor. *aber die eigentliche bedeutung von* siegitor (*mhd. wb.* 3, 49. 50) *ist hier nicht statthaft.* K. Lacre Zs. 23, 94 : *sægildor*. Helmbrecht 684. —

es könnte nur wie sigidor, wâgidor, wâfindor *aufgefasst werden und würde daher den wunsch ausdrücken dass dem reisenden schläge zu teil werden möchten. es soll ihm das tor das zum siege, zur überwindung aller hindernisse und fährlichkeiten, führt und noch ein andres tor des heiles offen stehn; dagegen der untergang im wasser und durch waffen versperrt sein. Wackernagel in Haupts zs.* 2, 535—537 *verteidigt* sældedor *und schreibt im leseb.* **seldi dor** *für* sêldidor (gloss. 242ᵃ), *Walthers und anderer der* sælden tor, der sælden tür, der sælden porte *und ähnliche ausdrücke* (des tôdes porte *Barlaam* 136, 13, der êren tor *Ulrichs frauend.* 81, 14) *vergleichend.* **aber sældedor ist zu abstrakt** *und allgemein, da* sælde *den sieg mit begreift. eher liefse sich an* seldidor *'tor der herberge' denken.* 5. *vgl. Münchner* **auzfahrtsegen** XLVII, 3, 45*f. und im excurs dazu den segen von Muri v.* 15*f. und den zweiten Wormser segen v.* 9*f.* 6. hohi *die hs. vgl.* **rom** *üblen weibe* 131*f.* ich wil in riuwe senden neben hinden für zen wenden *und segen von Einsiedeln v.* 5 (*s.* 418), *von Muri v.* 42 (*s.* 419), *Tobiasseg.* XLVII, 4, 131, *papst Leos brief s.* 427 — *Tegernseer hs. vom j.* 1507 *im anz. des germ. mus.* 1869 *s.* 48; *feuersegen bei Mone anz.* 1838, 422 *nr.* 9 daz du zergest und nindert mer pruist, weder hinder dich noch für dich, noch neben dich noch über dich; *JWWolf in Haupts zs.* 7, 537 Christi kreuz sei bei mir, vor mir, hinter mir, über mir, unter mir und allenthalben um mich und bewahre mich vor all meinen feinden sihtig oder unsihtig; *desselben beiträge zur deutschen mythologie* 1, 259 *nr.* 27 In gottes namen geh ich naus, gott der vater geht vor mir naus, gott der sohn geht neben mir her, gott der heilige geist geht hinter mir her; *segen aus dem Aargau in der zs. für deutsche myth.* 4 (1859), 137 Jesus, Maria und Joseph sei vor mir, Kaspar, Melchior und Balthser sei hinter mir, die heil. dreifaltigkeit sei ob mir; *im Znaimer Tobiass. von* 1854 *in Wagners österr. klosterleben* 2, 360 das kreuz Jesu Christi sei ob mir N. unter mir, vor mir, hinter mir, neben mir und an der **seiten** und überwinde mir N. alle meine feinde; *s.* 362 gott der himmlische vater vor meiner, gott der sohn gehet neben meiner und der heilige geist beschatte mich überall. 7. si *fehlt.*

V.

Sangaller hs. 878 *des IX jh.*, Isidorus (*etymol. lib.* 1 *cap.* 3 *sq.*) de accentibus, de posituris, de litteris: *dem hebräischen und griechischen alphabet sind* **hier** *p.* 321 *angehängt ein ags runenalphabet unter der überschrift* ANGULISCUM *ohne beischriften, dann das* ABECEDARIUM NORD. **dass dies** NORD *in* NORDMANNICUM *zu ergänzen ist, kann nicht zweifelhaft sein; 'wir erkennen auf den ersten blick die alten nordischen runen'.* WGrimm *über deutsche runen, Göttingen* 1821, *s.* 138. 140—147; *taf.* II *nach einer nachzeichnung von Ildefons von Arx.* WGrimm *zur literatur der runen aus dem* XLIII *bande der Wiener jahrbücher der literatur, Wien* 1828, *s.* 26—28 *mit einem zweiten facsimile von IvArx und bemerkungen von JGrimm s.* 42. HFMafsmann *in Aufsess anzeiger für kunde des deutschen mittelalters* 1832 *s.* 32. KLachmann *über das Hildebrandslied* 1833 *s.* 129. HHattemer *denkmahle des mittelalters* I

(SGallen 1844) taf. 1 facsimile.   Haupts zeitschrift 14 (1869), 123—133.   die runen sind wie im text in drei reihen verteilt, nicht ganz den nordischen þrídeilingar oder ættir entsprechend, von denen die erste, die Freys ætt, die ersten sechs, die beiden andern, die hagals und Týs ætt, je fünf runen umfassen: auf diese einteilung, der nach dem schonischen bracteaten das höchste altertum zukommt, sind die beigeschriebenen altsächsischen memorialverse berechnet, auch die ordnung der runen ist bis auf eine versetzung in der dritten reihe (s. zu 9) die alte nordische. auf die rune folgt in der hs. der dazu gehörige name und vers; nur stehen in der zweiten und dritten reihe die runen sól und man schon vor der conjunction endi. die verse sind mit ausnahme allein von v. 6 innerhalb der drei reihen, **unserer** interpunktion entsprechend, durch senkrechte striche abgeteilt. über den reihen stehen einzelne ags. runen: über ᚠ und ᛏ noch einmal dieselben dem altn. und ags. alphabet gemeinsamen zeichen, links über ᚼ ags. hägl ᚻ, ebenso über ᛏ und ᚢ ags. āc ᚱ und man ᛗ (nach Hattemer), rechts über ᚪ ags. ᛋᚱ ᚫ. ein Angelsachse hat das alphabet wohl mit den versen aus Niedersachsen nach SGallen gebracht und dort aufgezeichnet (vgl. W Grimm über deutsche runen s. 144), und von ihm rührt auch wohl die ags. form rât statt alts. rêd altn. reid her, da thuris chaon naut âr sól dafür sprechen, dass das alphabet nicht durch ags. vermittelung, sondern unmittelbar aus dem Norden nach Norddeutschland gelangt war. 'nordalbingisch' aber möchte ich die verse nicht mit Lachmann nennen, auch wenn die stelle des Hraban mit W Grimm s. 79 ff. 148 ff. auf die überelbischen Sachsen und nicht, wie Finn Magnusen (Runamo og Runerne) mit recht geltend gemacht hat, auf die Nordmannen zu beziehen wäre. aber ostfälisch oder engrisch, nicht westfälisch scheint der dialect des denkmals.

1. *unter* feu forman *stehen vier unverständliche ags. runen, nach* vArx² ᚠᚱᛏᚹ wreaw, *nach* Maſsmann ᚠᚱᛏᛏ wreal *oder wie Lachmann list* threal, *nach* Hattemer ᚠᚱᛏᛏ wreat.   feu *steht für* fehu. forman *aber glaube ich ist nicht verkürzt aus* foraman, *sondern ich sehe darin mit W Grimm die erste ordinalzahl und zwar im instrumentalis,* **nicht im** *accusativ, und verbinde diesen mit* **stabu**. *besser wäre es wenn* **nun** *z.* 2 *statt* after afteran *oder* afteron -en *folgte;* **aber** *notwendig scheint eine änderung nicht.*   3. thuris 'wohl zu merken das **nordische** þurs, nicht das **ags.** þorn'. W Grimm.   **lbritn** vArx², thritten Maſsmann, thrieten Hattemer.   4. *das gewöhnliche zeichen* **für** *altn.* ôss *ist sonst* ᚨ, *ags.* **ôsc** ᚩ.   imo vArx², *ist* (h¹emo? keno??) oboro Maſsmann, hevo Hattemer.   'oboro *ist hier nicht* superior, *sondern* ulterior, posterior', *zur runenlehre s.* 62 *anm.*

5. ratend   vArx²,   rat end(i?) Maſsmann, raesn *oder* ᛟ Hattemer.
    os uuritan   os uurit(a?)   os uurita

die letzten beiden buchstaben der obern zeile laufen bei Hattemer in einander. 'rât *entspricht der ags. form* rãd, *nicht der altn.* reid' W Grimm.   endôst *ist eine handschriftliche verbesserung Lachmanns auf einem blatte, auf dem er den text nach* vArx² *entworfen und die Maſsmannschen lesarten von* 1832 *später nachgetragen hat:* gramm. 3, 587 *anm. ist* ndd endost *nachgewiesen. ist hinter* end *zu ende der zeile ein buchstabe verwischt, so wird* endröst, ahd. entrôst (Graff 1, 358) *zu lesen sein.* writan *ist part. prät. statt* giwritan, *wie* Hel.

171, 17, und die copula aus z. 4 zu ergänzen. der zeile fehlt aber die allitteration, wenn man sie nicht etwa mit der vorhergehenden zu einer langzeile verbindet, oder, da sonst die in ihrem innern bau regellosen halbzeilen jede mit zwei liedstäben für sich stehen, mit Lachmann ritan für writan schreibt, welcher bemerkt 'das wr ist hier schon zu r geworden, wie im Hildebrandsliede 48 reccheo statt wrecchio *auf riche reimt'.   6. chaon v*Arx*², chaen? chaon? *Mafsmann*, cha . *Hattemer*. chaon weist auf altn. kaun, nicht auf ags. cên.   clivôt] diuet v*Arx*², diuot *Mafsmann*, fehlt bei *Hattemer* und v*Arx*¹: es steht wie stabu, oboro, os uuritan, midi *unter der zeile*: *JGrimm* vermutete chuimet, *Lachmann* clivet: die niederdeutsche version von psalm 62, 9 belegt das schwache cliuôn adhaerere, ahd. kleben Graff 4, 545; vgl. mhd. wb. 1, 841, 32.   7. nau: v*Arx*, naut *Mafsmann*, nau *Hattemer*; vgl. altn. naud ags. neád alts. nôd.   8. altn. ār ags. gēr alts. jâr, **gèr**.   sol v*Arx*, sol *Mafsmann*, so *Hattemer*; vgl. altn. sôl, ags. sigel.   muss man z. 7 mit *Lachmann* übersetzen 'Hagel hält **Naut'**, *der eine buchstabe hält gewisser mafsen den ihm folgenden, so kann* habêt *das verbum von* 8 und 9 und Is und Tiu *hier subject sein; aber der allein stehende nominativ z.* 10 *lehrt dass bei dieser aufzählung nicht an einen regelrechten satzbau gedacht ist; auch nicht in der ersten hälfte.* 9. das runzeichen ist verstümmelt, nach v*Arx*¹ und *Hattemer* ein blofser senkrechter strich, nach v*Arx*² ᛏ. Tiu ist eine vermutung *Lachmanns*: v*Arx*¹ und *Hattemer* lassen einen leeren raum, v*Arx*² bezeichnet spuren dreier buchstaben ııı, isu glaubte *Mafsmann* zu lesen. für altn. Týr lässt sich aber auch, wie im ags. tir, alts. tir denken. dies hat auch *Lachmann* in seinem handschriftlichen text.   brita v*Arx*², *Hattemer*, brica (brita?) *Mafsmann*; altn. biarkan (aber biörk *im altn. runenliede*: ᛒ er laufgrœstr lima), ags. beorc.   'jetzt müste die reihe an L kommen, es steht aber erst M, so dass diese beiden buchstaben die plätze gewechselt haben. aufserdem hat M hier eine von der gewöhnlichen (ᛘ) abweichende, doch aber nicht unbekannte gestalt; nur müste der hauptstrich ganz durchgehen, was hier, vielleicht weil das fehlende stück verblichen, nicht der fall ist'. *WGrimm*.   unter der rune steht midi, nach v*Arx* etwas verwischt: es ist von *Lachmann* (zum Hildebrandsliede) mit recht als zweiter liedstab zu dem darüberstehenden vers gezogen; s. zu 6.

10. lagu v*Arx*², lagu *Mafsmann*, laga *Hattemer* v*Arx*¹.   the] ihe *Mafsmann*.   s. exc. zu I, 4.   11. bihabe v*Arx*², bibabet *Mafsmann*, bihab *Hattemer*. *JGrimm* bihabendi und so auch *Lachmann* in seinem handschriftlichen text, weil sie das unter der zeile stehende midi (s. zu 9) als endi oder ndi lasen und fälschlich mit bihabe verbanden, Haupts zs. 14, 131.

VI.

Hs. 8864 *in Brüssel aus dem* X *jh. oder anfang des* XI, *lateinische gedichte enthaltend.* 'am rande stehen mehrmals in noten gesetzte zeilen (von einer hand des XI jhs), darunter (bl. 15ᵇ oben) eine deutsche'.   1. Hierez run&a   das 2. uildu   Solue lingua moras & beato laudes refer petro canens.   'die über den zeilen stehenden musikzeichen haben hier wegbleiben müssen.' Bethmann in Haupts zs. 5 (1845), 203. 204. unmöglich kann man mit Wackernagel (lesebuch, Basel 1859, 140) diese zeilen für ein sprichwort und für prosa halten, sondern nur für ein fragment eines beispiels: dafür spricht abgesehen von der bezeichnung mit neumen der strengmetrische bau. nur lässt die langzeile zweifelhaft ob die halbverse durch reim oder alliteration gebunden waren.† doch ist das letzte wahrscheinlicher und der reim nur zufällig. die hs. scheint aus SGallen zu stammen, da EMartin, der sie von neuem einsah, auf dem rande von bl. 74b — 76a eine neumierte sequenz auf den heiligen Otmar Mendaces ostendit dominus qui maculaverunt beatum othmarum & dedit illi claritatem a&ernam — potentiam aduersus eos qui eum deprimebant fand und auch das letzte neumenzeichen über hiuta nach Raillard nur im SGaller antiphonar vorkommen soll. über die neumen des deutschen textes schreibt Scherer: es sind folgende

        5   10   15
p. **sal.** to. porr. porr, ce. v. ce. **v. to.** p; p. ep. pr. to. cl,
über die bedeutung der zeichen p. v. ce. ep. cl s. den excurs zu IX. mit cl ist hier speciell das aus dem Sangaller antiphonar bekannte und von Raillard p. 55 besprochene zeichen gemeint, worin dem gewöhnlichen circumflex ein übergesetztes häkchen beigefügt erscheint, das Raillard für die andeutung eines sforzando hält. sal. salicus bedeutet nach Schubiger drei sprungweise (nicht scalamäſsig sondern in gröſseren intervallen) aufsteigende töne, to. torculus drei töne worin der mittlere der **höchste und** längste (gleichsam podatus mit angehängtem herabsteigendem **nachschlag**), porr. porrectus drei **töne wovon** der mittlere der tiefste und vielleicht kürzeste (gleichsam clinis mit aufsteigendem anhang): torculus ist was bedeutung und zeichen **anlangt** von podatus nicht streng zu sondern (vgl. den excurs zu XII), ebensowenig porrectus von clinis. **pr. pressus** nach Raillard p. 52 gleich 'tremolo, vibrato, trille', oft wohl nur ein pralltriller. die melodie wäre merkwürdig. in dem anfangsworte hirez z. b. fiele auf die erste silbe ein ganz kurzer ton, auf die zweite jene figur des salicus; in rûueta verweilte der gesang auf jeder silbe mit drei oder wenigstens zwei tönen, usw. aber wollte der schreiber wirklich die in umlauf befindliche und ihm bekannte melodie des von **ihm** aufgezeichneten gedichteinganges mitteilen? die neumierung der deutschen worte zeigt bedenkliche ähnlichkeit mit den neumen des darauf folgenden lateinischen satzes Solve **lingua** moras et beato laudes refer Petro canens:

        5   10   15
p. **sal** to. p. porr. porr. , ce. v. v. cl. to. p. ; p. to. p. p. ep. pr
erwägt man die verschiedenheit der silbenzahl, die kleine abweichungen fordert; erwägt **man ferner dass** ce **und** cl (deutsch 8, lat. 10), dass ep und po resp. to (deutsch **13**, **15, lat. 14. 17**) für **einander** eintreten können (vgl. **zu** IX): so stellt sich eine übereinstimmung heraus die so groſs ist, dass wir mindestens die möglichkeit nicht abweisen dürfen, **es liege** bloſs ein selbständiger, **nur** etwa zum spiel und nach analogie des gegebenen melodiestückes angestellter compositions- oder neumierungsversuch des schreibers **vor**.

---

† „Die Authentie des Zeitalters° der hs. (Ende des 10. oder Anfang des 11. Jahrh.) ? für erstere stimmen. Die darüber gesetzten Neumen bezügen die ihnen gesungene Prosa°. **Scherer. DA. I,** 341.

VII.

Reichenauer hs. 205 (3) *aus dem* **anfang des** X *jh., jetzt in karlsruhe.* **FJMo**nes *anzeiger für kunde des deutschen mittelalters* 1838 *s.* 40. **1.** *Nürnberger ratbüchlein (aus dem anfang des* XVI *jh. kl.* 8º) *bl.* **17ᵇ**, **Strafsburger** *älterer druck (von rettelsch gedicht kl.* 4º) *bl.* **13ᵇ: So du es sichst, so lest dufz ligen; sichst dufz nit, so hebst dufz auff. Antwort. Das loch** an einer haselnufz; *liSimrock räthselbuch (Frankfurt* 1850) *nr.* 56, **ELRochholz alemannisches kinderlied** *(Leipzig* 1857) *s.* 237 *nr.* 37, *aus der grafschaft Mark zs. für deutsche myth.* 3, 182 *nr.* 15; *schwedisch RDybeck Runa* 1847 *nr.* 4. **2.** *Strafsb.* 3ᵃ, *ratb.* 3ᵇ*f. von der eiche:* **Rat was das sey, do es lebt, do speyst es die lebendigen; do es todt was, do beschirmbt es die lebendigen; es trug die lebendigen, vnd gieng auff den lebendigen;** *vom schiff zweimal in veränderter fassung Strafsb.* 13ᵇ, 15ᵃ, *ratb.* 17ᵃ, 19ᵇ; *RChambers popular rhymes of Scotland (Edinburgh* 1847) *p.* 324 *a ship sailing:* **l saw the dead carrying the living;** *Runa* 1847 **nr.** 2: **förr hade jag lif och lefvande var, och kunde de lefvande föda; men nu är jag död och lefvande bär, och går öfver lefvand' och döda;** *Rochholz s.* 261 *nr.* 131, *MBLandstad norske folkeviser (Christiania* 1853) *p.* 812 *nr.* 45, *færöisch in antiquarisk tidskrift* 1849—51 *(Kjöbenhavn* 1852) *p.* 321 **nr. 59, und** *andere schliefsen sich an, antiquar. tidskr. p.* 319 *nr.* 37. 38, *ratb.* 4ᵇ, *Strafsb.* 4ᵃ *(Haupts zs.* 3, 28 *nr.* 3) *usw.* **3.** *ist mir ganz unverständlich.* **4,** 4 illum

7 Nxtz = Nux *verschrieben für* Nktz = Nix. *das noch heute allgemein bekannte rätsel vom schnee und der sonne (ratb.* 15ᵇ, *Strafsb.* 12ᵃ, *Meinert aus dem Kuhländchen* 1817 *s.* 287, *schleswigholstein. sagen s.* 504 *nr.* 1, *EMeier kinderreime aus Schwaben, Tübingen* 1851, *nr.* 269. 306, *aus der Wetterau zs. f. d. myth.* 2, 434, *Simrock nr.* 62, *schwedisch altd. wälder* 2, 21, *Runa* 1847 *nr.* 1) *besteht in seiner vollständigsten fassung aus fünf alliterierenden halbzeilen von vier hebungen: nur ist z.* 3 *'jungfer' mit 'mädchen' ahd.* magad *zu vertauschen (zs. f. d. myth.* 3, 19). *mit der Reichenauer stimmt allein die færöische in antiquar. tidskr.* 1849—51 *nr.* 1 *genauer:* **Eg veit ein fugl fjadraleysan, hann settist á ein gard hagaleysan; kom ein jomfrú gangandi, tók hon hann hondleys, steikti hana eldleys ok át hann munnleys;** *hier ist z.* 2 *mit dem 'erdlosen wall' ein schneehaufen gemeint, an dem die sonne den leichten, losen schnee schmelzt. die heute umlaufende fünfzeilige fassung muss demnach für die echte ursprüngliche gelten, die in den andern nur erweitert ist. allerdings war sonne auch masculinum (gramm.* 3, 349*f.) und hand ags. altn.* mund *ahd.* munt *(Graff* 2, 815), *so dass man und* muntlôs *für z.* 3 *die erforderliche alliteration ergäbe; aber* sine ore *z.* 6 *beweist dass das Reichenauer original nicht so lautete. ihm fehlte also wie der færöischen fassung von* 3 *an der stabreim, da man auch* 4. 5 *nach* 1. 2 *nicht als langzeile nehmen kann. zu vergleichen sind übrigens noch zwei sprüche bei Marcellus Burdigalensis c.* 21 *(JGrimm über dens. s.* 18): **Corcedo, corcedo, stagna. pastores te invenerunt, sine manibus collegerunt, sine foco coxerunt, sine dentibus comederunt;** *c.* 28 *(JGrimm s.* 21. 30): **Stolpus (Stlopus?) a caelo decidit, hunc morbum pastores invenerunt, sine manibus collegerunt, sine igne coxerunt, sine dentibus comederunt.** **5. 6.** *sind später wie es scheint unbekannt, obgleich sich*

manche ähnliche von der art finden, schon ags. bei Grein 2, 392 nr. 47; 2, 410; rath. 28ᵃ Strafsb. 21ᵃ: Es giengen zwen mann, den begegenten zwo frauen, die sprachen zusammen, dort kummen unser man, und unser mutter man, und unser veter, wir hören zusammen; usw.

VIII.

Monachus Sangallensis *de rebus gestis Karoli magni* I 13 *in* Mon. Germ. SS. II 736, *Jaffés bibl.* IV 642: Ex certis autem causis (Karolus) quibusdam plurima tribuit, ut puta Uodalrico, fratri magnae Hildigardae, genitricis regum et imperatorum. de quo cum post obitum ipsius Hildigardae pro quodam commisso a Karolo viduaretur honoribus, quidam scurra in auribus misericordissimi Karoli proclamavit 'Nunc habet Uodalricus honores perditos in oriente et occidente, defuncta sua sorore!' ad quae verba illacrimatus ille pristinos honores statim fecit illi restitui.

Die *königin Hildegard starb am 30 april 783. Uodalrich kommt als graf des Linz- und Argengaus auf der nordseite des Bodensees urkundlich in Neugarts cod. diplom. Alem. nr. 144 a. 802, nr. 151 a. 805 vor, Stälin wirtembergische geschichte* 1, 327. *sein und der königin älterer bruder war Keroll, der mächtige freund und heerführer Karls, der am 1 september 799 wider die Avaren fiel (Stälin* 1, 246 f.*), und von einem der waffengefährten desselben hatte der Sangaller mönch, der im j. 883 hundert jahr nach dem tode der königin schrieb, wenigstens seine nachrichten über Karls heerzüge. die anecdote, mag sie wahr oder falsch sein, beweist in jedem falle wie geläufig schon im neunten jh. auch den fahrenden der endreim gewesen sein muss, vgl. exc. zu* II 15. *die letzten worte* defuncta sua sorore *lassen sich vielleicht auf verschiedene weise zurückübersetzen, aber ganz sicher und unläugbar ist der endreim* unestar: suester. *dieser ist auch in der ersten zeile, sowie er hier von Haupt gefunden ward, viel wahrscheinlicher als die vocalische allitteration* Uo : ê. *die concinnität der rede verlangt auch im lateinischen text zu* honores *ein* quoscunque *oder* omnes *zu ergänzen.* honor *ist seit der mitte des neunten jhs. gleichbedeutend mit* beneficium (Roth *beneficialwesen s. 432 f.) und* honorem perdere *mit* beneficium perdere. *der entsprechende deutsche ausdruck kann früher denselben sinn gehabt haben, wie der ags., Beov. 2606* þá áre þe he him ær forgeaf, viestede veligne Vægmundinga, folcrihta gehvyle, svá his fäder áhte uŏ. *ganz ähnlich wie* óstar enti uuestar *gebraucht die ags. poesie* súđ odde nord, *Beor. 858, Vids. 138. es durften diese zeilen als ein merkwürdiges und wichtiges zeugnis für die geschichte der deutschen poesie in dieser sammlung einen platz erhalten. ein beispiel der durchführung des endreims vor Otfrid gibt sonst vielleicht nur der geistliche gesang von Christus und der Samariterin; s. den excurs dazu; vgl. zu* IX, 7. 8. *übrigens werden sich in jüngern quellen noch andre beispiele solcher improvisationen auffinden lassen. in der um die mitte des zwölften jh. geschriebenen passio Thiemonis archiepiscopi Salzburgensis c. 5 (Mon. Germ.* XI, 55) *wird ein mirakel erzählt, in folge dessen sich der erzbischof Gebhard von Salzburg zu der grün-*

dung des kloster Admont (29 sept. 1074) entschloss; es heifst hier: His animum distrahentibus, postridie etiam tum cunctanti subito surdus et mutus quidam in medio exurgens divino nutu coram omnibus haec verba in Teutonico eleganter concinnavit episcopo inquiens 'Tu debes inchoare, Deus debet consummare.' *dies lautete ohne zweifel im deutschen:*

Dû solt beginnen,
got sol vollebringen.

IX.

Cod. lat. 6260 Frising. 60 (C. E. 9), cimel. III. der königlichen bibliothek zu München, IX jh. 158 blätter breitfol., Hrabani Mauri († 856) commentarius in genesin; *am schluss auf bl. 158ᵇ steht von verschiedenen händen erst rechts* deo gratias, *dann tiefer links halb ausgelöscht* Suonhart *und* Omnipotens dominus cunctis sua facta rependit, *darunter von einer gleichzeitigen, aber schwerlich derselben hand die den commentar schrieb die deutschen verse: das blatt war schon verbogen und durchlöchert, ehe die verse eingetragen wurden. BJDocen miscellaneen zur geschichte der teutschen litteratur* 1 *(München* 1809) 3. 4. *HFMafsmann die deutschen abschwörungs- glaubens- beicht- und betformeln, Quedlinburg und Leipzig* 1839, *s.* 52*f., facsimile auf taf.* v. *KRoth denkmähler der deütschen sprache, München* 1840, *s.* xf. *in der hs. sind die strophen, nicht die verszeilen abgesetzt, aber diese meist durch puncte getrennt und das ganze ist mit neumen versehen. s. darüber Scherers excurs.* 1. sĉe p&re 3. 6. 9. xp̄e 4. hap& *mit* vuortun (*so die hs.*) *ist zunächst* 'ausdrücklich', *dann* 'in wahrheit, in wirklichkeit'. *Otfr.* 2, 7, 14 irretit thiz (thaz lamp) mit uuorton thia uuorolt fon den sunton. *vgl.* 2, 6, 57 mit redinu? *mhd.* benamen. 6. eleison *fehlt nach* xp̄e, *aber nicht die neumen dafür.* 7. 8. *Otfrid* 1, 7, 25—28:

Nu férgomes thia thíarnun, sélbun sca máriun,
thaz sí uns allo uuórolti si zi iru súne uuegonti.
Johannes drúhtines drut uuilit es bithihan,
tház er uns firdáuen giuuérdo gináden.

'dieses lied, meint Graff (*zu Otfrid s.* vi), *sei vielleicht von Otfrid. Docen hatte (zusätze zu den miscellaneen* 1809 *s.* 21) *dies aus den beiden gemeinschaftlichen langverse zu folgern nicht gewagt. Otfrid würde die formen* farsalt *und* ginerjan *im reim nicht gesetzt haben: er sagt* firselit *und* ginerjen. *und einen andern otfridischen langvers findet man auch im Muspilli.' Lachmann über singen und sagen* 1833 *s.* 108 *anm. jener alliterierende langvers Otfrids stammt ohne zweifel, sei es unmittelbar oder mittelbar, aus dem Muspilli das, wie man auch aus der art der aufzeichnung durch Ludwig den deutschen oder seine gemahlin und aus der interpolation und erweiterung, die es erfuhr,* schliefsen *muss, ein zu seiner zeit angesehenes und wohl bekanntes gedicht war. der dem Otfrid und Petruslied gemeinsame vers aber wird* aus einem *ältern gebet oder bittgesang herzuleiten sein, in dem noch reim und alliteration sich mischten. darauf führt die vorletzte, reimlose zeile der otfridischen stelle, die nicht an eine benutzung des Pe-*

trustiedes durch Otfrid denken lässt, sondern von ihm wohl mit aus dem ältern gedicht herüber genommen ist. und zwar war dies wie es scheint in einem fränkischen dialect gedichtet, der nicht nur wie der Otfrids die alte media d beibehielt, sondern auch schon ein neues d für th gestattete: ohne das würde der zweiten halbzeile die in der ersten durch zwei liedstäbe deutlich bezeichnete alliteration fehlen. eine zweite unsichere spur dieses dialects fanden wir im Strafsburger blutsegen IV, 6, 9. eine dritte sichere bietet der spruch IV, 7, 4 Contra malum malannum, wo die zweite halbzeile zwei liedstäbe im ersten halbvers voraussetzt, diese aber nicht in tû: gituo gefunden werden können, weil die tenuis im anlaut des pronomens nur eine folge der inclination desselben an das vorhergehende wort durch den schreiber ist: der ursprünglichen aussprache gemäfs würde man hier schreiben müssen dû: giduo: dolg: dôthoubit. vgl. Graff 5 vorr. v. vi. wegen der angeblichen bindung von th und d im Heliand s. vorr. s. xix. bei der vorhin aufgestellten vermutung ist jedoch nicht zu übersehen dass die merkmale einer noch unfesten kunstübung, die unregelmäfsigkeiten des versbaus, durch die sich die ersten stücke Otfrids besonders auszeichnen (zu XI, S. 20. XXVI, 10), sich fast alle in dem kleinen canticum Mariae 1, 7, dessen schluss die angeführten verse bilden, zusammendrängen: 1, 7, 9 ist völlig reimlos wie vorher 1, 6, 9 (wegen 1, 5, 61 s. altd. sprachpr. s. 80); auch 1, 7, 19 ist mehr durch alliteration als durch reim gebunden und sie fällt auch 4. 5. 12. 18. 24. 26 ins ohr, aber auch 1, 2, 5. 16. 40. 1, 4, 7—10. 1, 5, 5f. 11f. und sonst.

M.

Nachdem Mafsmann 1839 ein facsimile des vorliegenden gedichtes gegeben (ein besseres aber auch nicht ganz zuverlässiges gewährt jetzt KSMeister, das katholisch-deutsche kirchenlied in seinen singweisen, bd. 1, Freiburg 1862), wurde die melodie desselben zuerst von FWolf, über die lais (1841) s. 308 anm. 152 besprochen und die dann von anderen oft wiederholte behauptung aufgestellt, jede der drei strophen habe eine andere melodie, der liturgische refrain Kyrie eleison Christe eleison sei auch ein musikalischer, eine gleichbleibende schlusscadenz, also dies lied ganz wie ein tropus gesungen. die anwendung der seither, hauptsächlich durch französische und belgische forschungen, gewonnenen genaueren kenntnis der neumen auf diese melodie führt jedoch zu einer anderen ansicht. dieselbe stellt sich nämlich nach einer von mir selbst vorgenommenen vergleichung folgendermafsen dar.

```
                5              10              15             20
1.  p. po. cl. cc. p. ep. v̆, cc. po. cl. cl. po. v̆; v. v. v. v. v. p. p,
2.  p. po. v̆. v̆. p. ep. p, v. po. cl. cl. ep. p; v. v. v. v. v. p. p,
3.  p. po. cl. cc. v. ep. v̆, cc. po. cl. cc. po. v̆; v. v. v. cc. cl.   p,
                25             30
    p. cl. cc. p. po. v̆; pppp. p. cc. cl. v. p. ep. v̆.
    p. cc. cl. p. po. v̆; p pp. p. cc. cl. v. p. ep. p.
    p. cc. p. p. po. p; p pp. p. cc. cl. v. p. ep. p.
```

hier bedeuten v. virgula — ich wähle die namen nach dem bereits aus vier hss. von Lambillote (l'antiphonaire de St. Grégoire. Paris 1852. application du prin-

cipe de collation p. 10*) und de Coussmaker (histoire de l'harmonie au Moyen-Âge. Paris* 1852*. pl.* 38 *nr.* 4. 5.*) herausgegebenen neumenverzeichnisse in leoninischen versen —* p. punctum *je einen,* v *einen längeren,* p *einen kürzeren ton : vgl. ASchubiger die sängerschule SGallens vom achten bis zwölften jh. (Einsiedeln und New-York* 1858) *s.* 8; *FRaillard explication des neumes ou anciens signes de notation musicale (Paris* [1860]) *p.* 26—33 *und besonders die schon von GJacobsthal die mensuralnotenschrift des zwölften und dreizehnten jh. (Berlin* 1871) *s.* 4 *hervorgehobenen äußerungen des Walter Odington bei Coussmaker scriptores de musica medii aevi* 1, 235: morosa longa vocatur quae prius virga dicitur nota *und* velox vero vocatur brevis, quae prius dicitur punctus. *mit* ṽ *bezeichne ich einen* acut *mit häkchen links oben, der hier am schlusse der halbzeile und des refrains mit* p, *im innern der halbzeile* (2, 3. 4) *mit* cl *und* ce *wechselt.* cl. clinis (v + p). ce. cephalicus *(mit* ṽ *von gleicher geltung) sind ligaturen zweier absteigender,* po. podatus (p + v). ep. epiphonus *ligaturen zweier aufsteigender töne.* **1,** 1. p. *fehlt hier und* 3, 1, *ist aber wohl nur verwischt.* 19. 20. *ebenso* 3, 19. 20: nerjan *und* skerjan *dreisilbig gebraucht: es wird, wie das spätere* nerigen sceŕigen **beweist,** *noch lange ein* i *zu hören gewesen sein.* 22. cl *über* o *in* imo, **und** *über* i **nichts,** *also fand elision statt.* **2,** 22. *vielleicht* v. *ebenso* 3, 4. 25. *in* neriau *steht* v *über* ne, po *(wie es scheint aus* v *corrigiert) über* ri, *ohne zweifel fehlerhaft; den* po *der ersten und dritten strophe, den ich auch hier setzte, war aufzulösen wie* 3, 12 *und auf die beiden silben zu verteilen.* **3,** 5. *zweifelhaft, lücke im pergament, das sichtbare muss man für das untere ende von* v *oder* ce *halten.* 6. *ist vielleicht* po. 12. upar *mit* v *über* u *und* p *über* par, *also auflösung des* po *in* v + p, *nicht* p + v *wie man erwarten müsste.* 17. 31. *vielleicht* ce. *vergleicht man nun die neumierung der drei strophen und erwägt, was sonst feststeht (vgl. auch exc. zum Gallusl.), dass* v *und* ce *wechseln dürfen und dass* cl *und* ce, po *und* ep *oft ungenau für einander gesetzt werden und sieht man von dem zweifelhaften zeichen* ṽ *ab, so bleiben nur geringe verschiedenheiten zurück und die drei melodien dürfen um so eher für wesentlich gleich gehalten werden, als die betrachtung der stellung der neumen, insofern dadurch die tonhöhe ungefähr angedeutet wird, auf dasselbe resultat führt. die gleichheit aller melodien sowohl als der umstand dass sehr häufig auf eine silbe zwei töne kommen, zeigt dass der geistliche deutsche gesang im* IX *jh. mit der sequenz (vgl. Wolf über die lais s.* 101 *f.* 104) *nicht die geringste verwandtschaft hatte. bemerkt man ferner wie die kleinen unterschiede der neumierung auf der in den verschiedenen strophen abweichenden verteilung der silben auf* **hebung und** *senkung beruhen, wie z. b. an* 5. *und* 23. *stelle das* p *auf weniger betonten wörtern oder auf einer unbetonten silbe steht, während das gewichtigere zeichen einer hochtonigen silbe entspricht: so ergibt sich dass hier der text über die melodie, das wort über den ton herscht, nicht umgekehrt wie in den sequenzen (Wolf s.* 107 *f.). alles dies, wie es in voller übereinstimmung mit dem unten zur Samariterin bemerkten steht, wird durch die melodie des Galluslieder auch für den weltlichen deutschen gesang erwiesen.*

S.

X.

Hs. 515, *ol. cod. hist. prof.* 646 *der k. k. hofbibliothek in Wien*, 8 *bll.* 8°, IX *jh. bl.* 5ᵃ. *P.Lambecii commentarii de bibliotheca caesarea Vindobonensi* 2 (1669), 383*f.* *EGGraff Diutiska* 2 (1837), 381. *HHoffmann fundgruben für geschichte deutscher sprache und litteratur* 1 (1830), 1. 2. (*KLachmann über Otfrid in Ersch und Grubers encyclopaedie* 3, 7 (1836), 280ᵃ *anm.* 7) *WWackernagel altdeutsches lesebuch Basel* 1839, 103—106; 1859, 101—104. 1. vuir: *und* vu *setzt die hs. in der regel aufser* 7. Biuuaz 9. uuip 20. euuon 28. uuigit, 5. vip, 23. anneuært. uirt 25. uar; *sonst nur ausnahmsweise* v *für* u 8. vnsera 10. vnte. 2. ze untarne *entsprechend dem lateinischen grundtext hier wie sonst ahd.* 'mittagszeit' *Schmeller baier. wb.* 1, 87; *die eigentliche bedeutung des aus der praeposition* untar *gebildeten worts ist* 'zwischenzeit' *s. glossar zum Quickborn* 1856 *s.* 386. *Otfrid* 2, 14, 9 *umschreibt weitläuftig:*

   Ther euangélio thar quit, theiz móhti uuesan séxta zit,
   theist dages heizesta ioh árabeito méista.

das formelhafte uuizzun thaz, *sonst nur belegt durch Otfr.* 4, 5, 7 Ésil, uuizun uuir tház, theist fihu filu dúmbaz, *stellt Haupt zs.* 3, 188 *mit recht dem häufigeren* ih uueiz *gleich.* ze *mit acc. nach Graff ahd. praepos. s.* 242, *sprachsch.* 6, 5 *sonst nur bei Kero und in der formel* ze sih *mehrmals bei Notker* (*auch ps.* 28, 7. *Boeth. prol.*), *bei Williram*, *in den Mainzer glossen Diut.* 2, 286 *usw.; vgl. gramm.* 4, 327; *mhd. wb.* 2, 2, 292ᵃ. 3, 853ᵃ; *Tundgalus* 42, 54; *Haupts zs.* 5, 23, 219. 30, 475; *Heinrichs von Krolewiz VU.* 46 din minne in sô zuo dich gevêt. 3. *Otfr.* 2, 14, 5 Fúar er thuruh Samáriam (*so V*, sámariam *P: Lachmann über ahd. betonung s.* 261), zį einera búrg er thar tho quám. Quã 4. *die zweite vershälfte enthält einen zusatz; ähnlich bei Otfrid* 2, 14, 11

   Unz drúhtin thar saz éino, so quam ein uuib thara thó,
   tház si thes giziloti, thes uuázares gihóloti.

5. quã 6. *die zeile ist auf dem untern rande der vorhergehenden seite bl.* 4ᵇ *nachgetragen, das verweisungszeichen* ⸗ *aber irrig vor* B(at) *anstatt vor* B(iuuaz) *gesetzt: die richtige stelle ergibt der grundtext.* 8. uczaut *die hs.:* niczaut *Wackernagel. dass sich einige male in alten quellen* c *für* cc, io got. iu *findet:* piſtehan *für* piſteohan *gl. Par. Diut.* 1, 205, pitrekin *für* pitreokin *Schlettst. gl.* 6, 207. 234, *würde* uczaut *hier nicht rechtfertigen, zumal da* nc *unmittelbar vorausgeht.* xrist 9. obe: *das* b *auf rasur, ebenso die vier ersten buchstaben von* vuielih. gft *mit* i *über* g 10. dú: do *die hs. nach einer art assimilation, vgl. zu XXXV,* 4, 3 nu do virkor hâst *und über* no *statt* nu *Graff* 2, 977, *Otfr.* 2, 14, 59*F. dass aber der dichter* dú *lang sprach, macht v.* 21 *wahrscheinlich.* 11. dir: d *aus* t *gebessert.* 12. buzza *findet sich ahd. nur in alemannischen quellen, in fränkischen nur* puzza, puzzi, pfuzzi (*Graff* 3, 355*f.*), *nicht in baierischen, womit stimmt dass Schmeller das wort nicht kennt, wohl aber Stalder* 1, **252**; *vgl. jedoch mhd. wb.* 1, 287. **Otfr. 2,** 14, 7

   Tho gisaz er múader, so uuir gizáltun hiar ou ér,
   bi einemo brúnnen, thaz uuir ouh púzzi nennen.

ze dero *auf rasur.* 13 babis, 24. hebiti, 25. 27. hebist, 26. hebitôs; *vgl.*

25. segist, 24. libiti. *formen erster schwacher conjugation finden sich von* haben *aufser dem Isidor häufiger nur in alemannischen denkmälern bis auf Boner, mhd. wb.* 1, 595; *aus baierischen, Tegernseer und Monseer quellen führt Graff* 4, 729 f. 732. 734 gihepitun, inthebit, inthepita, firhebitun *an, und aus denselben oder derselben gegend angehörenden quellen schöpfte er* 6, 94. 99—103 *fast allein seine belege für die erste schwache conjugation von sagen; daher durfte auch im Musp.* 91 sekkan *geschrieben werden. dass auch die dem niederdeutschen näherstehende fränkische mundart diese conjugation des verbums kannte, belegt für die ältere zeit nur des Isidors* saghida; *erst für die spätere sind die zeugnisse häufiger, Germ.* 6, 56 f. libit *für* lebêt *fand Graff* 2, 41 f. *sonst nur in einer Reichenauer und Junischen glosse,* libitimes *in einer Tegernseer; vgl.* LXVI, 10 levit, *alts.* libbian, *ags.* lifjan. 14. *hier und* 16 brunnan *im reim statt* 2 brunnon, *s. Graff* 2, 961. 15. *nach Wackernagel, der den satz als frage interpungiert, müste* ne *hier die unerhörte bedeutung von* numquid *haben. es ist die frage des lateinischen textes in eine aussage verwandelt, wie an der entsprechenden stelle bei Otfrid* 2, 14, 31:

Fúrira, uuán ih, thu ni bíst, thanne únser fater Jácob ist;
er dránk es, so ih thir zéllu, ioh sinu kind ellu.

ebenso auch LX, 2, 25; *vgl. gramm.* 3, 285. 760. *auch Lachmann setzte in einer uns vorliegenden aufzeichnung nach* Jácob *ein punctum.* kelop *fehlt bei Graff* 2, 62. 4, 55. *gegen Wackernagels auslegung* 'verheifsend' *sträubt sich der grundtext der ein dem* maior *entsprechendes wort, der zusammenhang der einen zweifel an der macht Christi verlangt, endlich die wortbildung gramm.* 2, 744 f. kelop *heifst* laudatus; *vgl. got.* galubs πολυτελής 1 *Tim.* 2, 9. 16. thesan, *wie Graff und nach Lachmanns notiz auch* JGrimm *lasen, ist in der hs. mit hinlänglicher sicherheit zu erkennen; Hoffmann setzte dafür* (then). eran *die hs.:* ernan *Wackernagel.* 17. thaz: az *ist nicht mehr zu lesen.* 18. thurstit aner: *von dem rechten ende des querstriches über* m *scheint noch eine linie zu dem zweiten striche des* m *herabgezogen zu sein. das ist wohl nichts anderes als eine freilich sonderbare abkürzung für* -n m-. 19. *die schreibung* afar *sonst nur in den Keron. und Par. gl. Graff* 1, 178. 1556. 20. iz sprangôt *schrieb Lachmann nach dem grundtext v.* 14; *in der hs. ist nur* -ngot *zu erkennen. mit* sprangôt *wird* vena tremit *glossiert, Graff* 6, 399; *es ist gewählter als* springit, *Graff* 6, 395 f.; *Otfr.* 2, 14, 41

Thúrst thèn mer ni thuingit, uuant er in imo springit;
ist imo kúali drato in éuuon mámmonto.

21. thicho *statt* thikko, strengahd. dikku *fränk.* thiggu, *wie* lucheru *gl. Winithar. Hattem.* 1, 252ᵇ, giuuihho *gl. ad lection.* 1—3. *Graff* 1, 672, awichi *gl. Doc. misc.* 1, 203ᵇ, mausleeho mauslechin *Bib.* 5 **Graff** 6, 775; *vgl. gramm.* 1, 193 *anm.*. 22. ubar tac *erklärte Haupt zum Engelhard* 42, *Sommer zu Flore* 1409. 23. tudih *auf rasur.* anne uært *die richtige erklärung* 'fort' *jetzt in Wackernagels glossar* 1861 *s.* 12ᵇ; *sonst nur bei Notker (Graff* 1, 999) *als temporaladverbium.* holê) *vgl. über* holên *neben* holôn *Graff* 4, 851; *Kelle Otfr.* 2, 68 *nr.* 4. hera: herra *die hs., wie* therra therrero *die Freisinger hs. des Otfr.* 1. 23, 49; 2, 7, 68. 25. duuar: uar *auf rasur, ebenso die vier ersten buchstaben von* du commen. 26. ér *Lachmann:* her *die hs., nur weil* hebîst, hebîtos

eben vorhergeht; vgl. 27 hebist henin *statt* ênin. *Wackernagel setzte* hera *gegen den sinn und zusammenhang. Otfrid* 2, 14, 51.

Thu spráchi in uuár nu, so zam, so thú ni habes gommán;
giuuisso zéllu ih thir nú, fínfi hábotost thu íu.

zi *auf rasur.* vollist (*oder* vóllisti), *wie* follest, follust, *eine schwächung von* folleist, folleisti *Graff* 2, 252*ff.*; *alts.*fullêsti *Monac.*, fullisti *Cotton., ags.* fullæst, fullest, fylst; *vgl. gramm.* 2, 369 *anm.* 27. dæz *vgl. zu* XI, 21. *Otfr.* 4, 26, 2F krucez *statt* kruces, *wie umgekehrt* 1, 2, 23. 17, 58 is, 77 strasa *für* iz, straza. mattu *hs. vgl. zu* LXXVII, 17. sichûre (*in der hs.* h *übergeschrieben*) *statt* sichur, sichor *nach Graff* 6, 149 *sonst nur bei Notker.* henin: h *ausgekratzt; s. zu* 26. dernis din *bis auf das letzte* n *auf rasur. andre beispiele des abfalls des auslautenden* t *vor anlautender dentalis gewährt die Freisinger hs. des Otfrid* 1 20, 12 nis ther (*fehlt Haupts zs.* 12, 139 *und Kelles Otfrid* 2, 115); 1, 23, 25 is thar; 4, 19, 41 uih des. *ob Otfrid* 3, 13, 36 *das is der la. sich auf* ist *oder* iz *im text bezieht, ersieht man aus der anführung nicht; zs.* 12, 139 *bleibt es* unerwähnt. freilich auch *ohne ein solches zusammentreffen* fällt *auslautendes* t *nach einem consonanten in F ab* 1, 3, 37 zeris; 4, 29, 39 uuib; 4, 35, 41 hial *usw. vgl. Schmellers Tatian s.* XII; *Sievers unters. s.* 11. 28. uuigit *führt auf* uuigie *statt* uuigich, uuigih uuigu ih (*vgl. z. b.* LV, 32 unsic), *eine Otfrid sehr geläufige redensart, Graff* 1, 657; *auch der text hat* video. *Wackernagel im gloss. folgert für* wegan *die bedeutung 'vorhandensein' nur aus unsrer stelle.* 28. 29. maht | for uns: *die ergänzung ist von Hoffmann; der anlass des fehlers ist klar. Otfrid* 2, 14, 55*ff.*

'Min múat', quat si, 'dúat mih uuís, thaz thu fórasago sís:
thinu unórt nu zelitun, thaz mán thir er ni ságetun.
Unsere áltfordoron thie bétotun hiar in bérgon;
giuuisso unán ih nu thés, thaz thú hiar bíta ouh súaches.
Quédet ir ouh Júdeon nu, thaz si zi Hierosólimu
stát filu ríchu zi thiu gilúmpflichu.'

30. almaga *mit übergeschriebenem* t suohton (*nicht Hoffmanns* suohtan) *die hs., wie schon Lambecius Graff JGrimm übereinstimmend angaben, wonach Lachmann* suohtôn *und* 29 betôtôn *ansetzte, sowie* 24 libiti: hebiti *nach der später von JGrimm German.* 3, 147—151 *dargelegten regel, die sich auf den alemannischen dialect nur beschränken würde, wenn die formen des Isidor anders zu erklären wären.* hia: *Graff* 4, 696 *lässt unangeführt Otfr. Freis. hs.* 1, 18, 20 hia; 1, 26, 6. 2, 5, 14. 3, 1, 23 hia*r*; *Wiener hs.* 5, 22, 4 hia (*mit nachgetragenem* r); *überall nur mit ausnahme von* 3, 1, 23 *vor consonanten* (*vgl. jetzt Kelles Otfrid* 2, 512). 31. sagant: *über den ableitungsvocal s. zs.* 12, 84.

Das gedicht von Christus und der Samariterin ist in der originalhs. der annales Laureshamenses überliefert. diese füllen bl. 1ᵃ—4ᵇ *ganz und auf bl.* 5ᵃ *wenige zeilen. auf bl.* 5ᵇ *stehen drei responsorien zum teil neumiert, auf bl.* 6—8ᵇ *die eine besondere lage bilden* (6 *und* 7 *zusammenhangend,* 8 *angeklebt*) *die in Haupts zs.* 12, 436 *herausgegebene musterpredigt, die auch in der München-Freisinger hs. der auslegung des vaterunsers enthalten ist, und grofse stücke mit der* sechsten der dem heiligen Bonifacius zugeschriebenen predigten (Martene et Durand collect. 9, 199—201) gemein hat, s. zum Musp. 14. unmittelbar an die letzten worte der annales und in derselben zeile schliefst sich unser gedicht an und geht bis ans ende der seite, wo die offenbar früher eingetragenen responsorien den schreiber mitten im worte hierosol... abzubrechen nötigten. es ist ohne absetzung der reimzeilen von éiner hand, aber sehr ungleichmäfsig geschrieben, so dass mit z. 9 uuip, z. 14 vuar, z. 23 vuib, z. 28 Herro jedesmal ein von dem vorhergehenden etwas verschiedener zug beginnt. die vielen rasuren weisen die anmerkungen nach. die erste zeile läuft mit fartmuodi, wie alle übrigen, ganz an den rand und über muodi steht mit derselben dinte, mit der das ganze gedicht geschrieben ist, und die sich von der unmittelbar vorher gebrauchten sehr deutlich unterscheidet, die zahl DCCCVIIII. an eine etwa beabsichtigte fortsetzung der bis zum j. DCCC reichenden annalen ist dabei nicht zu denken, weil sie dann links eine zeile tiefer stehen müste. man kann sie nur auf das folgende gedicht beziehen, muss dann aber annehmen dass wenn der schreiber damit ein datum für seine aufzeichnung geben wollte, — so unerhört dies sonst in der ahd. litteratur ist, so konnten hier die voraufgehenden annalen einen auf diesen einfall bringen, — dass er ein c zu wenig gesetzt hat und dass statt DCCCVIIII vielmehr DCCCCVIIII zu lesen ist. denn nicht nur gehören die schriftzüge nicht in den anfang des IX jh., auch die mehrfach vorkommenden abgeschwächten wortformen weisen in eine spätere zeit: z. 2 einen, 27 énin, Graff 1, 314; z. 3 fone statt fona, Graff 3, 524 wo von den belegen mindestens die gl. Cass. wegfallen; Samario statt Samariu, Dietrich hist. declin. p. 26; z. 6. 18 be Graff 3, 6; z. 9 obe statt oba Graff 1, 75; z. 10 unte, nach Graff 1, 361 zuerst in den Monseer gl. und der Würzburger beichte (vgl. aber auch LXXIV*. LXXV); z. 11 unnen: prunsen, vgl. Haupts zs. 12, 156f.; z. 17 nózzer: vuazzer statt nózzir: uuazzár Graff 1, 1127f. 2, 333f. 350; z. 4 uuazzer; saz er, z. 18 uuazzer: mêr; z. 20 pruston (-um, -im): luston (-im); z. 23 anne statt ana, ane zuerst bei Williram nach Graff 1, 277; z. 24. 25 commen für comman zuerst in der Freisinger hs. des Otfrid, Graff 2, 743; z. 26 finfe: volliste statt finfi, finfi, nach Graff 3, 542 sonst erst bei Notker; z. 27 sichûre statt sichûri udglm. daraus ergibt sich nun freilich noch nichts für das alter des gedichts, und wenn die reime mehrmals z. 4. 11. 17. 26 entschieden für die geschwächten formen sprechen, so können diese hier gerade durch den reim hervorgerufen sein. wenn z. 28 richtig verbessert und ergänzt ist, wenn also der schreiber uuigit für uuigic, uuigich verlas und von forasago sin auf for uns êr giborana übersprang, so hat er das gedicht nicht zuerst aus dem gedächtnis niedergeschrieben, sondern ihm lag eine ältere aufzeichnung vor, deren herkunft ebenso schwer zu bestimmen ist, wie die heimat des gedichtes selbst. JGrimm gramm. 1¹, LIX glaubte darin eine mit dem Tatian verwante fränkische mundart zu erkennen; Lachmann über Otfrid s. 280ᵃ hielt den verfasser für einen Baier. aber die bemerkungen zu z. 12 über buzza und zu z. 27 über sichûre sowie das auffallende tû (11. 13) für thû, dû (vgl. LXXXII und Notker) scheinen uns auf Alemannien zu führen, und dabei können wir wohl stehen bleiben; denn wenn die häufigen a der flexionen auch im IX—XI jh. oft als kennzeichen baierischer herkunft gelten dürfen, so sind sie doch nicht auf Baiern beschränkt, wie umgekehrt zb. die zunächst vergleichbare Freisinger hs. des Otfrid nichts ähnliches wie berega 29, geba 7, prunnan 14. 16 darbietet, s. Kelle Otfrid 2, 135; 35. 89;

242. 289. der bestimmt hochdeutsche charakter des denkmals, in d für th, p (kecprunnen 11. 14, pruston 20) für b, k (ki- ke-, keróst 7, commen 24. 25) für g, ch für k (trinchit 19) und kk oder gg (thicho 21) hinlänglich ausgeprägt, wird durch mehrfaches fränkisches th nur scheinbar modificiert. die übermacht fränkischer schreibschule zeigt sich während der ersten hälfte des IX jhs. ganz ebenso auch in anderen hochdeutschen aufzeichnungen: abgesehen von den gl. Ker. genügt es innerhalb Alemanniens auf einige beispiele des Kero und auf die hymnen 22—26, innerhalb Baierns auf die hs. B der exhortatio (LIV) zu verweisen (vgl. Weinhold alem. s. 134, bair. s. 148). es könnte mithin der schreiber, den wir nirgends anders als in Lorsch und im anfange des X jhs. zu suchen brauchen, unter einmischung jüngerer sprachformen die ältere alemannische aufzeichnung eines alemannischen gedichtes im wesentlichen treu wiedergegeben haben.

dass dieses gedicht bis in die mitte des IX jhs. hinaufreichte und Otfrid schon bekannt war, ist sehr wohl möglich und nach der übereinstimmung der ausdrücke namentlich in den letzten strophen mit Otfrid 2, 14, 55ff. sogar wahrscheinlich, zumal wegen bita, eines wortes das Otfrid nur hier an der z. 31 unseres gedichts entsprechenden stelle statt beta oder des sonst bei ihm gewöhnlichen gibet (Graff **3,** 56. 57) gebraucht und das aufserdem, wie es scheint, in der ganzen ahd. litteratur nur noch in dem compositum uhtibita Schlettst. gl. 6, 436 (zs. 5, 333) wiederkehrt. dazu kommt dass z. 12 dem Otfrid 2, 14, 8 vorgeschwebt zu haben scheint und ihn zu der in der note angeführten, sonderbaren bemerkung veranlasste dass man in seiner mundart den brunnen auch puzzi nenne, wonach er dann den ausdruck in dem stück wiederholt gebraucht, 2, 14, 29. 34. 45. auch die gedrängtheit und simplicität der darstellung in der Samariterin macht den eindruck gröfserer altertümlichkeit, obgleich Otfrids lehrhafte redseligkeit und sein ungeschick sich treffend und sachgemäfs auszudrücken weder für den höhepunkt und abschluss, noch für den anfang einer entwickelung gelten kann. der dichter der Samariterin schloss sich nahe an den evangelischen grundtext an. die zusätze, die er schon des reimes wegen nötig hatte, sind meist glücklich, nur einmal leer (z. 12^b) und einmal unpassend (z. 4^b). sie zeugen im ganzen von einer gewissen lebhaftigkeit und naivität der aneignung des stoffes, so namentlich der gebrauch der formel wizze Crist z. 8^a und der übergang der anrede von guot man 7. 14 (WGrimm altd. gespr. nachtrag zu 68; Hartmans Gregor 2895) zu hêrro 21. 28, sobald die zweifel des weibes an der macht Christi schwinden. dasselbe gilt von den auslassungen. der dichter folgt in der gestaltung der wechselrede dem im strophischen gesange ohne zweifel uralten, volksmäfsigen brauche und übergeht die erzählenden eingänge der reden; er meidet auch die wiederholungen des grundtextes z. 5. 10. (ev. Joh. 4, 7. 10), z. 18—27 und geschickt zieht er in z. 8 die bemerkung des evangelisten non enim contuntur Judaei Samaritanis zu der rede des weibes, wenn ihm hier nicht etwa ein irrtum, eine falsche abteilung des originals, zu hilfe kam. trefflich ist dies auch in z. 31, und z. 2 die zeitbestimmung wieder gegeben, wo man die angeführte stelle Otfrids vergleiche. etwas thatsächliches ist nur z. 6 übergangen, wo in civitatem unübersetzt blieb. vielleicht hielt der dichter Samaria für den namen der stadt: wenigstens verleitet z. 3 jeden nicht besser unterrichteten leser oder hörer zu dieser meinung. dass z. 16 filii durch man des reimes wegen ersetzt ward ist kaum zu tadeln; noch weniger die umstellung in z. 12. 13; ein nachteil ist nur dass was *der grundtext als factisch und wirklich*, z. 28 *nur als möglich hinstellt, wozu wieder das bedürfnis des reims führte.* Lachmann teilte in der uns vorliegenden aufzeichnung und über Otfrid s. 280 anm. 7 das gedicht in strophen von je 2 langzeilen, indem er annahm, nach z. 11 fehle eine zeile und z. 19 sei zweimal zu lesen. dabei aber müssen die großen anfangsbuchstaben der hs. außer acht bleiben, die durch den sinn nahe zusammengehörenden langzeilen aus einander gerissen und übergänge der construction aus einer strophe in die andre zugegeben werden. nimmt man z. 30, wie *Wackernagel* früher (1839) tat, worauf auch die durch den grundtext nicht veranlasste wiederholung des schon z. 29 ausgesprochenen gedankens deutet, für den anfang einer neuen strophe, so erhält man eine strophenordnung — 4×2. 4×3. 2×2. 3. 2×2 langzeilen — von unverkennbarer regelmäßigkeit. man kann entweder die letzten fünf strophen in **ein system** zusammenfassen **oder, was** wahrscheinlicher dünkt, annehmen, auch die **letzte dreizeilige strophe habe noch nach den letzten zweizeiligen eine ihr** entsprechende gehabt, so **dass das** system vollständig dies war: 2×2. 3. 2×2. 3. eine jener erstgenannten analoge form wendet *Notker Balbulus* in **der melodie Con-cordia** (*Schubiger* **die sängerschule SGallens, exempla nr.** 26), **und in der allelujamodulation** des cantus paschalis (der sogenannten **antiphona triumphalis**) ebend. **nr.** 283 40 an, und zwar in der modulation des E, deren form **aabccbdd ist. die Samariterin** gehört mit den gesängen auf *Ludwig* III, **auf Heinrich Ottos I bruder und den heiligen Georg zu den ungleichstrophigen gedichten in strenggemessenen langzeilen,** an welche sich aus späterer zeit zunächst die sogenannte ältere *Judith* anschließt; nur dass hier bereits die rücksicht auf die melodie zu einer verlängerung der letzten zeile der zehnzeiligen strophe und damit zu einer verletzung der alten regel des deutschen verses geführt hat, die noch auffallender im Salomo und den drei jünglingen eintritt, wo auch innerhalb der strophen zeilen von vier hebungen mit klingendem reim geduldet werden. ganz verschieden von diesen gedichten sind die summa theologiae, das paternoster, 'van der siebenzahl' und die ihnen zunächst verwandten späteren leiche: sie sind wie die lateinischen sequenzen auf eine gegebene melodie gemacht, nach deren größeren und kleineren abschnitten sich die größe der strophen und die länge der reimzeilen richtet. vgl. den excurs zu XXXIV. jene andern ungleichstrophigen gedichte dagegen sind nicht, wie *Ferdinand Wolf* (über die lais **s.** 118) **behauptet, 'in formeller** hinsicht den prosen (oder sequenzen) nachgebildet'. denn das characteristische ihrer ältesten form besteht in der anwendung zwei- und dreizeiliger strophen, deren verdoppelung, verdreifachung und combination dann vier- fünf- sechs- sieben- und neunzeilige strophen ergab, und in der symmetrischen anordnung derselben. die dreizeiligen strophen aber können nicht aus den sequenzen stammen, **da bei diesen in ihrer ältesten gestalt von gegliederten** strophen gar nicht gesprochen werden kann, wenn auch innerhalb der chöräle oder langzeilen, wie sie *FWolf* nennt, durch die pausen der melodie kleinere abschnitte entstehen, die versen vergleichbar und aus **denen** später wirkliche **verse** geworden sind. eher könnte jene dreizeilige strophe aus der kirchlichen hymnenpoesie entlehnt sein, in welcher eine ähnliche zwar nicht häufig, aber in bekannten und vielgesungenen liedern, wie des *Fortunatus* Pange lingua oder Crux fidelis (*vgl. Daniel thesaur. hymnol.* 1, 14. 120. 159. 231, Mone lat. hymn. des MA. 1, 439), vorkommt. allein die verwendung ungleicher strophen neben einander ist im lateinischen hymnengesange ohne beispiel, muss daher als ein eigentümliches *kunstprincip der deutschen dichtung anerkannt werden, das die geistlichen nur aus dem volksgesang herübergenommen haben können. war die ungleichheit der strophen einmal gestattet, so ergaben sich die verschiedenen arten ihrer symmetrischen anordnung von selbst. wenn aber zu ende des* VIII *jh.* Petrus von Metz *und* Romanus zu SGallen *in ihren* iubilis ad sequentias *die paarweise strophengleichheit, wenn auch nicht als unumgängliches gesetz, doch als regel beobachteten, — in der melodie* Amoena *Schubiger exempla nr. 3 findet sich die ordnung* abcb, *— so ist der strophenparallelismus der deutschen ungleichstrophigen gedichte gewis nicht von dorther entlehnt, da es ebenso natürlich als auch in der tat fast allen musikalischen compositionsformen gemein, ja selbst im gregorianischen recitativgesang (Raillard explication des neumes s.* 94 *f. vgl.* 105 *f.) üblich ist, längere melodische phrasen dem gedächtnisse des zuhörers durch wiederholung einzuprägen.*

S. M.

XI.

Hs. 143 (B 5. 15, *früher nach dr Holder* F 112) *der öffentlichen bibliothek zu Valenciennes aus dem* IX *jh. in* 4°, *ehedem eigentum der abtei* SAmand sur l'Elnon, libri octo Gregorii Nazanzeni epi., *bl.* 1ª *zehn distichen Gregors des größsen?, bl.* 140ᵇ 141ª *von einer zweiten gleichzeitigen hand* Diis celirex & conditor. Maris & terrefomes & auctor *usw., gedruckt bei Mangeart catalogue de la bibliothèque de Valenciennes* 1860 *s.* 124, *bl.* 141ª *von einer dritten gleichzeitigen hand in nicht abgesetzten versen* Cantica uirginis eulalie. Concine suauissona cithara *usw. (s. Elnonensia),* 141ᵇ *von einer vierten gleichzeitigen hand* Buona pulcella fut eulalia *usw. in* 15 *langversen, darauf in* 59 *zeilen bis* 143ª *von derselben hand der* RITHMUS, *dann noch bis* 143ᵇ *von einer fünften gleichalten hand* 15 *distichen* Uis fidei tanta est quae germine prodit amoris *usw. gedruckt bei Mangeart s.* 125 *und zuletzt die unterschrift* Liber Sᵗⁱ Amandi. JSchilter EΠINIKION rhythmo teutonico Ludovico regi acclamatum cum Nortmannos an. DCCCLXXXIII vicisset per dommum JMabillon descriptum interpretatione latina et commentatione historica illustravit. Argentorati MDCXCVI. 4°. 72ss. [editio secunda auctior et emendatior Ulmae 1727 in JSchilters thesaurus antiquit. teuton. II *usw.*] Elnonensia. monuments des langues romane et tudesque dans le IXe siècle, publiés par Hoffmann de Fallersleben, avec une traduction et des remarques par JFWillems. Gand 1837. 34ss. 4°. seconde édition revue et corrigée. Gand 1845. 67ss. 4°. *mit facsimile der ersten zeile der Eulalia und des rithmus.* WWackernagel altdeutsches lesebuch, Basel 1839, 105—110; 1859, 103—108. *mir liegt vor eine neue abschrift des herrn dr Holder, hofbibliothekars in Karlsruhe; eine andere des herrn dr* WArndt *ist in der zs. für deutsche philologie* 3 (1870), 311—313 *gedruckt. nach Hoffmann und Holders abschrift rückt die hs. meistens die zweite und dritte langzeile jeder strophe, wie in unserem texte, etwas ein, trennt die halbverse durch einen punct und kleinen zwischenraum und lässt alle mit einem großen anfangsbuchstaben beginnen.* 1. Hludnig vorr. *s.* XII. 2. *über* ih uueiz *s. Haupts* ss. 3, 187 f. und zu XVII, 28. 5. *HLeo Beóvulf* 1839 s. 67 *nimmt* frônisc githigini *als umschreibung von* dugidi *und setzt dies der ags.* duguð, *der auserlesenen gefolgsmannschaft gleich; aber dann würde* dugid *wohl nicht im plural stehen.* 6. Stual *Hoffmann, 'eher* a *als* o?' *Holder,* Stuel *Arndt. umgekehrt bemerkt jener auch zu* 32 trostet *'eher* o *als* a'. 8. *beginnt quaternio* XVIII *und bl.* 142ª. simo dimo mimo *sind ahd. noch gar nicht nachweisbar; sonst könnte man hier* sínemo — sinmo, simo *nehmen und* brúoder *wie vers* 20 *erbólgàn betonen. aller wahrscheinlichkeit nach ist also die tieftonige kurze silbe in* sinemo *fälschlich für eine lange gezählt wie häufiger bei Otfrid in dem ältesten teile seines werkes. die entscheidenden belege dafür, de carm. Wessof. p.* 13 *leider unerwähnt, sind* 1, 4, 57 ni doh irbólgono (= irbolgano), 1, 5, 6 uuega uuólkono (uuolkano), *und von derselben art sind* 1, 3, 27 thie uuaron uúrzelun, 1, 4, 9 kindo zeizero, 49 ju filu manegero, 1, 7, 4 mit lidio lichamen, 10 in mir ármeru, 18 firliaz er itale, 24 mit allen sálidon, 1, 16, 2 joh filu mánegero, 1, 22, 1 so (so *PF*) er thó uuard áltero, 1, 23, 7 thaz er thie uuénege, 4, 11, 50 thaz ein (éin *P*) ándremo, 4, 12, 13. 5, 10, 23 sah ein zi ándremo, *an Hortman* 50 giniazan bédero. *vielleicht schrieb Otfrid* 4, 11. 12. 5, 10 andremo *statt* anderemo, *wie* F *verbesserte, nur aus unachtsamkeit. die verse lassen sämmtlich bis auf* 1, 7, 4 *dieselbe betonung des letzten wortes zu wie* 1, 20, 23 noh iz ni lesent scríbara, 2, 14, 57 unsere áltfordoron *und wie* Musp. 79, *und* 1, 3, 27. 1, 23, 7 ua. *wird man gerne so lesen; aber alle mit alleiniger ausnahme von* 1, 22, 1, *wenn die synaeresis wegfällt, auch* 1, 7, 4, *wenn man hier die seltsame, zu* XXVI, 10 *besprochene reimart gelten lässt, nur so dass zugleich jedesmal nach einem schwachen, minderbetonten wort oder auch nach einer tieftonigen silbe* (1, 4, 9. an Hartm. 50) *die senkung fehlt; d. h. man würde sich in jedem einzelnen falle ohne not zweier freiheiten bedienen, wo man mit einer, durch* 1, 4, 57. 1, 5, 6 *unzweifelhaft festgestellten vollkommen ausreicht. jedermann kann sich daraus den nötigen schluss ziehen und es ist nicht zu besorgen, dass Lachmann über die sache jemals anders geurteilt hat, da er nur nach vollständigster kenntnis und genauer erwägung des materials* 1832 *über ahd. betonung und verskunst s.* 206 *versprach später zu zeigen dass sich die dichter des neunten jahrhunderts (Otfrid und der dichter des Ludwigliedes) die hebung auf einer kürze vor der letzten silbe des verses dennoch, obgleich höchst selten, erlaubt haben. vgl. Scherer* zGDS. s. 399. 12. *auch in einer verordnung Karlmanns vom j.* 884 *gegen die im reiche herschende arge unsicherheit des eigentums (Dümmler gesch. des ostfränk. reiches* 2, 232) *wird der einbruch der heiden als eine verdiente göttliche strafe dargestellt und daran die mahnung zu innerer umkehr geknüpft.* 13. Uuurdun *steht* ἀπὸ κοινοῦ, *es ist also nicht zu interpungieren.* 20ª. imo *will Wackernagel wie Lachmann (specim. s.* 16) *ergänzen, aber gott war weder speciell auf den könig, noch auf sein reich als solches erbost, wie die zweite halbzeile lehrt, und der vers ist untadelhaft. zu den belegen de carm. Wessof. p.* 13 *füge ich noch Otfrid* 1, 2, 14 ubar súnnun lioht, 1, 17, 9 thie irkantun súnnun fart *und* 3, 24, 41 *ist die betonung in* tház kástel *in ebenso unwahrscheinlich wie* 1, 17, 45 bi thés stérren fart, *so dass zweimal hinter einander die senkung nach schwachen wörtern fehlte; dagegen natürlich zweifelhaft* 1, 2, 40 so laz mih drúhtin min, 1, 5, 13 so man zi fróvuun scal, 2, 8, 16 so sun zi múater scal, an *Hartm.* 25 so man in búachon scál, 1, 3, 42 uuant er ther drúhtin ist, 5, 17,

19 uuant er ist thiārnun sun *usw. wo man mit einer fehlenden senkung ausreicht.*
21. *statt* erbarmēdes *verlangt die grammatik* erbarmēdiz *oder* erbarmēdez *und umgekehrt* 40 imos *wie v.* 2, *statt* imoz. *der schreiber, der v.* 1 Heizsit, 11 Lietz *schrieb, wuste mit z und s nicht mehr in allen fällen zurecht zu kommen, ähnlich wie die schreiber im* XIV *und* XV *jh. zwischen* z s ss sz zs *und* tz *für* z *schwanken, denn* grūetz, grūetze *für* gruoz, grüeze *im leich vom Niederrhein* 7. 8 (*Haupts zs.* 3, 219) *neben* züze (süeze) 8, maze: laze 107. 109, zueze (suoze) 114, *drückt kaum den zweifel des schreibers zwischen* t *und* z *aus, wie das* tz *in hss. des Bertold von Holle* (zs. 1, 63. 65, *FBartsch s.* LXIV) *und das* zt *in den liedern des Veldeckers, worauf das schwanken der hss. Lachmann führte, s. zu* XIII, 19. *Nicolaus Locke lässt, wie mir Scherer mitteilt, in seinem Schaw Spiel vom verlornen Sohn (Lüneburg* 1619) *den plattdeutschen kutscher also hochdeutsch reden* 3, 1 Wir komzen (*statt* wy kamt) an ein gutzen ort, 3, 5 Watz ist es doch? latz mir es wizen, *auch* dizen grotschen nem ick ock miz; *ebenso den bauer Jasper* 4, 6 Harzeleve Bekse kamzet balze her us; Harzo Beke, he lert noch wol en bezen, idt sunt ken bockstaven, machstu wezen. *alte beispiele von* z *für* s *und von* s *und* tz *für* z, z *s. zu* X, 27. XIII, 19. XVI, 1. *s.* 428. Uunisser 29. gode pancodon *Beov.* 227. 1397. 1626 *und sonst; JGrimm Andreas und Elene vorr.* XLII. 30. *über* frō min *im munde vieler s. gramm.* 4, 299. *Hel.* 122, 2. 131, 6; *ebenso* min trohtin *und* min vrouwe *zu* XXXI, 27, 4. 32. *beginnt bl.* 142ᵇ. hiu acc. *auch* 34. 35, *vgl. Lachmann zu Walther* 18, 7, XCVI, 25 *und zu* XXXIII, C 14 33. genod *Mabillon*, gibod *Hoffmann*, g:b:d (i *und* o *verblasst*) *Holder*, gib:d (: *rasur*) *Arndt*. 34. ge unhti das u *verblasst nach Holder*. 35. gineriti *Hoffmann Arndt*, gi nerrti (*verblasst*) *Holder*. 38. Uuil *Mabillon Arndt*, Uuili *Hoffmann Holder*. *durch die übereinstimmung Arndts mit Mabillon und die meinung Lachmanns von* 1832 (*über ahd. betonung s.* 258), *dass im Ludwigsl. niemals zwei silben in eine verschlungen würden, wird die aufser* LXV, 10 *erst bei Williram vorkommende form hier nicht wahrscheinlicher*. 40. *s. zu* 21. 42. *Haupt vergleicht Erec* 4105: 'wol ûf, ir herren', sprach er. niwan schilt unde sper hâten si ze wer genomen: daz was von ir gæhe komen. 43. sinän *Wackernagel*] sina 44. *JGrimm aao.* (*gramm.* 2, 550), *Otfr.* 2, 3, 13 iz ni uuás ouh bóralāng, *Genes.* 53, 11 porlane iz dō ne stuont, *Ruther* 1379. 5088 done stūnd iz borlange, *Ernst* 588 darnách was ez porlane, *deutsche mystiker* 1, 40, 24 darnâch was enborlang. 45. sihit] *der gebrauch des praesens, in den alten und neuern sprachen überall gestattet* 'wo der erzähler seinen gegenstand näher bringen oder das überraschende darstellen will' (*gramm.* 4, 145, *vgl.* 142*f.*), *ist sonst aus unsern alten quellen nicht zu belegen, aber hier vollkommen angemessen und unanfechtbar*. gereda *Hoffmann*, ger la *Holder*, 'red ist zweifelhaft' *Arndt*. 46. *zu* frâno *vgl.* fraonô LIV, 11, vrâno *Frekenh.* frânisco *Hel.* 73, 13 *Mon.* 47. Krrric *Holder*. 49. Spilod *unther Mabillon*, *Willems* 1837; le manuscrit présente Spilodun ther urankon, *Hoffmann p.* 4, *auch nach Holder*; thâr *vermutet Wackernagel* 1859, *ohne not, wie es scheint. zweimal steht im Georgslied* 21 ter, der *oder* ther, dher *für* dâr, *ebenso in der hs. von himmel und hölle* XXX, 96. 98, *und bei Otfrid* 1, 26, 8 then sun then dóufta man thar; thar (ther ?) sprah ther fater, *Hel.* 140, 3 uuili imu ther (thar *C*) sine niman, *vgl. auch Heynes altnd. denkmäler s.* 59, 5. 60, 15. 24. 51. uuás imō *Lachmann aao*. gekuoni *nur hier adjectiv, Graff* 4, 440. 53. flan (ton *fehlt*),

fianton *Mabillon.* 54. Otfr. 4, 33, 20 mit bitteremo lide. 55. uuarth ther sigihaft bei *Willems* 1845 *ist nur druckfehler* 56. *beginnt bl.* 143ᵃ Sab *Mabillon,* lah *Hoffmann, wie Wackernagel schon* 1830 *in den fundgr.* 1, 345 *vermutet hatte, und* jehan c. acc. *ist nicht unmöglich,* Ezzo XXXI, 1, 34. 36, *Haupt zu Walther* 112, 20, *Wolfram Wilh.* 261, 6; *vgl. mhd. wb.* 1, 513*f.* 516, *Zupitza zur Virginal* 134, 11, *allein nach Holder und Arndt steht in der hs.* Joh. das *in der hs.* (nach *Holder) im anlaut gewöhnliche lange* I (2. 3. 4. 6 *usw.*) *ist hier wie auch* 10. 28 *bei* jung *und* Ingagan *einem* l *ähnlich,* o mit a *nicht zu verwechseln und daher sicher, das* h *nach unten geschlossen kann* als b *gelesen werden* (*vgl. im facsimile bei Willems* bellezour *und* hluduig); *aber* Loh *oder* Lob *ist völlig ohne sinn. man braucht nicht das* si *aus* 55 *zu ergänzen, sondern dieselbe ellipse kehrt hier wieder wie v.* 54 *und* XVI, 2, *wie in* gote danc (*Graff* 5, 167), gote lop, *in Otfrids* 1, 2, 31 únkust rumo sinu joh uah ginâda thinu, 7, 9 uuih nâmo siner *und andern optativen sätzen, gramm.* 4, 132. 57. Uuolar abur] .. uolar abur, *so auch Holder;* le commencement des lignes 57 et 58 manque comme ayant été arraché du manuscrit, *Hoffmann; Hoffmann croyait devoir lire* wuolar, *Willems. das* r *ist in der interjection eingeschaltet wie in* nurâ, jarâ, valerei, *Lachmann zu Nib.* 446, 3, *vgl. Haupts zs.* 12, 397*f., Schmeller die mundarten Bayerns s.* 142*f.* 'überall wo zwei wörter mit vocalen auf einander stofsen, pflegt der ostländer ein r einzufügen', *und Lexer kärntisches wb. einl.* XII. *es findet sich auch im Erfurter judeneid z.* 1 *des* bistur uuschuldic. uuar salig *Mabillon:* à la ligne 57, derrière uu, est une tache qui a enlevé deux à trois lettres, à l'exception d'une seule queue de lettre, ce qui ferait croire qu'il s'y trouvait un g: quoiqu'il en soit de ce passage, on n'y peut lire d'aucune manière uuar, uuas, ni uuarth. *Hoffmann p.* 4; wigosâlig *Hoffmann p.* 31; unigsâlig *Willems* 1845. *nach Holder hat die stelle* dies *aussehen* kuninge (?) ui( )ᶠalig, *so das nur noch das obere ende des* f *sichtbar ist; Arndt las* kunige ui( )salig. *der dativ aber hat hier neben dem vocativ* Hluduig *nicht die geringste wahrscheinlichkeit, obgleich er sonst ebenso wohl als der nominativ oder vocativ auf die interjection* uuola euge *folgen kann, Graff* 1, 834*f.* 58. Sô garo] .. garo; Si garo *vermutete Hoffmann.*

JGrimm (*Germania* 1, 233—235) *hat in dem liede einen historischen irrtum und sogar einen heidnischen mythus gefunden. der gründlichste kenner dieser zeiten, professor* EDümmler *in Halle, schreibt mir:* 'Ludwig der stammler († 10 april 879) war bei seinem tode nach den annal. Vedast. zum j. 879 anno aetatis suae* XXXIII. *da er nun selbst in einer urkunde für* Tours (*Bouquet* IX 403) *den* 1sten november *als* diem nativitatis nostrae *bezeichnet, so halte ich den* 1sten november 846 *für seinen geburtstag. er vermählte sich* 862 *zu anfang der fasten mit Ansgard, einer tochter des verstorbenen grafen Harduin, s. geschichte des ostfränkischen reichs* 1, 480. *von den drei kindern dieser ehe,* Ludwig Karlmann *und* Hildegard, *starb der zweite am* 12 december 884 *und zwar nach den annal. Vedast.* anno aetatis suae circiter XVIII. *mithin war er etwa* 866 *geboren und die geburt seines bruders Ludwig (des helden unseres liedes) fällt in die jahre* 863—865. *für das jugendliche alter der könige spricht das* Hincmar, *der später*

mit Ludwigs regimente sehr unzufrieden war, sich 881 oder 882 an den kaiser
Karl mit der aufforderung wandte, die leitung und vormundschaft für seine
neffen zu übernehmen und ihnen maturos ac prudentes atque sobrios baiulos zu
setzen, Hincmarri opp. ed. Sirmond II 185f. vgl. Flodoardi hist. Rem. eccl. 3 c.
20. derselbe Hincmar redet in dem schreiben der synode zu Fismes c. 8 (Sir-
mondi concilia Galliae III 514) im april 881 die könige an: quid vobis sit agen-
dum attendite, qui adhuc in aetate immatura estis. Ludwig und Karlmann wur-
den im september 879 zu Ferrières zu königen gekrönt und teilten ihr reich, nach-
dem sie sich mit Ludwig von Ostfranken abgefunden, zu Amiens im märz 880,
nach ann. Vedast., Hincmar, ann. Floriac. zum j. 880 Mon. Germ. SS. II 254.
rühmend gedenkt ihrer der fortsetzer Erchanberts (MG. SS. II 330) und Angilbert
von Corbie (Mabillon analecta vet. p. 425), der Ludwigs bruderliebe preist.'
Ludwig III war also hienach bei dem tode seines vaters, Ludwig des stammlers,
14—16 jahr alt und damit stimmt v. 3 Kind uuarth her faterlôs vollkommen:
dass der zweite nominativ und accusativ unseres 'als', wie im lateinischen und
griechischen nicht bedarf, belegte zuerst Lachmann, aber umsonst auch für den
neusten herausgeber, für Walther 39, 24 in der auswahl xxvf., dann JGrimm
in der gramm. 4, 593. 623, in Haupts zs. 1, 208, im deutschen wb. 1, 255. 256;
ich füge noch hinzu Otfr. 1, 5, 29 er richisôt kuning therero liuto; Melker
Marienl. 13, 1 Chint bære dû magedîn; SLambr. Marienl. 34 meit du swanger
wirst; leben Jesu 228, 7 Diem. daz man in mennis gesâhe; Hartmanns Credo
581 er sol walden hêrre allinthalben, 719 Jêsum Cristum, den gebar si magit
reine, 2270 unde kint ir magetûm verlôs; Ruland 220, 32 der chune vacht alsô
chuoner wigant; paternoster XLIII, 6, 8 uns dir kint gebâren diu gnâde und der
dîn geist; fdgr. 2, 204 anm. 1 der durh uns mennisch geborn worden ist, ebenso
in der erlösung 995 mensche wil er sterben, 1222. 1899 usw. geborn mensche
werden, 2607 des saltu maget genesen; Biterolf 2985 daz ich in (den schild)
ritter tragen solde, 8946 die Hiunen gisel zoumten dan zehen wigande; Kudrun
331, 1 man mohte in einen swertdegen vinden; Erec 4521 der verlorner funden
ist, 2565 Êrec der êrste an si kam; Lanzelet 903 P er ir der allernæhste lac;
Parz. 202, 22 die künegin er maget liez; Virginal 77, 6 der manheit gar ein
kerneu sach man den jungen Dietrich; Rudolfs gut. Gerh. 1753 dâ si diu fünf-
zehende saz (Haupts zs. 1, 199); der von Gliers HMS 1, 106ᵇ daz man si erkennt
daz beste wîp; Walberan 746 ich wil der êrste an die vart. usw. 'die v. 19
erwähnte abwesenheit des königs' schreibt Dümmler weiter 'dürfte ihre erklärung
durch die belagerung der ausserhalb seines reiches gelegenen stadt Vienne finden
(gesch. des ostfränkischen reiches 2, 147). jedesfalls war er durch diese in an-
spruch genommen, als die Nordmannen ihre verwüstungen begannen, und kehrte
erst nach einiger zeit zurück, so dass das lied auch hierin ganz der geschichte
entspricht. über die schlacht selbst geben die ann. Vedast. die beste nachricht.
den ort nennt auch Regino zum j. 883 unabhängig davon und der fortsetzer Ados
(MG. SS. II 325) bezeichnet den gau. Saucourt, das Lebeuf zuerst nachgewiesen
in der noch jetzt Vimeux genannten gegend, habe ich auf der französischen ge-
neralstabskarte gerade auf halbem wege von Abbeville nach Eu, rechts ab von der
strasse gefunden. den tag der schlacht 3 august 881 geben die annal. Blandi-
nienss. (MG. SS. V 39) und daraus abgeleitet die annal. Besuens. (MG. SS. II 248)
an; sie verlegen dieselbe aber auf einen dienstag, während der angegebene mo-

natstag auf einen freitag fiel. die zahl der gefangenen gibt Regino auf mehr als 8000, die ann. Fuldens. auf 9000 an. Hincmar gedenkt dieses sieges in folge seines gespannten verhältnisses zu Ludwig in einer durchaus misgünstigen weise. für das aufsehen welches die schlacht machte spricht außer der erwähnung bei Regino und den ann. Fuld. besonders der umstand, dass man auch in England davon hörte, s. chron. anglosax., Asser de rebus gest. Älfredi, Ethelwerdi chronic., Simon Dunelm. 881, für die suche alle unerheblich, monum. histor. Britann. ed. Petrie et Sharpe I 358, 483, 516, 682. es lebten aber auch sagenhafte locale überlieferungen davon fort, s. Hariulfi chronic. Centulens. III c. 20 (Dachery spicil. ed. pr. IV 518), chronic. Alberici a. 881 (Leibnitii accession. histor. II, 212; vgl. Pertz archiv 10, 206). mit dem liede haben diese nichts zu tun, wie Willems s. 23ff. ganz richtig bemerkt.' — Hariulf, der seine chronik im j. 1088 zu schreiben anfieng, beruft sich ausdrücklich auf eine chanson de geste und gewis nicht später — au onzième siècle selon toute apparence nach P.Meyer in der bibliothèque de l'école des chartes 5, 2, 85 —, so dass Hariulf sich darauf beziehen konnte, ist das alte, von Reiffenberg in der einleitung zur chronique de Philippe Mouskes II (Bruxelles 1838) p. 10ff. herausgegebene stück vom tode des normannischen königs Gormond entstanden, das von der schlacht bei Saucourt nach französischen traditionen handelt, die auch Alberich kannte; vgl. FWolf über die lais s. 189. es heifst dort bei Reiffenberg p. xxv:

   La bataille durra treis dis
   entre Gormond et reis Lowis.
   al quart commenceut à fuir
   Turz et Persanz et Arabis, (d. h. die heiden)
   parmi Vimeu et par Pontif
   vers les aloès Saint-Valeri. —

'sie als historische zeugnisse zu benutzen wie Lappenberg (geschichte von England 1, 323) und Pauli (könig Älfred 144) tun, scheint mir unkritisch. Lappenberg citiert in den nachträgen 2, 408 auch noch Galfrid von Monmouth XI c. 8 p. 159 der ausgabe von San-Marte, der p. 439—443 weitere belege über die wunderliche verzweigung dieser traditionen bringt. eine ähnliche erwähnung findet sich auch MG. SS. IX 384 n. 14, von dem herausgeber nicht richtig gedeutet. dass Ludwigs tod dabei mit der schlacht in unmittelbare verbindung gebracht wird, dürfte seinen grund in einer falschen auffassung der angabe des fortsetzers Ados (MG. SS. II 325) haben, welcher sagt er sei non multo post gestorben. nach der schlacht versuchten die Normannen noch einmal vorzudringen; Ludwig aber schreckte sie durch eine zu Etrun bei Arras erbaute burg zurück, worauf sie in der tat sein reich verliefsen. Ludwig III starb am 5 august 882 nach den annal. Vedast. der fortsetzer Ados setzt seinen tod auf den 4ten, Hincmar überhaupt in den August. aufserdem melden seinen tod ann. SColumbae Senon., Floriac. 882, Lemovic. 881, Regino 883 (MG. SS. I 103, 251, 254) usw. die regierung führten unter ihm vornehmlich abt Hugo von Tours und graf Theoderich von Autun.' nach der überschrift ist das lied nach dem tode des königs aufgezeichnet; aber die uns vorliegende aufzeichnung ist wohl nicht die erste. gedichtet ist es noch bei seinen lebzeiten, wie v. 1. 2. 6. 57—59 beweisen, also sehr bald oder unmittelbar nach der schlacht. die vermutung dass der gelehrte Hucbald, der 930 neunzigjährig starb, das gedicht aufgeschrieben und verfasst habe (s. Willems s. 22,

vgl. *über ihn Bähr geschichte der römischen litteratur im karolingischen zeitalter
1840 § 50. 97. 203), hat beifall gefunden; ob mit recht, lasse ich dahin gestellt.
aber der verfasser war jedesfalls ein geistlicher, und dieser wird den mythus,
durch den nach JGrimm das lied 'unserm verständnis näher rücken' soll, doch
eher aus dem alten testament, wo gott mit den menschen oft genug verkehrt und
unmittelbar auch der einzelnen sich annimmt, als aus der edda geschöpft haben.
er dichtete in der mittel- oder rheinfränkischen mundart (vorr. s. xvi. xviiff.
xxi) und sein gedicht ist ein merkwürdiges und wichtiges zeugnis für die kar-
lingische hofsprache. metrisch gliedert es sich in zwei teile. in dem ersten wird
nur eine strophengattung, die zweizeilige, angewendet, in dem zweiten wechselt
diese mit einer dreizeiligen und der wechsel ist so geregelt dass wenn wir die
zweizeiligen strophen durch* a, *die dreizeiligen durch* b *bezeichnen, der bau des
zweiten teils durch die formel* bbb. aaaa. abab. *veranschaulicht wird. es ist an-
zunehmen dass entsprechend den beiden strophenformen im ganzen gedichte we-
nigstens zwei melodien verwendet wurden; möglich aber auch dass zwei verschie-
dene melodien für die zweizeiligen strophen allein in anwendung kamen, im gan-
zen also etwa so:*

1 2 1 2 1 3 2 1313
aaa . aaa . aaaa . aaa . aaa . bbb . aaaa . abab.

*wir kennen gruppen zu vier strophen schon aus der Samariterin und werden sie
später auch im* modus Liebinc *und sonst finden; gruppen zu dreien zeigt das
Georgslied und manches spätere gedicht, wie der Salomo. das letzte system* abab=
ab, ab *enthält den keim zur fünf- oder zehnzeiligen strophe.*

XII.

A *Saagaller hs.* 393. 4⁰ *p.* 247—251, *der sogenannte* codex benedictionum
(IvArx *geschichte des kantons SGallen* 1 (1810), 279; Ekkehardi benedictiones
ad mensas *von* FKeller *in den mitteilungen der antiquarischen gesellschaft in
Zürich bd.* III (1846—47) *s.* 99ff.; EDümmler *in Haupts zs.* 14 (1869), 12—17.
30ff.) *von der hand Eckehards* IV (*geb.* c. 980 † c. 1060); *vorausgehen p.* 239—
246 *Eckehards* versus ad picturas claustri SGalli (*Haupts zs.* 14, 34—42 *vgl.
Hattemer* 3, 600), *die auch die legende des heiligen darstellten.* BC *jüngere ab-
schriften oder redactionen in den sangallischen hss.* 168. 174, *mit manchen ab-
weichungen, nach Dümmler aao. von Ekkehards eigner hand.* JGrimm *lateini-
sche gedichte des* X *und* XI *jh. Göttingen* 1838, *vorr.* xxxi—xxxiii: *der text* A
nach einer abschrift des freiherrn Joseph von Lassberg. HHattemer *denkmahle
des mittelalters* I (SGallen 1844) 337—344; A *mit den abweichungen von* BC *und
eine strophe in facsimile auf taf.* IV. *in* BC *ist die prosaische einleitung ver-
ändert und erweitert:* Ratpertus, Notkeri (Balbuli † 912) . . . condiscipulus, post
sancti Galli historiam (casus SGalli *in* MG. SS. II 61—74) et alia multa quae
fecit insignia (*lat. gedichte bei* Canisius antiq. lect. V (1604) 736. 742—44. 750)
fecit et carmen barbaricum de sancto Gallo cantitandum quod postea fratrum
quidam, cum rarescere qui id saperent videret, ut tam dulcis melodia latine lu-

deret (ne—memoriae laberetur *B*), quam proxime potuit transferens, talibus operam impendit (*MG.* II 33, *Schubiger sängerschule von SGallen* 1858 s. 38 anm.).

über *Ratpert* s. *Eckehards* IV *casus SGalli in MG.* II 78—80. 95—97. 100 er ist in urkunden vom j. 876—902 nachzuweisen, *EDümmler SGallische denkmale*, Zürich 1859, s. 255. 256. seine lateinischen *uersus de festivitate SGalli* bei *Canisius* aao. 736 sind ohne historischen gehalt. in dem deutschen lobgesang, wie im eingang seiner casus SGalli folgte er im ganzen der alten vita SGalli, *MG.* II 5—21, nicht der bearbeitung von *Walahfrid Strabus*, bei *Goldast rer. Alemann. SS.* (1661) p. 142*ff*., aber jener auch nicht unmittelbar, sondern mehr seinem gedächtnis und seiner erinnerung, im einzelnen auch mündlicher tradition oder eigner vermutung. dass die legende zum grofsen teile auch dem volke bekannt war und Ratpert dies voraussetzte, sicht man namentlich in der zweiten hälfte des gedichts von str. 11 an, an der kurzen, nur andeutenden erwähnung **der wunder und an andern** einzelheiten. um überhaupt zu zeigen wie er gedichtet, führe ich im folgenden die stellen der vita an. die verse in A, wie oben mit einem grofsen buchstaben beginnend, sind abgesetzt und caesur und versschluss in der regel durch einen punkt bezeichnet. die strophen beginnen mit gröfsern oder roten buchstaben und über die fünf ersten (nach *JGrimm* s. xxxiii) sind, wechselnd mit roter und schwarzer dinte, neumen gesetzt, die die wiederkehr der melodie nach je fünf zeilen klar ergeben. auch die andern texte sind nach Hattemer ganz oder teilweise neumiert.   **1**, 3. lætetur patrem scæuia *B*   5. præparantem et sanctificantem *B*.   **2**, 2. vita p. 5: aestimatione etenim coepta portum Hybernicum linquebant prosperisque succedentibus auris sinus Brittannicos tangebant; quibus peragratis tandem optata arva Galliae introierunt.   anders *Walahfrid* c. 2.

celeumant *A*, peanant *C*, cantantes *B*.   3. *Maginold und Theodor heifsen* in der vita p. 8 die zwei cleriker die sich in Arbon an den erkrankten Gallus anschliefsen und hinfort den gottesdienst für ihn verrichten. aber keine andre quelle kennt sie, noch auch den *Kilian*, der nach z. 4 erst später priester ward, als gefährten Columbans und des Gallus von Irland her. daher änderungen in den hss. und die bemerkung Eckehards zu z. 4.   magnus Chilian nach *Hattemer* (statt Magnoaldus) *C*.   4. über dem ersten halbvers steht mit roter dinte in *A*: sic in teutonico canitur.   4. 5. Sigibertus, Placidus cum pluribus complicibus Francis immorantur, nimis honorantur (honori habeatur *C*) *BC*. auch diese sind als begleiter Columbans unbekannt; s. 5, 4 *BC*.   5. vita p. 5*f*. arva Galliae introierunt ubi gubernacula regni Sigiberti (*a*. 561—575) diversas gentes tunc domuerunt, statimque confidentes in Christi amore aulam regiminis eius adierunt. — regalis petitio eos adiit ut in terminis Galliae conversationis locum eligerent. — ingressi sunt heremum, quem vulgaris opinio nuncupat Vosagum. — reppererunt antiquitus habitationem dirutam, quam incolae regionis illius Luxovium vocabant. — multi Burgundiorum gentis nec non et Francorum veniebant ad eos. — ereverat passim opinio eorum in finibus Galliae vel Germaniae.

3, 2. vita p. 6: nam sicut Jezabel regnum Ahab perdidit, ita et haec istum (*den könig Theoderich*) decepit auertendo eum a legitimo coniugio ac uitam eius lupanaribus damnando.   3. tristes] sancti *C*.   et in Sueniam] alemanniam *B*.

4. *A* p. 248.   vita p. 6: adierunt castellum Turegum vocatum Tucconia, quae in capite ipsius laci Tureginensis est sita, *d. i. das pfarrdorf Tuggen im kanton Schwitz; vgl. IvArx zur vita, Rettberg kirchengesch.* 2, 39 anm.   5. imbuunt

fide *B*. Iovem rideut *C*. *vita p.* 6: coepit illic gentilium fana incendere diisque consecrata in lacum dimergere. *erst Ratpert nennt den Jupiter, dann Eckehard in den versus ad picturas (aao. s.* 36, *vgl. s.* 10 *anm.*): mersaque Neptuno iacet obruta sub Ioue Iuno. **4.** *fehlt B*. *die einwohner beschliefsen den Gallus zu töten und den Columban zu vertreiben:* sanctus vero Columbanus haec audiens orabat 'Deus rector poli, in cuius arbitrio totus mundus decurrit, fac generationem istam in inproperium, ut quae inprobe excogitant servis tuis, sentiant in capitibus suis. fiant nati eorum in interitum *usw.*' *vita p.* 6*f.* 4. inuolitant *C*. 5. illos] presbiter *C*. *vita p.* 7: peruenit in castrum Arbonam, ubi reppererunt Willimarum quendam sacerdotem. **5,** 1. *vita p.* 7: didicerunt ab eodem presbytero civitatem quandam esse dirutam vicinam illis locis Pregentiam. 2. *ebendas.:* ecclesiae sanctae Aureliae honorem pristinum restituit ibique athleta Christi cum clientibus sibi alumnis mansit triennio. 3. docens *B*. laudare *B*. 4. *vita p.* 8: nam ut adderetur ad iniurias servorum dei, vacca eorum furto ablata ducta est in abdita heremi. cuius requirendi gratia pergentes duo fratres venerunt ad ipsos latrones *usw.* latro Sigebertum trucidat hinc et Placidum *BC*. 5. fugiunt (properant *B*) Italiam *CB*. **6,** 1. Febris egra gallum detinuit sanctissimum *B*. 2. cur restet *BC*. 3. celebret] ageret *C*, umquam missas ne celebret *B*. dum audiret *C*. *vita p.* 8: vir sanctus, causa retinendi eum secum, cum hilaritate animi dixit 'si laborum meorum particeps fieri non vis, diebus meis missam non celebrabis'. *Walahfrid c.* 9: ille vero, existimans eum pro laboribus ibidem consummatis amore loci detentum viae longioris detrectare laborem, dixit ei 'scio, frater, iam tibi onerosum esse tantis pro me laboribus fatigari, tamen hoc discessurus denuntio ne me viuente in corpore missam celebrare praesumas'. *Ratpert cas. SGalli p.* 61: quem etiam ob laborem itineris putans sanctus Columbanus aegritudinem simulare, officium illi altaris interdixit, dum ipse Columbanus in hac vita mansisset. 4. *vita p.* 8: praefatus hospes Willimarus presbyter visitatur a servo dei Gallo *usw.* petit hinc *B*. Christum] castrum *B*, multa *C*. 5. egros confortantem *C*, omnium potentem *B*. **7,** 2. siluarum fit *mit der correctur* deserti *am rande A*, fit heremi *BC*. 3. *A p.* 249. Hiltibodus quidam diaconus, praefati sacerdotis fidus socius *vita p.* 8, Hiltiboldus *Walahfrid c.* 10, Hiltibalt *Eckehard in den versus aao. s.* 37. 4. damnum demones, Dat lapsans Gallus preces *B*. *von dem weheruf der unholde weifs hier weder die vita noch Walahfrid etwas, wohl aber während des aufenthalts in Bregenz, vita p.* 7*f.* 5. diacon *B*, Hiltibalt *C*. *vita p.* 9: corruit in vepre pedem offendens. quem diaconus nitens sublevare, audivit 'sine me: haec requies mea in saeculum saeculi: hic habitabo, quoniam elegi eam'. *aus psalm* 131, 14. *Eckehard cas. SGalli c.* 10 (*MG.* II 135): Purchardus abbas († 971) senio iam gravescens corilum illam antiquam, sub qua Gallus quondam vepribus corruens 'haec requies mea' cecinit, consulto episcopo succidit capellaque aedificata aram in loco arboris statuit. **8,** 2. per cuncta seçli *B*. 3. *psalm* 115, 13. 17 nomen domini invocabo. elegi hunc locum domino *C*. 4. diacon *BC*. 5. *über* sustinere] uel subleuare *A*. *BC stellen die halbverse um.* **9,** 1. *das dreitägige fasten erwähnt die vita p.* 10 *erst nach der vertreibung der unholde und schlangen* 11, 1. vir domini] uigiliis *B*. 4. contexta *B. ps.* 28, 9 vox domini praeparantis cervos et revelabit condensa (i. silvas *Notker*). 5. ursus hic siluester Gallo stat minister *B*, ursus truncos dexter aduexerat minister *C*. von

dem niederbrennen des waldes und dem beistande des bären dabei weiſs weder die vita noch Walahfrid. der bär kommt in der ersten nacht zu ihrer lagerstätte. vita p. 9: cum membra quieti dedissent virque dei silenter levando in precibus se exercuisset, conviator eius occulte intendebat. interea ursus de monte adiit ac fragmenta decerpsit (micas et fragmenta quae convivantibus deciderant caute legebat, *Walahfrid* c. 11). cui ab electo dei Gallo dictum est 'bestia, in nomine domini nostri Jesu Christi praecipio tibi, sume lignum et proice in ignem'. ille autem continuo reversus adtulit validissimum lignum et inposuit in ignem. cui ob mercedem operis affertur a viro dei panis, sed tamen hoc modo et praecipitur 'in nomine domini mei Jesu Christi recede ab hac valle. sint tibi montes et colles communes, nec tamen hic pecus ledas aut homines.' **10.** *fehlt B.*
1. Panem dedit bestię mirabilis *C.*   2. hanc uorauit, abscessum *C.*   3. *s. zu* 9, 5.   cędere *A*, cedere *J Grimm.*   iam nullum *C.*   4. dormitans *C.*   **11,**
1. de cella *BC.*   vita p. 9: 'fantasmata, praecipio vobis per patrem et filium et spiritum sanctum ut de hoc loco in deserto recedatis nec amplius huc introcatis;' p. 10. cum serpentium multitudo illic scatebat, ex illa die non conparebat.
2. *A p.* 250.   quam demon tenet *B.*   *Fridiburg die tochter herzog Gunzos von Alemannien*, vita p. 10.   3. colore] furentis *B.*   vita p. 11: exivit de ore eius quasi turpissima avis, nigra et horribilis.   4. Gallo] sancto *C.*   **5. sanctus]** protinus *C.*   vita p. 11 f.: pater obtulit ei munera transmissa puellae a dignitate regis (Theodorici). — vir dei Arbonense castrum ingreditur pauperumque et egenorum multitudo congregatur, quibus dona a duce data penitus distribuebantur.   **12,** 1. Optat *C.*   illum] Gallum *B.*   2. Johannem proprium sacrandum *BC.*   vita p. 13: dux rogavit pontifices, ut per eorum canones eligerent quem voluissent. ubi totus clerus adunatus est, simul cum eis populo proclamante 'quia iste Gallus vir dei est — talem decet habere pontificatum' *usw. Johannes, diacon zu Grabs bei Sargans, dann schüler des Gallus, ward drei jahre nach dem tode des bischofs Gaudentius zum bischof von Constanz erwählt,* vita p. 10. 13 f.
3. hinc diuino *C*, tonantis *B.*   *anders die* vita p. 14: quodam dominico die finitis matutinalibus orationibus, cum repedassent requiescendi gratia, prima luce diei vocavit vir dei Magnaldum diaconem; dicens 'surge velociter et praepara mihi ad missam celebrandam.' qui respondit 'quid est hoc, domine? numquid tu missam celebrabis?' cui ille 'post nocturnam huius noctis' inquit 'revelatum est mihi migrasse praeceptorem meum Columbanum, pro cuius requie offeram sacrificium.'   4. animam *BC.*   5. a conspectu *B.*   **13,** 1. *s. zu* 6, 3. 12, 3.
2. vita p. 9: pervenitur ad fluviolum nominatum Petrosa — *Walahfrid* c. 11 venerunt autem ad quendam fluviolum qui Steinaha nominatur, *j. Steinach bei S Gallen.*
extracto breui stagno *BC.*   *abgesandte aus Luxovium laden den Gallus ein die leitung des klosters zu übernehmen: sie zu bewirten gebricht es an vorrat.* propinquus gurges visitatur ab illo cum retibus. ubi Christi ad laudem miraculum innovatur, cum immanis piscis territus a duabus bestiis quae luderes nuncupantur, quasi eis avidis preda, conspicitur. haud igitur mora. extenditur rete et refectio servis dei trahitur ab amne. mirum in modum longitudo eius xii palmarum et latitudo iv inventa est, cum ibi nisi brevis pisciculus antea umquam captus sit. vita p. 15; Stagnello (in petrosę. löuffin) palmos Esox (lahs) capitur duodenos, *Ekkehard in den versus* aao. *s.* 40 (*Hattemer* 3, 600).   3. fecit tabulam minorem orando longiorem *B.*   *die vita berichtet dies wunder vor dem zu-*

letzt erwähnten p. 14f. contigit una die, dum operaretur cum fratribus et plebe in oratorio, ut una axis ex pariete decurtata brevior aliis palmarum quattuor apparuisset, quam carpentarii aestimabant proicere. — prandio ergo auctore deo peracto, operis gratia avidi redeuntes invenerunt axem praefatam longiorem aliis mensura pedis dimidii.   4. euocator castrum *B*, egressus Arbonam sumpturus iam coronam *C*.   *Arbon heifst castrum auch in der vita* p. 16, *bei Walahfrid* c. 29, *und sonst s.* zu 11, 4. 14, 3.   5. predicat uerbum more *C*, predicat hic de more *B*.   ab *fehlt BC*.   *Eckehard in MG.* II 115 quantus utique dei spiritus die illa tenuerit.   *die vita* p. 16 *erwähnt des Michaelisfesttages nicht ausdrücklich, sondern erzählt nur dass Gallus von Willimar nach Arbon eingeladen, nachdem er an zwei tagen vor dem versammelten volk gottesdienst gehalten, am dritten tage erkrankt und nun dort nach vierzehn tagen am* 16 *october gestorben sei.* aber *Walahfrid* c. 29 *gibt gleichfalls den festtag genauer an:* vocata multitudine in die solemni, scilicet sancti Michaelis, vir sanctus praedicationis dulcedine audorum corda refecit.   **14,** 2. efflauit Gallus spiritum *BC*.   3. portauit *BC*. *weder die vita noch Walahfrid hat ähnliches.*   4. *vita* p. 17: fama nempe aures multorum subleuans, Johanni praefato Constantiensi praesuli eius infirmitatem detulit. qui non contentus nisi ut magistrum visitasset — ad Arbonense castrum properatur. cum ergo perventum esset ad portum, — audito igitur transitus euentu, claviger poli imitabatur cum pontifex se prae dolore ac dilectione non continuit in navi, sed desiderio magistri misit se in aquam.   5. eius] sanctas *C*. debilis *C*, contractus *B*. *das wunder ereignet sich nach der vita* p. 16, *als der zug mit der leiche sich in bewegung setzen will:* Willimarus peragrabat pauperes, uestimenta eius distribuendo. inter quos repperit paraliticum quendam nomine Maurus, qui sic erat compage membrorum ac nervorum contractus, ut gressus proprius ei denegaretur. cui caligae viri dei cum calciamentis porrectae sunt. quae cum propter gaudium statim induisset, resolutae sunt iuncturae compagum eius. qui laetus exilivit, clamans voce magna in laude Christi.   **15,** 1. *A* p. 251. ob] ad *C*.   2. sacratae uidentur uulneratae *B*.   3. clausam] Galli *B*, eius *C*.   4. exhorrent cylicium *B*, cernentes cylicium *C*.   *nach der vita* p. 17 *war* **der sarg** *mit dem leichnam des heiligen bereits geschlossen, als der bischof Johannes ankam, und dieser liefs ihn wiederum öffnen. dann berichtet sie nachträglich, nachdem die leiche nach SGallen gebracht und bestattet ist,* p. 18: sanctus dei capsellam ligneam habuit, quam sub clavis custodia, discipulis interiora eius ignorantibus, usque ad finem vitae observavit. post transitum ergo electi dei praesul cum alumnis eam aperuit. ubi repertum est parvum cilicium et ena catena infusa sanguine. anhelantes tunc ex re certi fieri prospexerunt ad corpus sancti dei, in quo cernebant per tracturam cinctorii carnem vulneratam per quattuor loca, in modum cinguli gyrante vulnere, usque ad interiora ossa. — capsella igitur cum cilicio ad caput viri dei in feretro suspensa est, sicque in praefato exsequio usque ad cellam deportata est. rite demum sepultura peracta, suspenderunt eam ad caput in parietem cum catenis et cilicio.   **16,** 1. sacratum *ist von JGrimm verlesen:* grauatum *hat auch die Lassbergische abschrift wie Hattemer.* consulto membra *C*, Johannes membra *B*.   2. imposuerat *B*. laxauerat *B*.   4. sacerdos *B*.   5. iubilant *BC*.   *vita* p. 17: multorum manus loculum levare coepit, sed divina providentia mansit immobilis. — confestim equi indomiti adduci iussi sunt. sed cum nimio labore sunt praesentati, cum maiore tamen

luctamine parati ad corpus sunt adducti. — elevato igitur a pontifice nec non et
a sacerdote feretro et equis superposito, ait episcopus 'tollite frena de capitibus
eorum et pergant, ubi dominus voluerit.' vexillum igitur crucis cum lumini-
bus adsumebatur, et per psallentes, equis praecedentibus, via incipiebatur. mira
res, et praesenti aevo inusitata: equi non declinaverunt ad dexteram neque ad
sinistram, quoadusque recto tramite pervenissent ad viri dei cellam.   17, 1.
vita p. 17: sancti corpus iam tunc in loculo erat. quod inconsideratum pontifex
non sustinens arcam aperuit ac flere his verbis coepit 'eu, eu mi pater! cur me
de domo patris mei duxisti? et iam modo orfanum et desolatum reliquisti, cum
tota fiducia mea in te fuit!' diu flendo super eum incubuit, cuius visione sa-
tiare se nunquam credidit.   5. examine] numine *BC*. *Isidor. Hispal. sententiar.
lib.* I c. 27 duae sunt differentiae vel ordines hominum in iudicio, **id est electo-
rum et reproborum**, qui tamen dividuntur in quatuor. perfectorum ordo unus
est qui cum domino iudicat, et alius qui iudicatur *usw.* vgl. XXXIV 28, 9; *Ho-
norius von Autun im elucidarium (opera ed. Migne) p.* 1166 tunc ab angelis boni
a malis, ut grana a paleis, secernentur et in quattuor ordines dividentur. unus
ordo est perfectorum cum deo indicantium, alter iustorum qui per iudicium sal-
vantur *usw.*; *Entecrist in Hoffmanns fdgr.* 2, 131, 21 *ff.*, *Wackernagel Baseler
hss. s.* 23^b *usw.*

                                                                                   M.

Über die melodie des vorliegenden gedichtes hat FWolf (über die lais s. 307
anm. 151) *gehandelt. durch die von dem freiherrn von Lassberg für JGrimm be-
sorgte nachbildung der hs., in welche mir einsicht vergönnt war, bin ich in den
stand gesetzt, genaueres darüber mitzuteilen. alle strophen soweit sie neumiert
sind* (1—6. 7, 1. 2) *gehen nach folgender melodie.*

                                   5   5

1^a v. p, v. p, p. p   1^b v´, v´, v´,   v. p, ce. p, p

2^a v. p, v. p, v´, v   2^b v´, v´, cl, | p. p, cl, p

3^a v´, v´, ce. p, ce. p, p. 3^b p, po, cl, | p. p, v. p, p

4^a v. p, v. p, v´, v   4^b p. v, v´,   v. p, v. p, cl,

5^a p. v, v. p, p. po ppp 5^b v´, v´, v´, cp ppp, cl, p

    *ich habe mit zugrundelegung der neumierung der ersten strophe (von welcher
ein facsimile bei Hattemer* 1, *tafel* IV *steht) eine normalmelodie zu bilden gesucht und
die tacteinteilung im innern der halbzeilen durch commata angedeutet. das vorhan-
densein einer solchen war bei dem ausgeprägten rhythmus des gedichtes zu vermuten
und die möglichkeit sie herzustellen ergab sich aus der beobachtung einer doppelten
geltung von* v, *auf welche die vergleichung der melodien aller strophen führte. es ist
nemlich an der stelle* 2^a, 5. 6, *str.* 1. 4—7. v. v = *str.* 2. 3. v. p. v; 4^a, 5. 6 *str.* 1.
5. v. v. = *str.* 3. 4. cl. v = *str.* 2. 6. v. p. v, *also* v = 2 p, *oder* = cl = v + p =
3p, *in welchem letzteren falle ich* v´ *ansetzte. daraus folgt bei dem schon zum Petrusl.
erwähnten wechsel zwischen* v *und* ce *auch dieselbe zwiefache geltung für* ce: *ich
habe* ce = 3 p = v + p *stets durch* cl *ersetzt und nach dieser analogie ebenso
cp und po unterschieden, für letzteren scheint* 3^b, 2 *in str.* 3—5 *torculus* (= p + ce
oder drei töne woron der mittlere der höchste) zu stehen. die geltung von p *schwankt*

am wenigsten. nur 5ª, 6 und 5ᵇ, 5 wird man, mit bezug auf das folgende, ppp wohl für eine achteltriole halten müssen. lässt man nemlich p eine viertelnote gelten und untersucht die melodie zunächst unter der voraussetzung constanter werte für alle neumen (v und cc = 2 p), so fügt sich die überwiegende mehrheit der letzteren dem dreiviertelltacte. durch die ganze melodie aller strophen aber lässt sich dieser durchführen, wenn man an allen stellen an denen ich es getan habe die anderen gefundenen werte einsetzt und am schlusse jeder halbzeile und in den caesuren nach 2ᵇ, 3 (in str. 8 nach 2ᵇ, 5, in str. 17 nach 2ᵇ, 4) und nach 3ᵇ, 3 eine viertel, am schlusse jeder langzeile eine halbe, nur nach der vorletzten eine tactpause annimmt. dies wird aus der obigen darstellung genügend erhellen, wobei nur zu bemerken ist dass 3ª, 7 und 3ᵇ, 1 in éinen tact zusammengehören und dass 5ª, 5. 6 zwei tacte bilden, so nemlich das die zweite note des podatus zur hälfte dem ersten, zur hälfte dem zweiten tacte zugerechnet werden muss. **alle** abweichungen von der aufgestellten normalmelodie sind teils unwesentlich — erlaubte freiheiten wie cc für v (str. 2, 1ª, 3. 2ᵇ, 2), v für cc (str. 2 und 5, 3ᵇ, 3) oder ungenaue schreibungen wie v für p (str. 4, 2ª, 2), p für v (str. 2, 3ª, 2. str. 3, 5ª, 2), cl für cc (str. 2, 3ª, 3. str. 5, 5ᵇ, 5) — teils durch verschiedenheiten in der silbenzahl des textes bedingt. ich erwähne im einzelnen: 1ª, 1. 2 lautet in str. 7. v. p. p (presbiter): p ist wohl als achtelnote zu nehmen. 3ª, 1—4 **in str.** 1: v´, v. v. v, v. p (Misit filium Hi-): ich denke, die drei mittleren v unter**brechen als** synkopen den rhythmus und machen zwei tacte aus. 3ᵇ, 3. str. 1. 3. 4. 6 haben hier cc, str. 2. **5. v.** vielleicht war also richtiger v´ zu setzen; denn 2ᵇ, 3. 6. 4ᵇ, 8. 5ᵇ, 5 wechselt **cc nur mit cl oder** v. p. 4ᵇ, 2—5 lauten in str. 1. v. v. v. v, in str. 3 und 6. v. v. v. p, in str. 4. 5. v. p. v. p; in str. 2 endlich fehlen die zeichen 3 und 5, also gerade die wechselnden: offenbar schwankte Eckehard selbst. was er in str. 3 setzte ist darum für das richtige zu halten, weil er in str. 6, also nach wiederholter überlegung, dazu zurückkehrte. 5ª, 1. 2. dafür str. 4. v. p, v´ (colligit). ob nun die obige melodie von note zu note die von Ratperts **deutschem** gedichte ist, kann mit bestimmtheit weder verneint noch bejaht werden. auch **der dichter des** Petrusliedes scheint sich z. b. (wenn es nicht reiner zufall ist) die beschränkung auferlegt zu haben, nach den beiden ersten hebungen der dritten halbzeile seiner strophe keine senkung fehlen **zu lassen.** aber das ist doch nicht glaublich, dass ein deutscher dichter des IX jhs. an eine solche beschränkung sich in allen 170 halbzeilen seines gedichtes gebunden und ausserdem noch jede erste hälfte einer langzeile ohne auftact, jede zweite mit ausnahme der fünften mit auftact begonnen haben sollte. vollends die caesur nach 2ᵇ, 3 und nach 3ᵇ, 3, die verlängerung von str. 1, 3ª, der eintritt eines dactylus für trochaeus (4, 5ª. 6, 5ᵇ. 7, 1ª) gehört ohne zweifel nur Eckehard an. aber mit sicherheit ist anzunehmen, dass die fünfzeiligen strophen welche im Ludwigsliede bereits vorgebildet sind hier ohne abwechselung durchgeführt waren. es steht darin den vier ersten zeilen die fünfte insoferne gegenüber als niemals in jenen, aber zweimal in dieser auf einer silbe mit fünf noten verweilt wird. blieb es auch später, als die langzeile in ihre hälften zerfiel, noch üblich die letzte zeile notenreicher zu machen als die übrigen, so begreift sich wie man bei unterlegung anderer texte unter solche melodien auf eine verlängerung der schlusszeilen kommen konnte. die vorliegende strophe, ebenso im Georgsliede z. 1—15, tritt in der Judith, im Salomo und in den drei jünglingen im feuerofen als zehnzeilige *mit verlängerter letzter zeile auf. Nachdem durch Coussmaker die älteren mensuralisten bekannt und durch dr Jacobsthal in der zu IX angeführten schrift sorgfältig behandelt worden sind, bedarf die vorstehende untersuchung einer revision, die ich für jetzt nicht zu geben im stande bin. die annahme von synkopen wird sich nicht halten lassen. dagegen hat die doppelte geltung der virga bestimmteste bestätigung erhalten durch die unterscheidung der longa perfecta welche drei tempora und der longa imperfecta welche zwei tempora misst, bei den mensuralisten des* XII *und* XIII *jhs.*

S.

XIII.

Hs. 1609 (*ol. cod. theol.* 732) *der k. k. hofbibliothek zu Wien,* 70 *bll.* 4°. *aus dem ende des* X *jhs. enthält bl.* 17^b—53 *die formulae Salomonis, aufserdem mehre kleine stücke, über welche die beschreibungen der hs. bei Denis codd. manuscr. theol. bibl. Palatinae Vindob. lat.* 1, 3, 2977—3013 *und EDümmler das formelbuch des bischofs Salomo* III *von Konstanz* (Leipzig 1857) *s.* XXIII—XXVI *auskunft geben. ich habe nur hinzuzufügen, dass die letzte lage der hs. aus fünf einzelnen zusammengehefteten blättern* (66—70) *besteht, wovon die drei ersten noch zu den* 64^a *beginnenden prophetien des Pseudo-Methodius gehören, so aber dass zwischen bl.* 67 *und* 68 *ein oder mehrere blätter und nach bl.* 68 *der schluss fehlt. bl.* 69^a *und zum teil* 69^b *füllen dann, von anderer hand als das vorhergehende geschrieben, die psalmbruchstücke. auf bl.* 70 *stehn einige lateinische distichen und federproben. Wolfgang Lazius de gentium aliquot migrationibus* (Basel 1557) *s.* 81. *unvollständig und sehr fehlerhaft, aber ganz gewis aus dieser hs.*

Mich. Denis uao. (1795) *s.* 3011. 3012. EGGraff Diutiska 2 (1827), 374. *vgl.* 3, 167. HHoffmann *fundgruben* 1 (1830), 3. 4. *die überlieferte ordnung der langzeilen ist* 138, 1—14. 20. 25—30 (27 *wiederholt*). 139, 1—4. 138, 21—24. 15—20 (18 *wiederholt*). 31—34, *wobei die zeilen* 138, 25. 32. 139, 2 *natürlich abgerechnet werden müssen.* 138, 13. 14. 20. 139, 1—4. 138, 18—20. 31—34 *ergeben strophen zu drei zeilen, so dass erst auf sechs, dann auf drei zweizeilige je éine dreizeilige, endlich auf vier zweizeilige zwei dreizeilige strophen folgen. die grofsen anfangsbuchstaben derselben sind ausgerückt, die reimzeilen aber nicht abgesetzt. die änderung geschah nach Lachmanns vorgange in einer vor* 1827 *gefertigten abschrift aus Denis. es gehören nemlich z.* 138, 13. 14 *und* 138, 15—20 *offenbar zusammen. scheidet man daher die sie trennenden zeilen aus, so folgt das übrig gebliebene der ordnung des grundtextes fast* (vgl. zu 138, 15) *ganz genau. das ausgeschiedene aber zerfällt nach der notwendigen entfernung der z.* 139, 1—4 (*s. die anm. dazu*) *in zwei stücke, deren jedes für sich ebenfalls einer partie des textes vollkommen entspricht. es kann daher nicht zweifelhaft sein, dass diesen stücken ihre stelle im ganzen gedichte auch nach mafsgabe des lateinischen anzuweisen ist. dann ergibt sich die annahme einer lücke nach z.* 138, 24 *von selbst und von den drei überlieferten wiederholungen ganzer zeilen erweisen sich zwei* (z. 18 *und* 20) *als unursprünglich, weil sie nur dazu* dienen dreizeilige strophen herzustellen, und verdächtigen dadurch auch die dritte (z. 27), welche Lachmann noch beibehielt, so wie die beiden andern dreizeiligen strophen 138, 31—34. 139, 1—4, in deren beurteilung der lateinische text ps. 138 v. 24. 139, v. 5 zu hilfe kommt.   1. Vellet eingerückt, offenbar um ein rotes V davor einzutragen   2. gruzte: o zwischen u und z nachgetragen. 3. inte: nach Graff 1, 361 scheint diese form des wortes zu genügen, um bei dem entschieden oberdeutschen charakter des gedichts den ursprung desselben ins IX jh. **und nach Alemannien** zu versetzen. denn gegenüber der großen zahl baierischer denkmäler die enti zeigen **vermögen** die wenigen SEmmeramer glossen bei Graff 1, XLVII (Roth denkm. s. XX. XXI) inti ebensowenig als baierisch zu erweisen, wie der umstand dass die Freisinger hs. des Otfrid es nur 4, 5, 2. 7, 84. 12, 38 in **enti verändert.   zu der** gegebenen bestimmung passt vortrefflich dass der hauptinhalt **der hs.** nach Dümmlers (ao. s. XXI. XXII) einleuchtender, von Rockinger (quellen und erörterungen zur bayerischen und deutschen geschichte 7, 39. 40) nicht widerlegter vermutung um das jahr 890 und zwar nach Konstanz oder SGallen zu setzen ist, wo damals Ratpert und Tuotilo deutsch dichteten, wo im jahre 909 auf befehl Salomos III ein kostbares psalterium mit vierfachem text in synoptischer nebeneinanderstellung entstand (Dümmler ostfränk. reich 2, 681), wo nicht hundert jahre später die psalmen, zum zweiten male in dieser gegend, prosaisch übersetzt wurden.   3. uer: u setzt die hs. in der regel, aufser 10 vort, 14 Vie, givizida, 21 vorhtosta, 24 vvrti, 28 vililih, 17 vuillih.   4. aue gine.   vncin: 9 piduvagen, 11 michiliv, 24 vvrti, 26 gitvon, 31 vpe.   6. stiga, nicht der ungenau gebundenen zweiten silbe des zweisilbigen reimes wegen geändert, die in diesem gedichte häufiger begegnet, sondern weil z. 17 fruo: federa nicht glaublich ist. vgl. Dietrich hist. declin. s. 7—9, wornach die endung ô im nom. plur. fem. der A-declination unter die eigentümlichkeiten des alemannischen dialectes und die kennzeichen des VIII jhs., in wahrheit höchstens der ersten hälfte des neunten, ge**hört.**   7. so se ih   8. furiworhtòstû: Lachmann über ahd. betonung s. 250, zu Iwein 7433.   von after ist nur wenig zu sehen, aber es wird durch z. 31 bestätigt, während sich mit Hoffmanns uf ee die züge der hs. nicht vereinigen lassen.   10. spiricho, wie es scheint, aus spiriche gebessert.   11. michilust: zwischen den beiden strichen des u ist v übergeschrieben.   cherist   12. ee wie 31 'an, in'. vgl. Graff praepos. 248 ff. ee dir also ungefähr gleich einem reflexiven dir.   intrinnen, oder doch a aus e gebessert.   15. Lachmann hat sich genau an den text gehalten und daher diese und die folgende der 20 n zeile nachgestellt. aber der parallelismus zwischen z. 13 und 15 macht es ratsam, sie, der überlieferung näher, auf einander folgen zu lassen und dem texte gegenüber eine absichtliche änderung des dichters anzunehmen.   den finster hs: de — diu wie z. 11ᵇ. 22ᵇ. es erscheint aufserdem in den Strafsburger eiden, in Notkers psalmen und in Ruotperts brief: Graff 5, 6. 10. für kurz halte ich es, weil es ebenso wie das de für die hier nur in der senkung auftritt.   16. naht: e über a   17. federa   18. buchstäblich wiederholt als anfang der folgenden strophe; daher Piginno und z. 19 so.   für danne steht in der wiederholung de mit übergeschriebenem anne   19. enti ie: ebenso besserte Lachmann im frühling 57, 20 dahte in dazt, 58, 10 herze in hezt, indem er annahm der schreiber der vorlage habe im zweifel, ob z oder t, beides gesetzt. vgl. itzs im zweiten Basler recept und zu XI, 21. hier schwankte er wohl zwischen dativ und accusativ vgl. zur Samar.

2. 21 bl. 69ᵇ De sela. mir *ist sicher.* 23. trof *eine sonst nur bei Otfrid begegnende verstärkung der negation:* Graff 5, 527; gramm. 3, 730; *Dietrich hist. declin. s.* 27. *das unverkürzte* ne *tropfon altd. gespr.* 48. 74. *s.* JGrimm *Germ.* 3, 49. mit einen tropfen *weist* Kehrein gramm. 2, 309 *aus* Geiler von Kaisersberg *nach.* 24. nupe *in der bedeutung* quin *und* quominus *belegt* Graff 1, 77. *dass es auch* ne *bedeuten konnte, wie got.* nibai hvan Marc. 4, 12 μήποτε (gramm. 3, 284), *muss man wohl aus unsrer stelle folgern: wenigstens wüste ich ihr auf andere weise keinen sinn abzugewinnen. der dichter verstand den text nicht völlig und der gedanke durch den er ihn wiedergibt* setzte *sich ihm unwillkürlich* aus *den sätzen* confitebor tibi — os meum quod fecisti in occulto (mîn starchi diu du mir tâte tougeno *übersetzt* Notker: Hattemer 2, 478ᵇ) — et substantia mea in inferioribus terrae *zusammen. er verstand* os meum *wie* Notker *und entnahm dem letzten satze das material zu einem ganz anderen gedanken: 'damit ich nicht, einmal geboren, wieder zur erde würde.' mit gleicher, absichtlicher oder unabsichtlicher freiheit hat der dichter seine vorlage überall behandelt. es sei nur beispielsweise hingewiesen auf* z. 4 *welche v.* 2 *des psalmes* 138 *übersetzen soll, aber eher an den übergangenen anfang von v.* 5 *erinnert; auf v.* 4 praevidisti *das durch* furiuuorhtôstû *gegeben wird und durch den zusatz* z. 8ᵇ *vollends einen andern sinn bekommt; auf die verbreiterung welche v.* 4 quia non est sermo *cet.* erfährt *die praeterita v.* 21. 22 *sind* z. 27—30 *in futura umgewandelt.* vgl. noch besonders *die behandlung von v.* 11. 12 *in* z. 15. 16 *und von v.* 20 *in* z. 27, dann zu z. 15 *und zu ps.* 139. 26. *ist die erste zeile einer strophe (daher* Nu *in der hs.) deren zweite =* 27 *ist, nur dass* ricton *steht.* gitou: v *zwischen* t *und* o *übergeschrieben.* 31. chius dir: Graff 4, 508 *führt aus dem* SGaller Boethius *an* daz chius tir sus 'sic considera'. 33. du. framort: *darnach ist fast eine ganze zeile ausgekratzt, die aber dasselbe enthalten zu haben scheint, was diese.* 34. *darunter von etwas jüngerer hand und schwärzer wiederholt:* diuen ginadun gihalt. *die auffallende form* ginâdun *für* ginâdôn *ist durch den reim nicht hinlänglich geschützt.*

psalm 139. *dass diese drei zeilen, die in der hs. auf* z. 30 *folgen und eine strophe bilden (also* z. 3 *mit), nicht dahin gehören, folgt aus dem zusammenhange und aus dem singular* imo, *der sich auf* mansleccuo *und* alle *beziehen müste. die geringe übereinstimmung der drei zeilen mit* 139, 5, *welches doch die einzige stelle der psalmen ist, auf die sie einigermaßen passen, kann nicht sehr wunder nehmen, da ebenso der* 138 *psalm mehr bearbeitet als übersetzt erscheint. das wesentliche des gedankens ist beibehalten, nur wird nach einer auch ps.* 10, 3. 36. 14. 63, 4. 5. 119, 4. 126, 4 *vorkommenden und sonst häufigen vorstellung* (Mone lat. hymnen nr. 394, 11 averte iaculum hostis quo ferior vgl. nr. 480, 34. 499, 11. 569, 17 *und zu* 104, 9) *dem feinde anstatt des* supplantare gressus *ein verderbliches geschoss beigelegt. ob das erhaltene teile einer vollständigen psalmenübersetzung sind, kann niemand entscheiden. aber der* 139e *psalm muss demjenigen ganz in deutscher gereimter übersetzung vorgelegen haben, der ein stück daraus dem vorhergehenden einfügte und vielleicht aus beiden ein allerdings wenig regelmäfsiges gedieht von ungleichen strophen machen wollte.* 1. ioginedre | halp: *vor* h *scheint ein* a *erloschen oder verlöscht.* 3. chereftti. scepti *d. i.* scephti (*vgl.* gl. Lips. zs. 13, 344 scepte, sagitta *neben* scefti *und* scephti): *so ist* pt *in deutschen quellen wohl immer aufzufassen.* 4. muozin] *in sehr unleserlich, wohl ausgekratzt. se: eine auffallende, aber doch nicht unmögliche construction nach dem sinne.*

der lateinische text ist nach dem der Wiener bearbeitung von Notkers psalmen gegeben, der mit den heutigen ausgaben der vulgata ziemlich übereinstimmt.

S.

XIV.

Cod. Monac. lat. 3851 *August. eccl.* 151, *ciml.* III^a Liber poenitentialis, Hraban, Bedae, synodus Wormatiensis *usw.,* IX/X? *jh.* 74 *bll.* 4° *maj. die erste lage hatte 6 blätter, das erste ist ausgerissen, es war auf der rückseite wie es scheint von etwas späterer hand beschrieben. das zweite, jetzt bl.* 1 *beginnt* Ds cui — — haldo; *dann folgt von derselben hand* HIERONIMI AD AMANDVM PRESBITERVM | Quesisti a me utrum mulier relicto uiro adultero & sodomita *usw.; s. F Böhmer im archiv der gesellschaft für ältere deutsche geschichtskunde* 7 *(Hanover* 1839), 808— 810; *F Kunstmann die poenitentialbücher der Angelsachsen, Mainz* 1844, *s.* 32—40. *nach einer bemerkung Dümmlers (zs. für österr. gymn.* 1864 *s.* 359) *sind ein paar von Böhmer in der hs. aufgefundene historische notizen (MG. SS.* III 569 *anm.* 2) *in Westfranken kurz nach dem j.* 882 *niedergeschrieben, die hs. aber müsse frühzeitig darauf nach Augsburg gekommen sein, Steicheles archiv* 1, 48. *vgl. oben vorr. s.* XIX. *J A Schmeller in Aufsess anzeiger für kunde des deutschen mittelalters* 1833, 176. *H F Massmann abschwörungs- glaubens- beicht- und betformeln, Quedlinburg* 1839, 52. 172. *K Roth denkmähler der deutschen sprache, München* 1840, XI. 30. *der lateinische text, in der hs. in zwei zeilen, ist durch puncte wie bei uns durch kommata abgeteilt; ebenso sind auch die deutschen verse interpungiert, aber nicht abgesetzt. die oration ist uralt. sie findet sich, übereinstimmend mit unserm text, wie mir hr. prof. Floss nachweist, schon unter den* orationes pro peccatis *im liber sacramentorum Gregors des grofsen, opp.* (1705) 3, 195 *(Migne* 78, 197); *als* Alia ad complendam *einer* missa pro peccatis *in dem fünften teil oder dem zweiten missale der Merseburger hs.* 58 *(s. zu* IV, 1) *aus dem* IX *jh. bl.* 58^a; *ebenso in einem missale des* X *jh., das prof. Floss* 1844 *im besitz des prof. Hug in Freiburg fand; dann in einem ordo romanus* ad daudam poenitentiam *in Mabillons mus. ital.* 2, 107. 108 *mit dem zusatz nach der zweiten zeile* et famulum tuum ad confessionem et poenitentiam veramque emendationem et veniam tune pietatis inspiratione compunctum, quem delictorum catena *usw. heute steht sie, mit den zusätzen* ut nos et omnes famulos tuos, quos *zu z.* 3 *und* clementer absolvat *z.* 4, *in jedem brevier und gebetbuch als erste von den eilf orationen, die sich an die allerheiligenlitanei anschliefsen. hr. prof. Reinkens schreibt dass sie am S Marcusfeste und an den drei bittagen in der himmelfahrtswoche zur liturgie bei den öffentlichen processionen gehört, dass auch im privatgebete die cleriker sie nach dem brevier hinzufügen. auf jeden fall eröffnet sie passend eine sammlung von poenitentialien. das* p *z.* 4 *ist eine in allen alten und neuen missalen gewöhnliche abkürzung für* per Jesum Christum dominum nostrum, *oder wie bei Gregor steht,* per dominum nostrum. 2, 2. Intfaa geb&; geba *Schmeller.* 3. uns *statt* uusih, *wohl das älteste beispiel des* verkürzten accusativs im ahd., ist dem haupt- und relativsatze gemeinsam, da das relativ fehlen muste, gramm. 3, 17. hymni p. 12. 13, wo noch jeder beleg für den casus obliquus fehlt. sundûn: Tatian 131, 14 allerô giuuelih, thie sunta tuot, ther ist suntûn scalc (omnis qui facit peccatum seruus est peccati); vgl. erdûn dgl. 4. mildo ist hier doch schwerlich ein gen. plur., wie de carm. Wessof. p. 19 angenommen ward. die wie es scheint besonders in alemannischen quellen häufigeren doppelformen brunna brunni, êwa êwi, farawa farawi, minna minni, - nissa - nissi, - stimma - stimmi, toufa toufi, wunna wunni usw. machen neben mildi ein mildia, milda wahrscheinlich. über die gen. sing. auf o s. Dietrichs histor. declin. p. 26. baldo Schmeller, Böhmer, Kunstmann; haldo Mafsmann, Roth. nach Scherers vergleichung ist haldo sicher. Wackernagel im wb. zum lescb. 1861 erklärt 'mit geneigtheit,' aber es erhellt nicht dass bald pronus proclivis im ethischen sinne gebräuchlich war. es bleibt wohl zur erklärung nichts übrig als Notkers haldo (mnd. houde gramm. 3, 241) protinus cito (Graff 4, 911f.), so dass es für den sinn auf eins hinauskommt, ob man haldo oder baldo liest.

XV.

Am schluss der Freisinger hs. des Otfrid, cod. germ. 14. eimel. III 4. d der königlichen bibliothek zu München, bl. 125ᵃ; darunter die subscription Uualdo episcopus istut euangelium fieri iussit. Ego Sigihardus indignus presbiter scripsi. Waldo ein grofsneffe (EDümmler SGallische denkmale, Zürich 1859, s. 262f.) des bischofs Salomon I von Constanz (837—871), dem Otfrid als seinem lehrer und erzieher einen teil seines werkes mit einem widmungsgedicht übersandte, war Karls des dicken kanzler und von 883—906 bischof von Freising. EGGraff Krist. das älteste von Otfrid verfasste hochdeutsche gedicht, Königsberg 1831, s. 446. JKelle Otfrids von Weifsenburg evangelienbuch, Regensburg 1856, s. 151. 388. Sigihart kommt in den Freisinger urkunden bei Meichelbeck unter Waldo nicht vor; nach Kelle Otfrid 2, XIV aber findet sich ein zeuge dieses namens unter den bei Meichelbeck nr. 936. 957 verkürzt ohne die zeugen abgedruckten tauschverträgen in einem Freisinger traditions- und commutationsbuche des Münchener reichsarchivs bl. 87. 96.

XVᵇ.

Am schluss der Sangaller hs. 620 'eines beachtenswerten Justinus'? s. 209, IX jh., in langen zitternden zügen geschrieben. IvArx berichtigungen und zusätze zu den geschichten des kantons SGallen, SGallen 1830, s. 130 zusatz zu bd. 1 s. 187 not. f. facsimile von HFMafsmann in Aufsess anzeiger für kunde des deutschen mittelalters 1832, 245. 246. und von Hattemer in seinen denkmahlen des mittelalters I (SGallen 1844) taf. II.

XVI.

Cod. Palatinus 220 *der vaticanischen bibliothek in Rom, ehedem* SNazarii in Lauresham, *enthaltend Sermones* S.Augustini *und Dicta* SEffram, 71 bll. 8° *aus dem* IX *jh. auf bl.* 58ᵃ *am untern rande, so dass man die hs. umdrehen muss um ihn zu lesen, steht von einer hand des* X *jh. der segen in fünf zeilen, nach dem facsimile ohne eine andere abteilung und ohne interpunction bis nach v.* 4 *und v.* 6. *auf bl.* 62ᵇ *von einer hand des* IX *jh. in hochfränkischer mundart die in Lorscher urkunden nicht alle vorkommenden namen* engilberaht: uualtger; reginger. suitger.| gerhart: iruil; uuoto. theotger: uuelant | reginhart: ootfriit: ilpinc: frumih: | hirinc. *Franz Pfeiffer forschung und kritik auf dem gebiet des deutschen alterthums* II. (*mit einem facsimile*) *oder sitzungsberichte der phil. histor. classe der akademie der wissenschaften.* LII. *Wien* 1866 *s.* 3—19. 1. Kirst *der erste beleg für die der mittel- wie der niederdeutschen volkssprache gemäfse* metathesis in diesem namen; *vgl.* spec. eccl. *s.* 113 ffelle. *da aber an die anrufung sich nichts weiter anknüpft, so fehlt nach* hûze *ohne zweifel mehr als die zweite reimzeile oder deren reimwort, wenn nicht der name selbst nur ein überrest eines epischen einganges (exc. zu* IV, 1) *ist, dessen sich der schreiber nicht mehr entsann.* huĉe *die hs. vgl.* 4 hurolob. *Pfeiffer erinnert mit recht an die* zahlreichen, *mit* h *statt mit einem vocal anlautenden namen im codex Laureshamensis und an die erzählung Thegans* (MG. II 648 *vgl. gramm.* 3, 779) *dass der sterbende Ludwig der fromme, von dem bösen sich abwendend, ausgerufen habe* hûtz! hûtz! (*al.* hûz! hûz!), quod significat 'foras, foras'. foliue *oder* fdiue mjnaz *nach den facsimile.* C*Hofmanns vermutung* (*Münchener sitzungsberichte* 1866, II, 110*f.*) nû fliue dû mir zi hûse *stellt wohl eine zweite reimzeile her, ergänzt aber nicht was der name oder die anrufung erwarten lässt und erklärt nicht wie der schreiber, selbst wenn er blofs abschrieb, was er gewis nicht tat, zu* uihu minaz hera *kam. im eingang des unvollständig und zerrüttet überlieferten spruches mischten sich vielleicht noch allitteration und reim (vgl. zu* IX, 7. 8):

nû fliue dû, uihu minaz, hera(in)fridû frôno

ist ein vollkommener stabreimender vers und leicht denkbar wäre dass der schreiber von demselben auf einen andern, wiederum mit fliue dû hera *oder mit* fridu frôno *beginnenden übersprang* 2. fridu frôno *im versanfang kann man nicht* als instrumentalis, sondern *nur als elliptischen satz auffassen, mit auslassung von* si *wie* XI, 54. 56 *anm.* in munt vor godes *und* gisuat vor heim *die hs.* 3. biua *einziger alter beleg für diese form* (gramm. 3, 365*f.* GDS. 1033, Dwb. 1, 1367. 1817; *vgl. Pfeiffer s.* 10*ff.* Le.rer mhd. wb. 1, 278*f.*) *und daher zweifelhaft ob schwach oder stark.* sre *wie mhd.* sante sente, *ndd.* sinte sünte, *ist ahd.* sancte IV, 3, 2. 3. 11, IX, 1. XVII, 11, 51. 58, *bei Otfrid auch* sancti *und ebenso* sancta (*Lachmann über ahd. betonung s.* 260, *Graff* 6, 256 *vgl.* LXXV, 1. LXXVII, 1. XC, 12.) *indeclinabel und dass Otfrid noch das geschlecht unterscheidet, ist kein grund hier den ersten beleg von* sancte (*vgl.* LXXXVII, 6. 20. 31. LXXXVIII, 1. 9. 12. 17) *für* sancta *zu beseitigen und* sancta *zu schreiben.* 4. hurolob *vgl.* oradriz LXXXV, 1, oricundi LXXVI, 17 *ua. Pfeiffer s.* 13 *und wegen der zweiten worthälfte* urlub XI, 27, *Graff* 2, 76, *mhd.* urlop. *den imperativ in den indicativ zu verwandeln ist unnötig:* 'du sollst keine erlaubnis haben fortzufliegen'. 5.

entwinnen *beim Wolkensteiner* 47, 1 *erklärt Pfeiffer wohl richtig als 'loskommen, sich losmachen'; unbedenklich wäre* intuuiudsn *'entkommen'* (*Beóv.* 143 se þæm feónde ætvand) *und vielleicht spielt hier eine art verwechselung mit, wie umgekehrt bei dem übergang von* ubaruuinnan *in* ubaruuintan. *ndd.* untwinnen *bei Frisch* 2, 451ᵇ, *worauf* CHofmann *verwies, ist transitiv 'abgewinnen, abspenstig machen,' woraus man unmöglich die bedeutung 'an den unrechten ort tragen' ableiten kann. der spruch bietet gewissermafsen den ersatz für das in der Wiener hs.* (*s. zu* IV, 4. 5) *fehlende, deutsche gegenstück zu dem lateinischen segen* AD APES CONFORMANDOS. vos estis ancillę domini, vos faciatis opera domini (*vgl. v.* 6). adiuro vos per nomen domini ne fugiatis a filiis hominum. *ein andrer segen* Ad revocandum examen apum dispersum *aus einer Sangaller hs. bei JGrimm myth.* 1190. *deutsche bienensegen wies Pfeiffer nach aus* JWWolfs *beiträgen zur deutschen myth.* 2 (1857), 450 *f.* (JFLWoestes volksüberlieferungen *in der grafschaft* Mark 1848 *s.* 53, *Haupts zs.* 7, 533), AKuhns *sagen aus Westfalen* 2 (1859), 208 *und* FWSchusters *siebenbürgisch-sächsischen volksliedern* 1865 *s.* 288. *der letzte sehr verwilderte spruch im* XVI *jh. aufgezeichnet hat noch am meisten von der alten volksmäfsigen art und* mahnt au *v.* 3: Maria stand auf eim sehr hohen berg, sie sach ein swarm bienen kommen phliegen. sie hub auf ihre gebenedeite hand, sie verbot ihm da zuhaud, versprach ihm alle bilen (*mhd.* hüle) und die beim (*bäume*) verlossen. sie satzt ihm dar ein fas, das zeut Joseph hat gemacht, in das sollt er phülgen (*fliegen*) und sich seins lebens genügen. In nom. p. f. et sp. s. amen. *dazu kommt jetzt noch ein lateinischer segen aus dem* IX *jh. mit der überschrift* C. Nu scel ih in N., *mitgeteilt von* JHaupt *in den Wiener sitzungsberichten von* 1871, LXIX *s.* 35 *f.*

XVII.

Es ist uns gestattet hier die bemerkungen, mit denen Haupt den text *des 'Georgsleichs' in den berichten der academie der wissenschaften zu Berlin vom j.* 1854 *s.* 501—512 *begleitete, mit einigen zusätzen vermehrt zu wiederholen.*

Den althochdeutschen leich vom heiligen Georg hat von den letzten seiten *der pfälzischen handschrift des Otfrid zuerst Friedrich Rostgaard im jahre* 1699 *in Rom abgeschrieben. nach dieser abschrift ist dies gedicht gedruckt in dem* Lectionum Theotiscarum *specimen von Sandvig* (Kopenh. 1783), *woraus es* Nyerups Symbolae ad literaturam Teutonicam *antiquiorem* (Kopenh. 1787) *wiederholen. schon als Rostgaard sich mit dieser handschrift beschäftigte müssen ihre letzten seiten verblichen oder abgerieben gewesen sein: er hat in dem leiche nicht nur manches falsch gelesen, sondern auch lücken gelassen, und ganz fehlen die letzten sieben langzeilen in der ausgabe seiner abschrift. sie sind gegeben in dem abdrucke des gedichtes den* Wilken *seiner geschichte der heidelbergischen büchersammlungen* (1817) *beifügte, nach einer abschrift von* Mone, *die sonst wenig zu loben ist. viel besser las Hoffmann, der den Georgsleich im jahre* 1824 *in einzelnem abdrucke und sechs jahre später im ersten bande seiner fundgruben herausgab, mit dem versuche einer herstellung, der neue bemühung erleichtert, aber nicht überflüssig macht. Ich habe vor mehreren jahren die handschrift mit Hoffmanns ausgabe verglichen und einiges deutlicher oder* richtiger *erkannt. sie ist schwer zu ent-*

ziffera und eine tinctur, deren anwendung schon Hoffmann rügt, hat das pergament an mehreren stellen so schwarz gefärbt, dass das hellste sonnenlicht, wenn man es durchscheinen lässt, viele buchstaben nicht mehr sichtbar macht. In dem texte der handschrift, den ich zunächst vorlege wie ich ihn gelesen habe, sind unsichere buchstaben durch liegende schrift, unlesbare durch doppelpunkte bezeichnet: die grade der unsicherheit liefsen sich nicht andeuten, so wie ich bei den ungleichen zügen der handschrift nicht dafür stehen kann dass nicht hier und da ein buchstab mehr oder weniger als die doppelpunkte angeben gestanden hat. die verse des **gedichtes** habe ich abgesetzt, aber durch senkrechte striche **angemerkt** wo die zeilen der handschrift endigen. die einfachen punkte stehen in der **handschrift.**

```
              georio fuor ze malo· mit mikilemo ehrigo·            200 b
              fone | dero makrko· mit mikilemo fholko·
              fuor er ze demo | riahe· ze heuihemo dinge
              daz thin uuaf marifta· | gkoto liebóta
     5        ferliezeer nuerelt rhike keuuaner· | ihmilrike·
              daz keteta felbo der mare erabo· georio· |
              ·dho· fbónen· inen allo kuningha fo mane hȧ
              uuolton fi inen | ehr keren ne uuolta ernef ohrōn·
              ehrte uuaf dž | georigen munt ne ohrter inef fhegih gaot
    10        nuber | al kefrumeti def er ee kote digeti·
  299         daz keteta felbo fee gorio |
              ·do teilton· inen fare ze demo karekare
              darmet imo | do fuorren ehngila·¨de· fkonen
              dhar fu ::::ceuuei uuib | keuerier daz ire litb
     15       dho uuore· er fo ::::::::: z imbizf | in frono·
              daz · ceiken · uuorta · dh::::::: io · ce uuare · |    201a
              georio do digita inaⁿ druhtin al geuuereta
              def gorio· | zimo digita
              den tumben· dhéer fprekenten· den toluben· | ohrenten·
     20       den pilnten· deter· febenten· den haleen gah· uenten· |
              chin fuhl ftuoetit ehr magihē ihar uhhif· pfaur dher· lōb· fhar· |
              daz· zehiken· uuorheta· dhare· gorio ze uuare· |
              bȯghontez· dher rike man file ahrte zurenen·
              tacianuf· | uuoto zuhrentzef uunter· dhrato
     25       ehr quaht gorio uuari· ehin· ekoukelari·
              ihez ehr· gorien fhaen ihezen· | huufzicen
              ihezen· fhlahen· ahrto᷎uunter. uuaffho· | fhuereto
```

---

2. *in* makrko *das erste* k *aus* h *gemacht*.   4. *nach* daz *zwei buchstaben ausgekratzt*.   11. keteta *deutlich*.   15. *in* uuore *das* e *aus* o *gemacht*. 16. io *deutlich*.   17. inaⁿ *deutlich, nicht Rostgaards und Mones* min, *noch Hoffmanns* inf.   21. stuotit *las Hoffmann; aber it ist ganz unsicher; nach Rostgaards abschrift ist* ftuont ṅehr *gedruckt,* Mone *las* ftuonta ṅehr. *auch Hoffmanns* uhhif *ist unsicher, aber sicher ist, dass weder Rostgaards* Eines *noch Mones* dhaf *dasteht*.   25. *nach* gorio *drei oder vier buchstaben unlesbar, vielleicht ausgekratzt*.   26. gorien *deutlich*.

dhaz uueiz· ihk· dhaz ift aleuuar. uhffherftuont | fihk goriio dhar
uuola· prediio her dhar·
30 dhie ehuidenen man· | kefhante gorio· dĥarte frham·
beghontez der rhike man | filo ahrto zuurnen
do ihez er· goriion · binten ahnen· rad· uuinten |
ee uuare· fhagehn· ihkzef ihuu· fhie praken inen encenuui |
daz· uuez· ihk· daz ist· aleuuar· uhffher· stuont· fihk· gorio· dar· |
35 uhffher· ftuont· fihk· gorio· dar· uuola dar·
dhie ehidenen | mau kefhaste GoRio· file frh m̂ ·
do ihez er· GoRioⁿ · fhaen | ihezen· harto fillen·
man goihezen muillen· ze puluer· | al uerpernuen·
man uuar· fhan· in den purnnen· er uuaf | faliger· fun·
40 poloton· fi derubere· fteine· mihkil· meGine· |
beGonton· fi nen· umbekan· iehzen· GoRien· uhffher· ftan· |
mihkil· táta Ge::::::r· fo her io tuoht uuar·
daz uuez· ihk· | daz uuez· ih:::.::::: leuuar· uhffherftuont fihk | GoRIO
uuo::   dar·
pr::::::::::::r·
45 dhie ehidenen man kefahnte· | GoRio file farm·
:::::::::::::: fihk· Gorio dar· nuhf pfanr | der· nuaehe· fha:
:::::::::::::: ten man· uhf ihezer· ftanten· | 201[b] 300
er hiezeen dare cîmo khaen· hiezen· fhar· fprecken·
Do feGita : : *k*obet· ihz· ih betamo· Geinobet chz
50 qnuat | so una :::: fe*t*loreno demo tiufele al petroGena·
daz *cunt* uuf felbo fee gorio ∴
do Git· er· ze dero kamero ze dero chuningiano |
peGon her· fhie· lehren· beGonta· fhimef· ohren
elossandria | fi nuaf dogelika
55 fhiihlta far uuoletuN den ihro· fhane fpent::: |
'Si fpentota iro trifo dar· daz· ihlft fa· manee iahr· |
fō euuon uncen euuon fhofe en gnadhen
daz er diGita felbo | ehro See Gorio
GoRio uhob dhia· ahnt uhf erbibinota abollin
60 Gebot er uhper den ehlieunht do fuer er far euabeurnt | ihu
                              nequeo
                              Vuifolf

*Die züge der hand die diesen leich aufzeichnete, wohl noch im zehnten jahr-
hunderte, sind unfest; dass sie zu schreiben oder* **doch** *deutsch zu schreiben wenig
gewohnt war zeigt die rohe verunstaltung der* **worte**, *die an die ersten schreib-
versuche der kinder erinnert und in althochdeutschen handschriften ohne beispiel
ist. aber wie ungeübt auch dieser schreiber sein mochte, so arg konnte* **er** *das
gedicht nicht entstellen, wenn er es abschrieb:* **er** *schrieb aus dem gedächtnisse.
aus untreuer erinnerung hat er zweimahl verse an unrechte stelle gesetzt: das
zweite mahl scheint er gemerkt* **zu** *haben dass er das gedicht nicht mehr ordent-*

---

28. uhffherftuont *deutlich*.   43. das *bei Hoffmann ist druckfehler.*   46.
fha *deutlich*.   48. *undeutlich ob* fprecken *oder* fpracken.   57. fō *deutlich.*

lich zusammenbrachte; denn dies bedeutet wohl das nequeo mit dem er es vor dem schlusse abbricht. Hoffmanns versuch einer herstellung des verwilderten textes ist nicht überall gelungen und führt schreibweise und sprachformen allzu willkürlich auf die gewöhnliche althochdeutsche regel zurück; die strophische gestalt des leiches ist nicht erkannt. einen leich, das heifst was es bei einem althochdeutschen denkmale heifsen kann, ein gedicht aus strophen von ungleicher zahl der verse, hat das gedicht zuerst Lachmann genannt in seiner abhandlung über singen und sagen s. 4; die strophen hat er nach zahl und umfang angegeben in Köpkes jahrbüchern des deutschen reiches unter der herschaft Ottos I s. 97. bei meinem versuche den text herzustellen habe ich einige handschriftliche andeutungen Lachmanns benutzt. die schreibweise der überlieferung schonte ich so weit es möglich ist; änderungen die blofs orthographisch sind zu verzeichnen scheint mir ebenso nutzlos als anzugeben was von solchen dingen schon Hoffmann richtig gesetzt hat: aber die folgenden bemerkungen mögen versuchen den text den ich gebe zu rechtfertigen.   1. den auslaut von mâlo und herigo, von folko z. 2, wunterwasso swerto z. 27, darf man nicht ändern: es fehlt nicht an beispielen dieser form des instrumentalen oder mit praepositionen verbundenen ablativus. Otfrid 1, 4, 19 iugiang er thô scioro, goldo garo ziaro, wo Graff sprachsch. 4, 195 trotz der Zwiefalter glosse mit goldo (in Mafsmanns denkm. s. 99) wunderlich zwischen dem instrumentalis und dem genetivus pluralis schwankt, als ob gold einen pluralis hätte. 4, 12, 45 ni was thâr ther firstuanti waz er mit thiu meinti, ouh dia muatdâti thoheino mezzo irknâti, wie in der Pariser glosse Diut. 1, 213 ea ratione vel eo modo, diu rehta edo diu mezzo; umgekehrt in der sanctgallischen bei Hattemer 1, 171ᵇ thiu rehto edho thiu mezzu. ferner bei Otfrid 5, 6, 13 in thes giscribes worto. häufiger erscheint diese form in der Freisinger handschrift des Otfrid: 2, 19, 4 in themo fristo (VP friste), 3, 25, 17 mit nuafano (VP uuafanu), 4, 5, 13 mit sero (VP seru), 4, 13, 42 mit dionosto (VP thionostu), 5, 14, 21 mit gibratanemo fisco (VP fisge), 5, 23, 109 mit hazzo (VP hazze). andere beispiele finden sich in glossen. Monseer glosse zu Judith 5, 10 (Pez 1, 359, vgl. Graffs sprachsch. 2, 211) in luto, limo Emmeramer glosse zur passio Petri et Pauli (Pez 1, 404) suspecto animo, klauu môto. glossen zum Prudentius Diut. 2, 332ᵃ obice mit kriutilo, 341ᵃ acre, mit horno. Schlettstädler glossen (zeitschr. f. d. alt. 5) 329, 114 cylindro (Virg. georg. 1, 178) wellepoumo, 332, 336 levi susurro (ecl. 1, 56) lindemo dozzo, 335, 561 si hoc proprium fuerit (ecl. 7, 31) ubi daz ei dancho wisit. bekannt sind mit allo bei Notker und anderen (Graff 1, 206) und die nicht seltenen formen hiuro und hiuto (Graff 4, 693 f.). [über diese form des instrumentalis ist jetzt auch zu vergleichen Dietrichs historia declinationis theotiscae p. 11 f. 24 f.] 4. die eben zusammengestellten ablative auf o können einen dativus koto nicht glaublich machen: man darf für gkoto unbedenklich kote setzen oder allenfalls kota. 7. allo und maue hᵒa führen nicht auf alle und manige, wie Hoffmann geschrieben hat, sondern allâ und manegâ, eine form des männlichen nominativus pluralis der adjectiva die nicht blofs sächsisch ist, sondern sich auch in hochdeutschen denkmälern findet. dieselbe form ist z. 50 durch ferloreno angezeigt und scheint in petrogena erhalten. 9. muot hat Hoffmann hergestellt, Lachmann die beteuerung sêg ih guot erkannt. Notker ps. 182, 7 (Hattemer 2 298ᵃ) utique non deo, sed sibi, sô egih kuot ni gote, nube in selben. vergl. Jacob Grimms frau Aventûre s. 13. [Biterolf 8206.] 11. 51. Gêorjo für gorio ge-

nügt dem verse. mit Hoffmann hèrro vor sancte Gorjo *einzuschalten ist unnötig, wenn dies auch in der* 58 n *zeile steht.* 12. *nach* teilton *scheint si hinzugesetzt werden zu müssen: das pronomen kann hier kaum fehlen.* 14. *Rostgaard hat* dhar funden *gesetzt,* Mone *nur* dhar f — *gelesen, und auch Hoffmann, der 'dhar funder' setzt, bezeichnet die letzten fünf buchstaben als unleserlich. ich habe nicht* f, *sondern* f *gesehen: der nächste buchstab schien auch mir* u *zu sein, aber über dem* u *noch ein buchstab zu stehen; die vier übrigen konnte ich nicht lesen. Hoffmanns vermutung* dår fand er *wird durch das* f *oder* fu *der handschrift unglaublich; für den sinn taugt sie, da die knappe erzählung es sich ersparen konnte den hunger oder das verschmachten der beiden frauen die Georg im kerker durch ein wunder speiste ausdrücklich zu erwähnen. doch leitet jenes* f *oder* fu *gerade auf ein wort mit dem im elften jahrhunderte und später das verschmachten vor hunger und durst bezeichnet wird. ich wage nämlich die vermutung dass zu schreiben ist* dår swallen zwei wib. *so steht in der genesis (fundgr.* 2) 57, 31 in den charchâre **man** si warf, in daz gebente vile starch. Jôsêbe **wurten si bevolehen.** er ne lie si nicht swellen. er gab in maz unde tranch, er dienôte in (*l.* an in) gotes danch; 60, 25 sô daz chorn zerinnet, so ist daz fihe skiere [**wirt**] furebrâht. sô muozzen si swellen, vore hungere chwellen. wie mahte in wirs sîn? so muozzen si irsterben; 62, 15 der hunger sich breite in die werlt wite. er gie uber al: daz liut starb unde geswal. *Ruther* 1204 nu sint si virswellit, harte missevuorit. *Haug von Langenstein* 128, 83 er ist von hunger geswollen. *unechter Neidhart HMS.* 3, 259ᵇ dà mahtù **des** hungers wol geswellen. — *der schreibfehler* kenerier *für* kenerit er *oder* kenerita er *ist wie* 29 prediio her *für* prediôt er. 15. *die unlesbaren buchstaben hat Hoffmann richtig ergänzt zu* sô skôno daz imbiz. 16. dhare *und* gorio *hat Rostgaard noch gelesen.* 18. *die unvollständige langzeile des Gorjo* zimo digita *ergänzt sich von selbst, wenn man vorher wiederholt* inan druhtin al gewerêta. *ebenso hat der schreiber sich in der* 29n *und in der* 44n *zeile erspart einen vers zu wiederholen.* 20. [then blinton deta séhentan *Otfr.* 3, 24, 78.] den halcen gah'nenten. *die leichteste änderung wäre* gàhenten: *allein der einfache und passende ausdruck ist nicht 'er machte den lahmen eilend', sondern 'er machte ihn gehend', wie blind stumm taub und sehend sprechend hörend mit den schlichtesten und richtigsten worten einander entgegengesetzt sind. aber Hoffmanns* gànten *lässt dem verse einen fufs fehlen: die betonung* dén húlcen gánten *ist hier unmöglich,* den hálcen gánten *unglaublich. die form* gâenten, *die sich einige mal in den übersetzungen des Boethius und organons findet, genügt dem verse: aber der schreiber, der die buchstaben der wörter oft in falscher folge und* h, *mit dem er überhaupt wunderlich umgeht, mehrmals für* g *setzt (z.* 3 riuhe *und* heuihemo, z. 7 mane h°a), *wollte wohl* gangenten *ausdrücken. einer verbesserung bedarf aber auch die erste hälfte der vorhergehenden langzeile,* den tumben dheter sprekenten, *die einen fufs zu viel hat, da die betonung* spréeken-tèn (spréechenten) *unmöglich ist.* **Lachmann hat** *gesehen dass* dheter *zu streichen und die folge der zeilen zu verändern ist.* 21. *Hoffmanns* ein sùl **stuont ér** manigiu jâr *trifft schwerlich das richtige,* **da ér sich** *nicht zu dem gedanken fügt. besser ist* ein sùl stuont ter manie jâr, *worin* stuont ter *für* stuont dâr *zu nehmen ist, wie in der nächsten halbzeile* der, *wofür Hoffmann ohne not* dir *geschrieben hat. das* h *in dem* ehr *der handschrift darf nicht stören. die verbesserung* ûz spranc *hat schon Hoffmann gefunden: derselbe fehler kehrt z.* 46 in uuhs psaar *wieder.* 24. wuoto, *wie deutlich dasteht, statt des regelmäfsigen* wuota, *das Rostgaard setzte,* ist im reime auf wunterdrâto nicht anzutasten. die reime dieses leiches binden z. 55 in tuon: spentôn *ungleiche aber verwandte vocale, nirgend aber ganz verschiedene. denn es scheint keine verwegenheit durch* zurnan *für* zurnen z. 23, zuarnen z. 31, *durch* stautan *und* spreckan *für* stanten *und* sprecken z. 47 *und* 48, *durch* prunnun *für* purnneu z. 39 *die reime auf* man kân sun *mit Hoffmann auszugleichen. belegen kann ich das o im auslaut schwacher praeterita noch mit zwei beispielen. in Otfrids evangelien* 1, 15, 21 *steht* Uuuntoroto *in der Wiener und in der pfälzischen handschrift und, was Graff verschweigt, in dem kinderlingschen bruchstücke das mit Meuschbachs büchern in die königliche bibliothek gekommen ist: diese übereinstimmung macht es bedenklich mit Graff das* Uuuntorota *der Freisinger handschrift aufzunehmen. im Rudlieb* II 226 *ist zu* lorifregi *die glosse* zugilprechoto *beigeschrieben, was Jacob Grimm in der geschichte der deutschen sprache s.* 882 *mit dem* tavido *des Gallehuuser hornes vergleicht.* [andre beispiele gibt jetzt Kelle in Haupts zs. 12, 119.] 28. *die z*. 34 *und* 43 *wiederkehrende formel* daz weiz ik *habe ich in meiner zeitschrift* 3, 187 f. *mit der häufigeren* ich weiz *verglichen, die auch zeitschr*. 8, 151, 234, *in Karajans sprachdenkmalen* 41, 4, *in Diemers kaiserchronik* 81, 4. 232, 28. 401, 27 [*unten* XXXV, 22] *vorkommt.* 29. ûf erstuont sik Gorijo dâr *ist zu wiederholen und dann* sâr *für* dhar *zu schreiben.* 30. *aus* dharte *mit übergeschriebenem* ra *ergibt sich* drâto, *nicht Hoffmanns verswidriges* dâr harte. 32. *für* ahnen *vermutet man leicht* an ein: *aber Hoffmanns* anen *wird genügen.* 34. *für* encenuui *hat Hoffmann* enzwei *geschrieben: aber der reim und die buchstaben führen auf* en zêniu, *d. i.* en zeheuiu. *anders in Reinbots Georg* 4681 er hiez in vil balde segenzehant ze vier stüeken, 4814 er was gevierteilet. 36. *die vorhergehende und die folgende strophe lehren dass für* unola dar *zu setzen ist* wola predijôt er sâr. 38. *für* goihezen *darf man* gohiez en *schreiben, mit schonung des* o. *ebenso scheint es z*. 49 *in* kobet *zu stehen. auf die schreibweise der Pariser gespräche ist zwar nichts zu geben, in denen z*. 65 Co oresta (gohôrestu), *z*. 69 go Nego (gonuogo), *z*. 64 Go aoi (genuogi) *steht: aber in Graffs sprachschatz* 4, 12 *sind verlässigere beispiele der form* co- *oder* go- *zusammengestellt*, iocouueri, iogouueri, cocouuelîh, cogohuanna, ûzconomiuiu, gogozzeu, gosofôt. *in diesen wörtern* mag *der vocal der partikel* ga- *dem der vorhergehenden oder nachfolgenden silbe assimiliert sein*, ebenso *in dem* golochot *des Freisinger Otfrids* 5, 20, 76: *aber dieselbe handschrift zeigt* 2, 7, 10 *durch* gosageta *dass diese form der partikel auch ohne einwürkung einer angrenzenden silbe vorkam, wie etwas häufiger in althochdeutschen handschriften sich* gu- *findet und* gu *oder* gû *in schweizerischen noch des vierzehnten fünfzehnten jahrhunderts. — durch das* ui *in* muillen *scheint der umlaut* ü *bezeichnet zu sein. auffallend genug: doch lässt sich die ansicht dass die ersten anfänge dieses umlautes nicht in die althochdeutsche zeit hinaufreichen daraus nicht erweisen dass er aus den handschriften nicht zu erkennen ist. noch mittelhochdeutsche handschriften, zum beispiel die Gießener des Iweins, lassen ihn unbezeichnet. aber in* nuache *z*. 46 *ist wohl nicht der umlaut* æ *anzunehmen: das* ae *soll vermutlich langes* â *ausdrücken, wie z*. 48 *in* khaen. [*Lachmann über Otfrid s*. 282 *anm. wollte sich für das alter des umlauts nicht auf* muillen *berufen, 'welches vielleicht* mulljen *heifsen soll.*'] 39. *der sinn verlangt man* warf ên in den prunnun. *das werfen in einen brunnen kommt unter den martern vor welche die passio Georgii in einer von Baronius und den herausgebern der acta sanctorum (apr*. 3, 101ᵃ) *benutzten vallicellischen handschrift erzählt.* 42. Georjo dâr *ist von Hoff-*

mann ergänzt. 43. 44. 46. *die herstellung ergibt sich aus den vorhergehenden strophen.* 49. Dô ſeGita∷ kobet´ ihz. *schwerlich ist etwas zu finden was den buchstaben (von denen k nicht ganz sicher ist) und dem zusammenhange mehr entspricht als dô segita er kobet heiz, da sprach er ein heifses gebet: Martina 32, 8 sin gebet daz waʒ sô heiz. in der zweiten hälfte der zeile kann man bei* Geloubet ehz an geloubet ez *denken: aber* heiz: ez *ist ein bedenklicher reim (s. zu 24) und ih betamo muss ich aufgeben, da ich es weder zu erklären noch zu berichtigen weifs.* 50. *Rostgaard und Mone haben* ſo uuaune *gelesen, Hoffmann bezeichnet ne als unlesbar oder unsicher: ich habe nur* ſo uua *deutlich gesehen. mit so* uuaune *weiss ich nichts anzufangen, und ich glaube dass Hoffmanns vermutung* quat, si wârin ferlorene *den richtigen sinn trifft. nur verlangt der vers die nachbesserung* florene *oder vielmehr der überlieferung näher* florenâ. 51. cunt, *d. i.* kundta, *ist ziemlich sicher und ganz passend.* hierher, *nach dem gebete, gehören die beiden zeilen mit denen der schreiber abbricht indem er sie* (59. 60) *an dem ende der nächsten strophe nachbringt, an deren anfang sie gehören. auf Georgs worte folgt die tat, sein gebet bereitet das wunder vor, das wunder die bekehrung der königin. in diesen beiden zeilen, durch deren umstellung wir gewinnen dass nun alle strophen in der ersten zeile gleichmäfsig den namen Georg enthalten, hat Mone* abol, *Hoffmann* apol *gelesen, was er zu* Apollo *ergänzt. ich habe deutlich* abollin *gesehen. Lachmanns vermutung* Apollin (*über ahd. betonung und verskunst s.* 27) *ist also unzweifelhaft, und damit auch seine herstellung der reime durch versetzung zweier halbzeilen.* 52. dô giene *muss es heifsen, wie Hoffmann gesehen hat. das den buchstaben näher liegende* gie *wäre eine unalthochdeutsche form.* 54. *in* dogelika *sind die buchstaben* ge *unsicher. es scheint aber doch besser* dogelika *anzunehmen, was auf* togalicha *führt, mit der brechung wie in* togantem (*sprachsch.* 5, 371), *als an* doulicha (*sprachsch.* 5, 87) *zu denken.* 55. ſeaz *hat in* ſhane *schon Hoffmann erkannt.* 56. ſa 304 *ist* sia, *die königin Alexandra, die durch ihre almosen selig ward.* 57. *der sinn fordert* ſo ist se in den genâdôn.

Lachmann (über Otfrid s. 279 *anm.* 2) *klagt, dass es ihm oft begegnet sei dass man ihm den ersten besten einfall, den er notwendig auch müsse gehabt, aber verworfen haben, als etwas neues und höchst wichtiges vorgehalten. der gedanke dass die strophische einteilung des leichs durch die wiederkehr derselben oder ähnlicher zeilen angedeutet sei muss sich jedem beim ersten lesen aufdrängen. aber Lachmann verwarf ihn ohne zweifel, weil die zeilen sich nicht wie refrainzeilen gleichmäfsig und unverändert durch das ganze gedicht wiederholen und ihm keine hinlänglich regelmäfsige und symmetrische gliederung zu ergeben schienen. für* **Lachmanns** *einteilung spricht dann die bemerkung Haupts zu v.* **51** (59. 60).

M.

XVIII.

Hs. Gg. 5. 35. (cod. 1552) der universitätsbibliothek zu Cambridge, welche aus mehreren stücken besteht, beschrieben im catalogue of the manuscripts preserved in the library of the university of Cambridge 3, 201—205 nr. 1567. auf bl. 432—441ᵇ eine liedersammlung 'von einer hand des XI jhs. deren züge, vornehmlich in r und t, so stark an die angelsächsische schriftform erinnern, dass die copie von einem Angelsachsen entweder noch auf deutschem oder erst auf englischem boden angefertigt sein muss.' verzeichnis der anfänge bei Jaffé in Haupts zs. 14, 450—453. die von uns aufgenommenen stücke folgen in der hs. grofsenteils durch andre getrennt und sämmtlich ohne überschrift, so auf einander: modus Carelmanninc als das 3e gedicht, de Lantfrido et Cobbone 4, modus Ottinc 9, Liebine 12, florum 13, de Heinrico 17, Alfrad 18, Heriger 22. das vorliegende gedicht steht auf bl. 437ᵃ und 437ᵇ.

IG Eccard veterum monumentorum quaternio. Lipsiae 1720 s. 49—52 ('fragmentum poematis in laudem Henrici comitis palatini ad Rhenum anno 1209 decantati ab anonymo Lotharingo'). WWackernagel in Hoffmanns fundgruben 1 (1830), 340. 341. KLachmann und RAKöpke in des letzteren jahrbüchern des deutschen reichs unter Otto I (1838) s. 97. WWackernagel, altdeutsches lesebuch 1861) 109—112. Jaffé aao. s. 451. die verbesserungen deren urheber nicht angegeben ist gehn auf Eccard oder Wackernagel 1830 zurück. **1.** *vgl.* Nunc assit (obis spiritu somnipotentis caelitus, qui nos laudare penitus filium dei doceat *Mone nat. hymnen nr.* 44, 1—4. *überliefert ist* Nunc almus thero ewigero assis thier-**l**nun filius, *die besserung von Wackernagel 1830. glaubt man eine so zerhackte wortstellung wie die überlieferte zugeben zu dürfen, so genügt es* êwigûn *zu schreiben: dann wäre die abweichung von der sonst eingehaltenen verteilung des lateinischen und deutschen in die erste und zweite halbzeile im anfange des gedichtes ebenso beabsichtigt, wie im anfange der beiden schlussstrophen z.* 22. *der reim* filius: thier**nûn, an dem Wackernagel** 1861 *anstofs genommen zu haben scheint, da er* Nunc almus thero ewigun assis filius thiernun *setzt,* **ist** *nicht schlechter als* dixit: Heinrich 12, fecit: Heinrich 23, omisit: Heinrich 24. *diese ungenauigkeit, welche in der* **schwierigkeit der bindung lateinischer und** *deutscher wörter ihren grund haben mag,* **steht im widerspruch mit der um** *die gleiche* **zeit sonst schon** *erreichten reinheit des reims: W Grimm zur geschichte des reims s.* 165. *die lateinischen verse sind deutsch gemessen, mit oder ohne auftact, fehlende senkungen innerhalb des worts und zwischen den wörtern. verletzung des lateinischen accentes nur in* 12 Primitus, *wenn man nicht eine analogie von schwebender betonung oder gar von verschleifung annehmen will.* thero Beiaro riche] *in annalen und urkunden wiederholt* Bawariorum regnum *Waitz DVG* 3, 302 n. 4; *Heinrich* I² *s.* 60 n. 1; *Hirsch Heinrich* II 1; 9 u. 4.

5. namoda, *verbessert von Lachmann* **6.** sedis nnsaro keisaro *die beiden* o *radiert* **7.** *'für* hera *sollte man* thin *erwarten.' Lachmann. durch Wackernagels* hero *d. i.* hêrro *wird nichts gebessert. vielleicht, der fehler wäre (wie* tibi 8 *und* **ambo** vos 13?) *durch falsches hören entstanden,* bruother hera kumit thi. **8.** dig**num** tibi fore thir selve **moze** sine *hs.* fare *Wackernagel* 1830, *wofür er* 1861 sine **vorschlug.** môze 'begegnung' *müste* **wenigstens** muoze *lauten:* selvemo ze Schade decas *p.* 7, *der im übrigen die stelle falsch erklärt:* ze sine *mit Heinzel gleich* ze sehenne zu nehmen. etwa dignum ilium fare? bedenklich bleibt thir neben mi und gi (und thi zu z. 7). **11.** mid mihilon êrôn: *vgl. z.* 19. *Salomo* 4, 6. *Marienlob* 2,

17.   13. *der zweite Heinrich welchen diese stelle als begleiter von Ottos bruder voraussetzt ist von Lachmann über die leiche s.* 430 *auf den sohn herzog Giselberts von Lothringen gedeutet, der* 939 *noch ein kind war und schon* 943 *oder* 944 *starb: vgl.* Widukind 2, 33 (*MG. SS.* 3, 44ᵃ) *mit contin. Regin. a.* 943, *Flodoard a.* 914. Widukind 2, 26 *erzählt von Otto unmittelbar nach dessen siege über Eberhard und Giselbert* (939): praeficiens regioni Lothariorum Oddonem Ricwini filium et ut nutriret nepotem suum filium Isilberhti optimae spei puerulum nomine Heinricum, reversus est in Saxoniam. *aber nach dem* continuator *Reginonis und Flodoard hatte der könig das herzogtum vorher seinem bruder übertragen, erst als dieser* 940 *daraus vertrieben wurde, jenem Otto. und diese nachricht, von Köpke s.* 44 *verworfen, ist von Giesebrecht geschichte der deutschen kaiserzeit* 1², 274. 809 *mit recht wieder aufgenommen. man kann daher vermuten, auch der knabe Heinrich, den man seinem gebornen vormunde entzogen zu haben scheint, sei ursprünglich seinem mutterbruder zur pflege übergeben worden und der dichter habe ihn neben demselben auftreten lassen, indem er die erste aussöhnung der brüder mit der zweiten vermengte: vgl. Köpke s.* 98. *es ist aber durchaus unglaublich, dass ein verständiger dichter der doch verständlich sein will eine person, deren anwesenheit weder er vorher oder nachher erwähnt noch ein sachlicher grund vorauszusetzen zwingt, plötzlich angeredet und begrüfst werden lasse. überdies geht hier der singular* Heinrich *voraus, den* Wackernagel 1830 *in richtigem gefühl in den plural änderte. ich denke,* aequivoci *ist der genetiv und meint den könig Heinrich* I (*vgl. zb. Beyer mittelrheinisches urkundenbuch* 1, 234 *urk.* Ottos l filii quoque nostri equivoci Ottonis; **Zahn cod. dipl. austriaco-frisingensis** *s.* 45 *urk.* Ottos III avi nostri Ottonis — et eius equivoci, genitoris nostri); *aber für* ambo vos *weifs ich keine sichere besserung die den fehler erklärte.* progenies *ergäbe den richtigen gedanken:* 'willkommen Heinrich, mein bruder.' *vielleicht* apogonos? *ich weifs freilich nicht, in* **welchem** *umfange sich die einmischung griechischer worte in der gleichzeitigen litteratur nachweisen lässt. dass Liudprand damit gerne prunkt, ist bekannt.*   14. gi] i gi: *vgl.* **Anno** 28, 7 (467) igizin *'ihrzen'. über den singular* willicumo *neben* gi *s.* **gramm.** 4, 303.

15. scone   18. lat siegena *hs.:* entließg ena *Lachmann. vgl. Sievers untersuchungen über Tatian s.* 22.   19. ducxit.   20. amisit, *verbessert von Lachmann.*

22. språkha] *Wackernagel hdwb.* 271ᵇ *gibt, ohne zweifel mit bezug auf unsre stelle, die bedeutung* 'volk' *an. doch stand dafür wohl kein anderer beweis als die analogie von* zunge *zu gebote. auch auf die eben stattgehabte 'unterredung' zwischen den brüdern kann man das wort nicht beziehen, wohl aber auf die regelmäfsige* 'berathung' *in regierungsgeschäften.*   24. Heinrihe   25. hafön] habon habot habon (1 plur.) habont *weisen aus der Ebersberger und drei andern hss. des* Williram Hoffmann (*glossar zu* Willir. *s.* 24) *und* Graff 4, 724. 725 *nach. s. auch unten* LXVI, 19. *Otfr.* 2, 14, 52 habotost *dagegen gehört nicht hieher; zs.* 12, 85. *vielleicht* fullust   26. nobilis, *verbessert von Lachmann.*   tid **hs.**

'*Das gedicht bezieht sich auf Ottos zweite versöhnung mit seinem bruder Heinrich, weihnachten* 941: *nur auf diese zeit (bis an Heinrichs tod* 955) *passt der schluss: nach der ersten versöhnung* (939) *hatte sich Heinrich wieder empört und sogar auf ostern* 941 *einen plan auf Ottos leben gefasst.*' '*Otto wird kaiser genannt: mithin ist das lied nicht vor* 962 *verfasst.*' *Lachmann über die leiche s.* 430. (*anders aber gewis unrichtig Uhland schriften zur geschichte der dichtung und sage 7, 578—581.) dass dem verfasser die zweite unterwerfung mit der ersten zusammenfliefse, wie es Liudprand begegnet ist, braucht man nach dem zu s. 13 bemerkten nicht mehr mit Köpke anzunehmen. aber bestehen bleibt die abweichung des gedichtes von der beglaubigten geschichte.* der continuator Reginonis erzählt: A. d. i. 942 rex natalem domini Franconofurt celebravit, ubi frater eius per Ruodbertum Magontiensis ecclesiae diaconum ('nur vom diakonus Rudbert begleitet' *Köpke;* 'nur von einem geistlichen begleitet' **Giesebrecht**) **custodiam noctu clam** aufugiens antelucano tempore regis ecclesiam adeuntis pedibus accubuit et concessa venia misericordiam quam precatur obtinuit (MG. SS. 4, 619). *eine ähnliche relation hat offenbar Liudprand vorgelegen,* **nur dass er die** *ordnung der begebenheiten umkehrt:* (Heinricus) die quadam nudis pedibus regis ad pedes ipso ignorante pervenit supplexque misericordiam imploravit ... jussit eum itaque **rex** ad palatium suum, quod in Francia in loco qui Ingelenheim dicitur constitutum est, proficisci sollertique illum vigilantia custodiri (**antapod.** 4, 34. SS. 3, 326). *dazu halte man nun die erzählung der Hrotsvith gesta Oddonis v.* 336—377 (SS. 4, 325. 326), *welche Köpke s.* 52 *und ihm folgend Giesebrecht* 12, 276 *mit der des contin. Regin. willkürlich mengen. Heinrich ist hier überhaupt nicht zur haft gebracht, aber reuig und schuldbewust wagt er es lange nicht vor dem antlitz des bruders zu erscheinen. endlich überwindet er seine furcht und begibt sich zum weihnachtsfest in die 'urbs regalis.'*

depositisque suis ornamentis preciosis
simplicis et tenuis fruitur velamine vestis,
inter sacratos noctis venerabilis hymnos
intrans nudatis templi sacra limina plantis.
nec horret hiemis saevum frigus furientis,
sed prono sacram vultu prostratus ad aram,
corpus frigoreae sociavit nobile terrae,
sic sic moerentis toto conamine cordis
exoptans veniae dux praestari sibi munus.

als Otto das erfahren, habe er eingedenk des festes und des gesanges der engel 'et in terra pax hominibus bonae voluntatis' **sich des** *bruders erbarmt, ihm vergeben und bald darauf ihn zum herzog der Baiern gemacht:*

et post haec ultra fuerat discordia nulla
inter eos, animis fraterno foedere iunctis.

die tendenz dieses berichtes liegt vor augen: die schmach des gefängnisses und des fußfalles soll von Heinrich genommen werden. vgl. jetzt Köpke ottonische studien 2, 113 f. *denselben zweck, nur mit anderen mitteln, verfolgt das vorliegende gedicht. während dort die wahrheit mit Heinrichs grofser reue und seiner selbstauferlegten bufse gewissermafsen abgefunden wird, schiebt sie unser dichter einfach bei seite* **und berichtet** *das gerade gegenteil dessen was sich wirklich zugetragen. Heinrich* **kam heimlich vor tagesanbruch,** *unvermutet, einsam:* **er lässt ihn offen am hellen tage,** *angekündigt,* **mit** *gefolge kommen. das weitere ergab sich* **von selbst:** *nicht der empörer der seinem könig nach dem leben gestrebt wird wieder zu gnaden aufgenommen, sondern wie nach einem unbedeutenden zwiste eilt der bruder dem bruder mit offenen armen entgegen und macht ihn zum zweiten im reich: nur dass die versöhnung vor dem kirchgange stattfand, liefs sich passend verwenden. elemente echter sagenbildung sind hier ebensowenig wie in Hrotsviths erzählung anzuerken-*

nen: vielmehr ist beider gemeinsame quelle die bei hofe übliche darstellung der sache. man weifs dass Hrotsvith und Reginos fortsetzer ihre werke fast gleichzeitig (968) *vollendeten, dass aber jene im auftrage und unter anleitung ihrer äbtissin Gerbirg, der tochter Heinrichs von Baiern, dichtete: was diese von ihres vaters erniedrigung zugestehn und was verschweigen wollte, erfahren wir also durch Hrotsvith. auch Widukind will rücksichtsvoll nicht die wahrheit sagen und berichtet nachdem er das schicksal von Heinrichs mitverschwornen geschildert:* Heinricus autem fugiens regno cessit (2, 31. SS. 3, 447). *in dieselbe zeit — denn dass Otto noch lebte darf man aus z.* 9 ther unsar keisar guodo *schliefsen — und ohne zweifel in die umgebung des kaisers oder eines mitgliedes seiner familie gehört das vorliegende gedicht, ohne dass man zu sagen vermöchte, ob es einem besonderen anlasse und welchem seine entstehung verdanke.* **nicht nur seiner tendenz**, *sondern auch seiner form nach gehört unser gedicht wohl der hofpoesie an. zwar ist es ein ungleichstrophiges lied von der im excurs zur Samariterin besprochenen gattung, indem es 3- und 4 zeilige strophen in solcher weise abwechseln lässt dass die eigentliche erzählung von 5 strophen zu 4, 3, 3, 3, 4 langzeilen eine eingangsstrophe von 4, und 2 schlussstrophen von je 3 langzeilen umschliefsen; aber* die form der mischpoesie, die der deutschen sprache durch die verbindung mit der lateinischen gröfsere feierlichkeit zu geben sucht, ist ein entschieden gelehrtes und künstliches product: *die noch von FWolf über die lais s. 120 gebilligte ansicht Mones (anzeiger 1837 sp. 317), sie sei aus einem wechselgesange zwischen priester und volk entstanden, wird heute niemand mehr teilen. vgl. Wackernagel litteraturgeschichte s.* 71. *die älteste erscheinung verwanter natur bietet der schluss des ags. Phönix dar, Grein* 1, 232f. *ein 'noch unbekanntes ältestes deutsches minnelied, wie das auf Ottos aussöhnung halb deutsch halb lateinisch abgefasst' erwähnt aus derselben Cambridger hs. Pertz über Wipos leben und schriften (abhandlungen der Berliner academie von* 1851 s. 222). *dieses angebliche minnelied ist* **in** *der hs. leider sehr verstümmelt, die geringen überbleibsel hat Jaffé aao.* 494. 495 *mitgeteilt. es zählte zehn strophen, jede (mit ausnahme höchstens der fünften) von zwei langzeilen, welche ebenso wie in 'de Heinrico' gebaut waren. das gedicht begann mit einer schilderung des frühlings: die schöne zeit ist da, es grünt* **das gras** (*str.* 1 tempus adest ... gruonot gras). *o sonne, mahnst du die einzige* (2 hortaris unicam) *dass sie mich erhöre?* **die wälder** (3 silve) *bedecken sich mit laub,* **es singen die vögel** *im haine (*fogel in uualde singent*). schon besingt die nachtigall Christi heilige märtyrin* (4 cantat philomela. kristes :nardirenna), *der ich mich ergeben* (cui me devovi). **es folgt eine anrufung** (5 O suavis?). *Christus sprach zu ihr: ich* **nehme dich** *auf in* **den chor** *meiner* (6 choro miner) *seligen, ich gebe dir aufserdem weltliche ehre* (dabo **tibi** super hoc. uuerelt-). *'diese ehre alle vergeht wie eine wolke an dem himmel, nur Christi reich allein das soll bestehn in ewigkeit. ich glaube dass sie (die heilige) im himmel regiert so schön, und dass sie . . . . fürwahr.' so str.* 7. 8 *die am besten erhalten sind*

    Hoc evanescit omne   álsô uuolcan in themo humele:
    solum Christi regnum   that sal io stán in êwun (hs. evum).
    Quod ipsa regnat credo   in humele sô seôniu (l. seôuo?)
     . . . . s. t dare (l. clare?)   al gil . . . . r. ze uuâre.

str. 9 *bleibt dunkel (*frouue mir ginádô?*), str.* 10 *enthielt ein lob der angerufenen heiligen* (Laus tua) *und etwa eine abermalige bitte um erhörung zum schluss. dass diese heilige wirklich eine* **märtyrin sein** *müsse, möchte ich nicht bestimmt be-*

*haupten. nur von Maria war wohl nicht die rede. die heilige 'herscht' im himmel,
weil sie gekrönt ist (vgl. Carelm. XIX, 55). wenn die unmafsgebliche phantasie-er-
gänzung die ich wagte nur entfernt zutrifft, so hätten wir das gebet eines from-
men mannes vor uns, der sich zu seiner schutzheiligen in der form eines liebesliedes
erhebt. ob 3 miner minno zu lesen und auch 5 das wort* minno *vorkomme (welches
letztere sich indes auf liebe zu gott beziehen kann) mag dahingestellt bleiben. was
die mundart der deutschen teile betrifft, so erhellt nicht, ob* t *verschoben war. im
übrigen zeigt sich* th *mehrfach, es zeigt sich unverschobenes* o (ic 5), *aber* uo (gröuo-
not *d. h. das erste* o *getilgt* 1) *und der dativ des pronomens zweiter person* thir
(5 *vgl.* mir 9 *zweimal?).* hummel hummelisch hummelriche *findet sich in einer aus
Fritzlar stammenden hs. (Haupts zs.* 15, 375, 422—435) *die noch mehreres verwante
darbietet, vgl. gramm.* 1³, 256 ƒ.

S.

XIX.

A *Cod. Aug.* 56, 16 *der herzogl. bibliothek zu Wolfenbüttel,* 63 *bll.* 8°. XI *jh.
bl.* 1ᵃ: Liber sanctae Mariae et sancti Liborii in Paderbornen, *ausgekratzt. bl.* 1ᵇ—
19ᵃ Epistola Alexandri M. Macedonis ad Aristotelem. 19ᵃ—45ᵇ Textus de ortu magni
Alexandri Macedonis (*nach Ebert des Aesopus Julius Valerius übersetzung des
Pseudo-Callisthenes*). 46ᵃ In vigilia s. Johannis Baptistae lectio s. evangelii secun-
dum Lucam. 46ᵃ—56ᵃ Omelia venerabilis Bedae presb. de eadem lectione. 56ᵇ—59ᵇ
Passio s. Georgii martyris, *nicht zu ende geschrieben.* 59ᵇ—63ᵃ *das vorliegende und
die* drei *folgenden gedichte.*   F A Ebert *überlieferungen zur geschichte literatur
und kunst der* vor- *und* mitwelt I, 1 (1826), 77—79.   E. du Méril *poésies populaires
latines antérieures au douzième* siècle (1843) *s.* 163—166.   CW Fröhner *in Haupts*
zeitschrift 11 (1859), 2—5.   *ohne rücksicht auf die durch grofse buchstaben in der
hs. ganz richtig angezeigte strophenabteilung.   die überschrift steht auf der letz-
ten zeile von bl.* 59ᵇ.   B *Cambridger* hs. Gg. 5. 35 *bl.* 432ᵇ.   Jaffé *in Haupts
zs.* 14, 474—76.   *die* beiden hss. *zeigen gemeinschaftliche fehler in z.* 2. 25. 30. 34.
55. 58.   1. *bl.* 60ᵃ Inclita *A.*   *caesuren habe ich nur bezeichnet, wo sie gereimt
sind* oder *wie* hier *halbzeilen* von vier (*oder fünf, s. zu* 33) *hebungen* (*den klingenden
ausgang als* zwei *hebungen gerechnet*) *sondern.   in je drei solcher zeilen lassen sich
äufserlich betrachtet auch* z. 2. 3 *und die ihnen entsprechenden zerlegen.*   2. caelo
Fröhner] celos *A,* celos B: ae *und* e *unabhängig von der hs. zu unterscheiden, habe
ich mir überall erlaubt.* 5. quid B, quis A.   15. anglico B.   21. qui cuncta
B, quęcumque A.   22. Herodes rex B.   regna A.   *nach* 22 seductorem se sua-
dente B, *wofür* Jaffé seductore sic suadente.   25. quos dux fidelis AB, verb. Du-
méril. *dass* dux *zu streichen, macht die dadurch veranlasste schablonenhafte inter-
polation von* 22 *in* B (duxit—dux, rex—regno) *wahrscheinlich und setzt der ent-
sprechende absatz* 5 *der im excurs zu behandelnden Paulussequenz* (Bartsch lat. se-
quenzen *s* 159) *aufser zweifel. vgl. zu* XXI, 13.   *nach* 25 sic doctorē (*l.* rectore
Jaffé) tunc iubente *d. h. eine mit der nach* 22 *eingeschobenen zwiefach reimende
zeile* B.   27. simplices A.   29. ture A.   30. mirra B.   tumolo AB.
domini B. *darnach in* B *eine ganze strophe:*

Tunc Herodes iussit cunctos
iugulari masculos,
quos natura produxit   binis quoque annis.

*scheinbar in dem metrum der vorangehenden und der folgenden strophe, also dreimal wiederholte melodie, was an sich nicht unerhört wäre (Bartsch s. 46. 147). aber 31 bis 33, in der zeilenabteilung des geänderten refrains wegen (s. zu 33) abweichend, stimmt mit 28—30 doch in der silbenzahl überein und die silbenzahl der in B **allein** befindlichen strophe weicht von ihren nachbaren bei aller scheinbaren metrischen übereinstimmung ab, 28 silben gegen 30. überdies, welche beziehung hätte das* Hunc 31, *wenn die strophe vorausgeht, in welcher nur Herodes und die betlehemitischen kinder vorkommen?* 31. *des eingerückten strophenanfanges bediene ich mich jetzt bei zusammengehörigen, aber in der silbenzahl oder in der versabteilung verschiedenen gesätzen. letzteres ist hier und* XXIII, 8. 9, *ersteres* XXII, 11—18 *und* 43—62 *der fall.*

A bl. 60ᵇ iohannes   33. *die erste hälfte der schlusszeilen ist von hier an, d. h. in der zweiten hälfte des gedichtes, um zwei silben verlängert. auffallend die rhythmischen eigenheiten dieser schlusszeilen in der ersten hälfte des gedichtes* 4. 7. 10. **13**. 24. 27, *worüber Bartsch s.* 153 *vorschnell urteilt: nur z.* 52 *ist die betonung* inferni *wahrscheinlich.*   34. natusque *B.*   matre *AB.*   35. demonstrans. *B*   37. mitis *B*, nutis *A*.   in vinum *B.*   39. amissum praecepit sumere praecepit *A*.   flatum *fehlt B.*   40. seva *B*, sacra *A.*   41. emendendo *A.*   surgit *B.*   42. vita ***A.***   44. *vielleicht* iubet surgere, *entsprechend* 38. 42. 50, *doch vgl. Bartsch s.* 154 *f.*   46. Puella *A.*   privata *A.*   47. restavit *B.*   48. quid *A.*   55. imponit *vor* sanctis *AB.*   56. tunc] hunc *A*, dom *B.*   57. consolare *A.*   *A bl.* 61ᵃ bissenos   58. novis *A*, nobis *B nach* loquendo: *vgl. acta ap.* 10, 46. *der zusatz nach Marc.* 16, 17.   60. incolę *A.*   61. presidens *B.*   62. postra *A.*   63. terra *B.*   componit *B.*

Die überschrift des vorliegenden gedichtes erinnert an eine zuerst in der ersten ausgabe des vorliegenden buches nach einer abschrift von prof. Hinschius, dann (ziemlich fehlerhaft **und** *willkürlich wie es scheint, nur das wort* barbaricum 6ᵇ *habe ich daraus entnommen) von p. Gall Morel lat. hymnen des mittelalters (Einsiedeln, New-York und Cincinnati* 1868) *s.* 154 *veröffentlichte sequenz, welche in dem namen ihrer melodie ebenfalls auf Karlmann weist. sie steht in der von p. Joachim Branderg eschriebenen, von Daniel thes. hymnol.* 5, 41 *ff. beschriebenen sangallischen hs.* 546 *fol. XVI jh. (*1510 *oder später) bl.* 128ᵇ. *die worte stehen unter fünfliniensystemen, worauf sich leider keine noten befinden. vgl. Daniel aao. s.* 75 *f. die erkenntnis der gliederung hat Bartsch s.* 158 *ff. gefördert. die sequenz lautet:*

De sanctissimo Paulo apostolo ac gentium doctore in commemorationem
eiusdem sequencia.   Liddy (*l.* Lidii) Karlomannici.

1   Concurrite huc, populi et insule,
2ᵃ   Mentibus ut promptulis   magistro gentium assistatis,   laudibus hunc super ethera elevantes.
2ᵇ   Hic lupus licet servorum   ovile domini turbaverit,   micior agnelli vellere induitur.

3ᵃ Et qui nunc (*l.* tunc) sub umbra prisce legis, velamine Mosáico obsitus, demoni se prebuit hospitium,
3ᵇ Ecce nunc, celesti illustratus ex iubare, pneumático agio nitidum vas exhibet et électum.
4 Nec mora, ubi Christum *vidit* indignantem, quod sibi presumpsisset contra calcitrare, se protinus coaptavit ad eius opus.
5ᵃ Iamque baptizatus atque spiritalis unctióne charismatis refectus, plébi iustorum iungitur.
5ᵇ Et qui paulo ante castra christiana persecútor invaserat, pro isdem dimicans signa corripit.
6ᵃ Et primo congressu rabiem iudaicam in Damasco confuderat acri bello.
6ᵇ Exinde collectis viribus arabicam experiri profectus est barbariem.
7ᵃ Denique iste belliger eximius Asiam et Libiam indomitam monarcho primati tributárias esse fecit,
7ᵇ Noctibus tam indefessus ut diebus, ad solam summi imperátoris laudem arte et virtute palme gloriam assistere (*l.* asciscere).
8ᵃ Hic Cilicos et Achaicos Rodios Iconiam Thesalónicam Ponthum Galaciamque vicit,
8ᵇ Emáthios Tróas Ephesios Atticos Corinthicos Pamphilicos Cretas Traces et Illiricos.
9ᵃ His pro súdoribus sic cum coronavit dominus,
9ᵇ Ut archana celi prius intraret quam obierit.
10ᵃ Post longos in membris mundi conflictus caput ipsum Romam in impetu mentis adit.
10ᵇ Hanc tanto propulsaverat triumpho, mole ut vincendi ipse quóque **oppeteret.**
11ᵃ Quem verus tantas sibimet rex ferentem videns laureas,
11ᵇ Simoni ducum principi mox coequatus (*l.* coequat) in arce poli.
12ᵃ Nunc preces fúndite sedulas, qui gracia vos Christi nostis indignos, quia Paulus hic magnus est apud deum,
12ᵇ Ut preces dándo continuas magnús ille nos in paradisiacis in que raptus est collocet secum locis.
13ᵃ Nos igitur supplices in hac die nec non omni tempore, ó Paule, cúm Christo refice,
13ᵇ Ut studium fidei legitimum haud lapsis permeantes cursibus coronam reportemus.

bekanntlich hat uns auch Ekkehard IV (*casus s. Galli c.* 9 *MG. SS.* 2, 118) *von einem lidius Charromannicus* (lidius *d. h. aus der lydischen kirchentonart gehend, über* **Charroman** *für Charloman s. vArx zu der stelle*) *nachricht gegeben. die falsche meinung, sagt er, man brauche im lateinischen keine andre als die deutsche wortstellung zu befolgen, habe Ekkehard* I *noch in seinem Waltharius manu fortis irregeführt: sed postea non sic, ut in lidio Charromannico* 'mole ut vincendi. Ipse quoque opponam.' *diese worte stimmen bis auf das letzte genau mit absatz* 10ᵇ *der Paulussequenz: vermutlich haben wir also in dieser den lidius Charromannicus des Ekkehard* I *vor uns, und Ekkehard* IV *citiert ungenau nach dem gedächtnis: denn dass mit diesen worten das gedicht Ekkehards* I *beginne, wie Lachmann* (*über die leiche s.* 430) *und andere annehmen, folgt nicht aus Ekkehards* IV *worten. es kann* nun kein zweifel obwalten, dass der modus qui et Carelmanninc, die sequenz luelito, jünger als die Paulussequenz Ekkehards I (gestorben 973) ist. der text des modus scheint ungefähr in das zweite oder dritte jahrzehend des XI jh. zu gehören; denn die frühesten datierbaren sequenzen, in denen sich das eindringen des reimes zeigt, sind die auf den tod erzbischof Heriberts von Köln (1021: das gedicht ist aber wenigstens nicht unmittelbar darnach entstanden, vgl. z. 115f. bei Fröhner zs. 11, 10) und die zwei (JGrimm lat. ged. s. 333—335, Fröhner zs. 11, 10—12) auf den tod Heinrichs II (1024). aber auch seine rhythmische form wird nicht viel älter sein: den zeilen 56—59. 60—63 und ebenso den z. 34—37. 38—41. 42—45. 46—49 kann im gegensatze zur ursprünglichen sequenzenform (vgl. den excurs zur Samariterin) der character von eigentlichen strophen nicht abgesprochen werden. auch sind die hier, wie im modus Liebinc und modus Ottinc, auftretenden, auf eine ganze zeile oder mehr sich ausdehnenden musikalischen refrains doch etwas ganz anderes, als die anfangs üblichen in allen absätzen gleichen oder ähnlichen schlusscadenzen (Wolf über die lais s. 140). vergleicht man nun das jüngere gedicht mit dem älteren, so zeigt sich die silbenzahl der strophen oder absätze mehrfach gleich, ohne dass rhythmus oder zeilenabtheilung übereinstimmeen. so gleich der eingang: luclitó coelórum láus sit digna déo neben Concúrrité huc pópuli et ínsulác. man sieht, dieselbe notenreiche welche Ekkehard iambisch behandelt ist von dem jüngeren dichter mechanisch in trochaeen gebracht, ja er hat sogar die gliederung in zwei halbzeilen mit der betonung luclitó coelórum | láus sit digna déo hineingetragen und so aus sechs tacten acht gemacht. dasselbe verhältnis wiederholt sich nun mehrfach, s. Bartsch aao. diese mechanische abhängigkeit von der silbenzahl zeigt aber dass der verfasser unserer sequenz luelito nur nach der Paulussequenz arbeitete. wenn particnweise die übereinstimmung gänzlich aufhört, so spricht das nicht notwendig dagegen. die entlehnung solcher melodien mochte freie umgestaltung, ja grofse zusätze nicht ausschliefsen, und selbst die variation gegebener tonfolgen gewährt, wie sich unten zeigen wird, ziemlich weiten spielraum. (über eine dritte sehr unsichere spur derselben melodie s. Fröhner in Haupts zs. 11, 29; Bartsch s. 162.) wir finden uns also auf Ekkehards gedicht zurückgewiesen, was schon die überschrift andeutet. 'modus Carelmannine, von einem Carelmann erfundene form lateinischer sequenzen' erklärt Wackernagel hdwb. s. 155ª, indem er das überlieferte qui et nicht berücksichtigt. was besagt aber eine form lateinischer sequenzen (melodie) die auch von einem Carelmann erfunden ist? Wackernagel hat offenbar das suffix ing zu strict auf die abstammung, das grundwort auf den urheber bezogen. Carelmannine bedeutet hier offenbar nichts anderes als Charromannicus in SGallen, und nichts hindert uns, gerade wie beim modus Ottinc und Liebinc nicht sowohl an einen dichter als an einen helden Karlmann zu denken, der zuerst in jener melodie besungen wurde, welche Ekkehard seiner Paulussequenz zum grunde legte. wer war dieser Karlmann? Karls des grofsen bruder steht wohl der zeit nach zu fern, und die bekannte stelle des poeta Saxo 5, 117—120 (MG. SS. 1, 268. 269) darf man also nicht herbeiziehen. näher liegt der sohn Ludwigs des deutschen der seit 876 könig über Baiern und die östlichen marken, seit 877 auch über Italien war und 880 starb. wurde etwa seine empörung gegen den vater besungen, sein entweichen aus der Regensburger haft bei gelegenheit einer jagdpartie 864 oder die versöhnung die ein sehr gutes verhältnis herstellte 865? (Dümmler ostfränkisches reich 1, 528. 559) oder wurde die dichterische phantasie durch den raschen glorreichen zug nach Italien gegen seinen oheim Karl den kahlen beflügelt? eben hatte der westfränkische herscher das deutsche nationalgefühl gegen sich erregt und in der schlacht von Andernach eine harte lehre empfangen (8 october 876). aber seine ungemessene phantasterei zog ihn nach Italien, mit grofsem glanz wurde die bestätigung seiner kaiserwürde in scene gesetzt, in Pavia war er mit dem papst zusammen, als plötzlich Karlmann mit einem heere in der Lombardei steht, um sich Italien zu erstreiten. Karl wird von seinen vassallen im stich gelassen; wie in jener schlacht am Rhein so muss er auch hier wieder sein heil in der flucht suchen, fiebernd wird er über den mont Cenis geschafft, in einer elenden hütte stirbt **er unterwegs** 6 october 877 (Dümmler 2, 34—55). dieser 'erste erfolgreiche zug ei**nes** deutschen königs nach Italien' (Dümmler 2, 68) und der sieger der ihn führte mochte wohl zu poetischer verherlichung auffordern, wenn das unternehmen auch in not und pestilenz und tod des helden auslief. genug aber, wir haben gesehen dass das leben Karlmanns sehr wohl passenden stoff bot für ein gedicht. dürfen wir nun auf die form dieses gedichtes ohne weiteres aus der Paulussequenz schliefsen? der gebrauch der sequenzenform zur behandlung weltlicher stoffe lässt sich überhaupt vor der ottonischen zeit nicht nachweisen und ist an sich sehr unwahrscheinlich kaum 30—40 jahre nach erfindung derselben, als sie über das kloster SGallen schwerlich schon hinausgedrungen war: denn erst zwischen 881 und 887 (im jahre 885 nach Dümmler sangall. denkm. s. 259) widmete Notker Balbulus sein sequentiar dem erzkaplan Liutward von Vercelli. wir müsten also, wenn es ein lateinisches gedicht war, die hymnenform voraussetzen. aber sollte Ekkehard aus einer und derselben melodie die sich strophisch wiederholte, seine dreizehn verschiedenen gebildet haben? wir werden wohl auf ein deutsches gedicht in ungleichen strophen, ähnlich dem ungefähr gleichzeitigen Ludwigsliede, schliefsen dürfen. jede melodie zu einem deutschen gedichte muste durch die freiheit der rhythmischen bewegung ihres textes eine grofse mannigfaltigkeit in sich besitzen, und daraus liefs sich durch variation leicht eine gröfsere anzahl zwar ähnlicher, aber doch verschiedener melodien gewinnen. Ekkehard bewegt sich scheinbar sehr ungebunden: wir finden iamben, trochaeen und dactylen, welche in den correspondierenden absätzen fest stehen und, oft mit verletzung des wortaccentes, durchgeführt werden; in anderen fällen treten dactylen für trochaeen ein und umgekehrt, der auftact darf fehlen, zweisilbiger schluss mit dreisilbigem wechseln. trotzdem ist die silbenzahl solcher correspondierender absätze in der regel gleich und variiert höchstens um eine silbe; Ekkehards verfahren gegenüber dem deutschen gedicht wird ein ähnliches gewesen sein, wie das des verfassers der sequenz Inclite gegenüber dem lidius Charromannicus. nun finden wir bei ihm folgende silbenzahlen: 12 im absatz 1, 16 in **9**, **17** in 11; 25 in 6 und 10, 27 oder 28 in 13, 30 in 8, 30 oder 31 in 2, 31 in 5, 32 in 3, 33 in 12; 38 oder 39 in 7, etwa 39 auch in dem dunklen absatz 4. diese lassen sich auf drei grundformen zurückführen, wovon die erste zwischen 12 und 17, die zweite zwischen 25 und 33 silben variierte, die dritte nahe an 40 heranreichte. der alleinstehende abschnitt 4 (worüber Bartsch s. 159 zu vergleichen) erinnert am bestimmtesten an deutschen rhythmus. schliefst man aus der letzten zeile auf einen zu grunde liegenden rhythmus sc prótinùs coáptàvit ad éius ópùs, so kommt man auf eine strophe von drei langzeilen. ungefähr würde die erste grundform der einfachen langzeile, die zweite der otfridischen strophe, die dritte einer strophe von drei langzeilen entsprechen. wir hätten uns demnach wohl ein gedicht vorzustellen, worin zweizeilige und dreizeilige strophen wechselten und zwei oder drei oder mehr (vgl. excurs zum Ludwigslied) melodien *verwendet wurden.* Ekkehard konnte ebensowohl die melodie einer einzelnen langzeile herausnehmen wie etwa die langzeilen verschiedener melodien mit einander combinieren. die möglichkeit der variation aber, die ihm zu gebote stand, lässt sich am besten an den schlusscadenzen in vorhandenen melodien anschaulich machen. ich wähle zwei dem Notker Balbulus zugeschriebene: Dies sanctificatus nr. 5 in Schubigers exempla und Trinitas nr. 8 bei Schubiger. in der ersteren stellen sich die *schlusscadenzen in folgenden* verschiedenen gestalten dar:

```
c̄ h a a g a a
c̄ h a   g a a
c̄   a   g a a
```

in der zweiten ist die variabilität eine viel gröfsere, indem geradezu erweiterung stattfindet:

```
c̄       a g f g g
c̄ h     a g f g g
f a c̄ h   a g f g g
f a c̄ h a b g f g g
```

und aus der vorletzten schlusscadenz ist der ganze letzte absatz in dieser weise gebildet: f f a c̄ h c̄ a g f g g f a a g.

S.

XX.

A *Wolfenbüttler Cod. Aug.* 56, 16 bl. 61ᵃ. 61ᵇ.   *FA Ebert aao. s.* 79.   *Duméril s.* 276—278.   *CW Fröhner s.* 5. 6.   B *Cambridger hs. Gg.* 5. 35. *bl.* 436ᵃ.   *Jaffé s.* 471. 472   2. commendatam *A*.   2. mododulos *B*.   4. **fera** *B*.
8. *es fehlt wohl ein zweisilbiges wort; dann zählen die schlusszeilen der abschnitte alle gleich viel silben und können als musikalische refrains angesehen werden. die wortbetonung hier wie im Carolmannine oft verletzt, so dass man z.b. z.* 12 praedicitur, filiam **leson muss.** *aber schwerlich z.* 1—3 *dreimal hinter einander* mendosám quam, puerúlus, quó módulos *an derselben stelle des verses. ob die betonung* puerulis commentátam *oder* puerúlis commentátam *anzunehmen sei, würde rein metrisch betrachtet hier wie in vielen fällen zweifelhaft bleiben. man würde etwa je nach der gröfseren oder geringeren schwere oder der syntaktischen zugehörigkeit der entscheidenden silbe von einer caesur oder von einem daktylus sprechen. die sache erklärt sich leicht, wenn man weifs dass die alten mensuralisten den daktylus, d. h.* longa brevis brevis, *nicht anders mafsen als:* 3 tempora, 1 tempus, 2 tempora. *so hat auch Brücke* physiol. grundlagen der nhd. verskunst s. 52 *beobachtet, dass die zweite kürze des daktylus eine neigung habe sich auf kosten der ersten zu verlängern, vgl. Hartel* homerische studien 1, 440, *und* M*Hauptmann* harmonik und metrik s. 325. 350 *notiert den daktylus:* punctierte achtel, sechzehntel, achtel. *was über vorliegende z.* 1—3 *die weise bemerkung Germ.* 9, 59 *anlangt, dass der daktylus einen trochaeus vertrete und daher die 10 silben nicht herauskämen, so vgl. den excurs zu* XIX *über die Paulussequenz Ekkehards* I.   obponit *B*.   10. adeo *AB*.   12. vielleicht praedicatur, *um die verletzung der wortbetonung nicht zu häufen.*   16. cum *B*.   venatus *A*.

17. lepusculum interferam *A.* 20. caput *B* hier und 22. cedo *A*, cruda *B.* 23. laesa *AB*, verb. *Damèril.* das ohr braucht nicht verletzt zu sein um eine öffnung zu bekommen, bei der honig ausfliefsen kann. welchen sinn hätte also die hervorhebung eines solchen umstandes? lesa aure *B.* 26. bisarum *A.* 29. summa *B.* 31—34. in éine strophe zusammengefasst *B.* 31. te firmat *B*, confirmat *A.* 34. falsa gener regius est arte factus *B* gegen die zu z. 8 gemachte **beobachtung.** über das zugesetzte falsa s. zu XXI, 47.

Der modus florum ist das älteste jener bekannten und verbreiteten lügenmärchen über welche W Grimm KHM. 3, 408, *Uhland* 3, 223*ff. gesprochen hat. dieselbe einkleidung zeigt ein märchen aus dem Münsterischen KHM.* 3, 193*f. in den schleswigholstein. sagen nr.* 209 *rettet sich ein spitzbube durch lügen vom tode: die anerkennung der lüge wird dem amtmanne, wie hier dem könige, durch eine beleidigung entlockt. die erwähnung einer urkunde oder eines zettels welcher diese beleidigung enthält und dessen seltsamer fundort kommt auch in Wuks serbischen märchen nr.* 44 (*KHM.* 3, 336—338) *und in Schleichers litauischen märchen s.* 37. 38 *vor, nur dass den hasen ein fuchs oder ein hund vertritt. der modus florum kann also für die erwähnten züge die quelle repraesentieren,* **wie er** *denn alle verwanten erzählungen an innerer folgerichtigkeit übertrifft. er fällt, nach seiner reimlosigkeit zu schliefsen, spätestens in den anfang des* **XI** *jh. und vor den modus qui et Carelmannine. mit diesem stimmt er aber darin überein, dass wort- und versaccent nicht zusammenfallen. wie dort ergibt sich die regel des baues aus der betrachtung der silbenzahl der* **verse, und zwar besteht der** *modus aus* 4×10, 4×8, 8. 10. 8. 10, 3×6. 4×8. 10, 2×6. 7×8. 10, 10, 10, 8. 10 *silben. die melodie wiederholte sich wie es scheint nur in z.* 31. 32, *so dass die pointe der erzählung des Schwaben und der entscheidende ausruf des königs durch die musik parallelisiert wurden. was Bartsch lat. sequenzen s.* 145*f. vorbringt, ist blofs geraten ohne alle anhaltspunete. das wesentliche der form (die sich ähnlich im Lantfrid und Cobbo* XXIII *wiederfindet), die abwesenheit eines durchgehenden parallelismus, gestattet sich schon Notker Balbulus in kurzen sequenzmelodien wie* In te domine speravi, Qui timent, Exultate deo, Confitemini (*Schubiger sängerschule SGallens, exempla nr.* 17—19. 22). *ich glaube, dass diese freieren sequenzen in gewisser weise das vorbild abgaben für die deutschen unstrophischen gedichte. in dem ältesten stücke dieser art 'himmel und hölle' in welchem auch die reimlosigkeit auf nachahmung der sequenz beruhen kann, findet sich eine gewisse regelmäfsigkeit des baues und die abwesenheit jeder gliederung dicht neben einander: diese im zweiten, jene im ersten teile, dessen abschnitte nach der reihe aus* 12. 14, 8. 6. 4. 6. 8, 10. 2, 10. 18. 10, 5. 2 *zeilen bestehen. in den nächstältesten gedichten ist der länge der abschnitte stets einige beschränkung auferlegt: so zählt im Anno nur éiner (z.* 809—836) *mehr als* 13 *reimpaare. es wäre übrigens zu erwägen, ob nicht die sieben ersten strophen des Annoliedes von* 18. 18 (*z.* 9. 10 = 25 *c. d Bezzenb. sind zu streichen).* 22. 14. 22. 12. 12 *zeilen zu vier bis sechs hebungen ein abgeschlossenes, vielleicht dem chorgesange bestimmtes ganzes bildeten, woran das übrige gedicht sich als vortrag eines einzelnen schliefsen mochte. in ähnlicher weise, aber nicht zu gleichem zwecke, geht der übrigens unstrophischen und aus regelmäfsigen, viermal gehobenen zeilen bestehenden Exodus eine einleitung von drei, in der*

Milstater hs. auch äuſserlich durch ein darauf folgendes Amen *abgetrennten strophen
zu* 10. 10. 14 *zeilen voraus (vgl. die* 14 *zeilige strophe am schluss), wovon z.* 1. 2 *der
zweiten und dritten strophe je* 5 *hebungen zählen. auch die alte Wiener Genesis und
wohl noch manches gedicht des frühen* XII *jh. gliedert sich in kurze abschnitte, die
in den hss. sorgfältig angegeben werden und nicht auf zufall beruhen können. die
fortlaufenden reimpaare der höfischen poesie haben hier ihren ursprung:* **das ma-
chen schon die drei reime am** *schlusse der absätze wahrscheinlich, welche* **Wirnt** *von
Gravenberg* **aus der geistlichen** *poesie des* XII *jh. in die höfische einführte (*deutsche
studien 1, 338*). sie* **scheinen sich schon in der alten Genesis** *z.* 3611. 3620. 3661.
3746 Maſsm. *zu finden und können nicht* **auf dem boden der deutschen metrik selb-
ständig erwachsen sein. bemerkenswert** *dass es gerade auch zwei erzählende la-
teinische gedichte sind, an welche wir hier anknüpfen dürfen.* **die verlängerten**
*schlusszeilen der abschnitte die noch einen andern ursprung haben können (s. excurs
zum* S*Gallusliede* XII*) sind im modus florum ebenfalls vorgebildet. man darf da-
her auch die übermäſsig langen zeilen innerhalb der abschnitte nicht ohne weiteres
der unwissenheit der verfasser oder gar einer angeblichen reimprosa zurechnen, da
die freiheiten der lateinischen sequenz auf die in rede stehenden gedichte ebensowohl
übertragen werden möchten wie auf die von der form der summa theologiae. für
die möglichkeit der reimprosa als dichterischer form schien mir die erzählung 'de
Proterii filia' bei Jaffé Cambridger lieder nr.* 10 *der erste beweis (vgl. Bartsch s.*
144*), bis ich merkte dass die absätze paarweise nahezu gleiche silbenzahl haben. das
wesen der reimprosa kann man vielleicht am besten und bequemsten an des Honorius
von Autun speculum ecclesiae studieren. sie steht weit ab von den deutschen gedich-
ten, welche Wackernagel darauf zurückführen wollte und in denen das grundmaſs
von vier hebungen überall durchzuerkennen ist. vgl. zu dem hier gesagten noch die
excurse zu* XXIII *und zu* XXXIV.

XXI

A *Wolfenbüttler cod. Aug.* 56, 16 *bl.* 61[b]. 62[a]. *FAEbert s.* 80. 81. *Lachmann
im rhein. mus. f. philol.* 1829 *s.* 431. B *Cambridger hs. Gg.* 5. 35 *bl.* 435[b]. 436[a].
Pertz archiv 7, 1002: *nur die erste strophe. Jaffé s.* 472—474. 1. *die cae-
suren habe ich nur z.* 31—46 *bezeichnet. wenn man es, wie hr. Bartsch Germ.* 9, 59
*befiehlt, auch 'in den schlusszeilen jeder strophe nach der achten silbe' tut, so kommt
man z.* 23 *damit glücklich mitten in das wort* extrema. *so sorgfältig werden* **die**
bemerkungen überlegt mit denen man uns meistern will. 2. 3. *der rhythmus
beider zeilen kehrt am ende jeder strophe wieder.* 3. Suevum B. defraudarat
B. 7. tristi B. *Jaffé schlägt* tristis *vor.* 8. subito orta *AB, ersteres von Haupt
altd. bll.* 1, 395 *ausgeschieden.* 10. exulem *A,* equora *B.* 11. littore *B.*
nothus *AB.* 12. Nam (*l.* Cum *Jaffé*) interim domi vacaret coniuax *B.* 13. mi-
mi aderant iuvenes sequuutur *B nur um die silbengleichheit mit der metrisch ent-
sprechenden durch das interpolierte* subito *zu lang gewordenen zeile* 8 *herzustellen.
aber was soll die anwesenheit der* mimi, *wenn es doch nur auf die* iuvenes *ankommt?
es liegt vielmehr in der art aller spielmannsgedichte, den fahrenden eine wichtige rolle*

in dem verlauf der geschichte selbst zuzuteilen, und vollends die lebemänner sind gerne als spielleute hingestellt. 16. iusto *A*, isto *B*. 19. coniunx *B*. 23. patiaris *B*. 25. in omnia *B*. 26. inquit *A*, ait *B*. 29. unde *A*, de quo *B*. 30. *darnach in B eine den beiden vorhergehenden metrisch gleiche, von Jaffé nicht richtig dargestellte strophe:*

> 'Nam languens amore tuo
> consurrexi diluculo
> perrexique pedes nuda
> per nives et frigora
> atque maria rimabar **mesta,**
> **si forte ventivola**
> vela cernerem aut frontem navis conspicerem.'

nur in **der vierten zeile** *eine kleine rhythmische abweichung. diese nachträgliche motivierung für ihren gang in die Alpen verstößt nicht bloß gegen eine vernünftige oekonomie der erzählung, sondern auch die dreizahl gleicher strophen gegen die regel wenigstens dieser sequenzen, welche B freilich auch* XIX, 30 *verletzt.* 31. et *A*, aut *B*. 32. instauravit *B*. 33. quassa *B. vgl. Hor. carm.* 1, 1, 17 mox reficit ratis quassas. 34. alligat *A*, colligit *B*. 36. arrabone *B*, arra bona *A*, *letzteres aus* pone *corr.* 38. infante *B*. 40. coniunx *B*. 44. vados ad *A*. egit *A*, eger *B*. 45, 46. et nos omnes sol graviter torquens; at ille tuus natus liquefecit *B*. 47. perfidus *B. vgl. zu* XX, 34. *während die ursprünglichen texte sehr wohl in dem vaterlande der sequenz entstanden sein und sich darin die Schwaben mit ihrer eigenen list und schlauheit brüsten könnten, trägt der überarbeiter von B den bösen leumund in die gedichte hinein, welchen der alemannische stamm bei den übrigen Deutschen zu jener zeit genoss: Anselmi gesta episc. Leod. c.* 26 MG. SS. 7, 204 illum perfidiae accusat et fraudis Alemannicae; *Ruperti chron. s. Laurentii Leod.* c. 9 *MG. SS.* 8, 265 de pessima gente Alamannorum qui semper infidi et instabiles mente fuerunt: *beidemal und bei derselben gelegenheit* **gegen bischof Notker von Lüttich gesagt, von dem es bei Anselm c.** 25 p. 203 *heißt* genere **quidem Alamanus, sed admodum omni morum elegantia** insignitus; *Reinardus* 3, 734 si non reddidero sumtis **aequalia saltem, perfidior Suevo iudicer** atque Geta; *AGartneri proverb. dicteria bei Mone anzeiger* 7 (1838), 507 Suevia promissa percepto munere frangit; *EMartin bemerkungen zur Kudrun s.* 15 *führt an ThPlatter s.* 54 *ein untrüwer Schwab. über den sonstigen leumund der Schwaben WackernagelHaupts zs.* 6, 258 *ff. über ihre rolle im schwank Uhland* 7, 616 *ff. Schnorr von Carolsfeld zur geschichte des deutschen meistergesangs s.* 19 *f.*

Sextus Amarcius der in der zweiten hälfte des XI *jh. dichtete lässt einen spielmann* (iocator) *vor einem vornehmen herren unter anderem* ut simili argutus uxorem Suevulus arte luserit, *also das vorliegende gedicht singen. vgl. Haupt in den monatsberichten der Berliner academie* 1854 *s.* 163 *f. über die fabel desselben geben* JGrimm myth.[1] 305* (*vgl.* myth.[2] 528. 855**), *vdHagen gesamtabenteuer* 2, LIII—LV, HKurz zu Burkard Waldis 1, 71 *nachweisungen. vgl. Uhland* 3, 220. 321 *f. von den beiden altdeutschen gedichten geht das der grundlage nach ältere bei Lassberg liedersaal* 3, 513, Hagen 3, 726 *ohne zweifel auf das vorliegende lateinische zurück; das jüngere dagegen* (Haupts zs. 7, 377, Hagen 2, 383) *hatte wohl nur jenes deutsche vor augen und veränderte die pointe. beide teilen mit dem fabliau bei Barbazan-Méon* 3, 216 *und mit*

der interpolation in B zu 30 das motiv, dass die frau sehnsucht nach dem manne
vorgibt. was die bezeichnung modus Liebinc anlangt, so ist gewis dass man nicht
mit hrn. Duméril 'chanson de l'Amour' erklären darf, sondern an den personennamen Liebo anknüpfen muss. ob aber Liebo der held des gedichtes war, zu welchem
die melodie ursprünglich gehörte, oder der erfinder dieser melodie oder endlich derjenige, dem zu ehren, in dessen dienste sie erfunden worden, ist aus der überschrift
selbst nicht zu entnehmen. Wackernagel altd. hdwb. 180ᵇ nimmt auch hier ohne
bedenken das zweite an; allein schon die analogie des modus Ottine spricht für das
erste, und es lässt sich dafür noch eine andere und festere stütze gewinnen. die bekannte erzählung von Ottos II entkommen nach der schlacht des 13 juli 982 hat bei
Thietmar 3, 12 (MG. SS. 3, 765. 766) folgende fassung. Imperator [autem cum
Ottone prefato caeterisque] effugiens ad mare venit vidensque a longe navim salandriam nomine Calonimi equo Iudei ad eam properavit. sed ea praeteriens suscipere
hunc recusavit. ille autem littoris presidia petens invenit adhuc Iudeum stantem
seniorisque dilecti eventum sollicite expectantem. cumque hostes adventare conspiceret, quid umquam fieret de se, tristis hunc interrogans et habere se amicum
apud eos, cuius auxilium speraret, animadvertens, iterum equo comite in mare prosiliens, ad alteram que sequebatur tendit salandriam et ab Heinrico solum milite ³¹³
eius, qui szlavonice Zolunta vocatur, agnitus intromittitur et in lecto senioris eiusdem navis positus, tandem ab ipso etiam cognitus, si inperator esset, interrogatur.
qui cum hoc diu dissimulare studuisset, tandem professus 'ego sum' inquit 'qui peccatis meis id promerentibus ad hanc veni miseriam. sed quid nobis sit modo communiter faciendum, diligenter accipite. optimos ex meo nunc perdidi miser imperio
et propter hunc doloris stimulum neque terras intrare nec horum amicos umquam
possum vel cupio videre. eamus tantum ad urbem Rossan, ubi mea coniunx meum
prestolatur adventum, omnemque pecuniam quam teneo ineffabilem cum eadem su
mentes visitemus imperatorem vestrum, fratrem scilicet meum, certum ut spero
meis necessitatibus amicum.' his dulcibus colloquiis provisor navis delectatus consensit et perdius ac pernox ad condictum pertingere locum properavit. quo cum
propiarent, binomius ille iussu imperatoris premissus, inperatricem et qui cum ea
erat Thiedricum presulem [supramemoratum] cum somariis plurimis quasi pecunia
sarcinatis vocavit. Greci autem primo ut imperatricem cum tantis de urbe prefata
muneribus exire viderunt, anchoram ponentes
          Thiedricum antistitem cum paucis intromittunt.
sed imperator rogatu presulis vilia deponens vestimenta et inducns meliora, viribus
suis et arte natandi confisus, ut stetit in prora, mare velociter insiluit. quem cum
quidam ex circumstantibus Grecis apprehensa veste detinere presumeret, perfossus
gladio Liupponis egregii militis retrorsum cecidit. fugierunt hii in alteram
partem navis, nostri autem quibus huc veniebant puppibus incolumes cesarem sequebantur, eos littoris securitatem prestolantem premiaque promissa magnis muneribus Danais implere cupientem. hii vero multum perterriti promissionibusque
diffidentes abierunt patrios repetentes fines:
          quique dolo omnes semper vicerant naciones
          simili se tunc delusos arte sentiebant.
[Quanta autem laeticia a prescentibus posteaque venientibus imperator susceptus sit,
explicare non valeo.] ebenso alt oder älter als Thietmars erzählung (A) sind die
berichte des Iohannes in chronicon Venetum MG. SS. 7, 27 (B) und des Alpertus

de episcopis Mettensibus SS. 4, 698 (*C*). *aber die angaben von A enthalten keine erweisliche willkür — denn dass es eine absichtliche erfindung sei 'dass ein Slawe und ein Jude den kaiser gerettet haben sollten, den die Deutschen und Italiener in der schlacht verlassen hatten'* (*jahrbücher Ottos* II s. 169) *hält Giesebrecht jetzt selbst nicht mehr aufrecht, vgl. d. kaiserzeit s.* 595. 831 — *haben vor B und C einige einzelheiten voraus die auf genauerer kenntniss beruhen müssen und werden in allen übrigen zügen, mit ausnahme eines einzigen, entweder von B oder von C bestätigt. es treten nemlich anstatt des* Liuppo *in C* Liupo *und* Richizo, *in B zwei ungenannte diener auf. die anderen abweichungen von A gehen in B auf die unwillkürliche umbildung der sage, in C gröstenteils auf die ausschmückende und übertreibende willkür des erzählers oder seiner nächsten quelle zurück: die genannte differenz jedoch kann keinem der angeführten einflüsse, sondern nur echter überlieferung zugeschrieben werden. dagegen liegt vor augen, was A veranlassen mochte, den Richizo wegzulassen: es war die ökonomie des gedichtes, das, wie jeder aufmerksame leser fühlen wird und auch Giesebrecht* (*jahrb.* s. 197) *nicht ganz entgangen ist, dem berichte Thietmars zu grunde liegt, und dessen verfasser bald nach dem ereignisse und in gut unterrichteten dem hofe nahestehenden kreisen oder am hofe selbst gedichtet haben muss. der schluss seiner erzählung aber erinnert, wenn man wie am anfange das als Thietmars zusatz erkennbare weglässt, unverkennbar an den schluss unseres modus Liebinc, und wenigstens zweimal, um nur das sichere hervorzuheben, ist auch der rhythmus der strophenschlüsse desselben nicht zu überhören. ohne zweifel liegt uns also in der ausgezogenen stelle der inhalt des ursprünglichen modus Liebinc vor. freilich ist darin Otto* II *die hauptperson; aber da es bereits einen modus Ottinc gab, so konnte das gedicht sehr wohl nach einer nebenperson benannt werden, die in dem entscheidenden augenblicke in die handlung eingreift und vor Kalonymus und Heinrich - Zolunta den vorzug besitzt christ Deutscher und von adel zu sein: nach dem* egregius miles Liuppo. *zu* Liubo Liebo *verhält sich* **Liuppo** *wie* knappe rappe *zu* knabe rabe. *die möglichkeit den modus Liebinc von einem gesang auf die heilige Lioba abzuleiten* (*Uhland* 3, 322), *wird neben dem vorstehenden vgl. nicht mehr in betracht kommen.*

S.

XXII.

A *Wolfenbüttler cod. Aug.* 56, 16 *bl.* 62ᵃ—63ᵃ. *von z.* 6 *an scheint eine andere jüngere hand geschrieben zu haben. die erste setzte neumen über ihren text.* F*A*Ebert (1826) *s.* 81. 82.   FL*v*Soltau *deutsche historische volkslieder* (1836) *s.* 22. 24.   B *Cambridger hs. Gg.* 5. 35 *bl.* 434ᵇ. 435ᵃ.   JGEccard *veterum monumentorum quaternio* (1720) *s.* 54 *mit der selbstgemachten überschrift* 'In Ottones I. II. III. Impp.', *berichtigt aus einer abschrift Wrights von Haupt in den altd. bll.* 1 (1836), 395. *neu verglichen von Jaffé s.* 451.   *nach beiden hss. Lachmann im rhein.* mus. f. philologie 3 (1829), 432*f.*   3. Otdinc *B.*   4. 5. *bilden eigentlich nur* eine *zeile und den musikalischen refrain des ganzen gedichtes.*   4. somno membra *dum B.*   5. palatio *A.*   6. A *bl.* 62ᵇ Stant   tremunt *A,* regis *B.*   8. factum *B.*   9. salauinificant *A.*   13. dum *A,* tunc *B.*   18. patres *B.*   19. Equis *A,* Hecquis *B.*   20. partis *B.*   21. *nur einmal* diu *B.*   22. tardus *B.*   frustra *fehlt A.*   25. hostibus *fehlt B.*   26. Cuonrad *B. das längezeichen steht in A. über*

die accentuation Lachmann ahd. betonung s. 259.   27. forcier *A*.   28. milis *A*.
30. induit *B*.   31. ipse °go *A*.   34. uncant *B*.   35. cantus tubis *B*.   37.
Teutones *B*.   41. liquus *A*, litus *B*.   42. *A bl*. 63ᵃ danubio   47. obdormiunt *B*.
49. imperavit multis annis *B*.   50. iustis *B*.   52. *W Giesebrecht jahrb. Ottos* II
s. 107 *vergleicht ein ähnliches wenig jüngeres urteil in Brunos vita Adalperti* (c.
1004) *MG. SS.* 4, 599: prope semper perdidit, ubi proelium **coepit.   extra Theu-
tonum consuetudinem, pugnantibus eis, secutum est omne infortunium.   55. fortis:
t *aus* f *corr. A*.   ita *fehlt B*.   56. 57. *das gesagte bezieht sich wohl auf die Polen
deren herzog Mieczislaw sich* 986 *Otto* III *unterwarf und sein treuer bundesgenosse
gegen Böhmen und Wenden blieb. zwischen* 986 *und* 996 *ist also das gedicht ver-
fasst: denn, wie Lachmann aao. s.* 431 *bemerkte, Otto* III *dessen kaiserkrönung am*
21. *mai* 996 *stattfand wird nicht kaiser genannt.*   60. intríumphos *A*, inter trium-
phum *B*.   bello *B*.   62. pater pauperum *B*.   63—68. *trotz der wohlfeilen bemer-
kung von Fröhner zs.* 11, 19 *und Bartsch lat. sequenzen s.* 150 *bleibe ich bei der
Lachmannischen anordnung des schlussabsatzes. betonungen wie sie im andern
falle notwendig würden*, ne̋ forté *und* tántorúm *dicht hintereinander, kommen in
diesem gedichte sonst nicht vor. der modus Ottinc ist hierin am genauesten, selbst
genauer als der modus Liebinc der doch* 46 sól torrét *und sogar* 38 revertitur *dar-
bietet, viel genauer natürlich als der modus Carelm. und florum oder vollends Lant-
frid und Cobbo. hr. Bartsch scheint übrigens auf s.* 153 *seines buches die eben vor-
her geäufserte ansicht schon wieder vergessen zu haben, denn er führt nur die in
unserem texte vorhandenen unregelmäfsigkeiten der betonung auf. was dann s.*
155 f. *vorgebracht wird, ist, soweit ich es verstehe, ganz ins blaue hinein geredet
ohne die geringste rücksicht auf die überlieferte neumierung.*   63. demus modo *B*.
67. decurrere *B*.   68. quos *A*.   miro *B*.

*Den namen welchen das Wolfenbüttler ms. diesem gedichte in der überschrift
und das gedicht selbst in der ersten strophe sich beilegt erklärt Wackernagel altd.
hdwb.* 222ᵇ *'von einem Otto erfundene form lateinischer sequenzen.' diese erklärung
steht aber in offenem widerspruche mit der klaren und unverdächtigen angabe des
gedichtes selbst, wornach es einen Otto dem grofsen zu ehren Ottinc genannten mo-
dus gegeben haben muss, dessen entstehung die tradition auf eine feuersbrunst zu-
rückführte, bei welcher man Otto damit aus dem schlafe geweckt habe, und auf
dessen melodie eben das vorliegende gedicht gemacht ist. dieses gehört offenbar mit
dem modus Liebinc zu jener vollendetsten gattung von sequenzen, in der wort- und
versbetonung gänzlich zusammenfallen. freilich wenn hr. Duméril recht hätte mit
seinen einwendungen gegen Lachmanns abteilung des textes (poésies popul. lat.* 1843
s. 273) *und HLeyser mit seiner willkürlichen mishandlung des untadelich überliefer-
ten* (**bei Soltau** *s.* 23. 25), *so würde davon nicht viel zu spüren sein. für jeden un-
befangenen aber der nur éinmal nach Lachmanns vorschrift (rhein. mus. s.* 430) *'man
lese nach den accenten ohne elision' sich den modus vorgesagt hat, bedarf seine ab-
teilung keines weiteren beweises, da die rhythmische übereinstimmung je zweier
strophen kein zufall sein kann. zum überflusse wird sie noch durch die erhaltene
neumierung der ersten halbstrophe bestätigt: allerdings nicht in der von hrn. de
Coussemaker (histoire de l'harmonie au M. Â., traduction des fac-similés p.* x *'chant*

sur Otton III¹) versuchten umsetzung derselben n heutige notierung. hr. de Coussmaker kennt die tonhöhe einer jeden neumne ganz genau und bestimmt ihre geltung nach eigenem ermessen wobei er den ¾ tact herausbringt. das letztere mag noch hingehen, aber in bezug auf das erstere sollte man doch meinen, dass äufserungen **wie die** des *Guido von Arezzo* in den *regulis de ignoto cantu* (Gerbert scriptores ecclesiastici de musica 2, 36ᵃ) 'quamvis perfecta sit positura neumarum caeca omnino est et nihil valet sine adiunctione literarum vel colorum' (d. h. ohne beifügung der gregorianischen buchstaben oder der roten F- und der gelben C-linie) oder die entsprechende (Gerbert SS. 2, 37) in welcher er angibt was aus der gestalt der neumen wirklich zu entnehmen sei, oder die schon von *Kiesewetter* angeführte des *Joannes Cotton* (Gerbert SS. 2, 258) an deutlichkeit nichts zu wünschen übrig lassen. ich gebe die melodie hier nach meiner eigenen, von dem durch Coussmaker aao. monuments pl. VIII nr. 1 mitgeteilten *facsimile Bethmanns* in einigen puncten abweichenden **lesung.**

```
1  v.  v.  v.  v.  p.  p.
2  v.  po'. p.  v  po'. v.  p.  v.  p.  p.
3  v.  v.  v.  v.  p.  cc. v.  v.
4  v.  v.  p.  v.  p.  v.  v.  v.
5  p.  v.  p.  p.  v.  po'. p.  p.  v.  v.  v.  po. ?.
                5                           10
```

1, 3. *bei C.* cl, *aber der zweite strich ragt aus der vorhergehenden zeile herab.* 2, 2. 5. 5, 6. *C.* gibt das zeichen als einen ton wieder, aber es ist klärlich die im antiphonar von SGallen öfter wiederkehrende neume die. p. *Lambillote* clef p. 36 pressus ascendant, p. *Raillard* p. 76 einen podatus, dessen erste note länger als die **zweite, nennt.** 4, 2. *unsicher ob* p *oder* v, *äufserlich betrachtet eher das erstere.* auf der letzten silbe fehlt die neume. es fällt nun sofort auf dass in den stellen von ganz scharf ausgeprägtem rhythmus die neumierung mit unserer betonung zusammentrifft, so in: in nomine, pvpp *d. h.* kurzlangkurzkurz, und ebenso palatium (was freilich hrn. Bartsch nicht hindert s. 156 trochaeischen rhythmus zu behaupten). aber wie steht es mit den übrigen rhythmen? der versuch das stück in ¾ tact zu bringen, war verfehlt, es bedurfte dabei zu vieler caesuren oder pausen, und die alten mensuralisten, von deren lehren wir zunächst ausgehen müssen, kennen nur dreiteiligen tact. messen wir nach den regeln des Franco von Cöln, wornach eine longa durch die ihr folgende brevis notwendig imperficiert d. h. auf 2 tempora reduciert wird, so erhalten wir z. 2 (po' einer longa gleich gesetzt) die betonung modús, z. 3 die betonung quadám, was höchst unwahrscheinlich wäre. auch haben wir nach den älteren vorfrancanischen, unserem denkmale der zeit nach näher stehenden lehren vor allem zu fragen, wie wir sie insbesondere aus dem anonymus VII bei **Coussmaker kennen** lernen: und da macht die sache keine schwierigkeit. wir finden seinen fünften modus (spondeus), den dritten (dactylus), den zweiten (iambus) und — was freilich gegen seine vorschrift verstäfst (Jacobsthal s. 51 anm.) — auch den ersten (trochaeus) vertreten. darnach ergibt sich, wenn ich die brevis einer halben note gleich setze, ohne alle schwierigkeit folgende mensuration im ¾ tact, wobei ich po' einfach im sinne eines podatus, cc durch eine längere und kürzere, punktierte halbe und nachfolgende viertelnote, wiedergebe. die zeichen der neumen mögen, der gröfseren anschaulichkeit wegen, noch einmal unter dem texte beigefügt werden.

mag | nus | cae | sar | otto ‖ quem | hic | modus | re |fert in| no| mine ‖ ot | tinc |

dic | tus | quadam | noc | te ‖ mem | bra | sua dum | col | lo | cat pa | la | tium |

ca | su | subi | to | in | flam | ma ‖ tur.

die erste note jedes tactes hat den accent, man erkennt die übereinstimmung mit der wortbetonung. eigentümlich überraschend stellt sich subito dar, davon würden wir uns ohne die melodie freilich nichts träumen lassen. eine bemerkung erfordert nur die vierte zeile. nach den regeln des anonymus VII müsten wir | mem | bra su | a dum | abteilen. aber mit diesen worten beginnt der musikalische refrain, wir dürfen sie daher aus den übrigen strophen erläutern. da zeigt sich nun dass aufser der correspondierenden z. 9 nur noch z. 67 und 56 in der silbenzahl gleich sind, letztere mit abweichendem rhythmus | ar | ma quos | nunquam | in der überwiegenden mehrzahl der fälle dagegen tritt für sua eine einzige silbe ein. ich schwanke daher nicht, p. v. hier als auflösung eines podatus oder vielmehr epiphonus, einer an vorliegender stelle als zweizeitige länge geltenden ligatur mit zweiter längerer note aufzufassen. ich glaube nicht dass der neumenschrift ein anderes bezeichnungsmittel dafür zu gebote stand als das hier angewandte. ist das zeichen über dem a von membra ein punct (s. zu 4, 2), so ist membra in einen tact (zweizeitige longa, brevis) zu fassen. durch auflösung eines podatus erklärt sich vielleicht auch die differenz zwischen den beiden zusammengehörigen strophen z. 11—18, wo z. 12 adversis und z. 16 villas einander entsprechen; und ebenso die zwischen den vier strophen z. 43 bis 62, wo man für z. 50 Caesar po. p, für die entsprechenden worte der übrigen strophen (z. 60 inter tri- und z. 45 commúnem, z. 56 ut fórtis) p. v. p. vermuten darf. dies alles wage ich vorzubringen nur damit in so schwierigen dingen endlich ein anfang gemacht sei. für die geschichte der musik ergäbe sich eine art freierer mensuration vor den mensuralisten: diese hätten nur tatsächlich vorhandenen gebrauch, eine vielleicht sehr alte praktische tradition in regeln und festere form gebracht. wir werden hierüber einst mit gröfserer sicherheit urteilen können. die nächste aufgabe und die wichtigste überhaupt für die ältere geschichte der mittelalterlichen rhythmik und musik wäre eine edition und allseitige durchforschung des Notkerischen sequentiars mit herbeiziehung sowohl der späteren notierten als der alten neumierten handschriften, jene müsten die tonhöhe, diese die feinheiten der rhythmik gewähren. für das philologische geschäft hat WWilmanns in Haupts zs. 15, 267 einen glücklichen anfang gemacht.

S.

XXIII.

Cambridger hs. Gg. 5. 35 bl. 433ᵃ 433ᵇ.   Jaffé s. 470. 471 ohne zeilenabteilung. von ihm rühren sämmtliche verbesserungen aufser 2, 2 her.   1—4. der einfluss der musik in der kunst des X jh. war ein ganz gewaltiger. die kunst wird sich aber bei den Deutschen so leicht selbst object. der spielmann des Amarcius singt, ut sagax nudaverit octo tenores cantus Pythagoras, d. h. nr. 24 oder 25 der Cambridger lieder (ersteres von derselben form wie das vorliegende prooemium, vgl. excurs, absatz 1. 2. 9 von 47 silben, die übrigen anscheinend gepaart; nr. 25 in zwei vierzeiligen hymnenstrophen von dem rhythmus Róta módos árte | persónemus musicá mit anderer schlusszeile). auch der preis der nachtigall gehört hierher Cambr lieder nr. 27 (in den dreizeiligen strophen des Pange lingua) und die aufforderungen zu gesang und **musik, wie** bei Jaffé 10, 1 und zu 5, 1: *in nr.* 9 *wird dabei der sänger* **und der meister der** *die leier spielt deutlich gesondert. so darf auch hier der theoretische eingang nicht allzusehr überraschen.* **2,** 2. follem **4,** 2. quorum honorem **5,** 10. alterorum 12. more] *Jaffé schlägt dafür* amore *vor.* **7,** 3. absque te scis 4. iam] nam mecum] tecum 7. rependens 12. te *fehlt.* **8,** 4. amplexui 6. hilarem **10,** 8. *darauf folgen in der hs. noch die worte* alicubi praetermittam absque me. *heifst das im schreiberlatein* '*das andere über*-**gehe ich**'?

―――――

Möglich dass am schlusse wirklich etwas fehlt und dass das gedicht auch äufserlich fragmentarisch ist, wie es sich innerlich fragmentarisch d. h. skizzenhaft und nach belieben nur éinen moment auswählend aus gröfserem zusammenhange, darstellt: in der art wie wir uns nach dem liede vom h. Georg, nach der Judith und gewissen teilen der Wiener Genesis die deutsche spielmannspoesie des X/XIjh. zu denken haben. man wird hier keine untersuchung über die *freundschaftssage* erwarten, doch ist sie nicht ganz zu umgehen. wir unterscheiden zwei sagenstämme: *A* den von Athis und Prophilias, Titus und Gisippus, Alexander und Septimus (bei Goldsmith, s. *Landau quellen des Decamerone* s. 83); *B* der von Amicus und Amelius, Engelhard und Dietrich, Ludwig und Alexander (Keller li romans des sept sages s. CCXLIIff.), Olwier und Artus. die letztgenannte fassung ist wenig bekannt. Fischart erwähnt an einer bekannten stelle des podagrammisch *trostbüchlein* (s. *Wackernagel Fischart* s. 91 n. 193) neben anderen volksromanen auch die geschichte von Olwier und Arto, und eine anspielung darauf ist es, wenn nach Röhrich mitteilungen 2, 151 zu Pfalzburg im j. 1573 ein französischer pfarrer Alexandre Olivier auch Artus genannt wurde. das deutsche volksbuch kenne ich aus einem exemplar der Dresdener bibliothek: Ein schöne vnd | kurtzweilige History, die da | sagt vonn zweien Königs Kindern, | Welcher einer Olwyer ist genannt gewe- | sen, eins Königs Son aufs Castilia, Vnd der andere | Artus gheissen, der auch eins Königs Son aufs | Algarbia genannt wirdt, Welche beyde | Brüder sind worden, auch wie sie viel | Vnglücks mit einander erlitten | haben, Vnd doch wider zu | hohen Ehren kommen | sind, fast lieblich | zu lesen. | (vignette) P *bogen* 8° **am schluss:** Gedruckt zu Franckfurdt am Mayn, durch Weygandt Han, an der Schnurgassen zu dem Krug; *ein bekannter verleger für derartige litteratur. das* **buch** *ist laut vorrede aus dem französischen übersetzt durch* Zyely von Bern aufs Ochtlandt, *diese* history *ist ihm fürkommen* a° 1511 *zu welcher zeit ich meiner Günstigen Herrn von Bern diener gewesen bin in jhrem Kauffhaufs. Hans Sachs hat daraus eine comödie gemacht* 2, 3, 58 (31 *december* 1556). *so viel zur vermehrung des materials. den kern- und ausgangspunct der sage enthält offenbar die kurze orientalische erzählung bei* W Grimm Haupts zs. 12, 188 nr. 3: *ein fürst aus Balch* (ich nenne ihn Prophilias) liebt eine ihm unbekannte dame die sich als frau seines Bagdader wirtes (Athis) erweist. Athis ist grofsmütig, er lässt sich von ihr scheiden und überlässt sie jenem. durch einen zufall wird der grund der scheidung entdeckt und der fürst, nicht weniger grofsmütig, gibt die frau zurück. **wird die sache** anders gewendet und muss Athis wirklich verzichten, so fordert die ausgleichende gerechtigkeit des märchens, dass der glücklichere Prophilias seinerseits in die lage kommt dem freunde ein grofses opfer **zu bringen**. **das geschieht in A**: Athis wird elend arm und unglücklich, gibt sich für einen mörder aus, Prophilias erkennt ihn im letzten augenblicke, erklärt sich selbst für schuldig, aber die wahrheit kommt heraus, indem der wirkliche mörder sich stellt. diese motive sind in B greller herausgetrieben: Athis (Dietrich) wird aussätzig, Prophilias (Engelhard) **gibt seine kinder** **für ihn hin**, diese werden durch ein wunder gerettet. der erste teil der sage ist nun aber in B ebenfalls verändert: es findet keine abtretung statt, sondern eine stellvertretung, und zwar ursprünglich wohl so, dass der unverheiratete Dietrich-Amicus **den** ihm körperlich zum verwechseln ähnlichen Engelhard-Amelius im zweikampf vertritt um zu beweisen dass letzterer kein liebesverhältnis mit der königstochter Engeltrud unterhalte. durch das glücklich ausgehende gottesurteil erringt er sie für den freund, beim beilager trennt er sich von ihr durch ein schwert. so oder ähnlich haben wir uns wohl den anfang der geschichte zu denken, in welche uns das vorliegende gedicht mitten hinein versetzt. auch Lantfrid und Cobbo scheinen gestaltgleich zu sein, in omnibus similes 15. Cobbo ist des regierens müde, er will nach hause zu brüdern und magen, wie Prophilias von dem erkrankten vater nach Rom gerufen wird und Dietrich infolge des todes seines vaters nach Brabant zurück muss. es stimmt mit A dass das meer ihn von der heimat trennt, dass bei dieser gelegenheit das verlangen nach der frau (oder braut) des freundes laut wird und dass er dieses verlangen direct und mit dem bewustsein, um was es sich handle, ausspricht; es stimmt mit der ursprünglichen orientalischen auffassung, **wenn die abtretung** grofsmütig nicht acceptiert wird. das verlangen kann aber dann, nach den veränderten umständen, nur ein scheinbares, das ganze nur ein probestück der freundschaft sein. ich denke mir, Cobbo ging etwa aus ähnlichen verhältnissen hervor wie Engelhard (der sonst dem Lantfrid entspricht), er ist arm und stammt aus einer kinderreichen, wenngleich vornehmen (4, 3) familie. er sucht jenseits des meeres sein glück, findet in seinem doppelgänger Lantfrid einen bundesbruder mit dem er sich an einen auswärtigen hof begibt. Lantfrid (wohl der vornehmere, umgekehrt wie in B) liebt die königstochter, Cobbo hilft sie ihm erringen in der oben vermuteten weise, nur ohne scheinbeilager, was eine wiederholung der motive gäbe und auch nicht nötig ist, wenn Lantfrid verborgen in der nähe bleibt und gleich nach **dem** kampfe des freundes stelle einnimmt. der schwiegervater stirbt wie Frute, Lantfrid folgt ihm in der regierung wie Engelhard und macht Cobbo zum mitregenten. nun die scheinbare abreise mit der freundschaftsprobe, Cobbo bleibt und lässt etwa seine brüder kommen um aus ihnen grafen und herzogen zu machen (vgl. Engelhard z. 5118 ff.). dass **hierauf noch etwas folgte**, glaube ich nicht: jeder freund hat an aufopferung für **den anderen das seinige getan** und beidemal handelt es sich um die frau, Lantfrid soll abtreten was **er dem Cobbo verdankt**. was uns hiervon im gedicht vorliegt, hat sehr individuelle gestalt gewonnen, dahin rechne ich insbesondere dass Lantfrid dem absegelnden freunde nachsingt und verzweiflungsvoll das saitenspiel zerschlägt: in dieser erfindung verrät sich der spielmann. aber der von ihm benutzte stoff belegt uns eine merkwürdige entwicklungsstufe der sage die wir bisher nicht kannten. das orientalische märchen erscheint nach der richtung von B fortgebildet als B⁰. in einem früheren stadium der fortbildung hatte sich A abgezweigt, welche fassung definitive überlassung der frau und die daran hängende ausgleichung einführt und dann auf B⁰ zurückwirkt um daraus B zu machen und die doppelbeziehung der frau zu einem zufälligen moment herabzusetzen. all diese fort- und umbildung aber vollzog sich aufserhalb Deutschlands, ohne dass doch wie es scheint die einmal angeregte überlieferung der freundschaftssage in Deutschland völlig abbrach: denn B⁰ des X jh. als Lantfrid und Cobbo teilt, wenn meine herstellung nicht fehl geht, mit B des XIII jh. als Engelhard und Dietrich noch einige **besondere züge.** *ob nicht deutsche spielleute auch in deutscher sprache von jenen freunden sangen? ich zweifle nicht daran (vgl. deutsche studien 1, 343), obwohl unser dichter im absatz 5 nichts von anderweitigem gesang erwähnt, sondern sich auf geschriebene freundschaftsbeispiele beruft.* *von dem* metrum des lateinischen liedes *war im allgemeinen schon im excurs zu XX die rede. bei 1—4 welche der dichter selbst als procemium absondert fühlt man sich zunächst an unrhythmische prosen erinnert wie sie Bartsch lat. sequ. s. 142 bespricht. aber 1 und 2 sind in der silbenzahl fast gleich, 51 und 50, ausgeglichen durch den verschiedenen hier stumpfen dort klingenden schluss. analoge teilung innerhalb der absätze ist äufserlich möglich und im texte durchgeführt, aber innerlich im grunde unthunlich, der sinn würde eine andere teilung verlangen. 3 und 4 zählen beide 49 silben, aber analoge teilung geht durchaus nicht an. was nun die übrigen gesätze betrifft, so fand ich paarung durch gleiche silbenzahl (89) und analoge einteilung nur bei 8 und 9: aber so dass sich mehrfach 4 hebungen stumpf und 4 hebungen klingend entsprechen, im ganzen aber ebenso viel stumpfschliefsende und klingendschliefsende in 8 vorkommen wie in 9. zur erklärung bietet sich am einfachsten die annahme zweitönigen melodieschlusses (etwa podatus) im viermal gehobenen stumpfen verse dar, der bei unterlegung des textes eine silbe mehr gestattete. wir erkennen damit zugleich den ursprung des deutschen viermal gehobenen verses mit klingendem ausgang, der ohne* **zweifel** *auf vorbilder wie das gegenwärtige zurückgeht. über die sonstige bildung der einzelnen zeilen ist schwer zu urteilen. weniger als vier hebungen begegnen nur 7, 13. 10, 2: darf man lesen* én vita, nón férens? *kommen verse von mehr als vier hebungen klingend vor? in 5, 9. 6, 8. 7, 8. 9, 7. 10, 6 bietet sich der rhythmus zweier adonischen verse als der natürlichste dar:* ídeo últra máre revértar. *darf man auch 7, 3. 4. 8, 6. 7. 9, 6. 10, 7 durch annahme von dactylen auf das normale mafs bringen? ebenso vielleicht XX, 10* úsque ad éo instet falléndo. *10, 7 etwa* iám non est, últra quod éxperiátur. *in 8, 6. 9, 6 müsten wir ausgänge annehmen die dem dreisilbigen reime (W Grimm s. 91) entsprächen. auftact findet sich nirgends, wenn man 5, 8* nec gazarum nec servorum; *5, 13* nullo *für* in nullo *setzen darf. 5, 10 hätte ich* horam (*statt mit Jaffé* corum) *für* orum *schreiben sollen. die schlusszeilen der absätze 5—10 sind gleich, auch die von 1—4 aufser 2. über verletzte wortbetonung s. zu XXII, 63—68.*

S.

XXIV.

Cambridger hs. Gg. 5. 35 bl. 437ᵇ. *Haupt in den altdeutschen blättern* 1 (1836), 392—394 *nach einer abschrift ThWrights.* *JGrimm lat. gedichte des* X *und* XI *jh.* (1838) *s.* 337—340 '*Alveradae asina*' *nach einer abschrift JMKembles.* *Jaffé s.* 451. **1**, 2. Homburh *die hs.: Hôinburh Müllenhoff; vgl. Hôenburg,* Hôhenburg *in Lamberts annal. zum j.* 1072. 1075 (*MG. SS.* 5, 223. 227) *und sonst.* 4. Alverad *immer.* 5. fortis 6. fidelis **2**, 6. cauda **3**, 1. acurrit **4**, 1. defecisset 6. moriendo **5**, 4. sororibus *verbesserte Haupt.* **6**, 4. planctu **12**, 2. Fritherûn dulcis? 4. Adeleithae *verb. JGrimm.*

Die fünfsilbigen reinzeilen dieses und des folgenden gedichtes mit dem rhythmus des adonischen verses begegnen meines wissens zuerst ziemlich regellos im Heribert (zs. 11, 7) **und neben anderen versen in Jaffés** *Cambridger liedern nr.* **16 und 21, dann** *in den dreiteiligen strophen auf Heinrichs* II **tod** (Grimm *lat. ged.* 333) *am schlusse eines* **jeden stollen;** *ihre bindung zu sechszeiligen strophen zuerst im krönungslied Heinrichs* III (**zum 14** april 1028) *in welchem jedoch der vers noch gröfserer freiheit geniefst* **als hier: wie im** *Heribert kann* **der** *dactylus durch trochaeus, der trochaeische schluss durch dactylischen ersetzt, ein auftact hinzugefügt, ja der ganze vers durch einen von drei trochaeen vertreten werden. später als* 1028 *wird also wohl das vorliegende gedicht entstanden sein, in welchem wie es scheint nur* 8, 4 *dem eigennamen zu liebe der rhythmus gestört ist. zu* 12, 2 *vgl.* **die** *anm.* 12, 5. 6 *sind zwei der genannten freiheiten* (aliam: asinam *und* dábit tibi ásinam) **benutzt** *um den schluss hervorzuheben. reimlos aber und strenge gebaut treten diese verse schon* **viel** *früher im mittelalter auf, teils gelegentlich in sequenzen* (Bartsch *s.* 96*f.*) *teils, wie im* Boethius (Leyser *hist. poet. p.* 111) *und in der Anthol. lat. nr.* 739 *fliese fortlaufend ohne strophische gliederung: in der epistel* 'de s. Columba ad Fetolium' (Canis. lectt. ant. ed. Basnage 2, 2, 223—225), *bei* Paulus Diaconus *vor seinem homiliarium in Mabillons* vetera anal. *p.* 18. 73, *bei* Alcuin opp. 2, 235 Froben, *bei* Walafrid Strabo Canisius 2, 2, 243, *bei* Hartmann an Notker Canisius 2, 3, 234, *bei* Eugenius Vulgarius *an* **Leo** (Dümmler **Auxilius** *und* Vulgarius *s.* 150) *und später in den Quirinalia des Metellus von Tegernsee bei Canisius* 3, 2, 150; — *teils mit unmittelbarer anknüpfung an die sapphische strophe im hymnus auf den heil. Magnus bei Canisius* 2, 2, 208*f.,* Schubiger *s.* 34. 35 *vgl.* Mone *lat. hymnen* 3, 401 (*strophen von vier sapphischen und von fünf* **adonischen versen);** — *teils in strophen* (**zu sechs zeilen**) *geordnet bei* Alcuin opp. 2, 152 *und in* Mones *nr.* 174 *aus einer hs. des* XI *jh. was den schauplatz des vorliegenden gedichtes anlangt, so verbieten schon die namensformen an* Hohenburg *im Elsass zu denken.* Haupt *bemerkt* '**das nonnenkloster** Homburg **an der Unstrut war von den** *vorfahren kaiser Lothars* II **des Sachsen** *gestiftet und wurde, als es besonders durch das ausschweifende leben der klosterfrauen in verfall geraten war, von Lothar im j.* 1132 *in ein mönchskloster benedicterordens verwandelt* (allg. encycl. **unter** Homburg). **die Historischen** *nachrichten von der ersten stiftung verbesserung und gänzlichen aufhebung des ehemaligen klosters Homburg bei Langensalza* (1774) *geben keinen aufschluss über den inhalt dieses liedes, das fast wie ein allegorisches spottgedicht aussieht.' es könnte auch wohl ein wirklicher vorgang zum grunde liegen und den dichter reizte die ko-*

mische situation der zum kriege gegen den wolf ausziehenden nonnen. eine Magdeburger klostergeschichte aus dem jahre 1017 welche Thietmar 7, 40 MG. SS. 3, 851 meldet erwähne ich einiger auffallend stimmender namen wegen, aber ohne dass ich etwas damit anzufangen wüste. 'Alwred' und ihre jüngere schwester Irmingerd dienen dem herrn Christus und seiner mutter non cum caeteris sanctimonialibus conversando, sed singulariter in ecclesia quae Rotunda dicebatur. Irmingerd erblindet und stirbt, ihre schwester nepti suae innixa 'Fritherunae' (vgl. z. 12, 2) überlebt sie nicht lange. sie hat kurz vor ihrem tode eine vision worin sie verschiedene bischöfe und materteras Geronis archiepiscopi (von Magdedurg), Mirisuidam ac Emnildam et 'Eddilam' (vgl. Adela 8, 1. 12, 1) erblickt. Fritherun sanctimonialis *wird unter dem* 16 märz, Emnild sanctimonialis *unter dem zweiten december im* Magdeburger nekrolog (ed. Dümmler neue mitteilungen des thüringisch-sächsischen vereins bd. 10), *erstere auch im* Lüneburger (Dümmler aao.) erwähnt. den schlechten einfall, dass mit Alfrads eselin die Irmingerd gemeint sei, lasse ich nur laut werden um ihn anderen zu ersparen. das dorf Hohenberg im Magdeburgischen hilft nicht weiter.

S.

XXV.

Cambriger hs. Gg. 5. 35 *bl.* 438ᵃ. *JGEccard veterum monum. quaternio* (1720) *s.* 58. *Haupt altd. bll.* 1 (1836), 390. 391 *nach einer abschrift Th Wrights. JGrimm lat. ged.* (1838), 335—337 *nach einer abschrift von JMKemble. Jaffé s.* 455. 456. **1**, 1. *das längezeichen ist nicht überliefert.* 2. maguntiacensis: *vgl. zu Alfrâd* 1, 2. *wenn man* 5, 1 loannes *zweisilbig lesen darf, befolgt dieses lied die regel des verses vollständig; um so mehr muss man annehmen, was schon JGrimm vermutete, dass sein deutsches gedicht den namen des erzbischofes (reg.* 913—927, *Waitz Heinrich I*² 200. 120), *also wohl auch den schwank von dem der das leberlein gefressen* (KHM. 3, 130 *vgl. JGrimm lat. ged. s.* 343. 344, *myth.* xxxvi) *in dieser einkleidung über mehr als hundert jahre hinweggetragen habe. das lied bietet das älteste beispiel jener gemütlich-humoristischen behandlung der heiligen und ihres himmlischen haushaltes die sich in märchen und sagen bis auf die gegenwart fortgesetzt hat.* **3**, 1. Herigers 3. nolo. **4**, 2. fuit verb. *Eccard.* **5**, 1. Iohannes 3. et **6.** 'There appears to be here a verse wanting, in which Peter was mentioned as magister cocorum.' *Wright.* 7, 5. *Jaffé verweist auf Luc.* 1, 15, *wo es von Johannes heifst* et vinum et siceram non bibet. **12**, 6. *JGrimm ergänzt* tetrum, *Jaffé* esum.

S.

XXVI.

Aus dem capitel QVID SIT ELOCVTIO *der sangallischen rhetorik.* A *sangallische hs. des* XI *jh. auf der wasserkirche in Zürich* C 121/462. 4°. *bl.* 65ᵃ 66ᵃ: *WWackernagel altdeutsches lesebuch, Basel* 1839, 109—112; *in Haupts zeitschrift für deutsches altertum* 4 (1844), 470. 471. B *hs. des* X/XI *jh. aus Benedictbeuern in der königlichen bibliothek zu München cod. lat.* 4621, Ben. 121 (236) 4°. *bl.* 69ᵇ. 70ᵃ:

B]Docen in Aretins beyträgen zur geschichte und literatur 7 (München 1806), 292. 293.   AB *H]attemer denkmahle des mittelalters* 3 (SGallen 1849), 577. 578. C *miscellanks.* 8742 *der burgundischen bibliothek in Brüssel aus dem* XI/XII *jh.* bl. 59ᵇ; O*Schade in Pfeiffers Germania* 14 (1869), 40—42. *vgl.* 47*ff.*   3. proprietatem *A.*   4. apud] apto *A.*   5. manus *fehlt A.*   lies Vestina: *so Dousa und Niebuhr röm. geschichte* 1, 113. *der vers wird bekanntlich dem Ennius* (*reliq. ed. Wahlen p.* 42) *zugeschrieben.* Haupt.   7. et sint *C.*   9. steutonicum *C.*   10. *in B ist nur pegágenet accentuíert, in C* Só sé snél snéllemó pégagénet.   andremo *B, wofür Lachmann* (*specimina linguae francicae* 1825 *p.* 19) *des verses wegen* ánderémò *setzte =* ándermo *AC, ein versschluss wie bei Otfrid* 3, 15, 48 unórton óffonoró, 5, 6, 4 joh fólk ouh heidínerò (*über ahd. betonung s.* 268), *obgleich Otfrid dreimal in demselben falle nicht* anderemo *sondern* audremo *schrieb* (*zu* XI, 8). *im ersten halbvers kann man allerdings* snellemo *wie* éngilà Musp. 79, *ahd. ps.* XIII, 23 lóuginò tóuginò *betonen* (*vgl. zu* XI, 8); *aber auch der bei regelrechter betonung* snéllémò *verschleifte und verstummende vocal als reimvocal dienen, wie einige male bei Otfrid* 1, 4, 9 quéna: zeizéró, 1, 5, 3 goté: himilè, 2, 9, 31 uuini: ménigi, *und noch bei Ezzo* XXXI, 11, 6 édilà: ímo, XXXIV, 16, 3 virdi: rédi. *diese reime sind bei Otfrid um so auffallender, weil er die in alliterierenden und in mhd. versen von Ezzo an so häufige verschleifung auf der letzten hebung sonst* **wohl nur** *noch zweimal eintreten lässt,* 1, 3, 37 giuuàgo: uuizàgon, 2, 12, 31 quéme: airbére; *vgl. Samar.* X, 25 segist: hebist, *psalm* XIII, 19 meres: irferist. *Koberstein, der im grundriss* 1⁴, 46 *zuerst einige der otfridischen fälle hervorhob, zieht mit unrecht auch* 4, 24, 25 hina hina nim inàn *hieher* (*über ahd. betonung s.* 257).   11. sou|uirt filosliémo fúrsniten selitriemo *B,* sò uuirt file silíumo fersníden scilriemo *C.*   13. gat *B,* ebér gat in litun *C.*   er trégit (teget) sper *BC.*   14. sín bald ellén nelazèt in uuellèn *C,* sint balt éllen nelazit in uellin *B nach Hattemer, der bemerkt* 'uellin *scheint in* uallen *gebessert':* uallin Docen. *Scherer bestätigt* uallin *und dass* a *aus* e *corrigiert ist. dies spricht für Haupts ansicht, der mir schreibt:* vellin *halte ich nicht für 'fällen', sondern für 'fallen'.* vellen *für* vallen *scheint mundartlich alemannisch. Lachmann führt zu* missevellen *im Lanzelet* 6532, *wo Hahn* fuozvellen *aus Lanz.* 6898 *hätte hinzufügen sollen, zwei* gevellen = gevallen *aus Ulrich von Türheim an. andere beispiele gewährt Lieders.* 2, 252, 1472 nu sich waz dir gevelle (: geselle) *und die reimchronik des Appenzellerkrieges, von einem augenzeugen verfasst und bis* 1405 *fortgesetzt, herausg. von* Iv Arx (SGallen 1830) *s.* 29: die red kan **ich nit** halb erzellen, im ward nais was missevellen. 'trotzdem dass der eber einen sper in der seite trägt fällt er nicht': das scheint hier **auch der** einfachste gedanke. *hat Notker den vers im sinne gehabt wenn er im canticum Moysi v.* 2. (*Hattemer* 2, 307ᵇ) *sagte:* 'sin starehi ne lazet in fallen?' *die formel des ersten halbverses weist mir Haupt noch an folgenden stellen nach: Lanz.* 3382 sin baldez ellen in dar truoe; *Moriz von* **Craon** 214 durch ir baldez ellen; *Ulrichs von Türheim Wilh.* (*Heidelberger hs.* 404) 172ᶜ. 179ᵃ. 185ᵈ sin baldez ellen; *Ulrich vom Türlein s.* 12ᵃ *Casp.* liute laut unde burc erwirbet iuwer baldez ellen; 12ᵇ iuwer baldez ellen hât niht suon; *Göttweicher Troj. krieg* VII, 5 (*s.* 398 *der Berliner abschrift*) als in sin baldez ellen hat: *vgl. noch Nib.* 1872, 3 waz half ir baldez ellen? *Kudrun* 1032, 3 waz iuwer baldez ellen mir geschadet hât; *Athis* C 20 durch ir baldiz ellin; *Virginal* 149, 13. 871, 13 als ime sin baldez ellen riet; *Tandarois* 5215. 6541 (*Haupts zs.* 12, 490) baldez ellen; *Frauendienst* 404, 11 baitlichez ellen.   15. dicitur *A.*   dictiones *B.*   16. dauces *A,* dianoeos *Haltemer C.* 18. *dasselbe rätsel aus einer klosterneuburger hs. des* XV *jh. in Mones anz.* 8 (1839), 316 *nr.* 75; *dann in zwei lateinischen distichen im anz.* 7 (1838), 48 *nr.* 125, *deutsch ebend.* 261 *nr.* 179 durch ein ochsen lauft das schwein und mit einem scharpfen (*l.* und ein scharpfes) eiserlein bereitet sich (*l.* ihm) den engen weg, damit es im durchlauf nit zerbrech; *norwegisch bei Landstad norske folkeviser* (*Christiania* 1853) *s.* 808 *nr.* 17 svin drege liu gjönum ledr og leggjer kriugum trê; *schwedisch RDybeck Runa* 1849 *nr.* 21 swine' drar line' kring trü genom fä, ut åt en järawäg. 19. sinodoche *A*, sincedochice *C*, synecdochice *Docen.* dr. totum dr. *B nach Docen,* dicitur tiutum dicitur *C.* 20—23. *Virg. Aen.* 3, 421—423. 21. ime] uno *A.* 22. abrutum *A.* 23. erigit *edd. Virg.* 24. 31. **theutonice** *C.* 25. imo sint fueze fudermâze *C,* fûeze fuodermâze *B.* über fuodermâze *s. Wh. Grimm zu Cassel.* G^b 11 *s.* 42; *mhd. wb.* 2, 210ᵃ; *Konrads Troj. kr.* 37205 fuodermæzic. 26. bûrste *A,* imo sint purste *B,* imo sint pursté ebénhöh fürste *C.* 27 ûnde zêne *C.* zuelifelnige *C,* zuuélif elnige *B.* 28. intellegitur *C.* 29. suetudine *B.* 30. hel unde salida *ohne circumflex A,* sálda *B,* **heil ûude saldâ** *C.* 31. **unminesam** *A,* spréchinne *B,* unmise (*unterstrichen*) ûnmin'nesam zê spreechene *C. aus Donats ars grammatica* III 6 *s.* 402 *Keil* charientismos est tropus quo dura dictu gratius proferuntur, ut cum interrogantibus nobis numquis nos quaesierit respondetur 'bona fortuna'. exinde intellegitur neminem nos quaesisse; *vgl. Pompejus im commentum art. Don. s.* 311 *Keil* charientismos est quotiens e contrario dicimus. habemus etiam apud auctores hoc. ecce habemus in Afranio, interrogat servum adulescens ' numquis me quaesivit?' et ille servus respondet 'bona fortuna' id est nullus; quasi rem duram dictu mitius dixit. 32. gnuoge *A,* enûege *B,* allês **libês** en°ûge *C. Wackernagel vergleicht die antwort des frommen köhlers in der brüder Grimm deutschen sagen nr* 566 'ik **hebbe** gott un allewege wol.'

Dass die beiden letzten strophen unmittelbar zusammenhangen, ist klar. die erste strophe kann man für einen einzelnen, für sich stehenden spruch halten oder auch für ein bruchstück eines liedes, nur nicht desjenigen dem die beiden letzten angehörten, man müste denn, und dafür könnte das in beiden herschende praesens sprechen, an ein ausgeführteres gleichnis denken. diese aber sind unserer alten poesie fremd, was Uhland (schriften 3, 61) nicht bedachte; die hyperbolische schilderung in der letzten strophe würde auch über das maafs eines homerischen gleichnisses weit hinausgehen. *Wackernagel in Haupts zs.* 6, 280f. hat darin eine nachbildung ovidischer verse **finden** wollen. *Ovid* schildert den kalydonischen eber metam. 8, 282—288 *Merkel.*

    misit aprum, quanto maiores herbida tauros
    non habet Epiros, sed habent Sicula arua minores.
    sanguine et igne micant oculi, riget ardua ceruix,
    et setae similes rigidis hastilibus horrent.
    feruida cum rauco latus stridore per armos
    spuma fluit. dentes acquantur dentibus Indis:
    fulmen ab ore uenit, frondes afflatibus ardent.

man vergleiche zug für zug, und man wird sich leicht überzeugen dass diese verse nicht das original der letzten strophe sein können. auch im übrigen ist die nachahmung oder nachbildung schwer zu entdecken, wenn Ovid metam. 8, 328 ff. erzählt dass bei der jagd der eber in einem sumpfigen tal, natürlich zwischen waldigen bergen, aufgejagt sei, und es in unserer zweiten strophe heifst *Der heber gât in litun*, oder wenn v. 415 Meleager das tier mit einem wurfsper mitten in den rücken trifft und es dann auf seinen jagdspiefs auflaufen lässt, und unsre strophe fortführt tregit sper in sîtun, sin bald ellin ne lâzit in uellin. auch wenn Meleager v. 439 ff. seine oheime, die gegen die verleihung des jagdpreises an Atalante einsprache erheben, ohne weiteres niedersticht ehe sie noch an eine gegenwehr denken können, so ist es wenig glaublich dass davon 'konnte sôse snel snellemo ff. gesagt sein.' Wackernagel (deutsche litteraturgesch. s. 80, 20) verkennt mit unrecht den volksmäfsigen ursprung der strophen, der deutlich genug ausgesprochen ist. sie werden versen des Ennius und Virgil gegenübergestellt wie z. 32 die deutsche formel der lateinischen redeweise z. 30, und konnten z. 28 aliena und zugleich propinqua nur dann heifsen, wenn sie der ungelehrten vulgärpoesie entnommen waren und als solche strenggenommen nicht in ein für lateinisch schreibende geistliche bestimmtes lehrbuch gehörten. waren sie dem Ovid nachgebildet, also gelehrtes ursprungs, so würden die Sangaller das ohne zweifel gewust und sie nicht so, sondern eher oder doch daneben den Ovid selbst citiert haben. wie wäre endlich der deutsche nachdichter dazu gekommen die antike fabel im praesens zu erzählen? dies allein entscheidet schon gegen Wackernagels annahme. jagdabenteuer waren auch in der deutschen dichtung ein beliebtes thema: ich erinnere nur an die wisentjagden des herzog Iron und des baierischen Erbo; selbst die göttersage meldete von einer eberjagd des höchsten gottes, Grimms myth. 873 ff., W Schwartz der heutige volksglaube Berlin 1850 s. 21 (1862 s. 50 ff. 134 f.), Schambach und Müller niedersächs. sagen s. 70 ff. 346 ff. Kuhns sagen aus Westfalen, Leipzig 1859. es wäre möglich dass dieser göttermythus wie so mancher andrer in die epische sage übergegangen war und so dem liede zu grunde lag, dem die strophen angehörten. aber die hyperbel unmittelbar auf Hakelberends oder gar Freys eber (J Grimm myth. 632, Haupts zs. 4, 506 f.) zu deuten wird ebenso wenig erlaubt sein als sie aus dem Ovid abzuleiten. Freys die dunkelste nacht erhellender, luft und wasser durchrennender Gullinbursti hat mit unserm eber keine andre ähnlichkeit als etwa die ungeheure gröfse, und es gehört viel mythologischer überglaube dazu um in dem grofsen, von Olaf dem heiligen († 1030) in Südfrankreich oder Spanien erlegten, dort von den angeblich heidnischen einwohnern nebst einer sirene göttlich verehrten eber den Gullinbursti wiederzuerkennen, weil die schilderung desselben in den zusätzen zur jüngeren Olafssaga FMS. 5, **165** (vgl. 4, 57 f. und die ältere kürzere saga c. 14. 18) in dem éinen zug, at haus bust nædi nâliga vid limar uppi hinna hæstu triâ î skôginum, merkwürdig mit einer zeile (26) unsrer strophen zusammentrifft, was doch nur ihren volksmäfsigen ursprung bestätigt. andere beschreibungen ungeheurer eber (bei Uhland schriften 3, 54. 60. 62) liegen weiter ab. die hyperbel und zugleich der gebrauch des praesens in der erzählung erklärt sich wenn wir die beiden strophen für einen teil einer botschaft nehmen, die ein diener oder andrer teilnehmer an der jagd in schrecken und aufregung über das was er gesehen überbringt, vermutlich demjenigen der bestimmt war das untier endlich zu erlegen. Scherer (leben Willirams in den sitzungsberichten der Wiener akademie 1866. LIII, 207—213) hat vermutet dass sie einem liede von der gründung der burg Ebersberg in Oberbaiern angehörten. nach der sage des XI jhs. soll graf Sigihard zu kaiser *Arnulfs* zeiten einmal an einem durch einen stein im sande und eine linde näher bezeichneten (von dem volke wie heilig verehrten) orte einen eber von ungewöhnlicher gröfse aufgejagt und das tier, obgleich es nachts immer wieder zurückkehrte, mehrere tage nacheinander vergeblich verfolgt haben, bis es die gegend verliefs; da die kunde von dieser wunderbaren begebenheit sich weit verbreitete und auch zu dem frommen kleriker Kuonrat von Hewa am Bodensee gelangte, habe dieser die burg zu erbauen geraten und den baldigen einbruch der Ungarn vorhergesagt. das lied, meint **Scherer, habe dann im laufe des** X jhs. noch eine fortsetzung und beziehung auf die schlacht auf dem Lechfelde (a. 955), wie sie in der aufzeichnung des XI jhs. vorliegt, **erhalten.** auf jeden fall sind die strophen volksmäfsiges ursprungs und geben zo einen merkwürdigen beleg für den gebrauch ungleicher gesätze in der deutschen volkspoesie und damit eine **bestätigung der** im excurs zur Samariterin ausgesprochenen vermutung.

XXVII.

1.

INCIPIT DE PARTIBUS LOICAE *Sangallische hs. des* XI *jh. auf der wasserkirche in Zürich, gez.* C 121/462, *bl.* 51ᵇ—54ᵇ. *WWackernagel in Haupts und Hoffmanns altdeutschen blättern* II (*Leipzig* 1840) 133—136. *HHattemer denkmahle des mittelalters* III (*SGallen* 1849) 537—540. *die deutschen sprichwörter beginnen bl.* 53ᵃ (*Wackernagel s.* 135, *Hattemer s.* 538), *als beispiele verschiedener schlussfolgerungen, während die lateinischen* (2), *deutsche originale als bekannt* **voraussetzend, in der schule** *zum unterricht im lateinischen gebraucht wurden. auch die spätern sammlungen, die original und nachbildung vereinigen, verfolgen denselben zweck, zuerst altfrz. die* Proverbia rusticorum *aus Nordfrankreich aus dem* XIII *jh. in Haupts zs.* 11, 114—144, *dann* (H) *die niederländischen* Proverbia communia (*HHoffmann altniederländische sprichwörter, Hanover* 1854), *die schon* 1486 *oder wenig später nach einem der ersten Deventerer drucke ins niederdeutsche umgeschrieben wurden* (*HRatjen zur gesch. der Kieler universitätsbibliothek s.* 111 f.) *und an die sich* 1514 *noch* (T) *die erste niederdeutsche sammlung des Tunnicius* (*hrsg. von* **HHoffmann,** *Berlin* 1870) *anschloss; ferner* (R) *Gamla ordspråk på latin och swenska* **efter en Upsalahs.** (XV *jh.*) *utg. af* HReuterdahl, *Lund* 1840, *und im anschluss an diese* (L) *Peder Lolles samling af danske og latinske ordsprog, optrykt efter den ældste udgave af* 1506 *af* RNyerup, *Kjöbenhavn* 1828. *die mit einem punkt vorgezeichneten sprichwörter konnten bis jetzt nur unvollkommen oder gar nicht weiter belegt werden. mehrere belege sind gegeben oder nachgewiesen um auch die mehr oder minder glückliche fassung der einzelnen zu zeigen.* 11. *ev. Matth.* 6, 22. 23.   13. **2.** *S* (*KSimrock die deutschen sprichwörter* 1846 *nr.*) 8465 an kleinen riemen lernen die hunde leder fressen; *H* 60 alleuskeu lappen leert de hont dat **leer** eten; *T* 79 van ledder knagen leert de hunt dat eten; *L* 418 af læp vorder hund lederaadig; *J* [Jonsson safn af islenzkum ordskvidum 1830 s.] 37 á reimum læra hundar (hvolpar) húdir að eta; *vgl. W Grimms vorr. zu Freidank* (1834) civ, *Strafsburger hs des* XIV *jh. in Graffs Diutiska* 1, 324, *H* 31, *S* 5034. 6276. 9894.   15.

vgl. J. 37 argr er sâ sem engu verst; argr er **sama sem** ofhræddr vera. 16.
vgl. *Alphart* 233, 4 der daune vellet, der lit.   17. *beginnt bl.* 53ᵇ.   18. *var-
bl.* 52ᵇ (*Wackernagel s.* 134) *heifst es* haec tria loca argumentorum; *vgl. Cicer.
..ic.* 2, 8 ex his locis in quibus argumenta **inclusa** sunt alii in eo ipso de quo agi-
haerent, alii assumuntur extrinsecus: in ipso **tum** ex toto, tum ex partibus eius,
..m ex nota, tum **ex his** rebus quae quodammodo affectae sunt **ad id de** quo quaeri-
..r. extrinsecus autem ea dicuntur quae absunt longeque **disiuncta sunt.**   20.
..*cer. topic.* 8, 12 **si** compascuus ager est, ius est compascere; *Notker Boeth. s.* 48ᵇ
..*ttem.* Táz heizet argumentum a coniugatis. Tés kûb Cicero sûslîh exemplum 'Si
..opascuus ager est, licet conpascere.' Táz chit 'ist tiu nuéida geméine, sô muoz
..an sin geméinlicho niezen.' *vgl. das. s* 51ᵇ **argumentum a repugnantibus,** 68, a
..usa, a contrariis, 69ᵃ ab antecedentibus, a repugnantibus, 74ᵇ a maiore, 89ᵇ a
..niunctis, a dissimili, 105ᵃ a parte *usw. s.* 156*ff.* 168 de argumentis.   23. sric-
die hs.   24. ev. *Joh.* 8, 36.   26. **5.** scoflicen *erklärt Wackernagel wb.* 'die
..*hsel zucken?' es ist wohl 'possen treiben'* = *ausflüchte machen von* scof **ludibrium,**
..esis.   29. *Virg. Aen.* 4, 569.   30. **6.** *eine übersetzung eines Catonischen di-
..ichons* 4, 11 *Arntzen.* Cum tibi proponas **animalia cuncta** timere, unum praecipio
..i plus hominem esse timendum. *schwerlich würde sie hier angeführt sein, wenn
.. von Notker herrührte und seiner bearbeitung der disticha angehörte. vgl. V* 175
..ten zu XLIX, 6—12; W Grimm vergleicht Freid.* 119, 18 swaz ûf der erde frumes
.., daz muoz fürhten mannes list.   33. A simili *beginnt bl.* 54ᵃ.   36. *ev. Luc.* 23,
..   38. **7.** *S* 5908 (*vgl.* 5907. 5908ᵃ) man kann gedenken dass kranken leuten
..cht wohl ist.   40. *ev. Luc.* 11, 23. 18.   42. mit einero dohder *beginnt bl.*
..ᵇ.   **8.** *unten* 2, 130; *S* 1904. 10318 er will mit éiner tochter zwei eidame be-
..ten; *M* (*Molbech danske ordsprog* 1850 *nr.*) 493 *J* 42. 68 bágt er ad giöra (at have)
..o mága úr einni dóttur; *Strafsb. hs.* blâsen und mel an dem munt hân daz mag nit
..ol bi einander gestân, *Z* (*Zingerle die deutschen sprichwörter im MA.* 1864 *s.*)
..01; *R* 95 thæn blæs ey wæl at eelde som miöl hawer i munne; *M* 3393, *J* 42 bágt
.. ad blása og hafa miöl i munni; *H* 660 (*T* 885) tis quaet blasen mit vollen monde,
.. 1122. 7154, *vgl.* 1121.   49. **9.** *Schwabacher spr. des* XIV *jhs.* (*sitzungsberichte
..r Münchener academie* 1870, II 25—28 *nr.*) 112 (*S* 8303) wenn es geregnet, wirt
.. nass; *vgl.* 2, 78.   50. *Röm.* 1, 32.   quoniam] quô.   53. 11. *vgl. J* 186
..lr á iafnan **ills von; ills er von af illum.**

9ᵇ. 10ᵇ. **12.** *Sangallische hs.* 111. IX?*jh.* opera Hieronymi, *auf der letzten
..ite s.* 352.   *EGGraff ahd. sprachschatz* I (*Berlin* 1834) LXIII.   *IIIattemer
..enkmahle des mittelalters* I (*SGallen* 1844) 410ᵇ.   9ᵇ. boûma.   10ᵇ. unath
..ovmma.   *nach der jüngeren aufzeichnung scheinen* 9 *und* 10 *nur éin sprichwort
.. us zwei parallelen sätzen zu sein. hier zeigt sich dass es zwei sprichwörter sind,
..ie denselben gedanken verschieden ausdrücken.*   **12.** *Morolf* 236 sô gebáren wirt
..az rê: ime wizet der ars als der snê, *lat.* (*vdllagen varr.* VII, *Kemble Salomon and
..aturnus p.* 51, 5) quando fugit capreolus, albescit eius culus; *vgl. Kemble p.* 72,
.. wenn die gans fleugt, so raget ir der arsch; *R* 50 (*L* 67) æ hwarth hæghrin flygher,
..ha fölgher honum stiærtin.

A. hs. 1966 *des germanischen museums in Nürnberg, angeblich aus dem* X/XI *jh. kl. fol., bl.* 2ᵃ—120ᵃ Gregorii magni moralia in Job lib. VI—X, *bl.* 120ᵇ—120ᶜ Conflictus virtutum et vitiorum, *bl.* 120ᵇ—121ᶜ Est antiquarum liber hic sententiolarum, 106 *hexameter; v.* 96—98 *lauten*

> Que prosunt illis, oberunt animantibus istis.
> Stat cito mors hominum, serpentis uita uenenum.
> Interit humana uiuax anguilla saliua.

und v. 100—105:

> Ru. uel ruu. haido medium titubo. uolo. fugo.
> Met **niger. ast nigra ma.** niueus be. lactea dat. ba.
> Discolor ille be me. sonat illa ba ma. quoque noce.
> It pedes usque pedes tria querere fluxit ad edes.
> Penna probatorem probat ast reprobat reprobantem.
> Katolicus linquens zabulum fert gaudia x̄p̄o.

dann der letzte **vers** *von gleichzeitiger andrer* **hand:**

> Qued cupit hic fugit ista sed hec moderatur utrumque.

dann folgt bis 122ᵇ *Hrabanus tractat de inventione linguarum mit den alphabeten; s. anzeiger für kunde der deutschen vorzeit* 1855, 79. 80; *vgl. zu* XXXIV *B. eine abschrift verdanke ich MLexer.* **B.** *cod. philol.* 413 *der k. k. hofbibliothek in Wien, aus dem* XII, *wo nicht dem* XI *jh.* (*JGrimms Reinh. fuchs* CLXXXIV), *bl.* 65ᵃ—66ᵃ Incipiunt uersus de prouerbiis uulgaribus, 46 *hexameter ohne bestimmte ordnung, herausgegeben mit anmerkungen von Haupt in den altdeutschen blättern* 1 (1834), 10 *bis* 12. **C.** *miscellanks.* C 58/275 *auf der wasserkirche in Zürich* XII *jh. nach* 1172 *geschrieben* (*Haupts zs.* 5, 293, *WWackernagel aldeutsche predigten s.* 253 *vgl. zu* IV, 7, 5); *bl.* 21 ᵃ·ᵇ. Incipiunt diuersarum prouerbia rerum, 54 *hexameter zum grofsen teil nach den anfangsbuchstaben alphabetisch geordnet, am schluss* Est antiquarum liber hic sententiolarum *herausgegeben mit anmerkungen von WWackernagel in Haupts zs.* 6 (1848), 304—307. **V.** *cod. rec.* 3356 *der Wiener hofbibliothek aus dem* XIII *jh., bl.* 83ᵇ—84ᵇ 204 *verse, von denen Mone die ersten* 52 *im anzeiger für kunde der teutschen vorzeit* 1838, 504. 505 *nr.* 64—110 *abdrucken liefs.* ABC *gebe ich bis auf die eben aus* A *mitgeteilten verse im text vollständig, aus* V *wenigstens alle eigentlichen* **sprichwörter***, obgleich sie später versificiert sind als die übrigen, da auf etwa* 100 *hexameter in* V *schon* 42, *auf die* 96 *und* 46 *in* A *und* B *nur die hälfte* 21 *und* 12 *mit zweisilbigem,* **zum teil** *ungenauem reim kommen.* V *enthält aufserdem noch mehrere moralische sentenzen, denksprüche, memorialversu. dgl. s. unten* XLIX, 6—12. *dass ich die verschiedenen fassungen und übersetzungen eines und desselben sprichworts in den text aufgenommen, kann niemand tadeln. die schule (s. zu* XXVII, 1) *verraten mehrere* (43. 44 *f.* 66. 119. 120. 163. 164. 173. 227) *und manche kehren* **noch** *im* XV *jh. in den Niederlanden (zu* 11. 76. 92. 126. 145. 156. 171. 226) *und in Schweden und Dänemark (zu* 13. 36. 53. 62. 85. 86. 111. 133. 136. 153. 171?) *wieder,* 80. 133 *auch in Frankreich. einzelne pflanzen sich sel..t bis auf ASchellhorn (teutsche sprichwörter nebst einem anhange in lateinischen versen, Nürnberg* 1797) *fort; ich überlasse es andern sie durch die zwischenglieder zu verfolgen.* 1. *vgl.* 94 2. *Freid.* 108, 3 (*vgl. S* 9887) **swem die** sterren werdent gram, dem wirt der mâne lihte alsam; ich **fürhte** niht des **mânen** schîn, vil mir die **suune** genædic sin; *R* 791 drag hællre sompt mz manan æn mz stiærnom, *L* 864 = *J* 127 hafdu heldr vinskap vid túngl enn adrar stiörnur (vid sól en stiörnur allar); *M* 3853.   3. sic sal' *die hs. eccles.* 32, 24 sine consilio nihil facias et post factum non poenitebit; *CSchulze biblische sprichwörter* 1860 *nr.* 172; *vgl. S* 8081 *ff.* 11043. 11051; *H* 2 achterraets enghebrae nie man, *T* 17; *M* 904. 1831. 4136, *J*. 21. 169; *færöiske ordsprog (antiquarisk tidskrift* 1849—1851 *s.* 271—304) *nr.* 100 eftirrádini eru so mong; 101 betri er æt vera firivárin **enn eftirsnárur.**   4. *Lappenberg hamburgische rechtsalterthümer* 1, 204 *gl.* to ener dubbelden undat horet nicht eyne enfoldige bote unde wedde; *vgl. deutsche rechtssprichwörter* **von** *EGraf und MDietherr* 1864 *s.* 320.   5. *S* 2390 wenn das ferkel träumt, so ists von trebern; *H* 110 als dat verken droomt, so ist van draf; *R* 915 æ drömir so um draf = *L* 1028 — og kærling om sin krogstaf; *før.* 360 purkan droymir um dráviđ ok kelling um stávin.   6. *vom gottes gericht.*   7. norit *ist adhortativ. H* 709 ten wil gheen swager weten, dat sijn swagher gheweest is: Non uult seire socrus quod fuit ipsa nurus; *S* 9411 die schwieger weiss nicht dass sie schnur gewesen ist.   8. *nach Eckehard* IV (*cos. SGall. MG. SS.* II 84) *gebrauchte bischof Salomon* III *von Constanz im anfang des* X *jh. das sprichwort:* Vitrei, inquiunt, amici vitro donandi sunt. 'ringe von glas (Theoph. presb. schedula diuersar. artium* 343. 344 *Lessing) waren ein schmuck für kinder und ärmere leute (Walther* 50, 12, *Elisabeth Diutiska* 1, 389*f.*); *daher sprichwörtlich 'etwas wertloses', Gottfrids Tristan* 16874, *Wachtelmäre* 220. *hier kann man auch an die gebrechlichkeit denken.' Wackernagel; vgl. Simrock zu Walther* 1, 201.   9. *S* 10623 es ist alles gut genug was man umsonst gibt.   10. myrica *ahd.* fúlboum *Graff* 3, 122, *aber sonst* brimma, phrimma lupinus, genista *oder* = erica *das.* 3, 367. 4, 809. *Sumerlaten* 46, 11. 58, 2. 63, 9; *ags. gl. Aldh.* (*Haupts zs.* 9, 408) broma.   11. *Keller erzählungen aus altd. hss. s.* 129, 27 der paum von einem slage nie viel; *S* 861 es fällt kein baum auf éinen hieb; *H* 200 (*T* 215) den boom en valt niet ten iersten slaghe: Arbor per primum quęvis non —; *M* 988 *J* 72.   12 = *Salmansweiler hs.* 500 *in Mones anz.* 1834, 33 *nr.* 9; *nr.* 8 Fructibus ex propriis arbor cognoscitur omnis *aus Ottohs proverbien in BPez thes. anecd. noviss.* 3, 2, 501; *Freid.* 86, 21 von obeze wirt der boum erkant; *H* 93. 299 (*T* 162. 452) den appel smaect sijns booms; *R* 792 (*L* 865) tholik ær frueth som træsins dygdh ær, *vgl. R* 919 *L* 89. 1018; *S* 836—839; *CSchulze* 210. *vgl.* 198, *und unten* 198. 13. *H* 664 (*T* 880) tis quaet water, sprac die reigher ende conde niet swemmen: Ardea culpat aquas, cum nescit ipsa natare = *L* 68 — quia nescit nare per illas: heirar straffer wanneth, forthi han kan ey sömme, *J* 141. 417.   14. *Pfaffenleben* 561 (552) wil er daz honic ezzen, só souge den angel; *vgl. WGrimm über Freidank s.* 61, *Z* 71; *S* 4926 wer honig lecken will, muss der bienen stachel nicht scheuen; *M* 2948 hvo honning vil slikke, maae ei rædes for bier.   15. asinibus *C. von Wackernagel richtig verbessert, aber falsch erklärt 'aus der heimat weht der wind unsüfs', weil er heimweh erweckt.' vielmehr 'verwandte sind oft kaltsinnig'; vgl. J* 192 köld (verderblich) er mága ástin *und Passional* 357, 19 *Köpke* er lac niht von dem winde, der von valschen lüten quam.   16. *vgl.* 268. *S* 8666 wer alles sagt was er will, muss oft hören was er nicht will; *M* 3469 *J* 161. 290.   17. fit uult argeus *C: von Wackernagel verbessert.*   18. *Kolmarer meisterl.* 157, 18 swann dir diu sunne schînet, lege den mantel an;

S 6821 wenn die sonne scheint, nimm den mantel mit auf die reise; 11580 bei schönem wetter nimm den mantel mit: regnet es, so halt es wie du willst.
19. so *A*, wie *C*, über der zeile, in derselben corrupt hinc obstrepitus arcet; *Freid.* 138, 11 der hunt der mac des (enizzet) höuwes niht und grint doch sô erz ezzen siht; *darnach ein beispiel altd. wälder* 2, 96 rehte als des gebûren hunt dem ohsen höuwes niht engan, des er doch niht geniezen kan; *vgl. J* 131 cius og hundr á **beystakki.** 20 = 46. 21 = 114. *Prager hs. vom j.* 1417 (*Serapeum* 1868 *s.* 115—117) *nr.* 49 **alt weg und alt** freundt soll man behalten; *Gruter florilegium* 2, 5 — in würden halten; *fær.* 134 gamlar vinir ok gamlar götur skal eingin gloyma; *R* 573 (*L* 642) **man skal** ey forsma gambla **vini** ok ey gambla vægha; *M* 1039. 3858 *J* 112. 118. 24. **honore petas** *A*. *vgl.* 186. 209. 25. manus est manus *C*. schon *Wackernagel* **vermutete** manui. 26. *über* quod *noch* qui *C*. *Morolf* 507 man sprichet sicherlichen 'ein ieglich suocht sîn glîchen' *nach eccles.* 13, 19. 20 *CSchulze* 153; *vgl. anm. zu Freid.* 64, 4. 5, *Z* 55; *Prag. hs.* 74 es sucht ye ain geleich sein gleich; *H* 365 ghelije mint sijns ghelije; *S* 3679 gleich und gleich gesellt sich gern; 6410 liebe machet gegenliebe; *Schwab. spr.* 53 geleich sammet sich gern; 82 ein lieb sucht das andre gern = *T* 522. *vgl.* 535. 565; *J* 150 hvad elskar sèr likt, 203 líkr sækir líkan heim; *R* 20 (*L* 22) æ finder kaka (*M* 2297 *J* 332 sækir kraka) sin maka, *vgl. zu* 28. 27. conclaue *die vorratskammer*; *S* 2611. 11377 die karge frau geht am meisten zur kiste; *H* 203 *T* 218; *M* 1742 karrig kone gaaer ofte til kielder. 28. *vgl. Prag. hs.* 48 die fliegen der schalk und der hunt die habent ainen slunt; *J* 287 saman renna (skrida) nidingar, 288 samlikir fuglar fliúga sèr i hop (= *S* 10988. 89), 332 sækjast sèr um líkir og samanbúa nídingar. *vgl. zu* 26. 30. omne capit — caput in se *C*; *vgl.* 58. 31. *gl. zum Ssp.* wer ein ding heisset, der is als wol dran schuldig als der es selb tut *ua. bei Graf und Dietherr s.* 305. 33. *vgl. J* 108 flest er vin sinum vel segjandi. 34. *S* 3058. 3059; *H* 480 *T* 695; *R* 157 *L* 172. 277, *J* 75 ekki skal skoda tenur á skeinktum hesti; 119 gefnum hesti ei gægst i munn; *altfrz.* 121. *Reinardus* 2, 900. 35 = 84. *J Grimm Reinh. fuchs* cxc, 337; *Wackernagel in Haupts zs.* 6, 286 *f.*; *W Grimm ebendas.* 12, 216; *Schwab. spr.* 110 was man sagt dem wolf, so spricht er newr 'lamp, lamp!' *R* 969. 1082 (*L* 994. 1157) kän wlf pater noster, han bedhis æ lamb (han syer alth 'lam, lam!'); *M* 169. 36. *S* 8848 lässt man dem schalk eine hand breit, so nimmt er eine elle lang; *vgl. Frauenlob spr.* 324, 1; *Prag. hs.* 53 wann man ainen spann gibt, so wil er ain ellen; *R* 897 (*L* 1045) Si servo nequam — gif skalk een span, han taker sik sixelf een ala; *M* 3081. 37 = *aus dem anfang des XIII jh. in Mones anz.* 1838, 507 *nr.* 137; = 178 *unten, ein reimspruch* Swer loufet ûf dem ise, der ist (*oder daz ist der*) unwise; *vgl. Z* 29 = *Schwab. spr.* 44 *S* 2159. 2012. 38. *Z* 164 wasser in den Rein tragen; *Eckehard* IV *in MG. SS.* II 136, 16 Ovis ad capram lanam petitum venit. 46 = 20 = *Mones anz.* 1838, 507 *nr.* 138 Decolor —; *Gruter* 1, 4 alte stiffel bedürfen viel schmierens; *H* 575 (*T* 816) olde leerse behoeven vele smeers; *J* 117 gamlar húdir þurfa mikid mak; *Schellhorn s.* 127 (*S* 4467) alte häute bedürfen viel gerbens. 47. uescas — ad aures *A*. *S* 10439ᵃ 'die trauben sind sauer' sagte der fuchs, *aus Phaedrus* 4, 3; *vgl. Haupts zs.* 7, 364 *nr.* XXXII. 48. *M* 287 f. 2892 rigdom har sorg og armod har trygbed; *vgl. M s.* 212 *S* 521. 532. 536. 49. damnati *V*. 'es ist dominati *zu* schreiben, *was des reimes wegen statt* dominantes *steht: Helbling* S, 531 'allez herren' sprach

der vrosch, (dó) gie diu eide über in; *Odo de Ciringtonia* 24 (*jahrb. für rom. litt.* 9, 141) traha semel transivit super bufonem et unus dominus (*l.* deus) percussit eam (*l.* eum) in capite, alius in corpore, alius in renibus, et ait bufo 'deus confundat tot dominos'. — traha = occa *belegt Ducange: dasselbe muss hier crates sein und die* hurt (*RA* 699, *mhd. wb.* 1, 734*f.*) *gehört nicht hierher.*' Haupt.

50. *vgl. bei CSchulze* 75. 51. competa *A. vorr. des Sachsensp.* 1 Ich zimber sô man seget bi wege, des mûz ich manegen meister hân; *H* 232 (*T* 402) die bi den weghe timmert, heeft vele berichters (meisters); *M* 422 *J* 161. 52. et incidit *A*, incidet *aus* lapsus in *gebessert C; CSchulze* 95, *Z* 60. 53. *S* 7872 *H* 154 (*T* 260) elein peert, elein dachvaert (dagreise); *R* 248 (*L* 286) Emptus equus leviter segne dietat iter: litin hestir gör stakkota daxleed (dagsreise); *J* 233. 205 lítil hestaskipti giöra stutta dagleid; *vgl. S* 8535. 54. quam parva *C*. — En illa quae parva agnus, uetus ovis videbitur, *vgl. J* 116. 267 fyrst er ångr gris, sidan (opt verðr u. g.) gamall gültr; *S* 6018 alte kuh gar leicht vergisst dass sie kalb gewesen ist, *M* 1861 *J* 386. 55. = 129. 56. *S* 1909 eigen heerd ist goldes wert = *H* 336 *T* 440. 57. *mit* 81 *in V verbunden, wie R* 778ᵇ Proxima languori manus est et ocellus amori; *J* 392 þar er augað sem kært er, höndin sem sárt er; *nordfries. in Haupts zs.* 8, 350*ff. nr.* 55 diar wat lefs hê, di lêpt-r efter; diar wat siars hê, di felt-r efter. 58. quod habet *B*; *vgl.* 30; *MSF* 224, 25 (XII *jh.*) daz der boch —, *Gruter* 3, 98 was der bock an ihm selber weiss, desselbig ziehet er die geiss; *Schwab. spr.* 33 wes sich der pock verweiss, des bemüt er sich auf die geiss. 59. *Freid.* 126, 19 ez dunket mich ein tumber sin, swer wænt den oven übergin *mit anm.*; *ndd.* gegen den backaven is quât an jânen; *S* 656 (7656. 7657.) *H* 402 *T* 555 *M* 2626. 60. *vgl.* 141; *Freid.* 139, 14 ab man hât ein heime gezogen kint ze hove dicke für ein rint; *Gruter* 1, 4 heim gezogen kindt ist bey leuten wie ein rindt; *vgl. S* 5588ᵃ. 8469; *M* 289 hiemmevant barn hos fremmede skarn; *J* 142 heimskr er heima alinn sonr. 61. *s. zu* 205. 62 = *R* 311 — non fallunt carne creati (*L* 352 — non eodem sanguine nati): æ swikas the sworno ok ey the borno; *M* 4097 för svige de sverne end de baarne. 63. fasceis *ist hier 'bürde'. eine schwangere gelüstet zu trinken, was sie sonst verschmähen würde.* 65. *vgl. S* 11388. 66. *S* 6291 guter lehrling, guter meister. 67. *Schwab. spr.* 6 vil red macht unnutze wort; *Havam.* 28 œrna mælir så er æva þegir, stadlausa stafi. 68. *vgl.* 229. 69. *PSyrus* 267 intensus arcus nimium facile rumpitur; *Otloh p.* 489 arcum nimia frangit intensio; *Freid.* 108, 1 dehein boge wart sô guot, man müge in spannen daz er brist; *S* 1192. 1194 **wer** den bogen überspannt, der sprengt ihn; *H* 104 als men den booch te wijt spant, barst hi gherne; *T* 159. 1027; *M* 2373 saa kan mae büie buen at den brister; *J* 56. 80. 244. 70. *vgl. S* 10435 Trauwohl reitet das **pferd** hinweg. 72. latis fiet pretiosior *C*. 73. *Titurel* 3756 swer nâch siner girde donret, der mac wol behalden sinen bou vil unverhagelet; *HMS.* 2, 78ᵇ (*Neidh.* XXVI, 12) swer selbe witert swie er wil, den ensol der hagel slahen selten; *vgl. Martina* 10ᵇ, 56. *Wackernagel.* 74 = 194. 196. 75. *da in C kein beispiel der elision vorkommt, so scheint es gewagt* libero *zu setzen.* 76. *S* 10074. 75 éin tag verleiht was das ganze jahr weigert = *H* 347 Sepe dat una dies —, *T* 475. 78. *S* 8295 es regnet gern wo es schon nass ist; *M* 4179 det regner gierne hvor för var vaadt: Opes dantur diviti. 79. *H* 777 versengde catten leven lane; *S* 5601 gebrühte katze scheut das kalte wasser; *vgl. unten*

98.   80. *R* 31. *L* 32 *før*. 7 *J* 367 þad er hægt ad synda, þá annar heldr upp
höfðinu; *altfrz*. 114 soef noe a qui len tent le menton: Ille natat —.   81. res
est *V. vgl. zu* 57. *Notkers Boethius* 160ᵃ *Hatt.* vuánda ouh proverbium ist 'ubi
amor, ibi oculus'. *S* 4684 was dem herzen gefällt, das suchen die augen.   83.
Fafnismal 35 þar er mer úlfs ván, er ek eyru sék, *JGrimm Reinh. fuchs* 419,
WGrimm bei Haupt 12, 214,*f. M* 2558. 3690.   84. *s. zu* 35.   85. *Morolf* 261
diu nihtwan ein loch hât, daz ist ein bœse mûs; *S* 6906 es ist eine schlechte
maus, die nur ein loch weiss; *R* 426 *L* 488 Ille miser mus est —, *M* 155 arm
—, *fær*. 75 ring er músin, id ikki hevir meira enn eina holuna; *vgl. S* 2879,
Kemble Salomon and Saturnus p. 57.   86. = *L* 539 In propriis —, *Schellhorn
s.* 4 Aedibus in propriis — mordacior —: der hahn ist kühn auf seinem miste;
H 313 die hont is stolt voor sijn eighen hol; *T* 489 ein hunt is kone vor si-
nem huse. *Wittenweilers ring* 40⁴, 20 (*vgl. Prag. hs.* 73) ieder hunt auf seinem
mist für ander drei geherzer ist; *S* 5023 der hund ist tapfer auf seinem mist;
R 53. 243 hema ær hundir rikast (diærwastir), *J* 141 — frakkast = *L* 60. 280. 539
hund ær diærfvest fore sine eghen dör, *M* 1478 hund er hiemme rigest, hane er
paa egen mödding diærvest *mit anm. und Müller zu Saxo* VII p. 354. *R* 370 *L*
422 *J* 141. *S* 4210. 4211.   87. arguit *A*, arguet *C. Phaedrus* 1, 1.   89. *Ren-
ner* 7049 swer ein obz trücge gén Bern, ez smact nâch sînem stamme gern.
90. properæ — caudæ *AC*: *Wackernagel verbesserte. der erbittertste feind tut oft
freundlich, wenn er böses im sinne hat; Rameland IIMS*. 3, 57 mir zagelweibet
sümelich hunt friuntlichen âne mâze, der mich doch unverschuldes wilen gerne
bizze; *Freid.* 138, 9 manec hunt vil wol gebâret, der doch die liute varet.
91. *vgl. zu* 212.   92. *Schwab. spr.* 141 (*S* 2488) in sulchen wassern vecht man
sulche vische; *H* 437 (*T* 616) in sulken rivieren (sulkem water) vanct men sulke
visch: In tali tales —; *R* 978 i slike watne æru tholka fiska, *L* 1058; *vgl. Z* 33.
  93. *S* 7271 jeder ist sich selbst der nächste; *J* 158. 304 sér er hvad eina;
sér er hvör nærstr.   94. *vgl.* 1.   95. *S* 11763. 11768 woltat ist gar bald
vergessen, übeltat hart zugemessen; *J* 124 gott gleymist skiótt, illt fellr ekki
úr minni.   96. *S* 7024 der milde gibt sich reich, der geizhalz nimmt sich arm
= *M* 1748; *vgl. Freid.* 87, 2—5; *Havam.* 47; *Schwab. spr.* 125 milter hant ge-
prach nie; *Horaz ep.* 1, 2, 56 Semper avarus eget, *T* 1066. 1337.   98. *vgl.* 79;
urstende 103, 23 ich fürhte als ein verbrantez kint; *Prag. hs.* 63 so sich das kind
prent, so furht es darnach das feur; *S* 1290; *Hending* (*Kemble* p. 276) 22 brend
child fur dredeþ; *fær*. 35 brent barn rædist (*J* 58 fordast, ôttast) eldin; *R* 731.
1078 *L* 531. 788. 1190 brænd barn rædis ild og bidet hund.   99. *vgl. M* 2798
ravnen synes altid at hendes unger ere de hvideste.   100. '*sæest du flachs auf
dem berge, fahrest du der fische von ferne*'; *weil aus dem flachs netze gemacht
werden*.   102. *S* 1060. 8661 (*vgl.* 8651) alte säckel schliessen übel; *H* 577 (*T*
819) olde budelen sluten qualic (ovel).   103. *vgl.* 162 superarit *A*.   105.
nicinis *A. der vers ist mir unverständlich*.   106=167.   108. equus *V*.
110. differre *ist hier nicht 'verschieben', sondern 'vertun, verzetteln'*.   111. *Helb-
ling* 8, 544 grinenden hunt der nie gebeiz sult ir harte fürhten niht; 5002 bel-
lende hunde beissen nicht; *T* 1271 hundes blecken hindert nummande; *H* 746 wat
schadet des honts bassen, die niet en bijt? *Alfred proverb.* 32 þe bicche bitit
ille, þan he lurke stille, *Kemble* p. 253*f*. *R* 821 (*L* 893) hwat giwer jak um
at (jegh wrder ei hwad) hundin gür ok bither han mik ei; *J* 82. 233 minnst

skada hundar sem hærst geya. 112. *nach ev. Matth.* 6, 24. *Luc.* 16, 13; *CSchulze*
189 *Z* 66*f. R* 554 *L* 637 *far.* 476 *J* 92; *Prag. hs.* 61 wer czwain herren die-
nen kan, der ist zu loben an. 113. *S* 7432ª man kan die natur nicht ändern.
114 = 21 = *R* 573 *L* 642 Nemo-nec — 115. *S* 11103ª—11106ª wer nicht
wagt, kommt nicht nach Wohlau. 116. *Freid.* 60, 7 swå ein dorf ist âne nît,
ich weiz wol daz ez waste lît. 118 = 128 = *R* 594 *L* 699 Non cum —: thz ær
ycgoth at stinga biörn mz naal (skeil). 119. *anders Freidank* 49, 17 swå schalke
magezogen sint, **då verderbent edelin kint.** 121. *vgl. R* 149 (*L* 206) af hundz
stiærth warder **ey got drykkehorn.** 122=171=232. **non** ualens *'taugt nicht,
ist unwert'.* 124. *vgl.* 216 **anm.** 125. **nam statt quem** *V*. 126. *Prag. hs.* 75
es sind nit all jæger dy dy horner plasent; *S* 5166. 67 — hörner führen; *H* 649
(*T* 878) ten sijn niet al jaghers die hornen (de wol int horn) blasen: Non — omnis
cornu modo flator; *R* 602 *L* 701 *M* 97. 128. ursus *C*, anguis *B*; *vgl.* 118. *S* 5166.
67 wer wilde katzen fangen wil, muss eiserne handschuhe haben. 129. *Rei-
nardus* 3, 728 Tardum est annosos discere vincla canes; *Freid.* 109, 26 swer
alten (altem) hunt an lannen (ein bant an) leit, der vliuset michel arbeit; *Mo-
rolf* 517 twingst dû den alten hunt in bant, sô maht dû hüeten diner hant;
Schwab. spr. 67 ein alter hunt ist pos (*Gruter* 2, 4 alte hundt seynd nit gut)
pendig zu machen; *H* 576 (*T* 817) olde hont sijn quaet bandich te maken; *J* 117
gamlan hund er ei gott ad tiodra; *S* 5009 alte hunde ist bös ziehen, *vgl.* 5012;
fær. 136 illt er at læra gamlan hund uppi at sita, *J* 80 — ad kenna gömlum
hundi ad húka, *R* 1061 *L* 693. 1144 — at kure, *M* 302; *Kemble* p. 63, 25.
130. unica matris *C. s.* XXVII 1, 8. 132. *H* 165 (*T* 200) dat dat oghe niet
en sict, dat en begheret (quellet dat) herte niet; *S* 619 was das auge nicht
sicht, beschwert das herz nicht (*M* 4039); *nordfries.* 11 wat a ügen eg se, dê-t
hart eg siar; *fær.* 507 tad id eygad ikki sár ok oyrad ikki hoyrir, verkir ikki
hiartad; *vgl. Lanzelet* 8585, *Parz.* 351, 13 unkünde sint unminne, *bruder David
in Haupts zs.* 9, 23 unkünde machet unminne = *H* 570, *Heinzelein* 2, 287 diu
minne ist in der künde guot: -unkundiu minne ist ungewis *und unten* **zu** 188.

133=*R* 589 *L* 658 (*auch bei Ducange s. v.* follus): man therf ey binda (henghe)
klocke a een skalk; *S* 7365 man braucht keinem narren schellen anzuhängen; *H*
475 men derf ghenen dwasen bellen aenhanghen; *M* 1069. 134. (*Prag. hs.* **64** wer
sich selbst lobt, der haist schaut!) *S* 9491 wer sich selbst liebt allzu sehr, den has-
sen andre noch viel mehr; *M* 852. 4100; *J* 302 sá póknast fáum sem sèr gódr er;
vgl. Marcolfus (*Kemble* p. 51, 15) si me ipsum vituperavero, nulli unquam placebo.
135. Nunc *statt* Non *V. vgl. S* 1592 wenn der dieb sich nähren möchte, käm er nicht
an den galgen; 1596. *M* 3668 kunde tyven sværge sig fra galgen, da hængte han al-
drig. 136=*R* 590 thæn mætte weth ey huru thöm hungrugba likar, *L* 661 then
mætte wil ei wide hwat then fastende (*M* 1580 hungrige) lider — *fær.* 303 *J*
146; 77. **279 saddr veit ei** hvar sváungr sitr; *S* 8708 — 10 der satte mag nicht
wissen, wie dem hungrigen zu mute ist; *Morolf* 475 der **sate** singet ungeliche
und ouch der hungers riche; *vgl. S* 3558. 8337 *R* 591. 875 *L* 697. 945 *J* 141;
M 3208. 9 den fulde (fede) so vorder ikke hvor (veed ei hvad) den **sultne**
grynter (lider). 137. Nata iacens — nec semper inulta *C*, wo *Wackernagel* nata
als natta 'matte' oder 'beule' erklärte. *Servatius* 3532 die schulde mugen niht
rözen, *wozu Haupt aus Gotfrids Tristan* 5406 *anführt:* dô wart diu wârheit
wol schîn des sprichwortes daz dâ giht daz schulde ligen und fûlen niht; *vgl.*

noch *Heinrichs Crone* 18836 ein alt sprichwort gibt 'alt schult lit und rostet niht'; *Konrads Troj. kr.* 36589 schulde lit und rastet (*l.* rostet) niht; *S* 9231. 32 alte schuld rostet nicht; die schulden liegen und faulen nicht; *J* 117 gamlar skuldir rydga ei. 138. *Meinloh von Sevelingen MSF.* 14, 24 er ist unnütze lebende der allez sagen wil daz er weiz; *vorr. zu Freid.* CII. 139. *vgl. M* 3810 den tyngste byrde paa veien er en let pung. 141. *vgl. zu* 60. 142. *S* 271—273 es ist kein ämtlein, es **hat sein** schlämplein; ämtchen bringt käppchen; *M* 222 der er intet fogderi saa ringe, det jo baader een skieppe havre.

143. *Mone anz.* 1834, 31 **nr.** 33; *Schwab. spr.* 133 (*M* 4383^b) der krug gat als lang zu wasser **bis** das im der henkel abpricht; *S* 5986 *H* 42 *T* 55 *J* 390; *R* 76 (*L* 37 *M* 3342) brungangol (keldegaanghen) kanna kombir siællan heel (ofte bröden) heem; *altfrz.* 135. 145. 1 *Joh.* 4, 1. *CSchulze* 293; *H* 494 (*T* 724) men en sal alle gheesten niet gheloven: Omni —. 146. '*der reihe nach sammelt man steine in den schofs und verliert die haare vom kopfe.*' *S* 4149 immer nur ein haar und der mann wird kahl, *H* 61 *T* 81; *R* 98 af eth haar ok eth warder man skalloth, *L* 117 eet haar og annet gör bonden skalleth, *M* 1351 *J* 87; *altfrz.* 192. 147. *Freid.* 164, 16 diu zunge diu enhât kein bein und brichet doch bein unde stein; *S* 12192 die zunge ist kein bein, schlägt aber manchem den rücken ein; *far.* 477 steinur brestur firi manna tungu; *altd. bl.* 1, 77 quade tonghen breken been, al en hebben si selve egheen; *R* 680 *L* 737 tunghen ær ei been, togh bryder hun stundom been, *J* 69 ekki er túngan bein, en opt brýtr hun stein; *Hending (Kemble p.* 274) 17 tonge brekeþ bon, and næd hire selve none; *vgl. Z* 184*f.* 148. *R* 837 (*L* 914) siællan giæller hund wid beenshugh; *J* 311 sialdan reidist hunder beinshöggi; *vgl. S* 5028. 149. *das ei etwas wertloses wie in der verstärkten negation.* 150. *S* 1870. 71. — *T* 69 ut braden eieren en komen neine küken; 53 eier in die pan, daer en comen gheen euken uut (*l.* van). 151. *der ritter der sein ross schont wird den ruhm nicht einholen.* 152. *ist ohne zweifel von einer frau gemeint; vgl. Spervogel MSF.* 24, 1*ff* 153. 156. *H* 29 als de swalven vlieghen, bliven hier die muschen: Passere sub —; *T* 1158 als de swalwe flücht, so blift de lünink; *S* 9330 wenn die schwalben fortfliegen, bleiben die spatzen hier; *vgl.* 9331; *Notker zu ps.* 101, 8 uuanda ándere fógela rûment, spáro ist heîme. 157. *J* 27 aldrei má mord dyljast; *H* 516 (*Suringar s.* 33) moort en bleef noyt verholen; *T* 740 mort en blift **nicht** verborgen; *S* 7086 es bleibt kein mord verschwiegen; 9940 strafe um sünde bleibt nicht aus. 158. *vgl.* 186. 209. 159. Berna *C; Wackernagel* änderte famosa *in* fumosa *mit unrecht; S* 473 reicher leute krankheit und armer leute braten riecht man weit; *nordfries.* 4 rikmans krankhaid au armmans pankuken jo stinne lik für. 160. tum *A.* 161. phustum *C.* 'ardaria *fehlt bei Ducange.*' *Haupt. S* 5567 der kessel schilt immer den ofentopf; 10406. 10407 der topf lacht über den kessel, — verweist es dem kessel dass er schwarz ist; *R* 1008, *L* 1074 wee worde teg, so sort tu æst, sagde gryden til kædelen, *M* 242 *J* 325 — vid leirpottinn. 162. *vgl.* 103. *eccles.* 10, 14. *CSchulze* 127.

163 = *Otloh p.* 520. 524. 163 = *Schellhorn s.* 38. 164. *vgl. Grettissaga c.* 14 (*J* 107. 300) fleira veit sá er fleira reynir. 165. *S* 9691 besser ein sperling in der hand als ein kranich auf dem dach = *M* 3288; *Sebastian Frank* 1, 45^b ein spatz in der handt ist besser dann ein stork (71 ein rebhun) in der luft; *vgl. vorr. zu Freid.* xc, *S* 10984—83 *H* 135 *T* 248 *M* 323 *J* 51. 166.

Schwab. spr. 161 ie mer hirten, ie wirser gehut = *M* 2333; *S* 4776 viel hirten, übel gehütet. 167=106. *S* 5464 katzenkinder lernen wohl mausen; *H* 143 (*T* 274) cattenkinder musen gheern; *Ålfred* 21 ofte mùsed þe eatt after þe mòder, *Kemble* p. 238. 252*f*., *altfrz.* 149 qui de chaz, ne puet muer, ne sorge.
168. *vgl. Winsbecke* 36, 1 si jehent alle, ez brenne fruo daz zeiner nezzeln werden sol; *Prag. hs.* 67 was nessl sol werden, das prent frue; *S* 7501.
169. '*dicker rauch von dicken ronen*'. 170. *S* 1048. 49 ein bettler neidet den andern; einem bettler ist es leid wenn er den andern betteln sieht; *M* 3297 den ene stakkel fortryder at den anden **staaer ved dören**; *vgl. Strafsb. hs.* ez ist einem hunde leit daz der ander in die kuche geit = *H* 673 *T* 948 *S* 5040; *M* 3322.
171=122=232. *Saxo gramm.* V p. 195 *Müller* Ericus se ad astandum fratri natura pertrahi dixit, probrosum referens alitem qui proprium polluat nidum; *R* 204 *L* 231 Degenerans olidum facit ales stercore nidum; thz er een oud fughil som oreent gör i sit reder (skider i sin eghen rœde); *Schwab. spr.* 73 es ist ein ungenemer vogel, der do beflecket sein eigen nest: Est avis ingrata, que defedat sua strata; *Gruter* 1, 32 es ist ein böser vogel, der in sein eigen nest hofiert; *S* 7504 (*vgl.* 7505) es muss ein garstiger vogel sein, der sein eigen nest beschmeisst; *H* 677 tis een vuul voghel, die sijn nest ontreint: Vilis et ingrata voluerís fedans sua strata, *T* — 952 sin eigen nest beschit; *M* 624 *far.* 392 *J* 281 sá er fuglinn verstr, sem i siálfs sins hreidr dritr; *vgl. S* 7503 *H* 676, *Freid.* 145, 22 *ab* man sihet bi dem neste wol wie man den vogel loben sol; *Eckehard* IV *in MG. SS.* II 128, 34 talis nidus bonas aues decet. 172. facit — patenis C. 175. *vgl. W Grimm zu Freidank* xc.1*f.*, *Z* 88 *ff.* Solarliod 68 æ koma mein eptir munud. 178 = 37. 179. *vgl. Schwab.* **spr.** 5 senfte ode susse straf wirt gern schertig. 182 = 191 *mit anm. vgl. S* 7347. 10266 wer einen narren schickt, dem kommt ein tor wieder = *H* 217 *T* 325; *J* 304. 183. *S* 8634. 35 stricke den sack zu, auch wenn er nicht voll ist; *H* 485 men bint menighen sae toe, die niet vol en is. 184. *Helbling* 9, 88 welt ir fürhten helme glich (*im mhd. wb.* 1, 670 *sorgfältig mit* ë *geschrieben unter* hëlm), sô kumt nimer ûf kein strô; *Liedersaal* 1, 601, 72 ez (*l.* er) darf komen in kein strô, der haimlich würeken (*l.* helme glich fürhten) wil; *Morolf* 361 swer dâ fürht daz **in die** helme bîzen, dern sol niht in daz strô schîzen; *Kemble* p. 59. 45. 186 = **Mone** *anz.* 1838, 507 *nr.* 134; *Z* 31. 69*f. S* 4787. 88. 9856. 57 hohe steiger **fallen** tief; *M* 1654 ingen falder siidt, uden han vil stige höit; *vgl. C Schulze* 70, *Wiponis proverb.* 21, *und unten* 209; *Z* 18. 31 *Schwab. spr.* 50 *Renner* 16426 *M* 4002; *J* 140. 166. 265. 188. *Hartmann büchlein* 2, 673 dan ûz ougen dan ûz muote; *Ulrick von Türheim Wdk.* 142ᵇ ein dine ist âne lougen, swaz kumet ûz den ougen, daz kumet ouch ûz muote, 220ᵃ ein vil altsprochen wort, [dan] ûz den ougen ûz dem muote; *Heinzelin* 2, 288 (*zu* 132) ûz den ougen ist ûz dem muot, *Z* 15; *S* 619 aus den augen aus dem sinn; *Schwab. spr.* 23 wer aus den augen ist, der **ist auch** aus dem sin, *Prag. hs.* 87 der — ist aus dem hertzen = *H* 166, *T* 203 — is al vorgetten *M* 1489. 4037 *J* 398; *Hending* (*Kemble p.* 276. 282 *anm.*) *nr.* 25 fer from eye, fer from herte. *vgl. zu* 132. 189. seuit *C*, mittit *A.* '*der teufel als sämann aus ev. Matth.* 13, 39; *vgl. JGrimms myth.* 964.' *Wackernagel.* 190. *S* 2 wer den aal hält bei dem schwanz, dem bleibt er weder halb noch ganz; *T* 361.
191 = 182. *Ettmüller Sechs briefe und ein leich* I 19 swer bœsen boten sendet, sin dinc er gar erwendet; *Mai und Beafl.* 130, 9 der bœsen boten sendet, sinen

vrumen wendet; vgl. 129, 40 swer dâ sendet boten guot, der fürdert al sîn êrei; Iwein 6064 mit anm. der alte spruch der ist wâr: swer guoten boten sendet sînen vrumen er endet. 192. so gebessert aus fur. hoc indempnis habebit in C, indemptus A. 'diep stal diebe Walther 105, 25.' Wackernagel. 193. vgl. T 202 sinen munt sal men snoren; 337 wise is de sinen munt slut. 194. über der zeile vel numquam de gutturedit B = 74 = 196. wolf und kranich (JGrimms Reink. fuchs s. 348) 1546—1549 uu hâst in maneger stunde vernomen in einem bîspel 'swaz dem wolf komt in die kel, daz ist allez gar verlorn.' Haupt; = S 11814ᵃ M 3688; Prag. hs. 27 was dem wolf in slunt kumpt, kumpt hart herre (?) wider aus; R 1060 (L 1143) thz komber ey alt helbrogde (uskad) af wlfs mun som ther komber i. 197. redit. tt. cassus A, rediit cassum C. sonst vom wolfe, Traugemundsl. 10, 4. 198. S 11947 aus böser wurzel üble frucht; R 74 L 20 ond roth föde alöhre (gifwer ei) goda fructh (æble); fær. 156 sialdan hevir gódan kvistur sprottid af illum runni; J 185 (74. 122) illt trè færir ei ávöxt gódan; 328 svó er kvistrinn sem adaltréd; altfrz. 107 mal arbre ne fet bon frut; aus ev. Matth. 7, 18 non potest arbor mala fructus bonos facere, CSchulze 198; vgl. oben 12. 200. H 525 (T 751) men mach den olden entlopen, mer qualic (nicht) entraden = M 1024ᵇ; S 255 man kann dem alten vorlaufen, aber nicht vorraten; Ælfred 21 þe elder man me mai ofriden betere þenne ofreden; Kemble p. 253 anm. 202. vgl. S 672 aussen fix, innen nix; Schellhorn s. 124 aussen rot, innen tot. 205 = Mone anz. 1838, 507 nr. 132 aus der Klosterneuburger hs. 941 **und** bei Schellhorn s. 45 — nec coelo (et coelo ne) crede —; ex (nam) facili causa — = 61; S 4642 klarem himmel und lachendem herrn ist nicht zu trauen; T 1269; Wackernagel verglich Walther 29, 13 sîn wolkenlôsez lachen bringet scharpfen hagel; wegen Havam. 86 s. Dietrich in Haupts zs. 3, 417 oder Bugges anm. ein reimspruch bei Schellhorn s. 98, Prag. hs. 59 lachenten herren und roten hymel traw nit, wan wetter und dy herren mogen sich pald verkeren. 207. Wackernagel vergl. Walther 13, 19 wie sin wir versezzen zwischen fröiden nider an die jâmerlîchen stat; Walther von Mezze HMS. 1, 307ᵃ sus bin ich an **die blôzen stat** zwischen stüelen zwein gesezzen; Ulrich von Lichtenstein 602, **23 dâ von** in reht alsam geschiht als einem der bi stüelen zwein saz in ein **bâht, und er ûf** kein dâ niht sitzen wolte; S 9998 wer auf zwei stühlen sitzen will, fällt oft mitten durch; T 1295; R 430 L 492 mællom twa stola falder stiærtin i eld (artz paa jorde). 208. vgl. 16. Havam. 28 hradmælt tunga, nema haldendr eigi, opt sér ógott um gelr. 209. vgl. zu 186. Freid. 30, 1; S 9414f. H 187. 291 T 304. 441; M 751. 752 hvo höit vil klyve, falder ofte ned; J 220 **mørgr** befir ætlad sèr ofhátt og fallid því ofdiúpt. 210. altfrz. 267 atart est luis clos, quand li chival en est hors; Prag. hs. 38 wen das rint verloren ist, so pessert man den stal; Schwab. spr. 111 wenn man das viech verleust (S 6049 wenn die kuh gestohlen ist), so versperrt man den stal; T 1328 warumme slüst du den stal als de page is ewege? vgl. Morolf bei Kemble p. 33. 212. vgl. J 183 illt er kyn í úlfi hvörjum und Z 177f. bei Procop de bell. got. 4, 19 p. 556 Bonn. berufen sich die Hunnen auf das sprichwort (S 11809f. JGrimm **Reink**. f. s. XXXV) ὁ λύκος τῆς μὲν τριχός, φασίν, ἴσως ἄν τι καὶ παραλλάξαι οὐκ ἀδύνατος εἴη, τὴν μέντοι γνώμην οὐ μεταρρέψαι. 214. S 11801. 2 (T 282) wenn man unter den wölfen ist (mit ihnen essen will,) muss man mit ihnen heulen; H 210 die mit wolven omgaet, moeter mede hulen, R 147 L 160 M 3031.

215. *Eckehard* IV *in MG. SS.* II, 115, 51 Sicut silva personet, sic echo resultet; *Freid.* 124, 3 swie man ze walde rüefet, daz selbe er wider gůefet; *Heinrich von Morungen MSF.* 127, 12 der sô lange rüeft in einen touben walt, ez antwurt ime dar ûz eteswenne *mit Houpts aum.*; *Z* 162, *M* 3356.   **216.** *Spervogel MSF.* 22, 11 die friunt getuont sin lihte rât, swenn er des guotes niht enhât; si kêrent im den rücke zuo und grüezent in vil trâge. die wile der mit vollen lebet, sô hât er holde mâge; *vgl. oben* 124, *Freid.* 40, 25 *ff.* 96, 1 *ff.*; *CSchulze* 78; *H* 272 diet wael gaet, heeft menighen vrient; *J* 217 margr er vinr, medan vel gengr.   **218.** Sit *statt* Si *A*.   **220.** *M* 3717 hvo som vil fisken æde, skal og kloen væde; *J* 192 köttur vill hafa fisk, en væta ei klær; 274 refrinn sem vill fiskinn fânga má klærnar væta; 285 så hefir ei veidina, sem ei vill væta sig; *vgl. S* 5498 *Schellhorn s.* 9.   **221.** = *Schellhorn s.* 42 Quisquis —; *V* 116 Omnis amans cecus: non est amor arbiter cquus; nam deforme pecus iudicat esse decus; *Prag. hs.* 65 was der man liebt, das laidt im nyembt.   **222.** tam plena contingct *A*.   *Prag. hs.* 54 wan dy maus vol ist, so ist ir bitter das mel; *Sebastian Frank* 1, 43[b]. 144, *S* 6908 — so ist das mehl bitter; *M* 1909. 2448 328 *fær.* 300 tå id mûsinn er mett, er miŏlid beiskt; *J* 399.   **223.** Stagna quod insidunt *A*.   **224.** *S* 11225[a] stille wasser fressen auch grund; *Schmitz sagen des Eifler volks* (*Trier* 1856) 1, 192 *nr.* 135 stillwässer, grundfresser.   **225.** *in V folgt noch eine zweite unvollständige fassung des sprichworts* . . . ecce lutum fetorem reddere motum. *Heinrichs vom Türlein Crone* 1486 Swer daz hor und den mist rüeret, daz ervûlet ist, der vindet niuwan stanc; *Z* 26, *Prag. hs.* 20 (*S* 1692. 93) ye mer man den dreck rurt, ye mer stinkt er —; *H* 799 *T* 1147 *M* 246. 3028. 3109 *altfrz.* 191; *vgl. Iwein* 207.   **226.** *S* 9144 wenn der schnee vergeht, wird sichs finden; *H* 695 dat comt al uut, dat men onder den snee bercht: Sub nive — perit, omne videtur — *Schellhorn s.* 50; *T* 966 dat men under den sne hot, dat kumber al vor; *R* 845 thz kombir ok op, under snio fiælas; *L* 927 thet kommer gærne op i thö, som man fiæler i snö, *M* 4. 594.   **228.** *vorauf geht in V noch* Sunt tria gaudia, pax sapiencia copia rerum: hęc tria dirimit ars mulierum: *dieselben drei verse, nur in umgekehrter ordnung, fand Mone anz.* 1838, 506 *nr.* 129 *beisammen in einer Münchner hs. des* XII *jh. mit der variante* hęc tria diluit, hęc tria destruit; *ferner in der Salmansweiler hs.* 500 *anz.* 1834, 32 *nr.* 4: gaudia sunt tria —; taedia sunt tria, lis et inertia, fraus mulierum; *in einer Lütticher hs.* XIV *jh. anz.* 1835, 364 *nr.* 27 A fumo, stillante domo, nequam muliere te remove; tria namque solent hęc sępe nocere; *S* (4421. 4425.) 8155. 8156 ein rauch, ein bös weib und ein regen sind einem haus überlegen; *Morolf* 377 ein rinnendez dach, ein zornec wîp, diu kürzent dem man sinen lip, *lat.* domina irata, fumus et rata, patella perforata damnum sunt in casa; *Kemble p.* 63, 13; *M* 1616 tre ere onde ting i hus, rŏg, regn og en ond qvinde; *prov. Sal.* 19, 13 dolor patris filius stultus, et tecta jugiter perstillantia, litigiosa mulier, *vgl.* 27, 15, *CSchulze* 98, *Haupts zs.* 15, 173 *f. Martin Besant de dieu s.* XXIX. 124, *der von Kolmas MSF.* 120, 18 *vom himmelreich* da enirrent riechendiu hûs noch triefendiu dach.   **229.** *vgl.* 68; *Spervogel MSF.* 29, 31 daz swîn, ez lât den lûtern brunnen und leit sich in den trüeben pfuol; *Z* 137; *S* 8729 die sau legt sich nach der schwemme wieder in kot *aus* 2 *Petr.* 2, 22 *CSchulze* 291; *T* 222 de söge is geern in dem drecke: Sus coeno gaudet.   **230.** *J* 102 fâtt er svo illt ad engum dugi; *fær.* 82 einki er so illt, tað er ikki gott firi okkurt; *H* 550 niet so quaet, ten is erghens toe goet; *S* 9072 es ist nichts so schlecht, es ist zu etwas gut; *Schwab. spr.* 134 es ist selten kein ding so bos, es sei zu ichte gut.   231. = *Mone anz.* 1834, 33 nr. 13 *aus der Salmansweiler hs.* 500; *Hildebrandsl.* 14 swer sich an alte kezzel ribt, der empfâhet gerne râm; *Rosengarten* P (*Germania* 4, 33) 832 Salmôn sprach 'swer den alden kezzel rüret, vëhet râm zehant'; *Strafsb. hs.* der sich gern an den alten kezzel strichet, der wirt rômig; *fastnachtsp.* 1, 6, 19 recht all mein tag hab ich gehort, die alten kessel remen gern; *Gruter* 2, 5 an alten kesslen beschmeisst man sich gern; *S* 5564. 5565.   232 = 122 = 171.   233. *Spervogel MSF.* 22, 25 man sol den mantel kêren als daz weter gât; *Schwab. spr.* 18 — nach der wint wehet; *Prag. hs.* 88 — darnach der wint get; *vorr. zu Freid.* xciii *Z* 97 *f.*; *H* 507 (*T* 707) man sal die huike nae den wint hanghen.   238. *Freid.* 169, 24 man vert mit lügen durch daz lant: her wider wirt man wol bekant; *Boner* 55, 63 ein lügner vert wol dur diu lant: wil er har wider, er wirt geschant.   239. *Freid.* 108, 17 den site ein man unsanfte lât, den er von jugent gewonet hât; *s. W Grimms anm. und vorr.* c, *Z* 54 *f.* 'nescit neben uix wie äuliches im mhd. s. Wackernagel in den fundgr.* 1, 271 *ff.*' *Haupt.*   241. horti fuit herbula talis *A*. *R* 979 (*L* 1092) thôlik war (ær) quinna som kaal (kaalen hun) gîorde.

XXVIII.

Cod. lat. Monac. des Ruodlieb, nach Schmeller aus dem anfange des XI *jhs., aus Tegernsee; bl.* 32ᵃ (*fragm.* XVI, 10—14) *trägt die 'herrin' die verse als grufs an Ruodlieb dem boten auf, auf dessen frage* Quid respondere Ruotlieb nunc vis, hera, per me? Dixit 'dic —; *bl.* 33ᵃ (XVI, 65—69) *wiederholt sie dann der bote, seinen auftrag ausrichtend,* Respondere tibi quid velit cumque rogavi, Dixit 'dic —.
 JASchmeller lat. gedichte des X *und* XI *jhs.* (1838) *s.* 192. 193 *f. wegen des alters der hs. s.* 224.   *bl.* 32ᵃ *fehlt* 2 die endsilbe -es, 3 minna, 4 zuletzt -um; *bl.* 33ᵃ *variiert der bote* 2 quantum veniat, 3 quot sunt, sibi dic mea minna. *Uhland (schriften* 3, 261) *bemerkte: dass diese grufsformel eine allvolksmäfsige sei, dafür sprechen die deutschen reimsätze, sowie dann nach dem erlöschen des ritterlichen minnegesangs die volksdichtung wieder hervorbricht, im* XV *und* XVI *jh., hört man auch wieder vielfach dieselbe grufsweise; so im Strafsburger kranzsingen* (*volkslieder nr.* 3, 9):

    Junkfraw, ich solt euch grüfzen
    von der scheitel bisz auf die füfze.
    so grüfz ich euch so oft und dick
    als menger stern am himmel blick,
    als menge blûm gewachsen mag
    von ostern bis an SMichels tag. —

vgl. *Uhland schriften* 3, 263. 357. *Rosenplüt das.* 258 *und in Schades Klopfan s.* 20. 23:

  Als vil stern am himel stan, als manig gûts jar ge dich an!
  als viel tropfen im mer sein, als manig engel pflegen dein.

Got wol dir geben als vil ern als manig der himel hat stern,
und so vil güte zeit als vil sautkörnlein im mere leit.

Simrock volkslieder 1851 *s.* 171 *(Mittler s.* 50 *vgl. Uhland volksl.* 1 *s.* 265, *Erk liederhort s.* 2. 4.):

> Ich wünsch ihm all das beste,
> so viel der baum hat äste.
> Ich wünsch ihm so viel gute zeit,
> so viel als stern am himmel sein.
> Ich wünsch ihm so viel ehre,
> so viel als sand am meere.

Wunderhorn (1808) 2, 199 *(Simrock s.* 224 *Erk s.* 203 *ua.*) So viel stern am himmel stehen, so viel schäflein als da gehen — so viel vögel als da fliegen, als da hin und wieder fliegen, so viel mal seist du gegrüfst. *die dänischen verse bei Uhland lauten bei Grundtvig* 3 *s.* 162 *(vgl. s.* 161):

> I siger Danerkongen saa mangen god nat,
> som himlen er med stjerner besat.
> I siger danske dronningen saa mangen ond stund,
> som der er sand ved havsens bund.
> I siger danske dronningen saa mangen ondt aar,
> som linden bær löv og hinden bær haar.

vgl. Molbech ordsprog s. 257. *Schmeller s.* 226 *verglich:*

> Frater Froumundus Liutoldo mille salutes
> et quod nunc terris emergunt floscula cunctis.

aber gegen seine vermutung, dass Froumund von Tegernsee der verfasser des Ruodlieb sei, erhob W Grimm (zur geschichte des reimes s. 142—148) *gewichtige einwände, wenn auch das gedicht nicht füglich älter als die schon dem Thietmar von Merseburg († 1019) bekannte und daher (nach J Grimm lat. ged. s.* 290*f. sendschreiben s.* 4) *vor* 936 *gedichtete Ecbasis und zugleich jünger als der nach* 1017 *verstorbene Froumund sein kann. dass es vor* 1050 *in Oberbaiern entstanden ist, darf gleichwohl schon nach den vorhandenen überresten der hss. als sicher angenommen werden und die sehr unsichere beziehung von fragm.* III *auf die zusammenkunft kaiser Heinrichs* II *mit Robert von Frankreich an der Maas im j.* 1023 *(Giesebrecht kaiserzeit* 2³, 196*f.* 614) *braucht dabei gar nicht in anschlag zu kommen. ist aber der liebesgrufs nach inhalt und selbst bis zu einem gewissen grade der form nach kein ursprüngliches eigentum des lateinischen dichters, so durfte und muste er in dieser sammlung als erster und ältester beleg für deutsche minnepoesie einen platz finden. die lehre Wackernagels dass sie, ja die deutsche lyrik überhaupt, erst im* XII *jh. entstanden sei bedarf freilich keiner solchen widerlegung. sie wird schon widerlegt durch die natur des menschen und die wahrnehmung dass alle poesie in der empfindung des augenblicks wurzelt und ursprünglich deren eingebung ist. gebete, klage- und spott-, lob- und scheltlieder werden früh bezeugt: wie sollte dem mächtigsten und poesiereichsten triebe bis um* 1150 *oder* 60 *der ausdruck ganz gefehlt haben? neu ist damals nur dass die liebespoesie unverholen und üppiger hervordringt und in den vordergrund tritt und für das neue zeitalter tonangebend wird. ihre ältesten überreste aber sind noch ganz volksmäfsiger art, zum teil, ja die sogenannten kürnbergischen strophen zum gröfseren teile, frauen- oder mädchenlieder, unläugbar von frauen oder mäd-*

chen gedichtet (*Scherer in den preufsischen jahrbüchern* 16, 267f.), und alle sind
eingebungen des augenblicks, wie sie der verkehr beider geschlechter mit sich
bringt, wie die rispetti der Italiäner ua. und solche poesie hat es immer gegeben,
wo irgend die umstände darnach waren. das liedlein der Tegernseer briefstellerin
vom verlornen schlüsselein (MSF. 3, 1) wird man darum zwar nicht für viel äl-
ter halten, weil es später noch im volksmunde (*Uhlands volksl.* nr. 29, 7. 30, 1,
Tschischka österr. volksl. 1844 s. 114. 150, *Feifalik Wernhers Maria* s. xxf.)
widerklingt und wie ihr sprichwort (zu XXVII, 2, 58) wohl nur daher entlehnt
ist. **aber die frauenlieder** Ez stuont ein frouwe alleine *und* Sô wê dir, su-
merwunne! (*MSF.* 37, 4. 18) *mit ihren durchaus altertümlichen, ungenauen
stumpfen reimen könnten selbst noch aus dem XI jh. stammen. die nordischen
mansöngar ungerechnet, der letzte grufs den der sterbende Hialmar seiner Ingi-
biörg sendet (Hervarars.* c. 5), *die Völundarkvida, der letzte teil des zweiten liedes
von Helgi und Sigrun, die ersten fünf gesetze der dritten Sigurdarkvida, die bot-
schaft des vertriebenen königs an seine gemahlin im cod. Exon.* 472^{18}—475^{35} (*Grein*
1, 246f.) uam. beweisen dass auch der rauheren heldenzeit alle tonarten der zärt-
lichkeit zu gebote standen. Hialmar spricht von dem lieblichen gesang der frauen
(fögrum flioda söngvi), den er auf Agnafit bei Ingibiörg verlassen, und im nor-
den wie in den weltlichen reigen und gesängen der mädchen, die sich in Deutschland
im anfange des IX jhs. nach heidnischer sitte noch in die kirchen oder doch in
deren nähe drängten und auch später — an den festtagen — auf den strafsen oder
in den häusern sich vernehmen liefsen* und daher von den geistlichen als turpia
obscena luxuriosa verabscheut und verboten wurden, wird schon oft die weise
angeschlagen sein, die in den süddeutschen liedern des XII und XIII jhs. endlich
nur zum vollen durchbruch kam. findet die ansicht dass Neidhart die motive für
seine reien und sommerlieder der volkspoesie entnahm doch ihre beste stütze an
dem liedchen, das man auf Island seit dem X jh. von dem schönen Ingolf sang
(*Vatnsdœla.* c. 38 *Hallfredars.* c. 2):

   Allar vildu meyjar með Ingolfi ganga,
   þær er vaxnar vôru: vesöl er ek (kvaðst hon) æ til lítil.
   'Ek skal ok' kvað kerling 'með Ingolfi ganga,
   meðan mér tvær of tolla tennr í efra gómi.'

PEMüller (*sagabibl.* 1, 150) meint 'alle vilde dandse med Ingolf'; aber ganga
með einom ist 'heiraten'. dass jedoch uuinileod nicht ausschliefslich liebeslied
oder gar mädchenlied, sondern geselliges lied, wie es von personen beiderlei ge-
schlechts gesungen wurde, bedeutete, muss man nach den glossen schliefsen, die
den ausdruck sogar für weltliches lied oder volkslied überhaupt gebrauchen, Haupts
zs. 9, 128—130. für die sitte aber, aus der hier das uuinileodos mittere des
capitulares von 789 erklärt wurde, gibt auch die stelle des Ruodlieb den ältesten
beleg.

---

* Diese reihenfolge ergeben die bekannten verbote der sogenannten statuta Bonifacii c. 21
vom j. 803 (unten s. 438), des Mainzer concils § 48 vom j. 813 und der Mainzer sammlung
des Benedictus Levita MG IV 2, 83. woher Wackernagel (litteraturgesch. s. 38) von dem 'un-
züchtigen spafs der mädchenlieder' unterrichtet ist, weifs ich nicht.

XXVIII[b].

'*Auf der ersten, ursprünglich freigelassenen seite der sangallischen hs.* 30 *des* IX *jhs. stehen vier nicht abgeteilte verse von jüngerer hand als die hs.*' *HHattemer denkmahle des mittelalters* 1 (SGallen 1844), 409ª. die verse sind unverkennbar ein spottliedchen, wie sie *Notker* kannte, *psalm* 68, 18 sâzzeo ze uuîne unde sungen fóne mir: so tûont noh kenuóge, singent fone démo der in iro únreht uuéret. was zunächst den eigennamen betrifft, so erscheinen die auf -wini -win *in Fuldaer urkunden durchweg unentstellt und unverändert, in baierischen aber gehen sie statt auf* -wini -win *sehr gewöhnlich auf* -uni, *in sangallischen ebenso auch auf* -ini -ine *aus:* Liubene *entspricht also dem ältern* Liubine *trad. Sangall. nr.* 326 a. 875, Leubinus *nr.* 41 a. 773, *baierischem* Liupuni *im verbrüderungsbuch von SPeter und dem* Liopuuin *bei Dronke cod. dipl. Fuld. nr.* 68 a. 769—79, *alts.* Lêbuuin *altfries.* Liafwin *ags.* Leófvine. *für das folgende darf die gloss. Amplon. (Jahns archiv für philologie* 13, 380, 60) sonores sinigruues *niemand irren.* grûz, *auch bei Neidhart* 98, 35 *und dem Stricker* 5, 164 *ein femininum, ist hier wie noch bei Frauenlob* 324, 9 im selbe schenket argen tranc vür grûz *ein wohl bereitetes, köstlicheres weizenbier, sonst ahd.* grûzzine celia, ex succo tritici per artem confecta potio, *baier.* greussing *Schmeller baier. wb.* 2, 120, *Graff* 4, 344, *bei dem Monachus Sangall.* 2, 8 (MG. II 752, *Jaffé* IV 676) graecingarius *verschrieben für* grucingarius, *womit Karl der grofse die persischen gesandten bewirtete, altniederl.* grût cerevisia fermentata *bei Ducange s. v. aus urkunden vom j.* 999 *und* 1003, *mndl.* (Hoffmann gloss. belg. 37) *und noch jetzt ndl.* gruit fermentum, *ags.* grût *bei Sommer, und vielleicht auch ahd.* grûz *in den Wiesbader glossen (Haupts zs.* 6, 323, 153. 329) *zwischen* cerevisia *und* hopfo, condimentum cerevisiae, *und in den gl. Iun. bei Nyerup p.* 300, *Graff* aao, grûzinc *und* grûz celia *im summarium Heinrici (Hoffmann ahd. gl. s.* 15, *Diutiska* 3, 256, *Germania* 9, 26). *darnach kann* ersazta, *in der hs. getrennt* er sazta *geschrieben, nur ein technischer ausdruck sein. die erklärung in Grimms deutschem wb.* 3, 982 *würde wohl nicht vorgetragen sein, wenn* grûz *richtig verstanden wäre. die folgende spalte s.* 983 *bietet eine stelle aus Opitz* 1, 435 *mit* hopf ersetzet und gebräut *und damit die ohne zweifel richtige erklärung unserer stelle:* 'Liubene versetzte, würzte oder bereitete sein bier und richtete die hochzeit seiner tochter aus, verheiratete sie — ûz geben *dem mhd. wb. und Graff in diesem sinne unbekannt belegt Haltaus* 74 *und Grimm* RA. 420, *deutsches wb.* 1, 886 —: da kam aber Starzfidere und brachte sie ihm wieder.' Starzfidere, *in der hs.* starz fidere, *ist ein fingierter name, der den bräutigam selbst oder einen seiner nächsten angehörigen verbirgt, entweder* Schweiffeder, Schwanzgefiedert (*Grimm wb.* 3, 982) *oder auch, woran Wackernagel (litteraturgesch. s.* 70, 14) *dachte, eine mundartliche entstellung oder nebenform von* scartifedar testudo *Hattemer* 1, 288ᵇ, scerdifedara ostrea *Graff* 3, 448, *mhd.* scherzeveder meerigel scorpio *W Grimm zu Freidank* 171, 27; *doch ist die erste auslegung viel wahrscheinlicher:* starz *als nebenform von* sterz *belegt Schmeller baier. wb.* 3, 659, *Graff* 6, 725.

XXIX.

Cosmas von Prag (geb. vor 1045, † 1125) erzählt zum j. 967 *von der im j.* 973 *erfolgten einsetzung des Sachsen Detmar zum bischof von Prag in MG. SS.* IX 50: ut ventum est metropolim Pragam, iuxta altare sancti Viti intronizatur ab omnibus, clero modulante 'Te deum laudamus.' dux autem et primates resonabant 'Christe keinado, kirie eleison, und di halligen alle helfuent unse, kyrie eleison' et caetera; simpliciores autem et idiotae clamabant 'kyrieleyson', et sic secundum morem suum totam illam diem hilarem sumunt. *von der anwesenheit Bernhards von Clairvaux in Köln im jan.* 1147 *wird berichtet, opera SBernardi ed. Mabillon, Paris* 1719, 2, 1194: circa horam tertiam exiturum virum dei exoptabat languentium multitudo, eo importunius instantes, quo modicum iam tempus viderentur habere. egressus igitur in plateam signavit ex ordine residentes et sub oculis omnium ipsa hora quattuordecim sunt sanati, claudi septem, surdi quinque, puer mancus et mulier caeca: optatum quique beneficium perceperant. ad singula populus acclamabat et in laudes dei voces tonant per nubila 'Crist uns genâde, kyrie eleison, die heiligen alle helfen uns.' *ebendas.* p. 1197 *heifst es in einem brief an den bischof Hermann von Constanz:* maxime tamen nocuit, ubi Teutonicorum exivimus regionem, quod cessaverat vestrum illud 'Christ uns genâde,' et non erat qui vociferaretur. neque enim secundum vestrates propria habet cantica populus romanae linguae, quibus ad singula quaeque miracula referrent gratias deo. — dabat pro cantu lacrymas plebs ignara canendi *. auch die jüngste aufzeichnung in den friesischen küren wiederholt nur den anfang, Richthofens friesische rechtsquellen s.* 441, 18—20 Aller aerst dae him dat breef in da hand coem, dae hoef op Magnus een leysa ende sangh 'Christus onse nade, kyrioleys.' *die ältere fassung, die wohl noch ins* IX *jh. zurückreicht, aber wird ergänzt durch die baierische Allerheiligen predigt aus dem* XII *jh. in Kelles speculum ecclesiae s.* 128: Nû hevet iwer hende unde iwer herze ûf ze dem almahtigen gote mit dem leisse 'Helfen uns alle heiligen!' *während eine andere, einer verwandten sammlung (Germania* 5, 456 *ff.) desselben jhs. angehörende wiederum schliefst (Germ.* 1, 449) *mit dem üblicheren* Darumb sendet hiut an die himelischen chuniginne unser frowen SMariam und alle sin hiligen und hevet iuwern ruof 'Die hiligen alle helfen uns.' *die worte sind hier mit neumen versehen (Germ.* 1, 443) *und ebenso der ruof der darauf folgenden predigt vom allerseelentage* Darumb hevet iwern ruof 'Den gotis sun, den loben wir'. *mit anfängen sonst unbekannter loisen schliefsen mehrere predigten und bitten einer Wiener hs. aus dem anfange des* XIII *jhs. in Hoffmanns fundgruben* 1, *s.* 80 *eine predigt am tage Philippi et Jacobi* unde sprechet iwern ruof 'Die hêligen zwelfpoten' —; *s.* 113 *commemoratio vivorum* unde hevet iwern ruof 'Herre, ich bân alle mine nôt' —; *s.* 114 *commemoratio defunctorum* unde hevet iwern ruof 'Nu

---

* *HHoffmann geschichte des deutschen kirchenliedes, Hannover* 1854, *s.* 41 *führt noch eine gleichzeitige stelle an aus dem im jahre nach dem beginn des zweiten kreuzzuges geschriebenen commentar des Gerhoh von Reichersperg zu ps.* XXXIX *in Pez thesaur. anecdott.* 5, 794: in ore Christo militantium laicorum laus dei crebrescit, quia non est in toto regno christianno qui turpes cantilenas cantare in publico audeat, sed ut diximus, tota terra iubilat in Christi laudibus etiam per cantilenas linguae vulgaris, maxime in Teutonicis, quorum lingua magis apta est concinnis canticis.

empfehlen wir die sêle' —; *s.* 115 *von sant Andreas* unde sprechet 'Die hêligen zwelfpoten' —. *die vollständiger überlieferten leisen oder geistlichen volksgesänge* An dem österlichen tage (*Hoffmann gesch. des kirchenlieds s.* 39, *KBartsch erlösung s.* 189), Christ ist erstanden (*Hoffmann s.* 63*f.* 187*ff.* 202*f.*), Nû biten wir den heilegen geist (*Hoffmann s.* 65*f.* 208), In gotes namen vare wir (*Hoffmann s.* 72*f.* 212*ff.*, *vgl. s.* 42*f.*) *gehören ohne zweifel ihrem ursprunge nach auch noch dem* XII *jh. an. aber auf den versuch sie aus den späten aufzeichnungen herzustellen verzichten wir, nicht sowohl weil das beispiel der vorgänger abschreckt, sondern nach einem grundsatz der uns auch bei der bearbeitung der segen leitete*; *s. anhang zum Tobiassegen.*

XXX.

Cod. lat. 4460 *in der königlichen bibliothek zu München, früher eigentum des dominikanerklosters in Bamberg,* XI *jh.* 191 *blätter* 8°, lex Alamannorum *nebst andern stücken* (*s. Merkel in* MG. LL. III 5), *bl.* 103—111ᵇ *das glaubensbekenntnis und die beichte* XCI, *bl.* 111ᵇ—114ᵃ Diu himilisge gotes burg *usw. Reuss in Haupts zeitschrift für deutsches altertum* 3 (*Leipzig* 1843), 443—445. *Haupt nach einer neuen vergleichung der hs. in den monatsberichten der akademie der wissenschaften zu Berlin* 1856, 568—580. *Haupts interpunction konnte sich fast ganz an die der handschrift anschliefsen. die diphthonge sind in der hs. meist nach notkerischer weise circumflectiert auf dem zweiten oder ersten buchstaben; auch die langen vocale haben zuweilen den circumflex und betonte silben den acut.*

1—12. apokal. 21, 23 et civitas non eget sole neque luna ut luceant in ea: nam claritas dei illuminavit eam et lucerna eius est agnus. 4. liehten *für* liuhten *kommt bei Notker häufig vor. im Iwein* 672 *hat es Lachmann nach Bld und dem* lihten *in ADa gesetzt, und das mhd. wb.* 1,1030 *hätte sich die frage ob es* liuhten *heifsen müsse ersparen können.* 5. *durch punkte habe ich nach Otfrids weise vocale bezeichnet die in der aussprache verschwinden oder mit andern verschmelzen.* 6. der sie aldiuhtet *h* (*die handschrift*). der- *für* er- *steht in der sanctgallischen freilich erst im zwölften jahrhunderte geschriebenen hs. von Notkers psalmen* 67, 28 (*Hattemer* 2, 231ᵃ). *ich weifs weder einen grund gegen höheres alter dieser form noch eine andere besserung der verderbten zeile.* 13. *die grofsen anfangsbuchstaben nach h.* vergl. apokal. 21, 18*ff*. 16. der himel meregriëzzon *h. die schwache form wie Helj.* 52, **7** *und öfter im mhd.* 18. portę *h.* 20. fursthelid *ist zusammengesetzt wie* furstpoten *und* furstchundera, *durch die Notker ps.* 79, 19. 34, 10 (*Hattemer* 247ᵃ). **117ᵇ**) archangeli *übersetzt und mag wie diese erfunden sein.* 21. undaz jugehellist *h. vergl.* 65*f.*

25. so *h, nicht* burgkunige. 27. *deutung von apokal.* 21, 16 et civitas in quadro posita est. 30. gotes trût friunt *h.* gotes trûtfriunden *steht* 114: *hier aber verlangt der vers tilgung von* trût *oder von* alle. 32. diê *h.* 33. *über die quantität von* regula *s. Lachmann über ahd. betonung s.* 28 *und zum Iwein* 299. 35—44. apokal. 21, 21 et platea civitatis aurum mundum tamquam vitrum perlucidum. 37. uurstesot, *nicht* uurstisot, *h.* 40. wole wille *h.*

43. durhscòuvig *h.*   44. durh luther *h.*   49. *plurale dative* **auf** an *stellt Graff* 2, 961 *zusammen*.   50. pfleg *h.*   53. tugidône *ist wie von einem nominativus* tugida.   54. *vielleicht ist* stâter *zu setzen. der ahd. glosse* frastmunti *secretum in Docens misc.* 1, 211 *oder bei Graff* 2, 813 *ist das geschlecht nicht anzusehen. das mhd.* vrastmunt *ist femininum: s. Jac. Grimm gesch. der d. spr. s.* 129.   57. glouba *h.*   59. Dane, *nicht* Danne, *h.*   61. goteswuone lob *h.*   62. meindi *h.*   63. wndertiûro, *nicht* wndertiûre, *h.*   64. goteswolon *h.*   68. seinftemo, *wie* 62 meindi, *oder* semftemo *h.*   71. vernunst, *nicht* vernunft, *h.*   72. aller *h.*   78. der buge innewenket *h.*   79. in ist ein alter *h. im Ruland* 6, 30 nu seul wir heim gâhen an unser alterben, 121, 22 si wolten gerne wider gewinnen daz unser alterbe *beide mal vom himmel* [*vgl.* XXXI 23, 6. XXXIII E[b] 20].   92. sunder gibiûwe *h.*   94. sorgono, *nicht* forgono, *h.*   [95—104. *vgl.* **aufser** Muspilli 15 *Avas jüngstes gericht fundgr.* 1, 204, 1—9, *Diemer* 291, 6—13 sô habe wir daz êwege lieht, neheines siechtuomes nieht: dâ ist diu veste winescapht, die milteste trûtscapht, diu chunechlich êre, die haben wir iemer mêre; daz unsagelich lône in dem himelischen trône habent die gotes erben.]   96. ist der *h.*   98. der *fehlt h.*   der nieh[t] *h.*   99. weneskaft *h.*   101. die buchstaben diû mil *nicht ganz sicher h.*   102. kuninglichen, *nicht* kunninglichen, *h.*   107. under siner *h.* [*etwa* und der, *wie* 21 undaz, *kaiserchr.* 44, 2 *Diem.* der sun under ehnet?]   108. tiûriste, *nicht* tiûristo, *h.*   112. ce *h.*   117. dot ane tode *h. meine änderung meint ewigen tod.* [*ebenso Bernhard von Cluguy de contemtu mundi bei Flacius var. poet. de corrupto statu ecclesiae p.* 267 Est ibi, credite, crux sine stipite, mors sine morte, Vox sine carmine, lux sine lumine, nox sine nocte.] *einen gegensatz bietet der vers den Otfrid* (1, 18, 9) *und das Muspilli* (14) *gemeinschaftlich haben,* thâr ist lib âna tôd, lioht âna finstri.   119. so, *nicht* uuhrouwida, *h.*   125. wâga *h.*   127. so, *nicht* strêdema, *h.*   129. egilich, *nicht* egilih, *h.*   [134—136. *auch diese allitterierenden zeilen halten das widerspiel zu* genâde âne nôt, *ags.* räst bûtan gevinne, *s. zu Musp.* 14.]   142. ungnadone *h.*   143. uppige *h.*   145. weinleiches ahchizôt *h., vgl.* charcleih, chlaflcih *fragor Graff* 2, 153.   149. zanoklaffunga *h.*   151. Diu *h.*   159. uueuuigliche, *nicht* uueuuigeliche, *h.*   161. an aller barmida *h.*   162. itniugiu sêr *h.*   168. griuelich *h.*   170. ununscone *h; aber mit dem ersten* un *schliefst die zeile. mit aller* unschôni *zu vermuten widerrät alles* unwunnes *z.* 177. *man wird die neutra* unschôni *und* unwunni *anerkennen müssen.*   172. egisilich *h.*   173. bales *nicht* balez, *h.*

179. umbigebillich flôr *h.* unbigehenlich, *wenn ich richtig so bessere, bedeutet nicht* **beseite zu** *bringen, unablässig.*   186. der *h.*   190. getan; *h, der rest des blattes leer.*

Hieran knüpfte Haupt noch folgende bemerkungen, die er uns zu wiederholen **gestattete.**

An dieser schilderung des himmels und der hölle, die merkwürdiger ist als man bis jetzt nach dem abdruck in der zeitschrift erkannt hat, ist Wilhelm Wackernagel nicht achtlos vorbeigegangen. in seiner litteraturgeschichte s. 83 *redet er von den erhaltenen althochdeutschen predigten, deren sprache nur selten sich rednerisch erhebt.* 'um so höheren redeschwung' *fährt er* **fort** 'bis in alle fülle* sinnlich ausmalender poesie zeigt uns ein anderes denkmal, welches doch eigentlich keine predigt, sondern nur ein stück aus der katechetischen redehandlung der beichte ist, eine schilderung der freuden des himmels, des grauens der hölle; mit überraschung weilt der blick auf solchem bisher ungeahnten vermögen unserer alten litteratur'. später (s. 84) wird dieses denkmal das älteste der poetischen prosa genannt. mich wundert dass Wackernagel, der die dichterische redefülle dieser schilderung so hoch stellt, allzu hoch, wie mich dünkt, doch ihre dichterische form nicht wahrnahm. seitdem ich dieses denkmal kenne habe ich nie bezweifelt dass es ein gedicht d. h. in versen abgefasst ist. und dies dass es verse **sind**, in dem gewöhnlichen mafse von vier takten, wird nun weiter keines beweises bedürfen, wenn auch nicht alle genau nach otfridischen regeln gebaut sind. so würde zb. Otfrid verse wie den folgenden (58) sich nicht gestattet haben, éndẹ́ áller ir gehéizẹ́. nicht gegen Otfrids betonung sind vúrstesòt 37 und ríchisòt 51; denn ebenso ist ohne zweifel bei ihm 1, 5, 29 zu betonen er ríchisòt gíthiutò. ebenso wie trúobisùles 125 betont Otfrid, wie es scheint, rúamisàl 4, 6, 35, wértisàl 4, 18, 23. 4, 28, 11. 5, 12, 34. 39, wérresàl 4, 18, 25, d. h. nach art der zusammengesetzten wörter. hándegòste 138, grímmigìste 166, betwúngenìste 133 sind betonungen die sich nicht nur in mittelhochdeutschen versen nachweisen lassen, sondern auch bei Otfrid an Hartmut 90 wird auszusprechen sein unz thémo fíarzegùsten járẹ́. auch die unregelmäfsigen betonungen àller héiligòne hére 22 und àller sálidòno méist 109 fechte ich nicht an, obwohl durch héiligòn und sálidòno oder sálidòn die strenge regel hergestellt werden kann. um des versmafses willen habe ich nur weniges geändert. trût 30 zu streichen schien unbedenklich; ebenso 98 der hinzuzufügen und 186 durch dero für der den vers zu glätten. egisigilich 172 für egisilich war durch den vers geboten, so wie die nur orthographische änderung wolòno für wolon 64, allero für aller 72. einen unvers habe ich stehen lassen, 134 wè âne wolun, weil ich ihn mit sicherheit nicht zu bessern wuste. durch wêwo für wè entstände noch kein guter vers. vielleicht ist zu schreiben âne wolun wêwo. für einen richtigen vers halte ich 148 forhtòne biba obwohl umstellung die echte form biba in ihr recht setzen würde, biba forhtòne. ich glaube aber dass der circumflex, den die handschrift in biba wirklich hat, die meinung und aussprache des dichters trifft. biba ist schon bei Otfrid 5, 4, 21 thô uuard sâr thia uuila | mihil érdbíbâ, mehrmals im zwölften jahrhundert und auch noch später nachweislich. wie unvollkommen auch die reimkunst des pfaffen Konrad im Rulandsliede ist, davon dass er eine lange silbe mit nachfolgender kurzer und zwei kurze silben durch den reim gebunden giebt es kein sicheres beispiel. nur aus versehen sind in der einleitung zum grafen Rudolf s. 10 die reime mågen: sagen: zagen (204, 9 f. 206, 23 f.) und komen: tôde (233, 32 f.) angenommen worden; es reimen ganz richtig magen (vis) und das praeteritum komen. biscofe: rossen 217, 12 ist untadellich: **denn die mhd. form mit v im inlaute, bischove**, die man wohl **mit** recht **einer einwirkung des italiänischen** vescovo zuschreibt, zeigt sich noch **nicht im althochdeutschen, wo meines wissens** immer f oder ff im inlaute dieses wortes steht, und dieser älteren weise ist Konrad gefolgt. allerdings reimt er lichenamen, lichename, lichamen auf zewâre 214, 18, auf gnâden 109, 28. 243, 30. 265, 3, auf nâmen 260, 14 [wie die kaiserchronik (Germania 9, 213) und ähnlich (Germ. 7, 13) das leben Jesu in den fundgr. 1, 141, 36. 186, 33 auf àtem und enphâhen uam.]; aber darin erblicke ich nicht schlechte reimbildungen, sondern unorganische in der aussprache vorhandene dehnung, lichenâmen. so bindet der Stricker im Karl s. 40ᵇ lichnâmen mit kâmen, 46ᵇ mit genâmen, 118ᵃ mit vernâmen, und bei ihm wäre bindung eines trochaeus mit einem pyrrhichius nicht denkbar. so sprach Konrad auch nicht fuozscamel, sondern fuozscâmel, das er 207, 1 auf jâmer, 228, 5 auf undertânen, 243, 10 auf gnâde reimt, wie der Ruther 3867 auf nâher.* wenn also Konrad neben den richtigen reimen irbibetë: erspilten 10, 14 und erbibetën: lëbetën 233, 12 einmal, 240, 22, auf sâ nâch der wîle die reimende zeile chom ain michel ertpibe folgen lässt, so wird unorganisch gedehntes ertpibe anzunehmen sein. das gedicht vom Antichrist (im zweiten bande von Hoffmanns fundgruben) hat **einmal einen unglaublichen reim,** wie sie ligen drî dage | und ein halben obe der **erde 121, 1, wo eine** entstellung zu vermuten ist, sonst aber bindet es in fast zwölfhundert zeilen keinen pyrrhichius mit einem trochaeus. denn für das 123, 16 auf unbegraben reimende rappin ist raben zu setzen. aber 120, 29. 128, 21. 39 reimt beliben: ertbibe, 131, 12 biben: beliben, und die nur in diesem worte sich wiederholende erscheinung führt zu der annahme der dehnung. Werinhers Maria enthält in der Berliner handschrift keinen in der quantität fehlerhaften **klingenden reim.** also wird 196, 40 (Hoffm.) auf vertribet gedehntes bibet reimen. und ebenso im Servatius 1999 biben auf beliben, denn auch dieses gedicht nimmt es in vierthalbtausend zeilen streng mit der quantität zweisilbiger reime. richtige stumpfe reime sind gote: vestenote 201, gote: erziugote 837, gesamnote: bote 869, zeichnote: bote 1597, ordenote: bote 1787, gote: bezzerote 2053, geboten: kestigoten 2211: denn der mittelhochdeutschen verwandlung des verbalen ôt in **et muss kürzung in** ot vorausgegangen sein. [zu diesen belegen fügt Haupt jetzt noch kaiserchronik 497, 25 Diem. under diu wart ein ertbibe | daz sie harte begunden zwiveln. deutung der messgebräuche (zeitschr. f. d. alt. 1, 280) 412 dô wurden ertpibe | umb al die werlt (wite). Titurel 1679 H. ertbibe: tribe. Marienlieder der hanöverischen hs. in der zs. 10, 22, 34 liven: erbiven. auch Notker accentuiert ertpiboth, ertpiba Hattemer 2, 119ᵃ. 296ᵃ.] in den hundert und neunzig versen der schilderung des himmels und der hölle wird nur hin und wieder **ein reim** vernehmbar, 8 allen: wellen, 11 tag: liehtfaz, 15 geistgimmôn: himelmêregriezzôn, 24 lebenne: kuninge, 32 êvangelia: regula, 51 minna: miltfrowida, 67 sie: vlizze, 73 tougen: offen, 75 liste: wârheite, 103 mitewist: anesiht, 148 biba: klaffunga, 150 meist: angest, 156 wêwigelîch: unerrahlîch; und wer will, kann noch einige von der art wie die zu Ezzo XXXI, 1, 44. 4, 2 erwähnten oder andre zusammen bringen. aber da keine regel wahrzunehmen, so ist weder reim noch allitteration beabsichtigt, und damit steht das gedicht einsam in der altdeutschen dichtung da. so wenig es aber etwas anderes ist als nachlässigkeit oder unvollkommene kunst wenn Otfrid zuweilen seine verse ohne reim lässt, ebenso **wenig darf man in** den der allitteration und des reimes entbehrenden versen un-

---

* wie Germania 9, 59 richtig bemerkt wird. hr. Bartsch hätte auch noch Boppe HMS. 2, 380ᵇ schâmel: lâmel für seine meinung anführen können. allein der von Lachmann (über ahd. betonung s. 261 ff. zu Iwein 299) gefundenen, durch die zahlreichsten beispiele feststehenden regel entspricht allein lamel = lamella lamina, und ebenso schamel (scamal) = scamellum (statt scamellum) oder scabellum, während lâmel. schâmel eine aussprache ist, wie tâvel statt tavele. die kürze belegen auch die reime geâdele: vuozscamele Lîtan. 388, schâmel: hamel bei Ottacker 108ᵃ und schon ags. scomul neben scamol. vgl. zadel zâdel zu XCI, 172.   M.

seres gedichtes ein beispiel verbreiteter und alter oder gar ursprünglicher form der deutschen dichtung erblicken. August Wilhelm Schlegel hat einmal (in den werken 7, 266) folgende vermutung ausgesprochen, 'die formen der gothischen poe- 334 sie sind uns unbekannt. indessen liegt es am tage dass die sprache sich in rhythmische silbenmafse, ganz nach den gesetzen der griechischen metrik, **fügen konnte**. dass es wirklich geschehen, **wird** man wenigstens wahrscheinlich **finden**, wenn man folgendes erwägt. gewöhnlich tritt, **wo der sinn für die** quantität verloren geht, sogleich der reim hervor. in der geschichte der deutschen poesie finden wir eine mittelstufe, die allitteration. **diese ist die bindende form** in den ältesten altsächsischen gedichten die wir haben. in der angelsächsischen poesie hat sie bis zum untergange der sprache bestanden. was gieng **nun** der erfindung der allitteration voraus? ich denke, der rhythmus.' hätte Schlegel **mit der** entwickelung der deutschen philologie schritt gehalten, so konnte **er im jahre 1827** nicht mehr solche behauptungen und vermutungen aufstellen. weder ist **der reim** in die deutsche poesie gekommen als der sinn für die quantität verloren **gieng** noch ist die allitteration eine erfindung für den bedarf der poesie. **sie ist** hervorgegangen aus dem streben das begrifflich gleichstehende auch durch den klang gleichzustellen, und so durchdringt sie nicht nur in formeln die sprache, **sondern wo uns zuerst Deutsche begegnen**, da finden wir auch in geschichtlichen und mythischen **namen** die durch geschlechtsverwandtschaft zusammengehören allitterierenden anlaut. so hat sie sich auch unzweifelhaft in uralter zeit der poesie bemächtigt und in ihr weiteren umfang gewonnen, und wenn wir nicht in bodenloses vermuten uns verirren wollen, so müssen wir die allitteration als urform deutscher dichtung, bis der reim sie ablöste, nicht als eine mittelstufe ansehen. unser reimloses gedicht aber, aus einer zeit die in Deutschland keine allitterierende poesie mehr kannte, ist ein einzelner versuch eines geistlichen **der den** reim für entbehrlich hielt und sich ihm vielleicht nicht gewachsen fühlte. **so lässt es** sich vergleichen mit dem altenglischen Ormulum, dessen geistlicher **verfasser die** allitteration aufgab und den reim nicht versuchte, dagegen **in** seinem langen werke iambische katalektische tetrameter, wie er sie aus geistlicher lateinischer **poesie** kannte, eintönig silben zählend nachbildete. dass unser althochdeutsches **gedicht von einem** geistlichen manne herrührt ist nicht nur **an** sich wahrscheinlich, **sondern sicher** durch die von mir nachgewiesene anlehnung an stellen der apokalypsis. mechanische abteilung seiner hundert und neunzig verse in fünf und neunzig langzeilen wäre von übel. erst allitteration oder reim bindet viertaktige verse zu achttaktigen **langzeilen**. in unserem gedichte lassen sich zwar manche versreihen paarweise **ordnen**, aber gleich die zeilen des ersten absatzes (1—12) sträuben sich dagegen. man müste denn hier und an anderen stellen lücken annehmen, worauf nichts führt.

XXXI.

Ms. nr. XI des regulierten chorherrenstiftes zu Vorau in der Steiermark, 183 bll. fol., enthält auf bl. 1ᵃ—135ᵈ eine samlung deutscher gedichte, auf bl. 136ᵇ—183ᵈ die ersten drei bücher und den anfang des vierten der Gesta Fridarici imperatoris von Otto von Freising und Ragewin, jene so geordnet dass wenn die zu anfang bl. 1ᵃ—73ᵈ stehende kaiserchronik (hrsg. von JDiemer, Wien 1849) ans ende vor die gesta gestellt wird, sich eine art weltchronik ergibt die mit der genesis beginnend die geschichte bis zum j. 1160, womit die gesta schliefsen, fortführt. das kloster ist in j. 1163 gestiftet. die gesta wurden nach einer notiz auf bl. 136ᵃ (s. facsimile bei Diemer) auf befehl des abts Bernhard (1185—1202) geschrieben, der deutsche teil bis auf einige seiten oder blätter von éiner hand, deren schriftcharacter noch der mitte des jh. angehört. das gedicht des Ezzo steht bl. 128ᵇ—129ᵈ, ohne überschrift wie alle andern gedichte der hs., zwischen einem von dem herausgeber so genannten 'loblied auf die jungfrau Maria' bl. 125ᵃ—128ᵇ (das eigentlich eine sündenklage ist und gebete und **bekenntnis eines reuigen** sünders enthält) und einem 'loblied auf den heiligen geist' von der siebenzahl von einem priester Arnold 129ᵈ—133ᵈ. JDiemer deutsche gedichte des XI und XII jh. Wien 1849, 319—333 'Die vier evangelien' und desselben beiträge zur älteren deutschen sprache und litteratur VI. Wien 1867 (sitzungsber. der Wiener acad. LII. LIII). das brauchbare wiederhole ich daraus. vgl. darüber Scherer in **der zs.** für österr. gymn. 1868 s. 735—743. 2. werhe 3. di 4. lieht 6. di 10. sibe alle manechen 13. allen 16. rethten anegiune? **18.** di 20. genaden 21. Die rede di ihe: alle di und he statt ch im auslaut zu verzeichnen schien überflüssig. 22. die uier ewangelia

1, 1. ev. Ioh. 1, 1. der anfang der strophe ist in der hs. erst bei v. 5 durch einen grofsen buchstaben bezeichnet. 4. er bequam ze troste aller dirre 5. O lux ev. Ioh. 1, 5 et lux in tenebris lucet et tenebrae eam non comprehenderunt. **6. dû herre** mit samet 7. dû lieht 8. eine änderung scheint hier nicht nötig, **da** der erste fufs auf verschiedene weise gelesen werden kann, zb. wie XXXV, 18, 1. die umstellung untriwe neheiner scheint unzulässig wegen des parallelismus von z. 12. 9. gebe: den umlaut von û, der für Ezzo nicht erweislich noch wahrscheinlich ist, hab ich überall entfernt. 10. sil wol 11. der heilige sunnentac ist ze êrenne und ze lobenne allen christenen lûten; er ist der êrste unde der hêrste tac den got ie gescuof: er ist scôner **vor** gote, denne der sunne — an deme sunnentage gescuof got die engele — gelac arca Nôê ûf den bergen usw. bis an demo heil. sunnentage ist unser hêrre der heil. Christ chunftic in siner magencrefte mit alleme himelisceu here zerteilenne lebenten und tôten Kelle spec. eccl. s. 176f. (183). ähnliche stellen in Mafsmanns denkmälern s. 8. 9. und in des Honorius von Antun gemma animae 3, 123 p. 676 Migne Octava calendas Aprilis deus hunc visibilem mundum creavit. hac eadem die, quae tunc dominica exstitit usw. in der kaiserchronik schliefst die aufzählung 295, 8 den suntach sulu wir ruowen und êren durch willen unsers hêrren. der suntach ist diu reht octava und bezeichnet daz die rehten sêle sulu danuen iemer mêre daz himelriche bouwen, ob wirz an in gedingen und gelouben. **das epitheton** der **guote** macht ihn gleichsam zu einem kirchenheiligen oder erzvater (zu XLVII, 4, 1). auch diu vrône botschaft ze der christenheit (altd. bl. 2, 241ff.), die die heiligung des tages einschärft, fasst ihn ganz persönlich. die verse minen heiligen suntae, den niemen wol vol êren mac, habt ir niht behüetet wol 75. 104. 111 usw. ziehen sich mit verschiedenen variationen der letzten zeile durch das ganze gedicht. der engel schwört 457 bi dem hêren suntage, wie bei Christ, Maria, den engeln und den heiligen, und 567—576 heifst es ich wolt iuch unwerde vertilgen ab der erde, wan durch die lieben muoter mîn und durch mînen engel Cherubin und durch mînen heiligen suntac, den nieman wol vol êren mac, dem die êwarte dienen mit vorhte; jâ hête ich iuch nû verlorn, heten si niht gesenftet mînen zorn; âhnlich 822. 853 dur den hêren suntac. *Mones anz.* 6 (1837), 459 grüess dich got, du heiliger sonntag, ich sich dich dort herkommen reiten; *vgl. zs. für deutsche myth.* 4, 110. *dennoch ist die übertragung von gen.* 2, 2. 3 *auf den sonntag v.* 12 *sehr kühn und schwerlich sonst zu belegen,* **wenn auch der sonntag an die stelle des sabbats trat.** *der gedanke des dichters aber war* **wohl**: *Christus ist als wort von anfang an auch bei der schöpfung mit tätig gewesen, und das erste werk der schöpfung (als gott sprach 'fiat lux') war die einsetzung des sonntags, von dessen heilighaltung auch am ende unsere ewige seligkeit abhangen wird.* **so ist wohl** *v.* **13. 14** *gemeint. vgl. aufser den vorhin angeführten stellen und oben* **s.** *260 noch Honorius hexaem. c.* 3 p. 259 Septimum diem deus pater antiquo populo celebrandum instituit; octavum vero, qui et primus est, deus filius observabilem fecit. uterque autem maximo sacramento gravidus existit. per diem septimum dies iudicii designatur, in qua omne opus ecclesiae consummabitur eique requies aeterna recompensabitur. per diem vero dominicam, quae et prima et octava notatur, aeternitas praefiguratur; quando finito labore post septem milia annorum octavum secundum inchoatur, in **quo** una dies melior super milia speratur, quae **per solum** filium omnibus credentibus datur. 13. 14. *du spreche ube wir paradyses gewilten. verse von entschieden vier hebungen mit klingendem reim kommen bei Ezzo nicht vor, da* 14, 5. 6 *leicht anders gelesen werden kann, vgl.* 4, 11*f.* 7, 7*f.* 19, 11*f.* 20, 11*f. und zu* XXXII, 74. XXXIII, 6ᵇ 134. *beide verse dürfen daher das mafs eines stumpfreimenden verses nicht überschreiten. die ergänzung der lücke ergibt sich leicht nach* 2, 19*f. und den suntac behalten Vron. botsch.* 209. 222. 251. 290. 294. 413. 577. 603. 620. (655). 863. 875. 885. *nahe liegt nun die vermutung dass hier wie im ahd. (gramm.* **4, 213** *vgl.* 216*f.) und später (zu* XLVII, 4, 93), *zb. auch noch in Hartmanns Gregor* 1217 *ich kan iu niht sô verre gnâden mit dem munde, als, ob ich kunde, vil gerne tæte, im zweiten satz die wiederholung des pronomens gespart wurde: allein wahrscheinlicher ist* **doch** *dass der abschreiber vom ersten wir zu einem zweiten übersprang und so die lücke entstand. so ist im letzten vers wohl pardîses zu schreiben, im vorletzten jedesfalls das entbehrliche und durch keinen ausspruch des herrn gerechtfertigte dû sprêche zu streichen.* 18. *ûzzen von ist zu vergleichen mit ahd. ûz fona (Graff praepos. s.* 62) *mhd. ûz von got. ût us alts. ût af ags. ût of gramm.* 3, 263; *Wackernagel leseb.* 1861, 149 *streicht ûzzen mit unrecht. der folgenden stelle* 18—32 *zunächst verwandt ist eine friesische aufzeichnung in Richthofens altfries. rechtsqu.* 211 (*Grimms myth.* 531), *eine provenzalische (Germania* 3, 314), *französische (myth.* 1218) *und irische in W Stokes three irish glossaries* 1862 *p.* xi*f.; entfernter die englische in dem rituale Danelmense (myth.* 531), *dem ags. Salomon and Saturnus (Kemble p.* 180) *und catechismus des meisters von Oxford (Kemble p.* 217) *und die der summa theol.* XXXIV, 9. 10 *und dem Honorius von Autun (s. zu* XXXIV, 9) *gemeinsame fassung, die wieder mit Gregors des grofsen moral. in Job* VI 5, 20 — *in evang.* II 29, 2 (*vgl. Honorius hexaem. c.* 1 *p.* 258 *und des Wilhelm von Conches philos. mundi* 4, 29 *p.* 97) *und durch Gregor mit Augustin de civit. dei* 5, 11 *zusammenhängt. die quelle der mittelalterlichen aufzeichnungen war, wie in einem excurse zur ersten auflage ausführlicher gezeigt* wurde, ein weitverbreitetes und vielgestaltiges geistliches frag- und antwortbüchlein, worüber H Wilmanns die untersuchungen mit dem material, das ich ihm zum teil überlassen oder nachweisen konnte, in Haupts zs. 14, 530 ff. 15, 166 ff. fortgeführt hat. es bleibt nur noch zu **erwähnen dass** die in Grimms myth. 532 aus Gotfrids von *Viterbo* pantheon angeführte stelle aus dem elucidarium des Honorius 1, 11 p. 1116 **ausgeschrieben ist, der** dort vollständiger als im sacramentarium p. 773, neben jenem **büchlein**, **Isidor** de differentiis rerum 17, 47—49 ausschrieb, der **wiederum**, **wie auch etym.** 11, 1, (4. 5.) 16 aus Lactanz divin. institut. 2, 13 **schöpfte.** 20. tow beeechenit den sweihe. 30. behilten. 31. JGrimm **schreibt** myth. **532 ganz** unverständlich unte sinen gesin. Diemer verweist mit recht auf bücher **Mosis** 33, 3 Diem. min trehtin gab ir den gesin; leben Jesu 232, 16 Diem. got gab im den gesin (fdgr. 1, 143, 2 den sin); dazu kommt noch Jerusalem 361, 2 Diem. mit tiefen gesinnen; 362, 4 sin gesinne wâren tief; Wiener Notker ps. 23, 2. 34. dihe **38. lustes.** 39. uieren nach psalm 145, 6 (act. ap. 4, 24. 14, 14) qui fecit caelum et terram et mare et omnia quae in eis sunt verwirft Diemer mit recht seine frühere vermutung viurin. aber hier inne genügt nicht wo der sprachgebrauch dar inne verlangt (vgl. LXXXVII, 1 ff.), und dies entfernt sich zu weit von der überlieferung, der inre in am nächsten käme. aber **nach** z. 40 ist kaum eine strenge übersetzung der bibelstelle anzunehmen. iener begegnet noch in der Genes. 38, 16. Hoffm. 41. eine. 42. helfene 44. **werchen.** zu dem reim haben: werchan vgl. unten 8, 6 gebar: haben; 12, 11 man: varen; Merigarto 1, 79 ezzan: gadam; 2, 95 Idûmêâ: aha; paternoster 3, 1 gotes: vorderost; 16, 5 man: haven; Gen. 75, 44 Hoffm. namen: Abraham. **2,** 1. geschŝfe ev. Joh. 1, 3 von dem wort omnia per ipsum facta sunt et sine ipso factum est nihil quod factum est; vgl. Coloss. 1, 16. daher auch Christus schöpfer XXXVI, 6, 3. XXXVII, 6, 3. XXXVIII, 100. XCI, 23. Diemer 302, 12. 304, 10. 309, 17 usw. 2. niewcht 3. ze aller jungest gescŝfe 4. Gen. 12, 4. **17, 9. 13, 5.** Hoffm. nâch sineme (unserem) pilede getân. 5. nach diner getan nah **diner getete.** gen. 1, 26 faciamus hominem ad imaginem et similitudinem nostram 6. hete. 7. blise anegenge 14, 33 Hahn er blics im sinen geist in daz er êwie solde sin; vgl. 33, 58; Gen. 15, 30 Hoffm. 6, 20 Diem. nach gen. 2, 7. 10. den gebot **11.** geseŝfe 14. Gen. 18, 6. Hoffm. sô sol man unt wib werden beidiu ein lip; vgl. Arnold von der siebenzahl 335, 12 nach gen. 2, 24. Matth. 19, 5. 6. 15 f. vgl. Hartmanns Credo 877 f. 1894 f. sündenkl. 298, 4 f. Diem. 17. weren. 18. phlegen 20. gewilten. di 25. bücher Mos. 6, 8 Diem. der milche rinnet Gêôn, des honeges Physon, wines Tigris, oles Euphrâtes; vgl. Honorius spec. eccl. p. 833 Hi quatuor fluvii spiritales (evangelistae) dant ecclesiae sapores tales: unus quidem lactis nutrimentum, alter autem praebet olei fomentum, tercius vini saporem, quartus exhibet mellis dulcorem. die quelle ist wie für 1, 18 ff. wieder ein frag- und antwortbüchlein. Joca monach. 41 (monatsber der Berliner acad. 1872 s. 110 f.) Dic mihi flumina, qui sunt in pardisu. Unus est uini, alter est oleum, tertius mel, quartus lac. uero dicitur Eufratis, quia iusti **usw.** Salomon and Saturnus 54 (Kemble p. 190) Hvät sindon þâ streámas and þâ burnan, þe on neorxnawange fleótað? Ic þe secge, hiora sindon IIII. seó ǽreste hâtte Fisôn, seó ôðer hâtte Gêôn and seó þridde hâtte Tigris, seó feórðe Eufrâtes, þæt is meolc and hunig and ele and vîn. **3,** 1. getete. 4. wi schir 6. vielleicht sin **statt** sine wie 25, 7 din für dine. 9. noht

10. du rischesen 11. wosch *Ruland* 173, 24 dâ wuohs der helle ir gewin: vil michel nôt wart unter in. 12. dar *fehlt.* **4**, 2 vinster. *zu dem reim* geviel: vinstri, vinsteri *sind zu vergleichen z.* 7 beschatewôta: naht, 6, 11 Êliê: wech, 14, 9 wantelôta: jâr, 19, 2 cham: Bosrâ, 24, 1 Israêl: erbe, 26, 5 crûci: dir. 4. sternen *ohne artikel?* ziten. 5—8. di der uil luzzel liehtes beren. so si waren uvante wante siu beschatewote diu nebel vinster naht. sô bericht *entspricht dem zusammenhange und erklärt* die entstehung der *lücke aufs beste;* berht *findet sich noch bei Arnold von der siebenz.* 341, 25 *Diem. Scherer schlug* berhtel *vor. Diemer vergleicht aus demselben gedicht* 351, 9 got von himile prâht uns daz êwige lieht, daz ne lôhte ê pevore nieht den die in der vinster wâren, dô der mâne und ouch der sunne ir schinen verbâren; *aufserdem bruder David deutsche myst.* 344, 3 dû, êwiger sunnenschîn, hâst al die werlt erliuhtet mit dîner lêre, die uns die zwelf boten gekündet habent. die habent die vinster vertriben, diu von Adâmes valle alle die werlt verdecket hât, diu dich dannoch niht erkant hête; *besonders glücklich aber auch für die folgenden* strophen 5—7 *Honorius spec. eccles.* p. 1081 In huius autem temporibus caliginosa nocte quaedam stellae diversis temporibus cum iocunditate luxerunt lumenque suum super nos fuderunt, et quamvis horrorem noctis effugere non potuerunt, tamen iter gradientibus ad verum solem praesignaverunt. in prima quippe vigilia Abel velut stella claruit, qui nos pro iusticia mori docuit, dum **ipse innocens occubuit**. post hunc alii ut astra in nocte micuerunt, dum Enos per pietatem **deum invocare** (*gen.* 4, 26), Enoch per mundiciam cum deo ambulare (*gen.* 5, 22) — Noe rectitudinem — Abraham fidem — Ysaac obedientiam — David humilitatem — nos informaverunt. — In quarta vigilia stella maris virgo Maria flamma splendida rutilavit, dum iter ad aeternum solem humilitate atque castitate demonstravit. in hac quoque Johannes Baptista velut planetarea stella resplenduit, qui peccantes poenitentiam primus docuit. in hac quoque vigilia verus Lucifer decus astrorum Christus lux angelorum fulsit. *weniger stimmen zu* 5, 1*ff.* LXXXIV *und s.* 401, *mehr* XLVII, 4, 95*ff.* *den teufel als urheber der finsternis bezeichnet auch Honorius p.* 937 Princeps tenebrarum traxit de coelo cauda sua partem stellarum (*apoc.* 12, 4) et nebula peccatorum eas obtexit atque mortis tenebris obduxit. unde sol aeternus *usw.* 10. gewelte wir alle waren: 21, 1 **steht** mit sîner gewalt *im reim.* 12. himelen: *vgl. W Grimms vorr. zur gold. schmiede* XLVIII, 14*ff.* **5**, 1*ff.* *s. zu* 4, 5*ff.* 5. Otfrid *an Hartm.* 45 betonte Enôch *wie gr.* 'Ενώχ (*Lachmann ahd. bet. s.* 259). XLVII, 4, 99 *kann man zweifeln ob* Enôchès *oder* Ênôchès, Ênôchès *zu lesen ist. die herschende aussprache ist später ohne zweifel wie heute, bei Diemer* 281, 21. *fdgr.* 1, 195, 15. 2, 119, 29. *Wolfram Wh.* 218, 18 Ênoch: doch; *entscheidend für die verlängerung der ersten silbe ist Wh.* 307, 1 Ênôch: noch (*vgl. Martina* 188, 12. 191, 68. 195, 83. 196, 44) *nach Lachmann zu Iw.* 137. *nach der hier und zu Nib.* 557, 3 *gegebenen regel aber ist bei Ezzo nur die paroxytonierung des namens* sicher. 8. rehten gedingen.

12. daz wir wider gnâdich. **6**, 1—3. Dô irsciein uns zaller iungest. bap morgen sternen 5. wærliche 6. *ev. Matth.* 11, 9 etiam dico vobis, et plus quam prophetam. 10. werlt wstunge: wuostinne *auch Wackernagel lexb.* 1861, 151, *weil es doch wahrscheinlicher ist dass Ezzo den naheliegenden genaueren reim dem ungenaueren vorgezogen hat.* 11. spu *ev. Luc.* 1, 17 et ipse praecedet ante illum in spiritu et virtute Eliae. 12. ebenohr *zu dieser und*

der *folgenden strophe vgl.* XXXIII A⁶, 8*ff.*   **7,** 1. 2. werlte. gevůren alle zů der gegensatz zu *z.* 3 *macht es wahrscheinlicher dass* alle *mit Diemer eher umzustellen als zu streichen ist. Diemer vergleicht bücher Mosis* 18, 21 *Diem.* daz kint di werlt alle fuorte von der helle; *kaiserch.* 289, 21 *Diem.* di fiunf werlt **alle** di lôster wider von der helle; *Anno* 59 sô vuorter cir hellin die vunf werlt alle; *Karajan denkm.* 37, 14 die fuof werlt alle die die dâ wâren in der helle; *Gen. Flagenf. hs.* 77ᵃ dô er die werlde alle wolde lôsen von der helle. *wegen des hiatus s. zu* 17, 10.   **3. unte**   ein vil michel teil *fällt doch auf, da nach der seit Isidor (etym.* 5, 39) *und Beda (de sex actatibus mundi) feststehenden ansicht das sechste alter sonst mit Christus oder Octavian beginnt,* LXXXVI, 4, 23 *ff. s.* 508, *Hel.* 2, 9.   **4.** 5. 7. dů   9. selôr.   *Hebr.* 9, 26 in consummatione saeculorum, ad destitutionem peccati per hostiam suam, apparuit.   10. dĉ   12. er uns uon den himelen.   **8,** 1. Dô   geborn   1. 2. *diu wârheit in der Vorauer hs.* 85, 26 *Diem.* iz gehîte alsô werde der himel zuo der erde (= *Melker Marient.* XXXIX, 7, 1. 2, *vergl. Ezzo* 9, 2): die gewunen ensamet ein kint, des alliu disiu lant sint. *W Grimm vorr. zur gold. schmiede* XLVII, 27.   6. *zu* 1, 44.   **S. siht**   9. raht.   11. [D]iv geburht   *hier sollte ein grofser buchstabe in der hs. den anfang der neunten str. bezeichnen, wie die zehnte in der hs. auch mit* 9, 11 *beginnt. das richtige mafs beider strophen wird hergestellt, wenn wir der achten zehnzeiligen* 11. 12 *zulegen und der zehnten vierzehnzeiligen* 9, 11. 12 *abziehen, wie schon Simrock (altd. leseb. Bonn* 1851 *s.* 41) *tat, freilich von einer falschen voraussetzung ausgehend. dann beginnen alle strophen von* (4.) 6—10 *mit* Dô; *vgl. zu* XVII, 51. *im übrigen* XL, 1, 9 *f.*   **9,** 1. *Honorius spec. eccl. p.* 818 vera pax Christus apparuit, qui inimicitias inter deum et homines dissolvit, *nach Ephes.* 2, 14 *ff.* 2 *Cor.* 5,18 *f. vgl.* XXXIV, 12 *ff ua.*   2. gehîht. *s. zu* 8, 1. 2, *zu* XXXIX, 7, 1. 2.   4. der engil   *vgl.* XXXIII, Hᵇ 10. *kaiserchr.* 296, 1 der engele ain vil michel menige. *leben Jesu* 233, 5. 7. 8 *Diem.* (*fundgr.* 1, 143) der engil ein vil michel craft — dô sanc daz here himelisk gloria in excelsis.   6 *f. ev. Luc.* 2, 14 gloria in altissimis deo et in terra pax hominibus bonae voluntatis.   8. si sâ derbi *Haupt*] sider sabi *vergl. zu* 12, 2.   10. sih madames sunden.   11. Daz *s. zu* 8, 11.   *vgl. zu* XLIII, 1, 1.   12. *vgl. zu* 14, 14.   **10,** 2. uil engen chrippe: chrippun *Hpt. bei Diemer.*   6. dů   8. ih'e   *ev. Luc.* 2, 21 et postquam consummati sunt dies octo ut circumcideretur puer, vocatum est nomen **cius Jesus.**   9. loste *vgl.* 5, 5. **9. 12, 6. 13,** 8. 14, 7. 19, 4. 24, 6. 12. armer *Hpt.*] armen   2 *Cor.* 8, 9. propter vos egenus factus est; *ev. Luc.* 2, 24. *levit.* 12, 8 quod si non invenerit manus eius nec potuerit offerre agnum, sumet duos turtures vel duos pullos columbarum; *vgl. Honorius spec. eccl. p.* 850, *Kelle spec. s.* 39.   **11,** 1. *Daniel* 7, 9. 13, 22—Jehova.   2. wuhs unter d*e*n iaren   6. edele *wegen der reimart und des versschlusses s. zu* XXVI, 10. *nach* 25, 2 *gab Ezzo dem schwachen neutrum des adjectivs noch die endung* a. *in seiner aussprache aber wird die verschiedenheit der reimvocale* a : o *nicht mehr so stark und starr hervorgetreten sein als in der schrift.*   11. wosch   12. ncheiner   13. 14. *diese unregelmäfsigen versszeilen kann man nur durch auslassungen und wortkürzungen auf das rechte mafs zurückführen und der reim bleibt schlecht. dass sie zugesetzt sind, leuchtet ein, weil* 10—12 *von Christi taufe die rede ist, worauf nicht folgen kann* 'wir legten den alten namen ab und wir wurden gottes kinder.'   **12,** 1. Sâ *Hpt.*] Da toufe   2. ouch sih sa. sih ougte *Haupt;* sih und 9, 8 sa *standen ehemals, wie Scherer bemerkt,* über *der zeile und wurden falsch eingereiht.* 3. das eaiste zeichen 8. machet er alle ganze 9. *aneg.* 10, 22 *Hahn* den blinden er ir licht gap. 10. mite eruephlach. *Joh. Bapt. fdgr.* 2, 139, 5 dem blinden er daz licht gap, neheiner miete erue flach. 11. behaften *Haupt verweist mich auf fundgr.* 1, 105, 4 an dem haftin mennischen. *Diemer vermutet* die behaften. 12. tiefuel **13,** 1. sat er *besonders zu dieser strophe stimmt mehrmals Honorius spec. eccl. p.* 931 surdis obstructas aures reclusit, vincula linguae mutorum verbo dei solvit — **febrium ardorem fons vitae extinguit** — v milia v panibus panis angelorum saturavit. fluctus maris siccis pedibus perambulat, ventorum rabiem sedat *und die ostersequenz des XI jhs. bei Mone* 148, 48*ff.* et saturavit quinque de panibus quina milia, stagnum peragrat fluctuans ceu siccum littus, ventos sedat, linguam reserat constrictam, reclusit aures privatas vocibus, febres depulit. 2. mere. mer *das letzte durchstrichen.* 3. gnuoc 5. suzzen 6. zů den rûwet 8. 9. 11. *Joh. Bapt.* 139, 7 die gebunden zungen die zelôste er dem stummen, die touben ôren er entslôz. 9. prunno *Diemer*] prinne 11. inzslôz. *leben Jesu* 245, 3 *Diem.* (*fdgr.* 1, 160, 41) er entslôz die touben ôren. 12. diu miselsuht *vermutet Diemer. Joh., Bapt.* 139, 2 die miselsuht [hiez er] abe gân—*kaiserchr.* 23, 5. 124, 12; 55, 25 daz er von wazzer machte win. die miselsuht hiez er heil sin, die plinten hiez er gesehen, die tôten lebende ûf stên; *auch* 79, 4, *leben Jesu aao. Maria* 44 89*ff. Feif. ua. vgl. ev. Luc.* **7, 22 leprosi mundantur, surdi** audiunt. flôh *Hpt.*] floz *von in vor zu verändern ist unnötig.* 13, 14. *ev. Luc.* 5, 24. **14,** 1. Dr was unt 6. noth 8. werchen. 9. wantelote *s. zu* 4, 2. 10. drizzihe 11. noht 13. div siniv 14. siht. ebensowenig als an der vierzehnzeiligen dreizehnten ist an der sechszehnzeiligen vierzehnten strophe, die die erste hälfte des gedichtes schliefst, mit fug etwas auszusetzen. dass v. 5 den vorhergehenden und v. 7 den dritten wieder aufnimmt, ist hübsch und verrät ebenso wenig einen interpolator als die wiederkehr der z. 12 = 9, 12. 19, 7. 9. 24, 11. **15,** 4. *ist im gegensatz zu* 1*f. aufzufassen.* 6. *Honorius spec. eccl. p.* 925 unda sanguinis et aquae in redemptionem mundi emanavit, *sacram. c.* 88 *p.* 794 sanguine (de latere eius) redempti sumus, aqua a peccatis loti = *Kelle spec. s.* 43. 7. meinteten. 10. geuil *leben Jesu* 260, 27 *Diem.* (175, 34 *Hoffm.*) die sunde wären comen von dem êrsten wibe in dem paradyse: an dem holze huop sich der tôt, an dem holze geviel er gote lop. *vgl. ev. Nicod.* 2, 7 *bei Tischendorf ev. apocr. s.* 308) *Irenaeus contr. haeres.* 5, 17, 3; *Tertullian adv. Jud. c.* 13 *ua.* (F*Piper evangelisches jahrbuch* 1863 *s.* 54*ff.*) *Sedulius hymn.* 1, 61; *Honorius sacram. c.* 11 *p.* 747, *spec. eccl. p.* 926; *ags. hom.* 2, 240 þurh treów ôs com deád — and þurh treów ûs com eft lîf *usw. Notker ps.* 95, 10. *Hartmanns Credo* 800 *ff. aneg.* 38, 37*f. Haupts zs.* 2, 309. *Wernh. vom Niederrh.* 59, 30*ff. Diemer zu* 261, 1. 11 — 14. *vgl.* 25, 3. 4 *mit anm.; zu* XXXIII A* 3. *leben Jesu* 262, 6 (177, 11) diu gotheit was der angel; *vgl. Hartmanns Credo* 623*ff. Honorius spec. eccl. p.* 937 Aculeus est Christi divinitas, edulium vero eius humanitas. **16,** 3. irvorht *Hpt. bei Diemer*] iruorbt *die ordnung der wunder weicht von ev. Matth.* 27, 45. 50 — 54 *ab, aber auch sonst stimmt Honorius spec. eccl. p.* 925 mundus autem cernens factorem suum tam atrociter cruciari scelus expavit et totam terram tetra caligine a vi hora usque ad viii obscuravit. — tota terra contremuit, mortuos de se evomuit. velum templi in duo discinditur, petrarum duricia finditur, mortui resurgunt, testimonium suo domino reddunt. 4. nine 7. grebere 11. unser 12. ze ningest *vgl.* XXXIII E* 15. 16. **17.** *die strophe folgt in der hs. auf* 19, *wo sie* *die aufzählung der alttestamentlichen vorbilder unterbricht und Ditze 20, 1 beziehungslos und unverständlich macht. stellt man sie vor 18, so ist in der hauptsache alles in ordnung, wenn man nur 18, 1 für Dr, wo der rubricator sich wie 12, 1. 14, 1. 17, 1. 23, 1. 28, 1 in dem buchstaben versah, mit Diemer* Er list. *Ezzo folgte hinsichtlich der höllenfahrt augenscheinlich der herschenden ansicht, wie Kelles spec. eccl. s.* 66 also dråte dô er den rainin âtim verlie, dô vuor sîn heiligiu sêle in der gotheit nidir zuo der helle; *Grieshabers predigten* 2, 144 Nû scribet uns s. Augustînus, der hailige lêrer, dô got an **dem hailigen crûce** ersturbe, daz dô sin hailige sêle reht zehant fuere hinz der helle = *Grieshaber* 2, 152 *usw. während sie nach der Genesis* 78, 33 *Hoffm.* 109, 26 *Diem.* (*Joseph* 1088) = *leben Jesu* 263, 18 *Diem.* 178, 33 *Hoffm.* (*beide gedichte stimmen* **vorher und weiterhin wörtlich**) **an dem dritten** *morgen bei der auferstehung* (*wie bei Spervogel MSF.* 30, 20) *oder nach Honorius elucid. p.* 1126 *ua. media nocte* **resurrectionis** *erfolgte. und dem widerstreitet nicht spec. eccl. p.* 925 Joseph corpus Jesu — in monumento novo locavit. porro Christus ad inferni claustra descendens — fortem diabolum ipse fortior superans — ac regnum tyranni disturbans spoliis acceptis victor tercia die triumphans remeavit. 1. Don der *s. vorher.* 'eine misverständliche anspielung auf apoc. 5, 5 ecce vicit leo de tribu Juda, radix David' *Scherer. vgl. Genes. aao.* er fuor mit lewen chrefte die helle brechen, *leben Jesu* er vuor mit lewen chreften: die grintel muosen bresten.

336 2. chreite 6. hiete 7 *ff. ev. Luc.* 11, 21 cum fortis armatus custodit atrium suum, in pace sunt ea quae possidet; si autem fortior eo superveniens vicerit eum, universa arma eius auferet, in quibus confidebat, et spolia eius distribuit; *dazu kommt für s.* 11 *ev. Marc.* 3, 27 nemo potest vasa fortis, ingressus in domum, diripere nisi prius fortem alliget, et tunc domum eius diripiet; *ev. Matth.* 12, 29. *die beziehung auf diese stellen der evangelien, in unserer strophe besonders deutlich, ist auch in den andern schilderungen der höllenfahrt sichtbar s. zu* 17. 23, 2. 9. chom sündenkl. 316, 1 *Diem.* im was sin storcherre chomen. 10. geroube al] 10, 9 *muste der hiatus beseitigt und* **7, 1** *konnte er leicht vermieden werden; aber schon* 3, 6 *kann man zweifeln und noch mehr hier und* 26, 5, 12. der dir, ée so manegez hie in werlt.

18, 1. Dr wart *s. zu* 17. *besser scheint* Er was 2 engelen *an die engel über dem grabe oder dem leichnam* (*ev. Matth.* 28, 2. *Joh.* 20, 12) *ist gerade nicht zu denken. ein teil, die seele Christi war für kurze zeit* (*ein lucel*), *während der höllenfahrt, getrennt von den bewohnern des himmels. zum zeichen seiner abwesenheit ruhte das fleisch am samstage im grabe und erst am dritten tage erstand er aus demselben. ohne die höllenfahrt wäre er am andern tage erstanden und bei den engeln gewesen.* 4. fleiz in demo *Kelle spec. eccl. s.* 132 der gotes sun der ruowete in dem grabe von menneselicheme slâfe: von siner gotheit was er wachende untötlichen. 5. an dem 6. von dem 7. *vgl.* XXXIII E^b 16 *ff. Honorius spec. eccl. p.* 932 ultra non moriturus omnibus sc diligentibus vitam aeternam donat. 10. imer an 11. riheheset **19**, 1. 2. der da chom so dass der erste vers mit dâ schliefst. *die abteilung ist nur ein versuch einen genauern reim herzustellen, ohne rücksicht auf den folgenden vers, der durch* chom *überfüllt wird. die betonung der worte des Jesaias* 63, 1 tinctis vestibus dé Bosrá *würde auch einem gereimten lateinischen gedicht gerecht sein. auf dieselbe stelle des propheten beziehen sich Genes.* 78, 28 *Hoffm.* 109, 21 *Diem.* (*Jo-*

seph 1083), *leben Christi* 270, 23. 271, 6*ff. Diem.* (185, 25. 41*ff. Hoffm.*), aneg. 39. 74*ff.*; *Mones hymn. nr.* 137, 4, *Honorius spec. eccl. p.* 936, *Venant. Fortun. carm.* 8, 7 *p.* 280 *Migne.* 3. gewete 4. durc leid 5. stole *Jesai.* 63, 1 iste formosus in stola sua. 6. durhe ere 7. *Jesai.* 63, 1 gradiens in multitudine fortitudinis suae. 8. berscraft. 11. 12. *Philipp.* 2, 10*f.* in nomine Jesu omne genu flectatur caelestium, terrestrium et **infernorum et** omnis lingua confiteatur. **20,** 4. dizzes *s. Lachmann zu Iwein* 4094, *zu* XLIII, 18, 1. *Honorius spec. eccl. p.* 910 Abel agnum deo in sacrificium obtulit, a fratre innocens occisus occubuit —. ita Christus usw. 5. abraham brahte *Honorius ano. p.* 911 Abraham qui Ysaac sacrificavit est deus pater qui filium suum pro nobis immolavit; *spec. eccl. E. s.* 113*f.* 7. *ev. Joh.* 3, 14 sicut Moyses exaltavit serpentem in deserto, ita exaltari oportet filium hominis; *spec. eccl. E. s.* 112*f. bücher Mos.* 62, 10 *Diem. Honorius p.* 922. 8. woste | tunge 10. weren. 11. wnteu **21,** 2. slohe *das schwache adjectiv nach der praeposition wie kaiserchr.* 203, 14 *Diem.* wider römische riche; 222, 30 *sogar* Lucius rihte römiske hûs. *im übrigen vergleicht Scherer aus des Martinus Balticus Joseph (Ulm* 1579) E 5ᵃ Wann er sich spreüfst, so schlagt **in lhn**; *Valentin Boltz ölung Davidis (Basel* 1554) e 5ᵃ Nüt daŭ inn sy schlon, gefiel vnfs allen. 3. slohe 4. vrone | bote —10. *bücher Mosis* 41, 1—6 *Diem.* Moyses der guote, wie wol er si behuote! er hiez slahen ein lamp: diu harmsear sâr erwant.mit des lambes **bluote** ir tur si segenôten, er streich ez an daz ubertur: der slahende **engel vuor dâ** fur. *vgl. Honorius spec. eccl. p.* 919*ff. Mone hymn. nr.* 169, 2, *Daniel thes. nr.* 31. 8. gesegenote 12. nin **22,** 1. [D]as was alles 2. xpinlichiu 3. in den *ev. Joh.* 1, 17 lex per Moysen data est, veritas per Jesum Christum facta est; *daher Coloss.* 2, 16. 17 nemo vos iudicet in cibo — aut in parte sabbatorum, quae sunt umbra futurorum; *Hebr.* **8, 4. 5** qui offerrent secundum legem munera, exemplari et umbrae deserviunt caelestium; 10, 1 umbram enim habens lex futurorum bonorum, non ipsam imaginem rerum; 1 *Cor.* 10, 6 haec autem *(die wanderung Israels)* in figura facta sunt nostri, 11 haec autem omnia in figura contingebant illis. *darnach Honorius in psalm. p.* 283 (Israeliticus) populus Christiani populi umbra fuit. quod de illis vel de cunctis retro populis per **prophetas** (spiritus sanctus) scribi voluit, figura futuri fuit; *gemma an.* 3, 33 *p.* 651 legale pascha veri fuit umbra, in quo verus agnus immolatus est; *sacram. c.* 86 *p.* 791 omnia sacrificia in lege erant secreta, id est muta, quia umbra futurorum erant. agnus paschalis latebat in Christo; *Adam von SVictor bei Daniel thes. nr* 85, 4 lex est umbra futurorum, Christus finis promissorum, qui consummat omnia; *Thomas von Aquino bei Mone nr.* 210, 197 In hac mensa novi regis novum pascha novae legis phase vetus terminat. vetustatem novitas, umbram fugat veritas, noctem lux eliminat. 4. us 5. wâre] mere *wie* 7 mere *statt* mâre. *s. zu v.* 3; *Honorius in cant. p.* 373 est Christus verus agnus *uam.* 1 *Cor.* 5, 7 pascha nostrum immolatus est Christus; *JGrimm hymn.* 21, 4. 8. *Otfrid* 2, 9, 80 joh irstarp thâre in thes cruces âltare; *JGrimm hymn.* 21, 2 sacrum corpusculum in ara crucis. 9. woste wigant *Haupt*] uiât: *vgl. spec. eccles. E. s.* 68 sâ ze der wile *(bei der höllenfahrt)* gab der starche wigant, uusir hêrri, den guotin gewalt ze himeli ze varn. 10. wotriches 11. allez. 12. 1 *Cor.* 10, 2 omnes in Moyse baptizati sunt in nube et in mari. *Honorius spec. eccl. p.* 921 mare rubrum est baptismus sanguine Christi rubicundus, in quo hostes, scilicet peccata, submerguntur; *vgl. p.* 373*f.* 462. 851. 964. **23**, 1. Don dem *s. zu* 17. *Osea* 13, 14 *zu* XXXIV, 14, 9. *vgl. Hebr.* 2, 14. *Mone nr.* 29, 40 morte mors destruitur; *nr.* 106, 18 *mit anm.* morte mortem superavit et potenter spoliavit Acherontis atria *uam*. *W Grimm zu Freidank* 9, 25, *über Freid. s.* 53.

2. beröbet *W Grimm über Freidank s.* 54; *Karajan* 42, 2 diu helle wart beroubòt, der viant getoubòt; *Genes.* 78, 18 *Hoffm.* 109, 8 *Diem.* (*Joseph* 1074) **al** unsir viante, er hât si gedoubet, die helle hât er beroubet; *leben Jesu* 272, 1 *Diem.* 186, 27 *Hoffm.* der im sîn lant hete beroubet, sîn liute vil lange betoubet; *spec. eccl. F. s.* 68 Crist hât die helle beroubet; *Grieshaber* 2, 145 beroube die helle und binde den tiufel in sinen banden; *usw. nach den zu* 18, 7 *angeführten stellen der evangelien*. 3. nuwre 4. gopheret 5. wider uart 6. *zu* XXX, 79. 7. du: beidû *F.Bartsch Germania* 9, 60. 9. 10. *die vergleichung mit dem zuge der Israeliten geht auch hier noch fort. schon im ev. Joh.* 6, 31—59 *stellt Christus sich selbst als den panem de caelo verum dem manna jener gegenüber und sagt v.* 56 sanguis meus vere est potus, *und* 1 *Cor.* 10, 4 *heifst es* bibebant autem de spiritali consequente eos petra, petra autem erat Christus. *daher Honorius eucharist. c.* 11 *p.* 1256 manna in figura corpus Christi erat — et potus illorum — in figura Christi sanguis erat, sitim animarum extinguens, unde et petra de qua fluxit Christus dicitur; *undeutlicher drückt er sich spec. eccl. p.* 922 *aus* aqua de petra bis percussa — evangelica doctrina de Christo in duobus crucis lignis extenso educitur. *der ausdruck* gotes prunno *v.* 10 *stützt sich wohl auf das gebet des Moses und Aaron num.* 20, 6 domine deus, aperi eis thesaurum tuum fontem aquae vivae. 11. sw daz **24,** 1. *J Grimm hymn.* 1, 6 nos vero Israel sumus; *Arnold* 353, 1 *Diem.* wir scolten heizen Israhel, pehielten wir unser ê; *vgl.* 1 *Cor.* 10, 18 videte Israel secundum carnem *und zu* **21, 3.** **über den reim zu** 4, 2. 3. want 4. *exod.* 18, 10 benedictus dominus, qui liberavit vos de manu Aegyptiorum et de manu Pharaonis; *vgl. deuteron.* 7, 8. 4 *reg.* 17, 7. *Grimm hymn.* 21, 3 (Christo canamus) erepti de durissimo Pharaonis imperio; *Honorius spec. eccl. p.* 930 sicut ille populus a jugo Pharaonis liberatus in terram repromissionis transivit, ita populus Christianus a jugo diaboli per **Christum** liberatus in patriam paradisi transibit; *in cant. p.* 374 terra repromissionis est beatitudo regni caelestis, Pharao est diabolus; *so auch spec. eccl. p.* 846 rex qui in via obstitit est diabolus, qui multis modis nobis iter vitae obstruit (*v.* 6*f*.); *vgl. noch in cant. p.* 402. gemma an. *p.* 543. 655, *spec. eccl. p.* 854. *bücher Mos.* 43, 24 *Diem.* Pharao tuot uns vil nôt: den tievel er bezeichenôt. 10. gezwivelet 11. *zu* 14, 14. **25,** 1*ff. Venantius Fortun. carm.* 2, 1 *p.* 87 *Migne* Crux benedicta — fertilitate potens, o dulce et nobile lignum, quando tuis ramis tam nova poma geris; 2 *p.* 89 (*Mone nr.* 101) Crux fidelis, inter omnes arbor una nobilis, nulla talem silva profert flore, fronde, germine, dulce lignum — dulce pondus sustinens, sola digna tu fuisti ferre saecli pretium — quam sacer cruor perunxit fusus agni corpore; 4 *p.* 93 ramis de cuius vitalis chrismata fragrant. 2. besziste. 3. gevangen 4. *s. zu* XXXIX, 5, 1. 4; *vgl.* XXXIII A» 6 *und oben* 15, 11*ff. mit anm. Honorius spec. eccl. p.* 944 (*vgl.* 937) haec (sancta crux) est virga hami in salum saeculi a patre missi, in quo Leviathan capitur ac praeda devorata de eius ventre extrahitur; *p.* 1002 postquam primus parens per lignum in pelagus saeculi huius quasi in verticem naufragii corruit atque avidus Leviathan saeva morte totum genus humanum absor-

buit, placuit redemptori nostro vexillum sanctae crucis erigere et hamo carnis suae squamea hostis guttura constringere, ut cuspide vitalis ligni perfossus evomeret quos per vetitum lignum improbus praedo devorasset. 3. lîp sint din este *Diemer*] liep dieneste *Honorius spec. eccl.* p. 943 lignum vitae (*genes.* 2, 9) sancta crux intelligitur, de qua fructus aeternae vitae tollitur. s. *FPiper evangelisches jahrb.* 1863 s. 41. 52 *ff.*. 66 *ff.* 6. an 10. suzze 12. manchan **26**, 1. 2. dû 2. uerlizze *warum nicht* wâr verlâzen — wâr lâzen? 3. gewerdotest *ev. Joh.* 12, 32. 33 et ego si exaltatus fuero a terra, omnia traham ad me ipsum. hoc autem dicebat significans qua morte esset moriturus. *vgl. Honorius spec. eccl.* p. 946, *unten* XXXIV, 14, 1—6 *mit anm.* 4. swen dû herre wurdest 5. cruce 6. duo unsihic zugest zugest zêze 7. iruollet 8. leste herre dîne 11. wir di dinest man 12. gesceiden **27**, 2. dû 4. mîn trehtîn *ist ebenso formelhaft wie* frômîn XI, 30 *anm.*, mîn vrouwe, mîn her N (*mhd. wb.* 1, 666. 3, 422), *auch im munde oder sinne vieler zb. in den predigten fdgr.* 1, 78, 17. 84, 8. 91, 32. 93, 16. 94, 40. 95, 2, 25. 98, 7, 13, 27, 42. 99, 37, 39, 41. 100, 1, 6, *und sonst ganz häufig, s. oben zu* 1, 31; XLV, 1, 1, *Ruland* 6, 17. 8, 31. 11, 13. 35, 5 *usw.* (*mhd. wb.* 3, 122); *in Kelles speculum ecclesiae kann vielleicht die formel mit als ein criterium benutzt werden, um die predigten der sammlung verschiedenen verfassern oder bearbeitern zuzuweisen. auf jeden fall ist sie hier ohne anstofs, obgleich sonst die erste person pluralis die redende ist. dass z.* 4 *Christus, dann z.* 7 *der wahre glaube der segel heifst, ist gleichfalls nicht zu tadeln, weil Christus der inhalt des wahren glaubens und so die allegorie richtig durchgeführt ist. dies bild ist im grunde alt, wenn auch nicht biblisch, wird aber, wie Diemer bemerkt, von den ältern kirchenvätern nicht so ausgeführt. er vergleicht Paulinus von Nola* Navigio vectatur homo et deus imperat austris, et virtute dei permeat aequor homo. *Augustin in ev. Joh.* 2, 4 *sagt* fluctibus huius saeculi interrupta est via et qua transeatur ad patriam, non est nisi ligno porteris *und ähnlich am, auch nach Cynewulf* (*Crist* 851—867) *befinden wir uns auf einem wilden meer, aus dem uns nur der sohn gottes zum hafen leitet und zeigt wo wir ankern sollen. Honorius aber führt aao.* p. 944 *fort* hoc (s. crux) etiam malus navis ecclesiae dicitur, in quam velum fidei appenditur, bonorum operum rudentibus hinc inde tenentibus; et sic ecclesia ligno vecto flamine spiritus sancti turgentes mundi fluctus secura transnavigat et optatum perennis vitae portum gaudens applicat; *ders. scal. cael.* c. 1 p. 1230 mare est hoc saeculum multis amaritudinibus turbidum; navis est christiana religio, velum fides, arbor crux, funes opera, gubernaculum discretio, ventus spiritus sanctus, portus aeterna requies; huiuscemodi nave pelagus saeculi huius transitur et ad patriam aeternae vitae reditur. (*vgl. zu* XXXVIII, 249*f. mit anm.*) *anders führt Grieshabers prediger* 1, 67 *das bild aus* daz schef daz dâ heizet diu heilige cristenheit, diu hât ein ruoder daz heizet der heilige geloube, der wiset si gar wol — über daz mer unde über die erde. waz ist daz mer? daz ist daz ungelücke. waz ist aber diu erde? daz ist daz gelücke. — sich unde daz schef daz dâ heizet diu heilige cristenheit diu hât einen segel der heizet diu heilige minne, unde der segel — ist gehenket an den segelboum alder an den mastboum der dâ heizet Jêsus Cristus *usw. vgl. Hoffmann kirchenlied s.* 107 *ff.* 5. unser segel seil 6. di rihtent 7. de ist der ware gelöbe 10. an den rehten sint 11. diu wârheit 85, 14 *Diem.* Daz himelriche ist unser heimôt. 12. *Anno* 770 wâ wir ei jungist sulin leintin. **28,** 1 Anser 3. lobenes ouhe 4. *symb. Nicaen.* qui propter nos — homo factus est, crucifixus etiam pro nobis. 6. *ev. Joh.* 5, 22 neque enim pater iudicat quemquam, sed omne iudicium dedit filio, 27 et potestatem dedit ei iudicium facere, quia filius hominis est. 7. dritte ist S. uns *fehlt.* 9. 10. *diese und die ähnlichen stellen, Arnold* 335, 6 *Diem.* wir geloben iedoh die namen drî eine wâre gotheit, *kaiserchr.* 271, 7 *ff., Kelles spec. eccl. s* 136 *f.* heiliger vater, heiliger sun, heiliger geist, ein wârer got — daz ist der rehte ruof des gotelîchen gelouhen; sô getânen ruof, sô getâne bihte sculen die guoten lêrâre ruofen unde bredegen, *Freidank* 24, 20 *vgl. Walther* 3, 4 *f. anm. ua. weisen zunächst auf die seit dem* XI *jh. verbreiteten freieren glaubensformeln,* LXXXVII, 4, LXXXVIII, 16, LXXXIX, 26, XC, 9 *usw. und mittelbar auf* 1 *Joh.* 5, 7 pater, verbum et spiritus sanctus, et hi tres unum sunt. 11. unsihe der tôt. vindet *ergänzte Diemer: Walther* 77, 5 der tôt uns sündic vindet. 12 wir uns gelonet.

Vita Altmanni c. 3 *in Mon. Germ. SS.* XII 230: eo tempore (a. 1065) multi nobiles ibant Ierosolimam invisere sepulchrum domini, quadam vulgari opinione decepti quasi iustaret dies iudicii, eo quod pascha illo anno evenisset sexto kalend. aprilis, quo scribitur resurrectio Christi (*s. hierüber* F *Piper die kalendarien der Angelsachsen s.* 17 *ff. vgl. evang. jahrb.* 1853 *s.* 11 *ff.* 1856 *s.* 45 *ff. Honorius oben zu* 1, 11). quo terrore permoti non solum vulgares, sed et populorum primores genere et dignitate insignes et ipsi diversarum civitatum episcopi magna gloria et summo honore fulti patriam cognatos et divitias reliquerunt et per artam viam crucem baiolantes Christum secuti sunt. quorum praevius dux et incentor fuit Guntherus Babinbergensis episcopus, vir tam corporis elegantia quam animi sapientia conspicuus, in cuius comitatu multi nominati viri et clerici et laici tam de orientali Francia quam de Bauuaria fuerunt. inter quos praecipui duo canonici extiterunt, videlicet Ezzo scolasticus, vir omni sapientia et eloquentia praeditus, qui in eodem itinere cantilenam de miraculis Christi patria lingua nobiliter composuit, et Cuonradus omni scientia et facundia ornatus, qui postea in nostro loco canonicis praelatus propositus fuit. quibus Altmannus ex latere reginae (*Agnetis Heinrici* III *viduae*) cum multis viris de palatio honoratis factus est comes itineris et socius laboris. *diese stelle war längst bekannt, ehe die Vorauer hs. aufgefunden wurde, aus dem ersten abdruck der vita in Pez SS. rer. austriac.* 1, 117. *ich gestehe es kaum zu begreifen wie man so lange hat zweifeln können dass die hier erwähnte* cantilena de miraculis Christi *in der aufzeichnung der Vorauer hs. vollständig und im ganzen wohlerhalten vorliegt, und enthalte mich die meinungen die darüber laut geworden sind einzeln anzuführen oder die belege dafür beizubringen wie die gestalt des gedichts, das zu den schönsten und merkwürdigsten unserer alten litteratur gehört und unter den geistlichen ohne zweifel mit dem Melker Marienlied den preis davonträgt, so lange verkannt worden ist. nur Simrock in seinem altdeutschen lesebuch Bonn* 1851 *s.* 39—42 *scheint völlig mit mir einverstanden dass wir jene cantilena des Ezzo vor uns haben, aber wie ich ihm schon* 1851 *schrieb, er übersah zum teil oder bestimmte die interpolationen und den anfang des gedichts unrichtig, so einfach dies auch zu sein scheint. die ersten verse* 1—12, *die den umfang der meisten strophen des gedichts nicht überschreiten, könnte der interpolator schon in einer hs.*

als eine art überschrift von Ezzos gedicht vorgefunden haben. aber freilich der inhalt der nächsten verse 13—22 ist so unverständig dass man ihn auch für den verfasser des eingangs halten darf, der mitvers 13 nur fortfuhr ich wil iu eben allen. er kündigt hier eine rede von dem rechten anegenge und von den gnaden von denen in der bibel steht nach der genesis und dem buch der könige an und benennt dann alberner weise die rede die vier evangelien. diese confusion stammt nur daher, weil das ihm vorliegende lied Ezzos sich zum grösten teile mit dem leben Jesu beschäftigt, aber von dem anfange der dinge und der schöpfung ausgeht. diesen anfang wollte er erweitern. der ersten strophe hängte er ein stück von der schöpfung des menschen und eine anrufung des schöpfers an, nach der zweiten finden wir z. 21—30 das angekündigte stück von den gnaden manecvalt. er hielt die genesis ohne zweifel für die quelle seiner weisheit, die berufung auf das buch der könige aber scheint eitel prahlerei oder unwissenheit. seine wahre quelle ist in den anmerkungen zu 1, 18 und 2, 25 nachgewiesen. über die ersten strophen erstreckt sich die tätigkeit des interpolators nicht hinaus; nur zu str. 11 sind zwei leicht als unecht erkennbare zeilen hinzugesetzt und sonst der text **des** alten gedichts durch einzelne worte interpoliert. die verse 1—22; 1, 15—44; 2, 13—30 sind roh und regellos und entbehren der gleichmäfsigen strophischen gliederung. in den strophen 1. 2 wird gott angeredet: die unmittelbar darauf folgenden zusätze handeln von ihm erzählend in dritter person, und in der anrufung 1, 33 ff. verrät das ich den interpolator. sieht man von diesen elenden stücken ab, so bleibt ein gedicht von 28 strophen übrig, deren anfang bis auf 1. 9. 10 regelmäfsig durch einen grofsen buchstaben noch in der hs. bezeichnet ist, und zwar beginnt und schliefst das ganze mit einer strophe von vierzehn reimzeilen; ebenso beginnt auch die zweite hälfte str. 15; der erste teil aber, der das wirken und leben Christi bis zur kreuzigung verfolgt, schliefst mit zwei strophen 13. 14 von vierzehn und sechzehn reimzeilen (s. zu 14, 14). nimmt man 14 als die mitte des gedichts, 28 als eine mehr für sich stehende schlussstrophe, so ergibt sich im anschluss an die abschnitte des sinnes folgende kunstreiche structur desselben, die sich so veranschaulichen lässt:

Abb . bbb . bbb . bbbA . C . Abbb . bbb . bbb . bbbA.

zuerst drei str. (1—3), eine 14zeilige und zwei 12zeilige, vom anfange der dinge bis zu Adams sündenfall; dann 2 mal drei 12zeilige, von denen die ersten drei (4—6) von den sternen die die nacht der alten welt erhellten, die nächsten drei (7—9) von Christi erscheinung und geburt handeln; darauf vier str., drei 12z. (10—12) und eine 14z. (13), von Christi leben und wundertaten; die mitte (14), eine str. von 16 z. von Christi lehre; dann wiederum vier (15—18), aber so dass jetzt die 14zeilige voransteht und die drei 12zeiligen folgen, von Christi tod, höllenfahrt und auferstehung; dann wieder 2 mal drei 12zeilige, die ersten drei (19—21) von den vorbildlichen hindeutungen des alten testaments auf Christi tod; die nächsten drei (22—24) geben die geistliche deutung und anwendung dazu; endlich noch einmal drei str. von 12 z. (25—27) mit anrufungen an das kreuz als das zeichen der erlösung, worauf ein gebet an die trinität, eine str. von 14 z. (28), das ganze abschliefst. die abschnitte haben wir im text durch gröfsere anfangsbuchstaben kenntlich gemacht. jede strophe, wie jeder abschnitt, rundet sich schön ab. die verse sind regelmäfsig gebaut: wer darin nichts als sogenannte reimprosa findet, muss sie nur flüchtig angesehen haben oder altdeutsche verse überhaupt nicht lesen können. die ausdrücke, gedanken und bilder, in denen sich das lied bewegt, sind fast durchaus von altersher überlieferte und auch sonst geläufig, wie in den anmerkungen namentlich aus den schriften des Honorius von Autun, des repraesentanten der vulgären theologie des XI und XII jhs. gezeigt werden konnte. der dichter steht auf dem boden der geistlichen beredsamkeit, der predigt; aber mit geschick, kraft und begeisterung weifs er den überkommenen stoff zu einem kunstreichen und grofsartigen ganzen zu gestalten, das neben der prosa der glaubens- und beichtformel XCI (vgl. s. 522.) und den versen von himmel und hölle auch von den rednerischen leistungen der männer der Bamberger schule, wie Anno (s. 513) eine nicht geringe vorstellung erweckt. der titel de miraculis Christi bei dem biographen Altmanus entspricht sehr wohl dem inhalte, und die meinung dass Ezzo nicht der verfasser des vorliegenden gedichts sein könne, weil nur zwei strophen von den wundern Christi handelten (Hoffmann kirchenlied s. 27 f.), beruht auf oberflächlicher betrachtung. miracula enim et nondum natus de Maria fecit, sagt Augustin in psalm. xc serm. 1, 1. Christus ist gott und als wort vom anfang an bei der schöpfung tätig, und bei der erschaffung des menschen ward mit dem sündenfall (2, 12) gleich auch die erlösung vorgesehen, dann durch die erzväter und propheten vorbereitet, durch die geschichte Israels überhaupt vorgebildet und mit Christi erscheinung auf erden der alte streit beendet, durch seinen tod am kreuze, die höllenfahrt und auferstehung des teufels gewalt und herschaft überwunden, der bis dahin durch Adams schuld die menschheit verfallen war. dies ganze grofse, zeit und ewigkeit umfassende wunderwerk der welterlösung verherlicht das lied; die anrufungen und gebete womit es von str. 24 an schliefst, wie es damit beginnt, enthalten zugleich inbrünstige aufforderungen zur nachfolge Christi. der schwung der empfindung bleibt durch das ganze gedicht derselbe und lässt den ton kaum hie und da sinken. die eingestreuten lateinischen formeln verstärken nur die erhabenheit des eindrucks. dieser würde für uns noch gröfser sein, wenn das gedicht in einer alten gleichzeitigen aufzeichnung aus dem XI jh. vorläge. eine reihe alter sprachformen hätte sich auch leicht **wiederherstellen lassen. aber die reime** zeigen schon das schwanken der sprache des zeitalters. sicherheit in allen einzelheiten war hier so wenig zu erreichen wie bei den liedern Heinrichs von Veldeke. muss sich die verständige kritik bei diesen begnügen in der oberdeutschen überlieferung des XIII und XIV jh. die spuren des ursprünglichen nachzuweisen, so hier der überlieferung des XII jh. gegenüber damit, die älteren formen nur da herzustellen wo der reim mit notwendigkeit und der vorteil des innern verses darauf führt. dass das gedicht für den gesang der menge bestimmt war, beweist der plural des redenden subjects, der bis auf das formelhafte min trehtin 27, 4 durchsteht. es konnte füglich auf einer pilgerfahrt gesungen werden und die strophen 24—27 gewinnen dann einen besonderen nachdruck. namentlich str. 24 könnte man neben ihrer geistlichen bedeutung auch auf die pilgerfahrt vom j. 1064. 1065 beziehen. aber dass sie oder eine andre dafür oder auf ihr gedichtet sei, erhellt durchaus nicht: die wiederkunft des herrn und das jüngste gericht, in deren erwartung die fahrt unternommen wurde (s. oben), wird zuletzt nur ganz nebenher 28, 6 erwähnt. nach Lambert, Marianus Scotus und den Altaicher annalen MG. SS. V 168—171. 558. 559. XX 815 war der erzbischof Siegfried von Mainz das haupt des zuges, wenn auch Günther von Bamberg durch seine persönlichkeit vor allen teilnehmern hervorragte. *Altmanns biograph schrieb im kloster Göttweich, das Altmann als bischof von Passau gegründet hatte, im auftrage des abts Chadalhoh (1125—1141) nach mündlichen berichten solcher die den im jahre 1091 verstorbenen bischof und* **gewis** *auch einen andern der heimgekehrten, den aao. genannten probsten Cuonrad* **noch** *persörlich gekannt hatten, aber mindestens sechszig jahr nach der pilgerfahrt und dem tode Günthers (23 juli 1065). weil er lateinisch schrieb oder* **aus** *irgend einem* **andern grunde wird** *man ihm keine höhere auctorität beimessen dürfen als dem deutschen versificator, der seinen reimen nach älter ist und von Günther, Ezzo und Wille noch als wohlbekannten personen zu sprechen scheint. Wille darf man mit Diemer (vorr. XLIX) für den siebenten abt von Michelsberg halten, der 1082 erwählt wurde und am 6 juli c. 1085 starb, siebenter bericht des historischen vereins zu Bamberg 1844 s. 208. von Ezzo steht durch den versificator und den biographen fest dass er priester, domherr und scholasticus in Bamberg war. ein presbyter und canonicus Ezzo von Bamberg unterzeichnete mit andern im j. 1071 die stiftungsurkunde des klosters Banz, Ussermann episc. Bamberg. cod. prob. p. 44 nr. 40, Österreicher gesch. von Banz 2, XI. ein dominus Ezzo, canonicus SPetri et SGeorgii et prepositus ecclesie SJacobi in Bamberg übergibt im j. 1100 zwei hörige an den herrn Poppo albus de Steine, und er muss bald darnach gestorben sein, da vielleicht schon im j. 1102, sicher 1108 als sein nachfolger am stift zu SJacob der als gründer der kirche gerühmte probst Eberhard erscheint, Schweitzer gründungsbuch von SJacob s. IX und s. 1 im ein und zwanzigsten bericht des vereins zu Bamberg von 1858. die alten Bamberger calendarien des domstifts zu SPeter und des klosters Michelsberg führen nur einen Ezzo presbyter frater noster oder Ezzo presbyter SPetri als am 15 november verstorben und unter dem 23 september einen Ezo diaconus frater noster oder Ezzo diaconus SPetri auf, siebenter bericht usw. 1844 s. 258. 291. Ezzo der domherr und erste stiftprobst von SJacob kann der dichter und ehemalige scholasticus sein, obgleich sich dies ebenso wenig beweisen lässt als die vermutung Diemers (beiträge s. XLIX) dass der dichter der im Melker totenbuch von 1123 zuerst aufgeführte Ezzo praepositus Medilicensis monasterii sei, den der bischof Altmann, wie seinen genossen Cuonrad als probsten nach Göttweich, bei der reformation des klosters im j. 1089 aus Bamberg nach Melk berufen habe. wie dem aber auch sei, — Bamberger urkunden und aufzeichnungen ergeben vielleicht noch einmal näheres, — trotz seiner genauen personalkenntnis weifs der versificator nichts davon dass Ezzo das lied auf der pilgerfahrt gedichtet habe: er berichtet nur von der aufserordentlichen wirkung die es auf die gemüter der menschen und ihre bekehrung ausgeübt. es war ohne zweifel ein sehr berühmtes und bekanntes gedicht: die verfasser des Johannes Baptista (s. zu 12, 10. 13, 8—11), des lebens Jesu (9, 4. 13, 11. 15, 10), der Vorauer Genesis (21, 4—10), der wârheit (8, 1. 2. 27, 11?) benutzten, wie es scheint, verse daraus. selbst im Melker Marienliede und Friedberger Krist finden sich bemerkenswerte anklänge, s. zu 6, 12. 9, 2. 16, 12. 17, 7. 25, 4. sein erfolg gab allem anscheine nach den anstofs zu dem aufschwunge der geistlichen dichtung seit dem ende des XI jahrhunderts. dass man in Göttweich im zweiten viertel des XII jh. seine entstehung in die grofse pilgerfahrt von 1064. 65 verlegte, ist darnach leicht begreiflich. aber selbst wenn der biograph Altmanns damit recht hätte und der deutsche versificator trotz seiner genauern personalkenntnis über die zeit der abfassung weniger gut unterrich-

tot war, so bleibt doch gewis dass beide dasselbe und zwar das uns vorliegende gedicht vor augen hatten.

XXXII.

347   *Zwei zusammenhängende pergamentblätter einer hs. des* XI/XII *jh. in gr.* 8°, *die zum einband einer 'lateinischen hs.' verwendet waren, in der fürstlich Fürstenbergischen bibliothek zu Prag.* H Hoffmann Merigarto, bruchstück eines bisher unbekannten deutschen gedichts aus dem XI jh. mit einem facsimile. Prag 1834. 12 bl. 8°. *desselben* fundgruben II (Breslau 1837), 1—8. (J Grimm *in den Göttingischen gelehrten anzeigen* 1838 nr. 56 s. 547—549.) W Wackernagel altdeutsches lesebuch Basel 1859, 139—142 vv. 1, 21—2, 40.   J Kelle *in Naumanns* Serapeum 1868 s. 137. 138. *mit besonderer gefälligkeit hat derselbe die blätter von neuem für mich eingesehen und mir nicht nur über einzelne punkte bereitwilligst auskunft erteilt, sondern selbst eine vollständige, genaue abschrift übersandt. über den titel s. den excurs. da die kehrseiten* 1ᵃ *und* 2ᵇ, *einst angeklebt an den holzdeckel der lateinischen hs., aufserordentlich gelitten hatten, so übergieng Hoffmann in seinem abdruck die 'wegen der unleserlichen' lücken zusammenhangslosen zeilen von bl.* 1ᵃ *vor v.* 1 *und nach v.* 20.   *vor v.* 1 *fand Kelle jetzt 'vollkommen leserlich':*

demo mere dō gab. daz unbergie iz ni sīt.   so da
uid chuit.   iz .. louffit frō.   unt ilit vuider in zinōna.

es versteht sich dass ubergie *und des verses wegen wohl also zu lesen ist. gemeint ist hier psalm* 103, 9. 10 terminum posuisti quem non transgredientur, neque convertentur operire terram; qui emittis fontes in convallibus: inter medium montium pertransibunt aquae. *aber woher die ansicht von dem wechsel der meeresströmung am morgen und nachmittag stammt, — es soll wohl ebbe und flut sein — weifs ich nicht anzugeben, noch die verse ohne verwegenheit zu verbessern.*   1, 1. do *die hs. nicht* Do   *die grofsen buchstaben sind in der hs. meist rot, wie die überschriften.*   giskeit *K.*   2. dō in (ni *K*) liez er derda doh ana   *dass ein abschreiber den text hier und dort interpolierte und durch zusätze den vers zuweilen über das mafs verlängerte, beweisen* 1, 30. 2, 114, *verglichen mit ihrer lateinischen quelle. hier ist* derda *aus dem vorhergehenden vers wiederholt, weil das blofse pronomen zweideutig schien, obgleich unmittelbar v.* 3 *wieder* ūz der erda *folgt und damit jeder zweifel aufhört. andererseits hat der schreiber durch unterdrückung einzelner laute und silben den ohnehin schon knappen vers oft über gebür verkürzt und selbst unentbehrliche worte, wie* 1, 33 *die copula,* 46 *die negation,* 2, 104 *sogar den reim ausfallen lassen, so dass, da trotzdem die grofse mehrzahl der überlieferten verse durchaus regelrecht sind und manche auch nur einer geringen orthographischen nachhilfe bedürfen, um es zu werden, die durchführung des regelrechten versbaus nach keiner seite hin einem bedenken unterliegt.*   5. michil sē   6. *der vers soll wohl mit* 3 *verbunden werden, da der verfasser nach* 17 f. *schwerlich die Alpen, also auch nicht die Alpenseen aus unmittelbarer anschauung kannte.*

7. gnôgiu   8. trogin *so nur noch zweimal* 1, 55. 2, 40 o *für ô: es ist also schreibfehler.*   11. kum   12. ub *iz* an demo skeffe (skiffe *K*) dar nichome: iz *bezeichnet Hoffmann als undeutlich, aber er der genaueren grammatischen beziehung wegen zu lesen ist unnötig.*   14. dô   16. dichin   17. vvunteren
20. vngelihi   *nach Hoffmann fehlen hier etwa* 35—36 *verso oder* 17 *zeilen der hs., nach Kelle nur* 16, *von denen er folgendes las:*

```
               N . . . . man . . . durih
    . . . . . . . . . . . uuare durih uertig diu erda
Durih daz uuazzer ouh . . . . . m . . . . . z
      . . da . . . . . mere . . . .
    . . . . daz . . . . . . . uuazzere die uuerlt
                    . . . . . . . . ieglichaz rinne iz
                              . . . . . . dei uuaz
    . . . . . . . nero uallen. sone vng . . . . des
daz mere . . . . . vilt so got vnser . . . . . chil
. . uitter . . . eh . . . . daz . . . . . heiniz sih ni uuantelot
                        . . . . . sti iz nichome rechin . . .
                    . . . . . . nichtes uuazzere ihm . . .
môze . . . . . . . . . vuan . . . ere dazz a . . . .
    . . . ih . . . . . . . . . . . . . . vngeloublih . . .
            . . . . . . daz . . . . . . vndir ubir . . .
. . . . . . . . . vili  De          D uers
```

vielleicht lag hier Isidor etym. 13, 14, 3 *zu grunde:* ideo autem mare incrementum non capere, cum omnia flumina et omnes fontes recipiat, haec causa est, partim quod influentes undas ipsa magnitudo eius non sentiat, deinde quod amara aqua dulce fluentum consumat, — postremum quod per occulta quaedam terrae foramina percoletur et ad caput amnium fontesque revolutum recurrat; *vgl.* 13, 20, 1 abyssus — speluncae aquarum latentium, e quibus fontes et flumina procedunt vel quae occulte subter eunt —. nam omnes aquae sive torrentes per occultas venas ad matricem abyssum revertuntur.   21—36. *die überschrift, von der nur die buchstaben* Mari *Hoffmann undeutlich waren, deutet hier auf Isidor etym.* 13, 13 de diversitate aquarum, *welcher abschnitt unten* 2, 42—120 *benutzt ist. etym.* 13, 14, 3 (*s. zu* 20) *schliefst* maris autem certum non esse colorem, sed pro qualitate ventorum (?) mutari; nam modo flavum est, modo lutulentum, modo atrum. *und damit ist hier, was Hoffmann übersah, ähnlich wie bei Honorius imag. mund.* 1, 45 f. p. 134 f. *Migne, etym.* 13, 17 *verbunden:* Sinus dicuntur maiores recessus maris, ut in mari magno Ionius, in Oceano Caspius, Indicus, Persicus et Arabicus, qui et mare rubrum, qui Oceano ascribitur. Rubrum autem mare vocatum eo quod sit roseis undis infectum, non tamen talem naturam habet qualem videtur ostendere, sed vicinis litoribus vitiatur gurges atque inficitur, quia omnis terra quae circumstat pelago rubra est et sanguineo colori proxima, ideoque minium acutissimum excernitur et alii colores quibus pictura variatur. ergo cum terra hanc habeat naturam, fluctibus subinde diluitur et quidquid adesum est, in colorem cadit. — hoc mare in duos scinditur sinus. ex eis qui ab oriente est Persicus appellatur, quia oram illius Persae inhabitant. alter vero Arabicus dicitur, quod est circa Arabiam.   26. fon . . . . ist *H,* fonne meres stad . . *K, womit ich nichts anzufangen weifs. die ergänzung ist natürlich nur ein notbehelf.*   24. site *nach Hoffmann zweifelhaft.*   26. vuân

28. uuaniz   30. uerit in egiptilant in *es ist hier nach Isidor aao. von dem mare Erythraeum die rede, nicht speciell von dem roten meer zwischen Aegypten und Arabien, wie der interpolator meinte.*   33. si ergänzte H   só rôt   34. minig mennig minium (s. Isidor aao.) *finde ich weder im mhd. wb. noch bei Graff belegt, in den Schlettst. Virgilgl. zu Buc.* 10, 27 (zs. 15, 9) minio miniin; minwe ald zinober *aus Reinfrid* 15ʰ *in der Germania* 9, 60.   35. innandes quoadusque gramm. 3, 189, Graff 1, 296.   gêt   37—48. *für diesen abschnitt ist Isidor nicht unmittelbar quelle, obgleich etym.* 13, 19, 3 *wohl auf die sache geleitet hat. der name* lebirmere *kommt wohl zuerst auch in einem isidorischen glossar des* XI *jh., dem summarium Heinrici* 5 (4), 9 (*Hoffmann ahd. glossen* 8, 9, *Diutiska* 3, 245, *Graff* 2, 820) *unmittelbar hinter* rôtmeri (*s. zu* 21—36) *als verdeutschung von* mare mortuum *vor, was bei Isidor jedoch das noch jetzt so genannte tote meer ist. etym.* 13, 19, 3 lacus Asphalti, idem et mare mortuum vocatum, propter quod nihil gignit vivum, nihil recipit ex genere viventium, sed et quaecunque viventia mergenda tentaveris, quacunque arte demersa statim resiliunt et quamvis vehementer illisa confestim excutiuntur. sed neque ventis movetur, resistente turbinibus bitumine quo aqua omnis stagnatur, neque navigationis patiens est, quia omnia vita carentia in profundum merguntur nec materiam ullam sustinet, nisi quae bitumine illinatur. *etym.* 13, 21, 18 Iordanis in mare mortuum influit. *die verdeutschung aber beweist dass der name und damit auch die vorstellung von einem geronnenen meere schon eher in Deutschland verbreitet war, ehe er zur glossierung des nicht entsprechenden lateinischen ausdrucks verwendet wurde. allerdings wird seit dem* XII *jh. das lebermeer mehrmals in den orient verlegt und namentlich im herzog Ernst damit die sicher orientalische fabel vom magnetberge (Haupt zs.* 7, 276 ff. 298) *in verbindung gebracht, aber nur gröbliche unkunde (mhd. wb.* 2, 139) *kann der vorstellung von dem geronnenen meer einen orientalischen ursprung zuschreiben. Isidor etym.* 14, 6, 4 Thyle ultima insula Oceani inter septentrionalem et occidentalem plagam ultra Britanniam, — et nullus ultra eam est dies; unde et pigrum et concretum est eius mare *stammt zunächst aus Solin* 22, 9. *dieser und Martianus Capella* 6 § 666 *schöpften aus Plinius nat. hist.* 4 § 104. *aber diese und die übrigen notizen des Plinius* 4 § 94 *f.* 37 § 35 *über das* mare concretum, *so wie alle andern gleichartigen nachrichten der alten gehen zurück auf Pytheas von Massalia als den ältesten zeugen für die sache, Strabo* p. 63. 104, *Plin.* 37 § 35 (*deutsche altertumsk.* 1, 410—423). *und alle diese zeugnisse verlegen das geronnene meer in den hohen nordwesten Europas, womit nicht nur unser fragment* 1, 38, *auch wegen der folgenden nachrichten über Island, übereinstimmt, sondern auch das gleichzeitige schol.* 144 *zu Adam von Bremen* 4, 34: de oceano Britannico qui Daniam tangit et Nordmanniam magna recitantur a nautis miracula, quod circa Orchadas mare sit concretum et ita spissum a sale ut vix moveri possint naves nisi tempestatis auxilio, unde etiam vulgariter idem salum lingua nostra Libersee vocatur; *vgl. Tacitus Agricol.* 10, *Germ.* 45. *das meer bei den Orkaden und Shetlandsinseln ist noch heute wegen seiner schweren strömungen, windstillen und schlimmen nebel berüchtigt (altertumsk.* 1, 388) *und darin ist der grund der fortdauer oder des wiederaufblebens des namens zu suchen (aao.* 1, 420 ff.), *nicht so wohl in der gelehrten tradition: das geronnene meer heifst bei den alten lateinischen auctoren stäts* mare concretum, *niemals* coagulatum, *was allein dem feststehenden deutschen namen, dem altfranz.* la mer betée *prov.* la mar betada *genau entspräche. zu den in den fundgruben* 1, 381 (*Brem. wb.* 3, 29) *gegebenen belegen für das verbum ahd.* liberôn

kommt noch aus FRoths denkmählern der deütschen sprache s. 81 Rennewart 1, 69
daz gelibert bloet, *aus dem zweiten von FPfeiffer* 1863 *herausgegebenen arznei-
buche s.* 25, 17 daz geliberte bluot *und Frisch* 1, 592ᵃ, 613ᶜ, *womit aus der beschrei-
bung eines kampfes in Eilhards Tristrant* 5117 (Dresd. hs.) *zu vergleichen dâ wart
ein gróz lebermer gemachet von dem bluote. Adam von Bremen* 4, 39 *berichtet
ausserdem von einer abenteuerliden entdeckungsfahrt einiger Friesen ins nordmeer:*
subito collapsi sunt in tenebrosam rigentis oceeani caliginem quae vix
oculis penetrari valeret; *vgl.* 4, 10 ulterius autem insulas Island, Groenland: ibi
terminat oceeanus qui dicitur caligans; *schol.* 149 *zu* 4, 35 iuxta Island est ocea-
nus glaciatus et fervens et caligans; 4, 38 omnia quae ultra sunt glacie intolerabili
ac caligine plena sunt. cuius rei Marcianus (l. l.) ita meminit, 'ultra Thilen' in-
quiens 'navigatione unius diei mare concretum est.' *dies* vinster mer *kennt auch
eine interpolation der Kudrun* 1126, 2. 1128, 2. 1134, 1 — 3: *die Hegelinge werden
dahin durch südwinde* (1125, 1) *verschlagen und dann durch westwinde* (1134, 4.
1139, 3) *erlöst; und sie verlegt dahin, wie umgekehrt der herzog Ernst das leber-
meer in den orient, den magnetberg, dem sie den namen des Aetna oder* monte
Gibello *leiht, Haupts zs.* 12, 317. *die erzählung der Kudrun aber erinnert zunächst
an den Brandan. derselbe gelangt nach v.* 225 *des niederdeutschen gedichts bei Bruns
in das levermere; dann v.* 344 ff. kam om tô vorblicke ên nevel, dê was dicke, vor
ênem berge glimmendich; *v.* 366 ff. dô mosten se wiken mit dem kîl verne in
êne însulen dan: dê was düster, alse de nacht gedân; der insulen grunt was
guldin. dat dâr gris scolde sîn, dat wêren edele steine, gar lôter unde reine.
— se lêgen dâr mit sorgen wol tîgen vestein dage, alse uns dê bôke sagen, dat se
des lechten dages nicht mochten sên vor düsternis *usw., was im wesentlichen zu*
Waten wazzermære *in der Kudrun stimmt. so aber handelte auch unser gedicht
wahrscheinlich von dem finstern und dem eismeere nach der beschreibung von
Island* 1, 49—83, *deren einschaltung nur auf diese weise verständlich wird.*
38. daz ist in demo   44. zi des   45. ah ah *Genes. fundgr.* 2, 58, 35. *Biterolf*
11115. *Klage* 1574.   46. si *ergänzte Wackernagel.*   47. losan] loson *f.*
49—83. *über die geschichtlichen daten dieses* abschnitts *s. den* excurs. *die über-
schrift steht mit den versen* 49. 50 *in einer zeile, so dass die drei letzten buch-
staben von* De Regiapto *über die länge der folgenden hinausragen; darunter* epo. *s.
exc.*   50. urliugeflûhte   52. menigiv lere *die hs. deutlich, nicht* menigi lere,
wie Hoffmanns facsimile. JGrimm *erklärte* 'variam, diversam, verschiedenartige'.
auch wenn diese auslegung an sich durch Maria 205, 8 *Hoffm.* er gewan manegen
muot, waz im ze tuon wære guot, *Reinmar MSF.* 171, 13 hei wie manegen muot
und wunderliche site si tougenliche in ir herzen tragent! *udglm. gerechtfertigt wäre,
so reicht sie doch hier nicht aus. man muss mit Wackernagel* lere in sêre *ändern
und dies wie spec. eccl.* 44 diu sêre der grimmigin helle habint mich gevangin *für
einen unregelmässigen plur. neutr. wie* kinde, kleide *ua. nehmen.*   54. dô skoaf:
Hoffmann interpolierte den *vers durch* ih. *aber zwei sätze mit gemeinsamem
subject ohne conjunction an einander gereiht sind in der manier dieser poesie,* 1, 10.
16. 2, 16. 22. 30. 36. 37.   55. uili goten *s. v.* 56.   59. vnás   60. *vielleicht*
wola gizam.   62. *Wackernagel stellt mit rücksicht auf den bessern reim um in*
aller guote slahte. *allein die formel* aller slahte *und ihre stellung steht fest, gramm.*
3, 76 f.; *vielleicht ist* guoto *zu lesen, s. Haupt zu* XVII, 1; *doch vgl. den reim* 2, 33.
31.   65. vvare auile giuarn.   66. dar michilu rihiöu   68. erline *nach JGrimm*

instrumentalform, ahd. erlinu. 69. choûft *die hs.*, chouften *Hoffmann.* 70. *wie hier und bei Otfrid* 2, 9, 43 unitu, *so ist mhd.* wite *überall so viel ich sehe (mhd. wb.* 3, 773, *kaiserchr.* 55, 1. 118, 8. *Jüdel* 132, 51 *usw.*) *nur brennholz, vgl. Schmeller wb.* 4, 200*f. unten s.* 428. 71. fili *mit recht wies Lachmann zu Nib. s.* 262 *Hoffmanns erklärung* fili penuria, inopia zurück. 74. si darbint *wie im Friedberger krist (s. zu* XXXIII G^b 134) *und den meisten übrigen regelmäfsigen gedichten des elften und zwölften jh., werden auch im Meregarto* 1, 51. 52; 2, 37. 38, 45. 46, 63—66, 119. 120 *verse von vier hebungen mit klingendem ausgang nur mit versen von gleicher länge gebunden.* 75. îs *Notker zu psalm* 147, 17 *alsô man cristallum ziêhet, ûzer ise ze stêine irhârtet; mhd. wb.* 1, 884, 9. 77. man daz fiur 79. dâmit? *s.* 1, 19. dâmite *ist auftact.* *über den reim s. zu Ezzo* 1, 44. 81. git man ein erliu skit: skit erlin *Wackernagel.* *Adam Brem.* 4, 35 Thyle nunc Island appellatur, a glacie quae occeanus astringit. de qua etiam hoc memorabile ferunt quod eadem glacies ita nigra et arida videatur propter antiquitatem, ut incensa ardeat. est autem insula permaxima ita ut populos infra se multos contineat, qui solo pecorum fetu vivunt eorumque vellere teguntur. nullae ibi fruges, minima lignorum copia: propterea in subterraneis habitant speluncis, communi tecto et strato gaudentes cum pecoribus suis. — multa insignia in moribus eorum, praecipue karitas, ex qua procedit ut inter illos omnia communia sint tam advenis quam indigenis. — haec de Islanis et de ultima Thyle veraciter comperi, fabulosa praeteriens. *in einer Leidener hs. (Voss. Q.* 56. *f.* 30) *aus dem anfang des* XIII *jh. (Pertz archiv* 6, 887—889) *und in einer Kopenhagener* (443) *aus dem* XIII/XIV *jh. (Lüdecke über zwei hss. des Solin, Bremen* 1866 *s.* 4) *hat sich unter der überschrift* insule britanuiee *folgende, ohne allen zweifel ältere notiz gefunden:* Goutlande. Swetyde. Grenelande. cuius terre populi partim se christianos esse dicunt, sine fide quidem et sine confessione et sine baptismate; partim vero cum similiter sint christiani, Iovem et Martem colunt. Yslande. marina glacies in hac insula (in hac insula marina glacies *Kp.*) in simul collisa se ipsam accendit et accensa quasi lignum ardescit (ardet *Kp*). hic quoque boni sunt christiani, sed in hieme de subterraneis specubus suis prae nimio frigore exire non audent. si enim exierint, tanto algore exuruntur ut quasi leprosi glaciente (gliscente *Kp*) tumore decolorentur. si forte (forte quivis *Kp.*) nasum emungant, cum ipsa emunctione nasum evulsum (avellunt et avulsum *Kp*) abiciunt. *mit diesen schilderungen vgl. Dahlmanns geschichte von Dännemark* 2, 110—114. *Beda de temporum ratione c.* 29, *von dem Adam aao. ausgeht, schrieb die alberne stelle des Plinius nat. hist.* 2 § 186*f. (deutsche altertumsk.* 1, 386) *über die halbjährige dauer des tages und der nacht auf Thule aus und Notker (Boethius s.* 85^b *Hattem.) fand dieselbe ansicht bei sämtlichen cosmografis. eine spur davon und zugleich der unbegründeten meinung dass Thule Island sei (altertumsk.* 1, 389*ff.), findet sich auch vv.* 73. 74, *aber so dass hier die sache noch ärger gemacht wird. gelehrte und vulgäre tradition mischt* sich *überhaupt in diesem bericht, und wohl andere giauogi dâra v.* 64 *können in Utrecht* von *der ewigen nacht auf Island, von dem* brennenden *eise usw. erzählt haben, nicht aber Reginbrecht als augenzeuge.* 2, 1—40. *den alten ist dies paradoxon gänzlich unbekannt; auch wird es sich wohl in keiner andern mittelalterlichen quelle nachweisen lassen. der verfasser beruft sich v.* 1. 2 *dafür auch auf mündliche überlieferung und mit dem namen des landes v.* 3 *muss ihm eine verwechselung passiert sein, da in Toscana kein solcher fluss vorkommt wie er ihn beschreibt. stellen des Isidor, die den verfasser zu der einschaltung*

bewogen haben können, s. zu 1, 20.   2. firdagan ſ.   4. riu ein pruno, darüber wazzer.   6. cinin   7. manga weist auf ahd. mangôn oder mangên==mangalôn. dieselbe form des verbums findet sich noch bei Frauenlob 80, 12 ich klage daz wir dio mangen (: enpfangen), mhd. wb. 2, 61. Notker (Graff 2, 807) gebraucht mengen. 12. uuârn die hs.   16. andere offenbar ἀλλήλους, einander.   17. untergie 18. da nidar   20. daz die hs. Hoffmann bezeichnet davor eine lücke ... und auch Kelle 'einen zwischenraum von zwei linien, wo nahe bei daz der untere teil eines nicht zu bestimmenden buchstaben sichtbar ist'; es scheint aber nichts zu fehlen. uzuuazta: Wackernagel 1861 erklärt 'ûz wetzen schnell hervorspringen.' allein wetzen 'antreiben, reizen' in medialem sinn ist unerweislich und wenig wahrscheinlich. wâzen duften ist eigentlich 'hauchen, wehen,' womit es auch ohne zweifel etymologisch zusammenhängt und nicht mit gr. ὄζειν lat. odor, olere, die keine spirans im anlaut verloren haben: ahd. wâzan, farwâzan heifst auch exsufflare Graff 1, 1068, mhd. wâz wehen, sturm bei Herbort von Fritzlar Troj. 16408, wâzgewitere sturmwetter Enteerist fdgr. 2, 114, 23, wofür andre belege im mhd. wb. 3, 610 falsch untergebracht sind. vgl. ndd. stormen 'stark düften,' glossar zum Quickborn (6. aufl.) s. 364. ûz uuâzta ist also 'heraus blies, heraus stürmte'.   23. alia   25. Dörz
26. herren   31. mit] mit imo ergänzte Wackernagel; mite genügte, wenn eine änderung nötig wäre.   stât   32. daer è H, där è K.   34. gichose H.   35. Vf von hier an setzt die hs. jedesmal bei einem grofsen roten buchstaben ab.   36 f. Mit den er uuolta. legt er sich die ungewöhnliche art die sätze an einander zu reihen, wie sehr sie in der manier des dichters ist (zu 1, 54), konnte hier zumal einen abschreiber leicht zu einer abänderung veranlassen.   ûzpulza Graff 3, 115.   39. nâh diu Wackernagel] ah diu   firnamen   40. sona s. zu 1, 7.   43. von hier an ist Isidor etym. 13, 13 de diversitate aquarum quelle, und da auf bl. 1 spätere capitel benutzt sind, so kann fraglich sein ob die von Hoffmann angenommene folge der blätter die richtige ist.   43—48. Isid. aao.] Aquarum naturae multa est diversitas. aliae enim salis, aliae nitri — aliae curam morborum adhibentes. nam iuxta Romam Albulae aquae vulneribus medentur. 2 In Italia fons Ciceronis oculorum vulnera curat.   43. vuizzer pruono   47. stunt   48. gisunt wer glaubt dass der schreiber eher einen vollen vocal unterdrückte, schreibe stunta: gisunta.
49—52. in Aethiopia lacus est, quo perfusa corpora velut oleo nitescunt.   49. sê   50. lîb   53—58. Zamae fons in Africa canoras voces facit.   55. danne fehlt.   59. 60. ex Clitorio lacu Italiae qui biberint vini taedium habent.   61 — 66. 3 (In Chio insula fontem esse dicunt quo hebetes fiunt.) In Boeotia duo fontes alter memoriam, alter oblivionem affert.   63. suphit hausta, arsuffit (für arsupphit) absorbet gl. Keron. Diutiska 1, 151. 237, Hattemer 1, 148ᵃ. 180ᵃ, Graff 6, 170. 172; vergl. supfen bei Stalder 2, 419, Schmid schwäb. wb. 519, Schmeller 3, 278, mhd. wb. 2, 2, 721.   64. ibilo statt übilo, ein sicheres zeichen dass der umlaut eher gesprochen als in der schrift bezeichnet ward; vgl. zu XVII, 38 und zu XXXIV, 13, 9.   66. irgêzze H.   67—70. (Cyzici fons amorem Veneris tollit.) 4 Boeotiac lacus furialis est, de quo qui biberit, ardore libidinis exardescit.   69. fonc K, fore H.   71—78. in Campania sunt aquae quae sterilitatem feminarum et virorum insaniam abolere dicuntur. (in Aethiopiae fonte rubro qui biberit lymphaticus fit. 5 Linus fons Arcadiae abortus fieri non patitur.)   71. ouh K, : uh H.   si fehlt hier, überfüllt aber   72. si in   73. daz nieman   74. er fehlt   75. iz si fehlt.   ode] ... Kelle.   77. die ouh   gihalten H, ... K.   79—84. in Sicilia fontes sunt

duo, quorem unus sterilem fecundat, alter fecundam sterilem facit.   79. prunnen sint in   81. chorn si *H*.   82. soni (son . *K*) durfftn si chindes m :: den ': : *ist ein loch in der hs., wohl menden*' *H* 1834 s. 23   83. dem   *Zupitza vermutet* ab demo (*vgl.* 89) *statt* an.   84. magin (*anderen* .....|gin *K*.) s::::::: vuócheren 85—94. in Thessalia duo sunt flumina. ex uno bibentes oves nigras fieri ferunt, **ex altero** albas, ex utroque varias.   91. uuerdent dei unazzer zisamine gimisceit 92. unte vuirt iz   93. diu] . . . *K*.   94. *Hoffmann und Graff* 6, 391 *setzen hienach mit recht ein verbum* irsprecchilên an.   mittalla] . . . . . . *K*.   95—102. *die absätze* 6. 7 *und der anfang von* 8 *bei Isidor sind übergangen* . . . fons Iob in Idumea quater in anno colorem mutare dicitur, id est pulverulentum, sanguineum, viridem et limpidum, ternis mensibus in anno tenens ex his unum colorem.   96. chuit] chute *die hs. nach K. die verse sind von Hoffmann, wie auch* 1, 29. 30; 2, 74. 75, 104. 105, *falsch abgeteilt; über den reim s. zu Ezzo* 1, 44.   97. uarauue *K*. 101. ist si *fehlt hier, überfüllt aber*   102. dri ist si   104—108. 9 in Troglodytis lacus est, ter in die fit amarus et deinde toties dulcis.   104. der uuirt   chuit man *fehlt.* uuerde ist *eine verbesserung von Zupitza.*   107. mundi *H*.   109—120. 10 In Sardinia fontes calidi oculis medentur et fures arguunt; nam caecitate detegitur eorum facinus.   112. unt ih sag   114. dei siechin ougin *s. Isidor.*   *zu* erzinit *vgl. Notkers* arzenâre, *Williams* gearzenôn, *mhd.* erzen *Graff* 1, 477, *mhd. wb.* 1, 64ᵃ.   115. ieht   116. porlanga ::: ::: ::::: ita '*ita ist ganz deutlich und nach* porlanga *schimmert* erz *hervor*' *H*; *nach Kelle wie anderes auf* 1ᵃ *und* 2ᵇ *jetzt nicht mehr sichtbar. jedenfalls ist ein praeteritum auf* . . ita *hier ganz unmöglich.* 118. gitrinchiner   120. '*ut vix viae vestigium* (splendorem) *videat*' *H*.   noh sâr '*nicht einmal*' *Graff* 6, 25 *und nach Haupts zs.* 8, 150 *vom* himmelreich 193.

352   *Jacob Grimm nannte den von Hoffmann gewählten titel* Merigarto *gewagt, weil dieser altertümliche ausdruck weder in den bruchstücken selbst begegne, noch auch in dem ganzen werke, wenn es erhalten wäre, vorzukommen brauchte. dass im althochdeutschen die welt* merigarto *heisse, wie Hoffmann* 1834 s. 5 (1837 *s.* 2) *sagte, können wir durch kein zeugnis belegen. die ähnliche angabe in der ersten ausgabe der deutschen myth. s.* 458 *ist in der zweiten s.* 754 *berichtigt. es findet sich nur in den Keron. gl.* merikerte *als erklärung zu* in etherium (*Diutiska* 1, 250, *Graff* 4, 249) *und hier muss man für das wort die bedeutung* 'horizont' *annehmen und als nominativ* merikerti *ansetzen.* merigarte *für* 'welt, erdkreis' *kommt zuerst im Anno* 445, *dann noch in gedichten des* XII *jh. vor, gramm.* 2, 494, *myth.*² 754, *mhd. wb.* 1, 484ᵃ. *da aber die vorliegenden, uns erhaltenen stücke nur fragmente einer ausführlichen weltbeschreibung zu sein scheinen und sie gerade auch von dem meere und den gewässern handeln, so ist Hoffmanns titel sachlich ganz passend. die form* Merigarto, Meregarto *aber nur wegen* pfaffo 1, 61, eino, selbo, prunno 2, 32 *f.* 43 *ff gerechtfertigt. der untergang des ganzen ist zu bedauern. von einem poetischen wert desselben kann freilich nicht die rede sein, obgleich die verse von regelrechtem bau sind. auch der inhalt war gröstenteils nicht neu und was der verfasser aus mündlicher tradition entnahm, an sich von keiner bedeutung. aber das werk, wenn es eine weltbeschreibung enthielt, war als ganzes genommen ein für seine zeit höchst merkwürdiges litterarisches product. die möglichkeit die zeit seiner abfassung genauer zu bestimmen scheint gegeben mit* 1, 49 *ff. Lappenberg hat zuerst in*

den Göttinger gel. anz. 1835 s 1864, dann in Pertz archiv 9, 391f. die vermutung ausgesprochen, und ihm schlossen sich Hildebrand und Hoffmann in den fundgruben 2, 2 an, dass der 1,57 genannte erhaft pfaffo oder nach der überschrift bischof Reginbrecht der bischof Reginbert von Oldenburg in Wagrien sei, der nach Thietmar von Merseburg von geburt ein Ostfranke war und anfangs abt von Walbek in Niedersachsen, dann von Otto III etwa 991/92 das bistum erhielt und nach Helmold gegen 1014 starb. und in der tat, geht man die reihen der deutschen bischöfe durch (EFMooyer onomasticon hierarchiae germanicae, Minden 1854), so findet sich kein zweiter Reginbrecht innerhalb des zeitraums, auf den wir durch die sprache der fragmente ungefähr angewiesen sind, vom anfang des XI bis in den anfang des XII jh. Reginbrechts aufenthalt auf Island fiele dann in die zeit der bekehrung des landes c. 1000 und man müste ihm einen tätigen anteil daran zuschreiben, aber weder Helmold noch der geschichtschreiber der bremisch-hamburgischen kirche, meister Adam weifs davon, noch auch kennen die isländischen quellen überhaupt einen Reginbrecht (KMaurer die bekehrung des norwegischen stammes 1, 598f.; 2, 582ff.). der in unserm fragmente erwähnte kann also nur als ein geistlicher von untergeordneter würde Island besucht haben und nicht als bischof von Oldenburg oder als abt von Walbek. daher möchte ich auch nicht mit Maurer an den von Adam von Bremen 2, 53 erwähnten Reginbert denken, den Knud der grofse (zwischen 1017—1035) mit aus England herüber brachte und zum bischof von Fünen erhob. wenn die überschrift vor 1, 21 nach der anmerkung einer isidorischen nachgebildet ist und vom verfasser des gedichts selbst herrührt, so ist allerdings die erste annahme dafür dass auch die rubra nach 1, 36 und 50 von ihm gesetzt sind, und dem steht kaum entgegen dass de Reginperto wenig zu dem inhalt des abschnittes passt: einer, der zusammenfassen wollte was er mündlich durch Reginbrecht erfahren hatte, konnte immerhin zu der überschrift kommen, aber darin seinen gewährsmann gewis nicht episcopus, im gedicht dagegen nur erhaft pfaffo nennen. das epo muss mindestens wohl vom schreiber fehlerhaft hinzugefügt sein, weil aufserdem von zwei bischöfen, deren namen nicht genannt sind, die rede ist (JGrimm xao.). auf den text aber ist mehr gewicht zu legen als auf die überschrift und daher auf jeden versuch zu verzichten mit hülfe des namens das alter des gedichts zu bestimmen. es ist zu beachten dass von dem heidentum auf Island nicht mehr die rede ist, dass auch die schilderung der eines augenzeugen wie Reginbrecht wenig entspricht, vielmehr in ihren einzelheiten mit den in XI jh. im nördlichen Deutschland über die insel verbreiteten, fabulosen nachrichten (anm. zu 1, 81) übereinstimmt. auch die sprache der fragmente, bemerkte schon JGrimm, wenn man auch manche abschwächung durch die hand der abschreiber in anschlag bringt, wäre doch für das j. 1010 zu neu, für 1070 etwa schiene sie gerechter. sie ist unzweifelhaft oberdeutsch, und unmöglich kann man den verfasser des gedichts, worauf Lappenberg bei seiner zeitbestimmung kam, in der trierischen erzdiöcese suchen; die begebenheiten auf die Lappenberg die stelle 1, 49—54 deutet erzählt Giesebrecht, kaiserzeit 2^3, 102f. JGrimm erinnerte mit besserem rechte an die zeiten des investiturstreits; aber Constanz, woran er dachte, kann auch nicht die heimat des dichters sein, schon deswegen nicht weil hier der streit um das bistum in den jahren 1070/71 ganz ohne kriegerische unruhen verlief, ja nicht einmal zu der gleichzeitigen einsetzung zweier bischöfe führte, Neugart episc. Constant. 1, 456f., Giesebrecht 3, 223f. der sprache fehlen alle besondern merkmale des alemannischen. deswegen möchte ich auch nicht an Augsburg denken, obgleich hier die doppelwahl der bischöfe *Siegfried* II und *Wigold* von 1077—88 *die furchtbarsten unglücksfälle und verheerungen über die stadt und das bistum brachten, die gewis manchen cleriker zur flucht und auswanderung nötigten, Braun geschichte der bischöfe von Augsburg* 2 (1814), 1—14. *unter den baierischen bistümern hatte das erzstift Salzburg von* 1078—1101 *ununterbrochen zwei bischöfe, Zauner chronik von Salzburg* 1, 107—120. *aber gieng unser verfasser mit dem erzbischof Gebhard* 1078 *ins exil, konnte er weder von einer* urliugeflühte *sprechen, noch auch von beiden bischöfen sagen* 1, 51 *die uns menigiu sêre tâtan; und wäre er bei der wiedereinsetzung Gebhards durch Welf* I *im j.* 1086, *oder auch im j.* 1095 *als der gegenbischof Berchtold den erzbischof Thiemo vertrieb flüchtig geworden, würde er doch kaum von Salzburg aus seinen weg nach Utrecht genommen haben. aufserdem ist die anm. zu* 1, 6 *zu berücksichtigen. es kann zuletzt wohl nur Würzburg in betracht kommen, wo im j.* 1085 *der bischof Adelbero von Heinrich* IV *abgesetzt und Meginhard als bischof eingesetzt wurde, worauf dann im nächsten jahre erst die Schwaben und Sachsen, dann der kaiser die stadt eroberte, Ussermann* episc. Wirceburg. (1794) p. 53 *f. das übergewicht des* a- *lauts in den flexionen spricht zunächst dafür den dialect der fragmente für baierisch zu halten. aber es hindert auch wohl nichts ihn nach Ostfranken zu setzen, ja man kann dafür den abfall des* n *des infinitivs* 1, 53. 54 *geltend machen. eine andere bessere bestimmung des orts und der zeit der abfassung des gedichts wird sich aus der stelle* 1, 49 ff. *oder sonst schwerlich gewinnen lassen. es scheint unzweifelhaft dass es im letzten viertel, nicht im anfange des* XI jh. *in Oberdeutschland, und zwar aufserhalb Alemanniens entstanden ist.*

v

XXXIII.

Überreste einer hs. aus dem XI/XII jh. 8° *auf der universitätsbibliothek zu Giefsen, von dem einbande einer ehemals der burgpfarrbibliothek zu Friedberg in der Wetterau, jetzt der bibliothek des dortigen evangelischen predigerseminars angehörigen papierhs. des* XV jh. *abgelöst und herausgegeben von* FLKWeigand *in Haupts zeitschrift für deutsches altertum* 7 (Leipzig 1849), 442—448; *vollständiger* 8 (1851), 258—274. *jede seite enthält* 22 *zeilen; die verse sind nicht abgesetzt, aber regelmäfsig durch punkte geschieden. von dem doppelblatt* AB, *das ehedem ohne zweifel das zweite in der ersten lage der hs. war (s. zu* D), *sind erhalten der obere rand mit* **einem** *teil der ersten zeile und ein zweiter streifen, der äufsere seitenrand von* A; *der gröfsere, jetzt verlorene* **teil** *des blattes war dem vordern holzdeckel des einbandes aufgeleimt und hier* **sind** *mehr oder weniger deutliche spuren von worten und buchstaben der seiten* Aᵃ *und* Bᵇ *zurückgeblieben verstümmelte buchstaben, deren lesung dem vorsichtigen Weigand nicht zweifelhaft war, durch den druck zu bezeichnen schien unnötig; wo Weigand zweifelte, ist dies durch petit angedeutet; ergänzungen sind cursiv gedruckt. die doppelpunkte zeigen einzelne undeutliche spuren und reste von buchstaben an. eine versabteilung war für die blätter* AB *nicht wohl durchführbar, obgleich Weigand die güte hatte mir auf meine bitte die in der hs. vorkommenden, in dem abdruck nicht deutlich unterschiedenen schlusspunkte der verse zu bezeichnen und aufserdem noch einige berichtigungen und bemerkungen zu dem abdruck mitzuteilen.*

A⁰ 3. der körder was din menneschelt *Konrads von Heimesfurt himmelfart Mariae* 846; *vgl. Ezzo* XXXI, 15, 11. 12, *summ. theol.* XXXIV, 13, 5. 7, *Melker Marienl.* XXXIX, 5, 1*ff.* mit den anm. usw., s. Diemer zu den deutschen ged. des XI und XII jh. s. 97, 5—15, beiträge 6, 48*f.* 6. mit n weifs ich hier nichts anzufangen, wenn nicht zu ende der z. 5 die erste silbe von deme ausgefallen ist. die ergänzung ergibt sonst Ezzo 25, 3 an dir wart gevangen der gir leviâthan; s. zu XXXIX, 5, 4. 7. 'absatz, weshalb mit vns die zeile schliefst.' *W* (*Weigand*). die ergänzung ist wohl 'leicht' (Germ. 9, 61) aber darum keineswegs so ganz sicher. 8. *W* ergänzte daz 9. adun *im aufang der zeile ohne spur eines* h. 10. uberwan oder verwan? *weil Johannes* plus quam propheta? *vgl. Ezzo* 6, 6 *mit anm.* wer ist ohne zweifel vor (*vgl. zu* E⁰ 5. 7), *nach ev. Matth.* 11, 9*ff. Luc.* 1, 76. 7, 26*ff.* 11. g::: *der zweite buchstab scheint* e *gewesen zu sein, der dritte und vierte giengen aufwärts. W.* 15. ano *verblasst W.* un? *nach* n *scheint ein aufwärts gehender buchstab gestanden zu haben. W.* uñ (und) lútheda; īh *wird hier wie* 10. 16 *und sonst* (*s. zu* C^b 14) *für* ht *stehen. W.* 16. brâth=brâht. 19. ere: 'er ist mir auch jetzt noch unsicher, aber das letzte e nicht.' *W.* A^b 7, w oder v? *W.* 10. auf de *folgt der rest eines* m n *oder* r. *W.* 15. v? oder n? *W.* B^b 1. te? *doch wahrscheinlich. die buchstaben haben sich auf dem* A^a *angehörenden langen streifen abgedruckt. W.* vermutlich î rihte zv (F^b 65, G^b 142), *oder* drâte gein, *wie Bartsch* (Germ. 9, 61) *will.* 2. *nach* getawalda *hat sich kein punkt mit abgedruckt. W.* 18. v oder w? *W.* viante gewalt *vermutet Bartsch aus. von den übrigen zeilen* 19—22 *sind zwar noch spuren mancher buchstaben zu sehen, aber aufser einem* t *und* u *an dem äufsern rande ist keiner derselben mehr lesbar. W.* C^a 1—13 stûnd, *und* C^b 1—10 *sind aus der mitte des ehedem in der ks. unmittelbar auf* B *folgenden blattes herausgeschnitten, von dem aufserdem noch der untere rand mit den zeilen* C^a 15—18, C^b 12—15 *erhalten ist. von der ersten zeile des streifens* C^a *ist nur die untere hälfte der buchstaben sichtbar.* 1. bot. b *ist wahrscheinlich. W.*

2. Mir: *wahrscheinlich ist so zu lesen:* M *mit rotem striche. die beiden buchstaben vor* echet *stehen sehr nahe bei einander, wie etwa* si. *nach* e *zwei striche wovon der letzte gekrümmt wie bei dem* v, *dann drei zusammenhängende striche. W.* ervulle? *Bartsch.* 3. van?? *W.* 11. den armen Jûdas er gebildôt *Ruland* 70, 11; der arme Jûdas *Urstende* 104, 69; der ermiste man, von dem ich evernam, daz was Jûdas Scariôtis, leb. *Jes. fundgr.* 1, 153, 31; *das mhd. wb.* 1, 58 *führt noch an Parzival* 219, 25, *Helbling* 7, 174; *vgl. Wigam.* 277 armez wîp *und zu Musp.* 66. *noch im* XVI *jh. sang man* O du armer Judas, was hastu getan, *Hoffmann deutsches kirchenlied* 1854 *s.* 230 nr. 112 *und Wickram* (gute und böse nachbarn 1557 *s.* 83^b) *spricht von des armen Judas hanttierung.* 12. sta::: z imo in *nach dem deutlichen, aber verletzten* a *ist das pergament abgerissen und bis zum* z *raum für* 2—3 *buchstaben; von* z imo in *sind nur die obersten enden einiger striche zu sehen, und* z imo *nicht ganz sicher. W.* 13. 14. *von der zwanzigsten zeile des blattes sind nur die untersten spitzen einiger buchstaben geblieben. W. die ergänzung schien mir unbedenklich.* C^b 1. noch du sunda:::: kein | aen in had. 'sunda *ist wahrscheinlich zu lesen. das darauf folgende wort scheint* ni, *die beiden buchstaben von* kein *den verbliebenen resten nach* en *zu sein.' W.* 4. judelscú *Bartsch*] iudescu *in* 5 *ist die verschleifung in der senkung zuzulassen, wie* F^b 61. 9, 10. *von den buchstaben zwischen* k *und* ach *sind nur einzelne obersten spitzen bemerkbar. die letzte lässt auf das lange* f *schliefsen. W, der die lücke ergänzte. der reim von* 8: 9 *kehrt wieder*

G^b 139. 140; vgl. F^b 64. 65. G^a 93. 94.   11. von z. 20 des blattes ist hier nur noch ∷ ɑı ∷, in der zweiten hälfte der zeile, einiger mafsen sichtbar.   13. wola] vola die hs. vgl. F^a 21, F^b 52, G^b 138.   14. durch tth oder durch th (s. zu A^a 15, E^a 19, G^b 134 nath, G^a 104 dúth, G^a 81 drathiu) wird in der hs. regelmäfsig ht bezeichnet; ebenso regelmäfsig auch auslautendes h oder ch durch he, obgleich für beide fälle ausnahmen vorkommen. dies th und he ist freilich auch in andern hss. sehr häufig, zb. in mehreren stücken der Vorauer hs., wie dem leich des Ezzo. es kommt hier aber noch eine dritte eigenheit hinzu, das dd in harddo C^a 15, G^a 84, hórddent G^a 91, sidden G^b 117, urddeilisch I^a 4. waren diese dd und das tth zu schonen, verlangten th und he hier die gleiche rücksicht.   zoigen hier, zoued G^b 116 kommen zu den im mhd. wb. 2, 453. 3, 921 gesammelten stellen.   dass úch hier nicht blofser schreibfehler für ú, iu, sondern die accusativform für den dativ gebraucht ist, wie schon bei Notker und Williram in einzelnen fällen (Graff 1, 573, vgl. Wackernagel leseb. 300, 31ff. 1859, 320, 16ff. Nib. 329, 12 Cd, gramm. 1 (1870), 704 und umgekehrt im Ludwigsliede hiu XI,32 für iuuih), beweist B^b 16 hí under úch ist iman.   **D** vier falzstreifen, die zusammen die obern sechs zeilen eines doppelblattes ergeben, dessen zweite hälfte I die fragmente eines antichrist, den Weigand nicht erkannte, enthält. zwischen C und D kann nicht mehr als ein blatt fehlen, und C, das wie der inhalt lehrt und wie schon bemerkt ward unmittelbar auf B folgte, muss das letzte der ersten lage der hs. gewesen sein. auf D I aber folgten unmittelbar die doppelblätter EH und FG. diese waren die innersten der zweiten lage. jede der beiden lagen, die die vorliegende dichtung enthielten, bestand also aus vier doppelblättern und das doppelblatt FG ergibt mit seinen 146 versseilen ungefähr ein achtel des ganzen gedichts. soweit wir es übersehen, zählte es also ehedem zwischen 1100 und 1200 versseilen. es war in seinem ersten teil, dem leben Christi kurz und dürftig, ausführlicher aber über tod und auferstehung. wenn aber auf den antichrist, wie zu vermuten ist, noch eine schilderung des weltuntergangs und jüngsten gerichts folgte, so kann dafür das letzte fehlende blatt der zweiten lage nicht ausgereicht haben, sondern es ist anzunehmen dass die hs. noch eine lage enthielt, die dann freilich für jenes thema überflüssig raum bot.   **D^a** 2. den unsen vgl. E^a 10.   5. ihē   7. Graff 1, 180 belegt aus Otfrid ahd. avarôn und giavarôn: die übrigen belege führen mit mhd. äveren auf ahd. avarjan, giavarjan. unser geberôn zeigt durch den umlaut eine vermischung beider formen.   9. er er die hs. 11. di steht am schluss der sechsten zeile der hs.; von der nächsten das ° eines ú unter gedün übrig geblieben.   **D^b** 2. ihm   6. über die betonung s. zu E^b 14.   7. nam gal | lus vn̄ so vū regelmäfsig für unde.   9. s. zu E^b 14.   13. die ergänzung zvēne meindâdun wie Ezzo 15, 7 — missedâdun 'missetäter', was Bartsch vorschlägt, ist meines wissens weder ahd. noch mhd. — fällt einem leicht ein; aber wie passt dazu v. 12?   **E** sechs falzstreifen die zusammen die obere gröfsere hälfte, dreizehn zeilen eines doppelblattes ausmachen, dessen zweite hälfte mit H bezeichnet ist, s. zu D.   **E^a** 1, l. velssteina.   2. das femininum meine ist hiemit sicher gestellt, mhd. wb. 2, 105^b, 106^a vgl. Heinrichs pfaffenleb. 363 ein grœzlichiu meine.   3. di graber, ebenso A^a 16 alle di lant, F^b 67 di urkunde, H^a 155 sine kint, I^b 9 sine ceichen; vgl. F^a 31 di statt dú nom. fem.   5. wor xp̄ō   6. di wor manegen   9. an der dode   14. ierlm̄.   15. 16. vgl. Ezzo 16, 11. 12. F^a 12f. Kaiserchr. 197, 21 di wurden daz wâr urkunde der hêren urstende.   22. ergänze W'.   **E^b** 5. erhabun statt erhaban, Graff 2, 946, vgl. summ. theol. 30, 4.   8. ses scor^s 13. iren sin wohl der älteste beleg für das possesiv, gramm. 4, 344; vgl. Graff 1, 39.   14. ein vers mit überladenem ersten *fufs, wie Salom.* 18, 1 *anm., und wie mehrmals in diesem gedicht* D^b 6. 9, F^a 26, F^b 65, H^b 20 *anm.*   16. 20. *erinnern wieder an Ezzo* 18, 7*ff.* 23, 6. 24, 2; *vgl. zu* XXX, 79.   21. *s. zu* XXXVIII, 236.   22. *von dieser zeile ist kaum die obere hälfte der buchstaben geblieben, von* fruo, *das* W *ergänzte, nur* f *sichtbar*.   **FG** *ein fast **voll**ständiges doppelblatt, das innerste der zweiten lage der hs. s. zu* D. *der abgeschnittene äufsere seitenrand von* F *diente als rückenstreifen des einbandes; die wenigen zwischen diesem randstreifen und dem von dem hintern holzdeckel abgelösten gröfseren teil des blattes weggeschnittenen buchstaben ergänzte Weigand.* Fa 1. *von der ersten zeile dieser seite ist über dem* t *von* ist *nur die unterste spitze eines* p, *wie es scheint, und über dem* e *in* galilea *ein verstümmeltes* g *und zuletzt* . . uelen . *sichtbar.*

    7. Galylea.   8. da sid ir   12*f.*—E^a 15*f.*   14. van demo   15. da : : b^s , dar vb^s *W.*   16. fruwenden   21. vas *s. zu* C^b 13.   26. *s. zu* E^b 14.   31. di so; *vgl. zu* E^a 3.   32. wze   38. *schliefst* F^a, *z.* 22 *der seite, mit der silb* : : : uvelhaf *und die erste zeile von* F^b, *durch den randstreifen erhalten, beginnt mit* da su. *obgleich hier der punkt als zeichen des versschlusses nach* da *fehlt, so kann doch nicht zweifelhaft sein dass dies zu* duvelhaf *gehört, und notwendig muss auch nach v.* 37 *der dativ der* mit *dem accusativ vertauscht werden. die lücke von v.* 38 *ergänzte Weigand nach ev. Marc.* 16, 9 (*vgl. Luc.* 8, 2) de qua eiecerat septem daemonia.

    F^b. 39. 40. *von der ersten zeile der seite ist nach* da su *das übrige weggeschnitten; doch las Weigand aus den überresten der buchstaben zu ende der zeile noch deutlich* sihe the frov[. *vor* sihe *vermutete er zweifelnd* ward, *wovon nur die untersten spitzen übrig geblieben sind; der satz verlangt aber ein anderes verbum:* er liz.
41. bekouwen   45. den] *so die hs. W.*   46. ge : : ac   52. vaz *s. zu* C^b 13.   53. ierlm̄   56. ihē   58. vr : : : nden; *vgl.* vrvullan I^a 12.   63. bad:n daz e : : it in wolde gan.   64. e | maus daz castel   *vielleicht* castelin? *obgleich ev. Luc.* 24, 13 *Emmaus nur* castellum *heifst.*   65. *s. zu* E^b 14.   65. i riethe   66. ir wllet.   67. di *s. zu* E^a 3.   68. bouch *statt* buoch, büch *nennt Weigand bei Haupt* 7, 443 *südwetterauisch.*   69. diefa *W*; *vgl.* C^a 7.   71. bn̄ : : : : jones

    G^a *beginnt* 75 *mit* ir herren; *auch hier sind die buchstaben der ersten zeile bis es* lucas *zum teil abgeschnitten, aber noch wohl lesbar.*   76. *ev. Luc.* 24, 31 et aperti sunt oculi eorum et cognoverunt eum.   81. dratbin, *mhd.* trehtin; *s. zu* C^b 14.   83*ff. ev. Luc.* 24, 36*ff.* (*vgl. ev. Marc.* 16, 14. Ioh. 20, 19) stetit Iesus in medio eorum et dicit eis 'Pax vobis; ego sum, nolite timere.' conturbati vero et conterriti existimabant se spiritum videre, et dixit eis 'Quid turbati estis et cogitationes ascendunt in corda vestra? videte manus meas et pedes quia ego ipse sum: palpate et videte, quia spiritus carnem et ossa non habet, sicut me videtis habere.' et cum hoc dixisset, ostendit eis manus et pedes.   90—92. *folgen drei gleiche reime auf einander. es ist also entweder eine vierte **reimzeile ausgefallen** — und mehrmals kommen in diesen fragmenten vier gleiche reime nach einander vor* C^a 6— 9, E^a 21—24, F^a 28—32, G^a 97—100, H^b 147—150, I^a 2—5 — *oder es ist eine zeile von den dreien zu streichen, wenn nicht der dichter ein versehen gemacht hat. dies scheint in der tat die rätlichste annahme, da weder vers* 90 *noch v.* 92 *entbehrt werden kann, noch auch die angezogene stelle des evangeliums eine lücke mutmafsen lässt.*
    91. î =ie vorasagan?   93. hetthin *die hs. aber mit einem tilgungspunkt über dem zweiten* h. *W.*   94. dez *der zweite abdruck,* des *der erste.*   102. in *fehlt.* **G^b** *beginnt* 108 *mit* delot. *die erste zeile bis* 111 beslozenen *ist der länge nach schräg durchschnitten.*   110 *liefs der schreiber aus und ergänzte Weigand.*

111. *Otfrid* 5, 11, 3 *durûn sô bispartên stuant er untar mittên*; *Tatian* 34, 2 bislozanên thîneu turin; *auch undl. in einer biblischen formel* beslotene grave, *gramm.* 4, 903. 908.   112*f.* sando   114. *ev. Joh.* 20, 26 pax vobis.   119. iungeren
    124. me statt man *mit dem plural des verbums s. gramm.* 4, 221. *W.*   134. *verse mit klingendem reim und vier hebungen kommen in diesen wie in den andern gedichten desselben zeitalters vor, sie werden aber nur mit versen gleiches mafses gebunden,* G^a 78. 79, 105. 106, G^b 131. 132. *es ist also zu lesen* dáz si álle díse naht wêren. *das denkmal kennt bereits den umlaut des langen* â: *es unterscheidet den conjunctiv* D^b 4 wêre : Iudêôrum, E^b 1 jèhe : wère, F^b 52 mêre : wère, 56 mêro : wère, 60 quême : vernême, 66 were, G^a 93 hèttin, 105 gewêren : wère *usw. von dem indicativ* A^a 8 prophètun : hâdun, E^a 4 dâdun : dôdun, 8 jârun : wârun, F^a 34 missedâte : hâda, G^a 84 irquâmen, G^b 127 hèrrun : wârun, H^a 161 Olivête : hàtta. *es fallen hier also nicht wie in andern mitteldeutschen und niederdeutschen denkmälern* â *und* è *zusammen, gramm.* 1^2, 459; 1^3, 259. *vgl. zu* XXXV, 5^b, 11. *der umlaut erscheint auch in dem Darmstädter summarium Heinrici* (*Germania* 9, 18*ff.*) *ganz regelmäfsig:* -êre *statt* -âri 3. 4^b *usw.* hibêrich 86^b, inèddre 91, hêren, genêda, ungenêda 94^b, kêse, kêsewazzer 102; *ein- oder zweimal in den Virgilglossen des XI jhs.* (*Haupts zs.* 15, 22) *in* cêsekar *und* zèhe? *vgl. ps.* 1, 1. 4—6. 2, 12*f.* 56, 5 *und gl. Lips.* 235*f.* 259. 472. 521. 605 *bei Heyne altniederd. denkmäler s.* 2*ff. gramm.* 1^3, 241.   135. darun   *davon liegt* ûz givarun (*vgl. zu* E^b 5 *und ev. Ioh.* 21, 3 exierunt et ascenderunt in navim et in illa nocte nihil prendiderunt) *doch zu weit ab. am allernächsten liegt* dar an *und der ausdruck kehrt in dem sinne unseres* 'dabei sein' *in dem mitteldeutschen Passional wieder, bei Köpke* 18, 18 Nicolaus der gûte man mit stètem herzen was dar an daz er zu Christo wolde. *man wünschte darnach freilich* wau daz *statt des einfachen* daz. *aber auch ohne das ist es nicht nötig den letzten satz von* dar *an abhängen zu lassen, trotz ev. Luc.* 5, 5 per totam noctem laborantes nihil cepimus.   138. verfan *s. zu* C^b 13.   141. gesiette   143. wafzve vû   144. *ev. Ioh.* 21, 11 ascendit Simon Petrus et traxit rete in terram, plenum magnis piscibus centum quinquaginta tribus. et cum tanti essent, non est scissum rete.   II$_a$ *beginnt* 146 nea di lera. *Augustin de divers. quaest.* LVII (*opp.* 1685. VI, 27) ipsa tria — insigne et eminens debet esse, quod in nomine patris et filii et spiritus sancti lavacro regenerationis abluitur; *Cyrillus Alex. in Joann.* (*opp.* IV, 1117 *Aubert*) τῶν δέ γε τριῶν εἰσκομίζειν δυναμένων τῆς ἁγίας τε καὶ ὁμοουσίου τριάδος ὡς ἐν ἀριθμῷ μόνῳ τὴν δήλωσιν —. *das blatt* II^a *das mit* E *ein doppelblatt ausmachte und dessen obere hälfte in* 6 *falzstreifen zerschnitten ward, die zusammen hier nur die zwölf ersten zeilen der seite ergeben, hatte vorher schon wie* A *und* F *seinen äufseren seitenrand eingebüfst, und dieser ist unter den streifen des einbandes nicht gefunden. Weigand liefs die lücken bis auf ein paar buchstaben unergänzt.*   147. iduhe—? *der letzte strich ist bis auf das untre ende abgeschnitten. W. dass das auf* iduhe *folgende wort mit* m *anlautete, ist wenig wahrscheinlich, man müste denn annehmen dass der dichter von den zu v.* 144 *angeführten worten des ev. Joh. abirrte und an Luc.* 5, 6 rumpebatur autem rete eorum *dachte. so könnte man, wie mir Haupt vorschlägt, mitten* brast *ergänzen.* brach *statt* brast *muss jedem des bessern reimes wegen in den sinn kommen; aber wäre es hier alt- oder mhd.?*   148. 'es liesse sich stat *vermuten wenn geschlecht und flexion des worts* G^b 130 *nicht entgegenstünden.' W.* ûver, uover, *ein mehr mittel- und niederdeutsches, als hochdeutsches wort, schien unbedenklich, obgleich es heifst ev. Joh.* 21, 7. tunica succinxit se (erat enim nudus) et misit se in mare.   151. visca

ergänzte W. die verschleifung, wenn auch erlaubt (zu G$_b$ *134), ist lästig. der plural ist aus G*^{a} *96 wiederholt, der grundtext hat nur den singular, ev. Joh. 21, 9 ut ergo descenderunt in terram, viderunt prunas positas et piscem superpositum et panem; 13 et venit Iesus et accipit panem et dat eis, et piscem similiter.* 155. sine kint *s. zu* E$_a$ *3.* 158. *der schwere zweisilbige auftakt liefse sich leicht beseitigen, man lese* unde naht. 159. sint er] siner *die hs. vgl.* A^a 1, C^b 2, H^a 156, H^b 8. 160. dar nâ *ergänzte Bartsch statt* dô. nâ *oder* nâhe *kommt übrigens sonst in den fragmenten nicht vor.* 161. oliveti *ergänzte W.* 164. aller *ergänzte W.* 166. i? *oder* v̄n? *nur der querstrich ̄ ist übrig geblieben, der buchstab selbst weggeschnitten. W.* II^b *versabteilung und ergänzung sind gleich mislich bei diesem stück.* 1. geredeḍa. 2. *von der ersten hälfte der zweiten zeile der seite — die erste zeile schliefst mit* daz *— sind nur die obern, von der zweiten nur die untern enden der buchstaben übrig. obgleich Weigand nach* da *keinen schlusspunkt angibt, so wird dies doch die endsilbe des reimwortes sein.* 3. 'zwischen d *und dem zweifelhaften* l *stand ein buchstab. von dem* k *in* ski *ist nur die oberste spitze geblieben, von* i *nur der wagerechte strich, der indessen hier über keinem* v *stehen kann. dann steht nur* h *ganz sicher, der punkt hinter* e *scheint der schlusspunkt des verses zu sein.' W.* 4. 'er könnte auch ir *sein. die dann folgenden buchstabenenden treffen ganz zu mit* wor E^a 5. 7. *mit den nächsten buchstabenresten — es sind fünf striche — scheint* wor *ein wort gebildet zu haben.' W.* wor *aber wird hier* vuor *sein (vgl.* F^a 32, F^b 66, G^b 143, H^b 12). *die nächsten ergänzungen habe ich zu verantworten.* 5. lufte *im abdruck ist druckfehler; vgl. zs. 7, 447.* 9. *nach Weigands mitteilung ist auch der punkt vor* ho *im abdruck kein schlusspunkt eines verses, sondern zeigt einen verstümmelten buchstaben, der* i *gewesen zu sein scheint und ziemlich dicht vor* ho *stand, an. gleichwohl wird der vers mit* ho *beginnen und es ist v. 6 zů der, wie* E^a 6, I^b 2, *zu schreiben statt* zů siner, *wie die hs. hat, was nicht als auftact gelesen werden kann. s. zu* G^b 134. 8. nieman *die hs.* 10. *vgl. Ezzo 9, 4.* 11. 12. *hier fehlt eine reimzeile, wie* G^b 110. *in der hs. folgt* sî wrdun (*so statt* vůrdun) î *mit sange unmittelbar auf* menege. *statt mit* kann *man auch* nâhe *lesen.* 13. cesewn 15. *vor* . . dun *glaubt Weigand überreste eines* n, *den letzten strich und die unterste spitze des ersten strichs, zu erkennen und will die lücke ergänzen* Di wigandun, *da* wîgant *im mitteldeutschen auch schwach flectiert wird. aber weder der vers verträgt das dreisilbige wort, noch bedient sich unser dichter sonst solcher epischer ausdrücke. für das fehlende reimwort ist der raum vor* daz *v.* 16 *durch den grofsen anfangsbuchstaben des absatzes sehr beengt.* 16. sahen *vgl.* G^b 113. 129. 17. 'vor : zen, *nach der lücke im anfang der zehnten zeile der hs. ist nur die unterste gebogene spitze eines buchstabens wie* u *e* z *udgl. geblieben'. W. gegen die ergänzung kann die wiederholung des unmittelbar vorhergehenden verbums bei der beschaffenheit dieser poesie nicht eingewandt werden und* zen *kann hier schwerlich etwas anderes sein als* zin, ze in. 19. di sprachen *überfüllt den vers.* 20. îemele îsi *W. nach der lücke im anfang der letzten zeile des blattes, entsprechend der vorhergehenden, durch* getan di *ausgefüllten bietet sie für* ir *zu* h *allerdings überflüssig raum und vielleicht ist der vers, oder vielmehr nur der erste fufs in der zu* E^b 14 *erwähnten weise, durch einschiebung eines* hî *oder* ûf *vor* zů himele (*Graff* 1, 950) *zu überfüllen. aber den vorschlag von Bartsch* hî *zum reimwort zu machen und zů* himele *zum nächsten vers zu ziehen kann ich nicht für eine verbesserung halten. der grundtext act. ap.* 1, 11 viri Galilei, quid statis aspicientes in caelum? *ergibt nichts näheres.*

I. *s. zu* D.   **I** a 3. *nach* wib *zu ende der ersten zeile des fragments folgt noch nach* W *der überrest eines* h, *die unterste spitze des buchstaben. die präeposition fehlt, ja sogar der raum dafür, wie es scheint.*   12. vr vullan, *vgl.* F^b 58.   13. *Adso de antichristo in opp. Alcuini ed.* Froben II *p.* 528^a (*Haupts zs.* 10, 266): nascetur ex patris et matris copulatione, de immundissima meretrice et crudelissimo nebulone. totus in peccato concipitur *usw. p.* 528^b (*s.* 267) diabolus illi homini perdito qui antichristus dicitur locum novit aptum, unde radix omnium malorum oriri debeat, scilicet civitatem Babiloniae; *daher im Entecrist in Hoffmanns fundgr.* 2, 109, 7 dâ widir zeigit der tivel den hôchmût: Babylôniam hât er ircorn, *dâ der entecrist werde geborn und der jüngere antichrist in Haupts zs.* 6, 374. *vgl. des Honorius elucidarium p.* 1163 *Migne, Kelle spec. eccl. s.* 172, *Grieshabers predigten* 1, 150, *Wackernagels Basler hss.* 22^a *usw.*   **I** b. 5. *eine reimlose und ungereimte zeile, gewis ein zusatz eines abschreibers. mit ihr war auch v.* 6 *vor auszuscheiden.*

10. *bei Adso heifst es aao. nach ev. Matth.* 24, 24 *vom antichrist* et faciet quoque signa multa et miracula magna et inaudita . . ita ut in errorem inducantur, si fieri potest, etiam electi, *womit wieder die anderen darstellungen, das elucidarium, der Entecrist bei Hoffmann fundgr.* 114, 25—30, *bei Haupt* 6, 377, *das spec. eccl. s.* 173, *Grieshabers predigten* 1, 151, *die Basler hs. usw. stimmen.*

XXXIV.

A. *hs. des regulierten chorherrenstiftes zu Vorau bl.* 97^a—98^c.   J *Diemer deutsche gedichte des* XI *und* XII *jhs. Wien* 1849 *s.* 93—103 *vgl. anm. s.* 32—43. *unter dem titel* 'die schöpfung'. *in der hs. selbst findet sich nach Diemer Ezzo (beiträge* 6) *s.* xxv *von einer hand des* XIII/XIV *jh. die überschrift* De sancta trinitate, *welche ersichtlich nur nach den ersten beiden strophen gemacht ist. facsimile der ersten strophe in Diemers deutschen gedichten.*   B *pergamenths.* 1966 *des germanischen museums zu Nürnberg, kleinfol.* 122 *bll. angeblich aus dem* X/XI *jh. vgl. zu sprichw.* 2. A. *auf der sonst unbeschriebenen rückseite des letzten blattes* (122^b) *im untersten raum der zweiten spalte über einem zum teil verschabten und unleserlichen distichon steht* 'mit zarter schrift, etwa von weiblicher hand' *die* 27 *strophe dieses gedichtes.   Germania neues jahrbuch der berlinischen gesellschaft* 10 (1853), 185. *Anzeiger für kunde der deutschen vorzeit. neue folge* 2 (1855), 80.   **I,** 1. Got, vater ê wich *muss sich hier, anders als Hartm.* glaube 35 Hêrre vater ê wich *und Heinr. litan.* 41 Mafsm. êwige vater, *auf die trinität beziehen: nur wenn diese dem dichter in der ganzen strophe vorschwebte, konnte er die nächste mit* ouch *anreihen.*
1. 2. *Reinmar von Zweter HMS.* 2, 178^b *nr.* 7 Got aller guoter dinge ursprinc, got aller wîte und aller lenge ein umbegênder rinc, got aller hœhe ein dach, got aller tiefe ein endelôser grunt; *Heinrich von Krolewitz vaterunser* 436 wande er rehte ein anevanch aller guoten dinge ist. *vgl. kchron* 250, 31 er (der hailige Christ) ist ain gruntveste aller guoten dinge; *Notker Balb. sequ. c.* 37. (*Pez thes.* 1, 1, 41) fons et origo boni *und die gleich anzuführende stelle des Abaelard.*   3. diuuil   5—8. *Anselmus Cantuar. opp. ed. Gerberon p.* 228^a (Deus) qui tenes omnia, imples omnia, circumplecteris omnia, superexcedis omnia, sustines omnia.   *Abaelardi opp. ed. Cousin* 1, **331** (*Beaugendres Hildebert p.* 1337) cuius esse summum bonum, cuius opus

quidquid bonum, super cuncta, subtus cuncta, extra cuncta, intra cuncta ... **super totus** possidendo, subter totus sustinendo, extra totus complectendo, intra **totus es** implendo. *vgl. Isid. sentent.* 1, 2, 3 immensitas divinae magnitudinis ita est, **ut intelligamus eum** ... interiorem **ut** omnia contineat, . exteriorem **ut incircumscripta** magnitudinis suae immensitate omnia concludat. *Isidor schöpfte hier, wie an den meisten später noch anzuführenden stellen seiner sentenzen, aus Gregors des grossen moralia in Job.* 5. duv : uv *wird in der regel in diesem und den drei folgenden stücken auslautend geschrieben, aufser* 16, 4 **gimeinlu** *das auf* gimeiniu *führt;* 23, 9 iv; 18, 1. 10. 19, 1 **dev** (*das vielleicht von dem oberdeutschen schreiber herrührt, doch begegnet es auch mit* **eu** *und* **wâreu** *neben* diu iu iuhe *in den mitteldeutschen predigtentwürfen Haupts zs.* 15, 439—412); 24, 4 **zuischiligu,** 27, 2 du *und immer* su, *welches daher vielleicht für kurz zu halten ist.* richtinti: *diese betonung kehrt z. 7. 8 und noch oft in den reimen unseres gedichtes wieder.* 9 *vgl. Isid.* **sentent.** 1, 1, 1 summum bonum deus est, quia incommutabilis est et corrumpi omnino **non potest.**

10. uñ *immer aufser* 3, 8. 10, 8. 12, 5 unde, 16, 5. 20, 9. 26, **2. undi ani arbeit** : *ohne not habe ich den hiatus nicht zugelassen, er bleibt* 10, 8. 20, 9 *vor* unde; 26, 6 gnâdi, undini, 27, 1 sêli adilvrouwi; *und der stärkste fall* 11, 5 obi er, 31, 3 ginigi ûf; *auch fälle wie* 22, 2 dû erdi *und* 14, 9 dô irstarbti (*vgl. indes die anm.*) *muss man ins auge fassen* : 2, 8 *ist es leicht do* er *zu lesen.* 8, 9. 20, 3. 22, 5. 25, 1 *bietet sich die betonung* unsich, 18, 1. 20, 10 *die beschwerung des unbestimmten artikels dar. Anselmus p.* 77ᵃᵒ divinam naturam absque dubio asserimus impassibilem . . nec in eo quod vult facere labore (*l.* **laborare**). *vgl. xb. Joh. Damasc. de fide orthodoxa* 1, 8 (*opp. ed. Lequien* 1, 133). *Diemer führte schon an Arnolt von der siebenzahl* 335, 6 wir geloubeu iedoch die namen **dri eine wâre** gotheit iemer ân unmuoze unte ân arbeit *und Lucid. altd. bll.* 1, 327 die êwige **wisheit** die âne allerslahte arbeit alle die welt hât geziert. *vgl. Berth. s.* 98, 30 *der neuen ausgabe* als er ein herre ist in der grôzen werlt gar **an allen** steten und allez daz ordinet unde rihtet und ûf habet und erqwieket unde zieret daz in der werlt ist, unde daz er doch dâ bî als unbekümbert ist und als gar âne müe ist, **als ob er** nie niht gedæhte ze schaffen unde ze machen *usw.* **2,** 1—6. *Isid. etym.* 7, 4, 1 trinitas appellata quod fiat totum unum ex quibusdam tribus, **quasi trinitas,** ut memoria intelligentia et voluntas, in quibus mens habet in se quamdam imaginem divinae trinitatis. nam dum tria sint, unum sunt quia et singula in se manent et omnia in omnibus. *Honor Augustodun. elucid.* 1, 2 (*Anselmi opp. ed. Gerberon p.* 458ᵃˢ) Pater memoria, filius intelligentia, spiritus sanctus voluntas intelligitur. 1, 11 *p.* 460ᵇᵇ divinitas consistit in trinitate. huius imaginem tenet **anima quae habet memoriam** ... intellectum ... voluntatem. *vgl. Honor. de cognitione verae vitae c.* 32 (*S August. opp. ed. Maur.* 6, 658ᵛ). *alles nach bekannter augustinischer lehre (Baur dreieinigkeit* 1, 849*ff. Ritter gesch. d. philos.* 6, 302*f.*) 1. **Ain craspht** ginendinin 2. **gilazzin** 3. **in samint uñ gi scheidin** 7. 8. *s. Ezzo zu* 2, 7. *vgl. Genes. fdgr.* 2, 15, 30; *bücher Mosis Diem.* 6, 20; *Anegenge* 33, 57. 8. unsich *hier oft (feststehend* unsich *nur* 13, 10. 26, 1) *und diese otfridische* **weise der betonung** *zweisilbiger formen des pronomen pers. setzt auch* gammi 10, 3 *voraus. das oxytonon* unsich *durch den reim gesichert* (: gelich) *noch in Reinmars von Zweter vaterunser MS.* 2, 136ᵇ. sin *d. i.* sini *für* sinin. *aufser den vielen apokopierten infinitiven vgl.* 5, 10 volginti; *anm. zu Salomo* 4, 10; *Anno* 2, 17 (31) eir dritte werilde, 18, 2 (262) in einir guldine tavelu, 23, 17 (387) mit den sini (: Rini), 25, 1 (413) wille (*accus.*) (: alle), 25,

16 (428) Cato uoti Pompejus rûmiti rômischi hûs, 46, 16 (802) ei stukkelîni; *Lampr. Alex. Diem.* 189, 15 wârim *f.* wârin im, 193, 11 si gruoztin *f.* gruoztin in; *l. Jesu Diem.* 269, 24 in fuoze unde in handen, 276, 27 daz wir den nâhisten minne, 279, 5 daz wir got erchonne (: denne); *sündenklage Diem.* 297, 53 chome (*in fin.*), 302, 28 gebunde (*partic.*), 315, 3 bestieze (3 *plur. praet.*); *die Strafsburg-Molsheimische hs. liefert eine reihe von beispielen usw.* vgl. *auch zu* **LXXXVI, B**, 1, 30 *und Heinzel zu Heinrich von Melk* I, 226. *ich habe mich dieser beobachtung* **bedient, um** 12b, 5. 13, 1 *die kürzung* **gnannin** *zu vermeiden.* **in** bîis *mit doppeltem accusativ:* vgl. *kchron.* 1. *forts.* z. 17595 got den rât sie in stiez (*Innsbrucker hs.* in si), z. 17922 daz gie den (dem *Wiener und Innsbrucker hs.*) jungen künc wol în. *Olfrid construiert* ana blâsan *mit doppeltem accusativ* **5, 12, 59.** 10. *in anderem sinne heifst Genes. fdgr.* 15, 28 (vgl. 13, 31*f.*) *der mensch, ehe ihm gott den geist einbläst,* daz pilede êrlich **3,** 1. disi zuei
3. vgl. *Honor. elucid.* 1, 2 p. 458ab cum omnipotentia et summa clementia de patre praedicetur, quare non mater vocatur? *diese frage bezieht sich offenbar auf eine vorhergegangene aussage, welche jedoch der gedruckte text des elucid. nicht enthält. Otloh in seinem dialogus de tribus quaestionibus (Pez thes.* 3, 2, 142—249) *spricht viel von gottes* severitas *und* pietas*, wofür dann auch die gegensätze* potens *und* benignus, potentia *und* pietas *c.* 10, potentia *und* gratia *p.* 158. 254 *eintreten.*
5. kunic keysir: *vgl. W Grimm g. schm.* xxvı*f. Mone lat. hymnen zu nr.* 79, 2.
7. inen *findet sich noch Lanzel.* 4244 *im reim auf* erschinen. 8. beidi *für* beidû: *so mehrfach,* alli 19, 3 *durch den reim,* 20, 4 *durch die verschleifung gesichert.*
vorchtin unde minnin: *vgl.* XLIII, 1, 3. 9; LXXII, 21; LXXXVI, B, 3, 17; *Notker Hattemer* 2, 449b *zu ps.* 118, 5 legem autem tuam dilexi : So uuico ih mir furhte a verbis tuis diu dîn ëa sint, iedoh minnon ih siu, noh die minna ne irret castus timor. So suln chint parentes furhten unde minnon, so sol chêna iro cháral forhten unde minnon. *Hohenburger hohes lied ed. JHaupt* 2, 5 vorhte unde minne; *Kelles spec. eccl. f.* 15a von diu sô râtet uns diu heilige schrift daz wir in minnen und furhten; *die hochzeit in Karajans sprachdenkm.* 32, 4 wir schulen got furhten unde minnen; *kaiserchronik* 457, 29 wil du got vurhten unt minnen; *ferner babyl. gefangenschaft z.* 63. 66 (*Mones anz.* 8, 56); *Heinesf. himmelfahrt* 81; *Walther* 19, 25; *Freidank* 2, 16; *Hahns Stricker* 8, 40; *Docens miscell.* 1, 55; *Suchenwirt* 19, 37. vgl. *unten zu* 18, 3—10 *das formelhafte zeigt am deutlichsten* pred. *Mones anz.* 8, 515 nu weiz got wol daz du in vurhtest unde minnest (= *genes.* 22, 1 nunc cognovi quod times deum). *dem zusammenhange unserer stelle nähern sich besonders Anselmus p.* 253ba timendus est ut dominus, amandus ut pater *und Abaelard introd. ad theol.* 1, 9 (*opp. ed. Amboesius p.* 986): duo quippe sunt quae nos omnino subiectos deo efficiunt, timor videlicet atque amor. potestas quippe et sapientia maxime timorem incutiunt, . . . benignitas autem ad amorem specialiter pertinet, ut quem benignissimum habemus, potissimum diligamus. *fast wörtlich gleich theol. christ.* 1, 2 (*Martène et Durand thes.* 5, 1158b). *auch bei Otloh aao. entspricht dem zu z.* 3 *hervorgehobenen gegensatze der von* timor *und* amor*,* timere *und* amare *p.* 158. 159. 160. 199. 256 *wö. vgl. auch zu str.* 20. 10. sagin unde singin: *hiemit gibt das gedicht über seine eigene vortragsweise auskunft. es wurde* 'gesagt *und* gesungen *oder, was ganz dasselbe heifst,* gesungen' (*vgl. Lachmann über* singen *und* sagen *s.* 3). *dagegen setzt die Exodus fdgr.* 2, 96, 4 (*Diem.* 131, 31) wer mahte vure bringen, gesagen oder gesingen *die ausdrücke einander gerade so entgegen wie die von Lachmann s.* 2 *angeführte stelle der kaiserchronik. aber noch* 'die wahrheit' konnte gesagt *oder* gesungen

werden Diem. 89, 14. 15.   **4,** 3. sîn wîsheit   *vgl. ps.* 103, 24 omnia in sapientia fecisti *was zb. Honor. eluc.* 1, 5 p. 458^{b,c} *auf den sohn bezieht.   s. zu* XLIII 1, 1.   6. sîn gizûch : *creticus für amphibrachys wie* 7, 9. 24, 2.   7. uvirîn eingili: *die annahme einer verschiebung der epitheta ergab sich in folge der verbesserung des reimes in z.* 9.   8. vuirîn] heri. *zur sache vgl. Honor. elucid.* 1, 6 p. 459^{a}c quae est natura angelica? spiritualis ignis ut dicitur (*ps.* 103. 4) 'qui facit angelos suos de flamma ignis'. *Honor. octo quaestt. de angelo et homine* c. 1 (*Pez thes.* 2, **1, 216**) de igni creati sunt angeli *und besonders* c. **3. *vgl.* Baumgarten-Crusius *lehrb. d.* dogmengesch *s.* 974 anm.   9—12. *vgl. Anegenge* 2, 77—3, 1 dô wâren sîne guote ræte, daz er die engel werden bieze unt daz er in lieze frî ir gemüete, ob si mit diemüete im dieuten willecliche, daz si ze sinem riche deste bezzer reht bieten.
9. gizâ hêrin] edilin   12. lobitin: *vgl.* 6, 10. 31, 9. *Honor. elucid.* 1, 6 p. 459^{a}c duas principales creaturas fecit deus: unam spiritualem, alteram corporalem, voluit igitur ab utraque laudari: de spirituali ab angelis, de corporali ab hominibus.

5, 1. 2. *vgl. Isid. sentent.* 1, 10, 5 cuius (diaboli) praelationis excellentiam propheta (*Ezech.* 31, 8) his verbis annunciat 'cedri non fuerunt altiores illo in paradiso dei etc.' quoniam speciosiorem fecit eum deus (**vgl.** *Ezech.* 31, 9).   **1. in]** den
3. 4. *Isid. aao.* § 6 archangelus vero qui lapsus est signaculum dei similitudinis appellatus est, testante domino per Ezechielem (28, 12. 13) 'tu signaculum similitudinis, plenus sapientia et perfectus decore, in deliciis paradisi dei fuisti'. *vgl. Vorauer bücher Mosis Diem.* 4, 13*ff. Anegenge* 4, 12. 13.   4. nornî   7. 8. *Jesai.* 14, 12—14 quomodo cecidisti de caelo, Lucifer, qui ... dicebas in corde tuo 'in caelum conscendam, super astra dei exaltabo solium meum, sedebo in monte testamenti, in lateribus aquilonis. ascendam super altitudinem nubium, similis ero altissimo'.   8. ebinsêzzi des: *der artikel wird auch* 30, 2. 31, 3 *und wohl* 10, 2. 13, 5 (10, 8. 16, 5) *verschleift*.   10. *die seltsame wortstellung* (*denn unten* 23, 10; *Nib.* 47, 1 der werbenden nâch ir minne; *Parz.* 114, 14 ein habendiu zange minen zorn; *Barl.* 63, 40 ein umbevangen küneginn mit wæheliche richeit; *Mörin Wackernagels lesebuch* 1847, *sp.* 999, 6 daz wallende mer mit sant *ist doch noch anders*) *anzutasten schien nicht ratsam. die gewöhnliche zeigt eine nahverwandte, schon von Diemer angeführte predigtstelle aus Wackernagels leseb.* (1859) 197, 18 in den cehindin chôr, dâ der tievel ûz virstôzin wart mit allen ime volgenden genôzin.
6, 1. des nidis vatir: *vgl. Joh.* 8, 44 (cum loquitur mendacium, ex propriis loquitur, quia mendax est et pater eius) *woraus für den teufel die bezeichnung* pater mendacii *folgt*.   4. *Honor. elucid.* 1. 8 p. 459^{b}c quare non reversi sunt? non potuerunt.   immir ni kumin *zum teil verbessert durch Diemer, der auch* kehron. 283, 4. 5 *vergleicht, wo es von den bösen im allgemeinen heifst* und gevallent die sô nidere daz sie niemer choment widere. *vielleicht* daz er immir ni mag kumin?   5. 6. *Honor. aao.* ablata est eis voluntas totius boni.   7—12. *ähnlich Honor. eluc.* 1, **8** p. 460,$_{,D}$ 362 cum viderent (boni angeli) illos malum superbiendo eligere, indignati sunt et summo bono fortiter inhaeserunt: unde continuo in remunerationem confirmationem acceperunt et qui prius de sua beatitudine incerti erant, nunc facti sunt certi.   7. *der regel des versschlusses wird durch die schreibung* engil al *genügt. das metrisch richtige in den text zu setzen, wagte ich nicht wegen* 16, 9, *wo man kaum* hóubiti *ist lesen darf. alles andere würde keine schwierigkeit machen; denn das der mundart gemäfse* i *in flexions- und ableitungsendungen muss wie* e *im mhd. behandelt, also* 16, 1 crûcis ort, 21, 4 âchtit er (*praes.*) *ohne anstofs sein.*   **7,** 1 *ist entweder al-*

mechtic (= almechtec) ist *zu schreiben oder* almechtig ist: *vgl. noch Genes. fdgr.* 11, 17 seinen: unsáligen. 10, 11 *stellt* vonme, 28, 3 suudi irstân *(nach anm. zu* 2, 8) *oder* dî sêle er lêt von sûndin irstân *das regelrechte her. zu* 30, 3 himili der sún *und* 31, 3 hévini den mán *vgl. Klage* 1162 künge den muot. *der versschluss* biginit' *er steht in der unechten strophe* 12^b. 8. an 9. gi habitin: *es wäre möglich* ziri hêr'rin si sich gihabitin 7, 2*ff. Honor. elucid.* 1, 11 *p.* 460^a E nonne casus malorum minuit numerum bonorum? non: sed ut compleretur electorum numerus, homo decimus est creatus. *derselbe Honorius sagt aber elucid.* 1, 6 *p.* 459^b, *gott habe von anfang* an neun chöre der engel und *éinen der menschen beabsichtigt. seine erzählung der schöpfung ist* überhaupt *nicht aus* éinem *gusse. man unterscheidet deutlich zwei verschiedene darstellungen die ihm vorgelegen haben müssen und die er beide in sein werk aufnahm: die eine der gewöhnlichen kirchlichen im wesentlichen entsprechend, wonach das motiv der schöpfung gottes güte ist*, ut essent quibus gratiam suam impertiret und *wonach die engel am ersten tage durch die worte fiat lux* erschaffen sind (c. 5. 6) *wie zb. bei Rupert von Deutz zur genesis* 1, 10; *die andere mit den populären darstellungen des mittelalters (vgl. zb. die Wiener und die Vorauer Genesis, fdgr.* 2, 12. 17. Diem. 4, 13—5, 8, *sowie das leben Christi zs.* 5 *z.* 5—42) *und besonders genau mit der unseres gedichtes übereinstimmend* (c. 11. 12). auch in seinem quaestt. octo de angelo et homine bekämpft *Honorius jene auf Augustinus* (s. de civ. dei 22, 1, 2. enchir. c. 29) *und noch ältere kirchenväter zurückgehende und häufig wiederkehrende lehre (vgl. zb. Kelles spec. eccl. f.* 9^b 10^a, 64^b; *pred. fdgr.* 1, 73, 39; *Griesh. pred.* 43^b; *Leyser pred.* 64, 16; *Wackernagels leseb.* 197, 15; *Anegenge* 13, 19*ff. wobei freilich nicht überall von dem zwecke der schöpfung des menschen die rede ist) die menschen seien* erschaffen *um die stelle der gefallenen engel auszufüllen.* 3. *unter der selbin heimi muss man nach z.* 6 *das paradies verstehen. vgl. August. de civ.* dei 14, 11, 2 vivebat itaque homo secundum deum in paradiso et corporali et spirituali . . . postea vero quam superbus ille angelus . de spiritali paradiso cecidit cet. 5. dero? *dieselbe frage erhelt sich* 9, 5. 7. 24, 1. 27, 7.

6. paradysi: *das kann unverändert bleiben, wenn man mit bezug auf anm. zu* 2, 8 bistûnti *schreiben will.* 7—10. *vgl.* Honor. educ. 1, 11 *p.* 460^b quare de tam vili materia creavit eum? ad dedecus diaboli . . . ut . . . diabolus plus confunderetur cum hic fragilis et limus (var. fragillimus) et luteus intraret gloriam, de qua ipse gloriosus cecidisset. *ähnlich Genes. fdgr.* 17, 9 duo worht er den man . . . úz erda jouch leime tet er fleisk unt gebeine deme tiefel ze itewizzen, daz er sîn êre solte besitzen.

7. iener noz | zi inder ubili 9. dur *Wackernagel bei Diemer*] dir hs. dur *ist keineswegs 'specifisch alemannisch, allen übrigen mundarten* unbekannt' (*Germania* 3, 504), *vielmehr den meisten, wenn nicht allen deutschen dialecten gemeinsam. hier genügt die verweisung auf* 23, 1. *vielleicht ist aber* zir *zu lesen.* 8, 1. Aal 4—6. *Honor. elucid.* 1, 12, p. 461^a formicae autem sive araneae vel talia quae instact operibus ideo sunt creata, ut de eis studii et pii laboris exempla sumamus. omnia itaque dei creatio considerauti magna est delectatio, dum in quibusdam sit decor ut in floribus, in aliquibus medicina ut in herbis . . . omnia igitur sunt bona et propter hominem creata. *vgl. Vorauer genes.* 5, 8—25. 4. dis werilt al ir wart 6. bilihi *man kann auch schreiben* wunni odir bilidi od erzindûm : *zu der annahme des textes vgl. das* XLIV, 6, 5 *überlieferte und zugleich metrisch notwendige* unrhâben. 7. 8. *vgl. Honor. elucid.* 1, 12 *p.* 460^b E cur creavit deus animalia, cum his non indigeret homo? praescivit cum deus peccaturum et his om-

nibus indigiturum.   9. *zu dem inhalte dieser und der folgenden strophe vgl. Honor. sacramentarium c.* 50 (*Pez thes.* 2, 1, 299 *f. Migne* p. 773) visum habet ex igne, auditum ex aethere, odoratum ex aere, gustum ex aqua, tactum de terra, ossa ex lapidibus, ungues ex arboribus, crines ex herbis, sudorem ex rore, cogitationes ex nubibus ... cum volatilibus, cum piscibus, cum bestiis habet quinque sensus, cum quibus est animal mortale: cum angelis rationem, cum quibus est immortalis; *elucidar.* 1, 11 p. 460ᵇ (*Migne* p. 1116) unde corporalis (*sc.* substantia)? de quatuor elementis ... ex caelesti igne visum, ex superiore aere auditum, ex inferiore olfactum, ex aqua gustum, ex terra habet tactum. participium duritiae lapidum habet in ossibus, virorem arborum in unguibus, decorem graminum in crinibus, sensum cum animalibus; *vgl. zu* XXXI, 1, 18. *die einteilung: frühere schöpfung* (*str.* 9), *vier elemente* (*str.* 10) *fehlt bei Honorius gänzlich.*   1. Von unsir herrin, *verbessert von Müllenhoff: der fehler entstand wohl aus der schreibung* herriu *f.* errin *wie* 8, 6 herzindun.   *Anno* 2, 15 (29) alle gescaft ist an dem mennischen   3. emid, 22, 2 imidalli *weiss ich nicht mit einiger sicherheit zu erklären. kaum sind* ini, *nec gl. Ker. s.* 172; iuu *Linzer entecrist* 119, 2; ibrâht *j. Judith* 167, 20 *herbeizuziehen: eher* iemitton *bei Williram* 78, 16.   4. gimani 6. grunni   8. 9. *die ergänzung ist von Müllenhoff. dass der vergleichungspunkt zwischen gras und haar im* 'selbstwachsen' *gefunden wird, als ob bäume und andere pflanzen nicht von selbst wüchsen, ist verkehrt. das z.* 3—7 *so nahe übereinstimmende elucidarium hebt vielmehr hervor dass das haar dem haupte zum schmucke gereiche wie das gras der erde.   streicht man die beiden verse, so entspricht die vierzahl der aufgeführten gegenstände den vier elementen der dann auch metrisch identischen folgenden strophe: vgl. s.* 374. *die trümmerhafte überlieferung mag daher rühren dass wir es mit einer randglosse zu tun haben.*   12. der eingili   bidrachti 'rationem': Maria *fdgr.* 178, 19 ja nehân ich nicht betrahte, wie daz ergên mahte (*Feifal.* 2171 ich kann mich niht versehen, wie daz müge geschehen). *vgl. Boeth. Hattem.* 3, 235ᵃ [254] Tiu (ratio) lêret in (*den menschen*) skéiden verum únde falsum, bonum únde malum.   **10,** 1 2. *vgl. Vorauer genes.* 6, 16 dô gescuof er einen man vil harte êrlîchan ûz wazzere unde ûz erde: er zierte in werde mit veuere unt mit lufte, mit micheler (*l.* mislicher? *vgl. oben* 9, 2) crefte. *der sache erwähnt Honor. Augustod. noch de cognit. verae vitae c.* 23 *p.* 658 *und sein zeitgenosse Wilhelm von Conches secunda philosophia c.* 30 (*oeuvres inédits d'Abélard p.* 672).   3. gammi: *s. zu* 2, 8. *die assimilation* gimmir *ist häufiger* (*Benecke zu Iwein* 1597), *auch im reim Rul.* 297, 11 aller engel chune, gimme daz ich niemir mêre chom hinne.   5. Iustin gi horin: hôri *mhd. wb.* 1, 714ᵃ 29. *auch* lufti gihôri *ist möglich, entweder der singular oder nach anm. zu* 2, 8.   6. gi stinckin: *kann bleiben, wenn man* dâzer (deir, dêr) *einsilbig lesen will.*   10. 11. *Isid. de differ. rer.* 17, 50 factus est autem homo ad contemplationem caeli rigidus et erectus, non sicut pecora in humam prona atque vergentia. *vgl. etym.* 11, 1, 5.   10. uff riecht   **11,** 1—4. 9. 10. *Otloh ano. c.* 28 *p.* 194: hic enim (*scil.* primus parens) cum **ad imaginem dei conditus esset et** omnium virtutum armatura indutus totius humanae posteritatis parens foret praedestinatus, electus est etiam pro omnium hominum parte ad certamen singulare, ut in illo uno tam valido tamque prudente omnis fortitudo et prudentia probaretur humana.   veruntamen quia primum dei mandatum diabolo suadente contempsit, ad primam certaminis congressionem victus cecidit, sicque in illo uno omnis merito lapsus est homo.

3. *die fehlende senkung würde dem verse durch* einin *oder* einwigi *gegeben.*
4. mid demo giboti: *das gebot gottes im paradiese ist der gegner mit welchem Adam*

zu kämpfen hat: congressor igitur vel concertator sive, ut a quibusdam dici solet, adversarius... mandatum domini intelligitur, quod ideo adversarii nomine exprimitur, quia omni negotio perverso, quod homo studet, adversatur *Otloh aao.* 5. ob: *vgl. zu str.* 23.   7. 8. *der fehlende gedanke ist 'wenn er aber unterläge, dass der mensch dem tode anheim falle.'*   **12,** 1. 2. *mit recht vergleicht Diemer Wackern.* leseb. 197, 24 diu gewette werete funf tûsint jâre unde mêre, daz wir armenuesgen newedir habeton gotes hulde noch der engile minne. *vgl. Isid. sentent.* 1, 10, 26 ante dominicae incarnationis adventum discordia inter angelos et homines fuit.   3. *man kann der streichen: sündenklage Diem.* 312, 26 daz wil mir tievel wergen, *diu wârheit Diem.* 86, 16 unde leide in dievel, *der wilde man von der gîrheide* 41, 17 der nu dûvile dinit, *vgl. gramm.* 4, 395; *aber die überladung des ersten fuſses (s. zu Salomo* 18, 1) *hat hier kein bedenken, da sie auch* 14, 4. 20, 10. 25, 6. 28, 7. 29, 7, *nirgends freilich unbedingt sicher, stattfindet.*   4. szuschilis *vgl. unten zu* 28, 2—6.   5. ziden suni unde   sûni *bezieht sich auf die engel (Isidor an der zu s.* 1. 2 *angeführten stelle:* veniens autem Christus pacem in se et angelis et hominibus fecit, *vgl. Heinrichs litanei fdgr.* 224, 8), giwegidi *auf gott. vgl. Honor. spec. eccl. p.* 818 Migne vega pax Christus, qui inimicitias inter deum et homines dissolveret et humanam naturam ad angelicam dignitatem sanguine suo attolleret.   7—9. *vgl. Honor. de angelo et homine* c. 2 p. 219 igitur Christi incarnatio fuit humanae naturae deificatio, eius mors nostrae mortis destructio.   7. dôtlicheit] dôtheit *W Grimm zur geschichte des reims s.* 35 (555), tôtlichkeit *Diemer: aber* dôtichcit *ist eine untadelliche bildung von* dôtig, tôdig, *das Graff* 5, 345 *aus Notker belegt; s. auch die logik* LXXXI, 15.   9. *vgl. August. confess.* 10, 43, 68 inquantum enim homo, intantum mediator; inquantum autem Verbum, non medius est. **12**ᵇ, 2. *vgl.* 21, 1. 2.   3. *'diese dem teufel verliehene gewalt erstreckte sich auch auf Adam.'*   5. sinin   .7. *Diemer vermutet die lücke nach* z. 8; *aber da fehlt nichts, während vorher gesagt sein muss, dass der teufel Christo nachstellte.   vgl. Kelles spec. eccl. f.* 27ᵇ dô der tievel daz gefrumete daz Krist gemartert wart und an dem crûce erstarp, dô wart er der gothait innen unde wesse wol daz er sich des hete underwunden hin ze dem er dehain reht hete ... daz er alle die verlôs die er mit rehte besezzen hete. *Anegenge* 38, 76 daz reht verlôs er gar dâ, dâ er sich des underwant, an dem er seines (*l. des sînes oder meines*) niht envant, unt in ân alle schulde hie; dâ mite verlôs er alle die die er mit rehte hete behabt.   10. von schuldin: *Abaelard constatiert in epist. ad Roman. l.* 2. (opp. ed. *Amboesius p.* 550), es sei bis dahin *allgemein lehre gewesen, der teufel habe* per transgressionem primi hominis, qui se ei sponte obediendo subiecerat, iure quodam *über ihn macht bekommen; und Bernhard von Clairv.* opp. ed. Mabillon 1, 658 *sagt mit bezug darauf:* hoc ergo diaboli quoddam in hominem ius, etsi non iure acquisitum, sed nequiter usurpatum, iuste tamen permissum. sic itaque homo iuste captivus tenebatur, ut tamen nec in homine nec in diabolo illa esset iustitia, sed in deo.   *die ganze strophe kann nicht echt sein, sie unterbricht den zusammenhang, indem sie in ihrem anfange weiter zurück geht als das ende von strophe* 12, *in ihrem schlusse mit einer unleidlichen wiederholung weiter greift als der anfang von str.* 13. *die z.* 8—10 *ausgesprochene ansicht über das erlösungswerk (vgl. Gregor. M. in evangelia l.* II *hom.* 25 § 8 *fin.* Et quos iure tenebat mortales perdidit: quia eum in quo ius non habuit morte appetere immortalem praesumpsit) *ist auch verschieden von der in str.* 13, 9. 10 *geäufserten.*   **13,** 1. Adâm der andir: 1 Cor. 15, 45 primus homo Adam ... novissimus Adam; 47 primus homo

... secundus homo. *vgl. Isid. in genes.* 2, 8; *Suarez zu Isid. alleg. s. script.* § 3 (*opp. ed. Arevalo* 5, 116); *Mone lateinische hymnen, zu nr.* 137, 22; *Diemer zu* 10, 2. sinin   4. *Jesai.* 63, 3 torcular calcavi solus. *vgl. Honor. eluc.* 1, 28; *Mone lat. hymn. nr.* 114, 57. 137, 13. 359, 17. *Diemer zu dieser stelle.*   5—8. *Isid. sentent.* 1, 12, 14. *Honor. spec. eccl. p.* 944ᴅ *Migne. vgl. zum Friedberger Krist* Aᵃ 3. 6 *und zum Melker Marienlied* 5, 4; *Mone lat. hymn. zu nr.* 36, 11. 142, 40. 158, 29; *Diemer zu unsrer stelle.*   6. *will man zweisilbigen auftact und mit versetzter betonung* gothéit *annehmen, so kann* virborgîn *bleiben.*   8. giwangin   9. sini vir: i *ist bezeichnung des umlautes, wie zb.* Meregarto 2, 64 ibilo, *Ambraser pred.* 5, 10 ibilen, *Diem.* 10, 16 vir, *kchron.* 528, 20 virste.   10. chouf er   **14**, 1 *bis* 6. *Honor. elucid.* 1, 21 p. 464ᵇa: cur (sc. voluit mori) in cruce? ut quadrifidum mundum salvaret. *sacramentar.* p. 262c Adam perditus (l. perditio) per quatuor partes mundi dispersus erat: Adam salvatio quatuor partes mundi comprehendit statu corporis sui in ligno. *spec. eccl. p.* 946 *Migne* crux si in terra inclinatur, ad orientem, meridiem, septentrionem, occidentem se protendere comprobatur, quia quattuor partes mundi cruce ad regnum Christi signantur. ipse enim dixit (*Joh.* 12) 'ego si exaltatus fuero a terra, omnia traham ad me.' denique in crucem cum a terra est elevata, quadruplus mundus signo crucis est ad eum tractus. *zu einem ähnlichen resultate kommt auf anderem wege Otloh aao. p.* 218. *vgl. Pseudo-Alcuin de div. off. c.* 18 (*opp. ed. Froben* 2, 478) iacens crux quatuor mundi partes appetit, orientem videlicet et occidentem, aquilonem et meridiem, quia et Christus per passionem suam omnes gentes ad se trahit (*vgl. Joh.* 12, 32) et omnia sibi subiugavit. *daraus Otfrid* 5, 1, 31—40 *s. Kelle s.* 319. *Mone hymnen nr.* 108, 21—25 Crucis longum latum sublime profundum, sanctis propalatum, quadrum salvat mundum sub quadri figura, *auch nr.* 137, 45—52. *Kelles spec. eccl. f.* 101ᵃ ein iegelich chrûce ist gevierteilet, same vier teil sint der werlde: diu vier teil umbehalset got zuo ime an deme heiligen chrûce. *Wernher vom Niederrhein* 50, 22 des heiligin crûcis vier orte, dâ man unsiren hêren ane hienc, dâ he vier ende der werilde z'ime vinc.   7. 8. *Honor. elucid.* 1, 21 p. 464ᵇ1 sed et tali modo caritatem suam deus ostendit mundo, ut dicitur 'ut servum redimeres, filium tradidisti.'   8. **der** *zu* **streichen?**   9. ir dô starbti?   *vgl. Ose.* 13, 14 ero mors tua, o mors; *Ezzo* 23, 1 von dem tôde starp der tôt, *und oben zu* 12, 7—9.   **15**, 1. 2. 5. 6. *vgl. Augustinus contra Faustum Manichaeum* 12, 8. fit viro dormienti coniunx de latere: fit Christo morienti ecclesia de sacramento sanguinis qui de latere mortui profluxit. *Isid. in Genes.* (2, 21) 3, 8 dormit Adam et fit illi mulier de latere. patitur Christus in cruce, pungitur latus lancea et profluunt sacramenta sanguinis ex quibus formetur ecclesia. *Isid. allegor. s. script.* § 4. *Beda in principium Genes.* 1 (*Martène et Durand thes.* 5 155ᴀ), *wörtlich ausgeschrieben von Hraban in Genes.* 1, 4 (*opp. ed. Col. Agripp.* 1626 *bd.* 2, 18ᴇ). ***Angelomus*** *in Genes.* 2, 21 (*Pez thes.* 1, 1, 83*f.*) *aus welchem der satz* (Christus) ex cuius latere fons salutis nostrae emanaret *erwähnung verdient, Honor. spec. eccl. p.* 910 *Migne usw. Wernher vom Niederrhein* 62, 2—11. *pred. Mone anz.* 8, 514. *Griesh. pred. f.* 3ᵃ. *formell unterscheidet sich unsere stelle von allen angeführten dadurch, dass nur die eröffnung der seite im vergleiche hervorgehoben wird.*

2. 3. 9. 10. *Genes.* 2, 21 et replevit carnem pro ea. *dazu Isid. in genes.* 3, 9 sic Christus carnem suam moriendo posuit in patibulo crucis pro ecclesia, *und aao. Beda* (= *Hraban*) quid necessarium fuit, ut cum os quod de viri latere sumptum est in feminam conderetur, in locum ossis non os sed caro suppleretur: nisi quia figuraba-

tur quod Christus propter ecclesiam infirmus, at vero ecclesia per ipsum esset firma
futura? *Angelam* unde enim Adam infirmatus est, inde mulier fortis effecta; quia
per hoc quod Christus infirmari dignatus est in passione, inde ecclesia corro-
borata est.   2. Evun *Haupt bei Diemer*] cuim   3. von dem man: *der artikel
könnte, so weit er das metrum zu stören scheint, bleiben, und der vers wäre entweder
mit zweisilbigem auftact oder nach anm. zu 23 die zeile 14, 4 mit sieben hebungen
zu lesen.*   4. 'war, früher wart, das t ausradiert' *Diemer. dieselbe apokope in
demselben worte kchron. 149, 10; Ruth. 103. 1376; in wir f. wirt spec. eccl. f. 7ª;
Griesh. pred. 1, 108; Ruth. 793. 3392. 3685; diu wârheit Diem. 87, 13 und wieder-
holt in der kchron.*   5. 6 sind, nur mit einer anspielung auf die arche Noas, die
man auf die kirche, deren tür man auf die seitenwunde Christi deutete, ganz allge-
mein zu verstehen: 'eine seiteneröffnung war auch das mittel durch welches das men-
schengeschlecht gerettet wurde.'   7. heil: *das femininum* (Graff 4, 864), *hier
durch si z.* 8 *gefordert, steht noch bei Heinrich von Melk* 1, 481, *in Diemers Joseph*
412.   vrû bidâcht: *nemlich eben durch die vorbildlichkeit der schöpfung Evas, vgl.
Honor. spec. eccl. p.* 942 Migne haec victoriosa crux est ab initio multis modis prae-
signata.   9. brin *hs., wie auch kchron.* 352, 18 *geschrieben ist.*   **16.**
Honor. an der zu 14, 1 — 6 *angeführten stelle des spec. eccl.* in crucis forma
continetur totius christianae religionis forma.   nam per tria cornua superi-
ora trinitas patris et filii et spiritus sancti denotatur, per quartum
quo tria sustentantur veneratio unitatis demonstratur. huius quoque sanc-
tae crucis profundum mysterium pandit nobis profundum Pauli apostoli ingenium.
'det vobis' inquit (*Ephes.* 3) 'deus ut possitis comprehendere cum omnibus sanctis
quae sit latitudo et longitudo, sublimitas et profunditas.' latitudo crucis illae
duae partes accipiuntur per quas manus distenduntur: per hanc latitudi-
nem gemina dilectio intelligitur quae amicos in deo et inimicos propter de-
um utrinque complectitur.   longitudo vero crucis illa pars accipitur per quam
corpus pendentis extenditur; per hanc longitudinem instruimus perseveran-
tiam in bono usque in finem, quia qui usque in finem perseveraverit, hic
salvus erit.   sublimitas crucis est illa pars quae capiti supereminet . . .
per hanc spes caelestium insinuatur, qua aequalitas angelorum per crucis victori-
am speratur.   profundum crucis pars sub pedibus notatur quae terrae infixa oc-
cultatur: occulta autem dei misericordia declaratur, per quam totus mun-
dus in maligno positus ne pereat sustentatur. *dem entspricht Kelles spec. eccl.
ebenfalls an der zu* 14, 1—6 *angeführten stelle. die deutung des kreuzes als* trinita-
tis et unitatis divinae speculum *hat und begründet auch Otloh aao. p.* 215.   3. un-
din   virdi *Diemer*] undi   *über den reim* virdi: redi *s. zu* XXVI, 10.   4. drun
gimeinlu   6. breitott   virdemtin, *verb. Diemer.*   8. uol hertin   10. inthebit
'*sustentat*': sustentata, inthabana *gl. Jun. C (Nyerup s.* 251) *s. Graff* 4, 818.   **17.**
Honorius aao. fährt fort hanc crucem dominum sequentes rite bajolant (*Marc.* 8, 34 si
quis vult me sequi, deneget semetipsum et tollat crucem suam et sequatur me: *vgl. Matth.*
10, 38. 16, 24; *Lucas* 9, 23), si se vitiis et concupiscentiis crucifigentes, carnalibus de-
sideriis renunciant et in obedientia mandatorum dei vivere desiderant.   in hac cruce
debent stare distensi, quia iugiter debent spiritualibus esse intenti et numquam se ad
vitia inclinare, sed semper ad coelestia comprehendenda mente sursum se protelare.
5. ungiwaltig: *das mhd. wb.* 3, 477 *und PhWackernagel kirchenlied* 2, 1192 *ver-
gleichen David von Augsburg myst.* 336, 15 gotes liebe mac daz herze überwinden

unde sin selbes ungeweltic machen.   7. dar an] das   uol sten: *vgl.* 28, 3*f.* irstân: hân   8. âni rûm: *Otfrid* 2, 20, 2 ana rûam elemósyna giduan; *das entsprechende* sunder ruom *belegt das mhd. wb* 2, 1, 808ᵇ z. 1. 17.   willin **18,** 1. 2. *vgl. Isid. sent.* 2, 3, 3 caritas enim virtutum omnium obtinet principatum. 1. Dev   3—10. *vgl. Honor. spec. eccl. p.* 872 *Migne* * haec scala (quindecim graduum caritatis) domini per timorem erigitur, per quem ad summum perducta caritas ipsa ut filius in hereditatem domini introducitur: timor vero ut servus foras eiicitur (*vgl. elucid.* 2, 3 *p.* 469°c sic etiam timor caritatem ad regnum ducit et ipse non introibit: *beides nach* 1 *Joh.* 4, 18 timor non est in caritate, sed perfecta caritas foras mittit timorem, quoniam timor poenam habet; quia autem timet, non est perfectus in caritate). sed duplex distinguitur: quidam dicitur servilis, alius filialis. servus quippe timet dominum, ne si peccaret cum damnaret (*vgl. weiter unten:* iam enim gehennam ut servus peccati non timebit); filius patrem timet, ne cum exhaeredet. *ebenso spec. eccl. p.* 960 *Migne. an ähnliche gedanken streift auch Otloh aao. p.* 186. 198*f. vgl. p.* 489 amare est filiorum, timere est servorum.   *von den ausführungen des Honorius unterscheidet sich die vorliegende strophe unseres gedichtes dadurch, dass an die stelle des* timor filialis *die hoffnung getreten ist, wie Bernhard von Clairvaux, freilich in anderem sinne, hoffnung und furcht flügel der seele nennt* (*opp. ed. Mabillon* 1, 1242ᴇ habent ferventes animae alas quibus volant spem et timorem) *vgl. auch zu str.* 27.   3. di] du   5. uoni   7. **dininni**   367 9. dar inni: *in der erkenntnis gottes.*   10. uat   dev   **19,** 1. Got der dû (dev *hs.*) minni ist: 1 *Joh.* 4, 16 deus caritas est. *vgl.* 1 *Joh.* 4, 7 carissimi, diligamus nos invicem, quia caritas ex deo est.   3—10. *vgl. Ephes.* 4, 15. 16 Christus, ex quo totum corpus compactum et conexum per omnem iuncturam subministrationis, secundum operationem in mensuram uniuscuiusque membri, augmentum corporis facit in aedificationem sui in caritate *und* 1 *Cor. c.* 12, *woraus ich nur hervorhebe v.* 21. 22 non potest autem oculus dicere manui 'opera tua non indigeo' aut iterum caput pedibus 'non estis mihi necessarii'. sed multo magis quae videntur membra corporis infirmiora esse, necessaria sunt.   die lit dû dir sint âni dj êri *sind aber aus v.* 23 quae putamus ignobiliora membra esse corporis *entnommen. weiter entfernen sich von der schrift Otloh aao. p.* 227, *Honorius elucid.* **1, 27.** 3. gilit *immer.*   6. bidursi   7. uirwizzi *l.* ougi virwizzi *nach anm. zu* 2, 8? 8. nuzzin *verbessert von Haupt bei Diemer*   10. wi   **20.** *Honor. eluc.* 1, 12 Ad quid talia (sc. creavit deus)? Omnia ad laudem gloriae suae. *im verfolg schließt sich an was zu* 8, 4—6 *ausgezogen wurde. die vorliegende strophe zusammen mit str.* 8 *weist auf eine ausführliche darstellung von der art und weise, wie die übrige schöpfung dem menschen diene, und diese hat Honorius im cap.* 12 *nur zum teil reproduciert. Otloh aao. c.* 9 *setzt ausführlich auseinander wie die gegensätze der*

---

* *Die ganze betreffende predigt (dominica in quinquagesima) ist mit geringen kürzungen in einer von Mone anz.* 7 (1838), 397—399 *mitgeteilten deutschen predigt übersetzt. ein stück daraus ist als besonderes werkchen 'scala caeli minor' ohne autornamen überliefert und so bei Pez thes.* 2, 1, 173—176, *darnach bei Migne p.* 1239—1242 *gedruckt. man kann auch andere predigten aus dem spec. eccl. des Honorius einzeln verfolgen: so den sermo generalis p.* 861, *der sich großenteils in Kelles spec. eccl.* (fol. 154ᵃ—159ᵇ) *wiederfindet, wie schon Pfeiffer in Haupts zs.* 1, 284 *bemerkte. eine andere bearbeitung desselben sermo generalis ist die Klosterneuburger predigt bei Mone anz.* 7, 510—513, *worin jedoch die anreden an die einzelnen stände und die erläuternden anecdoten weggelassen wurden.*

göttlichen strenge (iustitia, severitas) *und güte* (vgl. *zu* 3, 3) *in der natur angedeutet seien:* attende aeris intemperiem, famem, pestilentiam ... et in his iudicii divini severitatem ob peccatorum nostrorum merita demonstranda et compescenda intonantem cognosce ... quorum terrore quia ad timorem dei solummodo instruimur, necesse est ut etiam ea attendas, quibus ad amorem dei trahimur, id est aeris temperiem, frugum copiam ... aliaque perplura terrenae felicitatis commoda. sicque ex utrisque collatione facta intelligere potes, quid severitas quidve sit pietas divina. *meister Eckhart aber sagt in einer predigt* (ss. 15, 386—389), *für deren grundgedanken er sich auf einen älteren meister beruft, gott habe mancherlei creaturen gemacht, daz* manigirlêge wis geoffenbârit werde sîn êre (*vgl. predigt* 21, 57*ff. s.* 420) *und er habe zwei dinge an die creaturen gelegt, das eine ist* wollust und gemach, daz **he den** menschin mide locke, daz he forstê daz ez in gode an deme hôhistin si, *das andere ist* pîne, etwaz pînlichis oder ein glîchnisse der helle, *damit es den menschen der gottes nicht achtet* slahe *und nâch* schurge. *und indem dieselbe predigt mit dem gedanken schliefst dass in Christus* allir crêâtûre wollust und vollinkuminheit ist gesamenet zumâle, *erinnert sie an* z. 5—10. 1. wil 5—10. '*wie zweier leben vermittelung* (in Christo — über -auc s. gramm. 2, 348 —) *einerseits* (für die menschheit) gnade, andrerseits (für die gottheit) zwang ist; so droht die (unbelebte) schöpfung uns teils mit der hölle, teils bestärkt sie unsere hoffnung auf den himmel' und, indem sie so ebenfalls teils zwang teils gnade übt, wirkt sie *zi demo gotis lobi. über die 'zwei leben' gibt auskunft Gregor. M. in evang. l.* II *homil.* 21. § 6 Duae etenim vitae erant, quarum unam novimus, alteram nesciebamus. una quippe mortalis est, altera immortalis: una corruptionis, altera incorruptionis: una mortis, altera resurrectionis. sed venit mediator dei et hominum homo Christus Iesus, suscepit unam et ostendit alteram. unam pertulit moriendo et ostendit alteram resurgendo. 6. unolîni giduanc 7. elluv: *kann nach anm. zu* 23 *ungeändert bleiben, wenn man z.* 8. und *schreibt.* **21**, 3. *vgl. Ambros. de poenit.* 1, 13, 66 (*opp. ed. Maur.* 2, 407) imperante Christo et diabolus ... invitus mandatis obsecundat caelestibus. 4. gotis holdin. mit vorchtin machit er: *Isid. sentent.* 3, 5, 18 diabolus sanctos omnes non tenendo possidet, sed tentando persequitur. 5. magnin . annin 6. war 7. 8. '(*nur*) *unsere eigene irdische schwachheit unterstützt er, wenn er gottes gnade verzögert*'. *vgl. Isid. sent.* 3, 5, 7 diabolus non est immissor sed incentor potius vitiorum. neque enim alibi concupiscentiae fomenta succendit, nisi ubi prius pravae cogitationis delectationes aspexit. 10. sellin: *von dieser assimilation kenne ich nur spätere beispiele, wie Orendel* 3464 *Hag.* in disen selligen stunden *und Schmeller* 3, 232. **22**, 1—6. *vgl. Salomon and Saturnus nr.* 45 (*Kemble s.* 190) Saga me for hvylcum þingum þeós corðe ávyrged vaere oðde eft gebletsod? Ic þe secge, þurh Adam heó väs ávyrged and þurh Abeles blôd (*vgl. Aneg.* 20, 46) and eft heó väs gebletsod þurh Noe and - and þurh fulluhte. *aber der catechismus des meisters von Oxford nr.* 33 (*Kemble s.* 219) Why is the erth cursed a n d t h e s e e blissed? For Noe and Abraham and for cristenyng that god commaunded *setzt offenbar eine andere, unserer stelle nahezu gleiche fassung voraus.* 3. gotunruchi, *verbessert von Diemer.* 5. *Diemer ergänzt* unsich wolter 7. siu ûlut **23**. *das erste reimpaar von* 6 *und* 4 *hebungen entspricht dem ersten der str.* 22 *von* 4 *und* 6 *hebungen: also in zusammengehörigen strophen* (*vgl. den excurs*) *verschiedene austeilung der verslänge? dürfte man das auch anderwärts annehmen, so könnte zb.* **11, 5** *mit dem überlieferten* ob *und vier hebungen,* 11, 5 *ohne* auftact *ge-*

lesen werden; 20, 9. 10 *würde durch* und *für* undi *in derselben weise gewinnen. vgl. auch zu* 20, 7. 24, 8.   1. Crist unsir gisil: *vgl. Wackern. leseb.* 196, 19 unsir seephâre der wart uose gisil hine ze helle. *Honor. elucid.* 1, 21 p. 464ᵇ quia pessimus simplicem hominem seduxerat, iustum erat ut optimus pro eo obses fieret.   1—4 *vgl. Beda homil.* VIII (*Martène et Durand thes.* 5, 361f.): qui ergo sua simpla morte duplam nostram destruxit, recte duabus noctibus et una inter bas die in monumento iacuit, ut per ipsum quoque tempus suae sepulturae signaret, quia tenebras nostrae duplae mortis suae simplae mortis luce discuteret.   *etwas anders Honor. elucid.* 1, 22 p. 464ᵇf. Cur iacuit in sepulcro duas noctes et unum diem? duae noctes significant duas nostras mortes, unam corporis, alteram animae: dies significat suam mortem quae fuit lux nostrarum mortium, quarum unam abstulit, alteram ad exercitium electis reliquit, quam denuo veniens exterminabit. *nach der ersteren stelle wohl hat man sich hier die ergänzung zu denken. etwa* sinis cinin dôdis dag dô ubirvacht | unsirs zuischilin dôdis nacht. *vgl. Reinmar von Zweter HMS.* 2, 178 nr. 6 du erstüeande an dem dritten tage, din tôt den unsern übervaht. *der schreiber wäre dann von dem ersten* dôdis *auf das zweite abgeirrt. bedenklich ist aber die ein misverständnis zulassende entfernung des relativsatzes von* sinis dôdis *wozu er gehört.*   2. Žǔv   5. 6. *Rom.* 6, 3 an ignoratis, quia quicunque baptizati sumus in Christo Iesu, in morte ipsius baptizati sumus? *Honor. sacrament.* c. 12 p. 267o trina mersio significat tres dies mortis domini, cui consepelimur. *vgl.* p. 342o, *den pseudoaugustinischen sermo de myster. baptism. und pred. anz.* 8, 527 als unser hêrre drie tage der erde enpfolhen wart, in der selben wis werdent hiute diu kint drie stunt in daz wazzer in die toufe gestôzen.   8. ebinbilidi *das schon Diemer hier ergänzte bezieht sich auf die sündlosigkeit; zu* erbin *vgl. Ambros. epist.* 1, 63, 11 (*opp.* 2, 1025) de baptizatis utique dictum liquet 'ipsi enim accipiunt hereditatem'.   10. *die von Diemer angenommene beziehung auf die taufzeugen ist ohne zweifel richtig, aber* giloubin *accusativ, abhängig von* vursprechiatin, *vgl. zu* 5, 10.   **24,** 1. 2. *Ephes.* 5, 23 sicut Christus caput est ecclesiae; 5, 30 quia membra sumus corporis eius. *und darnach ganz gewöhnlich, zb. Honor. elucid.* 1, 27 p. 466ᵃA. *Kelles spec. eccl. f.* 47ᵃ. 48ᵇ. 119₄.   2. '*das erkennen alle glieder*': *daran nemlich dass, worin alles folgende ausläuft, er jedes glied zum leben zu führen wünscht.*   3. 4. *Ambros. de poenitentia* 2, 2, 10 (*opp.* 2, 418) semel crucifixus est Christus, semel pro peccato mortuus et ideo unum, non plura baptismata. *vgl. de spir. sancto* 1, 3, 45: unum baptisma, quia mors una pro mundo.   5—8. *vgl. Honor. in psalmos selectos, ps.* 50, 4 (*Pez thes.* 2, 1, 118) prius lavasti me de fonte baptismatis, iam amplius lava me de fonte lacrimarum *und Freidank* s. cm *der ersten ausgabe.*

8. di sundi: *kann nach anm. zu* 23 *bleiben, wenn wir* z. 7 *mit* 5, z. 8 *mit* 6 *hebungen* (*statt mit* 6 *und* 5 *wie in str.* 25) *lesen.*   9. *ähnlich August. civ. dei* 20, 30 praemium virtutis erit ipse qui virtutem dedit.   10. daz iz ein lebi '*dass es zusammen lebe*': *mit wem? der interpolator konnte nur meinen: mit Christus. das besagt aber sein zusatz nicht der, so wie er dasteht, sinnlos ist.*   **25,** 4. dúbin   helsin   5. bischirmin: *vgl. das durch den reim gesicherte* gilóni 31, 2.   8. *wohl zu der und ebenso* 29, 6. minini   10. cuch   **26,** 1. givallis: *es lassen sich verschiedene andere verbesserungen denken (zb.* vallin *mit zweisilbigem auftact, oder* iz sol, dáz sol *für* so soliz), *keine von überwiegender wahrscheinlichkeit. die synkope wurde hier wie* XXXVII, 6, 14. XLIII, 17, 9 *und wie die apokope* XLIII, 7, 6 *vorgenommen, um einmal das problem bestimmt hinzustellen: wie früh sind derartige kürzungen möglich?* XLIII, 6, 1 *ist* allêrist *für* alrêrist, aller êrist; 15, 9 better *für* betete der; XLIV, 8, 4 scolt *für* scolte über-

liefert und zugleich metrisch notwendig: an unt *für* unde *zweifelt niemand. über die analoge kürzung von vorsilben s. den excurs und das* XLIV, 6, 5 *überlieferte* uarhaben. *es ist daher vielleicht sogar* XLIII, 20, 8 *das durch den reim geforderte und in* B *überlieferte* ellent *in den text zu setzen.* kaiserchron. 461, 26 swer îemer sîne sculde inneclîche geriuwet unt der gote dar zuo getrûwet, di gevordert im got niemer mêre.

2. undi ůili 3—10. *Honorius von Autun zählt als beispiele der sündenvergebung im* elucid. 3, 20 p. 485ᵇᴅ *David Maria Petrus Paulus, in psalm.* p. 118ᴀ *David Petrus Zachäus Paulus Maria* latro et alii innumerabiles *auf.* 3. dedthi.

4. uriā 5. 6. *fast mit den selben worten heifst es* sündenkl. Diem. 310, 15 dô du dem scâchære sîne meintæte verlieze unde du ime vil wol gehieze 7. so lang och: *die interpolation entspringt demselben gedanken wie die änderung* irlûtiriti *in* z. 9, *es widerspricht aber nu* z. 8. 9. irlutiriti *ähnlich Jesai.* 1, 18 si fuerint peccata vestra ut coccinum, quasi nix dealbabuntur, et si fuerint rubra quasi vermiculus, velut lana alba erunt. **27.** Honor. spec. eccl. p. 895 Migne *mit bezug auf Abraham und seine beiden söhne:* per Abraham deus pater intelligitur, per Agar vetus lex, per Ismahel carnalis populus, per Saram nova lex, per Isaac christianus populus accipitur *usw. wie* Gal. 4, 22 — 31 *was oft wiederholt wurde, vgl. zb.* Haimo in omnes psalmos explanatio (Paris 1533) *f.* 7ᵇ; *Rupert von Deutz zur genesis; priester Arnolt* Diem. 353, 10 *ff. (die stelle ist verderbt). Honorius fährt aber fort:* per Abraham quoque noster spiritus, per ancillam nostra caro, per filium eius carnalia opera designantur. per liberam anima, per filium eius spiritualia opera figurantur. sicut ergo Sara despicientem se Agar afflixit et Ismahel ad mortis periculum Isaac impellentem eiici iussit, sic anima quae est domina carnem ancillam suam se contemnentem ieiuniis et vigiliis affligat. filium eius persequentem filium, id est carnale opus impediens spirituale, efficiat (*l.* eiiciat; *oder* interficiat?): herilem filium, id est bonum opus, pariat qui gaudium hereditatis domini capiat. elucid. 2, 13 p. 472ᵇᴇ Sara scilicet anima Abrahae i. e. spiritui adhaerens carnalia respuat, spiritualia concupiscat, Agar ancillam i. e. carnem suam (*schon vorher p.* 472ᵇᴅ *ist gesagt:* anima namque uxor spiritus scribitur, caro utriusque ancilla dicitur) vigiliis et ieiuniis ad bona opera constringat. et sic eis Isaac i. e. verum gaudium nascetur, quo non discordes, sed perenni pace concordes congratulentur. *wesentlich ebenso* Roth pred. 14, *vgl.* 17, 6; *Leyser* pred. 132, 2—26 *mit dem schluss:* wir suln die dirne und irn sun ûz werfin, daz ist: wir suln zuhant vlîhn zû unserm hêrren gote mit wârer rûwe und bîcht unser sunden und suln in bitten, daz er an uns tôte die vleischliche gerunge und andere bôse werk vertribe die unser sêle schedelich sîn. ûf daz wir daz erbe der êwigen genâden, dâ die sêle zû geschaffen ist, vrôliche besitzen dâ zû himelrîche mit unserm hêrren Jesu Christo qui vivit etc. *diese und noch mehr verwandte stellen bei Diemer zu* 102, 1; Ezzo s. LXIII; *sur* gehugede 198; *Heinzel s.* 113 *f. vgl. auch* XLIII, 10, 9. 10 *und* Karlmeinet 398, 63 de sêle dat is de vrauwe. *die vorliegende strophe zeigt mit beiden stellen des Honorius verwandtschaft. sie vermischt aber die zwei im* spec. eccl. *gegebenen deutungen Abrahams und kommt so zu der bekannten, für die ausbildung der mystik so wichtigen vorstellung von der seele als braut gottes, vgl. insbesondere Hugo von St Victor 'de arra animae' Liebner s.* 264 *ff. und das erste buch von schwester Mechthilds offenborungen.* 1. Ja diu sele B. adilvrowi 'freigeborne frau' *wie z.* 9 edilû kint 'freigeborne kinder', *ebenso aao. bei Leyser* adelwîp, adelkint, *in der Vorauer Genesis* 18, 14. 15 edel sun, *beim priester Arnolt*

adelesun *im gegensatz zu* chebessun, *bei Roth* daz frîge wîp unt ir sun ... sô pirt ir sâ frî unt edel *überall mit beziehung auf Sara und Isaac im gegensatz zu Hagar und Ismael. Sachsensp. landr.* 1, 51 § 2 ein wîf mach winnen echt kint, adel- (*mit der var.* edel *und der glosse* vrî) kint, êgen kint unde keveskint, *wo* adelkint *und* êgen kint *im gegensatze stehen, vgl. Homeyer register s.* 394. *undeutlich ist* adelmuoter *HMS.* 3, 103 . 2. diu get u for den ir diue *B*. der ir dûwi 'vor ihrer magd'. 2. 4. 5. iri *A*. 3. chamerwib *jüngere Judith* 160, 9. 168, 3; *wilder man* Veronica 25, 11; *Servat.* 2831. *Graff* 1, 653. *als eigenname von mancipien tr* Wizenb. *nr.* 151 *a.* 840. *nr.* 156 *a.* 855. *Hildebrand im wb.* 5, 132. 4. ir *B*. 5. **ratent** *B*. 6. alghut *B*. **gebitent** *B*. 7. irsterbin der diu *B*. 8. daz *A*, diu *B*. wec *B*. *vgl.* **Arnolt** *von der siebenzahl* 335, 13 *also* ist uber die sêle der geist aller prûtegaum meist, jouch der beider chint der (*l.* des) lichenam guotû werich sint. 9. undi *A*, shu *B*. 10. zdi *A*. cedem *B*, zi demo *A*. erbe *B*, erdi *A*. muge *vor* cedem *B*. **28,** 2—6. *Honor. eluc.* 3, 11 p. 481ᵇᶜ sicut duae sunt mortes, ita sunt duae resurrectiones, una animarum, altera corporum. cum homo peccat, anima moritur; quia a vita deo deseritur et in corpore quasi in sepulcro sepelitur: cum vero per poenitentiam ad vitam deum redit, quasi a morte resurgit. alia erit corporum ... **in die** paschae ea **hora** qua Christus resurrexit. *noch ausführlicher spricht davon Beda homil.* VIII *in Martène et Durand thes.* 5, 361. *hier scheint, wie str.* 20, *ein leerer parallelismus mit der zwiefachen wesenheit Christi beabsichtigt. ich weifs nicht, ob es mehr als ein* **zufall** *ist, dass diese letztere nach der ersten erwähnung der zweiten göttlichen person in str.* 4, 3 *je nach acht strophen* (12. 20. 28 *d. i.* 4 *von rückwärts) wiederkehrt.* 2. zuischiligi: *an sich möglich, aber* mênuischi: zuischîli *gibt einen besseren reim, doch würde das überlieferte bei der betonung* zuischîligi *vielleicht ebenso gut sein.* 7—10. *Isid. sentent.* 1, 27, 10. 11; *Honor. elucid.* 3, 13 p. 482ᵇᶜ; *in psalm.* p. 133c *vgl. zu* XII, 17, 5. 10. zeuir. **29,** 1. 2. *vgl. Rom.* 2, 5 **in die irae et** revelationis iusti iudicii dei. 3—6. *vgl. Isid. sentent.* 3, 2, 7 omnis **divina** percussio aut purgatio vitae praesentis est aut initium poenae sequentis. nam quibusdam flagella ab **hac** vita inchoant et in aeterna percussione perdurant. *ähnlich* 1, 27, 7. 5. bezzirini ni. 6. *wohl zû der, vgl. zu* 25, 8. 7. 8. *Honor. elucid.* 1, 33 p. 468ᵇ ᶜ quoadusque ille cum ventilabro veniat, **qui grana de paleis excutiat** (*vgl.* 3, 13 p. 482ᵇᶜ; *in psalm.* p. 134c), *nach Matth.* 3, 12; *Luc.* 3, 17. *Ava Diem.* 259, 2 dâ sceidet sich diu helewe von dem chorne. 9. 10. *Salomo und Sat. nr.* 49 (*Kemble p.* 190) Saga me, hvät is pät ödrum lîcige and ôdrum mislîcige? Ic pe seege, pät is dôm. *catechismus d. m. v. Oxford nr.* 37 (*Kemble p.* 219) Which thinge is it that som loveth and som hateth? That is jugement. 9. nach sên selbis wizimcheit. *vgl. Isid. sent.* 1, 27, 9 pro diversitate conscientiarum et mitis apparebit in iudicio Christus electis et terribilis reprobis. nam qualem quisque conscientiam tulerit, tale et iudicium habebit. *Honor. elucid.* 3, 14 p. 483ᵃᶜ habebunt iusti defensores aut mali accusatores? **habebunt** conscientias suas. *cet.* **30,** 1. 2. *vgl. Matth.* 5, 9 beati ... quoniam filii dei vocabuntur. 2. **immir** 3. uat erit. 5. *nach Matth.* 26, 29 non bibam a modo de hoc genimine vitis usque in diem illum, **cum illud bibam** vobiscum novum in regno patris mei. *vgl. Luc.* 22, 30; *Mone lat. hymnen, zu* **nr.** 9, 23. 86, 19. 8. da daz 9. 10. *Honor. liber duodecim quaestionum* c. 12 p. 1184 *Migne* 'deus lux est et in eo tenebrae non sunt ullae' (1 *Joh.* 1, 5) ... hic est gaudium angelorum, ut ista lux est gaudium oculorum; *gemma animae* 1, 178 p. 596 *Migne* et erit deus omnia in omnibus, et ut lux

oculis, sic gaudium animabus; *beide stellen angeführt von Diemer Ezzo s.* XXII.
31, 1. 2. *vgl. Matth.* 5, 10 beati ... quoniam ipsorum est regnum caelorum.
2. mûgin   3. 4. *vgl. sündenklage Diem.* 315, 5 ze diu daz du hulfest ûf dem der
dâ gevallen was.   4. uô   gi uallin   5. *ergänzt von Diemer.*   6. *vgl. sünden-*
klage Diem. 297, 2 di burde die er ûf sich nam, dô er in dise werlt cham; *Aneg.* 1,
32 do gedâht er der burde die er umb uns wolde tragen.   7. 8. *vgl. Hartmann*
vom glaub. 1179. got selb eden rât gedâhte, von dem himele er in brâhte her nider zô
der erden zô michelen werde allen sînen holden, di ime dienen wolden.   7. diniu |
ilten   9. **dib**] **diz**   alliz daz   9. 10. *MF.* 28, 16 jâ lobt in allez dazdir ist.

Das vorliegende gedicht bildete augenscheinlich mit den drei folgenden, von
denen jedoch die drei jünglinge und Judith als eines überliefert sind, die zweite der
Vorauer einverleibte handschrift: über die erste s. zum Marienlob. alle vier weist ihre
orthographie nach dem mittleren Deutschland; doch deutet eine anzahl von mund-
artlichen abweichungen auf verschiedene noch nicht näher zu bestimmende gegenden.
3 jüngl. und Judith zeigen keine apokope des e, summa theol. kein ui *f.* û; *Salomo*
allein hat ai *f.* â, heit *f.* habit, karte *f.* kêrte; *Judith allein* â- *f.* ar-; *summa theol.*
allein synkope und apokope des t (6, 10 vorchlichi; 24, 3 nich: zu 15, 4), â *f.* ai,
ei (zu 9, 4), *schwanken zwischen* i *und* e (7, 2 gibrist; 10, 10 uffriecht: *gramm.* 1³,
245), 11 *f.* 1b (*zu* 21, 10): *davon wird einiges, gewis nicht alles zufällig sein. was die*
form des vorliegenden gedichtes anlangt, so knüpfen wir an das in den excursen zu
X. XX. XXIII *gesagte an. die unstrophischen gedichte verlieren sich mit der allitte-*
ration, innerhalb der reimpoesie aber unterscheiden wir bis etwa zur mitte des XI *jh.*
einstrophige gedichte, von denen die lyrik und gnomik des XII *jh. ausgeht (deutsche*
studien 1, 328 *ff.* 333), *gleichstrophige (Otfrid,* IX. XII. XIII) *und gruppenweise*
oder symmetrisch geordnete ungleichstrophige (X. XI. XVII. XVIII. XXVI). *als*
freiere ordnungen letzterer art kann man XXX (*so weit hierher gehörig, s.* 311) *und*
XLVI *ansehen. die gleichen strophen erhalten sich in der volkspoesie, in der geist-*
lichen *nur durch anschluss an die hymnendichtung* (XXXIX. XL). *durch vermischung*
der *gleich- und ungleichstrophigen entsteht eine mittelform, worin das mehr oder*
weniger *symmetrisch geregelte auftreten ungleicher strophen an einzelnen stellen*
eines sonst gleichstrophigen stückes zugelassen wird. auf alle die genannten formen
wirkt im XI *jh. die sequenz. daher entweder (vgl. zu* XX) *oder aus unmittelbarem*
einfluss der musik, daraus dass man sich bei unterlegung neuer texte unter mehr-
tönige melodien auch mehr silben gestattete, kommt die verlängerte schlusszeile (zu
XII) *und der klingende ausgang des viermal gehobenen verses (zu* XXIII). *diese*
eigentümlichkeiten begegnen dann jede allein oder vereinigt sowohl in gleichstrophi-
gen (XXXV) *als in ungleichstrophigen gedichten* (XXXVI. XXXVII. XLV). *das*
beispiel der sequenz führt aber weiter. sie findet entweder directe nachahmung, so
die symmetrische in XLII, *die unsymmetrische in* XLI: *in beiden gedichten dactylen*
(XLII, 15. 19. 22. 28. 34. 42. 49. 53. XLI, 29—31). *oder sie wirkt auf die compo-*
sition, indem das muster von sequenzen wie XX. XXIII *das gruppenweise oder sym-*
metrische beieinander der ungleichen gesätze aufhebt (Exodus, XXXII. XXXIII)
woraus dann scheinbar wieder ganz unstrophische gedichte entstehen. sie führt auch
in solche stücke dactylischen rhythmus ein (XXXVIII). *sie veranlasst endlich über-*

schreitung des mafses von vier hebungen für den einzelnen vers und überschreitung der geraden (paarweise gebundenen) zahl der reimzeilen. dies ergibt im ungleichstrophigen gedichte formen wie Anno und Genesis, im gleichstrophigen formen wie XLIII. XLIV, in jener eben aufgestellten mittelform (zehnzeilige strophen mit einzelnen zu 11 *und* 12 *zeilen*) — *die vorliegende. über deren vortrag s. zu* 3, 10. *es lassen sich folgende strophenformen oder töne unterscheiden, die ich mit buchstaben bezeichne und worin* **die** *auf einander folgenden ziffern* **die** *zahl der hebungen bedeuten:*

a	: 6444444444	*in str.*	1	
b	: 5455445556	- -	2. 3. 20. 30	
c	: 5455 4454 445	- -	4. 6	
d	: 5444544445	- -	5	
e	: 6455554455	- -	7. 11. 19. 28	
f	: 5555544455	- -	8. 12	
g	: 5544444555 5	- -	9. 10	
h	: 6446555566	- -	13	
i	: 6556545457	- -	14. 15	
k	: 5444454556	- -	16	
l	: 6455555556	- -	17. 21. 27. 31	
m	: 5455665556	- -	18	
n_1	: 4654544456	- -	22	
n_2	: 64..544456	- -	23	
o_1	: 6557656556	- -	24. 25	
o_2	: 6557656577	- -	26	
p	: 5555665577	- -	29	

dazu kommt noch 12[b] *mit* 665566.445 *hebungen.* **dieses resultat ist ohne alle gewaltsamkeit, durch blofse beobachtung des** *überlieferten erreicht. von den im* **texte** *selbst eingeklammerten athetesen beruhen* 2, 3. 3, 5. 9, 8 *f.* 15, 8. 22, 8 **auch auf** *stilistischen und sachlichen gründen, so dass nur in* 8, 8. 13, 6 (*was übrigens zur not unangetastet bleiben könnte,* **s.** *anm.*) **und** 28, 5 *die betreffenden worte lediglich um des metrums willen ausgeschieden* **sind. was die** *übrigen athetesen betrifft, so vgl. zu* 24, 10. 26, 7 **die** *anmerkungen.* **mit dem artikel in** 15, 3 *und dem* **dâ** *in* 30, 8 *könnte man sich* **durch** *zweisilbigen* **auftact abfinden, wenn** *man ganz mechanisch nur das metrum in* **betracht zöge. auch der** *artikel in* 24, 8 *kann vielleicht bleiben* (*s. zu str.* 23). *alle anderen das metrum berührenden änderungen beschränken sich auf wahl anderer wortformen* **statt** *der überlieferten: so ist abgesehen von der wahl zwischen* **unde und und (s. zu** 1, 10), *für* **ellû dû** 20, 7 **al dû**, *für* **alliz daz** 31, 9 **al daz**, *für* **gilâzzin** 2, 2 **gilân**, *für* **paradysi** 7, 6 **pardisi** (*doch vgl. die anm.*), *für* **sînin** 12[b], 5. 13, 1 **sîni** (*vgl. anm. zu* 2, 8), *für* **bischirmin** 25, 5 **bischirmi** (*vgl. jedoch die anm.*), *für* **givallin** 26, 1 **givalle** (*doch vgl. anm.*) *gesetzt worden um dem verse eine hebung zu nehmen;* **obi** *für* **ob** 11, 5 (*doch vgl. zu* 23) **um** *ihm eine zu geben. dagegen hat öfters* (6, 9 **gihabitin**; 10, 5 **gihôri**; 10, 6 **gistinckin**; 19, 3 **aü**. **gilit**; 20, 6 **giduanc**) *ein compositum mit* **gi** *und einmal eins mit* **vir** (19, 7 **virwizzin**) **aus rein** *metrischem grunde dem simplex weichen müssen, nicht überall absolut notwendig* (*anm. zu* 6, 9. 10, 5. 19, 7), *aber zb. bei* **gilit** *ganz unumgänglich: so dass man wohl fragen darf, ob hierin noch schlechte überlieferung zu erkennen sei? ob nicht vielmehr* **eine** *eigentümlichkeit der metrik oder aussprache des dichters vorliege, der* entweder die synkope sehr weit trieb (ohne sie in der schrift auszudrücken oder auszudrücken zu lassen) oder es mit der zweisilbigen senkung nicht sehr genau nahm? auch ginannin 12ᵇ, 5. 13, 1 unterliegt dann derselben beurteilung: vgl. über gekürztes ga- Graff 4, 13; über gekürztes íar- Graff 3, 608. dürfte man von dieser beobachtung weiteren gebrauch machen, so fiele noch mancher zweisilbige auftact weg. wer alle die vorstehenden erwägungen in den wind schlagen und das gedicht ohne bedenken über den leisten der viermal gehobenen verse ziehen will, der muss wenigstens damit beginnen, es für einen leicht begreiflichen zufall zu erklären, dass die elf- und zwölfzeiligen strophen auch in der länge der einzelnen verse ganz genau übereinstimmen. die ordnung der von mir gefundenen **töne** stellt sich nun folgendermafsen dar:

abb . cdc . efggef . hii . k . lmebl . $n_1 n_2 o_1 o_1 o_2$. lepbl.

um die 16e strophe, welche auch der sache nach in mittelpuncte des ganzen gedichtes steht, lagern sich zu beiden seiten je 15 strophen, deren anordnung unter sich jedoch beidemal verschieden ist. die erste hälfte (str. 1—15) besteht aus 4 abschnitten von 3. 3. 3 × 2. 3 strophen. in dem ersten (abb), welchen 3, 9. 10 deutlich als einleitend bezeichnen, stellt der dichter dem göttlichen wesen das menschliche als dessen ebenbild, gottes allmacht und güte des menschen furcht und liebe gegenüber und gibt zugleich die erste bezeichnende **probe** seines stils, in welchem die worte gewissermafsen **nur** symptome der gedanken, also erst dann zu verstehen sind, wenn man hinter sie zurück auf **die** dem dichter vorschwebende anschauung geht. freilich **die erzählenden strophen**, wie gleich die folgenden (cdc), die von schöpfung und fall der engel, und 7—12 (ef, gg, ef) die von welt- und menschenschöpfung berichten, sind klar und fasslich: nicht mehr 13—15 (hii) welche die verschiedenen momente der erlösung betreffen, viele der geläufigen deutungen mittelalterlicher theologie mehr voraussetzend und streifend, als mitteilend und entwickelnd. es wird dann in jener centralen str. 16 das symbol der erlösung in beziehung gesetzt zur trinität einerseits, zu liebe und hoffnung andererseits, und mit einer naheliegenden wendung von dem kreuze Christi hinüber geleitet zu dem kreuze das wir ihm nachtragen sollen, von der heiligen geschichte zur christlichen tugendlehre, von dem ersten teile des gedichtes zu dem zweiten. dieser (str. 17—31) zerfällt in drei abschnitte zu fünf strophen, von welchen dreien der mittlere für sich steht, indem sein anfang durch die umkehrung des gewöhnlichen verhältnisses der ersten zeile zur zweiten, sein ende durch die unerwartete verlängerung der schlusszeilen von str. 26 hervorgehoben wird, hingegen der erste und dritte einen näheren bezug zu einander haben, da sie beide mit dem **tone** l beginnen **und** schliefsen und aufserdem noch zwei gemeinschaftliche, dem ersten teile entlehnte **töne**, im ganzen also jeder nur einen ihm eigentümlichen ton verwenden. der erste abschnitt nun (17—21) handelt von den christlichen tugenden, der zweite (22—26) von den sacramenten, der dritte (27—31) von den letzten dingen. str. 17 schärft nachfolge **Christi** und aufgeben seiner selbst ein; 18 die liebe gottes, 19 die liebe des nächsten. daran schliefsen sich str. 20. 21 und mit der **wiederkehr der** melodie **wird an den** gedanken von str. 3 erinnert (vgl. 20, 1 mit 3, 3. 5 f.): der allmächtige und allgütige hat es so eingerichtet dass sowohl die natur als auch der teufel zum ruhme des schöpfers und zum guten wirken und dergestalt die tugendübung befördern, den lohn der tugend erhöhen. hierauf besprechen str. 22. 23 die taufe, 24—26 die poenitenz, jedesmal neu ansetzend und mit einer scheinbaren wiederaufnahme der erzählung (22, 1 Nách unsir vordirin valli; 24, 1 Houbit ist

irstantin): *str.* 25 *ist eine ausführung von* sin selbis gebi *in* str. 24, 9. (*auf die eucharistie wird vielleicht mit* 22, 8—10 *angespielt: denn die mischung von wasser und wein bei der messe gilt als andenken an blut und wasser das aus Christi seitenwunde rann.*) *dagegen scheint die eingangsstrophe des dritten abschnittes* (27) *nur lose eingefügt, nicht unpassend, da nach der sündenvergebung und vor dem jüngsten gerichte füglich von dem verhältnisse der seele zum leibe* gesprochen *und die erstere gewarnt werden kann, jedoch den genaueren zusammenhang zwischen str.* 26 *und* 28 *unterbrechend, in welchen* der auferstehung *von den sünden die* auferstehung am *jüngsten tage an die seite tritt. hieran reihen sich nun das jüngste gericht* (29), *die seligpreisung derer die das himmelreich gewonnen* (30) *und mit* raschem übergange in *der schlussstrophe das* lob gottes als des erlösers. *vergegenwärtigt man sich, dass die metrisch unterschiedenen strophen ebenso vielen melodien entsprechen, so muss man ihre anordnung in unserem gedichte, also die composition desselben geschickt und kunstvoll nennen. auf fünf kurze* sätze *mit einer grofsen manigfaltigkeit der* melodien, die *sich höchstens einmal und dann entweder gleich oder nach kurzem zwischenraume* wiederholen, *folgen drei längere mit* weniger melodien und teils (wie im *zweiten abschnitte*) un*mittelbaren teils* (wie im ersten und dritten abschnitte) *getrennten und* auf solche *weise geregelten wiederholungen,* dass sich alle drei zu *einer grofsen einheit* unter einander, *wie durch benutzung zweier melodien* des ersten *teils auch mit diesem, zusammen schliefsen. kaum wird man dem poetischen gehalte dieses werkes dasselbe lob erteilen wollen, auch den 'reiz des* gedankens und des redeschmuckes' durch den *es sich nach* Wackernagel (*litteraturgesch.* 86) *auszeichnen soll schwerlich darin entdecken: mit dem aber, was Gervinus* 1, 177 *jetzt sagt, kann* man sich *wohl einverstanden erklären. selbst die behauptung dass das gedicht zu* meister *Eckhart überleite, möchte ich nicht mehr so unbedingt abweisen (vgl. zu* 20). es erfasst in der *tat die gedanken* mit *besonderem nachdruck, an welche bald nachher die mystik anknüpfte. der weg zu gott beschäftigt nach augustinischem vorbilde* den *verfasser ebenso wie* Wilhelm von Champeaux (*Michaud Guillaume de Champeaux, Paris* 1867 *p.* 401), *Hugo und Richard von* St*Victor. die seele* ist *gottähnlich erschaffen. die dreiheit und einheit findet sich* in gott, in der seele und in dem kreuz als *symbol der vereinigung gottes* mit der seele. sie soll Christo nachfolgen, *indem sie ihrer selbst ungewaltig wird. sie ist gottes braut, der körper ihre magd. sie gelangt zum vater,* indem furcht und liebe *sie emporgeleiten: die* furcht *entspricht seiner allmacht,* die liebe und hoffnung seiner güte und gnade. alle *creaturen helfen ihr zu gott, indem sie teils* drohen teils hoffnung *erwecken, wie auch in Christo zweierlei leben vereinigt ist : sie alle aber sind nur zum ruhm und zur ehre gottes da.*
diese gedanken finden wir freilich in eine theologische summe verwebt, die sich wie das elucidarium von *späteren werken ihrer* gattung dadurch unterscheidet, dass es *dabei nicht auf eine erörterung sondern nur* auf eine zusammenstellung der *wichtigsten christlichen lehren,* wie sie *der populären theologie geläufig waren, abgesehen ist. aber wenn* hier *gott vorzugsweise* als die *quelle alles guten (um nicht zu sagen : als* der *liebende bräutigam) hingestellt wird, so erscheint es natürlich dass zwar von den freuden des himmels, nicht* aber *von den qualen der hölle die rede ist, und jene mafsgebenden gedanken wirken demnach auch auf* die *auswahl der gegenstände ein. nun ergibt eine aufmerksame lectüre der anmerkungen sowohl die nahe verwandschaft zwischen dem vorliegenden gedicht und den werken des Honorius,* wie auch die unmöglichkeit gegenseitiger benutzung. *die verse versteht*

man oft nur, indem man Honorius herbeizieht wie str. 16; andrerseits zeigt sich das gedicht manchmal reicher als Honorius (zu 3, 3 und zu 20). dieser schriftsteller ist überhaupt nur ein mann des compendiums, der bequemen zusammenstellung verschiedenartiger excerpte, und wenn wir daher sehen dass zb. bei der schöpfungsgeschichte oder in str. 27 zwei stellen des Honorius aus fremdartigem ausgeschieden, unter einander oder gar noch mit sonstigen lehren (zu 10, 10. 11) hätten combiniert und in bessere ordnung gebracht werden müssen (s. zu 9) um unseren text zu ergeben, so ist es doch gewiss wahrscheinlicher dass beide, Honorius und das gedicht, aus einer und derselben quelle schöpften. und man wird daher auch die meisten der übrigen mit Honorius verwandten und, da in der schöpfungsgeschichte offenbar ein gesprächsbüchlein benutzt ist (vgl. zu XXXI, 1, 18), alle anderen auf ein solches zurückgehenden stellen (22, 1—6. 29, 9. 10) jener gemeinsamen quelle zuschreiben müssen. dann enthielt dieselbe aber die mehrzahl irgend eigentümlicher ansichten oder formulierungen des gedichtes und behandelte alle in ihm berührten gebiete, so dass mit grofser wahrscheinlichkeit selbständige benutzung anderer quellen ihm überhaupt abgesprochen, es mithin als bearbeitung einer lateinischen theologischen summe, die auch dem Honorius vorlag, angesehen werden darf. diese summe kann dogmatisch vorgetragen wie unser gedicht, sie kann ein dialog, sie kann eine predigt wie die in Haupts zs. 12, 436 veröffentlichte oder wie die unter dem namen des heiligen Gallus gehende (Canisius-Basnage lect. ant. 1, 785) gewesen sein. dem inhalte und der zeit nach lag sie unzweifelhaft zwischen dem dialogus des Otloh (zu 3, 3. 8. 11, 1. 4. 14, 1—6. 16, 1. 18, 3—10. 20, 1) und dem elucidarium des solitarius Honorius 'Augustodunensis', das er selbst (de luminaribus ecclesiae : bibl. patr. Lugdun. 20, 1038; Migne p. 232) als sein frühestes werk aufführt und das er rogatus a condiscipulis, also noch in der schule verfasste*. Otlohs dialogus ist nicht vor 1051 geschrieben (RWilmans MG. SS. 11, 377 n. 13). das elucidarium setzt in der trinitätslehre zwar Anselm von Canterbury, aber noch nicht Abaelard voraus (vgl. s. 396 anm.), und fällt daher in das erste jahrzehend des XII oder das letzte des XI jh. mehr können wir mithin nicht sagen, als dass jene lateinische summe in der zweiten hälfte des XI jh. und zwar vermutlich in Deutschland zu stande kam. sie war somit älter, aber augenscheinlich auch selbständiger und zusammenhängender als die sentenzen des Rudolf von STrond (MG. SS. 10, 273; vgl. Liebner Hugo von SVictor s. 216) und des Wilhelm von Champeaux (Cousin oeuvres inédits d'Abélard p. xcii; Michaud p. 281) und als die 'summa theologiae ex Augustino maxime collecta'. und die 'summa theologiae incerti auctoris collecta ex placitis sanctorum patrum', die in der histoire littéraire de la France 13, 606 erwähnt werden. der ver-

* Dass das elucidarium in hss. dem Anselmus beigelegt wird, ist bekannt. auch dem Lanfranc schreiben es alte hss. zu. beide angaben aber verschwinden gegenüber dem zeugnis das Honorius selbst für seine autorschaft ablegt. ich würde dies nicht ausdrücklich hervorheben, hätte nicht Prantl geschichte der logik 2, 73 n. 302 die selbst von Giles (Lanfranci opp. 2, VII) nicht ohne weiteres geteilte ansicht Wrights (biograph. Britann. lit. anglonorm. per. p. 15), wornach Lanfranc der verfasser des elucid. wäre, gebilligt und dies Ueberweg noch in der dritten auflage des grundrisses 2, 117 wiederholt. — Die behauptung Ritters (gesch. der philos. 7, 436f.), Honorius stimme in den meisten seiner lehren mit Abaelard überein, seine trinitätslehre bewege sich in denselben bildern und begriffen, ist ganz unrichtig und bedarf keiner widerlegung, wie man sich schon durch eine flüchtige ansicht der schrift 'de cognitione verae vitae' überzeugen kann. die person des Honorius behält übrigens noch etwas rätselhaftes für uns. Scheffer-Boichorst annales Patherbrunnenses (Innsbruck 1870) s. 191 hält ihn für einen Schwaben.

fasser des deutschen gedichtes, das vielleicht noch dem ende des XI *jh. angehört,* **hat**
seine vorlage offenbar stark gekürzt und überdies was er beibehielt recht kurz
ausgedrückt und wortkarg zusammengedrängt: daher der mangel alles formelhaften
in seiner rede und eine gewisse unmittelbarkeit des selbstgefundenen ausdrucks; da-
her jedoch nicht minder manche dunkelheit und die fühlbare mühsal der arbeit, die
ihn zwar für völlig prosaische gedanken zur not ein gereimtes gewand, aber den ton
eines geistlichen chorgesanges höchstens in der letzten strophe finden liefs.

S.

XXXV.

Vorauer hs. Bl. 98ᶜ—99ᶜ. *J Diemer deutsche gedichte des* XI *und* XII *jh.*
Wien 1849, 107—114. **1**, 1. *ev. Ioh.* 8, 12. 9, 5 ego sum lux mundi. 5. *kai-*
serchr. 98, 15 *Diem:* alsô dir der hailige keist sende ze munde; *Ruland* 1, 5 dû seade
mir ze munde dîn heilege urkunde, daz ich dîe luge vermide, *vgl. zu* 9, 3. 16, 8. 6.
ich eddilichin. deil muzzi *FBartsch (Germ.* 9, 62) *hält solche verse von sechs hebungen*
(5, 8. 9, 2. 10, 2 *usw.*) *für 'ganz richtig'. anbefangnere, denen nicht um den widerspruch*
zu tun ist, werden überall leicht die interpolation und meist auch wie hier ihr motiv
erkennen. 7. uoli 10. duv: so *oft.* **2**, 1. Salomon 2. sith 1—4.
8—10. 2 *paral.* 1, 1 confortatus est ergo Salomon filius David in regno suo et do-
minus deus eius erat cum eo et magnificavit eum in excelsum; *vgl.* 1 *paral.* 29, 25.

5—7. 2 *paral.* 1, 7 ecce autem in ipsa nocte (per somnium 3 *reg.* 3, 5) apparuit ei
deus dicens 'postula quod vis ut dem tibi'. **3**, 2. keriti kèrti *reimt auf* bidâchti
gewis ebenso gut wie 2, 5 gebiti : wolti. *aber die nächste zeile lehrt dass stärkere*
mundartliche formen durch den schreiber beseitigt sind. 3. 4. du uil woli weist
al wi michil leuth ich biwarin sol sal *im innern vers zu schreiben stelle ich jedem*
anheim. 6. gilichi. 4, 9. 8, 2. 12, 6 *konnte die wahl zwischen der kürzung oder*
dem zweisilbigen auftakt dem leser überlassen werden; 11, 8 ist iglichin, 20, 5 gnâdi
überliefert. 7. *den artikel zur erleichterung des verses zu tilgen scheint nicht richtig,*
weil Salomon sich hier zwischen zwei dingen für eins entscheidet. 8. immir er hasti

10. giwinich 2 *paral.* 1, 9. 10 tu me fecisti regem super populum tuum
multum, qui tam innumerabilis est quam pulvis terrae. da mihi sapientiam et intel-
legentiam ut ingrediar et egrediar coram populo tuo: quis enim potest hunc populum
tuum digne, qui tam grandis est, iudicare? (3 *reg.* 3, 7—9.) **4**, 2. l. zemo, *ebenso*
12, 2. 3. au do uir kor hast den virkorn hâst richtûm *ist wohl weniger wahr-*
scheinlich; vgl. 3, 7. 4. uū 5. dir meria *Judith* 169, 12 *Diem.* ir werdet ge-
mèret. 8. with uā 10. finden in *statt des zweisilbigen auftakts scheint hier*
und auch wohl 20, 7 *eher eine verschleifung zweier gleichlautender silben in eine, ähn-*
lich wie 8, 8 *und andere zu summ. theol.* XXXIV 2, 8, *anzunehmen, zumal da die*
reime 1, 6. 18, 4. 20, 4 (*vgl.* 3, 4. 9, 2. 17, 7. 19, 3), *denen freilich* 4, 5. 5, 14, 8.
18, 7. 20, 5. 9. *gegenüberstehen, für die apocope des infinitivs sprechen. vgl.*
zu 5ᵇ, 18. 2 *paral.* 1, 11. 12 dixit autem deus ad Salomonem 'quia hoc ma-
gis placuit cordi tuo et non postulasti divitias et substantiam et gloriam neque ani-

27*

mas eorum qui te oderant, sed nec dies vitae plurimos, petisti autem sapientiam et scientiam ut iudicare possis populum meum super quem constitui te regem, sapientia et scientia data sunt tibi, divitias autem et substantiam et gloriam dabo tibi ita ut nullus in regibus nec ante te nec post te fuerit similis tui'. (3 reg. 3, 11—13.) 5, 2. der alli sini *vgl. Tobiass.* 64 *anm.* 7. sith 8. 9. er zirit iz mit mich |:::: :::: manigir *Diener ergänzte* -ilin unde, *was dem reime nicht genügt. wenn die lücke nur für acht buchstaben raum lässt, so ist allerdings* -ilin êron, *was Bartsch vorschlägt, trotz* 4, 6 (5ᵇ, 29 *vgl.* 10, 7. 16, 6) *wahrscheinlicher als meine frühere ergänzung* -ilin giziridon. *aber die conjunction ist unentbehrlich und muss darnach ausgefallen sein.*

10. minin *nach 1 paral.* 21, 22*ff.* 22, 1*ff.* 28, 2*ff. hatte David vor seinem tode alles für den tempelbau vorbereitet und Salomo hatte die ausführung. nach 2 reg.* 7, 1*ff.* (1 *paral.* 17, 1*ff.*), 3 *reg.* 5, 3. 8, 17 *aber hatte David blofs den gedanken gefasst, den tempel zu bauen. doch erinnert v. 2 an 2 reg.* 7, 1 factum est autem cum sedisset rex in domo sua et dominus dedisset ei requiem undique ab universis inimicis suis —. 5ᵇ. *das ganze übrige gedicht zerfällt in zehnzeilige strophen deren schlusszeilen zu fünf hebungen verlängert sind: die strophen* 12. 13. 15 *sind augenscheinlich lückenhaft. es gibt eine schilderung der herlichkeit Salomons nach den büchern des alten testaments, sei es dass der verfasser diese unmittelbar benutzte oder die stellen schon in irgend einem lateinischen tractat verbunden und verarbeitet vorfand, mit der geistlichen deutung (str.* 16*ff.*). *das stück* 5ᵇ, 1 — 66 *zerfällt in absätze von* 14, 20 (*oder* 2×10, *s. zu* 25) *und* 2×16 *gleichlangen zeilen. es beruft sich auf eine apocryphe schrift des Hieronymus als seine quelle. dem inhalte nach würde es nur in eine specielle schilderung von Salomos bau passen. vielleicht ist es ein ursprünglich ganz selbständiges stück oder ein bruchstück eines gröfseren gedichts, das hier von einem, der die verschiedenheit der form nicht beachtete, weil es ungefähr in den zusammenhang passte, eingeschaltet wurde. die unmittelbare quelle der erzählung habe ich nicht ermitteln können: archêli v.* 5 *ist ohne zweifel entstellt aus* archaeologia. *aber mittelbar ist sie abgeleitet aus einer rabbinischen sage, die Eisenmenger (entdecktes judenthum* 1, 350 *ff.) aus einem talmudischen tractat mitteilt. Salomon bedarf, um den tempel nach 3 reg.* 6, 7 *ohne eisen und hammer zu erbauen des würmleins Schamir. er sendet einen boten aus um den könig der teufel Aschmedai zu fangen, der auf einem berge eine grube mit wasser hat und versiegelt hält, aus der er alle tage trinkt. der bote lässt das wasser ab und füllt dafür die grube mit wein. als Aschmedai davon trinkt, wird er berauscht und nun von Salomos diener gefesselt und vor den könig geführt, der von ihm erfährt dass der Schamir von einem auerhahn behütet wird. das weitere s. in Grimms altd. wäld.* 2, 92*f., myth.* 925 *anm., Grieshabers predigten* 2, 122, *Diemer zu* 109, 19. 3. nuchil wndir 4. uindin 7. hierl'ᵐ 10. alli di brůnni. 11. wârin (*indic.*): lêri *und* 30 munstêri (31 jâri) *belegen dieselbe regelrechte unterscheidung von* â *und* ê, *wie die anm. zu* XXXIII Gᵇ 134 (*vgl. dagegen unten zu* 12, 8) *und der mangel an methodischem denken* (*Germ.* 9, 62) *ist nicht auf unserer seite.* 13. luitbi 14. uil starchi: *das stück hat keine verlängerte schlusszeilen.* 17. luith 18. uulli *wenn nicht* cisternan *zum reimworte zu machen und* vullan *herzustellen ist, so gehören die apocopierten infinitive* 38. 41. 42 (*vgl.* 63*f.*) *wohl nur dem schreiber, oder die sprache des verfassers schwankte und er hatte die wahl. vgl. zu* 4, 10. 19. meddis uñ 20. bezzistin *vgl. zu* XXXVIII 268. XXXVII 1, 3. *wer die leichtere, blofs graphische änderung der verkürzung der wortform nicht will, mag* allir *auswerfen.* 22. ich weiz *s. zu* XI 2. XVII 2. 24. zusprench 25. *die hs. bezeichnet hier nicht*

*den anfang eines absatzes. da aber die beiden letzten von gleichem umfang sind, der
erste als eingang für sich steht, so ist es mir nicht unwahrscheinlich dass dieser zweite
absatz in zwei hälften von je zehn zeilen zu zerlegen ist. der grofse buchstab soll nur
die möglichkeit andeuten.* **dass aber durch den** *nachweis solcher strophischer gliede-
rung der absätze in erzählenden gedichten 'unsere litteratur mit* **leichen** *überschwemmt
werden könnte', befürchtet* **Bartsch** *unnötiger weise.* 31. in enim vgl. *Lachmann zu
Nibel.* 214, 1. 32. geloubin **die hs.**, zuwâri *fehlt. das stück kennt keine verse zu
vier hebungen mit klingendem reim.* 33. minuv 40. thir 44. suuir
45. uñ 46. scarsach si 48. muzzer 54. uñ 58. zi steti ::::: | erz do. *'freier
raum für fünf buchstaben' Diemer.* 63. bizz 66. ani 3 *reg.* 6, 7 domus
autem cum aedificaretur de lapidibus dolatis atque perfectis aedificata est, et mal-
leus et securis et omne ferramentum non sunt audita in domo, cum aedificaretur.

6, 1. ::::: az ::: | :::: *'vor az offener raum für vier, nach demselben aber für sie-
ben buchstaben' Diemer.* 3. wenti warin marmil stein *nur 2 paral.* 3, 6 *ist
vom marmor die rede:* stravit quoque pavimentum templi pretiosissimo marmore,
decore multo. *aber nach* 3 *reg.* 6, 9. 10. 15. 18 texit quoque domum laquearibus
cedrinis — et operuit domum lignis cedrinis — et texit pavimentum domus tabulis
abiegnis — et cedro omnis domus intrinsecus vestiebatur — nec omnino lapis ap-
parere poterat in pâriete. 4. uñ 7. nuas inni lux uñ 2 *paral.* 4, (7) 20.
21 fecit Salomon — candelabra quoque cum lucernis suis ut lucerent ante oraculum
iuxta ritum ex auro purissimo, et florentia quaedam et lucernas et forcipes aureos:
omnia de auro mundissimo facta sunt. (3 *reg.* 7, 49.) **7,** 1—4. 2 *paral.* 4, 6 fecit
quoque conchas decem et posuit quinque a dextris et quinque a sinistris, ut lavarent
in eis omnia quae in holocaustum oblaturi erant; porro in marifusili sacerdotes la-
vabantur. (3 *reg.* 7, 38. 39 fecit quoque decem luteres aeneos *usw.*) 2 *paral.* 4, 22
thymiateria quoque et thuribula et phialas et mortariola ex auro purissimo. (3 *reg.* 7,
50 et hydrias et fuscinulas et phialas et mortariola et thuribula de auro purissimo.)
1. uñ *dass übrigens* hantvaz (*Graff* 3, 731) *nicht blofs 'waschbecken'* **sind,** *wie
das mhd. wb. erklärt, war aus Ducange unter* aquamanile, manile *zu ersehen, vgl.*
aquiminale, aquiminarium, aqualis, aquarium *bei Gessner und Forcellini. unter den
geräten des Mainzer kirchenschatzes werden von dem erzbischof Christian in Böhmers
fontes rer. German.* 2, 256 *aufgeführt* urcei argentei diversarum formarum, quos
manilia vocant, eo quod aqua sacerdotum manibus funderetur ex eis, argenteam quae-
dam **habentes formam leonum, quaedam draconum, avium** vel gryphonum vel aliorum
animalium quorumcunque. *solche giefsgefäfse in allerlei tiergestalten, meist in erz,
werden in manchen unserer antiquitäten- und kunstkammern gezeigt.* 2. duv violę
uñ *ahd.* fiala fialûn *bei Graff* 3, 495. 3. uñ duv cherzital 7. uñ 5—10.
2. *paral.* 8, 14 constituit iuxta dispositionem David patris sui (1 *paral.* 23, 4*ff.* 28, 13)
officia sacerdotum in ministeriis et Levitas in ordine suo, ut laudarent et ministra-
rent coram sacerdotibus iuxta ritum uniuscuiusque diei. *in der hs. folgen* **zunächst die**
*dreizehnte und zehnte strophe, jene anscheinend nach der ordnung der erzählung in
der chronik* (2 *paral.* 9) *und des buchs der könige* (3 *reg.* 10). *da aber* **mit str.** 8
*die schilderung der herlichkeit des hofes Salomons beginnt und erst mit 12 schliefst,
so steht sie hier ganz vereinzelt und aufser allem zusammenhange. dass sie umge-
stellt werden muss, erhellt auch aus dem anfang von str.* 14, *wo für das pronomen
sû jede verständliche beziehung fehlt, wenn jene nicht unmittelbar vorauf geht. aber
auch die zehnte strophe konnte vor der achten und neunten nicht wohl ihren platz behalten.*

durch die umstellung wird erst die natürliche sachliche ordnung wieder gewonnen und es ist nun sofort klar wer 10, 4 *si alli sind. der parallelismus von* 9, 1. 2 *und* 11, 1. 2 *aber wird durch* 10 *ebenso wenig gestört, als der von* 9, 10 *und* 7, 10 *durch die achte strophe; vgl.* 8, 1. 10, 2. *nun ist auch die gliederung des ganzen deutlich, wie die gröfseren anfangsbuchstaben der strophen sie bezeichnen. nach der eingangsstrophe* 1 *folgen drei* 2—4 *mit der unterredung Salomos mit gott und abermals drei* 5—7 *vom tempelbau, dann die fünf* 8—12 *von der herlichkeit des hofes, wieder drei* 13—15 *von der königin von Saba und noch einmal drei* 16—18, *die die geistliche deutung enthalten; endlich* 19. 20 *die beiden schlussstrophen, die mit dem eingang eine trilogie ausmachen.* **8,** 1. uil michil 2. was ioui allis gûtis *über gnuht s. zu* 3, 6. 4—7. 3 *reg.* 10, 18. 19 fecit etiam rex Salomon thronum de ebore grandem et vestivit eum auro fulvo nimis, qui habebat sex gradus, et summitas throni rotunda erat in parte posteriori, et duae manus hinc atque inde tenentes sedile, et duo leones iuxta manus singulas. (2 *paral.* 9, 17. 18.) 5. uñ 8. gummir dinot imo *statt* dinôtin imo, *wie summ. theol.* 5, 10 volginti imo *statt* volgintin imo *ua. vgl. zu* 4, 10. 18, 3. 3 *reg.* 4, 7 habebat autem Salomon duodecim praefectos super omnem Israel, qui praebebant annonam regi et domui eius; per singulos enim menses in anno singuli necessaria ministrabant. 9. manigéri *sind hier schwerlich nach der gewöhnlichen bedeutung des worts (Graff* 2, 807*f. mhd. wb.* 3, 60b) *die kaufleute Salomos, von denen* 3 *reg.* 10, 15. 28 *die rede ist. die zahl findet sich nur* 3 *reg.* 5, 15—17 fueruntque Salomoni septuaginta milia eorum qui onera portabant, et octoginta milia latomorum in monte, absque praepositis qui praeerant singulis operibus, numero trium milium et trecentorum, praecipientium populo et his qui faciebant opus. praecepitque rex ut tollerent lapides grandes *usw.* 2 *paral.* 2, 2. 18 tria milia et sexcentos praepositos operum populi. *da hiemit auch die letzte zeile der strophe ihre beziehung findet, so sind* manigéri *ohne zweifel* machinarii *und das wort durch vermittelung des andern oder des mlat.* mangauarius (*s. Ducange*) *aus* machinarius *entstellt. oder ist etwa* maginéri *herzustellen?* 9, 2. min demo kunigi *ist albern. es kann nur gemeint sein, überhaupt wenn man das essen des königs auftrug oder vorsetzte.* 3. uñ *Diemer vergleicht kaiserchron.* 398, 30*ff.* der chunich hiez di gebe vur tragen, manigen bouc rôten, manigen phellel breiten, scuzzelen unt nepfe, di wol gesteinten kopfe. dô gebet er in allen; 436, 9 dô hiez der chunich maere phellel unt môre, scuzzelen unt nepfe, di guldinen copfe vil wâhe regraben alle dâ vur tragen. dô gebet er sinen mannen; *Ruland* 94, 10 der chunc biz ime fur tragen manigen bouc wole beslagen, schuzzil unde napfe, di wol gesteinten kophe, mance were spâhe. *dazu kommt noch Hartmanns Credo* 2406 dû hâst in diser werlde genûc, vil michelen ûb, grôz ingetûme, scatzis genûge, di guldinen copfe, di silberinen nepfe, daz edele gesteine *usw. Milst. Genes.* 43, 14. *Ex.* 128, 18 *Diem.* silberiue chophe unde guldine naphe. 4. chopin 5. 3 *reg.* 10, 21 et omnia vasa, quibus potabat rex Salomon, erant aurea, et universa supellex domus saltus Libani, de auro purissimo. (2 *paral.* 9, 20.) 7. nihenis dinistmannis 8. sini *fehlt.* 9. alli *fehlt. ich weifs für die stelle auch jetzt noch* (1871) *keinen besseren rat und kann zufrieden sein wenn man darin nur vermisst dass über die verwandelung von* nihenis *in* niheinis *nichts gesagt ist.* **10.** *s. zu* 7, 10. 1. buch *cantic. cant.* 3, 9 ferculum fecit sibi rex Salomon de lignis Libani: columnas eius fecit argenteas, reclinatorium aureum, ascensum purpureum. 2. houi worchti man einen disc *ein verderbnis das aus der falschen stellung der strophe in*

der hs. vor str. S *stammt.* 3. silbir in 4. trugin salli *s.* XXXIV 20, 4.
5. 6. *zwei verse von 4 hebungen mit klingendem reim, wie* 14, 3. 4. 7. 8; 19, 5. 6
und vielleicht schon 7, 7*f.* 7. *Graff* 4, 202. 304, *Schmeller Hel.* 2, 48ᵃ. sconi
8. kon 9. *der verfasser fordert den scharfsinn seiner zuhörer heraus, ohne
selbst eine deutung der vier stollen zu geben. Williram* XXVI, 7 *Hoffm.* Der verus
pacificus — der hât vorgegareuuet sinen holden einan disk dâ ze himele, daz ist **378**
diu uuunna des êunegen libes — der disk der liget ûffe silberinen sûleu, uuanta die
selben uuunna geheizzent diu divina eloquia, diu der alsô lûter sint, samo daz ge-
branta silber. *Honorius Augustod. in cantic. cant. c.* 3 *p.* 403*f. Migne* tropologice
— columnae sunt quatuor principales virtutes, scilicet prudentia fortitudo iustitia
temperantia. — anagogice — pedes sunt quatuor intellectus, id est historia allegoria
tropologia anagoge; *sig. Mar. c.* 3 *p.* 505 sunt quatuor evangelia. *JHaupt hohel.* 43,
18 Paulus unde Petrus unde andere die boten, daz sint ouch die sûle dâ der tisk ûffe
lac, wande siu gelûteret habent daz hailige êwangelium alsô daz wizze silber.
10. was 11, 2. so der kunic solti 4. mûsin 5. der 7. in soltin 8.
ich lichiu *cantic. cant.* 3, 7. 8 lectulum Salomonis sexaginta fortes ambiunt ex for-
tissimis Israel, omnes tenentes gladios et ad bella doctissimi: uniuscuiusque ensis
super femur suum propter timores nocturnos. 10. uil *ist es leichter hier und* 14,
5 *wie* 1, 7. 5ᵇ, 29. 10, 1 vili *zu schreiben, wie man auch* 3, 3. 13, 7. 14, 4. 16, 5 *lesen
darf, oder aber, was Bartsch verlangt, ohne einen beleg dafür aus dem gedicht bei-
bringen zu können, die praedicativen adjective zu flectieren?* 12, 2. zemo *wie* 4, 2.
3. *ohne zweifel ist hier die lücke, indem der abschreiber von der* wistûm *zu einer
mit der* richtûm *beginnenden zeile übersprang. nach dem* wistûm *vermisst man* die
erwähnung der macht und des reichtums und zu richtûm *passt imo xû vlóz besser
als zu* wistûm. 2 *paral.* 9, 22. 23 (3 *reg.* 10, 23. 24) magnificatus est igitur rex
Salomon super omnes reges terrae prae divitiis et gloria (divitiis et sapientia 3 *reg.*),
omnesque reges terrarum desiderabant videre faciem Salomonis ut audirent sapien-
tiam, quam dederat deus in corde eius; *vgl.* 3 *reg.* 4, 29—34. 6. wissi andir er-
di 8. urambairi. *ein versuch den umlaut nachträglich und auf einem umwege
hineinzubringen. da er z.* 7 *in* wâri *unterblieb, so könnte die bezeichnung durch* ê
1, 8. 8, 5. 9. 17, 5. 20, 2 *von einem schreiber herrühren, wenn nicht die reime* 8, 10.
20, 1 *widersprächen. vgl. zu* 5ᵇ, 11. 13. *s. zu* 7, 10. 2 *paral.* 9, 1. 9 (3 *reg.* 10,
1. 2. 10) regina quoque Saba, cum audisset famam Salomonis, venit ut tentaret eum
in aenigmatibus in Ierusalem, cum magnis opibus et camelis qui portabant aromata
et auri plurimum gemmasque pretiosas. — dedit autem regi centum viginti talenta
auri et aromata multa nimis et gemmas pretiosissimas. 2. wndir *zweimal.*
5. gisteus *vgl.* 15, 3*f.* 8. *diese zeile ist schwerlich die schlusszeile und daher nicht
zu verlängern. dass das letzte reimpaar der strophe ausgefallen ist, lehrt* 14, 1 *wo
für das iz die beziehung fehlt.* 14, 2. ir chom 2 *paral.* 9, 4 non erat prae
stupore ultra in ea spiritus; 3 *reg.* 10, 5 non habebat ultra spiritum. 3. woli
dich kunic salomon. *mit der flexion ist wie* 1, 8 *der reim zerstört. war dies einmal
geschehen, so konnte jeder nach belieben* woli dir *und* woli dich *schreiben, und es ist
nicht abzusehen warum* **dies** *nicht anzutasten.* 5. uil 2 *paral.* 9, 7 (3 *reg.*
10, 8) beati viri tui et beati servi tui qui assistunt coram te omni tempore. 6.
dudir iudi nimo *s.* zu 18, 1 *vgl.* 4. 16, 8. 20, 7. sinim 8, 1. 10, 2. dim 8, 6. 7. ir
uundin. 8. danau *alts.* than, *ahd.* X 15. 2 *paral.* 9, 5. 6 (3 *reg.* 10, 6. 7) verus
est sermo **quem audieram in** terra mea de virtutibus et sapientia tua. non credebam

narrantibus, donec ipsa venissem et vidissent oculi mei et probassem vix medietatem sapientiae tuae mihi fuisse narratam: vicisti famam virtutibus tuis. 10. minimo *fehlt. dass durch umstellung von* 9. 10 *vor* 7. 8 *nicht 'alles in ordnung' kommt, sondern die überlieferte natürliche ordnung der gedanken, der abschied zu ende der strophe, nur verrückt wird, sollte jeder einsehen. aufserdem vgl.* IV 8, 3 *mit anm.*

15, 1. der was *fehlt; vgl.* 20, 1.   2. tragin gebi uil meiri   2 *paral.* 9, 12 rex autem Salomon dedit reginae Saba cuncta quae voluit et quae postulavit et multo plura quam attulerat ad eum. quae reversa abiit in terram suam cum servis suis. *es zeigt sich hier wieder dass der verfasser oder sein vorgänger mehr der chronik als dem buch der könige folgte.* 3 *reg.* 10, 13 rex autem Salomon dedit reginae Saba omnia quae voluit et petivit ab eo, exceptis his quae ultro obtulerat ei munere regio. quae reversa est et abiit in terram suam cum servis suis.   4. uñ   5. 6. *ich nehme an dass hier auch die verse* 13, 3. 4 *mit einer veränderung wiederholt wurden. aus dem v.* 2 *eingeflickten* gebi *d. i.* geba *wie* 1, 7 *auf* gêbi *oder* gâbi *zu schliefsen ist kindisch, und wenn hier nach* 2 *paral.* 9, 12 *folgte* danni si imo gâbi, *so würde darauf doch* des sagti si imo ginâdi *erbärmlich lahmen.*   7. mid allin erin hiz|zer sa   8. uon imo uarin.   9. uil minnielichi   **16,** 2. der disi   3. alliz daz   6. viiii chori der eingili.   8. ni wirt   *Diemer vergleicht Ruland* 309, 13 in sinem hove newirdet niemir nacht: ich meine daz êwigi licht, des nezeriuuit im nicht. *er hätte auch bemerken sollen dass Konrad die verse sehr wenig passend auf seinen gönner, den herzog Heinrich übertragen hat. vgl. zu* 1, 5. 9, 3.   10. hini vardir ziganc   **17,** 1. ich iz   3. bruth   4. di vninnit er dongin uñ ubir luth   6. di⁵   9. aue sol   10. **gotis** erbin *Zupitza*] got | selbi   **18,** 1. dinist min so sich iz virnemin kant. *die kürzung* dinstmin *kann hier ebenso wenig erlaubt sein als* 14, 6 dinsti *für* dinisti; *der erste fufs ist überladen wie in den von Lachmann zu den Nib.* 1803, 2, *Klage* 27, *Iwein* 309 *und Lanzel.* 830 *bezeichneten versen.*   2. bizeichnot   *Williram* xxv, 6 Daz gotes bette beuuarent in dirro uuerltvinstre die sancti doctores *usw. Honorius aao. p.* 405 per sexaginta accipiuntur omnes perfecti sub veteri et novo testamento, ut prophetae et apostoli.   3. di *fehlt.*   dinunt im **plichti**   4. luth soltin birichti   5. si soltin leri   6. uñ   7. ir villin   **8. si demo luthi uori**   10. *psalm* 115, 17 tibi sacrificabo hostiam laudis.   **19,** 2. **sulich**   undir den luthin *vgl. zu* I 1. III 93. *oder undern wie* XXXIX 6?   4. niheinis urlougis wart man   7. niheinis urlougis wart man   8. iz alliz   10. 1 *paral.* 22, 7—9 dixitque David ad Salomonem "factus est sermo domini ad me dicens: "multum sanguinem effudisti et plurima bella pugnasti, non poteris aedificare domum nomini meo, tanto effuso sanguine coram me. filius, qui nascetur tibi, erit vir quietissimus; faciam enim eum requiescere ab omnibus inimicis suis per circuitum et ob hanc causam Pacificus vocabitur, et pacem et otium dabo". *vgl.* 1 *paral.* 28, 3*ff. Honorius p.* 404 Salomon quod sonat pacificus.   **20,** 1. Salomon.   2. **zu** 12, 8.   4. uñ daz liûth   7. zi gebini   6. immir insamint   7. *s. zu* 4, 10.   9. **gesehin**   10. himilischim.

XXXVI.

Vorauer hs. bl. 99ᶜ—100ᵃ. *J Diemer deutsche gedichte des XI und XII jh.* (1849) s. 117—119. *in der hs. wie in der ausgabe ist dieses gedicht mit dem folgenden zu einem verbunden.* **1, 2. aller** dirri werihi (*vgl.* bilihi *zu* XXXIV, 8, 6) *Diemer Ezzo s.* XIV *anm. will* werihe. *die ausscheidung ist nicht sicher, man kann ebenso gut* aller werldi *oder* al dir werldi *setzen.* 4. undi *bl.* 109ᵈ undir scheidin 7. 8. *Rhein. Paulus* 72. 73 den hêrrin den gûtin Daniêlin 11. weri uffi demo 12. *in den zwölf- und in den zehnzeiligen strophen dieses gedichtes ist wie in den zehnzeiligen der Judith die letzte zeile um éine hebung verlängert.* **2,** 1. 2. *vier hebungen mit klingendem ausgange auch* 4, 7. 8. 8, 3. 4, *nicht in der* **Judith**. 1. *mit* **dieser** *formel* (*vgl. J Grimm kl. schr.* 3, 341; *mhd.* **wb.** 1, 639ᵃ) *werden nicht selten ganze gedichte, wie Judith, Salomo und der drache* (*Salomo* 5ᵇ) *oder auch einzelne abschnitte eingeleitet, wie Vor. Genes.* 9, 26 Der (*l.* Ein?) engel hiez Cherubîn; *Exodus fdgr.* 2, 85, 20 Ein buoch heizet exodus; *Maria fdgr.* 2, 175, 8 Ein stat heizet Capharnâum; 177, 22 Ein burch heizet Nazarêt, *vgl. spec. eccl. f.* 75ᵃ Ein stat ist, heizet Ninivê. 5. suvl: *vgl.* suvvl *z.* 7, suwel *Beneckes wb. zu Wigalois s.* 715, sûel *Diem.* 12, 4. 47, 10. 65, 9. (swel 52, 20). *vgl.* viuwer *f.* viar. 6. demo himilischin kunigi: himilkunic *steht noch Rhein. Paulus* 58; *Exodus fdgr.* 2, 100, 40; *Karajans* **sprachdenkm.** 15, 10; *W Grimm g. schm.* XXVII. XLVII, *vgl.* himelkeiser *Servat.* 1719; himilhêrre *Aegidius* 2; *Karajan* 15, 20; himelvürste *W Grimm aao.* **7. uzzir der suvvli** 8. daz gidûas *Haupt*] daz dicki was, *wohl zunächst aus* daz digwas, *vgl. zu* XXXVII, 11ᵇ, 14. *die betonung wie* 6, 4; *zu* XXXIV, 4, 6. 9. wâri: *darnach könnte man durchweg* â *ohne umlautsbezeichnung herstellen, da jedesfalls* wâri *nicht in späterer zeit für* wêri *eingedrungen wäre. ich habe, um nicht zu viel ändern zu müssen, umgekehrt den umlaut durchgeführt.* **3,** 1. *für den grofsen anfangsbuchstaben ist der raum offen.* 3. suegilbeinin 4. uñ 5. uñ mit sambuce 6. 7. so biginglu ::: ˙::::: | ;::::: mid cimbilin: *dass dies nicht wirklich in der dem schreiber hier unleserlichen vorlage gestanden haben kann, ist klar. z.* 6 *wird zwei weitere musikinstrumente enthalten haben* (harphen und gîgen *sind noch nicht genannt*), *in z.* 7 *scheint z.* 8 lobitin *etwas ähnliches wie* mid sagin und mid singin *vorauszusetzen. die ganze stelle ist Daniel* 3, 5 (= 7. 10. 15) *nachgebildet, wo von einem* sonitus tubae et fistulae et citharae, sambucae et psalterii, et symphoniae et universi generis musicorum *zu ehren der säule die rede ist.* 9. gitanimo guluti: *nur der notwendigen verschleifung wegen geändert* (gitâmi *nach* getämme *helles spec. f.* 95ᵇ), *an sich untadlich. vgl. gl. ker.* 245 kurûni; *Otfr.* 1, 22, 6 *F* guhugitun; *Genes. fdgr.* 22, 3. 68, 1 gabâren; 25, 12 gazâme; 48, 35 giusuichen; *Rhein. Paulus* 103 gusuudote; *Ruland* 75, 23 garûmte; *leben Jesu Diem.* 268, 9 galaite; *kaiserchronik* 147, 23 bugunde; 246, 11. 248, 24 gobôt; 504, 4 basaz; *bücher Moses Diem.* 64, 22 bugunden; *Judith* 148, 19 bugunden; *Alexander* 6131 **Mafsm.** bonomen; *Wernhers Maria E* (*Germ.* 7, 315—330) 207 (108) gasah; 238 (140) bonôz; *Pilatus* 10 gotouge; *Mones anz.* 4, 322, 1; *Grieshaber pred.* 1, 93 gasaeh; *pred. fdgr.* 1, 118, 10 gobotten. *überall assimilation des vocals der partikel an den des stammes.* XXXVII, 9, 11 zasamint *gehört wohl ebenfalls hieher und zo* tôde *W iener Notker ps.* 23, 7. *auch dem nachfolgenden consonanten konnte sich die partikel assimilieren, wenigstens in* guwis *Ruth.* 177; *Jerusalem Diem.* 371, 22. 10. ziti] zi. **4,** 4. misahel 7. den heidin kunie 8. crini *wird in der Heidelberger hs. der kchron, häufig geschrieben.*

ni wiht 5, 2. erinin: vgl. 8, 2 zuiviltin. 3. dagi 4. kint: *Dan. c.* 3 *werden die drei immer* viri *genannt, aber* pueri *nach Dan. c.* 1 *ist im MA. ihre gewöhnliche bezeichnung: vgl. zb. Rhein. Paulus* 5(=*Karaj.* 65, 7). 22. die drie chnabin; *Ruland* 269, 29. kehron. 294, 16 driu kindelin; *ags. Azarias* 172 gcónge enihtas; 182 bearn. dar] zi demo ovini leiddin 5. furwanti *d. i.* furvuanti] fuvrnanti: *vgl. zu* 6, 3; XXXVII, 12, 14. 6. irchantin: *ungefähr gleich einem 'anerkennen' wie Barl.* 14, 14 die Krist ze gote nanden und diu abgot niht erkanden.
6, 1. duv druv kint sprach hin. deim 3—6. *vgl. Hartm. v. glaub.* 67—72 ih geloube an einen got ... di dâ hiz gewerden den himel und di erden und allir dinge gelich. 3. gilonbin 8. kunic nabochodonosor dinvv ab got sint ungihuiri ein drugi dinc 7, 1. *bl.* 110ᵃ hiz duv druv (*durchstrichen*) heidini gen zi samini 2. dragin duv druv kint zi dem ovini 6. ir] der heidinin eini *der unbestimte artikel fehlt bei* michil menigi *auch Otfr.* 5, 13, 16 fisgo mihil menigi; *Diem.* 12, 24 des wazzeres michel menege; *vgl. evangelienübersetzung Matth.* 13, 2 (*Germ.* 14, 444) turbae multae, michel menige. 8. ovim 12. mid súzziri] disuzzirin 14. *ist die anfangszeile mehrerer sonst verschiedener doxologien* (*Daniel thesaur. hymnol.* 1, 12. 63. 82; *PhWackernagel kirchenlied* 1, 9 *nr.* 7. 8), *z.* 15 *aus dem anfang des* Te deum laudamus *dem reime und mafse dieser zeile gemäfs gebildet.* 16. crist et benedicebant deum in fornace *Daniel* 3, 51. *die zeile ist reimlos und, wenn man sie streicht, wird es auch z.* 13, *weil dann notwendig z.* 14. 15 *zusammen gehören, zwischen* 9. 10 *und* 11. 12 *war die wahl nicht zweifelhaft.*
8, 1. si] di heidini 4. vurstin: *vgl. zu* 2, 6. *indessen ist die hinzufügung von* himil *vielleicht nicht unbedingt notwendig, wie im Anegenge* 14, 59 *gott ohne nähere bestimmung der* chunic *genannt wird.* 5. er] unsir got 9. 10. *Rheinauer Paulus* 20 unze dû mit tinime trôste sie derûz lôstôs; 26 mit demi selbin trôste sô dû sie drûz lôstôs. 9. dorosti 11. nâ 12. heid : : : babylonia 11. 12. *scheinen nur hinzugefügt, um dem gedichte zu einer art abschluss zu verhelfen und zur Judith überzuleiten die sich nun unmittelbar anschliefst.*

Dem vorliegenden gedichte ist von einem interpolator übel mitgespielt worden. an 6, 8 *erweist er sich als ein versverderber und als ein elender verdeutlicher: er meint die anrede hinzufügen zu müssen die doch im beginn der angeführten worte* 6, 2 *fehlt. auch* 7, 6 *kann in der überlieferten gestalt unmöglich ein vers sein. hier wie in* 5, 4 *zeigt sich der interpolator geneigt, immer der verdeutlichung wegen, das personalpronomen oder pronominaladverbium durch das substantiv zu ersetzen. dass dies keineswegs im sinne des dichters war, lehrt in beiden fällen das unmittelbar vorhergehende* (7, 5 in; 5, 3 den) *und* 7, 8 *wo die beziehung von* in *auf die drei jünglinge eigentlich nur aus dem zusammenhang erraten werden kann. darnach ist auch* 6, 1. 7, 1. 8, 1. 8, 5 *geändert. zweimal werden dadurch die* heidini *beseitigt. der gegensatz zwischen heiden und gläubigen scheint in dieser schärfe überhaupt erst dem interpolator anzugehören: schreibt er doch auch* 4, 7 heidinkunic *gegen den vers. nicht minder scheinen* diu abgot *erst durch ihn eingeführt zu sein, wenn man es auch nicht sicher behaupten und darnach verfahren darf. der überladene erste fufs* 6, 2 *ist das einzige derartige beispiel in dem gedichte, voran geht der singular* sinin got 5, 8: *also etwa* dîn got ist? *ebenso steht in* 3, 1 (*vgl.* 3, 8. 10) *der singular* imo *wie in* 2,

11: *trotzdem ungehörig in* 2, 12 *der plural* an du abgot. *nicht minder dürfte die
construction in* 2, 3—6 *nur auf zerrütteter überlieferung beruhen, so dass man statt*
sinu abgot *lieber eine lücke bezeichnen und das komma nach* vorchti *streichen möchte.
was im echten text gestanden habe, lässt sich an allen diesen stellen nicht bestimmt
angeben. wie die heiden und die abgötter, so sind auch* dû drû kint *vielleicht nur
dem interpolator zu verdanken. mehrfach schon hatten wir sie aus metrischen grün-
den zu beseitigen:* 6, 1. 7, 2 *vgl.* 7, 1; *an der erstgenannten stelle verrät der nicht an-
gezeigte strophenbeginn die ändernde hand: und wenn sich auch zu* 5, 4 *die geläufig-
keit der bezeichnung* kint, kindelin, knaben *ergab, so ist angesichts* 4, 1 *der wechsel
der benennung doch höchst auffallend. also etwa* di hêrrin 5, 4. 8, 10 *statt* dû drû
kint *zu lesen? dass die drei Israeliten gewesen, wird nirgends gesagt. darum nimmt
sich die eingangsstrophe mit ihren ungeschickten belehrungen hier etwas seltsam aus:
sie würde eher noch, obwohl auch schlecht, zur Judith passen als zu dem vorliegen-
den stück. müste nicht ein dichter der so beginnt, dann fortfahren: 'die anderen
aber, die Nichtisraeliten, machten sich abgötter; so tat auch ein könig namens Nabu-
chodonosor?' anstatt dessen klingt* 2, 1 *wie ein anfang dem nichts vorausgegangen.
wird danach die echtheit von str.* 1 *etwas zweifelhaft, so bleiben acht strophen von* 12.
10. 8. 8. 8, 12. 10 *zeilen: ein entschieden symmetrischer bau, an dem vielleicht nichts fehlt.
denn die anerkennung gottes durch die leute Nabuchodonosors gibt einen ganz passen-
den schluss. anstatt der letzten vier strophen bietet die überlieferung* (vgl. zu 6, 1 *und
zu* 7, 16) *drei von* 16. 16, 10 *zeilen. der interpolator benutzte, wie sich zu* 7, 16 *zeigt,
den grundtext. der ursprüngliche dichter entnahm daraus nur das gerüste, indem
er das detail frei gestaltete. er folgte darin dem durch die fahrenden für die behand-
lung biblischer stoffe gegebenen beispiele, vgl. den excurs zu* XXXVII. *dass er selbst
nicht zu diesen gehörte, ist wohl aus dem latein von* 7, 14. 15 *zu schließen. jedesfalls
muss er sich auf einer höheren bildungsstufe befunden haben als der dichter der
Judith der nicht einmal die biblischen namen unentstellt wiederzugeben wuste. die
meinung welche Kobersteins hrv. Bartsch verfallener grundriss* (1872) 1, 152 *aus-
spricht, dass beide gedichte von einem verfasser herrühren, ist unbegründet.*

XXXVII.

Vorauer hs. bl. 100ᵃ — 100ᶜ. *JDiemer deutsche gedichte des* XI *und* XII *jh.*
(1849) s. 119—123. **1**, 1. ein herzogi hiz holofern: *vgl.* 9, 8. 11, 1. *ist j. Jud.
Diem.* 134, 10 er (Holofernes) wart sâ des hers chunich *durch unser gedicht ver-
anlasst?* 3. wirsistin: *die gekürzte form* zb. schon kehron, 125, 17. 159, 8 der
aller wirste man *und* 228, 21. 256, 2. 466, 17 der wiste. 4. lerain. 6. undi.
8. niman ruch heini gûti redi. 9. nihelni guti. 10. iri. **2**, 1. 2. *keine lücke in
der hs.* 3. Wazzir uñ uur. vûri = vuore. 5. undi sich *zu* sich suer *vgl. gramm.*
3, 41. ebreschin icht. 6. inbilibia lebindic niman: *die besserung zweifelhaft,*
beliben *heifst eher* todtbleiben, *vielleicht* dâz irn blîbi lebindic niman, *vgl. zu* 8, 9.

3, 1. Do giwan oloferni. gewinnen *vom zusammenbringen eines heeres auch*
kehron, 199, 27. 213, 25. 428, 24 *f.* 488, 23. 2. michil undi ureissam. 4. thui-

sint   7. da *vor* bisazzit   8. Báthaniâ: *Lampr. Alexander Diem.* 202, 20 er
zestôrte ouch Pitaniam, dâ Júdith Holofern sin (*l.* Holoferni diz) houbet nam *ist wohl
nur derselbe irrtum.*   **4,** 1. 2. *Anno* 18, 13 *f.* (273 *f.*) dâ aribeiti César, daz ist
wâr, mêr dan ein jâr, sô her *ff.*   6. irehomin   7. *bl.* 100ᵇ nori   **5,** 1. do
sprach olofern   2. *ähnliche parenthetische sätze in der Genesis sdgr.* 12, 37
(= *bücher Moses Diem.* 55, 11 *f.*) Duo sprach unser trechtin, die genâde wâren sin;
30, 33 dô sprach Abram, gote was er gehôrsam; *Ruth.* 116 alsus redet dô Liupolt,
dem kunege Rôther was er holt; *Maria sdgr.* 150, 3 als in Móyses geriet und ir
vater Abrahâm, dem wâren sie gehôrsam, Ysâc und Jâcob dânâh; *spec. eccl. f.* 126ᵃ
Tathêus, genamet was er Jûdas, bechêrte die grôzzen Persiam *haben nicht das formelhafte wie im Georgslied, hier* (vgl. 8, 1*f.* 10, 12*f. und zu* 7, 2), *im Salomo* 15, 1.
20, 1 *und in der interpolation des Salomo* 15 *f.* 51 *f.*   5. burgeri   **6,** 3 — 8 =
XXXVI 6, 3—8: *die interpolation muss in verhältnismäfsig später zeit stattgefunden haben, als das gedicht von den drei jüngl. selbst schon interpoliert war.*   10. burgeri   11. nugiwin uns eini urist biscof bebilin   14. andir: *vgl.* zu XXXIV,
26, 1.   15. 17. unsich   17. ni] nu   18. in dir'ri: 10, 6 dô schanc'ti   suer
so dir   **7,** 1. gided: *Otfrid* 2, 14, 23 ôba thu, quad er, dâtist, thia gotes gift
irknâtis; *gewöhnlicher mit iz und einer adverbialen bestimmung: leben Jesu
Diem.* 275, 24 si tâten iz durch nôt, sie wurden ie sâ gesunderôt; *MF.* 11, 20
nu tnoz durch dîne tugende und enbint im eteslichen rât.   Judith *hs. immer
aufser* 3, 9. *obwohl ich die kürze der ersten silbe sonst nicht nachzuweisen vermag,
so ist sie doch hier kaum zu bezweifeln und wird auch durch die formen* Iudda
Iutta *vorausgesetzt.*   2. *vgl.* 9, 6. 10, 7. [11ᵇ, 6.]   5. allic   schônis *f.* schônist'
mit bekannter apokope.   6 — 8. *die ergänzungen sind von Diemer;* 7 = 10, 8.

8, 1 — 10. *die überlieferte ordnung der zeilen ist* 1. 2. 7. 8. 3—6. 9. 10, *wobei
dem iz in mirz die beziehung und dem abhängigen satze daz ich guiti ff. der
regierende fehlt. die ergänzung von z.* 7 *hat keine sicherheit, dagegen ist z.* 8
bigâhin (*Otfr.* 2, 14, 94; *Küdr.* 494, 2: *s. die wbb.*) *das einzige mit* bi *beginnende und dem reime wie dem sinne angemessene adverbium.*   5. *Vorauer Genes.*
26, 10 ê ime wurde daz schône wib.   9. giniti: *vgl. zu* 2, 6. 11, 7 *und excurs zu*
XXXIV.   **9,** 1 — 4. *Adelbrechts Johannes* 207 *ff.* (*vgl.* 194 *f.*) Dô des hêrren
(*l.* Dô die) jungeren daz vernâmen, wie drâte si dar châmen! den lichamen si ûf
hûbin, in daz grab trúgin.   1. daz gihortin   4. si si drugin   6. woli   8. zi
wibi nemin: *Anno* 23, 4 (373) unz Elenus — des kuonin Ectoris witiwin genam;
kchron. 509, 22 dô nam si ain haidenisser man; *Ruth.* 3807 des.sunne (*l.* sun) sal sie
nemin hinacht.   *die verwandten stellen der Nibel. und des Iwein s. bei Lübben und Benecke. vgl.* noch *Uhland nr.* 36, 7 und dass ich üch gerne nâme; *nr.* 298, 14 der jung
von Neifen nimt dein weib *und in heutiger mundart zb.* O Ludwig Heiterethei *s.* 168.
9. bruthlouft   14. nrony   *Athis B,* 10 er sprach 'daz tuon ich gerne' und sichirt
im an sîne hant.   **10,** 1 3. samini: spisi *ist der einzige fall in den echten teilen der
Judith, in welchem blofs unbetontes* i *reimt, und verdächtig, weil* zisamini, *wie die
ganze zweite zeile, gedankenlose wiederholung aus der vorhergehenden strophe sein
kann. ich denke, es ist durch* zi mûsi *zu ersetzen.*   2. *bl.* 100ᶜ also   4. hero
s. zu XVII, 1.   6—9. *vgl.* 5, 3. 4: *wiederholungen wie sie namentlich im Oswald häufig sind.*   6. schanethi   7. woli   8. iri   Ava   10. uffin
Parz. 33, 16 zende an sines tisches ort sâzen sine spilman.   11. wm   14. *keine
lücke in der hs. die ergänzung ist unsicher. j. Jud. Diem.* 169, 22 *würde auf* güti

— XXXVII — 429

führen. 15. nwinis **11,** 2. ludith duv 3. 4. *Anno* 47, 25 *f.* (833) duo vil her nidir an did gras, her schrei als imi was. 5. su sprah au 6. *dieselbe formel Ruth.* 215. 517. 4448. 4546 *und zu ende des aruswaldischen bruchstückes, Hartmann Credo* 68. *vgl. Maria fdgr.* 153, 20 der uns daz leben gebôt; *Nibel.* 2091, 4. *Klage* 485 **der** mir ze lebene geriet. *W Grimm g. schm.* XXVII. 7. gilonbigin **11ᵇ.** 1. *Ludwigsl.* 21 Thoh erbarmedes god. 4. deri 5. duv gûti 6. woli 8. giborgin si? 12. in eddewaz *Diemer*] meddewaz 13. **wiblichi** *verbessert von Müllenhoff.* 14. uñ slabranihichi, *zunächst aus* brauillichi, *schreibfehler für* urabillichi. 18. stuchin 19. in der burgi. und gene zer burgi widiri? 20. voni 21. *vielleicht fehlt nach* irlôsis *ein auf* menigi *reimendes adverbium.*

Gegen die echtheit der letzten strophe sträuben sich zunächst die reime gizelti: giborgin, Holoferni: bûchi, burgi: himili (*s. zu* 10, 1. 3), *wovon wenigstens einer nicht wegzuschaffen ist, und die ungeschickte anknüpfung mit dem noch ungeschickteren schlusse (vgl.* 11, 7, 8) *der strophe. ferner verlangt der metrische bau des ganzen gedichtes in elf echten strophen von* 10, (8). 8. 8. 8, 10. 10. 10, 14. 14, 8 *zeilen an dieser stelle eine achtzeilige strophe, die man schon darum nicht durch zerschneidung von* 11ᵇ *herstellen darf, weil sich die sonstigen reden nie über mehr als eine strophe erstrecken. auch müste sich fast alles was der engel ankündigt, in der folge als erzählung wiederholen, und wer z.* 7. 8 *dichtete, hat nicht ein dutzend verse früher berichtet 'Judith stahl ihm seine waffe'. endlich entspricht weder ein solcher ruhepunct in der erzählung noch die breite schwerfällige und matte darstellung dem raschen und energischen gange dieses liedes, das nur bei den hauptsachen* **verweilt** *und dessen erzählende teile nur der rahmen scheinen für die kurzen und knappen reden. darin wie in dem formelhaften des ausdruckes zeigt sich so entschieden der stil des deutschen volksgesanges, dass man das gedicht diesem zuzurechnen kein bedenken tragen darf. die beliebtheit des stoffes bezeugt die jüngere deutsche und eine lateinische bearbeitung bei Duméril poésies populaires latines antérieures au douzième siècle* (1843) *s.* 184. 185. *die erstere richtet sich strenge nach dem grundtexte, die letztere kürzt ihn zwar, aber erlaubt sich, soweit sie erhalten oder veröffentlicht ist, nur éine abweichung; unser dichter hat ihn gewis nicht selbst gekannt. ob er den stoff in ähnlicher behandlung bereits deutsch vorfand oder sich ihn nach mündlicher mitteilung oder nach ungefährer kenntnis zurecht legte, lässt sich nicht entscheiden. aber seine nächste quelle hat jedenfalls mit dem lateinischen gedichte wenigstens dies gemein, dass Holofernes seine frage nach der art und den hilfsmitteln des jüdischen volkes (Judith c.* 5, 3. 4) **erst** *tut,* **nachdem** *er sich mit den belagerten bereits gemessen und die belagerung* **einige zeit gedauert hat.** *es heifst aao. str.* 3—6

  debellandas (*l.* debellando) multas gentes **venit ad Bituliam.**
  Hanc in urbem Iudaeorum erat multitudinem (*l.* multitudo venerat) . . .   383
  respuebant Holoferni (*l.* Holofernem) fortiter in **praelio** . . .
  Quadam die Holofernes in furore nimio
  coepit dicere **ad suos** 'quis est iste populus
  atque gens quae se non flectit nostro sub imperio?'

mit der biblischen erzählung stimmt die vorliegende darin überein dass Holofernes nach westen (Jud. c, 2, 5) *und durch* diu gotis lastir (*vgl. Jud. c.* 3, 13) *auszieht.*

auch sind herübergenommen die eben erwähnte *frage des Holofernes, die mutlosigkeit
in der stadt und das verlangen nach einer* vrist *(von* fünf *tagen Judith c.* 7, 23),
ferner dass Judith sich vor ihrem gange badet und schmückt (Jud. c. 10, 3), *dann
im lager von Holofernes erblickt, von seinen dienern auf seinen befehl 'aufgehoben'
wird (Jud. c.* 10, 20 et elevaverunt eam servi Holofernis iubente domino suo; es
geht hier nemlich voraus: adoravit eum prosternens se super terram), *endlich die
trunkenheit des Holofernes (Jud. c.* 12, 20) *und das gebet der Judith vor dem morde
(Jud. c.* 13, 7. 9 vgl. 12, 8). *alles übrige ist des dichters oder seiner quelle eigene
erfindung. beachtenswert vor allem die charakteristik des 'königs' Holofernes und
seiner umgebung in der eingangsstrophe, auf die weder der text noch eine sachliche
nötigung führte. die jüdische festung stellt sich der dichter als* eine deutsche bischofs-
stadt *vor in der ein* burggraf *an der spitze der bürgerschaft* dem bischofe gegenüber
steht; ihm ist die klage str. 6 in den mund *gelegt, womit die hungernden ihrem herrn
den dienst aufsagen (vgl. Nitzsch ministerialität und bürgertum s.* 145; Heusler ur-
sprung der deutschen stadtverfassung *s.* 67). *die vorgänge im lager sind ganz
anders gewendet: die veränderte darstellung des empfanges knüpft sich an die merk-
würdige beibehaltung des satzes* elevaverunt cet. *die alte motivierung desselben ist
vergessen oder absichtlich fallen gelassen und eine neue dadurch hergestellt, dass
Holofernes sich mit der raschen begehrlichkeit einer frühern zeit ohne weiteres der
Judith bemächtigt und sie in sein zelt tragen lässt. dass dann das gelage auf den
wunsch der Judith stattfindet und des königs trunkenheit ihr werk ist, während sie
im texte nur diese ohne ihr zutun eingetretenen umstände benutzt, gereicht unserem
gedichte zum lobe. die umgestaltung erstreckt sich sogar auf die namen: aus der
stadt Bethulia ist das aus dem neuen testamente bekanntere Bethania, aus der die-
nerin Abra eine Ava, aus dem* sacerdos Eliachim *(Jud. c.* 4, 5. 11) *oder dem* summus
pontifex Joachim *(Jud. c.* 15, 9) *ein bischof Bebilia (zu dem namen vgl. Förstemann*
1, 193) *geworden; gerade wie im liede auf den heil. Georg der kaiser Diocletian als
Tacianus, seine fabelhafte gemalin Alexandra als Elossandria erscheint, vgl. Lach-
mann über ahd. betonung s.* 261. *ja die erwähnung dessen der zu unterst auf der*
bank *sitzt* (10, 10 *mit der anm.) klebt gleichsam die fabriksmarke auf das gedicht,
so dass es mit allen seinen eigentümlichkeiten auf das entschiedenste zeugnis ablegt
für die beschaffenheit der rheinisch-mitteldeutschen spielmannspoesie an der scheide
des* XI *und* XII *jahrhunderts. verfolgt man seine geschichte bis zu dem zustande in
welchem es auf uns gekommen ist, so führt die verbindung in der es auftritt in die
anfänge der von dem volksgesange sich ablösenden poesie der geistlichen (s. excurs
zu* XXXVI), *die tendenz der interpolation in die manier der späteren geistlichen
spielmannsdichtung, deren vorliebe für unnütze engelerscheinungen der Orendel
reichlich belegt.*

XXXVIII.

Auf den letzten 5—6 *blättern eines lateinischen psalteriums des ehemaligen
Marienklosters Arnstein an der Lahn aus dem* XIII/XIV? *jh: hl.* 8°: *auf jeder seite*

23 zeilen, die verse nicht abgesetzt, nur durch punkte oder ausrufungszeichen getrennt, die in unserm text zum teil beibehalten sind; nach einer abschrift von GFBenecke (Göttingen, apr. 7. 1842) gedruckt in Haupts zs. für deutsches alterthum 2 (Leipzig 1842), 193—199. KRoth (beiträge 1, 35 f.) meint, dass die Giefsener hs. 876 vom j. 1278 (Adrian catalogus s. 260, mitteilungen s. 417—455, Haupts zs. 5, 515—564. 9, 166 f.) aus demselben nonnenkloster stamme und die fragmente der nach sprache und verskunst altertümlich rohen 'sprüche der väter', die er wie Benecke den Marienleich durch Friedemann aus Idstein erhielt und vollständig zu den Bruchstücken aus Jansen des Eninkels weltchronik 1854 s. 31—36 abdrucken liefs, sollen sogar von derselben hand wie der leich geschrieben sein. wer einmal die fragmente unserer litteratur oder der mitteldeutschen dichtung des XII jhs. sammelt (vorr. s. XXXI), wird auf die sache zurückkommen müssen. vgl. zu L. 1. 'die ersten vier zeilen der ersten seite sind ausgekratzt'. Benecke. werlt reimt im Anno 611 auf wert, in Heinrichs von Freiberg Trist. 34 auf geberlt; vgl. unten 109. 3. vnd in 5. daz kint steht im anfang von z. 4 und ist vielleicht ganz zu streichen; vgl. 23. rûwen; rûwe schw. masc. wie 144 und immer in den Marienliedern der hannöverischen hs. (W Grimm in Haupts zs. 10, 137 zu 23, 37), auch bei Friedrich von Hausen MSF. 45, 7. 49, 33 und sonst, s. Haupt zum Winsbecken 65, 5; WWackernagel in Haupts zs. 7, 158. 7. alleineme 8. Van 9. wirdet dunkelere W Grimm vorr. zur goldenen schmiede XXXI, 11 ff. XXXVIII, 29 ff. kennt dies gleichnis nicht. 11. allein gebere du daz kint 16. unmûgelich 19. unde edes was 21. verdrinet ir 22. da der durg mit durg quâ beginnt die zweite seite. 23. daz liet daz 27. uerre was 29. W Grimm aao. XXXI, 13; sermo in nativitate domini in Wackernagels leseb. 1839, 191. 28 alse der schim des sunnin durch daz glesine fenstir in daz gadin schinit unde allez daz intluibtit, daz drinne ist, unde alse daz glesine fenstir ganz belibit und unûrscertet, sô der sunne drin sihchit unde widir ûz gêt, also chom der êwige gotes sun zuo unser frouwen sancte Mariûn dar varnde unde dannân scheidinte, daz siu newedir innân wart getwanges noh sêres; litanei 256 dô dû rehte sam ein lichtfaz schine durch alle venster; alse di sunne durh daz glasevenster irlûhtet den tunkelen sal, alsô tête dû di werlt al. im mhd. wb. 1, 546ᵃ fehlt vensterglas Erec 3018. Diemer zu Ezzo 4, 14 (beiträge 6, 39) meint, dass Hildeberts sermo in festo annuntiationis, wo es heifst si solis radius crystallum penetrans nec ingrediendo perforat nec egrediendo dissipat, quanto magis ad ingressum veri et aeterni solis virginis uterus integer mansit et clausus, die erste quelle des auch in lateinischen hymnen (Mone nr. 370, 31 ff. ua.) vorkommenden gleichnisses für die dichter des XII und XIII jhs. gewesen sei. 33. s. zu XXXIX 6, 1. 38. gerûn drehten] geist die hs.; vgl. XL 3, 9 ff. mit anm. 39. allen 40. du godes craft 42. megedin 46. du der Exod. 3, 2; vgl. XXXIX 2, 1 ff. 48. mit einen busch beginnt die dritte seite.

50. louvede statt lougede und ebenso 69 erouvede statt erougede, gerade wie ags. eávan, ŷvan für got. augjan: das dem j verwandte g löst sich vor einem folgenden j oder e auf; vgl. Haupts zs. 11, 166. 52. deme 53. meinede 55. erberwet. 'deutlich in der hs.' Benecke. in Grimms deutschem wb. 1, 1055 wird under 'baar' verwiesen auf Frauenl. 10, 20 Ettm. barwer brüste und Hartmanns Credo 850 got irbarwete Adâme sînen zorn; 1268 er stuont ûf von dem grabe unde irbarwete sih den gûten; 1331 die dâ tôt wâren vor vil manigen jâren, di quâmen ze Jherusalem unde begunden sih irbarwen dâ vil manigen; 2630 da erbarwit mîn trehten

zallir juugist di rchten.   57. der din   58. 59. du sine, *wie* 40. 104. 118. 119.
149. 194.   59. so dede din   60. grunet   63. negehorde   ne gesag   v. 112
iz enis *würde auch wohl* engehörde — engesag *zu schreiben erlauben. vgl.* XXXIII
C^b 1; *im übrigen* 1 *Corinth.* 2, 9 quod oculus von vidit nec auris audivit.   64.
bezechenede   *vgl. zu* XXXIX 1, 2.   67. úárones   69. erou | nede: '*vielleicht
ist zu bessern* erougede'. *Benecke; s. zu* 50.   70. *zu* XXXIX 9, 1. 2.   71. offene
   77. uore gekundet *s.* 4 *der hs.*   78 *ff. Heinzel Heinrich von Melk s.* 135.   83.
ges . . . . '*ohne zweifel* gesingen, *das auch* 282. 283 *auf* zungen *reimt*'. *Benecke.*
103. du werlt   109. werlt: werlet *findet man in hss. des* XII *und* XIII *jh. öfter
geschrieben* (sprüche der väter 113 *bei Roth aao.*; *Kaiserchron.* 292, 16; *jüngst. ger.*
138, 42 *Hoffm. usw.*) *und das verlangt hier vers und reim.*   112. 'eois *ist nicht
ganz sicher; man könnte auch, und vielleicht richtiger,* izn *is lesen*'. *Benecke.*   oug
niemanne *s.* 5 *der hs.*   114. *die kürzungen* gwis, 255 gwerren, 248 guant *machen
bedenken,* obgleich 275 gnâden *überliefert ist und noch ein- oder zweimal* 126. 232
vom verse verlangt wird, auch im Salomo (zu XXXV 3, 6) *ähnliches vorkommt. man
kann hier die niederdeutsche form* wis *annehmen, oder eine überladung des ersten
345 fußes (zu Salom.* 18, 1), 255 werren *schreiben und* 248 *betonen* Stellâ maris.
   115. '*vor sus scheint du ausgefallen zu sein*'. *Benecke; vgl. gramm.* 4, 217 *f.*   118.
119. du dine.   120. anerûfen ig   126. genaden *s. zu* 114.   132. lidicheit =
lôsheit, *fehlt im mhd. wb.* 1, 958.   144. *s. zu* 3.   145. *s.* 6 *der hs.*   149. ig
du   151. dad ig   154. Vnde   160. unser mûder sara   *vgl.* '*geistliche ratschläge*'
LXXXIV *und Marienliedern in Haupts zs.* 10, 14, 22 Jûdit sît an dir ires hercen kûnheit, Hester ire grôze ôtmûdicheit.   180. *s.* 7 *der hs.*   gewisen *s. zu* 236.
181. und   194. du eweliche   202. van niwete *s. Lachmann zum Iwein* 2148.
204. sûnes   209. ih̄c   217. ne were *s* 8 *der hs.*   224. owie   230. porce
'*deutlich in der hs., aber wohl nur schreibfehler statt* porte' (*s. v.* 71). *Benecke; doch
steht auch in den Marienliedern in Haupts zs.* 10, 6, 16. 17. 9, 26 porce *im reim
auf* worte, vorte *geschrieben, auch in der Elizabeth* (gramm. 1870. 1, 349 *anm.*)
und oft bei Gotfrid Hagen. W Grimm gold. schm. XXXII, 14.   231. *W Grimm* XLVI,
5.   232. genade *s. zu* 114.   236. wisen *hier c. acc.,* XXXIII E^b 21 *wie Musp.*
56 uuisôn *und* 180 gewisen *c. gen.* (gramm. 4, 665, *Graff* 1, 1067 *f*) besuchen, *aufsuchen, sich eines annehmen, scheint mit dem* XII *jh. auszusterben, mhd. wb.* 3, 763.
Lexer 1, 993.   237. dere *ist durch vier darunter gesetzte punkte getilgt, aber für
den vers und dem zusammenhange nach unentbehrlich.*   dûfene '*tiefe*' *findet sich
auch in dem leben der heil. Elisabeth, Diut.* 1, 420 durch grôze dûfene hatte man in
einer engen gazzen, dâ hor sich mûste vazzen, gesetzet wegesteine.   241. zu
   244. dale helden: '*genau so in der hs.*' *Benecke. das adj.* hald *führt auf ein
abstractum ahd.* haldî, heldî, *mhd.* helde declivitas; *Graff* 4, 893 *belegt nur* uohaldî
praecipitium. *mnd.* helde *fessel, compes* (*Lexer* 1, 1228, *Dieffenbach gloss.* 137),
auch wohl verschluss, gewahrsam, wie altfr. (*Richthofen wb.* 804, *vgl. mhd. wb.* 1, 623
und Keinz zu Helmbrecht 1205) *kommt kaum in betracht.*   248. *s. zu* 114.
249. na deme *vgl. Kelles spec. eccl. s.* 108. *Honorius August. spec. eccl. p.* 908. 1000
Migne und zu XXXI 27, 4.   252. geleduns an ihm   253. sun *Benecke statt* vil;
doch bemerkt er '*das wort* sun *kann auch, und vielleicht richtiger,* vil *gelesen werden.*' mit vil *schließt die achte seite der hs. auf der folgenden neunten* '*ist nur zu
erkennen dass was darauf stand deutsches war. aber alles ist ausgekratzt. zu lesen
ist nur als zweite hälfte der letzten zeile* daz er si behu |'. *Benecke.*   254. mit

| de naht unde dach *beginnt seite* 10. 255. uan aller slahten ubele daz in gewerren *s. zu* 114. 258. unde. 266. bezzestes 268. bezzeste *die gewis alte verkürzung wird im* XII. *jh. noch selten geschrieben*, spec. eccl. 13, 5 sô ir beste mahtit; *Kaiserchr.* 496, S. *Diem.* veste: pesten; *vgl. zu Salom.* XXXV 5ᵇ, 20. 271. *W Grimm* XLVI, 20 *f.* 273. der unser 274. *vielleicht* plena gratia, *wie* Fit porta Christi pervia, referta plena gratia *Phil. W ackernagel deutsches kirchenlied* 1862 *s.* 47. 48; Maria plena gratia, ora pro nobis, domina *ebend. s.* 109; Accede, nuncia, die 'ave' cominus, die 'plena gratia' *ebend. s.* 116. 276. ercornez uaz *W Grimm* XXXVI, 2; XXXIX, 14, 3. 4. 277. ce disen eren sunderliche 280. 281. Milde maria. genedige maria. süze maria. *die alte antiphona* Salve regina (*PhW ackernagel aao. s.* 103) *schliefst* o clemens, o pia, o dulcis virgo Maria; *vgl. Marienlieder in Haupts zs.* 10, 132, 23 *f. derselbe reim in dem ålten segen aus SPaul*, *der gewis noch dem* XII *jh. angehört, in Grimms myth. anh.* CXXXVI *nr.* XII dô sprach diu genædige min frouwe sant Marie. 285. du der is in *'die folgende, elfte seite ist ausgetilgt und unleserlich.'* Beneckv.

Seine burg Arnstein verwandelte der graf Ludwig im j. 1139 *in ein kloster zu ehren der Maria und des heiligen Nicolaus, in das er selbst nebst seinem capellan und notarius Marquard, dem truchsäfsen Swiker und noch fünf rittern eintrat und neben dem zugleich auf der linken seite des berges für die gräfin Guda eine besondere wohnung hergerichtet wurde*, ubi mutato habitu clausa semper, nusquam progrediens, strictioris cibi parcitate ante habitas delicias et numerosa quondam fercula redimebat. per fenestram modicam divina frequenter auscultabat officia, psalmis et orationibus intenta. sicque rota nativitatis sue feliciter evoluta XVI kal. septembris migravit a seculo et ante altare beati Nicolai in sanctuario basilice venerabiliter est sepulta. *auf diese stelle der vita Lodewici in Böhmers Fontes* 3, 332 *machte Scherer* (*zs. für österr. gymnas.* 1868 *s.* 736) *aufmerksam und es ist wohl möglich, dass die hier erwähnte gräfin Guda die fromme und gelehrte frau* (*vgl.* 74 *ff.* 120 *ff.* 156 *ff.* 219) *ist, die im gefühl ihrer sündhaftigkeit den leich an die heilige jungfrau richtete. derselbe entbehrt in seinem bau derjenigen regelmäfsigkeit und symmetrie, die andre leiche auszeichnet. sie beschränkt sich darauf dass in jedem der abschnitte, in die er seinem inhalt und gedankengange nach zerfällt, wenigstens zwei dem umfange nach ganz gleiche gröfsere strophen vorkommen, die ohne zweifel nach derselben melodie gesungen wurden und so, da ihr umfang mit jedem abschnitt wechselt, den musikalischen gehalt jeder partie bestimmten. von den kleinern sätzen oder strophen, die daneben zur anwendung kommen, werden die gleiches mafses auch dieselbe melodie gehabt haben, wenn nicht durch das ganze gedicht, so doch wo sie unmittelbar zusammen stehen oder sonst correspondieren; allein sie verteilen sich so dass im ganzen keine feste regel sichtbar wird. die gröfseren abschnitte, die sich auf jene weise aus dem inhalt und nach dem auftreten der gröfsern strophen ergeben, obgleich sie sich keineswegs von einander sondern, vielmehr einer in den andern überleiten, sind doch um die übersicht des ganzen zu erleichtern durch gröfsere anfangsbuchstaben bezeichnet; die kleinern abschnitte innerhalb derselben durch stärkeres spatium. der erste abschnitt, metrisch allein durch dactylische sätze ausgezeichnet, verherlicht die jungfrau als mutter des heilands durch zwei von der sonne* und dem licht entnommene gleichnisse **und die** alttestamentlichen vorbilder der unbefleckten empfängnis und der jungfräulichen geburt. mit einer anrufung der jungfrau begann ohne zweifel das gedicht, dessen anfang wohl die getilgten vier ersten zeilen der hs. enthielten. sie boten raum nur für eine strophe von vier kurzen reimzeilen und die erste hälfte einer zweiten gleiches mafses, die den ersten dactylischen satz einleitete, wie alle folgenden eine solche einleitet. diesem ersten system von vier kurzen und zweimal vier dactylischen zeilen entspricht unter den übrigen nur das vierte 52—63. das metrisch ganz gleiche dritte 32—43, **wo weder** die hs. eine teilung des achtzeiligen dactylischen satzes andeutet, noch auch **der** sinn und satzbau darauf führt, hat sein gegenstück im vorhergehenden zweiten 12—31, wo aber der achtzeilige dactylische satz 22—29 noch **von** einem 6 und **2 zeiligen** eingefasst ist. der fehlenden eingangsstrophe **von vier kurzen reimzeilen aber steht** vor dem vierten **system eine achtzeilige 44—51 gegenüber;** doch **weist diese eher auf die** letzte 78—85, **die mit einer 6 und zwei 4zeiligen 64—77** den ganzen abschnitt abschliefst. der **zweite abschnitt begründet dann die bitte um** den beistand und die fürbitte der jungfrau. es lassen sich hier die beiden 12zeiligen strophen 86—97. 98—109 **als zwei stollen auffassen, zu denen die folgenden** 4-, 6- und 12zeiligen den abgesang bilden; aber eine gleiche regelmäfsigkeit der gliederung wiederholt sich im verlaufe nicht. der dritte abschnitt zerfällt in zwei fast gleiche teile: denn dass die hs. v. 154 und 198 fehlerhaft einen grofsen anfangsbuchstaben setzte, ist klar, da die construction an beiden stellen übergeht und kein neuer satz beginnt, geschweige denn eine neue strophe. wir erhalten so zwei strophen von je 20 zeilen 148—167. 186—205, denen beiden je zwei strophen, der ersten zwei 8-, der zweiten eine 10- und 8zeilige voraufgehen, und der erste teil führt die bitte um errettung von der sünde, der zweite die um beistand im tode und förderung ias himmelreich aus. ähnlich besteht auch der vierte abschnitt aus zwei ungefähr gleichen teilen, nur folgt hier einer 16zeiligen (206—221) zuerst eine 4zeilige (222—225), dann einer zweiten 16zeiligen (226—241) eine 6zeilige strophe (242—247) nach, von denen die ersten beiden sich mit der bitte um verleihung des ewigen **lebens** an Christus und zugleich von neuem an die fürbitte der jungfrau wenden, **die beiden andern die bitte an diese** um errettung aus diesem jammertal ausführlicher und eindringlicher wiederholen. durch die auf die sechs zeilen 248—253 folgende lücke fehlen uns etwa **17** oder 18 reimpaare, die allem anschein nach hauptsächlich von Christus dem erlöser handelten, da v. 254—259 von seinem verheifsungen die rede ist. der abschnitt, der 260—269. 270—279 mit zwei 10zeiligen strophen beginnt, leitet dann offenbar den schluss des gedichts ein, indem er zu dem anfang zurückkehrt und **den** preis der Maria wieder aufnimmt. war die letzte zeile der hs. noch ganz mit versen des gedichts angefüllt, so fehlen auch nach 285 noch 17—18 reimpaare, so dass das ganze gedicht ehedem etwa 350 reimzeilen zählte.

XXXIX.

Cod. J 1 der bibliothek des klosters Melk. das lied steht auf der ersten seite der hs. vor einem calendarium und necrologium, die ihrer anlage nach nur auf der rückseite beginnen konnten, geschrieben von derselben hand, die nach Hoffmann das ne-

crologium bis zum j. 1133 fortführte und auch die mit diesem ersten teile der hs. wohl erst im XIV jh. zusammengebundenen annales Mellicenses (MG. SS. IX, 479ff.) im j. 1123 anlegte, zu demselben bemerkend ISTE LIBELLVS SCRIPTVS EST, *und von da an sich (nach Strobl) bis 1142 verfolgen lässt. BPez thesaurus anecdotorum novissimus* 1 1 *(Augustae Vindelicorum et Graecii* MDCCXXI*)*, *A*15. **416**.   *HHoffmann fundgraben* 2 *(Breslau* 1837*)*, 142—144 *nach einer eigenhändigen abschrift*.
  WWackernagel deutsches lesebuch, Basel 1859, 163—166.   *JStrobl das Melker Marienlied in photographischer* **nachbildung mit einer musikbeilage** *von Ludwig Erk. Wien* 1870.   *die auf dem rande rechts neben dem liede der* **länge des** *blattes nach wohl erst im XV jh. eingetragenen noten (für tenor und alt)* **haben** *mit dem liede wahrscheinlich nichts zu tun (Scherer in der zs. für österreichische gymnasien* 1870 *s.* 188*f.). der titel Sequentia de s. Maria ist demselben erst auf dem neuen vorsatzblatte von einer hand des XIX jh. beigelegt.* **doch sieht** *man aus dem* **titel der** *sammlung der Notkerischen sequenzen (ms. theol. lat.* 4°. 11, **catal. f. 226**) *auf der hiesigen königlichen bibliothek,* liber ymnorum ad sequentias **modulatorum Notkeri** magistri cenobite Sci Galli, *dass man auch im mittelalter hymnen und* **sequenzen** *nicht nach der form, sondern nur nach der stelle, die sie in der* **liturgie einnahmen,** *unterschied.*   **1,** 1. Jů *schreiben hier und* 2, 1 *Lachmann,* **aus dessen handschrift***lichem nachlass wir ein nach dem Pezischen abdruck, vor* 1833 *entworfener* **text** *vorliegt, und Wackernagel; s. zum Hildebrandsl.* 29.   in erde. leit **die hs.,** leite *Lachmann und Wackernagel. der schreiber der regelmäfsig alle* **verszeilen mit einem** *punkt schliefst, hielt* erde*:* gerte *für den reim und vielleicht ist gar* **nicht zu ändern,** *oder umzustellen* leit in erde?   2. gerte *numer.* 17, 6—8, *WGrimm vorr.* **zu** *Konrads von Würzburg* goldner schmiede xxxiii, 10. XXXVIII 64*ff. Honorius August. spec. eccl. p.* 964 *Migne.*   3. 4. gebar mandalon, nuzze **also**   *Lachmann bemerkte* 'vielleicht nuzze, mandalon als'.   5. süezze, *wie* 6, 4 wöchse, *ohne zweifel eine bezeichnung des umlauts:* u ö *findet sich* 3, 3. 9, **6. 10,** 3, **6.** 12, 5 *für* ou u ů iu. *der umlaut langer vocale —* 8, 4 noxte, 8, 1 13, 1 gebvre, 10, 4 wæzzit, **11,** 4 wæzzest — *wird sogar bezeichnet. so durfte, ja muste* ü *für das* u *der hs. in* **nuzze, fure,** chunnescaft, uber *geschrieben werden.*   6. Ezzo XXXI 8, 9, *WGrimm* **xxxvi, 13.**
7 *der refrain* Scā **Ma r i a** *bei jeder strophe in* halbuncialen *und gesperrt, und jede strophe abgesetzt.*   **2,** 3. daz *nur einmal in der hs.,* daz daz *Wackernagel. WGrimm* xxxii, 1.   *Arnstein. Mariool.* XXXVIII 44*ff.   vgl. Voraner Exod.* 34, 20*f. Diem.* dô **sach er ein veur** an einem gespreide: **daz holz** niuwen **ne bran:** den louch sach man obenân; *Wiener Exod.* 90, 41 *Hoffm.* da erscain ime **got** der gewære als iz louch viures wâre, in mitten **deme** gespreide **wole** verre an **der heide: daz** viur was dâr obenân, **daz holz iedoch niene bran;** *Kaiserchr.* 292, 25 **Mōyses** sach den rouch obenân, daz holz nidene niene bran. *Honorius p.* 904.   **3,** 1. *judic.* 6, 37—40, *WGrimm* xxxv, 1.   *Honorius ano.*   2. spræit er ein: spreite ein *Lachmann.*
  3. himeltů.   **4,** 1. *Hieronymus de nominibus* **hebraicis** (opp. ed. **Martianay** II, 65)*:* Mariam plerique aestimant interpretari 'illuminant me isti' vel illuminatrix vel zmyrna maris, sed mihi nequaquam videtur; melius autem **est ut dicamus** sonare eam stellam maris sive amarum mare, sciendumque quod Maria sermone syro domina nuncupetur; *Isidor etym.* 7, 10, 1 Maria illuminatrix sive stella maris; genuit enim lumen mundi, sermone autem syro Maria domina nuncupatur, et pulcre quia dominum genuit; *Isidor de ortu et obitu patrum c.* 67 *(opp. ed. Arevalo* 5, 179) Maria, quae interpretatur domina sive illuminatrix, **clara** stirps David, virga Jesse, hortus

conclusus, fons signatus, **mater domini,** templum dei, sacrarium spiritus sancti, virgo sancta *usw.; W Grimm* XLIV, 14. *Arnst. Marienl.* 228. 248. *cantic. cant.* 6, 9 quae est ista quae progreditur quasi aurora consurgens; *W Grimm* XXXIX, 9. 2. *W Grimm* XXXIV, 25 *ohne zweiten beleg; doch gehört hier 'her aus Wernhers Maria* 149, 17 *Hoffm.* **besigelt** ist der brunne, ungebråchot ist der anger, ir chorder håt ertött den slaugen; *ferner aus dem specul. eccles. s.* 107 *Kelle* alse diu lilje unde diu rôse ûz den dornen bluot, same tuot diu **uuser rôse,** s. Maria, von den Juden geborn, daz sî reiniu unde scôniu gebære den, der von ime selben sprach 'ego sum flos campi et lilium convallium' (*cantic.* 2, 1). er sprach 'ich bin ein **bluome** des veldes unde ein lilje der teler'. daz velt ist diu ungeruorte erde, diu ungevurhte erde, diu ganze erde. diu unberuorte erde ist unser vrowe s. **Maria,** diu **bluome** diu dâ ûz gerunnen ist daz ist der heilige Christ, und ein lilje der teler daz sint die deumuote ire vorderen. *Honorius p.* 904 est terra inarata et est virgo inmaritata *und ähnlich in cant. cant.* 2, 1 p. 382. *auch in einem hymnus* de beata virgine (*PhWackernagel deutsches kirchenlied* 1862 *nr.* 194, 5 *s.* 126, *Mone latein. hymnen nr.* 524, 26) *heifst es* Tu convallis humilis, terra non **arabilis, quae fructum (*al.* deum)** parturiit; *und sonst bei Mone* 2, 249, 13 Ave tellus non **arata;** *nr.* 604, 49 Tu campus non arabilis; *vgl. nr.* 365, 17 O vallis humilis, non **arabilis** neque satilis, tamen fertilis caeli fecundatur (*l.* fecundaris) a pluvia.

     5. undern *Lachmann.* 6. *cantic. cant.* 2, 2 sicut lilium inter spinas, sic amica mea inter filias. *W Grimm* XXXVII, 9; *vgl.* XLII, 16 *ff.* 5, 1. *W Grimm ohne beleg. Honorius p.* 906 Huius virginis genealogia ab evangelistis quasi linea ad hamum contexitur, in cuius fine filius eius ut hamus annectitur, dum Jesus Christus de ea natus dicitur. hanc lineam deus pater in virgam crucis intexuit *usw.; ganz ähnlich p.* 937. *vgl.* zu XXXI 25, 4. *Köhler in der Germania* 13, 158. 4. *s.* zu XXXIII A⁸ 3. 6. *Isidor sententiar. lib.* 1 c. 14 diabolus dum in Christo carnem humanitatis impetit, quae patebat, **quasi hamo** divinitate eius captus est quae latebat. est enim in Christo hamus divinitas, esca autem caro. *nach Hiob* 40, 19. 20 in oculis eius quasi **hamo** capiet eum — an extrahere poteris Leviathan et funo ligabis linguam eius? 6, 1. *s.* zu XL 2, 1. 3, 9; *Isidor de obitu patrum zu* 4, 1; *WGrimm* XXXIII, 25; *Arnstein. Marienl.* 32 *ff. Honorius p.* 904. 2. gewage wird nicht *anzutasten sein.* **es ist ein starkes** *fem.* mentio memoria (*vgl.* zu XLIV 3, 1), *gleichbedeutend und in ganz gleichem gebrauch mit dem msc.* giuuaht, gewaht (*Graff* 1, 698 *f. Lexer mhd. wb.* 1, 972), gewach *im Karlmeinet* (*Bartsch über Karlm. s.* 291 *f. Lexer s.* 970) *und bei Frisch* 2, 411° deiner gewach haben. *das schwache masc. Otfrids* 1, 3, 37 iro dågo uuard giunágo fon alten uuizagon *scheint nur eine licenz für das fem.* giuuaga. 3. der quot wie: *Lachmann und Wackernagel verbesserten.* 4. **wôchse** ein gerten imme *die hs.* ganz deutlich, *nach Pez* umme *vermutete Lachmann* ehedem gerteunne, *aber die ableitung* gertunne *oder gar* gerteunne *hat keine wahrscheinlichkeit. gramm.* 2, 318 *f. Hoffmann vermutete* gimme; *dass aber* gimme *auch wie lat.* gemma *die bedeutung* 'knospe' *hat, scheint unerweislich. Wackernagel liefs* imme *unverändert; eine verbesserung oder erklärung finde ich nicht.*

     5. **scol** die hs., '*vielmehr* scolt' *Lachmann.* 6. unde diu: unt dinen *Lachmann.*

7, 1. 2. wiederholt diu wårheit, *das gedicht von der zukunft* **nach** *dem tode in der Vorauer hs., s.* zu XXXI 8, 1; 9, 2; *leben Jesu* 231, 2 *Diem.* (*fdgr.* 1, 141, 38) da gehite der himel zuo der **erde.** über sô werde *Haupt zu Neidh.* 98, 20. 3. unde *spec. eccl. s.* 16 *Kelle:* danni wissagte s. **Ysâias** (*Jesai.* 1, 3) **cognovit** bos possessorem suum et asinus praesepe domini sui: **wol erchantin** der esel **und daz** riut daz heilige

gotis kint.   4. wole irchonten: wole *setzte Lachmann in klammern.*   6. *W Grimm*
xxxvi, 6 *ohne zweiten beleg.*   8, 1. Dô gebæro   3. heiligen: sim heiligen *Wacker-
nagel.*   5. gelobet   *da stärkere* synkopen *schon in älteren hss.* (zu LV 29, *Graff*
4, 13), *freilich meist nur in nominibus, vollzogen werden und ähnliche selbst in mit-
teldeutschen gedichten* (zu XXXV 3, 6. XXXVIII 114) *vorkommen, so ist doch Wacker-
nagels* globet *wahrscheinlicher als das verkürzte* imer (*Lachmann zu Iw.* 998. *vgl.
Kelles spec. eccl.* 20. *Tnugd.* 50, 38. 64, 48). *an ie mêr 'immer mehr' kann der dich-
ter unmöglich gedacht haben.*   9, 1. 2. Du bist ein beslozzeniu borte, entaniu:
Wackernagel verbesserte. Scherer meint entâniu deme worte; *vgl.* 12, 6. *Ezech.* 44,
1. 2 et convertit me in viam portae sanctuarii exterioris, quae respiciebat ad orien-
tem, et erat clausa. et dixit dominus ad me 'porta haec clausa erit, non aperietur
et vir non transibit per eam, quoniam dominus deus Israel ingressus est per eam,
eritque clausa principi;' *W Grimm* xxxii, 25; *Arnstein. Marienl.* 70*f. Honorius* p.
905.   3. wâba *die hs.*   cantic. cant. 4, 11 favus distillans labia tua — et odor
vestimentorum tuorum sicut odor thuris; *W Grimm* xl, 20.   6. turtiltûben
gallûn: turtiltûbûn *Wackernagel; das alter des gedichts, das gewis dem anfang des
XII jh., wahrscheinlich noch dem XI angehört, widerspricht der herstellung dieser
reime nicht, dann aber hätten vollere reime auch wohl an andern stellen hergestellt,
aber wohl nicht der umlaut durchgeführt* werden sollen. *W Grimm* xxxvii, 15.
10, 1—4. cantic. cant. 4, 12. 13 hortus conclusus, soror mea sponsa, hortus conclu-
sus, fons signatus. emissiones tuae paradisus malorum punicorum cum pomorum
fructibus, cypri cum nardo, nardus et crocus, fistula et cinnamomum cum universis
lignis Libani, myrrha et aloe cum omnibus primis unguentis; eccles. 24, 20 sicut
cinnamomum et balsamum aromatizans odorem dedi; *vgl. Isidor zu* 4, 1; *W Grimm*
xxxiv, 20. 27. xlii, 4.   3. flôzzit   5. *W Grimm* xxxvii, 12.   6. flôhet der würm
11, 1 eccles. 24, 17 quasi cedrus exaltata sum in Libano; *W Grimm* xliii, 18.
2. eccles. 24, 18 et quasi plantatio rosae in Jericho; *W Grimm* xlii, 12.   3.
eccles. 24, 20 quasi myrrha electa dedi suavitatem odoris; *W Grimm* xliii, 5, *wo mit
unrecht auf* cantic. cant. 3, 6 *verwiesen ist. es ward auch* cantic. cant. 5, 5 *und für*
xliii, 16—21 eccl. 24, 17. 18. 19 *von W Grimm übersehen. vgl.* Honorius p. 498*f.*
5. *W Grimm* xxxv, 16.   12, 1. zwissen   *W Grimm* xliii, 24*ff. Hono-
rius* p. 903.   5. tiûfel   6. daz gotes wort: *Lachmann meinte 'man lese* Ga-
briêl [dir] kuntez.'   13, 1. gebære: bære *Haupt. s. exc. zu* XI.   2. edilîn
statt edilî, *wie* manegîn, vinstrîn *udgl. statt* manegî, vinstrî; *in der summ. theol.*
grûnîn, burdîn, mendîn.   3. du bist glich *die hs.*   du bist *scheint zusatz, ich be-
ziehe* die vergleichung mit *W Grimm* xlviii, 14, *wie v.* 2 *auf Christus. vgl. Hart-
manns Credo* 756 *von* ir ist ûf gerunnen *der sunne des rehten; Wernhers Maria*
147, 19 *Hoffm.* si gebar den wâren sunnen; *Honorius aao.* maris stella solem
justiciae mundo edidit; *zu Ezzo* XXXI 4, 5—8; *obgleich auch Maria der sonne ver-
glichen wird, W Grimm* xxxviii, 29*ff.*   5. 6. *Judith* 15, 10 tu gloria Jerusalem,
tu laetitia Israel.   14, 1. *W Grimm* xxxviii, 12.   2. xxxii, 16. *Arnstein.
Marienl.* 230.   3. xxxv, 29.   4. *aus Isidor, s. zu* 4, 1; *vgl.* eccles. 24, 12 et
qui creavit me, requievit in tabernaculo meo; *W Grimm* xxxvi, 11. *Arnstein. Ma-
rienl.* 276.   5. wegunte.   7. *nach dem refrain fügte eine hand des XIV jhs.
noch hinzu* Ich pin hye vnd awch dort .. du so wil awch ich   *Scherer aao. be-
merkt dass das lied sich in gruppen von* 3, 3, 2, 3, 3 *strophen gliedert. die beiden
str.* 7. 8, *die die mitte bilden und beide mit* Do *beginnen, enthalten das hauptfactum,*

die geburt Christi und die ersten 1—3 *haben* den historischen eingang, 9—11 die anrufung im anfang mit einander gemein.

XL.

Vorauer hs. bl. 93ᶜ—94ᵃ. *JDiemer deutsche gedichte des* XI *und* XII *jh. Wien* 1849 *s.* 69, 6—72, 8. Die *Vorauer hs.* ist zum teil aus sammelhss. hervorgegangen. die erste hs. der art, die nach der kaiserchr. aufgenommen wurde, enthielt eine genesis 47ᵃ—87ᵈ, dann ähnlich wie die Wiener und Milstäter hs. als fortsetzung 87ᵈ—93ᶜ eine *bearbeitung der biblischen geschichte* bis zum fall von *Jericho*, teils nach der exodus (*Diemer* 32, 1—62, 2), *nach* numer. 21, 6—9 (*Diem.* 62, 3—14), exod. 17, 8—13 (*Diem.* 62, 14—26), *Jos.* 2, 1*ff.* (*Diem.* 63, 4—27), *numer.* 13, 24*ff.* 14, 1*ff.* (*Diem.* 63, 27—65, 8), *numer.* 20, 12. 13 (*Diem.* 66, 9—15), *teils nach apocryphen und abgeleiteten quellen, die* **der herausgeber zum** *teil nachgewiesen hat; so für die erzählung vom tode Mosis* 66, 16—67, 22. *auch vom übergang über den Jordan wird* 67, 22—68, 29 *nicht nach Jos.* 3. 4 *berichtet. mit* **den** **'***versen* 69, 3—6 Da plisen di snelle. siben horn shelle. si gingen darumbe siben stunt. da fil dev mûre sa ze stnnt. (=*Jos.* 6, 13—20) *bricht dann die erzählung mitten in einer zeile ab und es beginnt das Marienlob ohne ein zeichen eines neuen anfangs, mit keinem gröfseren anfangsbuchstaben, als die abschnitte der voraufgehenden erzählung. ganz ebenso schliefst sich daran* **wieder** 94ᵃ—96ᵃ (*Diem.* 72, 8—85, 3) *die geschichte Balaams nach numer.* 22—25 **mit** *einer beschreibung des israelitischen heeres, der bundeslade und der stiftshütte mit mystischen deutungen und betrachtungen. auch dies gedicht bricht ab, als der dichter von der langen abschweifung* (*Diem.* 84, 24 hic tuon ich widerchêre, lange twâle hân ich getân) *eben wieder zur erzählung zurückkehrt. es folgt dann noch* 96ᵃ—96ᵈ (*Diem.* 85, 4 —90, **10**), *mit einer neuen zeile und gröfserem anfangsbuchstaben beginnend, das von Wackernagel* (litteraturgesch. s. 273) 'himmel und hölle' *benannte gedicht von der zukunft nach dem tode, das sich gegen den schluss* (*Diem.* 89, 13) *selbst* 'diu wârheit' *betitelt. über die zweite in die Vorauer aufgenommene sammelhs. s. zu* XXXIV. *charakteristisch für die orthographie dieser ersten hs., mit ausnahme etwa des letzten stückes, der wahrheit, ist die bezeichnung der meisten diphthonge; sehr gewöhnlich ist* i *für* ie, (im *Marienlob nur einmal* 3, 18 vierde), *ziemlich häufig auch* u *für* û, ev *für* iu, *seltener* ai *für* ei. *da indes diese eigenheiten sich auch in anderen teilen der sammlung finden, wo sonst eine andere orthographie vorherscht, so lässt sich durchaus nicht bestimmen wie viel davon der vorlage oder erst dem abschreiber angehört. daher und um auch nicht zu einer falschen vorstellung von dem dialekt des stückes zu verleiten, schien es angemessener die grammatisch richtigere bezeichnung der doppellaute herzustellen.* 1, 2. di wisen ez nine   4. chuntiger   6. gelovben   9. geburte div waʒ *vgl. Ezzo* XXXI 8, 11. 10. niucheinev   11. mere   13. unde   14. des heiligen geistes   15. muter **des**   17. wahsse *der* **vers** *steht in der hs. vor* 16 *und die lücke* 18—20 *ist nicht bezeichnet.*   22. *der ausdruck war, wie es scheint, sonst in der mittelalterlichen theologie für die sache nicht sehr gebräuchlich. einiger mafsen vergleichen lässt sich Honorius* in elucidarium 1, 18 *p.* 1122 *Migne:* quattuor modis facit deus homines — quarto **modo de** sola femina, quod privilegium Christo soli reservatum est. *vgl. Hartmanns* **Credo** 720 di êre hât sin eine vor allen andern frouwen.   23. ni nehein   24. unserre frôwen altersein.   2, 1. *Jesaias* 11, 1. 10 egredietur virga de radice

Jesse, et flos de radice eius ascendet. — in die illa radix Jesse, qui stat in signum populorum, ipsum gentes deprecabuntur; *act. apost.* 13, 22. **23** inveni David filium Jesse — huius deus **ex** semine secundum promissionem eduxit Israel salvatorem Jesum; *Rom.* 15, 12 **et** rursus Isaias ait 'erit **radix Jesse** et qui exsurget regere gentes, **in eum gentes sperabunt**'. *vgl. zu* XXXIX 6, 1*ff.*   5. **er was wilent**   6. unde **chot si solte**   7. **der selbe man**   9. **gewaltiger**   10. **wilent** des   11. inphi   2 *reg.* 7, 12*f.* suscitabo semen tuum post te, quod egredietur de utero tuo et firmabo **regnum eius**; ipse aedificabit **domum nomini meo** et stabiliam thronum regni eius usque in sempiternum; *psalm* 131, 11 juravit dominus David veritatem et non frustrabitur eam: de fructu ventris tui ponam super sedem tuam. *vgl.* 3 *reg.* 5, 5. 8, 19. 1 *par.* 17, 11 *f.* 22, 10. *act. ap.* 2, 30.   12. **irgi**.   13. **wucher**   15. **gesyãr**   20. **des riches**   21. *die letzte der Notkerischen sequenzen einer Münchner hs. des* XI *jhs.* (*bei* Mone *lat. hymn. nr.* 3 *z.* 11 *und* Piper *Clementis Alex. hymn. in Christum* 1835 *s.* 50) *schliefst* angelus et sponsus pastorque propheta sacerdos, ἀϑάνατος, ἰσχυρός ὁ ϑεός, παντοκράτωρ 'Ἰησοῦς **salvificet** nos, sit cui secla per omnia δόξα; *ähnlich* **wird** *Christus in der Münchner* **hs.** *cod. lat.* 23374 (*s. zu* XLVII, 3) *bl.* **15**ᵇ *p.* 216ᵃ *angerufen* unitas angelus ayos yschiros athanatos *und im cod. germ.* 821 *bl.* **201**ᵃᵇ *anz. des german. mus.* 1869 *s.* 46 *ff.* Wido *de nominibus Christi in Pitra spicilegium Solesmens.* III, 448 *entlehnt aus Isidor etym.* 7, 1, 3: Primum apud Hebraeos dei nomen El dicitur, quod alii deum, alii etymologiam eius exprimentes ἰσχυρὸν id est 'fortem' interpretati sunt. *die namen oder beinamen stammen aus dem alten trisagion* **der** *kirche,* **das** *mindestens schon im fünften jh. im gebrauch war:* ἅγιος ὁ ϑεός, ἅγιος ἰσχυρός, ἅγιος ἀϑάνατος, ἐλέησον ἡμῶν.   24. *das alte wort* widerwinne (*ags.* viderviona *gl. Prud. bei Mone anz.* 1839 *s.* 242) *findet sich im* XII. XIII *jh. aufser dem Alexander* 2656 **Mafsm.**, *Hartmanns* **Credo** 1727 **daz wir suln minnen unse** winnen *l.* widerwinnen, *und dem Lanzelet* 4548 *nur in entschieden österreichischen quellen häufiger, mhd. wb.* 3, 713, *vgl. zur gesch. der Nib. s.* 86.   **3**, 2. **er chot eine blumen solte**   3. **tivre unde gűte**   4. **edele unde frűte**   6. **der in**   7. **gezirde**   8. **div teler in habent unde niht die berge** *vgl.* 5, 11. 12.   9. **uber den's**, *zu* 2, 1. *Jesai.* 11, 2. 3 et requiescet super eum spiritus domini, spiritus sapientiae et intellectus, spiritus consilii et fortitudinis, spiritus scientiae et pietatis, et replebit eum spiritus timoris domini. *vgl.* XXXVIII 38; *Leysers predigten* 90, 28 *ff.* (*schon von Diemer angeführt*) úf der bluomen, daz ist úf unserm herren Jhêsu Cristo, sô ruowete der geist der wisheit und der geist der vernunft, der geiste des rátis und der geiste der sterke, der geist der kunst und der geist der guote, und der geist der gotis vorhte sol in ervullen und bewurzelen; *Arnolts lobgedicht auf den heiligen geist bei Diemer* 335, 18—337, 23, *spec. eccles. s.* 179 *Kolle, paternoster* XLIII 3, 1 *ff. usw.*   12. **nimen**. *der sinn ist* 'niemand *soll eine andre meinung davon haben, darüber anders denken und anderes behaupten'. die versicherungs- und beteuerungsformel des oder* zwãre *des phlige ich mich ist bisher fast nur aus der Wiener und Milstäter exodus* (*Diemer genes. und ex.* 2, 202; *mhd. wb.* 2, 498) *und aus der Vorauer exodus* 41, 19 *Diem. nachgewiesen, abermals ein fingerzeig für die herkunft unseres gedichts*.   13. **eriste**   14. **andere virmistst**   16. **den in**   *JGrimm gramm.* 4, 175, *myth.* 19, *Haupt zu Neifen* 12, 15. **4**, 1. **bezeichenet di maget**.   2. **fon eineme** *an pereHaft folgt noch von der gotes* (magenchrefte *ergänzte Diemer*) ane mannes winescefte   3. **div blůme**   4. **sce Marin**   5. **inphi**   6. **tailnunftekeliher hi**   *Isidorus de fide catholica contra Judaeos* 1, 9, 3 ideo autem tanta dona spiritus super eum praedicantur (*aao. des Jesaias*), quia in eum non ad mensuram spiritus inhabitat sanctus, sicut in nobis, sed tota inest plenitudo divinitatis et gratiarum. 10. bûwet 16. hôrtet der knet. *ist das jüngste gericht gemeint, so ist* kneht *wohl nicht* servus, *sondern der junge leichtsinnige mann und der unterschied des* timor servilis *und* filialis (*zu* XXXIV 18, 3—10) *spielt hier und v.* 23 *f. nicht hinein.* 19. reffet *W Grimm zu Ruland* 10, 22; *litanei* 160. 868. *Mafsm.* 20. unde 21. unde di diwe 22. triwe *vom rechte* (*karajans sprachdenkmäler*) 7, 14 di hěrren und die chnehte, die vrouwen joch die diuwe, die schulen haben triuwe; 8, 4 *ff.* Wil der hěrre und der chneht bède minnen daz reht, sô sagent diu buoch zwâre, si werdent ebenhère. wil diu vrouwe und diu diuwe minnen die triuwe, sô sagent diu buoch zwâre, si werdent ebenhère .... die schalche und die diuwe, minnent si die triuwe, ir armuot sint nie sô gróz, die werdent der hêristen gnôz. 23. sver dinot *diu wârheit* 57, 28 *Diem.* hab wir im wol gedienot, des wirt uns gelônot. 5, 2. unde chumegin. 8. mohte genûge 10. edelev libev frowe 11. dir ist *cantic.* 2, 1 ego sum flos campi et lilium convallium; *vgl. zu* XXXIX 4, 2; *Hartmanns Credo* 713 di gebar daz scône lilium, daz dâ heizet convallium; 737 *ff.* der stam der heizet Jessê, de cuius radice virga floruit, germen protulit, dan ûz wuobs ein ruote heilich unde guote: daz ist die veltbluome, der cristenheit ze rnome. 13. devmůte *Honorius sig. s. Mariae* c. 2 *p.* 502 ipsa lilium convallium, id est ornatus humilium parentum; *vgl. p.* 382. 905. 15. Der 16. er ne *cantic.* 4, 10. 11 et odor unguentorum tuorum super omnia aromata, favus distillans labia tua, sponsa, mel et lac sub lingua tua. 18. also *vgl. W Grimm* XLI, 18 *ff.*

XLI.

Pergamenths. nr. 39/17 *der Grätzer universitätsbibliothek.* XIV (*der betreffende teil wohl* XII) *jh. bl.* 8. *stammt aus dem stifte SLambrecht. J Diemer deutsche gedichte des* XI *und* XII *jh.* (1849) *s.* 384 *vgl. s.* LI. *die hs. bezeichnet nur den umlaut des* â, *z.* 2 *durch* e (selten), *sonst durch* æ. *wo sie* ch *für* k *hat, ist letzteres gesetzt. für* unde *und* -er *die gewöhnlichen abkürzungen. z.* 21. vate^5 1. Maris 2. ce immer 3. 20. muter 19. wucher 4. die 5. diu verslozzen geb*æ*re: *die verbesserung nach dem lateinischen original. der* ist *eingeschoben weil in dem gedichte die senkung nur innerhalb eines wortes oder zwischen der vorletzten und letzten hebung fehlt.* 6. die sunne der 7. maidelicher 8. mit mennesklicher nature: *es war wohl besser* ahte (: brâhte) *zu schreiben wie* Maria *fdgr.* 2, 204, 9 gotes in mennisken ahte (: mæhte *l.* mahte). 9. got ce. *über die construction hat Hahn zu Tnugdalus* 45, 4 *einiges gesammelt.* 10. aller maget wunne *wird durch reim und vers gefördert. vgl. altd. bll.* 1, 375 Aller magde ejn wunne. *in leben Jesu fdgr.* 1, 132, 20 *wird von Maria gesagt* si ist aller wibe wunne (*vgl.* MF. 10, 9), *und in den lateinischen hymnen heifst sie fast ebenso häufig* decus virginum *als* virgo virginum. *vgl. Mone nr.* 350, 3. 511, 17. 512, 1. 524, 19 *usw.* 14. miñent 15. rehtě 16. genaden 17. aarones gertec 20. wurte du: *vgl. z.* 38 *und* XLII 31. 22. wunsten. prophêtæ] die wissagen 23 *ff. die hier ausgesprochene anschauung vergleicht sich am nächsten der von W Grimm* (goldene schmiede *s.* XXXIV) *belegten* ćon Maria als dem feuer des lebens in dem der alte phoenix sich *verjüngte. in den lateinischen gedichten, wenigstens in Mones Marienliedern (lateinische hymnen bd.* 2) *findet sie sich nicht, so häufig darin auch ähnliche bezeichnungen für Maria sind:* lumen vitae 558, 101. (vitae flumen *in z.* 50 *eines acrostichischen Mariengedichts bei Fr. Haase miscellan. philolog. l. I c.* 4 1863)*. radix vitae* 509, 2. vitae porta 529, 4. vitae via 353, 4. 366, 9. 370, 8. 379, 34 *usw. auch in ThRaynauds nomenclator Marianus* (Marialia 7, 337—445) *kommt der ausdruck* flamma vitae *oder ein ähnlicher nicht vor. ebensowenig in dem gedichte de nominibus beatae Mariae* virginis (XII *jh.*) *bei Pitra spicil Solesm.* 3, 451. 23. eine: *vgl.* XLII 33 allein. 24. Evâ] *ich habe E unbezeichnet gelassen nach str.* 26, 5 *des anhanges zum Heidelberger Freidank (Pfeiffer zur deutschen litteraturgeschichte s.* 84) *wo das metrum unbedingt kürze verlangt. da an vorliegender stelle aus der versetzten betonung* umgekehrt länge *folgen würde, so kann man die aussprache wie got.* Aivva (*griech.* Εὔα) *annehmen.* 25. dē 26. du 29. Wo gnade 30. menneskliche bröde erebant 31. Gabiel. niwer: *vgl. Mone nr.* 347, 1*f.* paranymphus salutat virginem, n o v i partus assignans ordinem. 375, 11*ff.* cui — Gabriel — mira detulit a deo famina, mundo nunquam audita. er *fehlt.* xv. sunt. er sprac 34. Mait 36. Ge: *die dreiteiligkeit geht von der* dritten strophe an durch, *und zwar so dass die stollen auch in den auftacten völlig übereinstimmen.* 37. himilissiv 38. enpfinge . 39. ee wi: *schon von Diemer richtig ergänzt. damit bricht die hs. am ende der zeile ab. die drei letzten erhaltenen zeilen sind den drei ersten metrisch gleich, nur in umgekehrter ordnung. trotzdem ist das gedicht kaum vollständig. es fehlt mindestens die übliche anrufung der jungfrau um ihre fürbitte.*

Den vorliegenden leich wird man zwar für älter als den von Mari, aber mit bezug auf Lachmanns bemerkung (rhein. mus. 1829 *s.* 426) *über die* zunehmende *genauigkeit der reime in* Wernhers Maria (1172) *und Heinrichs* gedicht von des todes hûgede (*zwischen* 1153 und 1163) *jedes falls für jünger als* 1150 *halten müssen; denn von* 18 *reimen sind kaum* 4 *ungenau. und die zu z.* 5 und zu z. 34. 36 *bemerkte beschränkung im fehlen der senkung und im auftacte,* sowie der ganze metrische bau welcher der sequenzenform unmittelbarer nachgebildet ist, *als die älteren von der grundform der deutschen strophe mehr abhängigen ungleichstrophigen gedichte (s. excurs* XXXIV) *deutet* eher auf die *zeit nach als vor* 1170. *die drei ersten strophen sind, wie schon Mone bemerkte, übersetzung der ersten strophen der sequenz* Ave praeclara (*Mone* 2, 355—357 *nr.* 555. *Daniel thesaur. hymnol.* 2, 32), *die also auch darum nicht von Albertus Magnus sein kann, wie sich* PhWackernagel (*das deutsche kirchenlied* 1862 *s.* 146*f.*) *von einem collationbuch des* XV *jh.* einreden *lässt: nach Schubiger s.* 88 *gehört sie vielmehr in die* erste hälfte des XI *jh. jene strophen aber lauten*

    Ave praeclara maris stella,
    in lucem gentium, Maria,
    divinitus orta.

    Euge dei porta,
    quae non aperta

veritatis lumen,
ipsum solem iustitiae,
indutum carne ducis in orbem.
Virgo, decus mundi,
regina caeli,
praeelecta ut sol,
pulchra lunaris ut fulgor,
agnosce omnes te diligentes.

dabei wurde von der ersten strophe, welcher die deutsche metrisch gleich ist, wahrscheinlich auch die melodie (s. darüber den excurs zu XLII) beibehalten. in der vierten strophe

**Te plenam fide
virgam almae stirpis Iesse**
nascituram priores desideraverunt
patres et prophetae

ist an die stelle der radix Iesse *die* virga Aaron *(vgl. zu XXXIX, 1, 2. 6, 1) gesetzt. alles folgende aber weicht gänzlich ab, und es ist nicht wahrscheinlich dass ein anderer lateinischer text zu grunde liege: vgl. zu 23 ff.*

S.

XLII.

A '*Ein pergamentcodex vom kleinsten format, schön und reinlich geschrieben von einer hand des* XII *jhs., einst der überlieferung nach das eigentum der königin Agnes, dann des klosters Muri bis zu dessen störung und plünderung im j.* 1841, *seitdem verschwunden*'. *WWackernagel altdeutsche predigten s.* 285, *der im j.* 1833 *seine auszüge aus der hs. machte. bl.* 32ᵇ—33ᵇ *lateinische gebete; bl.* 33ᵇ—36ᵃ Sequentia de s. Maria; *bl.* 36ᵃ—41ᵇ (*schluss der hs.*) *das gebet* Ewigu magit. frovwa sancta Maria, *das Wackernagel altdeutsche predigten s.* 214—216 *nr.* 74 *aus einer Engelberger hs. bekannt machen wird; vgl. Diutiska* 2, **296f.** *auch die sequenz befand sich früher handschriftlich in Engelberg, wo aber nur eine abschrift im katalog des klosters erhalten ist, welche mit z.* 38 *schliefst; das folgende habe der verfasser des katalogs nicht lesen können.   EGGraff Diutiska* 2 (1827), 294—296.

Lachmann im rheinischen museum für philologie 3, 3 (1829), 425—429. *WWackernagel altdeutsches lesebuch* (1859) 259—262, *nach einer neuen vergleichung der hs. von Muri, aber ohne vollständige angabe ihrer lesarten; so konnte hier nur der titel daraus entnommen werden der durch litteraturgeschichte* 227 *nr.* 13 *und* **altd.** *pred. s.* 287 *ausdrücklich bestätigt wird.   Lachmann dessen text wir fast unverändert geben hat nach Graffs auszügen auch die Engelberger abschrift benutzt und darauf sind bei ihm z.* 5—38 *alle mehr als die schreibung* **berührenden** *abweichungen von der hs. von Muri zurückzuführen. die lesarten der letzteren tragen wir aus Graff ein, lassen aber unangezeigt wenn in der hs.* i *für unbetontes* e, -u *für* -iu, û *für* uo, ch *f.* k, c *f.* k (41. cleine 66. cam), c *f.* ch (29. brac) *steht. den umlaut bezeichnet sie nur dreimal bei* â (5. gibere 21. uirneme 33. selde).   **B cod.**

lat. 935 *der k. bibliothek zu München*, **das** *sogen. gebetbuch der heiligen Hildegard.
enthält das gedicht von* z. 40 *an in mitteldeutscher mundart* (drûge dôt hantgedât
drôsde, gûdes senfde; **i** *f.* ie; 56 wêz, 65 seêde; 65 du *f.* diu; 58 he, 59. 60 her *f.*
er; 43 di *f.* der; sê *f.* sehe; 52 verlochenen *usw.*) *mit vielen vollen endungen* (cunen-
ginna frowa wâron **selbo**). *hier wurde nur eingetragen was von der lautgestalt un-
abhängig ist. der text erscheint uns interessant für die verbreitung des gedichtes,
fast wertlos für die kritik. der anfang der strophen mehrfach unbezeichnet,* i *häufig
accentuiert.* FHeinz *in den sitzungsberichten der Münchener akademie* 1870 *bd.* 2,
§13. 114. 1. Lichtu maris stella *A*. 2. alri *A*. *ein fehlt, scheint aber in En-
gelb. zu stehen. vielleicht ist jedoch in genauerer übereinstimmung mit dem rhythmus
des lateinischen* (divinitus órta) *aller* **magde** *lucerne zu schreiben und als besondere
zeile abzutrennen.* 3. **Frôwe** *A*. **cella** *A*. 4. capelle] porta *A*. 'es ist
leicht **zu bemerken dass die vier** *ersten reime auf lateinisches* à [die also wohl beide
hss. **haben**] *für dieses gedicht* **zu roh sind**. **und die** *vierte zeile ist für ein singbares
liedzuunregelmäfsig. wie manzu lesen habe, ist so offenbar, dass man es kaum sagen
darf. man muss das latein übersetzen*: vil liehter meres sterne: ein lucerne. gotes
zelle: beslozzeniu capelle. *der letzte ausdruck stimmt mit der stelle woraus er ent-
lehnt ist, Ezech.* 44, 17: porta sanctuarii.' *Lachmann*. 6. uü *A*. *immer aufser* 38
un, 37. 50. 59. 62 unde; *B* 46 unt, 68 unde. 7. vas *A*. 12. gelonben] lobin *A*:
gilobin *Wackernagel im widerspruche mit dem inhalte des gedichtes das dadurch
als ein lob der trinität angekündigt würde*. 15. cua *A*. 17. heru *A*. 18.
dur *fehlt A*. 20. 'brähte haben beide handschriften: ich denke nähte'. *Lach-
mann. vgl. jedoch Maria fdgr.* 2, 147, 34. au bedenche, frowe, grôze, waz dir der
engel brâhte, dô got an dir bedâhte *ff*. 22. ers *A*. 23. Din *A*. 24. disem]
deme *A*. 35. 36. W Grimm g. sm. XXXII. Erlös. 2676 die hêre gluckes schibe
Marien durch ir ôren scheip. *Mone lat. hymnen nr.* 370, 27 *f*. auris et mens per-
via deo sunt ingressus. 419, 9 *ff*. mirantur ergo saecula quod aure virgo concipit.
454, 1—3 (=455, 1—3) gaude virgo, mater Christi, quae per aurem concepisti
Gabriele nuntio. 37. ivdia cristin *A*. 38. endlos *Engelb*. 40. zu *B*.
irchos *A*. 41. du nis sie (?) *B*. 42. in *A*, iovh *B*. vil *fehlt A*. 43.
lebendige *B*. 44. 45. got selbe. der sinin *AB*: 'die verbesserung ist nicht ganz
sicher' *Lachmann. Wackernagel behält die überlieferung bei und schreibt* z. 36 frowe.
aber auf die verkürzte form, die er freilich auch zeile 56 *und zwar ganz ohne grund
setzt, führt in diesem gedichte nichts. und Lachmanns meinung wird durch das latein
bestätigt, wo den* z. 35. 36 (=43. 44) *nur mit anderer versabteilung* mirum in módum |
quem és enixá *entspricht*. 46. *durch unterlassung der elision* brüst' in und indem
er hier und 38 unde schreibt, bringt *W ackernagel eine zeile heraus die den drei ersten
der Nibelungenstrophe gleicht. die entsprechenden lateinischen zeilen* regnantem caelo
aeternaliter *und* abducto velo datur prospici *zeigen jedoch dass Lachmann mit recht
die überlieferung beibehielt*. wie *A*, phing *B*. 47. o woch *B*. 49. suanne *B*.
nemme *A*. 50. *hier und* 54 *wird wieder W ackernagels annahme einer caesur
nach* frouwe daz *und nach* dîme sune *durch das latein widerlegt. eher scheint die
melodie mit* frouwe *und mit* dîme *abzusetzen*. des gelobe des an dirre chenne *B*,
gilobe *auch A*. 51. gudes *B*. 52. uirlogin *A*, verlochenen *B*. der irbarmide
A, dirbarmunge *B*. 53. du *fehlt B*. ie *A*, hi *B*. 54. welte *A*, werlende *B*.
so du in *A*, du du en *B*. phinge *B*. 55. dich *A*, du *B*. 56. umb in *A*, hin
zu imo *B*. du in *AB*. senfde *B*. **57**. dich *A*, dir *B*. sun *A*, frowa *B*.

niemir uirziehen *A*, nimer versehen *B*.   58. Nu bit in *B*.   waron *B*.
rôwe *A*, rûen *B*.   uirliebin *A*, virlien *B*.   59 *und* 62. Und *fehlt B*| Unde *Wackernagel: das latein hat aber* da fontem boni visere *und* quo hausto sapientiae.
   in *B geht* 62—64 *voraus und* 59—61 *folgt nach, offenbar nur durch irrtum des schreibers der* zuerst aus 59 in 62 *hineingeriet, verführt durch den gleichen anfang, und dann das versemnte nachholte.*   60. menischeit *A*, cristenheit *B*.   61. menisliche *A*, mensliche *B*.   62. drie *A*.   63. cristenlichir *A*, menslichen *B: Wackernagel behält A bei und bezeichnet z.* 60 *vor die eine lücke. auch hier gibt lat.* ea puros mentis oculos *und* saporem vitae valeat *Lachmann recht.*   65. hilf *AB*.   so *A*, da *B*.   66. da cü mir *B*.   67. wan *A*, uon *B*.   gelobe *A*, geloven *B*.   68. beidiv *A*.

---

395   *Lachmann suchte aao. die zeit der abfassung des vorliegenden leiches näher zu bestimmen und schloss aus dem mangel überschlagender reime, er sei trotz seinen genau gebundenen zeilen vor der durchgesetzten regelmäfsigkeit des reimes, also vor den neunziger jahren des XII jh. gedichtet. zur bestätigung dieser ansicht könnte es dienen, wenn wirklich, wie es den anschein hat, im dritten stollenpaare (z.* 23. 25 scam: man, 29. 31 brach: iedoch), *wie nach W Grimms meinung (zur geschichte des reims s.* 50*f.) in einigen strophen der Nibelunge, ungenau gereimte cäsuren zu erkennen sind. Lachmann sagt ferner s.* 425, *der dichter habe wohl den hymnus* Ave maris stella *vor augen gehabt, er folge aber mehr seiner ordnung als seinem zusammenhange. es war ihm also die viel nähere verwantschaft des leiches mit der berühmten sequenz* Ave praeclara *entgangen. dass er eine nachbildung derselben sei (Schubiger s.* 88) *ist freilich zu viel gesagt; aber er ist auf ihre melodie gedichtet, die* 1858 p. *A Schubiger (die sängerschule S Gallens, exempla nr.* 56) *aus einer Einsiedler hs. neu herausgab. nur muss man dabei nicht an eine übereinstimmung von note zu note denken; denn an kleinen modificationen der melodie die sich als notwendig erweisen fehlt es nicht. aber solche finden sich auch in der überlieferten melodie selbst und sonst in fällen wo nachweislich und unzweifelhaft zwei texte nach derselben melodie gehen. zb. die von Lachmann s.* 434 *mitgeteilte sequenz in* natale s. Stephani protomartyris (*Pez thesaur.* 1, 1, 20 c. 4, *Mone nr.* 1159, *Daniel* 2, 6) *geht nach der melodie* Concordia (*Schubiger s.* 45), *aber lässt sich derselben nicht ohne änderung unterlegen. wie sie zu einer sequenz de* s. Petro et Paulo (*Pez thesaur.* 1, 1, 28 c. 16, *Daniel* 2, 19) *von Schubiger exempla nr.* 26 *herausgegeben ist: dactylus tritt für trochaeus ein und umgekehrt, zweimal differiert die länge der zeilen um* 2 *silben, einmal sind sonst gleiche zeilen rhythmisch verschieden. ähnlich verhalten sich die sequenz* Ave praeclara *und unser leich zu einander. einige male erklärt sich die abweichung ihres textes sogleich aus der überlieferten gestalt der melodie. so entspricht zwar den silben* (beslozze)niu cappel(le) *im lateinischen nur* (a)per(ta), *aber die melodie verweilt mit vier noten auf* -per-. *nicht anders ist z.* 7 reine ein vaz *lat.* carne, 9. küniginne *lat.* caeli, 11. hêren geist *lat.* omnes, 13. ân ende *lat.* fide, 17. (frou)we hêre *lat.* vitae. *andere male ist eine veränderung der melodie nötig um ihr die deutschen worte anzupassen. und zwar eine kürzung nur an einer stelle z.* 52 (=56) *wenigstens wahrscheinlich, wo das lat. zwei silben mehr hat, die gleichheit aber hergestellt wird, wenn man einen dreimal wiederholten ton nur einmal nimmt. die erweiterungen beschränken sich stets auf*

hinzufügung eines tones, meist auf hinzufügung oder verdoppelung eines auftactes. trotz der gleichheit der melodie ist der Marienleich von Muri, wie schon erwähnt, durchaus keine nachbildung oder übersetzung der sequenz Ave praeclara, wie man nach der ersten zeile allerdings vermuten könnte. gleich die folgende in lucem gentium Maria divinitus orta wird ganz anders gewendet, nur der ausdruck ein lieht der cristenheit nach dem lat. lux gentium gebildet. ebenso weicht die zweite strophe des leichs von z. 2 an ab, und im folgenden erinnern nur einzelne wendungen und ausdrücke, die an derselben stelle aber in anderem zusammenhange vorkommen, daran dass der lateinische text dem dichter vorlag. so z. 9 des himels küniginne = regina caeli, z. 20 die erwähnung der botschaft Gabriels, z. 29 der die helle brach vgl. tuque furentem Leviathan serpentem tortuosumque et vectem collidens, z. 35. 36. vgl. mirum in modum quem es enixa, z. 43 daz lebende brôt vgl. manna verum, panis caeli: das genau entsprechende panis vivus ist, aus Iohann. 6, 41. 51, in den hymnen sehr häufig. vollkommene übereinstimmung herscht wieder zwischen z. 57 und Audi nos, nam te filius nihil negans honorat, entferniere zwischen den schlussstrophen, ausserdem hat dem dichter vielleicht der hymnus Ave maris vorgeschwebt: man vgl. z. 13—15. 33 mit den beiden ersten strophen:

>   Ave maris stella,   dei mater alma
>   atque semper virgo,   felix caeli porta.
>   Sumens illud ave   Gabrielis ore,
>   funda nos in pace   mutans Evae nomen —

und einzelnes andere von geringerer sicherheit. was übrig bleibt sind so wenige und einfache gedanken dass sie von unseres dichters eigener erfindung sein könnten, wäre nicht auf diesem gebiete jahrhunderte hindurch so viel vorgearbeitet worden, dass auch einem fruchtbaren kopfe kaum etwas zu erfinden blieb.

S.

XLIII.

A pergamenths. nr. 652 der universitätsbibliothek zu Innsbruck, besteht aus fragmenten verschiedenen inhalts. das vorliegende gedicht steht mit XLIV und den von Zingerle Germ. 12, 463—469 veröffentlichten recepten auf einer besonderen einst, wie die abgeriebene vorder- und rückseite beweisen, selbständigen lage; es ist die zehnte von acht blättern, die seite zu 23 zeilen: sie ist von einer hand des XII jh. gleichmäßig und sorgfältig geschrieben, die gedichte in fortlaufenden zeilen, die strophen abgesetzt, deren anfangsbuchstaben fehlend. die schrift hat an manchen stellen durch feuchtigkeit gelitten. die überlieferte orthographie habe ich im wesentlichen beibehalten, nur i f. ie, u f. uo, u f. iu, ei f. ai, th f. ht und die öfters begegnenden längezeichen auf kurzen silben stillschweigend geändert, i wo es verschleift werden muss durch e ersetzt. FJ Mone anzeiger für kunde der deutschen vorzeit 8 (1839), 39—44. hier nach einer für Pfeiffer gefertigten abschrift Zingerles, der so freundlich war noch eine anzahl fraglicher stellen für mich nachzusehen. B hs. der bibliothek des vereines für die geschichte und landeskunde Kärntens zu Klagenfurt, stammt aus dem kloster Milstat, 167 bll. 8° XII jh. unser gedicht steht auf bl. 164ᵇ—167ᵇ nach einer poetischen beichte oder sündenklage und vor dem anfange des in der Vorauer hs. vollständig erhaltenen gedichtes vom himmlischen Jeruzalem. die hs. ist hier durch nässe stark beschädigt, so dass ein vollständiges bild ihrer überlieferung zu geben unmöglich war. dagegen ist, wo sie irgend zur verbesserung des textes beitrug, dies stets ausdrücklich angemerkt, also wo eine lesart von *A* allein angegeben wird stets zu ergänzen 'in *B* nicht erhalten.' ThGvKarajan deutsche sprachdenkmale des XII jh. (1846) s. 67—70. ich konnte durch die rühmenswerte gefälligkeit der vorstände des kärntnischen geschichtsvereins die hs. selbst bequem in Wien benutzen. **1, 1. nach** Mone soll der eingang des gedichtes fehlen, aber **auch B** scheint nicht mehr gehabt zu haben und man vermisst nichts. **diu** gotes **wishait**: 1 Cor. 1, 24 Christum dei virtutem et dei sapientiam. *Isid. de differ. rerum* 7 § 19 (opp. ed. *Arevalo* 5, 81) *und Notker sequ.* c. 37 (*Pez thes.* **1, 1,** 41) *zählen* Sapientia *unter den* **namen** *des sohnes gottes auf, und lateinische hymnen an ihn* (Mone nr. 82. **342.** vgl. 3, 4. **113,** 19) *beginnen* Patris sapientia *oder* O dei sapientia. vgl. *Notker ps.* 103, 24 Hattemer 2, **373**[b]. *Hartmanns Credo* 276 f. *Leyser pred.* 46, 19. pred. Mone anz. 8, 426. *Erlösung* **hrsg.** *von Bartsch* 377. 699. 5582. *Mone schausp. des MA* nr. 8, 122. 130 *usw. damit ist nicht zusammenzuwerfen, wenn die trinität in die formel* 'macht weisheit güte' *gefasst wird* (vgl. *Diemer zu Genes. und Exod.* 5, 3—7; *die Hohenburger wahrscheinlich in die zeit der äbtissin Richlint fallende erklärung des hohenliedes* 2, 19—21 vgl. s. 165; *Türlin Krone* 2391 ff. *Koneman kaland* 688; *Langenstein Mart.* 309, 34—40; *buch der väter prolog Wiener sitzungsberichte* 69, 74 *; *Jeroschin prolog usw.*) *was auf Abaelards lehre beruht und wovon die Vorauer Genesis, deren abfassungszeit sich hiedurch näher bestimmt, das erste deutsche beispiel gibt.* 2. meneschait *A.* 3. minne unt vorhten: vgl. damit wie mit dem inhalte der strophe überhaupt summa theol. str. 3. 7. die *A.* 9. 10. es reimen mit klingendem ausgange drei hebungen auf vier, wie 2, 7 f. 11 f. 3, 4 f., **also nur in den** drei ersten strophen. so ist in den str. 4—6 (und 16. 17) die letzte, in **13—15** die letzte und vorletzte zeile um eine hebung verlängert. mithin wechselte wahrscheinlich die melodie

---

* **Die von J.Haupt ebenda** s. 144—146 *herausgegebenen Bruchstücke eines gedichts des* **XIV** *jh. enthalten die variation* 'gewalt weisheit treue'. *Anselmus* **und** *nach ihm Honorius sagten* 'gewalt weisheit liebe' (vgl. schon Älfric bei Grein prosastbl. s. **2,** 8—12). *die abaelardische formel ist der ganzen mittelalterlichen theologie vom XII jh. an sehr geläufig. deshalb ketzerischen ansehens das ihr Abaelard und seine anhänger gegeben hatten,* qui ao inclabant profundum scientiae trinitatis mysterium ad plenum cognoscere, *war sie bald entkleidet. meister Eckhart zs* 15, 399, 46 *schrieb sie fälschlich dem Augustinus zu. dass sie aber wirklich von Abaelard zuerst aufgestellt worden, wogegen Rémusat Abélard* 2, 306. 307 *völlig grundlose einwendungen erhob, geht hinlänglich aus den zahlreichen gegenschriften bei ihrem bekanntwerden xb. aus dem* **bei** *Pez thes. anecd.* 2, 2, 53—72 *gedruckten* tractatus magistri Galtheri (d. i. *ohne zweifel Gautier de Mortagne: man vgl. seinen brief an Abaelard bei Dachéry spicil.* 3, 524—526, *Duboulai hist. univ. Par.* 2, 65—72) de trinitate c. 13 *hervor. zunächst findet sie sich dann bei Abaelards zeitgenossen Wilhelm von Conches* philosophi mundi 1, 11 (*Honorius* ed. Migne **p.** 45). — *Bezüglich der Vorauer Genesis will ich hier noch bemerken, dass ihr verfasser, wie es scheint, durch Anselmus p.* 100[b]B *Gerber. veranlasst worden ist, die schöpfung Adams nicht einfach nach genes. c.* 2 *zu erzählen, sondern aus genes. c.* 5, 2 *die äußerung* **er** *hiess xiu beidiu Adam aufzunehmen, wofür er im Anegenge* 15, 63 *getadelt wird. dieses seinerseits ist jünger als die predigt Bernhards von Clairvaux, worin zuerst der entschluss der erlösung auf einen processartigen vorgang im himmel zurückgeführt wurde.* s. *Weinhold weihnachtspiele* s. 286; *Palm Rethun* s. 106.

— XLIII —

von drei zu *drei strophen. doch muss, da die gesamtzahl der strophen 20 beträgt, eine melodie, wohl die von str.* 16. 17, *nur zweimal gebraucht sein: blofs in der gruppe dieser beiden strophen ist auch,* zwei zeilen von *vier hebungen mit klingendem ausgange zu binden, unerlaubt. der* feste punkt *von dem die untersuchung ausgeht sind natürlich die str.* 13—15. *dem stoffe nach würde man, da von str.* 6 *an je zwei strophen auf éine bitte kommen, abgesehen von der eingangs- und schlussstrophe, eher paarweise zusammengehörigkeit annehmen. es stimmt also hier auffallender weise die sachliche gliederung mit der musikalischen durchaus nicht überein.* 9. furhten *B, in A scheint* namen zu stehen. 10. mit suniliehen dingen] *Exodus* 159, 6 *Diem. daz wären* sunelichiu dinch, *vgl. Haupt zu Engelhard* 35. **2**, 1. Ein] Mowe Sin gebeth *A*. 6. mennisch *B*, menske *A*. 7. 8. *vgl. str.* 29 8. ioch *A*, unde *B*. ze der *B*. 9. gebet *A*, bete *B*: gebete *wird durch die unten im excurs anzuführende stelle aus Kelles spec. eccl. geschützt.* 10. sibenne *A*. ocuch *A*. *die zeile fehlte in B*. 12. ewartes *B*, wartes *A*. **3**, 1—8. *vgl. zu Marienlob* 3, 11 des obristen gotes. *vgl. Jüdel* 133, 46 muoter des obristen gotes.

2. daz ist *B*. gebe *A*. zaller *A*. ... direst (*ein stückchen* r *vor* d *noch sichtbar; zweifelhaft ob der drittletzte buchstab* o *oder* e) *B*, uorderest *A*. 3. ver wizzenhait *A*. *die überladung der ersten hebung begegnet in diesem gedichte sehr oft.* 5. sterche *B*, sterch *A*. 6. ûr vorist *A: die verbesserung ist nicht sicher*.

8. dei *B*. 9. 10. *prov.* 9, 1 sapientia aedificavit sibi domum, excidit columnas septem. 9. disenen sibenen *A*, ... siben *B*. 10. suolin *A*. 11. dei siben cherzestal *müsten dem wortlaute nach auf die* septem candelabra *der apocal.* 1, 12. 20 *bezogen werden, meinen aber* wohl die septem lucernae *Zach.* 4, 2; *vgl. Leyser pred.* 90, 42 die siben gâben des heiligen geistes, die sint bezeichnet mit den siben lüchteren oder lüchtvazzen von den her Zacharjas der prophêta geseriben hât in sînem bûche. wane der h. geist mûz allez daz erlüchten mit sînen genâden daz immer cumen sol vor gotis ougen 12. die uns luthen *A*, ... erlöhtent uns *B*. gotes sal] *s. zu siebenzahl* 2, 10. **4**. *vgl. Rom.* 8, 15 non enim accepistis spiritum servitutis iterum in timore, sed accepistis spiritum adoptionis filiorum in quo clamamus: Abba (Pater). 3. duuanch *A*. 5. 6. *vgl. Gal.* 3, 24. itaque lex paedagogus noster fuit in Christo. *die beiden zeilen sind die entbehrlichsten der strophe, welche nicht allein vor allen andern* 14 *zeilen gehabt haben kann. gemeinschaftliche* fehler haben *A* und *B auch sonst, zb.* 4, 14 *und* 12, 2. 3. *übrigens wäre es nicht unmöglich dass der verfasser selbst die beiden zeilen zu beliebigem wechsel mit* 5. 6 *beigeschrieben hätte.* 5. also *B*. 6. ... teloses *B*, getel (*das folgende unleserlich*) *A*. 7. swn si *B*, so .... sie *A*. 8. phiengen *A*, enphieng .. *B*. 9. ... telich *B*. 10. uorht *B*. was do s..... lich *A*. 11. gnada *A*, 398 ... de *B: letztere hs. scheint keines der* a *in den flexionen mit A geteilt zu haben.* temperet *B*, temprêt *A. Otloh dialogus Pez* 3, 2, 159 testamentum vetus confer ad novum: in veteri quidem iudicium, in novo autem gratiam intelligens. 12. d .... ét *A*, daz reht *B:* von dem schlusse der z. 11 *ist in B nur* uu da erhalten. *vgl. Aneg*. 29, 82. 14. begegenet *B*. im miser ... *B*, iu miseda et caritas *A. dass die überlieferung* unsinn *ist, weil die menschen nicht barmherzigkeit gegen gott üben können, würde auch hr. Bartsch Germ.* 9, 65 *bemerkt haben, wenn er nicht so unglaublich flüchtig wäre. vgl. zb. Ambros. epist.* 2, 77, 7 (*opp.* 2, 1091 *Maur.*) timor *legis est*, caritas evangelii. **5**, 1. eiuen *B*, ein *A*. 2. nam *B*. 5. sunelichen *B*, sunelich *A*. dingen *B*. 7. 8. *Notkers* ausle-

gung des p. n. Habe fratervam caritatem. diu tuot dich wesen sinen sun. 7.
unsera *B*, unseren *A*. 8. tet *B*. 12. den pater *B*, pat. n. *A*. gesingen *B*.
6, 1. allerist *B*, alle crist *A*. *Karaj.* 43, 25. 2. in den *A*. 3. 4. *disputatio puerorum de variis materiis c.* 12 (*Alcuini opp. ed. Froben* 2, 2, 440) a Christo enim christianus derivatur et ideo dum christiani vocamur, Christi nomen tenemus et supplicamus ut opera Christi facere valeamus cet. *Honor. spec. eccl. ed. pr. bl.* 15ᵇ (*Migne p.* 821) a Christo enim christiani dicti estis, et ut in Christo unum corpus efficiamini supplicatis, ut sanctificationem cum eo in regno patris percipiatis. 3.
. am *B*. 5. Christiani *A*, . . . e *B*. 6. same *A*. 9. gnade *A*, genade *B*.
10. des] *'dass wir in deinem namen geheiliget werden.'* vgl. 20, 5. uns *B*, *fehlt A*. daʒ *A*, danne *B*." 12. andirstunt . . . *B*, an der stunt widerborn *A*. werden *fehlt A*, ist ergänzt von Mone*. **7**, 1—3. *Matth.* 5, 9 beati pacifici, quoniam filii dei vocabuntur. 5. suon dage *A*. 6. unze *A*: *in z. S ist unz überliefert, vgl. zu* XXXIV, 26, 1. . ugen *B*. 7. S. *Matth.* 5, 23*f*. Si ergo offers munus tuum ad altare et ibi recordatus fueris, quia frater tuus habet aliquid adversum te, relinque ibi munus tuum ante altare et vade prius reconciliari fratri tuo, et tunc veniens offeres munus tuum. 9. 10. 1 *Reg. c.* 24. 26. 10. sinen *B*, sine *A*. so *AB nach* uiant. 11. 12. 2 *Reg.* 1, 1, 11. 17. 12. der in *B*, der *A*. noth *A*. **8**, 1. pitte *A*, bitten *B*. tagilich *A*, taegeli . . . *B*. 3*f. sermo de oratione dominica in cod. Guelferb. Weifsenb.* 91 bl. 122ᵇ de illo regno dicitur quod erit post finem saeculi. 4. erde ersten *B*, erde noch ersten *A*: stân, gân *hat B immer, für A spricht aber* 20, 7. 8. 5. sin *A*. *vgl. Noth. cant. Moys.* (*Hattemer* 2, 509ᵇ) diabolus unde sine lide; *ps.* 34, 1 er siht die mih âna fehtent, den tiefal unde sine lide; *Konrads von Heinsfurt himmelfahrt Mariae v.* 246 er kündet den wâren vride wider alle des tievels lide. *hier scheint eine umdeutung von lide in lit vorzuliegen.* 6. so gare *B*. vernicht *A*. 7. 8. *von dem conflictus virtutum et vitiorum handelt u. a. Isid. sent.* 2, 37 *und ein pseudoaugustinischer tractat (Aug. opp. t.* VI). 8. tuogende *A*. tugend | *B*. 9. so werden wir *B*, wir werden *A*. rain *A*. 11. 12. *ps.* 109, 1 donec ponam inimicos tuos scabellum pedum tuorum. 11. wirt *B*, wir *A*. 12. gezalt *B*, gezat *A*. **9**, 1. 2. 5. *Matth.* 5, 8 beati mundo corde, quoniam ipsi deum videbunt. 1. riche *A*, . . eh *B*. 3. daʒ *B*, da *A*. stigent ôf *B*, stigen super montem (*Exod.* 19, 11) uiſ *A*. uronen *B*: vrônem *steht durch assimilation an das vorangehende* dem, *Heinzel zu HvMelk* 1, 15. 5. beschouwent *B*. gote . . . *B*. 6. gnêdichait *A*: auch *B*, *das den umlaut des à überhaupt durchführt, hat* . nædichait. 8. *Luc.* 11, 9 Pulsate et aperietur vobis. elhopphent *A*. 9—12. *Exod.* 33, 13. 20. 10. gitrui *A*. 11. gesehen *A*, sehi (e?) . . *B*. **10**. *sermo Weifsenb. de or. dom. bl.* 122ᵇ 'Sicut in caelo et in terra' hoc est: ut angeli faciant voluntatem eius, qui caeli nomine vocantur, ita et nos qui terreni sumus faciamus eam. vel: sicut anima desiderat quae caelestis est, ita et caro nostra faciat voluntatem eius. 2. nothlichiu *A*, notelichiv *B*. 3. 4. . . . hie in erde. sam da *B*, werde din wille sâm iu himile sam in herde *A*. 5. in *fehlt A*. 6. engele *A*. 8. dich herro (*über dem o ein kleines* e) *A*. 9. 10. *vgl. zu summa theol. str.* 27. 9. untêr *A*, daʒ tet *B*. heriscar *A*, herischer *B*. 10. so dobe *A*.
399 . . . uelische *B*: *zu ergänzen ohne zweifel* tievelische 12. wern *A*. **11**. 1. 3. *Matth.* 5. 7. beati misericordes, quoniam ipsi misericordiam consequentur 2. vile *A*. irgen *A*. 3. an den *B*. 4. 5. *Col.* 2, 12*f.* consepulti ei

in baptismo, in quo et resurrexistis per fidem operationis dei, qui suscitavit illum a mortuis. et vos cum mortui essetis in delictis et praeputio carnis vestrae convivificavit cum illo.   6. uerwizzenheit *B*.   7. 8. *Rom.* 8, 13 si autem spiritu facta carnis mortificaveritis, vivetis. *vgl.* 1. *Petr.* 3, 18 mortificatus quidem carne, vivificatus autem spiritu.   7. erstarbent *A*.   8. erchuchet *B*.   9—12. *Genes.* 32, 24—30 et ecce vir luctabatur cum eo usque mane. qui cum videret quod eum superare non posset, tetigit nervum femoris eius, et statim emarcuit .... et benedixit ei in eodem loco. ... 'vidi deum facie ad faciem, et salva facta est anima mea.'   9. di erringen *A*.   10. erarn ... *B*.   gesent *A*.   11. gehelcent *A*, irslahent *B*.   crast *A*   12. *vgl. expos. or. dom. Weissenb. bei Eccard catech. p.* 18. *ebenso kürzer disputatio puerorum:* hoc loco panis pro omnibus cibis accipitur de quibus quotidie vivere debemus. precamur etiam pro adsumptione corporis Christi. petimus denique ut nobis se ipsum tribuat qui est panis vivus. *Honor. spec. eccl. bl.* 16ª (*Migne p.* 821) panis cottidianus est victus humanus. rogatis deum ut temporalem substantiam, sine qua non potest humana fragilitas subsistere, cottidie possitis ab eo sine peccato percipere. panis etiam corpus Christi intelligitur, et oratis hoc ut corpore eius iugiter digni estis; et, si non vestro ore, tamen per ora sacerdotum cottidie illud digne accipiatis. per panem quoque doctrina spiritalis accipitur sine qua non plus potest anima vivere quam corpus absque carnali refectione. petitis quidem deum ut hanc vobis cottidie impendat, ne humana fragilitas, ad patriam tendens, in via fame verbi divini deficiat. *vgl. Notkers catechismus z.* 13. 14. *mit keiner dieser erklärungen stimmt also unsere strophe ganz überein.*   2. 3. ... re gip uns unsir tægeli ... gibe uns hivte *B*, gib uns unser tagilich prót daz taliche gib uns hiute *A*.   5. panis angelorum *heifst Christus nach ps.* 77, 25. panem angelorum manducavit homo.   6. de sele *A*.   7. nertwelt *B*, vertivvelt *A*.   9. wizet '*eucharistia*' *mhd. wb.* 3, 792ᵇ.   11. suoz *A*.   12. daz ist *B*.   13, 1. 2. *Matth.* 5, 6 beati qui esuriunt et sitiunt iustitiam, quoniam ipsi saturabuntur.   1. In dri *B*, .. ri *A*.   mani wir *A*, meinen ... *B*.   3. 4. *Eph.* 4, 22. 24 deponere vos secundum pristinam conversationem veterem hominem .... et induite novum hominem.   4. waten *A*.   7. wider *A*, uor *B*.   wort *A*.   8. niht *B*, nieweth *A*.   din *A*.   9—12. *Genes. c.* 22.   9. gebe Ysaac *A*.   10. martyre garte *A*.   12. schaffe gerûhte .. *B*, scapheruoth (*vielleicht* scaphgernoth) *sin A: der genetiv bei* verwesen *kann an sich richtig sein: Schmeller* 4, 175.   14, 1. 11. 12. *vgl. Notkers catechismus* 17. 18.   1. got *B*, gote *A*.   2. dwinget *B*, tuvvinget *A*.   3. wir queden *A*, herre *B*.   ze dioen ... *B*.   6. vergebent *A*.   7—12. *mit bezug auf das gleichnis Matth.* 18, 23—35.   7. geschola *B*.   unsalichlichen *A*, ... æliche *B*.   er gedigit *B*.   9. der *B*.   den gotes zorn *A*.   10. der *B*.   tuofe *A*.   11. ... nem (*d. i.* sinem) brôdir wil er niht ... *B*.   erz claine *A*.   verbegen *A*.   12. er grozze . *B*, er zgroze *A*.   15, 1 *ff. ganz anders Matth.* 5, 5 beati qui lugent, quoniam ipsi consolabuntur.   1. dir disen *A*, sin *B*.   5. *Marc.* 8, 34 *usw.*   6. *Rom.* 8, 17 coheredes autem Christi, si tamen compatimur, ut —   8. *Matth.* 5, 44 orate pro persequentibus et calumniantibus vos.   bettet *B*.   al *fehlt B*.   demo *A*.   9. 10. *Genes.* 20, 7.   10. umbe den chunich Abimelech der *A*. in B *ist von der ganzen zeile nur erhalten* uni ... chonen nam. *da die gröfse einer lücke in der nächsten umgebung dieser zeile durchschnittlich* 22, *höchstens*

25 *buchstaben beträgt, so kann* Abimelech *nicht in B gestanden haben, weil dann
29 buchstaben fehlen würden.* 11. 12. *Genes.* c. 18. 11. ʰclatete de *A.*
uerlor *B.* **16**, 1. mauichslalt *A.* 2. *mit bezug auf den excurs verdient
es angemerkt zu werden, dass Hugo von SVictor stets vier arten der versuchung
unterscheidet.* eine *A.* tarehaft *B.* 3. mivot *A.* 4. *Sap.* 3, 6 tamquam aurum in fornace probavit illos. sam daz *B.* 5. clopphet *A.* 7. demo
A. ahir vor vone *B.* 8. got *B.* 10. voneme *A*, uon dem *B.* 11. *Hrab.
opp.* (*Col. Agripp.* 1626) 3, 152c diabolum qui secundum prophetam (*Jerem.* 50, 23
quomodo confractus est et contritus malleus universae terrae) malleus est universae
terrae. **Bern.** *Claravv. opp.* (*ed. Mabillon* 1719) 1, 1050 tamquam malleus caelestis
opificis factus est (diabolus), malleus universae terrae: terit electos ad eorum utilitatem, reprobos conterit in eorum damnationem. der *B*, de *A.* der *B*, *fehlt A.*
12. uns *B*, *fehlt A.* **17**, 1. 2. *Matth.* 5, 4 beati mites, quoniam ipsi possidebunt
terram. 2. *lies* die destrites *A.* 3. 4. *vgl. cant.* 1, 14. 4, 1 oculi tui columbarum. *Matth.* 10, 16 estote ergo simplices sicut columbae. 3. die *A.*
4. tuoben *A.* 5—12. *vgl. Hugo von SVictor instit. monast.* 1, 1 (*opp. Venet.*
1588. *bd.* 2, 178b) in sacra scriptura tres columbas legendo reperi . . . columbam scilicet Noe, columbam David, columbam Iesu Christi. Noe requies, David
manu fortis, Iesus salvator interpretatur . . . diverte ad quietem mentis, resiste
tentationibus, expecta patienter salutis beneficium. 5. in *A*, obe der *B.*
7 8. *Genes.* 8, 11. 8. di arche demo *A.* 9. unser *A: vgl. zu* XXXIV,
26, 1. 11. viant *A*, ticuil *B.* 12. daz er *B.* zem *A.* **18**, 1. An *B*,
in Mone ditsses *B.* ende *A.* 2. an daz *B.* 4. riche *A.* zarital
A: ps. 83, 7 in valle lacrimarum, in loco quem posuit 6. irlous *A.* demo
A, allem *B.* 7. alle *A.* 8. unde aribete *A.* **19**, 1, 2. *Matth.* 5, 3 beati
pauperes spiritu, quoniam ipsorum est regnum caelorum. 5. wistuom *A.*
6. bichilt *A.* 7. 8. *von diesen beiden zeilen, die in A fehlen, sind die reste
in B erhalten, z.* 8 : usich. *der fehlende gedanke ist natürlich* 'da brachte er uns ins
verderben'. 9. 10. *vgl. Vorauer genes.* 9, 28*f.* virscolchet was der edele man,
widere gefriget in der newe Âdâm. 9. hat *B*, het *A.* 11. gote *A.*
uns niht *B.* chehorn *A.* **20**, 6. wan *B.* 7. stent *A: vgl. zu* XXXIV,
26, 1. 8. tröstent disses *A.* ellente *A*, ellent *B: vgl. Kelles spec. eccl. f.* 35ᵇ
daz fremede lant dâ wir inne biren, daz ist dizze ellende *usw. Mone lat. hymnen, zu nr.* 394, 16. 9. dem *B.* 10. anegengin vieren *A*, anegenge *B*:
in der bedeutung 'element' *kommt* anegengi *aufser an dieser stelle nur noch
summa theol.* 10, 2 *vor, und die ungewöhnlichkeit dieser bedeutung zeigt die
änderung von B. vielleicht darf man daher hier und* 1, 12 *die quelle auf die
sich unser gedicht bezieht, für die* summe *halten.* singen unte lesen *ist in der
predigt so sehr feststehende berufungsformel, dass es nicht notwendig überall
seine ursprüngliche und eigentliche bedeutung* (*Lachmann über* singen und sagen
s. 105, *Mone anz.* 8, 412 *anm.*) *haben muss.* 11. 12. . . . as danne zegenaden
. . sin genesen. amen. *B*

'*In welcher art diese erklärung des vaterunsers abgefasst ist, zeigt folgende
lateinische zusammenstellung, welche in der hs. nach dem zweiten gedichte über
die sieben siegel (von der siebenzahl) beigefügt ist.*

David. Spiritus timoris. Beati pacifici. Dies iudicii. Pater n.
Moises. Sp. pietatis. B. mundo. Ascensio dni. Adveniat.
Iacob. Sp. scientiae. B. misericord. Resurrect. Fiat v.
Isaac. Sp. fortitud. B. qui esur. Sepultura. Panem.
Abraham. Sp. consilii. B. qui lug. Passio Chr. Et dim.
Noe. Sp. intellect. B. mites. Baptism. Chr. Et ne nos.
Adam. Sp. sapientiae. B. pauperes. Nativitas Chr. Sed libera.' *Mone. die mehrzahl dieser angaben enthält die hs. noch einmal, und zwar eine jede an ihrem orte, als überschrift der betreffenden strophe. ebendort auch die anfangsworte der meisten in den anmerkungen aufgeführten schriftstellen, außerdem noch folgende:* In regione. Ubi duo, tres (*Matth.* 18, 20). Sit nomen d. b. (*Job* 1, 21). Dominus in temptationem (*so*), *die ich teils nicht nachzuweisen, teils in unserem gedichte nicht wiederzuerkennen vermag.* Sicut resurrexistis *bei str.* 11 *meint wohl die zu* 11, 4. 5 *ausgezogene stelle. für drei der in jener tabelle angegebenen bestandteile des gedichtes ist die vielleicht unmittelbare quelle das folgende von Froben Alcuini opp.* 2, 2, 458 '*ex cod. ms. Vat. saec.* XI *num.* 5096 *fol.* 3 *a tergo*' *veröffentlichte stück (dürfte man bei dem namen des verf. nicht an Albuin von Hersfeld denken, dem Wolfhers leben Godehards gewidmet ist und der* 1034 *abt von Nienburg an der Saale wurde? vgl. auch den Albinus oder Albuinus eremita zur zeit Heriberts von Köln bei Jacobs und Ukert beiträge* 1, 1, 129. 130?).

ALBINUS DE SEPTEM SIGILLIS.

Primum sigillum nativitas. secundum baptismum. tertium crux. quartum sepulcrum. quintum resurrectio. sextum ascensio. septimum iudicium (*vgl. Arnolt von der siebenzahl Diem.* 340, 19—341, 5).

Haec sunt septem dona spiritus sancti. primum fuit sapientia ut Christus de virgine nasceretur sine virili semine. secundum spiritus intellectus fuit, ut in baptismo per illas tres undas dimitterentur peccata, ut dicitur (*Col.* 3, 9) 'exspoliantes veterem hominem, induentes novum.' tertium consilii fuit ut Caiphas ait (2 *Ioh.* 11, 50) 'melius est ut unus moriatur homo, quam tota gens pereat.' quartum spiritus fortitudinis fuit, quia **corpus** in sepulcro fuit et Christus alligavit diabolum in inferno et illas animas quae ibi iniuste detinebantur reduxit ad regnum **et dominus momordit** infernum. quintum spiritus scientiae fuit, quia cum resurrexisset **a mortuis nos** fecit credere et resurgere, quia omnes resurgemus ut **dicitur** (*ps.* 131, 8) 'exurge, domine, tu et arca sanctificationis tuae.' sextum spiritus **pietatis fuit**, quia **cum** Christus ascendit **ad** caelum et animae iustorum **ascendunt** ad **eum**, ut Paulus dicit (*Phil.* 1, 23) 'optabam dissolvi et cum Christo esse.' septimum spiritus timoris fuit, quia quando Christus venturus erit ad iudicium remuneraturus iustos, grandis timor peccatoribus erit ut dicitur (*Matth.* 25, 41) 'discedite a **me** maledicti in ignem aeternum' et reliqua.

Ista septem dona spiritus sancti fuerunt in septem patriarchis. sapientia in Adam, quia ad omnes feras vel bestias et volatilia caeli et pisces maris posuit nomina et primus propheta fuit ut dixit (*gen.* 2, 23) 'hoc nunc os ex ossibus meis et caro de carne mea'. intellectus in Noe qui arcam fabricavit in diluvio et gubernavit. consilium in Abraham ut dicitur (*gen.* 12, 1) 'exi de terra tua et de cognatione tua et de domo patris tui.' fortitudo in Isaac, quia inimicos dilexit. scientia in Iacob, quia benedixit cum angelus domini et dixit ei (*gen.*

32, 28) 'non vocaberis ultra Iacob, sed Israel erit nomen tuum.' pietas in Moysen quia dixit (*exod.* 32, 32) 'dele me de libro viventium, ubi me scripsisti.' timor in David, quia timuit deum, quando Saul in spelunca introivit ventrem purgare, et ipse dixit (1 *reg.* 26, 11) 'absit ut mittam manum meam in unctum domini.'

die beiden übrigen bestandteile unseres gedichts und ebenfalls die gaben des heiligen geistes hat auch Hugo von SVictor in dem opusculum de quinque **septenis s.** *septenariis* c. 1 (opp. 1, 153AB) *unter einander und mit den sieben lastern in verbindung gebracht:* quinque septena in s. scriptura, frater, inveni; quae volo, si possum, sicut postulas, prius singillatim enumerando ab invicem distinguere, postea vero, quam inter se habeant convenientiam, eadem per singula sibi conferendo demonstrare. primo loco ponuntur **septem vitia i. e.** . . . contra haec secundo loco constituuntur septem petitiones, quae in **dominica oratione** continentur. prima qua dicitur deo 'sanctificetur nomen tuum'. . . . septima qua dicitur 'libera nos a malo' postea tertio loco sequuntur septem dona spiritus sancti. primum sp. timoris . . . deinque quarto loco succedunt septem virtutes: prima paupertas spiritus i. e. humilitas, secunda mansuetudo s. benignitas, tertia compunctio s. dolor, quarta esuries iustitiae s. desiderium bonum, quinta misericordia, sexta munditia, septima pax. novissime quinto loco disponuntur septem beatitudines: prima regnum caelorum, secunda possessio terrae viventium usw. *daraus ist offenbar die in einer predigt des cgm.* 39 *enthaltene erklärung des paternosters* **geflossen** (*Kelles spec. eccles. s.* 180—182 *vgl. auch s.* 178—180), *in welcher zwar die sieben seligkeiten weggelassen werden, aber ihr vorhandensein in der vorlage sich schon dadurch verrät, dass bei der sechsten bitte der satz* beati mundo corde cet. *angeführt ist. vergleicht man vollends im einzelnen, so wird kein zweifel bleiben. bei Hugo heißt es zb.* sexta petitio est contra gulam, qua dicitur 'ne nos inducas i. e. induci permittas in tentationem.' haec est tentatio, qua nos illecebra **carnis** saepe **per** naturalem appetitum ad excessum trahere nititur et latenter voluntatem subiicit, **dum** manifeste nobis de necessitate blanditur. in quam profecto tentationem tunc **nequaquam** inducimur, **si** sic studemus secundum mensuram necessitatis naturae **subsidium impendere, ut** tamen semper meminerimus appetitum ab **illecebra** voluptatis coercere. **quod** ut implere valeamus, datur nobis petentibus **spiritus** intelligentiae, **ut interna** refectio verbi dei appetitum exteriorem cohibeat et mentem spiritali cibo roboratam nec valeat **corporalis egestas** frangere **nec** carnis voluptas superare. propterea namque et **ipse dominus tentatori** suo, dum esurienti **sibi** fraudulentam de exterioris panis **refectione suggestionem** faceret, respondit dicens 'non in solo pane vivit homo, sed etc.', ut **aperte** demonstraret quod cum **mens** illo **interius** pane reficitur, **non** magnopere curat, si foris ad tempus famem **carnis** patiatur. datur ergo contra gulam spiritus intelligentiae, sed ille ad cor veniens emundat illud atque purificat et illum interiorem oculum **cognitione** verbi dei, quasi quodam collirio sanans, eousque luminosum atque **serenum efficit, ut ad** ipsam etiam deitatis claritatem contemplandam perspicax fiat, **contra vitium** gulae igitur remedium apponitur spiritus intelligentiae, **ex** spiritu autem intelligentiae munditia cordis nascitur, munditia **vero** cordis visionem dei promeretur, sicut scriptum est 'beati mundo corde etc.' *dem entspricht in der predigt:* daz sehste gebete ist wider die gierscheit dâ wir sprechen . . 'hêrre, brinc uns niht in die bechorunge.' mine vil lieben, daz ist diu bechorunge des êwigen tôdes. der bechorunge werden wir denne überich, obe wir die mâzze behalten an der nôtdurft der unser natûre gert. dem gebete wirt ze helfe gesant der geist rehter verstantnusse: sô nemac den menneschen nehein vleislich gelust gewinnen. dâ vone spricht unser hêrre der heil. Christ zuo uns 'non in solo pane etc.' der mennesce lebet einigenôte des brôtes niht, sunder des gotes wortes und der gotes genâden. dâ mite erzeiget uns der heil. Christ daz wir verrer sculen werven nâch geistlicher vuore, denne nâch deme vleischlichen ezzene. von diu wirt von gote uns ze trôste gesant wider die giersheit der geist rehter verstantnusse: von deme chumet diu reinecheit des herzen und diu genâde, daz wir got bescowen, als er uns selbe gehiez in deme heil. ewangelio 'beati mundo c. etc.' *der eigentlichen erklärung voraus geht folgendes:* mine vile lieben, an dem heil. pat. nr. in deme vrônen gebete, daz Christ ze sâlden sazte allen den die an in geloubent, sint geseriben siben gebete tieffiu; driu sint gemeinet ze gote, vieriu ze des menneseen vrume, von diu daz der mennesce gebildet ist ûz vier zuhtsalen: *vgl. Honor. spec. eccl. bl.* 16ª. 16ᵇ (*Migne p.* 822) *der erklärung nachfolgend wie im gedicht:* sunt enim in ea septem petitiones quae dividuntur in tres et quattuor partes. per tria pater et filius et spiritus sanctus intelligitur, per quattuor vero mundus qui ex quattuor elementis constat... tria quoque pertinent ad animam, quattuor ad corpus: anima..., corpus autem constat ex supradictis quattuor elementis. *ebenso Arnolt Diem.* 339, 14 in siben gebe (*l.* bete) ist er (*das paternoster*) vil rehte geteilet, mit den vieren wirt der lichenam geheilet, mit den anderen drin diu sêle. *aus der erklärung der ersten bitte in jener predigt aber ist anzumerken:* mit den churzen worten biten wir got daz er uns helfe, daz wir vurhten und êren muozzen sinen heil. namen (*vgl. str.* 1. 2). *aus der der fünften:* deme gebete git got ze hilfe den geist sines râtes, der uns lêre in dirre werlt willeclichen vergeben allen den die uns leide getuont und allen menneschen ze tuonne als wir wellen daz si uns tuon: tuon wir des niht, sô sin wir die verlorne (*vgl. str.* 15). *endlich aus der der siebenten:* der scalch gert durch reht vritnomes, von diu wirt von gote deme gebete 'libera nos a malo' ze helfe gesant der geist alles wistnomes (*vgl. str.* 19). *die deutliche verwantschaft wenigstens der ersten der ausgezogenen stellen mit unserem gedichte str.* 20 *berechtigt zu der vermutung, diese in vers und strophe gebrachte predigt verdanke der anregung jener wirklichen predigt in dieser oder einer anderen fassung* (*welche die combination der drei ersten bitten mit der trinität aus Honorius beibehalten hatte*) *ihre entstehung. der umstand dass im gedichte die seligkeiten vollständig aufgeführt werden, leitet nicht etwa auf Hugo von SVictor selbst zurück, sondern bekräftigt im gegenteile, da sie hier in umgekehrter ordnung stehen, die ausgesprochene vermutung. die sieben hauptsünden liefs der dichter ganz weg. er hat aufserdem eine erklärung des paternosters benutzt, zu welcher einzelne parallelstellen in den anmerkungen aufgeführt sind und woraus wohl auch str.* 16 *entnommen ist. auf anm. zu* 17, 5—12 *wage ich nichts zu bauen. dass nicht etwa dem ganzen gedichte ein lateinisches original zu grunde liege, geht schon aus den, wie zb. bei Otfrid, beigeschriebenen schriftstellen hervor, die doch eine selbständige benutzung der bibel durch den verfasser voraussetzen. auch die genaue kenntnis der bestandteile des werkes würde bei einem blofsen bearbeiter überraschen. leider lässt sich über die abfassungszeit des werkchens 'de quinque septenis', dessen von Oudin bezweifelte echtheit Liebner Hugo von SVictor s.* 489 *gesichert hat, nichts feststellen. nur dass, wenn es auch zu den frühesten werken Hugos (geb. 1097, gest. 1141) gehören sollte, es nicht wohl vor 1120 entstanden sein kann. das vorliegende gedicht, das man der sprache nach ziemlich früh setzen möchte, wird daher kaum vor dem vierten oder fünften jahrzehend des XII jh. verfasst sein. Hugo von SVictor, um dies noch hinzuzufügen, der deutsche stifter der französischen mystik, war auch in den südöstlichen gegenden Deutschlands eine wohlgekannte persönlichkeit. österreichische annalen merken seinen tod an, österreichische klosterbibliotheken bewahren seine werke.*

S.

XLIV.

Hs. 652 der universitätsbibliothek zu Innsbruck, XII jh., unmittelbar hinter XLIII, mit der überschrift De septem sigillis, *die aber nur dem inhalte der ersten strophe entspricht.* FJMone anzeiger 8 (1839), 44—46. *hier nach Zingerle s. zum paternoster.* **1,** 1. *über die form dieses gedichtes sei gleich hier bemerkt, dass die strophen nicht der verszahl, wohl aber dem inneren bau nach ungleich sind. es gehen je zwei strophen nach derselben melodie, und zwar;* 1. 2, 3 . 5, 4 . 6, 7 . 8. *in dem letzten paare haben drei zeilen* (3. 4 *und* 7) *vier, zwei* (11. 12) *sechs, die übrigen fünf hebungen. in den drei ersten paaren ist vier hebungen in der zeile zwar das gewöhnliche, aber fünf zählen z.* 1. 6. 12 *in str.* 1. 2, z. 9—12 *in str.* 3. 5, z. 1. 2. (12) *in str.* 4. 6.   versant] versenden *ist der gewöhnliche ausdruck für* 'verbannen', *vgl. zb.* Diem. 261, 17. Kelles spec. eccl. f. 25ᵇ. pred. Mone anz. 8, 413. Leyser pred. 78, 2. 79, 10. apocalyps. Mone anz. 7, 498, 6.   2. sant   3. crast   4. manichslat   5—12. apocal. 5, 1—8   6. was iz] waiz: *Vorauer sündenklage* Diem. 297, 18. 306, 26. weiz *f.* was iz; *vgl.* weiz *für* waz iz Himmelreich 186 (zs. 8, 150).   9. gotes *zu streichen?*   10. apocal. 5, 5 ecce vicit leo de tribu Iuda, radix David, aperire **librum et** solvere septem signacula eius. *es spielt hier die deutung des löwen auf die auferstehung Christi herein; s.: Zacher in Quast und Ottes zeitschrift für christliche archäologie und kunst* 2, 62. Mone schausp. des MA. 1, 19 vgl. 2, 361: surgit (*al.* surgens) Christus cum trophaeo iam ex agno factus leo solemni victoria.   ir stuente.   leowe.   12. die] dise   **2,** 1. mit sigilin   brust.   2. achust   3. 4. Hugo von SVictor summa sentent. 3, 17 (opp. ed. Venet. 1588 bd. 3, 204f) contra illa septem vitia sunt virtutes, quas pariunt septem dona spiritus sancti. Erlös. 6362—6366 dâ wider (*gegen die siben hauptsunde* 6353) hât der heilie geist uns gar süze volleist ouch siben gâbe hie gelân, daz wir den sunden widerstân und dirre falschen liste. *vgl. Isid. sent.* 2, 37, 1. 9.   7. gelongen   8. gesage   10. gotes sal: 1 Cor. 3, 16 nescitis quia t e m p l u m dei estis? 2 Cor. 6, 16 vos enim estis templum dei vivi.   11. vor ostrin.   scrutiniis] *zur erklärung diene* Amalarii epist. de caerem. baptismi (Canis. lectt. ant. ed. Basnage 2, 1, p. 544): de scrutinio. in scrutinio quippe facimus signum crucis super pueros, sicut invenimus scriptum in romano ordine, et genuflexionem et admonitionem, et docemus orationem dominicam patrinos et matrinas, ut et ipsi similiter faciant, quos suscepturi sunt a sacro baptismate. *und weiter unten:* scrutinium fit ante pascha septies, septenario enim numero saepe universitas designatur *cet*. **3,** 1. siben   gewage *ist bei Mone anz.* 7, 4 *ein bestimmtes gewicht und hängt ohne zweifel mit* wegen *zusammen. hier muss man es wie XXXIX, 6, 2 an* gewahe gewuoc *anknüpfen, nur mit etwas verallgemeinerter bedeutung, etwa 'in bezug auf', vgl. auch EMartin zu Alphart* 100, 3.

2. *Genes.* 2, 3. et benedixit diei septimo.   4. manichslat.   5. 6. *Candidi presb. expos. pass. domin. (Pez thes.* 1, 1, 303)*:* ipse qui consummatis operibus die septimo requievit ab eis, septimo etiam i. e. sabbati die requievit in sepulcro, consummatis scilicet salutis humanae ad quae perficienda venerat operibus. *Angelomus in genes.* 2, 2 (*Pez thes.* 1, 1, 70)*:* quod ait 'requievit' ideo dictum est, quia futurum erat, ut ipse per quem facta sunt **omnia** pro nostra redemptione ipso septimo die quiesceret in sepulcro.   **5. selbem**   **7.** *Isid. etym.* 11, 2, 1. *Wackernagel die lebensalter s.* 24*f. vgl. Kelles spec. eccl. f.* 13[b]: sechs alter sint uns irzeiget in disem lebene, in den wir durch got arbeiten **schulin, daz wir** die êwigen gnâde besizzen, daz diz sibinte ist in cuir werlt, **dâ wir ruowin** unze an die urstente.   went.   9. *Job* 1, 2. *die sieben söhne Jobs werden sonst auf die sieben gaben des h. geistes* (*Gregorii M. moralia in Job* 1 27 § 38. *Bedae expos. alleg. in Job* 1, 1*:* opp. 4, 449 *Col. Agr.* 1612) *oder auf die apostel* (*Greg. M. aao.* c. 13 § 19. *Ruperti Tuit. super Job comment.* opp. 1, 1035[b] *Paris* 1638) *oder auf* omnium perfectorum multitudo (*Bruno Astensis expos. super Job, bibl. Lugd.* 20, 1630r) *gedeutet. der dichter hat ihre zusammenstellung mit den lebensaltern vielleicht auf eigene hand gewagt. dasselbe dürfte mit der noch oberflächlicheren vergleichung* 4, 11 *der fall sein.*   10—12. *Hrab. comm. in vol. paralip.* 1, 2 (opp. *Col.* 1626. *bd.* 3, 151n) non tamen frustra duae sunt (duae liberae uxores Iacob) nisi quia duae vitae **nobis** in Christi corpore praedicantur: una temporalis in **qua** laboramus, alia aeterna in qua dilectionem dei contemplamur. *wörtlich* (*nur dass* delectationem *steht*) *aus Isid. in genes.* 25, 3.
10. zwir.   12. bezachienet.   zwiscen lib: *Parz.* 269, 19 ze beden liben.

4, 1—10. *Jos.* 6, 1—20. *Isidorus in Josue* 7, 3 *ist unserer stelle nur ähnlich:* hanc ergo urbem Iericho diebus septem ferentes arcam Israelitae aeneis tubis clangentibus circumeunt et muri eius per arcae praesentiam atque ad aenearum tubarum **sonitum** cadunt: quia in **hoc tempore quod** septem dierum vicissitudine volvitur, dum fertur arca i. e. dum orbem terrarum circumiens movetur ecclesia ad praedicantium voces, quasi ad **tubarum sonitum muri Iericho** i. e. elatio mundi ac superba infidelitatis obstacula corruunt, donec in fine temporum mors novissima inimica destruatur et ex impiorum perditione unica domus Raab tamquam unica ecclesia liberetur.   2. mit   3. 4. *wörtlich gleichlautend den beiden letzten versen der Vorauer 'bücher Moses' s. zum Marienlob s.* 389.   3. gien

6. herren   8. ir) zir   9. leir si   10. zaichene *gen. plur. abhängig von* wuntere   12. *apocal.* 2, 8.   **5,** 1—3. *Jesai.* 4, 1 et apprehendent septem mulieres virum unum in die illa.   2. vor siben *ist ein man eingeschoben.*
5. daz sin sibene Christenheit eine *die hs. mit sinnlosem bezug auf* **apocal.** 1, 20 et candelabra septem ecclesiae sunt.   6. daz waren siben ougen na eim steine: zu naime *vgl. Diem.* 346, 10 nein *f.* en ein; *Genes. fdgr.* 2, 19, 43 nummuote; *Diem.* 164, 1 nurtaile; 166, 1 nallen gâhen.   *Zachar.* 3, 9 quia ecce lapis, quem dedi coram Iesu, super lapidem unum septem oculi sunt.   7. *Zachar.* 4, 2. et dixit ad me 'quid tu vides?' et dixi 'vidi, et ecce candelabrum aureum totum et lampas eius super caput ipsius et septem lucernae eius **super illud**' *cet.*

8. zel   9. 10. *apocal.* 1, 16. et habebat in dextera sua stellas septem. *vgl.* 1, 20.
9. unde dei siben liethsternen   11. *apocal.* 5, 6 agnum ... habentem cornua septem
6, 1—5. *Levit.* 23, 6. *Exod.* 12, 15.   1. Do *Mone: vgl. die vorbemerkung zum
paternoster.   bovere   2. österliche   3. 4. das verbum dulten und gevage
c. gen. (letzteres nach Zingerle in der hs., nicht Mones gewage) scheinen den nachweisungen des mhd. wb. und Lexers zufolge die schon aus dem fundort wahrscheinliche österreichische heimat des gedichtes zu bestätigen.*   5. unrhaben. *vgl. Schmeller*
2, 136. *Graff* 4, 821. niht erhaben *Exodus* 156, 30 *Diemer.*   6—8. 1 *Cor.* 5, 8 itaque
epulemur, non in fermento veteri neque in fermento malitiae et nequitiae, sed
in azymis sinceritatis et veritatis.   9. *Exod.* 12, 8 et edent ... azymos panes
cum lactucis agrestibus.   10. *SBrunonis Astensis expos. super Exod.* (12, 8),
bibl. max. Lugd. 20, 1344 idem enim hoc loco et carnes et azimos intelligimus et bene
utrumque posuit, quoniam de panibus **hae** carnes fiunt. has autem cum lactucis
agrestibus comedunt qui corde compuncto et humiliato eas suscipiunt et crucis
amaritudinem compatientes in cordis palato quodam modo sentiunt.   **7,** *1. bei
Mone ist hier kein strophenanfang. aber es steht einer, zum beweise dass der
raum für den anfangsbuchstaben leer gelassen war, wie zu den übrigen strophen.*
1—4. *Exod.* 23, 11. *Levit.* 25, 3. 4.   3. do] so   5—9. *Levit.* 25, 8—10.
39—41. *vgl. Mone lat. hymnen nr.* 468, 15*ff.* gaude mater ... dux ... ex
sabbato ad sabbatum, dux a fide ad spem, ad iubilaei requiem. *nr.* 475, 25 *f*
tu ... iubilaeum celebremus in gloria patris dei. *usw.*   5. *das zweitemal* sibene
   6. danne   unte   7. frieliche   **8,** *1. über dieser strophe steht in der hs.*
Pater misericordiæ (*wie über str.* 2 Ecce vicit leo d., *über str.* 5 Apprehendent VII.
m. u. v.): *wahrscheinlich ist* 2 *Cor.* 1, 3 pater misericordiarum et deus totius
consolationis *gemeint.*   2. ruoch zegnaden   3. zemerist   4. daz er   siebenzet.
*die überlieferung wurde beibehalten, da es sehr wohl möglich ist dass bei der
stelle des Matth.* 18, 22 *auf die hier angespielt wird* (non dico tibi usque septies,
sed usque septuagies septies) *dem verfasser sein latein ebenso wenig gegenwärtig
war, wie hrn. Bartsch Germ.* 9, 66. *auf solche helden ist die erklärung des Honorius spec. eccl.* p. 243ᵉ (*Migne* p. 1068) *berechnet:* septuagies septies, id est
quadringentis nonaginta vicibus.   **8. gtrise**   **12. loiste.**

Für das vorliegende gedicht ergibt sich eine ungefähre zeitbestimmung vielleicht aus 2, 12. *die lehre von der siebenzahl der sacramente in der uns geläufigen bedeutung dieses wortes ist von Petrus Lombardus* († 1164) *aufgestellt
worden, sent. l.* IV *dist.* 2*: vgl. Gieseler lehrbuch der kirchengeschichte* 2, 2, 451
—453 *und GLHahn, doctrinae romanae de numero sacramentorum septenario
rationes historicae, Vratislaviae* 1859. *leider ist die abfassungszeit der sentenzen
des Petrus nicht genau bestimmt. welche glaubwürdigkeit jener schon von Mosheim instit. hist. eccl. p.* 473 *angeführten nachricht eines späteren chronisten in
ELindenbrogii script. rer. septentr. p.* 255: A. D. M. C. LXII. Petrus Longobardus
librum sententiarum composuit, unde versus

    M. c. sex decies annosque recollige binos:
    Tunc Petrus sparsit istius odore libri nos.
    Addideris si forte novem, quod passio Thomae
    Pontificis sit ibi, **quem cantat Cantua pro me —**

oder vielmehr eben diesen versen zukomme, mögen andere entscheiden: ich begnüge mich, darauf hinzuweisen, dass Petrus den Johannes Damascenus benutzte (Ritter gesch. d. philos. 7, 476), dessen schrift 'de orthodoxa fide' unter der regierung des papstes Eugen III *(Fabricius bibl. graeca ed. Harles* 9, 696), **also** *zwischen* 1145 *und* 1153 *durch den Pisaner Burgundio (Fabricius bibl. lat. ed. Mansi* 1, 305) *übersetzt wurde; dass daher Lombardus nicht wohl vor* 1150 *sein werk geschrieben haben kann. nun wird auch in unserem gedicht aao. die siebenzahl der sacramente erwähnt. aber es sind damit, wie der recensent dieses buches (BHölscher?) in der kath. allg. litteraturz.* 1864 *s.* 150 *mit recht bemerkt, nicht unsere sacramente, sondern die mit den scrutinien* **verbundenen** '**sacramentarischen segnungen,** **besonders** *jedesmal die exorcismen' gemeint. daraus darf man wohl schliefsen, dass der dichter die neue lehre noch nicht kannte, dass daher seine arbeit älter sein muss, als die sentenzen des Petrus Lombardus, und dieser schluss ist um so wahrscheinlicher, als nach Martene de antiqu. eccl. ritibus (Rotom.* 1700) 1, 80 *Rupert von* **Deutz und Hugo von SVictor** *von den scrutinien bereits als von einer* cacrimonia quae olim fiebat *sprechen. das vorbild für diese und ähnliche arbeiten (frau Ava hat zb. eine solche geliefert Diem.* 276, 4 *ff. der priester Arnolt ist ganz unerträglich mit seinen siebenzahlen, und auch Otloh dialogus Pez* 3, 2, 220 *ff. handelt* de septenarii mysterio in honorem sancti spiritus) *mag etwa das achte kapitel in des Isidorus* 'liber numerorum qui in s. scripturis occurrunt'*, das* 'de septenario numero' *handelt, abgegeben haben. hier sollte damit offenbar eine fortsetzung und ergänzung des 'paternosters' geliefert werden; und wenn man das zusammentreffen des überlieferten titels unseres gedichtes mit dem titel der hauptquelle des 'paternosters' (s. exc. zu* XLIII) **und** *ferner den umstand erwägt, dass das verzeichnis der bestandteile des letzteren erst auf das vorliegende gedicht folgt: so wird man geneigt sein anzunehmen, der verfasser des 'paternosters' habe* **für dieses** *verzeichnis die überschrift* de septem sigillis *beibehalten und ein anderer dichter nach derselben und an sie anknüpfend seine fortsetzung eingeschoben. für diesen kommen wir mithin* **etwa** *auf die vierziger oder fünfziger jahre des* XII. *jh.*

S.

XLV.

Vorauer hs. bl. 133ᵃᵇ *Wien* 1849 *s.* 354, 8—355, 23. *JDiemer deutsche gedichte des* XI *und* XII *jh. der hymnus ist in das gedicht des priesters Arnolt von der siebenzahl zum lobe des heiligen geistes (Diemer* 333, 1—357, 17) *aufgenommen, ohne mit dem hauptthema anders als durch die erwähnung des heiligen geistes und der sieben tagezeiten in str* 1, 2 *ff oder auch mit dem ihm voraufgehenden —* 353, 23—354, 7 Nu vernemet waz ich iuch lêre. waz wirt deme manne mêre **al des er** gewinnet, so ime des **liebes** zerinnet, **erae** habe ez hine vure gesendet? sô **ist ez wol** gewendet: dane vrizzet iz ime daz rot, daz behaltet ime got vor milewen **unt** vor deme diebe. tuot iz iuwer sêle ze liebe, denchet an den chumftigen tôt, der iu alle tage nâhôt mit micheleme zorne. so pegegenet iu dâ vorne got mit sînme lône in aeterna mansione. — *und nachfolgenden abschnitt* —355, 24 *ff.* Disiu dinch sint elliu gordinôt soz got selbe gebôt, deme heiligen geiste zêren, daz wir sîn lop der mit mêren. nû lobe wir in mit rehte, sîn gnâde ist manigere slahte uber unsich menniscen arme. von ime sô pir wir warme, von ime sô habe wir varwe, von ime sô pir wir marwe *usw.* — *näher zusammenzuhängen. überhaupt scheint das ganze eine rohe zusammenstellung oder schlecht verbundene, ungeordnete masse von ursprünglich zum* **teil selbständigen** *stücken, wie der astronomische abschnitt* 341, 5—345, 9, *und bruchstücken verschiedener gedichte zu sein. ich gehe auf* **die** *kritik nicht näher ein; nur bemerke ich dass das stück* **von den sieben wundern** *zur zeit der geburt Christi* 349, 19—352, 7 *zu der Kaiserchronik* 20, 1—21, 4 **nicht** *in dem verhältnis steht, das der herausgeber s. t. annimmt, sondern vielmehr umgekehrt ihre quelle ist, — die übereinstimmung beginnt* **auch** *nicht erst* 350, 6, *sondern schon* 349, 28, — *indem die chronik, die sich* 20, 16. 21 *auf ein lied und buch beruft, den historischen inhalt der drei absätze von Augustus* 349, 28 *ff.* 350, 6 *ff.* 350, 17 *ff. in veränderter ordnung und mit auslassung der geistlichen anwendung aufnahm. dasselbe verhältnis* **ergibt die** *vergleichung der* **texte im** *einzelnen. der hymnus, so schlecht er ist, konnte hier nicht wohl übergangen werden, weil er die reihe der zur Samariterin besprochenen gedichte in ungleichen strophen und gleichen verszeilen mit beschliefst; nur schliefsen die strophen* 3. 5. 7, *wie in der Judith, mit einer verlängerten zeile. zu grunde liegt der psalm* 148, *woneben noch ps.* 150 *und besonders das benedicite der drei männer im feurigen ofen benutzt sind, das auf jenen psalm zurückgeht.*

1, 1. minen trehtîn *s. zu Ezzo* XXXI 27, 4. 2. heiligen. 4. *ps.* 118, 164 septies in die laudem dixi tibi super iudicia iustitiae tuae. 7. mettine 1 *paral.* 16, 40 ut offerrent holocausta domino super altare holocautomatis iugiter, mane et vespere, iuxta omnia quae scripta sunt in lege domini, quam praecepit Israeli; *vgl.* 2 *paral.* 13, 11. *ps.* 54, 18. 8. **unte** 10. gepuet psalmista *Ruland* 8, 27 mine vil lieben liute, minnet **siben** tagezît; daz rætet der kuninc Dâvîd: ir sult spâte unt fruo sîn, so erhôret iuch mîn trehtîn; *W. Grimm zu Freid.* 15, 19; *über Freid. s.* 55. **2,** 1. Daz gepôt uns *fehlt. die wiederholung von* Der psalmista *zur ergänzung der* lücke *vor* Dâvîd *ist unstatthaft,* **weil dann die** *construction von einer strophe in die andre übergehen würde.* 6. diche wie 349, 27 Diem. sam er vile diche uns vore hât gezalt. 9. uile wle 10. *ps.* 148, 1 Laudate dominum de caelis, laudate eum in excelsis. **3,** 1. loben *'das* t *von späterer hand'* Diemer. 2—7 *ps.* 148, 3 laudate eum sol et luna, laudate eum omnes stellae et lumen; 9 montes et omnes colles, ligna fructifera et omnes cedri. *Daniel* 3, 62 benedicite sol et luna domino, laudate et superexaltate eum in saecula; 63 benedicite stellae caeli; 75 benedicite montes et colles; 76 benedicite universa germinantia in terra. 3. maninne 5. unte 10. *s. zu* 2, 10. **4,** 2—9. *Daniel* 3, 78 benedicite maria et flumina; 77 benedicite fontes; 79 benedicite cete et omnia quae moventur in aquis; 80 omnes volucres caeli; 81 omnes bestiae et pecora. *ps.* 148, 10 bestiae et universa pecora, serpentes et volucres pennatae; 11 reges terrae et omnes populi. 5. uuesce *kein schwanken des vocals wie in* scef scif, schef schif *zeigt sonst, wie es scheint* (*Graff* 3, 798. *mhd. wb.* 3, 328), *die anomalie von* visc visch *in der ersten declination an.*

8. gesephte *Diemer*] seehte 9. lemtigis *es ist unwahrscheinlich dass der verfasser des* gedichts *hier nicht den leichteren vers gefunden haben sollte.* **5,**

2 *ff. ps.* 148, 4. 5 laudate eum caeli caelorum, et aquae omnes quae super caelos sunt laudent nomen domini; quia ipse dixit et facta sunt, ipse mandavit et creata sunt. *Dan.* 3, 59 benedicite caeli; (60 aquae omnes quae super caelos sunt;) 74 benedicat terra. *vgl. zu* 3, 2—7.   6. lobe herro unte   7. chruth   8. truht
  6, 2. *ps.* 150, 3 laudate eum in psalterio et cithara   4. engel   *ps.* 148, 2 laudate eum omnes angeli eius.   6. *Jesai.* 6, 2. 3 Seraphim stabant super illud — et clamabant alter ad alterum et dicebant 'sanctus, sanctus, sanctus'; *apocal.* 4, 8.   **7,** 2*ff. ps.* 148, 7. 8 laudate dominum terra dracones et omnes abyssi, ignis grando nix glacies spiritus procellarum, quae faciunt verbum eius; *Dan.* 3, 68 benedicite rores et pruina; 64 imber et ros; 65 omnes spiritus dei; *vgl. zu* 3, 2—7.   3. uñ   4. ellen   5. léwer? *vom verlornen sohn* 49, 24*f. Karaj.* dei [mere] joch die sewe, die bubele joch die léwer.   7. unte al daz ter ie wart unte

XLVI.

Cod. lat. 4616 *Bened.* 116 *der königlichen hof- und staatsbibliothek zu München, aus Benedictbeuern, aus dem* XII/XIII *jh.* 'Alanus de arte predicandi, eius corrector s. medicus, **historia nativitatis** b. virginis, **vita** s. Hieronimi *und anderes', 160 bll. gr.* 8°; *bl.* 52. 53 *deutsche geistliche* **ratschläge und gebete,** *bl.* 54ᵃ⁻ᶜ *der* **messegesang.**   *K*Roth *denkmäler der deütschen sprache, München* 1840, *s.* XII. 46 *f.* 'lied an gott den vater.' *J.A*Schmeller *in Haupts zeitschrift für deutsches alterthum* 8 (*Leipzig* 1851), 117—119 '*gesang zur messe.*'
2. geschaft, *ebenso* **34.** *zweisilbiger auftact ist* 28. 33. 36 *sicher. aber es ist nicht wahrscheinlich dass er nicht vermieden wurde, da beide male die kürzung* schaft *erlaubt war,* Haupt *zu Erec s.* 360.   3. 4. christenhèit   gothèit.
6. oder daz ist die ainboren suon: sun *die hs.*   7. enphähe *statt* enphäch *auch* 57.   9. 10. ia: ime *wie* 21, 22 nam: ermane, 63. 64. den: beneme *s. DHB.* 1, XLVII.
  10. uñ: unde *ist nur* 79. 90 *voll ausgeschrieben, sonst immer abgekürzt; einmal* 87 uñd   13. *der schlechte versschluss liefse sich hier leicht beseitigen durch* diust *mit* ime, *aber* 23 *nur durch eine veränderung des sinnes, wenn man* ze wandel *schreibt, und* 25 *nur durch eine umstellung* nam des unsern.   14. liebe *die hs.,* **24.** 30. 52 lich.   17. mennischàit   20. *s. zu* 91. 92.   '23. *vgl.* 78 *ff doch ist mir die zu v.* 13 *angegebene änderung sehr wahrscheinlich.*   26. liebe Schmeller.   28. entw°hsen   30. gebain, 38 gebaine: *Alberts S*Ulrich 1014 ein nahtes sent **Afrä** irschein und zeigte ir heiligez gebein. *vgl. DHB. aao.*   33. samnot   34. *s. zu* 2.   35. die   39. siptail   40. *apocopierte dative* msc. *sg. wie hier* erbetail *und* 80 bluot *sind im* XII *jh. nicht ohne beleg,* XXXIX, 2, 1 *in deme gespreidach:* gesach, *Dietmar von Eist MSF.* 33, 12 von swaches herzen rât: lât, *unten* XLVII, 3, 41 *mit demselben* **segen:** chresem *(vgl. Moriz von Craon* 143, *Nib.* 6, 4. 336, 3. 643, 1. 1957, 1. 1984, 1. 2282, 1), *sogar häufig mit andern kürzungen (DHB. aao.) in dem text der Berliner hs. von Wernhers Maria* 150, 31 *Hoffm.* von reinem muot: guot; 151, 27 mit vil fröuderîchen muot: tuot; 157, 35 in minem muot: guot; 172, 4 mit frœlîchem muot: guot.
44. süne   45. swie   46. bûwen   iêdoch   47. mæil   49. du rûhte *wie* du bruhte, dæhte, hæte.   51. vurgât   55. wége   60.   die   drî

61. slach   62. arnen *verdienen.*   tâc   63. vûr: û *scheint hier und* 28. 44 *den umlaut anzudeuten.*   65. gûte   gezurnen   68. lait   69. blîche   72. lait den tôt   74. innerchêit   76. wande   ni ae   78. êre   79. unde *relativ.*   80. uñ ze sinem blût   81. christenhait   82. unseriu lâit   84. gedauch   85. werch   89. innechlichen ewechait   90. gotehâit   91. 92. *verse zu vier hebungen mit klingendem reim, wie* 19. 20.   92. ebenheftunge: f *undeutlich Schmeller;* ebenhelfunge *Roth.*   93. noñ ein   über ô: â *DHB* 1, XLVIII*f.*

Dass dies gedicht noch dem XII jh. angehört, beweisen, wenn es dafür der beweise noch bedarf, die reine allen: willen; worte: vorhte 83—86, und ohne zweifel ist es in Baiern entstanden und aufgezeichnet. es ist ein leich, dessen absätze in der hs. bei v. 17. 33. 63. 73 durch gröfsere anfangsbuchstaben bezeichnet sind. die beiden ersten absätze von je 16 zeilen sind gewissermafsen die stollen zu dem grofsen dritten abschnitte von 30 zeilen. die beiden letzten von 10 und 22 zeilen aber sind entweder in éine strophe zusammenzufassen, die dann den beiden ersten an umfang gleich käme, oder der schreiber hat v. 73 ganz richtig den grofsen anfangsbuchstaben gesetzt, ihn aber v. 83 bei unde übergangen; dann würde der letzte teil ein für sich bestehendes system von 2×10 und 12 zeilen oder zwei stollen mit ihrem abgesang bilden.

XLVII.

1.

Cod. 1705 (rec. 3282) *der k. k. hofbibliothek in Wien, aus Milstat in Kärnden*, 103 *bll.* 8°; *bl.* 25*ff. eine schrift gegen Berengar von Tours vom j.* 1088, *bl.* 32ᵃ *von andrer hand ein decret des papstes Paschalis* II *vom j.* 1106, *dann der deutsche segen und noch drei lateinische remedia.*   M*Denis codices mss. theol. bibliothecae Vindobonensis* II 3 (*Vindobonae* 1802) 2024*f.*   EG*Graff Diutiska* 3 (*Stuttgart* 1829), 404*f.*   HH*offmann verzeichnis der altdeutschen hss in der k. k. hofbibliothek zu Wien, Leipzig* 1841, *s.* 2. 3.   1. Dere *Graff,* Der *Denis, Hoffmann.*   war die *hs.* statt wart; *was* JGrimm *im anhang zur mythol.* CXXXII, W*ackernagel altd. leseb.* 1859, 255; *s. zu* XXXIV, 15, 4.   12. tuofta *die hs.*

Die herstellung regelmäfsiger verse hätte keine schwierigkeit gemacht. man lese   1. Christ *statt* Der hêligo Christ   2. er ee Jersalêm,   3. 4. da wart er von Jôhanne   getoufet in Jordâne   5. Do   6. unte   7. so verstuat   11. duo Jôhannes der guoto   aber die ganze formel kehrt beinahe gleichlautend noch in der Wiener hs. 2817 (med. 92) aus dem XIV jh. bl. 29 sp. 1 wieder, zum einleuchtenden beweise dass neben der mündlichen die schriftliche tradition in diesen dingen von jahrhundert zu jahrhundert hergegangen ist, und schon um die übereinstimmung der ältern und jüngern aufzeichnung anschaulich zu machen, war von änderung und verbesserung jenes textes abzusehen.

Swer daz pluot versprechen wil, der sprech das wort:
> Der hailig Christ ward geborn ze Bettlahêm,
> von dannan kom er ze Jerusalêm.
> dô wart er getauffet
> in dem Jordân von Jôhanne.
> 5 dô verstuond des Jordâns fluz
> und auch sin runst.
> also verstê du, pluotes rinne,
> durch des hailigen pluotes willen.
> du verstê an der nôt
> 10 als der Jordân tet,
> dô der lieb herr sant Jôhans
> unsern herren tauffet.
> Also verstand du, pluotes rinne,
> durch des hailigen pluotes willen.

und sprich dri paternoster der drivaltikait unsers herren, und wirt dir des siech-
tuoms buoz.

auſserdem aber findet sich der segen auch in einer sehr veränderten gestalt auf einem blatte, das dem untern, zweiten deckel der ehemals Schefferschen, jetzt upsalischen hs., die die älteste aufzeichnung des Tobiassegens (s. unten) enthält, angeklebt ist, von einer hand des XII (oder XIII?) jh., gedruckt nach einer abschrift JScheffers in den miscellaneae observationes criticae X, 1 (Amstelaedami MDCCXXXIX) p. 89, hier nach einer abschrift AUppströms:

> Inomine patris et filii et spiritus sancti
> sô wil ich dir daz bluot versprechen.
> Ich verspriche dich, bluot,
> ich verbiute dich, bluot:
> 5 stant bluot, stode (*so die hs.*) bluot;
> stant bluot inne
> durch die gotes minne,
> stant also lîse
> in dem siechem libe,
> 10 stant sam drâte
> sam der Jordân tâte,
> dâ der heilige Krist
> inne getauffet ist.
> also dû getauffet sist unde swie (unde unde swe *die hs.*) dû gehaizen sist,
> 15 daz dir ze buoze.
> Krist ward gekundet ze Nazarêt
> unde geborn ze Betlehêm
> unde gemarterôt zJerusalêm.
> dâ bi verbiut ich dir, bluot, daz dû stêst unde niue gêst,
> 20 in dem namen des vater und des sunes und des heiligen geistes. Amen.

hier zeigt sich z. 16—18 dass v. 2 des alten Milstäter segens einmal anders lautete und dass darnach auch die störung von v. 3 anders zu erklären ist, als worauf die vermutung führte: auf unde gemarterôt ze Jersalêm folgte einfach getoufet von Jôhanne in demo Jordâne. aber die wunderliche sachliche ordnung in diesen versen, die ohne zweifel die abänderung in v. 2 der Wiener hs. veranlasste, ist gewis auch nicht ursprünglich, sondern die den zusammenhang störend zeile **unde gemarterôt ze Jersalêm** *des besseren reimes auf* **Betlehêm** *halber eingeschoben, und der anfang lautete ehedem wohl:* Christ wart gekundet ze Nazarê unde geborn ze Betlehêm,   getoufet von Jôhanne usw. *untadlich ist die ordnung in einem segen der Heidelberger hs.* 169 *bl.* 207 (*Mones anz.* 1837, 477 *nr.* 42): Ich beswere dich, wurme, by unserm herren Jesu Christ, der zu Betlahem geboren wart, in Nazaret gezogen wart, uf dem berg zu monte Oliveti zu himel fure. *aber eine ganz ähnliche aufzeichnung, wie in der Schefferschen hs. setzt voraus eine auch noch heute mündlich (AKuhn westfälische sagen* 2, 198 *nr.* 558) *umlaufende formel in Mones anz.* 1838, 420 *nr.* 2 *aus einer hs. des XV jh. im Ferdinandeum zu Innspruck:*

Item das pluot zu verstellen *usw.*

Unser lieber herr ward geborn zu Bethlahem

und ward verkündet zu Nazareth

und ward gemartert zu Jerusalem.

als war die drey sache sein,

als war verste dir. N. dein pluot.

in derselben hs. folgt auch unmittelbar noch ein zweiter mit dem Schefferschen verwandter spruch Contra fluxum sanguinis die: Ich man dich, bluot, ich bitte dich bluot, ich gepeüt dir bluot by unsers herrn Jhesu Cristi hailigen bluots ere und craft, das du verstandest   und nicht mehr gangest.   *die sage dass der Jordan bei der taufe Christi stillgestanden wiederholt sich in verschiedenen formeln, von denen die älteste am rande von bl.* 30ᵇ *der vaticanischen hs.* 5359 *aus dem* IX/X *jh. zu edict. Hothar.* 165 (*archiv der gesellschaft für ältere deutsche geschichtskunde* 5, 245) *steht:* Christus et sanctus Johannes ambulans ad flumen Jordane, dixit Christus ad sancto Johanne 'restans flumen Jordane'. Commode restans flumen Jordane: sic res te venast. In homine it (*WWackernagel uno.* sic restet vena ista in homine isto). In nomine patris et filii et spiritus sancti. amen. *in den quellen und erörterungen zur bayerischen und deutschen geschichte* 7 (*München* 1858), 319–321 *sind aus cod. lat. Monac.* 100 *mehrere formeln* contra fluxum sanguinis *mitgeteilt, von denen die erste beginnt* Wazzer rinnet, Jordanis heizzit, da der heilige Christ inne getoufet wart. Eiter bistu, zegan soltu. Super aspidem et basiliscum ambulabis (ps. 90, 13) *usw., die letzte schliefst* Longinus miles lanceavit dominum Jesum Christum. exivit sanguis et aqua. Jesus. sta sanguis. Christus chrisma. strangula uenam limis. murmur accessus. amen. Pater noster. sta. sta. sta. sicut flumen Jordanis stetit. Tribus uicibus. (*über den Longinus vgl. die unten zum Münchner ausfahrtsegen* 3, 52 *angeführten stücke und den excurs zum Tobiassegen; Mones anz.* 1834, 284. 287; 1837, 475. 477; 1838, 608; *Grimms myth. anh.* CXLI *nr.* XXXII, 2). *in der Wiener hs.* 2817 (*med.* 92) *bl.* 29ᵇ *steht folgender segen für daz pluot:* Wild du daz pluot verstellen daz dâ ûs der wunden oder ûs der nasen fliuset, sô leg din hant dar über und sprich daz wort: † In dem namen des vaters † und des suns † und des hailigen gaistes. † Sant Hêlias saz in der ainœde und flôz im daz pluot ze baiden naslöchern ûs. dô begund er ruoffen hin zuo got und sprach 'herr got, nun hilf mir und betwing diez pluot, als du betwunge den Jordân, ê daz dich sant Jôhans dar ûs tauffet'. und sprich driu paternoster und driu âvê Mariâ. Znaimer Tobiass. *von* 1854 *in*

Wagners österr. klosterl. 2, 361 Jesus Christus gieng in den sal, da fiengen seine
feinde an zu schweigen und ihr gewehr und waffen stille stehen, als das wasser
in den fluss Jordan gestanden ist, da Johannes der jünger Jesum Christum getaufet
hat. *auch in einem feuersegen bei Mone anz.* 1837, 465 *heifst es* 'du wollest still
stehn, sowahr still gestanden der Jordan, darin taufet Johannes Jesum Christum den heiligen man'; *und es scheint ein blofses missverständnis und entstellung,
wenn es in einer festbannungsformel (myth. anh.* CXLVI *nr.* XLIX) *heifst* 'so gewis
und **wahr** sollt ihr stan, als der heil. Johannes stand am Jordan, da er
den lieben herrn Jesum getaufet'. *nach der Vorauer Exodus* 68, 4 *ff. Diem. zerteilte Josua (Jesus) den Jordan mit der gerte Mosis (exod.* 14, 16 *ff.* 21; *vgl.
Jos.* 3, 13 *ff.). dergleichen scheint ein spruch in der Wiener hs.* 2817 *bl.* 26ᵃ *sp.* 2
vorauszusetzen: Sô du din veind fürchtest oder diu wilden tier und si gegen dir
gangen, sô tuo din crûcz für dich und sprich: 'In nomine patris etc. deus deiecit
virgam in Jordanem, que vocatur Vria' daz spricht 'got warf die gerten in Jordân,
die dâ haiszet Vria,' und hiesz den Jordân still stân: alsô belib min lib vor in
gesunt. *gleichfalls der schwertsegen der Breslauer hs. im excurs zum* **Münchner**
ausfahrtsegen E 12 *f.*: der heilige Crist stiess syne ruten in den Jordan, daz
der Jordan weder **stunt**. *wiederum scheint es, ist bei dem in den altd. bll.* 2,
271 *f. mitgeteilten niederländischen morgensegen ein missverständnis anzunehmen:*
Die heileghe Kerst ende die goede sinte Jan ghinghen over die Jordan:
hen en conste doen (niet) ghevellen, noch gheen water ghequellen,
noch iser noch stael ghesniden: der selver **weldaet moetic ghenieten** **beden**
ende emmermeer.

2.

A. *Cod. lat.* 536 *der königlichen hof- und staatsbibliothek in München aus
dem* XII *jh.* 4⁰ 137 *bll. enthält einen lateinischen physiologus, Huitos visio Wettini ua., bl.* 82ᵇ—83ᵇ *ein deutsches stück von edelen steinen, Pfeiffers Germania*
1863. 8, 301—303; *bl.* 84ᵃ *den wurmsegen, Fleinz in den sitzungsberichten
der Münchener academie* 1867. 2, 17; *bl.* 86ᵃ—87 *ein deutsches stück von kräutern
und bl.* 89ᵃ *von einer hand des* XIII *jhs. einen diebssegen, Germ.* 8, 300 *f.* 303;
bl. 102ᵃ Liber sancti Viti Pruole *d. i. des kloster Prühl bei Regensburg.*
1. lage 4. du dr 7. dier 8. lág 9. rief 11 *f.* tôt.

B. *Hs.* 39/59 *der universitätsbibliothek zu Gräz aus SLambrecht in Steiermark,* XII *jh.* 8⁰, *enthält in ihrem ersten teil auf* 69 *bll. lateinische gebete einer
frau, Diemer gedichte des* XI *und* XII *jh. s.* XVII. XXX; *im zweiten bl.* 1—36ᵃ
Heinrichs litanei, HHoffmann *fundgr.* 2, 215—237; *bl.* 36ᵃ—43ᵇ *deutsche gebete
einer frau in prosa, Diemer s.* 379—383; *bl.* 44ᵃ—65 *wieder lateinische gebete
einer frau; auf bl.* 63ᵇ. 64ᵃ *den deutschen segen.* HHoffmann *fundgruben für
geschichte deutscher sprache und litteratur* 2 *(Breslau* 1837), 237 *f.* 1. er herre
die hs. 4. uz uielen *Haupt verweist mich auf Grieshabers predigten* 1, 18 die
würme ûz im wielen; *vgl. Ruland* 235, 23 diu ougen im vergiengen, ûz im vielen
und W Grimms *anm. Job* 2, 7 *f.* Satan percussit Job ulcere pessimo, a planta
pedis usque ad verticem eius; qui testa saniem radebat, sedens in sterquilinio.
7, 5 induta est caro mea putredine et sordibus pulveris, cutis mea aruit et con-

tracta est.- 17, 14 putredini dixi, pater meus es; mater mea et soror mea, vermibus.   7. *'hier sind einige zeilen ausgekratzt' Hoffmann.*   9. der wurmen
10. Tte dm am   12. sprech.   13. *'das folgende ist ausgekratzt.' Hoffmann.*

Schon vor der auffindung von A *konnte der anfang von* B **nach einer reihe jüngerer aufzeichnungen ergänzt werden* (Mones anz. 1837, 462), *und ohne weiteres leuchtet es ein dass* B *aus drei unzusammenhängenden stücken zusammengestellt ist, da z.* 6 *kaum den reim zu* 5 *ergibt,* 6. 7 *mindestens ein drittes glied der aufzählung und die reimzeile zu* 8 *vermissen lassen.* manewurm *ist wohl nur ein synonymum von* hârwurm (Frisch 1, 388ᶜ f.), *wie sie ähnlich* **in andern** *segen vorkommen.* EMeyer *sagen aus Schwaben* 2, 520 *nr.* 464. 465; **Aargauer besegnungen in der zs.** *für deutsche mythologie* 4, 111 Gott der herr gieng zacker
   in einen guten (roten) acker   er tät drei fürch,   er fieng drei würm.
   der erste ist der streitwurm (neidwurm),   der andere der geitwurm (giftwurm; *aarg.* gnietwurm),   der dritte der haarwurm.   streitwurm, geitwurm
und haarwurm   fahren aus diesem fleischwurm. i. n. g.   *in der Oberpfalz* (*Schönwerth* 3, 251) *nennt man wesentlich nach derselben einleitung den* blutwurm, bantwurm, fleischwurm, herzwurm oder fleischwurm, beinwurm, markwurm (*vgl.* IV, 5). *noch andre würmer ein spruch aus einer Karlsruher hs. des* XVII *jhs. in Mones anz.* 1837, 462 *nr.* 9 Wurm, ich beschwer dich bei dem heiligen tagschein,   bei dem heilgen **sonnenschein,**   ihr seien schwarz, weiss, gelb oder rot, grau oder blau; du seiest der sponwurm in den därmen (*l.* darmwurm), der auswerfent wurm, der fressendig, der gnagendig oder bissendig, der schlafent oder fliegent, der umgehent oder fegent wurm, der haarwurm oder ungenannt wurm oder deiner gesellen einer, deren seint 77 usw.; *vgl. den rossegen im anhang zu* XLVII, 4, *myth.* 1109, *Kuhn zs.* 13, 128 *ff. über die* 77 *krankheiten und den segen bei Wagner österr. klosterleben* 2, 367 *gegen alle* 77 *frais. in dem Karlsruher spruch aber sind zwei aufzählungen combiniert, von denen die eine mehrmals* **an die** *stelle der altertümlichen des ersten segens tritt, in einer vermutlich hessischen fassung bei Happel relation. curios.* 4, 296 (*myth.* 1195) Got **vater fährt** zu acker,   ackert fein wacker,   ackert alle würm heraus: der eine war weiss,   der andre schwarz,   **der dritte rot:**   hier liegen alle würm tot;   *in Kuhns westfäl. sagen* 2 (1859), 207 *nr.* 590 Jesus und Petrus fuhren aus gen acker,   ackerten auf drei furchen,   ackerten auf drei würmer,
   der eine war weiss,   der andre schwarz,   der dritte rot: da waren alle würmer tot. i. n. g.   *und ähnlich in zwei sprüchen bei Schönwerth* 3, 250 *dieselbe formel kehrt dann in andern wurmsegen wieder, Mones anz.* 1834, 281 f. *nr.* 14 (*myth. anh. nr.* xxix) wurm, bist du dinne? so beut ich dir bei sant (*Jobes?*) minne, du seiest weisz, schwarz oder rot, dass du hie ligest tod; *ebend.* 287 *nr.* 33; *Kuhns norddeutsche sagen s.* 441 *nr.* 328, *westfäl. sag.* 2, 205 *nr.* 584; *Thiele Danmarks folkes.* 3 *nr.* 446. *die Wiener hs.* 2817 *des* XIV *jhs.* (*med.* 92) *bl.* 30ᵃ *sp.* 2 *gibt folgende fassung* Für die würm in den zenen sprich und leg den minsten vinger an der rechten hant ûf die zen: † Ir würm in disem gebain,
   nun merket was daz hailig ewangeli main: ir sient weisz, swarez oder rôt,   ir müzzent ligen all tôd. i. g. u. âmen. *und diese fudet sich zweimal in*

anhang von jüngeren, vollständigeren aufzeichnungen des segens AB, so dass man
sie nur für eine abkürzung desselben halten kann. die aufzeichnung C liegt mir
abschriftlich aus der Heidelberger hs. 367 des XIV jhs. bl. 173ᵇ vor (Adelungs
fortgesetzte nachrichten s. 297, Mones anz. 1834, 279 f. nr. 9. 10, Grimms myth.¹
anh. nr. xv): Dis ist eyn guter seyn vor den blasinden worm. . Der gute herre
senthe Job der lak in deme miste, her clagete deme heilge Christe, wi
syn gebeyne essen die worme cleyne. do sprach der heilge Crist, wen
nymandt besser ist: 'Ich gebite dir worm, du siest wies adir swarez, geel
adir grüne adir roet, in desir stundt siestu in dem pferde toet.' nota, man
sal das pferdt nennen, alz is geharet ist. darauf folgt Dis ist eyn gutir seyn vor
den pirezil (Dwb. 2, 553 f.). Horest du worm yn fleische und in beyne, vornem
was das heilge ewangelium meyne, du seist weis swarez adir geel, grüne adir
roet, der gebutet myn herre senthe Job, in desir stunt siestu in desem pferde
toet. i. g. n. a. die zweite aufzeichnung D aus der Heidelberger hs. 169 bl. 172
in Mones anz. 1837, 474 f. nr. 351 Job lag uf der erden oder uf dem mist.
er ruft zu dem heiligen Crist: 'du in dem himel bist, du erhorest Jobs
gebet, das er mit andacht zu dir det, in dem mist zu dir, Krist:
vil turer ruf (l. tûre er rief). der wurm sy wisz, swarz oder rot, got
(durch din tot) put dir, du hie ligest tod, und durch die marter, die got erleid,
(do er) an das heilig cruz schreit: die wunden namen ime den lip.
got geput dir wurme das du stirbest in diser stund oder zyt. es bissen mynen
herren sant Jop die wurm, der ein was wisz, der ander rot, der dritt
was swarz: ir wurm, ir sollent ligen tod. dann nr. 36 Wurm in fleisch oder
in pein, was das heilig ewangelig mein; dir put got das du dich umb kerst;
du syest wisz, swarz oder rot, du ligest in hut noch in fleisch oder in
pein. dazu kommt noch E aus der Karlsruher hs. des XVII jhs. bei Mone 1837,
462 nr. 8 Der heilig sant Jopp sas auf einem mist. er buob sich auf gegen
unserm lieben herrn Jesus Christ, er sprach 'wie beissen mich die wurm so
übel!' gott sprach 'wie seind sie gefarbt? seind sie weisz oder schwarz
oder rot, so sollen sie alle sein steinhert und tot.' andre aufzeichnungen,
bei Mone 1837, 473 ff. nr. 33 aus einer niederrheinischen hs. des XV jhs., nr. 37
aus der Heidelb. hs. 169 bl. 200 und in Mones niederl. volksliteratur s. 331. 337
(van Bergh woordenboek der ndl. myth. s. 342 f. 344), geben den segen in sehr
verkürzter gestalt, bewahren aber noch den namen des Job und die schlussformel
und zählen zum teil 3 weisse, 3 schwarze, 3 rote würmer, wie der meklenburgische segen in FSchillers tier- und kräuterbuch 1, 17 f. wie verwildert aber auch
und zerrüttet die überlieferung ist, die jüngern aufzeichnungen lassen doch erst
die ursprüngliche gestalt des segens deutlicher erkennen. fest steht durch ABCDE
das erste reimpaar:

  Jôb lac in miste,
  er rief ûf ze Criste,

und unbedenklich dürfen darnach die allein in B erhaltenen zeilen 3. 4

  mit eiter bewollen;
  die maden im ûz wielen

für echt und ursprünglich gelten. es könnte dann A 3. 4 = D folgen; aber die
unmöglichkeit die rede Jobs fortzuführen ergibt sich bald. man kann auch die
anrufung Christi nicht dem besegnenden in den mund legen, weil dann der schluss

der rede fehlen würde, da den zeilen B 6. 7 *die gesammte andre überlieferung entgegensteht und sie anders woher entlehnt sein müssen.* nach CDE wurde die erlösende würksame schlussformel richtig der alten logik der segen gemäfs von Christus oder gott selbst ausgesprochen. es muss daher (s. zu IV, 1 s. 264) *auch dieser segen einen rein epischen eingang gehabt haben* und die umsetzung in die anrede, wie sie in AD vorliegt, ein sehr alter fehler sein, der sich aber durch den ausfall von v. 3. 4 nach v. 2 leicht erklärt. vielleicht folgte auch auf B 3. 4 *noch* C 3. 4 (*vgl.* E)

5   unde (*oder* er clagte daz) sin gebeine
       âzen die wurme cleine.

dann aber nach AD (*vgl.* C)
       der genâdige Crist,
       der der inemo himile ist, (*Ċ* wande nieman bezzer ist)
       der erhôrte Jôbes bete,
10   die er mit anedâht (?vil tiure?) ze imo tete.
die sinnlose wiederholung und umkehrung des anfangs in A 8—10 und D aber hängt mit der verwandlung der erzählung in die anrede zusammen. die verse *der genâdige Crist — leiten schon zu der schlussformel hinüber.* in indirecter oder directer rede konnte noch gesagt werden, wofür in D die spuren, sogar in einem altertümlichen reim, vorzuliegen scheinen, dass Christus bei der marter die er erlitten den wurmen verboten habe Job zu quälen. *der schluss aber lautete direct*
       wurm, dû sist (wurme, ir sit) wîz, swarz oder rôt,
       ich gebiute dir, dû sist nû tôt
    oder ir sulent nû alle ligen tôt
oder wie man sich die letzte zeile gestaltet denke. *die formel* wîz, swarz oder rôt, *durch die ganze jüngere* überlieferung bezeugt, *steht für die vorletzte so fest wie v.* 1. 2 *als eingang, da sie erst die fehlende reimzeile für* A 11 *und* B 8 ergibt. von den jüngern texten setzt namentlich D, mit A verglichen, eine alte schriftliche aufzeichnung voraus. dass aber der spruch schon im XII jh. zweimal so unvollkommen und in so verwilderter gestalt und später noch so oft aufgezeichnet wurde, spricht für sein hohes alter und sein ansehen. auf ihn deutet auch noch der segen einer Innsbrucker medicinischen hs. des XII jh. bei Mone 1838, 609 Wrm, ich gebiute dir bi gotes worten et s. Job unte siner hêligin chiude, daz tû sen (?) man vel di ... wibes mêr enbizzest noch tages nohe nahtes. wurmsegen kamen gegen mancherlei krankheiten **und übel, die man** von würmern verursacht glaubte, bei menschen und vieh in anwendung. die Wiener hs. 2817 414 bl. 28ᵃ sp. 2 hat noch diesen lateinischen segen gegen zahnweh: Ob die würm in den zenen sien, so scrib. 'In nomine patris et filii et spiritus sancti, domini nostri Jesu Christi, amen. Sanctus Petrus ambas manus ad maxillas tenebat: superveniebat Christus dominus noster, dicens 'quid habes, Petre?' 'Domine, vermes habeo, qui nomen habent nigranei (l. migranei, hemigranei), qui devorant dentes meos et maxillas meas. signum tuum, domine, super famulum tuum, domine! ayos a. a., sanctus s. s., alleluia al. al.' Und segen dich dâmit zwên morgen und ainen aubent und sprich als dick driu paternoster und driu ave Maria, so wirt dir bas. wie derselbe in Italien, England und Schottland verbreitet und in Deutschland in einen segen gegen mundfäule und wieder mit anlehnung an den unsrigen und an den wundsegen Tres boni **fratres** (zu XLVII, 3, 52) in einen wurmsegen umgebildet ist, kann

man jetzt aus der *Germania* 13, 178 *ff*. 181 *ff*. ersehen. *Kuhn* hat mit dem unsrigen in seiner zs. 13, 137 *ff*. altindische sprüche verglichen.

3.

Cod. lat. 23374 der königlichen hof- und staatsbibliothek zu München von unbekannter herkunft (ZZ.374); 23 *bll. kl.* 4°, paginiert 187—232; überreste von drei verschiedenen *hss.*: erste lage *bl.* 1—12 (p. 187—210) *lateinische sermonen* oder *expositionen* aus einer hs. des XIV jh.; zweite lage *bl.* 13—18 (p.211—222) *lateinische gebete, segen und beschwörungen* von verschiedenen händen des XIII (oder nach *Jaffé* vielleicht auch noch aus dem ende des XII) jh. der deutsche segen beginnt *bl.* 15ᵇ (p. 216) *sp.* 2 unten und schliefst *bl.* 16ᵃ (p. 217) *sp.* 2 z. 5. die ersten 32 verse machte *BJDocen* in der *Jenaischen allgemeinen litteraturzeitung* 1810 *nr.* 110 *bd.* 2 *s.* 276 bekannt und wiederholten darnach *HHoffmann* in den *fundgruben* 1,343 *f.*, *JGrimm* im *anh. zur myth.* (1835) cxxxiii *f.*, *WWackernagel im altdeutschen lesebuch*, Basel 1859, 255. durch *Halms* gefälligkeit habe ich die hs. hier am orte benutzen können.   1. hivt svzze: hint *Wackernagel*.   2. ſvzzen   5. daz heilig himelchit (*bl.* 16) hat mih hivt   6. in des namen | gnade wil ih hivt vſgan   7. vñ wil mih hivt   8. heiligen wenn *CHofmann* (*Münchner sitzungsber.* 1870. 2, 21) *beweisen kann, dass der segnende v.* 2 *an gott vaters füfse dachte und dass v.* 11 *f. sonne mond* und morgenstern die dreieinigkeit bedeuten, so würde hier allerdings geistes statt gotes zu lesen sein. aber unnotwendig und zum teil übereilt (s. zu 22) sind auch seine übrigen vorschläge.   10. dem himel sei   11. deu   vñ   12. vñ der tagestern scŏne   13. gemvtes   hivt balt   14. hivt immer so.   15. Saut   16. sei   17. geweaſen   18. deu   hivt vñ slaffen   19. vñ   hivt also pulwesse   20. were miñ vrvvyen saut marien vahse   palwahs: vahs *JGrimm*.   21. heiligen xpŏ gebere   22. vñ doch ain rainiv mait were. *vgl. unten G* 55*f*.
   23. haupt sei mir stelin   24. dehainer slaht waffen   25. aiñ   26. von den scaiden   27. vñ bizze   28. haizze   30. vñ von niemen   31. heilig himelbrvt: trut?   *Docen; vgl. WGrimm zur gold. schmiede* xxvii.   32. hivt min balspeh gut   34. *Isidor etym.* 7, 1, 16 Tetragrammaton, hoc est quattuor litterarum, quod proprie apud Hebraeos de deo ponitur, joth he vau he, id est duabus ja ja, quae duplicata ineffabile illud et gloriosum dei nomen efficiunt. *Pitra spicil. Solesm.* 3, 417 (*vgl.* 448. 450) γ'. τὸ τετράγραμμα, τὸ ἀνεκφώνητον ὂν τοῦτο δέ φασιν ἐπὶ τῷ πετάλῳ τῷ χρυσῷ ἐπὶ τοῦ μετώπου τοῦ ἀρχιερέως γεγράφθαι. *gl. Jun. E* 373 *Nyer*. Petalum in quo scriptum est nomen domini vel tetragramatum.   35. naiñ ere.   36. gnades ih hivt   37. deu   gwere   38. vñ ueste als *vgl. im exc. den segen von Muri v.* 27.   wære fehlt hier.
   39. got   40. were dev tavf vñ   42. deu taufe vñ   44. sei ih hivt   46. waffen   47. haupt   49. vnreht | tem   52. sei   mait.   es folgt in der hs. unmittelbar Ad caducū morbū + Incarnaas + pahmeht + ingrā usw., dann noch von anderer hand ein lateinisches gebet; darauf *bl.* 16ᵇ (p. 218) *sp.* 1 von einer derjenigen, die den ausfahrtsegen schrieb, ähnlichen, aber doch zb. in der bildung des z verschiedenen hand ein hochdeutscher text des lateinischen wundsegens Tres boni fratres, den *HLeyser* in den *altdeutschen blättern* 2,323

*aus einer Leipziger hs. bekannt machte. eine andere übersetzung ist daselbst s.
267 aus einer Hamburger hs. des XV jh. gedruckt, andre fassungen desselben
segens, zum teil in reimen, zum teil auch weniger vollständig, s. im anzeiger
für kunde des deutschen mittelalters* 1834, 281. 282 nr. 13. 17, (*Grimms myth. anh.*
415 CXLI *nr.* XXXI); 1837, 460 *nr.* 3; *anzeiger für kunde der deutschen vorzeit* 1854, 164*f.*;
1862, 234 *aus der Wiener hs.* 2817 *med.* 92 *bl.* 37ª. *verwandt ist auch der niederdeut-
sche segen aus der Wolfenbüttler hs. im anz.* 1834, 45 *f., womit im wesentlichen
stimmt ein zweiter wundsegen der Wiener hs.* 2817 *bl.* 28 *sp.* 2 *bis* 4 *und ein
anderer aus einer gleich alten Giefsener hs. in Haupts zs.* 6, 487. *dass der
Münchner text noch aus dem* XII *jh. stammt, sieht man aus den verderbnissen.
er ist jetzt im anhang zu einer gereinten bearbeitung aus dem* XIII *jh. in Haupts
zs.* 15, 452 *ff. abgedruckt. aufserdem vgl. Germania* 13, 184 *ff.*

In der hs. fährt in der zeile wo v. 32 *schliefst dieselbe hand nach* am. *un-
mittelbar fort mit* In noïe dñi, *und es beginnt hier keineswegs, wie wohl Docen
meinte, ein neuer segen, sondern der anhang soll nach* 37 *nur eine ausführliche
bekräftigung des ersten amens sein, wie die prosa* 51 *f. für das zweite. auch
v.* 36 *bezieht sich auf* 6 *zurück. eine weitere bestätigung der zusammengehörig-
keit beider teile wird sich unten ergeben. der segen, den wir im folgenden mit
A bezeichnen,* **erweist** *sich als eine abkürzung und umbildung eines älteren voll-
ständigeren textes. in dem gebälk eines alten Baseler gefängnisses ward ein*
pergamentblättchen *des* XIV *jh. gefunden* **mit** *diesem segen* B (*Haupts zs.* 3, 42):

    † Ich wil hiut ûf stân,
    (ich wil) in gotes namen hinoân gân.
    ich wil mich begurten
    mit den gotes worten,
5   mit den sigeringen,
    mit allen gwæren dingen,
    daz mir allez daz holt sî
    daz sant dem tage ûf sî,
    diu sunne und ouch der mâne,
10   Krist selbe. âmen.
    Diu helle sî mir verspert,
    elliu wâffen sîn mir verwert,
    wan aleine einez:
    daz steche unde snîde,
15   swâ manz hin wîse. âmen.

3. ich wil zweimal 4. gotz 5. sigo rinen 6. geweren 7. alles 8. das tag 9. ovech
12. ölle 13. want eis. 14. sticht vnd snit 15. manz wist.

  11. 12. *kehren in Tobiass.* 49 *f. und der schluss.* 13—15 = A 25 *ff. noch
vollständiger in jüngern aufzeichnungen* (D 11—14 E 18 *f.* Hᵃᵇ *s.* 421, *zum
Tobiass.* 52) *wieder. der anfang* 1—4 *und* 7—9 *geben* A 5—11 *nur in etwas
abweichender gestalt wieder, und dazu kommen* 5. 6, *die geradezu in* A *nach* 8
aufgenommen werden können, mit dem altertümlichen merkwürdigen ausdruck
sigeringe, *der nach* 3 *nur von einem panzer, nicht mit Wackernagel bei Haupt*

nao, von *einem siegbringenden finger- oder armring verstanden werden kann.
dieselben verse 1—8 wiederholt dann mit geringer abweichung ein spruch* C, *den
Mone (anz. 1834, 280) auf dem letzten blatte der aus Worms stammenden Heidelberger hs. 163 fand:*

    Hûde wil ich ûf stên,
    in den heilgen fride gên,
    dâ unser frouwe inne gieng,
    dô si den heilgen Crist inphing.
5   noch wil ich mich gorten
    mit den heilgen funf worten,
    mit den heilgen sigeringen,
    mit allen gûten dingen:
    allez daz dages alt sî,
10 daz mir daz holt sî.
    unsir liebin frouwen zunge
    sî in aller miner fiende munde. âmen.

1. Hûde : Unde *Mone.* 2. frieden wil ich 3. do unser frauwe in 7. siege ringen
10. daz sy mir holt.

*hier hat 9 gewiss nicht die ursprüngliche fassung des gedankens bewahrt; ob
aber A 10 und nicht vielmehr B 8, kann man zweifeln. ein zweiter segen* C^b *auf
demselben blatte gemahnt an A 45 ff.:*

    Ich dreden hûde ûf den phat,
    den unser herre Jêsus drat:
    der sî mir sûze unde gût.
    nû helfe mir sîn heilig blût
5   und sîne funf wonden
    daz ich nimmer werde gefangen.
    vor allen finden mich behûde,
    daz helfe mir die hêre hûde;
    behûde mich vor fliezen,
10 vor swerten und vor schiezen,
    vor aller slahte ungebûre,
    [vor snôder gesellschaft und âbentûre,]
    daz alle mine bant
    enbunden werde sô zuhant,
15 also unser herre inbunden wart,
    dô er nam die himelfart.

2. Jesus Christus 3. also sus und also 4. heilges rosefarbes 5. sin heilge 6. gefangen oder gebunden 7. allen minen 9. behude mich *ergänzte Mone.* 11. slachtunge
dass vor diesem ein vers ausgefallen und durch den folgenden verdrängt oder schlecht ersetzt ist, lässt ein spruch im anzeiger des germanischen museums 1853, 136 schliefsen: Nu
muss ich heut alz wol behutet sein vor dieben vor feur und vor allem [ungeluck und] ungehewr, als do du mich (lies dô diu junge-) frau Maria was, do du deins (l. do si irs) liesen kindes genas; *dazu vgl. unten den segen von Muri* G 15 *ff. daselbst zu* 1—6 *und A* 45.
16. 13. mynne 14. von nûr enbûnden werde zu 15. herre Jesus.

eine jüngere aufzeichnung D *aus dem ende des XVI oder anfang des XVII jh.
in einer hs. des germanischen museums in Nürnberg nr. 3015^a bl. 718^a (zs. für
deutsche mythologie 3,326 f.) bietet noch mehr und führt weiter:*

    Heut wil ich ausgehen

and in den streit gottes gehen,
und wil mich heute gürten
mit allen guten worten,
mit den fünf ringen,
mit allen guten dingen,
damit das mich vermeide
alles beschlagenes geschmeide,
das ie geschmidet ward
seit gott geboren ward,
än das meine alleine:
das solle schneiden fleisch, stein und bein,
und wenn es komt aus meiner hant,
ein andrer segen sei es genant.

und dreimal dein wapfen darauf gestossen in die erden, ungeliebt oder geliebt (*d. i.* ungelüppet oder gelüppet) oder wie dem wapfen gleich geschehen sei.

Auch, lieber gott, lass mich darbei
aller sorgen frei.
ich beschwere heut alle wapfen (gut)
bei des heiligen Christi blut,
das sie mich genzlich vermeiden
und mich nicht schneiden.
mein heubt sei dargegen stehlen,
mein herze sei steinen,
mein leib sei beinen,
und alles himlische heer
komme heut zu mir und beschirme mich.

der eingang 1—4 *stimmt im wesentlichen wieder mit* B C *und mit* A 5—8 *und* D *wiederholt darauf auch wie* B C *die merkwürdigen, in* A *übergangenen verse. über* 7—10 *und* 21—23 *s. zu* G 33—36. 43 *ff.; mit* 19. 20 *vgl. Tobiass.* 53. 54 *mit anm. die* A 25 *ff. entsprechenden zeilen* 11—14 *knüpft ebenso wie* D *und* B 13 (*vgl.* Hᵃ 11) *der kürzlich von Hofmann in den sitzungsberichten der Münchener akademie* 1870. 2, 16—19 *als 'gänzlich unbekannt und einzig in seiner art' herausgegebene, niederdeutsche Johannesminnesegen der Schwabacher hs. v.* 23 *ff.* suader ûse alleyne *usw.* (*s. zu* G 33—36 *und Tobiass.* 64) *und der schwertsegen* E *einer Breslauer hs. in den altdeutschen blättern* 2,266 *v.* 18 *an:*

Ich beswer alle woffen gut
mit des heiligen Cristus blut,
des heiligen Christus adem,
daz sy or stechen vnde or snyden lasen,
und sint also gut
keyn (*d. i.* gein) mynem fleisch vnde mynem blut
also myner frouwen sente Marian ir sweiss was,
da sie des heiligen Cristes genas.
des heiligen Cristes blut,
daz an dem spere nyder wut,
geseyne myn fleisch vnde myn blut.
der heilige Crist stiess syne ruten

                in den Jordan, daz der Jordan weder stunt:
                also müssen alle woffen bose vnde gut
15   vermide myn fleisch vnde blut,
                daz ye gesmedt wart
                sint der heylige Crist geboren wart —
                Ane daz myne alleyne,
                daz müsse snide fleisch vnde gebeyne.
20   wan daz kommet uss myner bant,
                so sie ez zcu den anderen geczalt.
                des helfe mir der heilige got,
                der an dem crutze leit den bittern tod. AMEN.

hier sind die vv. 1—4 im grunde dieselben mit D 17—20.   *zu* 12. 13 *s.* exc.
zu XLVII, 1.   *nach* 21 *und* H^b 28 *so sey sy* (mein wer) *zu der* (l. den) **an-
deren genant und der** *niederdeutschen Johannsminne* 26 *sô sit tô den andern
ghewant ist* D 14 *und* H^a 16 *so soll es in den selben segen sein genant zu be-
richtigen. in einer abgekürzten gestalt* F *ist dieser segen schon im* XIV *jh. in
einer hs. des klosters Einsidein* (Haupts zs. 3, 42) *aufgezeichnet:*

                Ich beswer allin wâfen guot
                bi got und bi sim vil heiligen bluot,
                bi sinen heiligen fünf wunden
                di unserm herren durch sin site drungen,
5   das alliu wâffen as lind gegen mir sient, under mir und ob mir,' hinder
                mir und for mir und nebent mir, as der sweis was   den unser frou
                sancte **Maria** swist dô si irs lieben trûtkindes magetwis an dis welt gaas,
                das mich kein wâfen snid das ie gesmidet wart   **sit das** Krist ge-
                boren wart. i. g. u. a.

zu 5 *s. anm. zu* IV, 8, 6. G 51—56.   *unläugbar weisen alle diese segen mit
A auf dasselbe original. dasselbe setzt auch der Tobiassegen voraus und eine
umbildung und andre fassung lag davon schon, wie es scheint in einer ziemlich
verwilderten gestalt, der frommen frau vor, die im* XII *jh. die hs. von Muri* (s.
zu XLII) *zusammen schrieb. sie nahm davon, wohl nicht ohne neue eigenmäch-
tige änderungen und zutaten, stücke an verschiedenen stellen ihres büchleins auf,
die aber an den durchgehenden reimen kenntlich bleiben, während bei ihr sonst
aufser dem leich der reim nur vereinzelt vorkommt. es sind folgende* G:

                Ich bin hûte ûf gistandin,
                in die ginâde dis almehtin gotis gangin.
                hûte si ich in allir der welte gimuote,
                alse ir herze in ir pluote.
5   **alsô** wol si ich in allir der welte luste,
                alse ir herze in ir **bruste.**

                                *

                Herro sancte Michahêl,
                hûte wistû. N. sin shilt unde sin sper:
                min frowa sancta Marja (Merge)
10   **si** sin halsperge.
                hûte muoze er
                    in dem heiligen fride sin,
                dâ got inne wâre

do er in daz paradise châme.
Hêrre got, dû muozist in biscirmin
vor wâge unde vor wâfine,
vor fiure, vor allen sînen fiandin,
   gesûnlichen unde ungisûnlichin:
er muoze alse wol geseginôt
sîn sô daz heilige wizzôt
wâre, daz mîn hêrre
sancte Jôhaunes mîme hêrrin
dim almehtin gote in den mund flôzte,
dô ern in deme Jordâne toufte. âmen.

tu gihuge wol [swert unde wâfen] wes dich Crist bat,
dô er alre êrst ûfin dich trat.
In nomine Jhesu Christi.
   diu wort sîn mir [wâr unde veste unde] sigehaft:
   des helfe mir dînû heiligû craft!
   diu wort sîn [mir] wâr unde [alse] veste,
   sô daz paternoster an der misse!
Pater noster,
   daz mich hûte insnîde
   dehein wâfen noh gismîde,
   daz sît gislagin wurde
   sît Crist geborn wurde.
In nomine patris et filii et spiritus sancti.
pater noster.
   In nomine domini,
   daz heilige lignum domini
   gisegine mich hûte
   undenân unde obinân!
   mîn bûch sî mir beinin,
   mîn herze sî mir steinin,
   mîn houbit sî mir stahelin!
   der guote sancte Severin
   der phlege hûte mîn!
der guote sancte Pêtir unde der guote sancte Stephân gisegineigen mich hûte for
allir mînir fiande giwâfine.
   In nomine dei patris et filii et spiritus sancti.
   alse milte unde alse linde
   muozistû hûte sîn
   ûfin mîme libe,
   swert unde allir slate gismide,
   sô mînir frouwun [sancte Marjun] sweiz wâre,
   dô si den heiligin Crist gibâre.
   Pater noster.

das *erste stück 1—6, das sich dem* anfang *von* B C *und* A 5 *ff. vergleicht, steht gegen den schluss der hs. bl. 94ᵃ f. (Graff* Diutiska 2, 297; *Wackernagel* altd.

pred. s. 227 *nr.* 89), *es folgt auf* 6 *noch* daz ich inen allen si alse lieb, dar ubir manon ich disen namin, den Adam ane ruofte, dô er die hant sah, die in dâ machote. daz dirre Adonâi; *dann noch ein gebet bis* bl. 95ᵇ (*Graff aao. Wackernagel s.* 228 *nr.* 90), *worin nur die worte also* muozistû mich hûte bihuotin vor sundon, vor schandon unde vor viginden andon *einigermafsen an* A 47 *f. erinnern und den reim* zu G 17 *ergeben. vgl. auch Znaimer* **Tobiass.** *aao. s.* 361 (*oben s.* 411) also befehle ich mich heut — in seine heil. fünf wunden dass sie mich wollen behüten vor allen bösen unglück und schaden, vor **sünden** schand, vor allen anfechtungen **der bösen** geister, dass sie mir an meinem leibe nicht schaden können. *das zweite stück* 7—24 — *wo die zweite person* in *die erste anzusetzen und damit* 19 *ff.* die poetische wortstellung herzustellen ist — *steht im ersten teil der hs. bl.* 9ᵇ (*Graff s.* 293, *Wackernagel s.* 219 *nr.* 79). *hier mahnt* 9. 10 *an* A 15 *f. und* 32; 11—14 *an* C 1—4, *besonders deutlich aber* 15 *ff. an* A 49 *ff. und* Cᵇ (*vgl. zu* Cᵇ 11), *so dass die absonderung des anhangs von dem hauptteil, die wir in* A *finden, wie es scheint nicht vorausgesetzt wird. eine ganz junge aufzeichnung eines ausgangssegens in* JWWolfs *beiträgen zur deutschen mythologie* 1, 258 *nr.* 26 *vereinigt ungefähr den inhalt des ersten und zweiten fragments:*

> Hier tret ich adf die schwelle:
> gott der herr ist mein **geselle,**
> Christus ist mein hut,
> **die erde ist mein schuh,**
> das heilige kreuz ist mein schwert,
> **dass** alle die mich sehn
> mich haben lieb und wert.

auf das zweite stück folgt in der hs. bl. 9ᵇ—11ᵃ *das gebet einer frau* (*Wackernagel s.* 219 *nr.* 80, *altd. leseb. Basel* 1839, 256) Hêrre got, an dîne gnâde irgibe ich mich *usw., welches schliefst* daz ich dise welt uirwandelon muoze ungischendit unde mîn wîblich êre an mir niemir giniderct werde, unde ruoche allen minin fienden ir hôr ferti widir mich zi bichêrinne. Ps. (24, 1) Ad te, domine, leuaui. *und der dritte teil des segens* 25—57 (*Graff s.* 293 *f., Wackernagel aao.*); *dann* 11ᵃᵇ *ein zweites gebet* Frouwa sancta Maria, *Wackernagel altd. pred. s.* 220 *nr.* 81

das im munde einer frau sehr unpassende stück ist im anfang verstümmelt oder entstellt: die anrede überfüllt den vers 25 *und bei* 26 *ist ein missverständnis oder verderbnis anzunehmen, da sonst nichts davon verlautet, dass Christus je schwert oder waffen betreten. vgl.* Cᵇ 2. 28 *ff. verglichen mit* A 37 *ff. lassen vermuten, dass* 25. 26 *ehedem ganz anders lauteten.* 30. 31 *kehren auch in einem wassersegen bei* Mone *im anz.* 1834, 285 *nr.* 27 *wieder:* die wort müssint sin als war, als das wort das got selber sprach do er himel und erd ûu sach; **und die wort sigent an** die wasser **also vest** als das paternoster ist an der mess. 33—36, *wo für* 34 *schon* 54 *das reimwort ergibt, finden sich fast gleichlautend in* D 7—10, E 15—17, F 7. 8, Hᵃ 3. 4, *und zwar in* DE *in verbindung mit den* A 25—30 *entsprechenden versen, die unzweifelhaft dem* **alten** *gemeinsamen original angehören, dem man daher auch jene zuschreiben darf. sie werden auch in der Sant Johans minne der Wiener hs.* 2817 *bl.* 24ᵃ *sp.* 1 (*Uhlands volkslieder s.* 823), *der Einsidler* (*altd. bll.* 2, 264, 15 *ff.*) *und der Schwabacher hs.* 19—22, *hier wie* DE *mit dem* A 25—30 *entsprechenden anfang* (*s. zu* D 11, E 21), *wiederholt:* daz uns elliu nôt uermide, **noch kein wâfen** niht versnide, daz ic gesmidet wart, sît daz Jêsus Crist geboren wart; *gleichfalls in dem niederländischen morgensegen altd. bll.* 2, 271: dat mi gheen dinghen en moghen vellen, noch gheen tonghe en moghe quellen, noch iser noch stael en mi sniden noch slaen, dat seder ghesmeet waert dat Christus gheboren waert. *vgl.* **Tobiass.** 52*ff.* *und seg.* 1 *im anhang dazu. die Johannesminne der Weimarer hs., die C Hofmann in den Münchener sitzungsberichten* 1871 *s.* 457*f. wie* 1870 *die Schwabacher drucken ließ, ohne die Wiener und Einsidler hss. zu kennen,* **ist** *eine ganz unvollständige, wertlose aufzeichnung,* **der das ganze mittelstück, bei** *Uhland* 2, 11—5, 7, *fehlt.* 42. *s. zu* IV, 8, 6; F 5. 44. stahelin, 45. steinin *die hs. Wackernagel stellte um. die formel ist in* A 23 *unzweifelhaft verkürzt; in gleicher vollständigkeit* **aber** *findet sie sich im Tobiass.* 45 *ff.*, 421 *in* H^b 20—23 *und* D 21 *ff.; vgl. Arnolds lobgedicht (s. zu* XLV) *auf den heiligen geist* 333, 12 *ff. Diem. wie meht ich hêrre trehtin, wær mir daz haupt êrin, stâlin diu zunge, die grôzen mandunge iemer vurebringen! und anm. zum Tobiass.* 45. 51—56 = E 5—8, F 5 *ff.*, H^a 5—8, *variante von* A 17—22. *neuerdings sind nun noch im anzeiger des germanischen museums von* 1869 *s.* 46 *f.* 47 *f. aus einer Tegernseer* **hs. von** 1507 (*Cgm.* 821) *bl.* 201^a. 202^a *zwei* **segen** *abgedruckt, in denen sich die formeln in sehr zerrüttetem zustande in* **folgender** *ordnung wiederholen.* H^a 1. 2 = D 17 *f.* E 1 *f.* F 1 *f.* 3. 4 = D 9 *f.* E 16 *f.* F 7 *f.* G 35 *f.* 5—8 (*eine reimzeile fehlt*) = E 5—8. F 5 *ff.* G 51—56. 9. 10 gesegen mich heut die heiligen drei nagel, **die** unserm herren durch hend und fies wurden geslagen. 11—16 Ich gesegen alle waffen an das mein allain, das ich mit darzu **main:** das scholl sneiden flaisch und pain und wen ich main: kumpt es aus *usw.* = (A 25 —30, B 13—15) D 11—14, E 18—21 *anm.* H^b 1. 2 Ich heut auf stee, In gotz frid ich gee = (A 5 *f.*) B 1 *f.* C 1 *f. vgl.* DG 1 *f. Znaimer Tobiass. aao. s.* 361 Ich will heut ausgehen in gottes friede, ich gehe, reite oder fahre aus, dafs meine worte und werke in g. n. werden fortgehen **und** dafs alle meine feinde und widersacher müssen zurück stehen. 3—7 Ich sol heut als **gesegnet sein** *usw.* = *Johannesminne* 5, 1—4 (*Uhland s.* 824), *Einsidl. hs.* 41-44, *Schwab. hs.* 49—51, *unten s.* 427; *vgl.* G 19—24. 8—13. 14—19 *sind neu, entfernt vergleichbar mit* C^b, *aber verwandt mit dem reisesegen s.* 427, 5 *ff.*, *vgl. s.* **428.** 20—23. Nun sey **heut** mein haubt stächlen und mein ruck eysren und mein pauch stainen und der himel der schilt mein = A 23, D 21—23, G 43—45, *Tobiass.* 45—48. 24—28 und mein wer allain, die schneit heut fleisch und pein **und wen ich main; sy kum daon aus** *usw.* = H^a 11—16, *anm. zu* E 21.

4.

A *hs.* 2817 (*med.* 92) **der k. k.** *hofbibliothek in Wien,* 71 *bll. fol.* XIV *jh.; bl.* 24^b *sp.* 2 Sant thobias segen (*roth*) *bis* 25^b *sp.* 2. **b** *hs. extrav.* 226 *der bibliothek zu Wolfenbüttel,* XV *jh. kl.* 4°; *s.* 70 *ff.* Sant thobias segen, *abgedruckt in JJEschenburgs denkmälern altdeutscher dichtkunst, Bremen* 1799 *s.*

279—283.   C *hs.* 43. *l.* 8 (*im catalog med.* 5) *der universitätsbibliothek zu Upsala, früher im besitz des polyhistors Johann Scheffer aus Strafsburg,* **medicinisches inhalts aus dem** XII *jh.* 4°; *bl.* 28ᵃᵇ *beginnt der segen ganz* **oben am rande, so dass die** *buchstaben der ersten zeile beider seiten beim beschneiden vom buchbinder gestreift* **und** *zum teil verstümmelt sind. die vv.* 5—8 *sind nach einer abschrift JScheffers nebst seinen anmerkungen zum ganzen stück gedruckt in miscellaneae observationes criticae vol.* X *tom.* 1 *Amstelaedami* MDCCXXXIX *p.* 89—90; *JScheffers abschrift vollständig von JCReichard in den braunschweigischen* **anzeigen von** 1755, *stück* 16 *sp.* 321 *ff.*, *wiederholt in dessen vermischten* **beyträgen zur** *beförderung einer näheren einsicht* **in das** *gesammte geisterreich.* **erstes stück.** *Helmstedt* 1780 *s.* 143 *ff. der gefälligkeit A Uppströms verdanke ich eine sorgfältige abschrift.*   d *hs. des stiftes zu SFlorian bei Linz* Albertini **sermones, Lyrani postilla** , XV *jh.* 4°; *auf dem vorsetzblatt* Sand Thobyaz gesegen , **nach einer abschrift** *des hochwürdigen herrn JStülz.*   e *hs. cent.* VII. 38. *der stadtbibliothek zu Nürnberg,* XV *jh.* 8°; *auch hs. cent.* VII. 8. XV *jh.* 12° *daselbst* **enthält den** *anfang* **des** *segens.*   f *hs. nr.* 5832 *des germanischen museums* **in** *Nürnberg, aus dem anfang des* XV *jh.* 8°; *bl.* 2ᵃ—5ᵃ. *ef nach einer abschrift von dr. MLexer.*   *über das bruchstück* h *s. zu* 71—76. R **der** *niederdeutsche text der Rostocker pergamenths.* IV 1. 7 *aus dem* XIV *jh.* (*sitzungsberichte der akademie* **zu München** 1871 *s.* 458—460) *ist so verwildert dass ich mich begnüge nur einzelne stellen daraus anzuführen.*   A **und demnächst** b **geben** *an und für sich einen sehr guten, auch den verhältnismäfsig* **vollständigsten text**, *der aber bei näherer betrachtung sich an manchen stellen als* **interpoliert** *erweist und auch nicht frei von auslassungen ist.* C **gibt das gedicht** *schon in einer* **verstümmelten** *und sehr verwilderten gestalt: vielleicht war der* C *zu grunde liegende text* **aus** *dem gedächtnis aufgezeichnet und der abschreiber brachte neue änderungen und versehen hinzu. aber auf denselben text, den die ältere,* C *zu grunde liegende aufzeichnung voraussetzt, gehen noch die* **späten hss. def (h) zurück,** *so dass mit hilfe von* ef *in einem falle wenigstens* (*s. zu* 71—76) **das** *ursprüngliche, das in keiner hs. steht, hergestellt werden* **konnte.** *da nun zwei verschiedene texte* Ab **und** Cdef(h) *vorliegen, der alten aufzeichnung* C *die rechte auctorität fehlt, die übereinstimmung der jüngern hss.* **aber, weil alle** *ändern, teils durch zufall, teils auch weil das gedicht lange zeit verbreitet* **und** *mit* **recht beliebt** *war durch die mündliche überlieferung* (*s. zu* 84—88) *herbeigeführt sein kann, so ist in jedem einzelnen falle zu erwägen welche lesart füglich nicht erst durch änderung entstanden sein kann, und darnach die herstellung zu* **versuchen:** *volle sicherheit in allen einzelheiten ist nicht zu erreichen.*   1. **guot herr sant thobias** *Abdef.* sande obias *C, vgl. unten zu* (61). 84. 93; **XIII,** 1. **IV,** 8, 6. **XLII,** 1, 11; *segen von Muri* G (*oben s.* 419) 46; **der guote sancte Martin, die guote** sancte Cecilje *litanei* 717. 1059; **der guote sant Dionysii** *Ruland* 302, 12; **der guote** sanct Sixtus, **der guote sanct** Laurentius *Kaiserchron.* 187, 14. 189, 12. 20. 192, 4 *usw.*   2. **obias uon wisaa was** *C.*   3. sin *C,* **den seinen** *e,* **der** seinen *f,* sinen lieben sun *A.* sante *C.*   4. **sö verre** *fehlt f.*   fradiu lant *C, s. Hahns mhd. gramm. s.* 87; **dass** *Abdef das auslautende unbetonte* e *regelmäfsig unterdrücken* (*also* **auch hier lant** *haben*), *sei ein für alle mal bemerkt.*   5. daz   des *fehlen d,* des *fehlt f.*   des wennen wolt *b.*   wenen *C* **so** *immer* e *für* æ; *sonst*

bezeichnet **die hs. keinen** *umlaut*, *namentlich hat* **sie constant** *ü für* üe.
6. er in *alle*.   gesechen *Ae*, gesechen solt *b*, nymmer sehn solt *f*.   *def*
fügen noch hinzu **noch (und e,** *fehlt f*) chain wart zu (**er aye** zu *f*) im spräche
(gesprehe *e*, gesprach *f*).   7. vil lieb *C*.   **jm waz der** sun vil *d*.
8. unsafte *C*, vil trawrig *d*.   *Abef stellen um* **trurielich** (gar trurenklichen
b, vil traurielich *ef*) er von ihm schied.   wan (**wan** *fehlt b*) im was der (**sein** *b*)
sün gar (vil *bef*) lieb.   9. jm waz vm in *d*.   **vil leit** *C*.   10. sande
in uber fierzec *C*, sant in wol vierzig *Abdef*. *vgl. Benecke zum Iwein* 821. 4152.
RA 219.   *verse mit klingendem reim und* **vier vollen** *hebungen sind* **in** *diesem
gedicht sehr häufig*   11—14 *fehlen* **Cdef**. **hier lässt** *sich die auslassung*
nicht *wie an andern stellen beweisen*, **aber auch nicht dass** *die verse ein späterer*
zusatz *sind, da die verbesserungen in* **Ab sonst nicht** *soweit gehen*.   11. vor
im sach *A*.   12. über in *b*.   14. **wan er nichez** (nautz *b*) *Ab*.   15. er
sprach *Cbdef*.   der cot der vor niemen *C*, der got *b*.   nicht de, nichez *Af*,
nautz *b*.   16. aigen selbat du der *C*, geslücht du *d*, aigen du *Abef*
17 18. *fehlen Ab*.   17. niemene weaket *C*, vnd der nyeman enwenchket *d*,
got (*fehlt f*) dem nicht entwenaket (entweichet *f*) *ef*. *Parz*. 462, 28 got enkan an
niemen wenken.   18. si armen vil **wol** *C*, wann er sein *d*, und (*fehlt f*) der
alle dinck bedencket *ef*.   19. **der** sei der dich behut *ef*, dih hinte behuoten *C*,
mich wichueten *d*.   20. durch sine *alle*.   **grosse** *A*, veterlichen *b*, väterlich
def.   21. und *fehlt* Co.   über wald *A*.   22. aller *fehlt e*.   alle nöten *d*.
23. vor durste *fehlt* **C**.   24. *fehlt* **Cd**.   und vor *bef*.   25. *fehlt d*,
vor hitze unde vor *fehlt C*, vor hitze *fehlt ef*.   gefröre *Ae*, frören *b*, frore *f*.
26. **cot** *C*.   **min** gebet *CA*, mein bet *f*.   **erhoren**. N. *C*, *dann dasselbe
zeichen noch einmal bei einer lücke nach v*. 40.   27. 28. *fehlen C*, vnd we-
hüet dich vor dem jüchenn ende vnd vor **alle** missewende *d*.   27. vñ müzz dich
Abf.   29. **oder du deft**.   30. diü siest in *Adef*, auf veld in holtz *b*.
oder *alle*, oder in dahhe *C*, an holte edder an dake *R*. *Znaimer Tobiass. aao. s*.
361 (*oben s*. 411) die allerheiligste dreifaltigkeit **sei mein** schutz und schirm
in haus und hof, zu wasser und land, auf allen gassen und strafsen (= 36), zu
feld und haide (= 21), wo ich fahre oder **reite**, wo ich gehe **oder stehe**, wo ich
schlafe oder wache (= 29), vor allen meinen feinden sichtbaren und unsichtbaren
(= G 18, zu IV 8, 6).   31. uiente *C*; **der vers** *verlangt entweder den alten
flexionslosen plural* **vient, wie in der Milstäter** *genes*. 108, 13 dine viant, 16 din
viant muozzen; *spec. eccles. s*. 74 vnsire **vient**, iwere vient *usw. oder* vinde,
wie man **schon** *in hss. des* XII *jh. zb. spec. eccles. s*.'23. 111 viatschaft, *s*. 115.
127. 147 *v*. 132. 134 vint *geschrieben findet*.   nyemant sey dir wider dein veint
(got dein feint *e*, dein feint got *f*) *def*; **wäre** *der vers den def hier mehr haben*
echt, so muss *vor* 32 *eine zeile, die auf* gesunt *reimte, ausgefallen oder wegen
eines ungenaueren reims ausgelassen sein*; *vgl. Ruland und Elisab. zu* 44. *der
gedanke desselben wird positiv noch einmal in anderm zusammenhange v*. 80 *aus-
gedrückt; vgl. Münchner ausfahrts*. 9 *f*. B 7 *f*. C 9 *f*. G 3 *ff. und s*. 420 *im exc.
dazu, er wäre aber auch hier ganz schicklich, da* 31 *jetzt allzu isoliert dasteht*.
werdent *A*.   genider (werden *fehlt*) *ef*, dir genidert *d*, dir geminret *C*,
alle dine vyende sin di nedderghet *R*.   32—34. *fehlen d*.   32. cot *C*, vnd
ef.   dih heim uil wol gesunt (her widere *fehlt*) *C*, god de mote di senden wedder
R.   33. uil guoten *C*.   gemute *e*.   34. auch *fehlt b*, zuo lib vñ auch zuo *A*, bin

heim zuo dinem aigen guoten *C* (*vgl. unten zu* 84—88), zu dein selbs **gute** *ef*, **to
dineme heymode** *R*.   35. sien (seind *f*) dir die wege *Af*.   36. alle straz
und steg *Ab*.   37—42. *fehlen* d.   37. vorn *Abef*.   und auch *f*.
    hinte *C*.   38. **gesegen dih die hereu** fibwunden *C*, got (*fehlt* e) durch
sin fünf (haylig fünf *ef*) wunden *Abef*.   39. der sei dir beidenthalbü (baiden halb *b*) neben *Ab*, sein (seind *f*) dir beidenthalben (da **neben** *f*) enneben
ef. *vgl. Znaimer Tobiass. zu* IV 8, 6.   inneben *C*.   40. vü müzz din
mit trüwen pflegen *A*, und **müss** (müssen *f*) dir guten frid **geben** *bef*.   der
himilische degen^N *C*; *vgl. zu* XXXVI, 2, 6, *Lachmann zur Klage* 1672.   41.
42. *fehlen C*.   41. pfleg auch *Ab*.   gefert *b*.   und (*fehlt* e) got der himlisch degen *ef*.   42. gut wirt *b*.   muss deiner (dir deiner *f*) ferte pflegen
ef.   43. und in e.   dem *fehlt C*.   gotez weg du war *d*, du *fehlt b*, du
farst *e fehlt f*.   44. da vor dich der *f*.   helige engil *Cdef*; nach gott vater
(20) **und sohn muss der heilige geist folgen;** *vgl. zu* 56.   übrigens erinnert an
31 *und an unsre stelle* Ruland 55, 21*ff*. 'in gote dü vare, nim vile wole ware
und behuote dich diu gotes crapht **und helfe** uns alliu himlischiu herscapht —
lieber geswige min, der heilige engel muoze din geverte sin unde beleite dich
her widere gesunt;' *Karlmeinet* 442, 58*ff*. 'Nü var hin **mit sinnen ind** nim dit
allet wale war! got si din geleide dar ind behöde dich nacht **ind dach ind verleide** dir al ungemach! — vele lève swager min, der selve engel mòze mit dir
sin, de Tòbiam geleite in dat lant, dar he beite: der geleide dich her weder gesunt'; *leben der heiligen Elisabeth bei Graff* **Diutiska** 1, 361*f*. Di'frouwe rawelîche sach, ir segen si vil dicke sprach über lüde und über kint; 'gût si üch
weder unde wint. der heilge geist hab ûwer **plege alle zît und alle wege: der**
güde got neme ûwer war.'   45. ez herze *C*.   steinen *C*.   der vers steht
in *C nicht im texte selbst, sondern unterhalb desselben ohne* ein *zeichen wohin er
gehört*. *Uppström und auch JScheffer schalten ihn nach* 46 eia, *nach der natürlichen ordnung, die auch im segen von Muri* 43*ff*. (*oben s.* 419 *mit anm. z.*
420*f*.) *befolgt, hier aber* nach *den übrigen hss. verlassen ist*. *eine urkunde aus
Remagen vom j.* 1168 *bei Lacomblet nr* 430 *schliefst mit der verwünschung,* sit
ei celum desuper ferreum **et terra quam calcat** enea, vadant et veniant super
eum horribiles, **donec in novissimo revelent celi** iniquitatem eius sicud Jude, et
terra adversus eum **consurgat** et sathane tradito **calcet** super eum sicut rex interitus in eternum. Amen.   46. *fehlt A*.   der lieb *C*.   heinen *C*.   47. ez
hobet *C*.   stlelin *C*.   48. dir schilten *C*, dein schilt *f*. = H^b 23 (*s.* 421)
vgl. s. 427. *Znaimer* **Tobiass**. uao. *s*. 361 der himmel soll mein schilt sein und
alle waffen sein vor mir verschlossen (= 52) und menschen müfsen schweigen
die mich hafsen **und** neiden.   49. 50. *fehlen def* (*vgl. zu* 50); *die verse sind
variiert in dem Baseler segen* (*oben s*. 415) 12. 13, *wie b*.   49. diu hell müzz
dir versperret sin *A*.   vor dir *b*.   50. *fehlt A*.   alz *C*, alle wauffen **sei** *b*.
    51. **ez paradis** *C*, ste dir e.   hofen *C*.   52. die heile sei dir *ef*,
si *Cb*; *vgl*. 50.   sien dir beschlozzen *A*, verschloffen *b*.   alle **wapene sin vor
de verret, sunder din alleyne, dat ik dar mede meyne dat du dar** bi drechst,
dat mote snyden unde byten allens dat du to donde hest *R*; **also** *wie* A 25*ff*.
B 13*ff*. *s*. 415. 417 *zu* D 11*ff*.   53. daz si daz vil gar vermiden *C; vgl*. D
19*f*. E 4 (*s*. 417) *und Johannesminne zu* G 33—36 (*s*. 420).   alle woffen müssen daz vermeiden *ef*.   54. **und dich** *d*, daz dih ir dehainez stehe noch enside

C. 55. *vgl.* XLVII, 3, 11.   ouch] oh *C, fehlt def.*   56. *hier folgen in C
zwei zeilen,* **die in** *ef* **vor 55 stehen:** des heligen geistes siben geben (gaben die
ef) lazen dih mit haile (selden *ef*) leben. *sie fehlen* **Abd,** *mit recht: sie sind
offenbar erst eingeschoben nachdem* **v.** 44 *der heilige geist dem engel hatte* **platz
machen müssen.**   57—60. *folgen* **in** *C auf* 66.   57. *heiligen fehlt C.*
58. *vor alle.*   59. 60. *fehlen def.*   59. dih din hersehat *C,* daz si dich (**ich dich**
b) ane not seehen *Ab.*   60. alz *CA.*   61. min her sant *Abde,* vnd **min herr** *f.*
sande stefan *C.*   62. 63. *fehlen Cd.*   62. sach **in dem himel** *A. vgl. act.
apost.* 7, 55.   63. zesem *Af,* rehten *e,* vaters gerechten *b.*   64. **der** *alle* sin *C,*
do er alle sein *df; vgl.* XXXV, 5, 2. *Johannesminne* 4, 2 (*Uhland s.* 823, *Eins.
hs.* 37, *Schwab. hs.* 42) sant Georj trank, da mit er all sin not überwant *und
öfter von heiligen* **und märterern.** *nach* nöt *ist in d das pergament zerfressen
und wird der* **text** *dadurch bis* 94 *lückenhaft.*   65. 66. *in C, wo bl.* 28ᵇ *mit
want beginnt,* **stehen die verse noch einmal unter dem lateinischen text der** *vor-
hergehenden seite.*   65. ste *Ce,* geste *C* am˙ rande mit *Abf.*   iemer *fehlt C,*
heut und ymmer *ef,* **mit trúen** *A.*   66. *fehlt f.*   turf si *C* an beiden stellen.
daz dir dester,bas sei *Abc.*   67. 68. sunte Johannes Baptiste vorlene di ghude liste
B, fehlen c, min herr sant Johan múzz **dir** mit trûwen by bestan *A,* mein **her** sant
Johannes pfleg deines heiligen namens *b,* sande Johannes und die viere *usw. C;*
in *f* folgt *auf* 70 vnd auch mein herr sant **Johannes** der mus dich beschirmen.
  Abf geben nur versuche einen lückenhaften **text** *zu ergänzen* **und man wird
nicht in** *b die spur eines alten reims* Johan: **namen** (*s. zu Ezzo* 1, 44) *sehen
dürfen; in A ist die wiederholung derselben formel aus* 65 *unleidlich.* **wenn sant
Johannes im ursprünglichen** *gedicht vorkam und der name nicht erst,* **wie es in
C den anschein hat, zugesetzt ist, so kann nur** *wie in R Johannes der täufer,
nicht der evangelist gemeint gewesen sein, obgleich* **das** *kirchenjahr diesen mit
Stephan verbindet, und eine zeile* **von** *ganz ähnlichem inhalt wie* 70 **mit** *unge-
nauem altertümlichem reim muss* **ausgefallen** *sein; unsre ergänzung schließt
sich* **an** *ev. Matth.* 3, 3. *Marc.* **1, 2. 3. an;** *vgl.* XXXIII A 13; *Ezzo* 6, 12.
69. und die viere *C,* und **die heiligen vier** *e.*   **ewangelisten** *alle.*   70. **die
raten dir daz** beste *C.*   das beste *b.*   71—76. **nu beschirm dich (und** *f, vgl.
f zu* 67. 68) die gut mein fraw sant Marie **vor** (die behut dich **vor** allem *f*)
vngemut. **mit (und mit** *f*) des vil hailigen Christes plut werst (werdest *f*) du
gehailiget und sey (und das sey *f*) dir ein schirm vor **aller** not deins (schirm
deins *f*) leibs und deiner sel und deiner veterlichen (weltlichen *f*) **er** *ef;* min
frouwe sande Merie diu here und frige **mit** des heligen Crist bluote werdest
du geheiliget daz diu sele des himelriches niht verstozen werden noch der wertt-
lichen ere eot gesege dih dannoh mere *C;* . . . fraw sand Marey die geste dir
mit trewen pey mit dez her . . . . da seist du mit wehût vnd werst damit ge-
hailet . . . gotez fräuden nymmer wider tailet noch **dein** leib . . . dez muzze dich
got geweren *d.* *hinzu kommt hier noch* **h,** *ein Hoffmannsches bruchstück aus
dem* XIV *jh. in den altd. blättern* 2,272 .   her by **sente** Marian, by dem hei-
ligen blute, by irme sone gute, nu musistu geseynyt syn.   71. 72. nu müss
dich beschirmen mein fraw *b.*   73—76. widermût (aller armute *b*) mit irs
kindes gût, daz behûte dich vor aller not, vū vor dem ewigen tod vū pflege di-
nes libes diner (vnd deiner *b*) sele vū diner veterlichen (weltlichen *b*) ere *Ab.*
durch ef ist klar dass um des genaueren reimes **willen** *nach* 73 *die zeilen*

mit des heiligen Cristes bluote **werdest** du geheiligöt (: nôt *statt* nôte) *eingeschaltet wurden, was zunächst eine erweiterung von v.* 74, *dann in C und d,* **die** *hier wie an an andern stellen näher verwandt zu sein scheinen, weitere änderungen zur folge hatte. aber auch Ab setzen die einschaltung voraus und geben sie nur in einer etwas abgeschwächten, darum aber nicht passenderen gestalt: die auslassung von* **werdest** *dô geheiligöt machte hier nach* 74 *die einschaltung eines neuen, dem zusammenhange unangemessenen verses nötig, der wieder die überfüllung des folgenden* 75 *zur folge hatte, wo Ab mit efd in der erwähnung des libes neben der* **sêle** *übereinstimmen; vgl. Hartmanns Credo* 1251ff. daz er got dâ mite ermane daz **er** sîn genâde habe, **daz er** rûche in beware, swâ sô er hine vare, sîn lîb unde sîne sêle unde sîne werltlichen êre. vor sunden und vor scanden, vor **allen** vianden, daz er zallin stundin in den rehten werde funden unde niener werde verdamnôt in den êwigen tôt. *die erste stufe des verderbnisses* **liegt in** *ef deutlich vor und so ließs sich das ursprüngliche mit hilfe der andern hss. mit sicherheit herstellen; nur war vielleicht* 71 *nicht mit A* dîn schirm sî, *sondern mit ef (vgl. b)* nu beschirme dich *zu schreiben. Johannesminne* 3, 1 (*Uhland s.* 822) Beschirm uns hiut diu frie, mîn fraw sant Marie. 77. sande **C,** *auch* 78. Oswald *A,* Ostwalt *b.* fphlege **C.** sant Gall fug (der fug *f*) **dir** dein speis, sant Mertein pfleg deiner weis *ef,* sand Gall muzze deine . . . *d,* Sente Galle muse dynis mundis pfleger syn *h. der SGall der Johannesminne* 5, 6 (*Eins.* 46) *ist im niederdeutschen text* 61*f verschwunden.* 78. **Gedrut** *A,* Gedrawt *d,* Girdrud *h.* müzz dir **dh,** geruch dir *e,* sol dir *f.* **guote herberge** *C Abeh.* geben **dh,** geben got loz dich mit selden (hail mit und mit selden *f*) leben *ef.* de hillighe vrouwe sunte Gherdrut von Nevele de sende dy uppe ghude herberghe *R. J Grimms myth.* 54. 798; *J W Wolfs beiträge zur deutschen mythologie* 2, 108. 79. selec *C,* keusch *ef,* gesunt *h,* rain küsch *b,* rain vñ küsch *A,* . . . . dir der leib *d.* din lib *Abef.* lieb *C.* 80. sein *ef.* junge [425] vnd alt vnde alle man *h* und **alle.** wib **C** 81. 82. *fehlen h.* 81—94. *fehlen spurlos d wo* 80 *erhalten ist, s. zu* 94. 81. vil gut *e,* heut *f.* müzz din werden *Abef.* **84. daz du varest todes immer** ersterbest *C,* und (ein *f*) rechtes todes laz **dich got** (got **nymmer** *f*) ersterben *ef,* vñ geches todes nit ersterben *Ab.* 83. *fehlt C.* vor got must du *A,* müsest du *b,* muss du seliclichen (vil **selig** *f*) *ef,* **selig musisto ymmer** syn *h.* 84—88. also seget der guote sande obias sin sun und sante **in do** in ein laut ze einir stat diu biez simedio diu bure diu biez sirages sit **wart er uil fro** cot sante in heim uil wol gesunt uil guoten muote hinne heim zuo sinem aigen guote *C; vgl. Tob.* 3, 7. 4, 21 in Rages civitatem Medorum. . *als also sant thobias den sune sein und sant in* zu her Jerochio. dez sy sein vil worden fro *e.* und er sant in da zu Jericho **des** wart er sein also *f.* also gesegent (segnet *b*) der den sun sin vñ in do sant (vnt sant ju da *b*) zu Jericho, des wart er her nach vil fro *Ab.* alz gesente der vatir syn. amen. *h, worauf in h der auch von W Grimm aus der hannoverschen hs. der Marienlieder in den altd. blättern* 2, 1 *mitgeteilte segen folgt: die ordnung der Hoffmannischen blätter ist natürlich umzukehren; bl.* 1 *schließt sich unmittelbar an bl.* 2 *an.* 89. wol must du gefangen sein *f.* also muss du auch *e.* hiute geseget *C.* 90. hiute die helegen namen dri *C,* uns die hailigen drey namen *f,* helff dir die trechtein durch deines herren namen drey *e,* helff dir unser trechtein *Ab.* 91. vñ gotes muoter diu fri *Ab.* hiute diu *C.*

92. frouwe merie *C.*   91—91. *fehlen cf.*   93. 94. *fehlen auch Ab*
93. mir elliv *C.*   **nach** sint 94 *schliefst C* und guote sande obias und sin heleger trun sun auū paṫ noster. *c schliefst got vater vnd der sun und der hailig gaist die behutten dich allermeist.* ſ *hat dagegen noch mehrere verse der vater vnd der sun und der hailig gaist der sey deins gefertes voleist daz hailig pater noster sey deins herczen gruntvest vnd der hailig gelaub der sey stet vor dein augen. Amen.* amen. *auch d beginnt hier wieder .... sey deines herczen gruntvest vnd der heilig gelaub sey stat vor deinen augen. offenbar stecken hierin alte* **verse mit ungenauen reimen, aber es** *muss ein älter zusatz sein, da der segen darin, wie* 79 *in den jüngern hss., in eine ermahnung übergeht. das Amen habe ich aus Cſ aufgenommen, um das ende des Tobiassegens zu bezeichnen. was nun noch in Abd (in d in prosaauflösung) folgt, ist alt, ja nach den vielfältigen änderungen,* **die die altertümlichen reime** *darin erfahren haben, vielleicht älter als der Tobiassegen und ein ganz selbständiges stück, jedenfalls von einem andern verfasser als jener: die ersparung des pronomens, die sich* 98. 102. 110. 120 *wiederholt, kommt dort nicht einmal vor. das kreuz bezeichnet in A den anhang. man vergleiche zum folgenden Honorius zu Ezzo XXXI,* 4. 5 *ff. und LXXXV.*
95. **Nun** gesegen (Gesegen *d*) dich got biūt *Abd.*   96 *bis* 102 *fehlen d.*   96. Abels segen gotes trūt *Ab*   99. enothas *A*, enochas *b. s. zu XXXI*, 5, 5. **100.** dem got *A.*   101. er in in das *b*, er in das *A.*   102. vn̄ mit sel *Ab.*   **103.** nun geb dir got Noes segen *Ab*, mit herren Noes segen *d.*   104. des (der *b*) got mit trūen wolt pflegen *Ab.*   104—106. von dem die welt wider gebuchet war *d.*   105. dazgot in *A*, den er so schone *b.*   106. vor dem der sin flucht *b.* sinfluocht *A.*   107—110. gesegen dich got hūt mit Abrahames segen domit er seinen svn opfert *d.*   107. got gesegen (segen *b*) dich mit *Ab.*   109. vmb. daz er im *Ab.*   110. do (da *b*) er mit *Ab.*   111—116 *fehlen* **d.**   111—114. nun gesegen dich got hiūt mit dem segen Jacobs trūt vn̄ mit dem segen Ysayas der gotes weiszag was. nun gesegen dich got mit Joseps segen der (und *b*) mūzz dines libes pflegen *Ab. was* **in** *den text gesetzt ist, macht keinen anspruch auf absolute sicherheit, auch nicht bei* 104. 118. *aber dass die penultima des flectierten Jâcob nicht verkürzt ward, beweisen reime wie* Jôbes: Jâcôbes, *XLIV* 3, 9 *und* guote: Jâcôbe *Genes.* 84, 14 *Hoffm. Exod.* 91, 12. 93, **37** *Hoffm.* got Abrahâmes, got Isaâces, got Jâcôbes unt alles dines ehuunes.   115. als Joseph *Ab.*   116. da man *Ab.*   verkauff vnd gut *b.*   **117—120. gesegen** dich got mit dem vil heiligen Davites segen **den** got über in tet do er in zu chunig nam von der judeuscheft *d.*   117. dū **siest** gesegnet mit dem segen zart *A*   du seiest gesegnet mit dem segen damit der almechtig got die hailigen drey künig segnet Casper Balteser Malchior. auch segen dich got mit dem segen damit er segnet die drai kind Sydrach Mysaach Abdenago. in gotes namen amen. *b.*   118. dem David getan wart *A.*   119. schauffen *A.*   120. *hier folgen noch in A* nun gesegen dich der süzze got mit der patriarchen gebot; *fehlen d, mit recht, weil die patriarchen schon vor David genannt wurden und David und Salomon nicht getrennt werden durften.*   122. der Salomon *A.*   gesegnet dich got heūt mit herren Salomon segen damit in got gesegent da er den weistum nam für den reichtum *d. dies lässt vermuten, dass hier ein paar verse, wie oben XXXV,* 4, **3. 4** dō er verkōs **den** richtuom und greif an den wistuom, *ausgefallen sind. vielleicht aber fehlt noch mehr. jedenfalls sind die nächsten, v.* 123. 124 *einlei-*

tenden zeilen in *A jüngeres ursprungs.* 123. Nun geb dir got sinen segen als
ain süzzen mayen regen den tet *A.* nun gesegen dich got hewt mit segen
der der engel sand gabriel pracht meiner frawen sand Mareyn. *d.* 124. her.
Axem. *A. die folgende prosa aus d.* 126. dew Christe gepürde 127. täwf
128. gemarter wart gefur gegen 131. *s. zu* IV, 8, 6 *und oben s.* 418
F 5. zesem haunt vud ze deiner rechten haun 133. alle ungelukche

---

*Die späten und zahlreichen hss. dieses segens — es wird ihrer ohne zweifel
noch mehrere geben — beweisen* dass man den wert *des trefflichen gedichts lange
zu schätzen wuste. dass es den* alten, *im excurs zum Münchner* ausfahrtssegen
besprochenen segen *voraussetzt,* ward schon bemerkt und ist *in den anmerkungen
nachgewiesen.* es folgt in *A* bl. 25ᵇ sp. 2 noch ein ähnlicher, verwandter, offenbar
auch alter segen oder ein bruchstück eines solchen:

    Herre got, behüete hiute mich . N .
    durch des vil heilegen speres stich,
    den dir Longinus durch din siten stach
    dô dir din heilec herze brach;
5   unde beschirme mich daz pluot
    daz dir durch die selben wunden wuot,
    daz mir alle mine viude entwichen
    und elliu wâfen gen mir enblichen,
    und aller stahel und allez isen
10   behalten vor mir ir sniden,
    als min frowe ir magetuom behielt,
    dô sich got selber in ir vielt.

1. Der got *die hs.* durch ein versehen des rubricators, *der ein rotes* D *setzte statt* H.
2. durch got des vil hailigen   3. seitun   4. hailige herez   5*f. vgl.* E 9*f. s.* 417.
7. all min-vind müzzen   10. Mussen behalten   11. fraw sant marie irn rainen magtūm.

bl. 26ᵃ *fährt dann fort, nach der mir vorliegenden abschrift des hrn. Joseph
Haupt, ohne andeutung einer lücke:* .... überwinden mit kainem waffen. † Gotes
creuez sei min schirm. mit gotes creuez sol ich alweg gan und sicher varn.
† Gotes creuez geb mir alles guot. † Gotes creuez nem us mir die weis des
ewigen todes. † Gotes creuez hail mich N und sei ewichlich by mir, ob wir,
under mir, vor mir, hinder mir und neben mir. † Ich empilch hiut min sel und
min lib in des hailigen gaistes segen † und in den segen, den all priester über
gotes lichnam machent, tuont und gebent: Der geruoch mines libes und miner
sel all zit pflegen in gotes namen. Amen. Daz ist der brief den der babst Leo
künig Karl sant; der ist dick und oft bewert. wer den alle tag an sicht oder
liset, dem mag des tages kain laid wider varn, noch mag mit kainem ysen ver-
schniten werden. er mag auch in feur nit verbrinnen, noch in kainem wasser
ertrinken, und wer in all tag by im tret, der verdirbet nimmer und muoz von
tag ze tag uf gan an lib und an guot und an ern, und wer in by im hat an
sinem ende, des sel kan nimmer verlorn werden. amen. *dieselbe unterschrift
findet sich unter einem ganz andern stücke in* f, *der hs.* 5832 *des germanischen
museums, s. anzeiger* 1854 *s.* 18; *der vollständige kreuzsegen aber in der Tegern-*

seer hs. von 1507, Cgm. 821 bl. 202ᵃᵇ (anz. des germ. mus. 1869, 48); *auf den brief des pabstes an den kaiser bezieht sich ein lateinischer spruch einer Münchener hs. des* XII *jh., oben s.* 270 *zu* IV 7, 5. *auch Wagner österr. klosterl.* 2, 362 *hat ein sehr nützliches gebet, welches papst Leo seinem bruder Karolo wider seine* **feinde geschickt hat,** *und dann einen kreuzsegen; vgl. s.* 360 *zu* IV 8, 6. *nach s.* 370 *aber hat der papst Karl* V *ein kräftiges gebet zum heiligen kreuz geschickt. aus dem 'geistlichen schild' (Prag* 1647) *wird als 'von pabst Leo dem könig van Yberien gesandt' in der zs. für deutsche myth.* 4, 135 *f. dieser reisesegen mitgeteilt (vgl.* IIᵇ 3 *ff. s.* 421, *Tobiass.* 48 *anm.).*

    Also muss ich gesegnet sein
als im kelch der heilige wein,
als in der hand das lebendig brod
das Christ den jüngern zum antlass bot.
und alle die mich fast hassen,
müssen alle still mich gehen lassen.
ihr herz sei gegen mir erstorben,
ihr zung sei gegen mir verdorben,
ihr waffen, sie schneiden oder wunden,
soll sieglos sein und überwunden,
ihr waffen sei von stahl und eisen
der himmel soll mein schildrand heissen;
ob sie nach mir hauen, werfen und langen,
gottes engel soll sie vor mir auffangen.

    *W*enn *nicht alle anzeichen triegen, so fällt die entstehung unserer meisten* christlichen segen *in die zeit, wo mit der* zweiten *hälfte des* XI *jh. die geistliche* dichtung *in der* volkssprache *einen neuen aufschwung nahm und dann bis gegen den* ausgang *des* XII *jh. mit eifer gepflegt wurde. sie traten damals an die stelle der alten, vielfach verkümmerten und verwilderten, allitterierenden sprüche, deren ursprung gröstenteils ins heidentum zurückreicht. hatten diese auch schon, wie der Wiener* **hundsegen***, der Weingartner* **reisesegen** *ua. lehren, frühzeitig christliche zusätze oder umbildung erfahren, so liegt uns doch kein vollständig durchgereimter spruch vor jener epoche vor. von da an aber lässt sich neben der mündlichen auch eine schriftliche tradition bis auf unsre tage hinab verfolgen und mit leichter mühe liefse sich mancher spruch aus späten aufzeichnungen in* das XII *jh. zurückführen. wir beschränken uns, wie bei den leisen (oben nr.* XXIX), *auf die in alten aufzeichnungen aus dem* XII *jh. selbst oder dem beginnenden dreizehnten vorliegenden, und tragen hier nur einige kleinere stücke nach, fur deren verständnis* und herstellung *schwierigkeiten übrig blieben, die ich nicht zu lösen vermochte.*

    Die Münchener miscellanhs. **Clm.** 14763. *Emm.* c. b *enthält auf bl.* 63—88 *eine kleine grammatik aus dem* XI *jh., am schluss derselben bl.* 88ᵇ *recepte* Pro fluxu sanguinis, pro febribus, *dann den folgenden deutschen segen, diese drei in der ersten spalte,* die von der anderen *nur durch einen unregelmäfsigen strich geschieden wird,* in dieser zweiten *dann noch verschiedene stücke* Multa genera sunt apium. Apes neantur orte de bobus. Fuci de equis. crabones de mulis. Vespe de asinis. *udgl. auch stücke aus Beda* Tempore quo pelagius papa usw. *die abschrift erhielt ich durch Scherer.*

,p cadente mor
Doner dutiger,
diet mahtiger . stuont uf der
adamez puͬecbe scͪitote den
5   stein zemo Wite . stuont
des adamez zun . unt
sloc den tieucles zun.
zu der studein . Sant pet͞.
sante sinen proder pau
10 len daz er arome adren
ferbunte . frepunte den
paten . frigezeden samath
friwizedih unreiner atē.
fon disemo meneschē zo sci
15 ero zo diu haut wentet zer
erden . ter cū paͬt ūr.

z. 3 ist das erste c in pucche *aus r corrigiert.* 7. sloc *sieht so aus als ob zuerst* suoc *geschrieben.* 12. paten *ist deutlich, man kann nicht* poten *lesen. das m in* samath *ist recht undeutlich.* 14. *so* ṁ, *also eigentlich* diseno. *der zweifel beginnt schon mit der überschrift, die der entdecker hr. Fͪeinz pro calente* morbo *list, und gewis ist ein übel wie fallende sucht oder schlagfluss gemeint. klar ist auch dass zwei unzusammenhängende segen ähnlich wie* IV 6 *blofs in einander gerückt sind. der erste, stabreimend beginnend, ist seiner grundlage nach wohl noch heidnisch oder halbheidnisch und wer verwegen genug ist, kann* lûtiger *durch* got. þiuþeigs *gesegnet, gut* εὐλογητός, καλός, ἀγαθός *deuten —* lietmahtiger *ein compositum wie* dietzage, dietdegen *ua. macht keine schwierigkeit — und von der Adamsbrücke gleich auf die Asen- und götterbrücke (altn.* âsbrû, *alts.* Ôsnabruggi?) *raten.* scͪitote *kann nur das praet. von ahd.* scîtôn (*Schmeller* 3, 415, *bei Graff* 6, 435 *mit* scidôn *vermengt*) mhd. schîten caedere 'scheiten' *sein. aber 'er scheitete, spaltete den stein, den fels* zemo wite' *kann doch nicht heifsen gleich wie holz'. die andere nur noch in* wituhopfa, wituvalcho *sichtbare bedeutung von* witu, silva *statt der gewöhnlichen 'brennholz' (zu* XXXII, 70) *kann nicht in betracht kommen, wenn auch der Adamssohn den* tieveles zun 7, *ohne zweifel den vorhergenannten* Doner, *nachher in den wald oder busch jagt, wie es in dem ags. segen gegen færstice heifst (myth.* 1192): gif hit wære ésa gescot odde hit wære ylfa gescot odde hit wære hügtessan gescot, — ic þin ville helpau: heó þær on fyrgen! *vgl. zu* IV 5B, 5. *eine beziehung des felsenspaltenden Donners zu der krankheit ist jedoch ersichtlich. plötzlich eintretende, dem schlagfluss, der fallenden sucht mindestens verwandte übel heifsen auch sonst 'wilde, böse geschoss' (zu* V 5 A, l. B 6, myth. 1110) *und auf christlichem standpunkt lag es nahe solche übelswirkungen des bösen Donners aufzufassen (myth.* 163). *der spruch begnügt sich damit die vertreibung des unholds zu erzählen und entbehrt der eigentlichen beschwörungsformel (s.* 264). *von denn zweiten z.* 8. *mit* Sant Peter *beginnenden segen ist die schlussformel deutlich* sama ih — *denn so lese ich statt* samath, *da* samant, *bei Notker auch* samet samit, *hier keinen sinn hat und die formel als einleitung ebenso ich' verlangt —* firwise dih, unreiner âtem, fon disemo meneschen sô scirro,

sô diu hant wentet zer erden. *vgl. Erec* 5173 è ich die h
hantwile, einer hende wile *EMartin zu Kudr.* 384, 3.
nicht firwize sein, *sondern nur firwise, das hier wohl zun
beschwörungsformel gefunden wird. das stück, das nicht*
sondern auch im anlaut 6. 9. 14. 15 z *für* s *schreibt, ist
hochdeutschen denkmälern sprachlich* fast *ebenso sehr ein c
als seinem inhalte nach. denn was z.* 12 mit frigeze oder f
errate ich nicht und wer ist Arom 10 und der pate 12?
stelle stützte sich 10*f. das verbinden der adern?* dies lässt
sammenhang mit dem übel *das geheilt werden* soll *ahnen
den sitzungsberichten der Münchener* academie 1871. 1, 6(
dunger *gelesen werden und er list z.* 12 poten. *die von i
herstellung aber* empfielt *sich keinem der erlaubte und z
unterscheiden gelernt hat und weder* Andrèn *für* Andrèas
'auf*suchen*' *kennt und für möglich hält, und der endlich
und bedenken den zusammenhang und zweck des spruches*

WWackernagel *teilte* 1843 *in Haupts zs.* 3, 41 *(altd.
der hs.* 58/275 *der Zürcher wasserkirche (s. zu* XXVII, 2,
segen mit:

Contra rebin. Primo die pater noster. in dextram aurem.
mvntwas. marhwas. war comedvdo. var in dince.
sere. daz dir zebòze. ter pater noster.

es *folgt in der hs. noch ein zweiter spruch* Item ad sanan
aurem equi dicas et *per omnes pedes in unverständlichem*
steifheit an gliedern und *gelenken, Frisch* 2, 82°, Schmeller
*ältern rossarzneiblicher unterscheiden mehrere arten der kra
ursprung, aber weder da noch in dem heutigen volksglauben
maren abgeleitet, wie* CHofmann, *der auch diesen spruc
sitzungsberichten* 1870. 1, 517—521 *als neu und unbekan
sprach, nach der ihm vorliegenden lesart* Marphar *statt* Ma
wage *auch nicht* Marphar *als* Mar, far (var z. 2) *trotz
auch* niene tar, *nach dem vocalauslaut, als* niene dar *aufz
als* '*fahr nicht* her' *zu übersetzen. übrigens steht* Marhph
in der hs., wie mir hr. prof. EWölfflin *durch ein sehr
bestätigen die güte hatte.* Marhphar *für* Marhfar *wäre eh
von* marhwas *nicht zu trennen und beides wie* margschoss,
zu A 1 *und* B 6), *dann nach ihrer analogie auch* muntwas z
dû dô? *ist wohl verständlich, aber man erwartet eher wie* cô
var in dince ciprîge *ist* in dîniu gipirge *leicht vermutet —*
pirge *als masc. oder fem. passieren — und für* marisere *fa
sêwe ein; aber der mangelnde* umlaut *macht die herstellu
deutschen quellen unbelegten wortes nicht gerade wahrschei
zusammenhange, wo alles unsicher und bedenklich ist. es
innern dass in einem alten, durch ganz Deutschland und die
den Orkneys verbreiteten marsegen (Grimm myth.* 1194*f. zs.*
198. 4, 113*f. Mannhardt germ. myth. s.* 45*f. Kuhns zs.* 13, 1;
wird alle berge und wasser zu überschreiten, bevor sie den

*elliptische schluszformel unseres spruches wiederholt sich gleichlautend bei dem
zweiten folgenden und* denn der Upsaler hs. *wie oben s.* 410 *z.* 15.

*Auf dem rande der rückseite des letzten blattes des ein medicinisches werk
viaticum* **Constantini** *enthaltenden cod. pal.* 1158 *der vaticanischen bibliothek fand
dr. DDetlefsen folgende sprüche von einer hand des* XII *jh. eingezeichnet:*
Ad pestem equi quod dicitur morth. dic. Johan. vuas ein man. fales sin sún. genás
   in thes. so do diz ros. des mordes. Pater noster ter.
Item ad equum infusum. dic. Xrist vvård an érthe gebóren. in cribbi givvòrfen. in
   slúthere be bunden. sa vërlóren. Der heilige crist bôce disime rosse . N . ouer-
   vággenes. geráys. thes vvàm biziges. thes vvürmes. unte alles thes. the ime
   scathene si; inoïe dñi þ daz tir ze bóze. Pater noster post eadem ter.
Seuters buch von der rossartzney *(Augsburg* 1588 *fol.) s.* 78 *c.* 32 von dem mord:
Dises ist ain seltzame kranckheit, das nämlich ein ross gählingen auff einmal wider-
fellt als wenn es gleich sterben wolt, darumb si dann auch disen nammen hat. *das
rossartzneybüchlin von meister Albrecht kayser Friedrichs schmidt und marstallers*
i. o. u. j. 12° *bl.* XIII*ᵇ enthält ein recept* 'von dem mordt'.   fales *ist in der hs., die
HBrunn in Rom noch einmal für mich nachzusehen die güte hatte, aus* fases *corri-
giert. nach* sun *fehlt* die *angabe was die anwendung auf den vorliegenden fall recht-
fertigt. deutlich ist genäsiu* thes: sô dô (= tuo) diz ros des mordes.   Equus infu-
sus *ist ein verfangenes* pferd, das sich durch hastiges trinken oder fressen übernom-
men hat und in folge davon *an einer art erstarrung leidet; s. Ducange s. v.* infusio;
Frisch 1, 248. *lateinische segen gegen das übel s.* JGrimms *myth. anh.* CXXXII *nr.* VI
myth. 1184*); Mommsen die chronik des Cassiodorus in den abhandlungen der k.
sächs. gesellschaft der wissenschaften bd.* 8 *s.* 677 *anm.; ein deutscher spruch* 'wann
sich ein haubt veeh verfangen' *mit einer falschen erklärung des ausdrucks in* Mones
anz. 1837, 470 *nr.* 25; *AKuhn westfälische sagen* 2, 213 *f.*   in slutbere verstehe
ich nicht; es wird in luthere *zu lesen sein, ahd.* ludra involumentum, cunabula Graff
2, 201, *ndl.* luor *und allgemein noch jetzt im nördlicheren Deutschland ndd.* lûre,
Brem. wb. 3, 100 *lüren.*   Hᵇ 8 *ff.* (*s.* 421) got ward geporn, got ward wider ver-
lorn, got ward widerumb funden *usw.*   overvaggen *ist gewiss* übervangen *und das-
selbe mit* 'verfangen'. *ob aber* gerays *für* gereises *steht oder ob daz* geræhe (daz
wazzerrâch *usw. bei Schmeller* 3, 74) *darin steckt, muss dahin gestellt bleiben.*
wambizig, *denke ich,* heifst der wurm wie der teufel alts. wamscatho. *es ist hier
ohne zweifel auch eine aufzählung verstümnelt; vgl. s.* 413 *den spruch aus* Mones
anz. 1837, 462 *nr.* 9.   vor scathene *ist zi ausgefallen.*

XLVIII.

Pghs. A 94 *der ehemaligen Johanniterbibliothek in Strafsburg, dann auf der
öffentlichen bibliothek* daselbst, aus dem XIV *jh., kl. fol.; bl.* 17ᵈ—18ᵉ.   *CHMüller
sammlung deutscher* gedichte aus dem XII. XIII *und* XIV *jh. bd.* 3 (*Berlin
b. j.*) XIV. XV.   brüder Grimm altdeutsche wälder 2 (*Frankfurt* 1815), 8—30.
LUhland alte hoch- und niederdeutsche volkslieder 1, 1 (*Stuttgart* 1844), 3—6
nr. 1 (*nach einer neuen abschrift*) *und dazu dessen schriften zur geschichte der*

dichtung und sage bd. 3 (*Stuttgart* 1866) *s.* 189—194. 293—296. *den inhalt der hs. verzeichnet* Graff *Diutiska* 1 (1826), 314—317. *dem stücke vorauf geht bl.* 16. 17 *der kettenreim* **Ez reit ein hèrre, sin schilt was ein gère** *bei Graff aao.,* WWackernagel *altd. leseb.* 1839, 829*ff.*; 1859, 967*ff.*; *dann bl.* 17 *So ist dis von lúgenan,* 63 *zeilen bei Müller s.* XIV: lch sach eins moles in der affen zit an einem cleinen sidevaden Rome und Latrone tragen *bis* Da sprach ein huon 'est uz geseit, ein ungefuog schütz uf die bruech, **est uz geseit**'. *unmittelbar darauf folgt ohne überschrift das Traugemundslied.* **1**, 1. Willekome gramm. 4, 303; *W*'Grimm *zu Konrads Silvester* 1384. '*eine zeile die auf* man *reimte scheint hier zu fehlen; allein in der ältern gestalt des liedes braucht nicht mehr gestanden zu haben, wie denn auch dem sinn nichts mangelt'. Grimm. s. zu* 10, 6.

2. wo lege und so immer e *für* w. 3. oder wo mitte 4. *beispiele dieses pleonasmus gab Haupt zum Engelhart* 5325 *und Neidhart* 32, 13 *und fügt diesen noch hinzu aus Ulrichs von Türheim* W *h.* 132^d in vil maneger hande wise *und dem von Trosberg MS.* 2, 53^a bluomen maneger hande leie. *vgl. Laurin* 1018 maneger leie hande spil. *auch bei Konrad von der minne* 492 (494) *ist nach der hs. der Hätzlerin s.* 178 in keiner leie wise *herzustellen; der pleonasmus war hier die ursache des verderbnisses in den andern lss.* **2,** 1. hestu so auch später immer. *die abschwächung des inclinierten* du, *die Hartmann, Wolfram, Walther zulassen, ist auch schon einem dichter des* XII *jh. zuzutrauen; wenn nicht überall das praesens herzustellen ist.* 2. es in ganzen trâwen wol *die den vers überfüllenden worte fehlen* 8, 2 *und wechseln* 6, 2. 10, 2 *mit* von grunde: *es ist also nicht zu bezweifeln dass sie zugesetzt sind.* 3. waz 4. und mit den *der artikel ist hier wenig passend.* unbestaht *Grimm erinnert an den kindersegen* guten abend, gute nacht, mit rosen bedacht *usw. im Wunderhorn anh. s.* 68, Simrock *kinderbuch* 1857 *nr.* 203, *Schleswig-holst. sagen s.* 519 *nr.* 39; *vgl. anzeiger für kunde des deutschen mittelalters* 1833, 74 (XV *jh.*); 1834, 290 *nr.* 21: Got geb ewch (ich wünschen dir) eine gute nacht, von rosen ein dach *usw.*; 1838, 552 (XVI *jh.*): von liliengualjen ein pett und von wolgemut ein deck und mit roten rosen wol umbgesteckt; *Uhlands volksl.* 38, 4. '*das nachtlager ohne obdach, hinter der dornhecke, wandelt er zum herlichsten um*' Uhland. 5. eins. *Haupt weist mir aus dem liedersaal* 2, 315 *zur vergleichung nach:* 'in eines hübschen knaben wise begân ich mîne spise, mit maneger hande àn bœsen wane'. alsô sprach meister Irregane. **3,** 2. sübenzig lant die so auch später immer. *Orendel* 109—116 (*alt. dr.* 106—113) dô kam ein [armer] wallender man, der wolt zem heiligen grabe gân — er was genant Tragemunt: im wârn zwei und sibenzec [künle-] riche kunt; *Oswald* 195 *Ettm.* im kam ûf sinen hof gegân ein edeler bilgrin wol getân, der was geheizen Wârmunt: zwei und sibenzec lant wârn im kunt; 223 *Ettm.* dô sprach der bilgrin Wârmunt 'zwei und sibenzec lant sint mir wol kunt'; *Oswald* 41—49 *Pfeiff.* (*Haupts zs.* 2, 93) alse Ôswalt an die zinnen quam, dô sach er komen einen man: ze sinem hove er dâ giene. Ôswalt in wirdicliche enphienc. er sprach 'lieber bruoder min, wie ist der name din?' er sprach '**ich** heize Tragemunt: elliu lant sint mir wol kunt, zwei und sibenzec zungen.' *die meinung dass es auf der welt nur* 72 *völker und sprachen gebe* (*Wolframs Wh.* 73, 7. 101, 22. *könig Tirol HMS.* 1, 6, 20) *stammt aus dem altertum und* **wohl** *von den Aegyptern her,* Marx *zu Ephorus fr.* 7, *vgl. über die* **weltkarte** *des Augustus s.* 43 *f.*

4. 5. 6. vogel   4. junge   5. zunge   6. mage   7. ützút *so immer statt*
iht, *aufser* 7, 7 út.   8. ein weidelichen knappen, *ebenso* 9, 8; 5, 8 jegerlichen; 7, 8 stolzen. *Uhland volksl. nr.* 2, 3. 5 (*kranzsingen*) künnent ir mir das
gesagen, so süllent ir min rosenkrenzlin hinnen tragen. *vgl. nr.* 3, 3, 7.
4, 1. hestu   2. dir in ganzen trúwen wol   4. *Konrad Gessner vogelbuch*
(*Zürych* 1557) *bl.* ccxxi *vom storchen:* 'er hat ein zungen, welche doch seer
kurtz; wiewol etliche sagend dasz er gar kein zungen habe.'   5. ire iungen
Gessner vogelbuch bl. LIII[b] *von der fledermaus:* dise hat auch düttle, daran sy
ire jungen söugt. — von den saugenden flädermeüsen sagend die Teütschen
disen reymen:
      Ein vogel on zungen, der ander saugt seine jungen.
*das rätsel lässt sich vollständig herstellen mit hilfe der lateinischen übersetzung
bei Gessner de lacte et operibus lactariis* 1541 *bl.* 27[b] (*Reusner aenigmatographia*
1599 *s.* 119) *und des deutschen rätsels bei Mone zu* 6. *auf storch und fledermaus
liefs es eule* — laetitiam nescit — *und biene, dann den krammetsvogel folgen.*
6. swarbe *die hs. verbessert altd. w.* 2,₁ 48.   *Gessner vogelbuch bl.* xxxxix
vom scharben (carbo aquaticus *frz.* charbon, *ahd.* scarba scarua mergus ibis
Graff 6, 541, *Schmeller* 3, 397, *Frisch* 2, 162[c]): etliche kürsiner bereitend sein
haut, damit die als ein brusttuoch auf den magen gelegt werde, als ob sy ein kraft
zu töuwen in iren habe; dann man sagt dasz diser vogel ein ganz starken und
wol töuwenden magen habe. darumb man gemeinlichen von einem frässigen
menschen sagt, er habe einen scharbenmagen; *daher schon Notker zu ps.* 101, 7
(*Hattem. s.* 359) samo so pellicanus — den phisiologi (natúro sagin) zihent daz
er nieht des ne ferdéuue des er ferslindet, nieht mêr danne hier in disen séuuen
diu scárba, *und das isländ. sprichwort bei Jonsson* 316 skarfrinn er fugla verstr.
eine andere fassung dieses rätsels in Kellers erzählungen aus altdeutschen hss.
(*Stuttgart* 1855) *s.* 484 *aus einer Weimarer hs.:* Es kamen drey vogel geflogen:
der erste het kain zungen, der ander het kain lungen und der dritte saugt seine
jungen. Ein storch hat — und ain taub — so saugt die fledermaus —; *Strafsburger von rettelsch gedicht bl.* 9[a] (*Nürnberger ratbüchlein bl.* 11[a], *Reusner aao.
s.* 120): Rot, Ritter, zehen vögel gut. der erst under den hot kein muot, der
ander hot kein magen, der dritte mangelt des kragen, der vierd hot kein zung,
der fünft seügt sein jung, dem sechsten gebrist sein gall usw. *Antwort.* der
erst ist die türteltaub nach abgang yrs gemahels. der ander ain habich oder
keüzlein. der drit ein bien. der vierd ein storck. der fünft ein fledermaus.
der sechst ein ewl. *dasselbe rätsel schwedisch bei Grimm s.* 11 *und in einer
kürzern fassung aus dem* XVI *jh. bei Mone anz.* 1838, 260 *nr.* 174: Rat was
ist das: es waren siben vögel guot, der erst hat kein muot, der ander hat kain
pluot, der dritt hat kain zungen, der viert sogt seine jungen, der fünft hat kain
galle, der sechst ist über alle, der siebend nüntz dan dryjärig spis: ratstu das
so bistu wis; *mit der auflösung:* il. im. storck. vledermus. tub. nachtgall.
reckerde (krammets-) vogel. *vgl. zu* 5. *heute im Aargau* (*Rochholz alem. kinderlied s.* 226 *nr.* 18): 's ist e vogel, de hät keis bluet, en anderer, de hät kei
muet, en dritter sügt sis eige bluet; *endlich als fiebersegen in Kuhns norddeutschen sagen s.* 439 *nr.* 320, *westfäl. sagen* 3, 204 *nr.* 568: Die biene (der
fuchs) ohne lungen, der storch ohne zungen, die taube ohne gall hilft für die
77 fieber all; *vgl. JW Wolfs beiträge zur deutschen myth.* 1, 258 *nr.* 24. 'zu

dieser art der sammelfrage gehört in der Getspeki Odins nur str. 51' (FAS. 1, 482 *f.* Petersens *Hervarars. s.* 41). *Uhland.*   7. dirs in ganzen trúwen
8. ihtes] útzát.   9. an din êre *eine höflichkeitsformel: 'zu seiner ehre sagen, um ihm ehre zu bieten*, indem *er seiner frage steht'. Grimm. Biterolf* 5149 ich wil ez minem gaste volbringen an sîn êre; *Rabens.* 876 ez muoz mir nâch den kinden an alle mîne êre gân.   **5,** 3. was ist wisser *s. unten zu* 11, 6. Svend *Vonved bei Vedel nr.* 16, 41—47 (*Grundtvig Danmarks folkeviser* 1, 247 *f.*) hvad er hvider end en svane?   hvad er sorter end it slaa,   oc hvad er rasker end en raa?   oe hvor da findis den höyeste vey? — Englene ere hvidere end en svane.   synden er sortere end it slaa,   oc sinden er rasker end en raa til paradis gaaer den höyeste vey.   4. denne (danne *Müller*) daz   5. hoeher denne berg   8. einen iegerlichen *s. zu* 3, 8.   **6,** 2. von grunde wol 5. hæher   **7,** 1. *auch* 9, 1 trovgmunt   '*die bedeutsamkeit der liederfragen pflegt im fortgange zu wachsen und so ist die abgehandelte rätselfolge* (3—6) *das vorspiel einer zweiten* (7—10), *die entschiedener und ernster ihre richtung nach innen nimmt'. Uhland. vgl. vor* 9.   4. oder warumbe sind frowen also   5. matten so   6. ritter so *vgl.* 8, 5. 6.   7. daz ût   **8,** 3. manigen ursprunge *nach dieser zeile und wegen* mate 7, 5. 8, 5 *scheint das gedicht alemannisches ursprungs; vgl.* JGrimm *ged. auf Friedrich* I *s.* 114; *WGrimm über Freidank s.* 71.   4. von hoher minnen   5. von maniger wûrzen matten   6. von maniger starken wunden sint die ritter kuene. von grozen wunden sint die ritter kuene.   *meister Irregang* (*lieders.* 2, 311) 9 *f.* von wunden wirt man küene gar: hervart, ie müede bar. *die epitheta statt zu verstärken schwächen den gedanken ab und machen den ausdruck schief. 'dieser rätselgruppe, worin tiefer strom und hohe minne, wiesengrün und heldenkühnheit das volle kräftige leben aufleuchten lassen, tritt nun eine andre gegenüber, in der die farben erblassen, alle lust und herlichkeit zusammensinkt.'* **Uhland.**   **9,** 1. saget trovgmunt   2. úch kunt *Uhland*, dir kunt *Müller*.   3. so grise   4. so wise.   *weidspruch* 68 *bei Grimm s.* 23, *altd. wäld.* 3, 125: Sag mir an mein lieber weidmann: was macht den wald weiss? was macht den wolf greis? was macht den see breit? woher kommt alle klugheit? Das will ich dir wohl sagen schon: das alter macht den **wolf** greis, **der** schnee macht den wald weiss, und das wasser den **see** breit, vom schönen jungfräulein kommt alle klugheit. *vgl. zu* 10, 6.   5. *vgl.* schilde lieht und wol gemâl *udgl.*   6. manig guot geselle von dem andern *auch hier entstellt das epitheton den gedanken, und* von dem **andern** *oder* dem **andern** *ist überflüssig, da es sich leicht aus* geselle *ergänzt. vgl. zu* Musp. 57.   7. das ût   8. weidelichen   **10,** 1. Daz hestu gefroget *Uhland,* Des hastu gefraget *Müller.*   2. von grunde wol   3. manigem   4. *s.* XXVII, 2, 197. *Heinrich vom Türlein* 2762 von schulden ist der wolf sô grâ: wan swaz er in der werlde tuot, ez si übel oder **guot, daz** hât man ime doch für arc; *Molbech nr.* 1893 fordi er kragen saa graa at hun haver saa mangen sorg. *vgl.* JGrimm *Reink. fuchs s.* XXXV. *und oben zu* XXVII, 2, 212.   5. maniger starken *wiederum ein falsches epitheton. sonst ist der auftact dieser zeilen* 3—6 *gleichmässig überladen, weil die sprichwörter keine verkürzung erlaubten.*

6. unnützen sübichen ist manig guot gesell von dem andern *s. zeugnisse und excurse zur deutschen heldensage* XVI. XXV *in Haupts zs.* 12, 308 *ff.* 354 *f.* *Uhland* erinnert an *Dietrichs fl.* 9741 Sibeche der unstæte, von dem die unge-

triuwen ræte in die werlt sint bekomen, als ir dicke habt wol vernomen. schon der epische gebrauch und der epische character Sibeches verlangt für ihn das beiwort ungetriuwe, eben so sehr der sinn und zusammenhang der stelle, da man unnützen nicht entweicht. 'unnützen hat sich in der hs. offenbar aus der vorhergehenden zeile eingeschlichen'. Grimm. die verbesserung bestätigt noch eine aufzeichnung aus dem XVI jh. in Mones anz. 1838, 260 nr. 173: Sag mir jungfer wis, warum ist der wolf gris? warum ist der wald wiss? **warum hopt der hase?** warum grünt der wase? warum ist schild und helm verblichen? warum ist ein guot gesell von **dem andern gewichen?** antwort. Von alter wirt der wolf gris, von luft **und schne wirt der walt wis, von** gewonheit hopt der has, von regen und tow gruont der was, von grossen schlegen und stichen ist schilt und helm verblichen, von grosser untrew ist ein guot gesell von dem andern gewichen; **wo Mone**, ohne sich des Traugemundsliedes zu erinnern, bemerkt 'die anspielung im letzten vers bezieht sich vielleicht **auf die sagen von Wittich, Heime und Sibich**'. **dass** nach z. 6 **die zeilen und frägestu mich ihtes mere, ich sage dir fürbaz an din ère** übergangen sind, kann nicht zweifelhaft sein. dagegen wird eine auslassung bei den beiden letzten strophen nicht anzunehmen sein, da sich in diesen das mass der beiden ersten strophen nur in umgekehrter ordnung wiederholt, nur dass die letzte zum abschluss des ganzen als pointe noch jene zeilen hinzu bekommt. **11,** 2. unde sint dir wol worden 4. wisser den 5. swerzer den *Nib.* 353, 1. 2. 356, 3 wiz alsò der snê, grüene sô der klê; swarz alsam ein kol. 6. rehter den die comparative sind hier und 12, 4 falsch und nicht zu rechtfertigen, obgleich, wie Uhland bemerkt, in der Getspeki str. 15 (Fas. 1, 470. Petersen s. 35) denselben zuschnitt hat. die richtige fassung des rätsels gibt noch das Strafsburger **von rettelsch gedicht** bl. 8ᵃᵇ (Nürnberger ratbüchlein bl. 11ᵇ): Es stet in **dem taw als ein schöne** junefraw, ist weiss als der schne und **grün als** der klêe, **darzuo schwarz als der kol: seint yr weis, yr rats wol.** antwort. ein specht der **badt sich im taw** und hot die obbestimpt farwen. auch wäre z. 4 die wiederholung **von 5, 3** ungeschickt. die comparative gehören einem andern rätsel an: weidspr. 165 altd. wäld. 3, 138 Lieber weidmann, sag mir an: was ist weisser dann der schne, was ist grüner dann der klee, schwarzer dann der rab und kluger dann der jägerknab? A. Das kann ich dir wohl sagen: der tag ist weisser als der schnee, die saat ist grüner dann der klee, die nacht ist schwärzer als der rab, schöne mädchen klüger dann der jägerknab. Uhland volkslieder nr. 3, 3 und was ist weisser dann der schne, und was ist grüner dann der kle?; 5. der tag ist weisser dann der schne, das merzenlaub ist grüner dann der kle. **12,** 2. agelster Uhland, ageleie Müller. dass agelster ein kurzes a und nicht, wie Wackernagel im wb. meint, ein à hat, beweisen verse wie Freid. 142, 21 Ein agelster sprach (des ist niht lane), und andre. mhd. wb. 1, 12. 3. wis 4. swerzer den 5. reht Uhland erinnert an den eingang des Parzival und meint, es müsse doch auffallen dass auch das rätsel von der elster unmittelbar auf das vom unsicheren gesellen (10, 6) folge. vielleicht habe Wolfram schon ein volksmäfsiges gleichnis der art gekannt, und wenn nicht, so beweise doch seine vergleichung dass es der einbildungskraft nicht zu ferne **lag**, die bunte elster als fliegendes beispiel **zu** verwenden (und aufzufassen). 'der specht ist bunt, das menschenleben noch bunter' sagt ein finnisches sprichwort. 'welche verände-

rungen und verluste das lied erfahren hat, die erhaltenen züge bekunden noch immer ein gesammtbild. mitten inne die beiden felder des hauptgemäldes, auf dem einen der tiefe Rhein und die minnigliche frau, die grüne matte mit dem kämpfenden ritter, auf dem andern der graue wald und der greise wolf, der bleiche schild und der verratene hergesell; am rande, rechts und links, hier der lichthelle tag (?) und der schneeweisse schwan (?), dort finstre nacht und schwarzer rabe; obenüber die gaukelnde elster, hell und dunkel zugleich; unten am rosenhage gelagert der pilgrim, wie er den rätseln des lebens nachsinnt. indem der fahrende mann auf alle die fragen bescheid weifs welche dieses gesammtbild heraufführen, bewährt er dass er das leben von der lichtseite und der schattenhalde erkannt und empfunden hat'. unmittelbar auf das Traugemundslied folgt in der hs. ein lotterspruch, den ich mit Haupt in zwei strophen abteile, weil z. 14 eher eine lücke als dreifacher reim anzunehmen ist.

    Louf umbe, loterholz!
    ez ist manic ritter stolz,
    und ist ouch manic træge,
    der gerne snel wære;
5   unde nackete liute
    friuset an der hiute,
    daz ez niht entæte,
    ob si guotiu cleider hæten.
    Lâz aber dar gân!
10 schade wecket den man.
    nu louf umbe gedrâte,
    daz got alle die berâte
    die uns ie guot getâten
    . . . .
15 die lebenden an den êren,
    die tôten an der sêle.

3. manig ritter 6. frôret an die 8. obe sû guote cleider an hetten 14. *etwa mit spise und mit gewâte oder mit kleidern und mit brâten.* 16. selen.

es folgt bl. 18. 19 ein judeneid; bl. 19 Swer pârât welle lernen, der var in dise tavernen usw. bei Graff s. 316. nimmt man diese dem liede zunächst vorauf- gehenden und folgenden stücke damit zusammen, so erhält man ein büchlein das ehedem, ehe es in die hs. aufgenommen ward, in den händen fahrender leute war. das ziemlich zerrüttete lügenmärchen geht gewis noch ins XIII jh. zurück. der kettenreim hat nur einen reim rôs statt rôse: slôz, der nicht wohl ans XII jh. denken lässt, der lotterspruch aber ist gewis so alt und das rätsellied setzte Lachmann zur Klage s. 290 nebst dem Oswald, Orendel, Laurin, Morolt und Ruther schon in den ausgang des XII jhs. nur damals vor der vollen entfaltung der höfischen, ritterlichen poesie blühte diese halb weltliche und volksmäfsige, halb geistliche und gelehrte landfahrer- oder freie spielmannsdichtung, deren rechter repräsentant der pilgernde meister Trougemunt oder Tragemunt (s. zu 3, 2) ist; und dass das lied, dessen ursprüngliche, erste gestalt uns freilich entgeht und nicht erreichbar ist, auch damals nur entstanden sein kann und nicht weiter hin im XIII oder im XIV jh., bedarf für niemand der eine anschauung von der späteren rätsel- und verwandten poesie der fahrenden hat eines beweises. übrigens ist wahrsagerei mit dem *lotterholz (J Grimm myth.* 1063) *bis jetzt nicht erwiesen.* es war eine dem riemen- stechen (*s. Adelung u. d. w., Frisch* 2, 119, *Schmeller* 3, 87) ähnliche gaukelei, *Key- sersbergs postill.* p. II p. 74 *bei Oberlin s.* 954: die mit dem lotterholz geben einem dasselb holtz zwischen beyde **hend** und machent ein heylant (*Oberlin s.* 636 heilende fascia, limbus *statt* heilende, *sonst auch* selbende *Schmeller* 3, 233, *ndd.* selfegge, selfkant) dorumb und wettent mit eim, **ob es herab** gang oder nitt; welches er den erwelet, so ist es verloren. *dass man dazu sprüche sprach* **oder** *sang, bestätigt Burkard Waldis im Esopus* 4, 4 (Vom gardian und einem lotterbuben), 17 *ff.*

> der wiert die gest da frölich macht,
> nach essens spielleut einher bracht;
> da spielt ein jeder, macht das sein.
> auffs letst kam auch ein freiet nein,
> der rhümt sich einen buben stoltz,
> macht jm viel sprüch auffm lotterholtz,
> all reimes weisz thets einher machen
> und hielt sich prechtig in den sachen.

Ulenspiegel hist. 66 *s.* 96 *Lappenb.* zū Luneuburg wont ein pfeifentreier, vnd der waz ein landfarer gewesen vnd waz mit dem lotterholz vmbgeloufen, **da sasz er zū bier.** *aufser diesen verdanke ich Haupt auch noch folgende* **stellen aus Meusebachs** anmerkungen zum *Fischart: Vom Ehestandt Vnd Hauszwesen,* **Fünfftzehen Hoch-** zeytpredigten *M. Joh. Matthesij. Nürnberg* (1563) 4°, Ccc ij: **Diss** schöne wort der **werden** muter **gottes** (*nämlich was er euch saget, das thut*) hab ich hie auch müssen anziehen, **weil es auch zum rhum** vnd preysz diser heyligen hochzeyt gehöret, wie denn ein schöne vnd selige hochzeytrede wol zu mercken ist, als Simsons vnd ander retzlein, so vor zeiten die breutgam jhren eingebetnen gesten auffgaben, vnd lauten freylich besser denn aller pfeiffer vnd pusauner blasen, vnd was das lotterholtz vnd Cuntz hinterm ofen weiter mit bringen. *vgl. Fischart Gargantua cap.* 10 *s.* 207 *der ausg. von* 1590: Woltst darumb nicht Kuntz heissen, weil man inn Sachssen den schweinen **also** locket, vnnd die gauckler Kuntz hinderm ofen ruffen, vnnd bei den Frantzosen vnfletig ein beschorene mauss **Conras** (**con** ras *ist gemeint*) heisset? *und Frisch* **1,** 558 **unter** Kunzenspieler, *Wackernagel in der Germania* 5, 335 (den Cuntzen jagen = *taschenspielerei treiben* bei *Nicolaus Manuel s.* 374 *Grüneisen,* Cuontzenjager *taschenspieler bei Fischart* Practik Biijv w.), *Haupt in seiner zs.* 15, 248. *unter den breisgauischen* **bundschuhern** *waren spielleute und sprecher, 'ein sprecher Hans von Strasburg, tragt ein gogelsack, item einer hat eine messene pfiffen, und sunst andre pfiffen, Spilhenslin', dann 'der buntschuher mit dem lotterholz', den* 1517 *der landvogt zu Rötelu fieng. Uhland schriften* 3, 231. 335.

XLIX.

1—3. *Hs.* C 58, 275 *der wasserkirche zu Zürich,* (*s. zu* XXVII, 2. C. IV 7, 3. *nach Wackernagel in Haupts zs.* 5, 293 *vielleicht in Schaffhausen nach* 1172 *geschrieben, bl.* 146ᵃ: *die* zeilen *nicht abgesetzt.* 1. 3. WW*ackernagel altdeutsche lesebuch, Basel* 1839, 213—216; 2. *altdeutsche predigten s.* 254; 1—3. *lesebuch* 1859, 215. 216. 1, 1. dar gat. 2. din fvz v oder u immer statt û. 3. iz alle die wocun 4. dezst 2, 1. Tif 2. wiphurre 3, 1. zichilcun

4. rescagin. *Wilder mann von der girheide* 39, 22 Die âne barmherziecheit levit als ein vê uadi sundit âne **vorthe hi,** der wirt âne wâfin (*statt* vorfin, *verbessert von Wackernagel in Haupts zs.* 1, 426) irslahin (*statt* in-) dâ hê sal weinen undi clagen. *Heinrich von des todes gehügde* 921 dâ mâzen die mansleken schowen wie man sin âu swert mac verhowen. 5. virteilt. 6. het imir leit *Spervogel MSF.* 28, 34. Swer gerne zuo der kirchen gât und âne nît dâ stât, **der mac** wol frœlichen leben. dem wirt ze jungest gegeben der engel gemeine. wol in, daz er ie wart! ze himel ist daz leben alsô reine. *denselben gegensatz, der zwischen diesen sprüchen stattfindet, hat Spervogel auch in seiner schilderung des himmels und der hölle, MSF.* 28, 20 *ff.* 27 *ff.*† R*Heinzel vergleicht Hartmanns Credo* 1209 Swelih mensche zô der misse gerne gêt unde bedähtliche **dar stêt mit gûter** andêhte (iz comet ime ze rehte,) mit rehtem gelouben, got der nimet sîn goume. 4. *hs.* 160 (*univers.* 232) *der k. k. hofbibliothek in Wien aus dem* XII *jh.* 100 *bl.* 4°; *bl.* 42—49 *lateinisch-deutsches vocabular* A—P (*Hoffmanns ahd. glossen s.* 61—63); *am schluss der hs. der deutsche vers.* EGG*raff Diutiska* 3 (*Stuttgart* 1829), 187. HH*offmanns verzeichnis der altdeutschen hss. in Wien, Leipzig* 1841, *s.* 371. 1. Diu welt Graff, Aldiu welt *Hoffm.* R*Heinzel verweist auf sundgr.* 1, 95, 8 (*pred. in sexag.*) *alsô iwer sprichwort dâ kiut* 'ciliu werltwunne zirget mit grimme; *vgl. anm. zu gehügde* 506. *ein anderer wunderschöner, sechszeiliger spruch mit verlängerter schlusszeile aus dem* XII *jh., von* FH*einz auf einem quartblatt aus dem anfange des* XIII *in der Münchener bibliothek* (Cgm. 5249 *nr.* 35) *aufgefunden und von ihm als bruchstück eines allegorischen gedichtes in den sitzungsberichten der Münchener akademie* 1870, 2, 319 *herausgegeben, hat eine bestimmtere historische beziehung und wird daher besser einmal unter den namenlosen liedern des MSF. eine stelle finden:*

    Ubermuot diu alte
    diu ritet mit gewalte.
    untrewe leitet ir den vanen.
    girischeit diu sechet dane,
5   ze scaden dem armen weisen.
    diu laut diu stânt wol alliche envreise.

5. *hs.* 293 *zu Zwettel aus dem* XII *jh.* HH*offmann im anzeiger für kunde des deutschen mittelalters* 1833, 312. *Freidank* 79, 19 *ff. Reinmar von Zweter MS.* 2, 136ᵇ *s. W*Grimm *vorr. zu Freid.* XCVII *f. und KM. nr.* 184 *mit anm.*; *Strafsb. von rettelsch gedicht bl.* 4ᵃ (*Nürnberger ratbüchlein bl.* 4ᵇ) Rot|ein nagel helt ein eysen, ein eysen ein pferdt, ein man ein schloss, ein schloss ein land. *antwort fehlt. altfrz. in einer strophe im extrait de l'école des chartes t.* 30. 31 *Paris* 1871 *s.* 111. *vgl. Osmanische sprichwörter Wien* 1865 *nr.* 152, *Germania* 15, 105 *f.* 6—12 *aus*

der *Wiener hs. rec.* 3356 *aus der die mit V bezeichneten lateinischen sprichwörter* XXVII, 2 *entnommen sind. ich trage diese distichen hier nach, weil ihnen wohl alte deutsche reimsprüche zu grunde liegen, wie auch mehreren von den sprichwörtern, oder sie doch ebenso gedacht sind. dass der inhalt der sammlung älter ist als die hs., zeigt sich auch an den gröfseren stücken. V* 174—180, *wovon der dritte vers und in umgekehrter ordnung auch die beiden letzten unter Otlohs proverbien (Pez thes. anecdott.* 3, 2, 524) *vorkommen, ist die erste nummer der sententiae septem sapientum des Ausonius, der spruch des Bias von Priene.* 6 = *V* 172. 173. *Freidank* (1834) 48, 9 irriu wip, zern (zorn 1860) und spil die machent diebe harte (tumber liute) vil; *vgl. Cato* 557 *ff. Renner* 11244 *f.*; *Sebastian Frank* (1541) 1, 43 die grösten räuber sind weiber, wein und würfelspiel; *Simrock deutsche sprichwörter nr.* 11407 weiber, wein und würfelspiel verderben manchen, wers merken will; *altd. bl.* 1, 76, 23 Die gherne dobbelt ende drinct ende altoos die taverne mint, ende locker es mit sconen vrouwen, cruus noch munt en sel bi behouwen; *vgl.* XXVII, 2, 228 *anm. Haupts zs.* 15, 172 *f.* 7. 8 = *V* 108—11. 7. *Freidank* 56, 21 sanfte gewunnen guot machet üppigen muot. 9. 10 = *V* 137—140. 11 = *V* 152. 153. 12 = *V* 122. 123. *Simrock nr.* 6853ᵇ trockner märz, nasser april, kühler mai füllt scheuer und keller und bringt viel heu.

L.

In einem evangelienbuch des X jhs. in fol., früher im besitz des pfarrers JJ Stiels in Maestricht, jetzt der Bollandisten in Brüssel, steht vor dem evangelium Marci folgende notiz:

Anno incarn Dñi N. C. XXX. Ind. X regnante rege Lotario
Rexit cenobium beatissimi Amoris confessoris Mathildis abbatissa
Belisię cum fratribus et devotissimis sororibus ita nominatis.
Nomina iunctorum per pacis federa fratrum

Eustachius	Winricus	**Wikerus**	Arnoldus Baitaviensis
Bertegunt	**Richiza**	Gerberga	Luicardis
Algardis	Helwidis	Sibilia	Judita
Mahthildis	Hadewigis	Vda	**Elizabet**
Lucardis	**Imona**	Steinhilt	Engelberga
Gerdrudis	Richiza	Mabilia	Ida
Hadevvie	Beatrix	Vda	Beatrix Gertrudis
Mahilt	**Beatrix**	Tesi samanunga was edele. unde *usw.*	

nach einer abschrift des hrn. dr. W Arndt. Mone teilte im anzeiger für kunde des deutschen mittelalters 1834 *s.* 184 *die erste notiz und die verse mit unter der überschrift* 'altniederländische sprache' *und fügte hinzu* 'der teutsche satz ist das einzige zeugnis altniederländischer sprache, das ich gefunden habe'. *Belisia ist allerdings Bilsen oder vielmehr wohl Münster-Bilsen an der Demer eben westlich von Mastricht, in der heimat Heinrichs von Veldeke, aber worin das altniederlän-*

dische des salzes oder der verse **steckt**, ist nicht abzusehen. Tesi weist auf altfränk.
thesiu und scôna kann nicht die schwache flexionsform sein, sondern die flexionslose
form scône ist beliebig mit einem vollen endvocal versehen, wie in den Mariengebeten
des gebetbuchs der heiligen Hildegard (s. zu XLII) München. sitzungsber. 1870.
2, 115 **Evge** maget reina, liether danne sunna, scôner danne du morgenrôda, Milde
wib sêliga, kuneeliche frowa, aller gnâden volla usw. eine ähnliche altertümliche
oder altertümelnde sprache herscht in den 'sprüchen der väter' (zu XXXVIII) **und in
den gleichfalls** mitteldeutschen Mariengebeten bei Greith spicil. Vatic. s. 70 f. aus
einer hs. des XIV jhs.   'wer sehr subtil ist, kann in der reimlosen dritten halbzeile
einen beweis dass so etwas nicht vor dem XII jh. entstanden ist sehen oder zu sehen
glauben'. Haupt.

LI.

Cod. palat. 577 der vaticanischen bibliothek zu Rom. 75 bll. (neun mit buch-
staben bezeichnete quaternionen) fol. in angelsächsischer schrift. IXjh. (c. 800 nach
MG. LL. 1, XIX). auf der rückseite als codex **canonum** bezeichnet.   SPaulli mis-
cella antiquae lectionis (Argentorati 1664) s. 73. 74.   HConring de origine iuris
germanici liber unus (Helmestadii 1665, dritte ausgabe) s. 349.   PhLabbé sacrosancta
concilia 6 (Paris 1671), 1541.   (Bischof Ferdinand von Fürstenberg) Monumenta
Paderbornensia, ed. 2ª (Amstelodami 1672) s. 336.   Labbé erhielt **das denkmal,**
wie die Ballerini bezeugen, aus den hinterlassenen papieren des Lucas Holstenius.
in Deutschland scheint es mit den zwei sächsischen capitularien, welche LHolstenius
in der Collectio romana bipartita (Romae 1662) 2, 177 — 194 herausgegeben, durch
bischof Ferdinand von Fürstenberg bekannt geworden zu sein, auf dessen mitteilung
vermutlich die beiden erstgenannten abdrücke beruhen.   EGGraff Diutiska 2 (1827),
191 f.   GHPertz Monum. Germ. leges 1 (1835), 19.   FHedHagen im neuen jahr-
buch der berlinischen gesellschaft für deutsche sprache 2 (1837), 61.   HFMafsmann
die deutschen abschwörungs-, glaubens-, beicht- und betformeln (1839) nr. 1 s. 67.
21—28; mit facsimile.   1. Forsachistu] zwischen a und c ein zeichen, das Pertz
und Wackernagel leseb. (1859) s. 19 für einen accent nehmen.   da in gotes z. 12
eine unzweifelhafte spur hochdeutscher lautbezeichnung vorliegt (vgl. auch das in
z. 7 zuerst geschriebene allem), so wird man als eine solche auch dieses ch für k be-
trachten und von den vereinzelten beispielen die Schmeller gloss. sax. s. 185ª aus den
hss. des Heland davon beibringt absehen dürfen.   diobolae] 2 diabolae, 4 - geldae,
6 **Thunaer,** 9. 10 fadaer; 3 - gelde; ich habe nach JGrimms vorgang (myth. 957 anm.)
überall e geschrieben, vgl. zu LIX, 1, 10; LXII, 20.   2. vorher etresp.   3. dio-
bolgelde] ags. deôfolgield 'idololatria' Mone heidentum 2, 98 n. 102; 100 n. 105;
JGrimm myth. 34; Ettmüller s. 566: vgl. Müllenhoff zur runenlehre s. 36 n. 1.
4. vorher respon.   5. alla   6. vorher resp.   6—8. die annahme einer interpola-
tion ergibt sich daraus, dass die eingeklammerten worte in der frage fehlen, dass
für die worte Thuner ff. die einzig passende stelle nach der ersten frage gewesen
wäre und dass für denselben begriff, der vorher durch diobol diabol gegeben ist,
hier wie im fränkischen taufgelöbnis, dem grofsen bibelglossar und den hymnen (vgl.

Graff 4, 915; *JGrimm myth.* 942; *kleinere schriften* 3, 391. 392) unholda *gebraucht wird. vgl. zeitschrift f. d. österr. gymn.* 1867 *s.* 660. 661. *was übrig bleibt aber sind die drei gewöhnlichen abschwörungsfragen der römischen kirche:* abrenuncias satanae? et omnibus operibus eius? et omnibus pompis eius? (*Martène de ant. eccl. rit.* 1, 117; *Mabillon mus. ital.* 2, 26 *f.*) *nur in veränderter ordnung* **und mit dem** *unterschiede, dass nicht mit einfachem* abrenuncio, *sondern mit einer vollständigen umsetzung der frage geantwortet wird. auch ist* pompa *durch geld nicht genau* **wiedergegeben.** 6. and *ist das einzige notwendig angelsächsische in diesem tauf- gelöbnis. über* **alles was** *Mafsmann s.* 25 **bis** 27 *sonst dafür ausgegeben hat, sowie über die formen die* **Mone quellen und forschungen** 1, 262 *f. für unsächsisch erklärte, genügt es jetzt auf Schmellers gloss. saxon.* **zu verweisen.** 6. 7. Thuner. Uuôden] *das* e *des dativs ist vor dem nachfolgenden vocal apokopiert wie das auslautende* e *in ende z.* 3. 4. 5. 6 *und, der sprache des gewöhnlichen lebens folgend, auch sonst in prosa zb. gl.* **Ker.** 61 fona desem einte; 66 ed uralt; 222 edh ethashuanne; 193 vel omnia terra, **enti** al th'erda; LII *zu z.* 14 ind in; LIII, 2 ent in; LV, **2 götlich ist;** 22 dîn anst (*accusativ*) 6 *f.* en denuoden *um die ordnung der drei götter zu er- klären braucht man nicht mit JGrimm myth.* 147 *an die ordnung von bildsäulen* **zu** *denken, wo Wodan in der mitte stünde. ebenso bei Paulus Diaconus zs.* **12, 453** *die Dänengötter* Thonar et Uuaten. *es wird die römische ordnung zu grunde liegen, wie auch im indiculus einmal und Bonif. sermo* VI *p.* 76 *Giles Jupiter voran steht, dass Saxnôt im indiculus fehlt, hat seinen grund wohl nur im mangel einer festen interpretatio romana für ihn.* 7. allêm 9. 10. al,mehtigan, *was ERoth denk- mähler der deütschen sprache s.* 2 almahtigan *lesen will.*

Der cod. pal. 577 *enthält nach den beschreibungen der Ballerini* (opp. *Leonis M.* 3, CLXXXI—CLXXXIII), *Pertzens (archiv* 5 [1824], 303—305), *vdHagens (aao. s.* 59—63) *und Frommanns (Aufsess anzeiger* 1855 *sp.* 61 *f.*): 1) *bl.* 1 *theologischen inhalts, nur vorgebunden.* 2) *bl.* 2ª *oben die überschrift* de diuersis causis de lapsu episcopi vel præsbiteri. *ebenda in der mitte* dicta hieronimi presbiteri; *ob diese sich bis auf bl.* 3ᵇ *erstrecken ersieht man nicht.* 3) *bl.* 4 *Karlmanns concil. german. a.* 742. **4)** *bl.* 5ª *das concil von Lestines a.* 743 (745 *nach HHahn* qui hierarchiae status fuerit Pippini tempore quaestio, *Vratisl.* 1853, *s.* 34—38; *jahrbücher des fränkischen reichs a.* 741—752 *s.* 192—200). 5) *bl.* 6 nomina episcoporum qui misi sunt a ro- mana urbe ad praedicandum in gallia. 'quae autem subduntur nomina, eadem sunt ac illa quae apud Gregorium Turonensem recenseantur.' *Ballerini. also hatten Sei- ters (Bonifacius s.* 382) *und Hahn (jahrb. s.* 38 *n.*) *unrecht, von der veröffentlichung dieser namen die entscheidung über die zusammengehörigkeit unserer formel mit dem concil von Lestines zu erwarten.* 6) *bl.* 6ᵇ *die namen der zu Attigny a.* 765 *versammelten bischöfe und äbte.* 7) *bl.* 6ᵇ *unsere abschwörung, bl.* 7ª *unser glau- bensbekenntnis. ihre auch von JGrimm früher (gramm.* 1¹, LXV) *angenommene be- ziehung auf Sachsen sichert der nur bei diesem stamme nachweisbare* **Saxnôt und die sprache,** *die mit JGrimm myth.* 146 *f. für ripuarisch zu halten nicht der aller- mindeste grund ist. auch die seltsame anschauung Wackernagels (zs. f. d. philo- logie* 1, 298) *der hier nur hochdeutsche und angelsächsische elemente erkennen will,* *ist nicht stichhaltig, eine form wie gelobo zb. bleibt dann ganz unbegreiflich.* 8) *bl.* 7ᵃ *der sogen. indiculus superstitionum et paganiarum, ebenfalls, wie aus den wortformen hervorgeht* (myth. 615 *note: nach GDS.* 537 *wären sie freilich auch altfränkisch), auf Sachsen bezüglich. augenscheinlich, wie cap. generale a.* 769—771 (LL. 1, 33 f.), *mit benutzung des conc. germ. a.* 742 *entworfen. klärlich ein vorläufiges verzeichnis dessen worauf die königsboten oder richtiger die bekehrenden priester zu achten halten. über die form vgl. ABoretius-capitularien im Langobardenreiche* (**Halle** 1864) *s.* 17. 9) *bl.* 7ᵇ Fili hominis speculatorem posui te *cet.* (*Ezech.* 3, 17. **33, 7**). Videte, filii carissimi, quale nobis incumbit periculum si tacemus *usw.*, **schliefst** *mit der roten unterschrift* alloquutio sacerdotum de coniugiis illicitis ad plebem. **der anfang dieser** *anrede d. h. also das citat aus Ezechiel findet sich nach* **Pertz archiv** 5, 305 *auch in dem die sächsischen capitulare (nrr.* 60. 61. 27. 35 *der LL.) enthaltenden cod. pal. vat.* 289. *vgl. auch cap. de part. Sax. c.* 20. *Waitz DVG.* 3, 126 *u.* 3. 10) *bl.* 8ᵇ *eine ähnliche anrede über den sabbat.* 11) *bl.* 9ᵃ Clemens Iacobo carissimo in domino aeterno salutem. 'A sancto Petro apostolo' *cet. darnach rot* Explicit deo gratias. 12) *bl.* 11ᵇ — 70ᵃ *ohne überschrift die canonensammlung des Dionysius Exiguus, genauer der die concilien enthaltende erste teil derselben und zwar wie die untersuchung der nicht unerheblichen abweichungen desselben von den übrigen texten der Dionysiana den Ballerini ergeben hat,* 'primus Dionysii fetus'. *da die canonensammlung welche Bonifacius vom papste erhielt nach dem wortlaut der stelle des Willibald (vita s. Bonifatii* §. 21, SS. 2, 343) *die davon meldet (*eique libellum in quo sacratissima ecclesiasticae constitutionis iura pontificalibus sunt digesta conventibus accomodavit) *auch nur die concilien enthielt und unsere handschrift, wie sich gleich zeigen wird, aus Fulda stammt, so wird man vermuten dürfen, dass uns* **hier eine abschrift** *jener dem h. Bonifacius gegebenen sammlung vorliege.* 13) *bl.* 70ᵃ **Incipit de evangelio tractatus.** 'Ambrosius episcopus gratiano augusto Crebra... est inimicus' (*in Ambros. opp. ed. Maur. nicht zu finden*). 14) *bl.* 71ᵃ *von anderer hand als das bisherige Pipins synode in Verno palatio* (755). *die unterschrift nach nr.* 11 *lehrt dass die nrn* 2—11 *einst eine hs. für sich bildeten, woraus sie in diese aufgenommen worden; sie waren aber chronologisch geordnet, da die datierbaren stücke die reihe* 742. 745. 765 *ergeben. nach* 765 *fällt mithin unser taufgelöbnis. dieser beobachtung gegenüber verliert die beziehung des Bonifacius zur Sachsenbekehrung, für die man sich zwar nicht auf die falsche überschrift des c.* 7 *von Wilib. vita Bonif. (vgl. BSimsons übersetzung derselben s.* 5), *aber vielleicht auf Pipins feldzug a.* 747 (*Hahn jahrb. s.* 94) *berufen dürfte, oder die auskunft Rettbergs* 1, 360 (*trotz* 1, 345. 2, 399), *die formel gehöre in den kreis der wirksamkeit des Bonifacius an den sächsischen* g r e n z e n, *jeden wert; und die beziehung auf die Sachsenbekehrung unter Karl dem grofsen, sowie die enge zusammengehörigkeit mit dem sog. indiculus scheint mir unzweifelhaft. man weifs, welchen anteil Fulda an dieser bekehrung hatte: hauptsächlich der bezirk der Diemel wo später der stuhl von Paderborn errichtet wurde war der obhut des klosters anvertraut (Rettberg* 2, 404; *vgl. Waitz* 3, 148) *und Sturm verdiente sich durch seine unermüdliche tätigkeit den ehrennamen eines apostels der Sachsen. nun findet sich auf bl.* 2ᵃ *unserer hs. die notiz* Iste liber pertinet ad librariam sancti Martini ecclesie Maguntin. (*Greith spicil. Vatic. s.* 30; *Mafsmann s.* 23) *und WGiesebrecht hat, eine vermutung von Seiters* (*Bonifacius s.* 381) *bestätigend, in Schmidts zeitschr. für geschichtswissensch.* 7 (1847). 564 f. *höchst wahrscheinlich gemacht, dass diese hs. wie ein Jordanes mit* derselben inschrift in Fulda geschrieben und nach Mainz erst durch Marianus **Scotus** gebracht sei, der sie beide benutzte und dessen originalhs. ebenfalls jene inschrift trägt. jene ganze hs. 2 — 11 ist offenbar mit beziehung auf die Sachsenmission in Fulda zusammengestellt **und** zwar, **da das wichtige** cap. de part. Sax. (775 oder wahrscheinlich 777 **nach** Richthofen zur lex Saxonum s. 128 f. 170 ff. 216 ff.) noch nicht **darin enthalten**, wohl gleich zu **anfang dieser mission**, welche bald nach 772 begann und 779 **endigte** (Richthofen s. 152 ff.). zuerst wurde ohne zweifel die gewöhnlich in Fulda **verwendete formel des taufgelöbnisses** vielleicht mit hilfe eines Angelsachsen (vgl. zu z. 3. 6) ins sächsische (speciell ins engrische, nach jenem missionsbezirk zu schließen) umgeschrieben. der indiculus setzt schon genauere kenntnis und bestimmtere erfahrung voraus: **wie darin** die namen **der heidengötter auftreten**, **so sind sie** auch in das taufgelöbnis später hinein genommen worden: selbstverständlich, dass der zusatz beim gebrauch der vorhergehenden frage an den täufling ebenfalls beigefügt wurde. durch den abt Sturm einen gebornen Baier ergaben sich vermutlich litterarische beziehungen zu dessen heimat, **welche nach ihm fortwirkten.** daher wohl die hochdeutsche schreibschule der aufzeichner des Hildebrandsliedes, daher die hs. A der exhortatio und die baierischen glossae Cassellanae, daher das ältere glossar dessen sich vielleicht Hrabanus bediente, das er vielleicht emendierte und das hiernach seinen namen tragen mag, **vgl. s. 473 zu** LXIII.

LII.

A Merseburger hs. 58, beschrieben oben **zu IV, 1. die** formel steht **unter der überschrift interrogatio** sacerdotis auf bl. 16ᵃ des ersten bestandteils der handschrift, der, mit ausnahme des ursprünglich leeren ersten blattes in angelsächsischen buchstaben geschrieben, von bl. 1ᵃ — 21ᵇ reicht. die überschrift, die anfangsbuchstaben der fragen und sämmtliche antworten rot. J Grimm über zwei entdeckte gedichte aus der zeit des deutschen heidentums (1842) s. 25. (kleinere schriften 2, 28.) B Speierer handschrift, erhalten durch eine in oder nach dem jahre 1607 genommene abschrift des Acheners Dionysius **Campius** I. V. D., eingetragen in ein exemplar von Goldasts alem. rer. script. **Francof.** 1606 (**bd. 2 s.** 174 links unten), jetzt Germ. g. 37 **der Münchner hofbibliothek. überschr.** Interrogatio Fidei | **habetur** Spirae in Bibliotheca cathedr. **in** scamno 8°. Mafsmann abschw. (1839) nr. 2; mit facsimile. Kloth denkmähler der deutschen sprache (1840) s. 2. 4. dass B lückenhaft **und** aus A zu vervollständigen, hat Rettberg 1, 453 gesehen. 1. forsachistu B immer. **unholdun** fasst Reſsaurer die einwirkung des christenthums auf die althochdeutsche sprache s. 397 hier und z. 3 als dat. plur., hält somit dieses denkmal für bedeutend jünger als es doch allem anscheine **nach ist.** in z. 3 **muss** unholdun genetivus feminini (vgl. zu LI, 6—8) sein, abhängig von uuerc iudi **uuillon**; **ob es z. 1 dativ oder** accusativ, lässt sich nicht entscheiden, da forsahhan **z.** 3 mit dem accusativ, z. 5 mit dem dativ construiert wird. 2. ih fursahu A, Ih f. B immer. das fur- in A gegenüber sonstigem for- gehört dem rubricator. 3. unholdun uuerc fehlt B. 5. bluostrū A. 5. 6. allen dem bluostrom then heidineman hym zabluastrom in dizageldon habent B: zi bluostrum indi fehlt **A.** 8—11 **fehlt** B. 12. Galaubistu (so immer) heiligan *B.*   13. jh g. *B immer.*   14. heinan gott almachtigon in thrinissi in din emnissi *B.*   15. ih gilaub *A*, *ebenso* 17. 19.   16. godes chirichon *B.*   18. galaubisthu (ga *aus* gi *gebessert*) thuruch *B.*   suntheno farlaznissi *B.* 20. 21 *fehlt B.*

Das einzige mir bekannte ausdrückliche zeugnis für die ablegung des taufgelübnisses in der muttersprache, das man sich versucht fühlen könnte mit der vorliegenden deutschen abfassung desselben in zusammenhang zu bringen, geben die sogen. statuta Bonifacii c. 27: Nullus sit presbyter qui in ipsa lingua qua nati sunt baptizandos abrenunciationes vel confessiones aperte interrogare non studeat, ut intelligant quibus abrenunciant vel quae confitentur. et qui taliter agere dedignantur (*l.* dedignatur), sed cedat in (*l.* secedat *e Dachéry*) parochia. *hierin ist nach der richtigen bereits von Marlène 1, 124 aufgestellten erklärung* confessio *wie zb. bei Augustinus* enchir. c. 96 s. v. a. confessio fidei, *nicht wie Rettberg will* (1, 455) *die beichte; im ganzen mithin genau das bezeichnet was uns hier vorliegt. die 'stat. Bonif.' sind weder ein 'excerpt aus kirchlichen rechtsquellen' (Rettberg* 1, 376) *noch 'post annum* 814 *certe interpolata' (Knust in den MG. LL.* 2, 2, 19),[*] *sondern wahrscheinlich ein teil der von einer Mainzer synode, etwa des jahres* 803, *gefassten beschlüsse. und aus dem zusammenhange der verordnungen sowohl, in welchen sie hineingehören, als aus der natur der sache ist klar, dass jener c.* 27 *nicht bestimmt sein kann etwas neues einzuführen, vielmehr den zweck haben muss, das natürliche notwendige und übliche gegen die ausschreitungen übereifriger priester zu schützen, welche die hersagung auch dieser formeln in lateinischer sprache forderten. dass man zu gleichem zwecke eine deutsche formel ein für allemal festgestellt habe und dass dies die vorliegende sei ist möglich, aber einigermafsen wahrscheinlich machen lässt es sich erst durch anderweitige betrachtungen. die hs. A enthält von einer hand geschrieben* 1) *bl.* 2ª—15ᵇ *eine expositio missae die auf dem umschlag dem Hraban beigelegt wird, aber in den ausgaben seiner werke wohl mit recht fehlt. MGerbert monum. vet. liturg. alemann.* 2 (1779), 276ᵇ—282ᵇ *hat sie aus einer Einsiedler hs des X jh. veröffentlicht.* 2) *bl.* 16ª—19ᵇ *ein vollständiges taufritual beginnend mit unserer formel.* 3) *bl.* 20ª—21ᵇ Oratio quasi oris ratio *usw. gedruckt wohl zuerst bei Cordesius Hincmari opuscula Lutet.* 1615, *dann auch bibl. patr. Lugd.* 14, 71 c

---

[*] *Beide ansichten stützen sich auf die übereinstimmung einiger canones der statuta mit der Mainzer synode von* 813, *beruhen aber auf einer willkürlichen deutung dieser tatsache, da das umgekehrte verhältnis ganz ebenso möglich ist; überdies müsten interpolationen eine bestimmte tendenz verraten. in der eingangsformel:* Compellimur quoque statuta canonum in hoc observare (*vgl. c.* 31) *scheint eine nach canonischem recht lebende versamlung zu reden, zugleich kennzeichnet das* quoque *die nun folgenden bestimmungen als teil eines größeren ganzen. die fassung der c.* 25, 26 (*s.* **exc.** *zu* LIV) *weist auf die zeit* 802—805 *d. h. auf das jahr* 803 *oder* 804, *der fundort (Corvey) und die paganienverbote auf Deutschland, die benutzung in der Mainzer synode* 813 *und durch den in Mainz arbeitenden Benedictus Levita* (s. *Knust bei Pertz* LL. 2, 2, 23) *auf Mainz. nun hielt im sommer* 803 *Karl d. gr. zu Mainz eine reichsversamlung ab (Waitz* 3, 286). *sehr wahrscheinlich also dass damals unter des kaisers augen von einer geistlichen synode diese beschlüsse gefasst wurden, deren zweck die durchführung der Achener gesetzgebung von* 801. 802 *und ihre teilweise erweiterung und ergänzung zu sein scheint.*

im anhang von *Jesse Ambianensis episcopi epistola* (über die taufe; wohl in folge der verordnung 'excerpta canonum' a. 813 c. 1 p. 189 erlassen). wenn es schon von vornherein eine unberechtigte annahme war, unsere formel sei wegen z. 6 zu einer zeit entstanden, in der das heidentum in Deutschland noch in kraft war (vgl. *Alcuin de bapt. caerem. opp.* 2, 127=1, 109 [und 2, 483: *daraus erweitert bei Martène* 1, 161 f.] und die damit im wesentlichen identische 'traditio baptisterii' im anhang zu *Jesse Ambian. epist. l. c.* 70 n: primo paganus catechumenus fit; *Hrab. de instit. cler.* 1, 27 und den ordo III *bei Martène* 1, 38 *mit der überschrift* Ad caticuminum ex pagano faciendum): so ist nun aus dem zusammenhange in dem sie auftritt erwiesen, dass sie im IX jh. in kirchlichem gebrauch stand. das auf sie folgende taufritual beginnt: Exorzizatur malignus spiritus ut exeat et recedat dans locum deo (*so weit rot*). Exi ab eo, spiritus inmunde, et redde honorem deo vivo et vero. darnach bl. 16ᵇ oratio, alia, bl. 17ᵃ benedictio salis ad catezizandum, bl. 18ᵃ benedictio fontis usw. *auch in B folgt:* Deinde exsufflas in faciem eiustem et dices 'exi ab eo (ea) *usw. bis vero.*' et dices tribus vicibus. *also dieselbe exorcizationsformel in beiden hss., mit welcher mehrere bei Martène gedruckte ungefähr, aber nicht ganz übereinstimmen: daraus ergibt sich dass nicht blofs die abrenunciations- und confessionsformel in AB, sondern der ganze ordo identisch war. die ersichtlichen verschiedenheiten sind dagegen kein stichhaltiger einwand; B hat das ursprünglichere. die exorcization war durch die formel selbst gegeben, die exsufflation dagegen zu erwähnen unumgänglich. dem rubricator von A war eine andere exorcizationsformel (s. verwante bei Martène, besonders* 1, 161 exorcizatur i. e. coniuratur malignus spiritus, ut exeat et recedat dans locum deo vero) *geläufig die er denn wenigstens in der überschrift anbringen wollte. dazu kommt die schlechtere latinität von B. eigentümlich in AB die aufeinanderfolge der einzelnen teile des ordo. ein einziger ordo baptismi, und zwar der ambrosianische, beginnt bei* Martène (1, 213; *vgl. Gerbert monum.* 1, 251 f.) *mit* abren. exsuffl. exorc., *lässt aber die confessio erst unmittelbar vor der immersion folgen. ebenso ein ordo bei Gerbert monum.* 2, 5 — 9. *Alcuin de bapt. caerem.* erwähnt die conf. gar nicht und lässt auf jene drei vorgänge erst noch die traditio symboli und die scrutinien folgen. auch in der epist. encycl. de baptismo Karls des grofsen a. 811 (LL. 1, 171) fehlt die conf. in der reihe der fragen, aber auf absolute vollständigkeit kam es dabei nicht an, und sie konnte umsomehr wegbleiben, als die fragen de symbolo und de credulitate vorhergehen. dies wird bestätigt durch einen tractat bei Martène 1, 158—161, den der herausgeber, ich zweifle ob aus genügenden gründen, für die antwort des bischofs Magnus von Sens auf jenes rundschreiben hält: und der mit dem letzteren und mit AB, so weit sich vergleichen lässt, in der anordnung vollkommen übereinstimmt und unter der überschrift de abrenunciatione erst diese behandelt und dann hinzufügt quam recte abrenunciationem confessio sequitur sanctae trinitatis. dazu stimmt ferner die darstellung bei Hraban de institutione clericorum (vollendet 819: *Kunstmann s.* 55) 1, 27 und seine inhaltsangabe der confessio insbesondere zu der deutschen formel fast ganz genau: es sind dieselben sieben fragen, auch die vierte: (exquiritur a pagano si credat) unum deum in trinitate et unitate. freilich der zusatz thuruh taufunga (z. 18) fehlt und noch einzelnes mehr, namentlich auch die dritte frage der abrenunciation, ist anders. so viel können wir festhalten dass die taufordnung der unsere formel angehört mit der im anfange des IX jh. sowohl an Karls hofe als auch zu Fulda d. h. in der Mainzer diöcese üblichen vollziehung des taufactes wesentlich übereinstimmt. im ganzen setzt sie die admo-

nitio 'cap. eccl.' 789 c. 69 und das legationis edictum 'cap. gen.' 789 c. 7 voraus, durch welche das römische taufritual in Deutschland erst eingeführt wurde, vgl. Rettberg 2, 783. da nun das in beiden hss. festgehaltene au *dieselben in den anfang des IX jh. verweist, da ferner die in ihnen enthaltene taufordnung nicht ohne genehmigung der vorgesetzten geistlichen behörde in kirchlichen gebrauch gekommen sein kann, und da diese behörde für* **Speier** *und Fulda (woher A zu stammen scheint: vgl. die vorrede s.* x) *Mainz ist: so dürfen* **wir** *nach Mainz und* **in** *die zeit Rikulfs (787 bis 813) das vorliegende denkmal* **setzen:** *so dass es allerdings* **auf den** *ort und ungefähr* **die zeit der oben** *ausgezogenen* **verordnung der** *'statuta Bonifacii' fixiert erscheint, und* **die dort** *angedeutete vermutung auf* **diese weise einen** *gewissen halt bekommt. wie bei abfassung dieses taufgelöbnisses* **verfahren worden,** *erhellt daraus, dass* **taufunga** *ags. déapung ahd. nur hier* **und dass von den** *übrigen verdeutschungen* **christlicher** *begriffe nur die beiden ursprünglich heidnischen,* bluostar *und das femininum* unholda, *nicht auch* **im** *angelsächsischen begegnen.*

LIII.

Hs. 267 *des regulierten chorherrenstifts in* Vorau. XIV *jh.* Incipiunt cronica ab inicio mundi, *wozu dann jemand geschrieben hat* Honorii. *auf dem einband befindet sich das obige fragment aus dem* IX *oder* X *jh. W Wattenbach in Pertz archiv* 10 (1851), 630. 1. glovpistv] c *ist ergänzt. nach den ist einer der ahd. ausdrücke für* Iesus = salvator (*vgl. gl. Ker. s.* 173) *zu ergänzen.* 3. *ergänzt von Wattenbach.* 3. 4. *etwa:* enti die dri c. g. a. heiti der gasevof
Bei dem zustande in welchem dieses fragment (eines taufgelöbnisses?) auf uns gekommen ist, lässt sich äufserst wenig darüber feststellen. **dass** *es oberdeutsch, ergibt sich aus* p *in* gloupistu *und aus* uuihan âtum (*nicht* heilagun **geist**): *aus* enti (z. 2. 5), *nicht* inti, *dass* **es** *baierisch ist. alles übrige ist unsicher.* **die** *zeit lässt sich aus der sprache nicht genauer bestimmen,* **als es die** *angabe Wattenbachs über die hs.* **tut. selbst ob die** *personen der* **trinität auf** *drei verschiedene fragen verteilt oder,* **so viel ich weifs gegen alle analogie** (*denn der ordo* II **bei** *Martène de antiqu. eccl. rit.* 1, 168 **ist nicht zu vergleichen**), **in** *éine zusammengefasst waren, erhellt nicht. auch dass die* **erste** *zeile, als ob nichts vorausgegangen wäre, ganz in majuskel geschrieben ist,* **gibt** *zu raten auf. beginnt hier nur ein neuer abschnitt des rituals, so hat die sache freilich nichts verwunderliches: denn durch mehrere zwischenstücke von der abrenunciatio getrennt ist die interrogatio fidei zb. in den ordines* IV—VIII. X. XX. *bei* Martène 1, 172. 173. 176. 179. 180. 186. 215 *usw., überhaupt in der mehrzahl der von Martène veröffentlichten taufordnungen. beginnt aber das ritual selbst so,* **so kann das fragment schwerlich einem taufgelöbnis angehören,** *vielmehr ist daran* **zu** *erinnern, dass die ordines* III. IV. VI (*vgl. auch* X) ad dandam paenitentiam *bei Martène bd.* 2 *mit der frage des priesters* Credis in deum patrem et filium et spiritum sanctum? *beginnen. auch die zweite würde stimmen:* Credis quia **hae** tres personae **unus sit deus?** *aber nicht mehr* **die** *dritte und vierte.*

LIV.

A cod. theol. in quarto 24 der bibliothek zu Cassel, aus Fulda. IX jh. unmittelbar daran **schliefsen sich die glossae** Cassellanae. über den sonstigen inhalt der hs. macht *WGrimm s.* 25 die angabe 'es gehen die canones sanctorum apostolorum voran **und folgen** noch einige andere stücke theologischen inhalts'; s. 437 'auf die glossen *folgt*, mit einem neuen, doch zu derselben lage gehörigen **blatt**, etwas anderes, *was mit ihnen ebensowenig in verbindung* zu bringen ist, Incipit constitutio et fides. Niceni concilii subditis capitulis suis.' *JHHottinger historia ecclesiastica N. T.* 8 (1667), 1219—1222. *JGEccard catechesis theotisca* (1713) *s.* 74—77. von ihm die *überschrift.* *Mafsmann* (1839) nr. 43, nach einer abschrift Frommanns. *WGrimm* 'Exhortatio ad plebem christianam. Glossae Cassellanae' in den historischphilologischen abhandlungen der Berliner academie aus *d. j.* 1846 (Berlin 1848), 425—511; mit facsimile. B cod. lat. 6244, Fris. 44 (*früher* B. l. 1) der k. bibliothek zu München, aus Freising. 147 bll. kleinfol. IX jh. **enthält auf** bl. 1—144ᵃ *nach meinen notizen* .'canones apostolorum etc....**concil.** *Afric.*, im ganzen 12 titel deren verzeichnis an ihrem schlusse bl. 144ᵃ steht': also entweder die concilien der Hadriano-Dionysiana oder die epitome Hadriani. bl. 144ᵇ—146ᵃ *die exhortatio, und zwar auf bl.* 144ᵇ. 145ᵇ *den lateinischen,* **auf** bl. 145ᵃ. 146ᵃ *den deutschen text.* **bl.** 146ᵇ (das letzte blatt ist leer) **eine baierische provinzialsynode von** 805, abgedruckt archiv 7, 806f., jetzt **in den MG.** LL. 3, 479. *BJDocen miscellaneen zur geschichte der teutschen literatur* 1 (1807), 6—8. *EGGraff Diutiska* 3 (1829), 210. *WWackernagel altdeutsches lesebuch* 1835 sp. 5. 6, 1839 *sp.* 51—54. *Mafsmann* (1839) *nr.* 42 *s.* 150. 152. 154. *KRoth denkmähler der deutschen sprache* (1840) *s.* 12—14. nach **beiden hs.** aufser *WGrimm aao. WWackernagel lesebuch* 1859 sp. 21—24. **dass keine der beiden hss.** längezeichen setzt sei ausdrücklich bemerkt weil aus manchen citaten neuerer bücher eine entgegengesetzte meinung hervorzuleuchten scheint.

1. rihti *A.* thera *B:* überhaupt *in* B 24 **mal** anlautend th, 11 mal d, vgl. Grimm *s.* 436. galaupa *B:* ga- *in* B überwiegend, **nur** *fünfmal* ka-, vgl. *Grimm s.* 435. **the** (über dem zweiten **striche von** h **ein** punct, durch welchen *in* **der richtung eines acuts ein** feiner strich gezogen) B, dera *A.* ersteres notwendig, **weil auf** rihtida bezüglich. **kahuetlicho** *B.* 2. **christanun** *B:* h nachgetragen. namun *fehlt A.* 3. **truthine** *B.* . **in man** *AB:* innan Eccard Wackernagel (**1839. 1859**) **Grimm. aber** innan innana heifst niemals 'ein-, hinein'. die genaue **übersetzung von inspiratum** ist in caplāsan (Graff 3, 237), man wohl zusatz eines **lesers,** welchem **diese technische** bedeutung von in plāsan nicht geläufig war. 4. iungirō *A.* fohiu *B.* 5. michilu *B.* piuangan *B.* 6. maiström *A*, meiströ *B.* das schliefsende n **des** dat. plur. ist vielleicht hier und in den anderen fällen unrichtige auflösung eines ō **oder** ū der vorlage. christanheiti *fehlt B.* 7. **tihtota** *B.* za diu daz **Docen**] daz diu *A*, zadiu *B.* 8. galaupian *B* i *nachgetragen.* pigeban *B.* vgl. **gl. Emm.** Pez 1, 404 ad nitendum, za zilen odo piginnan. mathin alle forstantan *B.* 9. gahuhti *B.* inu *Wackernagel* 1835] in *AB:* vielleicht **inu uueo,** denn beide hss. haben sonst uu *für* huu. chuidit *B.* 10. **fohun** *B.* **ja** reiht hier die vom übersetzer zu beliebigem gebrauch beigefügte zweite **verdeutschung** ebenso an, **wie** gl. Fris. ad Isid. de off. 20 (KRoths denkm. *s.* xvii) **confessio, lop** (**ja pigiht**). 35. **inleccbris,** unchuskim (**ja unurlaupant-**

lih) *und ebendaselbst* 18 ja aub: symbolum, rihtida dera galaupa (ja aub churiter pivauk dera galaupa). *vgl.* vel, endi *gl. Ker. s.* 193. — *getrenntes* ja auh *nach Graff* 1, 121 *nur in exh. und den angeführten glossen,* ja als *conjunction außerdem noch in gl. SFlor. ad Greg. cur. past.* (*Graff* 1, 568) *und* LXXVIII.   11. frono *B.* thrutin *B.*   pete *B.*   12*f.* kabukti *B.*   13. uuco mak *B: die doppelform* uuè *und* uuco (*für* uuêo, *zu Notkers* uuieo *vgl. sein dies, auch Virgil gl.* IV, 208) *geht aus* hvêw *für* hvaiva *hervor wie* sè *und* sêo *aus* sêw, *das schließende* w *entweder abgefallen oder vocalisiert. vgl. Sievers Tatian s.* 44.   purgio *B.*   odo *B.*   14. the *B*, deo *A: vgl. zu* LXIII, 19.   15. uuizzan *B.*   daz thaz *B.*   16. den *fehlt B.* den] ther *B.*   taufli *B.*   17. got des *B*, gaotes *A: aber ich halte auch jenes nicht für das ursprüngliche, weil es keine übersetzung des lateinischen ist, sondern* [uuidar] gotes caheizes. *der übersetzer verlas* efi dei *in* est dei, *der interpolator dem wir schon z.* 3 *begegneten nahm daran mit recht anstoſs und indem er* uuidar *einfügte verstand er* gotes *wie B. A dagegen faſste es gedankenlos als* gòtes *und schrieb dafür* gaotes *wie gl. Fris. ad Isid. de off.* 160 saozono *für* soazono sòzono *steht: mehr beispiele dieses* ao *für* ò, uo *s. bei Pfeiffer forschung und kritik* 2, 34; *Weinhold bair. s.* 74.   dé *B*, den *A. der accent über* e *weicht von der gestalt des acuts nur wenig, der über* i *in* ille *z.* 20 *beträchtlich ab. sie beide und der in z.* 1 *sind ohne zweifel längezeichen, wie in gl. Hrab. und fragm. theod.*   fillol lerao *B.*   18. za suonutagin *B.*   19. ia auh *B.*   20. iluogu *A.*   ille galirnĕ ja auh thegaleran *B.*   21. suonutage *B.*   ganotit redia *B. noch cap. min.* 803 c. 5 p. 115; *cap. de exerc. promov.* c. 2 p. 119 *steht* haribanaum.   22. kotes *B.*   heili *B.*   unseres *B.*   ander *B.*   23. unsero *für* unserero: *vgl.* LXXVI, 30 lûttero *für* lûtterero; *Williram* 43, 1 unser *für* unserero; 8, 25. 22, 15 andero *für* anderero.   suntiono *B.*

im lateinischen: 1. qui] Quia *A.*   2. iudicium *B: der verbindungsstrich der beiden striche des ersten* u *ausgekratzt.*   3. inspiratu *A.*   5. permagna? 6. ministris *A.*   ista] Ita *A.*   9. quia *A.*   10. qua Docen] qui *AB.* etiam et *A.*   13. existit *A.*   ipse *ergänzte Eccard*   15. quando nec *A.*   16. exciperit *AB.*   17. docere *fehlt A.*   20. festi;ne, *übergeschrieben* natio *B.* didicere *AB.*   quod *A.*   22. nostra] ŏrāē *B.*

Das vorliegende denkmal beginnt mit der aufforderung eines priesters an die erwachsenen glieder seiner gemeinde — sie werden bald filii carissimi, *bald* filioli mei *angeredet, letzteres wie SBonif. serm.* V p. 75 *Giles und MG. LL.* 1, 124 —, *das apostolische glaubensbekenntnis und das vaterunser selbst zu lernen und ihre taufpaten zu lehren. daran schloſs sich wohl die vorsagung* (Audite!), *vielleicht auch erklärung und einübung* (*über die methode derselben vgl. excurs zu* LV) *jener formeln; und daran die nochmalige aufforderung* (Nunc igitur usw. *vgl. den ordo romanus bei Hittorp de divinis officiis p.* 39. 40) *sie zu lernen und zu lehren,* quia dei iussio est — et dominationis nostrae mandatum: ja unsares hêrrin capot. *welches herren? ich denke, Karls des groſsen. im november* 801 *beschlieſsen* 'electi sacerdotes' (*cap. Aquisgr. a.* 801 *LL.* 1 *p.* 87) c. 5 ut unusquisque sacerdos orationem dominicam et symbolum populo sibi commisso curiose insinuet. *und dies bestätigt der kaiser* (*cap. eccl. p.* 160) c. 3. Tertio (admonendi sunt presbyteri)

ut orationem dominicam id est 'pater noster' et 'credo in deum' omnibus sibi
subiectis insinuent et sibi reddi faciant tam viros et feminas quamque pueros. *die
missi verkündigen es (cap. gen. c. 14 p. 106)*: omnibus omnino christianis iubetur
simbolum et orationem dominicam discere. *zugleich erfahren wir die zwangsmittel
die man anzuwenden gedachte (c. 15)*: ut nullus infantem vel alium ex paganis de
fonte sacro suscipiat, antequam simbolum et orationem dominicam presbitero suo
reddat. *die verordnung wird auch in das mit der merzversammlung* 802 *festgestellte kirchliche gesetz aufgenommen (cap. excerpta c. 30). und die Mainzer
synode* 803 *wiederholt sie (stat. Bonif. c. 25), ebenso der kaiser in einem rundschreiben an die bischöfe (wovon uns das an Gerbald von Lüttich gerichtete exemplar erhalten ist LL.* 1, 128) *und infolgedessen die bischöfe (Gerbald LL.* 1, 128; *Theodulf
c. 22 bibl. Lugd.* 14, 5; *nicht vor* 805 *Haito von Basel c.* 2. 25 *bei Dachéry spicil.*
1, 584. 586, *über den man zum jahre* 802 *die notiz hat* in consilio Karoli clarus
habetur *s. ann. SGall. mai. SS.* 1, 75 *n. c) in anordnungen für die ihnen untergebenen priester. (aus einem erlasse Ricalfs ist vielleicht die darüber in der Weifsenburger hs.* 91 *zu Wolfenbüttel bl.* 106ᵃ *stehende, in Haupts zs.* 12, 443 *gedruckte
bestimmung.) im december* 805 *(cap. dupl. in Theodonis villa promulg. c.* 24 *p.* 135)
verordnet Karl: Ut laici symbolum et orationem dominicam pleniter discant....
Qui autem neglegens inde fuerit, talem disciplinam percipiat, qualem talis sit contemptor percipere dignus, ita ut ceteri metum habeant amplius. *und in einem wohl
späteren capitular (cap. eccl. c.* 2 *p.* 130): Symbolum et orationem dominicam vel
signaculum (*l.* symbolum vel signaculum et orationem dominicam) omnes discere
constringantur. Et si quis ea nunc non teneat, aut vapulet aut ieiunet.... feminae
vero aut flagellis aut ieiuniis constringantur. *trotz solchen grausamen strafandrohungen — um so grausamer, wenn es sich wirklich um die erlernung in
lateinischer sprache handelte (was* LV *bestätigt: vgl. excurs, auch Rettberg* 1, 456)
— *muss sich die durchführung dieser verordnungen als unmöglich erwiesen haben.
denn als das concil von Mainz* 813 *die beiden letztangeführten (ineinandergearbeitet
und mit dem zusatze* et qui aliter non potuerit vel in sua lingua hoc discat) *wiederholte, gaben ihnen die Achener reichsversammlung und Karl ihre bestätigung (in
cap.* 813 *LL.* 2, 550—554; *exc. can. LL.* 1, 189 *f.; vgl. Rettberg* 1, 442) *nicht. die
weiteren schicksale derselben (vgl. noch cap. Herardi a.* 858 *c.* 16: *Baluze cap.*
1, 1286), *ihre ermäfsigung in späterer zeit (vgl. zb. das triersche provincialcouncil
vom* 1 *mai* 888 *c.* 3 *bei Beyer mittelrhein. urkundenb. s.* 134; *Labbé* 9, 414) *gehen
uns hier nicht an. auf ihre anfänge wird Paulinus von Aquileja nicht ohne einfluss gewesen sein, da er schon* 796 *eine Friauler synode ähnliche beschlüsse fassen
liefs (*SPaulini opp. ed. Madrisi *p.* 72 *c.* 15). *mit diesen anfängen, also den synoden
und reichsversamlungen von* 801 *und* 802, *muss auch unsere* exhortatio *zusammenhängen. und gleich die gesellschaft in der sie auftritt lässt officiellen ursprung
für sie vermuten: grade die canones der concilien waren im october* 802 *förmlich
recipiert worden (*universos canones, quas s. synodus recepit, et decreta pontificum
ann. Lauresh. 802 *SS.* 1, 39: *vgl. Wasserschleben beiträge zur geschichte der falschen decretalen s.* 10 *f, der aber die nachricht auf die ganze Dionysiana bezieht.
doch lässt die stelle auch eine ganz andere auslegung zu) gemäfs einem beschlusse
vom nov.* 801 *c.* 16: (nullus sacerdos) derelicta propria lege ad secularia iudicia
accedere praesumat. *dazu kommt folgende erwägung: schon der lateinische text*

der exhortatio hat interpolationen erfahren, und zwar sind als solche die worte et etiam bis constituit *in* z. 10. 11 *und* et orationem dominicam z. 19. 20 *auszuscheiden. denn wenn der priester verständig reden sollte, so muste er sagen:* Audite — regulam fidei — et orationem dominicam; *nicht die letztere in einem lediglich begründenden satze nachträglich und beiläufig hereinbringen. die ermahnung gieng also ursprünglich nur auf erlernung des glaubens. das ist höchst seltsam, denn es findet sich keine einzige verordnung welche blofs das symbolum auswendig zu lernen vorschriebe. die erklärung ist aus einem merkwürdigen actenstücke zu gewinnen das in den* MG. LL. 1, 108. 109 *als* excerpta canonum. capitula varia *gedruckt steht. aus* c. 22 si placet domno meo, legatur capitula 7. 3 *usw. ergibt sich dass es dem kaiser gemachte gesetzvorschläge sind, von c.* 1 bis 18 *mit bezug auf die concilien des codex canonum, von c.* 23 bis 26 *mit bezug auf die benedictinerregel. das ganze — so kann man sich vorstellen — ein auf der synode von* 801 *abgegebenes separatvotum.* c. 21 *nun lautet:* de sancta trinitate idest unusquisque secundum quod sancti patres indictum et tractatum habent, et fideliter intellegat, et in tantum sufficiat et amplius non requiratur. *man darf wohl annehmen, dass der oder die vertreter dieser ansicht ein formulare zur erleichterung der ausführung derselben entworfen hatten, welches, nachdem eine weitergehende das paternoster mit einschliefsende ansicht durchgedrungen war, mit den nötigsten, flüchtig und schlecht gemachten zusätzen versehen und den königsboten zur verbreitung übergeben wurde. muss ich nun noch diejenigen widerlegen, welche die exhortatio ins* VIII *jh.* setzen und sie bestimmt sein lassen 'bei einer heidentaufe der hersagung *des glaubensbekenntnisses voranzugehen'? doch vielleicht hält man mir die predigten des h. Bonifacius entgegen, unter welchen allerdings* I § 1 p. 57 Giles; III § 4 p. 65; V § 3 p. 73; XV § 4 p. 106 *das auswendiglernen von paternoster und symbolum verlangen. aber einmal wird man durch jenes* dominationis nostrae mandatum *auf die zeugnisse der capitularien beschränkt und dann würde die unechtheit dieser bereits von Oudin de script. eccl.* 1, 1789 *angezweifelten predigten zu beweisen, schon die einzige bemerkung genügen, dass sie vollkommen geordnete und befestigte kirchliche zustände, in denen nur einzelnes heidnisches noch sich fristet, voraussetzen.* man vergleiche die *auszüge die Eckhart aus den predigten Burghards von Würzburg gibt oder gewisse partien in dem libellus Pirmins, und man muss fühlen dass jene nicht aus der mitte des VIII jh. stammen können. keine einzige bekehrungspredigt ist* darunter, *keine einzige in welcher Bonifaz die vom bischof Daniel (ep.* 15 *p.* 71—74 *Jaffé) ihm vorgetragene methode zur widerlegung heidnischer irrtümer in anwendung brächte. überall treffen wir ihn im streit mit den ketzerischen und verheirateten priestern: und in seinen predigten hätte er die gläubigen niemals vor ihnen gewarnt? ferner: das erste zeugnis für die einführung des zehnten (Waitz* 4, 103: Bonif. ep. 70 *Jaffé p.* 206; 82 *p.* 223, *cf. p.* 501 *wird niemand dagegen anführen wollen) fällt in das todesjahr des Bonifacius; in den predigten jedoch erscheinen sie wiederholt* (III § 4 p. 66; V § 2 p. 72; VI § 2 p. 78; XI p. 93; XV § 4 p. 106) *als feststehende einrichtung. (doch beweist dieser gegengrund nur mit den anderen, vgl.* Pirmin. lib. p. 70; Lezardière lois politiques 2, 348.) *endlich unsere kirchlichen formeln selbst: Bonifacius beklagte sich in einem briefe der zwar verloren ist, den aber papst Zacharias punkt für punkt beantwortend wiederholt, über die schlechten priester (in Baiern, da von Virgilius die rede ist, nicht in Sachsen wie Hahn jahrb. s.* 109 meint) unter anderem *auf folgende weise* (ep. 66 p. 185): nec fidem catholicam paganis praedicant nec ipsi fidem rectam habent, sed nec ipsa sollempnia verba, quae unusquisque caticuminus, si talis aetatis est ut iam intellectum habeat, **sensu cordis sui percipere et intellegere** *debet*, nec docent nec quaerent ab eis quos baptizare debent: id est abrenuntiationem satanae et cetera. **sed** neque signaculo crucis Christi eos muniunt, quae praecedere debent baptismum: sed nec aliquam credulitatem unius deitatis et sanctae trinitatis doceant, **neque ab eis quaerent ut corde credant ad iustitiam et oris confessio fiat illis in salutem.** *man sieht dass er die erlernung nur der abrenunciatio und der darauf folgenden **kurzen** professio fidei verlangt: diese muss auch gemeint sein, wenn ep. 27 p. 90 von einer taufe absque interrogatione simbuli die rede ist. und wenn Bonifacius bereits die spätere karlische forderung aufgestellt hätte, wie sollte er nicht den einzigen weg betreten haben, um sie durchzusetzen, ihre aufnahme in die capitularien? oder wenn ihm das nicht gelang, wie sollte er es dem papste nicht geklagt haben? zu diesem allen treten noch äufsere gründe. die* 15e *predigt, in einer Melker hs. ohne die andern überliefert (Pez thesaur. anecd. 4, 2, 4 f.), ist zum teil (§ 1 von* admoneo vos an, *§§ 2—5 bei Giles) aus der* 5n *so gekürzt wie niemals ein schriftsteller sich selbst ausschreiben wird: vgl. auch Fabricius (Mansi)* 1, 259. *die* 6e *predigt ist der letzte teil einer **in** hss. des* VIII/IX *jh. ohne namen überlieferten viel umfangreicheren, **auch im einzelnen** etwas ausführlicheren predigt: vgl. oben s.* 255, *Haupts zs.* 12, 436 *ff.* **endlich** *scheint aus einer notiz von Giles* 2, 268 *hervorzugehn, dass einige der sog.* **Bonifazischen** *predigten in gröfseren predigtsamlungen ohne namen sich finden. die hs. aus welcher Martène und Durand jene veröffentlichten wird von ihnen selbst erst ins* X *jh. gesetzt (ampl. coll.* 9, 185 *f.). in wahrheit hängen diese predigten wohl **mit** den Achener verordnungen von* 789 *zusammen, s. Haupts zs.* 12, 441. **wenn** — *um dies letzte noch zu erwähnen — auch der libellus s. Pirminii das gebot symbolum und paternoster zu lernen enthält, so ändert das in unserer auffassung nichts, denn es steht nur in dem epilogus der nach seinem eingange eine kurze wiederholung des bereits gesagten sein will und also, wohl von* Videte fratres an *(Mabillon vet. anal. p.* 71), *spaterer zusatz ist.* steht es somit fest, dass der lateinische text der exhortatio erst der synode vom november 801 *seine entstehung verdankt, und ist er bald darauf nach Freising gekommen, so wurde vielleicht schon zu anfang des jahres* 802, *wohl auf veranlassung des bischofs Otto* (782—810), die deutsche übersetzung *angefertigt; aber nach dem oben bemerkten wahrscheinlich erst nach dem october* 802 *in die hss. A und B eingetragen, in der ersteren sonderbarer weise sogar zwischen die im cod. canonum unmittelbar auf einander folgenden can. apost. und conc. Niceni. nach Freising aber weisen sogar die unarten des schreibers von A (zu z.* 17). *und ich begreife nicht, wie W Grimm s.* 425 *die von Eccard Francia orient.* 1, 441 *für die baierische herkunft der hs. A angeführten gründe wenig beweisend finden konnte. Weinhold der frilher alem. gramm. s.* xii *die exhortatio für alemannisch hielt, schliefst sich jetzt hierin wie bezüglich der gl. Hrab. unserer meinung an. beide uns erhaltene abschriften des vorliegenden denkmals sind ohne zweifel aus dem original geflossen d. h. in diesem falle aus demjenigen exemplare in welches zuerst der lateinische und deutsche text zusammen geschrieben waren. aus dieser annahme erklären sich alle A und B gemeinsamen fehler. einen derselben fand im lat. text schon der übersetzer vor:* dicit *für* dicat *z.* 9. *in z.* 17 (s. die anm.) las der übersetzer falsch, der abschreiber richtig. der ausgabe muste die orthographie einer hs. zu grunde **gelegt werden. nach** W Grimms und Wackernagels vorgänge wählte* *ich die altertümlichere, aber in übergangszeiten ist das altertümlichere nicht immer das ursprüngliche. für ursprünglich wird vielmehr in ziemlich gleich alten hss und in denkmälern von geringem umfange das consequent durchgeführte zu halten sein. also hier ô, ö, c, d, ja auh; nicht uo, ao, k, th, jauh: vgl. W Grimm s. 431—436. z. 9 stand wohl cahucti, z. 21 vielleicht redia.* der übersetzer *entledigte sich seiner aufgabe nicht ganz ungeschickt, indem er sich eng an die lateinische vorlage anschlofs, zugleich aber durch wiederholungen wie z.* 12 uueo *mag er christâni sin und z.* 11 dei uuort *der deutschen sprache die ungewohnheit hypotaktischen satzbaues und auf gröfsere entfernung festgehaltener beziehung bequemer machte. sehr unglücklich ist er freilich mit z.* 14—18 *gewesen, denn aufser dem bereits erwähnten lesefehler hat er die construction nicht herausgebracht und exceperit z.* 16 *durch* intfâhit *statt durch* intlêuc *gegeben.* lob *verdient dagegen, nicht W Grimms (s.* 430*) tadel, dass die verschiedene bedeutung von* filiolus *in z.* 15 *und in z.* 17 *erkannt ist; ferner die beifügung von* sin selpes *z.* 4 *und von* sinêm *z.* 6*. grofse freiheit gestattete er sich z.* 21*, wo er übersetzte,* als ob in die iudicii *an der stelle von* ante tribunal Christi *stünde.*

Anhang. *Ich muss hier, um meine obigen aufstellungen zu sichern, den reichsversamlungen unmittelbar nach der kaiserkrönung einige zeilen widmen, hauptsächlich um die 'synodus examinationis' a.* 801 *gegen die einwendungen von Waitz DVG* 3, 284—286 *(und gegen Stobbe wenn die übergehung der novemberversamlung* rechtsqu. s. 227 *auf einer untersuchung beruht) zu schützen. warum citiert Waitz die* ann. Iuvar. mai. *nach* SS. 1, 87*, also nach Eccards lückenhaftem text? und nicht nach dem original mit Pertzens dem sinne nach gewis richtigerer ergänzung* SS. 3, 122: 801. Carolus imperium suscepit romanum in Roma et a Leone papa secundo iuniore consecratus imperator synodum examinationis episcoporum et clericorum fecit in Aquis palatio mense Novembrio, et alium mense Aprilio Italicorum factum est. 802. Iterum tertium synodum fecit mense Martio. (*gleichzeitig, obwohl gerade hier sichtlich aus den gröfseren annalen schöpfend und daher im ausdruck irrend, melden die* ann. Iuvav. min 801. primum synodum examinationis fuit in Aquis.) *daneben kommt nur die bekannte stelle der* ann. Lauresham. *a.* 802 *über die aussendung der missi,* ut—iustitiam facerent *und die synodus universalis* mense Octombrio *in betracht: die nachrichten aller übrigen ann. (*Guelferb. 801; SAmandi 802; Flaviniac. 802) *empfangen durch diese beiden erst licht. da nun die* ann. Iuvav. *in einer gewissen beziehung zu* Arno *stehen (Wattenbach* geschichtsqu. 87f., *vgl. auch* Rettberg 1, 133 n. 1) *und diesem die mafsregeln von* 801. 802 *ganz besonders wichtig sein musten — waren sie doch zum teil auf seinen betrieb erfolgt (Lorentz Alcuins leben s.* 163*) —, da ferner das* cap. LL. 1, 87 *nach dem durchaus unverdächtigen zeugnis der Pariser hs. ins jahr* 801 *gehört, da überdies die reception der canones, ihre so wie der regula s. Bened. lesung und erklärung (wovon die* ann. Lauresh. *sprechen) nicht* examinatio *heifsen kann, also beide nachrichten von völlig verschiedenen dingen sprechen: so hatte ohne zweifel Pertz ganz recht, beide für wahr zu halten und die eine aus der andern ergänzend drei Achener versamlungen anzunehmen. doch hat grade er durch die angeblichen acten der octoberversamlung von* 802 *verwirrung angerichtet. die in jene beiden jahre gehörigen legislativen documente sind nemlich, wie ich glaube, überhaupt in folgender weise zu verteilen: zum nov.* 801 (synodus examinationis) *gehören* cap. LL. 1, 87 *mit der überschrift* Haec sunt capitula ... quae electi sacerdotes custodienda atque adimplenda censuerunt; *die 'excerpta canonum, capitula varia'* (s. oben s. 414); *wahrscheinlich 'cap.* V *incerti anni'* (*Baluze, 'cap. eccl. Aqu. a.* 809' *Pertz*): *vgl.* c. 1, 2. 3, 4, 5. 7, 6, 9 *mit cap. Aquisgr. a.* 801 c. 4. 21, **5, 14**, 19, *cap. Aquisgr. a.* 802 c. 23, *cap.* 801 c. 7. 12, 20; *endlich* **cap. generale** *p.* 106 *und cap. exam. gener. p.* 107. *man darf den character dieser synode als den einer vorberatung, ihre nächste folge als eine untersuchung über den bildungszustand der cleriker und laien bezeichnen. es war keine allgemeine reichsversamlung. von dem kaiser berufene bischöfe* (*und* **priester?**) *berieten die neuen kirchlichen gesetze, die majorität einigte sich über einen gesetzvorschlag (jenes zuerst angeführte capitulare), der mit einigen zusätzen und änderungen der redaction die genehmigung des kaisers erhielt (hs.* 4 *bei Pertz p.* 88 *f. nur in den zusätzen erscheinen die formeln* **volumus** *atque* **iubemus** *c.* 22, **praecipimus** *c.* 24. *c.* 26 *weist der kaiser weitergehende vorschläge zurück:* iuramento vero eos constringi nolumus); *es bleibt zu untersuchen ob ganz ohne rücksicht auf die bereits erwähnte dissentierende stimme (vgl. c.* 10 *p.* 108 *mit der einleitung des cap. exam. p.* 107. *wenn c.* 4 *gegen c.* 16 *des cap.* 801 *p.* 88 *und die gleichlautende canonische bestimmung gerichtet ist, so ist vielleicht zu beachten dass dieselbe in die cap. exc.* 802 *p.* 99 *f. nicht aufgenommen worden). hierauf entliefs der kaiser die versammelten mit einer praecisierung derjenigen punkte auf welche sie bei ihrer 'examinatio' besonders zu achten hatten (cap.* V *inc. a.). diese fand nun* in laufe des winters *statt, und sind zwei darauf bezügliche aufzeichnungen 'cap. gen.' und 'cap. exam.' in einer Augsburger und in einer Regensburger hs. erhalten. jene beginnt* Omnes ecclesiasticos ... examinare et, in eadem examinatione nos quamvis imperiti simus, per provinciam **istam non** (et non *hs.*) solum accelesiasticorum dogma sed etiam laicorum investigare iussi sumus (iussa sunt *hs.*) iuramenta (nutrimenta *hs.* soll wohl heifsen iura *s.* excurs zu LXV) vel benevolentiam (-tia *hs.*) sanctae exercendae iustitiae. *die ausdrückliche hervorhebung der competenz auch für die laien bestätigt was schon aus dem character der vorhergehenden versamlung zu schliefsen ist, dass die examinatio blofs durch geistliche vorgenommen wurde. — die capit. de doctrina clericorum p.* 107 *lassen sich vorläufig überhaupt nicht datieren. — zum merz* 802 *gehört ohne zweifel alles was Pertz LL.* 1, 90—103 *mit diesem datum bezeichnet hat; zum october* 802 *nach Waitz* 3, 285 *die zusätze zu den volksrechten.* A Boretius *capitularien im Langobardenreich s.* 71—83 *erörtert die hier behandelten fragen mehr im sinne von Waitz.* Th Sickel *acta Karolinorum* 2, 284 *f. verhält sich leider nur referierend. wenn Sickel die frage aufwirft ob nicht meiner auffassung zufolge der gröfsere teil der besprochenen actenstücke aus einer capitulariensamlung überhaupt auszuscheiden wäre, so möchte ich diese frage mit nein beantworten. sie gehören dorthin wo sie am wenigsten übersehen werden können, und wo wäre das anders als im zusammenhange mit der gesetzgebung Karls des grofsen? zur sache selbst kann ich jetzt aus eigner ansicht der in Würzburg befindlichen originalhs. der ann. Iuv. mai. hinzufügen dass Pertzens verteilung der oben ausgezogenen stellen auf die jahre* 801 *und* 802 *durch das manuscript gegeben und unbedingt sicher ist, dass also jedesfalls unter* 801 *vom* november *auf den* april *zurückgegriffen wird. Pertzens lesung und ergänzung aber kann ich nicht durchweg bestätigen. ich glaube* aprilio itāp . . . . f . . . (*vielleicht* frat) *zu erkennen, etwa:* et alium mense aprilio italie (italorum? italicum?) papie fecerat? *es wäre wohl der mühe wert zu versuchen, ob nicht durch anwendung von* *reagens die sache sich entschiede: übrigens ist mir angesichts der hs. nicht eingefallen dass p der anfang von papic sein könnte, vielleicht hätte ich sonst noch einen schimmer von buchstaben entdeckt der die conjectur bestätigte.*

LV.

A *cod. lat.* 6330, **Fris.** 130 (*ol.* **C. M.** 3), *cim.* 22 *der k. bibliothek in München.* 71 *bll.* 8° *maj.* 'VIII—IX *jahrh.*' (*Schmeller*). *dem paternoster* (*bl.* 70ᵇ. 71ᵃ) *gehen bl.* 1ᵃ—66ᵃ *voraus* '*doctrinae diversorum patrum quarum numerantur* 26' (**Schmeller**) *und bl.* 66ᵃ—70ᵃ *ohne titel die lat. musterpredigt zs.* 12, 436, *wahrscheinlich vom j.* 789. *es folgt bl.* 71ᵃᵇ *ein lateinisches glaubensbekenntnis, alles bisherige, wie es scheint, von éiner hand, darnach auf bl.* 71ᵇ *von anderer eine ganz kurze beicht- und eine absolutionsformel.* BJ *Docen miscellaneen* 2 (1807), 288—290. *. EGGraff Diutiska* 3 (1829), 210. 211. *WWackernagel leseb.* 1835 *sp.* 7. 8. **1859 *sp.* 53 *bis* 56**. *Mafsmann* (1839) *nr.* 58. *KRoth denkm.* (1840) *s.* 6. 8. B *cod. lat.* 14510, *Rot. SEmm.* 510 (*ol. Emm. F.* 13) *der k. bibliothek in München.* 186 *bll. hoch* 4° IX *jh. bl.* 78ᵃ—79ᵃ. *eine in die hs. geschriebene notiz Docens setzt sie zwischen* 824 *und* 827, *offenbar veranlasst durch bl.* 40 *und* 41, *wo für den papst Eugenius* (II. 824—827), *den kaiser Ludwig, seine söhne, insbesondere den könig Ludwig, und für den bischof Baturich gebetet wird. allein die hs. besteht aus drei ursprünglich getrennten teilen: bl.* 1ᵃ—29ᵇ, *bl.* 30ᵃ—75ᵇ, *bl.* 76ᵃ—186ᵇ. *jene daten beweisen also nur für den zweiten, nicht für das paternoster das im dritten steht. dieser schliefst mit der bemerkung* (*zuerst gedruckt bei Pez thes.* 1 *diss. isag. p.* 39) Hunc comparavi libellum ego Deotpert pecunia sancti Emmerammi. de presbitero Reginperti comitis (presbiteros ac ceteros canonicos quos comites suis in ministeriis habent *erwähnt das cap. Aquisgr. ä.* 802 *c.* 21 *p.* 94) nomine Uuichelmo. *wenn man die lage bl.* 80 *bis bl.* 87, *welche verbunden ist, an ihre richtige stelle nach bl.* 95 *versetzt* (*es folgen dann auf einander bl.* 76—79. 88—95. 80—87. 96—103 *usw.*), *so zeigt sich dass von bl.* 88ᵇ *an eine hand das werk Alcuins de fide et de s. trinitate schrieb, aber ohne den widmungsbrief an Karl den grofsen. dieser wurde von einem andern auf einer vorgebundenen lage von nur* 4 *bll.* (*bl.* 76—79) *nachgetragen, füllte aber nur die beiden ersten,* **so dass** *drei verschiedene schreiber oder doch einer zu verschiedenen zeiten die leergebliebenen und die ebenfalls leere vorderseite von bl.* 88 *benutzen konnte, um* 78ᵃ—79ᵃ *unsere auslegung des paternoster,* 79ᵃ—79ᵇ *das oben in* A *erwähnte glaubensbekenntnis, bl.* 79ᵇ—88ᵃ *ein anderes glaubensbekenntnis in fragen und antworten mit ausführlichen einschaltungen aus der lebensgeschichte Christi* (*also vielleicht das bei Froben opp. Alc.* 2, 2, 436. 437 *gedruckte*) *einzutragen.* BJ *Docen einige denkmäler* **der** *althochdeutschen literatur in genauem abdruck* (*München* 1825) *s.* 5. 6. *Mafsmann nr.* 59. *KRoth denkm. s.* 10. 12. 1. Fat¹ *A.* der ist in himilom *B.* 2. mihil guotlihi ist daz | daz *B*. fat⁵ *A.* 3. 4. karisit *bis* uuesaa *fehlt* B. 4. tâge] gote *A:* gatuoe *Graff*, getô *KRoth*. uuirdicâà gote *Wackernagel* 1835 *später bezeichnete er mit beibehaltung der überlieferung eine lücke vor* gote. *mit Graff sprachschatz* 4, 1277. 154 *an guoten götten zu denken, geht nicht an.* sunt *A, nicht* sane.

5. kreuuihit (**kauuisit** *A*) uuerde din **namo** *B:* kæ-kç- *B immer, ebenso* uuerde.

6. durft *B.*   dikkē *A*, pittem *B.*   der *fehlt B.*   6. 7. der eo *bis* ist *fehlt B.*
7. uzzen daz uuir des dickem daz *B.*   8*f.* enti — intfēngun] daz uuir de uui-
uessi kæhaltem **de uuir** dar fona imo in dero toufli intfīengun *B.*   9. daz uuir die
kæhaltaṇa in demo sōnategin furi inan pringan muozzin *B.*   zee *A.*   *die im text
beibehaltene überlieferung* **von** *A ist kaum richtig: entweder ist mit B daz uuir dē
zu setzen oder, was mir wahrscheinlicher ist,* daz uuir umzustellen: enti daz uuir dē
uuihnassi *usw. wohl durch den lateinischen grundtext veranlasst, welcher hier weder
die conjunction wiederholte noch das pronomen ausdrückte, hatte der übersetzer daz
uuir erst ausgelassen, dann am rande nachgetragen, von wo es ein abschreiber an
falscher stelle in den text nahm.*   **10—12. piqueme** rihi din. sin ribi eino (αὐτος)
unas eo: uzzan **uuir** sculun des pitten den almahtigun truuhtin daz er in uns ribiso
B.   12. nalles — nualte *fehlt B.*   12*f.* tiuules *B.*   14. Fiat uol. *A am rande
ohne verweisungszeichen.*   14—17. uuesse uuillo din, sama ist in himile, enti in
erdu, daz so uuscripulo (?) enti so uuerdliho, so de dine engila de (*zu tilgen*) den
diuan uuillun in himile æruullent, daz uuir inan (i *scheint nachträglich eingesetzt*)
des mezzes in erdu æruullen muozzin *B.*   est *A: die form steht dreimal* (3, 24, 38.
4, 15, 36. 5, **7,** 63) *in der Freisinger hs. des Olfrid. auch bei Leyser pred.* 18, 31.
16. uuillōn *A.*   18. Pilipi: *über die quantität des stammvocals s. gramm.* 3, 499.
das erste i liefs auch Wackernagel unbezeichnet. vgl. zu LXXV, 4.   unsaraz *B.*
18. 19. kip uns emizizaz *B.*   coganuanna *fehlt B.*   19—21. In desēm *ff.*] des
sculu uuir pitten den halmahtigun truhtin den sinan libamun enti daz sin pluot *B.*
des *heifst hier deutlich nicht 'deshalb' sondern 'dadurch, damit', wie unten zu* 31.
32.   19. li e miseun *A. so scheint der schreiber die ihm auffällige lautbezeichnung
hervorzuheben:* LIV, 7 *steht in A* chur t nassi. c *für* ch (*auch z.* 32 unsic) *ist im
altbaierischen, wie es scheint, nicht so häufig als im alemannischen* (*Weinhold* § 208),
aber doch nicht unerhört: gl. Mons. p. 342 comminuit, firprac ua. (*Weinhold bair.*
§ 173 *s.* 180). *zu der synkope vgl. gl. Emm. p.* 408 corpusculum, lihmo; *auch p.* 411
(*vgl. Diut.* 3, 233) physicae disputationis, lihimiskera listi *und* LXXVI, 15: *die for-
men beruhen auf verwechselung des compositums* -hāmo *mit der ableitung* -amo -mo,
gramm. 2, 147.   20. ĉuuigo — spiritaliter? *dann ist wohl nach* ĉuuigo *kolon zu
setzen und was folgt ist umschreibung der bitte.*   21. dar fona demo *B.*   infa-
bemes *B.*   21. 22. daz iz uus (u *übergeschrieben*) mera ze euuigēru heli piqueme,
denne ze uuizze *B.*   21. za *aus* ze gebessert *A.*   22. enti—23. kahalt *fehlt B.*
24. dimintimus *B.*   25. ulaz *B.*   unsero *B.*   flazzemes unserem *B.*   26. makannōt-
duruft — 29. sinō flāzze] allero manno liih seal sih pidenehen in desē uuortō, daz
allero manno uuelih sinemo pruoder enti sinemo gnoz (*vgl. zu* 29. 30; XLIII, 14, 11;
Graff 2, 1126; *Haupt zu Erec s.* 362: *wohl nicht flexionslos, sondern nach conso-
nantischer declination, zGDS.* 440) sino sculdi flazze, daz uns der halmahtigo truhtin
deo unsero flazze *B.*   26. makannot duruft *A: das compositum ist von Wackernagel*
1835 *erkanat.*   27. pidenehennæ *A.*   28. ‚pder *A.*   29. 30. souuer so sinemo
gnoz sino ulazzit, denne pittit er daz imo der truhtin deo sino ulazze, denne quidit
'flaz mir sama so ih andermo flazzu' *B. die hs. interpungiert daz.* imo; *dazu vgl. zb.
Olfrid* 2, 2, 8 joh gizálta in sar tház | thiu sálida untar in unas *und so öfter, noch
kaiserchr.* 8, 26 wol erchanden sî daz | daz dūtsee volch wider si ôf gestanden was;
510, 17 die haiden fraiseten dô daz | diu burch begrifen was; *Koch historische gram-
matik* 2, 433.   30. *hier ist etwa zu ergänzen* danna ni flāzzit imo sama der truhtin,
danna er *Wackernagel bezeichnet* 1839 *und* 1859 *die lücke mit unrecht nach dem*

danna *in* z. 29.   31. temtationem, set libera nos a malo *B*.   ni *fehlt A*.   ni verleiti *B*.   in | in *A*, in die *B*.   31. 32. chorunga, uzzan ærlosi unsih fona allem suntom.   des sculu uuir den truhtin pitten daz unsih ni ulazze den tiuual *B*. 32—34. so siner upiler uuillo ist, uzzau so uilu so uuir mit dineru ensti upærqhueman megin *B*.   33. ganadan *bestimmt so. das alleiu vergleichbare* uuerthunkam gl. *Ker. 172 kann auch masc. sein: Dietrich hist. decl. s. 5. wir besitzen mithin von diesem dat. plur. die ganze reihe überhaupt möglicher formen* -ân-ôn *und* -ûn (XIII, 34. *Sievers Tatian s.* 46). *ähnlich von den obliquen casus sing. der schwachen feminina* -ân? (-ane *der westfränkischen urkunden, d'Arbois de Jubainville étude sur la déclinaison p.* 27*f.* 41) -ôn (sunnon *gl. Ker.* 112, sororis meae Gunzon Droncke *cod. dipl. Fuld. nr.* 166 *a.* 801) *und das gewöhnliche* -ûn.   ubaruuehan] *vgl. Graff* 1, 701; *mhd. wb.* 3, 650ᵃ.   35. 36. *fehlen in B an dieser stelle, s. zu* 31. 32.   35 allê *A*. 35*f.* kalitanê *A*.   36. antuuartê *A*.

450 Rv*Raumer einwirkung des christentums s.* 57. 58 *ist der ansicht, es liege den beiden hss. des vorliegenden denkmals dasselbe lateinische original zu grunde, nicht dieselbe übersetzung. allein wenn A, bis zur dritten bitte und ebenso in der fünften text und auslegung trennend, in der letzteren von gott in der dritten person redet, dann in der dritten und siebenten bitte text und auslegung verwebt und wie dabei so bei der vierten und sechsten den text umschreibend gott in der zweiten person anredet; wenn andererseits B hier gleichmäfsigkeit zeigt mit ausnahme der dritten bitte und des besonders störenden dineru im letzten satze: so muss man doch wohl in B eine bearbeitung von A und zwar eine mislungene anerkennen; besonders da es deutlich ist, dass B in z.* 9 *und* 30 *die verderbnisse von A voraussetzt, also, da man in einer wenig schreibenden zeit die anzahl der abschriften nicht gröfser als durchaus nötig annehmen darf, gradezu* aus *A* selbst geflossen ist. *nur zu einem geringen teile beruhen die abweichungen von B auf jüngerer sprachgewohnheit, zu einem weit gröfseren auf dem bestreben entweder zu kürzen oder* construction **und wortstellung der deutschen weise mehr zu nähern oder**, *wie bereits erwähnt, die auslegungen mehr nach einer schablone einzurichten und gewisse lieblingsformeln* (uuir sculun des pitten den almahtigun truhtin *oder* des seulun uuir pitten *ff.*) *anzubringen. die kürzung ist ohne sonderlichen verstand, die änderungen sind ohne consequenz gemacht. der bearbeiter will offenbar* pitten *durchführen, aber z.* 7 *lässt er* dickem *stehen.   und was für traurige resultate sein streben nach kürzeren satzgliedern und leichter übersehbaren sätzen geliefert hat, liegt überall zu tage: vollends der eigene gedanke, den er z.* 30 *durch die lücke in A zu haben genötigt ist, fiel so kläglich aus, dass man kaum erkennt was er damit wollte. anders sind die abweichungen im texte des paternoster zu beurteilen: es muss dem bearbeiter eine andere deutsche fassung desselben geläufig gewesen sein, die er aber wieder nicht consequent an die stelle der ihm vorliegenden setzt (vgl. das unten über* pilipi *und* allêm santôn *bemerkte). diese fassung schloss sich eiger als A an das lateinische an und zeigt darin wie auch sonst übereinstimmung mit dem Weifsenburger vaterunser: so wenn sie* uuillo din, in himile enti in erdu (*vgl. zu* LVI, 2. 12), ni verleiti *und* erlôsi *sagt. von anderem, wie* der ist in himilom, kænuihit uuerde, pilipi unsaraz kip uns emizigaz, *in die* chorunga *findet sich einzelnes in der jüngeren baierischen formel* LXXIX, *B wieder.*

wie alt aber die ganze in B vorliegende bearbeitung sei, darüber würde uns bei der beschaffenheit der hs. auch wer den comes Reginpertus oder seinen priester Wikhelm in urkunden nachwiese nur geringe auskunft geben. dagegen ist sicher dass die originalübersetzung nicht vor dem c. 69 der admonitio 'cap. eccl.' vom 23 merz 789 (s. dasselbe unten zu LVI), und wahrscheinlich dass sie gleich darnach angefertigt worden. doch muss die hs. *A* mindestens 13 *jahre jünger sein. aus der anmerkung zu z.* 14 *wird bereits ersichtlich* dass der schreiber von *A* einen lediglich deutschen text vor sich hatte, in welchen er die lateinischen worte des paternoster an ihrer stelle einschalten sollte. und pilipi z. 18, eogauuanna z. 19, suuston z. 35 *sind in den text aufgenommene auslegungen die doch wohl bereits in dem lateinischen original standen. bei diesem handelte es sich also ganz im sinne jener verordnung um die mitteilung nicht so sehr des wortlautes als des gehaltes, kurz um eine predigt über das paternoster. wird nun diese predigt durch die lateinischen stellen unterbrochen,* so *verändert sich ihr charakter und, man darf annehmen, ihr zweck. das deutsche sinkt zu einem mittel der einschärfung des lateinischen herab: das ganze dient also nicht mehr zur ausführung der vorschrift von* 789, *sondern der von* 801/802. *dass die gebräuchliche methode für die einübung der kirchlichen formeln wirklich diejenige war auf welche die hs. A schliefsen lässt, lernt man aus dem ordo* 1 *ad faciendum scrutinium 'ex antiquo missali gallicano' bei Martène* 1, 88—90 *und* 1, 94 *bis* 96. *an beiden stellen folgt auf eine kurze der exhortatio vergleichbare einleitung erst die vollständige hersagung des symbolums, dann eine hervorhebung der notwendigkeit es auswendig zu wissen, endlich in jener eine kurze erklärung jedes glaubensartikels, in dieser die ankündigung* Iterato **vobis** repetimus, quo facilius eum tenere possitis *und die besondere erklärung fast eines jeden wortes. über den unserer auslegung zu grunde liegenden, sehr ungleichmäfsig redigierten (vgl. oben) lateinischen text will ich nur bemerken, dass sich ein fast alle gedanken desselben enthaltender aus einer combination* des *bei Martène* 1, 92*f.* (*auch bei Gerbert monum. vet. lit. alem.* 2, 4*f.*; **Bona** liturg. rer. 2, 45 *p.* 807; *ordo rom. bei Hittorp p.* 40) *gedruckten mit dem bei Froben Alc. opp.* 2, 2, 440 *gewinnen lässt. aus dem letzteren ist hervorzuheben zu z.* 2 Ibi enim invocatio dignitatis est, dum patrem nos habere profitemur deum (*also stand* wohl in dem original unseres denkmals Magna dignitas est *cet.*), *zu z.* 18*f.* Hoc loco panis pro omnibus cibis accipitur (*dazu kommt aus einer Weifsenburger expos. or. dom. bei Eccard cat. theot. p.* 18, *woraus die bei Froben verkürzt scheint*, et hodie pro omne tempus humanae vitae intelligitur; *vgl. Eccard (Froher) p.* 191 *aus Petrus Chrysologus:* quotidie id est iugitur), *zu z.* 35 (a malo) id est a diabolo, a peccato *cet. der ganze schluss z.* 35. 36 *ist dem anhange des paternoster in der messe* libera nos quaesumus domine ab omnibus malis: praeteritis praesentibus et futuris *nachgebildet. die erklärung der fünften bitte beruht auf Matth.* 18, 35.

es kann kein zufall sein dass die exhortatio sowohl wie die paternosterauslegung aus Freising stammen. hier wird der anfang zu einer litterarischen tätigkeit in Baiern überhaupt gemacht: durch Aribo (vgl. Büdinger österr. gesch. 1, 140). unter seinem amtsnachfolger sind diese übersetzungen entstanden. hier ist aber auch nach 100 jahren noch teilname an der deutschen litteratur bemerkbar: bischof Waldo lässt den Otfrid abschreiben. die untersuchung der glossen wird zu zeigen haben, ob das IX jh. hindurch eine continuität dieser bestrebungen sich verfolgen lässt. wie gering doch der umfang derselben anfangs gewesen, geht daraus hervor dass es im beginn des IX jh. zu Freising offenbar keine verdeutschung des symbolums gab. man darf *es aus dem umstande schliefsen dass in die hs. A, deren ganzer inhalt für die predigt bestimmt scheint, eine solche nicht eingetragen worden, sondern statt derselben eine lateinische glaubensformel.*

LVI.

Cod. Wissenb. 91 *der herzogl. bibliothek zu Wolfenbüttel,* 175 *bl.* 8° IX *jh.,* (*bl.* 1ᵃ *von einer hand des* XIV *jh.* Codex monasterii s. petri et pauli in Wissenburg) *besteht aus* 5 *oder* 6 *ursprünglich selbständigen teilen, wovon der fünfte bl.* 127—160 (*oder* 175) *enthält: bl.* 127ᵃ (*urspr. unbeschrieben*) *abgerissene stellen aus dem NT. bl.* 127ᵇ Carmen de conversione Pauli apostoli ad Damasum (*überschrift von neuerer hand*). *bl.* 127ᵇ. 128ᵃ Incipiunt canones concordationum de omnibus epistolis apostoli **Pauli:** *bis* 130ᵃ. *bl.* 130ᵃ—148ᵇ Argumenta omnium epistolarum s. Pauli (*v. n. h.*). *bl.* 148ᵇ—149ᵇ *vier kleinere stücke, das letzte die examination eines priesters, beg.* Pro quid es presbiter benedictus? *bl.* 149ᵇ—150ᵇ *z.* 1—42 *des catechismus. bl.* 150ᵇ *bis* 151ᵇ *eine lateinische auslegung des paternoster. bl.* 151ᵇ Symbolum apostolorum. Credo in unum deum sanctam trinitatem id est in patrem omnipotentem factorem caelestium omnium et terrestrium, visibilium et invisibilium. et in filium *usw. also keineswegs das apostolische glaubensbekenntnis: bis bl.* 152ᵇ. *bl.* 152ᵇ—154ᵇ *z.* 43 *bis* 110 *unseres catechismus. bl.* 155ᵃ—159ᵃ *inhaltsangaben oder anfänge der homilien Gregors d. gr. bl.* 159ᵃ—160ᵇ Incerti poetastri fragmentum de Christo et s. Petro (*so von neuerer hand bezeichnet*) *in systemen von* 8 (*nur das vierte von* 9) *hexametern.* (*bl.* 161ᵃ—175 'Incertus de computo lunari' *nach neuerer bezeichnung*). *die übrigen teile der hs. sind verwantes inhalts. über den vierten zs.* 12, 443. *JG Eccard incerti monachi Weifsenburgensis catechesis theotisca* (1713) *mit einer vortrefflichen einleitung.* IHoffmann *althochdeutsches aus Wolfenbüttler handschriften* (1827) *s.* IX—XXI. *HFMafsmann abschw.* (1839) *nr.* 45. 55. 20. 3. 17. 66. *recensiert von Holtzmann Heidelb. jahrb.* 33 (1840), 713—717. *CPCSchoenemann hundert merkwürdigkeiten der herzoglichen bibliothek zu Wolfenbüttel* (1849), *s.* 25: paternoster und anfang des symb. ap. *KGödeke deutsche dichtung im MA.* (1854) *s.* 12—14 *nach einer vergleichung von OSchoenemann. hier nach einer vergleichung Bethmanns die ich später aus eigener ansicht der hs. berichtigen konnte.* 1. quaeme: 9 Quaeme, 48 quęmendi, 71 quędhanne, 103 Uuelaquędhemes. 2. 12. endi: *vgl. anm. zu* LV, 14—17 *und exc. zu* LV. *noch in einem patern. des* XV *jh. bei Mafsmann nr.* 53ᵇ *heifst es* Dein will gescheh als in dem himel und in der erden. *ebenso auch:* Und vergib uns unser schuld als und wir vergeben unseren schuldigern. *unten z.* 60. 65. *Isid.* 6ᵇ, 18 see endi mih 'ecce et me.' *Wiener Notker* 110, 7 nieht ein — sunter unte. endi *ist hier die gewöhnliche form. nur z.* 43 enti, *z.* 20. 25. Indi. *letzteres ist dem jüngeren dialect des schreibers zuzurechnen, der in seiner vorlage an der stelle von* I *eine für den rubricator gelassene lücke fand.* 4. 25. costunga] *hier und im Tatian für* temptatio, *sonst* choruuga, *ags.* costung, costuung. 4. 29. auh 'sondern' *wie gl. Ker.* 109 *und Tat. Graff* 1, 121; *z.* 7 'aber' *wie auch bei Isidor, Sievers Tatian s.* 429ᵇ. *schon z.* 10 *jedoch wird es in der bedeutung* 'aber' *durch* thoh, *z.* 26 *ebenso durch* ûzzar *ersetzt. und dieses ist mit alleiniger ausnahme des nach-*

getragenen ûzzan z. 73 *in beiden bedeutungen* (*und in der von* 'nisi' z. 53, *das* z. 32. 100 *durch* nibu nibi *gegeben wird*) *im symb. Quicumque verwendet* ('aber' z. 57; 'sondern' z. 62. 63. 65. 67. 68. 75), *bis* z. 77 suntar *dafür eintritt:* 'sondern' z. 77. 90. 91. 92; 'aber' z. 82. ûzzar *gebraucht als conjunction nur noch das Sangaller paternoster* z. 4 *und Tatian* 4, 11 (*Luc.* 1, 60). *dass es in den hymnen vorkomme* (*Graff* 1, 536), *die stets* **und zwar** 12 *mal* sed *durch* ûzzan *geben, ist falsch.* suntar *sonst zuerst bei Otfrid: vgl. Graff* 6, 49.   6 — 11. *die erklärungen erinnern an die von* LV, *nur dass teils kürzungen vorgenommen, teils verdeutlichende zusätze beigefügt sind. einzelne verschiedenheiten mögen jedoch schon in den lateinischen vorlagen vorhanden gewesen sein. vgl. zb.* LV, 29. 30 *mit unseren* z. 23. 24 *und der unten zu* z. 18 *angeführten lat. stelle.*   7. bl. 150ᵃ auh   12—15. *ein sehr schlecht ausgedrückter satz der doch wohl nur dasselbe besagen soll was* LV, 14—17. *lag dem verfasser wirklich nur diese stelle lateinisch vor, so wollte er die in derselben stattfindende verwebung von text und erklärung aufheben und setzte deshalb der letzteren eine einleitung vor die ihr* simbles aus *z.* 7. 9 *entnimmt. um dann nicht in dem von* bitten *abhängigen satze nur die bitte des patern. zu wiederholen,* **wird der gedanke des folgesatzes** (LV, 15 daz nû *ff*.) *schon hier hereingenommen und im ausdruck* (in mannom — in engilom) *unpassend der z.* 8 (in uns mannom) *und* 10 (in uns) *analog gemacht. dem dennoch beibehaltenen folgesatze wird nun der unklar vorschwebende gedanke einer bitte um das vermögen, gottes willen zu erfüllen, beigemischt: und dadurch die verkehrtheit des gedankens voll gemacht.*   12. sculun *so allerdings die hs., doch ist an dem zweiten hauptstriche des* n *oben noch der verbindungsstrich gezogen an welchen sich der dritte anschliefsen sollte. die schwächung des auslautenden* m *beginnt schon in den gl. Ker. zb.* 104 efficacibus, kahen; 198 moneo, manon.   16. em&zigaz   sintun *soll nebst anderem von gleicher beweiskraft nach Germ.* 1, 470 *ff.* hier *und im Isidor einen Angelsachsen, sogar den h. Pirminius, von dem man nicht weifs dass er ein Angelsachse gewesen, verraten. den unbequemen Heland beseitigt die gelegentliche bemerkung s.* 474, *er sei nicht ursprünglich sächsisch gedichtet, sondern nur aus dem ags. umgeschrieben. ist etwa auch die Frekenhorster rolle die zweimal* sindon *zeigt aus dem ags. umgeschrieben? und die gl. Tegerns. in vitam s. Martini woraus Graff* 1, 482 sintun *hat? und Hartman vom glauben bei welchem z.* 765 *f. wahrscheinlich* kinden: sinden (siat *hs.*) *zu lesen? auch die Monseer fragmente haben diese 'angelsächsische' form wohl nur auf die autorität des h. Pirminius hin für deutsch genommen.*   16—19. *vergleichung mit* LV, 18—23 *lehrt dass die zweite erklärung der vierten bitte weggelassen, dafür* allo unsro licmiscûn durufti *verbreitert und ein zusatz beigefügt ist, der sich auf das* hiutu *der bitte bezieht: vgl. die von Eccard s.* 17 *angeführte stelle* cum dicit 'hodie' ostendit cum quotidie sumendum. *völlig abweichend von* LV *sind die erklärungen der nächsten bitten gefasst. doch ist wenigstens bei der fünften und siebenten wahrscheinlich dass der verfasser nicht aus einer wesentlich verschiedenen quelle geschöpft, sondern auf eigene hand geändert* **habe:** *bei z.* 21—25 *daraus dass* **der** *zweite begründende satz genau dasselbe sagt was* **der** *erste, bei z.* 29—33 *aus der unlogischen anreihung des zweiten satzes an den ersten durch eine causalpartikel und dem nachschleppenden unverbundenen* endi thâr *ff. z.* 33.   17. gameinito] *das einzige* ga- *in diesem denkmal.*   18. thiz gibet singan] *darin hat man* heidentum *gewittert. die zu* XLIII *öfters angeführte* expos. or. dom. *in der vorliegenden hs. bl.* 122ᵇ *beginnt* Audite sermonem de oratione dominica. Quam si quis digne cautaverit *usw. bl.* 123ᵃ quia qui non demíttit proximo suo sine merito cantat in oratione dominica ut demittatur ei a deo. *Annalarius de caerem. bapt. bei Froben Alc opp.* 2, 523ᵃ cantare orationem dominicam et symbolum. *und dass dabei nicht einmal an recitativischen vortrag gedacht wird, ergibt ein ordo baptismatis* X *jh. bei Gerbert monum.* 2, 7ᵃ sacerdos . . . silenter cantet symbolum — et orationem dominicam. 20. farláz uns | *darnach am rande ein sonderbares* z *ähnliches zeichen.* 22. guodes] o *aus* e*: vgl. zb. Otfr.* 4, 20, 13 fúer; 15 rúegen; 23, 14 kúelen; 35, 32 dúeche; 37, 2 húeten. 25. gileitij ti *aus di wie es scheint.* 29. thesemo] o *scheint aus* u *gemacht.* 30. thero-megi] *über diese construction s. Schmellers Hel.* 2, 170; *J Grimm zu Andr.* 28 *s.* 94. 31. *bl.* 150ᵇ gilouban 32. sebo: l *übergeschrieben.* 34 *f. vgl. Ps. Bonif. sermo* VI § 1 (*p.* 76 *Giles*) Haec (capitalia peccata) sunt quae mergunt homines in interitum et perditionem; *pred. in unserer Weifsenb. hs. bl.* 105ᵇ Ante omnia autem fugite criminalia peccata quae mergunt hominem in supplicium aeternum; *Pirmin. libellus bei Mabillon vet. anal. p.* 67ᵃ principalia vitia quae demergunt homines in interitum et perditionem. 34. quos *hs.*, *aber* os *ist durchstrichen.* 36—42. *im Galaterbrief* (*s. den excurs*) *steht* opera carnis. *es haben hier ferner* fornicatio *und* immunditia *ihre stellen gewechselt;* impudicitia *blieb weg wie im capitulare. an die stelle von* comessationes *sind* adulteria. Turta, *für die plurale* inimicitiae. invidiae. ebrietates *singulare eingetreten, mehrere beibehaltene plurale aber durch sing. übersetzt; umgekehrt* luxuria *durch* firinlusti. obstinatus *und* anxius *fehlen gleichfalls im Galaterbrief und im capitulare. man erwartet* obstinatio *und* anxietas. *der verfasser übersetzt auch* veneficia *und* homicidia *z.* 38. 41 *mit* eittarghebon *und* manslagon *welche nicht mit Graff* 4, 122. 6, 774 *für schwache feminina zu nehmen sind, als ob* venefici *und* homicidae *dastünde.* 40. obdistinatus 42. trunclai: *vgl.* anchlao *gl. Cass.* Eᵃ, 18; ahsloa *gl. Ker.* 120; lachnai *Basl. rec.* 2, 25 *anm.* mer huara: *daneben z.* 37 huar. *das femininum weist Graff* 4, 1011 *aus gl. Ker.* (121. 170) *Par. nach. das wort steht neben* ubarhuor *wie* mêrschaz (*Ziemann aus Westenrieder*) *neben* überschatz *Schmeller* 3, 420. mêrteil *mhd. wb.* 2, 145ᵃ *belegt Weinhold alem. s.* 255. 44. heilenton: 84. 105. 109. *immer vor* Christ *und* schwach: *vgl. Schmellers gloss. sax. p.* 53ᵇ, *zu z.* 83 *vgl. die anm.* 45. heilegemo] *das dritte* e *aus* o. gihunizzinot *hs:* gihuuizzinôt? 46. pontisgen] Matth. 27, 2 Pontio Pilato praesidi *geben die Monseer fragm.* 21, 26 M *und Tat.* 192, 3 *durch* demo pontischin herizohin (gráven *Tat.*) Pilâte. *ebenso Tat.* 13, 1 *und das ags. symbolum bei Mafsm. nr.* 14. *vgl. Amalar. de caerem. bapt. l. c. p.* 522 id est sub praeside Pilato qui de Ponti insula fuit; *Notkers catechismus z.* 40. 47. Úf steig: 50 Abláz gisaaz: *ein durchstrichener* punct *über dem* i *ist gewis kein accent. das praeteritum anstatt des praesens ist vielleicht durch ein* sedit *im lateinischen veranlasst. doch ist auch ein übersetzungsfehler möglich: vgl. zu z.* 36—42; *ferner z.* 70 compellimur, ginôtamês; 72 a nullo, fona niuuuihtu; 82 quoque, gihuuelih. 49. quecchê] *vor der folgenden zeile, der letzten dieses blattes, auf dem seitenrande ein zeichen das die gestalt eines nach unten offenen halbkreises hat. wahrscheinlich also war hier ein glossenzeichen,* wovon *gleich die rede sein wird, begonnen.* uuihan. uuiha: 109 uuihen. **sonst** heilag. âtum: 109 âdume. *sonst* geist. ladhunga] *offenbar hiezu in der mitte des unteren randes* samanunga. *davor ein öfters wiederkehrendes zeichen, das ich glossenzeichen nenne: ein nach unten offener halbkreis durch dessen halbierungspunct von links unten nach rechts oben ein feiner*

*strich gezogen. wird es in einem zuge gemacht, so hängt das untere ende des
striches mit dem rechten ende des halbkreises zusammen. auch in der Frankfurter
hs. der canones stehen die deutschen glossen sämtlich am rande, mit häkchen auf
den text bezogen (Mafsmanns denkm. s. 83). zu vorliegender glosse vgl. gl. Par.
s. 215 Ecclesia, chirihha. evocatio, ladunga. vel collectio, edo samanunga.
49f. bl. 153ª allicha 50. liib ist hier masculinum, z. 99 neutrum. 51. dar-
nach auf einer besonderen zeile Quicumque uult saluus esse. et reliqui
52. uuilit: z. 80 uuili. ersteres bei Otfrid und im capitular ausschliefslich: s. Kelle
zs. 12, 137; LXVI, 2. 5. 7. 20. 53. Thia] im symb. Quicumque (bis z. 101) be-
ginnt mit jedem grofsen anfangsbuchstaben eine neue zeile in der hs.* âno ibu]
Graff 1, 76. 1150. gramm. 3, 157 vgl. 150. 284 f. 2, 50. 988. das fem. iba wohl
erst gefolgert aus dem scheinbaren dativ mit ibu. an vorliegender stelle ist ibu noch
die conjunction. anders Kilildebrand über die conditionalsätze (Leipzig 1871) s. 6 ff.
54. Gilauba allichu: zwischen den beiden worten übergeschrieben nū oder aū.
ich nehme letzteres an und halte es für eine abkürzung von auur, das auch z. 90
autem wiedergibt. 56. thea | enuat: neben thea am rande*eouuist mit dem
glossenzeichen davor. aber durch einen hier öfter vorkommenden quer darüber hin
gezogenen strich wird es auf die untere zeile hin verwiesen, gehört also offenbar
zu enuat. vgl. gl. Francof. ad can. Mafsmann denkm. s. 84 substantia vel
essentia, eouuisti. auch Graff 1, 1059. 58. gotchundi: ebenso z. 91, aber got-
cunduissi z. 88. 59. su'n 64. neben ungimezzenêr das allein auf einer zeile
steht am rande das glossenzeichen. 66. bl. 153ᵇ almahtigo heilago von hier
an stets, auch z. 76 heilage. bis hierher assimilation des ableitungsvocals an den
flexionsvocal: heilogo heilegemo heilegen heilegero. 66. heilago] a aus o wie es
scheint. 70. ginotames] über e das glossenzeichen. 71. erdho] ebenso zweimal
z. 77. aber edho in den glossemen z. 72. 81. 85. 72 f. farbiutit. edho binuerit.
daneben am rande zwei glossenzeichen. vgl. gl. Ker. s. 19 vetit, uuarit. prohibit,
furibiutit . . . arcentibus, pipeotantem. prohibentibus, piuuariantem. 73. der
satz sun bis giboran ist nachträglich zwischen zwei zeilen kleiner hineingeschrieben.
daraus wird das hier ganz vereinzelte (vgl. zu z. 4. 29) ûzzan begreiflich. 78. heiti]
ebenso z. 93. aber z. 55. 56. 69 gomoheit gomaheit. kaum darf man aus
-êuuîge und -gilîche auf ursprünglich masculines hêit wie LXXVI, 26, bei Is. und
im alts. ags. schliefsen: vgl. Dietrich hist. decl. p. 30; Sievers Tatian s. 42.
81. vor edho farstande, das allein auf einer zeile steht, das glossenzeichen. 82 f. in
fleisenisse. gihuuelih truhtin unseran heilantan christes hs. infleisenissa 'incorpo-
rationem' Isid. 12ᵇ, 1; vgl. ags. onflæscnes. dass nicht in fleisenisse (vgl. ags.
flæscnes) — Christ zu schreiben, ergibt sich aus anm. zu z. 44. 83. bl. 154ª Ist
84. thaz uuir (durchstrichen) gilaubames 85. vor edho und auf dem rande
je ein glossenzeichen. 86. uueroldem: 98 gitâtem. vgl. Isid. 7*, 21 heidem.
91 f. neben der zeile in fleisg — gode der hs. ein glossenzeichen am rande. 92. in
god? 93. Thoh 'nam': vgl. oh 'itaque' Is. 12ª, 5. 96 f. neben der zeile
Thanan — tote der hs. ein glossenzeichen am rande. 98. gitatem 99. redina.
(154ᵇ) Endi gõat uhil dâtin] d scheint aus t corrigiert. 101. vor gilaubit
ni durchstrichen. am schluss explicit fides catholica. 102. Guatlichi] ebenso
104. 109. oben z. 58 diuridha. 103. Lobomes] damit beginnt eine neue zeile.
ebenso mit Betomes z. 103, Thancomes z. 104, Got z. 105, Suno z. 106, Thu z. 108.
103. vor Betomes war erst das glossenzeichen an den rand gemacht, dann ist

über dieses zeichen hin pittemes *geschrieben. vgl. gl.* Ker. (*Par.*) *s.* 212 Oro, petom. peto, pittiu. 104. *vor* Thancomes *das glossenzeichen am* rande. 106. *vor der zeile* Suno — uueruldi *der hs.*, *offenbar zu* ther *gehörig,* thu *mit rotem glossenzeichen davor am rande. die lateinischen texte die ich gebe* sind der *textus receptus des symbolum apostol.* (*Hahn bibliothek der symbole s.* 10), *eine* nach *dem deutschen vorgenommene modification des symb.* Quicunque *bei Hahn s.* 122 bis 125 *und das gloria aus dem missale romanum.*

Admonitio 'cap. eccl.' *a.* 789 c. 32 In concilio Cartaginense. Primo omnium ut fides sanctae trinitatis et incarnationis Christi, passionis et resurrectionis et ascensionis in celos diligenter omnibus praedicetur. c. 60 Primo omnium, ut fides catholica ab episcopis, presbyteris diligenter legatur et omni populo praedicetur cet. c. 69 Ut episcopi — discutiant — praesbiteros, eorum fidem baptisma et missarum celebrationes, ut et fidem rectam teneant ... et dominicam orationem ipsi intellegant et omnibus praedicent intellegendam, ut quisque sciat quid petat a deo et ut 'gloria patri' cum omni honore apud omnes canteur cet. c. 81 (*von* Primo omnium *an auch bei* PWigand *das feimgericht Westphalens s.* 219. 220 *als* 'königliche instruction für den gesandten in Sachsen' *gedruckt, was* Waitz DVG. 3, 377 *n.* 5 '*ein eigentümliches actenstück' nennt*) Item cum omni diligentia cunctis praedicandum est pro quibus criminibus deputentur cum diabulo in aeternum supplicium. Legimus enim apostolo dicente (Gal. 5, 19—21) 'Manifesta autem sunt opera carnis quae sunt: fornicatio, inmunditia, [impudicitia *Gal.* 5, 19] luxoria, idolorum servitus, veneficia, inimicitiae, contentiones, aemulationes, animositates, irae, rixae, dissensiones, haereses, sectae, invidiae, homicidia, ebrietates, comessationes et his similia: quae praedico vobis, sicut praedixi, quoniam qui talia agunt regnum dei non possidebunt.' Ideo haec eadem quae magnus praedicator aeclesiae dei singillatim nominavit cum omni studio prohibete intellegentes quam sit terribile illud quod dixit 'Qui talia agunt, regnum dei non consequentur.' *die vorhergehende stelle desselben capitels, in welcher die hauptpuncte des glaubens aufgezählt sind, über die gepredigt werden soll, ziehe ich nicht aus. welche glaubensformeln eigentlich gemeint seien, wird auch daraus nicht klar, und ergibt sich erst aus der wiederholung der forderung in Frankfurt a.* 794 *c.* 33 *p.* 74 Ut fides catholica sanctae trinitatis et oratio dominica atque symbolum fidei omnibus praedicetur et tradatur (*die bedeutung von* trado *zeigt zb.* expositio vel traditio symboli *ordo scrut. bei Martène* 1, 88), *wo die beziehung auf das sog. symb. Athanasianum dus auch in unserer hs.* fides catholica *genannt wird* (*zu* 101) *und auf das sog. symb. apostolorum klar ist. Diese beiden glaubensformeln, das paternoster und die hauptsünden nach der angabe des Galaterbriefs sollten also gegenstände der predigt werden: in der volkssprache natürlich. so erwuchs die notwendigkeit, ihrer in sicherer übertragung herr zu werden: dem verdanken die vier ersten teile unseres 'catechismus' ihre entstehung. über jeden zweifel erhebt diesen zusammenhang die dem capitulare und dem catechismus gemeinschaftliche auslassung von* impudicitia *im sündenverzeichnis. für den glauben war durch übertragung der formeln selbst alles nötige gegeben: aber das paternoster forderte erklärung des verborgenen sinnes jeder einzelnen bitte. der catechismus leistet dieses und noch mehr. wie auch die verordnung c.* 69 *über das gloria*

Patri gemeint sein mag, von dem veranlasser oder dem verfasser vorliegender übersetzungen muss dieses mit unter die gegenstände der predigt gerechnet *und — vielleicht kam dabei eine abschrift der* admonitio mit auslassung *von* patri *zu hilfe — mit dem* gloria in excelsis *verwechselt sein: daher der fünfte bestandteil des catechismus. bald nach dem 23 merz 789 (zu welchem gewis die* admonitio *ebensowohl gehört wie das* legationis edictum, Sickel acta Karolinorum 2, 267 *unten) ist die ganze arbeit unternommen. ich finde nichts was dieselbe von Weifsenburg woher die hs. stammt wegwiese. die wichtigsten schwankungen der mundart, die zwischen an- und inlautendem* d *und* t *(got.* d*) und die zwischen* ua *und* uo*, erörtert in diesem sinne die vorrede. über das an* Isid. *erinnernde* dh *(nur einmal anlautend z. 103* dhir, *niemals auslautend) und* gh *(z. 38. 45?) s. Weinhold alem. gramm. §§ 179. 181. 211. inlautendem* th *(z. 2. 12. 14* erthu, *z. 21* quithbit, *z. 36. 91 -*itha, *z. 95* nithar*) vergleichen sich nächst einzelnem otfridischen wie* dothe heithin *besonders die gl. Ker. s. Weinhold § 173 (wo Sg. 911 das 'SGaller credo', also dieselbe hs. bezeichnet). und diese, verglichen mit der benedictinerregel und den denkmälern des benachbarten Reichenau, müssen ihrem ursprunge nach von SGallen weg nach einer gegend wo berührung zwischen alemannischem und fränkischem möglich war, also nach dem Elsass gesetzt werden.* oa *das z. 99 (s. anm.) geschrieben war, aber in* ua *verbessert wurde, ist zwar in den trad. Wizenb. nur aus nr. 252 a. 699* Chroacus *nachweisbar, aber aus anderen elsässischen urkunden von Jacobi beiträge zur deutschen grammatik s. 113 bis a. 792 belegt und in den gl. Ker. sehr häufig: Weinhold § 68.* her *neben er erscheint nach Graff 1, 40 auch bei Otfrid 2, 7, 34 (öfter nur in der Freisinger hs. Kelle 2, 321). die substantiva auf -*nissi *schwanken wie im Tatian zwischen neutrum und femininum, aber nur jenes, das bei Otfrid durchsteht, ist durch den artikel gesichert: dass aber auch dieses der mundart nicht fremd, beweist die Speierer hs. (B) des fränkischen taufgelöbnisses. tiefer gehen die schwankungen im wortgebrauch: davon geben die anmerkungen zu z. 4. 49. 58. 78. 102 beispiele. anderes wie das schwanken zwischen dem masculinum und dem neutrum* lib *(gramm. 3, 397) könnte man bei einem der auf der grenze zwischen alemannisch und fränkisch schreibt, begreiflich finden, vgl. auch zu 42; aber über das begreifliche unter der voraussetzung eines verfassers scheint die völlig abweichende übersetzung der gemeinsamen partien des apostolischen und des athanasianischen symbolums (z. 45—49 und z. 94—97) hinauszugehen (*giuuizzinôt: gimartorôt, helliju: helliuuizze, gisaz: sizzit, quemendi: cumftiger, ardeilenne: suanaune, quecchêm: lebente*), und zwar steht das symbolum Athanasianum mit allen diesen abweichungen aufser der letztgenannten in übereinstimmung mit dem Sangaller credo. aber andere schwankungen innerhalb des Athanasianum werden durch die annahme eines besonderen verfassers für jedes symbolum nicht gehoben: und doch hat der jüngere schreiber hier kaum etwas geändert, da ihm nach anm. zu z. 73* ûzzan *geläufig war und er dennoch* ûzzar *beibehielt. muss man hier also jedes falls der laune und willkür des vielleicht unterbrochen und unaufmerksam arbeitenden übersetzers, der ja zb. in einem atem das passivum z. 70 verfehlt und z. 71 ganz richtig ausdrückt, einiges zutrauen; so schwindet damit jede möglichkeit, mehrere verfasser unseres catechismus zu erweisen. und es kommt gar nicht weiter in betracht, dass in der hs. sich vielleicht verschiedne hände unterscheiden lassen und dass gewisse abweichungen der äufseren einrichtung stattfinden, zb. nur im symb. Athan. das interpunctionszeichen·. die glossen,* *deren noch mehr beabsichtigt waren, sind wenn auf* **edho** *für* **erdho** (*s. zu* 71) *etwas zu geben ist von einem anderen beigefügt und dazu an einigen stellen vielleicht die gl. Ker. benutzt.*

LVII.

Hs. 911 *der stiftsbibliothek zu SGallen.* 322 *seiten* 8° *aus dem ende des* VIII *jh. s.* 319—322. *enthält s.* 4—289 *das grofse glossar zur bibel* (*gl. Ker.*), *s.* 292 Incipit doctrinae fides *cet. bis s.* 319. *Marquard Freher* orationis dominicae et symboli apostolici alamannica *versio vetustissima* (*o. o.*) 1609. 8 *bll. klein* 4⁰. *IvArx geschichten des cantons SGallen* 1 (1810), 203. 204. *berichtigungen zu den geschichten d. c. SG.* (1830) *s.* 35. 36. *Hattemer denkmahle des mittelalters* 1 (1844), 324. 325. 1. 5. fat' 1. 2. unseer, 3. unseero: ee *entweder schon von dem schreiber dieser hs. oder erst in neuerer zeit verlesen aus* cc *das ist* a. *vgl. voc.* [*SGalli* 194 geeil, *gl. Ker.* 269 deege, *für* gail dage. 2. emezhic: zh *kennt Weinhold alem. gramm.* §§ 184. 187 *sonst nur aus dem* XIV. XV *jh., obwohl bereits* Graff 5, 567 *auch gl. Iun.* B kikozhealihemo (*Nyer. s.* 206) *nachwies.* **dazu kommen** *gl. Ker.* 7 zheondi, 9 uuizhotprot, 69 (cacumen) iohazh, *gl. Ra.* 166 zhilaufit. *für gl. Iun. ist eine neue vergleichung abzuwarten, aber in den übrigen fällen ist der fehler klar:* zuchondi, uuizothprot, hnach, zihlaufit. *darnach ist hier gebessert.* 3. oblâz. oblâzem: *vgl.* distituerunt, oblipun *gl. Ker.* 97 *Ra.* 203; abacta, obkidanemu *gl. Ker.* 36. ob, *eine bei Weinhold fehlende und so viel ich weifs nur an den angeführten stellen vorkommende form, gehört zu ahd.* aba **ab-,** *nicht zu* oba *und ist wie got. alts.* af *ags.* of *von weiterer bedeutung und steht in engerer composition mit dem verbum als jenes. gl. Par.* 203 opalipum *ist ein fehler und zeigt, wie früh die partikel aufser gebrauch kam.* 4. inkhoruukauz zerlosi: *Graff* 1, 534 *will* ûzz erlòsi. 5. almahticum kiscat ih'm 7. êuuikeru] 'natus ex Maria semper virgine.' *dieser zusatz, an sich ganz gewöhnlich, ist in den älteren symbolis nicht häufig. RvRaumer einw. s.* 51 *hat bemerkt dass ihn in Hahns bibliothek der symbole (Breslau* 1842) *nur das pelagianische (und, wie hinzuzusetzen ist, das des Pelagianers Julianus von Eclanum s.* 200—202) *kennt.* **aber jenes semper erscheint** *auch im cap. eccl.* 789 c. 81 (*nicht in dessen wiederholung* **in den capit. Rodulfi** *archiep. Bituric. c.* 1 *bei Baluze miscell. ed. Mansi* 2, 105), *in ps. Bonif. sermo* XIV § 2 *p.* 103 *Giles, in einem 'sermo de fide' des o. rom. Hittorp p.* 103 *und in Theodulfi de ord. bapt. liber ad Magnum Senon. c.* 3. *bibl.* **Lugd.** 14, 10, *an welchen stellen dasselbe enthaltende symbola vorausgesetzt werden; dann in den glaubensbekenntnissen der Friauler synode a.* 796 (*Paullini opp. ed. Madrisi p.* 71 E; *Labbé* 7, 1001) *und* **des h.** *Benedict von Aniane (Baluze misc. ed. Mansi* 2, 98ᵇ), *sowie in der von Martène de ant. eccl. rit.* 1, 162—164 *veröffentlichten, nach den worten* et verum dei filium non factum adoptivum *zu schliefsen, jenen gleichzeitigen formel; endlich in der 'professio Adalberti futuri episcopi Morinensis'* (*Labbé* 8, 1884) *sogar:* qui secundum apostolicum symbolum de semper virgine Maria ... natus. *der dem SGaller credo zu grunde liegende lateinische text war auch sonst dem symb. apost. des textus receptus* **nicht völlig** *gleich: in der* *überschrift ist* credo in deo *erhalten und aus z.* 8 *ist* in inferna, *aus z.* 9 in caelos, *aus z.* 10 inde venturus est *zu vermuten. alles dies findet sich in dem symb. eccl. Aquilej. bei Hahn s.* 30. 31. *für* sub Pontio *kenne ich keine variante: der sehr ungeschickte übersetzer nahm es für* sub potentia. 9. totē stehic] *vgl. Weinhold* § 232, *auch Jacobi beitr. s.* 123, *zGDS.* 30 (*umbr. und altpers. ähnliches*)*. steht ebenso* i? *gl.* **Par.** 175 celsa, haiohi; *Kero s.* 57 piheialt; IV, 3, 1 deiob. *letztere werden indes am natürlichsten aus einem schwanken zwischen* healt *und* hialt, deob *und* diob *erklärt.* 10. **chuūftic**] *vgl. gl.* Hrab. 970ᵇ úfqhuumft. qkuekhe 12. urstódali *'astutia, sollertia' Graff* 6, 654. *zu der bedeutung 'resurrectio' kam es wohl nur durch* diesen übersetzer.

Die vorliegenden übersetzungen folgen mit wenigen ausnahmen dem lateinischen texte von wort zu wort. dabei fehlt es nicht an misverständnissen. creatorem (*es stand vielleicht* creaturem) *wird für* creaturam *genommen,* pontio *für* potentia, peccatorum *z.* 11 *von* peccator *abgeleitet.* uuihi *z.* 1 *betrachtet Graff* 1, 722 *als adjectiv. aber wenn auch das vorhandensein dieser form durch* sanctus, uuihi *gl. Ker.* 56 *hinlänglich gesichert würde, so bliebe doch der accusativ* namun dinan *unerklärt. darum halte ich* uuihi *für den imperativ von* uuihjan, *gleich* sanctifica, *verlesen aus* sanctificet; *vgl. über ähnliche buchstabenverwechselungen in den gl. Ker. Hattemer* 1, 134. *diese arbeit hat also mit den älteren alemannischen übersetzungen — dass sie nach SGallen selbst gehöre, lässt sich nicht sicher behaupten* (*vgl. exc. zu* LVI) — *den charakter äußerster unwissenheit oder doch flüchtigkeit und völliger unbekümmertheit um den sinn gemein. die sprache ist älter als in der übersetzung der benedictinerregel. dennoch können diese katechetischen stücke nicht älter als* 789 *sein* (*vgl. zu* LV. LVI)*: bei werken, die einem praktischen bedürfnis ihre entstehung verdanken, ist der nachweis, wann dieses bedürfnis eingetreten, für die bestimmung ihres alters entscheidend. dieser nachweis lässt sich aber auch für die benedictinerregel geben. die ann. Flavin. datieren von* 802 monachorum iura. *und* 'cap. exam. gen.' 801/802 c. 10 p. 107 *heifst es:* vos autem abbates interrogo, si **regulam scitis vel intellegitis,** et qui sub regimine vestro sunt ... quanti illorum **regulam sciant aut intellegant.** *und cap. exc.* 802 c. 33 p. 100 ut abbates regulares et monachi **regulam intelligant** et secundum regulam vivant (*dasselbe c.* 35 *von den* äbtissinen und nonnen), 'admon. gen.' p. 102, 51 monachi regulam m e m o - riter teneant et firmiter custodiant. *es muss also die übersetzung der reg. jünger als* 802 *sein. dass dabei der angebliche Kero nicht irren darf, ergibt sich aus einer bemerkung Lachmanns* (*über das Hildebrandslied s.* 155, *wo er von einer vierten hand im K. spricht*) *deren richtigkeit eine aufmerksame betrachtung der orthographischen verschiedenheiten sofort aufser zweifel stellt. vgl. auch Lachmann be Hoffmann ahd. gl.* § 68 s. xxxiv. *paläographische gründe können aber bei genaueren datierungen überhaupt nichts und hier umsoweniger etwas entscheiden, als von einer anzufertigenden übersetzung der benedictinerregel der natur der sache nach auch gegolten haben wird, was Karl der grofse 'cap. eccl.' a.* 789 c. 71 *vorschreibt:* et si opus est evangelium psalterium et missale scribere, p e r f e c t a e a e t a t i s homines scribant cum omni diligentia. *es liegt mithin zwischen unserem paternoster und* *credo und der interlinearversion der benedictinerregel eine zeit von mindestens 13 jahren, welche die differenz der sprache hinlänglich erklärt. zugleich zeigt sich, dass wir die verdeutschung des grofsen bibelglossars in den gl. Ker. Par. Ra. nicht weiter als in die frühere regierungszeit Karls des grofsen hinaufzurücken brauchen. die encyclica de litteris colendis setzen ihre herausgeber in das jahr 787: man könnte vielleicht sechs jahre weiter hinaufgehen und sie mit den berufungen von 781 combinieren.*

LVIII.

Cod. lat. 14468, Rat. SEmm. 468 (ol. Em. E. 91) *der k. bibliothek in München.* 112 *bll.* 4°, *im jahre* 821 *auf befehl des bischofs Baturich von Regensburg geschrieben, wie er selbst auf bl.* 1ᵃ *notiert:* Hoc volumen ut fieret ego Baturicus scribere iussi. episcopus pro diuino amore et remedio animae meae anno domini DCCCXXI. et quinto ordinationis meae. *die hs. beginnt:* Gennadius Massiliensis episcopus de fide disputans inter cetera dixit. Credimus unum esse deum cet. *darauf folgt bis* 27ᵃ *gröstentheils canonisches, bl.* 30ᵇ—88ᵃ *auf die sache des Elipandus bezügliche actenstücke. das jüngste was übh. aufnahme gefunden hat ist das glaubensbekenntnis des Friauler concils a.* 796 *(vgl. Madrisi SPaulini opp. diss.* 2) *bl.* 27ᵇ—30ᵇ *wenn nicht vielleicht die zusammenstellung von zeugnissen de oblationibus vel cleemosynis pro defunctis bl.* 25ᵃ—27ᵃ *mit bezug auf die baierische provincialsynode von* 805 *gemacht ist (s. zu LIV s.* 441). *nach De quaestiunculis s. Augustini (so. opp. s. Aug.* 6, 487) *bl.* 88ᵃ—94ᵃ *sieben leere seiten.* **auf bl.** 98ᵃ *bis zum schluss die* admonitio *und das* legationis edictum *des jahres* 789. *unmittelbar nach dem datum der ersteren bl.* 110ᵃ *von derselben hand und als ob es dazu gehörte das* **vorliegende gebet.** *BJDocen einige denkmäler* (1825) *s.* 7. *GHPertz monum. Germ. leges* 1 (1835), 67. *u. h.* *Mafsmann* (1839) *nr.* 62. *KRoth denkm.* (1840) *s.* 6. *die wortabteilung der hs. gieng mehrmals fehl.* 1. gŏd] vgl. zu LXX, 2. **godan**: v *übergeschrieben zwischen* g *und* o. *im lateinischen z.* 2 *ist fälschlich interpungiert* credulitatem tuam. dilectionem.

Daraus dass vorliegendes gebet am schlusse der admonitio 'cap. eccl.' 789 *überliefert ist, folgert Roth s.* VI, *es sei vermutlich bei eben dieser gelegenheit abgefasst worden. richtiger wird man annehmen, es sei ganz zufällig in die vorlage der hs. eingetragen und von dem schreiber der letzteren mitabgeschrieben worden. aber nicht getreu: weder hinsichtlich der mundart, der* ga-, galau p un, gasun t i *schwerlich gemäfs war, noch dem wortlaute nach. das lateinische ist klärlich aus dem deutschen übersetzt (RvRaumer einwirkung s.* 50), *weist jedoch auf einen anderen deutschen text hin als den uns erhaltenen.* rehtan unilleon *wird durch* bonam voluntatem *gegeben; das müste aber deutsch* guodan unilleon *heifsen. andererseits ist* guodan *ein wenig passendes epitheton zu* galaupun, *vielmehr* rehtan (rectam fidem) *das eigent-*

lich bezeichnende. man darf also annehmen **dass** *im ursprünglichen texte stand* indi rehtan galaupun, thîna minna indi guodan uuilleon, *dass die willkür des schreibers die beiden epitheta vertauschte und auch im lateinischen das erste richtig änderte, aber unaufmerksam das zweite unverändert liefs. nun ergibt mit einer kleinen,* **nicht** *durchaus notwendigen, aber doch wahrscheinlichen einschiebung* truhtîn god, thû mir hilp indi thû forgip mir *eine allitterierende,* heili indi gasunti indi thîna guodûn huldi *eine zugleich allitterierende und gereimte richtig gemessene langzeile. es ergeben ferner* rehtan galaupun **und indi guodan uuilleon** *je eine halbzeile. wörtlich gleich die erste der z.* 12^b (*bis auf das durch den abweichenden dialect bedingte genus von* galaupo galaupa), *die zweite der* z. 13^a *des Wessobrunner gebetes. die vermutung wird also nicht zu kühn sein, dass die z.* 12. 13 *des Wessobr. geb. aus demselben poetischen gebete genommen seien, dessen überreste uns hier zum teil in prosa aufgelöst vorliegen, und dass sie an dieser stelle das echte erhalten haben. durch diese annahme wird* thîna minna *entfernt und* ganuitzi *schöner und an besserer stelle durch* uuîstôm enti spâhida *ersetzt:* **dann** *besteht auch jedes glied der rede entweder aus einem mit einem epitheton versehenen worte oder aus zweien durch* indi *verbundenen synonymen.* ist, wie ich glaube, der fränkische dialect für das ganze stück der ursprüngliche, so muss das masc. galaubo beibehalten, dann aber zur herstellung des reims für den accus. nach in der dativ gesetzt werden; und das gebet bekommt folgende gestalt:

461

Truhtîn god, thû mir hilp   indi thû forgip mir
in thînêm ginâdôm   rehtan gilaubon
indi guodan uuilleon,   uuîsdôm indi spâhida,
heili indi gisundi   indi thîna guodûn huldi.

LIX.

Bruchstücke einer foliohs. des IX jh. in der k. k. hofbibliothek zu Wien, aus Monseer büchereinbänden des XV jh. losgelöst; sign. 3048^a *olim N. s. n. sie enthielt das ev. Matth. und* **unmittelbar** *darnach den vorliegenden tractat, ferner — ungewis* **an welcher stelle** — *den Isidorus de nativ. dom. (von einem besonderen schreiber) und die* **augustinische predigt LX**, *der noch ein anderes* **unbekanntes** *stück vorhergieng s.* 465. *auf der rückseite eines jeden blattes stand lateinischer text, auf der gegenüberstehenden vorderseite des folgenden blattes die verdeutschung desselben.*
StEndlicher und Hffoffmann , *fragmenta theotisca versionis* **antiquissimae evangelii** s. Matthaei et aliquot homiliarum, *Vindobonae* 1834, (*E*) s. 36 — 48. *angezeigt von Haupt in den Wiener jahrbüchern bd.* 67. *sonderabdruck, Wien* 1834, 24 ss. *editio secunda cur. JFMafsmann, Viennae* 1841, (*M*) s. 14—17. *bei der aufnahme von ergänzungen in den text leitete mich der grundsatz, in der regel nur die in der hs. vorfindlichen spuren* **zu** *vervollständigen, wo es mit einiger sicherheit* **geschehen** *konnte, dagegen worte die in der hs. ganz fehlen unergänzt zu lassen, auch wo über die wahl kein zweifel war, dafür aber die entsprechenden lateinischen durch kleinere schrift zu unterscheiden. unübersetztes ist natürlich nicht kleiner gedruckt. zur vermeidung unnützer weitläufigkeit ist weder angegeben wo die zweite ausgabe im* **text eine richtigere** *ergänzung enthält als die erste, noch wo von beiden ausgaben ab-*

gewichen werden muste. die *angabe der* lesarten folgt strenge der ordnung der hs., nimmt also seite für seite bald den lateinischen bald den deutschen text vor.

1 *lateinisch.* nach jetziger bezeichnung *fol.* xix^b rückseite des schlusses vom Matthäus und der unten anzuführenden subscription desselben. die ergänzung der bei M aus E beibehaltenen lücken ist durch seither hinzugefundene streifen möglich geworden.   5. 6. 1 *Cor.* 14, 11.   **1** *deutsch.* das blatt [*fol.* xx] *fragm.* xvii *E*, xxiv *M* war in Wien nicht aufzufinden, und muss nach einer gütigen mitteilung des herrn Joseph Haupt schon seit jahren fehlen.   2. spraahu *E.*   4. umbe *E.*   managaz nodili *E*, managk medili *M. das letztere wort ist nach* Ms *facsimile wohl sicher, aber von dem unglaublichen* gk *davor gibt er kein facsimile.*   5. des *M*, nes *E.*   sprihhit *E.*   6. das erste elidiutic *fehlt E.*   5. 6. die richtigkeit der *M* schen lesung vorausgesetzt *vermute* ich: So ih danne (oder auch Ms 'Ibu ih auuar') stimna **des** megines giuuanta ni uueiz *enti mit andremo manne* sprihhu, ih bim imo danne clidiutic **sinerâ stimnâ, enti er ibu** sprihhit, mir ist elidiutic mînerâ stimnâ   7. so *fehlt E.*   8. •huuila *M*, nuuila *E.*   sahha *E.*   10. ... clidiu ... uueiz *E.*   aer) *das* ae *für* e *und* ê (zb. 4, 54. LX, 2, 33) habe ich in dieser und der folgenden nummer nicht geändert.   7—9. etwa: deotôm, dea ibu ódohuuila umbi chunda sacha meinant, doh einér ni uueiz, huuaz auder *quidit, durah elidiuti*ga sprâhha joh gateilta stimna   10 *f.* uuortum *odo zeihnum taugna* sahha   **11.** •htic *M*, •mahtic *E.*   **2** *lat.* aus dem zu 1 *d.* angegebenen grunde nach den ausgaben, die hier nur in den ergänzungen von einander abweichen: 3 *f.* in babilon et *E.*   4. creata *E.*   6 *f.* 3 *Reg.* 8, 39.   8 *f. Prov.* 15, 3.   10—12. *Hebr.* 4, 12.   **2** *d.* [*fol.* xxi^a] *fr.* xviii *E*, xxv *M* folgte in der hs. unmittelbar auf das erhaltene vorhergehende. dies deutet der text durch *einen* stern, dagegen **den** verlust **eines oder** mehrerer blätter durch drei sterne an. das vorliegende blatt ist durch reagens verdorben und gröstenteils unleserlich, daher man sich auch hier im wesentlichen auf die ausgaben angewiesen findet.

1. gotes uuortan daz *EM*. wenn dies wirklich zu lesen war, so ist ein schreibfehler anzunehmen. vgl. *Joh.* 1, 3 omnia per ipsum (verbum) facta sunt, et sine ipso factum est nihil **quod factum** est. *M glossar s. v.* uuort *will* uuorte uuortan.   **3.** •gun **a •**] ich finde kein den buchstaben und dem sinne entsprechendes subst. neutr. kaborgan leg ... *E*, ka .... leg ... *M.* ebenso bezeichnen in z. 4 *EM* vor elidiutigûn **und vor** gascuof *lücken.*   4. gascu°f *M*, gasa ... *E*: ersteres glaubte ich auch zu erkennen.   8. In huueo gahuueliheru (gahuuelikeru *E*) *EM.*   gascuâuuuont *EM.*   11. uuâfnun] *vgl. zu* LVI, 12.   **3** *lat.* [*fol.* xxi^b]   1. psalm 7, 10.   1 *f.* post ipsa divisione   2 *f. psalm* 116, **1.**   3. dictum est. Et   4. *psalm* 46, 2.   5 *f.* **psalm 65**, 4.   9. Discendit   die worte Descendit bis z. 10 potuit *sind aus* Isid. de nativ. dom. c. 51 opp. ed. Arevalo 6, 55, wo sich auch die richtigere und durch unsere übersetzung vorausgesetzte la. mortuos *für* mortales *findet.*   **3** *d. fol.* xxii^a. *fr.* xix *E*, xxvi *M.*   1. got rihtit   arforseot *EM: aber ebenso möglich* arscrodôt *oder* arscrudelôt   2. scophsangom *EM: eher* psalmôm *wie dreimal im Isidor. s. das glossar.*   allo deotun enti *M: allerdings wird* gentes *sonst regelmäfsig durch* deotûn *übersetzt, aber dem relativen* sô selb sô *ist kaum* enti *vorausgegangen.*   uueralti?   5. al erda dih uuirje (Graff 1, 1019) enti lobsane (lob. san. *hs.*) dir singe joh psalmun dir, hôhisto.   mannisenissa *M gloss. s. v.* mannisco: *das wort steht noch Is.* 15^b, 17. *vgl. ags.* menniscness.   joh] doh   9. ferne *wie* alts. 10. ali uuesento *M vgl. gloss. s. v* frii. aber in der hs. alt (ein strich der ebensowohl der anfang eines u als ein i sein kann) •ento. ich denke aluualtento *das hier*

eingeschoben wäre wie z. 11 sigihaft *und wie Isid.* 15ª, 9 dher aluualdendeo. '11. *Enti sô sigi*haft (*von g sichere reste in der hs.*) *M mit recht. vor za der letzte strich des u sichtbar.*   12. sezale, antlauh uns *M.   die rückseite dieses blattes schliefst sich an* 3, 13 *lat., jedoch nicht unmittelbar, und ist* == *act. apost.* 2, 3 *seditque bis* 2, 10 *advenae: anstatt* prout — illis *v.* 4 *steht* .. enim .. gentes in eorum . . . . | . . e di .. 463 *potuissent* magna l... *und v.* 6 linguam suam ´ 4 *lat. z.* 1 — 20 *fehlt, wurde aus* Galat. 3, 26. 27, Rom. 5, 5, 1 *Cor.* 13, 4 — 6 *und aus Greg. M. moralia in Iob l.* x *c.* 6 *ed. Maur. ergänzt. aus dem letzteren werke ist die ganze stelle z.* 11 Patiens — z. 31 hilarescit *entnommen.*   4 *d. z.* 1 — 21 geröt. *fol.* xxiiᵃ *fr.* xx *E, wo auch ein facsimile davon,* xxvii *M.*   3. ga :: crident hs. *von* gauuerida *könnte ein schwv.* gauueridôn *wohl gebildet sein* (*gramm.* 2, 249), *würde aber, weil* gauuerida '*vestitura*' *bedeutet, nicht* '*anziehen*' *sondern* '*bekleiden*' *heifsen. da hierzu noch die incongruenz des* tempus *mit dem lat. kommt, so lag es nahe ein misverständnis des baierischen abschreibers anzunehmen und die isidorische form der* 3 *plur. praet. von* gauuerjan (induere *Ib. s.* 208, *Rd. Graff* 1, 928) *in den text zu setzen.*   6. muot. uuillun   12. : uidar. muoti   13. âbulgi] *vgl. l. sal. tit.* 2 § § zuijâri.   16. angustlihho   17. ar. heuit   18. minnu] *oder* minniu   neo '*nec*' 27. 29. LX, 31.   4 *lat. z.* 21 — 40 sanctus. *fol.* xxiiᵇ.   21. possedit   22. nihhil   23. cognoscit   28. quod *hs., quo Maur. in der übersetzung wie es scheint nicht berücksichtigt.*   29. nec de *Maur.*] ne   33. 34. *Matth.* 22, 37.   35 *f. Matth.* 22, 39.   38 — 40. *Eph.* 4, 5.   4 *d. z.* 21 Ni — z. 38. *fol.* xxivᵃ. *fr.* xxi *E.* xxviii *M. vgl. Wackernagels lesebuch* 1839.   24. gauuotot. zinoh. euigeru   24 *f* gahôrit *Wackernagel*] gahôrit   32. ingot. spelle   33. fangentemo, *verb. Haupt aao. s.* 11.   34. in ana. uual geru: *vgl. Graff* 1, 846.   34 *f.* managu, *verb. Wackernagel.*   4 *lat. z.* 40 propheta *bis zu ende. fol.* xxivᵇ.   41 — 46. *Malach.* 1, 10. 11.   49 — 55. *act.* 13, 46 — 48.   50. reppulisti   54. gloricabant   4 *d. z.* 40 — 56. *fol.* xxvᵃ. *fr.* xxii *E,* xxix *M.*   41. meinita, quad   42. ni ant. fahu. ih   43. ôst *ohne weitere ableitung ahd. sonst nur in compositis: Graff* 1, 498.   ad orientem, osthalbun *Mainzer gl. Diut.* 2, 285. ags. eást, *gramm.* 3, 207.   ûph] *darnach ist* gengit *oder* stigit *zu ergänzen.*   44. *das* t *kann natürlich nicht rest eines* ist sein, *sondern nur einer* 3 *plur. praes. zb.* offerônt *oder* offerônte sint.   48. lêrente uuârun dea heitniscûo deotûn *mit* galaubîn joh gotes uuortu??   54. æc. lihho   55. foragabouhnite *EM. auf der rückseite dieses blattes steht:* (*Matth.* 23, 37) 'Hierusalem hierusalem quae occidis prophetas et lapidas eos qui ad te missi sunt. Quotiens volui congregare filios tuos quemadmodum gallina congregat pullos suos sub alas et noluisti. Ecce relinquetur vobis domus vestra deserta.' Huius quoque primus pastor aecclesiae Petrus apostolus verbi testis extitit dicens (*act.* 10, 34. 35) 'In veritate couperi quia non est personarum acceptor deus, *sed in omni* gente qui timet eum et operatur iustitiam acceptus est illi.' Nec non et centurio de gentibus fuit de quo ipse dominus ait (*Matth.* 8, 10) '**Amen dico** vobis, non inveni tantam fidem in Israhel.' de isto autem centurione Agustinus ubi de hoc verbo domini exponit (*Aug. serm.* LXIIed. *Maur. Paris.* 1683. 5, 359) 'Propter laudatam centurionis fidem' inquid 'dico vobis (dicobis *hs.*): Multi ab oriente **et occidente** venient (ucuenient *hs.*), non omnes sed multi, tamen ipsi ab oriente et occidente venient; istis duabus partibus totus orbis intelligitur. Et hii quidem de his duabus partibus venientes, domino adtestante, recumbent cum **Abraham** et Isaac et Iacob in regno caelorum. Adtendite ergo fratres hoc •

LX.

464 *Über die hs., deren bruchstücke hier nicht mehr gezählt sind, und die ausgaben s. zu* LIX. **1** *lat. z.* 1—10 *fehlt hs., ist aus Aug. opp. ed. Maur. Paris.* 1683. 5, 416 *schon von E ergänzt.* **1** *deutsch z.* 1—11 *quedantemo ist bei E fälschlich mit dem folgenden (z.* 11 — 28) *zu einem fragment, dem* xxvn *vereinigt. vervollständigt von Haupt aao. s.* 23*f. bei M (fr.* xxxiii) *sind die falschen zeilennummern,* 1—17 *statt* 14—30, *stehen geblieben. über z.* 1 — 13 *dieses blattes s.* 465. 3. *in forahtun (der letzte strich des u erhalten) erg. M gloss. s. v.* forahten. 4. loma::: 5. christanheiti chiribhûn] *vgl.* 2, 11. christanheit *bedeutet hier nicht* 'ecclesia' *sondern* 'christianitas', *vgl. Isid.* 2ᵇ, 12 ecclesia, dhera xpistinheidi chiriibba; 21ᵇ, 5 Christi fidem, xpistinheidi chilaupnissa. 7. batas *sichtbar, aber die spur des darauffolgenden buchstabs muss, wie aus der hs. viel deutlicher wird als aus Mafsmanns facsimile, einem* a *angehört und darnach nur noch ein buchstab gestanden haben.* promptissimus *kann nur durch* meist oder bazzist, bezzist gagarauuitêr *ausgedrückt werden und man dürfte* batasat *als entstellung aus* batst betst *ansehen, wenn sonst spuren ursprünglich niederdeutscher abfassung sich zeigten. vgl. auch Haupt s.* 23. 9. man] *der letzte strich des* m *erhalten.* cuti—antuurtente: *eine fehlerhafte wiedergabe der participialconstruction die den ganzen satz in verwirrung bringt.* hiumento? *aber* -unt *wird in dem worte erst bei Notker geschwächt.*

1 *lat. z.* 11—29. *rückseite des vorigen blattes. ich habe von einer bezeichnung des ergänzten hier abgesehen. z.* 25 aedificari super homines *stand nicht in der hs.*
1 *d. z.* 11—29. *fr.* xxv, 18—26 *E,* xxxiv *M.* 22. x̄p̄s̄ **2** *lat. z.* 1—20 coepit *fehlt hs., ist aus der Maur. ausg. ergänzt.* **2** *d.* 1—20 gangan. *fr.* xxvi *E,* xxxv *M.* 1. baldi. *hs.: die verbesserung kann nach* blûgisôta *und* gatrûêta *nicht zweifelhaft sein.* 2. in den . . . *E,* in desero *M. den scheint sicher. unmittelbar darauf, wie in éinem worte, scheint sich allerdings* er *oder* co *zu zeigen. in folgenden vermag ich in der hs. nicht* unarsterbantiun, *wie beide ausgaben haben und wie jedesfalls zu schreiben ist, sondern nur* ún | arsterban tiuri *zu erkennen.* 3. er so *hs., mir unverständlich. vielleicht* eo *so: gramm.* 3, 283; *Graff* 6, 15; *Virgil gl.* IV, 823 8. dôdh *Haupt]* doh 14. 19. *keine lücke in der hs.* 19. anthabennes *E,* anthaltentes *M. ich bringe nur* anthabemes *heraus.* az antuurtin *des M richtig,* az antuurtido *E.* 20. gungida *'eine nachbildung von* cunctatio' *meint Graff* 4, 218. *ohne zweifel steht das wort in ablautverhältnis zu* gingo ('intentio. voluntas' *gl. Aug. Germ.* 8, 13. *vgl. Graff* 4, 218) *und* gangan. GDS 688 **2** *lat. z.* 20 Potuit—42. *rückseite von* 2, 1—20 *deutsch.* 37. traditas 38. capiete 41. hereditatis suae

2 *d. z.* 20 Ni—42. *fr.* xxvii *E,* xxxvi *M, wo auch ein facsimile.* 24. uuidar. fene 25. in. uuih 34. for. serenchit gameiti uan dunc. fest uissa. *vgl. Haupt s.* 21*f. nach Graff* 2, 1093 (*vgl.* 701) *könnte man* auch, *doch mit geringerer wahrscheinlichkeit,* gameiti (nand) unfestnaissâ *vorschlagen.* 36. furirinnit 42. diu auuar

Dem ersten fragmente der predigt des heiligen Augustinus geht in der hs. fol- 165
gendes vorher.

```
      um . . . hind . odo haltames.  D . . . . . . . .
      truhtin . got :: nem . saligom . enti . du . selbo uuillasames
      gafolges; Huuaz . nu filu . sprehhannes daz illenti uuidar
      uomeinia magad. so manac sames. garunes. angelus
5     botascaf huuarf. enti in ira uuamba ihs xpus. quam
      almahtie got. Enti deor nun sun. uuseran truhtinan
      selbun. xpan :: anlotan. in got lih hin. fater simples. uuesat
      bittente . 1 . . . &c . daz diu siin . taufi . armhercin . enti
      gnada uuidar unsih . siin simples'. daz . ir uuonenti . sa
10    mant . mit gote . fater . uns forgebe . so er allem . gahcaz
      dem inan . . . ent . enti minneont . eo uuesantan
      lip . in sinemo rihhe . mit imo . samant . in uueralteo.
                     uueralt. Amen;
```

1. chind? 2. dinem? uuillasames] *von* u *nur die zwei ersten striche sichtbar.* Graff *1, 825 hat nur aus gl. ad Greg. hom.* 3 uuillisami, fastidio. *aber dass es auch 'willig' bedeuten kann und hier, wenn die ergänzung richtig ist, bedeuten muss, scheint klar.* 3. gafolgi *stn. 'gehorsam, folgsamkeit' kennt weder Graff noch das mhd. wb.* uuidar] *von dem zweiten* u *nur der erste strich erhalten.* 4. *Isid.* 20ª, 22 dhiu uomeina magad. manacsames] *Isid.* 20ᵇ, 10; *Graff* 2, 765 garunes] *von dem* s *geringe, aber sichere spur.* 5. xpūs] *von* p *etwas weniges sichtbar.* 6. truhtinan] *von dem ersten* u *nur der erste strich erhalten.* 7. :: anlotan] *vor dem ersten* a *spur eines buchstaben* (m n p h *oder* b) *der mit zu diesem wort gehört hatte.* 7. fater] *von dem* t *ist nur wenig übrig.* 8. unsih] *von* u *der erste strich verloren.* 9. sii? 10. allem] *der erste strich des* m *fehlt ebenfalls.* 12. sinemo] *von* m *nur die zwei ersten striche sichtbar.* rihhe] *vom ersten* h *der zweite strich erhalten.* 13. ŕom r *geringe spur.* *nicht alle vorgenommenen ergänzungen halte ich für sicher, namentlich nicht die von z.* 3: *aber ich weifs keine besseren. in z.* 7 *muss, so viel ich sehe, ein sonst unbekanntes compositum stecken: entweder mit dem in* sumarlota *erhaltenen* lot, *oder mit dem im gotischen in den compositis* juggalauþs samalauþs hvēlauþs svalauþs, *im mhd. als simplex in Leysers predigten (mhd. wb.* 1, 1043) *erscheinenden* lôt. *letzteres dünkt mich wahrscheinlicher und* ebanlôtan 'coaequalem' *empfiehlt sich auch dem sinne nach. für z.* 8 *weifs ich keinen rat: ein passendes ptc. pass. plur. der dritten schwachen conjugation finde ich nicht. z.* 11 *stand natürlich eine dem* minneont *parallele* 3 *plur. praes.* èrènt *hat zu wenig,* forabtent *zu viel buchstaben: vielleicht* uuirdent ('adorant': LIX, 3, 5). *wenn die ergänzung von* uuidar *in z.* 3 *und* 9 *richtig ist, so wich das vorliegende stück vom Isidor und den Monseer fragmenten, die* uuidar *blofs mit dem dativ gebrauchen, in diesem puncte ab.* auch die verhältnismäfsig zahlreichen singulären worte fallen auf. *über den inhalt des ganzen denkmals eine vermutung auszusprechen, wäre äufserst verwegen.* uuesat *in z.* 7, *wenn es richtig ist, deutet auf eine predigt:* du *in z.* 2 wohl *auf ein eingelegtes gebet. mehrere alte predigtsamlungen die ich zu rate zog, boten keinen dem unsrigen gleichen schluss. doch braucht man darum die hoffnung nicht aufzugeben, dass bei tieferem eindringen in die geistliche litteratur dieser und der vorausgegangenen zeiten sich das lateinische original noch vorfinde.* 166

Sämtliche Monseer fragmente sind bekanntlich baierische umschriften *fränkischer originale.* ihr ursprünglicher dialect muss mit dem der Pariser, wahrscheinlich aus der von Theodulf in seinem capitulare c. 19 (opp. ed. Sirmond p. 9) erwähnten schule im kloster des h. Anianus zu Orleans stammenden, hs. des Isidor (vgl. *über deutsche* sprache in Frankreich Roth **beneficialwesen** s. 99, dazu gramm. 1¹, I XXII) *wenigstens sehr nahe verwant gewesen sein (gegen die völlige identität spricht,* **dass** *die Monseer fragmente kein einziges* chi-, *aber doch* **neben dem baier.** ka-, ga- *auch* ghi- *zeigen, das nur* **einmal im Isidor,** *und* gi-, ki-, ghe-, *das niemals* **darin vorkommt**), *und sie alle müssen klärlich, wenn nicht das werk eines verfassers,* **so doch aus derselben schule hervorgegangen sein:** *für keine der beiden annahmen sehe ich entscheidende gründe; da die gröfsere herschaft über die sprache im Isidor und im tractat de voc. gent. gegenüber der unfreieren art des Matthäus und der augustinischen predigt auf gröfserer übung und gesteigerter kunst eines und desselben mannes beruhen könnte (wie* **zb.** *könig Alfred den Orosius viel freier übersetzt hat,* **als** *den Beda) und da auf verschiedene übersetzung der nämlichen lateinischen phrase (zb.* Ecce puer meus ... **dilectus** meus: *fragm.* **theot.** 3, 6 see miin sunu ... minan leoban; *Isid.* 9ᵇ, 17. 18 see miin ehneht ... chimuui mir) *nicht allzu viel zu bauen* **ist.** *jedes falls muſs sich eine erschöpfende untersuchung auf sie alle erstrecken,* **kann** *also nicht wohl an die hier aufgenommenen fragmente angeknüpft werden: so mögen einige wenige bemerkungen genügen.* mit beziehung auf *vállagens behauptung, die ältere gestalt der Nibelungenot trete beträchtlich in das* XII *jh. zurück, sagt Lachmann zu den Nib.* 353, 2 'auf. der **grenze** *zweier perioden ist ein irrtum von wenigen jahren* **bedeutend.** *ein* **darin** *ähnlicher irrtum ist es, wenn* **die** *übersetzung des Isidor und Matthäus in den anfang des* VIII *jh. gesetzt wird*; **wobei man das** *altertümliche der formen höher als bei* **der** *zeitbestimmung der hrabanischen glossen anschlägt und auf die gewantheit und bildung des übersetzers eben so wenig rücksicht nimmt, als auf das feine pergament und die schriftzüge wenigstens der Wiener bruchstücke die ich, wie sie diesen nachgebildet sind, nur dem* IX *jh. gemäfs finde.*' *zu diesem urteil über das alter der Wiener hs. stimmen die angaben von Holtzmann Isid. s.* 3 *über die Pariser hs. und was er selbst Germania* 1, 467 *ganz richtig sagt, sie könne* 'wohl aus dem ende des VIII, vielleicht sogar noch aus **dem** anfang des IX jh.' *sein.* noch entscheidender aber ist die andere bemerkung *Lachmanns: die unsicherheit im verständnis des lateinischen ist so* **gering, dass wir den** *oder die übersetzer höchstens bis gegen das jahr* 782, *in welchem Alcuin nach Frankreich kam, hinaufrücken dürfen.* auch der lateinische text wie er vorliegt setzt die regelung der orthographie durch Alcuin voraus. ebenso werden für den Matthäus die ungefähr gleichzeitigen tabelhss. nicht ohne nutzen in betracht gezogen werden. *das deutsch der Monseer bruchstücke steht auf derselben stufe wie das der exhortatio und der Freisinger auslegung des paternoster, wird also etwa in das erste jahrzehend des* IX *jh. zu setzen sein, d. h. in die zeit in welcher erzbischof und erzcapellan Hildebold als abt von Mouses nachweisbar ist* (803—814; *von da ab setzte er Lantbert zum abt; er starb* 819, *wie* **zb.** *das auctarium Garstense MG. SS.* 9, 564 *meldet: Eckhart Fr. or.* 2, 155; *Rettberg* **2,** 254. 255). *Waitz über die altdeutsche hufe (abh. der Göttinger gesellschaft der wissenschaften bd.* 6) *s.* 183 *f. hat bemerkt dass die Monseer traditionen in den technischen ausdrücken vielfach mit den niederrheinischen denkmälern übereinstimmung zeigen.* kaum wird man zweifeln dürfen, dass auf Hildebolds anordnung *die umschreibung aller unserer stücke ins baierische stattfand. dadurch werden wir aber für deren entstehung nicht etwa nach seinem erzbischofsitze Köln geführt, sondern unmittelbar an den königlichen oder kaiserlichen hof, vgl. cap. Francof.* 794 c. 55, *Waitz* 3, 431. *dieses wird einigermafsen dadurch bestätigt, dass die tendenz* **des** *doch wahrscheinlich auch in seinem lateinischen texte erst um diese zeit entstandenen* **tractates de vocatione gentium im** *wesentlichen übereinkommt mit der bestimmung* **des Frankfurter capitulars** *von* 794 c. 52 **ut nullus** credatur quod nonnisi in tribus linguis **(lateinisch, griechisch,** hebräisch: vgl. *Kunstmann Hraban* s. 163 *und Jacobs in den* **forschungen zur deutschen** *geschichte* 3, 370) deus orandus sit; quia in omni **lingua deus adoratur** et homo exauditur si iusta petierit. **der** *verfasser dieses* **tractates** *müste, wenn* **sich** *anderes von* **ihm** *fände, unschwer wiederzuerkennen* **sein an** *seiner hölzernen art, die schriftstellen* **mit** sicut et *und* et iterum *anzureihen.* **von der** *predigt des Augustinus will ich dagegen anmerken,* **dass** *dieselbe in das homiliarium des* **Paulus Diaconus, wenn ich sie** *anders darin nicht* **übersehen habe,** *keine aufnahme fand. doch wird dieser umstand kaum in* **betracht** *kommen:* **der** *gesichtspunct unter* **welchem** *sie zur übersetzung gewählt* **worden** *ist* **offenbar** *ein viel höherer* **als das** *zufällige vorkommen in einer verbreiteten samlung: wie in dem tractat* **de** *vocatione gentium auf die gleichberechtigung der nationalitäten innerhalb der kirche, so kam es hier darauf an, die 'unfesten im glauben' d. h. die neubekehrten und dem heidentum nur halb entwachsenen als ein* **notwendiges glied der kirche** *hinzustellen. aller unsicheren vermutungen würden wir wenigstens für die übersetzung des Matthäus überhoben sein,* **wäre die erste hälfte der subscription** *desselben* **erhalten, deren zweite lautet wie folgt** (**fol.** xix^a; *E s.* x, **M** *s.* v): supplementum prudentiae vestre corrigat et elucidet et exornet atque hoc pre ceteris a domino obtentu precis obteneat, ut quicquid in hoc opere malcactus forsitan delictorum contraxi, abolere iubeat commeriti: (l. commeritis *E*) illud pii sanguinis iesu **christi** domini et salvatoris nostri. id expeto depraecor, ut librorum haec oblata formatio sive placeas sive sit displiceas aut censure vestre stilo meliorum (*l.* meliorem) sui **subeat** palam aut iudicii vestri debeat puplicare (*l.* **puplicari**) sententia. **also** *gerade das wichtigste, der name* **des** *so angeredeten fehlt. war es Hildebold? seine fürsorge für die litterarische bildung des* **klerus** *ergibt* **sich aus** *den zahlreichen unter ihm geschriebenen handschriften der ehemaligen Kölner* **bibliothek,** *s. Hartzheim catalogus codd. mss. bibliothecae eccl. metropol.* **Coloniensis (Col.** 1752) *p.* 25. 29. 34. 35. 46. 50. **53. 63.** 149. (*der angebliche catalog* **der bibliothek Hildebolds bei** *Hartzheim praef.* **ist** *ein ausleihecatalog aus viel* **späterer zeit, und die notiz dass** *Hildebold im* **jahre** 833! *bücher habe abschreiben lassen,* **welche papst Leo an Karl den grofsen** *geschickt, hätte* **Ennen** *geschichte der stadt Köln* 1, 196 anm. *nicht benutzen sollen.*) *diese hss. enthalten nichts als den gewöhnlichen* **apparat, bibelcommentare** *von Augustinus und Hieronymus, schriften von Gregor* **dem grofsen und Beda,** *canonisches recht und homilien. oder war jene zuschrift* **an einen der Angelsachsen** *gerichtet, die nach Alcuin die hofschule leiteten?* **aber** *Alcuin wenigstens scheint für* **die** *pflege der deutschen sprache nicht das geringste interesse gehabt zu haben (Lorentz Alcuins leben s.* 166). *und auch an Karl den grofsen selbst darf man wohl nicht denken, da der ton der anrede auf ihn wenig passen würde. der ausdruck* librorum haec formatio *meint wohl nur 'diese übersetzung': oder geht er auch auf die einschaltung (vgl. Luc.* 14, 8—10) *im Matthäus nach c.* 20, 28 *die vielleicht nicht die einzige war? ferner: was will der plural* *librorum? konnte er von dem Matthäus allein gebraucht* **werden** *oder gieng diesen in der hs. der Isidor vorher? denn die augustinische predigt wird sich an* 'de vocatione gentium' *mittelbar oder unmittelbar (wenn nemlich das bruchstück s.* 465 *der schluss dieses tractates wäre: Germania* 1, 467) *angeschlossen haben. wie dem auch sei, so viel ergibt sich mit sicherheit aus der subscription, dass der deutsche Matthäus nicht das werk eines einsamen mönches ohne zusammenhang mit der übrigen welt; dass er vielmehr aus einer litterarischen gemeinschaft hervorgegangen, entweder auf die anregung eines andern oder doch in der gewisheit entstanden ist, bei einem anderen anklang zu finden. und sollte dieser für die muttersprache tätige oder doch daran anteil nehmende kreis am hofe und doch aufser zusammenhang gewesen sein mit demjenigen den ohne zweifel Karl der grofse zu derselben tätigkeit, zu demselben anteil anregte? und sollte andererseits Karls anregung keine weitere spur zurückgelassen haben als die ihm selbst zu verdankenden monats- und windnamen? die geschichte unserer gruppe von übersetzungen bewegt sich nicht blofs zwischen Orleans und Monsee: auch in Murbach hat man ihre spur gefunden* (Graff 1, 1147; Germ. 1, 467 f.). *und nicht allzu ferne davon, in Worms, ist während der früheren regierungszeit Karls die mehrzahl der reichsversamlungen abgehalten worden dorthin darf man somit in den jahren* 770—790 (Waitz 3, 483 n. 3) *den hauptaufenthalt des hofes setzen. die in den Monseer denkmälern festgehaltene worttrennung durch puncte, die sich manchmal fälschlich auch auf silben erstreckt, findet sich noch in der Mainzer beichte.*

LXI.

Cod. lat. 19410, Teg. 1410, Cimel. 17 *der k. bibliothek in München.* 67 ss. 8° *aus der zweiten hälfte des* IX *jh. bezeichnet* Epistole Alati. Dictamina metrica. Questiones varie. *enthält p.* 1—23 *fragen und antworten, gröstenteils theologischen inhalts, nach Rockinger quellen und erörterungen* 7, 25 *auszüge aus werken des Hraban. proben daraus bei Rockinger aao. und in den Münchener gel. anz.* 44 (1857), 466. *p.* 24—39 *lateinische und deutsche glossen, unzusammenhängende längere und kürzere lateinische sätze. p.* 39—41 *das vorliegende stück ohne überschrift. p.* 41—51 *sieben brief- und* **urkundenformulare**, *jünger als* 842 *oder* 843 (*p.* 44 anno ... x regni domoi Hluduici regis in orientali Frantia), *herausgegeben von Rockinger qu. u. er.* 7, 169—185 *und von E. de Rozière in der revue de droit français et étranger* 4, 74—84. *p.* 51—57 *verse. p.* 58—60 *ein paar unzusammenhängende sätze, nachher ein runenalphabet, das griechische alphabet, endlich deutsche glossen. sämtliche deutsche glossen der hs. sind mit* E *bei Docen, mit* Tg. 1 *bei Graff bezeichnet. p.* 61—67 *sehr verschiedenartiges; darüber wie über die obigen verse s. Rockinger aaoo.* BJDocen miscellaneen 1 (1807), 18. 19. Mafsmann abschw. (1839) nr. 65. *das carmen ist in der hs. wie in unserer ausgabe fortlaufend geschrieben, lateinisch und deutsch in der regel durch puncte getrennt.*

2. rehto] o *scheint aus* e *gebessert.* uuasanti. 7. leot. 9. caeliarche: *hier und z.* 16. 20 *habe ich die lat. la. in den text gesetzt, die dem übersetzer vorgelegen haben muss. doch beruht der singular in z.* 20 *vielleicht auf unkunde.* arce

ist hier ebenso misverstanden *wie unten der* imperativ arce: *vgl.* **Graff** 4, 1131.
  9. chist   fridò: *vgl. alts.* frithôn fridôn 'parcere' (*nicht 'salvare' wie
Schmeller erklärt\ das nicht mit got.* freidjan ψιδεαθαι *zusammengeworfen werden
darf.*   13. rantboue *Graff* 3, 38.   14 daz] z aus t *gebessert.*   16. collis
   rippeo, *worüber Graff* 2, 356 *wunderlich herumrät, ist ohne zweifel gen. plur.
neutr. Weinhold* § 276.   rippeo immo. corde hs.: *also muss bereits in der vor-
lage derselben die interlinearversion in dieser weise aufgelöst gewesen sein.*   18.
cedat   19. alluz sper: *der übersetzer nahm* cata- *für das romanische* cad-, cada-
in caduno, cadauno (*Diez wb.* 1, 98) *und gab* -pulta *rom.* pulcio pulcium (*Graff* 3, 460
114; *Diez wb.* 1, 74) *durch* sper *wodurch sonst* catapulta *allein übertragen wird:
Graff* 6, 355.   20. manus   sanus   23. toon: *s. Mafsmanns facsimile* vi.
die interpunction der hs. ih quidu. cote dancha. toon *lässt vermuten, dass der über-
setzer bei dem verderbten* geo an ago *gedacht und* deo grates ἀπὸ κοινοῦ *genommen
habe.*

Die *von Docen s.* 20, *Mafsmann s.* 54 *und RvRaumer einw. s.* 78 *über unser
denkmal ausgesprochenen ansichten* — *eine 'dictieŕübung zum geschwindschreiben'
nennt vRaumer diese 'unzusammenhängenden lateinischen zeilen mit deutscher über-
setzung'* — *zu widerlegen, genügt die aufstellung eines bessern lateinischen textes.
ich kenne von demselben noch fünf handschriften: die berühmte Cambridger* (Gg. 5.
35. XI *jh. bl.* 388ᵇ) *bei Giles* anecdota Bedae Lanfranci et aliorum, London 1851, *s.*
46. 47, *woraus ich die überschrift entnahm; eine Pariser bei Kopp* palaeogr. crit. **1**,
309, *der den h. Eligius für den verfasser hält; eine Reichenauer und eine Darmstäd-
ter bei Mone* lat. hymnen. nr. 269; *endlich eine späte Wiener* (Denis 1, 3, 2931). *auf
die drei letzteren und die Tegernseer hs. hat Mone seinen text gegründet, den ich
mit geringen änderungen wiederhole.*

      Sancte sator,   suffragator,
      legum lator,   largus dator:
      iure polleos   es qui potens
      nunc in ethra   firma petra:
5   a quo creta   cuncta freta
      quae aplustra   verrunt flustra,
      quando celox   currit velox:
      cuius numen   crevit lumen,
      simul solum,   supra polum!
10   prece posco   prout nosco.
      Caeliaree   Christe, parce
      et piacla   dira iacla
      trude tetra   tua cetra,
      quae capesso   et facesso
15   in hoc sexu   sarci nexu.
      Christi umbo   meo lumbo
      sit, ut atro   cedat latro
      mox sugmento   fraudulento.
      Pater, parma   procul arma

20	arce hostis,	ut e costis,
	imo corde	sine sorde,
	tunc deinceps	trux et anceps
	catapulta	cedat multa.
	Alma tutrix	atque nutrix,
25	fulci manus	mi, ut sanus
	corde reo	prout queo
	Christo theo,	qui est leo,
	dicam deo	grates meo.

470 *die Tegernseer hs.* liest 6. aplaustra: **flostra**   9. celum   11. caeliarche   15. carnis nexu   (16. 17. *Mone vermutet* Christe ... sis.)   18. *fehlt Teg.*   20. uti collis   21. immo   25. me   28. meo *hat nur die* Cambridger *hs., alle übrigen haben* geo *und lassen darauf noch einen vers folgen:* Sicque ab eo (*oder* Sicque beo) me ab eo. *darüber vgl.* Duméril *zu der stelle* (*poésies populaires lat.* 1843 *s.* 156). *für den verfasser unseres gedichtes hält Mone einen Angelsachsen und dafür lässt sich* in der tat *die beinahe durchstehende* allitteration *anführen* (*vgl.* JGrimm altd. w. 1, 128; Wackernagel litteraturgesch. § 30 n. 4), *auch wohl die einmischung griechischer worte* (Wright essay on the state of literature and learning under the Anglosaxons *s.* 43), *weniger dass mehrere der darin enthaltenen seltenen worte in einem ags. glossar anz.* 8, 134 f. *sich wiederfinden* (aplustra 14, celox 236, flustra 258, petra 660, suffragator 784, trux 829). *wie dem auch sei, fest steht die unhaltbarkeit der oben erwähnten behauptungen über diesen hymnus. - dagegen ist nicht zu läugnen, dass er in der Tegernseer aufzeichnung dem schulunterrichte dienen sollte. schon Rockinger hat erkannt, dass die ganze hs. ein 'für den unterricht in klosterschulen bestimmtes compendium' ist. und die unterbrechung des lateinischen textes durch die eingestreute deutsche übersetzung in vorliegendem stücke erklärt sich am einfachsten durch die annahme, derselbe sei hier zur bequemlichkeit des lehrers so eingerichtet worden wie er ihn zu gebrauchen hatte, d. h. wie er ihn in kleinere wortgruppen gesondert den schülern zum übersetzen vorzusagen* hatte. *die verwendung lateinischer, natürlich geistlicher, gedichte zum schulunterrichte ist auch im IX jh.* nicht ohne *analogie. die* carmina diversa ad docendum theodiscam linguam *in dem bekannten Reichenauer büchercatalog bei Neugart (ob sie auch in dem Murbacher zu* Genf vorkommen, erfahren *wir aus Pertz archiv* 7, 1018. 8, 257 *nicht) dürften weder deutsche gedichte noch zu einem eigentlichen unterrichte im deutschen bestimmt gewesen sein;* doch *konnte wohl der unterricht im übersetzen aus dem lateinischen ins deutsche* docere linguam theodiscam *genannt werden; so dass jene angabe nichts anderes* meint *als was uns in der Murbacher interlinearversion lateinischer hymnen vorliegt. sogar dass diese selbst darunter zu verstehen sei, wäre bei der nahen verbindung zwischen Reichenau und Murbach (Germ.* 1, 473) *und bei der übereinstimmung ihrer sprache mit der zeit in welcher jene carmina zur Reichenauer bibliothek neu hinzukamen* (821—842), *nicht unmöglich. schon Rockinger hat bemerkt, dass auch nach Reichenau oder nach Fulda die wenigen spuren führen, die von der heimat der Tegernseer hs. zu finden sind. dazu macht Dümmler zs. für die österreichischen gymnasien* 1864 *s.* 359 f. *bestimmtere beziehungen auf Passau geltend und vermutet als den autor dieses lehrbuches jenen Ermenrich der von* 864 *bis* 875 *bischof von Passau war und 'von seinem aufenthalte in Reichenau und SGallen her unsere lesestücke mitgebracht haben könnte': vgl. jetzt auch Wattenbach Deutschlands ge-

schichtsquellen zweite ausgabe s. 192. hierdurch wird das büchlein in die geistige genealogie Hraban-Walahfrid'eingeordnet denen beiden ähnliche verwendung des deutschen zu lehrzwecken nicht fremd war, vgl. zu LI. LXIII. was Ermenrich an dem vorliegenden **stücke** *anzog, das mag die von Dümmler SGallische denkmale s. 248 bemerkte 'vorliebe für das anbringen griechischer vocabeln, die er wahrscheinlich seinem lehrer Walahfrid verdankte' erklären.*

LXII.

Hs. F. III. 15 *der* **Basler universitätsbibliothek aus** *dem museum des sel. Remigius Fäsch († 1667) herrührend. 'litteris scoticis exaratus est (codex)* sub finem seculi septimi vel initio octavi' *Hoffmann.* **'mit ags.** *buchstaben des* VIII *jhs. geschrieben' Wackernagel. enthält das buch des Isid. Hispal. de ordine creaturarum, unvollständig: es fehlt bis in die mitte des 15. cap. drei andere aber gleichzeitige hände (z. 1—6. 7—19. 20—25) haben den freien raum auf bl. 17ª benützt um die vorliegenden recepte aufzuzeichnen.* H *Hoffmann vindemia basileensis* (**Basileae** 471 1834), 2 *bll.* 8°. W *Wackernagel die altdeutschen handschriften der Basler universitätsbibliothek* (1836) *s.* 8 C *Hofmann Münchener sitzungsberichte* 1870.1 *s.* 524 *bis* 526. *die interpunction der hs., im zweiten recept nach jedem worte* **eintretend**, *habe ich nicht berücksichtigt.* **1**, 2. 8. autor, antar: *dies offenbar die älteste form,* Graff 1, 834; *mhd. wb.* 1, 37; *Lexer* 1, 57, *und daraus* andorn *erst durch umdeutung gewonnen, daher nicht mit Hofmann hier* andorn *zu bessern.* 6. *der satz* in noctes stet *gehört offenbar, wie der deutsche text dieses ersten receptes zeigt* (z. 10), *in die* z. 2 *nach* antor. 7. uuizza *Mafsmann abschw. s.* 390] uueibha: *zur erklärung des fehlers darf man gewis nicht das* h- *ähnliche* z, *drei jahrhunderte vor seinem auftreten, herbeiziehen.* 12. uuartê] *davon der genitiv* **getânes abhängig**, *sonst nur* uuartên fora *'sich* vor *etwas* hüten' *nachgewiesen,* Graff 1, 950: *Sievers Tatian s.* 472. *Hofmann schlägt* vastê *vor, das aber sonst ahd. und mhd. nur absolut gebraucht wird.* 15. nant *will man die ungeschickte rede des verfassers, die auch sonst mancher* **nachhilfe** *bedürfte* (wie zu den ersten sätzen subject und verbum, zu 19 geoze, lâze das subj. man fehlt), **schöner** *und logischer machen,* so kann *man mit Hofmann schreiben* ni eino ni sî **in tag, ni in naht eino** ni slâffe 17. *zu* piuuartan *ist aus* 16 imo *das object 'ihn' zu entnehmen.* dû ist *natürlich wie in* 2, 5 *gleich* dôe tuoe, *was Hofmann entgieng. zu ergänzen* 'und gebrauche diese flasche so lange sie reicht'. unz in 18. ipu iz noh danne fâhe] in vor iz *zu ergänzen, fällt einem leicht ein, aber absoluter gebrauch wäre möglich:* 'wenn ein **neuer** anfall erfolgt.' **2,** 1 braenni: 2 aer, 4 naezen, daemo, 5 sine, rharno, aegero, uuizsae, aeude 6 daez. rhoz *'schleim'* Graff 3, 559. aostor. scalala: Graff 4, 1251; Lachmann *zu Nib. s.* 220. 350. 1. 2. alz. esamene 2. gemiscę, hręvę. simplę: 3 dęz, analęgi, simblę, oddę̄, 4 bęt, arinnę, 5 zę, dęz. uuaif *nur hier belegt wird* 'binde, lappen, wisch' *bedeuten; vgl. gramm.* 2, 13. *got.* veipan στεφανοῦν, vaips *und* vipja στέφανος (*von dornen Marc.* 15, 17. *Joh.* 19, 2. 5), langob. baier. uuiffa 'signum quod propter defensionem (als scheuche und merkzeichen) ponitur' (Graff 1, 784; RA. 941; Waitz DVG. 4, 441), weifsen *bei Schmeller baier. wb.* **4, 35, ndd.** wip *wisch von stroh oder lumpen:*

34*

strôwip, schüerwip (*Brem. wb.* 5, 269. *Schütze holst. idiot.* 4, 360; *auch schwach:* sustu mick an vor ein strowipen (:pipen) *sagt Hans zu Aleke in GRollenhagens Amantes amentes D* 6ᵃ), *ags.* vipian '*tergere*' *engl.* wipe.   þû *wie* þui z. 22 — *ags.* þý. 22. oddę.   22 *f.* arinne. lot. þęt   23. nesmeruen   24. rhaeno.   hounog: *vgl. ags.* hunig: 25. rhene. lachnsi.

Das richtige über vorliegende recepte hat bereits Wackernagel gelehrt aao. und leseb. 1861 *s.* XI. *das erste recept, gegen das fieber, ist zuerst lateinisch, dann von einem anderen mit erweiterungen deutsch aufgezeichnet. in beiden aufzeichnungen ist die sprache von niederdeutschem nicht frei:* stauppo (*gen. pl.*); uuiröh, in (11 *für* ina), hê, dê, dû (17). *das zweite recept, gegen den krebs, versuchte ein Angelsachse, der es aus seiner heimat, wenigstens aus der nachbarschaft der see (dahin weist die auster) mitgebracht hatte, deutsch zu schreiben. was für ein wunderliches sprachgemenge daraus entstanden, brauche ich nicht im einzelnen zu zeigen. hervorzuheben aber ist das der deutlichkeit wegen in die anmerkungen verwiesene* ae *und* ę (*vgl. zu* LI, 1), *weil es vielleicht über die engere heimat dieses Angelsachsen auskunft gibt: vgl. Bouterweks vorr. zu den evang. in altnordhumbrischer sprache s.* CXX. *das hochdeutsche element aber hierin und im ersten recept ist wenigstens nicht 'strengahd.' das beweist* gi- ge- *und dass überhaupt kein* k, ch *für got.* g, k *erscheint: denn* p *für* b *haben, wenn auch vereinzelt, wie* t *für got.* d *zb. die Fuldaer urkunden (auch das Hildebrandslied), die Frankfurter gl. in Mafsmanns denkmälern, die Mainzer glossen Diut.* 2, 282—287, *die lex salica unten* LXV.   *dass diese recepte noch ins* VIII *jh. gehören, kann aus der schrift wenigstens nicht geschlossen werden, da sie angelsächsisch ist. die sprache aber weist allerdings ungefähr auf das ende des* VIII *oder den anfang des* IX *jh. zu* gigesen, trincen 1, 10 *vgl.* gôten *Hildebr. z.* 47 *anm. ein wenige deutsche worte enthaltendes recept s. bei Eckhart Francia or.* 2, 980 *f.*

LXIII.

Originalurkunde des k. reichsarchivs zu München, aus Fulda. aussen steht von gleichzeitiger sehr grober hand De uestitura hamalunburc, *darunter von einer hand des* XV *jh.* Terminacio marche Hamelburgk, data Stormioni per karolum regem. *jetzt bezeichnet '*kaiserl. nachtr. nr. 3. XII. ¹⁰⁄₁.*'*   *Schannat Buchonia vetus (Lipsiae* 1724) *s.* 423.   *F.Roth in den Münchener gel. anz.* 1849, 2, *s.* 62 *anm.   Derselbe kleine beiträge zur deutschen sprach-, geschichts- und ortsforschung* 1 (1850), 82. 83. *vgl.* 3 (1854), 202.   *W Arndt, der so freundlich war das original für mich einzusehen, bemerkt darüber '*pergament glatt und stark, linien nicht vorgerissen. geschrieben in 15 zeilen, karolingische urkundenminuskel mit angelsächsischen und langobardisch-beneventanischen elementen. berücksichtigt man, dass der einfluss der letztgenannten schrift auf die urkundenschrift **sehr stark war und** schon in damaliger zeit eine grofse kalligraphische kunstbildung bestand, dass aber nun **auch** noch unverkennbare angelsächsische elemente zu finden, so wird **man annehmen können,** *das document sei in Fulda selbst geschrieben. an eine officielle ausfertigung ist nicht zu denken; vielleicht aber an gleichzeitige aufzeichnung seitens des interessierten teils. ligaturen kommen noch ziemlich viele vor.'* 12. Binesfirst] lies Ennesfirst mit Roth 1854, was *Arndt* bestätigt und durch ein facsimile über jeden zweifel erhebt. 13. die längezeichen über Lûti- und Uuînes- z. 14 stehen in der hs. 19. in theo teofûn] theo *steht hier* offenbar durch eine art von assimilation an das folgende teofûn. *von den beispielen die Graff* 5, 8 *für diese form gibt, ist* 'thio Ct. 72' *falsch und* dheo *Is.* 6 (*bl.* 16ᵇ) *sowie die* Virgilgl. (Steinmeyer IV, 1097) *acc. pluralis, an den pluralis kann auch der schreiber von A der exhort. z.* 14 *gedacht haben: Graff* 2, 72. *doch steht bei Notker Hattemer* 2, 157ᵇ *ein sicherer sing.* diô *und die vergleichbaren formen* diu (*auch im Anno wiederholt*) *deu Holtzm. Isid. s.* 141 *kann man nicht anfechten*. 20. hog.

In einer ebenfalls jetzt im Münchener reichsarchiv befindlichen urkunde vom 7 januar 777 (*Dronke cod. dipl. nr.* 57: Data septimo idus ianuarias Anno nono et tertio regni nostri actum Haristalio palacio publicae in dei nomine feliciter) *schenkt Karl dem kloster Fulda* res proprietatis nostrae. Hamalumburce situm in pago Salecgauio. super fluuio Sala cum omne integritate uel adiccenciis seu apendiciis suis Achynebach Thyupfbach Harital hoc est quantumcumque in superius nominata loca habere videmini (*d. i.* videmur). *darauf erfolgte am* 8 october desselben *jahres die einweisung des abtes Sturmi in den besitz durch die grafen Nidhard und Heimo und die königlichen vassallen Finnold und Gunthramn. dabei wurden die grenzen jenes besitztums nach der aussage der vornehmsten in der gegend festgestellt und darüber das vorliegende actenstück angefertigt. das in demselben enthaltene deutsch* ist *somit neben dem* alts. taufgelöbnis das erweislich älteste *unserer* samlung. *darum verdient der* dreimal *neben einmaligem* theo *erscheinende accusativ sg. fem.* thie *ganz besondere* beachtung. *denn es geht daraus hervor dass die* sprache des gewöhnlichen lebens im gebrauche jüngerer formen viel weiter fortgeschritten war, *als uns die mehrzahl* der litterarischen denkmäler ahnen lässt, dass also in diesen *eine künstliche* conservierung *des alten muss stattgefunden haben (vgl. jetzt auch Sievers Tatian s.* 36), *wie denn auch sonst vereinzelt gerade in den ältesten denkmälern auffallend junge formen begegnen* zb. in den gl. Ker. 36 auctor, ortfrume; 73 viae, ouege (nom. plur.); 269 triduum, thri deege (*l.* dage); *sicherer in Isid.* 13ᵃ, 7. 13ᵇ, 13 (*auch Rb.* 521ᵇ) adv. lange; acc. sing. masc. 19ᵃ, 12 dhisen; 19ᵇ, 2 uuesanden; fem. 10ᵇ, 6 alle; 21ᵃ, 20 chimeine; neutr. 11ᵃ, 19 gheistliihhe; 15ᵃ, 4 undarquhedene; 19ᵇ, 4 susliihhe; 3 sing. praet. 16ᵃ, 20 chiheilegode; Hildebr. 47 göten *vgl. excurs zu* LXII; — *und wie umgekehrt* zb. die deutschen glossen in des Walahfrid Strabo *werkchen* 'de partibus humani corporis', *von denen Dronke der sie herausgegeben* (Fuldaer progr. 1842 s. 19) nachwies dass sie jünger als 845 sind, *nach der gewöhnlichen* methode der altersbestimmung dreist ins VIII jh. gesetzt werden würden, kommen doch formen wie hracho und oahchasa darin vor: doch mögen sie aus einem älteren glossare geschöpft sein. für jenes thie hat Graff 5, 8 aus dem IX jh. nur ein beispiel aus Kero und gibt an, dass es 'bisweilen' auch bei Tat. und Otfr. sich finde. näheres jetzt bei Sievers s. 459. 460 und Kelle 2, 357. darnach hat der jüngere Otfrid die abgeschwächte form weit seltener als der ältere Tatian.*

LXIV.

Hs. 66 *der universitätsbibliothek* in *Würzburg.* 208 *bll. fol.* IX *jh. ein höchst kostbarer evangeliencodex, ausführlich beschrieben von* AOegg *korographie von Würzburg s.* 557—565. *darein ist auf bl.* 1^ab *die erste, auf bl.* 208^b *die zweite der vorliegenden markbeschreibungen eingetragen, von einer hand des ausgehenden* X *jh.* **welche** *auf bl.* 1^b *unter* 1, 43 *die notiz eintrug dass bischof Heinrich* I (995—1018) *die hs. binden* **lassen.** Lor. *Fries historie der gewesenen bischoffen zu Wirtzburg* (1544) *bei* JP Ludewig *geschichtschreiber von dem bischofthum Wirtzburg, Frankfurt* 1713, *s.* 397. JGvEckhart *commentarii de rebus Franciae orientalis* I (1729), 674. 675. F A Reuss *älteste urkunde über den umfang der Würzburger stadtmarkung (Würzburg* 1838) *s.* 5—7. HFMaſsmann *abschw.* (1839) *nr.* 72 *nach einer* **abschrift des prof. Denzinger.** Lor. *Fries geschichte der bischöfe von Würzburg* **(a. u. d. t. Würzburger chronik)** 1 (*Würzburg* 1848), 25—27. *die deutschen bestandteile der markbeschreibungen sind darin nach der hs. gegeben.* ERoth *beiträge* **zur** *deutschen sprach-, geschichts- und ortsforschung* 3 (1854), 38—46 *nach einer abschrift Schmellers vom jahre* 1836, *die ich in München eingesehen. hier nach einer vergleichung* Lexers, *zu der schliefslich noch eigene ansicht der hs. kam. es stehen darin folgende accente* 1, 7 ôtuuines, 9 notten lôh, 10 Zótan, 11 árbersht, 19 hûnger, 35 caûz, 36 hûnrih; 2, 4. 6 ûffan, 11 ûf, 17 ióh. **1**, 4. vuirziburgauensium

8. sol] *vgl.* 2, 5; *gramm.* 3, 415; *Schmeller baier. wb.* 3, 231; *Graff* 6, 186; *Kehrein altd. wörter aus urkunden s.* 57: *noch jetzt ist das wort in Holstein als appellativ für kleine senkungen im erdreich, in denen sich wasser sammelt, in gebrauch und in ortsnamen wie* Himbeerensol, Treusol *usw. nicht unhäufig, bei* Schütze *idiot.* 4, 156 *solle* 'kleine teiche'. JGrimm *gramm.* 2, 647 *und* HLeo *rectitudines s.* 84 *schrieben fälschlich* sôl. *ersterer nimmt überdies ein compositum* haganinosôl *an, gramm.* 2, 626. 10. E pho *vermutet* Roth. **12. theotger** *aus* thiotger, theodolt *aus* thiodolt *corr.* **14.** ^heibistes: *die unsichere besserung von Roth.* 16. chistebrunnon 24. **altquigi** 'callis' *gl.* Ker. Par. *Graff* 1, 671. 25. -reod: z. 54. 'carectum' *Graff* 4, 115.. *über die jüngere auf verwechselung mit* riuti riot (*Graff* 2, 489) *beruhende bedeutung s.* Schmeller 3, 56. 28. proderet 29. **bl** 1^b Knotger *an den ergänzten* **stellen hat die hs. durch einen riss ins pergament gelitten.** 36. *folger mit übergeschriebenem* c otfriht 40. suut] *lies* ſuit (*aus einem mit* s *beginnenden worte* **corr.) mit der hs.** **2,** 1. Uuirziburg *gen. sing. nach consonantischer declination.* 3. struot] 'palus' *Pariser glossen zu* Virg. Georg. 1, 363 (Haupts *zs.* 15, 37) Aen. 6, 369. 7, 801. *vgl.* Kuhns *zs.* 19, 313. 5. rod 'novale' *Graff* 2, 489. 6 hulju *dat. sing. von einem* hulja holi, *mhd.* hüli hüle. 10. urslht, *sonst* 'cicatrix, varix' (*Schmeller* 3, 425; *Graff* 6, 777), *hier etwa die einsenkung des ufers an der stelle der furt.* in mitten Moin' *ist dativ.* 11 ſ. moruobbes 12. diotunig *vgl.* Hel. 32, 19 *Cott.* unigo 14. heride] herdi *von hart sıf. vermutet* Roth *mit verweisung auf* Schmeller 2, 242. *aber dem dialect unseres denkmals wäre nur* herti *gemäfs. daher wird es vorsichtiger sein, bei der überlieferten form stehen zu bleiben und sie mit* JGrimm *gramm.* 2, 245 *als* her-id *aufzufassen, obgleich die ahd. bildung* -id *fem. nicht ganz feststeht. auffallend bleibt immer die flexionsendung, die in der Würzburger beichte noch ungeschwächt erscheint. das vorausgehende* dâr *erklärt sich, wenn die Ezzelenbuche* **obenfalls in der** berid *lag.* 15. Uuirziburge] *vgl.* Schmeller *gloss.* **sax.** *p.* 176 *n.* 6.

17. *ich bemerke gegen JGrimm d. wb. 4, 231, dass ohne zweifel* frôno erbi '*hereditas dominica*' *zu* **verbinden ist.**

Die erste der vorliegenden grenzbeschreibungen, vom 14 october 779, betrifft, wie z. 4 ausdrücklich gesagt ist, bloſs die seite westlich vom Main. bei der zweiten handelt es sich um den ganzen umfang der Würzburger mark. die formlosigkeit dieses documents ist ebenso auffallend wie seine abfassung in deutscher sprache: ein officieller charakter kann demselben nicht zugekommen sein. es geht unterhalb Würzburgs östlich des Mains aus, dann in einem halbkreis über die Pleichach auf den Greinberg, *von da über die Kürnach auf den Kürnachberg* (Quirnberg), *endlich durch den 'weingarten Fredjhants' — auch heute weist die baierische* **generalstabskarte** *an dieser stelle weinberge auf — oberhalb Heidingsfelds wieder an den Main. darin läuft die grenze eine strecke stromabwärts fort, an Heidingsfeld das am linken ufer liegt, vorüber, und beschreibt sodann den westlichen halbkreis um Würzburg. hier erwartet man die ortsnamen der ersten beschreibung wiederzufinden; und zwar, da diese nach der lage der beiden noch heute erkennbaren namen* Herostat (*Herstatter hof*) *und* Chistesbrunno (*Kist*) *von norden nach süden gieng, in umgekehrter ordnung. aber nur der strecke* Main Brunniberg Druhiriod [Druhielinga] Moruhhesstafful Brezelunsee *der zweiten beschreibung entspricht in der ersten* Brezzulunsee [*die südliche 'erdburg'*] Moruhhesstein Druhriod Brunniberg Main; *also von den* **vier** *strecken in welche sich die erste beschreibung teilt nur die vierte d. h. diejenige bei welcher zeugen aus dem Badanachgau hinzugezogen wurden, und welche mit der grenze des gaus Waltsazzi und des Badanachgaus (in welchem Heidingsfeld lag nach CJKremer in den commentationes academiae electoralis Theodoro-palatinae 4 [1778], 152 und KHvLang Baierns gauen s. 92) zusammenfällt (vgl. z. 38 f.). dazu stimmt merkwürdig, dass von den 27 namen dieser zuletzterwähnten zeugen sieben, dagegen von den 15 zeugennamen der ersten strecke (z. 10—12) keiner, von den 27 der zweiten (z. 17—21) nur zwei, von den 13 der dritten (z. 28—30) nur einer sich unter den* **18 personennamen der zweiten beschreibung befindet.** *wenn es sich daher bei noch näherer untersuchung der localitäten, wie sie vielleicht einheimischen möglich ist, herausstellen sollte, dass die in beiden beschreibungen ganz und gar nicht stimmenden ortsnamen der drei ersten strecken verschiedene linien ergeben; nicht, was auch* **an sich unwahrscheinlich ist,** *auf verschiedener auffassung einer und derselben linie* **beruhen;** *so könnte man vermuten, die beiden beschreibungen seien kurz nacheinander vorgenommen und die erste eine officielle berichtigung der zweiten. waren nun auch bei der zweiten leute aus dem Badanachgau d. h. zunächst aus Heidingsfeld* **beteiligt;** *so erklärt sich einigermaſsen das freilich auch dann noch sonderbare und vielleicht nachträglich eingefügte* unte Heitingesveldōno *in z. 59. sonderbar* **darum,** *weil die Würzburger mark ganz, von der Heidingsfelder jedoch nur die kurze strecke beschrieben ist, welche mit der Würzburger* **zusammenstöſst.**

LXV.

Octavdoppelblatt des IX jh. in der stadtbibliothek zu Trier, von Mone als deckelblatt einer incunabel (nr. 1072 in 4º), die dem kloster SMathias bei Trier gehörte, gefunden. dieses kloster war auch wahrscheinlich der frühere aufbewahrungsort der hs. dass die professen von SMathias ihrem buchbinder handschriften als zahlung gaben, wird ausdrücklich berichtet: Marx geschichte des erzstifts Trier 2, 2, 557f. FJMone zeitschrift für geschichte des Oberrheins 1 (1850), 36—41. *er nahm es für ein einfaches blatt von 2 spalten auf jeder seite und verkannte daher die richtige ordnung der seiten.* JGrimm in JMerkels lex salica (1860), s. 104—107. GHPertz *und* JMerkel *ebendaselbst s.* 109—111.   1. *vor der bezeichnet Merkel eine lücke. der titel* de chrenecruda *beginnt* si quis hominem occiderit et in tota facultate non habuerit unde totam legem impleat   3. sinē: *man durfte auch* sinem *schreiben, da dem einen* mâgun *in z.* 3 urcundeôm 1, 3; farahum 2, 6 *gegenüber steht.*

zu ergänzen neman wil.   4. *der titel* de charoena *beginnt* si quis alteri de manu aliquid per vim tulerit aut rapuerit   eowih   *für* w *in der hs. stets das angelsächsische zeichen.*   7. lôsii *vgl.* Graff 2, 267] lôsu *die ausgaben. auch z.* 10 *hatte Mone* wub verlesen.   billugit] *natürlich nicht 'belügt' wie Graff* 2, 131 *angibt, sondern 'verleumdet'.*   9. forlaazit *aus* forlazzit *nach Pertz.*   gimahalit] sponsaverit *hat der Schiltersche text und Merkel s.* 82.   inti ni wil sea halôn] et eam accipere (prehendere) noluerit *steht im texte dieses titels, nirgends in der überschrift.*   1. I. HERIST FON MENI *hs. nach Merkel: Pertz las* TEXTUS R. '*das heifst rubrica*'.   1. gimeinit] *vgl.* RA. 842; Müllenhoff *bei Waitz das alte recht der salischen Franken s.* 259.   2. inti ini?   4. urcundeom *nach Mone und 'das aspirierte* c *für* ch' *sei 'eigentlich eine irische schreibung, die am Mittelrhein bis ins* XI *jh. vorkommt; aber meist vor vocalen'.*   gibanni: *schreibfehler, wohl veranlasst durch das folgende* ini.   hiwôno] *vgl.* Graff 4, 1067; *mhd. wb.* 1, 695ª; *ags.* hivan 'familiares' *Grein* 4, 78. 79; *altn.* hion RA. 305.   2, 1. forstolan wirdit *anstatt* forstilit, *wie vorher und nachher richtig, für* furaverit *wird eine unabsichtliche wiederholung aus dem vorhergehenden* giwunnan wirdit *sein.*   wirdjûn] *vgl.* JGrimm bei Merkel s. LXXXVI. LXXXVII.   3. wird *hier und im folgenden immer.*
  5. soherso sui   6. haubit *hier und im folgenden immer.*

was das lateinische anlangt, so habe ich im wesentlichen den fünften text ('lex emendata, liber legis salicae', 70 *titel) bei* Pardessus (P) *beigefügt.*   9. vel de furca *unübersetzt; vgl. zu tit.* 2 § 5 *lat.*   1. *im deutschen text fehlt hier und tit.* 2 *stets die angabe der strafsätze in denaren, aufser* 2, 4   1. legibus dominicis *wird in dem zu grunde liegenden lateinischen texte gefehlt haben. ebenso* § 2 ei quem mannivit, *wo* P *nur die angabe macht, dass in zwei hss. die worte* et si eum (so) bis mannivit *fehlen.*   sunnis] RA. 848, Müllenhoff aao. s. 293.   *aus dem deutschen text ergibt sich, dass das wort im* IX *jh. noch lebendig war.*   2. vero *unübersetzt, wie die conjunction öfters:* § 3 autem, nam, vero.   3. manniat] *im deutschen* gibannc.   *vgl. die glosse zur lex Rib. Diut.* 1, 341 mannire, menan, bannan; *und die hs.* S *bei Pardessus s.* 277, *welche in* mannire *überall das* m *ausgekratzt und dafür* b *gesetzt hat, also* bannire bannit *usw. schreibt.*   ab illo *unübersetzt: ohne variante* P. *anstatt des ersten* manniri *hat* P manniri, *allerdings mit der variante* manniri. *aber das activum wird keineswegs notwendig durch die übersetzung vorausgesetzt.*
  2, 1. branne] *über die verdeutschung des wortes durch* stiga *vgl.* JGrimm bei Merkel

s. LXXXII. LXXXIII. *gl. Est.* de chranne prima, id est de primo partu. **5. subbattit** in furtu hoc **est** porcellos a matre subtrahit *P. es wird nicht angegeben, dass der zusatz in hss. der emendata fehle oder als glossem übergeschrieben sei. gleichwohl muss dies in der vorlage des übersetzers der fall gewesen sein, wenn man nicht eine bewuste meinungsdifferenz über die bedeutung von* subbattere **bei ihm annehmen** *will. und in der tat scheint er es richtiger verstanden zu haben als der redactor oder glossator der l. emendata. denn zu* battere 'schlagen' *wird es doch wohl gehören: und dazu stimmt sowohl die erklärung der gl.* **Par. (Pardessus** *s.* 364 *n.* 32; *Merkel s.* 101) qui porcellos in ventre matris occidit *als auch* **die von Waitz** *aao. s.* 298 *anders aufgefasste der recapitulatio legis salicae* § 9 (**Merkel** *s.* 98) si quis scrovam subbatit ut porcellos non habeat. 9. tertussum] *die übersetzung* hantzugiling *bestätigt gl. Par. (Pardessus s.* 364 *n.* 39) qui domi nutritur vel in domibus pauperum. *Merkel s.* 101 *wiederholt was in der ausgabe von Pithou, Parisiis* 1602, *allerdings wie als la. der glosse steht:* qui domi nutritur. Der zu hous. *dass dies aber nur ein etymologischer versuch Pithous oder Lindenbrogs ist, ergibt sich deutlich aus* **des letzteren** *codex legum antiquarum, Francof.* 1613, *s.* 1487[b]. *gl. Est. erklärt* castratum.

Mone aao. s. 40 *bemerkt, die übersetzung sei nach der mundart für die Oberrheiner gemacht,* 'von welchen man bis jetzt nicht weiſs, daſs bei ihnen das salische gesetz gegolten habe'. *über die ortsbestimmung s. die vorrede. wenn RDove zs. für deutsches recht* 19, 392; *zs. für kirchenrecht* 4, 173 *die ansicht vertritt, es* **hätten die** Franken 'welche jenseits des Rheins in den gauen an der Nahe, von Worms **und** Speier, diesseits im fluſsgebiete des Mains und untern Neckars safsen' *nach* **salischem** *rechte gelebt, so vgl. dagegen Sohm fränkische reichs- und gerichtsverfassung s.* 159. *so viel dürfen* **wir** *mit ziemlicher sicherheit behaupten, daſs die übersetzung nicht in denjenigen gegenden entstanden* **ist**, **in** *welchen die überwiegende mehrzahl der bevölkerung nach salischem rechte lebte. doch würde es allerdings auffallen, wenn in einer anderen gegend nur die l. salica, die dort auf verhältnismäſsig wenige menschen anwendung finden konnte, übersetzt worden wäre. was hindert* **uns** *aber* **anzunehmen, daſs wir** *hier ein bruchstück einer verdeutschten sammelhandschrift, dergleichen meist mit der l. salica beginnende Stobbe s.* 25 *n.* 27 *zusammenstellt, vor uns haben? mag nun die verdeutschung ganz zu stande gekommen sein oder nicht. fragt man aber nach der veranlassung eines solchen unternehmens, so wird zunächst an das bedürfnis der geistlichen 'examinatoren' von* 801/802 (*oben s.* 447) *zu denken sein:* 'cap. exam.' c. **11**, p. 107 Laicos etiam interrogo, quomodo legem ipsorum (d. i. iro euua) sciant vel intelligant. *vgl. aber auch ann. Lauresh. a.* 802 (*Pertz SS.* 1, 38) sed et ipse imperator ... fecit omnes leges in regno suo legi et tradi ('erklären' *s. excurs zu* LVI) unicuique homini legem suam.

LXVI.

Hs. ehemals in der cathedralbibliothek zu Trier, jetzt verloren.   *Chr. Brower S. J. antiquitates Trevirenses* (1626) *proparae. c. x. 'lex Hluduici Aug. et Hlotharii caesaris F. ex lib.* IV *Franc. legum.' diese erste ausgabe habe ich nicht gesehen. sie wurde unterdrückt, vgl. Eccard hist. stud. etym. linguae german. p.* 149; *DClement bibliotheque curieuse* 5, 265—268. *die bibliothek zu Göttingen soll ein exemplar bewahren. der ungemeinen seltenheit der ausgabe wegen gewinnt der darnach gemachte abdruck in SPaulli miscella antiquae lectionis* (Argentorati 1664) *s.* 102 *bis* 106 *neben der zweiten durch JMasenius besorgten ausgabe* (Leodii 1670) 1 *p.* 26 *f. bedeutung. schlechte lesarten der letzteren habe ich wo Paulli das richtige gewährte einfach weggelassen, und umgekehrt. der abdruck bei Leibnitz collectan. etymol.* (1717) *pars* 2 *p.* 405—408 *ruht gewis nicht auf der hs. die schon für Baluze nicht mehr gefunden wurde: capitul. praef.* § 82. *dazu macht de Chiniac in seiner ausgabe praef. p.* 57 *folgende bemerkung. 'Notam hanc inter uncos hic adiecit Baluzius in exemplari cuius margines sua ipse manu oneravit:* "§ 82 *Addendum quod D. Schitter (l. Schilter?) ea de re ad me scripsit in epistola sua* 13 *Martis* 1682." *In bibliotheca regia reperiri nunquam potuit haec epistola D. Schitter, ne quidem inter epistolas manu scriptas ad Baluzium missas. Quod ad manu scriptum codicem ecclesiae Trevirensis attinet, vide praefationem novi codicis legum veterum.' dieser nov. cod. den de Chiniac dem Baluze beizufügen gedachte ist nicht erschienen. ob die spur unserer hs. damals noch nicht ganz verloren war?*   *JGrimm bei Pertz LL.* 1 (1835), 261 *f.* *die übersetzung ist bei Brower und war auch ohne zweifel in der hs. dem lateinischen übergeschrieben.*   1. jouuelihe   3. Souerse thuruhe   sâlichêdi] LXXXVI, C, 1, 8 sina gotheite; *vgl. Heinzel zu HvMelk* 1, 35; *über die otfridischen stellen aber Kelle* 2, 202. 341.   anderru   4. craftlicheru

5. grâsceffi] *aus gl. Herrad. weist Graff* 4, 314 graschaft.   *vgl.* grâscaf *a.* 1222 *Beyer mittelrhein. urkundenb. s.* 154; holzgraschaf *a.* 1271 *Lacomblet urkundenb.* 2 *nr.* 616. *Lexer hdwb.* 1, 1075.   6. vuizzeta thia: *später* wizzcht *Lacomblet urkundenb.* 1 *nr.* 433 *a.* 1169.   *vgl.* êhaft êhaht êht.   *zu dem* ht *vgl. im register zu Beyers mittelrhein urkundenbuch* Crufta Cruht, Druftelevinga Druhdildinga, Efternacha Echternach, Ofdemodinge Ochtendung.   abo *gl.* *(randglosse bei Brower).*

8. vuifsit   palice   andern   sumuuelicheru *Paulli*.   10. seluern vuizzidi] *unten* z. 24 *then* vuizzut.   levent *gl.*   leuitt *urcundum retliche Auur*

11. havan nio mach: *l.* havan inmach?   vindan   14. ather   geaneruun in selues (Thesselves *gl.*)   16. nio 'ne': *Notker Hatt.* 2, 66ᵇ, 72ᵃ, 131ᵇ, 136ᵃ, 177ᵇ, 243ᵃ, 261ᵃ, 284ᵇ, 296ᵃ, 307ᵃ, 331ᵇ, 458ᵇ *usw. Wiener Notker ps.* 47, 12. 17. ccbeuvandelene *gl.*   18. anavalle *gl.*   19. nebaboda. neo *gl.*   19. 20. ceungeu vor samithu (samidu *gl.*).   22. himo *gl.*   eruida *gl.*   23. voloquoman *gl.*, vollocuman *JGrimm.* *vgl. Schmeller Hel.* 2, 184ᵃ.   23. samonungun: *vgl. z.* 27; XXXIII, F 42 mardelungun; *die niederd. psalmen s. MHeyne gramm. s.* 277   *die von Graff herausgegebene Trierer interlinearversion der psalmen dagegen braucht die feminina auf -*unge *stark.*   24. vuizzut *gl. zu dem* t *vgl. ps.* 70, 4 witat. 24. vane *gl.*   27. vuizzethallikhên *für* vuizzethablikhên *aus* -hahtl- *(für* -haftl-) *wie* reblic *ps.* 54, 23. 57, 2 *aus* reftlic (*vgl.* rehnussi *ps.* 70, 2. 15. 19).   ather (ahter *gl.*)   28. samanungun *Paulli.*   vuitirigeven *gl.*   *im lateinischen* z. 1 *steht bei Brower wie im Ansegis* 4, 18 De homine libero ut potestatem habeat cet.

das durch die übersetzung vorausgesetzte und daher von mir in den text aufgenommene ist die lesart des cap. 817 c. 6 p. 211, das jedoch nach darc noch den, übrigens unrichtigen, zusatz hat pro salute animae suae.   5. sint *Brower*.   12. possint im cap. cit.; bei *Ansegis* ist invenire possit neben inveniri possunt überliefert.
13. accipit ut *Ansegis*.   dagegen hat das capitulare fideiussores (*l.* fideiussorem, freilich gegen sämtliche hss.) vestiturae donet, qui ei qui illam traditionem accipit vestituram faciat.   19. habuit *cap. Anseg.*] habeat   21. cum illo faciat *cap. Anseg.*] faciat cum illo

---

Die zu z. 1 *angeführte abweichung des der übersetzung zu grunde liegenden lateinischen textes von dem bei Brower entscheidet dafür, dass diese interlinearversion ursprünglich nicht zum Ansegis, sondern zum c. 6 des cap. a. 819 (816 Pertz) selbst gehört.* und in der tat wird uns nirgends gesagt, dass die hs. aus welcher Brower sie mitteilte ein solcher gewesen sei. es ist daher wahrscheinlich, dass die annäherung des lateinischen textes an den Ansegis lediglich von *Brower* herrührt, der durch abweichungen von der einstimmigen lesart des capitulars und des Ansegis sowohl, als auch von dem durch den deutschen vorausgesetzten lateinischen texte (s. zu *lat.* 5. 19. 21) willkür in der behandlung des letzteren überhaupt verrät. **zu der annahme**, es sei einmal mehr als das vorliegende capitel übersetzt gewesen, **ist** kein grund vorhanden, dagegen sehr begreiflich, dass man demselben allein um seiner wichtigkeit willen (vgl. darüber namentlich *Beseler* erbverträge 1, 20 *ff.*, **auch** *FStein* untersuchungen üb. d. deutsche sachenrecht s. 38 *ff.*) zu fortgesetzter **verkündigung in den kirchen** aperto sermone ut ab omnibus possit intellegi (vgl. *Waitz* 3, 510 n. 1) *eine verdeutschung überschrieb.* diese leidet an den gewöhnlichen gebrechen der interlinearversionen. z. 3 ist aliquem *für* alium, z. 27 immunitas *für* immutatio, redeant *für* reddant *genommen*. die auslassung von ther vor himo z. 13 (vgl. die anm. zu *lat.* 13) fällt offenbar der eintragung in den Ansegis zur last. umgekehrt hat an derselben stelle der mangel eines entsprechenden wortes im deutschen text die weglassung von ut zur folge gehabt. wenn in der überschrift ursprünglich thuruch sâlichêdi sêlu sineru **stand** (vgl. zu *lat.* 1), so erklärt sich der **ausfall dieser worte auf dieselbe weise**. gegen die von *Pertz* über einige hss. **deutscher rechts-** und gesetzbücher (abhandlungen der Berliner academie 1857) s. 96 *ff.* aufgestellte, von *Stobbe* rechtsquellen s. 54 *f.* n. 106, s. 235 gebilligte vermutung, das vorliegende denkmal und das vorhergehende seien 'teile einer rechtshs. worin das salische gesetz und der Ansegis zu bequemem handgebrauch in einem 8° bande verbunden waren' scheint es nach den vorstehenden erörterungen nicht nötig, alle die gründe **geltend zu** machen, welche ihr sonst noch widersprechen: **dass** das 'fragment' gerade ein capitel, nicht mehr und nicht weniger, umfasst, dass beide stücke nicht einmal auf denselben alten aufbewahrungsort zurückzuführen sind, den weiten abstand ihrer sprache **und** anderes. über die letztere hat *JGrimm* bei *Pertz LL.* 1, 261 anm. und nach ihm ausführlich *GWahlenberg* de lingua francica Rheni inferioris, Bonnae 1849, s. 6 bis 18 gehandelt. man kann sie nicht höher hinaufrücken, als in den beginn des X oder in den schluss des IX jh. vgl. insbesondere die schwächung des auslautenden ehemals langen o zu u und e (thie 6, selve 27), dann andere 9. 14, sinin 21.

LXVII.

Cod. Pal. Vatican. 1964. *jetzt ms. du fonds latin* 9768 *der ehemals kaiserlichen bibliothek zu Paris. Nithardi historiarum libri IV. das ausgezogene stück steht lib.* 3 *c.* 5. P*Pithoeus, annalium et historiae Francorum scriptores* XII, *Francofurti* 1594; *s.* 472. 473. *nur diese ausgabe habe ich benutzen können: Pithous vorrede ist von* 1588. M*Freher foederis Ludovici Germaniae et Karoli Galliae regum formulae, o. o. (vorr. datiert 'Heidelbergae')* 1611, 8 *bll. klein* 4°.

JBBRoquefort **glossaire de la** *langue* **romane** 1 (1808), xx: *facsimile. wiederholt MG. SS.* **2, tab.** VIII. *besser bei De Mourcin serments prêtés à Strasbourg (Paris* 1815). UFKopp *Heidelb. jahrb.* 2 (1809), 1, 315—319. JGrimm *in den MG. SS.* 2 (1829), 665. 666. WWackernagel *altdeutsches lesebuch* 1839, *s.* 75—78. JBrakelmann *in der zs. für deutsche philologie* 3 (1871), 85—95. *der romanische text nach* FDiez *altromanische sprachdenkmale* (1846) *s.* 3 **bis 14.** 1. *im jahre* 842. 10. en verbessert in *in* 17. gealnissi, t *übergeschrieben.* 17. 18. sô fram—[urgibit] *vgl.* LXXII, 20. 18. madh tesau 19. bruher soso | ma: *der fehler durch das vorangehende* soso *man veranlasst.* 20. minan willon] *vgl.* LXVIII, 2. noheiniu *verbessert in* nohheiniu **werhen** 24. suo lo stanit 26. iuer

---

LXVIII.

A *cod. lat.* 6241, *Fris.* 41 (*früher* B. F. 1) *der k. bibliothek in München,* 141 *bll. fol.* IX/X *jh. enthält bl.* 1—39 *eine canonensamlung (concilien und decreta pontif.) nebst einigen anhängen; dann von anderer hand bl.* 40—51 *die Mainzer synode* 847, *bl.* 51—77 *das concil zu Tribur* 895, *bl.* 77—81 *'epist. Nicolai papae ad Karolum Mogontiacensem archiepiscopum' (der von* Wasserschleben *beiträge zur geschichte der vorgratianischen kirchenrechtsquellen s.* 165—167 *aus einer Darmstädter hs. herausgegebene brief, oder der im excurs zu erwähnende an Karl, Salomon und andere bischöfe?), bl.* 81. 82. *'eiusdem ad Salomonem Constant. episcopum responsiones'* (864), *bl.* 82—87 *und wieder* 90—142 *'excerpta* **ex variis** *epistolis paparum et conciliis', bl.* 87—90 *'capitula contra Iudaeos Karoli M. et caeterorum regum' (Schmeller). bl.* 100 *der priestereid, darnach* Sacramentum quod domnus papa Leo iuravit *und* Sacramentum parentelae quomodo inquirendum sit Triburiense concilium. FKunstmann *in der Tübinger theologischen quartalschrift* 1836 *s.* 531—536. Mafsmann *abschw.* (1839) *nr.* 70

B *cod. Fris.* B. II. 1 *des Münchner reichsarchivs,* 100 *bll. kleinfol.* X *jh. genau beschrieben bei* Pertz LL. 2, 551. *das jüngste datum ist die synode von Erfurt* 932. *der priestereid steht bl.* 91^b *nach auszügen aus der kirchenversamlung zu Ilerda, aus Hieronymus und Beda über den eid; und vor dem reinigungseide des papstes Leo, wie in A.* JFHuschberg *geschichte des hauses Scheiern-Wittelsbach* (1834) *s.* 118 *n.* 41. FMWittmann *die Boioarier und ihr volksrecht* (1837) *s.* 238 *nach Roth, der auch berichtet dass Wittmann schon* 1832 *den eid gefunden habe.* Mafsmann *abschw.* (1839) *nr.* 71. KRoth **denkmäler** (1840) *s.* IX. 28. 30. *überschr.* De Sacramento episcopis. qui ordinandi sunt ab eis *AB*.   1. hold *auf rasur A*.   2. si *A*] so *B*. ih dir *ist als relativum*, N. demo piscophe ἀπὸ κοινοῦ *zu nehmen*.   hold *heifst dann natürlich 'zur treue verpflichtet'*.   frümenti *A*.   3. kahorig *B*.   statik *B*.   piscoftuome *B*.   4. after *B*.

In dem vorliegenden denkmal hat Kunstmann irrig eine 'zweifache beziehung, das versprechen des gehorsams gegen den regenten und metropoliten' finden wollen. schon Huschberg war der sinn der überschrift nicht zweifelhaft gewesen. es ist ein den bischöfen geleisteter eid derjenigen, die von ihnen ordiniert werden sollen. deshalb kann die abfassung desselben weder, wie Wackernagel litteraturgeschichte s. 49 meint, zur zeit Karls des grofsen noch auch bald darnach stattgefunden haben. denn ausdrücklich wird damals der obedienzeid misbilligt: zuerst durch die zweite synode von Chalons sur Saone (813) c. 13 **Dictum est interea de quibusdam fratribus quod eos quos ordinaturi sunt iurare cogant, quod digni sint et contra canones non sint facturi et obedientes sint episcopo qui eos ordinat et ecclesiae in qua ordinantur. quod iuramentum, quia periculosum est, omnes una inhibendum statuimus.** *dann im cap. Aquisgran. a.* 817 c. 16 (*LL*. 1, 208) **De episcopis vero in Langobardia constitutis,** qui ab his quos ordinabant sacramenta et munera, contra divinam et canonicam auctoritatem, accipere vel exigere soliti erant, **modis omnibus** inhibitum est ne ulterius fiat, quia iuxta sacros canones uterque a gradu proprio talia facientes decidi debent. *nach der zweiten stelle* **darf man** *annehmen, dass in Deutschland dieser misbrauch noch gar nicht* **vorgekommen war**. *ohne mich bei der behauptung Phillipps (kirchenrecht* 2, 186) *aufzuhalten, dass in den vorstehenden stellen eine misbilligung dieses eides liege, 'dürfte schwerlich die richtige interpretation der betreffenden canones sein' (Zaccaria auf den er sich beruft habe ich nicht nachschlagen können: vgl. dagegen zb. Martène de ritib. eccl.* 2, 323, *Binterim denkwürdigkeiten der christkatholischen kirche* 1, 1, 495) **will** *ich nur* **erwähnen** *dass* **Martène** *aao., ich weifs nicht* **ob mit recht, aus einem** *schreiben Gregors* IV *an die bischöfe Galliens auf* **das bestehen des** *brauches zur zeit dieses papstes* (827—844) *schliefst: jedenfalls käme das zeugnis nur für Frankreich in betracht. das erste für Deutschland gibt Benedictus Levita* 3 (7), 466 *der nach dem 21 april 847 sein werk vollendete: Hinschius Pseudo-Isidor s.* CLXXXIV. CLXXXVI*. *indem er die bestimmung eines älteren capitulare incerti anni über die vor dem bischof abzulegende professio wiederholt, setzt er davor die überschrift* **Ut presbyteri et diaconi, quando per parochias constituuntur, stabilitatis et obedientiae suae atque statuta servare promissionem suo faciant episcopo.** *aus diesem verfahren um die sache anzubringen,*

---

* *Ob Benedict mit dem namen Otgars nur seiner samlung die nötige autorität verleihen wollte und von dem* **eben** *verstorbenen beauftragt zu sein nur vorgab; oder ob seine bezüglichen angaben wahr* **sind** *und er wirklich, wie ich im text annehme, mit Mainz in verbindung stand, muss erst eine vollständige revision der untersuchung über seine quellen ergeben. nur wenn sich in ihnen specifisch deutsches findet, wird man ihm glauben schenken dürfen. in diesem sinne möchten allerdings schon jetzt die statuta Bonifacii anzuführen sein, deren deutscher und mainzischer ursprung auch dann noch wahrscheinlich bleibt, wenn man oben s.* 438 *anm. den* **Benedict** *abzieht.*

geht hervor, dass eine ältere gesetzliche bestimmung darüber ihm wenigstens **nicht bekannt war.** *aber ob er sich bereits auf die praxis der Mainzer kirche dabei stützte oder ob diese erst folge seines werkes war oder mit diesem hand in hand gieng, lässt sich nicht ausmachen. jedesfalls muss diese einführung, nach dem mutmafslichen alter der vorlage unserer hs. A zu schliefsen, noch vor dem jahre* 895 *stattgefunden haben, und die mundart unseres denkmals weist auf Baiern und nicht auf* **die späte zeit des IX jhs.** (ka- ga- ki- LXI, ga- ge- IV, 3). *ob ein nach dem jahre 868 gefälschter papstbrief (bei Hartzheim concil. Germ.* 2, 241. *vgl. Dümmler Ludwig der deutsche s.* 391 *n.* 26), *in welchem von einer beeidigung sogar der ganzen diöcesanbevölkerung die rede ist* (in Salomonem quippe episcopum nec criminis neque facinoris sententiam certe protulimus, nisi ut commissam sibi a domino plebem, sicut audieramus, non constringeret iuramentis), *auf den priestereid von einfluss war oder sonst irgendwie damit zusammenhängt, wage ich nicht zu entscheiden. fest steht dass die spätere praxis der Mainzer und anderer kirchen den eid verlangte: in den ordines* VII (*Soissons*), VIII (*Salzburg*), XIII (*Cambray*) ad ordinandum presbyterum *bei Martène* 2, 395*f.* 401. 448 *stellt der bischof an den ordinandus die frage* vis **episcopo tuo ad cuius parochiam** ordinandus es obediens et consentiens esse secundum iustitiam et ministerium tuum? *in dem ordo* XVI (*aus Mainz*) *bei Martène* 2, **477 vis episcopo** *usw.* obediens esse et consentiens in licitis secundum canonica statuta? *darauf antwortet* **der ordinandus nach** *den beiden zuerst angeführten ordines mit einfachem* volo, *in Cambray und Mainz* volo, et hoc deo et sanctis **eius** ita in praesenti promitto, prout scio et adimplere valeo: ita me deus adiuvet et sancti **eius.** — obediens et consentiens *ist genau das* kahôrich enti kahengig *unseres denkmals. die 'stabilitas'* (stâtig) *die hier der ordinandus* aphter canone verspricht *wird* **in den** *kirchlichen gesetzen der zeit oft eingeschärft, zuerst, wenn ich nicht irre, in den nach Rettberg* 1, 379 *wahrscheinlich* 747 *durch Bonifacius publicierten cap. Zachar.* **p.** *ad Pip.* c. 8 (*Hartzheim* 1, 80) *wo zugleich der betreffende canon citiert wird:* c. 5 conc. Antiocheni. *im übrigen findet auf die vorliegende deutsche formel eine bezüglich des von den bischöfen dem papste geleisteten eides* **längst** *gemachte bemerkung anwendung,* **dass** *sie nemlich dem lehnseide* **nachgebildet ist.** *mit* rehto *entspricht dem* per rectum, per directum, per drictum; **sô mino chrêfti enti mino chunsti** sint dem in quantum ego scio et intellego *oder pro* **scire et posse meo, secundum** meum scire et posse (*vgl. auch den Mainzer ordo:* prout scio et adimplere valeo); mînan uuillun *dem* per meam voluntatem *des* **fidelitätseides oder der von** *bischöfen dem kaiser geleisteten eide, welche eben auf die form des karolingischen vassallitätseides schliefsen lassen: vgl. die von Mafsmann abschw. s.* 60*f. und Waitz DVG.* 3, **235***f.* 260 *u.* 3 *angeführten formeln. die in unserem denkmal durchbrechende allitteration und reim sind der altdeutschen rechtssprache zu geläufig und natürlich, als dass sie nicht auch hier sich finden sollten. selbst langzeilen ergeben sich:* sô mino chrêftì | enti mino chúnsti sint *und* frûma frúmmènti | enti scádun unénténti. *über die syntaktische form, daz ohne vorhergehendes verbum,* **s.** *Benecke und Haupt zum Iwein* 7928; *Haupt zum Erec* 4068. *nicht überall handelt es sich in den dort angeführten stellen um eid und rechtsgiltigen schwur. ob ein solcher ohne anrufung gottes oder der* **heiligen** *überhaupt möglich war, mögen die juristen entscheiden. irgend eine schwörende geberde muste wohl stets hinzutreten, und zu dieser verhielt sich daz wie in dem* **schwäbischen** *verlöbnis* wâ *zur darreichung des handschuhes. vgl. zu* XCIX, **3.**

LXIX.

Hs. des IX/X *jh.* (X *jh.: Hoffmann ahd. gl.* § 114 *s.* XLII) *aus dem frauenstifte zu Essen im archiv zu Düsseldorf, enthält die homilien Gregors des grofsen, durch einige glossen für die vorlesung in deutscher sprache eingerichtet. von derselben hand wie das ganze ist auf die vorderseite des letzten blattes das unter* LXX *folgende stück aus einer homilie Bedas, auf die rückseite desselben die vorliegende heberolle eingetragen.* VN *Kindlinger im allg. Leipziger litter. anzeiger* 1799 *stück* 110 *s.* 1081—1084. *er fand die 'bruchstücke'* 1793. EG *Graff Diutiska* 2 (1827), 190*f.* TJ *Lacomblet archiv für die geschichte des Niederrheins* 1 (1832), 9—15. *die richtigkeit der Lacombletschen lesung bestätigt* W *Crecelius in der Germania* 13, 105. 2. 3. the thrim hōgetīdon: *weihnachten ostern pfingsten.* 3. thriuu **uiarhteg** 4. bikerā] *über becher als abgaben vgl. R A.* 381. e. *und Dorows denkm.* 1, 2, 60. *cod. Lauresh.* 1, 217 *nr.* 140 VIII staupi. úsero hērino **misso:** *am* 27 *september, dem tag der heil. Cosmas und Damianus, der patrone des stiftes.* crūkon] *RA.* 381 d. *Werdener heberegister bei Lacombl. arch.* 2, 268. 272. 275 XII crateras. 15. **honegas.** Te

---

'Die genannten höfe heifsen jetzt: *Viehhof, Eickenscheid, Ringeldorf, Huckarde, Brochausen, Horl, Nienhaus, Borbeck und Drehn, letzterer im hochstifte Münster, wo in alter zeit, begünstigt von vielen und grofsen heiden, die bienenzucht sehr im flor war, wie wir aus den dort überall unter den hofesgefällen vorkommenden honiglieferungen wahrnehmen.*' 'die oeconomie dieses und der meisten stifte jenes zeitalters war in verschiedene zweige eingeteilt, welche man ämter nannte, und es liegt am tage dass die in unserer heberolle aufgeführten lieferungen, worunter weder weizen, roggen noch hafer **erscheint**, nicht die gesamten gefälle dieser grofsen oberhöfe, sondern nur diejenigen gewesen sind, welche sie zu dem bis zur jüngsten zeit fortbestandenen **brauamte liefern musten; daher das malz, die gerste und** das holz die hauptartikel **ausmachen, und das wenige an brot und erbsen** die reute der brauknechte war.' Lacomblet. **wann das frauenstift zu Essen gegründet** wurde steht nicht fest. die in einer abschrift des IX *jh*. erhaltene und vom 27 september (also vom tage der schutzpatrone) 877 datierte stiftungsurkunde **setzt man jetzt ins jahr** 873 und nimmt **eine** echte, **nur** stark überarbeitete vorlage an (Dümmler ostfränk. reich 1, 807). **aber die stiftung selbst ist gewis älter: dafür darf man sich zwar** nicht mit Lüntzel geschichte der diöcese und stadt Hildesheim 1, 21 auf die aussage der urkunde selbst berufen, **es** sei dem kloster die freie wahl der äbtissin schon durch die päpste Sergius (II. 844—847) und Hadrian (II. 867—872) gewährt: **denn** bischof Altfrid von Hildesheim, der sein amt 851 antrat, steht als gründer **aus** Lacombl. niederrhein. urkundenb. 1 **nr.** 97. 99 **fest, und papst Sergius starb am** 27 januar 847; zugleich zeigt Lacombl. 1 **nr.** 99 **dass** weder **Sergius noch** Hadrian, **dass** vielmehr Nicolaus (**so zu** lesen **für** Zacharias **nach nr** 97) dem kloster das recht **zu** freier wahl **der äbtissin** verlieh. aber nach **der** urkunde Ottos I *ddo.* 15 jan. 947 (Lacombl. 1 **nr.** 97: erneuert durch Otto II am 23 juli 974, Lacombl. 1 **nr.** 117) hat bereits erzbischof Günther von **Köln (abgesetzt** 863) mit zustimmung **des papstes Nicolaus** (gewählt 858), *also zwischen den jahren* 858—863 *dem kloster bedeutende zehenten geschenkt* **dieselbe urkunde** *zählt unter* **den** *schenkungen, die* **sie bestätigt** *auch eine des königs Lothar* (II. 855—869) **auf und** *als schenkung des königs Ludwig nennt sie* curtem unam Hucrithi nuncupatam. *dieser Ludwig ist natürlich Ludwig der deutsche, zu welchem Altfrid in nahem verhältnisse stand* (Dümmler 1, 876); *seit wann, müssen die zeugennamen der urkunden Ludwigs ergeben,* **kann ich aber jetzt nicht untersuchen.** *bereits auf dem friedenscongress zu Koblenz* 5 *juni* 860 *ist Altfrid des königs bevollmächtigter* (Eckhart Fr. or. 2, 476). *wir dürfen also vorläufig dieses jahr als die grenze annehmen, hinter welche unsere heberolle die z.* 6 Hukreth *nennt fallen muss. nach der andern seite hin aber vermag ich eine grenzbestimmung leider nicht zu geben. denn dass von den zahlreichen* **orten,** *welche könig Zwentebold am* 4 *juni* 898 *dem kloster schenkte* (Lacombl. 1 nr. 81) *keiner in unserem denkmal genannt wird, daraus wage ich mit einiger* **sicherheit nichts zu** *schliefsen.*

Es dürfte hier **der ort sein** *um ein kleines verzeichnis friesischer besitzungen des klosters Werden* **einzuschalten, das** *mehrere zusammenhangende* **deutsche** *wörter enthält, in dem älteren Werdener heberegister bl.* 34ᵃ *von* **einer** *hand des* X *jh. aufgezeichnet und durch W Crecelius* collectae ad augendam nominum propriorum Saxonicorum et Frisiorum scientiam spectantes 1 (*Elberfeldae* 1864), 25 *bekannt* **geworden ist,** *bei dem man auch alle nötigen erläuterungen findet.*

An Naruthi thiu kirica endi kiricland fan Almeri te Tafalbergon. An Uuerinon thiu kirica endi al that gilendi. Te Amuthon thiu kirica endi kiricland. An theru Fehtu ēn uuerr sancti Liudgeri, alterum sancti Martini. Ütermeri **sancti** Liudgeri totum, Spilmeri *et* Pulmeri half. Suecsnon ubi natus **est sanctus Liudgerus** totum. An Upgōa sivun hofstadi, sivun uuerrstadi te Aiturnon sancti **Liudgeri.** Te Kinleson ēn alt giuuerki.

3. 5. uuerr *ist neutrum wie das nhd.* webr. *die* septem were *welche Crecelius aus dem heberegister von SMartin zu Utrecht beibringt zeigen das wort als feminimum* **mit lat. pluralendung, entsprechend ahd.** weri 'depulsio propugnaculum' *Graff* 1, 929; *altfries.* were wiri *Richthofen* 1139ᵇ *das in der bedeutung des zur verteidigung dienenden* **gegenstandes von** *Richthofen in dem compositum* hofwere 822ᵇ *nachgewiesen* **wird. die ebenfalls von** *Crecelius angeführte ags. urkunde bei Kemble* 1, 64 *fügt* **dazu noch ein** *masculinum,* **lat. plur.** uueres. *das rr der vorliegenden beispiele* **erklärt sich** *aus der grundform* warja *durch consonantumlaut, der* **von den obliquen casus** *auf nominativ und thematische form übertragen worden.* 5*f.* **Kinleson]** **dies** *natürlich die ursprüngliche form, nicht* **das** *assimilierte* Kinloson *jüngerer* **quellen,** *wie Förstemann* 2², 945 *annimmt.* **vgl. zu dem** *zweiten teil des compositums* **das** *baier.* calasneo *Schmeller* 1², 1427

LXX.

Über hs. und ausgaben s. zu LXIX. 1. sēs 2. romo: 3 **uuorthōn**, 9 kerikōn, gòdlika, gedōn, 11. 13 hūdigō: *offenbar ist an allen diesen stellen ein zwischen o und u schwebender oder beides enthaltender laut bezeichnet. ganz ebenso findet sich* ō *zb. in den gl. Rb. von s.* 503ᵇ *an für* ō *und* o (iró hiutó rōhs f. hros. sogar im lat. agrórum desiderō usw.), *in den Trierer glossen für* on uo *und* o (bótec rōst **hōnig**) *und im fränkischen gebet für* o. 5. sēç 6. vuarth: 12 vuat, 12. 13 vui 9. gòdlika *JGrimm in Dorows denkm.* 1, 2, XXXI: godlika *Schmeller gl. sax.* 47ᵃ. gòdlik, guodlik *kann aus der bedeutung* 'gloriosus' *sehr leicht in die von* 'sollemnis' *übergehen, und* thianost *ist hier ebenso selbstverständlich gleich* missa *oder* officium *im kirchlichen sinne, wie im Hel.* 4, 5 theonost *als gottesdienst verstanden wird.* 13. gefullōn *entspricht dem ahd.* irfollōn 'instaurare' *Graff* **3, 493.** *dass dem vorliegenden stücke die homilie Bedas* **zu allerheiligen (opp. ed. Col.** *Agr.* 1688 *bd.* 7 *s.* 151) *zum grunde liegt, hat* HHoffmann *ahd. gl.* §,114 *s.* XLIII *und in* Aufsess *anzeiger* 1 (1832), 267 *bemerkt. die übersetzung ist ziemlich frei und bis auf das* **leichterklärliche** *misverständnis des namens Phocas richtig. zu der annahme es sei jemals die ganze homilie übersetzt oder zu übersetzen beabsichtigt worden, ist kein grund vorhanden; und es spricht ausdrücklich dagegen die im deutschen angebrachte schlussformel. die lateinische stelle aber lautet:* Legimus in ecclesiasticis historiis, quod sanctus Bonifacius, qui quartus a beato Gregorio romanae urbis episcopatum tenebat, suis precibus a Phoca Caesare impetraret, donari ecclesiae Christi templum Romae, quod ab antiquis pantheon ante vocabatur, **quia** hoc quasi simulacrum omnium **videretur esse deorum: in** quo eliminata omni spurcitia, fecit ecclesiam sanctae dei genetricis atque omnium martyrum Christi, ut exclusa multitudine daemonum, multitudo ibi sanctorum a fidelibus in memoria haberetur: et plebs universa in capite calendarum novembrium, sicut in die natalis domini, ad ecclesiam in honore omnium sanctorum consecratam conveniret, ibique missarum sollemnitate a praesule sedis apostolicae celebrata omnibusque rite peractis, unusquisque in sua cum gaudio remearet. Ex hac ergo consuetudine sanctae romanae ecclesiae, crescente religione christiana, decretum est ut in ecclesiis dei quae per orbem terrarum longe lateque construuntur, honor et memoria omnium sanctorum, in die qua praediximus haberetur, ut quicquid humana fragilitas per ignorantiam vel negligentiam seu per occupationem rei secularis, in sollemnitate sanctorum minus plene peregisset, in hac observatione solveretur, quatenus eorum patrociniis protecti, ad superna populorum gaudia pervenire valeamus.

LXXI.

Zwei pergamentblätter fol. XI/X *jh. aus Gernrode im herzoglich anhaltischen archiv zu Bernburg, stark vermodert, auf wachspapier aufgeklebt, zwischen glas bewahrt.* HHoffmann *in der Germania* 11 (1866), 323. 324. MLleyne *kleinere altniederdeutsche denkmäler* (1867) *s.* 59—61. *es ist mir durch beson-*

dere herzogliche vergünstigung möglich gewesen die blätter hier in *Wien* unter *Karajans* augen und mit *Heinzels* gelegentlicher hilfe selbst zu vergleichen. *kleinere schrift* bezeichnet was nicht mehr *Heyne und ich, was aber hr. prof. vlleinemann vor uns in der hs. noch erkannte. doch bezieht sich* **dies** *nicht auf das übergeschriebene, und von z.* 53 *an, wo man sich auf festerem boden befindet, ist die unterscheidung aufgegeben. welche ergänzungen hier zu denen von Heyne hinzugewonnen wurden, mag die vergleichung lehren. man wird, um der schwierigkeit der lesung willen, ohnedies in der regel beide ausgaben zu rate ziehen.*

4. flehfeli : *die versetzung des h wie unten zu z.* 11*, etwa an iro githankon endi an iro fleschlikemo uuillion, vgl. die stelle aus Cassiodor im excurs.*
6. geouftamidi, *t' aus c corr., di ziemlich unsicher: ältestes beispiel von* ft *für* ht, *vgl. die psalmen vorr. s.* XVI. 7. *von dem* ld *am schlufs der zeile glaubte ich spuren zu erblicken.* 10. ann *und* ana *hängen nicht unmittelbar zusammen wie bei Heyne, man kann also nicht* au nána vuisa *setzen, ich habe eine form gewählt die ebenso möglich sein wird wie das von Schmeller* Hel. 2, 82ᵇ *nachgewiesene* nigican 11. theua] *man erwartet* themo erhtlikon 12*f*. gigeuan, *das* n *übergeschrieben, sehr blass.* 29. lofon *schreibfehler für* gilosod? *ich kann nur* vuer::a *lesen und dem* a *scheint ein strich angehängt der so nicht wieder vorkommt, abkürzung für* n? *alles dieses aber höchst unsicher.* 30. :ernoma, *das schliefsende* n *war vielleicht übergeschrieben wie* z. 12. vuer::a *scheinen die züge der hs. zu ergeben.* 32. *vor dem* o *in* no *scheint* **noch ein** *buchstabe zu stehen. das bild der hs. genau* wiederzugeben, *so dass alle verhältnisse stimmen,* war nicht immer möglich. alla *gehört weiter links über das vierte wort der folgenden zeile, dagegen das vereinzelt erkennbare* d *noch etwas weiter rechts.*
37. *das* t *vor* vuorkid *habe ich nicht entdecken können und nur von Heyne herübergenommen. dagegen* schien mir vuan *ziemlich deutlich.* 39. *zwischen* au *und* thia *sehe ich nur ein ganz unsicheres* r. 41. *ich lese nur* Thefman, *habe* Thefa *von Heyne angenommen und auch* z. 65 *gesetzt. das schluss-*o *von* bluodo *stand wohl nie in der hs. ist aber als verbesserung gerechtfertigt.*
42. *ich bin der lesung* cnniffeemo *gegenüber Heynes* menffeemo *sicher.*
43. *fremitha?* 46. fel *'dolosus'? vgl. engl.* fell, *ags.* välfel *und Grein s. v. auch* z. 47. That if fel? 48. *das* ri *von* otheri *glaubte ich warzunehmen, am schluss der zeile aber ist nur* ge::amod. G *sicher.* 50. *statt* ikef *meinte ich* enkef *zu erblicken. man kann hier noch allerlei vermutungsweise ergänzen was zum lateinischen stimmt,* bl *zu* bluod, z. 51 *man sclage,* z. 52 *ein superlativ auf* isto, *womit der* homicida *oder* dolosus *bezeichnet war, und darnach irgend eine form von* gisclahan, *und diese vernichtung erstreckt* sich *nach z.* 52. 53 *auf seele und körper.* 55. himilika *zwischen* hierusalem *und* getumber:d *ist* that : if *übergeschrieben.* 57. Thär] That *Heinemann.* te] *darnach las Heinemann noch ein* r, *wovon ich nichts erblicken konnte.* 58. drohtines] *von dem* t *noch deutliche spur und das* in *nicht am ende der zeile.* 62. franda 65. lies Vuelîk 66. *was über* Thiu vuarhed *und* themo *geschrieben sein soll, konnte ich nicht entdecken.* 67. thiu tunga *Heyne]* thiuuunga *hatte Heinemann gelesen.* selfkuni *glaubte Heinemann zu sehen, in der hs. ist jetzt nur noch der erste strich eines* n *oder* r *zu erblicken, das richtige fiel Heinzel ein,* selbchuri *im Wiener Notker,* mhd. selpkür; *was das geschlecht anlangt, vgl. ags.* cyre *masc. 'arbitrium'.*

Dass die vorliegenden bruchstücke einem psalmencommentare angehörten, hat **Mlleyne** *erkannt und auch in bezug auf die lateinische quelle dieses commentares das richtige gefunden. ich habe die psalmcommentare von Origines, Eusebius, Augustinus, Hilarius, Beda, Haimo, Remigius von Auxerre, Walakfrid Strabo verglichen. keiner zeigt jene verwantschaft wie die schon von Heyne namhaft gemachten: der commentar des Cassiodor und das fälschlich dem Hieronymus beigelegte breviarium in psalmos. ich setze die stellen, so weit sie mit dem deutschen übereinstimmen oder zur erkenntnis des zusammenhanges notwendig sind, hierher. der deutsche text ist zum teil so verstümmelt, dass oft nur ein einzelnes stichwort die verwantschaft bekundet.* (deutscher text z. 2 bis 4? oder 8?) psalm IV. 8. 'Dedisti laetitiam in corde meo, a fructu frumenti, vini et olei sui multiplicati sunt.' multiplicati sunt enim pessimis actibus i. e. mundana voluntate completi. (z. 5? 9?—18) 9. 'In pace in id ipsum dormiam et requiescam.' Contra humanos tumultus et felicitates caducas, quas mundus aestimabat esse praecipuas, pulcherrime pacem cordis obiecit, quam habere non possunt qui saecularibus artibus (l. actibus?) implicantur. Pax enim ista habet tranquillissimam vitam quae cum sua mente non litigat: sed in domini beneficiis perseverans amoena tranquillitate perfruitur. ... Sed ne pacem istam temporalem putares, addidit 'in id ipsum dormiam et requiescam.' In id ipsum quippe dicitur, quod nulla rerum vicissitudine commutatur, sed ipsum in se permanens incommutabili perennitate consistit. 'Dormiam' finem vitae vult intelligi. 'Requiescam' futuram beatitudinem indicare monstratur, quando iam requies dabitur sanctis et gloriosa pausatio *Cassiodor. darnach kann man z. 17 noch etwas weiter gehen und ergänzen: an themo uuorde. 'ik seal sclapan (oder restian)'.*

(z. 19—27) *psalm V. 1.* 'In finem pro ea quae hereditatem consequitur psalmus David.' ... Pro ea vero quae hereditatem consequitur ecclesiam significat cuius persona in hoc psalmo introducitur ad loquendum (*vgl.* z. 28). haec bona domini salvatoris adit ac possidet. hereditatem vero ideo consequi dicitur, quia Christo resurgente ad eam bona spiritualia pervenerunt, i. e. fidei insuperabile fundamentum, spei certissimum praemium, suave vinculum caritatis etc. quarum rerum nunc tenet imagines et in futuro est perenniter possessura virtutes .... Rursum ecclesia domini vocatur hereditas, sicut in secundo psalmo dictum est 'pete a me et dabo tibi gentes hereditatem tuam, et possessionem tuam terminos terrae.' quae merito ipsius hereditas dicitur cuius pretioso sanguine comparata monstratur *Cassiodor. die vorstellung Christi war im deutschen offenbar näher ausgeführt: steckt in sarmu g 22 auch etwa samanunga? 'die kirche ist diejenige die das erbe erlangt: das ist der ewige* besitz *der geistigen güter die sie Jesu Christo verdankt. dessen ist das erbe, der vom anbeginn bei dem vater war und an dem ende der welt als richter kommen wird.'*

(z. 28—33) 2. 'Verba mea auribus percipe, domine, intellige clamorem meum.' Aures autem divinitatis ad similitudinem corporalem dicuntur ... Vox enim ista non erat labiorum crepitus, sed cordis afflatus, qui non auribus audiri, sed mentis lumine consuevit intelligi *Cassiodor.* (z. 34—36) 3. 'Intende voci orationis meae, rex meus et deus meus' (*von hier als vocativ z.* 31*f vilo thurugthigeno hērro vorausgenommen?*). Tu es deus meus, quia non est venter deus meus, quia non est aurum deus meus, quia non est libido deus meus.

quoniam tu virtus es, et ego cupio habere virtutes, propterea tu es deus meus, hoc est, virtus mea *(der anfang des entsprechenden min z. 35 erhalten) Breviarium.* (z. 37—53) *psalm* V. 7. 'Odisti omnes qui operantur iniquitatem perdes omnes qui loquuntur mendacium. virum sanguinum et dolosum abominabitur dominus.' Videntur istae sententiae nonnullam recipere quaestionem, ut **iniquitatem** operantes odisse tantum dominum dicat: mendacium vero loquentes **perire confirmet? dum si litteram intendas,** gravius videatur esse agere **iniquitatem quam loqui mendacium.** sed hic significat haereticos qui loquentes mendacium, sequacium animas perdiderunt. quid enim potest esse gravius quam ibi **errare ubi** et alterum possit extinguere? *Cassiodor.* Qui enim operatur iniquitatem, suam tantum animam occidit: qui autem haereticus est et loquitur mendacium, tot occidit homines quot induxerit *Breviarium.* Vir quidem sanguinum est qui humano cruore polluitur, sed et ille qui decipit vivum. Addidit 'et dolosum': multa enim perperam fiunt quae propria voluntate non agimus: dolosus (*vgl. zu* 46) autem illos significat qui scientes malum alienum (z. 48?) operari nituntur exitium *Cassiodor.* Vir sanguinum omnis haereticus est (z. 49), quotidie animarum sanguinem fundit. recte dixit dolosum: et homicida est et dolosus (*vgl. zu z.* 50) *Breviarium.* (z. 53—58) 8. 'Ego autem in multitudine misericordiae tuae introibo in domum tuam, adorabo ad templum sanctum tuum in timore tuo.' Quoniam malos dixerat abominandos, consequens erat ut se per divinam gratiam in domo domini testaretur admitti. nam cum ipsa ecclesia hic domus sit domini, tamen potest per unumquemque beatum dicere, qui eius membra sunt, **Jerusalem** futuram se nihilominus intraturam .... Sed quia illa futura Jerusalem lapidibus vivis sanctorum creditur multitudine construenda, apte dixit 'introibo in domum tuam': quasi in illius fabricae perfecta aedificatione concludat. '**Adorabo** ad templum sanctum tuum in timore tuo'. ... **Templum sanctum** corpus est domini salvatoris.... Sequitur '**in timore tuo**'. **Ut cordis** compunctionem declararet, timoris intulit mentionem: quia tunc fides solida est, quando amori casto formido divinitatis adhibetur *Cassiodor.*

(z. 59—66) 9. 'Deduc me, domine, in iustitia tua: propter inimicos meos dirige in conspectu tuo viam meam.'... Ait enim 'in tua iustitia', id est, dum confitentibus parcis seque poenitendo damnantes aequissima potentia tuae pietatis absolvis. nam qui abiicit rebelles, iustum est ut velit recipere supplicantes. 'Propter inimicos meos', id est propter haereticos et paganos. ... 'Dirige in conspectu tuo viam meam', id est: vitam meam perduc ad tuae serenitatis aspectum *Cassiodor.* Ego autem cupio intrare in domum tuam et volo intrare per viam tuam rectam: sed quoniam continuata semitis scandala ponunt inimici mei et mihi in domum tuam ire cupienti laqueos ponunt in itinere, propterea quaeso te ut dirigas pedes **meos** usque ad finem. meum est pedes ponere in via tua, tuum est corrigere gressus meos. ... Quae est autem ista via? lectio scripturarum.... *Breviarium.*

(z. 66—70) 10. 'Quoniam non est in ore eorum veritas, cor eorum vanum est.' ... Recte enim dicitur, in ore ipsorum non esse veritatem, quorum cor vanitas possidebat. lingua enim sequitur mentis arbitrium imperioque cordis eius mobilitas naturali ordine famulatur *Cassiodor.* Describuntur haeretici, describitur vir sanguinarius et dolosus quem abominabitur dominus. 'Non est in ore eorum veritas': non habent Christum veritatem oin ore suo, quia nec in corde habent. 'Cor eorum vanum est'. melius habetur in hebraeo ἐπίβουλον: vere enim insidiatur cor haereticorum mnibus quos decipit. *Breviarium.* *die übereinstimmung zwischen den ausgezogenen stellen und dem deutschen text ist unzweifelhaft: manchmal treffen die worte näher zusammen als der sinn, und das verhältnis ist jedesfalls ein freieres. entweder hat der verfasser selbst aus beiden commentaren seinen deutschen geschmiedet oder er hat eine uns unbekannte lateinische vorlage benutzt, worin jene beiden auf solche weise verarbeitet waren. die schwerfälligen anknüpfungen mit wan z. 66—70 können wohl nicht für das erstere beweisen; denn ähnliches schwerfälliges enim kommt bei lateinisch schreibenden Deutschen vor, zs.* 12, 442.

LXXII.

Düsseldorfer hs. des IX jh. aus dem frauenstift zu Essen, wohin sie jedoch anderswoher gekommen sein muss, da die sprache offenbar älter ist als die gründung von Essen (s. zu LXIX exc.). 'enthält das sacramentar Gregors d. g. mit einmischungen aus dem gelasischen; ein calendarium und mehrere kirchliche formeln und lectionen, von etwas verschiedener hand, sind teils vorgeheftet, teils angereiht. unter diesen zeugen einige einweihungs- und beschwörungsformeln zb. bei gottesurteilen durch die wasser- und feuerprobe, für das alter der hs. hier findet sich auch ein ordo ad dandam paenitentiam, worauf ohne absatz oder änderung der schrift die vorliegende beichtformel folgt.' TJLacomblet *archiv für die geschichte des Niederrheins* 1 (1832), 1—9. *recensiert von* JGrimm *gött. gel. anz.* 1832 *s.* 392—397 (*kleinere schriften* 5, 125—129). *nachverglichen von* WCrecelius *Germania* 13, (1868), 105 *und dann noch einmal für mich.* 1. giuhu] *vgl.* that ik gisiaha *Prudentius gl.* 695 (*zs.* 15, 529). JGrimm *gramm.* 1¹, 261 *vergleicht mnd.* sü, süt, geschüt f. sich, sihet, geschihet. *vgl. zb.* Schröder *holt des h. cruzes gloss. s. v.* sên. *bei* Hölscher *nd. lieder und sprüche findet sich nr.* 2, 2, 8 geschuet, 30, 2 su, 23, 6. 36, 10. 51, 2. 69, 2 suet. *gerade wie* vluet *f.* vliuhet 62, 5. Endi helagon vuihethon: *was hier echt und was glossem ist, zeigt schon z.* 45. uuihethon *wäre aber auch unpassend, denn eine beichte an alle reliquien gerichtet hat keinen sinn. dem glossator schwebte ein ähnlicher eingang vor wie im ordo III ad dandam paenit. bei* Martène 2, 50 Confiteor tibi, domine, ... coram hoc sancto altare tuo et istius loci reliquiis *usw.* vu *anlautend meist.* 2. Endi 4. cristinbêdi '*taufe*' *wie* LXXIII, 15. LXXIVᵃ, 16. 8. Sueriannias] -annias *ebenso z.* 28. *aber z.* 33. 46 *dat.* -anna. *vgl.* JGrimm *gramm.* 4, 105. *es ist neben* -ana (nom. acc.) *ein infinitivsuffix* -anja *für die obliquen casus anzunehmen. vgl. gl. Ker. s.* 172 zi firthakenni, zi quethanni, 246 zi linthanni, 279 zi uuerienni, 254 uidendi. zihenni (*l.* zi schenni) *und dazu die dative anti fragm. theod.* 8, 21 M *und* zi niuuihti Graff 1, 732, neouuihti min *gl. Ker. s.* 203. *ob* tuenue *K. Hattemer* 1, 37. 41. 46. 86 *als umlaut in anspruch zu nehmen ist,* weifs ich nicht: sonst steht bei li. anue in starken verben durch und ist bei schwachen weitaus überwiegend. jedesfalls erklärt consonantumlaut die verdoppelung des n besser als Bopp vergl. gramm. § 877. das suffix ist identisch mit dem des sskr. ptc. fut. pass. -aniya (= -anya: Schleicher compend. 2, 350). andere spuren desselben zeigt im gotischen Bopp auf,vergl. gramm. § 904. 9. Ouarmedias 10. Ouar atas antidion so, nicht nuitidion fehôda] vgl. unten z. 30. LXXIV[a], 7. LXXIV[b], 7. LXXV, 17 und JGrimm aao. s. 395 f. 13. lk in giuha verbessert von Lacomblet. 14. Endi ok 18. jungeron: man wird dabei zunächst an die dem beichtenden zur erziehung anvertrauten denken müssen. ist mêstar z. 6 das entsprechende? in der Frekenhorster heberolle heifsen die klosterschüler jungeron, s. MHeynes glossar.

19. Thena missâ 'feiertage' wie LXIX, 4. 15; Rul. 17, 12. vgl. Schmeller gloss. sax. 79₄. 20. Vsas 21. Siakoro 22. nodthurti Sera 23. Minan Gasti 24. scolda aus scoldi corr. 25. Endi gisônda gisônan 26. nicht gisibtio Endi 29. hêthinnussja: vgl. die Brüsseler Prudentiusglossen zs. 16, 93 nr. 60. 62 paganismo heithenisse, hêthiniss: sespilon: die erklärung JGrimms und Schmellers wird durch die alts. glosse zum Prudentius (zs. 15, 518, 80) nenias sesspilon bestätigt. 31. Men eth 33. Mina 34. Varchto saug Mer sprak 35. mik so: 'es steht allerdings ganz deutlich mik da; es ist aber ebenso ersichtlich dass der schreiber, vielleicht ein Oberdeutscher, ursprünglich mib geschrieben hatte und daraus durch hinzufügung eines hakens mik machte' Crecelius. 38. Biscopos 41 so huat 44. dôn hluttarlikio] vgl. harmliceo Hildebr. 66. 46. 47. biddiu gibedas] vgl. LXI, 8 petôno pittiu.

Die vorliegende und die vier folgenden beichten sind nicht unabhängig von einander entstanden. die Mainzer (M) und Pfälzer (P) setzen einen text y voraus der in abhängigkeit zu einer fassung x stand, aus welcher auch die Fuldaer beichte (F) geflossen ist. in weiterer verwandtschaft schliefst sich die Reichenauer beichte (R) an, und S die sächsische scheint ihnen allen zum grunde zu liegen. eine genaue und scharfe genealogie ist nicht möglich. in zahllosen kirchen Deutschlands wurden diese formeln gebraucht, jeder schreiber konnte autor sein und eine gewisse selbständigkeit entwickeln, indem er aus der vielgestaltigen überlieferung schöpfte. die späteren und abgeleiteten glieder der verwandtschaft wirken daher wieder gegenseitig auf einander ein. das oft wiederholte ih gihu von S findet man in R wieder. aber der eingang R bietet bereits ih uuirdu gote almahtigen bightig wie F und x. daraus hatte y gemacht ih nuili gote almahtigen bightig uuerdao, das behält P bei, M dagegen führt wieder das einfache ih gihu von S ein und bringt uuili dero bightig uuerdan in z. 2. 3 nach. das formelhafte sô ih scolta am schluss der einzelnen selbstanklagen haben SM und R. 27 (vgl. S 24. 25), dagegen F sô ih mit rehtu scolta, P sô ih bî rehtemen scolta, und R das seine quelle noch an einer stelle verrät ersetzt es sonst durch sôse got habêt gibodan unde mîn sculd uuâri. der angeredete priester heifst gotes man in SFP und offenbar auch in xy, denn M hat diese bezeichnung am schluss 22 beibehalten, im eingang aber geändert und gotes boten daraus gemacht wie R und dei missus bei Otmar s. 491. hierin also nähere übereinstimmung zwischen M und R gegen alle übrigen. in S 19 klagt sich der beichtende an dass er thena hêlagon sunnûn dag endi thia hêlagûn missâ nicht feierte und ehrte. das *ist in* M 10 R 9 *ganz richtig aufgefasst und* thia hêlagùn missâ *durch andere heilege* tagâ *wiedergegeben;* F 10 P 10 *dagegen verstanden 'messe' darunter und setzten den singular.* der strengste plan der aufzählung scheint in MP zu herschen: die unterlassungssünden, mithin die negative form des ausdrucks, genau gesondert von der positiven. aber diese strenge sonderung ist nicht ursprünglich: die genitive der positiven reihe werden in der sonderbarsten weise unterbrochen durch M 6. 7, P 5—7. diese wendungen stehen in F 13. 14 an der richtigen stelle. andererseits hat auch F in z. 6. 7 einen solchen unterbrechenden zusatz, der nach M 17 R 30 vielmehr an das ende der zusammenfassenden wendung gehört, mit welcher die beichten regelmäfsig schliefsen. hieraus ergibt sich der plan von *x*, worin die reichen aber ungeordneten elemente von S in eine bestimmte folge gebracht wurden. S zerfällt aufser eingang und schluss in zwei hauptteile von analogem bau: eingang 1—7; erster teil (7—25), anfänglich genitive (7—10), dann selbständige sätze, mit wenigen ausnahmen negativ und daher schliefsend mit dem stereotypen 'wie ich sollte' (10—25); zweiter teil (25—39) anfänglich wieder genitive (25—29) und dann wieder selbständige aber nicht so stereotyp gebaute sätze (29—39); schluss (39—48) zusammenfassend. schluss und eingang stehen mit ihren allgemeinen angaben über die arten der sünde und die umstände unter denen gesündigt wird gleichfalls in analogie, so dass einzelne phrasen ebensowohl dem eingang wie dem schluss gemäfs waren und ihre stellen tauschen konnten. das hauptgeschäft des verfassers von *x* bestand darin, jene beiden hauptteile in einander zu arbeiten, nur einmal genitive zu gruppieren und auf sie sätze folgen zu lassen, erst negative, dann positive mit participien. er beginnt also mit der eingangsformel 'ich beichte gott dem allmächtigen, allen heiligen und dir priester meine sünden' (S 1. 2). zu suntôno *treten dann gleich, zum teil in abhängige sätze aufgelöst, die genitive vom beginn des zweiten hauptteils,* unrechtes sehen und hören, zulassen und verleiten *(diese beiden in* S 26 *wohl ausgefallen,* F 4 M 4. 19 P 3), unrechte gedanken worte und werke, unrecht sitzen und stehen (M 6 P 5), was ich irgend gegen gottes willen tat *(F* 4. 5, *vgl.* S 41. 42). *sünden des worts:* meineid *(S* 30) fluchen *(S* 33. 8) lügen *(S* 8: es wird nun der anfang des ersten hauptteils S *vorgenommen); sünden der tat:* stehlen *(S* 30) hurerei und totschlag *(S* 9. 10); *sünden des gedankens:* girida, abunstes, nîdes, bispráchido, ubilero lusto *F* 8, minero fastûn firbrocheneru *M* S. 9, P 8 (F 9. 10), *vgl.* S 7 nithas endi avunstes (*vgl.* S 32), hetjas endi bisprákjas . . . firinlustono (*vgl.* 36) endi minero gitidjo farlâtanero. *hierauf negative sätze, entweder unabhängig oder durch* thaz *angereiht wie in* F. *das motiv zu dem ersten ist aus der eben benutzten stelle von* S *entnommen, wo nach* firinlustono *fortgefahren wird* ovarmôdjas endi trági godes ambahtas, *demnach:* versäumter kirchenbesuch, sonn- und feiertage und heiliges abendmal nicht geehrt *(S* 19—21), curs nicht erfüllt, ungehorsam (MP; *S* 33 mina gitîdi endi mîn gebed . . . ne gifulda . . . ungihôrsam uuas), notleidende nicht aufgenommen (MP; *S* 22—24), kein almosen (*fehlt S*); kein versöhnungstiften (S 25), sünde nicht vergeben (*fehlt S*). ohne erlaubnis gab und nahm ich *(S* 30. 31) zur unzeit essend und trinkend *(S* 10. 11), zur unzeit schlafend und wachend (*fehlt* S, *doch vgl.* 42). dies alles und vieles andere (*vgl.* S 39) dessen ich vor gott schuldig bin *(fehlt* S, *vgl.* 41. 42), das ich bei meiner taufe versprach *(S* 4), ob ich es mit bewustsein unterliefs oder aus unerfahrenheit oder in der trunkenheit *(S* 40, *vgl.* excurs zu LXXIII), ob durch eigene ob durch fremde anreizung *(nur F, doch vgl.* R 30. 31?), ob schlafend ob wachend *(S* 42), ob ich mich dessen erinnere oder nicht (*fehlt S, steht aber* LXXVII, 5. LXXVIII, 3), *ob ich es duchte sprach oder tat* (*S* 2. 3): **das beichte ich** *nun gott dem allmächtigen usw.* (*S* 45. 46) *und tue gerne* **bufse** (*S* 46). vergleichen wir dieses wiederhergestellte x, die quelle von FMP, im ganzen mit S, so kann nicht überall mit sicherheit gesagt werden, ob x indertat aus einer mit S identischen fassung hervorgegangen ist, ob nicht S selbst erweiterungen erfahren hat. auch nähere betrachtung lehrt darüber nichts. der satz 4—7 könnte ein eigentümlicher sein: die religiösen pflichten sind in den drei formeln des taufgelöbnisses, des glaubens, der beichte beschlossen; die bürgerlichen werden ebenfalls in drei begriffe gefasst, wovon der erste mêstar wahrscheinlich den geistlichen vorgesetzten bedeutet, der zweite hêrdôm sicher den weltlichen; der dritte uuithar mi- **nemo rehta** (*vgl.* LXXVI, 26 *uuider minemo heite, dies und das darauf folgende* **nicht** *in der lateinischen quelle*) *kann daneben nur auf das gehen, was ich mir selbst* **und meines gleichen schuldig** *bin. das verzeichnis der sünden ist nicht systematisch* **angelegt**, *aber nach natürlichen übergängen des gedankens, die man grofsenteils* **leicht** *errät. die gesinnungen welche die menschen entzweien machen z.* 7 *den anfang;* bispräki *leitet zu schwören und lügen, auch sünden des mundes,* **über; dann** *kommt sinnenlust und alle leidenschaften die der christlichen entsagung entgegen stehen und den menschen vom gottesdienst abhalten. an frafs und völlerei knüpft sich anderes, was speise und trank betrifft, und das verschütten des geweihten leitet zu sonstigem verwüsten über, darunter die unachtsamkeit auf die sachen des herren, womit eine neue vorstellungsreihe, die pflichten gegen andere menschen, angehörige und nicht angehörige, eröffnet wird. da sich die lehrpflicht* 18 *um geistliches dreht, fällt dem verfasser kirche und feiertage und abendmal ein, er kehrt aber wieder zu den nächstenpflichten (worunter auch zehntenzahlen), zu gastfreundschaft, zu den vorstellungen von streit und versöhnung zurück. hier scheint er inne zu halten und sich zu besinnen, was er noch* **etwa** *vergessen haben möchte. daher fängt er von neuem an mit genitiven, ausgehend von den verschiedenen lebensfunctionen des menschen, sehen und hören, denken sprechen handeln, sitzen stehen gehen liegen. die vorstellung des 'unrechten' liegens erinnert an küssen umhalsen umarmung, die vorstellung weltlicher sinnenlust weckt die der heidnischen poesie, und diese hinwiederum die des falschen und verpönten glaubens. was folgt, scheinen nachträge und ergänzungen zum ersten teil, die* **nicht in** *ähnlicher weise durch ein inneres band zusammengehalten werden: diebstahl, geben und empfangen fremden gutes ohne erlaubnis (des rechtmäfsigen besitzers) und meineid (um die veruntreuung abzuschwören); zorn streitsucht und was sonst die menschen entzweit, ein schon angeschlagenes thema:* **wir befinden uns bei einem** *fehdelustigen volke. dann wieder eine anzahl sünden des mundes,* **endlich vergehen in** *der kirche und gegen geistliche personen.*

es ist kein einheitlicher standpunct festgehalten: der verfasser spricht bald im namen eines gefolgsmannes im herrendienst, bald im namen eines klosterschülers, letzteres zb. in dem satze 32—35 *den ich soeben als sünden des mundes bezeichnete: der ungehorsam steht scheinbar unvermittelt, unter dieser voraussetzung aber wohl erklärbar, zwischen unrecht lesen und singen und sprechen und schweigen. ein ganzes lebensbild entrollt unsere beichte. charakteristisch die erwähnung des heidentums. die alte poesie steht in kraft. das ansehen der bischöfe und priester ist noch* **bestritten**. *es kommt vor dass geweihte speise und trank zerstört wird. die beichtenden sind im glauben noch nicht fest, sie 'glauben was sie nicht glauben sollten'.* **ja z.** 40 sô ik it uuitandi dâdi sô unuuitandi, sô mid gilôvon sô mid ungilôvon *weifs* ich nicht anders *zu verstehen* **als**: '*wissend* (belehrt dass etwas sünde sei) oder *un-wissend, seit ich christ bin oder* **noch** *als heide*'. *der mensch wird auf gottes mund-burt verwiesen. aber auch das verhältnis zum weltlichen herrn macht sich geltend, und nur dieses klingt wenigstens in* fl 28 **an**: *die übrigen charakteristischen züge sind S allein eigen; hier hinzugekommen oder in den verwandten beichten wegge-lassen? wer weifs es. jedenfalls setzt S die sächsischen zustände nicht allzu lange nach der bekehrung voraus. sie reiht sich insofern dem sächsischen taufgelöbnis an und ist älter als der Heland. in bezug auf das unmittelbare verhältnis zum leben aber könnte man sagen: die sächsische beichte unterscheidet sich von der Fuldaer wie der Heland vom Otfrid.*

LXXIII.

A *cod. ms. theol.* 231 *der universitätsbibliothek zu Göttingen.* 256 *bll. fol.* X *jh. ein aus Fulda stammendes missale, worin unter der überschrift* Incipit confessio *auf bl.* 187ᵃ⁻ᵈ *die vorliegende beichte steht.* Otfridi evangeliorum Liber, Basileae 1571 (*ed.* APGassar) δ. 7ᵇ—ε. 1ᵃ. F*Pfeiffer forschung und kritik auf dem gebiete des deutschen altertums* 2, 39—42 (*aus den Wiener sit-zungsberichten* 1866, **bd.** 52) *nach* **einer** *abschrift von dr. W*Müldener **die mir** *vorlag.* B *Chr*Brower Fuldensium Antiquitatum libri IIII, **Antverpiae** 1612. *s.* 158. 159. 'Confessio peccatorum vernaculo Theudisco' *aus einer Fuldaer hs. die ganz sicheren lesefehler Browers wie* 2 gihanco, **3 the** sib, 4 so uuar so, 8 abgunstes, 9 thac ih ni zi kirichum, 10 gisuontu, 10. 11. the molh *und falsche worttrennungen werden unter den lesarten hier nicht aufgeführt.* C *cod. Va-tic.* 3518, *zu Rom.* 183 *bll.* 4° XI *jh. enthält messgebete für das ganze jahr, die beichte auf bl.* 34ᵇ—35ᵃ. Pfeiffers Germania 13 (1868), 385—388 *nach ab-schriften von prediger dr. Straufs, von Mafsmann, von Reifferscheid, die mir sämmtlich vorliegen.* C *scheint aus der vorlage von* A *geflossen. in* A *grofse buchstaben nach jeder interpunction aufser* **in** z. 22 *und fast bei jeder conjunc-tion:* Odo *immer,* Inti *desgleichen aufser* 14. 16 enti **und** z. 20 inti **in der** *interpo-lation. diese grofsen buchstaben sind sämmtlich, wie mir dr.* ESteindorff *bestätigt, nicht schwarz geschrieben, sondern mit ziemlich blassem golde ausgemalt. ich habe daher nach* z. 14. 16 enti *durchgeführt, vgl. zu* z. 12. C *hat für die gröfsen buchstaben den raum freigelassen* (*sie werden hier bei angabe der les-arten in klammern ergänzt*) *an noch mehreren stellen als* A *sie setzt, nur* z. 11 inti. B *hat durchweg* inti, *nur* z. 19 *das erste mal* inte. 1. allan C. Heiligen B. 1. 2. enti thir (dir B) gotes manne *fehlt* AC. 2. sunteno C. 3. unrehtero uuerco B, *fehlt* A, (I)nti uuerco C. 3. 4. gesahi edo (so B *immer*) unrehtes gihorti edo unrehtes biganhti B. 4. odo andrau gispuoni (anderan gispyoni C) *fehlt* B. (O)de C *immer*. 5. flucho B. 6. min *fehlt* C. kinthisgi A. 7. ubatruncani C, ubertruncanheit giburiti B. 8. (I)h giho girido C. bisprachidu B. gelusto A. 9. zi B. kirichun C, kirichum B. mit rehto C *immer*. mino ziti ni bihielt B *vor* mina fastun 9. 10. biheilt A. 10. *die formel* sô ih **mit rehtu scolta** *fehlt in* B *hier und das nächste mal.*

nach scolta *ist einzuschieben* min alamuosan ni gap sò ih mit rehtu scolta] min alamuosan (min alamuosen *B*, (M)ina elimyosun *C*) *bis* scolta *fehlt A, vgl.* LXXIV^a, 13. LXXIV^b, 12. gab *BC*. (Z)nuena *C*, zuena *B*. *nach* gisuonta *zu ergänzen* thie ih mit rehtu scolta *oder* sò ih mit rehtu scolta, *vgl.* LXXIV^a, 14, LXXIV^b, 13. furleiz *A*, firliez *C*, virliez *B*. 11. (H)eiliga (heliga *B*) sunnentaga *C*. heiliga messa *C*, heliga Messa *B*. Inti then heilagon *A*. heilagan *C*, helegen *B*. 12. uuizod *B*. erita *AC*, erata *B*. *die sonstigen Graffschen beispiele* (1, 447) von èren èrjan *sind bedeutend jünger* 12—14. âna urloub gap *bis* uuachanti *fehlt B*. 12. Una *beidemal A: der goldschreiber hat das* U *des nachfolgenden* Uncitin *zu früh einzusetzen begonnen*. gab *C*. 12. 13. intpheing *A*. 13. (I)u uucitin *C immer*. trincanti *C*. 14. uuah | chanti *A*, uuachenti *C*. andres *B*. 14. 15. almahtigen *B*. 15. giheⁱzi *A*. 16. enti *bis* forliezi *fehlt B*. forleⁱzi *A*. hes *B für es und* 17 *das erste mal für* iz ni gehuge *C*. 17. gethahti *B*. gisprahi *B*. sò ih iz gitàti *fehlt B*. slafenti *C*. 18. uuachenti *C*, unahanti *B*. ligenti *B*. 19. ig es alles *B*. allan *C*. Heligon *B*. 20. buozu *B*, buozo *C*. framort *A*. almahtige *B*. 21 ginuizzi inti maht forlihit inti forgibit (forgibig *A*). Amen. *B, worin das folgende fehlt. mit recht: denn es ist deutlich ein zusatz, auch sprachlich als solcher gekennzeichnet, s. oben über* inti; *es steht auch* zi *für sonstiges* ei 22. throhtin *C*. uns] *das* n *in A durch eine abbreviatur gegeben*. ei *C*. 23. ci gifremiane *C*.

Über das verhältnis von F *zu* x (*excurs zu* LXXII) *ist wenig zu sagen. den hauptunterschied macht die umstellung von* 6—8 *aus. mit den worten* unrehtes girâtes welche *in das system der aufzählung (das hier sünden der tat verlangt) nicht passen, beginnt die interpolation. der genitiv steht hier am anfang der einschaltung wie in* M 7. 8 P 7 minero spiungu *am schluss. was war der grund der versetzung? wir müssen von* S 40 sò ik it unitandi dâdi sò unuitandi *ausgehen. das ist eine alte formel die aus lateinischen mustern überall wiederkehrt* aud sciens aud inscieus *s.* 492, quizentèr ode ninnizentèr LXXVI, 25, de ih unizzanto teta odo ununizanto LXXVII, 5. LXXVIII, 3. 4. *und ebenso in den späteren glauben und beichten* LXXXVII*ff. nun zeigt die fassung* R 29. 30 *die freilich hier auch kürzt, dass die mittelform zwischen* x *und* S (*excurs zu* LXXV) *den gedanken des nichtwissens näher ausführen wollte* sò ih iz bi minèn uuizzin gedâdi, sò mir iz bi minero kindisgi giburidi, sò bi ubartruncani. *in diese fassung aber hat, wie sich aus der übereinstimmung von* F 15. 16 *und* M 16. 17 *mit sicherheit ergibt*, x *einen anderen gedanken getragen, indem es mit* enti an das *vorhergehende knüpfte:* thes ih gote almahtigen in minero kristanheiti gihiezi enti bi minân uuizzin forliezi, *vgl. zu* LXXVI, 2 quae feci ex quo sapere incepi. M *hält gleichwohl den alten gedanken fest, indem es* enti *unde relativ nimmt und auch für* sò mir iz *eintreten lässt.* F *aber ist consequent im sinne von* x, *der verfasser setzt den nunmehr verwirrenden zusatz an eine andere stelle, indem er ihn zugleich formell etwas umgestältet*, odo — odo *und causales* thuruh *statt* bi *einführt. dort wo er* nun *steht, sollte er sich parallel den wendungen* 'was ich unrechtes sah' *usw.* 'was ich wider *gottes willen tat' usw.* an-

schliefsen der frühere platz des zusatzes jedoch hat ebenfalls einige veränderung
erlitten. durch bi minân uuizzin wurde das verwandte sô ih es gehuge, sô ni
gihuge attrahiert und dieses zog die parallel sich mit sô ih iz anschliefsenden
wendungen nach. die folgenden participia praesentis sind, wie in P an einer an-
deren stelle (z. 5) vermehrt: gehend stehend sitzend liegend: um dieser beabsich-
tigten vermehrung willen war vorher unrehtes stadales, unrehtes sedales (S 27
M 5 P 5) weggeblieben. der versicherung der bereitwilligkeit zur bufse wird
eine formel hinzugefügt **die wir aus** den Strafsburger eiden kennen LXVII, 17.
18. daran knüpft wieder der schreiber von A ein kurzes stofsgebet, indem er sich
wie es scheint **der letzten zeile** des Wessobrunner gebetes erinnert.

LXXIVᵃ.

Hs. 1888 *der k. k. hofbibliothek zu Wien.* 227 *bll.* 4° X *jh. auf dem ein-*
bande ganz richtig Rituale et missale *bezeichnet; nähere angaben über ihren in-*
halt macht Denis 1, 3, 3015—3025. *der vorliegenden beichte, bl.* 33ᵃ—31ᵃ, ITEM
CONFESSIO PECCATORUM *überschrieben, geht eine andere lateinische vor-*
aus und folgt ein ordo ad dandam paenitentiam nach. MGerbert **monumenta**
veteris liturgiae Alemannicae 2 (1779), 31.   MDenis codd. mss. **theol.** 1, 3
(1795), 3020. 3021.   EGGraff *Diutiska* 3 (1829), 167. 168.   **Mafsmann**
abschw. (1839) *nr.* 31, *wo man die worttrennung durch punkte* **nach** *der hs.*
wiedergegeben findet.   1. gihun: *vgl. z.* 20 uuirdon. *Graff* 2, 965 *aus gl.*
Lindenbr. (*Eckhart Fr. or.* 2, 995ᵇ *ich suinen ribon*), *Heinr. summ., Williram.*

     4. Vnrehtero *das erste und dritte mal.*   5. Vbilero   liogaones *aus* lio-
ganms *corr.*   Bisprachidu   6. Vnrehtes stadales   lu   *über* uncidiu *s. exc.*
zu LXXIVᵇ.   7. lu   Thaz   unmezzon: *Graff* 2, 895   7*f.* Minero
8. Thiubu   Minero   9. mina   11. uuizzuht   curs] *über diese benennung*
der canonischen stunden s. Gerbert lit. alem. 2, 793. 794. cursum suum adimplere
ist auch der lateinische ausdruck, zb. cap. Aquisgr; a. 802 *c.* 3 *LL.* 1, 106.
12*f.* alamuosa   13. Ana   nā   14. Zuene   17. uuizzin] mennisgin: *die*
besserung nach der Fuldaer beichte z. 16. *der überlieferte dat. plur. von* men-
nisgi *meint im gegensatz zu* chindesgi *ohne zweifel das mannesalter, und ich*
hätte ihn vielleicht nicht antasten sollen, obgleich gerade der plural neben
dem singular chindesgi *auf das ursprüngliche* uuizzin *bestimmt hinweist. in*
solche verlegenheit kommt die kritik überall wo sie verschiedene fassungen einer
und derselben überlieferungsreihe als besondere texte zu behandeln hat. 20.
gæ . sahi: *wahrscheinlich soll* a *in* e *corrigiert sein.*

     Nach einer vorne in die hs. eingetragenen notiz Lambecks wäre dieselbe
unter Otto I 'S. Margarethae in sylva Hercynia' geschrieben. das bestätigt sich
nur zum teil. die hs. beginnt, da die erste lage (von kleinerem format) nur
vorgebunden ist, mit einem officium s. Albani dessen anfang fehlt. bl. 19ᵇ ist

in einer litanei (Gerbert aao. s. 7) durch die schrift hervorgehoben Sancte AL-
BANE. N. (=noster?). *bl. 104ᵃ steht*

    Care deo martyr patriae decus huius herile
    Sancte Albane tuis esto favens famulis.

wieder ist der name — durch gelbe bemalung — ausgezeichnet, und ebenso bl.
110ᵇ. 111ᵃ. 115ᵃ. 118ᵃ. *die vorletzte stelle lautet*: Martyr Christi Theodole pa-
troneque Albane simul iunctis meritis nos solvite criminibus. *diese beiden werden
auch bl.* 106ᵃ *neben einander angerufen:*

    Theodole, summi miles fortissime Christi,
      Nobis nunc famulis auxiliare tuis.
    Nil sic perspicuum poterit vox clara referre
      Ut decet in tali nunc patris obsequio.
    Hic tibi perpetuis resonant concentibus aedes,
      Ossibus et sacris semper habetur honos,
    Cum laeti famuli celebrent hic festa, benigne,
      Laudibus instantes nocte dieque tuis . . . .
    O dilecte deo radians virtute chorusca
      Sancte Albane pater, iunge (iuge *hs.*) preces pariter . . .

noch hebe ich hervor bl. 106ᵇ:

    Summe dei cultor, monachorum rector et abba,
      O Benedicte sacer atque benigne pater.
    Istud cenobium coetumque tibi famulantum
      Nostraque sanctificans cuncta tuere simul.

nach allem ist wohl sicher was Denis s. 3018 *nur als möglich hinstellte, dass
die vorliegende hs. im SAlbanskloster bei Mainz entstanden. ob die reliquien des
h. Theodulus und ihre anwesenheit daselbst auch anderwärts erwähnt werden,
weifs ich nicht: auch nicht, weshalb die h. Margaretha bl.* 111ᵃ *neben* Albanus
und Benedictus *durch gelbe übermalung ihres namens hervorgehoben ist und weshalb die hs. mit einem officium s. Margarethae schliefst.* E.Dümmler *macht in der
zs. für die österr. gymn.* 1864 *s.* 360 *darauf aufmerksam dass sich der leichnam
(corpus) des h. Theodulus in dem kloster Klingenmünster im Speiergau befand und
verweist auf Hrabani Mauri poemata ed. Brower p.* 58. 59; *opp.* 5 (*Col. Agripp.*
1626), 219. *das schliefst nicht aus dass sich die mönche von SAlban vielleicht
des gleichen besitzes rühmten oder doch einige reliquien des Theodulus zu bewahren glaubten. dagegen wurde der h. Alban zu Klingenmünster gar nicht in
hervorragender weise verehrt, sondern muste sich mit fünf anderen heiligen,
unter denen er nicht einmal den ersten platz behauptete, in einen altar teilen, s.
Hraban aao. die zeitbestimmung ergibt sich aus bl.* 115ᵇ Ut rex noster Otto
eius et exercitus hinc et inde servetur, oramus Christe audi nos. Ut seviens gladius et paganus populus depellatur a nobis oramus *cet. und bl.* 108ᵇ A gente pagana ut deus defendat nos hic et in aevum, *bl.* 109ₐ Ut Ottonem regem et eius
exercitum dominus conservet. '*könig Otto' kann Otto* I 936—962 *oder Otto* III
983—996 *sein. aber die bitte um schutz vor den einfällen der heiden passt besser
zu jenem, verlegt also die entstehung unserer hs. und dieser gestalt der beichte
(vgl. exc. zu* LXXII) *ungefähr in die mitte des X jh. und dazu stimmt entscheidend*

bl. 02ᵃ die bitte ut regem nostrum cum **prole** *conservare digneris. ut eis vitam et sanitatem atque victoriam dones, te rogamus, audi nos. die namen des erzbischofs von Mainz (pastor bl. 110ᵃ, presul bl. 115ᵇ) und des abtes von S.Alban sind nicht angegeben, wo für sie gebetet wird.*

LXXIVᵇ.

Cod. palat. 555 *der vaticanischen bibliothek zu Rom. 42 bll. S° IX/X jh. enthält die regula Chrodegangi. die beichte steht ganz zuletzt auf anderem pergament, mit anderer dinte und von anderer doch nicht jüngerer hand geschrieben als das voraufgehende. durch zu tiefes hineinheften des blattes sind am ende der zeilen öfters buchstaben verloren gegangen die hier ergänzt wurden. Pfeiffers Germania 13 (1868), 388—391 nach zwei abschriften Maſsmanns und einer Reiferscheids, welche mir vorliegen. eingeleitet wird der deutsche text durch folgende worte* Quisquis tibi volucrit confessionem facere, sinceriter interroga illum prius, si voluerit omnem emendacionem de peccatis suis promittere his dictis (dictis tis *hs*) loquere ad illum.   1. ih   bigihtdig] bihitdig   3. gihanti ubilero *aus* ubelero *gebessert: es steht fälschlich für* unrehtero LXXIVᵃ, 4.   4. liagenes   6. slafaenti   unzian ezanti   7. Minero   manslahda minero. eido   minero *vor* eido *ist ein fehler für* meinero LXXIVᵃ, 8   9. sonasuahta, i *über dem ersten* a   Otfrid 1, 1, 52 so ih bi rëhtemen scal   9. berehte mac..   10. uuizod] ui...   11. thurstige *Reifferscheid*   12. thaz ih] thar ih *Maſsmann,* tha izb *Reifferscheid*   13. infiang   thaz ih] thari *Maſsmann,* tha iz *Reifferscheid*   scol

Das verhältnis der vorliegenden beichte P *zur vorangehenden* M *habe ich in Pfeiffers Germania* 13, 389—391 *erörtert. der schluss, von* M 14 sunda an, *fehlt in* P. *über den eingang und die formeln vgl. den exc. zu* LXXII. *die wendung* suô sô ih so givremidi M 3, *die in* P *fehlt, findet sich, nur in weniger allgemeiner beziehung,* LXXVIII, 6 *und in jüngeren formeln.* MP *gemeinschaftlich, also auch der ihnen zu grunde liegenden fassung* y, *zuzuschreiben ist die die genitive unterbrechende einschaltung* in uncidin (unzin ih) *bis* spiungu M 6—8, P 5—7. untidjon môs fehôda eudi drank *sagt* S 10. 11. *daraus macht* x *und* F 13 *die participien* uncitin ezzanti, uncitin trinchanti *und fügt hinzu* uncitin slâfenti, uncitin uuachanti, *und diese hat* y *in andere ordnung gebracht um schlafen und wachen an sitzen und stehen anzuschliefsen, der unzeitige trank erhält dann weitere ausführung durch das übermafs desselben — öder ist die phrase* thaz unmezzon vehônti *älter? wirkt das* fehôda *der sächsischen beichte darin nach? die weglassung in* F *würde sich aus dem beibehaltenen* ubartruncani 7 *erklären, wie umgekehrt* M *dieses wegliefs. wir werden in solchen dingen klarer sehen, wenn fortgesetzte betrachtung den blick schärft. wie dem auch sei, hier gesellt sich zu der fraglichen wendung das verwandte* minero spiungu, und damit wird in die genitive wieder eingelenkt. der adverbiale dativ plur. uncitin (auch *F* hs. *C* fälschlich in uncitin) wird von *M* als dativ plur. eines adjectivs für uncidigên genommen. *P* vermehrt die participien durch gehend und reitend, die sich allerdings noch besser an sitzen und stehen fügten, und macht aus **uncidin die conjunction** unzin nm dergestalt den gedanken 'so lange ich gehend, reitend' usw. mit auslassung des verbi subst. zu gewinnen. *was war das motiv der ganzen umstellung und einschaltung?* jene wendungen passten nicht in den plan von y (s. zu LXXII), *auf die genitive der sünden nur die unterlassungssünden mit dem stereotypen* sô ih solda **als selbständige sätze folgen zu lassen**. auch der satz âna urloub gap, âna urioub intphieng, welcher die participia in *xF* einleitete und anreihte, passte nicht. auch er muste die stelle wechseln, steht aber immer noch mit seinem daz ih ni solta den benachbarten sätzen unterscheidbar gegenüber: die form von y hat hier *P* treuer bewahrt als *M*. gegen den schluss geriet y oder gerät wenigstens *M* wieder in den früher unvollständig gegebenen anfang hinein, vgl. 18. 19 mit 3. 4 und *F* 3. 4, gesâhi 20 (vgl. 3, *F* 3) steht ganz unpassend zwischen denken und tun. ob ein satz wie mine nâhiston sô ni minnôta sô ih solta *M* 14. 15 ergänzung einer lücke in *x* oder daraus entnommen und in *F* weggelassen ist, lässt sich schwer entscheiden. dasselbe gilt von dem geistlichen 'eurs' und dem gehorsam (*M* 11. 12, *P* 11). bei der reconstruction **von *x*** (*excurs* zu LXXII) war für die wahl der gesichtspunct mafsgebend: wie man sich *x* am leichtesten aus *S* entstanden denken könne.

LXXV.

Hs. 1815 (ol. theol. 149) der k. k. hofbibliothek in Wien. 203 bll. fol. IX/X jh. enthält, abgesehen von den **nur vorgebundenen praefationes quadragesimales ex sacramentario Gregoriano und missa de s. Christophoro**, in ihrer ursprünglichen ersten lage ein 'kalendarium diptychum', herausgegeben von MGerbert *monum. liturg. Alemann.* 1, 482—492 bis bl. 12ᵃ, dann auf bl. 12ᵇ und 13ᵃ exorcismen und benedictionen des salzes und des wassers; von seite 4 der zweiten lage (bl. 15ᵇ) an das sacramentarium Gregors d. gr. ex authentico libro bibliothecae cubiculi scriptum und anderes worüber Denis 1, 3, 3025—3042 unterrichtet. auf die letzte seite der ersten lage und die erste der zweiten (bl. 13ᵇ. 14ᵃ) hat nun eine besondere hand die beichte geschrieben, mitten auf der seite abbrechend ohne nötigung durch den raum. dass die hs. aus Reichenau stammt, hat Gerbert gesehen: das calendarium gibt die todestage der äbte von Reichenau, der bischöfe von Constanz und anderer in libellus **societatum** Augiensium ebenfalls erscheinender personen an. leider ist es abschrift, so dass uns der nachweis seines abschlusses zwischen 855 und 861 (Gerbert aao. s. 484 n. 8) zu keiner näheren zeitbestimmung der hs. und der beichte verhilft. in Reichenau wird die letztere wohl geschrieben sein, aber über den dialect s. die vorrede. *PLambecius commentarii de bibliotheca Caesarea Vindobonensi* 2 (1669), 318. *AFKollar analecta monumentorum omnis aevi Vindobonensia* 1 (1761), 445—448. *EGGraff Diutiska* 3 (1829), 168. 169.   *Mafsmann abschw.* (1839) *nr.* 26. vgl.

Hoffmann altd. hss. zu Wien (1841) *s.* 334. *WWackernagel altdeutsches lesebuch* (1859) *s.* 107—110. *'aus der hs. berichtigt von Heinr. Hoffmann'. die wortabteilung der hs. geht* oft *irre. etwas anderes ist es wenn* almaht digen met dina *udgl. geschrieben wird: vgl. zu* LV, 19.   1. **almaht** digen: td *steht für* tt, *wie in* bitdan **bei** *Isidor, in z.* 12 metdina, 21 **betdi,** *vielleicht aber auch nach* h *in* almahtdig *und z.* 3. 14; *vgl. Is.* 20ᵃ, 8 *f.* 20ᵇ, 17 rehttunga, *gl. Iun. A s.* 189 slalttu, *gl. Iun. B s* 208 prahttit, *gl.* **Rb.** 502ᵇ **rehtto**, *gl. Ker. und K. an verschiedenen stellen: bei Weinhold finde ich dies* btt *nicht. außerdem erscheint aber* td *hier noch nach* n: funtdivillola *z.* 21. *vgl. den Entecrist fdgr.* 2, 108, 29. 112, 33. 125, 4 santde, 123, 23. 40. 124, 2. 31 *usw.* **eutdecrist.** *dieser so wie das Hamburger jüngste gericht geben überhaupt beispiele für* td. *aus alemannischen quellen weist es Weinhold nach. alem. gramm.* § 172 *s.* 137.   sca   2. **sec̨** *immer.*   **michahc̨le**   3. joh *regelmäßig* ioh *geschrieben.*   **gidâht** din   4. **bissprachidu]** *vgl.* XCI, 146.   *nach Graff* 6, 384 *stünde* bissprahha *in den Monseer glossen. die verdoppelung des* s *beweist die kürze des vorhergehenden vocals. vgl. gramm.* 2, 718.   6. suerane, i *nachträglich eingesetzt.*   Dero   8. sundihe   9. hielegan (*vgl. Weinhold* § 64 *s.* 62) sundag (*nun übergeschrieben*).   soucgiuiroda: e aus i, a *aus* o *gebessert.*   10. selud: *vgl. zb.* selaltjâr *voc. SGalli* 196.   selitriemo *SGall. rhetor. z.* 11 *B.* selude seluldich *Grieshaber pred.* 2, ıx.   13. selud   14. dâhda   15. goloson: *durch das erste* o *ein* i *gezogen.* losôn *hat Graff* 4, 1103 *f. sonst nur aus baierischen quellen. oben z.* 12 losêda. *vielleicht ist hier nur die correctur des* o *zu e vergessen.*   16. almaht digen: *zwischen* g *und* e *ein* i *nachträglich eingesetzt, dessen oberer teil verlöscht.*   20. almaht digen: e *aus* i *gebessert.*   21. ei us: h *übergeschrieben.*   21. 22. noh flezzi noh betdi] *vgl.* zû flezze und ouch zû bette *Elisabeth* 111; zû bette noch zû vletze *Erlösung* 1977.   26. dâr   gd   27. god   29. *keine lücke in der hs.*   31. Sô uuas sosih: *zu der assimilation vgl. Graff* 4, 1191; *Kelle Otfrid* 2, 367; *gl.* **Rb.** *Diut.* 1, 501ᵇ; *gl.* **Mons.** *p.* 326; *Diem.* 7, 12. 17, 19. 135, 20. 334, 4. 336, 2.

Die vergleichung der vorliegenden beichte R mit S und x (excurs zu LXXII) *lässt auf eine zwischen diesen beiden fassungen stehende mittelform schließen. doch trägt R neben S am meisten den stempel, wenn ich so sagen darf, künstlerisch individueller gestaltung. es herscht strengere ordnung, nicht jene zufälligen übergänge von S, und in dem vortrag des einzelnen ein gewisses breites behagen, das die anschauungen gerne zerlegt und entfaltet, am liebsten in gepaartem ausdruck: der beispiele ist das ganze denkmal voll. so gleich die schon im excurs zu* LXXII *besprochene formel* sôse got habêt gibodan unde min sculd uuâri. *das trockene thurftige ninthang von xy (M* 12 *P* 11) *hat in* 20—22 *eine fülle erhalten, die auch für den sittlichen charakter des verfassers bezeichnend ist. wenn hierin seine gutmütigkeit, so verrät er* 10 *ff. seine innige religiöse gesinnung. alles andere tritt daneben zurück. ein wohlwollender und frommer mann. im eingang nennt er die heiligen bei namen wie die späteren glauben und beichten tun, unter der hier vorliegenden reihe nur* LXXVII **und auch** *diese nur Maria. ihm eigen ist dann die wendung* uuande ih **sundic bin** in **c. dat.** *statt der genitive (dieses in auch* LXXVII *und in den jüngeren formeln*), **und** *hierauf gedanken worte und werke in zwei paare gebracht, nicht in* *dreizahl. die namen der sünden hat er nur oberflächlich ausgewählt, lüge und mord zb. fehlen: hurerei diebstahl (x: M 8 P 7, F 5) verleumdung (S 8) neid (S 7) âbulgi (S 31 âbolganhêd), übereszen übertrinken (S 10) fluchen und schwören (S 8): darnach seltsamer weise gleich die schlussformel 'diese sünden und andere viel (x, nicht S) beichte ich' usw. doch ohne erweiterung. die nun beginnenden selbständigen sätze führen die schon in x angedeutete scheidung zwischen pflichten gegen gott und gegen die menschen durch. auch hier stehen wie in x sonn- und feiertage und kirchenbesuch voran (nur in umgekehrter ordnung), bei letzterem die motivierung, er sei unterlassen duruhe mammendi mines lichamen. dann der gottesdienst specialisiert in vesper, mette, messe; benehmen in der kirche nach S 37, aber gleichfalls specialisiert; das abendmal unter der bezeichnung uuizzud wie in x und die unreinheit beim empfang hervorgehoben, nicht der mangel der rechten furcht und liebe wie S 21; hieran die reinheit überhaupt angeknüpft nach S 37. pflichten gegen die menschen: werke der barmherzigkeit, hungrige speisen, durstige tränken (LXXVII, 20) kranke besuchen (wörtlich S 21. 22) dürftige aufnehmen (xS 22); vater und mutter und andere nächsten lieben und ehren (S 13—16) taufpaten unterrichten (S 18) giwerran (S 24) zehnten bezahlen (S 23) des herren sachen bewahren (S 12): der herrendienst der in der sächsischen beichte allen anderen nächstenpflichten vorangeht und im Heland eine so grosse rolle spielt, steht hier zuletzt. nach ihm komt der anfang der schlussformel, verwandt mit x.*

LXXVI.

Hs. Mp. th. f. 24 (85) *der k. universitätsbibliothek zu Würzburg, aus der früheren dombibliothek stammend. fol. aus dem* IX jh. *nach Eckhart und Mafsmann. enthält die homilien des h. Caesarius, von jüngerer hand auf bl. 1 die beichte.* IG Eckhart *commentarii de rebus Franciae orientalis* 2 (1729), 940. *Mafsmann abschw.* (1839) nr. 31 *nach einer abschrift des professor Denzinger. hier nach einer durch HHoffmann verglichenen abschrift von Reufs in Haupts besitz, wozu seither noch eine vergleichung Lexers und eigene ansicht gekommen ist.* 1. *unti:* z. 12 unte. *sonst dreizehn mal* ente, z. 13. 18. 19 enti, z. 8 ent *vor vocal,* z. 12 *aber auch vor consonant,* z. 15 inte (?). *die gl. Wirceb. ad can.* IX jh. *bei Eckhart* 2, 978—980 *haben nur* enti, *die marchia ad Wirziburg* z. 16 *nur* unte. *dì: auch* z. 14. 31, mi z. 2). *vgl. zu* z. 2 furstâ. 2. diudih g bigouda - *zu* diudih *rgl.* deidih *Melker Virgilglossen* 304 (Germ. 17, 24), *bei Otfrid* ther thie, thio *der Kelle* 2, 397 furstâ] *vgl. die infinitive* uuasge 7, faste 10, gihôre 21, spreche 22 *und den dativ* almahtige 31. *die gl. Wirc. ad can. (vgl. Lexer* zs. 14, 498) *zeigen dreimal den infinitiv* unese, *ferner* 978[b] respuere, uuidaro; 979[b] provehere, fordero odu framgifuore; vacare, firo. **Müllenhoff** *erinnert an Hug von Trimberg im renner* 22252: wan T und N und R (*sprich* erre *wie* im *italienischen*) sint von den Franken verre an manegez wortes ende. *bei* t *denkt Hug wohl an* -haf *für* -haft *udgl. zu* r *rgl. unser* dì mi. *das* -en *des infinitivs hat die heutige volkssprache um Würzburg ganz abgeworfen:* s Schmeller *die mundarten Bayerns* § 586. *und diese abwerfung lässt sich schon im* XVI jh. *bei dem Würzburger Johann Bischof-Episcopius, dem Terenzübersetzer, im*

reim nachweisen. 4. ingebelegiridu : *am g gekratzt.* **Ente** 5. sgáhuugu: 28
sgerne. *gl. Wirceb. ad can.* p. 979ᵃ bisgerit. misgentan. 6. in lusti orono armano,
r *über* n. 6*f.* uuisada: 20*f.* 23 fergoumolôsata (*vgl. z.* 7). *hieher gehört wohl gl.
Wirc. ad can.* p. 978ᵃ commentus, urdaneauter (*für* urdaneôstèr?). 7. drâgo: z. 8
drâgòr, z. 29 diorerun. *auch im inlaut:* z. 6 uuisada. **vgl. gl.** *Wirc. ad Ezech. bei
Eckhart* 2, 981ᵃ drihtdin (?). *entsprechend* quath z. 16. in carcar. ih fur- *darüber von
anderer hand* plocucio sermonum 8. umahtiga, n *übergeschrieben* ungeuzf. tiga,
.m. *über dem punct.* noles: *Graff* 1, 217 *hat nur aus gl. Reich. B* nollas, nolas.
aus gl. ad can. im cod. SGall. 299 nols (*Haltemer* 1, 258ᵇ). gramm. 3, 89. 9.
muote] *davon haben Lexer und ich nur* m *gesehen* 11. un. zun, .nu. *über dem punct.*
 13. beilega *nom. plur. neutr. vgl. Graff* 1, 14. *die glossen in der SGaller hs. von
Notkers psalmen liefern Hattem.* 2, 40ᵇ touguina. offena (occulta. manifesta), 42ᵇ
tougena (occulta), 128ᵇ euuiga (aeterna). *Weinhold alemannische gramm.* § 424
führt nur das baierische unsera *sdgr.* 1, 62, 37 (*unten* LXXXVI, B, 3, 29) *an.*
gôtiu nobe: *Graff* 1, 76 noba nobe *aus Tatian und Williram.* 14. uuiho ôuh
gote uuohd. scalche: di sinen*'hat aber Eckhart noch gelesen.* sinen *ist neben* almäh-
tigem z. 1 *und neben dem* almahtigen *voraussetzenden* almahtige z. 31 *nicht auffal-
lend. vgl.* in sinen namen *Wiener Notker ps.* 118, 55; dinan LXXXIV, 1. *zu* almahtige
aber vgl. rehta *für* rehtemo *ndd. ps.* 2, 12 *und die von* MHeyne *zu der stelle angeführten
beispiele aus den altd. gesprächen, auch zu* LXXXIII, 8. 15. ich las en demo lih:men
inte, *von dem unleserlichen buchstab schien es mir zweifelhaft ob er* a , e *oder* æ *sei :
Lexer glaubte bestimmt* e *zu erkennen. lies also* lihemen 17. luggiuricundi 17. 18.
iniuer fuiaze *Eckhart.* in iuer fiuozen *Hoffmann, der aber das letzte wort und ganz be-
sonders die beiden letzten buchstaben desselben als undeutlich bezeichnet:* 'uier ganz deut-
lich, das folgende wort verwischt, am wahrscheinlichsten stand* fiuozun' *Lexer. die sache
ist nicht zweifelhaft: vgl. poenit. Pseudo-Bedae c.* XII de quadrupedum fornicatione
Wasserschleben bufsordnungen s. 257. 264. 365. 410. 414. 428. 509. *wenn -*fiuozun
*richtig, wie es allerdings auch mir scheint, so beruht das auf einem schwanken zwi-
schen* uo *und* io: *gl. Wirceb. ad Ezech.* p. 981ᵇ giolichi, gloriam. *vgl. Germania* 13,
387. 18. uncusgimo d. i. uncûsgi in demo 19. fora 20. 21. lh fur g go'molo-
sata 21. bideruiu 25. uuizenter *steht zweimal.* 26. inminemo, in *unter-
strichen und darüber* .uuider. 27. ha.ze, s *über dem punct* meszumphti: *gl.
Wirceb. ad can.* p. 978ᵇ abusi, mesbrahanta (*l.* mesbruhanta), 979ᵇ mesbruchidu
29. in bluote *ff. vgl. Regino de synodalibus causis* 2 c. 378 si quis sanguinem ali-
cuius animalis manducaverit, 40 dies poeniteat. diorerun: *Graff* 5, 447. 448 *aus
Williram. Wiener Notker ps.* 103, 20. 22. 26. 144, 12. S*Birck Judith* (*Augsburg*
1539) Eᴠɪɪɪ'. *Spangenberg Ganfskönig* (*Strafsburg* 1607) Eᴠɪɪ'. nâisten: *vgl.* int-
ciz *für* intheiz z. 33. *gl. Wirceb. ad l. Esther* (VIII/IX *jh.*) *Eckh.* 2, 978ᵃ elffa *für*
helffa. ungifores, *das* v *zwischen* o *und* r (*vgl. zu* 13. 21) *wohl nur vergessen, dem-
nach* ungifuores *zu lesen.* 31—33. *keine lücke in der hs.* *für* rene dez *ist mir
nichts besseres eingefallen als ein mögliches* reuueda (*vgl.* freuuiden 29) riuuida *neben*
riuua, *wovon* reuuedesbruano *wie* suonestag. 33. uuder sahhungu, i *übergeschrie-
ben* dez 34. uner rimitiu so.

Wir befanden uns mit gegenwärtiger beichte auf verwantem boden wie mit der sächsischen. die scheufslichen laster, welche die alten pönitentialbücher verzeichnen und Bonifacius in Deutschland zu bekämpfen hatte, werden uns hier vorgeführt. unglaube und heidnisches opfer erscheinen mitten darunter. eine vage vermutung könnte das denkmal auf die zeit zurückführen, in welcher nach Sturms tode die heidenmission in Sachsen von Fulda auf Würzburg überging. sicherer ist dass der verfasser nach einer lateinischen vorlage arbeitete, die mit der von Wasserschleben bufsordnungen der abendländischen kirche s. 437 veröffentlichten, Othmarus (abt von SGallen † 761) ad discipulos überschriebenen beichtanweisung aus cod. Sangall. 916 saec. IX nahe verwant oder identisch war. die in derselben enthaltene beichte lautet, etwas corrigiert, wie folgt. Domino deo omnipotenti confessus sum (*l.* confiteor) peccata mea (*im deutschen der singular*) et sanctis suis et tibi dei misso (scalche *z.* 2) [quae feci] ex quo sapere incepi in verbo et in cogitatione et in opere (*die worte in verbo ff. hat der übersetzer wie Wasserschleben fälschlich zu sapere gezogen anstatt zu* feci *oder, wenn dies in seinem text fehlte, zu* peccata): aud in iuramentis [et periuriis] aud maledictis et detractionibus aut otiosis sermonibus et per odium vel iram aud per invidiam • et concupiscentiam gulae aut per somnolentiam aut per sordidas cogitationes • aud in concupiscentia oculorum • aud per voluptuosam aurium delectationem aud per asperitatem pauperum. et tarde Christum in carcere visitavi (*z.* 6*f.*). et [peregrinos negligenter excepi et secundum promissionem nostram in baptismo] hospitibus pedes lavare neglexi, et infirmos tardius quam oportet visitavi, et discordes ad concordiam non toto et integro animo revocavi. et ecclesia ieiunante prandere volui (*z.* 9*f.*), et ecclesia [stante] sanctas lectiones legente (*z.* 10) otiosis fabulis • occupatus fui. quod aut psallendo vel orando aliquotiens aliud quam oportet (*z.* 12) cogitavi, et in conviviis [meis] non ea [semper] quae sancta • sunt, sed aliquotiens quae sunt luxuriosa vel detractationes locutus sum. et confiteor • tibi • incredulitatem meam, quod fui sacrilegus (*z.* 15 heidangelt), quod furavi, quod fornicavi •, quod adulteravi et [in sacro altare] iuravi (*im deutschen an anderer stelle, z.* 17), quod homicidium feci (*im deutschen an anderer stelle, z.* 15) et raptus fui (*d. i.* rapui: *dafür z.* 16 girida in fremiden sahhun). et falsum testimonium **dixi.** • . et me in malis (*l.* et in masculis: *z.* 18) et in membris meis in concupiscentia malorum fantasmatum me tangendo pro mala delectatione me coinquinavi (*der übersetzer hat bei* pro *einen neuen satz begonnen*). et quod cum oculis meis vidi quod mihi licitum non fuit [vel negligens fui quod videre debui, et quod cum auribus meis audivi quod mihi licitum non fuit]. aut audire neglexi quod praeceptum est (*z.* 20*f.*). aut ore locutus fui quod licitum non fuit (*z.* 21: *vgl. z.* 12), [aud silui quod loquere debui] aud manibus meis operatus fui quod licitum non est. aut tardavi quod praeceptum fuit (*z.* 23). aut pedibus meis ambulavi ubi non fuit licitum [aud perrisi quod praeceptum fuit]. • . et quod volens aud nolens aud sciens aud insciens contra dei voluntatem cogitavi aut locutus fui vel operatus • : omnia fiant in (*l.* omnia in) pura confessione domino deo omnipotenti confessus sum • et tibi dei amico et sacerdoti (*z.* 31) *et rogo te cum humilitate, ut digneris orare pro me infelico et indigno,* **ut mihi dignetur** per suam misericordiam dominus dare indulgentiam peccatorum meorum. *was im deutschen ausgelassen ist habe ich eingeklammert, wo das deutsche mehr hat eine lücke bezeichnet, abweichenden ausdruck durch hinweisung auf die betreffende* **stelle** *des deutschen hervorgehoben. zweifelhaft ist die emendation und ergänzung des schlusses der deutschen beichte z.* 31. 32, wo entweder wie im lateinischen got als subject zu gilûttiri ergänzt und dann in der verderbten stelle etwas wie indulgentia gesucht, oder was ich für wahrscheinlicher halte ich zum subject gemacht und im sinne von poenitentia gebessert werden muss. im ersteren falle würde der regierende satz dem cursivgedruckten im lateinischen entsprechen, im letzteren etwa den gedanken 'und bitte dich um *auferlegung einer entsprechenden bufse* (damit ich usw.)' enthalten müssen. was noch folgt in z. 33 und 34 *sind unzusammenhängende bruchstücke die* nicht von dem verfasser der beichte herrühren können: denn sie sind sclavische und äufserst fehlerhafte übersetzungen aus dem lateinischen: et post abrenunciationem vel professionem fidei und in cogitationibus, in factis, in dictis multa et innumerabilia sunt mea peccata. *das zweite ist der etwas verkürzte anfang eines gebetes das sich zb. im ordo romanus ed. Hittorp de divinis catholicae ecclesiae officiis SS. p.* 27ᵃ *unmittelbar an die beichte anschliefst:* Multa quidem et innumerabilia sunt alia peccata mea, quae recordari nequeo, in factis in dictis et in cogitationibus usw. *aus welchem zusammenhange das erste bruchstück gerissen ist, weifs ich nicht. RvRaumers urteil über die vorliegende beichte (einwirkung des christentums s. 62) passt nur auf diese zwei nicht dazugehörigen zeilen.*

LXXVII.

Sebastian Münster Cosmographei, Basel 1561, *s.* CCCCLX: 'Und wiewol man gar wenig bey unsern voralten geschriben, so find ich doch hin und wider in Libereyen allerley das zu underricht Christlichs glaubens gedient in Altfränckischer sprache vor 600 jaren geschriben: defs hab ich wöllen dise offne Beicht hiehär setzen.' *es folgt die überschrift* 'Offne alt Fränckische Beicht.' *und die* vorliegende beichte *ohne eine bemerkung, dass am schlusse etwas fehle.* Mafsmann abschw. nr. 29: *die nötigen verbesserungen sind gröstenteils schon von ihm vorgenommen worden.*
1. Gott vnirdo: *Münsters anl.* v *und grofse buchstaben sind hier nicht weiter* berücksichtigt. 2. Gottes engilum: *letzteres behält Mafsmann mit unrecht bei. die sprache verweist dieses denkmal mindestens in das ende des* X *oder den anfang des* XI *jh. vgl. die dative* geile *z.* 8, manslahte *z.* 10, -muote *z.* 15, -gerne *z.* 16; gichôsi *z.* 13 (*der zu* LXXII, 8 *nachgewiesene dativ auf* -i *kommt nicht mehr in betracht*); dansunge *z.* 12; *den gen. plur.* -tâti *z.* 3; *ferner* lustun *z.* 12, lugunun *z.* 10, -er *für* -ero *z.* 12, desin *z.* 4, gefrume ta *z.* 7, vigin- *z.* 9. 4. uôa toufha 5. tahe gihnkko. gehnkko   uuitzunta (so *Münster*). unuuizunta: *vgl. Diut.* 2, 352 (*gl. Bern. ad Prud.* IX/X *jh.*) nemunta *und die 3 plur. praes.* -unt: *Graff* 2, 446. 6. slapbâto uuachâto 8. huohmuti 9. *s.* CCCCLXI In meinen 10. maufzlate diuun 11. nothmumphtin   pisu niehe   aberligire *Münster: die von Mafsmann vorgeschlagene verbesserung ist sicher, obwohl das compositum* uberligiri *bei Graff fehlt. doch weist er* 2, 95. 96 *das simplex* ligiri *und* forligiri, *beide in der bedeutung* 'fornicatio, stuprum' *nach.* uberligiri *muss neben* huor (sleht huor *altd. bll.* 1, 364) *s. v. a.* uberhuor 'adulterium' *sein.* 12. lichnanim   13. dansunge: *fehlt ebenfalls bei Graff* 5, 169*f. es ist ein synonym von* pispráhun *und bedeutet* 'detractio': *Wiener Notker ps.* 108, 4 detrahebant mihi, dansoton si mir. *vergleichen lässt sich* ziehen erziehen *in der bedeu-*

tung 'verderben' (Schneller 4, 246; mhd. wb. 3, 928ᵃ, 21) die aber gerade bei dem simplex nicht sicher ist: vgl. Graff 5, 601 über Otfr. 2, 11, 6. 14. unrechtero 15. uueichmuote: *'pusillanimitas' Graff 2, 692.* 16. unrechtemo stritte romigerne 16. Ich: *von hier an immer.* throthin lihenamin mer aintlez 17. throtin 17. 18. uamattigero: *vielleicht so in der hs. vgl. X, 27 mattu; Xant. gl. 72 slatta in Mones quellen und forschungen 1, 2, 275;* slatte *oratio aurea zs. 14, 556 udglm.* 18. **charcharo**: *vgl. zum Georgsl. 1.* andreuno notin giuuisota 19. noch gehaiff scoltu 20. noch giuatta.

LXXVIII.

A *hs. v. V. 32 des stiftes Tepel in Böhmen,* 223 *seiten* 8° IX *jh. enthält von verschiedenen händen s.* 1—96 *einen* ordo ad penitentiam dandam, *von s.* 97 *an allerlei gebete, beichten, litaneien, einweihungs- und beschwörungsformeln, s.* 182—186 *das vorliegende gebet. FPfeiffer forschung und kritik auf dem gebiete des deutschen* alterthums 2 (*Wiener sitzungsberichte* 1866), 20—38.
B *cod. lat.* 14345, Rat. S. Emm. 345 (ol. Emm. D. 70) *der k. bibliothek in München.* 117 *bil. fol.* X *jh. enthält die briefe Pauli und darnach von anderer hand auf dem letzten blatt* (117ᵃ) *unser gebet. BJDocen einige denkmäler der althochdeutschen literatur* (1825) *s.* 6. *HFMafsmann abschw.* (1839) *nr.* 30.
KRoth denkmäler der deütschen sprache (1840) *s.* 32. 1. pigihtig *B.* minero missatateo *B.* 2. deih *A,* des ih *B.* missasprach *angeblich A,* missasprahhi *B.* missatati *B. das zweite mal* ædo *A und so immer im folgenden, B stets* oda missadahti *B.* 3. gadaucho *B.* kihugku *B.* nigihugku *B.* 4. geteta *B, fehlt A.* notag *B.* unnotag *B.* uuahhento *B.*
5. meinsuerto *B.* lugino kiridono *B.* uizusheito. hurono *B.* 6. hi sio giteta *B. das so von A, geschwächt se* LXXIVᵃ, 3 (*vgl. Kelles Otfrid* 2, 334, 5) *ist natürlich nicht* 'schreibfehler für das richtige siö' *wie Pfeiffer meinte, sondern das regelrichtige femininum zu dem bekannten* (*Graff* 6, 3. 4.) *masculinum* se IV, 3, 8; *Kelle Otfrid* 2, 328. 331; *Sievers Tatian s.* 434 (see 84, 4 *ist ein unverbesserter fehler*) *oder* sa IV, 3, 12; *der regelrichtige nom. plur. zu dem acc. sing.* sa XVII, 56; XXXV, 15, 7; *Kelles Otfrid* 2, 334. *vgl. auch zu* LXXXVIII, 4.
firinlusto *B.* In muose *A: hier und im folgenden, wo Pfeiffer mehrfach ein grofses* l *angibt, handelt es sich offenbar nicht um eine majuskel, sondern nur um eine über die zeile gezogene form der minuskel.* musa *B.* trancha *B.* 7. slaffe *A,* slaffa *B.* kenis *B.* ginada *B.* farkip: *über die construction, imperativ im abhängigen satz,* zGDS. 195. *oben zu* IV, 7, 4. 8. *das erste* enti *fehlt B.* ougua *B.* si *A,* mozzi uuesan *B.* desaro uueralti *B.* 9. suntono *A,* missatato *B.* mozzi *B.* 9. 10. miltada *B.* 10. uualtauto *B.* trohtin (*darnach* kot *ausgekratzt*) | *s.* 184 kot *A.* 11. gauuerdo *B.* fargeban *B.* kanist *bis* 12 helfan enti *fehlt B.* 12—14. keuuizzida. enti. furistentida. cutan uuillun. mit rehtan galoupon. za dinemo deonosta *B.* 13. mir *bis* 14 dionoste 'ist von anderer etwas späterer hand und mit schwärzerer dinte über die ursprüngliche sehr blasse, aber gleichwohl deutlich zu lesende schrift geschrieben' Pfeiffer. es stand

doch vielleicht ursprünglich deonoste. **14. uucrolt** *B.* suntiga *B.* 14 15. genericuna *B.* 15. gabaltan *B.* gauerien *B.* cotas *B.* uuiho *fehlt B* **hier** *und im folgenden immer* 16. dino canâdâ sin] soso dir gezeh si *B.* vgl. Schmeller 4, 218; Lexer hdwb. 1, 1000. tuo (toa *B*) pi mih] vgl. *damit und mit der fügung des ganzen satzes Otfrid* 2, 8, 45 Ságe mir nu, friunt mín, uuio dati só bi theu uuin, thih sus es nu inthábetos, so lángo nau gispáratos? *auch zu* XXXVII, 7, 1. *Otfrid* 4, 35, 12 thaz mán io thaz gitáti, so diuran scáz irbati; *mit thaz Otfrid* 4, 6, 39 uuio ingilib ouh dáti, thaz **ziarti sin** giuuáti; *Reinaert* 3164 wildi doen, vrauwe Ermeline, dat ghi gaen wilt met mi daer. *ähnlich wird* biginnan *gebraucht.* 16. 17 suntigun enti unuuirdigun *fehlt B.* 17. trohtin *B.* ganadigo kot. keuuerdo *B.* 18. suntikemo. Enti fartanemo *A, fehlt B.* uuânentemo *bis* 18 trohtin *fehlt B.* 18. uuest. trohtin uuemo durfti *B.* **19. ge**nada trohtin pifilhu *B.* 21. 22. ja *fehlt durchweg B.* 21. mina gadancha *B.*
22. ganada. uper mih suntigan dinan scalh. kaneri mih trohtin fonna allemo upila *B. darnach von derselben hand in B (es erhellt nicht, ob auch in A)* Te, domine, pius dominator et misericors deus, supplices trementesque deprecamur, ut per misericordiam tuam acciones nostras tua gratia inluminare digneris et adiuvando in bonum finem perducere. qui regnas deus in trinitate perfecta per omnia saecula saeculorum. amen.

Das vorliegende denkmal ist nur deshalb unmittelbar vor Notker gestellt, weil es die reihe der beichten nicht unterbrechen und zugleich neben der nächst verwandten beichte stehen sollte. seinem alter nach müste es viel früher eingeordnet werden. in den litaneien der hs. A werden besonders baierische heilige und allen voran SEmmeram *gefeiert und es wird für einen* Ludouuicus rex *und die* regalis proles *gebetet. daraus hat Pfeiffer mit recht geschlossen dass auch die hs. A im kloster* SEmmeram *zu Regensburg, woher B stammt, und zwar unter Ludwig dem deutschen geschrieben ist, der seit 826 könig in Baiern war und 876 starb. 827 vermählte er sich und etwa im nächsten jahre mag sein ältester sohn Karlmann geboren sein, der schon 842 an der spitze eines heeres erscheint (Dümmler 1,169). vor 828 kann die handschrift nicht geschrieben sein: um wie viel später in der zeit vor 876* **wüste** *ich nicht zu sagen. die drei von Pfeiffer übersehenen geschwächten formen des* ka- ga- *(3 ky- ki-, 6 ki-, vgl. ESteinmeyer* zs. *16, 137) mögen von dem schreiber herrühren, obgleich die hier auffallende übereinstimmung von B sie bereits der vorlage zuzuweisen scheint.* **ein solcher** *(dort vielleicht auf assimilation an den wurzelvocal beruhender) fall findet sich indes auch im carmen ad deum (LXI, 14 ki*lide), *dessen vorlage vermutlich mit* LIV *und* LV *gleichzeitig war und also gegen den anfang des* IX *jahrhunderts hinaufrückt. etwas jünger war wohl die vorlage von A und auch die originalaufzeichnung dieses gebetes: denn auslautend* m *ist durchweg zu* n *geschwächt.* **aus** *der hs. B habe ich nur z. A das unentbehrliche* geteta *aufgenommen, um die beiden hss. möglichst aus einander zu halten. aber noch anderes trägt deutlich den stempel größerer ursprünglichkeit. über* deonoste *s. zu* 14. *und so ist die schreibung* uuahhento 4 (*A* uuah | ento, *doch vgl.* 11 rihe), kot 17 *gewis vorzuziehen.* 19 uuemo *deutet auf* uue mno *d. i.* uuê mino, *vgl.* só uuê só 6 *und zu* LIV, 13. *im eingang wird* minero missatâteo *durch* LXXVII, 3 *wahrscheinlich.* zwischen **suntono** *A und* missatato *B in v.* 9 *wüste ich nicht zu entscheiden. an dem* enti 8 *hat sich B offenbar gestofsen und durch auslassung desselben eine gewöhnlichere construction hergestellt. die conjunction* ja (*zu* LIV, 10) *und das adjectiv* uuiho *waren für B veraltet, jene hat es das erstemal durch* enti *ersetzt und dann fortgelassen, dieses durchweg gestrichen. die in A deutlich geschiedenen zwei teile des gebetes hat B verschmolzen, indem es lästige wiederholungen wegschaffte,* kanist enti kanáda 11 *wie* 7, kot almahtigo *bis* helfan 12 *wie* 10, *und einige ungefüge wendungen glättete. derselbe wunsch lästige wiederholungen zu vermeiden kann noch mehr auslassungen herbeigeführt haben. aber es ist nicht überall absolut sicher, ob es sich wirklich nur um solche handelt, ob nicht auch A dem grundtext beider hss. gegenüber sich erweiterungen gestattete. dass dieser grundtext selbst bereits ein erweiterter war, scheint nähere untersuchung zu lehren, welche uns tief in das eigentümliche leben solcher gebetsformeln einführt und auch auf das Wessobrunner gebet nochmals ein neues licht fallen lässt. die beiden teile des denkmals sind jeder für sich zu betrachten, nur der zweite hat die conjunction* ja. *der erste folgt im eingang einer mit* LXXVII *enge verwandten beichte, die er in gebetsform umarbeitete, weshalb Maria, die engel und heiligen und der priester wegbleiben musten. die sonstigen abweichungen des gebetes sind nicht gut, so schon die ordnung* 'sprechen tun denken' *und dann vollends der ganz überflüssige zusatz* 'worte werke **und gedanken**'. *fast scheint* deih 2 *für ursprüngliches* de ib LXXVII, 3 *zu stehen und alles* **davor eingeschoben.** *hiernach einzelne sünden, über deren aufzählung sich kaum urteilen lässt, doch scheint die reihenfolge* 'sünden des wortes, der gesinnung, der tat' *erkennbar. in dem was folgt könnte höchstens reue und harmschar dem schlusse einer beichte entnommen sein, aber man würde dann bestimmtere hervorhebung der bufse erwarten, und alles übrige ist von anderer art. der verfasser hat es doch schwerlich aus eigenem hinzugefügt: die worte* kot *bis* helfan 10, *die sich zu anfang des zweiten teils gleich wiederfinden, verraten uns die quelle.* farkepan 11 *rührt eben daher* 13. *die wendung* soliho sô dino miltida sin 9. 10 *lässt sich auf* sôso ... dino canáda sin 16 *zurückführen, vgl.* kanáda enti miltida 20. *ob nun nicht auch anderes, vielleicht der ganze schluss des ersten teiles aus dem zweiten entnommen ist? dass der compilator des ersten, wenn er die quelle die er geplündert hat seinem machwerk unmittelbar folgen liefs, darin einiges unterdrückte was er früher angebracht, wäre zu begreifen. wir haben ein solches umstellen und verschieben mehrfach in den beichten beobachtet, auch dass dort gerne verwirrung eintritt wo die an andern ort verpflanzten phrasen weggenommen worden. der zweite teil enthält zwei sätze die man unbedenklich als echt und ursprünglich betrachten kann, und es wird kein zufall sein dass gerade in ihnen die conjunction* ja *treu bewahrt erscheint. es ist der erste und der mit* enstigo *beginnende* 19. *nur dass in dem letzteren die anrufung* uuiho truhtin 20 *die construction verdunkelt und uns damit einen belehrenden wink über die allzu häufige einschiebung dieser anrede gibt, und dass die worte und werke am schluss der aufzählung* 22 *hier ungehörig stehen. in beiden fällen bestätigt die hs. B, sie hat die consequenzen der lesarten von A gezogen:* 19 dû cino *ff. hat selbst den schein eines relativsatzes verloren, und die plurale* uuort *und* uuerh *haben den plural* cadancha *nach sich gezogen* (zu 21). *diese plurale scheinen sich aber an das vorhergehende in derselben absicht anzuschliefsen wie die genitive* unrehtes giràtes LXXIII, 6; minero spiungu LXXIV*, 8. LXXIV^b, 7 (s. die excurse): *um eine interpolation mit dem echten zu verknüpfen.*

die schlussworte ergeben nichts neues als eine reminiscenz an den schluss des paternosters: an der verschiedenartigen gestaltung der beiden parallelsätze aus denen sie bestehen, der eine mit directem, der andere mit umschriebenem imperatic, hat schon B ganz richtig anstofs genommen. auch das was zwischen jenen beiden hauptsätzen liegt erregt bedenken, es ist die partie welche ihrem inhalte nach zur beichte in näherem bezuge stand und daher zur plünderung am meisten reizte. die conjunction ja ist hier verschwunden. der imperativ tuo pi mih verlangt (s. die anmerkung zu 16) einen parallel geordneten imperativ. wieder wird die construction durch die anrede uuiho truhtin, kanâdigo kot' verdunkelt und dass der imperativ dem schon das hilfswort tuon gilt, dann erst noch durch ein weiteres hilfswort kauuerdôn *umschrieben wird, ist gewis nicht echt. und was enthält nun dieser umschriebene imperativ? das blasse* helfan *das schon im ersten satze v. 12 verwendet wurde. und hier hat sich der betende als sünder hingestellt, er muss um vergebung flehen. das fühlt der verfasser auch, aber er weifs diesen unumgänglichen gedanken nicht anders auszudrücken, als indem er sich von neuem einen sünder und übeltäter nennt: vgl.* IX, 8 daz er ûus firtânên giuuerdô ginâdên. *das ist flickwerk. ich glaube, der verfasser hat eine lücke die er selbst gerissen notdürftig gestopft, und der parallele imperativ zu* tuo den wir verlangen steht in v. 7 farkip, *die objecte dazu* **kanist enti kanâda** *oder richtiger* kanist ja kanâda *ergänzen sich aus v.* 11. *hierdurch gewinnen wir einen dritten satz:* Christ cotes sun usw. *dem ein kürzerer gleichen inhalts* 14. 15 *voraufgeht: eine anrufung des gottessohnes als erlösers, nachdem erst gott der allmächtige um hilfe und um verleihung seiner gaben gebeten worden. so wie die sätze dastehen, sind sie stilistisch schlecht interpungiert: die stärkere interpunction muss dort eintreten, wo der betende von der ersten göttlichen person zur zweiten übergeht. ich setze also* Christ cotes sun *an die stelle von* truhtin 14, *und wage nun angesichts der vier sätze die sich ergaben eine letzte vermutung: dass nemlich der vierte dem ersten anzureihen sei. dies die natürliche ordnung, der allmächtige ist es der nach dem bedürfnisse des bittenden seine gnade austeilt. wir erhalten somit folgendes, die ergänzungen aus der ersten hälfte cursiv bezeichnet. ja statt* enti *durchzuführen unterlasse ich. die annahme einer lücke wird sich später erklären.*

¹ Kot almahtigo ... kauuerdô *mir* helfan enti kauuizzida *mir ja* furistentida ja gaotan uuillun saman mit rehten galaupôn *mir* fargepan za dinemo deonoste.

⁴ eustigo enti milteo trohtin, dû cico uueist uuê mîno durfti sint, in dino kanâdâ enti in dino miltidâ pifilhu min herza ja minan cadane ja *minan* uuillun ja minan mût ja minan lip. ² Christ, cotes sun, dû in desa uueralt quâmi suntige za gauerjenne, kauuerdô mih cahaltan enti kanerjen. ³ uuiho trohtin, sôso dû uuellês enti dino canâdâ sin, tuo pî mih suntigun enti unuuirdigun scalh dinan, *farkip mir kanist enti kanâda* in dinemo rihe, enti daz ih fora dînên augôn unscamânti si enti daz ih in derru uueroltî mînero suntôno riuûn enti harmscara hapân môzi.

die vier sätze, das erste paar dem allmächtigen, das zweite dem erlöser gewidmet, bieten nun ein merkwürdiges bild. die lästige wiederholung der selben worte ist **durchweg vermieden. die sätze zeigen sich analog gebaut.** *jeder beginnt mit einer* **anrufung und ihr folgt,** *wenigstens in den drei letzten, ein zwischensatz,* **mit dem relativum oder mit** *sôso eingeleitet: nur im ersten satze fehlt* **er: dürfen wir annehmen dass er ehemals** *vorhanden gewesen? dieser erste satz ist eine prosaauflösung des dritten teiles des Wessobrunner gebetes, nur in einer etwas älteren dem fränkischen gebet an einem puncte näheren gestalt:* du mir hilf enti forgip mir mûssen wir *voraussetzen.* dann *finden sich aber alle hauptgedanken wieder, die anrede* Cot almahtico, *dann jene imperative, in die wendung* gauuerdô mir helfan enti fargepan *übertragen: dass eine solche übertragung stattgefunden hat, erklärt wohl die etwas seltsame construction, das wiederholte* mir, *das nachhinkende* fargepan: *das folgende* in dino canâdâ *tritt hier in anderer verbindung auf, aber* uuistôm enti spâhida *treffen wir als* kauuizzida ja furistentida*, *der gute wille und rechte glaube fehlt auch nicht und* za dinemo deonoste *entspricht der letzten zeile des Wessobrunner gebetes.* nur die 'kraft den teufeln zu widerstehen und das böse zu vermeiden' ist in der prosa nicht vorhanden ohne dass man sie vermisste. *der relativsatz nach der anrede aber, den wir im vorliegenden gebete allerdings vermissen, steht im Wessobrunner, und wenn auch nicht den ganzen, so möchten wir doch die wendung* dû manuus 'sô manac coot forgâpi *herübernehmen: das* forgâpi *des relativsatzes verhält sich zu dem* forgip *oder* fargepan *des hauptsatzes, wie in* 2 *das* gauerjeuuc *des relativsatzes zu dem* kauerjen *des hauptsatzes, vgl. auch* 3 canâdâ *und* kanâda, 4 milteo *und* miltidâ.

es lässt sich nun noch die frage aufwerfen: hat der verfasser des vorliegenden reconstruierten gebetes auch die drei übrigen sätze seiner arbeit durch prosaische übertragung aus einer unvollkommen poetischen form gewonnen, die sich wie manche rechtsdenkmäler (s. 482) der allitteration und des reimes zum schmucke bediente? oder anders gesagt: hat der schreiber und klosterlehrer der das überlieferte 'Wessobrunner gebet' als probe der poesie zusammenstellte auch im dritten teil nur eine probe gegeben, nur einen anfang wie in den beiden ersten? es ist gegen Müllenhoffs oben s. 247 vorgetragene ansicht, aber mag erwogen werden. der lateinische satz s. 244, der sich dem Wessobrunner gebete anschliesst und von reue und künftiger strafe und scham über die sünden spricht, steht in deutlicher verwandtschaft mit dem schluss des reconstruierten denkmals und bestätigt die reconstruction: doch trägt er nichts zur entscheidung bei, er kann ebenso wohl auszug wie anregung sein. der verfasser des überlieferten SEmmeramer gebetes aber eröffnet uns, so angesehen, den ausblick auf zwei sehr alte denkmäler der baierischen litteratur, auf ein gebet das wir zum teil schon kannten und dessen wirklich poetischer keim s. 461 nachgewiesen wurde, auf eine beichte die der sächsischen und ihrem kreise, obwohl von ähnlichen lateinischen vorbildern ausgehend, doch als selbständiges product gegenüber **stand** und die uns zum teil in jüngerer überlieferung (LXXVII) wieder begegnet.

---

* *Man schlage die vier wörter bei* Graff *nach:* uuistôm 1, 1072 *und* kauuizzida 1, 1102 *sind beide in der ganzen ahd. periode häufig gebraucht, beide kommen in prosaischen denkmälern vor, bei* Otfrid *(freilich auch bei* Tatian) *nur* uuisduam. *die beiden anderen* 6, 322, 608 *bieten zu einer ähnlichen beobachtung nicht anlass, da* spâhi *mit seinen ableitungen bei* Otfrid *fehlt, aber a priori dürfen wir behaupten dass* furistentida *das prosaischere wort ist. auch die wortfolge, die zerstörte symmetrie der aufzählung, das schleppende* samau mit, *das kurz und geschäftsmässig angehängte abstracte* zu dinemo deonoste *statt einer lebendigen verbalconstruction, zeigen deutlich die absicht prosaischen ausdrucks.*

LXXIX.

A hs. 21 der stiftsbibliothek in S Gallen, aus Einsiedeln. 574 seiten XII jh. s. 494 563—566. 568—574. *am schlusse des psalters. zwischen dem apostolischen und athanasianischen symbolum stehen der 'ymnus Zachariae' und das 'canticum sanctae Mariae.'* J Schilter thesaurus antiquitatum teutonicarum 1 (1728), *Notkeri psalt.* p. 265*f.* 268—270. *wie es scheint nach einer abschrift von A.* H Hattemer *denkmahle des mittelalters* 2 (1844—1849), 522ᵇ—525ᵃ. 527ᵃ—531ᵇ. V S Galler hs. *jetzt verloren. wahrscheinlich die im jahre* 1027 *angefertigte abschrift des originals: vgl. Hattemer aao. s.* 15*ff.* Stumpf *Schweizerchronik* (Zürych 1548) bl. 295ᵇ *paternoster und symbolum apostolorum ohne das latein und die erklärungen, mitgeteilt von Vadian. aus Stumpf entnahm dann die formeln Gesner im Mithridat,* Nathan Chytraeus *in notis ad Galateum Casae, Kirchhoff wendunmut* 4, 150. J Vadianus *de collegiis monasteriisque Germaniae veteribus bei Goldast alam. rer.* SS. 3 (Francof. 1606), 47. *ebenfalls nur die beiden texte, das symbolum aber mit der einleitung z.* 26—30. 1 cod. lat. 7637, *Indersdorf.* 237 *der k. bibliothek in München.* 84 bll. 4° XII jh. *zwischen Juliani ll.* 3 *prognosticorum und Nortperts tractatus de virtutibus* (deutsch und lateinisch) *auf bl.* 45 *Notkers paternoster. abgesehen von einigen wenigen längezeichen, ohne accente.* Maſsmann *abschw.* (1839) nr. 56. *die circumflexe als diphthongzeichen habe ich weggelassen, unbezeichneten langen vocal mit dem circumflex stillschweigend versehen, stets — namentlich in den flexionen — nach maſsgabe des sonstigen Notkerschen gebrauches. acut über diphthongen ist immer auf den ersten vocal gerückt, die acute welche* V *mehr hat als* **A sind** *eingetragen. wie in* A sind Got Geist *und die namen der engel groſs, die namen der menschen und völker klein geschrieben.* 1. du der *I*. 2. skine *I*. so IB (*s. unten*), fehlt *A*. heizzistu *I*. 3. rechte *I*. dich, unsieh *I immer*. 5. bitten *I*. 7. euvige *I*. 8. dingen. da *I*. gesehen suln *I*, *worin überhaupt kein anlautendes* k *für* g. 9. tot *I*. suln *I*. 10. vville geskéhe *V I*. 11. uone (*immer auſser z.* 23 *das erste:* fone) mennesken *I*. himile *V*. 12. tágolicha *V*, tagelich *I*. 13. dine *I*. tero *I*. 14. tagelichen *I*. brotes *I*. 16. unser *I*. alsouch *I*. belázend *V*, belazzen *I*. vusern *V*. 17. Dise *I*. uerneme (uer- *immer*) mannegelich *I*. 18. uuerda *I*. michele *I*. 19. Vnd *V*. chorunge *I*. ne] nit *V*. 20. tu *I* richtig. nelazzest tu *I*. beehorot *I*. 21. beskirmest *I*. ter *I*. 22. fiauden *I*. 23. Nú belóse *V*. fóme *V*. 24. tivueles chorunge *I*. gewalte. daz sie uns fone dir geskeiden ne mugin. *I*. 25. tise, toh, tes *I* richtig. 26. unde *fehlt V*. 27. zesammine *V*. **28.** zlichen *V*. heiczet *V*. 29. skilten *V*. gemóten *V*. tannan *V*, **dannan** *A*. iógliche *I*. 32. álmáchtigen fatere skeffen *V*. 34. gevvichten haltáre *I*. **hérren** *V*. 38. kenóthhâfftat *V*. 41. imo *V*. gestábter *V*. **42.** îrstarb *V*. 46. Gótis zésesuuun *V*. almachtigen Váter *V*. 49. chimftiger *V*. **50.** irtéillene *V*. vindet *V*. **54** allelichun gesámenunga *V*. **55.** béiezet. Diû *A*. 57. 58. heiligen gemeinsame *V*. 59 ablasz déro sunden *V*. 60. urstendede *V*. **84.** geoúgdeda *A*. 94. lútreisteren *A*. 95. *vgl. Gellius* 5, 7 *aus* **Gabius Bassus**: a personando id vocabulum factum esse coniectat nam 'caput, inquit, et os cooperimento personae tectum undique unaque tantum vocis emittendae via pervium, quoniam non vaga neque diffusa est, in unum tantummodo exitum collectam coactamque vocem ciet et magis claros canorosque sonitus facit. quoniam igitur indumentum illud oris clarescere et resonare vocem facit, ob eam causam persona dicta est, o littera propter vocabuli formam productiore.' 99. missel̆iche *A.* 106. bezeichenne *A.* 165. érenne *A.* einigheite *Schilter*] enigheite *A.* '191*f.* anébselōti *A.*

B *hs.* 2681 (*ol. cod. theol.* 288) *der k. k. hofbibliothek in Wien, zunächst aus Ambras. über ihre vermutliche herkunft aus Wessobrunn vgl. zu* LXXXVI, A. 235 *bll.* 4°. XI *jh. Notkers psalmen. diese waren wie zb. der Weifsenburger deutsche psalter (Lessing* 8, 330 *L.* Kelle *Otfrid s.* 21 *anm.* 1: *er war älter als* 1034) *in drei bände geteilt, wovon jeder funfzig psalmen umfasste. nur der erste und dritte sind erhalten. am ende des ersten ist glaube und beichte, unten* XC, *beigefügt. die cantica mit den catechetischen stücken waren einem besonderen schreiber zugewiesen. da nun der letzte schreiber der psalmen am ende einer lage noch einen kleinen rest des* 150*n psalms übrig hatte, so wurde um die darauffolgende lage d. h. die erste der cantica ein doppelblatt geschlagen, dessen hintere hälfte abgeschnitten, auf dessen vordere* (*bl.* 212) *jener rest eingetragen wurde. den leerbleibenden raum* (*bl.* 212ª *sp.* 1—212ᵇ *sp.* 2) *benutzte ein anderer um die predigt unten* LXXXVI, B, 1 *aufzuzeichnen. die vorliegenden stücke stehen auf bl.* 226ª—227ᵇ. 229ª—232ª. *an das symbolum Athanasianum schliefsen sich von anderer hand die predigten* LXXXVI, B, 2—4. *der ganzen hs. nur vorgebunden ist ein doppelblatt das die predigtstücke* LXXXVI, A, 1 *und* 4 *trägt.* PLambecius *commentar. de augustiss. biblioth. Caesar. Vindob.* 2 (1669), 462. *nur das paternoster und symb. apost. bis z.* 30, *als werke Otfrids.*

JGvEckhart *comment. de rebus Franciae orientalis* 2 (1729) 930—935. EGGraff *Diutiska* 3 (1829) 135—137. 138—141. HFMafsmann *abschw.* (1839) *nr.* 57. 5. 18. *den lateinischen text habe ich weggelassen.* 1. : ater, *der raum für* V *freigelassen.* 3. Sín, *richtig* Dín: *fehler des rubricators.* 9. unsere sela] *A hat den singular.* 19—22. *die hier in B gekommenen fehler hängen aufs engste mit dem grundsatze dieser hs. zusammen, keines der dem deutschen texte in A eingestreuten lateinischen wörter unübersetzt zu lassen. die veranlassung zu dieser durchgreifenden umgestaltung ergibt anm. zu* XCI, 98. 100. 101. *bruder Berthold* 49, 31*f.* Mai *und* Beaflor 22, 8 *setzen den psalter in den händen der frauen voraus: vgl. Weinhold frauen s.* 92. 25. sēe 26, *dieser und die folgenden sätze bis z.* 31 *sind in A relativsätze. durch ein versehen des umarbeiters ist der hier unmittelbar folgende satz* Unde — uuart *in dieser form beibehalten. alle lediglich antiquarischen bemerkungen von A wie hier die über den namen* Pontius (*A* 38—40), *unten die über* persona (*A* 85—108) *bleiben in B weg.* 36. : nde; *der raum für* V *freigelassen.*

63. beidemal çuuig 65. çuuiger 73. tría hèrro] *also* hèrro *indeclinabel: ebenso* LXXXVI, B, 2, 1. 100. geburte̜ 101. uuiste̜ 102. kenemmide̜ 108. lichinam : llero, *der raum für* A *freigelassen.*

LXXX.

A *hs. der stiftsbibliothek in* SGallen 'aus dem *anfang des* XI *jh. vielleicht noch älter*', *wovon jetzt nur ein mit z.* 4 Quia *beginnendes und der hs.* 556 *als s.* 400. 401 *beigebundenes quartblatt erhalten ist.* MIIGoldast *alamannicarum rerum scripto-*

res (*Francof.* 1606) 2, 88.   *von jenem durch bibliothekar dr. Henne wiederaufgefundenen quartblatte lag mir eine im jahre* 1859 *angefertigte und mir freundlich mitgeteilte abschrift Conrad Hofmanns vor.*   B S*Gallische hs. der Zürcher wasserkirchbibliothek* C 129, *von dr. Fritz Staub unter gütiger vermittelung Schweizer-Sidlers für mich* **eingesehen**, *enthält ein lat. glossar zum A. und NT. beigebunden* **ist nebst** *einigen anderen kurzen sachen ein doppelblatt* Incipit Commemoratio genealogica Karoli Imp. *und auf dem* **leeren raume** *am schlusse dieser genealogie in derselben nur etwas kleineren und blasseren schrift der satz z.* 9—11 **ohne** *das vorausgehende und nachfolgende.   WWackernagel lesebuch* 1859 *sp.*119.   *von Wackernagel sind auch die nötigen verbesserungen vorgenommen und die mehrzahl der nachweisungen gegeben. den circumflex als diphthongzeichen habe ich weggelassen.*   4. **constillationis** *A.*   7. *Boethius Hattemer* 3, 128 **Quem** non pepulerunt externae causae fingere opus fluitantis materiae. i. informis et indiscretae.   Tih nehéiniu änderiu ding ne scúntôn, daz scäffelôsa zimber ze máchônne, úzer démo disiu unérlt unärd.   9—11. *Hebr.* 11, 1.   10. Tiu *bis* sperantur *fehlt A.*   11. **ebit** *A.*   téro man gedingit, únde *fehlt A.*   kúishéit tére *A.*   úrôugôn *A.*   13. Sûnroek *nr.* 4501 wem die heiligen hold sind, der mag leise beten. *woher?*   14. *Acta apost.* 8, 33.   15. déumoti, ẽ ror o übergeschrieben.   16. *davon handelte ausführlicher der achte, ebenfalls unvollständige brief Rudperts bei Goldast aao.*   18. *vgl. Ducange s. v.* ypapanti (ὑπαπαντή) i. obviatio vel occursus, unde repraesentatio domini in templo i. festum purgationis Mariae dicitur ypapanti, et tunc Simeon occurrit Christo et obviavit cet.   *Rudpert scheint eher an* ἀπάντων *als an* ἀπαντάω *zu denken. die deutsche übersetzung fehlt die man hier wie* 16*f. erwartet.*   19—26. *vgl. Donati a. gramm.* 2, 1—4. *die einteilung der nomina in solche* ter substantiae álde dés accidentis z. 24 *ist aber nicht aus dem Donat.* gemeine z. 24. 25 *übersetzt* appellativum.   21. úndéruuerf *A.*
22. **quod** *A.*   23. **ubiz** *A.*   24. **teuuídermezúnga** *A.*

In der von Goldast herausgegebenen kleinen musterbriefsammlung meister **Rudperts** — **wirklich** *geschriebene briefe mit weglassung der namen bis auf den anfangsbuchstaben — ist der vorliegende der siebente. er ist unvollständig, d. h. das blatt welches dem uns erhaltenen unmittelbar folgte war auch als Goldast die hs. benutzte nicht mehr vorhanden. es würde dazu stimmen dass dann vom achten brief, wie es scheint, der anfang fehlt. aber dass dieser nach wenigen zeilen abermals abbricht und hierauf der neunte und letzte wieder vollständig ist, weifs ich nicht zu erklären. in den fünf ersten episteln wenden sich offenbar schüler des Rudpert an ihn selbst oder an ihre eltern. in der sechsten schreibt ein* H. karissimae nepti Ruodep. *es wird daher der siebente, dessen adressat durch* P, *dessen verfasser gar nicht bezeichnet ist, wohl von Rudpert selbst (und nicht etwa von Notker Labeo an den man denken könnte) herrühren. in dem neunten briefe berichten mehrere brüder, worunter vermutlich wieder Rudpert, über einen entdeckten dieb an ihren abt* P. *ohne zweifel Purkhart* II (1001—1022). *dieser kann nicht etwa auch der adressat des vorliegenden* **stückes** *sein, wie Wackernagel in der vorrede zum lesebuch* 1835 **annahm.** *der eingangswunsch* profectum in doctrina *war nur einem jüngeren, einem schüler gegenüber* **am platze.** *vielleicht ist es der* Purchard bonae indolis adolescens, *dessen tod die ann. Sangall. mai. zum jahre* 1022 *melden: MG. SS.* 1, 82. *das würde wenigstens der zeit nach stimmen. das dritte buch des Boethius lag noch nicht in der SGaller übersetzung vor, als P. seine anfrage an Rudpert richtete: sonst war dieselbe, wenigstens was den begriff* informis materia *anlangt, überflüssig. nun war in der tat das dritte bis fünfte buch noch nicht übersetzt, als Notker seinen bekannten brief an bischof Hugo von Sitten (JGrimm kl. schriften* 5, 190) *richtete: ja sie sind erst nach* 1022, *nach dem tode des abtes Purkhard Notkers Rudperts und des jünglings Purkhard zum abschluss gelangt (Wackernagel litteraturgeschichte* § 37 *und* 28). *zu welchem zwecke hat aber dieser Purkhard oder wer es sonst war seine anfrage an Rudpert gerichtet? blos weil er die worte nicht verstand? gewis nicht. die grammatische terminologie muste er doch kennen. die grammatischen termini von z.* 19—26 *zeigen dass es sich um eigene production, um litterarische absichten des adressaten handelte, für die er Rudperts rat einholte. das schwierige problem der verdeutschung lateinischer kunstausdrücke wurde gemeinschaftlich in angriff genommen, der noch sonst hervortretende purismus der SGaller wagte sich auch daran. Rudpert selbst muss ein repraesentant dieser richtung gewesen sein, von der sich in Notkers eigenen sicheren arbeiten das gegenteil, die einmischung lateinischer worte, findet: die sprachmengerei (AFuchs fremdwörter s.* 10; *leben Williams, Wiener sitzungsberichte* 53, 294) *hat damals wie im siebzehnten jh. das entgegengesetzte extrem hervorgerufen. der schüler Rudperts also, dem er hier auskunft erteilt, arbeitete an einer grammatik. dass auch die anfrage über* informis materia *zum behufe eigener litterarischer production geschah, macht die SGaller hs. der Züricher wasserkirchbibliothek* C 121/462 *wahrscheinlich. sie enthält die bearbeitung von Boethius* l. III metr. IX *für sich allein, gerade die partie in welcher jene worte vorkommen und ein besonders ausgezeichnetes stück, das gebet der philosophie zu gott, Hattemer* 3, 128—131. *die orthographie zeigt specielle übereinstimmung mit der des Rudpert,* i *für* e *in den flexionen,* u (v) *für* f, û *für* uo. *vermutlich also eine arbeit dieses schülers Rudperts, das der spätere übersetzer des Boethius* 3—5 *mit geringen änderungen seinem werke einverleibte. man wird hiernach zu einer analogen auffassung des übrigen inhalts von Rudperts epistel gezwungen sein. dem schreiber von B lag vielleicht nicht der brief selbst (denn warum hätte er daraus gerade diesen satz gezogen?) sondern der anfang einer besonderen übersetzung von* Hebr. c. 11 *vor, von jener grofsen rede über die natur des glaubens, die an beispielen erläutert wird: ja man darf die frage aufwerfen, ob die epistel an dieser stelle je mehr enthielt, als in A steht. ebenso deutet z.* 14 *etwa auf eine besondere übersetzung der bekehrung des Philippus (apostelgeschichte c.* 8), *z.* 4 *auf einen abschnitt eines astrologischen werkes, z.* 16. 18 *auf eins* de divinis officiis, *z.* 12 *auf etwas ähnliches wie die oben s.* 320 *zu* XXVII, 1 *erwähnten sprichwörtersammlungen. wir erhalten hierdurch einen ungefähren einblick in die art und weise, wie bei den SGaller übersetzungen verfahren wurde, und wir begreifen ein wenig wie Notker selbst alle für sich in anspruch nehmen konnte ohne gerade zu lügen. die anregung gieng wohl von ihm aus, er hat etwa angefangen wie dieser P., hervorragende stücke, bald da bald dort herausgerissen, in seiner weise bearbeitet, solche arbeiten dann anderen zur fortführung übergeben und sich selbst auf psalmen Hiob und Gregors moralia beschränkt. er mag dabei, wie hier vielleicht Rudpert tat, einzelne stücke begabteren schülern anvertraut, ihnen an schwierigen stellen geholfen und ihre leistungen in seine arbeit aufgenommen haben. zugleich schen* wir, in welchen entwürfen die SGaller übersetzerschule durch den tod ihrer häupter unterbrochen wurde. der Boethius war zu beendigen, an die nova rhetorica (*Notker bei JGrimm aao.*) sollte sich eine grammatik schliefsen, an die principia arithmeticae und den novus computus **ein werk** de divinis officiis oder über die feste des jahres und ein astronomisch-astrologischer tractat, an den Cato eine **zusammenstellung** von lateinischen prosaischen aber **gereimten** sprichwörtern mit entsprechenden deutschen. und endlich sollte das neue testament daran kommen: apostelgeschichte **und briefe Pauli.** ist es nicht auffallend dass noch immer die evangelien ganz bei seite gelassen wurden, wie im alten testament die genesis, also leben Christi und weltschöpfung, **die hauptthemata der deutschen geistlichen** litteratur des VIII/IX und wieder des XI/XII jh.? Notker nennt seine übersetzungen rem paene inusitatam. ganz **unerhört mithin war die sache doch nicht seiner meinung nach?** hat er den Tatian im auge? die bücher die er wählt sind aber praecipue in scolis legendi. man wird bemerken dass die psalmen und Hiob werke von grofsem poetischem reize sind, dass an Boethius und Marcianus Capella das allegorische element erfreuen muste und dass Williram in gleichem sinne fortfährt. der poetische wert bestimmte die auswahl der SGaller lehrstoffe; der didaktische wert bestimmte zu ende des XI jh. (Genesis, Ezzo) die auswahl der poetischen stoffe. über die weltliche richtung der älteren zeit, in welcher schwankdichtung und lectüre des Terenz so charakteristisch hervortreten wie im XVI jh., vgl. leben Willirams s. 262. 289. von jenen SGaller entwürfen aber ist nur die vollendung des Boethius zur ausführung gelangt. ihr verfasser war nicht der des Marcianus Capella, wie JvArx bei Hattemer 3, 259 und Wackernagel verdienste der Schweizer s. 26 n. 14 meinen: denn im Marcianus Capella wird sacer und sanctus durch uuih wiedergegeben, während sonst die SGaller übersetzer sich ausnahmslos des wortes heilac bedienen: Graff 1, 721.

LXXXI.

Hs. 275 (ol. philol. 326) *der k. k. hofbibliothek in Wien.* 130 bll. 8°. aus verschiedenen jahrhunderten. bl. 67—92 war einst eine besondere hs. des XI jh. beginnend mit **Ciceros Laelius bis 91ᵃ**. auf der rückseite dieses blattes 91ᵇ von anderer hand (Q)VOT SUNT PARTES logicę? Quinque secundum Aristotelem usw. *d. h. mit einigen abweichungen die SGaller logik Hattemer* 3, 537 *bis ans ende der seite, schl.* Et proloquia ut est **illud.** Omnis aoo. 538ᵃ. *darnach ein blatt ausgeschnitten, worauf ohne zweifel die fortsetzung stand. auf bl.* 92ᵃ *neunzehn zeilen radiert, auf dieser wieder von anderer hand, zwischen z. 8 und 9 beginnend und zunächst ohne rücksicht auf die eingeritzten linien unser denkmal bis* Daz chit 7. *erst von* knotmezon *an mit schwärzerer dinte ordentlich auf den linien; nach* 92ᵇ *wieder ein blatt ausgeschnitten. hiernach beginnt eine ursprünglich besondere handschrift.* JMWagner *in der* Germania 5 (1860), 288. 289. *vgl. die verbesserungen s.* 508.   3. falso modo] falso°   4. plicatio   5. gaut wrtit   6. Item diffinire] l. Determinare? 7. chit *der accent in der hs.*   9. ituindun   9f. uuerrechia   10. bl. 92ᵇ Taz   11. slehtiu] seilhiu diu   dinges sezzi?   15. mathtig   16. Taz gemacze   17. leheten   dieu   18. diceres . i . animi   19. 23. umbe gâu 'con-

verti: *Graff* 4, 84. 21. *das fragezeichen in der hs. nach* animal 20. Taz
22. sôna] na *deutlich assimilation an das folgende* maht, *vgl.* zu XXXVI, 3, 9.
Mittemo 23. umbo 25. maxima 28. uoluptas 31. sunt] ē.

Schon aus inan z. 22, *das bei Notker nie mehr, in der baierischen bearbeitung seiner psalmen in der Wessobrunn-Ambras-Wiener hs. aber noch wiederholt erscheint* (*vgl.* nen XCIV, 36), *geht hervor dass vorliegendes stück in Baiern oder Oesterreich entstanden sein muss. und insoferne gewährt es, zusammen mit dem fragmente der SGaller logik das ihm vorhergeht, einen anziehenden beleg für die geltung der dialektik, welche Otloh* (*Pez* thesaurus 3, 2, 144*f.* 203) *bekämpft, und die wirkung der SGallischen bestrebungen in diesen gegenden. denn offenbar ist die hier vorgetragene lehre von der definition, namentlich die einteilung in definitio substantialis und accidentalis, angeregt durch den abschnitt Quid sit diffinitio im SGaller Boethius l.* III *bei Hattemer* 3, 148ᵇ. *nach erwähnung der fünfzehn definitionsmodi des Victorinus heifst es darin*: Déro quindecim modorum ist échert éiner dér proprie diffinitio héize: die ándere héizent mér descriptiones. Diffinitio sézzet taz ting únde geóuget iz úns, álso uuír iz ánn sêhen: descriptio gezéichenet iz échert. Sô ist iz diffinitio, sô iz úns substantialiter dia sácha óuget. ál sús. Anima dáz ist anima únde corpus. Fóne dien zuéin ist animal compositum, díu zuéi uuúrchent iz. Sô ist iz áber descriptio, sô úns échert kemálet uuírt, uuáz iz si. ál sús. Animal dáz ist quoddam mobile. Tôh táz uuár si, nôh tánne ist úns animal mit tíu accidentaliter geóuget, nals substantialiter. Mobilitas ist accidens animali. Úzer accidentibus neuuirt nehéin animal geuuúrchet. Pedíu chit descriptio gemále únde zéichenúnga únde bilde, álso dáz ist, úbe ih mít mînemo gríŝle an éinemo unáhse gerizo formam animalis. Aber diffinitio chît úndermarchúnga, álso dáz ist táz uuír fines a finibus skidoen, únde chît nôtmez, álso dáz knôto gemézen ist, tés nieht mêr nôh nieht minnera neist. *was der verfasser der zweiten hälfte des Boethius de consol. phil., der seine arbeit nach* 1022 *abschloss* (*s. excurs zu* LXXX) descriptio *nennt, das ist unserem verfasser* diffinitio accidentalis. *dass er diese aus dem altertum nicht überlieferte unterscheidung — beim Boethius de diffinitionibus heifst* descriptio *nur der vierte definitionsmodus* (opp. *Venet.* 1492 p. 115ᵉ ᵈ), *und über das accidens macht er nur die bemerkung,* es habe unter den quinque voces *für die definition am wenigsten bedeutung* (p. 114ᵉ) — *dann nur mit dem aus spätrömischen quellen dem frühern mittelalter angeerbten logischen apparat näher ausführt, versteht sich von selbst. zu z.* 2. 3 *und* 8 *vgl. aufser Boeth.* p. 113ᵈ definitio est, ut M. Tullius in topicis ait, oratio quae id quod definit explicat quid sit *besonders den Marcianus Capella l.* IV § 349 *Eyssenh.* definitio est, cum involuta uniuscuiusque rei notitia aperte ac breviter explicatur. in hac tria vitanda sunt: ne quid falsum, ne quid plus, ne quid minus significetur. *in z.* 14*ff. kommt ein von lange her gebrauchtes schulbeispiel* (*vgl. Prantl gesch. d. logik* 1, 516 n. 35) *auch hier zur verwendung, vgl. Alcuini dial. c.* 13 (opp. 2, 1, 345*f.*) homo est substantia animata (est animal c. 14), rationalis, mortalis, risus capax. *beim Boethius* p. 114ᵉ homo est animal rationale, mortale, terrenum, bipes, risus capax. *die hierauf z.* 16—24 *angedeutete methode der definition ist die von Boethius aao. vorgetragene und von Alcuin c.* 13 *im anschlusse an sein beispiel auf folgende weise geübte*: a latitudine substantiae primo haec incipit diffinitio, quia quicquid naturarum est substantia dici potest. deinde dicit hominem substantiam animatam: in eo quod dicit animatam, secernit eam ab his quae animam id est vitam non habent. in eo quod dicit rationalis segregat eam ab omnibus rationem non habentibus. in eo quod dicit mortalis dividit eum ab angelis qui non moriuntur. et sic pervenit ad proprietatem hominis id est risus **capax, quod solius est hominis.** vgl. auch z. 29—33.

LXXXII.

Hs. 223 (ol. cod. phil. 241) der k. k. hofbibliothek in Wien. 65 bll. 4° XI *jh. bl.* 31ᵃ—33ᵃ. *vgl. Hoffmanns verzeichnis s.* 363; *Endlicher catal. codd. philol. p.* 71. 72. *W Lazius de gentium aliquot migrationibus* (Basel 1557) *s.* 81 *teilte* 1, 1—9 **uuâre** *mit. FHvdHagen denkmale des mittelalters* (1824) *s.* 50—56. *nach Schottkys abschrift. EGGraff Diutiska* 3 (1829), 197. 198. *HHoffmann fundgruben* 1 (1830), 17—22. **für die** *grofsen buchstaben am anfange der capitel ist der raum freigelassen; ebenso für die überschriften bis c.* 9. *quantität* **und** *betonung werden erst von c.* 3 *z.* 11 *five an bezeichnet. um jedoch die letzere rein zu bekommen, muss man absehen von den auf* e *und* i *ganz beliebig und ohne* **rücksicht** *auf die ihnen wirklich zukommende tonstufe gesetzten acuten. diese habe ich denn sämtlich weggelassen (aufser* 10, 6) *und ebenso die bezeichnung der diphthonge mit circumflex und die accentuierung der flexions*-a *in* 10, 7*f.* uuerchán; 11, 2 uuérdán; 11, 8 fruotá; 11, 14 **drinkán;** 11, 17 **drittá slabtá**; 12, 1 fliugát. *ähnliche acute über* e *und* a *der flexion in den Williramfragmenten Diutiska* 2, 379. 380. *auch in der lateinischen hs.* 492 *der Wiener* **hofbibliothek** *habe ich sie gefunden:* **über** i *in der regel, über* e *mehrere mal, über* a (*praeposition*) *einmal.* **1,** 3. **sogit** to er namxta] benedicens C (Iohannis Chrysostomi dicta de naturis bestiarum: archiv für kunde österreichischer geschichtsquellen 5, 552—582). 5. ti—bezeechenint *fehlt* C. 6. spror 7—9. to—uuâre] *anders* C. 8. uuaz 10. Iu aperiendo sicut et in cantico canticorum sponsus testatur de se ipso. Ego ect. C. *offenbar ist nach* aperiendo *eine lücke die sich aus dem deutschen text ergänzt. dasselbe ist am anfang der fall, wó die hs. aus welcher C aao. abgedruckt worden die sätze* z. 1—3 *weglässt, also beginnt* Igitur Iacob benedicens *usw.* 12. menisgemo] 3, 7. 10f. 4. 6; Graff 2, 753; *noch mhd. pred. Mone* 8, 416. **2.** Est et animal quod dicitur panthera, vario quidem colore, sed speciosum nimis et mansuetum valde. C. *in derselben vom deutschen wie man sieht abweichenden ordnung werden dann auch die deutungen gegeben.*

5. er] cz: *vgl.* C: surgens autem a somno statim emittit rugitum peraltum simulque odorem nimiae suavitatis emittit cum rugitu, ita ut odor istius modo praecellat omnia aromata et pigmenta. 6. volgen] 5, 4 sinen; 5, 9*f.* habiu. 7. draccho uordtal 9. turih tic sûzi (zuzi *hs.*) sinero genâdon] per incarnationem suam C. *doch vgl. weiter unten* cum nimio incarnationis suae odore. 12. turih diu uunder *fehlt* C. *schöner Hoffmann*] chone 13. 14. C *nur:* postquam satiatus est iudaicis illusionibus, ad ultimum cruce suspensus ... est. 16. Vnde 17. Unde **3,** 4. 5. ille autem mox ut viderit eam, salit in sinum virginis et complectitur eam sicque comprehenditur et perducitur ad palatium regis C.

4*f.* spinet   6. xprisin   7—11 *stimmt fast nur dem gedanken nach zu C.*   8. nehen, i *übergeschrieben.*   9. uone henigemo   10. menis lihemo, e *zwischen* i *und* h *übergeschrieben.*   11. fine] *vgl.* phaet 8, 5 *und zu* XLII, 46. 54; phâhen *auch* XLIII, 4, 8. LXXXVI, B, 36. *Diem.* 288, 17. 345, 18. *Germ.* 14, 461.   phàhere *zs.* 3, 237.

4, 1. 2. ídris   2. *die lücke ist aus C leicht zu ergänzen:* Cum viderit corcodrillum in litore fluminis dormientem ore aperto, vadit et volitat se in luto *cet.*
3. innan *Müllenhoff*] inan : *vgl. C:* dilanians omnia viscera eius.   ·4. úz   bezechen&, i *an unrichtiger stelle (zwischen* h *und* e) *übergeschrieben.*   5. idrís bézechenet   6. líhhamin   7. under sigehaf heim châme (châme *hs.) fehlt C.*
5, 1. 2. *anstatt dieses ersten satzes führt C Ies.* 13, 22 *an.*   1. uunderlihu sirene   2. sirene   unde zin, de *ausgekratzt.*   3. dannan ûf] *C:* sirenae animalia sunt mortifera quae a capite usque ad umbilicum figuram feminae habent, extrema parte usque ad pedes volatilis imaginem tenent. *das misverständnis des deutschen bearbeiters setzt einen text voraus in welchem* a capite *fehlte und an der stelle von* extrema parte usque ad pedes *einfach* inde stand.   3—6. *C führt fort :* atque musicum quoddam dulcissimae melodiae carmen canunt per quod homines navigantes decipiuntur, ita ut persaepe auditum demulcentes sensumque delinientes in soporem vertantur. et tunc illae videntes eos esse sopitos, invadunt et laniant carnes eorum. *vgl. den jüngeren physiologus bei Hoffmann fdgr.* 1, 25, 20 so varant sie dei tier ane unt' zebrechent sie ê sirwachen. *Karajan sprachdenkm.* 81, 8. 9.   3. scôno   gesêhint] *der circumflex steht wie in* 5, 10 niht ; 7, 4 nâht *über dem* h   5. siu   6. brihit si] birigit sih   bez'enet   9. vecordes et bilingues homines *C.*   **6,** 1. igena   uuilon uuib   2. uuariu. erist
3. beginen   3. 4. Daz *bis* nesint *fehlt C.*   4. salomon   irro   5. 1
7, 2. *am fünfundzwanzigsten nach C.*   3. dar   4. tâc   5. *diese alberne deutung findet sich in C nicht.*   **8,** 2. lihhamhaftiga geruma   3. sinemo dar   5. siu   gehien   phaet   6. pergit ad lacum magnum *C. nachher* stagnum.   uuázzeres   dar   7. váret   adam   8. euum, *der letzte strich des* m *radiert.*   uuarin er   azzin   11. *C:* quod aliquando aquae praesens saeculum significant per diversas perturbationes et voluptates dominus deus insinuat cum dicit 'salvum me fac, deus, quoniam intraverunt aquae usque ad animam meam' (*ps.* 68, 2).   **9,** 1*f.* ginahen   3. zôge   uniderstant   4. sínero   gat bez
5. eufrates   dabî staat   6. damite   7—11. *C in form einer ermahnung.*
10. uume   hôre   lihehênt   10. *C:* Est et animal in mari, quod dicitur serra, spinas habens prope se longiores. et cum viderit naves velificantes euatat ad eas, erigensque pennas et caudam velificat sicut navis et contendit econtra. cum diu fecerit talia, pennas ad se revocat, quia et lassitudine et unda revocatur in pristinum locum. mare significat hune mundum. naves sunt prophetae et apostoli, qui transierunt hune mundum et vicerunt adversarias potestates aeris (*l.* aevi) huius. serra vero, quae non potuit perseverare cum navibus, significat eos qui temporaliter profitentur abstinentiam, sed non perseverant usque in finem cum sanctis qui ad portam caelestis patriae victo mari pervenerunt.   1. einez : *ebenso* 12, 1: *gramm.*
3, 4 *anm.*   2. sine   4. môdé   schêf   6. dirro, *vielleicht* dirra   7. uuile
11, 1. selahda   uipera   2. er] masculus *C. vgl. gramm* 3, 311*f. anm.*
3. semen   unde uuird so ger *fehlt C.*   4. sa   iungide   5. gant dên, i *übergeschrieben.*   7. xpm   heiligûn? *doch vgl.* mânige *Notker Hattem.*
2, 159ᵇ.   xristanheid   8. euangelio   10. losét   13. uzspîget   14. *l.*

drinkan. uúazza,r 15. êuuartûn 15f. uzspiunéu 16. da **12.** 1.
Est aquatile animal *cet. C. stand in der vorlage des bearbeiters* volatile? 2. béi-
den sa sâ-ne *wie* LXXXVI, C, 2, 2 sû-nicht '*nicht einmal*' *ebenso Notker
ps.* 29, 10 *liattemer* 2, 98b uuieo sol ih âuderen *gében dróst resurgendi, übe ih sélbo
sâr ne irstân; vgl. ps.* 142, 2 *p.* 486a *nemo mundus ante te, nec infans cet glosse:* noh
sar daz biutiga chindeli; *schwächer s. v. a. 'gar nicht, durchaus nicht' ps.* 25, 4 *p.*
88b ih ne uuîle mih sâr héften zein; 36, 9 *p.* 126a nequitia ue lázet sie sâr dara in;
beide auffassungen möglich Genes. fundgr. 2, 42, 7 vor dir minne ne dûhte iz in sâ
porlenge. 3. so gât ez án eina eissci (heisset *hs.*) zeinero uueude] inquirit parie-
tem *C.* 4. ostert da 4f. sûnnûn (u *über* o) 5. unzin siniv xrista-
nig 6. din hosterlihehun 7. ganemmet] e *in* a *corrigiert.* oriens
8. din] diu intlvide sinen den *schluss dieses capitels ergibt C:* et ad solem
iusticiae — et converte, cuius nomen oriens dicitur, quatenus oriatur in corde tuo
per spiritum sanctum et lucem misericordiae suae ostendat tibi, qui illuminat omnem
hominem in hunc mundum venientem.

Von c. 9 *an, abgesehen etwa von dem schlusse dieses capitels, stimmt der vor-
liegende physiologus mit dem lateinischen des Pseudo-Chrysostomus so genau über-
ein als an dem beispielsweise ausgezogenen c.* 10 *ersichtlich ist d. h. er folgt demsel-
ben fast satz für satz, ohne sich jedoch an die einzelheiten des ausdrucks ängst-
lich zu binden. dagegen hat der deutsche bearbeiter in c.* 1—8 *den Pseudo-Chryso-
stomus bald mehr bald weniger gekürzt und auch geändert: wenn man nicht annehmen
will, seine unmittelbare lateinische vorlage sei ihm in beidem bereits vorangegangen.
doch verdient es wohl beachtung dass mit eben jenem c.* 9 *die überschriften beginnen
und die orthographie sich insoferne ändert, als kein* t *für* d (tannan tenne ter *udgl.*)
mehr erscheint, umgekehrt häufig d *für* t (dier dûgeden *usw.;* muodes fader *usw.;*
christanheid rihted *usw. in c.* 1—8 *nur nach* r: 1, 13 beuuard; 3, 3 vard; 5, 6 verd).
es findet sich ferner nur in c. 1—8 u *f.* ad, at (2, 16. 8, 1 *und* un), n *f* ng (3, 3
4*f.* 4, 3. 5, 3. 4. 9. 6, 3. 8, 2. 9), *aus- und abfall des* t (1, 1. 7, 1. 8, 9. 4, 7),
î *f.* ie (2, 13. 3, 3. 8. 11. 5, 5. 6, 3. 8, 8), û *f.* uo (1, 8. 10. 2, 4. 6. 9. 7, 2. 8,
6. 11), è *f.* ei (1, 1. 2. 3. 4, 5); *nur in c.* 9—12 û *f.* iu (11, 7. 10. 17. 12, 2.
5. 6), ui *f.* iu (12, 8), ô *f.* uo (10, 5), è *f.* ie (9, 9. 11, 10). *in beiden teilen
trifft man* û *f.* ou *je einmal* (3, 4. 10, 4); *auch im zweiten dem* ferouórfe 4, 6
entsprechend schwanken zwischen sole *und* sule, *wenn dies die richtige auffassung
der schreibung* sóule 11, 2 *ist; dann die neigung des* h *zu schwinden (vgl. zu* 11, 1.
12, 8), *aber kein* h *für* ch. *über die bezeichnung unorganischer längen in der hs.
vgl. vorläufig die anm. zu* XCI. *obwohl in unserem denkmal kein* p *für* b, *kein* k *für*
g (kagaenuuartigen 8, 10 *kommt nicht in betracht) begegnet, so wird doch kaum
etwas anderes übrig bleiben, als es zweien dem alemannischen sprachkreise ange-
hörigen verfassern zuzuschreiben. vgl. z* GDS. 89. *die enge verwandtschaft zwischen
unserem physiologus und dem Pseudo-Chrysostomus wird jetzt durch die untersuchung
von* J Carus *geschichte der zoologie (München* 1872) *s.* 108—145 *bestätigt.*

LXXXIII.

501 *Cod. lat.* 14490, *Rat. s. Emm.* 490 (*ol.* E. cxiii) *der k. bibliothek in München. 167 bll. 4°. XI jh. enthält nur werke Otlohs*, gröstenteils herausgegeben von BPez thes. anecd.* 3, 2, 253—544 *und gilt ohne zweifel mit recht für autograph. das vorliegende gebet steht auf der vorletzten, zu anfang und am schluss unvollständigen lage der hs.* (*bl.* 158—163) *und beginnt bl.* 161ᵇ *unter der überschrift* ORATIO THEUTONICA EX SUPERIORI ORATIONE EDITA. *BPez thesaurus anecdotorum novissimus* 1 (1721), 1, 417—420. *berichtigt von* **Graff** *Diutiska* 3 (1829), 211. *Mafsmann abschw.* (1839) *nr.* 60. 1. euuigiu *ganz auf rasur: vgl. zu* 6. 25. 2. gloubant] g *nachträglich eingesetzt.* 3. sainta: *am i gekratzt.* 5. 6. zuiuta: i *ausgekratzt.* 6. cuuigin] uuigin *auf rasur.* 8. allen? *vgl. z.* 18. 10. era *auf rasur* jouh (*bl.* 162ᵃ) durh 11. iō mannes durftî. Trohtin *bis zum ist* am *oberen rande mit anderer dinte hinzugefügt. zu der wiederholung des* dū *vgl.* XCI, 100 (XC, 72). zôa: *vielleicht ist nur* a *zu tilgen vergessen, also* zuo *zu schreiben.* 13. diemōt 15. menniscon *über der zeile mit anderer dinte.* 22. di guāda uuta trōst] *für diese construction hatte* JGrimm gramm. 4, 401 *kein beispiel: vgl. ebenda s.* 390. 417, **wo dieselbe aus dem gotischen und mhd. auch nur für substantive von gleichem geschlecht nachgewiesen wird.** 23. leidigin] lei *auf rasur.* 25. euuiger] uuiger *auf rasur.* 29. ab herode *ist nicht deutsch, wofür es Mafsmann zu halten scheint. vgl. unten die auszüge aus dem lateinischen text.* 30. bl. 162ᵇ Viti 34. Sancti. 37. Ōdalrici 38. 39. die diega 39. noh heina **für** noh cheina. 40. dina] *vgl. zu* 45. 41. rōfo zistorit *aus* zistorist *corrigiert.* 44. sûchuot Hugi *bis z.* 46 wesen. *am unteren rande nachgetragen.* **dass** *hier nicht eine 'auslassung des schreibers wegen des nachfolgenden* Hugi' (*Mafsmann s.* 170 *n.* 7), *sondern ein späterer zusatz des verfassers vorliegt, zeigt die vergleichung mit dem lateinischen.* unser allero durh steht über der zeile. vor dina *zwei buchstaben radiert.* 45. **wie es** *scheint, stand* dina hera: *das erste* a *und* h *radiert.* 46. Hugi *bis* dero *auf rasur.* iōnar 47. uuta bidencha sie *auf rasur.* 50. *bl.* 163ᵃ si 51. rōfo 55. iochejuna 56. iō 57. és 59. troistest] *vgl. zu* 3. **5. 6**; *Williram Breslauer und Londoner hs.* 42, 5 **miu** scoina **502** (**Ebersb**. *Trier. Leiden.* scôna); *überall* **wird man** — **die fälle** *bestätigen sich gegen-*

---

* *Für ein solches* **hält Pez** *aus guten gründen auch die von ihm, nicht von Mafsmann, zuerst herausgegebene sequenz de translatione s. Dionysii. auf bl.* 164ᵃ—167ᵇ *der hs. stehen, wenn ich nicht irre, bruchstücke des verloren geglaubten werkes* Quomodo legendum sit in rebus visibilibus. *Otloh sagt darüber im liber de tentationibus suis* (MG. SS. 11, 391): scribere coepi in modum sermonis sumens exordium de psalmistae dictis 'dominus de caelo prospicit super filios hominum' quae **nimirum** dicta quantum potui similitudinum argumentis roboravi, credens per hace aliquos aedificari. *ich habe aus der hs. die folgenden auf den rändern stehenden inhaltsangaben angemerkt:* 164ᵃ possimus considerare quod deus noster omnem villitatem in nobis factam magis pro salute quam pro damnatione fieri permisit. 164ᵇ Similitudo unde colligi possit, quantum facinus sit cenobiis destruere vel eorum praedia rapere. Exemplum pro confirmatione praedictae similitudinis. 165ᵃ Item exemplum horrendum pro re suprascripta. Exhortatio pro cenobiorum restauratione. 166ᵃ Qua similitudine convincantur omnes cenobiorum destructores ea non ignoranter sed scienter **destruere.** 166ᵇ Similitudo unde possit colligi, **qualiter** deo debemus esse subditi. *Otloh* **schrieb das** *werk* (**in** *Ammerbach wo* **er** *sich ein jahr vor seiner* **rückkehr**, *also* 1066/67 **aufhielt**) **während** *seiner freiwilligen verbannung, und* **grund** *dieser verbannung war eben die 'zerstörung' seines klosters.*

zeitig — bezeichnung des umlauts (vgl. zu XXXII, 2, 64 s. 351) *annehmen müssen. doch war es noch nicht üblich ihn* in der *schrift auszudrücken, daher die tilgung des i hier nur zufällig unterblieben* sein *mag. und ebenso wohl in* guita z. 72, *wo ich das* ui *nicht anders zu erklären weifs, als durch die annahme einer unvollkommenen bezeichnung des umlautes* üe: vgl. ù *für* uo z. 43 zù (zu?), 65 brüderscaft, *auch zu* z. 44; *und unten* LXXXVI, B, 2, 42 friu *für* fruoi   61. umbaz daz   62. rôfe   brôdra   64. bia   65. alomôsan   wir *übergeschrieben.*   66. möz   67. bl. 163ᵇ daz si   mözzen   68. lezzist *aus* lezzest.   70. unrôchu   71. chanst   72. guita: *so die hs. dass kein anderes wort als* guoti *gemeint sein kann, lehrt das lateinische s.* 504. *der circumflex ist zeichen des diphthonges: über diesen s. zu* 59. dem a *der flexion vergleicht sich* heila z. 1, ubila z. 3, arbeita z. 9. 56. 68, gihôrsama z. 13; zunta z. 6, bidencha z. 45. 47; *auch* unta *und* umba. *vgl. zu* XCI, 68.

Otlohs gebet ist aufser der gegenwärtigen deutschen auch in zwei lateinischen *fassungen erhalten, welche in derselben hs. stehen mit den überschriften* Oratio eius qui et suprascripta et sequentia edidit dicta *bl.* 51ᵃ *und* Oratio cuiusdam peccatoris *bl.* 158ᵃ. *nur die letztere (A) hat Pez thes. anecd.* 1, 1, 421—426 *herausgegeben, und davon ist die erstere (C) wie es scheint eine verkürzung. das deutsche gebet* (B) *folgt in der hs. unmittelbar auf A und ist, wie die überschrift besagt, ebenfalls daraus hervorgegangen und zwar, wie die untersuchung lehrt, zum teil nach denselben grundsätzen wie C daraus verkürzt. ich ziehe die übereinstimmenden stellen aus und merke wo es von nutzen ist die lesarten von C an. eingeklammertes fehlt in B, sternchen bezeichnen die stelle gröfserer zusätze von B.* (B 1—4) O spes unica, o salus aeterna et refugium omnium in te sperantium, deus! ... Inlumina queso inprimis cor meum, ut bonitatis tuae atque pravitatis meae multitudinem aliquatenus attendens ea quae contra te hactenus commisi lugere semper et emendare digno penitentiae luctu valeam * . . (B 4—8) Deinde precor, domine, ut quicquid impuritatis, quicquid vanitatis aut erroris nequissimus hostis in me studeat accendere extinguas [meque ad tui timoris et dilectionis fervorem semper acceadas] et ut cordi meo illam famem et sitim inmittas, qua [ad mandatorum tuorum observantiam et] ad vitae perennis gaudia desideranda estuare possim * . (B 8—11) ... Ideoque, [clementissime deus, hanc infirmitatem in me prospicieas] ita me sanum validumque in utriusque hominis vigore effice, ut in omni servitutis tuae studio laetus et promptus existam laboremque totum, qui in hoc saeculo et pro laudis tuae impensione et pro peccatorum meorum penitentia nec non pro aliorum necessitate iugiter agendus est mihi, sustinere valeam . . (B 12—15) ... Fide igitur et spetali me confirma * ... Ad haec quoque caritatem et timorem atque humilitatem nec non patientiam et obedientiam talem mihi precor praesta qualem primitus tibi deo omnipotenti, dehinc hominibus cunctis inter quos umquam conversari me contigerit exhibere debeo. (B 15—18) ... Munditiam quoque mentis et corporis ita mihi queso vigilanti vel dormienti concede, ut ad altaris totiusque servitutis tuae officium dignius accedere ipsumque acceptabiliter possim peragere . . . . (B 18—22) Quam ob rem ... concede ut [et illorum] virtutum [quas iam orando nominavi et] omnium sine quibus nullus tibi placere potest particeps fieri merear. [Sed quoniam tam magna pietatis tuae dona nullis conatibus propriis nulloque labore condigno acquirere et obtinere valeo] per sanctissimam nativitatem et passionem tuam, domine Iesu Christe, nec non per venerandam crucem in qua pro mundi salute pendere dignatus es perque resurrectionem et ascensionem tuam, tum etiam per sancti spiritus gratiam [mihi precor concedas]. (*B* 22—24) .

(*B* 25—29) Adiuva etiam me per merita **et** preces sanctissimae genitricis tuae et perpetuae virginis Mariae nec non per **sancti Michaelis omniumque caelestium virtutum atque per** sancti Iohannis baptistae **et** per sanctorum apostolorum tuorum Petri et Pauli, Andreae, Iacobi [specialiterque per dilecti tui] Iohannis et per omnium apostolorum tuorum suffragia, sed et per illorum sanctissimorum infantium patrocinia qui pro tuo nomine trucidati sunt ab Herode.... (*B* 29—34) Succurre quoque mihi per sanctorum martyrum tuorum Stephani atque Laurentii, Viti et Pancratii, Georgii et Emmerammi, Quirini et Castuli, Sebastiani et Vincentii, nec non per Mauritii et Dionysii, Gereonis et Kyliani, Bonifacii et Ianuarii, Hipoliti et Cyriaci, una per sociorum suorum merita, specialiterque per sanctorum tuorum merita, **cum** quibus locum praesentem sublimare dignatus es. (*B* 34—38) **Sed et** per sanctorum confessorum tuorum Sylvestri atque Martini, Remigii et Gregorii, Nicolai et Benedicti, Wolfkangi atque Uodalrici perque sanctarum virginum **Petronellae et** Caeciliae, Scolasticae et **Margaretae.** ... (*B* 38—40) Deinde **per** omnium sanctorum tuorum suffragia me precor adiuva, ut propter nulla peccata mea [praeterita vel instantia seu futura] in manus persequentium animam meam tradar **sed solita pietate tua** semper et ubique defendar. (*B* 41—44) **Deinde in mensam pietatem** tuam, [domine Iesu Christe, suppliciter deposco] pro [**fratribus nostris**] cenobii [que] nostri loco, ut quia peccatis nostris exigentibus . . destructus est per gratiam tuam atque per illorum sanctorum, quorum corpora vel reliquias hic positas amore promptissimo veneramur (per omnium sanctorum tuorum *C*) intercessionem ad laudem et gloriam nominis tui atque ad necessitatis nostrae nec non ad eorum, **qui nobis** iugiter deserviunt quique huc pro aliqua salute obtinenda adveniunt, **usum** reparetur. (*B* 44—46) . (*B* 46. 47) ... (*es fehlt hier ein in A später gemachter, auch in C und bei Pez weggelassener zusatz*) Ad haec quoque precor pro omni utrinsque sexus congregatione quae in hac urbe consistit, deinde pro ceteris omnibus (precor pro **cunctis** *C*) qui in sancta ecclesia in nomine tuo usquam congregati conversantur ... . (*B* 47—50) ... **Pro his etiam, qui semetipsos confessione** vel aliqua interventione **in** mei peccatoris **orationem** commendare curabant, bonitatem tuam, domine, suppliciter exoro, ne scilicet propter ulla peccata mea confessionis suae cassetur remissio sperata .... (*B* 50. 51) Recordare precor in nobis misericordiae tuae **verborumque apostoli tui Iacobi dicentis 'confitemini alterutrum** peccata vestra et orate pro invicem **ut salvemini'** .... (*B* 51—54) Peto etiam [pro papa **et** cesare vel rege nostro nec **non**] pro cunctis rectoribus atque principibus nostris . ut illos [in amore et timore **tuo**] ita perfectos facias, quatenus se sibique subditos valeant regere [ac congruis exemplis praeesse]. (*B* 54—57) Ad haec quoque pro parentibus **et** propinquis nec non pro illis qui ab initio vitae meae usque in hanc horam qualemcumque pro me laborem pertulerunt ...., **ut** [**quia** ego nullam ipsis recompensationem debitam impendere possum] **gratia tua illis** ubicumque opus est sive in praesenti sive in futuro saeculo recompensare **digneter. (*B* 58. 59.)** Deprecor simul pro illis quos umquam sine causa contristavi vel aliquibus **meis** actibus depravavi, quatenus per bonitatis tuae effectum aliquo modo corrigi **et** reparari **mereantur.**

(*B* 59—62) Deinde vero communiter pro omni populo christiano maiestati tuae, domine, supplico, ut eis pacem, aeris temperiem frugumque copiam iuxta necessitates suas tribuere digneris. .. (*B* 62—68) Ad haec quoque [inmensam pietatem **tuam,** domine **Iesu Christe, postulo unice**] **pro** omnibus fidelibus congregationis nostrae defunctis fratribus (**pro** omnibus fatribus nostris defunctis *C*) **nec non pro** bis quibus ex fraternitatis communione seu quacumque commendatione vel elemosinarum largitate umquam debitor orandi factus sum: deinde communiter pro cunctis in fide sancta defunctis, pro quibus videlicet cuiquam orare licet, ut eos a locis penalibus liberare et in requie perpetua digneris collocare (*man bemerke die reime* cunctis: defunctis, videlicet: licet, liberare: collocare). (*B* 68—73) ... Ad extremum vero nulla orationis meae dicta mihi suffecisse **prorsus sciens, sed potius in te tam orationis quam ceterorum actuum meorum sufficientiam conclusionemque ponens** in manus tuas, domine, spiritum et corpus **meum ... committo (commendo** *C*), ut ubicumque nequeam seu nesciam vel etiam nolim me custodire tu, prout valeas ac scias utque iuxta bonitatem tuam velis, me ubique conservare digneris. *im ersten teile (z. 1—24) schickt A jeder bitte eine längere motivierung voraus: diese hat B sämtlich* **ausgelassen.** *im zweiten teile (z. 25—40) sind die heiligen anders geordnet und vermehrt.* **die** *kürzung des dritten (z. 41—73) scheint ohne sonderliche überlegung* **vorgenommen:** *sonst wären nicht papst und kaiser weggeblieben. es ist nicht ohne interesse im einzelnen zu beobachten wo Otloh eine freiere wiedergabe des lateinischen nötig fand.* **z. 2. 3 setzt er dîna guoti unta dîna gnâda** *für bonitatem tuam,* **mîna sunta jouh mîna ubila** *für* **pravitatem meam** *und äknlich öfters zwei durch* **unta** *verbundene synonyma zur bezeichnung eines begriffes. das formelhafte, teils wörtlich teils variiert wiederkehrende* **also ih des bidurfi** *steht nicht im lateinischen: vgl. über ähnliche schlussformeln in der beichte excurs zu* LXXII. *was er sonst im deutschen hinzusetzte ist wenig und zum teil noch äufserlich als zusatz erkennbar, vgl. anm. zu z.* 11. 44. *Otloh hat nicht verfehlt, wie bei seinen übrigen werken, so auch für das gebet in dem liber de tentationibus (SS.* 11, 392) *genauere auskunft zu* **erteilen** *und in der* **offenbar** *älteren recension dieses buches sogar den text A* (premissis quibusdam precibus intimis, *sagt er,* ex psalterio sumptis ita incipit una: O spes unica *usw. diese auszüge* **aus den** *psalmen gehen A in der hs. wirklich vorher) sowie das bei Pez* 3, 2, 480. 481 **stehende gebet** *aufgenommen, aber eine zeitbestimmung geben seine äufserungen nicht an die hand. man hat eine solche in der* **erwähnung der 'zerstörung' des klosters gesucht, indem man dabei an den brand von** 1062 **dachte.** *aber Otloh spricht davon fast in denselben ausdrücken an einer von Pez* 3, XI. XII *ausgezogenen stelle, wo mit der 'zerstörung' bestimmt nichts anderes als die anfeindung des klosters durch den bischof von Regensburg gemeint ist. nur so viel darf man behaupten dass das gebet in SEmmeram (s. oben s.* **503** *zu B* 46. 47), *also nicht zwischen* 1061 *und* 1067 *wo* **Otloh in Fulda** *und Ammerbach war, abgefasst ist, und dass es, wenn die bemerkung von Pez* 3, XIX, *Otloh zähle die namen derjenigen heiligen auf, welche in den klöstern in denen er einmal anwesend war, besonders verehrt wurden, richtig ist, weil Bonifacius darin genannt wird später als Otlohs aufenthalt in Fulda, also in die zeit nach* 1067 *fällt; die abfassungszeit des liber de tentationibus, vor welchem es entstanden, kennen wir nicht.* SEmmeram *ist der klassische ort für ahd. gebete, vgl.* LVIII. LXXVIII, *und wie die beiden älteren unter sich, wenigstens mittelbar, zusammenhangen,* **so** *kann man auch hier im ersten teile traditionelle anklänge an jene stücke finden, aber keinen sicheren und entscheidenden: die form der anrede mit dem nachfolgenden relativsatz ist nach analogie des vaterunsers vielen gebeten genein* (XIV. LXXXIV, *excurs zu* LXXVIII). *im zweiten teile haben Otloh litaneien vorgeschwebt, im dritten eine oratio pro ecclesia wie sie* XCVI, 124 *beginnt, vgl. Honor. spec. eccl.* p. 827 *Migne.*

LXXXIV.

505   *Hs. 987 der stiftsbibliothek zu Klosterneuburg, das sogen. psalterium sancti Leopoldi,* Xjh. *auf der vorderseite des letzten blattes unser gebet das man den schriftzügen nach ins* X, *der sprache nach nur ins* XI jh. *setzen kann. auf der rückseite desselben blattes eine schenkung des* marchio L, *deren undeutliches datum* MFischer *merkwürdige schicksale des stiftes und der stadt Klosterneuburg (Wien* 1815) 2, 6 Anno dominici incarnationis MCXIII iudict. V list. *hierauf von jüngerer hand ein lateinisches gebet um die göttliche gnade mit berufung auf die verzeihung welche Maria Magdalena erlangte.*   EGGraff **Diutiska** 2 (1827), 382. *vgl. aber schon* JGrimm gramm. 2 (1826), 544 anm.   *hier nach abschriften von* HHoffmann (*in Haupts besitz) und* JMWagner, *nachverglichen* **durch** Alorawitz.   1. giscuf: *der schreiber überhörte das schwache* e *weil zwei andere ebenfalls nicht oder wenig betonte folgen.*   bilidie] *vgl. z.* 2. 4. 7 bluodie, bittie, giuustiemo, gimeidie : *ist dieses* ie *überall nur ausdruck eines schwankens zwischen* i *und* e?   2. **blůdic irlôse**: on *für* ô *vgl.* Weinhold baier. s. 103. *zu* XCVII, 36. gruntlause Lambacher cod. cart. 463. *der imperativ correspondiert mit dem indicativ* irlôstast *des relativsatzes, vgl. excurs zu* LXXVIII.   minnan   3. ibe *beidemal*   gieta   4. giuustiemo] *vgl.* LXXXVI, B, 2, 37. 61 zi gunste.   5. gilůba   6. biieh dinas] *vgl. mines* Wiener Notker 108, 31 ; minis Ruther 4419 : *gramm.* 1, 782.   7. gimeidie *ist ohne zweifel nichts anderes als* gimeinida, gemeinde '*communio*'.   blôtas *die aufzählung z.* 5—7 *ist nicht wohlgeordnet: beichte und communion musten neben einander stehen und standen vielleicht neben einander in der vorauszusetzenden lateinischen grundlage des ganzen. die ergänzung des unvollendeten satzes ist dem gedanken nach nicht zweifelhaft: der 'jüngste tag' z.* 4 *bedeutet, wie z.* 5 *deutlich sagt, den letzten tag nicht des allgemeinen, sondern des individuellen lebens. der erste satz des gebetes erinnert an den schluss des paternosters* LV, *vgl. s.* 451.

LXXXV.

Cod. germ. 5248, 4 *der k. staatsbibliothek in München. ein pergamentblatt* XI jh. *das zu ende des* **XV** jh. *in zwei stücke, ein* **oberes** *und ein unteres, zerschnitten einst die innenseite des deckels eines später getrennten bandes zu schützen hatte. 'aus Polling? aus Raitenbuch?' fragt Schmeller im catalog und fügt dann hinzu 'am wahrscheinlichsten aus Wessobrunn'.*   JASchmeller *in Haupts zeitschrift* 8 (1851), 111. 112.   FKeinz *in den Münchener sitzungsberichten* 1869, 1, 537—539.   1. *über* uradriz *steht* wid'driez *von einer hand des* XV jh.   5. 7. dv *nachträglich übergeschrieben.*   8. ke°boren   11. 24. piI   14. *das neutrum* haz *ist sonst nicht nachgewiesen.*   16. liben d. i. lieben '*wohltun*', Lachmann *zu* Iwein 4194.   17. 27. piI'de   21. tôdlichen (d aus t *corr. wie es scheint), sonst nicht nachgewiesen, gebildet wie* guollichôn *ua. Graff* 2, 109.   23. firnamen uuideruuartiga] *vgl. Graff* 1, 1007 *und zu* LXXXIII, 72.   28. uu°rten   34. kenuizele] *nur so kann man lesen, vgl. Graff* 1, 1103.   35. keIst   38. nais

*Die quelle von z. 1—27 des vorliegenden stückes hat bereits Schmeller in Gregorii
M. in Ezechielem l. II homil. 3 dist. 21 (opp. ed. Maur. Paris. 1705, vol. 1, 1338f.)
aufgefunden. ich ziehe das nötige hier aus.* (z. 1) Ad servandam itaque Innocentiam etiam laesi a proximo perdurare in humilitate festinamus? Abel ante oculos
veniat qui et occisus a fratre scribitur et **non legitur reluctatus**. (3) Mentis
munditia etiam **in** coniugali copula eligitur? Enoch debet imitari, qui et in coniugio
positus **ambulavit cum deo**... (5) Praecepta dei festinamus praesenti nostrae
utilitati ('unillon') praeponere? Noe ante **oculos veniat, qui**... (6) Subire obedientiae virtutem nitimur? aspicere **Abraham debemus, qui**... **(7) Morum** simplicitas ('guota site') placet? Isaac ad mentem veniat, quem ... **(18) Laboriosa fortitudo**
ut obtineri debeat, quaeritur? Iacob ad memoriam deducatur, **qui**.. (8) Conamur carnis illecebram vincere? Ioseph ad memoriam redeat, qui... (10) Mansuetudinem
atque patientiam obtinere quaerimus? Moysen ante oculos deducamus, **qui** ... (11)
Rectitudinis **zelo** contra vitia accendimur? Phinees **ante oculos** deducatur, qui ...
iram dei iratus placavit. (12) De spe **omnipotentis** dei praesumere in dubiis
quaerimus? Iosue ad memoriam revocemus, **qui**... (14) Iam mentis inimicitias
ponere cupimus, in benignitate animum dilatare? Samuel in cogitationem deducatur,
qui... (16) Cavere autem volumus quem timemus? sollicita nobis **mente pensandum** est, ne si locum fortasse reperimus, malum pro malo reddamus ipsi **quem fugimus**. David ergo ad memoriam redeat, qui... (19) Errantibus huius **mundi potentibus** libere loqui decernimus? Iohannis auctoritas ad animum reducatur, **qui**... **(12)**
Carnem iam nostram pro deo ponere in morte festinamus? Petrus ad mentem **veniat**,
qui   (23) Cum mortis appetitu disponimus adversa contemnere? Paulum **ante**
oculos deducamus, qui... (25) Succendi cor nostrum igne caritatis quaerimus?
Iohannis verba pensemus, cuius *usw. Job ist von dem deutschen bearbeiter zugesetzt und Jacob bei ihm an eine falsche stelle geraten. Abraham allein von allen wird
'herr' genannt; an die stelle der manigfachen variationen des lateinischen ausdrucks
bei einführung der namen ist ein eintöniges* sô pilide *getreten, nur in z. 25 sô* volge.
*nur an den hervorgehobenen stellen ist auch der bei Gregor jedem namen angehängte
relativsatz benutzt.   über z. 28—39 s. zu* XLIII *das dort mitgeteilte stück* 'de
septem sigillis' *ist offenbar auch ihre quelle.*

LXXXVI.

A.

1 *und* 4 *bilden ein doppelblatt das der Wiener Notkerhs.* (s. *zu* LXXIX, B) *vorgebunden ist. über die publication, die immer gemeinschaftlich mit* B *erfolgte, s. dort.*
2 *und* 4, *fragmente des dazu gehörigen inneren doppelblattes (es sind die unteren
hälften, zweispaltig geschrieben, je drei oder vier zeilen unserer ausgabe enthaltend
was von je einer spalte der hs. übrig) sind jetzt mit* C *an der k. staatsbibliothek zu
München als cod. germ.* 5248, 3 *bezeichnet. die publicationen s. bei* C. *sie wurden
am* 13 *januar* 1834 *vom deckel einer aus Wessobrunn stammenden incunabel* (Gregorius super cantica, Basel 1496) *abgelöst und auf* 2 *steht:* Martini Lutzenperger
1551. De Schongau. | 1551 Wessoprunn. *dies also der frühere besitzer der incu-*

nabel. hat er sie erst nach *Wessobrunn gebracht oder dort gekauft und war* **sie damals schon** *gebunden? hat er sie erst binden und dazu eine Wessobrunner hs. verwenden lassen? wahrscheinlich das letztere, denn auch* 5 *und* 6, *die zur selben hs. gehörten, wurden von dem deckel einer aus Wessobrunn stammenden incunabel abgelöst. sie sind von Keinz Münchener sitzungsberichte* 1869. 1, 542. 543 *herausgegeben. das deutsche predigtmanuscript befand sich jedesfalls in demselben kloster wie der Wiener Notker. ich habe daher auch diese hs. und alles was sie enthält nach Wessobrunn' gesetzt (beilage* **zur** *Augsb. allg. zeitung* 10 *februar* 1870) *und demgemäfs auch glauben und beichte* XC *benannt.* **1.** *bl.* **2** *der Wiener hs.* 2681, *in der ersten ausgabe dieses buches* LXXXVI, 2. *Hoffmann nr.* 6. 11. lichinam̅ 13. xp̅is fria] *vgl. langob.* frea *Graff* 3, 786. 14. munde] munt *ist hier wie in dem compositum* **palemunt** XCIX, 28*f. sva.* muntporo. *Graff* 2, 813. 21. zacheren 24. keheiligit] *wohl* keheilit 25. sin] *vgl.* 4, 2. B, 1, 13. 4, 4. *Heinzel zu Hv Melk* 1, 657. *überall accusativ* eos *oder* eas, *dagegen nominativ zu* LXXXII, 5, 5. **2. erste ausg.** LXXXV, 1, *z.* 1—12. *verglichen von Keinz aao. s.* 539 *nr.* 1. 2. tůo **4.** sundon. ‡‡‡ *das zeichen findet sich auch* 5ᵇ, 11. *es wird nichts bedeuten als bei unvollständig beschriebener zeile dass nichts ausgelassen. 'vor dem gleich folgenden die nächste zeile beginnenden* imo *steht ein* .B.' *Keinz.* 5. kesunder, *sonst nicht nachgewiesen, hier und z.* 10 *ohne zweifel sva.* suntar *'clam' Graff* 6, 48. 7. sůnestaga] *vgl.* LXXXIX, 18. *W Grimm zu Freidank* 35, 27. 7—9. *ein einwurf wie dergleichen aus Berthold von Regensburg bekannt ist; vgl. JGrimm kl. schriften* 4, 359 (256). 9. *nach* heizest *in der hs. keine interpunction. der satz war also hier nicht abgeschlossen, und das fehlende müste auch den accusativ* unsih 8 *erklären.*

man kann nicht unrehtiu *vor* urteila *ergänzen, das wort hatte ein* g *und ein anderes ebenfalls mit* g gieng *voraus.* 10. kesůnter 11. pigiht, g *aus* h *corr.* **3. erste ausg.** LXXXV, 1, *z.* 13—24. *verglichen von Keinz aao. s.* 540. *nr.* 2.

1. *'wenn wir öffentlich bufse tun, so werden unsere sünden' usw.* 3. trv | besali 6. sît 8. iomer 9. losennen die taga | uuelichen *vgl. 'von den sieben todsünden' Mone anz.* 8, 59; *altd. bl.* 1, 366 *die sunde heizent* mortalia, *sô sint andere* venalia, *daz sint tageliche sunde, die mac niemen alle kunden. Linzer hs.* Cc. II. 2 daz zu teglicher **oder** zu totlicher sund treffe; *Linzer hs.* Cc. II. 5 totlich **ader teglich;** *Lambacher cod. cart.* 463 tödleich oder lasleich (*lässlich*). 10. vor minneren *ist die übergeschrieben.* sunda 10. 11. *etwa:* ube er offanbâri kesundota unde manige 13. sunda **4.** *bl.* 1 *der Wiener hs.* 2681. *erste ausg.* LXXXVI, 1. *Hoffmann nr.* 5. 4. lichinam̅ 6. chagon 9. xp̅c 18. lichenam̅ **5. 6.** *bei Keinz ebenso bezeichnet. unsicheres* petit. *meine ergänzung will nur versuchen, wie weit sich zusammenhang in die trümmer bringen lasse, und weitere ergänzungsversuche anregen.* 6ᵃ, 15. 16 jungisten gerihte *ist wohl falsch.*

5ᵃ, 5. *nach* unaz *der erste strich eines* m *oder* n *sichtbar* 8. mih *wohl sicher* 9. *nur der anfang von* p *sichtbar.* 14. *nach* fruma *nicht* r, *sondern* m *oder* n 5ᵇ, 2. genuissa *sicher,* ge *war übergeschrieben.* 14. *dem* tiger gieng *wohl* m *oder* n *voraus* 5. *eher* chomest *als* chumest 8. *spuren von* sun *vor* tir *noch erkennbar.* 13. *von dem* o *des so sichere spur.* 16. chedendo] e *ziemlich sicher, vom* h *vielleicht spur.* 17. *vor* chot *ein fleckchen oben, das wohl nur spitze eines* l *sein kann.* 6ᵃ, 9. *in der lücke stand nicht* ûf, *sondern ein mit* m *oder* n *anlautendes wort.* 10. *es sicher, aber ob* tes *oder* les? 11. kehun, n *unterstrichen und* l *darüber* 16. *anfang des vermutlichen* d *sichtbar.* 6ᵇ, 2. inthuldist] *die unter-*

sten spitzen erhalten. 10. zite, nicht nu; die erhaltenen unteren enden können
nichts anderes bedeuten. 13. ube, vom e unzweifelhafte spur. 14—17. etwa:
'so haben dich die engel verlassen, nicht behütet, und du bist nicht sicher vor der hölle'
oder 'vor dem teufel'. aber wo sollen die nötigen buchstaben platz finden?

Was uns von der vorliegenden predigtsammlung erhalten ist, beginnt mit einem
lobe des wittwenstandes. *die wiederverheiratete, scheint der prediger zu sagen, wird
nicht so geehrt von allen* **menschen**, *wie diejenige welche nur éinen hatte* 1, 1, vgl. 1
Tim. 5, 9 vidua eligatur ... **quae fuerit unius viri uxor?** *und er citiert Lucas* 4, 25.
26 multae viduae erant in diebus **Eliae in Israel, quando clausum** est caelum annis
tribus et **mensibus sex**, cum facta esset fames **magna in omni terra**, et ad nullam
illarum missus est Elias, nisi in Sarepta Sidoniae **ad mulierem** viduam. *und er fährt*
fort, *mit einer ungenauen berufung auf exodus 22,* **22** *(vgl. Deut. 27, 19* **ua**.*) die
wittwe als besondere schutzbefohlene gottes* **darzustellen**, *indem er mit grofser be-
redsamkeit in fortgesetzten antithesen den wittwenstand über die ehe erhebt. er
schliefst 2, 2 mit einer wieder nicht* **genauen** *beziehung auf* B, 3, 18—24. *in
welchem zusammenhange der nun* **folgende satz mit** *dem vorhergehenden steht, weifs
ich nicht zu sagen. eher könnte das* **folgende** *damit verknüpft gedacht werden wie ein
gegenseitiges verhältnis von* **mensch zu** *mensch gilt, so ist es auch zwischen gott und
mensch. erfüllt der mensch gottes willen,* **so darf er** *auf gewährung seiner eigenen
bitten hoffen. beflcckt er sich* **aber** *mit sünden,* **so** *wird ihm gott seine bitten ver-*
sagen. *demgemäfs* **wird** *dann zuerst von sünden (deren vor 2,* **10** *mehrere aufge-
zählt waren), von reue und bufse gehandelt, und darnach* **von** *dem gebote gottes* 4,
7**ff**. *auffallend dass mit 2, 2 in keiner weise äufserlich der beginn einer anderen
predigt angedeutet. jedesfalls gehört 2, 3ff einer neuen gedankenreihe an. einem
verwandten thema sind dann auch die fragmente 5* **und** *6 gewidmet. sie drehen
sich um reue und vorbereitung auf den* **tod** *und auf das göttliche gericht.*

B.

Hs. 2681 *der k. k* ho*fsbibliothek in* **Wien**. über die stelle vorliegender predigten
darin vgl. zu **LXXIX**, B. *PLumbecius commentarii 'de biblioth. caesar. Vindob.
2 (1669), 757—761 teilte proben davon* **mit**. *er hielt sie für werke Otfrids und als
solche besprach sie* **auch** *Schröckh kirchengeschichte 23, 304. 305.* JGvEckhart
comment. de rebus Franciae orientalis 2 (1729), 941—948. *unsere nrn.* 2. 3. 4. A,
4. 1. *EGGraff Diutisca* 3 (1829), 119—122. *HHoffmann fundgruben* 1 (1830),
59—66. **1.** *erste ausg.* **nr.** 3. *Hoffmann* **nr.** 4. bl. 212ᵃᵇ   1 çuglŭ   χρe
2. sibineiz   4. chom   8. hăt) han   9. kiuni *und der anfang eines* n
dessen zweiter strich weggeschnitten, am rande.   10. chom   14. snitare
22. sij sin.   **23.** *das fragezeichen steht nicht* **in** *der hs. ich habe diese interpunc-
tion Hoffmanns beibehalten, weil* **sie** *lehrreich* **ist** *für den ursprung des conjunctions-
losen vordersatzes, zGDS. s. 475. noch die schriftsteller des siebzehnten jahrhunderts
interpungieren so: Wolfhart Spangenberg Balsasar* **G** 6ᵇ **Hastu**, *ey* Alazon *dann
mein, Difz gethan?* **wie ich** *dir zutraw!* **So muss man dich billich**, *nun schaw: Hoch*

halten, ja loben vnd preisen. *Hirtzwigs lateinisches original (Spirae Nemetum* 1615) p. 362 *hat* Hoc quando Alazon feceris, eeu credo tibi, Te suspiciam merito quidem et decantitem. *Brülow erlaubt sich diese construction und interpunction sogar im lateinischen: Elias* II. 2 Rex ipse linquit vera Iovae numina? Et prorsus humana sequitur deliria? Proceres suos habet imitatores statim. *Moscherosch Philander* 2 (*Strafsburg* 1665) 361 Ist er sanfftmütig vnd Freündlich? so hat er neben der Adelichen geburt gewifs auch Adeliche Tugenden an sich; Siehet er vnwürsch vnd mürrisch? so ist da nichts mehr als das blosse wilde Geblüt vnd der Name. *bei ihm aber auch nach einem vordersatz mit* wan, *zb.* 102 Wan es aber zum Danck-verdienen, zum Geschenck-nehmen, zum Leben-Bettlen kompt? da will ein jeder der beste vnd Negste daran sein; 112 Wan aber ein Kerl eben allzeit so gar still schweiget, vnd zu keiner sache etwas vor seinen Obern reden thut? so hat es das ansehen, als ob er gar nichts wiste oder verstünde. ientic: *Graff* 1,514 *kennt nur dies beispiel; mehr gewährt der Wiener Notker ps.* 108, 9. 19. 164 *und Kelles spec. eccles. s.* 231. *Lexer kärnt. wb.* 148, *Weinhold alem.* 242, *baier.* 250. ie enti ie *heifst nicht 'zuweilen' wie Schmeller* 4, 57 *erklärt, sondern 'immer', gerade das gegenteil von* ettesuenne, *wie die vorliegende stelle lehrt. im lat. text sind sich ebenso* aliquando *und* semper *entgegengesetzt.* 25. wurchen] *über* w *noch ein* v *mit anderer dinte.* 39. kiuuinnet früme] *vgl.* 4, 28 vierde; 31 sehsti; 36 kiuuorhte; 67 uuâre. 2. *erste ausg. nr.* 4, *Hoffm. nr.* 1. *bl.* 232ᵃ *sp.* 2—234ᵇ *sp.* 1. 1. bushêrro] *vgl. zu* LXXIX, B, 73. 5. huoshêrro] *vgl.* 23. 60 *und* si& 37. *man kann diese schreibung kaum anders erklären, als aus einer beginnenden einmischung von* o *und* e *in der aussprache des* û *und* î. *vgl. litt. centralblatt* 1868 *s.* 977*f.* 8. suclihemo choiri 23. Die .v. uuile 14. pizeichinet die .v. uuerlti 25. xpis 30. auerb, *verbessert von Hoffmann.* 32. chō 33. heid und darunter nen, *am rande. das* i *ist nach* d *wohl abgeschnitten.* 36. phiegin] *vgl. zu* XVIII, 18. LXXXII, 3, 11. 37. zi guuste] *vgl. zu* LXXXIV, 4. 38. choṁ inphieu, g *über* e. 39*f.* So iz 41. .v. beidemal. 42. friu] *s. zu* LXXXIII, 59. *Graff* 3, 656 *will* frui. 44. tugent '*iuventus' wie sich aus der unten im excurs und im alten Wessobrunner codex* (*Germania* 2, 94) *ausgezogenen stelle Gregors d. gr. ergibt, d. h. das mannesalter. Graff* 5, 372; *Leo Beowulfs.* 66; *Grein ags. sprachsch.* 1, 210. 54. niem 58*f.* fiizeielichen 59. choṁ 64. firnoṁ xpis 65. dara nah (*durchstrichen*). 65*f.* choṁ 3. *erste ausg. nr.* 5. *Hoffm. nr.* 2. *bl.* 234ᵇ *sp.* 1—235ᵇ *sp.* 1. 4. füohte] *vgl.* chuoslihen z. 19. 6. 16. uwôcher. 7. uwocher 13. *darnach ist ein blatt herausgeschnitten. dennoch hat es den anschein, als ob sehr wenig fehlte.* 15. uuerchun] *über den schwachen genit. plur. starker wörter vgl. Lachmann zu Nib.* 461, 2; *Hahn mhd. gramm.* 1, 93. *das vorliegende dürfte* das älteste beispiel sein, dann XXXIV, 1, 2. 16. saṁ 17. furhten unte minnent] *vgl. zu* XXXIV, 3, 8. uule (*in das zweite* u *ein* o *hineincorrigiert*) uuonent 19. chuoslichen, *das letzte* c *durch über- und untergesetzte puncte getilgt.* 23. in den 28. über erda steht bona. 29. unsera] *vgl.* LXXVI, 13 32. lutter, i *übergeschrieben zwischen* l *und* ú. 34. choṁ 4. *erste ausg. nr.* 6. *Hoffm. nr.* 3. *bl.* 235ᵇ *sp.* 1. 2. 1. unsere 2. chō 3. kidauone 4. lies siu

Die sämmtlichen in die Wessobrunn-Ambras-Wiener hs. von Notkers psalmen eingetragenen, hier als sammlung B *vereinigten predigten sind im wesentlichen den homilien des h. Gregor des grofsen 'in evangelia' entnommen. die erste aus l.* 1 *hom.* XVII *habita* **ad** *episcopos in fontes Lateranensium.* z. 1—4 *fasst den inhalt des bei Gregor vollständig* **vorangehenden** *abschnittes aus dem evang. Luc.* 10, 1—9 *kurz zusammen.* z. 4—9: *Greg.* § 1 ... Ecce enim binos in praedicationem discipulos mittit: quia duo sunt praecepta caritatis, dei videlicet amor et proximi: et minus quam inter duos caritas haberi non potest. nemo enim proprie ad semetipsum habere caritatem dicitur, sed dilectio in alterum tendit, ut caritas esse possit. binos ad praedicandum discipulos dominus mittit quatenus hoc nobis tacitus innuat, quia qui caritatem erga alterum non habet, praedicationis officium suscipere nullatenus debet. z. 9—13: *Greg.* § 2 Bene autem dicitur, quia 'misit eos ante faciem suam in omnem civitatem et locum, quo erat ipse venturus.' praedicatores enim suos dominus sequitur, quia praedicatio praevenit et tunc ad mentis nostrae habitaculum dominus venit, quando verba exhortationis praecurrunt atque per haec veritas in mente suscipitur. ... z. 13—25: *Greg.* § 3 Missis autem praedicatoribus, quid dicat audiamus. 'Messis quidem multa, operarii autem pauci. rogate ergo dominum messis, ut mittat operarios in messem suam.' (*diese worte des evangeliums schreibt der deutsche bearbeiter Gregor* **dem grofsen zu**) ... Ecce mundus sacerdotibus plenus est, sed tamen in messe **dei rarus valde invenitur** operator: quia officium quidem sacerdotale suscepimus, sed **opus** officii **non** implemus. Saepe enim pro sua nequitia praedicantium lingua restringitur: **saepe** vero ex subiectorum culpa agitur, ut eis qui praesunt praedicationis sermo **subtrahatur**. ex sua quippe nequitia praedicantium lingua **restringitur**, sicut psalmista ait 'peccatori autem dixit deus: quare tu enarras iustitias meas?' et rursum **ex vitio** subiectorum vox praedicantium **prohibetur sicut ad** Ezechielem dominus **dicit** ... (*Ezech.* 3, 26). ac si aperte dicat: idcirco tibi praedicationis **sermo** tollitur, **quia** dum me in suis actibus plebs exasperat, non est digna cui exhortatio veritatis fiat. ex cuius ergo vitio praedicatori sermo **subtrahatur**, non facile cognoscitur. quia vero pastoris taciturnitas aliquando sibi, semper autem subiectis noceat, certissime scitur. z. 25—30 *Greg.* § 4 [**Sed utinam si ad** praedicationis virtutem **non** sufficimus, loci nostri officium **in** innocentia vitae teneamus.] nam subditur 'ecce ego mitto vos sicut agnos **inter** lupos.' **multi autem cum** regiminis iura suscipiunt, ad lacerandos subditos inardescunt: terrorem potestatis **exhibent et** quibus prodesse debuerant nocent. *alles in deutschen erhaltene umfasst kaum den* **fünften teil der** *Gregorschen homilie. charakteristisch* z. 12 *die einschiebung* **des brunnen dera zahire:** *die predigt jener zeit war hauptsächlich darauf gerichtet, das gefühl der reue und* zerknirschung **in** *der brust des hörers zu wecken. auch* z. 23 uuante bis 25 kichundit *ist ein zusatz, worin eine lehrreiche auffassung des geistlichen amtes mit grofser schärfe hervortritt. das logische gefüge des originals ist durch die übertragung oft verdunkelt. die zweite predigt, die einzige vollständig auf uns gekommene dieser sammlung schöpft aus l.* 1 *hom.* XIX *dominica in septuagesima. die perikope des tages ist Matth.* 20, 1—16. *Greg.* § 1 ... Regnum caelorum homini patrifamilias simile dicitur qui ad excolendam vineam suam operarios conducit. quis vero patris familias similitudinem rectius tenet quam conditor noster qui regit (z. 4 ribtet) quos condidit et electos suos sic in hoc mundo possidet quasi subiectos dominus **in** domo? qui habet vineam, universalem scilicet ecclesiam, quae ab Abel iusto usque ad ultimum electum qui in fine mundi nasciturus est, quot sanctos protulit, quasi tot palmites misit (*anders* z. 10—12). hic itaque paterfamilias ad excolendam vineam suam mane, hora tertia, sexta, nona et undecima operarios conducit: quia a mundi huius initio usque in finem ad erudiendam plebem fidelium **praedicatores** congregare non destitit. (z. 27 ff.) mane etenim mundi fuit ab Adam usque ad Noe. **hora vero tertia** a Noe **usque ad Abraham.** sexta quoque ab Abraham usque ad Moysen. **nona autem** a Moyse usque ad **adventum** domini. undecima vero ab adventu **domini usque ad finem mundi.** in qua praedicatores sancti apostoli missi sunt, qui mercedem **plenam et tarde venientes acceperunt** (z. 8). ad erudiendam ergo dominus plebem suam, quasi ad excolendam vineam suam, nullo tempore destitit operarios mittere: quia et prius per patres et postmodum per legis doctores et prophetas, ad extremum vero per apostolos, dum plebis suae mores excoluit, quasi per operarios in vineae cultura laboravit. quamvis in quolibet modulo vel mensura quisquis cum fide recta bonae actionis extitit, huius vineae operarius fuit. operator ergo mane, **hora tertia, sexta et nona** antiquus ille Hebraicus populus **designatur**, qui in electis suis ab **ipso mundi exordio,** dum recta fide deum studuit colere, **quasi non destitit** in vineae cultura **laborare.** ad undecimam vero gentiles **vocantur** quibus et dicitur '**quid hic statis tota die otiosi?**' . . . (z. 41 ff.) § 2 Possumus **vero et easdem** diversitates **horarum**, etiam ad unumquemque hominem per aetatum momenta distinguere. mane quippe intellectus nostri pueritia **est.** hora autem tertia adolescentia intelligi potest: quia **quasi iam sol in altum** proficit, dum calor aetatis crescit. **sexta vero iuventus est,** quia velut in centro sol figitur, dum in ea plenitudo roboris **solidatur. nona** autem senectus intelligitur, in qua sol velut ab alto axe descendit, quia ea aetas a calore iuventutis deficit. undecima vero hora ea **est** aetas quae **decrepita vel veterana** dicitur. . . . **quia ergo ad vitam bonam** alius in pueritia, alius in adolescentia, alius in iuventute, alius in senectute, alius in decrepita aetate **perducitur, quasi diversis horis operarii ad vineam** vocantur. mores ergo vestros, **fratres carissimi,** aspicite, et si iam dei operarii estis videte. penset unusquisque quid agat et consideret si in domini **vinea laboret.** qui enim in hac vita ea quae sua sunt quaerit, **adhuc ad dominicam vineam non venit.** illi namque domino laborant, qui **non** sua, sed lucra dominica cogitant, qui **zelo** caritatis, studio pietatis inserviunt, **animabus lucrandis** invigilant, perducere et alios secum ad vitam festinant. nam qui sibi vivit, qui carnis suae voluptatibus pascitur, recte otiosus redarguitur, quia fructum divini operis non sectatur. § 3 Qui vero et usque ad aetatem ultimam **deo vivere neglexerit,** quasi usque ad undecimam otiosus stetit. unde recte usque ad undecimam torpentibus dicitur '**quid hic statis tota die otiosi?**' Quanti patres ante legem, quanti sub lege fuerunt, et tamen hi qui in domini adventu vocati sunt, ad caelorum regnum sine aliqua **tarditate pervenerunt. eamdem ergo** denarium accipiunt qui laboraverunt ad undecimam, quem **expectaverunt** toto desiderio qui laboraverunt ad primam: quia aequalem vitae aeternae retributionem sortiti sunt cum his, qui a mundi initio vocati fuerant, hi qui in mundi fine ad dominum venerunt. . . § 4 Sed quaeri potest, quomodo murmurasse dicti sunt qui saltem sero ad regnum vocantur? caelorum etenim regnum nullus murmurans accipit: nullus qui accipit murmurare potest. sed quia antiqui patres usque ad adventum domini, quantumlibet iusti vixerint, ducti ad regnum non sunt, nisi ille descenderet qui paradisi claustra hominibus interpositione suae mortis aperiret: eorum hoc ipsum murmurasse est, quod et recte pro percipiendo regno vixerunt, et tamen diu ad percipiendum regnum dilati sunt. . . . § 5 **Sed post haec terribile est valde quod sequitur. 'multi** enim sunt vocati, pauci vero electi': quia et ad fidem plures veniunt, et ad caeleste regnum pauci perducuntur. ... plerique deum vocibus sequuntur, moribus fugiunt. ... hinc Iacobus ait 'fides sine operibus mortua est.' ... *die dritte predigt ist von z. 1—18 nur eine wiedergabe und weitere ausführung des evangeliums (Luc. 8, 4—15, Matth. 13, 3—23, Marc. 4, 3—20). z. 18—27 ist eine ohne alle verbindung eingestreute interpolation nach Bedae homil.* dominica in sexagesima (opp. ed. Colon. Agripp. 1612. VII, 216): Quod vero secundum Matthaeum dicitur 'et fructum affert et facit aliud quidem centum, aliud autem sexaginta, porro aliud triginta': triginta referuntur ad nuptias. nam et ipsa digitorum coniunctio quasi molli osculo se complexans et foederans maritum pingit et coniugem. sexaginta ad viduas, eo quod in angustia et tribulatione sint positae, unde et in superiore digito deprimuntur. quantoque maior est difficultas expertae quondam voluptatis illecebris abstinere, tanto maius et praemium. porro centesimus numerus ... a sinistra transfertur ad dexteram et iisdem quidem digitis sed non eadem manu quibus in laeva manu nuptae significantur et viduae, circulum faciens exprimit virginitatis coronam. *der rest ist aus* SGreg. in ev. l. 1 hom. xv dominica in sexagesima § 4: terra autem bona fructum per patientiam reddit: quia videlicet nulla sunt bona quae agimus, si non aequanimiter etiam proximorum mala toleramus. ... iuxta vocem domini fructum per patientiam reddunt, quia cum humiliter flagella suscipiunt, post flagella ad requiem sublimiter suscipiuntur. sic uva calcibus tunditur et in vini saporem liquatur. sic oliva contusionibus expressa amurcam suam deserit et in olei liquorem pinguescit. sic per trituram areae a paleis grana separantur, et ad horreum purgata perveniunt. quisquis ergo appetit plene vitia vincere, studeat humiliter purgationis suae flagella tolerare, ut tanto post ad iudicem mundior veniat, quanto nunc eius rubiginem ignis tribulationis purgat. *zu der vierten der vorliegenden predigten, so weit sie erhalten ist, vgl.* Greg. in evang. l. 1 hom. ii dominica in quinquagesima *über* Luc. 18, 31—44. § 1 ... Caecus quippe est genus humanum, quod in parente primo a paradisi gaudiis expulsum, claritatem supernae lucis ignorans, damnationis suae tenebras patitur. sed tamen per redemptoris sui praesentiam illuminatur, ut internae lucis gaudia iam per desiderium videat atque in via vitae boni operis gressus ponat. § 2 Notandum vero est, quod cum Iesus Iericho appropinquare dicitur, caecus illuminatur. Iericho quippe luna interpretatur, luna autem in sacro eloquio pro defectu carnis ponitur, quia dum menstruis momentis decrescit, defectum nostrae mortalitatis designat. ... *am genauesten an die vorlage schließt sich die erste predigt an, das meiste eigene scheint die zweite zu enthalten.*

C.

Cod. germ. 5248, 3 der k. staatsbibliothek in München. fragmente dreier auf einander folgender pergamentblätter deren beschaffenheit aus dem abdrucke erhellt. sie gehörten ohne allen zweifel zu einer anderen hs. als A. sie war zwar auch zweispaltig geschrieben, aber die spalten sind nicht durch eine mittlere geritzte schei-delinie getrennt, sondern dem augenmaße des schreibers überlassen, das oftmals stark abirrte: die zusammenhangenden stücke von 1 und 2 sind jedesmal die überbleibsel einer spalte; *3ᵃ und 3ᵇ gehörten als vorder- und rückseite dem innersten teile eines blattes* an, *wären daher genauer als 3ᶜ und 3ᵈ zu bezeichnen. die 'andere schrift' bemerkte schon Schmeller. JASchmeller in Haupts zeitschrift für deutsches alterthum* 8 (1851), 107. 108. *Fi Heinz in den Münchener sitzungsberichten* 1869. 1, 540—542. **1, 1. reht | tera** 10. *von den drei ersten worten nur die unteren enden sichtbar.* **2, 1.** *in den vorangehenden zeilen zweig sichtbar, etwa* iogagine *als letztes wort der zeile, womit die sonstigen buchstabenspuren stimmen. dann |* ... n zi. ... n die racha. | *aber die drei ersten buchstaben sehr unsicher.* Der uuir 5. *vor* giene *untere spitzen eines wortes:* digenti? brediger ti? chö er zi uuain 10. *zeile vorher* ouh ina .. dara zi . e..... *jeder punct bedeutet einen strich, aber auch die angegebenen buchstaben nur zum teil sicher.* **3ª, 1.** *nach de anfang eines* n *oder* m. 2. chö o *kann auch zu einem* d *gehören.* 7. *nach* mi *ein neues wort das mit* d *oder* c *begann.* 18. uor, *eher* uon

Die bruchstücke gehörten zwei predigten an, wovon die zweite 2, 5 *beginnt. der text der ersten ist die versuchung Jesu durch den teufel (Matth.* 4, 1—11). *zu grunde liegt die* 16. *homilie des h. Gregorius des grofsen (opera, Duaci* 1615, 3 p. 41. 42). *den* z. 1, 1—3 *entspricht es etwa, wenn da gesagt wird* certe iniquorum omnium caput diabolus est, et huius capitis membra sunt omnes iniqui. *nachher ist von den arten der versuchung die rede, vgl. z.* 4. *mit einer dreifachen versuchung habe der teufel unseren stammvater Adam besiegt, mit denselben versuchungen sei er an Christus herangetreten. das wort* vincere *kommt in diesem abschnitt mehrfach vor: stammt aus einer verwechselung mit* viucire *z.* 4 pinten? *Gregorius fährt fort (vgl.* 1, 10—2, 4) sed est aliud, fratres carissimi, quod in hac tentatione dominica considerare debemus: quia tentatus a diabolo dominus sacri eloquii praecepta respondit, et qui eo verbo quod erat tentatorem suum mergere in abyssum poterat, virtutem suae potentiae non ostendit, sola divinae scripturae praecepta edidit; quatenus suae nobis patientiae praeberet exemplum, ut quoties a pravis hominibus aliquod patimur, ad doctrinam excitemur potius quam ad vindictam. pensate, rogo, quanta est patientia dei et quanta impatientia nostra. nos si iniuriis aut aliqua laesione provocamur, furore permoti aut quantum possumus nosmet ipsos ulciscimur aut quod non possumus facere minamur. *und weiter, was im deutschen vorangeht* (1, 7. 8) cognoscamus igitur in eo naturam nostram: quia nisi hunc diabolus hominem cernerer, non tentaret. veneremur in illo divinitatem suam: quia nisi super omnia deus existeret, ei nullo modo angeli ministrarent. *über die quelle der zweiten predigt können wir nicht mit gleicher sicherheit urteilen. die homilie des heiligen Augustinus über dasselbe thema (Matth.* 15, 21—28; *Marc.* 7, 24—30) *zb. bietet nichts verwandtes. eher Beda, dessen predigt zum zweiten sonntag in der fasten* 1, 237 (*Col. Agr.* 1688) *durch seine evangeliencommentare ergänzt wird. aber jene steht unserem stücke näher.* In lectione sancti evangelii, *beginnt er,* quae modo lecta est, fratres carissimi, audivimus magnam mulieris fidem patientiam constantiam et humilitatem .... merito autem haec mulier natura quidem gentilis, sed corde constans et credula, congregatae de gentibus ecclesiae fidem devotionemque significat. ... filia daemoniosa pro qua postulat, anima quaelibet est in ecclesia, malignorum spirituum magis deceptionibus quam conditoris sui mancipata praeceptis. *zu* 2, 13. 14 *vgl. Beda hebraicorum nominum interpretatio* (3, 473) Tyrus angustia vel tribulatio seu plasmatio et fortitudo. *aber für das dritte fragment finde ich bei*

Beda nichts recht entsprechendes. ich habe es unergänzt gelassen, weil im allgemeinen deutlich ist dass es zur selben predigt gehört und die ergänzung keine besonderen vorteile versprach, auch nur an wenigen stellen sich über mehr als éin wort erstrecken konnte. 3ᵃ, 2 Do chom si dare zi imo (?) in diem *uoti chedente* 'Herro hilf mir.' Do antuurta er *unde* chot 'Iz enist nieth guot daz mi (? man?) daz brot den chinden nema unte iz geba den hunten.' Mit demo brote *meinite er die xpinlichin* **lera.** *dass hiermit der sinn richtig getroffen ist, zweifle ich nicht, aber da die breite* **der** *spalte schwankt, so hat die zahl der ergänzten buchstaben keine sicherheit. wer* **will** *wissen ob es nicht etwa hiefs* Do antuurta der herro unde chot? 3ᵃ, 14 kilouba? **vgl.** Matth. 15, 18 magna est fides **tua.** 3ᵃ, 19 Mit den *hunten tuerdent pizeichinet* **die heidinen.** *in* 3ᵇ *finde ich fast nureinzelne worte:* **1.** denuo *vgl.* B, 1, 30. *z.* 4 des **chananeiskin wibis.** so irlozet er? *der gedanke etwa: wie er die bitte des weibes erhörte, so erlöst er uns aus der gewalt der sünde, wenn wir ihn anhaltend* (staticlichen) *darum bitten. vgl. Beda:* sane si ad exemplum Cananeae mulieris in orando perstamus fixique manemus, aderit gratia conditoris nostri quae cuncta in nobis errata corrigat, immunda sanctificet, turbulenta serenet. 14. *kilouben: diesem von seule nuir abhängigen infinitiv war offenbar* 15 forsgen *coordiniert, und das object zu* keloubeu *bestand gleichfalls aus zwei verbundenen begriffen* manige ... unte menigiu *uunter diu er teta unter den menniscon? das* hiuti *in z.* 17 *gehört ohne zweifel einer beziehung auf das 'heutige' evangelium an.* 16. pina?? 19. herro 20. tiufals**uh**tigin 21. bediv? zediv? 23. tivfal 24. wib.

LXXXVII.

Cod. lat. 4636, Bened. 136 *der k. bibliothek in München.* 133 *bll.* 8°. XII *jh. drei verschiedene hss. zusammengebunden, jede mit der auf- oder unterschrift* 1ste liber est monasterii nostri Benedictenpeiren *von einer hand des* XIV *jh.* (*bl.* 1ᵃ, 77ᵇ, 133ᵇ): *die erste* (*bl.* 1—76) *und dritte* (*bl.* 109—133) *enthalten lateinische predigten, die zweite bl.* 77ᵃ —107ᵃ *ebenfalls lateinische predigten und* 'exhortationes sacerdotis ad populum'; *bl.* 107ᵃ — 107ᵇ *eine berechnung der jahre von erschaffung der welt bis Christi geburt; bl.* 107ᵇ 'interpretatio mystica vestimentorum sacerdotis'; *bl.* 107ᵇ — 108ᵃ *das vorliegende denkmal, z.* 1—4 *Ich glaube wie es scheint von einer anderen hand als das übrige von* daz die dri genemmede an; *bl.* 108ᵃ —108ᵇ Tabula pro mittentibus sanguinem, *wie auf dem einband steht; bl.* 108ᵇ *den anfang einer lateinischen predigt.* BJDocen miscellaneen 1 (1807), 8—10. EGGraff Diutiska 3 (1829), 210. Mafsmann abschw. (1839) *nr.* 12. 25. 1. gloube] *dafür meist* gl *in der hs.* 2. luiftes] *ui halte ich hier für bezeichnung eines unorganischen umlauts, dergleichen Weinhold alem.* § 31, *bair.* § 32 *nachweist.* waszeres] *die hs. hat* uu, uv, vv *und* w; *letzteres habe ich durchgeführt.* Unte 3. vater. Unte 5. eben euuihe 8. crucę *nicht erbangen.* 9. fuor; o *unterstrichen und darüber ein punct; über dem ganzen wort* vvr *durchstrichen.* 12. *bl.* 108ᵃ zehimele füri *sieht in der hs wie* furt *aus.* 14. 15. ihe 16. erteieit: *über und unter dem* i *ein punct.* 17. euʷifgen **tode.** ror *die ein buchstab radiert.* 18. aathlaz rethe 19. lip daran *schließt sich die beichtformel in derselben zeile und ohne auszeichnung des anfangsbuchstabs.* 20. alemathigen Vate seę *immer.* 21. herren *am rande mit verweisungszeichen.* 22. ihc gesrumete 23. Slafente *anstatt des dritten* oder *war* oden *geschrieben, aber unter* o *zwei puncte, darüber* r. 24. huito] *nur* z. 36 *steht sicher* huito, *die übrigen können auch* hiuto *gelesen werden.* 26. alemachtigent 27. Vbi'ch govtes 28. geizze 30. mennes | heit: *zwischen* h *und* e *ein wie es scheint durchstrichenes* c *oder* e *übergeschrieben.* 31. froun 32. allen: n *scheint unvollständig getilgt.* 34. geruiwe] *vielleicht* geriuwe. rethto 36. scint 37. ruŭn.

Über den cod. Sangall. 1394 *und den cgm.* 39, *unsere nrn.* LXXXIX *und* XCVI, *die er beichtrituale nennt, handelt Rvßaumer einwirkung des christenthums auf die ahd. sprache s.* 261. 262, *ohne wie es scheint zu sehen dass eine ganze reihe von denkmälern, unsere nrn.* LXXXVII—XCII, *derselben beurteilung unterliegen. durch eine besondere einrichtung sei die stille beichte mit dem öffentlichen gottesdienste verknüpft worden; nachdem die einzelnen ihre privatbeichte abgelegt, habe mit ihnen allen der priester einen gemeinsamen beichtgottesdienst gehalten: dessen formulare seien uns in jenen deutschen hss. aufbewahrt. dies behauptet er und nicht etwa als vermutung,* sondern *wie aus bestimmter kenntnis, aber ohne beleg. hr. CAGvZezschwitz* system der christlich kirchlichen ca!echetik bd. I (*Leipzig* 1863) *wiederholt es s.* 268 *mit der anmerkung 's. die quellenbelege unten bei der darstellung der mittelalterlichen beichterziehung.' aber bei dieser darstellung,* § XXIII *des buches, bespricht er den 'vollständigen beichtvollzug' im mittelalter* 'nach Alcuin' (d. h. *nach dem buche de divinis officiis das von Froben,* nach *welchem hr vZezschwitz doch citiert, ausdrücklich unter den opusculis supposititiis herausgegeben ist*) — und *von dem 'beichtgottesdienst der den abschluss der einzelbeichten und -bereitung bildet' kein wort. da war ich denn freilich nicht weiter begierig nach seiner 'populär gehaltenen darstellung dieser vorgänge', die er s.* 269 f. *anführt. besonders da auch hierüber* Martène l, 374. 375 *die erwünschte belehrung gewährt. auf ihn und auf cardin.* Bona rerum liturgicarum l. 1 c. 16. 17 (*Col. Agripp.* 1674 p. 214—245) *gründet sich die im ersten, von vßaumer sonst bereits benutzten bande Hattemers s.* 325 *mitgeteilte bemerkung* von IvArx. *nach dem evangelium fand* die *predigt statt. darnach forderte* an sonn- *und feiertagen der priester* die *gläubigen auf* ut omnes in commune pro diversis necessitatibus preces fundant ad dominum pro rege et episcopis et rectoribus ecclesiarum, pro pace, pro peste, pro infirmis qui in ipsa parochia lecto decumbunt, pro ouper defunctis. *bei jeder dieser bitten soll das volk* in der stille das paternoster *beten,* sacerdos vero orationes ad hoc pertinentes per singulas admonitiones solemniter expleat. *so lautet die vorschrift eines concils von Orleans* das, *in Ivos decret aufgenommen, von Martène l. c. angeführt wird. derselbe bringt ferner aus dem pontificale des Wilhelm Durand folgende stelle bei:* praedicatione finita fit confessio generalis vel per diaconum vel per sacerdotem ministrum populo devote genua flectente et eadem tacite dicente. confessione facta concedit indulgentiam et demum ... facit absolutionem dicendo clara voce elevatis et super populum extensis manibus 'Precibus et meritis b. Mariae semper virginis ... et omnium sanctorum misereatur vestri omnipotens deus et dimissis peccatis vestris perducat vos ad vitam aeternam. Amen. Indulgentiam absolutionem et remissionem peccatorum vestrorum tribuat vobis omnipotens et misericors **dominus.** Amen.' *darauf erteilt der priester den segen, und dann folgt bekanntlich* **die hersagung des apostolischen symbolums:** *über diese s. Martène* 1, 375—378, *wesentlich auf dieselbe weise stellt das pontificale romanum die sache dar* (Martène 1, 375). *der ganze beschriebene teil der messliturgie — das credo mit eingeschlossen —* **wurde** *nun, das dürfen wir aus unseren deutschen formeln schliefsen, in Deutschland deutsch gehalten. zunächst kommt* **nur die zweite** *der angeführten vorschriften in betracht. ihr* **entspricht genau** LXXXVIII*: beichte absolution und glaube. in* LXXXIX *ist der* **glaube vorangestellt;** *ebenso mit* **weglassung des** *dann wahrscheinlich lateinisch gesprochenen 'ablasses' in dem vorliegenden denkmal und in* XC—XCV. *bei den übrigen ist nach der ersten vorschrift eine oratio pro ecclesia hinzugefügt; so in* XCVI *und in dem Wiener* **stück** *exc. zu* XCVII. *und* **dazu** *tritt in anderen* **das** *paternoster, das dort als stilles gebet während der or. pro eccl. angeordnet wird, als selbständiges glied. bei Honorius (exc. zu* XCVI) *als erstes, welchem glaube, beichte, ablass, oratio pro ecclesia folgt; in dem Linzer stück (exc. zu* XCVII) *in anderer ordnung oratio pro ecclesia, paternoster, glaube, beichte, ablass; endlich in* XCVII *glaube, beichte, ablass, paternoster; man sieht nicht ob auch oratio pro ecclesia. in einigen finden sich einleitungen und verbindende zwischenstücke; so in* LXXXIX. XCV—XCVII. *aus dem umstande dass diese denkmäler öfters am beginn von predigtsammlungen überliefert sind, ist nicht zu folgern dass sie vor der predigt zur verwendung kamen. ja es lässt sich für das gegenteil wenigstens der Wiener GB. anführen und eine äufserung des Honorius am schlusse des GB.* si nimius algor hiemis aut magnus calor aestatis impedit, vel aliquod impedimentum obvenerit, tunc **iam dicta omitte et finito sermone** hanc fidem eis praedica 'Credo in deum patrem' *cet. vgl. was Gerhard von bischof Udalrich von Augsburg in seiner zwischen* 983 *und* 993 *verfassten vita desselben erzählt (SS.* 4, 392) . . . sacrum mysterium agere devotissime 'coepit. perlectoque evangelio et ammonitione facta ad populum, et confessione populi accepta, indulgentiam humillime eis fecit, **et tota synodo oblationem offerente, secundum** ordinem cautissime implevit usque ad benedictionem crismatis et olei; *vita Bardonis mai. c.* 16 (*SS.* 11, 335)*:* **nach dem evangelium predigt** *welche mitgeteilt wird,* multis ergo talibus disputans, postquam eos rore sanctarum scripturarum perfudit, ad confessionem inducens, lavacro lacrimarum eos infudit mactansque illos in ara spiritalis contritionis, optulit deo holocaustum suavissimi odoris. *es ist nichts anderes gemeint, wenn das Annolied* 605 *ff.* (35, 11—15) *von seinem helden meldet* sini predigi **uoti sin** ablâz ni mohti nichein bischof duon bez, *vgl. vita Annonis c.* 8 (*SS.* 11, 470). *zweifelhafter klingt vita Godehardi c.* 28 (*SS.* 11, 188) postque lectum evangelium docturus populum processit et sermone habito . . . deinde accepta circumstantium confessione impertitaque criminum remissione ad altare rediit deoque in odorem suavitatis acceptus missarum sollempnia celebre peregit. *ich erwähne noch de rebus alsaticis ineuntis seculi* XIII (*SS.* 17, 233) sacerdotes in villis diebus dominicis orationem dominicam cum symbolo theutonice **hominibus predicabant,** sed de sacra scriptura pauci sciebant vel poterant predicare. *wenn hierbei die offene schuld übergangen wird, so stimmt dazu merkwürdig dass sie in den alemannischen denkmälern dieses kreises nahezu völlig ver-*

schwindet (excurs zu XCIII). *doch erwähnt noch Wickram rollwagenbüchlein* 92, 10 *Kurz offen schuld und absolution nach dem sermon. hr. p. Pius Schmieder teilte mir im sommer* 1864 *zu Lambach mit, die deutsche offene schuld werde in einigen gegenden Baierns auf dem lande noch heute nach der predigt gesprochen, vom priester vorgesprochen, von der gemeinde nachgesprochen. über die wirkung derselben äufsert sich Honorius Augustod. p.* 826: ista confessio tantum valet de his peccatis quae sacerdotibus confessi estis vel quae ignorantes gessistis. ceterum qui gravia crimina commiserunt et poenitentiam inde non egerunt, ut sunt homicidia et adulteria pro quibus instituta est cagrina, nihil valet ista confessio. *dass die institution aber gerade nach dieser seite hin, was die sündenvergebung anlangt, grofsen misverständnissen ausgesetzt war, entnehmen wir der epistola A. civis Spirensis* ad *Heribertum Coloniensem archiepiscopum* (999—1021) *bei Martène amplissima collectio* 1, 357 *ff.* novi quosdam vestri ordinis, et quidem satis probos atque eruditos, qui quotiens in ecclesiis suis populo dei triticum spirituale distribuunt, expletis omnibus quae ad fructum sanctae aedificationis pertinere intelligunt, manus sursum levare et peccata sua confiteri iubent, quo facto confestim absolutionem et remissionem eorum omnium illis tribuunt tanta facilitate quanta forsitan de pecunia propria obolos tres nollent cuique relaxare, *cet. er bittet den erzbischof schliefslich, nascentem et adhuc latentem istam haeresim mit dem schwerte seines ansehens abzuhauen. war die sache für den bürger von Speier wirklich etwas neues, wie ausdrücklich dasteht, so folgt aus jener stelle der vita Udalrici dass sie sich aus dem süden nach dem norden verbreitet habe. nach dem süden und zwar nach Baiern führen uns auch die altkarantanischen monumenta Frisingensia (Kopitar Glagolita Clozianus p.* XXXV—XLI; *Miklosich chrestomathia palaeoslovenica p.* 51—55) *welche Kopitar für eine aufzeichnung des bischofs Abraham von Freising* (957—993), *eines gebornen Karantanen, hielt und welche jedenfalls in diese zeit gehören. sie bilden für uns die brücke zwischen den älteren* **baierischen** *insbesondere SEmmeramer denkmälern und den hier beginnenden glauben und beichten. das erste stück A steht für sich, das zweite B und dritte C gehören zusammen. ich teile A und C in Kopitars an einer stelle von Miklosich corrigierter übersetzung mit.*

A.

DICITE POST NOS RARA VERBA.

Deus, domine misericors, pater deus, tibi confiteor omne meum peccatum. Et Sancto (Joanni) Baptistae et S. Mariae et S. Michaeli et omnibus alitibus (angelis alatis) dei. Et S. Petro et omnibus legatis (apostolis) dei. Et omnibus
5 martyribus dei. Et omnibus confessoribus dei. Et omnibus virginibus iustis. **Et omnibus iustis.** Et tibi, dei serve, volo esse confessus (de) omnibus meis peccatis. [Et **credo** quod mihi est, in hoc mundo postquam fuero, eundum in illum **mundum** denuoque surgendum ad iudicii diem; habenda mihi est vita post hanc, habenda mihi est remissio meorum peccatorum.] Deus misericors, suscipe
10 meam confessionem meorum peccatorum, quod feci mali ex eo die, quando fui in hunc mundum natus et fui baptizatus. Quod memini aut non memini, aut voluntate aut noluntate, aut sciens aut nesciens; aut in iniusto iureiurando aut in mendacio aut furto aut invidia aut in intemperantia **aut in** impudicitia; aut si mihi id **collibuit quod mihi** non decebat collibere.

Aut in loquendo (obtrectando) aut dormiendo aut non dormiendo. Aut quod non servavi diem dominicam nec sacrum vesperum nec meum ieiunium. Et aliud multum quod contra deum et contra meum baptismum. Tu unus **deus scis**, quantopere mihi illius necessitas magna. Deus, domine misericors, tibi **me** humilio de his recensitis **peccatis et de aliis multis, et maioribus et minoribus, quae feci. De his me tibi humilio et S. Mariae et omnibus sanctis.** Et ut in hoc mundo talis peccati punitionem accipiam quam tu mihi impones, prout tua misericordia et tibi placitum.

Deus, tu venisti de coelo, imo te **dedisti in supplicium** pro omni populo, ut nos malefactori (diabolo) eriperes. Eripe me omnibus malefactoribus. Misericors domine, tibi **commendo** meum corpus et meam animam et mea verba et meum opus et meam voluntatem et meam fidem et meam vitam. Et ut exaudiam in iudicii die tuam misericordiam magnam cum illis quos vocabis tuo ore 'Venite patris mei electi, accipite aeternum gaudium et aeternam vitam, quod **vobis est paratum e seculo in seculum.**' Amen.

C.

Ego abrenuncio diabolo et omnibus eius operibus et omnibus eius pompis. Item credo in deum omnipotentem et in eius filium **et in** sanctum spiritum. Quod haec tria nomina unus deus sanctus, qui creavit coelum et terram. Item imploro eius misericordiam et S. Mariae et S. Michaelis et S. Petri et **omnium dei apostolorum et omnium dei martyrum et omnium dei fidelium et omnium** sanctarum virginum et omnium dei virtutum (reliquiarum). Ut mihi **dignemini** auxilio esse ad deum de meis peccatis. Ut puram confessionem faciam et remissionem a deo accipiam.

Deo omnipotenti confiteor omnia mea peccata, et Mariae; omnia iniqua opera et iniquas cogitationes. Quod sciens feci aut inscius, coactus aut sponte, dormiens aut vigilans. In gratuitis iuramentis, in mendacibus verbis, in furtis, in luxuria, in avaritia, in nimis edendo, in nimis bibendo. In intemperantia et omni immoderatione. Quod feci contra deum ex eo die posteaquam fui baptizatus usque ad hodiernum diem. Hoc omne confiteor deo et S. Mariae et S. Laurentio, domine, et omnibus sanctis et tibi, dei serve. Poenitet me meorum peccatorum, et libenter agam poenitentiam quantum habeo mentis, si mihi deus peperceris.

Da mihi, deus domine, tuam gratiam, ut sine pudore et rubore in die iudicii ante tuos oculos stem; quando venturus es iudicatum vivos **et mortuos, quemque** secundum suum opus. Tibi, deus misericors, commendo omnia **mea verba et mea** opera et meas cogitationes et meum cor et meum corpus **et meam** vitam et meam animam. Christe, dei fili, qui dignatus es in hunc mundum venire, peccatores liberare a malefactoris potestate, custodi me ab omni malo et salva me in omni bono. Amen.

Ich habe aus A durch eckige klammern ausgeschieden was offenbar einer glaubensformel angehörte. vergleicht man nun A mit C, so ist beiden gemein beichte und angehängtes gebet, und diese klärlich verwandt. aber, wie schon die übersetzung andeutet und das original bestätigt, die verwandtschaft beruht keineswegs auf gegenseitiger benutzung, die gedanken sind gleich, der wortlaut verschieden: A und C haben aus derselben quelle geschöpft. und diese quelle war eine deutsche. das hatte Miklosich schon längst aus dem germanismus in A ge-

schlossen, den kopitar durch volo esse confessus *wiedergibt. die übersetzung der unslavischen und nur* **hier** *vorkommenden wendung ist nicht ganz richtig. das izpovueden des originals ist nicht* confessus, *aber genau das deutsche* pigihtik. *und in z.* 23 *hat A offenbar das deutsche relative* dû *verkannt, während C es z.* 21 *ganz richtig überträgt. dass wir überhaupt zwei verschiedene hände vor uns haben, scheint schon daraus hervorzugehen, dass A das* sancto sanctae *vor den heiligennamen stets gewissenhaft durch* zuetemu zuetei *übersetzt, während* **C es ruhig als** sancte *beibehält. das deutsche original das sie beide kannten, ob es nun ein und dieselbe formel oder zwei verwandte waren, ob sie unmittelbar darnach oder aus dem gedächtnis arbeiteten, leitet zunächst auf unsere nr.* LXXVIII *(E): beichte und gebet hier wie dort, die formeln A* 11 *C* 10 *ziemlich übereinstimmend, die sündenaufzählung mit meineid und lüge beginnend wie A* 12 *C* 11; *hierauf A* 17 tu unus deus scis quantopere mihi illius necessitas magna, *E* 19 dû eino uueist uueo mino durfti sint; *A* 20 et ut in hoc mundo talis peccati punitionem accipiam quam tu mihi imponas, prout tua misericordia et tibi placitum. *E* 8 enti daz ich in derru nuerolti minero suntôno . harmscara hapân môzi, soliho sô dino miltidâ sîn, *vgl.* 16 sôso dû uuellês enti dino canâdâ sîn; *C* 17 da mihi tuam gratiam, ut sine pudore et rubore . ante tuos oculos stem, *E* 7 mir . . . kanâda farkip, [enti] daz ih fora dînên augôn unscamânti sî; *A* 24 *C* 19 misericors domine, tibi commendo *usw. E* 19 eustigo enti milteo trohtin *usw. der ganze charakteristische satz wesentlich gleich; C* 21 *A* 23 Christe, dei fili, qui dignatus es in hunc mundum venire, peccatores liberare a malefactoris potestate, custodi me ab omni malo et salva me in omni bono, *E* 14 trohtin (15 Christ, cotes sun) dû in desa uueralt quâmi suntige za ganerjenne, kauuerdô mih cahaltan enti kanerjen, 23 canerjen fona allemo upile. *die übereinstimmung geht so weit, dass in A und C nur ein geringer unvergleichbarer rest bleibt. aber wir wissen dass E aus einer ausführlicheren beichte schöpfte die uns in* LXXVII *nur mangelhaft erhalten. ziehen wir also auch* **diese** *herbei, so führt uns der satz* de ih eo missiteta . . . von minero toupha unzi in desiu hûtigun tach *gleich um einen schritt weiter: C* 13 quod feci contra deum ex eo *die* postquam fui baptizatus usque ad hodiernum diem, *A* 10. *dürfen wir den weiteren inhalt von AC benutzen zur reconstruction der baierischen beichte? einiges klingt an andere formeln an: sonntag vesper und fasten nicht gehalten als vornehmste unterlassungssünde;* contra meum baptismum *A* 17 *vgl.* nuithar mineru cristinhêdi LXXII, 4; et libenter agam poenitentiam quantum habeo mentis, si mihi deus peperceris *C* 16 *vgl.* enti gerno buozzju frammort, sô **fram** sô mir got almahtigo mahti enti giuuizzi furgibit LXXIII, 20. *die nennung der heiligen im eingang geschieht nicht auf ganz regelmäfsige weise, welche je einen namen als repraesentanten je einer beigefügten kategorie verlangen würde,* Michael und alle engel, Petrus und alle apostel, Laurentius und alle märtyrer *usw. auch die Reichenauer beichte* LXXV *nennt nur ein paar repraesentanten. ganz durchgeführt aber ist die aufzählungsmethode in den* **jüngeren** *baierischen beichten, noch nicht in* LXXXVII, *aber* XCIV *bis* XCVII.

dies ist nun aber keineswegs das einzige moment, wodurch die Freisinger denkmäler überleiten zu den deutschen teilen der messe. sie sind selbst bereits solchen nachgebildet. A ist, wie aus den anfangsworten hervorgeht, eine offene schuld, bestimmt satz für satz vorgesagt und nachgesagt zu werden. C in **einer** *vereinigung mit B aber* **enthält** *auch* **alle übrigen** *bestandteile des popu-*

lären gottesdienstes. B ist, wie mich Miklosich belehrt, nach einer predigt des Bulgarenbischofs Clemens gearbeitet (sie steht bei Kopitar aao. p. XLV), der nach dem tode des Methodius aus Pannonien nach Bulgarien zog und 916 starb. B legt insofern zeugnis ab für uralte religiöse verbindung zwischen karantanischen und pannonischen Slovenen. der schluss der predigt aber leitet zu C über: ergo, filioli, dei servos advocate et eis peccata vestra enumerate et eis confitemini peccata vestra. B und C zusammengenommen sind ganz angelegt wie zb. LXXXIX: anrede, abrenunciatio, confessio fidei, offene schuld. also nachbildung eines deutschen gottesdienstes, älter als irgend eines der uns erhaltenen einheimischen denkmäler gleichen inhalts und gleichen zweckes. das glaubensbekenntnis beschränkt sich noch auf das nötigste. die wendungen kehren übrigens in allen GB. wieder und entsprechen den beiden ersten glaubensfragen der ordines ad dandam poenitentiam, welche oben s. 441 erwähnt wurden, vgl. auch zu XXXI, 28, 9. 10. die dritte lautet credis quia in ipsa carne, in qua modo es, resurgere habes et recipere sive bonum sive malum prout gessisti? man kann sie in dem eingeschobenen satze von A wiederfinden, genauer in LXXXVII, 14. LXXXVIII, 18. jedesfalls zeigt sich aber das sacrament der bufse als der alleinige ursprung dieser deutschen formeln, die einzelbeichte wird darin nachgebildet, abrenunciatio und confessio fidei sind eine erneuerung des taufgelöbnisses, wie sie dabei üblich. auch die glaubensfragen der beichte und bufse aber haben wir vielleicht in Baiern zuerst deutsch gefunden (LIII). ist wirklich die ganze institution in Baiern zuerst aufgekommen? es wäre dann erklärlich dass die weitere ausbreitung ungefähr in die zeit Heinrichs II. fiel, der wichtige stellen des kirchlichen regiments so viel als möglich mit baierischen klerikern besetzte. die in dem hier besprochenen zusammenhange erhaltenen glaubensformeln und die dazu gehörige XCVIII teile ich in solche des alten (LXXXVII—LXXXIX), des erweiterten (XC. XCI), des gemeinen textes (XCII. XCIII. XCVII und die im excurs zu XCVII stehenden) und in den text des Honorius Augustodunensis mit den daraus abgeleiteten formeln (XCV. XCVI. XCVIII mit excurs). dieser einteilung entsprechen auch die beichten ganz wohl, nur dass ein strenger unterschied zwischen Honorius und der vulgata nicht zu machen ist. aber in den sündenverzeichnissen ist überhaupt nur zwischen Honorius und der dritten Benedictbeurer beichte nähere verwandtschaft bemerklich. die beichten des alten textes, abgesehen von der ganz zusammengeschrumpften zweiten Sangaller, also LXXXVII und LXXXVIII, stimmen im eingang sehr genau. und darauf folgt in LXXXVIII nur noch ein satz der offenbar auf LXXXVII, 31 f. ruht, aber an die stelle von gewegede unte gedinge ein unrichtiges abläz setzt, das die einschiebung den alemactegon got z. 9 nach sich zieht. der eingang aber entstammt offenbar wieder der alten baierischen beichte LXXVII. dass sonst vielfach auch andere alte formeln anklingen, wie zb. das sô ih mit rehtu scolta (excurs zu LXXII), wird man leicht beobachten. die tradition bricht in diesen dingen nie ab und geht beinahe von den ältesten zeiten des deutschen christentums bis auf die gegenwart.

LXXXVIII.

Hs. 232 *der stiftsbibliothek zu Sangallen.* 4°. IX *jh. enthält das elfte bis zwanzigste buch der etymologien des Isidorus. von einer hand des* XI *jh. auf der rückseite des ersten, früher zweiten blattes vorliegendes denkmal,* Co. 2 *bei Graff.* HHattemer denkmahle des mittelalters 1 (1844), 329.   1. Hich (*immer:* vgl. *Weinhold alem. gramm.* § 230) gio demo   almactigin: *über* et *für* ht *Weinhold* § 280 *s.* 178.   et unde   sēae. sēc: *so immer.*   3. hio   4. suondon: *zu diesem* uo *vgl. Weinhold* § 78 *s.* 73.   mogta: *Weinhold s.* 182 *anm.*   sio] so: *oder sollte auch hier noch die in* LXXVIII, 6 *stehende pronominalform möglich sein? vermutlich liegt sie zu grunde und wurde als* sô 'ita' *misverstanden.*   6. hic hich ez ungenno   8. uuis; 11 firmiden, 18 nû: *sonst keine längenbezeichnung in der hs.*   **10. an dén uuorten** '*unter der bedingung*': *vgl. mhd. wb.* 3, 807ª, 32. 12. hiu.   14. hiuero. *Hattemer schreibt zwar im text* iuuero, *macht aber die anmerkung dazu* '*man sollte fast* hiuero *oder* niuero *lesen*'. *also neben* bich hiu *doch wohl* hiuero.   souundeno: *das erste* o *und eines der beiden ersten* n *durch unterstreichen getilgt.*   18. erloiste: *Weinhold* § 69.   20. peto (i *über* e) hich. **ahlazes.**

LXXXIX.

Hs. 1394 *der stiftsbibliothek zu Sangallen, s.* 143. *es ist eine samlung von bruchstücken: das vorliegende, der rest einer predigths., durch* IvArx *von einem buchdeckel abgelöst. es gehört nach* vArx *s.* 209 *und* Maſsmann *s.* 36 *dem* X *jh., nach Hattemer* '*wohl dem* XI *jh.*' *an: vgl. Graff s.* 280 '*der sprache nach scheint dieses denkmal aus dem* XII *jh. zu sein; nach der schrift sollte man es für* 100 *jahre älter halten*'.   IvArx *geschichten des cantons* SGallen 1 (1810), 204—209. EGGraff Diutiska 2 (1827), 280, 281.   IvArx *berichtigungen zu den geschichten usw.* (1830) 1, 36.   HFMaſsmann *abschw.* (1839) *nr.* 41. 8. 23.   HHattemer *denkmahle des mittelalters* 1 (1844), 325—328.   z. 1—21 *sind interlinearversion. die accente stehen in der hs. wo nicht das gegenteil bemerkt wird.*   *die circumflexe über den diphthongen habe ich wie bei Notker weggelassen.*   *zum lateinischen text ist zu bemerken dass die stelle z.* 2. 3 *aus apocal.* 16, 15 *entnommen und die aufforderung vor dem glauben z.* 21 *dem* sursum corda *der messe* (Martène 1, 438) *nachgebildet ist.*   1. Ô *fehlt im deutschen text, ohne zweifel weil das darunter stehende lateinische* mit *für das deutsche gilt.*   geloubegin '*scheint in* geloubigin *verbessert*' *Hattemer.*   prôdere   2. dir] dri: *diese sonderbare metathesis bei* r *und* h (nihet udgl.), *die anfügung von* e *an auslautendes* n (und s? *desse z.* 7), *die unorganische verdoppelung von* s (desse 7, irwahssenen 8, wass 26) *und* t (behûttet 2, erweltten 19, trehttines 46: *vgl.* **zu** LXXV, 1), *der abfall von* n *nicht bloſs im infinitiv,* **sind nur zum teil** *und nicht in solcher ausdehnung der mundart eigen (Weinhold §§* 20. 191 *s.* 158. **172. 202),** **also für unarten dieses** *schreibers zu halten.* 3. gewato   nihet   **naccet]** '*es stand zuerst* naccat, *worauf das letzte* a *in* e *verwandelt, doch nicht ganz getilgt wurde.*' *Hattemer.*   4. bahâltenusse *Maſsmann,* habáltenusse *Hattemer, zu der assimilation vgl. zu* XXXVI, 3, 9.   5. einiclibe setzt *Hattemer, bemerkt aber 'man kann auch* emiclibe *lesen': wie Graff und Maſs-* mann *haben.*   mite *hs. ist* mitē — mit tem *zu lesen?*   6. êir *aus* êer 7. gŏti   9. ávir] áuri   wizzeme *Hattemer, wiʾzzeme Maſsmann.*   10. lūttristin die] daz   gewate   ribsenter   sunton] *vgl. zu* XIV, 3.   11. tŏtlic libe hŏre   übrehŏren   12. **uat:**   12*f.* andremánegen   14. undriwêsen himilisken *aus* himilisces   ebunig:s prŏtelŏften   15. **sinere**   gema-hêlan   16. **zwiuel**   **hic**   17. **nihut** *zerfurhvtinne: 'das v ist verbesserung'* *Hattemer.*   **nihet**   19. **gŏten**   20. zébédénkénne   22. ih   sinu sine gezi:rde   24. gelob   aimhatigen   skeph:r   25. *das erstemal* gelob   26. gelob   waren: *von hier an kein circumflex mehr über* a *auſser in* uáb z. 35.   der dri hie   27. ánente   gelob   geborne   29. nā   dier] die gelŏb] ḡ *und so im folgenden immer.*   31. siner   fatᵉ *nach Maſsmann =* *Graffs* fater. *Hattemers* fateres *ist also falsche auflösung.*   33. **cristnheit** 34. hic.   35. antláz   lutere: '*vielleicht* luttere' *Hattemer.*   pihiti   36. irsten aftᵉ   disem?   38. so   39. priest   hie   40. :isen   taga *in der hs. keine andeutung* **einer** *lücke.*   41. scŏldigen   42. :llen   pikerde 44. mŏtes   45. mitimuod   46. trhettines   nbre   piert: *Weinhold* § 63. 47. sela: *darnach* Audite, fratres carissimi, et intelligite quid **hodierna lectio** sancti evangelii nobis insinuet. Audistis quod dominus noster non super equum, non super grande animal sedit. Et hoc fecit ipse, ut nobis exemplum humilitatis ostenderet. Ait discipulis suis 'ite in castellum quod contra ...' *also der anfang einer* **predigt.**

Das glaubensbekenntnis im vorliegenden und das im vorhergehenden denkmal (LXXXVIII) gehören notwendig zusammen, da sie die auslassung teilen durch welche es den anschein gewinnt, als sollte von der trinität die menschwerdung ausgesagt werden. sie müssen, da man sie nicht von **einander ableiten kann, aus einer gemeinschaftlichen quelle geflossen sein,** *die sich aus ihnen* **annäherungsweise herstellen lässt. sucht man nun zur** *ergänzung jener lücke* **einem** *verwandten text, so* **bietet sich nur der erste** *Benedictbeurer (LXXXVII) der das geringe maſs des aus* **der lebens- und** *leidensgeschichte Christi aufgenommenen, insbesondere die nichterwähnung* **des** *begräbnisses, dann die worte* an demo selben libe dá ich hiute **ane** sehine *(Benedictb. GB. 1, 14. 15; Sgall. 1, 18. 19; — vgl. XCVIII, 24. 25 mit exc.) mit ihnen gegenüber dem erweiterten glauben, den satz* die er imo erwelet habeta *(Ben. 1, 10; Sgall. 2, 29; — vgl. XC, 27) gegenüber dem Honorius und der vulgata teilt. diese drei hss. fasse ich daher als die des alten textes zusammen, obgleich sie im einzelnen zu wenig mit einander stimmen, namentlich Benedictb. 1, wie sich durch vergleichung mit dem erweiterten text feststellen lässt, zu viel individuelle willkür zeigt, als dass man den versuch einer wirklichen herstellung des ältesten* **textes** *wagen könnte. das verhältnis dieser freieren gestaltung des glaubens zu älteren lateinischen formeln bleibt noch des näheren zu untersuchen. doch werden dieser untersuchung wesentliche vorteile durch neue publicationen aus hss. erwachsen. vorläufig sei hier, abgesehen von den im excurs zu LXXXVII erwähnten kurzen glaubensfragen, die in beiden hss. des Freisinger paternoster* erhaltene (s. oben s. 446), im wesentlichen bereits die anlage der freieren deutschen glaubensbekenntnisse zeigende formel mitgeteilt.

Confiteor me credere deum patrem omnipotentem, qui creavit omnia, et deum filium, qui ab eo genitus est ante secula, et deum spiritum sanctum, ab ambobus procedentem, id est sanctam trinitatem unum verum naturaliter deum, non tres deos sed tres personas in una substantia et divinitate ac magestate sine initio semper esse. eundemque 5 filium qui semper cum patre fuit confiteor cooperante spiritu sancto natum ex Maria virgine verum deum et verum hominem in duabus naturis, divina videlicet et humana, sed in una persona **carne, passum, mortuum, sepultum**, descendisse ad inferos, non corpore sed anima, **non** amissa divinitate, et tertia die resurrexisse in eadem carne qua mortuus est, et ascendisse in caelum et iterum venturum cum gloria et iudica-
10 turum et redditurum unicuique **secundum opera** sua. fateor me credere sanctam ecclesiam catholicam et remissionem peccatorum sive per baptisma sive per penitentiam, et me resurrecturum in eadem carne qua nunc vivo in vitam aeternam. Haec est fides vera quae paucis verbis fidelibus nota est, ut credendo subiugati recte vivant, recte vivendo cor mundent, corde mundato quod credunt et intellegant, ut vitam
15 aeternam habeant.

1. omnipotentem *fehlt B*. 4. en undemque *A*. 5. cooperantem spiritum sanctum *A*. 6. fidelicet *A*. 7. in *fehlt A*. 8. missa *A*. eodem *B*. 9. est *A*, fuerat *B*. 11. baptismi *B*. 13. 14. vitam *A*. 14. mundendo *B*. credant *B*. et *fehlt A*. ut *fehlt B*. 15. habebant *B*.

den einschaltungen aus der lebensgeschichte Jesu vergleicht sich in dem glaubensbekenntnis **des Friauler** concils a. 796 (*SPaullini opp. ed. Madrisi p. 72*) **perfectus homo secundum humanitatem, perfectus deus** secundum divinitatem. qui in **eadem natura** i. e. humana, quam sumpsit ex virgine, humanas pertulit infirmitates, non **fragilitatem** peccandi. sed in eadem dignatus est crescere per incrementa temporis, esurire, sitire, fatigari, contumelias et opprobria sustinere. dignatus est flagellari, crucis patibulum subire, lanceam in latere excipere, clavis transfigi, fel et acetum gustare.

XC.

Hs. 2681 *der k. k. hofbibliothek* **in Wien. bl.** 103ᵇ *spalte* 2—107ᵇ *sp.* 2. (*W*). *vgl. zu* LXXVIII, B. *JGabEckhart commentarii de rebus Franciae orientalis* 2 (1729), 935—940. *berichtigungen dazu von Graff Diutiska* 3 (1829), 123. 124. *Maſsmann abschw.* (1839) *nr.* 7. 35. *berichtigt von HHoffmann verzeichnis der altd. hss. der hofbibliothek* (1841) *s.* 283 *anm.* *die unter* XCI *folgende Bamberger hs.* (*B*) *gibt im glauben einen erweiterten, in der beichte wesentlich denselben, aber vollständigen und überall besseren text. daher sind ihre wichtigsten la. zum glauben hier beigefügt, in der beichte umgekehrt die la. von W dem texte B verglichen. über die angenommenen interpolationen s. den excurs zu* XCI. 1. Ihc firsago demo *B*. 2. *bl.* 103ᵇ *sp.* 1. unde 4. vaste, trohtin got alemahtigo. nu *B*. 6—13. mennisco] was dafür *B* setzt *s.* XCI, 6—36 Christus 7. an] daz *W* 8. xpm 11. *bl.* 103ᵇ *sp.* 2. uuart

13. heiligi] haltente *B.* 16. do er drizzig iar alt was *B.* 17. sa ei stunt in demo einode gevasteta unezzente samint vierzig taga unde uahta und er da *B.* 18. tiufelo] unreinesten geiste *B*: *darnach ein zusatz:* XCI, 42—44. 19. chrefte (*bl.* 104ᵃ *sp.* 1) sinero unde wnder krefte *B.* 23. an des crucis galgan *B.* 24. 25. irstarb—gotheite] ér an dére mártire irstarb *B.* 27. *bl.* 104ᵃ *sp.* 2. sina genundot] *darüber hat in W eine andere hand geschrieben* gistoch *und den anfang eines* e: *das g welches genau über dem ersten* u *von* genundot *steht ist aus* f *corrigirt.* 28. plout *W'.* 30. chō *W.* 33. 34. *das eingeklammerte fehlt B.* 35. vone demo tâge siner úrstendide *B.* *bl.* 104ᵇ *sp.* 1. ce 36. nach váter *ein zusatz in B s.* XCI, 61. 62. 39. 40. Ich gloubo heiliga einun. allichûn. bôtelichûn xpinheit. unde gemeinsami *B.* 41. die allichûn wârûn úrstendide *B.* 43. *bl.* 104ᵇ *sp.* 2. geben 44. gilébet hábe *B.* 45. 46. an dúrnohter bichérida und án stater rehter riûwa und an der wârun bigihta aller sláhte suudon joh méintâton *B.* 47. *nach* antlaz *ein zusatz in B*: XCI, 73. 74. 48. die sunda noh die meintat uvrder nigauerit *B.* 49. buozet *W zu ergänzen ist wohl* lebêt 51. *bl.* 105ᵃ *sp.* 1. sin 54. *die lücke füllt B aus*: XCI, 81 *mit der anm.* 59. iro sunda *fehlt B.* gagen (*bl.* 105ᵃ *sp.* 2) uurtigen 60. alle] aber denne *B.* libe] himilriche *B.* 61. ewangelien unde áller dér heiligun scrifte *B.* 68. *bl.* 105ᵇ *sp.* 1. ih fergehen 76. filo gnadic pist. (*bl.* 105ᵇ *sp.* 2) got 80. frist 84. *bl.* 106ᵃ *sp.* 1. irmanen 92. oberhe (*bl.* 106ᵃ *sp.* 2) resenne 93. frabaldi: *darnach folgt in W* in tumpuuilliga z. 111*f. bis* unsinnicheiti *z.* 132. *die richtige ordnung ergibt B und die gliederung der beichte* (*s. exc. zu* XCI). *in der vorlage von W hatte also blattversetzung stattgefunden; und auf dem in richtiger anordnung an* frabaldi *sich schliefsenden blatte war das diesem vorausgehende in* unruocha *fälschlich wiederholt worden.* 94. ueriuua] geriuna 97. é 98*f.* noh in nehein 101. *bl.* 107ᵃ *sp.* 1. keistlichen 109. einstri (*bl.* 107ᵃ *sp.* 2) tigi 111. merzesali 115. gevárdi] ungenuardi 118. firmanidi 121. *bl.* 106ᵇ *sp.* 1. ubeltaten 122. scudie 128. uzitegi 130. un (*bl.* 106ᵇ *sp.* 2) da 132. tou | bemo: u *verlöscht.* 133. hohchose 138. *bl.* 107ᵇ *sp.* 1. io meinan 140. geoubeda 144. in girie | in sunthaftere 145. unbednungenheite 146*f.* uberteil (*bl.* 107ᵇ *sp.* 2) da 154. fire] fliz

XCI.

Cod. lat. 4460 *der k. bibliothek in München, bl.* 103ᵃ—111ᵇ. *vgl. zu* XXX. *Reufs in Haupts zeitschrift für deutsches alterthum* 5 (1845), 453—461. *mir hat CHofmann eine neue zu eigener ausgabe gefertigte abschrift bereitwilligst überlassen, die ich dann mit der hs. noch einmal verglich. die fälle anzugeben in welchen die hs. organische länge des stammvocals unbezeichnet lässt, schien unnütz. die längenbezeichnung der flexions-, ableitungs- und vorsilben, sowie der einsilbigen auf vocal auslautenden partikeln dagegen ist ganz nach der hs. vorgenommen; und deren tonzeichen sämtlich eingetragen, unorganische längenbezeichnung wurde in folgenden fällen beseitigt und durch acut ersetzt:* 50 dére, 69 géban, 70 úbelo, 166 *f.* ungefridesami, 113 virbróchen, 177 michilhóhi, 183 ópferes, 145 únchúste, 154 uugiwizzide, 162 unwizzin. *auf eine vorhergehende silbe habe ich das länge-*

zeichen gerückt in z. 128 virretâga. *mithin ist die unorganische längenbezeichnung der hs. beibehalten soweit sich regel zu zeigen schien, nemlich vor* r l m n, *deren geminationen und verbindungen mit folgender muta, ferner bei* u *und* o *vor* g (*vgl. zu* XLIII, 8, 8), *vor* h (*unzühte z.* 192) *und vielleicht mit unrecht in* âz *z.* 38. *wäre es erlaubt in allen diesen fällen nur den irrtum oder die fahrlässigkeit eines schreibers zu sehen? wenigstens die z.* 134 *des gedichtes 'himmel und hölle' würde ihr richtiges mafs erhalten, wenn der verfasser nach* wôla *z.* 70, unwôlawilligi *z.* 180, wôlôn *z.* 188 *der vorliegenden stücke sprach:* wê âne wôlun. *der beichte sind die wichtigsten lesarten der Wiener hs.* (*W*) *beigefügt* 1. lhc 3. glôube 7. einborne: *den accent der diphthonge habe ich immer auf den ersten vocal gerückt; den circumflex als diphthongzeichen weggelassen.* 8. trinemmide 9. 32. glôbich 9*f.* einselhwesenti] eina eben selbwesenti 14. *bl.* 103ᵇ ebengliche goutlichi 18. do hie *teilt die hs. in der regel ab. dās nur in unserem denkmal erscheinende wort kann man nur als* doh-ie *auffassen, ebenso* nihie *z.* 39 *nur als* nih-ie: *vgl.* doh (dih)-ein, noh (nih)-ein. iemer 21. scepffare. 28. *bl.* 104ᵃ heiligosten. 28. 33. maria 29. wâre—niwâre *wie summa theol.* 21, 6 *und sonst.* 34. wesente einer] wesenter? *vgl. jedoch* XLVII, 3, 52. 35. glôbo 36. ist an einer. 41. *bl.* 104ᵇ in 51. lichaman 53. *bl.* 105ᵃ flôz blôt 56. lichamen êrstônt 58. biwârta 60. sehentén 61. gotlichi 62. glôbo 64 gûta ûrteildâre] *Notker Hattem.* 2, 214ᵇ (*glosse*). 65. vor einun *fehlt ohne zweifel* die, *vgl. Notkers catech. z.* 54. xpinheit 66. ántlaz (*bl.* 105ᵇ) aller 67—71. glôbo 68. urteila] *vgl.* gitriuva 126, giwizza 219, bimeinida 228 *und zu* LXXXIII, 72. 74. toige *für* tuoje: *vgl. Diem.* 255, 13 craige 80. meíntatli (*bl.* 106ᵃ) chun 81. achuste flôrinisse] nôt dieniste *gedeutet aus* nôtiniste, *verlesen für* flôrinisse. 88. 90. glôbo 91. login 93. *bl.* 106ᵇ leidir 93 *f.* xpinlicho *B.* 94. gotemo : *das erste* o *aus* u *corr. B.* giwêret uoh bihálten] *vgl. z.* 210. pehalten so ih seolta *W.* 95. 96. mit den worten dero gloube *W.* 96. Nu *fehlt W.* 97. nah dinen gnadon den unaren antlaz *W.* 98. abtruonigiu *W.* 100. sundegistera *W.* 101. meintatigistero *W.* 102. erbármida unde *fehlt W.* 103. unde *fehlt W.* uuando du filo guadic pist. got geunisso *W.* 104. unde *fehlt W.* gantlâzost *ff.*] fergibest iro sculda *W.* 106. *bl.* 107ᵃ so 108. álemahtigê *B.* verrôst] frist *W.* minen *B.* scolaren *W.* 109. hêrro] *B bezeichnet nur an dieser stelle die länge in dem worte.* ez herro *fehlt W.* 110. wider *fehlt W.* mir *fehlt W.* 112. min *B.* 113. sundeno *W.* 115. giwizzidôn (*Graff* 1, 1102. 1103) *muss hier, anders als z.* 154 ('kenntnis') *und* 241 ('gewissen'), *aber ebenso wie z.* 202 'mitwissenschaft' *bedeuten.* givolgidôn] *Graff* 3, 513 *kennt das wort nur aus unserer stelle, das simplex* folgida *nur in der bedeutung 'secta, sectatio'. mit jenem muss hier die zugänglichkeit für verlockung zur sünde gemeint und insoferne ein gegensatz zu* givrumidôn *beabsichtigt sein, das auf solche sünden geht zu denen man andere veranlasst hat.* 117. allero *W.* ubermôte *B.* in allero uberhohi *W.* 118. allen achusten *W.* in maginkrefte vrechi] in demo flize uuerltlichere uuercho *W.* twerdunga = > twedunga (*vgl.* getwedie, twedige) 'willfährigmachung, zwang den man ausübt, quälerei'? *wie* erdo hwerdar scerdar wirdar *neben* edo hwedar scedar widar? *vgl. gramm.* 2, 795. 3, 260. 274; *Kelle Otfrid* 2, 511, 5. *Petters in der zs. für österr. gymn.* 1867, *heft* 2, *schlägt* 519 intwerdunga *vor.* 119. uir smâhide *B.* ergíridi *W* gibôten] *darnach in* uberhordi ('*ungehorsam*'?) *W*. 120. urloubin *W*. bl. 107ᵇ uberhersônne unrôche *B*. 121. hohuertigîe *B*. 122. unriuva *B*, geriuna *W*. hartmôtigi *B*. 123. ubelemo uuillen *W*. in ubergivazzide '*in übermäfsigem schmuck*'? 124*f*. giwirta *natürlich nicht 'bewirtete', wie Schade alld. wb.* 216ᵃ *meint, sondern von* wirdjan zu LIX, 3, 5. 126. noh in nehein *W*. 127. heiligun *fehlt W*. 128. uuiha *W*. 129. xpinlich *B*. gotelihtinc *W*. 130. so sich *B*. sundie *W*. 131. firsmahidi *W*. wirserúngo *B*. 131 *f*. eben xpanin *B*. 132. undeûmôti *B*. 133. ruomesali *W*. 134. gimeitheit '*insolentia*' *Graff* 2, 702. glichesunge *B*. 135. uppi (*bl.* 108ᵃ) ger sunderêwa ('*privilegium*' *Graff* 1, 512) *B*, sunterlichero e *W*. 136. firouizgeraa *W*. 136 *f*. ungiwoniheit '*abusio*' *Graff* 1, 872. 137. gougelodi *W*. in heilsite *B*, ana heilslihtunga *W*: *ersteres bedeutet wohl wie letzteres 'schmeichelei', vgl. Graff* 6, 791. 138. merzesali *W*. 138 *f*. ferlougenunga *W*. 140. slihtunga *W*. uberarbeitunga *W*. allero *W*. 142. abunsta *W*. ungeuuardi *W*. 142. 143. in elounge ('*aemulatio*' *Graff* 1, 203). in allero ubelero flizziheite *W*. 143. in ubilwilligheite *fehlt W*.

144. missiwêndigi *erklärt sich aus mânige missenuendara unde mânige lásterara bei Notker Hattemer* 2, 136ᵃ *d. i. diejenigen welche fremde handlungen zum übel auslegen. man kann 'tadelsucht' übersetzen.* areuuendigi *W*. incihtigi '*zelotypia*' *Graff* 5, 588. 145. firmanidi *W*. uirrogide *B*. 146. leitsamunga *ist ohne zweifel dasselbe was* leitsamida '*abominatio*' *Graff* 2, 174. 149. sérmuôtigi *B*. an *bis* weihmuotigi *in z.* 150 *fehlt W*. virtriuwida *kann natürlich nicht 'vertrauen', muss vielmehr den mangel des vertrauens bedeuten, also dasselbe was* urtriuwida zurtriuwida '*suspicio*' *Graff* 5, 468. 150. weihmuô (*bl.* 108ᵇ) tigi blandini *B*, inblandini *W*: *die etymologie führt nicht auf die übertragene bedeutung welche hier gegolten haben muss; nur wird es nicht die des mhd.* enblanden *sein. vielmehr ist man neben* weihmuotigi *versucht, die 'mischung' als 'wechsel' aufzufassen und demgemäfs die bedeutung 'wankelmut' anzunehmen.* 151. wôftin *B*. trúrigheite *B*. chlaga *W*. 155. uppigemo gechose *W*. allero *W*. 156. uirsláffini *B*. 157. unundirsceidunge] *vgl.* 221. 222. *über den begriff der mittelalterlichen* discretio *Vogel Ratherius s.* 28. 29. 159. ungiléret] *vgl. Notker Hattemer* 2, 74ᵇ non fraudasti eum, unde hábest imo unbenómen; 364ᵃ unde habe onergezzen alles sines lônes; 444ᵃ uuanda der habet sie ungelicnet der sie ne tuot. glôba 160. tobimôte *B*, tobemo muote *W*. 161. uosinnicheiti *W*. hohchose *W*. gáhûnga ('*übereilung*'?) *B*: *darnach in W zwei sünden ausgelassen, die beiden folgenden umgestellt.* 162. unére '*iniuria*' *Graff* 1, 444. 163. ulochin *B*. ginéhide *B*. droununga *W*. allero *W*. 164. allero *W*. bistúmbi (*bl.* 109ᵃ) lôane bliûwatun *B*, zepliuuueune *W*. zu ersterem *vgl.* wehselât marterât (*gramm.* 2, 252) zwîvelât villât sceltât screiât (*Wiener Notker* 143, 14; schraigat *JHaupt* hohes lied 39, 13) gelichsât *und andere bei Hahn mhd. gramm.* 2, 31. *im mhd. sämtlich starke feminina, aber ahd.* filláta (*Graff* 3, 471) *auch* schwach. *es ist wohl die romanische endung* -ata *Diez gramm.* 2³, 358, *ins deutsche übertragen und mit deutschen stämmen verbunden wie später* -ie.

165. gitáte *B*, mit getate ioh mit uuillen *W*. 166. in meinan eiden *W*. *das folgende bis einschliefslich* sceltungo *z.* 167 *fehlt in W*. 167. in allere uegestuomidi *W*, *worin die nächste sünde fehlt.* 168. (151.) ungimeinsami '*ungeselligkeit*'? 169. rihtuômes 169. 170. *was mit* ábgótgôbida *und* héidinscéfte *speciell gemeint ist, zeigt ihre aufzählung an dieser stelle.* 170. notnumfti *W*.

171. röhe *B. darnach folgt in W* in urgeuuinna *und dann gleich* in uberchose (so). härmilsame] *wahrscheinlich 'schädigung', denn die bedeutung 'calumniari' die Graff* 4, 1033 *für* harmisòn *und* harmjan *belegt, würde hier nicht passen.* wòchere *B.* 172. virzádilinne *B,* ferzadelenne *W. die länge des stammvocals habe ich nach gl. Hrab. p.* 962ª egentes, zaadlonte; *Tnugdalus* 53, 12*f.* zàdel: nàdel; *kaiserchr.* 511, 7 wären : zàdel; *j. Tit.* 6116, 3 zàdel : tádel *mit JGrimm gramm.* 1, 389. 3, 508; *Schmeller* 4, 226; *Graff* 5, 639 *angenommen. freilich finden sich auch für die kürze die Lachmann im Parzival, JGrimm gramm.* 2, 99; *Jacobi bildung der nomina s.* 38, *das mhd. wb.* 3, 833 *ua. annehmen, beweisende reime: krone* 10512*f.* zadel : tadel; *Helmbrecht* 847*f.* zadele : **enwadele.** **virzàdelòn** *heifst ohne zweifel 'in mangel, in dürftigkeit bringen'; ähnlich wie bei Konrad von Haslau (der jüngling* 1132), *wo das mhd. wb.* mit recht erklärt '*vor mangel umkommen lassen*'. 173. uuelùnga *W.* giric *W.* sunthaftero *W* **beidemal.** meitòn *B,* mieta *W.* 174. uubeduungenheite *W.* pfráginùngo *B,* fraguuga *W. ersteres offenbar synonym mit* bitwungenheit (*vgl. über* betwungen *Haupt zu MSF.* 16, 14), *durch beide wird die verstimmung, die bedrängnis des gemütes ausgedrückt, in welche den halbsüchtigen seine 'sündhaften wünsche'* **versetzen,** *vgl.* diu betwungeniste phragina XXX, 132. *über den rätselhaften stamm* pragn prang, *dessen bedeutungen indes sämmtlich auf den begriff der schranke zurückzugehen scheinen, s. Schmeller* 1², 454. 812. 174*f.* untriuun *W.* 175. biscrenehida '*supplantatio*' *Notker Hattemer* 2, 144ᵇ. überwortile ('*beschwatzung*'?) *fehlt W.* virdamnungo] *darnach* in unmezzigero forhtun *W*. 176. urdank '*commentum*' *Graff* 5, 164. 165. 177. muòtuirdein (*bl.* 109ᵇ) ehede 178. rehton einunga *W.* 179. in allemo unrehte] unde *W.* 181. unrehtero uuacha *W*. uirsùmide *B.* 181*f.* xpinlicher *B.* 182. **ehaldigheite** *B,* ehaldigi *W.* 183. elemòsines *B.* virre] fliz *W.* 184. alles gotes *W, das damit abbricht.* undes] *vgl.* **zu** XXX, 107 *und* XLIII, 10, 9. 15, 9. 18, 9. 185. ébenxpánen 186. ùngiváˊgide '*unersättlichkeit*', *vgl. Graff* 3, 419. 420. 188. wàneluste 190. werlt wône 191. *bl.* 110ª huohe 192. virchrònide '*geschwätzigkeit*', *vgl. Graff* 4, 613. 193. wànespilen 197. bròride 200. ùngehébede *wohl 'unenthaltsamkeit'. für* en *l.* an 203. wiben, 205. ioh 206. mánigen (110ᵇ) an 207. gihileiches 212. deùmòti 213. lob gnádigi *scheint der schreiber für ein compositum genommen zu haben.* 214. triuva áchustòne] *vgl.* tugidòne z. 215; XXX, 53; meindàtòne z. 233: *Hahn mhd. gramm.* 1, 85. 215. vùreburtsami *wird nichts anderes als das einfache* vureburt (*Graff* 3, 146. 147) *bedeuten; ebenso* gihéllesami z. 225 *dasselbe was* gibellù *Graff* 4, 858. 216. mézfuòra *kann in der hs. auch* niézfuòra *gelesen werden.* 217. rinva 220. *bl.* 111ª seuldigen. 221. éwa anizide] *vgl.* anazunga *Graff* 1, 339. 222. làngmùti 225. lib. 230. xpinlich gottàt 232. álemahtigìe - 233. so sich 234. dùsent 238. fròwn sèê mariva 239. biwòffin 242. séla **gilà** 243. giwìssen 245. stàtmuòti iémer rèht wérchis.

* * *

Die criterien **nach** *welchen im Wessobrunner glauben* (XC) *interpolationen angenommen worden sind die folgenden:* 1. *anrede gottes in gebetsweise* (z. 2. 4. 45. 63*f.*) *wie in der darauffolgenden beichte.* 2. *die formel* ih gelouba fasto *im* *beginn eines neuen artikels* (z. 4. 33). *innerhalb des* **satzes und am ende des** *ganzen zusammenfassend steht sie im echten text* z. 62. *vgl. auch die beichte* z. 68. 3. *entlehnung der ausdrücke aus dem echten texte des glaubens* (z. 33*f. aus z.* 14) *oder aus der beichte* (z. 45—47 *aus z.* 68—70) *oder wiederholung eigener bereits angebrachter sätze* (z. 64 *aus z.* 4*f.*). 4. *fehlen der betreffenden stellen im Bamberger und zugleich im ältesten text* (z. 24*f.* 33*f.*). *dieser letztere umstand kann jedoch nicht darauf beruhen, dass die interpolationen in den Wessobrunn-Wiener text* (*W*) *später als in den Bamberger* (*B*) *gekommen wären: denn z.* 33*f. wird auch von dem zweiten und dritten criterium betroffen und dadurch derselben hand zugewiesen von welcher alle übrigen zusätze herrühren. es ist ferner in* **B der zusatz** z. 45—47 **um einen neuen vermehrt, so dass jener** *irgendwie als solcher kenntlich geblieben sein muss.* **man sieht sich mithin gezwungen, entweder anzunehmen** *W und B seien aus éiner hs. geflossen, in welcher zusätze an den rand geschrieben waren, oder der verfasser von W habe sein werk erst erweitert, dann einer vollständigen umarbeitung unterzogen. gegen die zweite annahme ist der gemeinschaftliche fehler beider hss.* (z. 49 *W*, z. 77 *B*) *ein starkes aber kein entscheidendes argument. der grofse in B hinzugekommene abschnitt über die trinität und incarnation erhebt sich nicht wesentlich über den vorstellungskreis des athanasianischen symbolums. die aus W erkennbare grundlage des ganzen ist der alte text* (s. *zu* LXXXIX) *mit beträchtlichen erweiterungen in der lebens- und leidensgeschichte Christi* (z. 14—33) *und am schluss über die sündenvergebung* (z. 47—52) *und die vergeltung nach dem tode* (z. 52—60), *dann mit einem kurzen anhange* (z. 60 *bis* 63). *der eingang wird aus einer hs. des alten textes getreu wiederholt sein, obgleich die uns erhaltenen die worte* unde allero geskephidi (z. 7) *nicht haben: doch vgl. Benedictb. GB.* 1, 2 unde aller dero dingo. *im folgenden ist dem symb. apost. näher der satz* 'empfangen vom heil. geiste' *aufgenommen, dagegen die bezeichnung der jungfrau Maria als* 'ewiger' *jungfrau weggeblieben* (*doch vgl. B z.* 33); *ferner ergibt das* ånc sunto *des alten textes* (*Benedictb.* **GB. 1,** 1*f.*) *einen ganz richtigen, das hier z.* 15 *stehende* unde er nio negesundoti (*statt* ånc daz er *ff.*) *einen falschen gedanken. die höllenfahrt, deren zeit der alte text unentschieden liefs, fällt hier vor das begräbnis* (*vgl. zu* XXXI, 17, 2). *nach der ersten grofsen einschaltung ist der satz Ben. GB.* 1, 11 *verloren gegangen, durch die zweite der* **satz ich gloube** (after disme libe) *den* ëwigen lib (*Ben.* 1, 19; *Sgall.* 2, 36*f.*) **entbehrlich gemacht.** *dieses glaubensbekenntnis muss sich vollständig oder in einzelnen phrasen, in der vorliegenden oder in nicht wesentlich verschiedenen fassungen* **noch lange nach** *dem* XI. *jh. erhalten haben, wie die zahlreichen benutzungen desselben in späteren formeln beweisen: vgl. die excurse zu* XCII. XCIII. XCVII. XCVIII. *die beichte, welche sich an dasselbe anschliefst, in W für eine frau eingerichtet, zerfällt abgesehen von einleitung* (z. 93—116) *und schluss* (z. 237—245) *in ein sündenverzeichnis* (z. 117—209), *ein verzeichnis unerfüllter pflichten, nicht geübter tugenden* (z. 210—230) *und eine sündenklage* (z. 231—236). *das sündenverzeichnis ist nach den hauptsünden geordnet, deren neun angenommen werden, d.h. so viele als überhaupt dafür gelten, wovon man aber sonst eine oder zwei wegzulassen pflegte um die zahl* 8 *oder* 7 *zu erhalten. so fehlt in einem sündencatalog des cod. Guelferb. Gudian.* 148 (X. *jh. aus Weissenburg*) invidia *als hauptsünde: sie ist der* superbia *zugerechnet. bei Theodulf cap. c.* 31 *werden* accidia sive tristitia *nur als éine sünde gezählt. Aldhelm de octo princi-*

palibus vitiis bei Canisius-Basnage lect. ant. 1, 755 *hat* gula, luxuria, avaritia, tristitia seu desperatio, accdia, cenodoxia seu vana gloria, superbia. *im corrector Burkhards von Worms c.* 181 (*Wasserschleben bufsordnungen s.* 665*; wie bei Hraban de instit. cler.* 3, 38 *an.*) *lautet die reihe:* superbia, vana gloria, invidia, ira, tristitia, avaritia, ventris ingluvies, luxuria. *ebenso bei Hermannus Contractus in dem opusculum diverso metro compositum* (ed. EDümmler, zs. 13, 385) z. 851*ff. fast dieselbe ordnung hat auch unsere beichte befolgt, nur* ira *und* tristitia *umgestellt und zwischen beide die fehlende* accdia *eingeschoben. im übrigen kenne ich keinen lateinischen sündencatalog von ähnlicher vollständigkeit. die bei Hraban und Burkhard aaoo. und der erwähnte Weifsenburger sind unbedeutend dagegen. die darstellung bei Hermann bietet verwandte motive, ohne dass wir unmittelbare benutzung behaupten dürften. am interessantesten in dem vorliegenden denkmal ist uns die* superbia 117*ff. die* vana gloria 133*ff. und* ventris ingluvies 186*ff. da finden wir beisammen was die geistliche lebensanschauung von der der laien trennt, was der clerus an dem eben aufblühenden rittertum bekämpft und was auch hier* z. 198 *als weltlichkeit* wérltlichi *zusammengefasst wird: selbstgefühl trotz selbstliebe und lebensgenuss, streben nach vornehmheit macht ehre und ruhm, nach glanz* **und schmuck in wachsender verfeinerung** *der sinne, freude an gasterei poesie jagd und festlichkeiten. in* adeles giluste 118 *scheint sich das emporstreben der dienstmannschaft zu spiegeln.* gimeitheit *welche hier* 134 *neben* ubercierida *und* wâttiurida *als verwandter begriff steht wird gleichzeitig oder nicht viel später in der Genesis als schmückendes beiwort des ritterlichen gefolges der herscher gebraucht: Joseph reitet seinem vater entgegen* mit ime manich riter gemeit 5068, *Esau will Jacob begleiten* mit sinen helden gemeiten 3158, *und hundert jahre später im pfaffenleben* 537 *ist* gemeitheit *fast so viel als höfscheit. was die poesie anlangt, so ist* 192 *mit der lügenhaften wohl die nationale oder spielmannsepik, mit den hurliedern und schandgesängen die lyrische, etwa tanzlieder, gemeint, vgl. was Schmeller* 1², 811 (605) *aus einem beichtspiegel anführt* (tu confessor) quaere de cantationibus in choreis et quaestionibus lascivis. *auch die weltliche conversation erregt den hass des verfassers* (192 virchrônide, 194 tumpchôsen) *und ein starkes element des scherzes und spottes* (191 in huohe, in spotte, 193 in hônreden mânigen) *tritt darin hervor, vgl. die zu* XXVIIIᵇ *angeführte stelle aus Notker. man* **bemerkt dass in dem system der** *sündenlehre dieselbe sache mehrere seiten hat.* hônchôse **erscheint auch** z. 161, *aber als quelle von zorn und streit, und wiederum* uppichôse 155 (*vgl.* 194 tumpchôsen) *im zusammenhang der trägheit. die anspruchsvolle verfeinerung der sinne sowohl* 195*ff. als auch* 153 senftigerni, 156 in senftimo legere. *die verachtung des heiligen, des kirchlichen, des göttlichen, der priester, die feindseligkeit des laientums überhaupt gegen den stand und die interessen des verfassers erscheint unter* superbia 125, vana gloria 137, avaritia 181. *sogar gottesverleugnung und unglaube kommt vor* 138, *aber heidentum und abgötterei nicht in derselben reihe, sondern nur als ein mittel, wie es scheint, des habsüchtigen schatzgräbers* 169. 170. *doch hält es in dem ganzen denkmal schwer, zwischen dem traditionellen und dem was für die zeit charakteristisch ist, zu scheiden. aus der* 149 *nicht eben reich ausgeführten traditionellen* tristitia *dürfen wir kaum auf gesteigerte sentimentalität raten. jedenfalls ist der reichtum moralischer anschauungen selbst, den uns diese formel erschließt, für den geist des jahrhunderts bezeichnend. die bestimmtheit übertragenen sinnes welche viele* wörter hier erlangt haben, setzt eine lange auf besserung des lebens gerichtete beichtoder vielmehr predigtpraxis voraus, vgl. Gervinus 1⁵, 171. und selbst in der vorliegenden trockenen aufzählung empfindet man einen hauch von leidenschaft, welche sich, ohne je genüge zu finden, in maſslosen häufungen ergeht und weniger begrifflich streng **sondernd als** synonyma aneinander reihend die eigene anschauung der sünde **zu steigern sucht.** **daſs wir** einen geübten redner vor uns haben, zeigt in glauben und beichte, die doch wohl von éinem verfasser herrühren, die bewunderungswürdige kühnheit und sicherheit des periodenbaues, die gelegentlich hervortritt. ja wo die rede sich höher erhebt, in der sündenklage, schlägt deutlich viertactiger rhythmus durch. z. 233 wande bis z. 236 sind mit leichtigkeit darnach zu lesen, wenn man nur z. 233 die form meindâton wählt. diese reimlosen verszeilen sowie die verwandte sinnesart, welche hier sündennamen, dort die verschiedensten ausdrücke für die seligkeit des himmels, für die schrecken der hölle heraussprudelt, machen die identität unseres verfassers mit dem von 'himmel und hölle' höchst wahrscheinlich. es kommt dazu übereinstimmung im ausdruck (zu z. 174), in einzelheiten des sprachgebrauchs (zu z. 214), insbesondere die auffallenden abweichungen von dem regelrechten genus der substantiva: vgl. zu himmel und hölle 170 und hier die masculina (kaum neutra) tiuvalheit 138, bôsheit 156 wie im angelsächsischen (daneben feminine composita mit heit z. 158. 168. 182. ebenso femina auf -ida und neutra auf -idi neben einander), dann das masculinum (oder neutrum?) âchust 118 (neben âchustône z. 214), die neutra michilhôhi 117 und sogar wie es scheint guottât 230. dass diese dinge nicht dem Bamberger schreiber angehören, ergibt sich aus der hs. W welche, obwohl aus einem älteren text abgeleitet als B, dieselben schon voraussetzt, indem sie ihnen ausweicht (zu z. 118).

XCII.

Hs. **338** *der stiftsbibliothek in SGallen* 4° X *jh.* 'enthält *mehrere stücke, meistens für den kirchlichen gebrauch.* das glaubensbekenntnis steht auf s. 304, welche früher frei war, und ist wohl erst im XII jh. eingetragen'. HHattemer denkmahle des mittelalters 1 (1844), 330. die acute und circumflexe der hs. über diphthongen und einfachen vocalen lasse ich unberücksichtigt. ebenso mehrere groſse anfangsbuchstaben und die geminationen des m welche in allen dat. sing. masc. neutr. adj. sowie in gemainsammi, z. 14 und in sammiut z. 19 Hattemer augibt. das erste m ist dabei stets nur durch seine abkürzung bezeichnet: an ferneren abkürzungen deutet Hattemer durch cursiven druck ihrer auflösungen folgende an: unde unde der herrin (z. 3) Ich geloube, daz, mehrere in- und auslautende n und die zu z. 6. 12. 19. 20 erwähnten. für ou wiederholt ô. 1. téifle: vgl. *Weinhold* alem. gramm.' § 59. 2. ainin: über alem. ai für ei s. *Weinhold* § 49. schefare *Hattemer im text, mit der anm.* 'ursprünglich schephare'. 3. aininborn: vgl. *KRoths* pred. s. 77 dô ... der himliske vater sînen einen born sun ... sante. 3f. iesum christum *Hattemer*. 5. incheuuu 6. gecundot] gem̄dot: 'es war zuerst gei geschrieben, dann ward noch n hinzugefügt und das vorangehende i mit ihm verbunden.' *Hattemer*. g engile: das erste g ist nicht vollendet und scheint einen punct unter sich zu haben. 9. **ande,** *d. h.* es ist d' *für* d⁰ *geschrieben.* g 'wie obiges g [z. 6], doch ohne *punct*' *Hattemer.* begrabin 11. irstoun waire: über ai für â *Weinhold*

§ 49.   meninsche   12. hilmil   gelöbi: *darnach ein buchstab* (s *oder* h) *getilgt.*
leibindin (?) *Hattemer.*   16. gelonoht   uúrt   18. hirrin '*aus* herrin *verbessert*' *Hattemer.*   19. bihte   20. ie ditaften: '*scheint so* (?) *aus* getatin *verbessert*' *Hattemer.*

Den vorliegenden glauben, den Münchner (XCVII) *und die im excurs dazu mitgeteilten Wiener, Linzer und* **Lambacher** *fasse ich als 'gemeinen text' zusammen. die unterscheidenden merkmale desselben, die freilich nicht bei jeder fassung insgesamt eintreffen, sind: die erwähnung der verkündigung; der satz (die himmelfahrt sei geschehen in gegenwart) 'aller die dessen wert waren, seine auffahrt zu 'sehen'; ferner die stellung der formel 'wahrer gott und wahrer* **mensch**' *nach der auferstehung; endlich der fehler* gotelich *für* botelich (*hier* s. 13). **bereits** *der ältere text, welcher dem gemeinen zu grunde liegt und aus welchem in diesen puncten auch Honorius Augustodunensis geschöpft haben muss* (*vgl. sein symbolum zu* XCVIII), *hatte aus dem ersten Wessobrunner glauben den zusatz 'an der menschheit, nicht an der gottheit'* (XC, 24*f.*) *und nach dem* ebenhēre unte ebenēwich *des Bened. GB.* 1, 5, *nur an anderer stelle* ebenhēr *und* ebengewalteeh (XCVII, 36) *aufgenommen, ausserdem bei der höllenfahrt den zusatz 'die seinen willen hatten getan' beigefügt. im übrigen zeigen der Münchner glaube sowohl als der vorliegende eine nähere verwandtschaft mit dem zweiten Sangaller: jener in dem satz* (XCVII, 14. 15) *der abrenunciation und glauben verbindet, dieser am auffallendsten in* z. 14—16, *vgl.* LXXXIX, 35—37. *daran schliefst sich gleich die kurze, nur die notwendigsten formeln beibehaltende beichte.*

XCIII.

A *Goldast scriptores rerum Alamannicarum* 2 (*Francof.* 1606), 173. '*Chry dir alten* **kilchin**.' *über die hs. macht Goldast keine angaben.*   B *Stumpf Schweizerchronik* IV, 50 (*Züryeh* 1548) *bl.* 325ᵇ *mit folgender vorbemerkung.* 'Zů den zeyten keyser Fridrichs des 2. und abt Berchtolds zů S. Gallen, geboren von Falckenstein, hat man inn Helvetischen landen, besonder im Turgow und Rhyngöw oder Rhyntal, die artickel des heiligen christenlichen glaubens auff nachgesetzte **form und mit sölichen** worten gesprochen, wie dann des noch etlich abgschrifften bey den clösterchronicken befunden werden.' *Stumpf erhielt nach* **Goldast** *l. c.* 2, 119 *die formel von Vadian aus derselben hs. aus der sie nachher Goldast entnahm, hat dieselbe aber modernisiert. wohl möglich dass sie, wie Mafsmann abschw. s.* 37 **sagt**, *in SGallen lag. die abweichungen des Stumpfschen textes teile ich nur soweit mit als sie nicht auf modernisierung beruhen.*

   1. teufall *B.*   2. vatter *B,* vaiter *A.*   scheffer *B.*   himels *B,* hilmelo *A.*   3. **erden** *B.*   geschefde *B.*   4. lehsum *A.*   **das:** *immer* s *für* z *mit dem* s-**laut** *A.*   5. warer *B.*   immatar *A,* wyter *B: vgl.* iemmerane, *semper Dint.* 3, 477. *aber die verbesserung ist keineswegs sicher.*   6. der *A.*   **gottis** su geandot *A.* geandet *auch B.*   7. gelouh *A*   8. rainum *A.*

magende *B*.   9. ander *A*, ǫrmer *B*.   **10. uie *A*.**   **11. Johansen *B*.**
13. angespûuuen *B*, angespuuuit *A*.   14. cruxze *A*.   erhangeni *A*.   14*f*.
er starb *A*.   25 unt *fehlt* **B**.   16. cruxze *A*.   erden *B*.   18. erschain
B.   20. vierzgosten *A*, viertzigosten *B*.   gesicht *B*.   21. maugelich] mau-
gei *A*, menge *B*.   uuirdiug *A*.   22. vvatter *A*.   23. kiuutftig *A*.   ze
ertailen *B*.   15. sünden *B*.   26. gewarem *B*.   ruue *A*.   vrstendt *A*.
26*f.* nach **disem leben sein daz ewig leben *B*.**   27. dem *A*.   **28.** *daz*
zweite den *fehlt* *B*.   wan] dan *B*.   29. und mit gedancken mer &c. *B*.

Schilter thes. mon. catech. 86. 87 *veröffentlichte ein glaubensbekenntnis und
ein vaterunser unter dem titel 'Formulae quas Daniel Specklin architectus quon-
dam civitatis Argentoratensis ex antiquis ecclesiae cathedralis Argentoratensis
libris excerpsit et in collectaneis mss. (quae in archivo Argentinensi asservantur)
tomo I. exhibet.' darnach (oder nach der hs.?) Massmann abschw. s.* 37. *das
paternoster ist eine verunstaltung des Notkerschen nach Vadians ausgabe: es steht
tagolicko, mit leitest: vgl. zu* LXXIX, 12. 19. *aus dem glauben genügt es die
wichtigsten von unserem texte B abweichenden lesarten aufzuführen:* 1*f*. zirden
euuige.   2. ain skefeu (*vgl. zu N d. i. Notkers catechismus z.* 32) bümele (*vgl.
A*).   3. gskefdo gsicht und ongesicht.   sin aine son   5. benante   6*f*. von
dem haligo grosse gotes botte kabriel   8. magende, ware gott und ware mensch
(*vgl.* XC, 12*f*.).   10. geduchett   11. von de frome Johanse   11—19. van sine
geminde jonger Judas. Ick kelove das ye (*so immer für* he) gebonden wahr von
dü Juda gespote . gespuuen . gehalse sterckt (gehalseslekkt *Mafsmann. vgl.* XC,
23 [XCI, 49]. XCVIII, 9). ick kelove das ye kenothafftatt uuart pi pontion pi-
laten (*N* 38 *mit anm.*) unde bi imo gestachett (*aus gestähter: zu N* 41) au das
querholtt gebanck darau erstarve sein menscheitt unde niet de gottheitt met wun-
derung ye war von de querholtt genomen zu erde begraven.   doin lacke dry
dag und dry nacht.   Ick kelove das ye nach de dry tag und nach von totte
erstantte ware gott und ware mensch und erschinne sein gemeinde und freunte.
   20. virgosten (*vgl. A*)   21. menge de sin war.   23. in *fehlt*.   an de
leste dach: *darnach fehlt ze wie in A*.   24. gottlich alelichnn gesamenunga
ond zu haven gemeine   alle haligen (*vgl. N* 54. 57*f. mit anm.*).   25. belas-
sung   26*f*. und noch de leben ein euuig leven.   29. ond mit gedencke
noch mehre. Uelff mir gott, das tuon ick kenuero (*N* 62) etc. *das ganze zeigt
sich als eine erweiterung unseres textes B (die wenigen näheren übereinstimmun-
gen mit A sind zufällig oder durch mittelglieder veranlasst), zu welcher nächst
eigenen schlechten erfindungen der Vadianische text von Notkers symb. apost.
und eine andere mit der alten Wessobrunner wesentlich übereinstimmende glau-
bensformel das material hergaben. die greuliche entstellung der sprache beruht
gröstenteils auf rokester Elsässer mundart, vielleicht mit besonderer hinneigung
zum niederdeutschen: wenigstens finde ick in Weinholds alemannischer grammatik
kein he, vollends ye, für er. doch entspricht auch sonst nicht alles Weinholds
angaben, zb. darsalbe harn (für hern herren) gegen alem. gramm.* § 112 *s.* 92.
*einiges wie undto gskefdo mag aus einem streben nach vermeintlicher altertüm-
lichkeit hervorgegangen sein. ist dies vielleicht 'altstrafsburgisches pfarrerdëitsch'*

(*Alsatia* 1862—64 *s.* 180)? *von solchem streben* **ist auch das** *vorliegende alemannische, etwa aus dem XIV jh. stammende denkmal nicht frei. wenigstens teufall in B z.* 1 *und* himelo *z.* 20, hilmelo *z.* 2 *in A wird man so aufzufassen haben. die formel ist im wesentlichen hervorgegangen aus einer combination des dritten Sangaller glaubens* (XCII) *mit dem Ambraser* (XC). *daraus erklärt sich die auslassung der höllenfahrt, die in beiden an verschiedenen stellen steht: vgl. zu XXXI,* 17, 2. ***dass ihm jener unmittelbar*** *vorlag, ergibt sich schon aus* hilmelo (*vgl.* hilmeles, *zu* XCII, 2) *und geandot das eine deutung des verderbten* gem'dot (*zu* XCII, 6) *ist. fast wörtlich daraus ist die verkümmerte beichte, die sich an den glauben anschliefst, entnommen; mithin auch darnach der fehlende schluss zu ergänzen. die vermutung, das vorliegende stück stamme aus SGallen, erhält hierdurch eine bedeutende stütze, da sich nun ein gewisser zusammenhang sämtlicher SGaller glaubensformeln* (*vgl. exc. zu* XCII *und* LXXXIX) *und darin von anfang an* **auch das zurücktreten** *der beichte herausstellt. einiges muss hier doch aus ungefährer kenntnis anderer formeln erklärt werden; so* ebungewaltig *und* ebunèwig *z.* 22, *vgl. Honorius* (*exc. zu* XCVIII) coaeternus et compotentialis, *und z.* 26. 27, *vgl.* XCVI, 14—17. *dazu kommt weniges eigene oder mir sonst* **unbekannte:** *z.* 16 zer erde; *z.* 16*f.* unt dar iune *bis* nacht; *z.* 19 unt sinen guoten friundin; *z.* 21 unt *bis* wârent.

XCIV.

Cod. lat. 4552, *Ben.* 52 (255) *der* **k.** *bibliothek in München.* 306 *bll. fol. des* XI/XII *jh. auf bl.* 1ᵃ *abschrift einer schenkungsurkunde des domnus Heinricus de* **Landisberc an** *SBenedictus über sein praedium in Leinhusin: schliefst* Haec omnia facta sunt *in praesentia domni Adilberti abbatis usw. bl.* 1ᵇ—306 *lateinische homilien für alle sonn- und festtage des jahres. bl.* 150ᵇ, *am ende einer lage, war ursprünglich freigeblieben und wurde zur aufzeichnung unserer beichte benützt.*

v*Aretin beiträge* 1 (1803), 5, 81—84. *BJDocen einige denkmäler* (1825) *s.* 7. 8. **Mafsmann** *abschw.* (1839) *nr.* 24. *KRoth denkmäler* (1840) *s.* 34. 36. *auf die grofsen anfangsbuchstaben der hs. habe ich wenig rücksicht genommen.* 1. ihc 2. mich 3. ioh wissag. 4. geoř. gotes m. 5. mart. Minemo h. s. B. 6. Marǧ. 7. *das* erste unde *dürfte misverständnis eines lateinischen* et sein, *vgl. die beichte des Honorius im exc. zu* XCVI. ihc 8. gefrumeto: 25 gewisoto; 17. 22 goto, 11 zorno. *vgl. zu* XVII, 1. 24, *aber auch zu* 4, *der dativ* koto *wird durch die beiden hier vorliegenden beispiele geschützt. assimilation der endung an den wurzelvocal scheint dabei im spiel.* 9. ihc ie: '*von hier an feinere und engere schrift, mehr geschweifte buchstaben derselben zeit.*' *Mafsmann.* 10. wac|cheate 11. ander|ren 13. mt *statt des dritten* mit flôchen 14. vbermôte mnen 15. môter bertôn. 16. sò holt *bis* nie wart noh *vermutlich interpolation, die construction setzt blos* geminnet *voraus.* 18. sunna tahe heret 19. 21. mothte 23. almôsen vvitenven 24 *f.* siehe tôme. 27. almahtigote] *Weinhold* **alem.** *gramm. s.* 255 *anm. Haupt zu Lachmanns Walther* 78, 3. *vgl.* armennesgen zu XXXIV, 12, 1. 2. *als übergangsform ist* 32 **almahtigegote** *anzusehen.* 31 **almahtingen** *ist keine form der wirklichen sprache, sondern das wohl erklärliche* almahtingote 29. XCV, 24 *für* almahting (*vgl.* schelling *für* schelligu schelligen *udgl. österr. weisthümer* 1, 149, 19. 247, 6) gote *ist noch einmal mit der schwachen flexionsendung des regulären* almahtigen *versehen worden.* 28. götes 29. mic] mit. 29. 30. höre . höres. 30. unzytlicheme: *d. h. zu verbotener zeit.* 31. hore demo] d' 32. röbe 33. nie] ne, *vielleicht* nie. öe 34. unroelih 36. öhe 37. reinihcheite mit te mues gemötes 38. derr ('*das erste* r **verschmiert** *und undeutlich*' Roth) ie 39. iöe 40. trühtin gebözene 41. nahe beidemal.

XCV.

Cod. germ. 5248, 5 *der königlichen staatsbibliothek zu München. zwei pergamentblätter des* XII *jh. klein folio. wahrscheinlich der anfang einer predigths. nur* 1ᵇ, 2ᵃ 2ᵇ *ursprünglich beschrieben, auf die erste leergebliebene seite ist nachher ein brief des kaisers Friedrich* I. *an den bischof von Augsburg aus dem jahre* 1162 (*MG. LL.* 2, 132*f.*) *eingetragen.* 'Haec duo folia, bemerkt Docen, praefixa erant codici Wessofontano, quo praeter alia continetur liber consuetudinum cum praefatione Willehelmi abbatis.' *das ist cim.* 22023. B*J*Docen *miscellaneen* 2 (1807), 16. 17. FKeinz Münchener *sitzungsberichte* 1869, 1, 543 *bis* 545. *im glauben und im anfang der admonitio setzt* die hs. einige längenzeichen: nâch getân kît tôt ân gestênt rtôt *usw.* 10. rstûtent 12. zesuwn 13. ze tailn *meint z'ertailn, das* r *hat der schreiber nicht gehört, vgl. zu* 15. manchunde] *misverständnis des schreibers dessen sprachgefühl unsicher durch* nn *für* nd *Weinhold alem.* § 204 *s.* 173; *bair.* § 171 *s.* 177. 15. beunede 16. ist *auf rasur, ebenso das darüberstehende* (*s. excurs*) ē (est). 22. Swâr 33. pihtâra **ausgelassen ist** disen heiligen 39. liebs *vgl. zu* LXXXVI, B, 2, 5. 49. wnsket

Das vorliegende denkmal ist merkwürdig durch die treue mit welcher der schreiber die aussprache des gewöhnlichen lebens wiedergegeben hat: alle unwillkürlichen aphaeresen synkopen synaeresen assimilationen der rede finden wir streng phonetisch durch die **schrift** *ausgedrückt:* 10 er rstuont, 15 unte sunes *für* unt des sunes, 17 isse *für* ih se, 22 swâr *für* swa er, swa ir, 23 iu rtôt, 24 uote rgebit, 40 die nbhielt, 47 des rgibi *für* des ergib ich. 35 an *daneben hat er vermutlich das* mit *dem vorhergehenden* n **zum** *gutturalen resonanten verschmolzene* g *von* gdanchen *nicht gehört, vgl.* **zu** 13. *formen wie* 45 pstuont, 41 bhaltin, 40 bhielt *sind vollständig heutiges bairisch-österreichisch, die starken synkopen dieser mundart waren also im* XII *jh. bereits vorhanden, vgl. auch* 43 von rebt, 24 got *für* gote. *eine schreibung wie* des rgibi *aber lehrt uns* 7 restarb, wârre, anderre *udgl. für* erstarb wâre **anderer verstehen.** *in der aussprache vorhanden ist dabei weder* er noch re, sondern r-vocal, der bald diese bald jene graphische auffassung erfährt. einem ähnlichen vorgang (vgl. zu XXXVI, 4, 8) verdankt das eu für ue seine entstehung. solche auffassung und deutung kann auch ohne vermittelung der schrift sich im gehör vollziehen und dann in die wirkliche sprache eindringen.

das denkmal, so wie wir es besitzen, kann nicht aus éiner hand hervorgegangen sein. mindestens die admonitio 20—26 mit ihrem masculinum glaube muss von einem anderen verfasser herrühren, als die beichte die gleich mit dem femininum einsetzt. vermutlich ist das mittelstück später eingeschoben. glaube und beichte aber weisen auf denselben ursprung. schon dass die abrenunciatio vor der beichte steht und nicht vor dem glauben, stimmt zu Honorius Augustodunensis (excurs zu XCVI). desgleichen der eingang der beichte bis zur aufzählung der sünden: die heiligennamen treffen genau überein, vgl. dagegen XCIV. XCVII und selbst XCVI. die glaubensformel ist ebenfalls verwandt, nur hat das apostolische symbolum darauf einfluss genommen: dem sind gewisse kürzungen und die verschiebung des die trinität enthaltenden satzes (15) zuzuschreiben. die wendung ubi isse garno findet sich zb. auch LXXXIX, 34. XCVI, 14. abweichung und übereinstimmung wird recht deutlich aus einer dem deutschen texte des glaubens übergeschriebenen lateinischen interlinearversion welche lautet: Credo in unum deum patrem omnipotentem. Qui creator est caeli et terrae. Credo in eius unigenitum filium nostrum dominum...... Credo quod conceptus est ex sancto spiritu. **Credo quod natus est** ex mea domina sancta MARIA perpetua virgine. uerus deus. uerus homo. Credo quod in hoc seculo fuit sicut alius homo. preter peccato solo. Credo quod tentus est. quod passus est. quod cruci affixus est. et in ea mor**tuus est**. secundum humanitatem. non secundum diuinitatem. Credo quod sepultus est. Credo quod ad inferna descendit. et inde eripuit omnes. qui eius uoluntatem fecerunt. Credo quod resurrexit. tertia die. Credo quod caelos ascendit quadragesimo die. post suam resurrectionem. et ibi sedet ad dexteram sui **aeterni patris**. ipsi coaeternus. ipsi coomnipotens. Credo quod inde venturus est iudicare **totum** humanum genus. unumquemque iuxta sua opera. Credo in sanctum spiritum. **Credo quod tres** personae patris et filii et sancti spiritus unus uerus deus est. Credo unam aecclesiam. sanctam. catholicam. apostolicam. Credo communionem omnium sanctorum. si eam promeruero. Credo remissionem **omnium meorum peccatorum post** ueram paenitentiam. Credo resurrectionem meae carnis. **Credo aeternam uitam.** *in den übrigen teilen des vorliegenden stückes finden sich nur einzelne glossen:* 23. 26 in vobis *über* ann in, 34 confiteor *über* virgibi ich, 35 in cogitatione in locutione in opere ex eo die quo primum peccare potui usque in hodiernum diem, 39 corporis et mentis, 43 elemosini.

XCVI.

Cod. germ. 39, Ben. 91 *der k. bibliothek in München.* 179 bll. 4°. XII jh. deutsche predigten, herausgegeben von JKelle als 'speculum ecclesiae altdeutsch' (München 1858). die hier aufgenommenen stücke stehen auf bl. 1—3: darnach fehlen zwei blätter. BJDocen miscellaneen 1 (1807), 10—15. Maſsmann ab-

schw. (1839) nr. 10. 38. 22. 40. Kelle aao. s. 3—8. mit seinen angaben stimmt
meine in Mafsmanns text eingetragene vergleichung nicht durchweg überein.
die grofsen anfangsbuchstaben der hs. lasse ich unberücksichtigt, die längen- und
diphthongbezeichnung gebe ich nur an, soweit sie unrichtig ist. die überall un-
zweideutigen abkürzungen erfordern keine angabe. vñ ist stets in unde aufgelöst
das einigemale steht.   2. sùn   3. herrin; rechts neben dem zweiten r ein punct
der doch kaum tilgungszeichen sein soll.   5. sùn   6. çwigen   9. begrâbin
    10. dritin   **voᴏ mer**   12. kvnftich   13. allicki   ·14. ȯb   17. in
der überschrift fehlt Post, aber in der am **rande** noch sichtbaren vorschrift für
den rubricator steht es. das erste ɪ in ADNUNCIATIONEM ist oben etwas verwischt.
daher das neue latein adnunctatio spec. eccl. ed. Kelle s. vɪɪɪ. xɪv anm. xv. 3.
20 bl. 1ᵇ der   21. 22. ev. Ioh. 3, 18.   22. jû] hie   23. ennen hêr
27. mâg   28. vundet   30. 31. Sap. 4, 7.   32. zewâre: verb. Kelle s. xx.
Docen miscell. 2, 290 wollte ze ware.   in der überschrift steht EXORTATIO
37. die in der beichte vorhandenen lücken hat größtenteils schon Mafsmann ge-
sehen: ihre ausfüllung war nicht schwer.   38. gǒt: vgl. zu 95 113. 123 und
Schmeller über quantität (1830) s. 755, baier. wb. 2, 82.   sepphâre: dieses s
ist wohl nur eine methode das sch zu bezeichnen. anders Weinhold alem. gramm.
s. 156.   41. Petro (2ᵃ) vñ   47. oder vnder vndanches   51. wârf
62. bl. 2ᵇ uñ   70. höptaften   72. hores   77. lugen urkvnde   79. spätte
    gc̉telich   81. tḗt   83. bl. 3ₐ gevrumt   84—87. der satz hèrre got
bis libe ist wohl nachträglich eingefügt, wenn auch vielleicht von dem verfasser
selbst der zuerst die bufse hier zu erwähnen vergessen hatte, und besonders übel
geraten. hr. v Zezschwitz freilich nennt (katechetik 1, 503 anm.) gerade diesen
satz eine 'herrliche schlussbitte', indem er nach dinen unde nach minen durstin
und durstich schreibt. behält man den satz bei, so kann unmöglich der darauf-
folgende unde man dich beginnen, der sich hingegen sehr wohl an gnâde z. 84
anschließst.   85f. der armen sêle ist zu dem aus minen zu entnehmenden mîn 527
construiert.   87 vûnf   90. wârrir riwe. antlaz   93. kein absatz in der hs.
95. gǒt   96. çuuigen   98. sprecchen   100. Matth. 16, 19.   102. wir d.
i. wirt: vgl. zu summa theol. 15, 4.   104. gwälte. (bl. 3ᵇ) den   113. gǒt
116. getant   118. charrinne   hûreute: das im text gesetzte dünkt mich
wahrscheinlicher als das Germ. 4, 500 vorgeschlagene dā charrine unde järvasten
nâchhœrente sint, alse manslahte usw.   120. getant   121. im] in   123. ge-
àuernt   gǒt.

  Honor. Augustodun. speculum ecclesiae (Coloniae 1531) *f.* 14ᵇ Quae sequun-
tur in summis festivitatibus enarra. *es folgt das paternoster mit einer einleitung
und erklärungen: bis f.* 17ᵇ, *wo sich das* simbolum fidei (*s. dasselbe zu* XCVIII) *und
eine von der vorliegenden z.* 18–32 *verschiedene nachbemerkung anschließst. nach
dieser heißt es weiter:* Fratres, credo vos frequenter confessionem facere sacer-
dotibus vestris, sicut et facere debetis. sed quia multa sunt quae forsitan vobis
in memoriam non veniant, debetis nunc per (*f.* 18ᵇ) me confessionem dicere (con-
fessionem vestram post me dicere cod. Guelferb. Aug. 34. 4. XIV jh. und die bei
Migne 172, 807*ff. abgedruckte Rheinauer hs.* XII jh.), ut de his etiam possitis

absolutionem accipere, modo sic dicite. Abrenuncio diabolo et omnibus operibus eius et omnibus pompis eius. et confiteor deo omnipotenti et sanctae Mariae, et sancto **Michaeli** et omnibus angelis dei, et sancto Iohanni baptistae et prophetis dei, et sancto **Petro** et omnibus apostolis dei, et sancto Stephano et omnibus martyribus dei, et sancto Martino et omnibus confessoribus dei (et sancto Martino et omnibus sacerdotibus dei, et **Benedicto** et omnibus confessoribus dei *cod. Rhenov.*), et sanctae Margaretae et omnibus virginibus dei: et istis **sanctis et omnibus sanctis et tibi sacerdoti et omnibus christianis** (conchristianis *cod. Rhenov.*) meis [qui me vident hodie vel audiunt] omnia peccata mea, quae unquam commisi ab illa hora cum primum peccare potui usque in hanc horam (*anders hier z. 45f.*). qualicumque modo fecerim, scienter aut nescienter, sponte aut coacte, dormiendo vel vigilando, mecum vel cum aliquo alio [quae nunc possum recordari aut non rememoravi]: confiteor deo quod promissionem quae in baptismate pro me facta est, nunquam ita complevi, sicut iure debui et bene potui. averti me (statim ut ad illam aetatem veni in qua peccare potui, averti me *codd. Rhenov. Aug.*) a deo et a mandatis eius, et abnegavi **deum** per mala opera (z. 51. 52.). ... sanctae domus dei non tam sedulo quaesivi quam debui ... dominicos dies et alios festivos dies non ita servavi (vacavi *codd. Rhenov. Aug.*) (*f.* 19ᵃ) neque honoravi sicut iure debui. sanctam quadragesimam et quatuor tempora et alios dies ieiuniorum et illos dies qui mihi a sacerdote pro peccatis meis iniuncti sunt, non ita ieiunavi neque ita honoravi sicut iure debui (*der ganze satz fehlt cod. Rhenov.*). corpus domini non tam frequenter accepi sicut debui; quando autem accepi * non tam digne observavi, sicut iure debui. decimam vitae meae et harum rerum quae mihi deus dedit (z. 64) non ita persolvi sicut iure debui. patrem et matrem et dominum meum nunquam ita amavi neque ita honoravi nec subditus fui sicut iuri debui. omnes conchristianos meos non ita dilexi neque ita fidus extiti sicut iure debui. episcopo meo, sacerdoti meo, aliis dei doctoribus non fui ita obediens ubi me rectum docuerunt sicut iure debui. ... omnia vota quae unquam deo vovi cuncta irrita feci. omne quod bonum fuit, odio habui ..., omne quod malum fuit 528 [et feci et] dilexi. ... peccavi in homicidiis perpetratis et conciliatis (z. 69. 70). multum deliqui in fornicationibus, in adulteriis, in incestibus, fornicatione (in bestiali fornicatione *codd. Rhenov. Aug.*), in omni pollutione et omni immunditia qua se homo coinquinare potest (z. 71—74). ... peccavi in periuriis, in furtis, rapinis, mendaciis, falsis testimoniis, detractionibus, conviciis, comessa(*f.* 19ᵇ)tionibus, ebrietatibus, maleficiis, fraudibus et omnibus peccatis quibus homo peccare potest. peccavi ultra omnes homines verbis, factis, cogitatione, voluntate (cogitatione, locutione et voluntate *cod. Aug.*). hoc confiteor deo et istis et omnibus sanctis: et precor dei clementiam ut mihi praestet tempus et inducias, ut ita possim emendari, quo eius gratiam valeam invenire. et precor sanctam Mariam et omnes sanctos dei, ut dignentur pro me intercedere et adiuvare apud dei misericordiam, ut de omnibus peccatis meis mihi det indulgentiam et amodo a peccatis custodiat et post hanc vitam in consortium illorum perducat. et volo deo hoc promittere, quod volo amodo peccata devitare in quantum possum prae fragilitate mea, et in quantum me dignatur roborare sua misericordia. et volo hodie dimittere omnibus qui in me peccaverunt, ut etiam deus mihi dimittat innumerabilia peccata mea. Carissimi, secundum hanc confessionem quam fecistis et secundum hanc sponsionem quam deo spopondistis, volo ego verba dicere, deum autem rogo opera facere. *rgl. z. 97f. 105f. es folgt eine von der vorliegenden (z. 107—110) verschiedene absolutionsformel, und darauf (rgl. z. 115—123)*: Fratres, ista confessio tantum valet de his peccatis quae sacerdotibus confessi estis et quae ignoranter gessistis. caeterum qui gravia crimina commiserunt et paenitentiam inde non egerunt, ut sunt homicidia et adulteria, pro quibus (*f. 20ᵃ*) instituta **est carrina, nil** valet ista confessio. **ideo moneo** vos, ut peccata quae publice gessistis, publice inde paenitentiam suscipiatis, quae autem occulte commisistis, occulte presbiteris vestris confessionem inde ante faciatis quam ad corpus domini accedatis. ... *endlich* (*vgl. z. 124f.*) Quia, carissimi, deus voluit vos hodie in suo servitio congregare, non debetis hic otiosi stare, sed pro vobismet ipsis et pro tota sancta ecclesia dei orare, ut deus omnipotens dignetur eam pacificare, adunare, regere, et ab omni malo defendere. *usw.*

die übereinstimmung zwischen dem vorliegenden denkmal und diesen lateinischen formeln trotz mancher verschiedenheit hat man vorschnell aus der benutzung derselben quellen zu erklären gesucht. darauf führt jedoch nichts. der glaube stimmt bis zur auferstehung mit dem des Honorius, nur dass in z. 4 die nochmalige **aufzählung** *der drei personen unterlassen, in z. 7 propter nostram salutem übergangen und anstatt ligatus, irrisus, flagellatus einfach gemartrot gesetzt, sowie* **in z. 9 bei** *der höllenfahrt nichts von der erlösung derer 'die seinen willen hatten getan' erwähnt wird. hierin schon und noch mehr in z. 8, wo dar an anstatt geerücigit wart etwa an daz crûce genegelet wart vorausgesetzt, zeigt sich das hereinspielen einer anderen glaubensformel, welche dann von z. 10 an die des Honorius ganz verdrängt. die weglassung der abrenunciation vor dem symbolum findet sich, abgesehen von dem späten Linzer GB. in welchem sie überhaupt fehlt, nur in dem ebenfalls aus Honorius abgeleiteten zweiten Wessobrunner GB. und niederdeutschen glauben: sie geht bei Honorius wie hier z. 37f. der beichte voraus. eine genaue vergleichung auch dieser letzteren und der übrigen stücke anzustellen ist nicht nötig. es genügt einzelnes anzuführen um das verhältnis des deutschen textes zum lateinischen ins licht zu setzen. der formel daz riwet mich entspricht bei Honorius keine ähnliche und neben sô ich solte steht bei ihm sicut iure debui: aber wo zum ersten male diese formeln in anwendung kommen sollen, in z. 49. 50, behält der bearbeiter seine vorlage bei: sô ich von rehte solte unde sô ich wol mahte. weiter unten z. 64. 65 misversteht er patrem et matrem et dominum meum (vgl. XCIV, 15), ändert daher die ordnung und übersetzt minen sepphâre, minen vater, mine muoter. doch folgt er, abgerechnet die auslassungen, bis z. 75 der quelle im ganzen genau. auch von da an schimmert sie noch durch, aber die beginnende gröſsere willkür zeigt gleich der unmotivierte übergang zu directer anrede an gott und das zu z. 84—87 bemerkte. im anfang der admonitio post indulgentiam fällt suntint für habuit gesuntit vielleicht dem schreiber zur last, aber das falsche tougeliche (ignoranter!) gewis nicht. in den abschnitten 'post fidei adnunciationem' und 'post confessionem' wird dagegen selbständige bibelkenntnis sichtbar, die freilich, wie z. 30. 31 (vgl. die anm.) zeigt, nicht viel sagen will. der gebrauch einer absolutionsformel, welche von der beim Honorius verwendeten erheblich, von der Münchner (XCVII, 59—63) nur wenig abweicht, hat nichts wunderbares und beruht natürlich darauf, dass der bearbeiter von der feststehenden einrichtung seiner kirche hierin nicht abwich. dieselbe bewantnis wird es haben, wenn im eingange der beichte das vorliegende und das Münchner stück den h. Nicolaus, Honorius, die zweite Benedictbeurer und die*

Wessobrunner beichte den h. Martin als repraesentant der beichtiger nennen. ebenso ist nur in Benedictb. 2 und Münch. GB. als märtyrer der h. Georg, nur in dem letzteren als 'gottes jungfrau' auch Maria Magdalena namentlich aufgeführt. auch sonst ist die vergleichung aller dieser formeln unter einander lehrreich, aber doch in ihren einzelheiten zu unwichtig um hier angestellt zu werden. wichtig ist nur das ergebnis, dass Honorius von der beichte wie vom glauben (exc. zu XCII) nicht etwa neue formeln einführte, sondern die in den gegenden seiner unmittelbaren **wirksamkeit verbreitetsten zu grunde legte und so gestaltete** *wie er sie in sein speculum ecclesiae aufnahm und wie sie auf die deutschen formeln nun zurückwirkten. seine beichtformel aber zeigt durch ihren eingang, verglichen mit unsern nummern* XCIV—XCVII *sowie mit der altkarantanischen formel (excurs zu* LXXXVII), *dass er zunächst an baierische verhältnisse anknüpfte, wozu denn der nachweis seiner verbindung mit Heiligenkreuz (zs. für die österr. gymn. 1868, s. 567) ganz wohl stimmt.*

XCVII.

Cod. germ. 5248, 3 *der k. staatsbibliothek in München. zwei pergamentblätter* XII *jh.* 8° *anfang einer deutschen predigths. wovon FKeinz weitere bruchstücke* **entdeckt hat.** *die hs. hatte auf jeder seite* 26 *zeilen. ein blatt ist abgesehen von der kleinen verstümmelung im anfang jeder zeile der vorderseite (bis z.* 20 *und* ânc) *und am ende jeder zeile der rückseite (z.* 20 *ende bis z.* 39) *vollständig erhalten; von dem darauffolgenden (vorders. z.* 40—50, *rücks. z.* 52—64) *nur die untere hälfte, z.* 13—26 *jeder seite, mit derselben verstümmelung und von z.* 12 *der* **vorderseite** 16 **buchstaben. da** *die zahl der buchstaben in jeder zeile gewöhnlich zwischen* 42 **und** 44 **schwankt, so gibt meine** *nach* XCVI, 38. 39 *vorgenommene ergänzung (s. z.* 40 *dem bis Marien) von* 26 (*oder* 27, *wenn man* unde *schreibt*) **buchstaben dieser** *zeile ihre richtige größe.* Maſsmann abschw. (1839) *nr.* 39. 11. 34. FKeinz *Münchener sitzungsberichte* 1869. 2, 290—295. 1. Sine **schrift** 2. **den** . 3. *gelöben:* ō *immer für* ou *und für* uo. 4. iu **in der hs. ausgelassen.** 5. *sie ausgelassen. die notwendigkeit der ergänzung* **so wie der annahme einer** *interpolation in z.* 4. 5 *ergibt sich aus z.* 8 drin. *der formel* ze lobe *unde* ze ēren *und der anderen z.* 7 *vergleicht sich Roths pred. s.* 52 den scult ir hiut flēgen unt ēren . . . want er ist hiute dā ze himile pi sins vater zeswen im ebenhērer unt ebengewaltiger got (*vgl. z.* 36), sime heili**gen** nam ze lobe unt zēren unt iu ze trōst unt ze helfe hin ze dem ēwigen libe. 7. *die formel* ze lobe *usw. ist hier in der hs. ausgelassen.* 12. *die athetese dünkt mich wahrscheinlicher als etwa* allen iwerr vordern sēlen. 17. ih'm | ∷ i 20. ie 22. sancte *er ausgelassen.* 36. trōstare *vgl. in den predigtbruchstücken bei Keinz aao. z.* 293, 14 flōz, 21 chōeren, 22 grōziu. 38. es **wird** *entweder* lebentigen (*wie* XCII, 12) *oder* tōte *zu lesen sein: denn kaum darf man neben* **lebentige an das** *schw. masc.* tōte *acc. pl.* tōten *denken.* sineme 42. sende petro . 44. magdalene margarete 52. *von den fünf ersten worten nur die untersten spitzen sichtbar, aber ziemlich sicher zu erkennen,* **aufser gebuozze, wozu** *die züge der* **hs. nicht ganz** *stimmen wollen. ein paar*

vorangehende wörter sind nicht zu erraten, vor sô scheint uber zu stehen.
53. libe] vgl. Berth. 342, 3 ez muoz der lîp die arbeit lîden der buoze unde tragen; wan mit dem lîbe, dâ mite man die sünde tuot, dâ sol man mite büezen.
56. die überschrift steht nicht in der hs. und ist von mir nach XCVI ergänzt. 60. paenitentiae in der hs. übergangen. 61. sancti spē 62. Xxp̄ē

Zumeist auffallend ist hier das Kyrie in z. 62. 63: aber aus Martène 1, 360 **erfährt man,** *dass es in der Ambrosianischen liturgie auch nach dem evangelium, somit allerdings ungefähr an dieser stelle der messe gesungen wurde; und bei Honorius spec. eccl. f. 21*ᵇ *schliefst die oratio pro ecclesia mit den worten* Eia nunc preces vestras alta voce ferte ad caelum et cantate in laudem dei 'Kyrie eleison.' *das glaubensbekenntnis gehört dem gemeinen text an; doch dürfte auch* **hier** *einfluss des erweiterten nicht ganz zu leugnen sein. wenigstens bei der darstellung der höllenfahrt* (sîn heiligiu sêle z. 29 f. vgl. XC, 25; *mit der* gotheit z. 30 vgl. XC, 26) *und vielleicht bei der auslassung des begräbnisses die auf ähnliche weise bewirkt sein könnte wie in* XCIII *die der höllenfahrt. über verwantschaft mit dem zweiten Sangaller glauben vgl. zu* XCII; *der satz z. 32. 33* Ich — vierzich tage *findet sich* LXXXVII, 11. XCVIII, 15 f. *der geschichte des gemeinen textes lässt sich in Süddeutschland noch weiter nachgehen, wie die folgenden denkmäler zeigen mögen. das erste steht am schlusse einer predigt in adventu domini in der Wiener hs.* 2718 (rec. 2056) XIII jh. *und ist gedruckt in Hoffmanns fundgruben* 1, 111. 112.

Ih widersage dem tievel unde allen sînen gecierden unde allen sînen gespensten, unde gloube an got vater almahtigen ** hêrren Jêsum Christum. Ih geloube an vater, an sun, an den hêligen geist. Ih geloube daz die drî genende ein wârre got ist, der ie was ân anegenge und iemer ist ân ende. Ih geloube daz er gechundet wart von dem hêligem engel, daz er enphangen wart von dem hêligem geiste, daz er geborn wart von unser vrouwen sanctae Mariae der êwige meid. Ih geloube daz er gevangen wart, gemarteret wart, an daz hêlige crûce genagelt wart, daz er dar an erstarp, an der mennischeit, niht an der gotheit. Ih geloube **daz er** ab dem crûce genomen wart, **begraben wart**. Ih geloube daz er ze helle vuor unde die zerbrach unde dâ ûz nam alle die sînen willen hêten getân. Ih geloube daz er erstuont an dem dritten tage wârre got unde wârre mennisch. Ih geloube daz er an dem vierzigistem tage hin ee himel vuore, daz er dâ sitzet ze der zeswe sînes vater im ebenhêre unde ebengwaltich. Ih geloube daz er noh chumftig ist her in dise werltzerteilen lemptige unde tôd, **iegelîchem mensche** nâh sînen werchen. Ih geloube an den hêligen geist. Ih geloube ein cristenheit allich gotlîchen. Ih geloube meinsam aller hêligen, ob ih si garn, antlâze mîner sunde, urstende mînes lîbes, nâh disem lib daz êwige leben. **Âmen.**

Hanc katholicam fidem saepius in festivitatibus dicere debes, et si sit festivitas, quod ad corpus domini aliquid accedere velit, confessionem subiunge ita dicens:

Min vil lieben, nû habet ir iwern gelouben gesprochen, der ** *mit unchûschen* gedanchen, mit unchûschen worten, mit unchûschen werchen. Ih cblage dir, hêrre got, daz ih daz guote nie frumpte, daz ubel nie werte; daz ih mîn sunte nie bechlaget vor dir sô riuchlichen mit sô lûterlîcher pihte, sô ih sîn durftich wâre; daz ih die

buoze, diu mir enpholhen wart vur min sunte, niht sô leistet mit dem vlîze, unde ih
25 die sunte tet unde frumpte; daz ih den hêligen gotes lîhnamen unde dîn heiligiz pluot,
daz dû mir gegeben hâst ze genist miner arm sêle, sô ofte unde sô reinclîchen niht
genomen hân, sô ih sin durftich wâre; sô ih in aver nam, daz ih mih nekeiner sunten
dar nâh enthabet. Ih hân gesuntet mit diuve, mit roube, mit sacrilêge, mit unbarm-
herze, mit gierscheit, mit spotte, mit schelte, mit itewîzen, mit fluochen, mit aller-
30 slaht suntlîcher rede. Diser sunten unde aller der sunten, der ih ie schuldich wart,
wizzent olde unwizzent, danches olde undanches, slâfent olde wachent, swie ih
schuldich bin, der gib ih mih schuldich ûf dîn guâde, hêrre Crist, unde pitte dih
wâres antlâzes.

Indulgentiam.

Misereatur vestri etc. Indulgentiam. Wârre riwe unde wârren antlâz aller
35 iewer sunten, die geb iu der hêlige Crist durh siner marter êre.

*Die in der hs. sich hier anschliefsende, der oratio pro ecclesia anderer denk-
mäler entsprechende 'commemoratio vivorum' und 'commemoratio defunctorum'
lasse ich weg. merkwürdig ist die* z. 18 *angedeutete einschränkung im gebrauch
der beichte. aus der predigt in media quadragesimae dominica hebe ich hervor:
daz er erstuont an dem dritten tage von dem tôde, als ir an iwerm gelouben
sprechet, wârer got und wârer mennische. auch in anderen predigtsamlungen
finden sich, wenn auch ohne ausdrückliche berufung, deutliche entlehnungen aus
den hier vorgeführten freieren glaubensbekenntnissen. das zweite hierher
gehörige stück teile ich aus der perg. hs.* Cc. l. 13 (ol. B. IV. 33) *der Linzer öf-
fentlichen bibliothek, aus Baumgartenberg* 4° XIV jh. (Mone anzeiger 1838 s. 517),
*nach einer abschrift Rileinzels mit. auf eine kurze mitteilung über den heiligen
des tages folgt:*

Dar nâh pittet den almechtigen got umb di heiligen christenhait, das got durh
aller siner heiligen willen den christenlîchen gelouben behalt und besting nâh sinen
532 wirden unz an der welte ende, als er her chomen ist. Bittet umb alle christenliche
fursten, des ersten umb die geistlichen: unsern pâbest, unsern bischof, unsern êwarten,
5 unser pharrer, unser letzer, unser verweser, alle priesterschaft, alle phafheit, alle
geistliche leut und alle christenliche ordenunge, das got sin geistlich lieht mit in allen
tail der christenhait ze helfe und ze steuwer. Dar nâh bitet umb die weltlichen fur-
sten, sie sin chunig oder herzog oder freien oder grâven, das in got sig und sêlde geb
und ganze treuwe gen ier undertânen. Bittet umb alle getreuwe ritterschaft, alle ge-
10 treuwe burgerschaft, alle getreuwe poumanschaft, alle wârhaft rihter, alle wârhaft
râtleut, das got ein ieslichen menschen behalt an ganzer wârheit. Bittet got umbe
alle getreuwe arbaitter, alle gemein hantwercher, das in got sôgetân arbait verlîhe,
dâ mit sêl und leib behalten si. Bittet got in rehter andâht umb frid und umbe gnâde
der heiligen cristenhait. Bittet umbe zeitlichen und umbe genêdigen weter, dâ von
15 lant und leut gefreut werden. Bittet umbe allen den gebresten der diser welt an
leit, das in got verwandel nâh sinen gnâden. Bittet umb alle betruobte leut, umbe
alle siche leut, umbe alle arme leut, umbe alle gevangen leut, das in got allen ze sta-
ten chom nâh sinen gnâden und nâh ieren durften. Bittet umbe alle di an rehtem leben
sint, das si got bestetig. Bittet umbe alle di in tödlichen sunden sint, das si got be-
20 chêre und in gehelfe einer wâren püzze vor ierem ende. Dar nâh pittet umbe di nô-
tigen sêl di in den weizen sint, umbe alle die sêl die hie begraben sint und zuo diser
chirchen getirnet sint oder an dem tôtenpuoche geschriben sint und in das heilige

ampt gefrümt sint, umbe alle di sêl di mir und eu bevolhen sint, und umbe di sêl **di
mit rehtem gelouben von diser welt gescheiden sint, das got alle sîn heiligen an in
êr und aller priester gebet und aller gûten leut andâht, dass si erlôst werden von ieren
weizen und chumen zuo den êwigen freuden. Dar nâh sprechet das heilige gebet, das
uns got **gewer alles des wir bedurfen an sêl und an lib.**

Oratio dominica.

Got vater unser, dû dâ bist in den himelen, geheiligt werde dîn name. zuo chom
uns dîn reiche. **dîn wille werde ervollet ouf der** erde als in dem himel. unser teiglich prôt **gib uns heut unde vergib uns** unser schulde als wir vergeben unsern schuldigern. **und verlaitte uns niht in chein bechorunge,** sunder lœs uns von dem
ubeln. Âmen.

Salutatio beatae virginis.

Wis gegrüzzet, Maria, vollen gnâden. got ist mit dir. **dû bist gesegent vor
allen weiben. gesegent ist der** wuocher dînes leibes. Âmen.

Symbolum commune.

Ich geloub an einen got den almehtigen vater, der ein schepher ist himel und
erden **und aller beschephunge.** ich geloube an sîn einbornen sun, unsern herren
Jêsum Christum der mit dem vater und mit dem heiligen geist ein wârer got ist. ich
geloub das der selbe gotes sun gechundet wart von dem engel, euphangen von dem
heiligen geist, geborn von sant Marîen der rain magt. ich geloube **das er dar nâh
verrâtten und verchouffet wart,** dar nâh das er gemartert wart, **und das er starb an
dem heiligen creuze,** an der menschait, niht an der gothait. ich geloube das er begraben wart, und sîn heiligen sêl zuo der helle fûr, di zebrach, dar ous nam di rehten
und die gûten di sîn willen getân hêten. und geloub das er an dem dritten tag erstûnt
von dem tôd und erschain sînen jungern wârer got und wârer mensch. Ich geloub das
er an dem vierzigisten tag nâh sîner urstende hinz himel fûr vor aller der angesihte
di dês wirdich wâren, das si sîn heilig ouffart an sehen solden. Ich geloub das er dâ
ze himel sitzet zuo der rehten hant sînes **vater** im ebenhêre und ebengewaltig. Ich
geloub das er her wider chumftig ist an dem jungesten tag rihten und urteiln ein
ieslichen menschen nâh sînen werken. Ich geloub an den heiligen geist, di heiligen
christenhait, gemainschaft aller heiligen, antlâz mîner sunden, urstende mînes leibes.
ich geloube nâh disem leben an das êwige leben. Âmen.

Dar nâh sprecht nâh mir di gemain piht, **das uns got** vergeb alle unser sunde
und uns verleih eines gûten endes von diser welde.

Confessio generalis.

Ich sundiger mensch gib mich **schuldich** dem almehtigen got, mîner freuwen sand
Marein und allen gotes heiligen und eu, **priester,** an gotes stat, das ich gesundet hân
mit **gedanken, mit worten, mit werken, mit neide, mit** hazze, **mit zorn, mit spotten,
mit** trâcheit an gotes dienst, **mit** samt meinen fumf sinnen wider di zehen gebot unsers herren, wider die sieben heilchait des christentûms, wider die siben gâb des heiligen geistes, wider di sechs werk der **barmherzechait.** wie ich gesundet hân, wizzend
oder unwizzend, danches oder undanches, **herre** got, das reuwet mich. Dar umbe pit
ich mîn freuwen sand Marein und alle heiligen, das sie got für mich pitten, das er mich
also lange friste in diesem leben, das ich gebûzze alle mîn sunde und verdien sîn hulde.
und pit **euch, priester,** das ier mir antlâs sprechet uber alle mein schulde.

Sequitur indulgencia.

Wâren antlâs und daz êwige leben verlîhe uns der almehtige got. Alle di heut dâ her komen sint got und sinen heiligen ze lobe, der ebirchen zuo gehôrsam, und di das gotes wort gehôrt haben mit rehtem gelouben, di enphôhen ze trôste ieren sêln sô manigen tag ier gesatzten pûze. Den antlâs und alle di gnâde, di heut begangen wirt uber alle di heiligen christenhait, die bestêtig uns der vater und der sun und der heilige geist. Âmen.

in der hs. ů û ô *für* uo ü œ. *ferner* 7. bit   18.ͤdurstē   33. dū   34. ẘchş
40. gemarter   47. eben herre   59. wizzen   64. almetige   66. sel *der vorletzte satz ist entweder verderbt, oder sô manigen bedeutet dass die anzahl der tage in das belieben des predigers gestellt ist, und* di enphôhen *muss sva. 'denen wird geschenkt, erlassen' sein.   das dritte steht in der Linzer pergamenths. Cc. II. 2, bl.* xxvᵃ, *einem gebetbuch des* xv jhs, *und ist in schwäbischen dialect geschrieben.*

Credo in unum.

Ich glöb in ain got vater allmächtigen der ein schöpfer ist himeles und erd und aller geschöpft. Ich glöb an sin aingebornen sun unsern lieben herren Jésum Christum. Ich gloub [an den vater und an den sun und] an den hailigen gaist. Ich glöb das die dri namen ain wäre gothait ist die ie was än anfang
5 und imer ist än end. Ich glöb das der selb gotes sun künt wart miner frowen sant Maria von dem engel Gabriël, empfangen von dem hailigen gaist. Ich glöb das der geborn ward von miner frowen sant Maria der ewigen magt. Ich glöb das der selb gotes sun verrauten und verkouft ward von ainem sinem junger Jûdas, gefangen und gemartret ward, an das hailig crütz genagelt ward und dar
10 an erstarb, an der menschait, nit an der gothait. Ich glöb das er ab dem hailigen crütz genommen ward und der erd bevolhen ward und dar inn lag untz an den driten tag. Ich gloub das sin hailige sel ze hell fuor und die brach und dar üfs nam alle die sinen willen getän heten. Ich gloub das er an dem dritten tag erstuond von dem tôd, wärer got und mensch. Ich glöb das er nâch siner
15 urstendi hie in erd wonet viertzig tag und viertzig nächt als ain ander mensch än des ainen das er nie sündet. Ich glöb das er an dem viertzigosten tag ze himel fuor ze angesicht siner junger und da sitzet ze der zeswen sins vaters, im glich hérre und ebengewaltig.   dannen gloub ich in künftig ze urtailn an dem jungsten tag und ze richtend über lebend und über tôd, über mich sündigen
20 menschen und über ain ieglichen menschen nâch sinen werken. Ich glöb das ich erstän sol und red ergeben sol alles des ich ie begangen hän, än des ich ze bicht komen bin und buos empfangen hän und die gelaist hän nâch gnâden und nâch recht. Ich gloub in den hailigen gaist. Ich gloub in die hailige cristenhait. Ich gloub gemainsamm aller gotes bailigen, ob ich es verdienen. Ich gloub
25 ablâs aller miner sünd, ob si mich rüwend. Ich gloub urstende mins libs und miner sêl und nâch disem leben das êwig leben än end.

à *wird nur zweimal* a *geschrieben* (an, nach), *sonst* ä *oder* ā̈, *also eigentlich in* au *aufzulösen, wie z.* 8   verrauten *steht. ich habe* ou *für* ô, uo *für* û, ü *für* ú *gesetzt und* y *weggeschafft.   mit dieser formel stimmt ziemlich genau überein eine vierte in der Lambacher pergamenths.* 132, XIV *jh. das glaubensbekentnis ist auf die apostel verteilt (vgl. Mafsmann abschw. s.* 39. 40). *der schluss der Jesu gewidmeten partie lautet ursprünglicher*: Ich gelaub daz er nâch seiner urstend hie in erd want viertzich tag und daz er an dem viertzigistem tag ze himel fuer ze gesicht seiner junger und die des wirdig wâra daz si sein häligen aufart såhen. und daz er dâ sitzet ze der zesem seins vater immer (statt ime) ewenhêr und ebengewaltich. Ich gelaub daz er von dann chünftig ist ze richten und ze ortailen ainen iegleichen menschen nach seinen werchen und mich nach den meinen. *fünftens erwähne ich die unter könig Albrecht dem zweiten, also* 1438 *oder* 1439 *geschriebene Lambacher papierhs.* 463, *in welcher auf eine* petitio pro vivis *und* petitio pro mortuis *die* confessio generalis *folgt. das an anderer stelle stehende glaubensbekenntnis ist das apostolische. auch sechstens in dem Linzer gebetbuch* Cc. II. 5 *aus dem* XV *jh. findet sich der glaube und die gemeyne peycht, jener aber ist wieder im wesentlichen der apostolische, doch geht ihm die abschwörung voraus* Ich armer geprechlicher sundiger mensch, ich vorsage des pofsen geystes, alle seynes willen, alle seyner werck, alle seynes falschen radtes und zeuschundige. *alle die jüngeren beichtformeln, auch eine in der oben besprochenen Linzer hs.* Cc. II. 2 *bl.* LXXI^b *nehmen die aufzählung der sünden nach gewissen ausdrücklich hervorgehobenen kategorien vor, zb.* ich habe gesündigt an den werken der *barmherzigkeit (werden aufgezählt und spe-* cialisiert), an den sieben *todsünden* (desgleichen), an den sieben sacramenten, an den sieben gaben des heiligen geistes, an den acht stücken der heiligen seligkeit *usw. verwandt damit eine böhmische öffentliche beichte* XIII / XIV *jh. bei Kopitar* Glagolita Clozianus *p.* XLVII. *dagegen zeigt ein niederdeutsches speculum* con- scientiae laicorum XV *jh. bei Rlleydler materialien zur* geschichte des bischofs Stefan von Brandenburg (Brandenburg 1866) *s.* 30 *die einteilung* negligentia con- cupiscentia nequitia.

XCVIII.

Marci Zuerii Boxhornii historia (Francofurti et Lipsiae 1675) *p.* 101: Anti- quitatis *studiosis rem non ingratam facturum me opinor, si etiam hic ex anti-* quissimo *codice* MS. bibliothecae Palatinae *olim descriptam (sc. symboli versio-* nem: *er hat soeben von der alten Sangaller* LVII *und von einer angelsächsischen gesprochen die mit jener Freher herausgegeben) ego hic exhibeam. darauf teilt er zuerst jene beiden Freherschen und dann die vorliegende glaubensformel (*ineditam vetustissimam *symboli apostolici germanicam paraphrasin . . . ex codice mem-* branaceo antiquissimo) *s.* 102 *mit. die hs. dieser war also nach Boxhorns ver- sicherung eine Pfälzer, nicht wie Mafsmann abschw. s.* 39 *behauptet die des von Freher herausgegebenen* ags*'.* glaubens. *Mafsmann abschw. nr.* 13. *die von Boxhorn gesetzten grofsen anfangsbuchstaben lasse ich unberücksichtigt.* 2. unsen thenen heigen] helenden? 3. helchen   4. gest evvar godthinis, *verbessert von Mafsmann.*   5. theter gê] *hochd.* der dir ie   der *ganze satz ist offenbar sehr verderbt: um das richtige herzustellen muss* le bis sune gestrichen *und en* oder *ende für* that *he gesetzt* werden.   7. war *beidemal.* euvvegen   8. nôtthrutthe] *d. i.* nôtthruhte (*vgl. zu* XXXIII, C^b 14) nôtthurfte.   10. muivvet, *verb. Mafsmann.*   11. thu   uth   12. thâr bevaren *d. i.* bevoren *Müllenhoff*] tharbe vvaren   13. treaden, *verb. Mafsmann.*   thenne   14 adter.   15. the   16. dages meuuiseke anu uê] *vgl.* gê *für* ie.   17. thas thes thu thenne   18. aucie] = aucihe ausihe anseche? *dieses wort würde* nur hier vorkommen, wenn es nicht jüngere **niederdeutsche quellen noch aufweisen**. *vielleicht* ancit — ansiht? 19. het thar eth switheren *Mafsmann*] euvvir- **theren** 20. ime *Mafsmann*] une 21. the *beidemal*. liuende 22. wereken Ic] Is 23. 24. *die meinung des schreibers war etwa* 'deren *ich eine grofse menge habe und* wovon ich nichts unterlassen (furmetne *für* furmeden ne) habe.' *aber ohne* zweifel *ist dies blos misverständnis eines andern dem lateinischen genau entsprechenden* gedankens, dessen *ursprünglichem* wortlaut *ich jedoch nicht zu bestimmen* wage. 26. thingke the ic] that uvellere 27. the] thet 28. e te iunckgesten in than euge

---

Honor. Augustodin. spec. eccl. f. 17ᵇ: Simbolum fidei. Credo in deum patrem **omnipotentem creatorem caeli et terrae** [et totius creaturae]. Et credo **in eius uni**genitum filium dominum nostrum IesumChristum. Et credo **in** spiritum sanctum. Credo quod istae tres personae, pater et filius et spiritus sanctus, una vera deitas est, quae semper fuit sine initio et semper erit sine fine. Credo quod idem dei filius conceptus est de spiritu sancto, et natus est de s. Maria perpetua virgine. Credo quod propter nostram salutem (necessitatem codd. *Rhenov. Aug. vgl. zu* XCVI) captus est, ligatus est, irrisus est, * flagellatus **est, crucifixus est**, mortuus est, in humanitate, non in deitate. Credo quod sepultus **est**. Credo quod ad infernum ivit (*vgl. z.* 11) et inde sumpsit qui suam voluntatem fecerant. **Credo quod tertia die resurrexit a mortuis** ∗ . Et post resurrectionem **comedit et bibit** cum suis discipulis ad probandam **veram suam resurrectionem.** ∗ Et postea in quadragesima die sursum ad caelos ivit suis discipulis inspicientibus (*vgl. z.* 18). Et ibi **sedet** ad dexteram dei patris omnipotentis, ei coaeternus (evenhēr *z*. 20) et compotentialis. Credo quod adhuc inde venturus est iudicare vivos et mortuos, unumquemque secundum opera sua et secundum ipsius misericordiam (*vgl. z.* 22). Credo sanctam ecclesiam [catholicam et apostolicam]. **Credo communionem** sanctorum. Credo remissionem omnium peccatorum, de quibus [paenitentiam egi et] confessionem feci et ultra non iteravi. Credo quod (that ic sundige mennische *z*. 24) isto eodemque corpore in quo hodie appareo mori debeo, resurgere debeo, deo rationem reddere debeo de omnibus quae umquam feci sive bona sive mala. Et ibi retributionem accipiam secundum hoc quod in ultimis inventus fuero. Et credo etiam vitam aeternam ∗ . Amen. . *die meisten der im deutschen gemachten zusätze und änderungen sind aus anderen formeln bereits bekannt:* **gebalslaged wart** *z.* 9, thiu hēlge siele *z.* 11, als — gesundigede *z.* 16 *f. aus denen des erweiterten textes* (XC, 23. 25. 14 *ff.*); wār — menneschē *z.* 13, Ic — nochte *z.* 15 *f.*, the ther — mōsten *z.* 18, evenhēr *z.* 20 *aus denen des gemeinen textes, zb.* XCII, 11. XCVII, 32 *f.* (*vgl.* LXXXVII, 11). 34 *f.* 36.

XCIX.

Cod. lat. 2 *der k. bibliothek in München,* 115 *bll. fol.* XIII *jh. stammt aus Augsburg, wie aus dem von Mafsmann an den unten angef. oo. verzeichneten*

inhalte hervorgeht. zufällig frei gebliebenen raum auf bl. 38ᵇ **benützte eine andere hand zur eintragung des vorliegenden denkmals.** *HFMaſsmann im* **rheinischen** *museum für jurisprudenz* 3 (1829), 281—283. *Derselbe abschwörungsformeln* (1839) *nr.* 68. *HKFöringer bei JMerkel lex Alamannorum* (1851) *in* **Pertz** *LL.* 3, 150. 151. *KRoth beiträge zur deutschen sprach-, geschichts- und ortsforschung* 3 (1854), 237. 238. *ASteichele archiv für die geschichte des bisthums Augsburg soll ebenfalls einen abdruck aus der hs. enthalten.* **2. rethe** *rethen immer.* 3. wâ *nimmt JGrimm gramm.* 3, 302 *für eine interjection nach* **wâ** *euge gl. mons., indem er die wortfolge des relativsatzes auſser acht lässt. Wackernagel glossar zum lesebuch* DLXXVII *erklärt* 'hier, ausgelassen sehet'. *ich meine, das vor* wâ *ausgelassene* sehet *oder* sê *wird vielmehr durch* **die darreichung** *des handschuhs* **vertreten. übersetzen können wir** '**womit**'. **iw** erwette '*versprechen, gelobe mit pfandsetzung*'. 5. swabh 7. ivv 8. nah s. r. 9. chvrichen '*kuhgehege*' *vgl. Wackernagel aao.* CCCXLII. chûzal '*bestand an kühen*' **Wackernagel aao.** 10. ñ. s. r. 11. iw' zûo 11ſ. nah s. é. ñ. s. r. 13ſ. n. s. e 14. iw 16. nah. sw. e. 17. gelûtenne 18. unt zeſ unze 18ſ. n. s. r. so v. r. 20. **wolwerde engegem** 21. niemet 23. **dei frovwen** 26. muntadele *für* muntalde *wie* Adelrih *und* Alderih, nôtgestadle *und* nôtgestalde (*WGrimm zu Athis E* 76); *aus* muntwalde *wie* Ôtacher *aus* Ôtwacher: *Wackernagel aao.* s. CCCXCIII.

Die wichtigsten documente zur erläuterung des vorliegenden denkmals sind in bezug auf die form des verlöbnisses (z. 1—22) *und der eheschlieſsung* (z. 23—29) *A die formel zu ed. Roth.* 182, *B die formel zu ed. Roth.* 196, *C die langobardische notariatsformel* 20. 21, *D die angelsächsische verlobung. ACD findet man jetzt zusammen gedruckt bei RSchroeder geschichte des ehelichen güterrechts in Deutschland*[1] (1863) *s.* 179—182; *B steht bei Walter CJG.* 1, 715. 716. *was wir hier als wesentlich erkennen, zeigt sich auch dort: die pfandsetzung* (*oder bürgenstellung*) *für die zahlung des muntschatzes, die ausfertigung des libellus dotis* (*die man sich zwischen z.* 22 *und* 23 *vollzogen denken muss, da in z.* 21 *nach dem schreiber canzelâre verlangt wird und in z.* 23ſſ. *der muntwalt die pfänder zurückgibt*), *die übergabe der braut* cum omnibus rebus mobilibus et immobilibus seu familiis quae ad eam per legem pertinent — *dieser oder ein ähnlicher zusatz ist in z.* 26 *offenbar nur vergessen oder als selbstverständlich weggelassen — durch den muntwalt* (*vgl. Wackernagel in Haupts zs.* 2, 549; *EFriedberg in Doves zeitschrift für kirchenrecht* 1, 368 ſſ.) an den bräutigam ad legitimam uxorem ad habendum (*B.* uode habe sime *z.* 29). *gleichzeitig überreicht er demselben ein schwert als symbol der gewalt über leben und tod* (*RA.* 167. *vgl.* 426. 427. 431. *myth.* 281 *anm.*) *und auſserdem symbole der tradition: einen ring* (*RA.* 178), *einen denar* (*RA.* 180), *einen hut* (*RA.* 148ſ.); *ferner einen mantel, sonst zeichen der adoption* (*RA.* 536 160ſ.), *aber hier des mundiums, wie auch kniesetzen bei der verlobung vorkam* (*RA.* 433). *zu dem ring am heft des schwertes vgl. Rudlieb* 14, 63ſſ.

Sponsus at extraxit ensemve piramide tersit.
Anulus in capulo fixus fuit aureus ipso,
Affert quem sponsae sponsus, dicebat et ad se

'Annulus ut digitum circum cap........ totum,
Sic tibi stringo fidem firmam .. perpetualem.
Hanc servare mihi debes aut ....'

klar ist in dem letzten verse die angegebene bedeutung des schwures ausgesprochen,
der ring aber wird wie in C und wie gewöhnlich (I. 4, 177 f. 432) von dem bräutigam der braut übergeben. von den anderen schulen finden sich in AB spata
wanto grosna, ebenso in C gladius arethets (l. cithara pianis); schwert und mantel in denselben sinne wie hier, der handschuh als in anderem, da er hier nicht wie
Friedberg aao. s. 369 annimmt symbol der übergabe, sondern einfach wie R.A. 144.
155, 3. 4 *pfand ist.* auch die feierliche verkündigung der widemsache trifft man
sonst kaum. was nun den inhalt der sechs zur die siebenzahl im recht R.A.
213. 214) gelöbnisse betrifft, so ist zunächst hervorzuheben, dass dem ersten ein ähnliches in D entspricht, worin der bräutigam erklärt dass er die braut an ja vaan
georuige, hat he bi alter godes rihte healdan villogh van his vif ansi, vgl. mit der
schlussformel die hier gebrauchte ob von rehte vor rei Swab also vrien Swabin
sol und die ganz ähnliche friesische bei Richthofen rechtsquellen s. 410 b alsoc
di fria Fresa mitter frie Fresinne schulde, der .... Swabe b. näh Swabe
rehte werden wir in der sogleich zu erwähnenden urkunde Friedrichs I. wiederfinden. die wendung als ic eu Swabe hersrhepte ..... in des chuniges riche
hân ist auch zu IV und V zu wiederholen. über das zweite bis sechste gelöbnis
bemerkte ich in der ersten ausgabe des vorliegenden buches, es mögen schwäbische
sitte gewesen sein, der braut den ganzen tresen ...... zu verschreiben, worunter
man wohl das zu verstehen habe was zb. in der ..... des 'erbegutes' im Augsburger stadtrecht (v Freyberg sammlung deutscher alterthümer s. 92) allez verworchtez golt unde verworchtez silber genannt .... die übrigen versprechungen seien allgemein gehalten, ohne angabe irgend eines quantums, und specialisierten nur das vermögen des mannes, indem sie zu jedem bestandteile desselben
einen beitrag zum wittum zusagen. der libellus die ..... dann das nähere enthalten. unberechtigt dehne Zöpfl rechtsgeschichte ... b. n. 15. § 91 n. 16. 27
was von dem tresen gesagt werde auf alle angeführten gegenstände aus und spreche
von der bestellung der leibzucht am gesamten beweglichen und unbeweglichen, gegenwärtigen und künftigen vermögen des bräutigams. diese auffassung wird von
Schröder 2, 1 (1868) s. 72 geteilt. aber gerade ..... bringt eine parallelstelle bei,
welche mir dieselbe zweifelhaft macht. in dem ...... Friedrichs I. mit
Alfons von Castilien vom j. 1188 (MG. LL. 2, 365) ..... der ersteren sohn Konrad die tochter des letzteren heiraten soll, heifst ..... bräutigam: et dabit ei
donationem propter nuptias, quae vulgo dicitur ap. Romanos doaire, apud Hispanos arrhas, videlicet totum alodium quod contigerit .... tam a nobis (sc. imperatore) quam **a nobilissimo patrueli** meo Frederico, quod est in episcopatu Herbipolensi et Francia orientali, in provinciis Sualve et Riez appellatis, io Suevia
et inter Rhenum et Sueviam situm ... secundum ... et consuetudinem Alemanniae. **anderes** allodialvermögen aufserdem besafs Conrad doch wohl nicht? sollte
man darnach nicht auch hier, wie man dem wortlaut gemäfs am liebsten möchte,
das ganze eigen des mannes als widem betrachten dürfen? das 'gesammte bewegliche und unbewegliche vermögen' ist **das** ni. lange nicht. und auch von
einem mitbesitze aller güter des bräutigams darf man nicht mit Wackernagel
aao. sprechen. **Weinholds** äufserung über unser denkmal, deutsche frauen s. 225,

[...]ege [...] ich [...] buher [...] 'in diesem verlöbnis ist zunächst die aufzählung der allgemein [...] dingungen zu beachten, welche der bräutigam selbst unmittelbar [...] der [...] braut ausspricht; es ist dies nur eine allgemeine vermutung auf die anderen verträge, welche der vermählung vorausgehen musten.

C.

A originalhandschr. im provinzialarchiv zu Magdeburg. 'das aufzergewöhnlich grofse an der urkunde 0, rot-, grün- und gelbseidenen **schnüren befestigte** siegel der stadt Erfurt [...] die umschrift **ERFORDIA FIDELIS EST FILIA MOGONTINE**. [...] IHS MARI [...] das pergament in unverkennbarer eigentlicher mönchschrift des mittelalters geschriebene urkunde ist von der gröfse eines mäfsigen quartblattes und enthält druckte zeilen. um die ganze schrift dieser schön erhaltenen urkunde geht eine eckige dicke goldene, rot geränderte einfassung, und ebenso sind die acht in der urkunde vorkommenden initialbuchstaben mit golde gemalt und rot eingefasst. zu merken ist noch dass der endbuchstabe i in der urkunde immer über sich mit hat.' *Höfer in Dorows denkmälern alter sprache und kunst* 1, 2 (1824) [...]. *Derselbe auswahl der ältesten deutschen urkunden im archiv zu Berlin* (1836) 4. *hier nach einer abschrift Joffés. ich habe die gröfsen aufsergewöhnlichen* 1 *So* 2 *Der in kleine verwandelt,* 10 *steht juden heit und Chawel. Cod.* **Laud. Misc.** 741 *zu London.* XIV *jh. bl.* 35ᵇ *zwei judeneide, welche einen 3. bilden* 'des in der hs. der Culmer handfeste und dem Sachsenspiegel entnom. ge[...] *Magdeburger rechts.' mitgeteilt von E Sievers. nur der zweite dieser eide unter der überschrift* Item iuramentum *ist hier gemeint, über den ersten s. den excurs. abweichungen aus B in der regel nur was nicht* orthographische *oder mundartliche abweichend ist.* 1. *davor in B* Swer den juden **deo eit stabet** *der spreche also. [...] N. B.* bisdu *B.* daz dir got **so belfe** *B.* 2. erde *B. nehmen wir dazu [...] an, so läfst sich die* ganze urkunde *ohne schwierigkeit in versen [...] lesen, reime zeigen sich* 1 **sculdegit**: unschuldic, 2. 3 gras: was, 7 singeres: [...] 10 **Cuonrāt**: hāt. 3. nicht enwas *B*. 5. Naamanne vorliez *B.* [...] 5. 6. uf dem berge zu *B*. 7. steinir (*für* steinisr?) *A*, steinen *B*. [...] rift *A*, schrift *B*. vgl. thio dât *udgl. bei Otfrid, Kelle* 2, 200; *plur.* tugent [...] frauwenrehe (zs. 7, 511) *s.* 1212. 1292. *auch der jüngeren überlieferung [...] sich im* excurs *zeigen* wird, *die form* schrift *zu grunde, § 9 s.* 13. 9. [...] bucheren Moysi. Sprechet alle amen *B*, worin z. 10 *fehlt*.

Eine erschöpfende geschichte der judeneide wäre ein weitaussehendes unternehmen. die gesamte judengesetzgebung, alle rechtshandschriften, ratsprotokolle usw. würden material liefern. zur vorläufigen übersicht mag folgendes genügen.

die beiden ältesten mir bekannten formen finden sich MG. LL. 1, 194. die eine als c. **4** *in den capitulis domni Karoli imperatoris et Hlodowici:*

Si (*l.* Sic) me deus adiuvet, ille deus qui dedit legem Moysi in monte Synai et si (*l.* sic) lepra Neaman Siri super *me* non veniat sicut super illum venit et sic terra me non deglutiat sicut deglutivit Dathan et Abiron, de ista causa contra te malum non merui.

die zweite im Wolfenbütteler cod. Blankenb. 130 *bl.* 207ᵃ X *jh.*

Iuramentum Iudeorum.

Adiuro te per deum vivum et verum, et in illam legem sanctam quam dominus dedit ad beatum Moisen in monte Sinai, et per Adonai sanctum, et per pactum Abrae quod deus dedit filiis (filii *hs.*) Israel: et si non, libra Naaman Siro circumdet corpus meus. et si non, me vivo degluciat terra sicut fecit Dathan et Abilon. et per arcum fidelis (*l.* foederis? *vgl.* Genes. 9, 12—17) qui de celis aparuit ad filios hominis, et ipsum locum sanctum ubi sanctus Moisen stetit, et illam sanctam *legem* quam beatus Moisen ibi accepit: de ac causa culpabilis non sum.

die dritte form der zeit nach und die älteste deutsche α ist die vorliegende erzbischof Konrads von Mainz (1161—1165 *und wieder* 1183—1200), *welche sich wie B zeigt in einer hs. des 'Magdeburger rechts' (was damit speciell gemeint ist, weifs ich nicht) fast unverändert erhalten hat. ich reihe daran β von Sievers aus London mitgeteilt, cod. Laud. misc.* 237 *bl.* 193ᵇ '*eingetragen von einer hand des* XIII *jh.*'

Der judin eit. ar (?) man wilt. alsus geit. ¹Des dich de man ziet, des bis du unsculdich. ²sô dir helfi de god de di erde gescûp unt den himel ûf hûp, de giscûph laub unde gras, des dâ è nit inwas. [³Ove du unrethe sveris, sô mûzis du virsinkin alse Sodoma unde Gomorra.] ⁴Ove du unrethe sveris, sô mûze dich di erde virslinden alse Dâthan und Abirôn. ⁵Ove dû unrethe sveris, sô mûzin dir suichin quinque libri Moysi.

es steht in der hs. 1. deʳ 2. De gi scuph. *was a gegenüber erweiterung ist, habe ich eingeklammert. zwischen* 4 *und* 5 *fehlt der aussatz Naamans und die gesetze auf* Sinai. *den neuen* reim *in* 2 *wird man bemerkt haben.* γ Görlitzer *hs. des lehenrechts* '*auf dem der anfangsseite gegenüberstehenden pergamentblatte*' XIII *jh.* Hüfer *bei Dorow aao.*

¹Des man dich suldich, des bistu unsuldihc. ²Daz dir got zo helfi der himel unde erdi giscûf unde loub unde gras [³unde als dir ginâd Adonây unde sîne ginêdichi gotheit] ⁴unde als du di è nimmir mûzis bihaldin, di got gap Môizi ûf dem bergi zû Sinây an der stènin tafilin. ⁵op du nicht reht unde wâr habis, zô muzi dich ani gên daz vreisliche gesueti, daz Gezi ane ginch, dô her di gâbi von Naaman untphinc. ⁶op du nicht rechti unde wâr habis, zô mûzi dich dû erdi virslindin unde daz fûr virbrennen, daz Dâtan unde Abirôn verbranti und ir nami (? virslant?). ⁷daz swerstu ûffe den funf bûchin Môizi [bi dem *gote* Abrahâm Ysaac unde Yâcop.]

δ *aus der hs. welche α B enthält, cod. Laud. misc.* 741 *aus dem* XIV *jahrhundert. bl.* 35ᵇ.

Iuramentum Iudeorum.

(Diz ist daz gerichte und der eit, dâ mite ein jude gerichten sal deme cristen, daz geschrieben ist in der keysere rechte. Her sal gekârt sin gegin ûf gênder sunnen, barvûz sal er stên ûf eime stûle, sinen mantel sal er an haben, einen juden huet ûffe. wirt er vellic dristunt, alsô dike verlûset er einen vierdunc. zû dem vierden mâle ist er bestanden. ¹Ich mane dich bî den drin bûchstaben und bî der ê die got gap Môysi an der steinen taffelen ûf dem berge zû Synây, daz diz bûch gerecht si dar ůffe du, jude, diseme cristenen sweren salt umbe sô getâne schult, dar umbe he dich zů antwortene brâcht hât.] ¹Daz du der sache unschuldic sis, der dich dirre selbe cristene man schuldeget, ²daz dir got sô helfe, der got der himel und erde geschaffen hât [luft und tow, berge und tal] loub blůmen unde gras. ³und ob du schuldic sis, daz dich die erde verslinde, die Dâtanne und Abyronne verslant. ⁴und ob du schuldic sis, daz dich [die giecht und] die mieselsucht bestee, die Nâamanne liez und lezi bestûut. [⁵und ob du schuldic sis, daz dich verburne daz hiemelische vûer und daz vallende ubel an kome und die blůtsucht bestê. ⁶und ob du schuldic sis, daz du verterbes an diner sêle und an dime liebe und an dime gůte unde daz dir geschehe alse Lôdes wibe die dů (36ᵃ) gewandelt wart in eine saltzsůle, dô Sodoma vertarp und Gomorra. ⁷und ob du schuldic sis, daz du nimmer enkomes in Abrahâmes schôz noch enkomes nimmer zů ůfferstandunge, dô cristen juden und heiden vor unseme scheppfere irstên.] ⁸und ob du schuldic sis, daz dich die ê vertilige, die got Moysi gap ûf dem berge zů Synây, die got selbe schreib mit sinen vingeren in die steinen taffelen, ⁹und daz dich vellen alle die schrift die geschriben sint an den viumf bůchen Moysi. [¹⁰und ob din eit nicht reine und recht si, daz dich velle Adonây und sine gewaldige gotheit. âmen. Sprechet alle âmen.]

es steht in der hs. ein paar mal ů für u und û, immer sijs und vů. auch βy setzen α voraus, δ schliefst sich aber im wortlaut genauer daran an. es ist augenscheinlich ein text α B interpoliert worden, die stehende phrase und ob du unrehte sweris durch und ob du schuldic sis ersetzt. δ 5. 6 werden auf einer wendung beruhen wie 'dass dich das himmlische feuer verbrenne, das Sodoma und Gomorra verbrannte' vgl. β 3. man sieht, es besteht eine ununterbrochene tradition von α B, auf diese wirken aber die freieren fassungen wie βy und machen sich in interpolationen geltend. das bestätigt auch die verbreitete formel ε im Magdeburger weichbildrecht (ed. Daniels), bei Ortlof rechtsbuch nach distinctionen, in der Leipziger pergamenths. des Sachsenspiegels (ed. Leyser in Mones anz. 4, 305), in der glosse zu art. 133 des weichbildrechtes nach der Görlitzer pergamenths. der sächsischen rechtsbücher vom j. 1387 (ed. Wackernagel Basler hss. 38.39). ich bezeichne die texte nach den herausgebern mit DOLW und lege L zu grunde, indem ich die einleitung über das ceremoniell des eides weglasse.

¹ Des dich N. schuldiget, des bistu unschuldig. ²Daz dir got sô helfe der dâ geschůf himel unde erden, luft, loub unde gras, daz ê nicht enwas. [³Unde ab du unrecht sweres, daz dich der got schende, der Âdâm gebildet hât nâch sines selbes antlicze unde Even machte von eime sinem ribe. ⁴Unde ab du unrecht sweres, daz dich der got schende, der Nôê selbe achte, man unde wib, in der arken vor der sintflůt ernerte. ⁵Un le ab du unrechte sweres, daz dich der got schende, der Sodomam unde Gomorram verbrante mit dem hellischen vûre.] ⁶Unde ab du unrechte swerest, daz dich die erde vorslinde die dâ vorslant Dâthan unde Abyrôn. ⁷Unde ab du unrechte swerest, daz dich die mieselsucht bestê, die Nâaman liz unde Jesi bestûnt. [⁸Unde ab du unrechte swerest, daz din fleisch nimmer zů der erden gemischet werde. ⁹Unde ab du unrechte swerest, daz dich der got schende, der wider Moysi redte ûz eime fůerigen pusche.] ¹⁰Unde ab du unrechte swerest, daz dich der got schende, der Moysi die ê beschreib mit sinen vingeren an eine steinene tabelen. [¹¹Unde ab du unrecht swers, daz dich der got schende, der Pharâôn derschlůg unde die juden uber daz mer trůg unde si vůrte in ein laut dâ man milch unde

honig inne vant. ¹²Unde ab du unrechte sweres, daz dich der got schende, der die
juden spiste in Egypten lande mit deme himelbrôte virzig jâr.] ¹³Unde ab du un-
rechte swerest, daz die schrift dich velle, die dâ geschreben stêt an den funf
bûchen Moysî. [¹⁴Unde ab du unrechte swerest, daz dich got schende unde dich
dem tûfele sende mit libe unde mit sêle nû unde ummer mêre.]

    1. disse mau N. D. Ioseph W.   beschuldigt W, schult gebet O.   ben ich O und so im-
mer in der ersten person.   2. Und abdu unrecht swerest das dich got schende der hyml
und erde geschaffin hot und dorczu laup und gras W.   wassir und luft O.   luft vur lof
D.   3. geschuf unde on gebildet had noch sime gotlichen antlaczze O.   4. fehlt D.
5. Gomorram unde dy andern stete O.   6 bis 8 fehlt W.   6. verslinden musse O.
10. ê] ezzen geboth O.   mit seynem vinger W.   sinen] gotlichen O.   in einr steinen tauel
W, an tven stevenen thafen D.   11. koninge Pharaone D.   sluch DW.   inne fehlt LW.
   12. in Egypten lande] in die wustenynge D.   himelischen bröde DOW.   drisigk O.
13. fehlt W.   bescreven D.   an dem funften buche O.   14. got] der dot L.   unde der
tufel velle and enweg fure O.   und nu unde O.   nu fehlt D.

    *Der zusammenhang mit α liegt ganz deutlich vor, und zwar ist es wieder die
hs. B, woran sich die erweiterung knüpft. der satz in welchem die gesetzestafeln
vorkommen (Erfurter eid z. 6. 7, hier der zehnte satz) ist wesentlich verändert. auf
die reime in 11 und 14 hat schon Leyser aufmerksam gemacht. setzen wir auch
hier wie bei δ eine erweiterte freiere formel voraus, welche der interpolator benutzte
(vgl. 2 luft mit δ 2), so findet sich, dass dieselbe viele erweiterungen mit der dem juden-
eide des Schwabenspiegels zu grunde liegenden fassung teilte. zu dem ursprüng-
lichen bestande wie er in α vorliegt, waren hinzugekommen: Sodom und Gomorra
ε 5 unten ζ 6 wie β 3 (das himmlische feuer das noch δ 5 voraussetzt, ist ein hölli-
sches geworden), fleisch nicht mit erde gemischt ε 8 ζ 9, Moses und der feurige
busch ε 9 ζ 15, der schlag (auf Pharaon ε 11), Israel in Aegypten ε 12 ζ 13, die
seele vor gericht am jüngsten tag ζ 16, vgl. δ 7 ε 14. die hauptzutat von ε sind
Adam Eva und Noe und die gereimten stellen.   das original des judeneides im
Schwabenspiegel ζ (Lafsberg 263, Wackernagel 215) lässt sich nun aber noch ge-
nauer reconstruieren. es war im allgemeinen angelegt wie γ und die beiden alten
lateinischen formeln, d. h. die historische ordnung verlassen, Sinai gleich hinter
der schöpfung, am schlusse aber noch einmal Moses. genauer: in der schöpfung 2
hinzugekommen berg und tal, vgl. δ 2; dann 3 Sinai und 4 fünf bücher Mosis; 6 So-
doma und Gomorra vor Datan eingeschoben wie in ε; 9 (fleisch) erde und gries (hier
eingeschoben, in ε erst nach Naaman), 10 Abrahams schofs wie δ 7, 11 Adonai wie γ 3
vgl. δ 10; dann erst 12 Naaman; hierauf Israel in Aegypten 13 und Moses 15, im
ganzen die ordnung von ε, abgesehen von der umstellung und von dem was in 3. 4
vorausgenommen; endlich 16 seele vor gericht und 17 gott Abrahams Isaaks und
Jakobs wie γ 7.   ich lasse nun den text des Schwabenspiegels zur vergleichung
folgen, im wesentlichen nach Lafsberg, die eigenen zusätze von ζ durch klammern,
den alten bestand von α durch gesperrten druck hervorgehoben.*

    ¹**Umbe sô getân guot** (vgl. umbe sô getâne schult δ) **alse** dich dirre man zihet
(vgl. β 1), [daz du des niht enweist noch enhâst noch in dîne gewalt nie gewunne
noch dehein dîn ehalte under erden vergraben hât noch in mûren verborgen hât noch
mit slôzen beslozzen hât.] ²**Sô dir helfe der got der himel unde erde
geschuof, tal** und **berg, walt loub unde gras**. ³unde sô dir helfe diu ê die got
selbe dâ schreib in monte Synây. ⁴**Unde sô diu fiunf buoch** hern

Móysi dir helfen. [⁵Unde sô **du niemer niht müezest enbizen, du** müezest
dich allen beschizen, alse ouch der künig von Babylonje **dâ tet.**] ⁶und sô daz swe-
bel und daz bech ûf diuen hals müeze rinnen unde regenen, daz ouch über So-
doma unde Gomorra dâ **regente.** [⁷unde sô dich daz selbe bech überrinnen müeze,
daz ze Babyloniâ überran **zwei** hundert man oder mê.] ⁸und sô **dich diu
erde [übervalle** und dich] verslinde alse si tet **Thattan und Abiron.**
⁹und sô din erde niemer müeze kumen zuo ander erde und din griez niemer
müeze **kumen zuo andrem grieze** ¹⁰in den barn des herren hern Abrahâmes:
sô hâst du wâr unde reht. ¹¹und sô dir **helfe Adonây: du hâst wâr** des
du geswörn hâst. ¹²**unde sô du müezist werden malâzig alse Neo-
man unde Jesi: ez ist wâr.** ¹³**unde sô der** slag dich müeze an gân der
daz israhêlsche volk an gie, dô si durch Êgypten lant fuoren: ez ist wâr des du
geswörn hâst. [¹⁴**und** sô **daz bluot unde der fluoch iemer** an dir wahsen müeze
und **niht ab nemen,** des din geslehte im selben wunschte, dô si Jêsum Christum
verteilten und marteretën unde sprâchen alsô 'sîn bluot kom üffen uns unde üffen
unseriu kint' ez ist wâr.] ¹⁵des helfe dir **der got** der Moyses erschein in einem
brinnenden boschen der doch beleip unverbrunnen: ez ist wâr, der eit den **du** ge-
sworn hâst. ¹⁶bî der sêle die du an dem jungesten tage bringen muost für gerihte,
¹⁷per dominum Abraham, per dominum **Ysaac,** per dominum Iacob: ez ist wâr,
des helfe dir got und der eit **den du geswörn hâst. Amen.**

die eidesformel des Schwabenspiegels teilt wie man sieht die *mangelhafte
kenntnis der bibel mit allen fassungen nach a. wenn der verfasser auch nicht mehr
Sodoma und Gomorra durch höllisches feuer untergehen lässt, **so** scheint er sich
über die schicksale Israels in Aegypten doch seltsame vorstellungen zu machen* (13).
*die schwurformel des Schwabenspiegels folgt natürlich der ausbreitung dieses rechts-
buches selbst. wir finden sie unverändert im kaiserrecht Endemann s.* 248—250
und zb. in einer baierischen rechtshandschrift Wiener cod. 2856 *zweimal bl.* 28ᵃ *und
42ᵃ, auch in der trierischen schöffengerichtsordnung* **von** 1400 (*ed. FXKraus im
jahresbericht der gesellschaft* **für nützliche forschungen** *zu Trier* 1869—71) *s.*
39. *einige phrasen daraus in* **dem Gûdin eit einer hs. XIV** *jh. aus Neustadt am
Main, jetzt zu Bronnbach bei Wertheim, veröffentlicht von Mone zeitschrift für ge-
schichte des Oberrheins* 1, 43. *verwandt ist ferner die reimreiche formel bei Ochs
geschichte* **von** *Basel* 2, 449 *und vermutlich auch die Strafsburger* (oben zu XLVIII
s. 432) *Graff Diutiska* 1, 316; *Wackernagel Wessobrunner gebet s.* 51 Dis ist der
juden eit. Alse vâhet er an. alse dich dirre an spriechet, daz ist wâr, sô dir helfe
der got der beschuof himel unde erde, tal unde berge, alse **du** reht habest, der got
der beschuof luft unde tuft, loup unde gras, des è niut enwas... *schluss:* also
helfe der Adonâi Abrahâm Ysâc unde Jâcob: *worin übrigens einzelnes hinter den
Schwabenspiegel zurückgeht. über die letzten ausläufer des judeneides s. Wacker-
nagel aao. immer ist die schöpfung von laub und gras das charakteristische. und
mit recht bemerkt derselbe Wackernagel Basl. hss.* 39, *auf diese stereotype wendung
werde in dem gedichte Regenbogens gegen die juden hingedeutet mit den worten* Nû
sag an, jud, wer ist **din got?** 'Daz ist der loub und gras hât wol erschaffen.'
(*HMS.* 3, 351ᵇ).

NACHTRÄGE UND BERICHTIGUNGEN.

LXXIIb.
LORSCHER BEICHTE.

Ih gihu *gote* alamahtigen fater inti allên sînên sanctin inti desên uuihidôn inti thir gotes manne allero minero sunteno, thero ih gidâhda inti gisprah inti gideda . . . thaz uuidar gote uuâri inti daz uuidar minera cristanheiti uuâri inti uuidar mînemo
5 gilouben [inti uuidar mineru uuihûn doufi] inti uuidar mineru bigihdi. Ih giu nides, abunstes, bisprâhâ, suerjennes, firinlustjo, zitjo forlâzanero, ubermuodi, geili, slafheiti, trâgi gotes ambahtes, huoro uuilleno, farligero, inti mordes inti manslahtâ, ubarâzî, ubartrunchi. Ih *gihu* thaz ih minan fater inti mina muater sô ni êrêda sô ih scolda, inti
10 daz ih minan hêreron sô ni êrêda sô ih scolda inti inan sô ni minnôda sô ih scolda, inti mîne nâhiston sô ni minnôda sô ih scolda, inti mîn uuip inti mîn kind sô ni minnôda inti ni leerda sô ih scolda, inti mîne jungeron sô ni leerda inti ni minnôda sô ih scolda, indi mîne fillolâ sô ni [êrêda indi ni] leerda sô ih scolda. Ih gihu thaz ih then uuîhon sunnûn-
15 dag inti thia heilagûn missa sô ni êrêda inti ni mârda sô ih scolda. Ih gihu daz ih minan decemon ni fargalt sô ih scolda, thaz ih stal inti ferstolan fehôta. Ih gihu thaz ih siohero ni uuisôda, serege ni gidrôsda, gast nintfiang sô ih scolda, gisahane ni gisuonda thie ih gisuenen mohda, thaz ih meer giuuar inti unsipberon gisagêda thanne ih scoldi. Ih gihu
20 thaz ih daz giloupda thaz ih gilouben ni scolda, thaz ih ni gilaupta thaz ih gilouben scolta. Ih gihu unrehtero gisihto, unrehtera gihôridâ, unrehtero gidanco, **unrehtero** uuordo, unrehdero uuerco, unrehtero sedelo, unrehtero stadalo, **unrehtero** legero, unrehtero gango, unrehtes anafanges, unrehtero cosso. Ih gihu thaz ih minan heit brah, meineit suuor
25 in uuihidôn inti bi gotes heilogôn. Ih gihu ungihôrsami, ungithulti, untriuuono, âbulges [zit hielt] inti strites. Ih gibu thaz ih heilac ambaht inti min gibet ruoholôso deda inti daz ih daz uuiha uuizzôd unbigihtic inti unuuirdic nam, inti daz sô ni hialt inti sô ni êrêda sô ih scolda, inti daz heilaga crûci sô ni êrêda noh ni gidruog sô ih scolda, noh thero gi-
30 bennidero fastono inti thero crûcitbrahto sô ni erfulta noh ni hialt sô ih

scolda. Ih gihu thaz ih biscoffa inti priesdá inti gotes man só ni éréda
inti ni minnóda só ih scolda. meer sprah inti suuigéda thanne ih scolti.
Ih gihu daz ih mih selbon mit lustin inti mit argén uuillón int mit argén
githancon biuual int giunsúbrida meer thanne ih scoldi. Thes alles inti
anderes manages thes ih uuidar gotes uuillen gifrumita inti uuidar mi- 35
nemo rehde, só ih iz *bi* uuizzantheiti dádi só unuuizzandi, só ih iz in
naht dádi só in dag, só ih iz sláfandi dádi só uuahhandi, só ih iz mit
uuillen dádi só ána uuillon: só uuaz só ih thes alles uuidar gotes uuillen
gidádi, só gán ih es in gotes almahtigen muntburt inti in sino ginádá
inti in lútarlíha bigiht gote almahtigen inti allén sinén sanctin inti thir 40
gotes manne mit gilouben inti mit riuuuón inti mit uuillen zi gibuozanne,
inti bitdju thih mit ótmuodi thaz thú giuuerdós gibetón furi mih thaz
druhdtin thuruh sino ginádá giuuerdó mir farlázan allo míno sundá.
In ther priast quede thanne 'Dominus custodiat te ab omni malo. Bene-
dicat te deus pater, custodiat te deus filius, inluminet te deus spiritus sanctus. In- 45
dulgeat tibi dominus omnia peccata tua' et cetera.

Cod. palat. 485 *(S. Nazarii Lauriss.) der vaticanischen bibliothek zu Rom.* 113
pergamentblätter in fol. min. IX *jh. beschrieben von Bethmann im archiv der gesell-
schaft für ältere deutsche geschichtskunde* 12, 335f. *worauf dr E.Steinmeyer auf-
merksam machte. genauere beschreibung und sorgfältige abschrift der deutschen beichte
verdanken wir der güte des hrn. dr Hugo Hinck in Rom. auf dem oberen rande
von bl.* 1ᵃ *steht von junger hand* Agenda sacramentorum et expositio misse duplex.
in dieser expositio die bis an den schluss von bl. 3ᵇ *reicht, steht bl.* 2ᵃ *eine latei-
nische beichte:* INCIPIT CONFESSIO CUIUSLIBET SAPIENTIS. Quando uolueris
confessionem facere peccatorum tuorum uiriliter age *usw. dann die eigentliche
beichte* 'Domino deo omnipotenti confessus sum peccata mea et omnibus sanctis suis.
et tibi dei misso quae feci ex quo sapere incipi. in cogitatione. et in uerbo. et in
opere. aut in iuramentis. et periuriis. aut maledictis. et detractionibus *usw. bis bl.*
2ᵇ dominus dare indulgentiam peccatorum meorum'. Et sacerdos benedicat et oret
et dicat illi 'Omnipotens deus qui dicit: qui me confessus fuerit coram hominibus
et cet. Ille te benedicat et custodiat et det tibi remissionem omnium peccatorum
tuorum amen'. *(auf diese stelle durch ein kreuz bezogen, am rande von jüngerer
hand:* confessio omnium peccatorum) Ib gihu *usw. die deutsche beichte, alles bishe-
rige von éiner hand; erst mit bl.* 4ᵃ *beginnt eine neue und schreibt* Cursus lunae
per duodecim signa, 5ᵃ — 15ᵇ Ciclus lunaris undeviginti annorum per kl, 16ᵃ *bis*
17ᵇ Beatissimus hieronimus hebreorum nominum interpretationem primus in lati-
nam linguam convertit, 17ᵇ — 27ᵇ Primum in ordine misse antiphona, 27ᵇ *ff.
wieder eine* expositio missae *und so liturgisches kirchenrechtliches dogmatisches
bis zum schluss.* 1. gote: *die ergänzungen hier und sonst in keiner weise durch
lücken der hs. veranlasst.* sancti: *vgl. das indeclinable* sante *(zu* XVI, 3),
gleichsam stamm* sanctja— sautja—. *zu grunde liegt der lat. genitiv, in welchem
die heiligennamen so häufig gebraucht werden, dass oberdeutsche mundarten der*

heilige Floriani, Leonardi *udgl. sagen. ähnlich geht im Tatian* magi *nach der i-declination, vom lat. nominativ pluralis aus.* 1*f.* inti desên uuihidôn] *darnach wird man den eingang der sächsischen beichte emendieren und die annahme eines glossemes aufgeben müssen.* 2. Inti *: und so habe ich öfters überliefertes* Inti *in* inti *verwandelt, um die fügung übersichtlicher zu machen.* Allero 3. *keine lücke in der hs.* 4. *bl.* 3ᵃ minemo 5. *der interpolator verkannte die bedeutung von* cristanheit, *s. zu* LXXII, 4 *und s.* 596. 6. abuntes, s *vor* t *nachträglich eingefügt.* Zitio 7. huoro *als gen. obj. abhängig von* uuilleno *ist nicht unmöglich und kommt der bedeutung nach dem* hôruuilljono *von* S 9. 10 *gleich. die hs. interpungiert nicht nach* huoro. *aber auch ein fehler für* huoruuilleno *oder für* huoro. huoruuilleno *wäre möglich.* 8. ubartrunchi, *das zweite* r *aus einem über die zeile gezogenen buchstaben corrigiert. dieses femininum ist neu neben dem masc. oder neutr.* ubartruok (*Tat.* 146, 4 in ubarâzze intin ubartrunke; *Sievers setzt das zweite wort als masc. an mit Graff* 5, 540, *das erste zweifelnd, wo Graff* 1, 529 *femininum; vgl. S* 10 ovarâtas endi overdrankas) *und den femininis* ubartruncani (LXXIII, 7) ubartrunchida (LXXV, 5) ubartrunchili (LXXVII, 14). *die bildung -i steht neben der auf* -ida *wie in* girî girida (*und*) giridi), kuski kuskida, herti (*und* harta) hertida, baldi baldida *usw. die beobachtung solcher suffixablösung hat eine allgemeine bedeutung von großer tragweite. die beliebten suffixidentificierungen werden damit hinfällig. so wenig als* -i *und* -ida *wegen der angeführten wörter, so wenig sind die gotischen adverbialsuffixe* -ô *und* -ba *identisch wegen* glaggvaba glaggvô, andaugiba andaugjô (*A Bezzenberger untersuchungen über die gotischen adverbia und partikeln s.* 25). 9. ni *hier, wie meist auch sonst, fast immer proklitisch mit dem verbum verbunden.* 15. missa scheint, *nach der form des artikels zu schließen, die freilich auch bei Otfrid statt* thio *begegnet (*Kelle 2, 358..359), *als 'messe' misverstanden; s. zu S* 19. 16. minan, a *aus* o *von derselben hand corr.* 18. nintfiang, g *aus einem* anderen *buchstaben corr.*

gisahane, *vgl. Graff* 6, 74. 75. inlautend h *für* hh *auch* 6 bisprâhâ, 17 siohero, 27 ruoholôso, 40 lûtarliha, *nur* 37 uuahhandi. gisuenen] *über das* ue *vgl. zu* LVI, 22; *Kelle Otfrid* 2, 463. 19. meer, *das zweite* e *übergeschrieben.* unsipberon gisagêda] *der ausdruck ist dem* giuuar *synonym.* gisagên *mit doppeltem accusativ und der bedeutung 'durch reden bewirken, machen' sonst nicht nachzuweisen.* unsipbi 'unfriedlich, feindlich'. scoldi *abwechselnd mit* scolda *wie in der sächsischen beichte: vgl. Löbe gramm. § 184 anm. 2* 20. gilaupta] *das hier ganz vereinzelte* au *bestätigt dr Hinck auf nochmalige anfrage ausdrücklich.* 21. ih gihu 24. meineit *nach S* 31] minan heit *hs. wofür man natürlich auch* meinan heit *setzen könnte. derselbe fehler* LXXIVᵇ, 7 26. zit hielt *ist nicht unecht an sich, aber an dieser stelle. es ist der rest eines satzes, der nach* strites *stehen müste,* mina zit ni hielt, *vgl. S* 33 mina gitidi ... ne gihêld *dagegen gehören* âbulges iudi strites *zusammen, vgl. S* 31 âbolganhêd endi gistridi. 27 ruoholôso] *das* o *des ersten compositionsgliedes beruht auf assimilation an das* ô *von* lôso, *vgl.* LXXVI, 23 fergoumolôsata, *Tat.* 127, 7 furgoumolôsôtun. *vgl. assimilation des ge- udgl. zu* XVII, 38. XXXVI, 3, 9. *ähnlich scheint die farbe des ableitungsvocals durch den wurzelvocal, aber den vorangehenden desselben wortes, bedingt in* 22. 23 sedelo stadalo legero; XVI, 2 comonne; *gl. Ker.* 227 kiporon; *Otfrid* 3, 7, 44 *F. gl. Prud. B* (328ᵃ) ubur; *gl. Doc. misc.* 1, 220ᵃ hungurenta; *zu* XXXI, 47 lôson *und öfter, vgl. zu* XCIV, 8. 28. scolta. (*bl.* 3ᵇ) inti 29. Noh 29*f* gibenni thero 30. crûcithrahto] *das* th *in dem worte fällt nicht so sehr auf* (Graff 5, 514; Kelle Otfrid 2, 503, vgl. 493) *als die flexion nach der* i-*classe die sich dem dem anomalen* deoto *für* deotôno *vergleicht. darnach* nuiht *oder* niouuiht *zu ergänzen, wäre voreilig. got.* bileiþan *wird mit dem dativ oder accusativ construiert, im negativen satz mit dem genitiv, gerade wie* haban *und* visan *mit der negation, Löbe* § 235 s. 228; JGrimm gramm. 4, 961 (*zu* 650). 31. bis]scoffa   36. so ih, vor i *ein senkrechter strich über der linie.*   bi] *die ergänzung ist zweifelhaft wegen* LXXV, 29. **doch** *vgl. den excurs. ein adverbialer genitiv oder* **dativ** -**heiti** *wäre sehr unwahrscheinlich, gramm.* 3, 133f. 135 f.   37. **nath**   38. **Souuaz so**   44. **lntber** *für* lnt ther   45. custodit   inluminat

Indem ich an den excurs zu LXXII anknüpfe, kann ich sofort feststellen dass die vorliegende beichte mit der sächsischen (S) näher verwandt ist als irgend eine der hochdeutschen beichten. zum teil habe ich diese verwandtschaft schon bei der constituierung des textes verwertet. aus S 3. 4 ergibt sich dass der verfasser der Lorscher beichte (L) von einem gideda zum anderen abirrte. den zweiten satz S 3—7 hat er, zum teil durch unkenntnis (anm. zu 5) bald erweitert bald verkürzt. im dritten satze S 7—11 bietet L teils weniger (hetjas, lingannjas und den durch æ vorausgesetzten schluss von unzeitiger speise und trank) teils mehr (geili slafheiti, farligero inti mordes). der vierte satz S 11. 12 ist, so weit er das verhältnis zum herren betrifft, umgestaltet (R 28 spricht für die fassung von S) und in den fünften gezogen, der senior nach den eltern eingereiht. sonst ist hier zu S 13—16 weib und kind hinzugekommen, ganz singulär, sämtlichen anderen beichten fremd; **die übrigen** änderungen nicht wesentlich. hierauf S 16—24 durch auslassungen in bessere ordnung gebracht. dadurch dass S 16. 17 wegfällt (zu arma man vgl. R 21 durftige man) treten die jünger und taufpaten unmittelbar an die übrigen angehörigen heran. dann heiligung von sonn- und feiertagen: das abendmal S 20 ist aber hier mit unrecht weggeblieben und für später (L 27) aufgehoben: indessen wird wenigstens die fassung von L uniha unizôd nam, hialt, êrêda, nicht S ûsas drohtinas lîkhamon **eadi is** blôd antfêng, durch R 16 (vehôda) F 11. 12 êrita, M 11 P 10 gihialt bestätigt. **hierauf** aus dem folgenden S 21—24 **die** zehntenzahlung herausgenommen S 23 (**die fassung von** L fargalt statt S gal **durch** R 27 bestätigt) und aus S 30 mit stehlen u**nd hehlen** vermehrt. **im übrigen dann** S 21—24 dem sinne nach nicht verändert. hiermit wird aber der erste teil nicht geschlossen, sondern S 30 heraufgenommen 'ich glaubte was ich nicht glauben sollte' mit dem beigefügten gegensatze 'ich glaubte nicht was ich glauben sollte'.   der zweite teil beginnt wie in S; der erste satz S 25—29 unverändert, nur ein paar umstellungen, und helsjan ausgelassen. die folgende partie in L zum teil schon vorweggenommen, hêthinnussja und espilon übergangen, ebenso âna orlôf gaf, âna orlôf antfêng, welche letztere phrase ich in æ und den davon abgeleiteten jüngeren beichten überall wiederfindet F 12, 13, P 12. 13. hierauf der meineid S 31, erweitert. der in L sich anschließende und unvollständig überlieferte satz (vgl. zu 26) entsprach dem was in S 31—34 folgt bet L 27 wie S 33, dazu aber noch einmal heilac ambaht (schon 7 trâgi gotes amhtas) vgl. S 34 unrehto las, unrehto sang; dazu das früher fortgebliebene abendmal, das ehren und tragen des heiligen kreuzes, fasten und trachten nach dem kreuze. rnach lenkt L wieder ein, indem es nur die ordnung verändert: bischöfe und

priester nicht geehrt L 31, *S* 38; *sprechen und schweigen, verunreinigung L* 33 *f.*
S 34—37: *das benehmen in der* **kirche** *S* **37.** 38 *ausgelassen.* nun *der schluss,*
mehr an xF 14 *M* 15 (*R* 6. 29) *erinnernd als an S* 39 Thes alles inti anderes ma-
nages thes ih uuidar gotes uuillen gifrumita (*F* uuidar got almahtigon sculdig si,
aber S 41. 42 thes uuithar godas uuilljon nuâri) inti uuidar minemo rehde (*S* 7 endi
uuithar minemo **rehta,** *im eingang von L oben ausgelassen),* .sô ih iz uuizzantheiti
dâdi (= *R* 29. 30) sô unuuizzandi *usw.* (*S* 40 *ff.* sô unuuitandi ... sô uuakôndi sô
slâpandi, sô an dag sô an nahta), sô ih iz mit uuillen dâdi sô âna uuillon
(*emendation für das unverstandene* sô mid gilôvon sô mid ungilôvon *S* 41?). *der rest
wesentlich nach S.* *wir dürfen behaupten: die Lorscher beichte bezeugt fast
durchweg die ursprünglichkeit der sächsischen und, falls auf das bekenntnis fal-
schen glaubens* (*L* 20, *S* 30) *etwas zu geben und die soeben geäußerte vermutung
über* mit uuillen *usw. für* mid gilôvon *richtig ist, auch in den specifisch sächsischen
halbheidnischen partien: so dass hiermit die im excurs zu* **LXXII** *s.* 485 (553)
*aufgeworfene frage zu gunsten von S beantwortet wäre. aber auch die im ex-
curs zu* LXXV *aufgestellte mittelform zwischen S und x empfängt willkom-
menste bestätigung. nur steht die fassung der* **Lorscher** *beichte S noch ein wenig
näher und x noch ein wenig ferner als die durch R vorausgesetzte mittelform.
directe abhängigkeit der letzteren von L oder einem mit L engverwandten denkmal
darf man vielleicht aus dem LR gemeinsamen fehler* uuizzantheiti *für* bi uuizzant-
heiti *schließen. eigentümlich entfaltet zeigt sich die individualität von L selbst:
einerseits weib und kind herbeigezogen, andererseits ascetische anwandelungen,
das kreuz betont wie nirgend sonst.*
*wie wir sachlich zu ordnen haben: S, dann die mittelform wovon L, dann die
mittelform wovon R, dann x wovon F; so fällt auch sprachlich das Lorscher denkmal
zwischen S und R. es ist rheinfränkisch und bestätigt daher was in der vorrede
s.* XVI (XVIII) *über die mundart von Lorsch gesagt wurde, zugleich begreifen wir,
wie der Südfranke von R zu seinen rheinfränkischen eigentümlichkeiten kam: er
hat sie aus der vorlage beibehalten, gerade wie der südfränkische (Weissenbur-
ger?) schreiber von* **LXXIV**[b]. *sogar das seltsame* htd *von R (vgl.* **LXXIV**[b], 1 bi-
gihtdig?) *findet hier in* druhtin 67 *ein analogon, vgl.* bitdju 65 *mit R* 21 beidi
(*zu* LXXV, 1). *ob auch für L dialektmischung anzunehmen, lässt sich nicht mit
sicherheit ausmachen. nach* **muater** 13 *neben sonstigem* uo *und nach* ubartruncbi
(*neben* druhtin) *möchte man auf einen alemannischen schreiber raten; aber* stual
im Ludwigsliede steht auch vereinzelt, und gidrôsda *und* thrahto *nach otfridischer
weise zeigen eine unsicherheit, die auch einmal irrtümlich* tr *in* drunchi *schreiben
mochte wie in dem richtigen* trägi untriuuono: *überdies vergleicht sich wieder* truh-
tin *im Ludwigsliede. bedenklicher ist das beinah ganz durchgeführte* inti
(*nur* 13. 14 indi) *und manches andere inlautende* t *für* d. *dergleichen konnte je-
doch die Lorscher mundart selbst sich gestatten, so gut wie abermals das
Ludwigslied und die Mainzer beichte* **LXXIV**[c], *mit der sonst L die* d *in* deda
dâdi scolda scoldi giunsúbrida mârda lêrda 'gisuonda minnôda uuisôda êrôda
gisagêda sunigêda, *sogar* giloupda gidrôsda priesdâ, *in* unuuizzandi slâ-
fandi uuahhandi ubermuodi ôtmuodi sundâ, *und die* **hd** *in* gidâhda mohda
bigibdi unrehdero rehde *teilt. vgl. vorrede s.* XX (XXII). **fater** muater gote *hat
selbst der Isidor. anlautend* d *für* th *begegnet gleichfalls auch in der Mainzer
beichte* 13. 17 **daz,** 2 der dero, 5 gidanco, 20 gedâhti, *vgl. Kelle Otfrid* 2, XXVII.

502 *f.* und der *Lorscher bienensegen* XVI *zeigt in* dir *und wiederholtem* dû *blofs die media. ebendort findet sich* h *für spiritus lenis* (*s. anm.* zu XVI, 1) *wie hier in* heit 24.

eine ungefähre zeitbestimmung für das vorliegende denkmal könnte **au** *in* gilaupta 31 *an die hand geben, wenn es nicht so vereinzelt da stünde wie* kauf *in der hs. P des Otfrid* 2, 11, 15 (*Kelle* 2, 472). und *so ist denn kaum mit sicherheit auszumachen, ob die Lorscher beichte* älter oder jünger als *Otfrid.*

LIES *in der vorrede* s. xi z. 27 sêuue   xxi *z.* 9 LXXVI   *im text* XXXVII, 9, 8 kuninc,   XLIII, 7, 1 fridasamen :   12, 6 nôt.   14, 1 Wir   17, 2 die *s.* 166 *am rande beide mal* 3 *statt* 4 *und* 2.   LXII, 1, 12 ouartê   LXIII, 12 Ennesfirst   LXXI, 65 V **u** *elik*   LXXIII, 10 scolta, min alamuosan ni gap sô ih mit rehtu scolta, zuuêne   LXXIV[b], 1 bigihtdig   LXXVI, 15 lihemen   29 ungifuores   LXXX, 16 paschale   LXXXII, 3, 4 *f.* sprinet ez   LXXXIII, 50 Gnâda   LXXXVI, B, 4, 4 siu   XC, 100. *die zeilennummer ist um eine zeile zu weit hinaufgerückt, und so alle folgenden.*

a n m e r k u n g e n. zu II, 8. ferahes frôtôro *erklärt Lachmann* 'an geist der klügere', *allein* ferah ist *seele, leben, dann auch lebensdauer, lebensalter* (on geóngum feore, on geógodfeore *Beov.* 1843. 537 *uö.*) *und* fród alts. *und ags., auch ahd.* (*Graff* 4, 820) *nicht blofs kundig, erfahren, sondern auch bejahrt: und der zusammenhang verlangt* 'er war der vornehmere, ehrwürdigere mann, *an jahren der* ältere' — *auf klugheit und erfahrung kommt es hier bei* der ersten frage *nicht an* — *gerade so wie es im Byrhtnod* 317 *heifst* fród feores.   *s.* 328. bei *Otfrid* 3, 12, 37 humiles; 1, 3, 32 humile *in der hs. F* (*Kelle* 2, 448)   345. *adonische verse* auch in Hermanns von Reichenau opusculum *zs.* 13, 385.   418 *anm. Wattenbach geschichtsquellen, zweite auflage s.* 413, *bezweifelt, dass die ortsbestimmung* Augustodunensis (die nur in de lum. eccl. vorkommt) *richtig sei.*   zu LI. LII. *den bemerkungen von Zacher in der zs. für deutsche philologie* 4, 463 *ist zu erwidern:* e r s t e n s *dass sich die hs.* B *des fränkischen taufgelöbnisses nicht auf Fulda zurückführen lässt, er müste* denn nachweisen können dass man *im Mainzer sprengel anderwärts* kein deutsch zu schreiben verstand; z w e i t e n s *dass zwischen Bonifacius und dem* beginne der *schreibschule* Hrabans *einige* zeit *mitten inne liegt, in welche zeit wir* gerade die beiden *fraglichen denkmäler setzen* (*die beiden: denn es ist nicht* 'dieselbe formel'); d r i t t e n s *dass die versicherung,* die formel sei '*augenscheinlich' zunächst für erwachsene bestimmt, noch kein beweis* ist: uns hat der *augenschein das nicht gelehrt und die untersuchung auf s.* 499 etwas anderes, *was vielleicht durch eine neue, umfassendere, weitergreifende untersuchung,* nicht aber *durch allgemeine betrachtungen widerlegt werden kann.*   zu LV, 29. 30 *Jüdel* 134, 24 die juden weinten ouch daz (: naz) si ez sô lange heten gespart. *vgl. E Kölbing untersuchungen über den ausfall des relativpronomens* (*Strafsburg* 1872) *s.* 45.   *zu* LXXVIII, 16. ruch pflegen kündigt *einen parallelsatz an* (wie ahd. sitôn, gisitôn *Graff* 6, 162), zb. Wolframs Willehalm 100, 20 dar nâch diu küneginne dô pflac, si dâ hte an sîne arbeit usw.   338 *z.* 29. *l.* wohl *statt* vgl.   444 z. 9 da puros   624 *z.* 1 *l.* Anulus

die an den rand der anmerkungen gesetzten seitenzahlen der ersten ausgabe ind leider verdruckt bei 311. 312. 369. 384. 404. 420. 493.

REGISTER.

Die seitenzahlen beziehen sich hier auf die zweite auflage, in den anmerkungen auf die erste; lateinische ziffern auf die vorrede.

---

a *in flexionen* 277. 295. 494. *für* i 579. 582. 602.
Abaelard VIII. 446.
Abraham 412. 583.
Abraham von Freising 594.
abrenuntiation 597. 608. 612. 615. **621**.
accente 367. 575. 602. 613 (38).
Achener gesetzgebung 502*f*. 506*f*. 511. 516. 520.
âchust *masc.* **607**.
Adam: der neue 406*f*. **450**.
Adamsbrücke 483.
Adam von Bremen 388. 389. **390**.
Adelram **von** Salzburg 264.
adelvrouwe 412.
adjectiv schwach nachgestellt 257, *vorgestellt ohne artikel* 379. *auf* i *schwach* io 254. *st. nom. f. auf* a 578 (40). *dat. sing.* **m.** *n. auf* en 561. *f. auf* ero XII. **auf** er 563. *acc. masc. auf* in 563. *instrumentalis* 389*f*. *nom. pl. masc. auf* a 320. *fem. auf* a 274. *neutr. auf* i, e 396. 402. *auf* a 561. 586. *dat. plur. auf* âu XI.
adonische verse und rhythmen 344. 345. 635.
Adso *de antichristo* 270*f*. 400.
adverbia auf o *im vers* 266. *gotische auf* -ô *und* -ba 632.
ae *für* e 257. 494. 512. 522. 531.
aefter XIX
Aegidius XXXV.
aequivocus 325.
afar 293.
agelster 489.
ah ah 389.
ai *für* ei XXVII. 607. *für* â 423. 607.
aininborn 607.
SAlbanus *in* **Mainz** 556.
Albinus 451. **583**.
Albrecht **II. 621**.
Albrecht von Halberstadt XXVIII.
Albuin **451**.
Alcuin 272. 520. 526. 527.
alemannische ahd. litteratur **XXXI**. 312.

mundart 295. 312. 315. 347. 442. 577. 598.
Alfred, könig 526.
aller slahte 389.
alliteration 254. 256. 542. *durch reim ersetzt* 260. 281. 316. d th 281. 290. XXI. j : g 281. **r :** wr 285. *formeln:* durft zi pidenchanne 266. *erde und himmel* 253. manno miltisto 255. genâde âne nôt 265. 368. senden mit gesunde 282 (8,3) uualdes ode uueges 278. *die vorletzte hochbetonte silbe hauptstab* 266 (15. 34). 279. dana liedstab 258.
almahtigot 610*f*.
almosen 269.
alterbe 368.
Altfrid *von Hildesheim* 543.
althochdeutsche litteratur XXXI*f*
altuuiggi 534.
aluualtendo 523.
Amarcius 336. 342.
Amicus und Amelius 342.
-an *für* -on *im reim* 293.
anauualg 523.
-ane *für* -une 410.
ancie 621.
andere *für* ein ander 391.
Anegenge 446.
anegengi 450.
aneuuert 293.
Angelsachsen VII. 497. 500.
angelsächsisch im Isidor? XIX.
-anja *infinitivsuffix* 549.
anizide 604.
annales Juvav. maj. 506. 507.
anne 295.
Anno 594.
Annolied 334. **415.** IX. XXV. XXVI.
âno ibu 515.
Anselm 418. 446. **VII.**
antichrist 400.
antor 531.
ao *für* oa uo 502.
aplustra 530.

apokalypsis 371.
ἀπὸ κοινοῦ 299.
apokope des tieftonigen e 411 *f. im reim*
   459 (30). *vor nachfolgendem vocal (elision)* 495. *des* n 401 *f.* 420. 422 (8, 8).
   560. 586. *des* t 408. 428 (7, 5). 460.
   560. 577. **613** (102). xxi *s. unten* t.
apposition 257.
ardaria 358.
Aquilejer symbolum **519**.
arg 262.
armer Júdas **267**. **395**.
arnea 460 **(62)**.
Arno von Salzburg 272. 506.
Arnolt von der siebenzahl 457 *f.*
Arnstein 433.
Arnsteiner Marienleich xxvi. xxxiii.
artikel getilgt **270**. *nach unde bei dem
   zweiten substantiv erspart* 578. *fehlt in
   formeln* after uuatare *usw.* 279. vora
   riche 267. untar manne 253. **269**. *fehlt
   bei* tiuvel 406. *incliniert imo* **561** (18).
   gekürzt 424 (19, 2). **under** *s. dieses
   verschleift* 403. *unbestimmter fehlt* 426.
   376 (9, 4). deu 401. dê *für* dea, deo
   263. te *für* tie 281. de *für* diu 312.
   theo, diu, thie *acc. sing. fem.* 533. *s.* **de-
   des**. dî. diu. theo. thie.
assimilation. bm : gamm, gimmir 405. pn
   zu ma 259. ll *für* lb 410. uuasso *für*
   uuaz so 559. do *für* du 292. gi- bi- zi-
   und *compositionsvocal an nachfolgende
   consonanten oder vocal des stammes* 425.
   632. na maht **574**. *ableitungsvocal an
   flexionsvocal* 515. *ableitungs- und fle-
   xionsvocal an wurzelvocal* 610. 632. *ad-
   jectivendung an artikel im dat. sing. m.
   n.* 448.
asyndeton 276.
-ât *substantivableitung* 603.
athe *für* ode xvii.
Athis und Prophilias 342.
âtum 500. 514.
au xii. 632. 635. *für* û *und* ou xxvii.
Ava von der siebenzahl 457.
Ave maris stella 445. praeclara 441. 444 *f.*
uferstehn 269.
uferstehung 413.
Augsburger gebet xxi.
uh 512.

aierische ahd. litteratur xxxi. 252. 255.
   272. 497. 500. 505. 511 *f. mundart* 295.
   312. 563. 586. 611. *baierisch - österr.
   vocalismus* xxvii *ff.*
aierische provinzialsynode (805) 501. 520.
iwariorum regnum 324.
   zlaam in der *Vorauer* hs. 438.
   ldez ellen 347.

Bamberger denkmäler xii. xxv. xxvi.
bar 431.
Bardo 594.
batasat 524.
-be- *assimiliert* 425.
becher als abgabe 543.
Beda 545.
bedeutung, persönliche und sächliche 253.
behalten 373.
belîben 427.
Benedictus Levita **498**. **541**.
beichte 269. 592. 633.
berht 375.
Bernhard *von Clairvaux* 446.
Berthold **von** *Regensburg* 584.
best *für* bezzist 420 (5ᵇ, 20). 433.
bestingen 618 (532).
Bethania 428. 430.
betôn, bitten 515 *f.*
betonung. ándremò 347, sinèmò 299, rich-
   tinti *udgl.* 401, êrîuin 426. mit inân 255.
   unsich 401. *abgeleiteter wörter nach art
   zusammengesetzter* 369. *tieftoniges* e
   nicht über selbständiges wort erhöht 257.
betrahte 405.
biba, biben 369.
bibelglossar **517**. **520**. *s. Keronische glos-
   sen.*
biddju gibedas 550.
piduungan 267.
bigâhin 428.
biginnan 565.
piheialt 519.
pilipi 509.
pimîdan 269.
bimunigôn 282.
bina 316.
bischof -oves 369.
biscrenchida 604.
bisspråchida *udgl.* 559.
bita 296.
pitrittan 281.
bitwunginheit 604.
biunerjan 515.
blandini 603.
SBlasier *glossen* xxii.
bliuwât 603.
Boethius 572. 574.
böhmische offene schuld 621.
böhmisches hofdeutsch xxviii *f.*
Bonifacius 496. *predigten* 504 *f. statuta*
   498.
borlanc 300.
bouch 397.
bretôn 258 *f.*
bringen 443.
bücher Mosis der Vorauer hs. 438. 446.
   455.
buchstaben versetzt. s. metathesis.

ze buoze 484.
Purchard von *SGallen* 571 *f.*
Burgundio 457.
bufsgebet 314.
buzza 292.

c *für* h, ch 509. c' 536. k *für* g XVIII. XXV.
  k *unverschoben* 328. XXIV *f.* aspiriert
  XXVII. ch *für* g XXV. *für* gg 293. *für*
  alts. k IX. XX. *für* ck XXV.
Kaiserchronik 458. XXVII. XXXV.
Cambridger lieder 342. 345.
kamerwib 413.
kampf um die seele 270.
canones recipiert im Frankenreich 503.
cantare 513 *f.*
capitulare (von 789. 794) 511. 516. 518.
  519. 520. (von 801. 802. 803. 805. 813)
  498 *f.* 502 *f.* 506 *f.* 519. 537. (von 817)
  273. 541. (von 819) 539. (*über die ju-
  den*) 625 *f.* Trierer übersetzung XVII. XX.
Karl der große VII. 288. *seine grammma-
  tik* x *f. hofschule* 527. XIX. *hofsprache*
  304. X. XXIII—XXVI. *monats- und wind-
  namen* XXIII. *encyclica de litteris colen-
  dis* 520. *de baptismo* 499. *rechtspflege*
  272.
visio Karoli XXII.
Karlmann 331 *f.* Charroman 330.
carmen *ad deum* 529. 565.
carmina *ad docendum theodiscam lin-
  guam* 530.
karte 414.
catapulta 529.
Catonisches distichon 351.
cheisuring 258.
celox 530.
Kero (benedictinerregel) 519.
Keronische glossen 517. 520. XX. XXII.
kettenreim 486.
chi- XXV.
Cicero in *SGallen* 351. 574.
kindersegen guten abend gut nacht 486.
Kinleson 544.
kint 426.
kirche *schiff* 381.
circumflex 576. 579. 601. 607.
Kirst 316.
chius dir 313.
Klingenmünster 556.
clivôn 285.
Klosterneuburger predigten 409.
chludun 263 *f.*
Kölner bibliothek 527.
commen 295.
confessio 498.
conjugation. st. 1 präs. sing. -u 555. 3 pl.
  -n 575 (2, 6). schw. â *für* ô 561. prät.
  -to 322. 610. -ote 370. -tôn, ti 294.

part. präs. -unta 563. prät. -un 396.
  s. imperativ. infinitiv.
conjunction unübersetzt 536. conjunc-
  tionsloser vordersatz 585 *f.*
Konrad von Mainz erzbischof 626.
chorunga 512.
kôsa 267.
costunga 512.
crates 355.
creticus *für amphibrachys* 425 (2, 8).
kreuz 380. *symbolisch* 407. 408. *nachgetra-
  gen* 408. lignum vitae 381. *mastbaum*
  381.
kriegsnot göttliche strafe 299 (12).
cristall 390.
christanheit 524. 549. 632.
christianus 448.
Christus gottes weisheit 403. 446. *schöpfer*
  374. filius adoptivus 518. *fels und
  manna* 380. *geisel* 411. Iskiros 376.
  panis angelorum 449. vera pax 376.
  wigant 379. der sunne 437. *zweier leben
  vermittelung* 410. *geburt* 431. 436.
  menschheit köder, gottheit angel 395.
  407 (13, 5–8). 377. *seitenwunde* 407.
  höllenfahrt 378. 605. 608. *auferstehung*
  411 (löwe) 454. 378. *wunden* 269. 272.
  Christus haupt, wir die glieder 409. 411.
chronologie der litteratur XI/XII jhs. XXXV.
kruken als abgaben 543.
crûcidrahta 632 *f.*
Chrysostomus 575 *ff.*
ct *für* ht 598.
Kudrun 389.
cuniouuidi 275.
Kunz hinterm ofen. Kunzenspieler 491.
Kürenberg 363 *f.*
chúriche 623.
curs 555.
kürzung 411 *f. s. apokope. synkope.*
chûzal 623.
cync- 275.
Kyrie 617.
chwumft 519.

d *für* th 290. 501. 634. IX. XI. *für* t 561.
  577. 634. XII. XVI. XXI. XXIV. *s. auch* th.
  d 256. IX. XX. XXIII.
dactylus 333. dactylen 414.
dan 423.
dausôn, dausunga 563.
dar an wesen 398.
*Darmstädter summarium Heinrici. s.
  summarium.*
dat 253
dativ absolut 398.
daz conjunction 509. 635. *im schwur* 542.
dd *nach consonanten* 396.
de *relat.* 560.

declination (*s. adjectiv*). *fem. auf* unga
   schwach 358. *gen. s. fem. auf* o 277.
   315. xxi. *auf* u xiv. *auf* ân, ôn, ûn
   510. *dat. s. fem.* u xiv *f. dat. auf* i
   549. *auf* e, i 563. *auf* o 610. *acc. s.
   masc. auf* au 293. *fem.* -heite 538.
   instrum. auf o 320. 389. 428 (10, 4).
   564. *auf* e 389 *f.* — *nom. pl. f. flexi-
   onslos* 625. *auf* ô 312. *nom. acc. pl.
   neutr.* (*in* i) *auf* iu, u xv. *auf* e 389.
   auf ir (diorer) 561. *gen. pl. auf* u xiv.
   st. masc. und neutra schwach 586. *fem.*
   thrabto 633. *fem. zweiter decl. auf* ône
   368. 604. *auf* i 563. *dat. pl. auf* an
   368. *auf* un xi. *auf* ân, ôn, ûn 510.
   em *für* im 515 (86). en xv. on, un *für*
   um, im, ôm 295. 563. m *in* n *geschwächt*
   xv.
definitio 574.
deiob 519.
der *für* dâr 321.
der- *für* er- 367.
des 509. **desse** 270. 598? **dheasa, tiusa**
   acc. fem. 281.
descriptio 574.
deutsch *in Frankreich* 526.
dh 517. xx. xxi.
di *für* diu 396.
dialektik 574.
dietmahtig 483.
differre 356.
dinas *für* din 582.
dinc *umschreibend* 447.
diobolgeld 494.
diorer 561.
diphthonge verengt 438. xxvi. *verändert
   und neugebildet* xxvii *ff.*
diu *acc. sing. fem.* 533.
diud' ih 560.
dizzes 379.
do *für* du 292.
dohie 602.
dolèn furi mancunoi 270.
Donar 483.
Donat 348.
doppelschreibung ausdruck des schwankens
   300 (21). 312.
doppelter accusativ 402. *nom. und acc.* 302.
dôtichcit 406.
drahta *flexion* 633.
drahtin 397.
dreieinigkeit 401. 446.
dreizahl 398. *drei sprachen* 527. *hoch-
   zeiten* 543. **mersio** *bei der taufe* 411.
dreireim am schluss der absätze 335.
du *wiederholt* 578. *ausgelassen* 432. *in-
   cliniert und geschwächt* 486. *vgl.* do.
   dinas.
dûfeue 432.

dugud 299.
dulten 456.
duoder 274.
dur *für* durch 404.
dutiger 483.

e *statt der vollen vocale in den endungen*
   533. *vgl.* 532. 539. xv. xxvii. *s. vocal-
   schwächung. für* i 509. xii. *für* eo, io
   292. ê *für* ie *und* ei 577. xiii.
e *für* iu *plur. neutr.* 396. 402.
ebaolôt 525.
eberjagd 349.
Ebernand von Erfurt xxviii.
Ebersberg 349.
Ecbasis 363.
Ekkehard I 330.
Ekkehard IV 304 *f.* 330. 353. 354. 359.
   361.
meister Eckhart 410. 417. 446.
edel *freigeboren* 412 *f.*
edho 515.
ee = **a** 518.
ei *für* ç 368 (68). *für* ê 274. *für* i xxvii.
ei = *etwas wertloses* 358.
ein *schwach* 260.
einez 510.
eingangsformel Ein stat heizet *udgl.* 425.
Einhart xxiii.
cino αὔτως 509.
einwurf, rhetorische figur 584.
eiris 274.
Elias betonung 267.
Elias und antichrist 270.
elision des endvocals 495. 560 (2). *nach
   abgefallenem* u 419. 422. salli 423.
ellen tauc 259.
ellipse 263. 301. 316.
elnunge 603.
elsässische mundart xxii. 517. 609.
emid, imid 405.
S*Emmeram* 591. 594.
en *für* ne 425 (4, 8). 432.
endi 'vel' 502. 'auch' 512.
endôst 284.
engel aus feuer geschaffen 403. *und teu-
   fel* 270.
Engelhard 342.
enim 549.
Ennius 347.
Enoch 375.
euphühen 620.
Entecrist, reime 370.
enteo uenenteo 255.
enti 500. 553. 560. *zu anfang eines nach-
   satzes* 255. *s.* endi, inte.
entheben 409

entwinnen 317.
eo XIII.
eo so 524.
eouuist 515.
epischer stil 270. *erzählende eingänge der reden ausgelassen* 296. *epische* **wendungen** 257. **259.** *s. formeln.*
er 576.
-er- *für* -erer- 502.
êr enti sid 268.
erberwen 431.
erde gesegnet, meer verflucht 410.
erdho 518.
ere 253.
ère : **an dîn ère** 488.
Erfurter judeneid IX.
erhaben 456.
erini *für* erni 425.
êrjau 554.
êr hina 257.
erkennen 426.
Ermenrich von Passau 530 *f.*
ero 253.
erouven 431.
Erpfeol XV.
erschaffung des menschen 404. *aus acht teilen* 373 *f.* 405.
ersetzen 365.
ertbîbe 369.
erwette 623.
erzinen 392.
Essen 543.
est *für* ist 509.
eu *für* iu XIX. XXVII.
Evâ 441.
êuuîgo 509.
Exodus 334 *f.*
Ezzo 385.

v *für* b XVII. *für* g 431.
fâhen *für* enphâhen 576. 586.
vaterunser s. symbolum.
far- *s.* ver-
fd XXII.
fehôn 550.
febta 261.
Veldekes lieder 253. **300 (19). 384.**
fell 'dolosus' 546.
vellen 347.
feminina auf i *und* a 315. *auf* i *und* ida 632.
vensterglas 431.
verchrônide 604.
verlöbnis 623.
ferah 635.
fero **522.**
versenden 454.
versenkan 267.
vertriuwida 603.
verwesen 449.

ferzâdelen 604.
vesch 458.
vetherûn 279.
feuer das heifse **266** (22).
fides catholica 516.
fieg *für* fieng 325.
vient 476. viginscaft 563.
vinster âne lieht 265. daz vinster mer 389.
vînt 476.
viole 421.
vir- *s.* ver-
firiho uuisôn, fandôn 267.
firiuuiz 253.
fledermaus 487
fleisch magd 412.
flexionsendungen geschwächt s. e.
flezzi joh betti 559.
flofse-feder 279.
flustra 530.
folch 261.
Volla 277.
vollîst 294.
fons lacrimarum 411 (24, 5–8). **561 (31).** 587.
formeln *u. formelhafter gebrauch. eingang* **425.** XXXIII. gifragn ic 253. hŷrde ic 256. *das grofse meer* 254. *der helle* **stern** 254. *unerwachsenes kind* 257. *freundlos* 257. scâr 263. *ellen taugt* 259. baldez ellen 347. sô hê uuola conda 276 (2, 5). gode þancodon 300. chophenapbe 422. mid mihilon êrôn 324. 420. ze lobe unde ze êren 616. *formeln im gebet* 256. *formelhafte beschreibung des himmelreiches* 265. *s. allitteration. reim.*
frag- und antwortbüchlein 374.
fragmenta theotisca 525 *ff.*
Frankfurter glossen 515. XI *ff.* XV. **XVIII.** XXIV. XXV. XXXI.
fränkische *ahd. litteratur* XXXI. *glossen* XXXI. **mundarten** X *ff. fränkisches taufgelöbnis* XI. XV. *interlinearversion* 273. XI. XXV. *fränkisches gebet* 521. 567. *s. neufränkisch.*
frâno 300.
französische theologie auf Deutschland einwirkend VII.
vrastmunt 368.
frauenlieder 363. 364.
Freising 289. 315. 505. 511 *f. monumenta Frisingensia* 594.
freundschaftssage 342.
Freyja 277.
fria 584.
Fria, Frija 277.
Friauler synode 503. 518.
fridôn 529.
Friedberger **Krist** XXI.
friu *für* fruoi 586.

friuntlôs 257.
Fro-cultus 281.
frô mîn 300.
frôt 635.
Froumund 363.
ft 538. XVII. *für* ht XVIII. 546.
Fulda 256. 496 *f.* x*ff.* Fuldaer beichte XI.
   XV. XXV. *glossen* XVIII. *urkunde von*
   801 XI.
fullust 325.
fünf zeitalter 376.
fuodermâze 348.
fürchten und lieben 402. 409. 446. 447.
   586.
vureburtsami 604.
furmetne 622.
furst- 367.
erster fufs überladen 396 *f.* 406. 424.
   432. 447.
fyr XIX.

g *im inlaut verschleift* 431. XXV. *als* j
   582. XXV. *für* h XXIV.
ga- *s.* ge-
gâhunga 603.
Galtherus magister, Gautier de Mortagne
   446.
garust 268.
ge- *synkopiert* 419. 432. *assimiliert* 322.
   425 (*vgl.* go- gu-). ga- ka- gi- ki- 508.
   513. 526. 565. ke- XXV. ghi- ghe 526.
   XXV.
Gebehard von **Salzburg** 288 *f.*
gebein 459.
geberôn **396.**
gebete **447.**
geduan XIX.
gifestan banun 258.
gafolgi **525.**
gefolgschaft, herrendienst 553. **560.**
gafragn ih 253.
gefullôn 545.
gegen, kegen 577.
geist 500. 514. *sieben gaben des heil.* **geistes 439.** 451 *f* 454. 583.
gekunni 300.
calasuco 544.
kelop **293.**
gelüppet **470.**
gimeinida 582.
gimeitheit **603. 606.**
gameiti **524.**
genâde âne nôt 265.
Genesis (*Wiener*) 335. (*Voraucr*) *s. bücher Mosis.*
genisse 280.
genitiv **durch** *negation bedingt* 633.
genôz *consonantisch* *flectiert* 509.
genus 607

gerteunne 436.
gerundium 549 *f.*
gisagên *mit doppeltem accusativ* 632.
gesah in got 439 (3, 16).
gisahane '*verfeindete*' 632.
gesat XVII.
gesin 374.
gesprächsbüchlein 418.
kesunder 584.
githigini 299.
gevage 456.
givolgida 602.
gewage 436. 455.
gauucridôn 523.
geuui XVI.
gewinnen 427.
giwirta 603.
keuuizele 582.
giwizzida 602.
gezeb 565.
gg XIV.
gh 517. XXV.
ghi- gi- *s.* ge-
giegen 281.
gimme 436.
gimmir 405.
giuhu 549.
glas **wertlos** 353. glasfenster 431.
glossenzeichen 514 *f.*
go- gu- *für* gi- ge- 322. **425.**
gôdlik 545.
Godehard 594.
Gormond 303.
gôt *für* got 613.
gott 400. 401. *will das lob der geschöpfe* 403. *ist die liebe* 409. *richter* 413. *man* 255. *kunie* 426. *oberister got* 447. *der mir ze lebene gebôt* 429.
grâscaf 535.
Gregors moralia 373. 401. 455. 523. *homilien* 583. 587. 590. *gregorianischer gesang* 298.
griechisch eingemischt **325.** 530.
grûz, grûzzine 365.
Guda von Arnstein **433.**
Gullinbursti 349.
gungida **524.**
gunst *für* jungist 582. 586.
Gunther von Babenberg 382. 384.
der guote *von heiligen* 372. 425 (1, 7. 8). 475.
guot man *anrede* 296.
guottât *neutrum?* 607.

h *vorgeschlagen* 293 *f.* 316. 405. 635. *anlautend vor conson.* 272. *inmitten diphthongs* 519. *geschwunden* 561. 577. *für* g XXIV.

haben *nach* 1. *schw. conj.* 293. *nach* 2.
  schw. conj. 325.
haft *für* behaft 377.
haft heften 275.
haftlieder 276.
Hagar und Sara 412.
Haito von Basel 503.
baldo 315.
Hamelburger markbeschreibung xi.
handumkehren 483 *f.*
Hans Sachs 342.
hantvaz 421.
harmilsami 604.
hauptsünden 605.
baz *neutrum* 582.
be *für ausl.* h, ch 396.
hd xxii. 634.
he 609.
beialt 519.
heidentum, späteres deutsches 274. 281.
  heidnische heiligtümer und feste christianisiert 255.
heilae 500. 514. 573.
heilant, heilende 491.
beilento 514.
heili 408.
heilige im schwank 346.
Heiligenkreuz 616.
heilsite, heilslihtunga 603.
Heinrich Ottos I bruder 326.
Heinrich II. *gedicht auf ihn* 331.
Heinrichs III *krönungsleich* 345.
Heinrich von Lothringen 325.
*Heinrici summarium s. summarium.
de Heinrico* ix. xx.
heit 515. *subst. auf* -heit *masc.* 607.
Heland Cotton. xxi.
helde 432.
her 517. her hit himo xvii.
hera duoder 274. hera heim 278.
herd 253.
Heribert von Köln 594. *lied auf ihn* 331. 345.
herid 534.
Heriger 346.
hero 253.
herr und knecht 440.
hêrro *indeclinabel* 570.
hers 279.
hessische mundart viii.
hêthinnussja 550.
hexameter, systeme von 8 *hexam.* 512.
hia *für* hiar 294.
hiatus 378. 401.
hieleg 559.
Hieronymus 420.
Hildebert von Mans vii.
Hildebald von Köln 526. 527.
Hildebrandslied viii. xxv.
himeldegen 477 himilkunie -keiser *udgl.* 425.

himmel beschrieben 368 (95). alterbe 368.
  unsere heimat 381. und erde vermält 376.
'*himmel und hôlle*' 334. 602. 607.
Hiob 465. *seine söhne* 455.
hirtensegen 278.
hiwon 536.
hl xiii.
hliument 524.
hlûttarlikio 550.
hn xiii.
hochfränkisch xi—xvi.
hofpoesie 327.
Hohenburger hoheslied 416.
hôhgetîdi 543.
Hôinburh *Homburg* 345.
holên 293.
hölle beraubt 380.
homilien 272.
Honorius '*Augustodunensis*' vii *f.* 335.
  384. 417. 418. 446. 597. 613 *ff.* 635.
  elucidarium 402 (3, 3). 404. 409 (29).
  speculum ecclesiae 335. 409. *scala coeli
  minor* 409.
hôri 405.
hr xiii.
Hraban 528. *hraban. glossen* 505. xxxi.
hranne 536 *f.*
Hrotsvith 326.
ht *für* ft 538. xvii. htt, htd, hdt 559. 634.
  xxii. *s.* ct, th, tt.
Hucbald 303.
Hugo von S' Victor viii. 412. 417. 453.
hulju 534.
humel *für* himel 328. 635.
huor 563.
hûz xxiii. 316.
hw xiii.
hymnen, interlinearversion 530.
hymnus Sancte sator 529.
hypotaxis 245. 506.

i *vorschlag?* 325. 405. *für schwaches* e
  xxvii. *für* -ig 523 (4, 13) *für* ie 577.
  582 (16). xxvi
-i *suffix neben* -ida 632.
ia xiii. xvi. xix.
j *für* g xxv.
ja *conjunction* 501 *f.* 566.
ja *auh* 502.
Jâcôb -ôbes 480.
jagdabenteuer 349.
iba 515.
-ida -idi *fem. und neutr.* 607.
idise 274.
ie xiii. xvi. *für* ê xiii. xxvi. *für* e *oder*
  i 582. *für* î 586.
jehan 301.
iemmerane 608.

iener 374.
ientie 586.
-ig 404. 576.
igi *für* gi, ir 325.
imer 437.
imid 405.
imperativ stark -e 459 (7). *im abhängigen satz* 282 (7, 4). 564.
inprovisation 258. 289.
in erleidet aphärese des i 455. *c. acc. in adverbialen formeln* 256.
-in *substantivendung* 437.
inan, inen 402. 574.
in blâsen 374. 501. *mit doppeltem acc.* 402.
incihtigi 603.
inclination. s. artikel.
indes, innandes 388.
indiculus superstitionum 496. 497.
-ing *für* -igeo 611.
Ingolf 364.
infinitiv unflectiert 501 (8). *infinitivbildung* 549 *f.*
infleiscnissa 515.
infusus equus 485.
ini, inu 405.
innân 501.
instrumentalis adject. 389 *f. local* 284. *auf o s. declination.*
inte, inti 312. 560. 634. XII. in *vor anlautender dentalis* 633.
interlinearversionen 273. 563. *lat. aus dem deutschen* 612.
int- *s.* ent-
io XIII. XVI. *für* uo 561.
Johannes, der heilige 346.
Johannesminne 470. 473. 474.
Johannes Damascenus 457.
Jordan 462. 463.
ir *possessiv* 396.
irmingot 262.
irri 257.
irsprechilên 392.
Isidor 387. 388. 390. 391. 393. 401. *ahd.* 526. XIV. XVIII *ff.* XXV.
Island 390. 393.
Israel spiritalis 380.
iu, jû 257 613.
iu, hiu *acc. für* iuch 300.
iuch, ûch *dat. für* iu 396.
Judith 428.
jungeron 550.
jüngstes gericht. urteiler 309. 413. *jüngster tag für tod* 582.
Jupiter 306. 495.

ladhunga 514 *f.*
längenbezeichnung **unorgan.** 577. 601. 613 (38).
Lâzakêre 281.
leben *nach* 1. *schw. conj.* 293.

lebensalter 455. 586.
lebermeer 388.
leges gelesen und erklärt 537.
legirfazzi 268.
leib. derselbe sündigend und büfsend 617.
-leih 368. *leiche* XXXIII.
leisen 366 *f.* XXXIV.
leitsamida, -samunga 603.
pabst Leos brief 283. 482.
lesefehler. h *für* d 425. o *für* a 426 (5, 5). ee *für* a 518.
7 *leuchter* 455 *f.*
leviathan 380.
lêwer 459.
lex salica (ahd.) xx. xxv.
lib 515. 517. âno tôd 265. 368.
licmisc 509.
liebenâme 369 *f.*
lide *des teufels* 418.
lidicheit 432.
lieben 582.
Liebo 337.
lieder, ihr wandern 252. *liederbuch fahrender leute* 490.
lichten 367.
lihmo 509.
-likio -licco 550.
lilahan xv.
liodahâttr 252. 278.
lioht âno vinstri 265. 368.
Liudprand 325. 326.
Longinus 462.
Lorsch XVIII. 294. 316. 634.
lâsi 536.
losôn 559.
lôt 525.
lotterholz 491. *lotterspruch* 490.
louven 431.
Lucifer 403.
Ludwig der deutsche 264. 289. 565.
Ludwig III. 301 *f.*
Ludwigslied XIII. XX. XXII. XXV.
lügenmärchen 334.
luift 591.
lûthere 485.
luttil 261.
Lutzenburger hofdeutsch XXVIII *f.*
lyuzil XXXII.

m *verdoppelt* 607. *zu* n *geschwächt* 513. 522 (2, 11). xv.
magnetberg 388. 389.
Mainzer beichte XXI. XXII. XXV. *glossen* XVIII. XXI. XXII. XXV.
malannus 282.
man *von gott und dem teufel* 255.
manacsam 525.
manchunde 611.
manec 389.

41*

maneger hande wise, leie 486.
manewurm 464.
mangôn 391.
manigêri 422.
manna 380.
manniscnissa 522.
mânôth xxiii.
Marbodus vii.
Marcianus Capella 573.
Maria 435 f. 438 f. 440. 442. anger un-
 gebrâchôt 436. *flamme des lebens udgl.*
 440 f gratia plena 433. *lilie unter dor-
 nen* 436. aller magde wunne 440. pri-
 vilegium 438. semper virgo 518.
Mariengebete, mitteldeutsche 494.
marisĉo 484.
marke verbrant 267.
marsegen 484.
mate 488.
Matthäusübersetzung **526**.
me *für* man 398.
meer das grofse 254.
meine 396.
melodie variiert 332. *zum Melker Marien-
 lied?* 435. *zum Marienleich von Muri*
 444. *s. neumen.*
mennisc 546. 575. mennisgin 555. men-
 niscness 522.
mensch pilede ërlich 402.
mensuration, musikalische 309. 333. 340.
meregriezzon 367.
mêren 419 (4, 5).
mêrhuara 514.
merigarto 392.
Merseburger segen **xxv.**
mes- *für* missi- 561.
metathesis bei l 514 (42). 559. *bei liqui-
 den* (brin) 408. *bei* r *und* h 598.
metrik *s. creticus. dactylus. dreireim.
 fufs. rausik. senkung. strophen. verse.*
michilhôhi *neutrum* 607.
mid 253. mit *c. acc.* 255.
minan willon 540.
min trehtin 458.
minig 388.
minnelied angebl. 327. ix f.
minnepoesie 363.
*mischpoesielateinisch-deutsch*324.327.ixf.
missa 550. 632.
missiwendigi 603.
mitteldeutsch 443. xxvii. xxxii. *mittel-
 deutscher teil der Vorauer hs.* 414
mittelhochdeutsch xxvii.
molt 281.
Monsee 526.
mord 485.
mundarten, übertragung 284.
ze munde 419.
munt 584.

muntadele 623.
Murbach 528. 530. *glossen* xx. xxv.
Muri, hs. von 442. 471.
musik. einwirkung auf metrum 310. 341.
 344.
muspilli 271.
myrica 353.

n *für* nt, nd, ng 577. *in* 1 *präs. sing. st.*
 555. *s. apokope.*
nand 524.
namen ahd. 273. 316. 493. *entstellt* 430.
ne 293. *s.* en.
Neidhart 364. xxiii.
nemen heiraten 428.
neo 'nec' 523. 'ne' 538.
-ncssi xi.
nesso 280.
neufränkische hofsprache xxvi.
neuhochdeutscher vocalismus xxviii f.
neumen 286. 290 f. 309. 340. 366.
ni *negation proklitisch* 632.
niederfränkisch xvii f.
niederrheinisch xxvii.
nihie 602.
nio *s.* neo.
-nissi 517.
niusan 263.
niwiht, niowiht 255.
nobe 561.
noh sâr 392.
noles 561.
nordhumbrisch 532.
nösch 280.
Notker Balbulus 297. 298. 334. 341. *Labeo*
 351. 365. 609. xxvi. xxxii.
nôtthruhte 621.
nupe 313.

o *für* u 292. 295. 320. 577. ô *für* uo 577.
 616. xii f. ô *für* ou 577. 616. ô 520.
 545. 616.
-o *der adverbia und des gen. plur.* 266.
oa 502. 517.
ob- 518.
obedienzeid des priesters 541.
oboro 284.
oh 515.
oi 598.
Olwier und Artus 342.
on *für* an *infinitiv* 281.
onflæscness 515.
oretta 260.
Orleans 526.
Ormulum 371.
ôst 523.
ôstarstuopha 259.
Otfrid 289. 290. 296. 368. 369. xvi f.
Otloh 353 ff. 418. 493. 574. 578.

Otmar von SGallen 286. 562.
Otto I. 556 *f.*
Otto II. 337. 359.
Otto III. 339.
Otto von Freising 505.
ou XII. XVI. *für* ô 582. *für* uo 397. *für* u 577.
ouven 431.
overvaggen 485.
Ovid 348.

p *für* b 532. IX. XVIII. *unverschoben* XXIV.
paganus 499.
paläographie und altersbestimmung 519.
panis *quotidianus* 449.
paradiesflüsse 374.
parataxis und hypotaxis 255.
Pariser Virgilglossen XVIII. XX.
parenthetische sätze 428.
participium, abhängiger oder ergänzender casus nachgestellt 403. 411 (23, 10). *participiale substantiva im gen. plur. adjectivisch flectiert* 262 *f.*
patriarchen sterne 375.
Parzival 489.
Paulinus von Aquileja 503.
Paulus Diaconus 495. 527. XXIII.
Paulussequenz 329.
persona 569.
petra 530.
petritto 281.
S Petrus 279.
Petrus Lombardus 436.
pforte bildlich 283.
pfraginuuga 604.
Phädrus 354. 356.
phâhen 576. 586.
Pharao teufel 380.
phlegen *reflexiv* 439. *kündigt das verbum eines parallelsatzes an* 635.
Phol 276.
Phönix ags. 327.
piona *lat.* 279.
Pirmins libellus 504. 505.
plattdeutscher, will hochdeutsch sprechen 300.
pleonasmus *mit* maneger bande 486.
Pontius 514. 519.
porce 432.
präsens in der erzählung 300. 349.
predigt 384. 409. 516. 527. 593. 505. *predigtentwürfe* 401.
priestereid 541 *f.*
pronomen im zweiten satz erspart 373. 450.
purismus 572.
psalmen 312. psalter *in händen der frauen* 570.
psalmen, niederdeutsche XVII *f.* XXIV.
psalmencommentar XIX.

Pseudo-Chrysostomus 575 *ff.*
pt *für* pht 313.
Pytheas 388.

quantität, nachwirkend im vers 266.

r *eingeschaltet* 301.
rabbinische sage 420.
ræhe 484.
rantbouc 529.
Ratpert von SGallen 305. 312.
rätsel 287. 348. 487 492.
rd *für* rt 577.
recept XX.
reffen 440.
refrains musikal. 290. 329. 331.
Reginbrecht 393.
regula 367.
bi rêhtemen 557.
rehtwis 267.
Reichenau 287. *beichte* XIX. XXII. XXV. 634. *carmina* 530. *glossen* XX.
reichsversammlungen *von* 801. 802. 506 *f.*
reim XXXV. *alter* 288. *in der prosa* 542. 625. *drei und vier gleiche* 397. *lat. auf deutsch* 322. *in sequenzen* 331. 334. *reimsilbe verschleift* 347. 408. *quantität richtig* 369. *haben:* werchan *udgl.* 374. *geviel:* vinstri *udgl.* 375. XXXV. *genêdige:* Marie 433. *in:* ime *udgl.* 459. ô â 460. *reimende formel* enteo ni uuenteo 255.
reimlose verse 371.
reimprosa 335. XXXIII.
relativ attrahiert 514.
reod 534.
rhythmische prosa 607. 625.
rheinfränkisch XVIII–XXIII.
Riculf von Mainz 500. 503.
ring 623.
rippi 529.
ritan *für* giwritan 285.
riuti 534.
rod 534.
rr *für* r 293 (23).
Rudlieb 363.
Ruland 424. 458. XXVII. *reime* 369. *Straßburger hs.* XXI. XXV.
runen 252. 284.
rûwe 431.

s *für* z 294. 608. *durch assimilation* 559. *für* sch 613. *verdoppelt* 598.
sâ nicht, sâ ne 577.
sa, se, so *pronominalformen* 564.
Sachsen 552 *f.* 634 *heidnisch-säcks. gedicht* 252. *hofsprache* IX. XXVI.
sagen und singen 402.
sagen *nach* 1. *schw. conj.* 293.

salisches recht am Oberrhein? 537.
Salomo III. 311. 312. 353.
Salzburg 264. 272. 277. **288** *f.*
Samariterin xxi. **xxv.**
-sami *substantiva* **auf** 604.
sancte 316. 631 *f.*
Sancte sator 529.
Sangallen 284. 286. 288. 304. 312. 315. 346. 350. 365. 519. 571 *ff.* 574. 610. xxxi. *Benedictinerregel* 519. *Boethius* 572. 574. *Marcianus Capella* 573. *logik* 573.
Saucourt 302.
Saxnot 495.
scamel scâmel 370.
sceotant 263.
sch **xxv.**
schaft 459.
Schamir würmlein 420.
scharbe 487.
schate 379 (22, 3).
scherzeveder 365.
schneekind 336.
schöpfung 255. 373. 404.
schulsprichwort 352.
Schwaben 336. *schwäbische mundart* 620.
Schwabenspiegel 628.
schwan 488.
schwank 334. 336. 345. 346.
scitôn 483.
selud *udgl.* 559.
scofficen 351.
scolda scoldi 632.
scritan 263.
scrutinien 454. 457.
scûr 263.
sd xxii.
sedalâre xv.
seele *herrin* 412.
sêg ih guot 320.
segen christlich 482.
seggen bôrda 256.
selgidor **282** *f.*
senden ze munde 419.
senkung fehlt nach einer tieftonigen silbe 266. 299 (20ª) *zweisilbig* 416. *verschleift* 267. 312. *letzte vor vocalanlaut* 403 *f.*
sêo *einsilbig* 254. 258.
sequentia 435. *sequenzen* 291. 297. 414. *zu weltlichen stoffen gebraucht* 332. *wort- und versbetonung* 339. *unsymmetrische* 334. 344. *sequenzmelodien* 444.
Servatius. reime 370.
sespilon 550.
sg xiv. 561.
Sibeche **488** *f.*
sich suer **427.**
sichûre 294.
siebenzahl 457. 624. *sieben gaben s.* **geist.**

Siegfried von Mainz 384.
sigeringe 468 *f.*
Sigihart 315.
Sigihart von Ebersberg **349** *f.*
de septem sigillis 451. 583.
sihuer **xv.**
singen 513. singen unte lesen 450.
sinigraues 365.
Sinthgunth 276.
sintun 513.
siu 'eos, eas' 584.
sizan *constr.* 274.
slagen in e. acc. 379.
Smaragdus xxiv.
so *pronominalform* 598.
sol 534.
sonntag personlich 372.
soule 577
Specklin 609.
speculum conscientiae niederdeutsch **621.**
speculum ecclesiae ed. *Kelle* 381. 409. 452.
Spervogel 492.
spielleute 288. 335 *f.* 343. 430. 490. *spielmannspoesie* 342.
spottlieder 365.
sprachmengerei 572.
språkba 325.
spraogôn 293.
sprichwörter 571. 572. *sammlungen* 350.
sprüche der väter 431. 494.
spurihalz 279.
staimbort 264.
standan 259.
stapan, stapfen 259.
Starzfidere 365.
steim 264.
stern 254.
stiga 536.
Stillibere 275.
storch 487.
Strafsburger eide **xx.** xxii. xxv.
streit der engel und teufel 270.
strophen. *zehnzeilige* 310 *f.* 420. *dreizeilige der lat. hymnen* 297. *geleite* 277. 279. *ungleich* 297. 327. 334. 350. 414. 458. *variation* 332. *symmetrie* 297. 304. 383. *gruppen zu dreien* 329. 336. 422. 437 *f.* 446 *f.* *übersicht* 414. xxxiii. *dreiteiligkeit* 441. *unstrophische gedichte* 335.
strowip 532.
struot 534.
stûen 266.
stuofa 259.*
Sturm 496.
subbattere 537
südfränkisch xvi *f.*
suffixablösung, -vertretung 632.
summa theologiae vii. 418.

summarium Heinrici. Darmstädter hs. XVIII. XXIV. XXV. XXVI. *SBlasier hs.* XXII.
Sunna 276.
sunda *schwach* 315.
sündenfall *zweikampf* 405.
sündenklage, *Vorauer* 372.
sunderêwa 603.
sunnis 536.
suotac 372.
suntar 513.
suonestac 584.
supfen 391.
sûwl, sûwel *für* sûl 425.
swellen 321.
symbolum und vaterunser 502 f. 510 f. 516 f. 518 f. 599. *lat. symbolum* 600.
synkope 411 f. 415 f. 419. 427. 432. 437. *P. Syrus* 355.

t *für* d 532. 577. 634. IX. XVII. XVIII. XXI f. XXX. *für* z IX. XVII. XVIII. XXIII. *unverschoben* 253. *aus- und abgefallen* 294. 321. 577. *(in 3 pl. präs.)* 575 ,(2, 6). *verdoppelt* 598. *s.* tt.
tacteinteilung, musikal. 309.
Tatian XI. XV. XX. XXV.
tägliche sünden 584.
taubenopfer 376.
taufritual 499 f. 635.
taufunga 500.
td 559. 634. XXII.
Tegernsee 280.
tertussus 537.
Tetragramma 467.
teufel 375. *vater des neides* 403. *unwillig gott dienend* 410. *malleus universae terrae* 450. *sein recht an den menschen* 406.
th IX. XI. XX. XXI. XXIII. XXVII. *für* d 296. 501. *inlautend* 517. *für* d, t *in* thrahta 633. 634. th : d *allitterierend* XXI. th, tth *für* ht 396.
that XVII.
theo *für* thea 533.
Theodulf 272. 503. 518. 526.
h. *Theodulus* 556.
ther *für* thâr 300.
thianust 545.
thid IX.
thie *für* ther XV. *für* thia *acc. s. fem.* 533.
Thietmar von Merseburg 337. 346.
thob 512. 515.
thrahta *für* drahta, trahta 633. 634.
thüringische mundart VIII. *urkunde von* 704 *und* 716 IX.
tiorir 561.
tir 285.
Tiu 262. 285.
tiuvel *ohne artikel* 406.
tiusa *für* disa 281.

tod *ohne tod* 368. *vom tode zerstört* 380. 407.
tödlichen 582.
todsünden 514.
togalîch 323.
toige 602.
tor *bildlich* 283.
torcular calcavi 407.
tougeliche 615.
tr XXII. 634.
tradere 516. 537.
traha 355.
Traugemund 486. 490.
min trehtin 381.
trese 624.
Trier s. capitulare.
trinität s. dreieinigkeit.
trof 313.
tt *für* zz IX. *für* htt, ht 294 (27.) 564. ttb *für* ht 396.
tugent 586. tugida ? 368.
tulli 280.
tuon bi einan 565. tuon *kündigt das verbum eines parallelsatzes an* 428. 565. 635.
Tuotilo 312.
twerdunga 602.
tz 300. 312. 316. XXIII.

u *übergehend in* o, *s. dieses.* û *für* iu 577. XXVI. *für* uo 577. 579. XXVI. *für* got. au 266.
ua XII. XVI. XIX. 634.
ubar tac 293.
ubartrunchi 632.
ubaruuehan 510.
ubergivazzidi 603.
uberhôrdi 603.
uberligiri 563.
Ubermuot dio alte 492.
uberwortili 604.
Udalrich von Augsburg 593.
ue *für* uo 514. 632.
ui *für* iu 577. 592 (24). XXVI. *für* üe 579. *für* ü, u 591.
umbe gân 573 f.
umbigebillich 368.
umbra 379 (22, 3).
umlaut 391. 423. 425. 435. 578 f. XXXII. *durch enklise* 253. *des* a 502 (21). *des* â 372. 398. 420. XXVI. *des* u 407. *bezeichnung* 322.
un- *statt einer negation* 603.
uneidin 555. 557.
under undes undaz *für* und der *usw.* 368. 604.
unêre 603.
ungehebede 604.
ungelüppet 470.
ungewaltig *seiner selbst* 408.

ungimeinsami 603.
ungivagidi 604.
ungiwonlheit 603.
unholda 495.
unmeina magad 525.
unrhaben 456.
uns *für* unsih 314 *f.*
unscôni 368.
unsero *für* unserero udgl. 502.
unsich *oxytonon* 401.
unsipbi '*feindlich*' 632.
untar manne, mannum 253. 269.
untarn 292.
unte 295. unti, enti 560.
unundirsceidunge 603.
unwahsan 257.
unwuoni 368.
uo XII. XVI. XIX. *für* û 586 (2, 5). *für* iu? 586 (3, 4). *für* u 598.
Uodalrich 288.
ura- uro- uri- *für* ur- 316.
urdank 604.
urlub 316.
urslaht 534.
urstòdali 519.
urteildâre 602.
ûser 257.
ützüt 487.
ûver 398.
ûz geben 365.
ûzpulza 391.
ûzzan 513. 517.
ûzzar 512 *f.*
ûzzen von 373.

verse. von vier hebungen klingend 344. 373. 390. 398. 414. 423. 460. *verlängerte schlusszeilen* 420. 425. *versschluss* 403 *f.* 459. *ungleiche gereimt* 446. *ungleiche in correspondierenden strophen* 410 *f. lateinische deutsch gemessen* 324. *s. rhythmische prosa.*
verschleifung s. senkung. artikel.
virga. geltung gegenüber punct 291. *doppelte geltung* 309. 311.
Virgil 348.
Virgilglossen XXIV. XXV. XXVI.
vix 362.
vocalschwächung in den flexionsendungen 295. 563. *s. auch* e.
volksgesang im XII *jh.* 366.
Völuspâ 252.
Vorauer hs 371. 372. 414. 438. XXVII. *Genesis s. bücher* Mosis.

w *für* hw 501. *das angels. zeichen* 257. XX.
wâ 623.
waif 531.
waiz *für* was iz *und* waz iz 454.

Walafrid Strabo 533.
waldes ode weges 278.
Waldo von Freising 315.
wallen 463.
wallôn 288.
Walther von der Vogelweide v.
wambizig 485.
wâmn wâmba 250.
wan 549.
war *für* wart 460.
wâre = niwâre 602.
diu wârheit in der Vorauer hs. 438.
wartên 531.
wartil 267 *f.*
wâzen 391.
wê weo 502. 565.
wegan scîn 294.
wegiskime 392 (120).
weiber in der schlacht 275.
weinleich 368.
Weifsenburger katechismus XIX. XXII. *psalter* 570. *beichte?* 634.
ih weiz 298 *f.* 322. 420. wizzun thaz 292.
weizen 262.
welaga 262.
weltbrand 271.
wênac 267.
wende 255.
Wenzels bibel XXVIII.
Werdener besitzungen in Friesland 544.
werlet 432. werlt *im reim* 431. fünf werlt alle 376.
werr 544.
uues XIX.
werden einem 428 (8, 5).
Wessobrunner gebet 521. 555. 567. *predigten* 583 *f.*
wêttû 262.
uuidar 525.
widerwartiga (-î) 582.
uuidda 275.
widem 624.
widerwinne 439.
Widukind 327.
uuico 502.
uuiffa 531.
uuig *für* weg 534.
Wiggerts psalmen XXI. XXV.
wih 500. 514. 573. wîhi 519.
uuiho âtum 500. 514.
wil 300. wilit 515.
Wilhelm von Conches 446.
willasam 525.
willckome 486.
Williram XX. XXVI. *Leidener hs.* XXV. XXVI.
Willo 385.
-wini *in namen* 365.
winileod 364.
wip 531.

wirdjau 525.
wirdrja 536.
Wirnt von Grafenberg 335.
wirsist, wirst 427.
wisen *c. acc.* 432.
witu 390. 483.
wizet '*eucharistia*' 449.
wizzetaht 538.
wola *constr.* 301. wol dir 423.
wolf 488.
wolf oder diep 278.
wôlih xv.
wolun 369.
Worms 528.
mit worton 289. an den worten 598.
wortstellung 403.
worttrennung durch *puncte* 528.
wr *anlautend* viii f. 285.
writan *für* giwritan 284'f.
uulpa 278.
wundsegen 467f.
wunne 440.

wuo *für* wio xv
wurmsegen 466.
Würzburg 394. *Würzburger beichte* xxvi.
 markbeschreibungen xi. xiv. xxi. xxv.
 mundart 560.

Xantener *glossen* xviii. xxv.

z xviii. *für* t xvii. *niederdeutsch fälsch-*
 lich für t 300. *verlesen für* m 282. *und*
 s 300. *für* s 294. 484.
Zabulum 352.
zadel, zâdel 370. 604.
ze *mit acc.* 292. *bedeutung* 312.
zeitberechnung 258.
zh 518.
zoigen 396.
zt, tz 300. 312.
zwei leben 410. 455. *zwei tode* 413. *zwei*
 nächte Christus im grab 411.
zweiundsiebzig länder 486.
Zyely *von Bern* 342. (*Gervinus* 2⁵, 349.)

www.ingramcontent.com/pod-product-compliance
Lightning Source LLC
Chambersburg PA
CBHW021221300426
44111CB00007B/388